中国社会経済史用語解

㈶東洋文庫　前近代中国研究班
社会経済史用語解の作成グループ
総括研究員
斯波　義信　編著

発行：財団法人東洋文庫
発売：株式会社東方書店

序文

本邦で中国社会経済史に対して組織的な研究が始まったのは臨時台湾旧慣調査会編『台湾私法』（1910～1911年）、東亜同文会編『清国商業綜覧』（1906～1909年）の刊行あたりであるから、ほぼ100年余を経ている。しかし率直にいって、歴史時期に関するこの分野の知識は、様々な隘路があって大小無数の未知の空白が埋められぬままに至る所に散在しているのが現状である。法律学・経済学・社会学・人類学の辞典類において、中国に関わる項目のエントリーがごく僅少であることもこうした事情を間接に語っているといってもよい。

このような状況を打開することは容易な業ではない。そこで本企画は、中国の財政史・経済史・社会史に登場する術語・用語類の総合的な工具書を編むことを考え、これまでに与えられてきた釈語・解説を一書に集めて整理し、この問題に関心を寄せる幅広いユーザーに提供しようとするものである。術語・用語は〈辞典〉が扱う「ことば」でもあり、また〈事典〉が扱う「ことがら」でもある。本書では「ことば」とくに文言（文語）を中心にしたそれについては、諸橋轍次先生の『大漢和辞典』の如き周到・網羅的な辞典が存する以上、語源・語史・語誌の分析的・本質的な解説はこれを控え目にし、むしろ「ことがら」についての実証的・歴史主義的な解説を下すことに努力したことを予め断っておかねばならない。

この作業の出発点は財団法人東洋文庫において、創設の1924年以来営まれつづけてきた〈歴代正史食貨志〉に対する訳注事業にある。先達者の加藤繁先生は内田銀蔵、福田徳三先生の意見を徴して、中国経済史の術語を制度とその変遷に照らしながら、実証風に、工具書風に解説を加える事業をはじめられ、これを「経済史考証」と命名された。これに付随して経済史の資料に利用できる典籍類の整理・開拓も進められたが、さしあたり重きが置かれたものは、今日に13部が伝わる〈歴代正史食貨志〉の訓読と語釈であった。この事業は二世代、三世代、四世代の研究者にひきつがれつつ、史記、漢書、晋書、旧唐書、新旧五代史、宋史、明史の各食貨志に対して語釈が施され、なかんずく特別に浩瀚なために難事業であった〈宋史食貨志〉の訳注に至っては、46年を費やして2006年にようやく達成された。

加藤先生の初志に沿って語釈の集成を工具書として編む試みは、星斌夫先生編『中国社会経済史語彙』（東洋文庫、1966年）、その『続篇』（光文堂、1975年）、『三篇』（同1988年）として公刊され江湖の好評を博した。ただしこの語彙解説集は正篇の刊行から算すればすでに半世紀を経過し、増補や拡充を要する事項も多岐にわたっている。そこで、このたび〈宋史食貨志〉の訳注が達成されて、主要な〈歴代正史食貨志〉諸篇に訳注を施す仕事がひと区切りを迎えたのを機会に、その名を『中国社会経済史用語解』と題して新規に術語・用語解説の集成を試みたのが本書である。ことに意を用いたところは次の如くである。(1) ユーザーとして中国に限らず、日本・世界の社会経済に関心を持つ人々の便利をも考えて、術語・用語をA財政・B経済・C社会・D公文書の4範疇に分けて編集した。同時に、事項を範疇に沿って総記から個別へと向けて検索する人々のために、右の大範疇それぞれに次層位、次次層位に至る細分を施した。経済・社会用語の範疇別の整理においてはG. Willam Skinner, ed., *Modern Chinese Society: An Analytical Bibliography*, 3vls., 1973、および上記『台湾私法』の構成法を範として参考した。(2) 語彙の採録に当たって、〈歴代正史食貨志〉の文章が制度・政策の叙述に偏しているため、これを補うべく、広く各種辞典、事典、専門テーマの書、調査報告などからも語彙を採録した。これらについては凡例の末尾に掲げている。(3) この作業の当初から成果を電子情報化して利用に供するためにデータベースを作成すること、将来の増補・補訂もこれによって行う方針で臨んだ。財団法人東洋文庫のホームページには、すでに本書のベータ版を公開している。

よく「辞典とは、編者の手を離れた時、すでに補訂を必要とする」といわれる。本書も同列である。範疇の類別、術語・用語の採録の範囲・仕方、そして語釈の内容について江湖の指正、高訓をいただければ幸甚である。

本書は多くの方々のご支援、ご協力によって成ったものである。まず公益財団法人三菱財団から「中国社会経済史用語解説（宋代篇）作成の研究」(2005 ～ 2007年) について温かい助成をいただき、日本学術振興会から「科学研究費（基盤研究B）宋代社会経済史語彙解説のデータベース化」(2007 ～ 2010年) について多年の助成をいただいた。記して深謝を奉呈する次第である。

以下の方々にはこの企画の実施に賛同して項目の選定および執筆などの万般にわたり共同して作業していただいた。ここに貴名を掲げて深甚の謝意を表したい。梅原郁・千葉煚・吉田寅・内河久平・渡辺紘良・相田洋・大澤正昭・長谷川誠夫・石川重雄・廣瀬紳一・青木敦・土肥祐子・倉橋圭子・河内春人・鈴木桂・松本かおる・金子由紀・中林広一・片野竜太郎・原瑠美。

また作業と編集にわたり、財団法人東洋文庫研究部の主幹瀧下彩子さん及び同研究部の方々、図書部サーバー室の村瀬一志さんに格別のご協力をいただいた。同様に衷心の謝意を捧げたい。

このほか、本冊子は東洋文庫と東方書店との共同出版として公刊するものである。手数のかかる内容の本冊子の出版を分担下さった東方書店、また編集において終始数々のご助力、適切有益な教示を頂いた同書店の川崎道雄取締役に対して、あらためて深謝を奉呈する次第である。

平成24年3月吉日　　代表者　斯波　義信

目　次

社会

凡例

① 本書の構成

・本書が採録した用語は、4つの分野（財政・経済・社会・公文書）に分類・配列して解説を施した。

・各分野には、それぞれ3・4段階の下位分類を設け、その分類の下に見出し語を掲げた。

〈例〉 経済－２不動産－①地目・地種－(1)地形・地名－(見出し語)「間田（かんでん）」

社会－１人事－①生老病死－(1)生－(見出し語)「冠礼（かんれい）」

・序文に記したように、経済・社会の分野は社会科学用語範疇によって分類したが、財政分野については、執筆者多数が参加した食貨志訳注作業を継承し、食貨志の編目を生かす分類とした。そのため本来、経済分野の産業に分類すべき茶・塩・酒・明礬等の用語は、大部分、財政分野の専売の項に残し、一部は財政と経済の両分野にまたがらせた。

・その他の見出し語についても、若干、同一語彙が複数の分類にまたがる場合があるが、それは当該の分類に応じた解説がそれぞれ必要であると判断されたためである。

② 見出し語

・見出し語で用いる漢字は原則として常用漢字を用いた。

・見出し語はゴチック体で表記し、またその読みを（　）内に示した。

・見出し語の読みは原則として漢音に拠った。

・漢音読みが一般的でない語句については［　］内に慣用的な読みも付した。

〈例〉 苦力（くりょく［くーりー］）・烏龍茶（うりゅうちゃ［うーろんちゃ］）・

童行（どうこう［ずんなん］）

・見出し語が漢語ではなく日本語であるものについては、読み方を〈　〉で括って日本語としての読みを示した。

〈例〉 仲買〈なかがい〉・金の単位〈きんのたんい〉

・欧米語及び漢語の欧米読みに由来する語については、カタカナでこれを表記し、（　）内に原語を記した。

〈例〉ウィンター・ティー（Winter tea）・シンロ（Singlo）

・分類内の総論的な用語及び重要語については、見出し語に「※」を付して冒頭に配列した。

・それ以外の用語の配列は、語彙の１字目の音（漢音）の五十音順に従った。例えば、「股東」と「公司」ならば、「股東」が「公司」よりも前に配列される。

・語彙の１字目の音が同音である場合は筆画順に配列した。

③ 解説本文

・本文では新かな遣いを採用し、漢字は原則として常用漢字を用いた。

・年次表記については、元号での年次を表記し、(　) 内に西暦を記した。

・本文中に見える類語・同義語・対語などの内、重要な語彙については、本文中にてボールド（太字）処理を施した。

④ 巻末索引

・見出し語とボールド（太字）処理を施した語彙は、巻末の索引で掲載ページを示し検索の便に供した。

・索引での語句の配列は五十音順に従った。例えば、「股東（ことう）」は「公司（こうし)」よりも後に配列される。

・数字は該当する語の掲載ページ、*l, r* はページの左欄・右欄を示す。

・見出し語の掲載ページは太字で示し、それ以外のページ数は類語の掲載ページを示している。

・漢音の読み方の他に慣用語での読み方も加えた方が良いと判断した語については、両者を採用して当該の位置に配してある。

⑤ 執筆者

・各分野の見出し語の選択については、斯波義信の統括の下、財政は梅原郁、経済は斯波義信・大澤正昭、社会は斯波義信・相田洋、公文書は長谷川誠夫・石川重雄・渡辺紘良が主としてあたった。

・執筆には下記の者があたり、斯波義信が監修した。

財　政：梅原郁・千葉煐・渡辺紘良・石川重雄・青木敦・倉橋圭子・中林広一・土肥祐子・鈴木桂・松本かおる・金子由紀

経　済：斯波義信・梅原郁・千葉煐・大澤正昭・中林広一・倉橋圭子・河内春人・土肥祐子・金子由紀・片野竜太郎・原瑠美

社　会：斯波義信・相田洋・梅原郁・渡辺紘良・石川重雄・大澤正昭・倉橋圭子・鈴木桂・中林広一・青木敦・金子由紀・片野竜太郎・原瑠美

公文書：渡辺紘良・石川重雄・長谷川誠夫・土肥祐子

・索引作成には、中林広一・倉橋圭子・河内春人・鈴木桂・金子由紀・原瑠美があたった。

⑥ 文献

(食貨志関係)

『史記平準書・漢書食貨志訳注』加藤繁　岩波書店（岩波文庫）1942

『清史稿食貨志訳注稿』（戸口）天海謙三郎　大連満鉄調査部　1943
『旧唐書食貨志・旧五代史食貨志訳注』加藤繁　岩波書店（岩波文庫）1948
『明史食貨志訳注』上・下　和田清編　東洋文庫　1957
『宋史食貨志訳注（一）』和田清編　東洋文庫　1960
『清史稿漕運志訳注』星斌夫　山形大学　1962
『五代史（旧五代史食貨志訳注）』日野開三郎　明徳出版社　1971
『大運河発展史』星斌夫　平凡社（東洋文庫）1982
『宋史食貨志訳註（二）』『同（三）』　中嶋敏編　東洋文庫　1999
『宋史食貨志訳註（四）』　中嶋敏編　東洋文庫　2002
『宋史食貨志訳註（五）』　中嶋敏編　東洋文庫　2004
『宋史食貨志訳註（六）』　中嶋敏編　東洋文庫　2006
『晋書食貨志訳註』中嶋敏編　西嶋定生訳注　東洋文庫　2007
『『魏書』食貨志・『隋書』食貨志訳註』渡辺信一郎　汲古書院　2008

（参考文献）

『支那経済史考証』上　加藤繁　東洋文庫　1952
『支那経済史考証』下　加藤繁　東洋文庫　1953
『アジア史研究』第１　宮崎市定　東洋史研究会　1957
『アジア史研究』第２　宮崎市定　東洋史研究会　1959
『アジア史研究』第３　宮崎市定　東洋史研究会　1963
『中国農業史研究』天野元之助　御茶の水書房　1962
『中国法制史研究』（土地法・取引法）仁井田陞　東京大学出版会　1960
『中国法制史研究』（奴隷農奴法・家族相続法）仁井田陞　東京大学出版会　1962
『訳注中国歴代刑法志』内田智雄　創文社　1964
『入唐求法巡礼行記の研究』第１巻　小野勝年　鈴木学術財団　1964
『中国及び古代日本における郷村形態の変遷』曽我部静雄　吉川弘文館　1963
『宋代財政史』曽我部静雄　生活社　1941
『中国土地制度史研究』周藤吉之　東京大学出版会　1954
『宋代経済史研究』周藤吉之　東京大学出版会　1962
『元史刑法志の研究訳注』小竹文夫・岡本敬二　教育書籍　1962
『天工開物の研究』藪内清　恒星社厚生閣　1953
『清代塩政の研究』佐伯富　東洋史研究会　1956
『中国近代工業史の研究』波多野善大　東洋史研究会　1961

『中国古代の家族と国家』守屋美都雄　東洋史研究会　1968
『訳注続中国歴代刑法志』内田智雄　創文社　1970
『秦漢隋唐史の研究』上・下　濱口重國　東京大学出版会　1966
『中国経済史研究』西嶋定生　東京大学出版会　1966
『中国法制史研究』（法と慣習・法と道徳）仁井田陞　東京大学出版会　1964
『アジア史研究』第4　宮崎市定　東洋史研究会　1964
『中国経済史研究』西村元佑　東洋史研究会　1968
『均田法とその税役制度』曽我部静雄　講談社　1953
『中国律令史の研究』曽我部静雄　吉川弘文館　1971
『入唐求法巡礼行記の研究』第2巻　小野勝年　鈴木学術財団　1966
『入唐求法巡礼行記の研究』第3巻　小野勝年　鈴木学術財団　1967
『入唐求法巡礼行記の研究』第4巻　小野勝年　鈴木学術財団　1968
『唐王朝の賤人制度』濱口重國　東洋史研究会　1966
『唐宋時代の交通及び地誌地図の研究』青山定雄　吉川弘文館　1963
『宋代商業史研究』斯波義信　風間書房　1968
『里甲制の研究』栗林宣夫　文理書院　1971
『明代徭役制度の展開』山根幸夫　東京女子大学学会　1966
『明代馬政の研究』谷光隆　東洋史研究会　1972
『明代土地制度史研究』清水泰次　大安　1968
『山西商人の研究』寺田隆信　東洋史研究会　1972
『中国史研究　第一』佐伯富　東洋史研究会　1969
『中国史研究　第二』佐伯富　東洋史研究会　1971
『明清時代交通史の研究』星斌夫　山川出版社　1971
『近代江南の租桟』村松祐次　東京大学出版会　1970
『元代史の研究』安部健夫　創文社　1972
『清代史の研究』安部健夫　創文社　1971

『中国文明の形成』藪内清　岩波書店　1974
『中国社会経済史の研究』曽我部静雄　吉川弘文館　1976
『中国古代絹織物史研究』上・下　佐藤武敏　風間書房　1978
『補訂　中国法制史研究』（刑法）仁井田陞　東京大学出版会　1980
『中国刑法史研究』西田太一郎　岩波書店　1974
『中国村落制度の史的研究』松本善海　岩波書店　1977
『魏晋南北朝水利史研究』佐久間吉也　開明書院　1980

『均田租庸調制度の研究』鈴木俊　刀水書房　1980
『隋唐史研究―唐朝政権の形成―』布目潮渢　東洋史研究会　1968
『中国家族法の原理』滋賀秀三　創文社　1967
『中国史研究　第三』佐伯富　東洋史研究会　1977
『宋代政経史の研究』曽我部静雄　吉川弘文館　1974
『宋代黄河史研究』吉岡義信　御茶の水書房　1978
『宋元水利史研究』長瀬守　国書刊行会　1983
『元朝史の研究』前田直典　東京大学出版会　1973
『明代江南農村社会の研究』濱島敦俊　東京大学出版会　1982
『中国郷紳地主の研究』奥崎裕司　汲古書院　1978
『中国封建国家の支配構造―明清賦役制度史の研究―』川勝守　東京大学出版会　1980
『清代刑法研究』中村茂夫　東京大学出版会　1973
『清代社会経済史研究』重田徳　岩波書店　1975
『清代重要官職の研究―満漢併用の全貌―』楢木野宣　風間書房　1978
『清代水利史研究』森田明　亜紀書房　1974
『中国村落と共同体理論』旗田巍　岩波書店　1973

（社会経済関係）

『清国商業総覧』全5巻　根岸佶編　丸善　1906-1909
『台湾私法』全3巻　臨時台湾旧慣調査会編　臨時台湾旧慣調査会　1910-11
『清国行政法』全6巻　索引1巻　臨時台湾旧慣調査会第一部報告　臨時台湾旧慣調査会　1905-1915
『唐宋法律文書の研究』仁井田陞　東方文化学院東京研究所　1937
『商事に関する慣行調査報告書：合股の研究』根岸佶　東亜研究所　1943
『中国農村慣行調査』　中国農村調査刊行会　岩波書店　1954-1958
『唐宋社会経済史研究』　周藤吉之　東京大学出版会　1965
『宋代史研究』周藤吉之　東洋文庫　1969
『中国経済史研究』上・中・下　全漢昇　新亞研究所　1976
『中国塩政史の研究』　佐伯富　法律文化社 1987
『宋代江南経済史の研究』　斯波義信　汲古書院　1988
『宋代塩業経済史』　郭正忠　人民出版社　1990
『中国貨幣史研究』　加藤繁　東洋文庫　1991
『唐代財政史研究（運輸篇）』　清木場東　九州大学出版会　1996
『宋代社会経済史論集』上・下　梁庚堯　允晨文化　1997

『中国善会善堂史研究』 夫馬進　同朋舎出版　1997

Yang, Lien-sheng, Money and Credit in China, Harvard University Press, 1952

Ho, Ping-ti, Studies on the population of China, 1368-1953, Harvard University Press, 1959.

Rawski, Evelyn Sakakida, Education and popular literacy in Ch'ing China, University of Michigan Press, 1979.

(その他諸種訳注及び事典類)

『中国社会経済史語彙（正篇）』星斌夫編　東洋文庫近代中国研究センター　1966

『中国社会経済史語彙（続篇）』星斌夫編　光文堂書店　1975

『中国社会経済史語彙（三篇）』星・鈴井・中道編　光文堂書店　1988

『支那経済辞典』岡野一朗　東洋書籍出版協会　1931

『増訂支那法制大辞典』東川徳治　松雲堂　1933

『最新支那語大辞典』石山福治　第一書房　1935

『新撰陶器辞典』加藤唐九郎　工業図書　1937

『土地用語辞典［中国・朝鮮・日本］』 満洲帝国協会地籍整理局分会編　巌南堂書店　1939

『吏学指南』東洋史研究会　1951

『雅俗漢語訳解』佐伯富　京都大学文学部東洋史研究室　1951

『中国公文書用語』（『改訂増補　新字鑑』付録）1957

『アジア歴史事典』全10巻索引付　貝塚茂樹他編　平凡社　1959-1962

『六部成語註解』内藤乾吉編著　大安　1962

『仏教大辞典』望月信亨編　武揚堂書店　1954-63

『朱子語類外任篇訳注』田中謙二　汲古書院　1994

「作邑自箴訳註稿1－3」『岡山大学法文学部学術紀要』33・35・37　佐竹靖彦　1973-1977

『福恵全書語彙解』佐伯富　同朋舎　1975

『中国歴代戸口・田地・田賦統計』梁方仲編　上海人民出版社　1980

『中国歴史大辞典』（宋史巻）　鄧広銘・程応鏐編　上海辞書出版社　1984

『宋元語言詞典』龍潜庵編　上海辞書出版社　1985

『中国古代度量衡図集』邱隆等編　山田慶児・浅原達郎訳　みすず書房　1985

「続資治通鑑長編所見宋人語詞試詮」『中国歴史文献研究』1　林艾園　1986

『名公書判清明集』梅原郁訳注　同朋舎出版　1986

『塩政辞典』林振翰編　中州古籍出版社　1988
『図解単位の歴史辞典』小泉袈裟勝　柏書房　1989
『清末民初文書読解辞典』山腰敏寛編　私製　1989
『中国の天文暦法』藪内清　平凡社　1990
『中国風俗辞典』中国風俗辞典編集委員会編　上海辞書出版社　1990
『名公書判清明集』（懲悪門）訳注稿⑴〜⑸　清明集研究会編　清明集研究会　1991-1995
『中国大百科全書（中国歴史）』侯外盧編　1992
『経済大辞典』中国経済史巻　陳紹聞編　1993
『漢語大詞典』全12巻　付録・索引　羅竹風主編　上海辞書出版社　1986-1994
『道教辞典』野口・坂出・福井・山田編　平河出版社　1994
『東京夢華録』孟元老著　入谷義高・梅原郁訳　平凡社（東洋文庫）1996
『宋語言詞典』袁賓編　上海教育出版社　1997
『唐五代語言詞典』江藍生・曹広順編　上海教育出版社　1997
『『歴代宝案』を読むための用語解説』（『歴代宝案訳注』第2冊）　沖縄県教育委員会　1997
『元代語言詞典』李崇興編　上海教育出版社　1997
『遼宋西夏金社会生活史』朱瑞熙・劉復生等　社会科学　1998
「宋代公牘用語選釈」『宋代文化研究』8　李文澤　1999
『夢粱録』1－3　梅原郁訳注　平凡社（東洋文庫）2000
『通制條格校注』方齢貴校注　中華書局　2001
『新版　禅学大辞典』駒澤大学内禅学大辞典編纂所編　大修館書店　2003
『歴史学事典』全14巻別巻索引　尾形勇他編　弘文堂　1994-2007
『訳注「名公書判清明集」戸婚門：南宋代の民事的紛争と判決』高橋芳郎　創文社　2006
『中国塩業史辞典』宋良曦等編　上海辞書出版社　2010

財政

1 財政一般

①総記

洪範八政（こうはんはちせい）※

堯舜の教えを禹が整理したと『書経』に伝えられる政治の大原則、洪範九疇の一条目。すなわち食（農業生産に努める）・貨（商工により衣料・器具を民に与える）・祀（鬼神を敬う）・司空（土地を管理し住宅を安定させる）・司徒（民を教化する）・司冦（刑罰を正しくする）・賓（賓客を接待する）・師（軍隊を掌る）の８項である。この食と貨を合わせた食貨の語は、公共財政広くは経済一般を指す。

食貨（しょくか）※

戦国時代の政治思想が反映されている、『書経』の一篇、洪範の八政、その冒頭の食と貨については、食が農業生産、貨は農家副業の布帛生産及び貨幣を意味すると解釈され、古来、歴代王朝の重視するところであって、その経済政策の基調となったものである。おおむね、食が貨に優先するとされ、重本抑末思想（農業を重んじ、工商業を２次的なものと見なす考え）が支配的であった。しかしながら専売収入の増大と共に、塩業・冶金業・商業等の重要性が認識され、その優先思想は見直されるようになり、清朝になって食貨併重の思想を生むことになる。

国用（こくよう）※

国家財政をいう。**財用**・**用**・**国計**・**邦賦**・**邦計**・**用度**ともいう。中国における国家財政は、秦の全国統一によって成立し、それは郡県の行政制度、度量衡・幣制・運輸制度などの統一によって支えられ、経常支出のほか外征などの非常経費の運用のためには必須の体制であった。加藤繁の研究によれば、漢代では大司農の掌る国家財政と、少府および水衡都尉が担当した帝室財政とは区別され、財源について前者は田租・算賦（人頭税）・更賦（免役銭）・専売収益を主とし、後者は山沢・魚塩・市税等よりなり、支出については祭祀・営造・俸禄・軍費が前者に属し、後者は供御（宮中御用品）と賞賜を受け持った。しかし後漢よりその区別はなくなっていったという。その後、晋代に始まる**左蔵庫**が、唐になって国家財政の財庫として確立し、一方、帝室財政は唐の玄宗時代、**内蔵庫**がその財庫としての役割を果たし、内蔵庫・左蔵庫が対峙する体制はその後変わることがなかった。

理財（りざい）※

財政運用をいうが、特に収支を改善させることをいう。歴代王朝は冗官と軍事費の高騰に悩み、その抑制に腐心した。特に藩鎮を抑え文治に徹した北宋もその例にもれず、理財を志した神宗は、新法を唱え、軍事費の支出を民兵制の保甲法で抑え、国営事業を盛んに興すことなどにより収入増をもくろんだが、その死後、新法は全て撤回され、財政の悪化を招いた。その責任を取らされた旧法党が下野したのち、新旧両党の争いの時代に入り、結局は金軍の南下を招いたのである。南宋では、北宋末の蔡京の財政の中央集権化策を採用せざるを得ず、４総領所を除き、地方財政の枯渇を招いた。しかしそれは商業の発展により、地域経済が広域化の方向にあったことの反映でもあり、財政の集中はその後の経済発展を促した面のあることを見逃してはならない。

上供（じょうきょう）※

一般に地方から中央へ送られる財物（米・帛）・上供銭・上供銀等をいう。**灌輸**ともいうのは、税糧の京師輸送を河水に例えたことによる。**起運**・**起解**・**解庫**・**解送**・**解款**・**繳款**もほぼ同義。上供の語は、唐代に両税法の下、留使・留州に対して用いられたのに始まり、北宋では上供米・銭・銀の額がほぼ定められ、年額上供といわれた。明代では夏税・秋糧以外に、里甲に課せられた宮中御用品の負担をいい、上供物・上供物料という場合は、貢献の名目で義務づけられた地方特産物の納入をいい、永楽以後、品目の増加に伴い、**額辦**・**派辦**・**雑辦**の区別が生まれた。額辦は歳辦ともいい、毎年定額で上供され、派辦は**坐辦**ともいって、臨時に科派され、雑辦は額辦・派辦以外の随時科派されるものをいった。浙江では、上供のうち、宮中への進貢を歳進・歳貢といい、中央官庁への上供を歳辦といい、歳辦が額辦と坐辦に分けられ、地方官庁用を雑辦といい、額辦・派辦・雑辦を三辦といった。

留使・留州（りゅうし・りゅうしゅう）※

唐代、両税法下、銭物を上供せず、節度使あるいは州郡に留めてその地方の財源に充てることをいう。唐以前の地方財政については明確ではないが、地方独自に処理することが認められていたと考えられる。土地の私有が認められた両税法によって、地方の発展がもたらされたが、一方で地方の独断が許されず、上供・留使・留州の割合が定められることになった。五代は留使が大幅に認められた時代であったが、宋はその反動で、全て上供することが建前となり、地方に留め置かれる銭も**係省銭**（中央省庁の銭の意）といわれた。王安石は中央財政再建に努める一方、司農寺に地方財政を担わせようとしたが成功せず、その後も専売における通商法の広まり、漕運における直達法の採用、地方官僚の進奉の風習等によって、地方財政の枯渇が進んだ。南宋となり、金との対抗上、四川その他に4総領所が置かれ、留使の復活を見たが、内地に留州の認められることはなかった。官僚の接待費として公使銭が計上されていたが、それも中央が供給するというのが建前であった。ただ財政の集中は、商業の発展に伴う経済の広域化の結果であることを見逃してはならない。

官埶民欠（かんてんみんけん［かんてんみんけつ］）
清代、未納の税糧を州県が代納補填することをいう。

京餉（けいしょう）
清代、地方から戸部に送られる一切の銀で、**餉銀**ともいい、地方に留置されたものは**留支**といった。陝西・甘粛・雲南・貴州・四川の5省または4省以外の省が負担し、毎年800万両で、地丁・塩課・茶税・関税等よりなっていた。

係省銭（けいしょうせん）
宋代、尚書戸部（三司）の帳簿に記載されている銭物の総称。本来は中央の財物を意味し、宋初、公使銭を係省銭から支出するというように表現される。やがてそれが係省窠名銭と混同され、地方府州で使用する費目としてもこの名称が定着してしまう。ただ府州の係省銭は正確には、係省の**窠名**（綱目）に入っている銭物を指す。その対語は不係省銭である。

扣銀（こうぎん）
清代、各省より上供される銀より控除された、地方官庁用の銀。

上供銀（じょうきょうぎん）
宋代、上供された銀をいう。上供税物を軽齎（軽便）の銀に買い替えることはよく行われたが、産銀地帯の福建などでは租税として直接徴収されていた。しかし実際は、銀鋪が手数料を取って代納し、開封の銀市場に介入して利益を上げていた。

進奉（しんぽう）
唐代以降、地方官が上供定額以外の財物を羨餘として献上し、内庫に収蔵すること。**進献**ともいう。唐末には節度使・観察使・刺使が上元・端午・冬至・聖節に、甚だしくは毎月または毎旬・毎日行い、月進・日進の言葉が生まれた。また蕃商（外国商人）来航の際、皇帝への献上をいい、対価以上の回賜があった。

羨餘（せんよ［えんよ］）
盈餘・贏餘の意。一般には定額以上の収入あるいは使い残しで、進奉といって州県から上官あるいは皇帝へ送られ、南宋寧宗の時は**趲積**といい、清代では布政使に送られたもののみをいい、総督・巡撫に貢がれたものは、**常例**といわれた。また、関税収入においては定額の正項と盈餘に分けて決算されることがあった。

墊解（てんかい）
清代、上供銭物の立て替えをいう。**墊**は補充の意。

土貢（どこう）
歴代、天子に貢納された地方の産物をいう。同類の語に方物がある。漢代に郡国の人口に63銭を掛けた銭額相当の貨幣・絹帛等が中央に送られ、中央財政の一部となった。

未完銀（みかんぎん）
清代、中央政府に送付すべき地丁・関税等で、未払いの銀をいう。

②歴代財政・田制

助法（じょほう）※
殷・周の井田法に伴う税制。孟子によれば、井字型に区画した9地区の内、8区画は民に与え私田として自由に収穫させ、残る1区画は公田とし、8区画の8家をして共同耕作させ、その共同耕作を助法と称したという。したがってその税率が10分の1であったというのは認められないともいわれる。

貢法（こうほう）※
孟子によれば、一定額の租税を徴収する制度。周代に行われたという。助法が一定の割合であるのに対する。貢は、一般には郷土の物産を提供すること。土貢とか任土作貢というのはその例。

徹法（てつほう）※
周代、10分の1の税制をいう。孟子に見える制度で、周代、貢・助・徹三法あったといわれるが、徹といわれる所以、井田法あるいは助法との関係等、諸説があって議論が絶えない。

租庸調制（そようちょうせい）※
唐代の始め、成年男子を対象に、毎年、租として粟2石、調として郷里の物産（綾・絹・絁・綿あるいは麻・麻布）、庸として20日間の役を、それぞれ負担させた制度。ほかに雑役があった。庸は1日当たり絹3尺の代納が認められ、逆に庸25日のものは調を免除し、30日のものは租調皆な免除した。当時、均田制度が施行され、人民には貧富の差がなく、一律の負担に耐えられると見なされていたが、負担の仕方には多様性を持たせていた。明代、租庸調制を布帛・粟米・力役の法と称したのは、時の税制を租庸調制に擬えたためである。

両税法（りょうぜいほう）※

唐代に始まる徴税とその分配に関する制度。徴税が**夏税・秋糧**の２度に分けられたので両税といわれる。分配を含めるのは、創設された780年前後、節度使の台頭を抑えるために税収の納入先を予め分割しておく必要があったからである。すなわち留県・留州・留使・上供である。夏税・秋糧は、戸の資産に応じて徴収する戸税と土地所有高によって納める地税の両者を受けたものであるが、ほぼ全面的に主客戸を問わず、土地の資産を対象とするところが画期的であった。背景には華北における麦作の発達があり、田地から米、畑地からは麦・粟・豆・糸・綿等の収穫を踏まえていた。ただ、両税以外の課税を認めない、税額を銭建てにする、という原則は守られることがなかった。宋代も建国より両税法を施行し、夏に絹・綿・麥を、秋に米及び他の穀物を正税として上納させた。催税の時期は、当初夏税は５月15日から７月30日（あるいは８月５日）、秋税は９月１日から12月15日を原則とし、のちに１ヶ月の猶予期間も認められた。両税法はこれ以降、明代の一条鞭法創設に至るまで行われた。

均税法（きんぜいほう）※

五代から宋にかけて実施された、土地の肥瘠に応じて税額を均しくする法。唐末の同州刺史元稹の均田図配布はその試みであったが、五代の後唐および後周では、民に自己の所有地を申告させた結果、豪民・武人・官僚の隠匿地を摘発し、墾田地の増加をもたらすことができた。宋初も受け継ぎながら実効はなかったが、仁宗朝の千畝方田法、神宗朝の方田均税法によって結実させることができた。

税糧（ぜいりょう）※

元代、金国の故地である江北で行われた**地税・丁税**の租税体系をいう。元は江北と南宋の故域である江南とを区別し別々の税法を施行した。すなわち江北では税糧・**絲料**・包銀の科差の法を、江南では両税法を実施した。地税・丁税のうち、地税はすでに唐代、毎畝粟２升を納めさせて義倉米の料にあて、これを地税と呼び、五代では、城内の園圃への課税の呼称で、宋代では城郭、すなわち都市の宅地税をいった。元代、江北に施行された税糧・科差の法は、太宗の時に基準が定められ、地税の場合、陸田は毎畝３升、水田は毎畝５升の科率で課税され、丁税の場合、全科戸（癸巳年籍に登録の旧戸）は毎丁３石、駆丁は１石、減半科戸（乙未年籍に登録の新戸）は毎丁１石などと戸の種類により税額が異なった。

一方、**包銀**は、絲料とともに科徴されていた銀納課で、軍戸・站戸・儒戸を除き、民戸に戸等に応じて賦課され、世宗・中統４年（1263）、包銀にかわり交鈔（紙幣）による折納が許可された。**絲料**は、同じく科差を構成する包銀とともに絲銀と合称され、毎２戸に糸１斤を国家に納め（官絲）、毎５戸に絲５斤を王侯等の領主に納めるものであった。これにより、領主下の分民を五戸絲戸と呼ぶ。中統元年（1260）、戸籍科差条例が改定され、毎２戸に絲２斤を国家に納め、毎５戸に絲２斤を領主に納めることとなった。やがて絲料は、すべて国庫に上納された後、中書省より各領主へ再配分された。

一条鞭法（いちじょうべんぽう）※

明代、里甲制下、雑多な項目からなる税糧と徭役を、それぞれ合併させて地税・丁税という形に一条化して徴収する法。一部地域では攤丁入地、すなわち丁税を地税に繰り込んだように、地税に重きを置き、徭役における優免（官僚身分を持つ者に対する減免措置）の廃止を狙ったのみならず、銀経済の発達を踏まえ、銀建てで徴収額を決め、納入手続きの簡素化が図られた。**一条編法・一条辺法**ともいう。以上の**編派**（わりつけ）**の法**に対し、輸送の法（**支解の法**）を**一串鈴法**という。串鈴とは馬の首に付けた鈴をいう。

括戸（かつこ）

唐の宇文融が行った政策で、逃戸を戸籍につける処置を行ったもの。逃戸を本籍地や寄寓の地の戸籍に登録して納税させるもので、最初は租・庸と地税を納めさせようとしたが成果はあがらなかった。のち逃戸を寄寓の地にて客戸として戸籍に登録し、税額を軽くすることで80万戸の客戸の登録と広大な土地の登記を実現させた。

均田（きんでん）

明清期に行われた里甲間の所有面積の均等化を目的とした政策を指す語で、いわゆる均田制の均田とは内容を異にする。浙江では**均甲・均田均甲**、南直隷では**限田**とも称され、地域によって名称は異なったが、郷紳の優免を制限して各里各甲の負担の均等化を図る点で同類のものとして捉えられる。これらの政策は郷紳の抵抗を受けて貼銀・品搭制などのさらなる徭役改革が企図されたが、それも全面的な実現は清代を待たねばならかった。なお、唐末五代期にも均田を称する政策は行われ、そこでは所有関係が混乱した際、所有地の面積に応じた税負担の公正化が図られた。

均田制（きんでんせい）

北魏の孝文帝に始まる土地制度で、国家が個々の民の状況に応じて一定の面積の土地を貸与・給付し、また貸与・給付を受けた農民に対して租・庸・調・雑徭などの負担を求めるもの。西晋の占田制を基礎として制定したものとされ、北魏の滅亡後も北斉・北周や隋・唐など後続の国家に受け継がれている。その内容については、土地は原則として国有に属するものと見なされたこと、民の用益にかかる土地は国家から貸与されるもの（露田・口分田）と給付されるもの（桑田・麻田・永業田・園宅地）とに大別されること等の特徴に共通点を見ることができるが、貸与・給付の対象や受給・返還を行う年齢あるいは受給できる面積など制度の詳細部分に目を向けると、王朝ごとに差異が存することが分かる。従来、給田対象に含まれていた丁男・婦人・奴婢・丁牛の内、唐代までには丁男を除いて全て授受の対処から除外され、一方で隋代に入って官人永業田や公廨田の制度が設けられたことはそうした差異の一例と言える。均田制の実施状況については敦煌・トルファンなどの西域の例外的な地域を除くと詳らかではないが、唐代半ばになると天災や負担増による逃戸の増大、およびそれと並行して進んだ富裕層による大土地所有によって制度は次第に機能しなくなり、建中元年（780）に土地の私的所有を前提とした両税法が定められると、均田制は田令の条文上のみの存在に変じてその役目を終えた。

均田免賦（きんでんめんふ）
李自成の乱の際に掲げられたスローガンで、賦役の負担軽減・均等化を求めたもの。

均賦法（きんふほう）
北魏の税制で、太和10年（486）に三長制の制定と同時に施行された。一般に**牀調**といわれる。均賦とは『魏書』巻45高閭伝に「庶民均其賦」とあるのに基づき、均田法の対応税法として適切な名称として名付けられた。

均糧（きんりょう）
官民の耕地を合わせて上中下の等則を定め、租税負担を均等化すること。明代に実施された。

経界法（けいかいほう）
地境を画定させ、民の負担を均等化させるための政策で、南宋期に行われたもの。北宋末の戦火によって戸籍や土地台帳など各種書類が散逸してしまったことにより土地にまつわる不正が横行し、賦税負担に不公平が生じていた現状を鑑み、紹興12年（1142）に李椿年がその解消を図るべくその実施を提言した。地境の画定に当たっては、地主や佃戸・都の保正などの立会のもとで図を作成し、またそうした調査結果を基に類姓簿や砧基簿を設けて土地に関する情報を取りまとめ、土地台帳として各戸の他に県・州・転運司が保管する。こうした形で土地の所有者や地境の明確化を図ったが、実際の施行状況は、紹興15年（1145）の王鈇による改正、紹興17年（1147）の李椿年による再改正など折々の政治状況に左右された。紹興19年（1149）には南宋の領域全体にわたって施行されたが、次第に胥吏・豪民による不正が横行し、また制度の厳密な運用も行われなくなって、淳祐12年（1252）には廃止されるに至った。

限田法（げんでんほう）
土地の所有面積の所有数を制限する政策。中でも董仲舒による献策や前漢の哀帝が綏和2年（前7）に発布した政策が著名であり、豪族による土地の兼併や農民の没落といった社会問題を背景としてこうした政策が採られた。ただ、実際には外戚や家臣などから強い抵抗にあって実施されるには至らなかった。

戸税（こぜい）
隋代、地方官への勤労奉仕に代えて戸毎に課した税。唐になって、**税銭**・**税戸**・**税戸銭**等といわれ、租・庸・調・雑役・地税の徴収とは別に、王公以下、資産に応じて各戸に課せられ、官僚の給料に当てられた。

戸調（こちょう）
戸ごとに納める調としての絹2匹・綿2斤の意。三国魏の曹操は、人頭税よりは調査も徴収も簡易な、戸対象の税制を打ち立て、晋になって**戸調令**・**戸調式**と称された。繊維類の徴収は、井田法の布縷の征に始まり、晋の占田・課田法、唐の租庸調制に受け継がれる。

公田法（こうでんほう）
南宋の賈似道による提案を受けて江南デルタで実施された土地政策。限田制に基づいて官戸の所有地の中から限外の田の3分の1を買い上げて公田とするもので、公田は佃戸に貸与して耕作させた。軍糧の確保と和糴の弊害を防ぐ目的から行われ、その施行により朝廷は租米の額を高めたが、一方で買い上げの対象となった地主を中心として強い反対を受けた。この公田は元代、明初の間に各種の没収田土を加えて広大な官田地目をなしたが、その高率な租が一般民田の税率より格差が大きいため、民田化による是正がはかられた。

井田法（せいでんほう）
周代に実施されたとされている土地制度。正方形で面積が900畝の耕地を井字の形に九等分し、この内周囲の800畝を8家に分配する私田として、中央に位置する100畝を周囲の8家で共同耕作する公田として定め、この公田から得られる収穫を租税として納めたとされる。こうした土地制度は孟子がその存在を指摘するもので、『孟子』滕文公上にはこの他にも戸ごとに5畝の宅地を与えて住居や桑・蔬菜の栽培地とさせたことを載せるが、井田法の内容は文献によって異なり、例えば『漢書』食貨志で言及される井田の制は土地の肥瘠に応じて分配する面積を変えている。以上のような内容の不一致や他の史料が提示する周代の土地制度との相違もあって、井田法はその実在が疑われており、孟子の手になるユートピア像と見なされる向きが強い。

占田制（せんでんせい）

西晋の司馬炎が定めた土地制度で、均田制の先駆けをなすものとして位置づけられる制度。課田制と合わせて論じられることが多いが、実際に占田制・課田制なる固有名詞が用いられたわけではなく、その名称は『晋書』食貨志に載せる戸調之式に占田・課田の語が見られることに由来する。戸調之式には男女の別や官品の貴賤などに応じた占田・課田の額が定められているが、それらの具体的な内容については研究者の間で議論が多岐に分かれ、実態の把握には至っていない。

地税（ちぜい）

隋以前より、救荒用の義倉名義で土地所有高に応じて徴収されていたが、唐代に税収のひとつとなり、天宝年間歳収は1,200万石となり、両税法および元の税糧に受け継がれることになった。

地丁銀（ちていぎん）

清朝において丁銀を廃止し、それを土地税に繰り込ませ、税制の一本化を図った法。人口移動にかかわらず**丁銀**、すなわち人頭税は、固定化されたままで実情に合わないことが多かったので、康熙年間、税制改革に踏み切り、土地を唯一課税の対象とし、土地を持たないものを納税の義務から解放した。

方田均税法（ほうでんきんぜいほう）

北宋の王安石による政策のひとつ。耕地の測量を行って1筆ごとの面積や地味・肥瘠の別を明らかにし、それに基づいて土地ごとの租税の額を定めたもの。それまでの手実による耕地の把握は所有地に関する虚偽の申告や隠田といった不正行為を招き、農民間の納税負担にも不公正を生じさせていた。方田均税法はこうした負担の均等化を図ったもので、仁宗朝にて実施された**千歩方田法**を踏襲しつつ屋税の均定や税目の整理なども行い、従来実施された均税政策を集大成したものでもあった。ただ、こうした政策は一部地主層の利害に関わるものでもあったため、その実施状況は当時の政治のあり方に左右され、その実施は王安石や蔡京など新法党に属する宰相が政治を執り行っている時に限られ、旧法党が実権を握っている時代には取りやめられた。

③財政論

塩鉄論（えんてつろん）

漢代、塩・鉄・酒の専売施行に当たり、当局と反対者の間でたたかわされた論議をもとに、桓寛が纏めた書。論議は始元6年（前81）行われ、反対者の賢良・文学は、専売や均輸をやめ、農業を第一の産業とし、民と利益を争わないことを主張したのに対し、専売や均輸・平準を創設した御史大夫の桑弘羊は、国家事業は蛮族対策であって、廃止できないといい、議論は尽きなかった。両者に儒家と法家の立場の違いがあったが、それ以上に党派争いもあり、会議後5ヶ月、酒の専売はやめられ、やがて反対派が政権の座に就いたが、専売そのものはやめられることがなかった。

王安石新法（おうあんせきしんぽう）

古来、毀誉褒貶の絶えない北宋中期の政治改革をいう。南宋においては、党派争いを招き国土を半減させた原因とされ、それ以降も肯定的にとらえられることはなく、清末になってようやく名誉が回復される。王安石新法を一言で言い表すことは難しいが、強いて概括すれば、官界と民間の両者の活力を呼び覚ますという、今日につながる政策と言えよう。それは、王安石の、天下の力によって天下の財を生み、天下の財を取って天下の費に供する、といった言葉に表されている。しかしながら当時、その考えは、士大夫間に蔓延していた官尊民卑の思想に抵触し、新法は民間の市井屠販の徒を政事堂へ登場させる政策であるとして、反対派は旧法党を結成し、猛反発した。王安石は神宗の支持を得て、均輸法に始まる経済・財政政策を次々と実施し、一定の成果をあげるが、新法派内部も決して一色に塗りつぶされていたわけではなく、宮中にも反対論が根強く存在し、神宗の死去と共に新法はあっけなく全て撤回される。その後、新法党と旧法党は激しく政権の争奪戦を繰りかえし、北宋の滅亡につながっていく。王安石の改革を招いたのは、北宋の民間経済力そのものであった。その活力を官界に持ち込み、財政状況を改善させようとした。契丹の遼とタングートの西夏の圧力は、軍事費の膨張となって財政を圧迫していた。ただ当時、その政策は抜本的であり、あまりにも時代の先をいっていたので政策の継続が得られなかった。

魏源の財務論〈ぎげんのざいむろん〉

清末の代表的な近代化論。西洋の物質文明を取り入れ、近代兵器でもって中国を守るべきことを主張した。八旗の特権を廃止し、新式軍隊を編成するためには、地理的知識の獲得を先決として、外国の事情に通じその文明を利用しなければならないとした。そのための財源についても提言し、財政の建て直しのための具体案を披瀝した。

蔡京の塩法〈さいけいのえんぽう〉

北宋末期、即位したばかりの徽宗は新旧両党に妥協的であった。人となり狡佞無恥と言われた蔡京は、現状に飽き足りない風潮を巧みに捉え、積極財政を展開し茶法・塩法・銭法・漕運法・農田法等の改革を断行した。塩法について見ると、商人に活躍の場を与える代わりに中央を潤すというものであったと言えよう。それは崇寧元年（1102）宰相に就いた後、7条の改革案、すなわち⑴手続きを経た商船の販売認可、⑵・⑶は塩場官吏の処罰規定、⑷官僚の不当販売禁止、(5)亭戸への融資、(6)塩価に関する規定、(7)塩業の振興等の項目を打ち出し、一部、特に淮塩に適用されていた官売法を改め、**鈔塩法**を実施し、商人が産塩地に赴き塩を受領販売することを許し、さらに政和2年(1112)には鈔塩法を徹底させ、翌年、塩法16条を公布した。それは隔手の法・合同場法・指留塩本法を骨子としていた。隔手の法は新たに州倉を設け客商へ塩を支給する場所とし、亭戸より買い取る場所売塩場と分離させることであり、合同場法は塩鈔の不正防止を狙いとし、塩鈔に記号を付し(また塩袋制により塩袋に標識を付し、支塩場に押袋官を派遣した)、その真偽は合同場にて台帳である合同号簿に基づき点検することで、合同号簿は塩20嚢分が1冊であった。指留塩本法は、塩鈔(塩引)代金の支払いを2回に分け、1回目は指留銭として支塩倉州倉で支払い、2回目は京師権貨務で正鈔銭として支払われた。指留銭は塩本銭の財源となり、正鈔銭徴収は販売許可証交付の意味合いがあり、長短両引(長引は1年、短引は1季)によって販売地域が指定されたが、これによる中央への財貨集中の効果は甚大であった。このような塩法の改革を招いたのは、永年にわたる解池水害の後遺症であり、京師・京西においても、解塩のほか行塩区外の河北・京東の末塩を併用せざるを得なかった。また蔡京は直達法を行い、諸路官綱の塩回脚を禁じ、代わりに商人の任便販易を許し、その塩を出売した州県の勤評を上げ、京師には買鈔所を置き、解塩鈔を絶えず発行して、旧鈔の貶価は商人に負担させた。まもなく北宋は滅亡するが、蔡京の塩法は南宋にほぼ受け継がれることになる。

朱子の塩法〈しゅしのえんぽう〉

南宋の朱熹の塩法に関する方策。朱熹は福建路建州政和県の私塩が、官塩の半値であることを引き、官運の削減と沿海の塩生産者埕戸と商人との自由な取引を主張し、福建の塩政に影響を与えた。

葉適の財政思想〈しょうせきのざいせいしそう〉

南宋中期、両浙路永嘉県出身の功利派を代表する思想家。南宋は、王安石の財政改革の失敗を受け、財政を議論することを控える空気が強かった。その中で永嘉出身者は敢えて理財を標榜し、永嘉学派と言われた。葉適は商業抑制に反対し、商工業者の富人を擁護し、その国家財政上の役割を説いている。ある意味では市民思想家と評すべき存在であった。その発言は財政のみならず、貨幣その他幅広く多岐に及んでいた。

薛向の財務〈せっこうのざいむ〉

北宋、范祥の**塩鈔法**を継承発展させ、**王安石新法**に道を開いた財務官僚の諸政策。恩陰出身の薛向は地方官を経て河北提点刑獄となり、河北における糧草の便糴、河北沿辺軍糧購入事業に現銭法を導入し、解塩の運営等に実績のあった陝西転運使范祥の後をついで解塩対策に当り、鈔を発行して販売網を拡大させた後、江淮等路発運使として王安石新法の実質的推進者として**均輸法**を担当することになった。均輸法はその発運使の任務を拡大させ、東南6路(淮南・両浙・江南東西・荊湖南北路)に福建・広南東西路の3路を加えた都合9路の上供物資について、各地の特産品の有無、豊凶の差を見極める一方、開封の在庫状況をも調査し、南方の物資を適宜輸送しようとするものであった。そのために大量の資金を投じ、その属官辟用(任意採用)の権限を与える形で発足した。薛向は発足早々、漕運を一部民間に委ね、官民の相互監視によって不正を防ぐという方策を用い、また都大提挙江淮・両浙・荊湖・福建・広南等路銀・銅・鉛・錫坑冶・市舶等の職務を兼ねることになり、**鋳銭監**も掌握した結果、当時最大の銅産地、岑水場の銅鉛を元手に陝西鋳銭監を設置したことが特筆される。薛向が採用した属官は、発運使管勾塩運・六路勾当公事等の職名を帯して、両浙・江西・荊湖・広南・福建の各地に派遣された。各地に派遣された官僚が具体的にいかなる対策に当たったかは不明であるが、一部の官僚はその後、市易務に関与することになる。後、財務長官三司使となる。その財務官僚としての活躍はあまりにも華々しいため、一部の官僚より非難されるが、神宗からは高く評価された。

綜核田糧制〈そうかくでんりょうせい〉

明代の宣徳年間、蘇州・松江の地方において、江南巡撫周忱が、税糧徴収の回復と里甲組織の再整備を目的として実施した制度。

范祥の鈔法〈はんしょうのしょうほう〉

北宋における代表的な**塩法**改革をいう。范祥は陝西邠州三水の人。知州歴任後の慶暦8年(1048)、陝西提点刑獄兼制置解塩事となり、解塩の官売地を通商に改め、入中の糧草を現銭に切り替え、対価としては**塩鈔**を与え、その現銭によって沿辺の糧草を購入して余財を残し、西夏の青白塩を厳禁して解塩を広めた。その狙いは糧草の入中と塩鈔の給付を切り離し、暴騰した入中の代償価格を抑えることにあり、商人の抵抗にあって一時収入に欠損があったものの、やがて増収をもたらすことができた。范祥の改革は薛向によって継承され、塩法の範とされた。

李覯の経済思想〈りこうのけいざいしそう〉

宋初の現実を直視した思想家。晩年任官するが、ほぼ江西路の民間にあって、商業の発達を踏まえた認識を示し、義と利のいずれを尊重するかの思想にとらわれず、理財を説き、富者を擁護し、工商業の役割を重視した。専売制についても、茶塩等の製品の質の下落は、政府の過度の介入に原因があるとし、自由競争の効果を開陳した。

劉晏の塩法〈りゅうあんのえんぽう〉

唐代、専売法に貢献した財務官僚の政策。唐は安史の乱後、財源不足に陥り、塩の専売で補完せざるを得なくなった。第五琦を継いで塩鉄使となった劉晏は、10人の塩監を置いて、生産者よりの買い取りを独占する代わりに、商人に払い下げた塩はその自由な販売を認め、従来の官売法を一変させ、歳入の半ばを占める600万貫の収益を上げることができた。さらに13の巡院を設け、商人の至らない地域の販売に当たらせ、これを常平塩といった。また要地に塩倉を置き、常時100万石を蓄え、塩価の調節に当たった。劉晏の塩法の背景には歇艎支江船の製造による漕運の改善があった。しかし建中元年（780）、劉晏辞任後は、塩法は混乱に陥った。

2　財務行政

①官庁総記

大司農（だいしのう）※

漢代の財務長官、**大農**ともいう。秦の治粟内史。属官に、漕穀管掌の太倉令・均輸令・平准令・国庫担当の都内令・籍田令・専売事務担当の斡官長等がいた。一方、皇室の財務は少府および水衡都尉が担当した。

斡官（かんかん）※

漢代、**大司農**の属官で塩鉄のことを扱った。もと帝室財政担当の少府に属したが、塩鉄の収益が国家財政に移管されると大司農に移った。

太府寺（たいふじ）※

太府の名は古くからあるが、北魏が旧少府を太府に改め、財物・庫蔵を主掌させ、それが隋唐に継承されて、九寺のひとつとなった。宋初は祭祀の雑事や斗枡などを扱う名目的官署だったが、元豊の官制改革で息を吹き返し、宮廷と政府の歳入、官・兵の俸禄事務、商業税から物価政策まで扱う、戸部の右腕となる主要な財務官署となった。北宋前半に置かれた提挙在京諸司庫務司のうち、中心となる部分の多くはここに集められたといえる。ただ業務はあくまでも事務処理が中心で、財政政策全体に太府寺が深く関わっていたわけではない。

御府（ぎょふ）※

秦漢時代、皇帝の財政、宮廷の収支と手工業を掌管した少府の一部局。金銭の保管出納を掌る。

主計（しゅけい）※

漢代以降、国家財政を掌る官。もと**計相**といった。

工部（こうぶ）※

土木建築の事は、秦の将作少府、漢の将作大匠を経て、後漢の**尚書民曹**が修繕・功作・塩池・囿苑のことを掌って以来、その職掌はほぼ定まり、隋になって六部のひとつとして工部が発足し、工部・屯田・虞部・水部の4曹を置き、天下の城郭・宮室・器械・銭幣・三沢・河渠等を掌管した。長官の尚書は百工水土の政令を掌り、副官の侍郎の下、4曹はおのおの郎中1人、員外郎1人が主管した。

文思院（ぶんしいん）※

少府は、秦漢時代は九卿のひとつとして、皇室財政を取り仕切り、皇帝の冠服・用度をも調達した。そのうち、金銀・犀玉・螺鈿などの貴金属工芸を製作・供給する官署として、宋初太平興国3年（978）文思院が創設された。最初は少府監に属したが、のち併合して工部の所管となる。貴金属・珠玉を扱う上界と、普通の素材を加工する下界に区分された。南宋では六院四轄に数えられ、長官（提轄官）は名誉あるポストとされる。また、南宋時代には銀錠に文思院関係の刻字とされるものも出現、宮中の金銀や国都臨安の金銀鋪との関係も推測できる。

綱典（こうてん）※

北魏、租調物を扱った役人のこと。

左右司（さゆうし）※

隋以降の**尚書都省**の左司と右司。尚書省六曹諸司の文書の糾察、官吏の功過・遷補等を分担し、南宋では榷貨務・都茶場のことも掌った。元では中書省に属した。

塩鉄使（えんてつし）※

唐代中期から北宋神宗の元豊官制改革まで、塩・茶の専売、阬冶・貨幣を管轄していた長官もしくはその官署。塩の専売利益で国家財政を支える政策は、古く漢代に先例があるが、ここでは、唐代中期以後の塩・茶の専売に限定する。安史の乱で財政が窮迫した唐王朝では、粛宗至徳初め、第五琦が塩の専売に着手、乾元元年（758）諸州榷塩鉄使の肩書きで、それを全土に拡大した。当時唐の勢力圏にあった、東南海塩の生産地と大運河・長安を結び、それが一応成功し、塩鉄・塩鉄使の名が定着。この場合の鉄は、鉱山採掘・貨幣政策を意味する。曲折の末、唐末には、塩鉄は戸部・度支と合体し、**三司**が成立する。北宋では、三司塩鉄副使の下に6～8部局を置き、塩・茶・阬冶・商税などの諸政を担当した。元豊の改革で、三司塩鉄は戸部に戻されたが、塩・茶を中心とした専売は尚書都司が提領し、その実務は**榷貨務**（都茶場）が担当、阬冶・貨幣も別に移された。

司農寺（しのうじ）※

秦漢以来の中央行政官庁九寺のひとつであるが、宋代では、特別な性格を持つ財務官署として注意される。司農は、農業を中心とした財政・経済の政治を意味するが、やがて**大司農**から大蔵省へと発展する部分と、旧来の農政とに分離、後者が司農寺として存続する。宋初には、職務は戸部などに吸収され、有名無実化するが、神宗熙寧３年（1070）、王安石が制置三司条例司を置き、新法を開始すると、呂恵卿らの部下たちを司農寺に集め、農田水利・免役・保甲など諸新法推進の拠点とした。神宗元豊の官制改革で、新法諸政治は戸部右曹に統合、司農寺は国都の提点倉草場所の職務を継承。国都に輸送されてくる、官員・軍隊の穀物、馬匹の秣料の出納と蓄蔵の責を負い、25の倉と12の草場を管理した。また炭場や漕運と関係する排岸司や下卸司などを付属部局ともしていた。金・元代の**司農司**ものち司農寺に改称されるが、主として勧農を担当する官庁であった。

監徴（かんちょう）※

唐末・五代・宋において、商税・専売徴収に当たった監・院・場・務等、中央直轄の財務専掌機関の総称。商業の発達を踏まえ専売収入の国家財政に占める額の増大し、各地に隈なく置かれた。ただ、収益の少ないところは、州県・豪民に委託する形で徴収された。

戸部（こぶ）※

五代から北宋半ば過ぎまでを除き、宋代、中央政府の中心となった財務官庁。それまでの三司が再編成されたものといえる。大蔵省に相当する戸部の名称は、漢代の大司農の伝統を継承、隋代には**民部**、唐代８世紀以後は、尚書六部のひとつ**戸部**に変わる。唐宋の変革で、この戸部は機能麻痺に陥り、五代から北宋前半は、その職務を含め、時代に適応した財務官庁三**司**が登場した。しかし、宋朝の安定とともに、三司の機構にも問題が生じ、神宗元豊の官制改革で、唐代六部の戸部が復活する。名称は同じでも、この戸部は、新しい社会に適合した内容に変化している。

元豊の改革で復活した戸部は、唐代同様に、尚書・侍郎・郎中・員外郎の職階を持ち、狭義の戸部と度使・金部・倉部の四司を附属させる。各部は郎中・員外郎が主轄する。また全体は左曹と右曹に分かれ、各曹侍郎の上に戸部尚書がくる。

(1) **左曹**、戸案（戸口、版籍、家屋・分財の問題）、農田案（農政関係諸問題・田訟）、検法案（法規）。別部局、(イ)二税（受納・折変・支移）、(ロ)房地（房廊課利・僧道免丁銭・土貢）、(ハ)課利（酒課・牙契銭）。

(2) **右曹**、(イ)常平案（常平・水利・義倉・賑済）、(ロ)免役案、(ハ)坊場案、(ニ)平準案、(ホ)検法案、(ヘ)知雑案。

旧来の土地中心の直接税関係は左曹、王安石の新法に始まる諸種財務は右曹の管轄に区分されるが、専売・商税・坑冶等・塩鉄の重要職務が、戸部の直接管下にない点は注意すべきであろう。

戸部は唐の伝統通り、４部門に分かれる。第１の狭義の戸部は、左右両曹の実務を担当する。**度支**は、度支・発運・支供・賞賜・知雑の５案に分かれ、三司時代の職務を引き継ぐ形式は残すが、実際の職務内容は外面的な数字処理や報告作成ばかりで、その点は金部・倉部も同様である。金部とて泉幣の輸納を計り、受蔵の府に帰せしめる、といい、市舶・商税・塩茶などを扱うようには書いてあるが、これも帳簿処理だけで、左蔵・右蔵・銭帛・権易・請給・知雑といった案名に迷わされてはいけない。倉部の倉場・上供・糶糴・給納などの諸案も同じで、本当の職務は司農寺が担当している。

神宗熙寧３年（1070）、王安石は、制置三司条例司の名目で、肥大化した三司を改革し、中書省が直接指揮する財務機構の建設を目論んだ。休業状態にあった司農寺に腹心を集め、太府寺や将作監を復活させ、三司のスリム化・機能化が着手された。これが元豊の官制改革に継承されるが、中心となる戸部にかなり大きな変化が生じる。国家財政の頭脳部に当たる度支が、皇帝・宰相と接近し、当時歳入の６割に達していた専売・商税が戸部と分離することとなった。この後、蔡京・秦檜から宋末の賈似道に至るまで、時の宰相が独裁的に国家財政を掌握した淵源は、この元豊の改革にあり、それは同時に尚書戸部の弱体化を物語っている。

靖康の変（1127）で、開封に蓄積した財貨を女真に略奪され、中原の土地を喪失、その後の社会不安や女真防衛の軍費調達など、諸要素が荷重して、国家財政は壊滅的状況に陥り、南宋王朝は臨安（杭州）で逼塞せざるを得なかった。特に沿江や四川の軍費の支出のため、四総領所を設け、あるいは塩・茶の専売を権貨務の委ね、政治・軍事の情勢に対応したため、戸部の威信と職責は著しく低下した。税収の減少した戸部では、経制銭・総制銭・月椿銭などの上供項目を作り、多種多様な微細な税目を集めて歳入維持を図ったが、ことあれば皇帝財庫の援助に依存せねばならなかった。

榷貨務（かくかむ）※

宋代、専売制度運用の最重要機関。北宋の開封、南宋の臨安のそれが中心。他に北宋初に沿江６（８）榷貨務が、南宋では建康・鎮江・吉州（一時的）に設けられたが、いずれも出張所というべく、**榷務**とも略称される。なお異民族との交易場の**榷場**は別物。京師榷貨務創設の事情は不明だが、太宗朝半ば以降、全国的に塩・茶の専売が実施された段階では当然存在していた筈である。開封府の多数の諸使庫務（財務官署）と同様、朝官（文）・使臣（武）・宦官の中から２人が責任者にされた。ところが、榷貨務の職務を詳細に纏めた史料は、殆ど見当たらない。従って、宋代財政上最も重要な役割を果たしていたにも拘らず、その全貌は甚だ掴み難い。ある定義では「斛斗・金帛の属を折博するを掌る」といい、別の史料では「商人の便銭を受け券を給し、及び茶塩を入中し、香薬象牙の類の出売を掌る」、あるいは、「鹺茗香薬鈔引の政令を掌り、以って商賈を通じ、国用を佐く」といった具合で、どこにも、宋代の財政特に専売制の中核実働機関とは明言していない。さらに、榷貨務の長官を両宋にわたり調べると、恩蔭出身の最下級の文・武官ばかりで、財務官僚として名をなした者など皆無である。その理由はどこにあるのだろうか。

宋代、京師榷貨務の最も主要な職務は、商人に現銭や金・銀を入納させ、彼等の希望に応じて、対価となる塩・茶・明礬・香薬の専売品の交引（信用手形）を発行することであった。交引を手にした商人たちは、香薬を除き、生産地に赴き商品を受け取り、指定地域で期限内に売り捌き利益を上げる。両税とならび歳入の双璧をなす専売収益は、かくて榷貨務に集中する。他方、唐代から、銅銭運搬の不自由さ解消のため、中央で現銭を預けて手形を貰い、地方で振り出す**飛銭**が行なわれていた。宋初、開封に便銭務があり、その業務に従事していたが、これが榷貨務に統合される。さらに、国初から、契丹防衛のため北辺に駐屯する軍隊への軍糧調達に腐心していた政府は、商人に辺境まで軍糧を運搬納入させ、代価として、茶などの交引を与え、生産地に赴き茶を受け取る政策も行なった（**折中法**・三**説法**）。これらすべてに榷貨務が関与することになる。

金に追われ、江南に逃れた南宋は、最初から官・兵への俸料調達に悩み、場当たりに関子や銭引を濫発して、その支払いを榷貨務に押し付けた。さらに、銅銭が著しく不足したため、高宗紹興末から会子が恒常的に発行されるようになると、榷貨務は新旧会子の交換はじめ、関係業務をすべて抱え込んでしまう。かくて、南宋半ばには臨安で**四轄**と呼ばれた財政四官署の中心になってしまう。**務**とか**場**とかのつく機関は、唐代の三省六部体制からは他所者扱いされる、財務専門の監当官署である。しかし、現実の財政・経済政策においては、枠や先例に捉われず、臨機応変にことが処理できて、便利な場所になる。榷貨務は名目は太府寺に所属しても、殆どその影響はなく、新法時代市易下界を名乗っても、実質は変わらない。ただ三司や戸部の直轄下からは離れ、尚書都司に属するのが曲者である。長く榷貨務の歳入定額は作られず、北宋なかば、内蔵庫の高価な香薬の横流しを受けてもその代価を払わず、あるいは、蔡京が筆貼１枚で榷貨務から万緡を出させ、その頃の榷貨務の職員はすべて胥吏の古手で、頭目の魏伯芻は蔡京気に入りの老胥といった裏話を読むと、時代別による職務の変動を割り引いても、莫大な現銭・金銀・香薬を一手に扱う榷貨務の表・裏は分かり難くて当然であろう。

三司（さんし）※

五代を承けて、宋代、政治の中書、軍事の枢密院（2つの官庁を両府という）に並ぶ、国家財政担当の官庁。**塩鉄**・**戸部**・**度支**の三部よりなる。長官の三司使の下、塩鉄副使・戸部副使・度支副使が置かれ、各部の部局（諸案という）には判官・推官がいた。職務は、旧六部の戸部・礼部・刑部および九寺六監等の職事を兼ねたので、孔目官をはじめとする多数の胥吏を擁し、塩鉄部は河川の工事・軍器の管理・商税徴収・専売収益・祭祀場の管理等を掌管し、戸部は両税の徴収・酒蔵運営・各種営造等に当たり、度支部は官僚の給与・軍糧の支給、官物の輸送等に当たっていた。三部勾使・提挙帳司等の付属機関があり、榷貨務・店宅務はその外局であった。王安石の新法施行に際し、制置三司条例司が置かれてから、その権限は徐々に削られていき、元豊の官制改革によって廃止され、戸部に権限は移譲された。

三司使（さんしし）※

五代に創設、宋初より神宗元豊の官制改革まで、中央財政の最高責任者の職名（大蔵大臣）。唐末から五代、各王朝は財政機構の再編成に努め、従来の**戸部**以外に、**度支**と**塩鉄**を柱に加え、三司として中央財務の機軸とした。後唐明宗の長興元年（930）三司使が置かれ、新しく財政の總責任者となり、宋代に継承される。北宋の三司は唐代の尚書六部や九寺の財政関係の職務をすべて集中したような巨大な官署で、戸部・度支・塩鉄の名を冠した３人の三司副使の下に6人の判官がおり、胥吏も100人以上といわれた。三司使は**計相**とも呼ばれ、次は枢密副使や参知政事の執政に昇進するものが多く、副使は上級の転運使や発運使と相互任用、判官も中央高級官僚への重要なステップだった。なお陳恕はじめ、宋初の三司使には南唐（江南）出身者が多く、宋の三司が、最初江南の経済と関係が深かったことを推測させる。元豊以後は、戸部尚書・侍郎以下の旧名に戻される。

度支司（たくしし）※

宋代、北宋中期までは三司、元豊改革以後は戸部に属した重要な財政官署。度支は支出を計量する意味だが、総合的に国家の歳出に目を配り、いわば経済企画庁として、三司のなかでも最も重視される。こうした任務は秦漢時代から、皇帝の意を受けた優秀な経済官僚が担当していたが、3世紀初、魏の文帝が国家の支計を専掌させる度支尚書事を置き、次の晋代も度支尚書を設けて、その名が定着した。唐代までは、度支は民部（戸部）と互用、8世紀初に、六部の戸部に属する１部局となった。安史の乱以後の社会変動で、戸部が機能を喪失すると、度支使・勾当度支使などの名で、直接現実の財務を主轄、塩鉄とともに王朝を支えた。やがて、戸部・塩鉄との連携が進み、五代に三司が成立すると、その柱のひとつとなり、宋代に継承される。宋代の度支は、官員・軍人の俸給や賞賜、軍隊への糧食などの支給、漕運によるそれらの輸送など、歳出を主とした国家財計調整の総責任を負い、会計報告を行なった。北宋では三司使の属官度支副使が長官で、度支判官と推官が職責に任じた。元豊以後は唐代同様、度支郎中・員外郎が戸部尚書・侍郎に属する。

折博務（せつはくむ）※

京師や沿辺の陝西・河東・河北に置かれた茶塩等専売品及び塩鈔類売買機関。折博務は**折中倉**・**売鈔場**ともいわれる。**折中**・折博とは商人の入中、すなわち銭物の納入に対する現銭あるいは茶塩その他専売品の手形の支払いをいう。宋初、江北に置かれた折中倉は南唐との貿易を取り締まる所であった。宋統一後、沿辺における軍糧調達の必要上、沿辺の河東・河北および陝西九州軍（秦・延・環・慶・渭・原・保安・鎮戎・徳順）等と京師に置かれ、政府は支払いを三説法（三税法）・現銭法で対処してきた。しかし、宝元2年（1039）西夏の李元昊入寇前後から交引類の虚估、すなわち見積価格の高騰が問題となり、財政を圧迫してきた。政府は慶暦8年（1048）**塩鈔法**・**四説法**（四税法）等を実施し財政支出の削減を図ったが、濫発され塩鈔類は価格が下落し交引鋪に買い叩かれることが多かった。新法党天下の熙寧2年（1069）、薛向が京師と永興軍（長安）に置いた売鈔場すなわち**折中倉**は、塩鈔類の価格を調節させる狙いがあった。崇寧2年（1102）宰相に就いた蔡京も、沿辺の折博務を京師に移動させて売鈔所といい、解塩新鈔を絶えず発行し、それによって淮塩（末塩）等の購入を可能とさせ収益を上げた。このように折博務が塩鈔の売買に当たりまたその値崩れを絶えず防ごうとしたのは、塩鈔自体が貨幣的役割を担っていたからである。

将作監（しょうさくかん）※

大規模な土木・建設工事をはじめ、国都の維持繕修を担当する、宋代**五監**のひとつ。その淵源は古く、歴代宮殿や陵墓などの造営に従事していたが、将作監の名は隋唐に始まる。宋初は三司の胄案に属していたが、元豊の改革で独立、政府の土木・建築一切を統括した。宮城・太廟の繕修を受け持つ修内司、国都の諸建築を扱う八作司など付置機関も多く、大量の機材や物資の倉庫を持ち、素材に応じた分業や職人・労働者の管理も行なわれていた。ただ南宋に入ると、その活動は低下し、業務は地方官庁に委ねられる。なお、当時の土木・建築の設計基本書である『営造方式』は、ここで編纂された。

運糧衛所（うんりょうえいしょ）

明・清代の衛所の中、本来の任務の他に、運軍を配置して漕糧輸送の任務を負った衛所をいう。清代では、辺地の衛所以外は八旗に所属せず、したがって戦闘力を失い、漕運総督所属の緑営兵によって編成されるのみであった。明代の124衛所に比して、半数の68に減り、糧道1員について統括する衛所数は1から19で、その規模も小さくなり、運軍の数も少なくなった。明代の指揮使・千戸・百戸は、清代に守備・千総・百総と改称された。

営繕所（えいぜんしょ）

宋代、宣和年間、将作監に併合されるまで宮廷の営繕を担当した官庁。

延福宮西城所（えんふくきゅうせいじょうしょ）

宋代の延福宮所属の西城所。西城所は、宣和年間、宦官楊戩が、汝州中心に京東西・淮北諸路にわたる隠田・天荒田を括して公田となし、租入を図った機関。楊戩の死後、李彦が継承した。

沿辺市易務（えんへんしえきむ）

熙寧3年（1070）、チベット族の生羌を懐柔して西夏を挟撃せんという、王韶の平戎策・和戎六事の提案により、30万貫を資本として秦州に設けられ貿易に当たる機関。まもなく古渭寨（通遠軍）に移された。熙寧5年（1072）市易法施行を受け、熙寧8年（1075）より、熙・河・岷・蘭州等にも置かれた。それらの州軍は、対西夏最前線の陝西八州軍とチベットに挟まれた地域で、軍事的には熙河蘭会路と称せられ、大量の資本が投下され、茶馬貿易が盛んであった。沿辺市易務は河北の真定府・定州・滄州・大名府、四川の成都府・黔州、広南の広州等にも置かれた。

塩捕営（えんほえい）

清代、私塩取り締まりの官署。

応奉司（おうほうし）

北宋末、宣和3年（1121）、蔡京の後釜に座った王黼が、それまでの**花石綱**を引き継いで運用するため作った役所。腹心の宦官梁師成と組み、自邸を本拠に、江南からの貢納品を受け入れ、ために四方珍異の品は2人の家に充満したと言われる。6年（1124）王黼失脚とともに廃止された。

下卸史（かしゃし）

宋代、綱運の受領を掌る官。装卸のための卒、5指揮を領し、京朝官あるいは他官に兼ねて監せしめた。

河庁（かちょう）

清代、黄河の渡河口にあり、渡河を管轄した官庁。

河泊所（かはくしょ）

明代の制度で、漁業の監督および管理下にある漁業従事者すなわち漁戸から、漁業税である漁課を徴収することを目的とした役所。主として黄河以南の江海沿岸に設置されたが、中でも湖広に集中した。明初には約300余ヶ所を数えたが、その後廃止あるいは併合され、万暦年間には100余ヶ所となった。清代の初めには、産業奨励のために澤梁の禁を緩める政策をとり、河泊所は江西に2ヶ所、広東に3ヶ所を残して、ほかは全て撤去された。

海道都漕運万戸府（かいどうとそううんばんこふ）
元代、江南の糧を大都に送る海運の統括機関。初め4つあったが、後2つに併合された。

榷塩院（かくえんいん）
唐代、塩の専売を掌った官庁。

監支納（かんしのう）
元代、京畿都漕運使司及びその管轄する倉庫に、長官として配置されていた官。

官田所（かんでんしょ）
宋代、沙田・蘆場などの税率を定めて納税させる役所。

御前生活所（ぎょぜんせいかつしょ）
北宋末の徽宗時代、特別貢納品を製造・運搬するため設けられた製作所や関係機関。宰相となった蔡京は、宦官の童貫や蘇州の豪民朱勔らと計り、江南の要地に御前造作局などを設け、最高級の衣服や日常品を製作させ、特別の船団で開封に送った。花石綱以外にも、こうした浪費で、江南の人民は苦しみ、方臘の乱の原因となった。

金銀鋪（きんぎんほ）
一般には金と銀の販売、それを加工して器物や装飾品を製造・販売する商店を指すが、宋代には国都の金融業界の頂点に立つ商人集団の代名詞ともなっている。また政府発行の各種信用手形を扱う**交引鋪**と、表裏一体の関係にあったと見て大過なく、厖大な宋代の商業資本を蓄積、運用する金融の中心でもあった。
唐代の金銀器や装飾品の打造は、皇帝（宮中）と貴族が住む国都が需要の中心で、現在でも多数の遺品が発見されている。宋代に入り、宮中の必要品は**文思院**で製造されたほか、国都や特定地の金銀鋪でも打造され続けた。しかし、社会・経済体制の変化に伴い、金銀鋪の役割が拡大し、政府と結びついた金融機関としての性格を著しく強める。北宋末の開封では、皇城の東南に金銀綵帛を交易する界身と呼ぶ場所があり、ひとつの取引で千万の金が動くと書き残されている。宋代では金・銀は貨幣に順ずる役割は担っても、法定貨幣ではなかった。またその価格も、最低平均で銀1両が銅銭2貫（2,000銭）だったから、簡単に両替はできない。ところが、大礼や聖節、ことあるごとの宮中の賜与、さらには異民族への歳幣に莫大な量の銀が定期的に必要になる。その供給と消費に金銀鋪が食い込むことになる。
交引法の変化と連動するように、神宗後半から、銀鋌がいわゆる馬蹄銀形に一定し、その価格も50両以下数段階に決められる。恐らく宋初から金銀鋪や交引鋪では、銅銭と金・銀の両替を日常的に行なっていたろうが、これまた神宗以降、折二銭や当十銭などが流布すると、その真偽判定や両替も受け持ち、一部上層の金銀鋪は当然政商としての性格をより鮮明にしたと考えられる。南宋の国都臨安では、繁華街の中心に金銀鋪が点在し、やや開封と様相を異にする。しかし、そこにあった多数の金銀鋪名や工匠の姓名は、相次いで出土発現される金牌や銀鋌などから知ることができ、今後の研究に役立つものである。

京北排岸司（けいほくはいがんし）
宋代、開封の崇慶坊にあって、広済河綱船の輸納及び糧運を掌った官庁。

経徴（けいちょう）
清代、款項の経徴を承辦する官員。

賈区（こく）
宋代市易法のもと、金融及び取引等、市易務の業務に当たる国営商店のある場所をいう。

行在榷貨務（こうざいかくかむ）
北宋の在京榷貨務を受け、建炎元年（1127）南宋建国の高宗が真州・揚州等行在所にて開設した榷貨務、行在榷貨務都茶場ともいう。茶塩等の交引発行、専売品の販売等に当たった。高宗の毎月の費用80万貫及び江西逃亡の孟太后の費用捻出のため**塩鈔**等を盛んに出売したが、政府は行塩区の異なる塩が通過することによって生ずる、その路の欠損額を補填させるという意味の通貨銭（借路銭ともいう）を、鈔面銭である正銭とともに徴収して、従来認められていない淮浙塩の汴京への持ち込みを許可した。毎袋2,000文であった。金軍の南下によって行塩区は無視せざるを得ず、建炎3年（1129）末から翌年にかけても、閉ざされた淮浙塩場の塩鈔の福建・広南塩の使用を認めた。しかし両路の生産量では到底応じられるものではなく、その混乱は荊湖南路・福建路に盗区を作らせた。幸い宋軍の抵抗にあって、金軍はまもなく引き上げ、淮浙塩場は回復し、盗区も解消された。行在榷貨務は建炎2年（1128）、都茶場と併合されて行在榷貨務都茶場となり、杭州を行在としてからは建康府・鎮江府と合わせて榷貨三務・三務場と言われた。その収益の8割は塩利であり、その半分は建康府榷貨務の収益であった。

財賦司（ざいふし）
南宋の行在に置かれた、士曹・戸曹・儀曹・兵曹・刑曹・工曹6案のうちの中の戸曹案諸司のひとつ。その人吏は諸州に派遣され、銭を銀に換える業務に当たっていた。

雑売場（ざつばいじょう）
宋代、宮中と官中の余剰物品を民間に販売する官署。雑買務と対をなす。北宋真宗の景徳4年（1007）創置、最初は利仁坊にあったが、のち崇明門外に移される。主として、禁中の余剰物を外部に販売したが、のちには、文思院の製品、和剤庫の薬品、封椿庫の蓄積などをも、左蔵庫付置の編估局が値段をつけ、ここを通じて一般に払い下げた。その出売品目は帳付けができないくらい多種多額だったといわれ、南宋では2年足らずの売り上げが88万貫に達したこともある。熙寧5年（1072）、**市易法**施行に伴い、在京商税院及び雑売場とともに、市易東務上界所属となるが、同年10月、都提挙市易司のもとに統括される。南宋では雑買務と合一、表裏して活動した。左蔵庫をはじめとした政府の財務部局、国都の行舗（ギルド）と密着し、不当利益をあげることも稀ではない。なお、長官は下級京朝官の勾当雑売場で、武階の監当官と宦官が属官となる。

雑買務（ざつばいむ）
宋代、宮廷や官用の必要物品を購入する官署。宋初は市買司を置き、直接行舗などの業者から買い上げでいたが、唐代の宮市の弊害にかんがみ、太平興国4年（979）、開封常楽坊に雑買務を設置、適正価格での買い上げを企図した。しかし、500万貫の準備金を持つといわれ、三司や左蔵庫の発言力も強く、行舗との癒着や皇族・宗室との関係も絡み、不明朗な事件が頻発している。長官は、やはり下級京朝官の勾当雑買務、武階の監当官と宦官が属し、役所の規模はむしろ小さい。王安石の市易法の下、市易東務上界ついで都提挙市易司所属となった。

三司河渠司（さんしかきょし）
北宋、嘉祐3年（1058）、都水監設置までの数年間、三司河渠案から独立し、黄河・汴河の堤防の管理に当たった官庁。

三司軍大将（さんしぐんたいしょう）
北宋、三司の存在期間、三司付属の衙司に所属していた労役監督の下級人員。軍隊とは関係なく、胥吏にも入らぬ現場労働者管理係。宋に入ると、特に国都開封には三司の管下に諸司庫務や倉場が多数設けられ、雑多な労役に従事する労務者が激増した。税物の漕運・下卸（積み下ろし）関係はその代表だが、そうした労務者を直接指揮する者が、三司の軍将とか大将と呼ばれ、ある時期には1,500人いた数字も残っている。こうした職務は、節度使衙門（衙前）の各種職務・労役と繋がり、宋初の役法ではその一部を農民の職役（衙前）に組み入れたが、弊害多く、結局は希望者を募ったり、兵員・下級胥吏・軽犯罪者などを雇用、成績により最下等の武階を与える等の方法に切り替えた。彼らが節度使衙門の名残をとどめる、衙司と呼ばれる部局に属するのはそのためである。元豊官制改革以後は刑部の都官郎中の管轄に帰す。

三司帳司（さんしちょうし）
北宋の新法施行期間に置かれた官庁。三司財物の旧帳を追跡調査し、官物の追回と貪官汚吏の摘発を任とした。

市易西務下界（しえきせいむかかい）
市易法の下、**権貨務**の、熙寧5年（1072）から元豊7年（1084）までの改称。この間、市易務は専売業務に深くかかわっていた。京師市易務を市易東務上界と称したのに対応する。

市易東務上界（しえきとうむじょうかい）
市易法の下、熙寧5年（1072）設置の京師市易務の改称。専売業務に携わる権貨務を市易西務下界と改称されたのに対応する。改称とともに在京商税院及び雑買務・雑売場を傘下におき、熙寧5年正月、市易西務下界とともに三司付属機関の都大提挙諸司庫務司所属となるが、同年10月、三司より独立した都提挙市易司のもとに統括される。市易東務上界の名称は元豊7年（1084）まで続く。この間、市易の名を冠し、専売及び商税収入と宮中・官庁必要物資の購入等の取り扱いを一元化しようというもの。

市易務（しえきむ）
宋代**市易法**の下、沿辺・内地の各都市に置かれ問屋の業務に当たる機関。**市易司**ともいう。置かれた場所を買区と称した。熙寧3年（1070）沿辺市易務を秦州に設け、ついで古渭寨（通遠軍）へ移動したのに始まり、5年（1072）には下級武官指使魏継宗の建議を容れ、市易法を施行して京師にも置き、更に沿辺を中心とする全国の要地、合計24都市に及ぼした。その都市は京師及び鳳翔府・秦州・通遠軍・熙州・河州・岷州・蘭州・永興軍（以上陝西）、成都府・黔州（四川）、真定府・定州・滄州・大名府（河北）、広州（広南）の他、鄆州・楚州・泗州・真州・潤州・蘇州・抗州・越州等である。

市易務監官・提挙官・勾当公事官（しえきむかんかん・ていきょかん・こうとうこうじかん）
宋代市易法の運用に当たった財務官僚及び商人。監官と提挙官は官僚であろう。市易法提議の魏継宗は監市易務（監官）に就任するが、もと下級武官（指使）であった。また勾当公事官は豪商より当てられ、考課の対象になった。その下に市易務行人・牙人が置かれた。このような商人の任用は、市井居販の徒の政事堂への登用であると非難されることになる。

市令司（しれいし）
宋代、州県に置かれ、物価（時估）を判定する機関。路の提挙司に報告され、そこで決定してから州県に下され、物資の売買に適用された。

巡漕御史（じゅんそうぎょし）
明・清代、漕運機構とその運営を監察する官。元来、監兌主事が監察していたが、隆慶年間、権限が拡大されたので、代わって巡按御史の1人が、漕運専門にその任に当たることになり新設された。はじめは運営の結果を評価するだけであったが、次第に漕運上の施策万般について発言する権限が付与され、明末には、漕運総督及び漕運総兵官に取って代わる勢いであった。しかし、清代に入り、漕運総督は本来の権限を取り戻し、巡漕御史も本来の姿に返った。

商部（しょうぶ）
清末の光緒29年（1903）年開設され、実業振興政策推進の中核となった官庁。背景に、近代的商法（商律）の成立があった。尚書に載振、左右侍郎に陳璧・伍廷芳が就いた。

商務総局（しょうむそうきょく）
清末、各省城に置かれた実業振興の機関。商部設立に伴って置かれ、その他の要地には分局の商務局を配置した。上海・漢口・南京・蘇州等の機関は、商報の発行、実業学校・商会・工場の設立、その他実業振興のための事業に当たった。

進奏院（しんそういん）
留邸・**邸院**ともいい、唐・五代の藩鎮が京師に置いた連絡事務所。本鎮の**飛銭**兌換を担当することもあった。宋代になり、諸州が京師に置き、機密の漏洩があったので、都進奏院を設置し、文書類の頒布、上奏文等の取り次ぎ等に当たらせた。

水運使（すいうんし）
唐代、安史の乱後、西北辺への軍糧輸送に当たった官。

制国用使司（せいこくようしし）
元初、一時的に置かれた国家財政総轄機関。

制置三司条例司（せいちさんしじょうれいし）
熙寧2年（1069）、財政担当の三司とは別に、新法推進のために設けた機関。副宰相就任間もない王安石の答申による。長官の同制置三司条例に王安石と陳升之が、次官の制置三司条例司検詳文字に呂恵卿・蘇轍が就き、均輸・農田水利・青苗等の改革法案を次々と打ち出し、財政の刷新を目指した。

清河輦運司（せいがれんうんし）
宋代、清河から淮河・汴河にいたる水運を掌る官庁。清河は南清河ともいい、泗水の下流で、梁山泊より徐州・淮陽軍を経て淮河に合する河。

千総（せんそう）
清代、漕運の船団、漕幇を統率する運官。明代の**千戸**。1幇に2名配属され、輸送の良否はその才幹に懸かっていたから、その適性が厳しく問われ、1年の見習い期間を置いて採用され、60歳定年であった。

漕運総督（そううんそうとく）
明・清時代、漕運総兵官に並ぶ漕運運営機構の最高責任者。**総漕**ともいう。**漕運総兵官**が内部の統制に当たったのに対し、漕運総督は外部との円滑化を図りつつ運営に寄与した。補佐官に漕運参将・漕運参政等が置かれ、輸送実務の責任者には領運官がいた。

茶塩都転運使（ちゃえんとてんうんし）
明代、中央直属の茶塩財務を掌る茶塩都転運司の長官。

抽塩廠（ちゅうえんしょう）
明代、交通の要衝に設けられ、商塩に課税する官衙。抽税といっても銀の代納であった。

抽分場局（ちゅうぶんじょうきょく）
明代、**抽分廠**あるいは**竹木抽分局**ともいい、竹木・柴薪等に通過税を課する官衙。商人より現物を徴収したので抽分といった。以前の税課司は戸部所属であったが、工部に所属したので**工関**と言われた。抽分とともに木植に烙印するので担当の中官を抽印木植中官という。

抵当所（ていとうじょ）
市易法の下、市易務物貨の払い下げの際、提出する抵当物資を管理する機関、**市易抵当所**のこと。抵当所は宋初よりあったが、市易法施行後その重要性が増してきた。市易務の物資払い下げは賒請によったが、それは事実上金融であり、田宅・金銀の抵当を要した。抵当所は元利未払いの場合、罰銭の取立てに当たり、さらに抵当物資を処分して現金化した。元豊年間、畿県において抵当所は自ら金融を担当し、まもなく他路に及ぼされ、財政に寄与すること多大となり、市易法を変質させて行った。

殿中省（でんちゅうしょう）
隋の殿内省を受け唐に改称された、皇帝の服御、宮中の衣食住を総領した官庁。五代・宋と受け継がれた。六局あり、尚食は天子の膳羞の事、尚薬は和剤診候の事、尚醞は酒醴の事、尚衣は衣服冠冕の事、尚舎は次舎幄帟の事、尚輦は輿輦の事をそれぞれ分掌した。

都押衙(牙)（とおうが）
唐末・五代、節度使の支配体制の中で参謀役である衙前のトップに位置するもの。衙前には、左右都押衙・押衙・都知兵馬使・教練使等がおり、軍事のみならず、倉庫の出納、商税・酒税の徴収にも当たっていた。

都座（とざ）
魏の尚書省の中核施設で、尚書八座の会議その他の会議の議場、尚書都座をいう。

都水（とすい）
秦漢時代、皇帝の財政、宮廷の収支と手工業を掌管した少府の一部局、渠堤水門・漁税を掌った。

都水監（とすいかん）
特に北宋時代、黄河を中心に、河川・運河の治水・管理を職務とした中央官庁。宋代**五監**のひとつ。王朝の治水・治河政策は、漢代以後水衡都尉が受け持った。唐代には都水監と改称。宋初は三司の河渠案がそれを継承したが、仁宗嘉祐3年（1058）、都水監が復活、黄河沿いの澶州に外都水監も設けられ、各地に都水使者を定期的に派遣して、総合的な治水・津梁・浚渫などの水政を行なわしめた。またある時期には、汴河（大運河）の管理をも職務に加えていた。ただ、黄河の治水は河北・河南の当該路の転運使や地方官の負担となり、労働力や物資の調達で苦しみ、都水監の役割はそれほど大きくなかった。南宋になると、その職務は工部に帰属、都水監の名も消える。

都茶場（とちゃじょう）
北宋後半、四川で榷茶が実施されると、産地の売買茶場を統括する形で成都に都茶場が設けられた。その後、崇寧年間、蔡京が専売法を改革し、国都に都茶場を創設して茶引発売の窓口としたことがより重要で、南宋の都茶場はこれを踏襲する。臨安・建康・鎮江の各榷貨務は、それぞれ並置された都茶場が茶の専売を受け持ち、塩は榷貨務に任せるが、その長官たちは榷貨務との併任となる。軍糧納入や茶の販売区域、商人のあり方などに北宋との違いが顕著になり、東南地域の茶専売が独立した枠組みになった結果である。南宋では榷貨務都茶場は、左蔵庫・雑売場・雑買務とならび、財務の重要機関である四轄の筆頭とされ、長官も北宋の監から提轄の名を冠するように変わる。

都提挙市易司（とていきょしえきし）
宋代王安石新法のひとつ市易法の統括機関。熙寧5年（1072）設置の京師市易務は、やがて榷貨務と合わせて市易東西上下界と称せられ、市易務改称の市易東上界は在京商税院及び雑買務雑売場を併合した。熙寧6年（1073）正月、市易東西上下界は一端三司付属機関の都大提挙諸司庫務司所属となったが、同年10月、三司より独立して都提挙市易司となった。都提挙市易司は、諸州市易司を傘下に置いただけではなく、榷貨務をも管轄したので、熙寧7年（1074）、陝西に係員を派遣し下落した塩鈔を買い支えるなど、専売業務に深くかかわっていく。

督銷局（とくしょうきょく）
清末、曽国藩・李鴻章が実施した塩法・循環転達法において、場商と運商とが搶售する弊害防止を狙った官庁。

督辦塩政処（とくべんえんせいしょ）
清末、宣統年間の塩政改革で中央に新設された塩務総括官庁。後の**塩政院**。

督理銭法侍郎（とくりせんほうじろう）
明代、銭法の事務を担当した戸部の専門官。

内荘宅使（ないそうたくし）
唐代、宮中に属した別荘・第宅・田園等を掌る官。荘宅使は司農寺所属の荘宅を掌った。河南府洛陽の官有の荘宅を掌った東都荘宅使もあった。

把総（はそう）
明代、地方要地に1員ずつ駐在し漕運運営の中心となった機関。全国に12から13員おり、管下の運糧衛所を統率した。清代の糧道に当たる。

売茶場（ばいちゃじょう）
宋代、産茶地の州県が、地域の生産者から茶を買い上げ、それを商人に売り渡す機関、合称すれば売買茶場。買茶場と売茶場を区別する資料もあり、買茶場だけなら園戸と官、売茶場なら官と商人が当事者となるが、両者が表裏している場合も多い。なお北宋時代、陝西の州県で、四川茶を民間に販売する場所を売茶場と呼んだ例もある。北宋熙寧・元豊時代の四川買茶場は40程度だが、主要産地には必ず在城場が見えるから、成都始めそれら州県城では、買茶と売茶場が表裏していたかと思われる。特に宋末、蔡京の茶法改革で、茶引（販売許可証）や計量・包装の規定が細密になると、茶売買の手続が面倒になり、合同場などの新語が登場するが、実質は売茶場と変わらない。

版曹（はんそう）
北宋後半から主として尚書戸部の別称として使う。元豊の官制改革で、三司が消滅し、中央の財政の中心は戸部に戻った。しかし、従来の両税などの財政を主管する左曹に対し、王安石新法で新しく歳入に加えられた、提挙常平司を中心とする財源が右曹の管轄に入り、両者が並立したので、旧来の賦税出入を掌握する左曹を版曹と呼んで区別した。間もなく区別は厳密でなくなり、戸部そのものを版曹と呼ぶことが一般化する。版曹の版は版籍を意味する。

百総（ひゃくそう）
清代、漕運における112戸衛所の運官。明代の衛所の**指揮使**・**千戸**・**百戸**は、清代に**守備**・千総・百総と改称されたが、百総は順治年間に廃止され、後に千総の下にあって補佐する官は、おおむね**随幇官**といわれた。

氷井務（ひょうせいむ）
宋代、開封城夷門の中にあって氷を貯蔵したところ。

平準務（へいじゅんむ）
宋、哲宗朝に復活した市易法のもと、市易務名称の元符3年（1100）における改正。国が交易によって利益を求めるのではなく、物価安定を狙うという願いを込めようというもの。太府寺等の市易案も平準案と改められた。

保商局（ほしょうきょく）
清末、南洋華僑の帰国者を保護するために、厦門に次いで沿海各省に設置された施設。のち厦門の保商局に代わって、広州に置かれた**商務総局**がその役割を果たした。

両税使（りょうぜいし）
唐代、建中年間に置かれた両税等銭物を総管する官。

楼店務（ろうてんむ）
宋代、主として国都坊郭の官有地と家屋を管理する官署。開封では、**店宅務**と呼ばれ、諸司庫務のひとつとして重視された。ただ楼店務の名も南宋まで使用され、府州などの城市には楼店務屋地の記事が散見する。特定官署や官職は設けられなくても、地方財政の一環としては楼店務の収益が計上されていたことは、南宋の経制銭に楼店務係省房廊増添三分銭の項目からも知られよう。開封府の店宅務は東西両廂に分かれ、真宗時代には、2万2,300間の屋宇につき年14万5,000貫の収入があり、内蔵庫に納入され、禁中の脂沢の費などに充てられていたという。楼店務の責任者には知県以上の文・武官が任命され、房銭の徴収には50人の掠銭親事官と配下の場子が担当した。また建築関係の官署とも提携し、廂軍を労働力に使い、杭州では500人の楼店務指揮が置かれていた。なお店宅務の官地は丈尺で計り、等級付けられていたが、家屋や房廊は間が単位だった。

②実務行政・胥吏

胥吏（しょり）※
秦の始皇帝に始まる郡県制の下、地方長官の手先となって徴税その他の任に当たるもの。彼らは正式の官僚ではなく、実務に当たる吏員に過ぎなかったが、宋代に至ると3年足らずに交代する地方官に代わって実質的に地方行政を牛耳り、吏に封建あり、とまで言われるようになった。元来俸給が与えられなかったが、宋代、倉法によって支給されることになった。中央・地方を問わずあらゆる官庁に屯したが、清代、1県に200から300人、多いところでは1,000人にもおよんだという。彼らは、ギルドを組織し、その地位を世襲し、往々、攬戸等、地域の有力者と結び、莫大な手数料を手にすることができた。

孔目官（こうもくかん）※
宋代府州の最高級吏人の称呼。孔目は公文書の目録をも意味するが、ここでは役所の一孔一目まで、すなわち細大漏らさず目を通す意味で、帳簿や文書をはじめ、諸般の府州事務を統括する胥吏頭を指す。何人か孔目官がいれば、その長が都孔目官となる。なお中央の吏部には孔目房が設けられ、吏部各部局を統括する。本項の孔目官は、唐代後半、藩鎮の吏職として現れ、五代の中原と蜀や楚などの地方政権でも置かれ、いずれも相当の知識人が任用されている。五代の後唐以後の諸王朝では、県や州の吏の代表として史料に現れ、都孔目官は、10段階ある使院職級の最上位に置かれる。このランクは、宋代の正規軍殿前司のそれと似ており、そこでも孔目官が最上位にきている。

阿塔思馬（あとうしば）
元代、馬上遊戯の監督官。

院長（いんちょう）
宋代、犯人逮捕に当たる胥吏をいう。

款司（かんし）
南宋期、州県の獄吏が置いた定員外の胥吏をいう。

櫃書（きしょ）
清代、銭糧徴収に当たる胥吏の一種。

給使（きゅうし）
宋代、中書（三省）と枢密院に所属する胥吏。宰相と執政（副宰相）の下で事務に当たった。

経承（けいしょう）
清代、中央・地方の官衙の各課（房）に1名置かれた胥吏頭。自ら養成した胥吏を多数採用し、事務の遂行に当たり、土地の売買と名義変更をも掌った。そのポストは家産化し（**欠底**という）、売買の対象になった。

兄弟（けいてい）
元代、衙役の朋充。**次身**ともいう。

庫子（こし）
元代、民戸から選ばれて倉庫管理に当たるもの。

庫司（こし）
元代、庫官の下、倉庫管理に当たる胥吏。**司庫**ともいう。

闊端赤（コトルチ）
元代、皇帝近侍の馬子。

光学銭（こうがくせん）
唐・五代、国子監の監生が提供する官庁経費。官庁経費は自弁する習わしがあり、宰相の提供する光学銭、御史の提供する**光台銭**等があった。

斛手（こくしゅ）
米糧斛を計る人夫。

雑職（ざつしょく）
明代、**正印官**でなく、雑多な卑小職務に当たる流外の官をいう。正印官とは、正任掌印の官の意で、衙門に在って特定の職務を自分の名前で執行する官。

山河使（さんがし）
五代・宋、水流の激しい河川の漕運を掌る衙前の一種。

算手（さんしゅ）
明代、州県衙門の下級胥吏として、あるいは里甲内にあって事産・税糧を計算する人。

攢典（さんてん）
宋元時代、官府の倉庫出納担当の胥吏。

手分（しゅぶん）
宋代、府州のあるランクの吏人の総称。例外もあるが、本来は個々の吏職の名称ではない。府州の胥吏は、前代節度使体制の影響が残り、**職級**・**前行**・**後行**・**貼司**などの枠に区分される。史料を集めると、孔目・職級・手分・貼司とか、職級・典書・手分といった用例が多く、あるいは命官・手分、知雑司・手分・書写人といった列記もある。そこから推定すると、府州の中級の胥吏である前行・後行と重なり、貼司よりは上のランクかと思われる。蘇轍は『欒城集』で、「呉・蜀では家ごとに書算を学び、小民は州県の手分に充てられることを願う。彼等は手分以外に他業がない」と言っている。手分の出自や程度が推測できるだろう。

巡子（じゅんし）
宋代、場務におかれた私設の巡邏兵。私酒取り締まりを名目に略奪を恣にした。

庶僕（しょぼく）
唐代、官庁や官吏の雑役に当てられた力役の一種。

所由（しょゆう）
言葉そのものは、原因となること・取り扱うところなど、ありふれた用語だが、唐から宋代、時として役人の名称に使われるケースが見られる。『資治通鑑』の胡注は、「租税を催督する吏卒」とか「捕盗官吏」と説明する。それらは州県の役人の殆どに該当する職責で、所由に固有の説明とはなり難い。ただ、唐から五代の史料には、地界所由、郷村所由、あるいは節級・所由などの用例が多く、そのことに関係した吏から転じて、所由が役人の名称として独立した可能性は高い。胡注には「坊市公人これを所由と謂う」ともあり、また『唐会要』には「坊市所有勾当」と書かれている。北宋真宗天禧5年（1021）の統計（『宋会要』兵3）では、開封府10廂の役人数を挙げるが、各廂に1人の都所由と2～5人の所由の名が見える。廂制を敷くような城市では、都市の役人として、唐代以来所由を置いていたかと推測できる。なお南宋の『嘉定赤城志』では、県の役人の末尾に所由の項があり、かつては1県10人もいたものが、南宋では1～2人にすぎず、台州の院虞候が派遣されていると注記する。ここでは刑獄関係の役人だったのかもしれない。

尚乗寺（しょうじょうじ）
元代、馬事・馬政を管掌する官庁。衛尉院の廃止後に設けられた。

将吏衙前（しょうりがぜん）
唐末五代の節度使の属官に由来し、宋に入って専ら官物の輸送を専門職とした衙前のひとつ。元来、兵馬使・都知兵馬使・左右都押衙・守闕教練使・教練使・左右押衙・子城使・中軍使等の職名のもの。北宋末期、**都吏**・**副吏**・**介吏**・**公皂**・**衙皂**・**散皂**・**上隷**・**中隷**・**下隷**等の名称に一時改められた。職役免除の特権を有するために群がり投献するものが絶えなかった。

承受（しょうじゅ）
宋代、地方長官の下、一切の事務を処理する胥吏あるいはその見習い。**百司係籍人**ともいう。

紳辦（しんべん）
清代、釐金徴収、税捐徴収等をその地の紳士に委嘱代辦させることをいう。一般には**委辦**と言われたが、紳士に委嘱することが多かった。一種の請負行為である。

専副（せんふく）
宋代、主として倉庫・場務などの事務処理、配下の役人を監督する吏職。**専知**は普通には、専門の管轄者・責任者の意味だが、唐代、諸官庁で広汎に使用され、たとえば吏部の制敕甲庫と関連して、その名が目立ってくる。専知官と官の字がつくが、これは唐代後半からの通例で、専業化した胥吏（吏）にすぎない。宋代になると、府州の庫蔵や駅逓、酒場務や税務などにその名が現れる。『慶元条法事類』では、連帯責任者の一枠として専副の名がしばしば登場する。倉・庫・場・務などの経済関係の官署の事務処理とともに、そこで使用する庫子・揀子・斗子たちを主管する。公人では衙前の次に位置づけられている。なお、中央政府の財庫左蔵庫は東西に区分され、南宋時代には、専知・副知・押司・手分・書手・庫級・兵士の順に胥吏と兵級が配属され、東西各庫に、専副2人、他の吏15人、庫級と兵士各20人が定額であった。

度支監（たくしかん）
元代、馬や駱駝の芻粟を掌る官庁。

茶湯銭（ちゃとうせん）
胥吏に支給される給与、あるいは宋代、官僚の兼職の際、本俸以外に支給される給与。

貼書（ちょうしょ）
南宋期、州県官衙で定員外に置かれた胥吏をいう。

提控（ていこう）
明代、各衙門に１人置かれた胥吏のトップ。宋代すでに在外府州県衙門にあった。吏務を提控するの意。

比卯（ひぼう）
期限を立てて銭糧を徴収し、犯人を逮捕すること。官庁の業務は卯の刻に始まるので出勤簿を**卯簿**ということに由来する。

鋪長（ほちょう）
明代、**鋪司**に同じく県内各鋪を提督する胥吏をいう。

幇身白役（ほうしんはくえき）
元代、**朋身白役**ともいい、胥吏にかわって役を負担した私的胥吏。１人に数人つけられた。

門司（もんし）
都市の出入り口、すなわち城門の警備に当たるもの。

攔頭（らんとう）
宋代以降、商税徴収の中心となった、州県職役に由来する下級の吏人。攔は遮るの意。宋朝は、全国的な物資の流通を背景に、いち早く商税徴収網を整備し、州県のほか交通の要衝には税場を設け、商税収入を国家財政の重要な柱とした。その税場（もしくは税務）で、商税徴収に当たった吏を攔頭と呼び、その名は宋に始まる。最初は転運司で推挙させ、真宗初期には客戸の任用も認めたが、やがて五等税戸を差充したと言われる。神宗熙寧に募役となり、一応３年１界とされたが、雇銭は支給されなかった。府州では30人、県は10人未満の定額だが、州県城市以外の交通路などに置かれた税場では、次第に攔頭の横暴が顕著になり、配下に多数の家人を置いて不法な徴収にあたり、商人や通行人を苦しめた。

③地方財務・官庁

安撫使（あんぶし）
宋代、軍事を中心に、特別の事態に対し、中央から直接派遣する高官、あるいは重要府州の知事に付与する官名。安撫の称は汎用でき、唐代では10道に皇帝が視察官を派遣、彼等を安撫使と名付けた。宋代の安撫使はその性格が幾つかに分かれる。異民族と接する河北や山西では、河北縁辺安撫使（雄州）、河東**縁辺安撫使**（代州）や、広東・広西には**経略安撫使**が置かれ、軍事をも兼掌した。また西夏との軍事行動の際には、中央高官が経略安撫使として特任されることもあった。他方、災害や社会不安が起ると、各路の中心府州の知事が臨時に安撫使の肩書きをつけ、より広汎・強力に政務を遂行したほか、北宋時代は河北や陝西に置かれた軍事路の知州も安撫の肩書きを帯びる例がある。北宋末から、現在の省都に相当する府州の長官が、安撫使の肩書きを貰い、職掌を軍政にまで広げることが一般化する。こうした知州を**帥臣**と別称することもある。

安辺所（あんへんしょ）
南宋の嘉定年間、韓侂冑及び宦官・胥吏より没収した家財、囲田・湖田・白地銭その他の国有財産を管理する機関。増加する対金歳幣の財源確保が狙いであった。

院務（いんむ）
元代の商税等の徴収機関。課額によって３等に分けられ、提領・大使・副使・都監等が置かれていた。

衛所（えいしょ）
明・清代、軍隊の駐屯地をいう。明の太祖朱元璋は、要害の地で１郡内に限られる場合は、**所**を、数郡に亘る場合は、**衛**を設け、おおむね、衛は5,600人を擁し、千戸所は５分の１の1,120人、百戸所は112人であった。清代になると、衛所は辺地を除いては、漕運業務用のみ存続した。

苑馬寺（えんばじ）
明代の軍馬飼育機関。北直隷・遼東・甘粛・平涼その他の地域に置かれ、寺ごとに６監、監ごとに４苑、都合24苑、苑ごとに4,000から１万の馬を養育した。

塩運使司（えんうんしし）
清代から民国にかけて置かれた各省の塩場監督官庁。単に**塩運司**ともいう。長官が塩運使。職掌は明代の都転運塩使司に同じ。長蘆・河東・山東・両淮・両浙・両広におかれ、両淮では揚州にあった。嘉慶年間、河東は改めて河東道兼辦塩法道となり、福建は初め駅塩道が置かれ、次いで塩法道に改め、四川は塩茶道が塩運使司の名前に改められた。塩運使司の名前は元に始まり、**榷塩所**を経て都転運塩使司となり、明に受け継がれた。

塩駅道（えんえきどう）
清代、道員の一種。塩務と駅務を掌る。

塩課司（えんかし）
明代、運司の下、直接、塩場管理に当たった官庁。場司といった。大使・副使各1人が置かれ、運司のおかれない産塩区では塩課提挙司・塩課司がその役割を担わされた。

塩課提挙司（えんかていきょし）

明代、塩産額の比較的劣る産地を管轄する塩務官庁。長官は提挙。その地位は都転運塩使司と塩課司の中間にあり、都転運塩使司と塩課提挙司の両者を併称して**塩運提挙司**といった。

塩局官（えんきょくかん）

元代、大都の塩販売官。大徳年間、大都の塩の供給が不足し、塩商の暴利を招いたので、政府は城内15か所に販売所を設け、直接塩の販売に当たらせた。

塩場大使（えんじょうたいし）

清代、塩場に置かれた監視官。竈戸の折課、商人の私塩持ち出しを取り締まる。

塩政（えんせい）

清代、康熙年間、巡塩御史に代えて置かれた各省塩務管轄の官職。専任の長蘆・両淮以外は、総督・巡撫の兼任であった。道光年間、両淮は両江総督の管理下に置かれ、塩政は廃止された。

塩法道（えんほうどう）

明清代、各省の塩務を掌る道員・道台の一種。**塩道**・**塩道台**ともいう。職掌はほぼ都転運塩使（塩運使）と同じ。

課税所（かぜいしょ）

モンゴル支配下の10路および路以下の区域に置かれた課税機関。**宣課司**・**税課所**・**監権税課所**ともいわれた。

貨税報験公所（かぜいほうけんこうしょ）

清代、釐金局における様々な弊害を除くための対策として置かれた通関所。荷物に関する荷主の詳細な報告を受けて、公所は**通関表**（**報験単**）を発行し、それをもとに釐金局が検査する。

海州榷貨務（かいしゅうかくかむ）

北宋初、六榷務のひとつ。榷貨務の出先機関として、五代呉越国であった両浙路の茶の集積地の役割を果たした。

回図軍将（かいとぐんしょう）

唐末・五代、節度使管下、孔目院職官のひとつ。**回図**とは**回易**のことで、交易して利益を上げること。宋では廃止されたが、回図務そのものは存続した。

榷運局（かくうんきょく）

民国、全国9ヶ所の販塩地に置かれ、塩の分配・運輸・収支を掌る官庁。9ヶ所は鄂岸（漢口）・湘岸（湖南）・皖岸（安徽省大通）・西岸（南昌）・沙市（湖北）・宜昌（湖北）・花定（陝西）・晋北（太原）・吉黒（長春）。**稽核員**（検査官）が事務に当たり、運塩の要地には検査に当たる**掣験局**が置かれていた。

監司（かんし）

宋代、全国各地に置かれ、皇帝と直結する監督・監察官職。州県の上位にあるが、それらを統括する地方官署ではない。広大な中国では、古来、地方と中央を結ぶため、官制上も配慮がされてきた。前漢武帝の元封5年（前106）に、設けられた13部州と刺史の制度は、郡・県を監察するものであったが、監司はその系列に繋がる。唐代では、全国を10から15の道に区分し、それを単位に、必要に応じて観察、安撫、租庸など多くの種類の、臨時の皇帝の使者が派遣されて、地方の実情を中央に報告した。宋でもこの伝統を継承し、太宗の至道3年（997）道を路に改め、各路に常置するようになった長官を**転運使**と呼び、地方行政を統括するとともに、中央とのパイプ役とされた。間もなく司法部門の監督のため**提点刑獄**が分離設置され、さらに北宋の後半神宗時代、新法実施を契機に特殊財務を監督する**提挙常平**が加えられ、この3者が1路の諸政を監察した。これらの官名はいずれも非伝統的な名称だったため、文言では、それぞれ**漕司**・**憲司**・**倉司**と呼ばれる。なお、北宋時代、異民族対策のため、西・北辺に軍隊が駐屯し、また対西夏の軍事行動が起こると、安撫使などが特置され、限定された路の軍政を監督した。これを監司のひとつに加える考えもあるが、必らずしも賛同されるものではない。このほか、職官志などでは、北宋末に現れる、提挙学事司や提挙鋳銭司、あるいは提挙市舶司なども監司に準じて叙述するが、賛成できない。大まかにいうと、監司は、転運司5、提点刑獄3、提挙常平2という勢力配分で考えればよい。宋初の15路の多くは、東西あるいは南北に二分され、北宋では23～24、領土の縮小した南宋では16路、各路に上記3人の長官が配備されたが、原則として転運司と提点刑獄司は一路の別々の府州に治所を置いた。監司は規定に従い、定期的に管内を巡察し、皇帝に実情を報告し、あわせて人材を推薦することが主務であった。このため、各監司の役所の規模や属官の構成はむしろ小さく、南宋にはやや増加するものの、管勾・勾当・幹辦など、これまた宋代特有の職名を持つ下級官員が、長官の辟召で任用されるにすぎなかった。11世紀以後、制度が安定するに伴い、転運使・副使・判官や提点刑獄の官僚体制内での位置も固定し、中央の中級以上の官との流動が図られる。監司の長官は科挙出身官僚の出世コースとしても重要なポストになる。元代の省の出現により路は性格を変え、それと並行して監査司も姿を消す。転運司・提点刑獄の発展的継承者として、**布政司**と**按察司**が登場、省の民政と刑政を分担し、府州県の上位に立つ純然たる行政長官となる。清代ではさらにその上に**総督**と**巡撫**が置かれ、ここに秦漢いらいの地方官制は、中央・皇帝のもとに一元化される。宋代の監司はそこに至るひとつのステップであった。

監掣同知（かんせいどうち）
清代、道光年間の塩法改革の際、淮南・淮北に新設された塩官。両淮において開運・到岸の期限を厳しくし、運商・船戸の遅滞・夾帯を取り締まることを任とした。

監兌主事（かんだしゅじ）
明・清代、漕糧の交兌の監視を任とする監兌官。

監当官（かんとうかん）
宋代、財務、経済を職掌とした官員の総称。知事などの親民官と対置される。唐代には法制用語として、職務の責任者を**監臨**と呼んだ。唐の後半、重要性を増した財政担当の物務官に対し、監臨物務の称ができ、宋代になると、監当物務・監当場務が現れ、これが監当官に統一された。中央の中小官庁から、地方の部局まで、財務担当者は監当官の枠に入れられ、知州や知県の親民官とは区別される。官員の人事も、監当差遣や監当資序などの枠組みが設けられ、官僚制度のひとつの柱になった。恩蔭出身の武階所有者や胥吏あがりが大多数を占め、科挙出身の親民官からは、その重要性と反比例して蔑視される。

管糧主簿（かんりょうしゅぼ）
明代、督糧官をいう。

管糧通判（かんりょうつうはん）
清代、兵餉の供給その他一般糧務を掌る通判。

管糧郎中（かんりょうろうちゅう）
明代、辺鎮の軍餉担当官。

儀鸞司（ぎらんし）
宋代、皇帝祭祀・朝会・巡幸・宴享の手配や宮廷内の幕簾・幄帳等の設営を行なう官署。元豊の官制改革以後は衛尉寺に属す。

軍資庫（ぐんしこ）
宋代、府州の最も主要な財庫。その名は五代に存在していたと推測される。宋初から諸州府の財庫の称呼としてあらわれ、受納された両税は必ず軍資庫に送納するとか、州県・諸司の入るところ、一金以上は悉く軍資庫に入れ収掌するといわれる。現存南宋の府州志の地図には、必ず軍資庫を載せている。通例では録事参軍の管轄下に置かれたが、杭・真・広など重要州では監軍資庫官が特置され、中級官員の左遷ポストとなっていた。

群牧司（ぐんぼくし）
北宋・遼・金・西夏の軍馬飼育機関。北宋では群牧制置使・同群牧制置使・群牧使・同群牧使・群牧副使・群牧都監唐が置かれた。

群牧所（ぐんぼくしょ）
金代、官馬養育場。西京路に7ヶ所あった。

験米大臣（けんべいだいしん）
清代、海運の際、天津に派遣された戸部尚書・倉場侍郎。南糧の数量・米色等の検査にあたった。

戸部主事（こぶしゅじ）
主事の名は漢代から見られ、おおむね中央官庁の文書を扱う胥吏であった。明代では、六部に置かれて最下級の官員に昇格し、戸部主事で漕糧の交兌を監視するものは、監兌主事といわれ、漕糧の倉庫を管理するものは、**管倉主事**と言われた。

估馬司（こばし）
宋代、京師に置かれた馬の売値を評価し、その書類作成を掌る官庁。諸州購入の馬を収容し、分別して麒驥院に送った。

公使庫（こうしこ）
宋代、州軍以上の官庁にあった公使銭を貯蔵する庫。**公使銭**は公用銭ともいい、官吏・軍人・外国使臣の接待費であるが、官僚の俸給の一部ともみなされていて、地方財政に占める役割は大きかった。庫には、宴会用の調度品をも貯蔵した。**公使煮酒庫**ともいう。

工部主事（こうぶしゅじ）
主事は元来胥吏を任じたが、明代には下級の官員となり、戸部主事同様地方に派遣され、運河管理の様々な任務に就いた。山東寧陽県に駐在して漕道の管理に当たった管泉主事、徐州洪・呂梁洪を管理した管洪主事2人、1人は安平鎮に駐して済寧以北を、1人は高郵州に駐して済寧以南の閘を管理した管閘主事2人等がいた。

交子務（こうしむ）
北宋仁宗の天聖年間以降、成都に設置された交子運用を職務とする財務官署。成都府通判の管轄。3人の監官の下に80名ほどの胥吏、印匠81人、彫匠・鋳匠・雑役などがいた。四川の楮幣は良質で、南宋隆興年間には、成都城西の浄衆寺に抄紙場が別置されるほどだった。なお大観以後、交子が銭引に改称されると、成都の交子務も**銭引務**に変る。また、陝西などで四川交子が使用されると、秦州その他に交子務の出先機関が置かれたこともある。

催綱司（さいこうし）
唐代、舟綱を掌る官。

坐糧庁（ざりょうちょう）
　明・清代、京師・通州に置かれ漕糧受領を掌った官庁。単に**糧庁**ともいう。明の万暦年間、戸部郎中・員外郎を派遣して、通州倉の漕糧収支を監視するために設置され、通恵河の管理にも当たった。清になって機構拡大に伴い、倉場総督の下、京師にも置かれ**京糧庁**といい、通州は**通糧庁**といったが、間もなく通州は廃止され、京師が坐糧庁となった。その任務は、通恵河の浚渫、堤岸および閘門の修築、漕船・回空船の督促、経紀・車戸の監督、通済庫の銀の出納、通州の戸部分司の税課事務等に及んだ。

察訪使（さつほうし）
　宋代、神宗の時、地方に派遣され、新法の青苗・募役・農田水利法等の実施状況を監査し、督促に当たった官。

市舶司（しはくし）
　宋代、海外貿易を主管した官署名。唐代、大食や波斯などの外国商人が海路来航し、揚州や杭州・広州で活動した。玄宗開元2年（714）には市舶使の職名が起り、海船による貿易を**市舶**（市易舶貨）と総称したことが知られる。市舶司は広州などの開港場に置かれ、輸出入を統括したが、本来は該当地の知州に属する一部局だった。正式の官職名としては、宋代には市舶使あるいは提挙市舶使はなかったようである。
　提挙市舶司では出入の内外船舶とその交易品を管轄し、専売の象牙犀角や香薬はじめ、多種多様な貿易品の分類・関税の徴収・政府への納入などの業務のほか、海船や乗組員の登録、外国人居留者の保護・居住なども受け持った。その職務の概要は『元典章』市舶、市舶則法23条から類推できる。哲宗元祐2年（1087）、泉州に提挙市舶司が置かれてから、ここが海外貿易の中心地となった。泉州郊外九日山の祈風碑刻は、それに関係した貴重な資料であり、宋末、泉州の提挙市舶だった蒲寿庚の事蹟も注意される。また市舶司の出張機関は**市舶務**とも呼ばれ、恒常的でないが、浙江明州（寧波）・秀州華亭県・密州板橋鎮や温州などにその存在が知られる。

市馬司（しばし）
　宋代、市馬を行った官庁。**市馬務・買馬司**ともいう。市馬とは、純然たる商行為による買馬の方法をいう。元豊年間、**茶場司**と合併して**都大提挙茶馬司**となり、次いで**茶馬司**と言われるようになった。広南西路の邕州買馬司には幹辦公事官が置かれ、峒丁・土丁に担わせず、馬は4尺2寸以上、100匹ごとに1綱となすことなどが定められた。

沙田局（さでんきょく）
　民国、省長に直属し、江岸地・デルタ・堆積洲等を管理する地方官庁。

守候旗丁（しゅこうきてい）
　清代、漕船の到着地、通州に常駐した幇ごとの1人の運軍。

巡院（じゅんいん）
　唐、代宗のとき揚州地域に13ヶ所、その後は各地に設けられた官衙。逓夫を配置し、京師に物価の高低その他を通報させた。

巡塩御史（じゅんえんぎょし）
　明清時代、中央派遣の各省塩務監察の官、**塩差**ともいう。康熙年間、**塩政**となり、その後廃止あるいは督・撫が兼任し、塩運使司・塩法道が置かれる省もあった。

巡倉御史（じゅんそうぎょし）
　明代、十三道監察御史の中、倉場の巡視督察を任とする官。

巡茶御史（じゅんちゃぎょし）
　明代、茶馬の巡察を任とし、内は三司の官属を督し、外は蕃夷を服属させた。

商税使（しょうぜいし）
　唐末、藩鎮下の商税徴収官。

商税場（しょうぜいじょう）
　宋代の小県・鎮・市・関・寨・渡などに置かれた商税徴収所。税務より規模が小さく、監官として下級の武官あるいは選人も送られたが、おおむね胥吏あるいは郷村の職役戸が買撲して運営した。

場官（じょうかん）
　元代、都転運塩使司の下、司令・司丞等、塩場を管理する官員。

食茶務（しょくちゃむ）
　宋代、人民飲用の茶を販売する官署。山場同様、淮南路にあった。

神霄宮（しんしょうきゅう）
　正しくは神霄玉清万寿宮といい、宋代、徽宗の道教重視政策によって諸府・州・軍・監内にある僧寺を道観に改変した際に付与された呼称である。政和7年（1117）以後各地域の神霄玉清万寿宮は国家の保護のもと、年ごとに童行を度すことが認められ、度牒が賜給され、田産が増置され、夏秋の両税、房廊賃銭・支移折変等の諸税も免除され、厚遇された。当時、州郡では神霄宮を奉じる務が侈靡にかたむき、財を費やし民を苦しめたという（『宋史』巻380、蕭振伝）。南宋になると高宗の建炎元年（1127）に天下の神霄宮を罷め、さらに東南諸州の神霄宮の旧賜田及び房銭・贍学銭を籍して取り立て国用を助ける施策がとられた。

親民官（しんみんかん）

宋代、地方州県の長官はじめ、直接民衆と接する官員の総称。古くから郡の太守や県の県令たちは、**牧民官**とされ、自らの仁徳で感化・統治する建前だった。宋代、社会が複雑化すると、伝統的な牧民の官のほかに、大量の財政・経済専門の官員が出現する。彼等は監当官と総称されるが、その対語として、親民官の名が普遍化する。直接民衆と接して統治する知州・知県などの地方長官がそれに相当。科挙出身の官員は、その官歴の最初は、知県や通判などの親民官として、実務を経験させられた。従って、宋代の官僚制度には、親民差遣・親民資序などの枠が設定され、監当官と明確に区別される特色がある。

水利通判（すいりつうはん）

明代、宣徳年間から弘治年間にかけて、江南７府に置かれた水利専門の通判。

随幇官（ずいほうかん）

清代、漕船団に付き添う輸送指揮官。衛所の百総級のものが担当した。

制置解塩司（せいちかいえんし）

宋代、陝西解州の池塩の生産・販売を担当する官庁。単に**解塩司**ともいう。元来、知州が解州塩政を掌っていたが、慶暦８年（1048）、范祥がこの官に任じられてから常置されることになった。

税課司（ぜいかし）

明代、府州の要地に置かれた商税徴収官庁。県に置かれたものは**税課局**といい、明初は400余あったが、後、次第に削減された。京城のものは崇文門その他にあり、**都税司**・**宣課司**といい、清にうけつがれた。

税鋪（ぜいほ）

南宋時代、地方官司が勝手に設けた商税徴収機関。

税務（ぜいむ）

宋代、**都商税務**・**都税務**・**務**・**場**に同じ。商税徴収機関である。

税務司（ぜいむし）

清代より民国にかけて関税管理した官。多くは外国人の任。総ぶる官庁が総税務司。

清理財政処（せいりざいせいしょ）

清末の光緒34年（1908）、財政の中央集権化を狙って設けられた官庁。各省には清理財政局を置き、中央から正副の監理官を派遣し、各省の収支を精査させた。

走馬承受（そうばしょうじゅ）

宋代、各路に派遣されて偵察を任務とした下級武官および宦官の職名。皇帝の耳目として当地の軍事および一般状況を報告した。北宋末、**廉訪使**と改名した。

漕台（そうだい）

清代、米穀の輸送を掌る官吏をいう。

漕儲道（そうちょどう）

清代、漕運組織のある８省各省の中心的職官。道員のひとつ、**糧道**ともいう。管下に衛所を持ち、漕船を淮安まで、河南・山東は通州まで押運し、漕糧の督徴・船隻の修造・交兌の監督、運軍・運官の任用等の権限を持っていた。これに対して、一般糧務担当官は**糧儲道**といった。

漕標（そうひょう）

清代、漕運総督の率いた緑営。在外緑営の一種。清末には７営、3,400余名を数え、漕運に当たる運軍の保護警備を担当した。総督管轄下を**督標**、巡撫管轄下を**撫標**と称する類である。

総管（そうかん）

宋代、地方に派遣され、軍旅を掌っただけでなく、時に知府州を兼任して文武の実権を掌握した武官の職名。総管の名は北周に始まり、有事の際の行軍・駐屯を掌った。宋も受け継ぎ、（馬歩軍）都部署を（馬歩軍）都総管に改め、（馬歩軍）部署を（馬歩軍）総管とし、南宋では文官を総管に、武官を副総管にあてた。その下には（兵馬）**鈐轄**、（路分）**都監**あるいは（兵馬）都監等があり、州以下の関・城・県・鎮等の地方都市に派遣された場合は、その長官を兼任した。資歴の浅いものを（兵馬）**監押**という。おおむね武官として駐屯禁軍を管轄し、捕盜・商税徴収の任にも当たった。宋の真宗・仁宗の頃、治水工事の任に当たるもいた。元代、達魯花赤の下におかれた総管は、民政長官としての色彩を強め、江淮地方の財賦を管轄するために総管府が置かれることになる。

総結房（そうけつぼう）

清末海関事務室の一種。統計資料の整理および貿易冊の作製等に当たる。Return office の訳語。

総督・巡撫（そうとく・じゅんぶ）

明・清代の地方長官で、総督は総制・制台・督軍・制軍等ともいい、巡撫は撫台・撫軍・撫院・部院等ともいう。共に明代、中央の大官でありながら地方に派遣され、軍務を総督したが、清代に入り、総督ははじめ各省に１員置かれ、軍務を提督し、糧餉を総理し、官員を察挙する等、正式に民政及び軍政の長官となった。一方、巡撫も康熙４年

(1665)、民政の長官として、はじめ18省に各1員置かれ、郷試の際は監臨官として試場を総摂し、武挙の主考官となった。民政長官の巡撫に対し、文武兼掌し地位が上の総督は、康熙26年（1687）に1、2省を併合して5員（間もなく7員）に減らされ、巡撫を兼ねることになり、その結果、巡撫は次第に減少することになった。

総領所（そうりょうしょ）
南宋において、淮東・淮西・湖広・四川に置かれ、軍人に支給すべき銭糧を掌かった戸部の出先機関。長官の総領は、**餉臣**ともいい、正式には総領財賦・総領某路財賦軍馬銭糧という。建炎元年（1127）の北宋の滅亡に伴い、陝西駐在の軍隊は四川に入り、大量の軍糧を必要としたので、四川から上供すべき歳額を一時預かり、辺事安定を待って、返済することとなった。しかし、軍事費の需要は続いたので、紹興11年（1141)、楚州・建康・鄂州の3ヶ所に総領軍馬銭糧司（略称総領所・総所・総司）を置き、各路大軍の財務を担当させた。楚州の淮東総領所は鎮江諸軍、建康府の淮西総領所は建康・池州諸軍、鄂州の湖広総領所は鄂州・荊南・江南諸軍を管轄した。のちに四川にも総領所が置かれ、興元府・興州・金州に駐屯する軍の銭糧を管理させたが、その財源は茶塩の専売収益にも及ぼされたので、扱う財賦は他の3ヶ所に比して巨大となり、やがて中央の財政を圧迫するようになる。

造処冊（ぞうしょさつ）
清末、総税務司署の上海にある補助機関。

存票房（そんひょうぼう）
清末海関・内班所属の一事務室。貨物預入証書に関する事務を担当する。Drawback officeの訳語。

大公事房（だいこうじぼう）
清末海関・内班の一事務室、general officeをいう。秘書室のごときところ。大公事房は大写擡・進口擡・出口擡・復出口擡・結関擡・餉単擡・号頭擡・出口総単擡・蘇杭擡・碼頭捐擡等の課よりなる。

大写擡（だいしゃたい）
清末海関の内班の総元締め。重要文書の処理決済に当たる。Head deskの訳語。

台伝御史（だいでんぎょし）
隋代、御史台に直結し、州郡に倉庫を置き、山沢地を利用して民間との交易に当たり、雑収入を管理して地方官給与を捻出した地方財務機構の責任者。

知県（ちけん）
宋代以後、府州の下位の地方小区画、県の長官を指す。唐代までの**県令**が、宋代に入って知州と同様に権知県事に変り、その略称として知県が汎用される。版図の狭かった宋では、県の数は約1,200、通常は知県のほかに、**県丞**・**主簿**・**県尉**の官員を置き、定額100人程度の胥吏を使い、行政が行なわれた。なお県令の称は、武官もしくは位階の低い知県に対して使用されることがある。知県は親民官の末端ではあるが、民衆と直接触れる機会も多く、科挙出身のエリートも、その官途の初めに、一度は経験すべきポストとされていた。

知州・知府（ちしゅう・ちふ）
宋代以後、地方の大区画、府州の長官を指す。漢代の郡を継承した唐代の州の長官は、**太守**、**刺史**と呼ばれた。宋代、皇帝政治が確立すると、皇帝の代理で州を統治する意味で権知州事の称ができ、知州と略されて一般化する。現代の**知事**の淵源でもある。宋代、地方の大区画州は約240、そのうち国都や重要な州は府、軍事・交通の要衝は軍と区分され、通例は5～10の県を管轄した。府は北宋では10以下だったが、徽宗時代から増加し、南宋では30以上に達する。軍は50程度、ほかに州に準じる監という区画が数ヶ所あった。普通の州は1～3万戸、大小と重要度により、段階がつけられ、節度・団練・軍事などの肩書きも持った。府州軍には長官のほかに、通判以下10名程度の官員と、300～500人の胥吏が置かれ、民政全般を受け持ち、重罪以外の判決も下した。知州・知府は親民官を代表し、科挙出身のエリートが経験させられる、地方官の代表的ポストであった。

茶引局（ちゃいんきょく）
清代、安徽省南部に置かれた、茶引の頒布および茶課の徴収を掌る官庁。

茶塩制置使（ちゃえんせいちし）
宋代、江南地方の茶塩の事を掌る官。**制置使**は沿辺軍馬の事を掌る官で、のち安撫使に兼ねさせたが、宋初、新たに獲得した茶塩の産地を管理すべくこれが置かれた。

茶課司（ちゃかし）
明代、産茶地域に置かれた、茶課の徴収等を掌る官庁。茶課は、陝西・四川の権茶法地域では、茶の生産者から収買する際の割当額であるが、通商法地域では商人への引由販売額となる。

茶局（ちゃきょく）
明代江南の産茶地方に置かれ、茶引と茶貨とを対比検査し、その可否を決定する官庁。のち**批験所**と改められた。

茶馬司（ちゃばし）
宋代、蜀茶を資本に西蕃との茶馬交易に当たった官庁。陝西と四川にあった**権茶司**と**買馬監牧司**において運茶買馬の貿易がなされていたが、北宋末にこの官庁を置き、南宋には都大提挙茶馬司と改め、明清代には**茶司**・茶馬司・買馬監牧司の名前に戻り、事業は受け継がれた。明代には商茶茶馬司といって、商人に陝西産茶地より運送させ、茶馬司を介して西寧・河州等の衛に発売し、商人には茶1,000斤につき銀50両を支払ったが、累積された官茶が湿爛した場合は、粗茶100斤、芽茶35斤につき、銀5銭にしかならなかった。

茶釐局（ちゃりきょく）

清代、福建・浙江・安徽・湖北等の産茶地域に置かれた茶に対する釐金徴収所。多くは茶商の公所が年額を推定して**包辦**（請負）した。

通判（つうはん）

宋代、府州における長官（知州・知府）の次官。その名は決裁文書にともに署名押印することに由来。宋初、湖南馬氏の併合とともに、通判諸軍州事が中央から任命され、節度使の地方支配への影響力削除を図った。太祖の乾徳年間から、これが主要な全国府州に設置され、知州とともに地方行政の責任を負った。本来は知州の属官ではなく、官署を別にし、知州の目付け役も兼ねた。北宋の中頃から、知州と通判の上下差が明白になり、後世のように、通判は知州の次官に変化する。また南宋では、主要な府州には複数の添差通判が置かれることもあった。

提挙在京諸司庫務司
（ていきょざいけいしょしこむし）

北宋時代、元豊の官制改革まで、**三司**（大蔵省）に直属し、70から120程度の、大小多種多様な財務官署を統括した役所名。唐と宋の財政機構の相違がそこに浮き彫りにされている。唐代の戸部を基礎に著しく巨大化した三司の下には、現実に適合した多数の財務官署が叢生したが、やがてその整理が必要になる。3代皇帝真宗になると、三司に直属するこの機構が作られ、場・務・庫・院その他雑多な名称の国都の財務官署すべてを統括することになる。ただし、これら在京の諸司庫務は、重要性や性格の相違により、その職務の内容にまでは介入できず、責任者や業務の管理・監督が統括の限度だった。在京諸庫務は、宮城内と開封城内に分散し、特に前者には宦官も多く登用され、後者も監当官と総称される、恩蔭出身の武官が優越していた。上は左蔵庫や内蔵庫、権貨務まで含まれるこれら諸司庫務は、統合などの変遷を経ても、神宗時代なお72部局が存在していた。官制改革に先立ち、元豊元年（1078）この官署は廃止され、管下の多数の部局は、再生した六部と九寺三監に分属させられてゆく。

提挙常平司（ていきょじょうへいし）

宋代、路の**監司**の一部門、転運司の監督する財務以外の、各路の特殊財務を管轄する。神宗熙寧2年（1069）、王安石は新法実施のため、全国に30人の提挙官と12人の同管勾官を派遣した。彼等は提挙常平等官の名を帯し、所管の路で、農田・水利・青苗・免役などの財政政策推進を担当、新法後においても、監司の一員として定着していった。転運、提刑より格付けは下位ではあるが、南宋に入ると東南6路の提挙茶塩司と合体し、提挙茶塩常平等公事として、監司の中で独自性を維持した。雅名を**倉司**という。

提挙制置解塩司（ていきょせいちかいえんし）

宋代、陝西解州塩の払い下げ、塩鈔との交換塩の値段の管理等に当たった官庁。

提挙茶塩司（ていきょちゃえんし）

宋代、茶事を兼ねた各路塩政の官。略称は**提塩司**。**提挙**とは他官の兼任ではない専従の官の意。塩政は発運司（大漕という）あるいは転運司に数路を委ねて（都漕という）担当させたが、熙寧4年（1071）以降、提挙茶塩司を東南6路の各路にあるいは数路を兼ねて置くことになった。旧法党天下の下、提挙の名は嫌われ、憲司（**提点刑獄司**）によって兼ねられた後、崇寧元年（1102）には専門官の提挙措置淮南塩事として復活する。政和元年（1111）の東南6路の提挙茶塩司は、宣和2年（1120）、全国的に置かれ、**塩香司**・**茶香塩礬司**として香・礬の事も兼ねた。その後、提刑・常平を併せ一司となることもあったが、南宋の紹興15年（1145）、提挙常平茶塩公事と改称され、南宋末まで続いた。専門官の設置は、塩の生産・運搬・消費の管理機構に変化をもたらし、塩政末端の**塩監**は、おおむね生産管理の催煎場、収納の買納場、販売の支塩場に分化していった。

提点在京倉草場所
（ていてんざいけいそうそうじょうしょ）

北宋時代、三司に直属し、国都に輸送されてくる米穀と芻草を保管する場務の統括官署。運河を通じて国都に送り込まれる米穀が、何より重要であった北宋では、国初からこうした機関が創設されていたであろうが、この官署名は真宗始めから出現する。**船搬倉**・**税倉**・**折中倉**の三者計25の国都の倉（穀物倉）は、本来司農寺の管理下にあったが、国都の生命線として漕運穀物の重要性が増すと、これも三司直属の機関で統括が図られる。粳米・糯米・小麦・菉豆・大豆・粟などに区分された各倉に、監官が3人ずつ配置され、その配下には、三司の労働者が多数配備される仕組みができあがる。ただ、こうした官署の位取りは低く、やはり元豊5年（1082）の官制改革で廃止され、業務の内容は司農寺に戻される。

提点刑獄公事（ていてんけいごくこうじ）

宋代、路の監司の一部門、司法業務の監督を職責とするが、転運使同様、定期的に管内を巡察し、地方官の勤務評定や推挙をも行なった。宋初、転運使の定着過程で、司法関係の職務を分離し、淳化2年（991）、提刑司が創設、以後数回の試行錯誤を経て、11世紀前半の仁宗時代にその制度が定立する。原則として、同一の路でも、転運司とは治所の府州を異にし、統属関係にはなく、皇帝と直接繋がっていた。それ自身の法廷や刑獄は持たず、機構や属官は小規模で、毎年定期的に管内を巡回し、地方の実情を皇帝に報告した。また、経総制銭など、事柄によっては、財政問題に介入することもあり、武臣提刑の存在など、宋代特有の性格で色づけられていた。雅名を**憲司**という。明清時代の**按察司**の前身。

糴便司（てきべんし）
北宋、至和２年（1055）、大名府に置かれた河北糴便司のこと。芻糧を糴便して辺境の軍儲を掌った。

転運司（てんうんし）
宋代、路の**監司**を代表し、監督官ではあるが、皇帝に直属する地方官の最上位。ほかの監司も同じだが、司は官署、使は個人を指す。宋代では一路の財政、民政の監督始め、人材の推挙を職責としていた。その名称は、唐代先天２年（713）、漕運と関連して現れ、軍需物資や糧食の特殊輸送の際使われた。宋初の全国制覇では、各方面軍（路）への輸送責任者を指したが、軍事行動が終了すると、その地域の民政を掌握、やがて漕運を離れ、路の最高官に定着した。通常は、府州の知事を終えた中級官員が任用され、中央政府登用の一段階とされた。属官としては転運判官が重要で、また高官の転運使には都大の字が加えられた。北宋後半から、勾当公事・準備公事といった長官の辟召による属官も置かれたが、大きな官署や組織は持たなかった。明清の**布政司**の前身と看做すことができ、雅名を**漕司**という。

都塩院（とえんいん）
北宋、解塩を収納し、京師および京東諸州への出売し、それによって給与を支弁した官。

都転運塩使司（とてんうんえんしし）
元を承けて明代、両淮・両浙等の主な産塩区に置かれた塩法行政官庁（単に**運司**ともいう）。その長官・都転運塩使は次官の同知および副使と共に、塩引を販売し、竈戸に塩課を督促し、私塩を取り締まり、塩場の訴訟処理にあたり、さらに中央に銀を納めるなど、塩政万般を業務とした。分散する塩場の管理は**塩課司**・**塩倉**および**批験所**にゆだねられたが、中間に分司が置かれており、業務万般は逐一巡塩御史に報告された。なお運使のおかれない産塩区では、塩課提挙司あるいは塩課司がその役割を担った。所属の官庁にはほかに文書処理にあたる**経歴司**があった。清代の塩運使司は都転運塩使司を継承したもの。

土塘局（どとうきょく）
民国、省長に直属し、海江護岸の土木工事を掌る地方官衙。

道員（どういん）
清代、布政史・按察使管轄下の分守道・分巡道の長官、**道台**ともいう。地域で区分された済東道、職務で区分された塩駅道・塩法道・糧儲道・漕儲道等がいた。

督冊道（とくさつどう）
明代、布政使補佐官の左右参政・参議の分道の職。江西・陝西等の省に置かれ、賦役黄冊・魚鱗図冊等の作製を掌った。

督糧道（とくりょうどう）
明・清代、布政使の補助機関のひとつで税糧受納の事を掌った官名。明代、布政使補佐官の左右参政・参議の管轄区域は広域なため、各々一部府州県を担当させ、**分守道**といわれたが、そのひとつの督糧道は13布政使に各々１人置かれ、省城に駐した。清になって、税糧担当の道員は２種に分けられ、漕運のある省は漕運総督の属官・**漕儲道**となり、その他は総督・巡撫の管轄に帰し、**糧儲道**といった。

内地運単房（ないちうんたんぼう）
清末海関において洋貨税単・土貨運単の発行を担当するところ。Transit office の訳語。

内班（ないはん）
清末海関において大公事房・派司房に従事する職員。In-door staff の訳語。内班に対する**外班**は、検査員・見張り役等をいう。

派司房（はしぼう）
清末海関で、関税納入証明書の**存票**のほか、旅行許可証・列車無料乗車券等を扱う事務所。派司は pass の訳語。

把壇（はだん）
元代、金銀を掌管した平準庫の吏員。

発運使（はつうんし）
宋代、東南６路の賦税等の上供を掌る地方長官。唐制を承け、建隆２年（961）、京畿東路発運使を設けたのに始まる。その後、江南東西路・淮南路・両浙路発運使及び各副使が置かれ、また荊湖南北路発運使が加わり六路発運使となった。咸平４年（1001）に都大発運使と改称され、神宗が新法を実施するに当たってその重要性がまし、王安石はその改革の劈頭を飾る**均輸法**を実施するに当たって、中央の大蔵省たる三司の出先機関としてこの発運使との連絡を密にし、転運使を指揮して、賦税のみならず茶塩、鉱産物の輸送の合理化を促進させた。北宋を通じて置かれていたが、新旧両党の紛争により、その役割は弱められ、特に政和2年（1112）、漕運における**直達法**の導入により虚設となった。宣和3年（1121）、発運使陳亨伯に経制使を兼任させ、都大の呼称を罷めた。南宋では興廃を繰り返したのち、紹興8年（1138）、経制発運使と改められた。翌年、経制発運使は発運の2字が除かれ**経制使**となった。乾道6年（1170）、再び都大発運使が置かれたがすぐ廃された。その職掌は、おもに諸路の転運使があつめた米粟を河や蔡河等の水路を通じて京師に輸送すること。ときに茶塩・財貨の政務等も行なった。

比較務（ひかくむ）
宋代、商税徴収所が州治に2つ以上ある場合、主なものを**都税務**、その他を比較務といった。たとえば鎮江府の場合、都商税務のほか、江口税務・比較東務・比較西務があった。

批験所（ひけんしょ）
産塩区から行塩区に至る指定された道途、すなわち運道上の要衝に設置された**掣験**の場所。ここの検査済みの印がない塩引類は回送され、一層厳しく検査された。それを**押回盤験**という。批験所の設置は、元に始まり明・清と受け継がれた。**掣庁**ともいう。淮南塩に関しては泰壩・北橋・儀徴及び長江上にあった。泰壩は泰興にあり、同治年間まで場商と運商が交わるところであり、そこの掣験を**壩掣**といい、それを掌った**壩官・壩客**は**場商**の塩を私塩として流用したので、同治年間、瓜州に桟（倉庫）を置き、場商の掣験をそこへ移した。これを**桟掣**という。北橋は運河上にあり、**橋掣**といい、長江上は**大掣**といった。

布政使（ふせいし）
明・清代、省の財政・一般行政を統括した承宣布政使司の長官。布政使司は刑獄の按察使司、軍事の都指揮使司とあわせて**三司**という。後、布政使は左右の2人となり、補佐官の左右参政・参議も置かれ、全国13布政使司の制も成ったが、総督・巡撫が設けられてからは、その地位は軽くなり、清に至ってその属官となった。

復出口擡（ふくしゅつこうたい）
清末海関・内班に属する一課で、再輸出・転輸を担当する。Re-export desk の訳語。

副巡工司（ふくじゅんこうし）
清末海関において上海に駐屯し巡回監視を担当するもの。Deputy coast inspector の訳語。

分卡（ぶんか）
清末、各県内要地に置かれた、県の税捐徴収総局の分局。国税・省税・県税徴収に当たった。民国になって名称は廃止された。

便銭務（べんせんむ）
宋初、便銭を発行した開封の官衙。便銭は左蔵庫に納銭した商人に与え、諸州で換金させた為替手形である。

牧監（ぼくかん）
唐代、太僕寺の下、地方に設けられた牧場で、馬牛等15群の飼育・上供を任務とした。監・副監・牧尉・牧長・牧子等が置かれ、5,000匹以上を上監、3,000匹以上を中監、それ以下を下監といった。明初にも馬100匹を1群とし数群を管理する、溧陽・溧水・長淮・江東・香泉・滁陽・大興・舒城等、14ヶ所置かれたが間もなく廃止された。

牧馬千戸所（ぼくばせんこしょ）
明代初期、南京に設けられたのち北京にも分調された、軍馬滋養機関。

問事擡（もんじたい）
清末海関の一課。通関手続き一切の質問、税銀の未納・督促・正誤等を担当する。Enquiry desk の訳語。

釐局（りきょく）
清代および民国初期、釐金を徴収した所。**釐金局・釐卡・局卡・卡局**等ともいう。**卡**は番所の意。その下に、貨物通貨の起点をいう**起局・起差**と、貨物検査の**験局**の2局があった。地方によって一起一局制あるいは二起二局制があり、前者は最初の通過地を**起局**、次を**験局**としてそれぞれ釐金を徴収し、後者は第1局、第3局を起局、第2局・第4局を験局として各釐金を徴収する制度である。**釐捐総局**は徴収事務を管理する官庁。各省の長官が**釐金総辦**。

糧審院（りょうしんいん）
宋代、**糧料院**と**審計司**の合称。共に六院のひとつ。糧料院は文武百官の給与を掌る。審計司は旧名を専勾司といい、南宋高宗の諱を避けて改名し、糧料院の審査に当たる。南宋では両者ともに総領所にも置かれた。

糧儲道（りょうちょどう）
清代、各省一般糧務担当官をいう。明代の**督糧道**は、清代、糧儲道と**漕儲道**に分けられた。

糧料使（りょうりょうし）
唐末五代、節度使の下、庶務をはじめ軍事・財政を掌った官。

六院四轄（ろくいんしかつ）
南宋時代、性格は異なるが、ある程度の重要度を持ち、人材登用の一段階としても位置づけられた10種の中小官署の総称。六院とは、登聞検・鼓・糧料・審計・官告・進奏の各院、四轄は、権貨務・都茶場・雑買務・雑売場、文思院、左蔵庫（封椿庫）を指す。四轄の名は、南宋になり、その長官に提轄の2字を付けたことに由来する。その半数は、榷貨務を筆頭に、当時重要視された財務官署で、その長官は、優秀な地方官から抜擢され、中央官界へのステップとなるポストともなった。

六榷務（ろくかくむ）

北宋初期、長江に沿って設置された茶の専売官署。名前の知られるものは8ヶ所あるが、太宗時代は6ヶ所に落ち着く。榷貨務と呼ばれる例も多いが、正確にいうと国都の榷貨務とは違い、その出先機関と言うべく、**榷務**とする方が適切であろう。南唐を主産地とする江南の茶は、五代すでに中原に販路を拡大していた。宋は経済政策上、江南茶の流入とそれに伴う南方商人を制限するため、長江の要所に榷務（専売官署）を置き、分属生産地から茶を集め、そこを通じて茶商に販売した。江陵・真州（建安軍）・海州・無為軍・漢陽軍・蘄州蘄口の榷務がそれである。たとえば海州榷務は杭州など浙江産の茶を扱い、有力茶商が集まった。これら榷務もやはり仁宗時代の茶法改革とともに廃止された。

淮南礬事司（わいなんばんじし）

宋朝、徽宗の大観2年（1108）、礬の通商を円滑に推進させるために設置した官署で措置淮南路礬事司のこと。同様のものは淮南のほか河東・河北の産礬地にも設置された。なお淮南西路無為軍産の礬は淮南礬といわれ、通商路分は東南諸路であった。

3　賦税

①総記

貢賦（こうふ）※

上の取るものを賦といい、下の供するものを貢という。これが租賦の始めであり、その制は唐虞に起こり夏后氏に至って備わったとされる。

賦税（ふぜい）※

歴史的には賦と税は性格を異にする。漢代では金銭課税としての算賦・口賦を**賦**といい、田租を**税**といった。魏晋では従来の金銭課税は絹綿の**調**となり、これを賦と称し、田租は戸調式発効期間以外において税と呼ばれた。晋の戸調式発布以後は賦・調を**課**と呼んだ。北魏均田制以後は田租が人頭税に入ったので、租と調を合わせて賦、または課といい、人頭税以外の所得税・収益税を税といった。唐代には両税全般を総括的に表す呼称として賦税・税賦・租税・租賦などがあったが、最も多く使用されたのは賦税である。宋代に賦・税両者は合一し、王朝の課税は労働力徴発の**徭役**と、穀物・財貨を徴収する**賦税**とに二分される。ここで言う賦税は、土地・財産・人丁などを基準に賦課される直接税とそれに準ずるものが中核となる。唐代後半の両税法実施とともに、それまでの租庸調の賦税制度は根本的に変化するが、8～10世紀はまだ過渡期であり、特に五代の間は中原王朝・地方十国ともに税制の試行錯誤が続いた。宋王朝とて両税法を画一的に施行することは不可能で、原則的な法規の制定にとどまり、現実の運用は場所と時期、社会の状況に従い千差万別であった。

広大な宋代の中国では環境・社会生活・習慣などの地域による相違が甚だしく、全土を単一の税制で縛ることなどは不可能であった。『宋史』食貨志では賦税を公田・民田・城郭・丁口・雑変の5種類に区分するが、民田の賦だけでも、穀は7種類、布帛糸緜（まわた）11種類、金鉄4種類、物産が10種類に大別される上、例えば7種類の穀はさらに48に、10種類の物産は51に細分され、それらの大部分がどのようにして両税として賦課徴収されるのか調べることも容易ではない。宋代賦税の基本文献が、その時々の租税制度、その弊害や問題点を網羅的に記載するに過ぎないのも止むを得ないといえよう。

宋代の賦税（両税）は、人戸の現住地において、戸単位に資産の多寡（通常は田産所有高）に応じて賦課する。この基本点は唐代を継承する。**税戸**（課税戸）は主として農村の土地所有者（**主戸**＝地主・自作農）だが、官戸も課税範囲に加えられる。また多数の**客戸**（主として佃戸）は原則は課税の対象外であっても、丁口の賦をはじめとする名目をつけて負担の枠に入れられがちであった。

課税田地は古来の伝統に従い、生産性や地域性などを考慮して、上中下3等をさらに各三分した**三等九則**と通称される区分により差等をつけて税額が定められた。田税は看板としては10分の1が掲げられたものの、現実には名目外の付加税や中間搾取が多く、農民の手元には余剰はほとんど残らない。また三等九則とて地域差は著しく、田地以外に何を課税対象の産業に加えるかにも相違があり、隣接する県でも課税額に数倍の差が生じる場合もあり、その是正は困難であった。現場の郷以下では**「郷原の体例」**と総称される地方個々の慣行が基礎になっていたものと思われる。福建のいくつかの県では、三等九則の肥瘦に基づき**産銭**と呼ばれる課税指数が決められ、それに従って賦税徴収が実施された。

宋代両税の納入時期は、地域の自然条件により6区分された。夏税は旧暦5月1日から8月15日が最も早く、6月15日から9月30日が最も遅い。秋税は華北では9月1日から翌年1月15日、江南ではそれよりひと月ずつ遅れる。夏秋とも期限は3分され、それに応じて督促や災害対策などがとられた。

賦（ふ）※

賦は『唐韻』に「責也」、『説文』に「斂也」、また『爾雅』には「量也」とあって、税を割当て責取すること、またその税を指す。これによって国家の政務費用を賄うために民有地に課する公法上の収入を意味する。古く田賦によって兵を出したために兵・軍を指す場合もある。後世に至り、賦は雑税に対して国家の正税を指すようになる。地租すなわち土地に対して課するものを**地賦**、人頭税すなわち人に対して課するものを**丁賦**という。

清代康熙以後、賦は専ら田租を指す語となる。清代には**賦銀**・**糧**・**銭糧**・**正課**・**地銀**・**地糧**などの名称があり、銀両または米粟を、あるいは銀米を併せて徴収したもので、これが銀地・米地・八旗銀米などと呼ばれたゆえんである。また併せて**耗銀**が徴された。しかしこれらの物納が不便であったことから、嘉慶以後は各地方に通用する銅銭で、官定の兌換相場によって代納することが許されるようになった。

賦役（ふえき）※

賦税と徭役を併せた語で国税の総称。元来、賦は**地賦**すなわち田地の租税、役は**力役**の意であり、両者は明確に区別されていた。古制では賦は**兵賦**を指したが、春秋後期に各国が田畝から地賦（地租）を徴するようになると賦は税と混合し、秦漢以後、賦は戸口に割当て徴収される税を指すようになる。一方の徭役は、1年に何日間というように直接民間の労働力を徴発し、道路の修築、河川の浚渫などの土木工事に使用したもので、これを力役と称した。その後、雇役・庸役となるにしたがい、人頭税として徴収された丁税が役に充当されるようになる。清代の康熙年間、丁税を地租に組み込み、地丁として徴収されるようになると、賦役はもっぱら田租を指す語となった。

財賦（ざいふ）※

財貨の賦税のこと。また、財物を指すこともある。

税（ぜい）※

賦税・租税・税金・税収のこと。また、それらを徴収あるいは納付すること。借用・賃貸すること、またそれらの料金をさす。商税を単に税ということもある。

西魏では、雑任役は一般の課口に比較して税負担が軽減されたが、この軽減負担をとくに税租（または租税）と呼ぶ。田租と賦税を指して税租と呼ぶこともある。唐代では両税を総括して表現する用語として、**租税**の語が使用された。税金はまた**税捐**ともいう。

また**税銭**とは**戸税**のことである。税銭の出現は唐代の永徽元年（650）以後、乾封元年（666）までの間と思われ、はじめはその1年間の収入を元金とし、旧来の公廨本銭の方法により料銭に充てたが、のちには税銭そのものを京官の料銭とし、税銭を元金として利息をあげることをやめた。

租（そ）※

1字で多義に用いられる。不動産のうち田土ならば、田土に割当ててその収穫の一部を上納させる年貢を指し、政府に上納するとき、税・租税・租という。地主に上納するとき、租・田租という。家屋では租という。動産の場合、賃借、借料を租・租賃・租借という。

課（か）※

賦役に関する語であるが、それが包含する字義は広い。それぞれの用法に共通する要素を考えるならば、わりつける・わりあてるといった公に対する負担の分配に求めるのが妥当であるが、漢代の時点で既に仕事・職務といった特定の意味として用いられ、語義の分化は進みつつあった。西晋以降には力役のみならず租・調などの税物をも意味するようになり、課役と称する場合の課はこれに該当する。また、唐代以降には塩課・茶課のように物品を対象とした税も課と称されるようになり、課の語が指し示す内容は容易には捉えきれないものへと変じていった。

課役（かえき）※

唐代において租庸調を示す言葉。課は租と調を、役は力役を意味し、それらを合わせた語として課役が用いられた。

課戸（かこ）※

唐代において課役を負担する者を課口あるいは**課丁**と呼んだが、この課口のある戸を課戸と称した。

課口（かこう）※

均田制の下で税役負担の義務を負う者を指す語で、**課丁**ともいう。具体的な負担内容については時代ごとに相違があり、西魏においては租・調の納付が求められたが、唐代には庸・雑徭の徭役も負担内容に加えられた。

課子（かし）※

穀・帛によって納める税のこと。南宋の淮南地方では両税の代替として課子が納められることが多かった。

課程（かてい）※

税の一種。**資課**ともいう。税役にまつわる語としての課の用法は実に多様であるが、唐代頃より物品を対象として徴収された税を意味する事例が増える。課程もそうした語のひとつであり、史料中に各種税目の一種として挙げられる商税課・塩課・茶課・魚課・酒醋課・金銀課などはいずれもこうした課の用法に即したものと考えて良い。また、程は物品の貴賤によって定められる額面を意味したが、のちにこうした税目の中で商税が中心を占めたことから課程の語は商税を指し示す語としても用いられるようになった。

課入（かにゅう）※

宋代、専売と商税収益をいい、**征榷**ともいう。歳入は、両税収益の賦入と課入に分けられるが、宋代以降、課入が**賦入**を上回ることになる。専売収益は**課利・課銭・榷課・課額・額課**ともいう。

捐（えん）※

本来の意義は自発的に私財を寄付、供出することである。しかし政府が財政の窮乏を補填するために、あるいは新しい公共事業の経費に充てるために、臨時の税の如く強制力を伴って徴収される捐は少なくなかった。それにもかかわらず捐と称するのは、民がこれを負担することによって国家に報いる意義があるからという。漢の文帝の時、粟を沿辺に送ったものに爵を与えたのに始まり、歴代、銭穀納入者に官位を与えることが行われ、**入粟・入貲・進納・捐納・売爵・買官**等といわれた。**捐監**というのは、科挙の1段階の監生となることをいう。清代末期になると、釐金も**捐釐**といわれ、税率は低いながら広く徴収され、その他商業部門に対する捐は多く、店舗や流通分野から街路の物売り・人力車夫・娼妓など都市下層雑業層にまで及ぶことになった。その収入は莫大な対外賠償金の支払い、また道路・水路の修築、学校・警察の設置運営など近代化政策推進の財源として用いられ、また地方財政における最重要の歳入項目であった。主な捐としては**房捐**（家屋税：家屋の材質により等差）・**鋪捐**（店舗税：商店・倉庫・質屋・茶館・劇場などに細分）などがあり、徴収は捐局が、未納者の処罰は県衙門が行っていた。そこからは、土地付加税中心から商工業課税へ財政の転換、および急速に膨張し流動化する都市の管理強化の志向が認められる。

什一（じゅういち）

収穫物の10分の1を取る租税徴収方法。天下の中正といわれた古典的収取法を指す。孟子が什一の税を理想とし、その採用を主張したために、単に什一といえばこれを指すかのようだが、戦国末期頃に作られたと思われる記録にも什一の税が行われたらしい記事がある。おそらく当時の土地生産力の向上によって、戦国末に領主の収得分が事実上収穫の10分の1となり、孟子の理想が実現したものと思われる。なお、漢代初めにはこれを更に引き下げて、田租を什五の一とした。また、唐の永泰元年（765）に、京兆尹第五琦の奏言に基づき、京兆府下で同年と翌大暦元年（766）の2ヵ年実行された什一税がある。これにより麦の稔った5月に収穫の10分の1を徴収してそれまでの秋粟のほかに夏麦に対する課税の途を開いたこと、田土の肥瘠により等級を分けた徴収法を採用したことが、後世へ大きな影響を与えた。

正税（せいぜい）

地賦・丁賦および陸海の関税、輸出入税など、国家の財源として中央政府に属する法定の租税。雑税に対して、正税という。同様の法定の租税を指すものとして**正款・正賦**、また唐代には雑調に対して**正調**がある。

税畝（ぜいほ）

周代には井田法を定めて税は10分の1を原則としたが、春秋時代、魯の宣公15年（前595）にはじめて土地の丈量を実施し、10分の1税のほか、百畝を超える余畝に対しても10分の1を科した。この税法を税畝また**以畝定税**といい、先王の遺法を破るものとして『春秋』に記されている。

差発（さはつ）

金・元代、民戸に課した各種賦税の総称。主なものは**税糧**と**科差**（**差科**ともいう）であったが、南・北、官・民に違いがあった。北方の税糧には**丁税**と地税があり、丁税は一般民戸・官僚・商人が納め、**地税**は工匠・僧・道が納めた。南方の税糧は両税法によった。科差には一般民戸を対象として**絲料・包銀**の2者があったが、包銀の納付が銀から中統鈔に変更されるに伴い、その価値が半減したので、包銀として中統鈔1両を増納させ、俸鈔と称し官僚の俸給に当てられたので、科差は3者となった。

三分法（さんぶんほう）

賦税分類法のひとつ。『荀子』王覇篇では田野之税・刀布之斂・力役の3者に分類されている。また『孟子』の力役之征・布縷之征・粟米之征も、やや異なるが三分法に従っている。

常賦（じょうふ）

固定的な賦税のことであり、広義に用いるときは税一般を指す語。

銭穀（せんこく）

銭幣と穀物、通常は賦税のことを指す。史記にある「問天下一歳銭穀、出入幾何」の類で、銭糧、銀糧と同じ。また、その会計・財政管理のことも銭穀と称する。

貸賦（たいふ）

貸は官より民に貸し付けた穀物の種子および糧食のことであり、賦は算賦・口賦・更賦などの租税を指す。

二分法（にぶんほう）

古代の賦税分類法のひとつ。力役より田租が分岐した当時の分類法。

賦斂（ふれん）

戦国の記録に見られ、兵役免除の際に武器調達の義務の代わりとして徴収されたもの。漢代には賦が賦歛と呼ばれたが、これは女子も同時にその義務を負わされていた。租の語に対して用いられ、田租は含まず人頭税となっている。賦歛の権は中央政府に属し、地方にはなかった。

②査税・税籍

彙田冊（いでんさつ）
土地台帳の一種で、清の康熙10年（1671）に嘉善県知県莫大勲が均田均役を実施した際に作成したもの。業主ごとに所属する図甲や地片番号・面積などが記されていた。

一則（いつそく）
明代、張居正の丈量において地目別の税額の等則差を廃して徴収率を一元化することがあったが、これを一則と称した。

家業銭（かぎょうせん）
宋代では、家業は普通名詞としては**家産**と同義で、主戸一家の動産と不動産の総称である。宋代では、それに銭をつけ、**五等丁産簿**の戸等決定の重要な指標とした。**戸等**は財産高で決められるが、その指標は、地域・時代・慣行などで異なる。田土や家屋の面積、両税の賦課額のほか、江南の先進地では田土の生産性（**畝頭物力**）とそれ以外の財物を合せて、貨幣（銭）に換算した数字を出し、それを家業銭と呼ぶ。田土以外の財物とは、**質庫**・**房廊**・**停場**・**店鋪**・**租牛**・**賃船**・**酒坊**など多様で、**浮財物力**あるいは**営運物力**と名付けられる。特に都市ではこの営運物力で富豪になる者も多かったが、その査定は難しかった。南宋の両浙では和買絹銭の賦課や均糴などが、家業銭を基準に行なわれた。1等戸1万貫、3等戸5,000貫、4等戸100貫、5等戸50貫といった家業銭の数字も残っている。

夏秋税租簿（かしゅうぜいそぼ）
宋代、県単位で毎年作成される両税徴収明細簿。県の両税徴収内容がわかる特に重要な帳簿である。この税簿は郷書手と県の胥吏が作成にかかわる。各郷を単位とし、一定の形式に従い、夏・秋2回、知県の責任で作成し、州に送付する。その内容は『慶元条法事類』賦役式に掲載されている。
県下の郷ごとに、元管戸数をあげたあと、祖額・新収・開閣減免・見納の項目をたて、それぞれを正税・増収銭物・租課に区分、正税は某色若干・雑銭若干・餘色若干の明細を加える。これが県単位にまとめられて州に送付、州はそれに基づき**夏秋税管額帳**を作成するが、大項目は前管・新収・開閣・応管に変り、また最初に主客戸丁数を挙げる。そこには坊郭と郷村の主客戸丁に丁中・小・老・疾病人も含める。それを受けた路の転運使は、最終的に**夏秋税管額計帳**を纏める。ここでは、正税・増収銭物・租課の実催と戸口人丁の2項目となり、それが中央戸部に送られる。
県の**両税簿**は、徴収100日以前に旧簿と関連書類を県から州に送り、審査の結果納付40日前に県に戻される。また、州の額管帳は、夏税正月1日、秋税は4月1日から、それぞれ45日期限で作成し、二税限満から60日以内に転運使に上申する。税租簿は広闊な用紙にゆったりと行間をとって書写されるため**空行簿**と呼ばれる。ただ県からの原簿は必ずしも副本をとらなかったため、五等丁産簿作成と関連させて、3年毎に行間のつまった実行簿も作られ、州に副本として保存された。

解支庫簿（かいしこぼ）
清代、受納した租税の管理に用いる帳簿。商家が用いる控帳・扣帳と同様のもので、税銀を解送・支銷・現存に分けて管理し、その収支が書き留められた。

額該地（がくがいち）
徴税対象となる土地のこと。

帰戸冊（きこさつ）
徴税台帳の一種で、**帰戸実徴冊**・**実徴冊**ともいう。明代に賦役黄冊が形骸化していった後にこれが用いられた。丈量を通じて作成された**業主冊**・業主冊の精査を経て作成された**業主小清冊**の内容を基とするもので、図ごとに冊籍としてまとめられて布政司・府・県および当該の図に保管された。また、その記載内容は耕地の売買が行われると更新され、売買に際して提出される**帰票**・**収票**によって売却・購入の事実が確認されて内容の書き換えが行われた。

九均之賦（きゅうきんのふ）
山林・川沢・丘陵・墳衍・原湿の5地を、それぞれ9等に分かって賦税を徴することをいう。

九品差調（きゅうひんさちょう）
北魏において施行された税制。**貲賦**ともいう。資産額に応じた9段階の等級を設けて各戸の税額を定めるもので、税額の査定は県令が郷吏や父老と共に行った。

空行簿（くうこうぼ）
宋代に徴税に用いられた帳簿。**空行版簿**ともいう。毎年作成され、その空欄（空行）には徴収した租税についての情報が記入された。また、3年ごとに作成される**実行簿**もあったが、民を混乱させるものとの評価もあり、存廃が繰り返された。

計帳（けいちょう）
戸田・田土・課税などの国勢を調して中央に報告する冊籍。戦国・秦漢では上計・計・会計と呼ばれた。

県冊（けんさつ）
明代に民の租税・徭役負担に関する情報をとりまとめた冊籍。**類冊**ともいう。各里の里長は管下の甲から寄せられた冊籍をもとに里の冊籍（**里冊**）を作成してこれを県に提出し、県はさらにこれらをまとめて県の冊籍を作成したが、これを県冊と称した。県冊はさらに府に送られ、府はこれを基に府冊を作成した。

戸口銀（ここうぎん）
明代に**戸等**の上下に応じて支払いを割り当てられた銀のこと。北方において行われていた**門銀**も同様の課税であると考えられる。

戸産簿（こさんぼ）
南宋期に丈量が行われた際に作成された帳簿。嘉定年間に婺州にて経界が行われた際に、その成果として**結甲冊**や**丁口簿**・**魚鱗図**・**類姓簿**などと共に作成された。各戸が所有する全ての耕地がこれに記された。

戸帖（こちょう）
宋代、各戸が所持する不動産帳。現代の土地登記簿の役割を持つ重要な書類。その存在は国初より知られ、恐らく一定様式に従い政府から有料で配布されたと思われ、発行その他には、各郷の戸長や郷書手が密接に関っていた。各戸ごとに、田土の種別・等級、歩畝（面積）、四至、著望（特長）、家屋の間数、納税課額などを記載し、県の公印が捺される。土地売買の契約書、税租簿とともに、自己の不動産所有の証拠となる。**方田均税法**実施の時も、田土だけの帳簿である**荘帳**と表裏して、常に問題とされる。また戦乱や災害で流移して戻ってきた時、あるいは官荘、囲田、新開墾地などで数年耕作定住すれば、まず戸帖の取得が行なわれる。南宋初の混乱期には、特に戸帖銭に等級を設けて徴収し、軍費に充当したこともある。念のため付け加えると戸帖と**戸鈔**は全く別のものである。

戸田執照（こでんしつしょう）
他所からの移住者などに対して官が発給した許可証。

戸等制（ことうせい）
宋王朝の成立基盤である、都市・農村の田土・家屋（家業・財産）を所有する主戸に等級をつけ、両税以外の、職役を始めとした賦課の柱とした重要な制度。上中下3等を設定し、それを3等ずつ合計9等に区分する発想は、極めて常識的なもので、唐代の地税徴収に、すでにこの**九等戸制**が存在した。しかし新しい社会に入った宋代は、それを賦役徴発の中心に置いた点が注目される。宋初は九等の戸等が設定され、形式的にはそれが継承されていたかも知れぬが、4代仁宗になると、郷村では、第五等戸以下はひとつにまとめられた**五等戸制**に収斂する。他方都市坊郭戸は9等あるいは10等に細分されたままで、郷村のそれと異なる。

郷村の戸等は1郷の主戸を財産高により上下に段階づける。一、二等戸は、在地の豪民・地主で、地域共同体の指導的役割を担い、通常は**上戸**、時には**高強戸**とか**出等戸**などの呼称も見える。職役では里正や戸長・耆長に充当される。三等戸は中小地主や上層自営農民が主軸で、**中戸**に相当し、耆長や郷書手になる。四等戸と旧第五等戸は自作中小農民で、中産の家と総称され、弓手や壮丁の役を受け持つ。仁宗以後五等以下の戸は、実施の等級差が少ないうえ、職役担当から除外される、その多くは貧窮農民で**下戸**と総称される。四、五等下戸の占める比率は、少ない場合で6～7割、多ければ9割にも達する。五等戸の土地所有高は20畝と想定されている。**下等戸**とて家産をもち、両税は科せられるが、その現実の形態は、たとえば自・小作兼業など多様であったと考えられる。一方都市の戸等は、北宋前半に欧陽脩が山西の実情を述べた資料が残り、10等に区分されているが、全部が主戸なのか、主戸9等と客戸を合せて10等にしたかの両論がある。

戸等の基本は田土・家屋を主とする不動産であるが、地域によって戸等基準の差が著しい。最も単純には田土面積の多寡だが、田土がその生産性により区分されたり（**畝頭物力**）、あるいはそれを両税徴収の指数（**産銭**）で表示し、所有生産手段や運用資産（**営運物力**）を加えたり、差異が著しい。また戸等は1郷単位で設定されるため、各郷の貧富や経済的相違により、近接する場所でも、同じ戸等の戸数や財産高に大きな不公平が生じがちである。さらに戸等決定は、3年毎に改正される（**推排**）規定だが、在地豪民やそれと表裏する胥吏などの利益を代弁する者がその責に当たるため、多くの地域では戸等は不公平になり、また一旦決まった戸等が固定しがちになる。戸等は北宋の職役だけではなく、坊郭戸に科せられる科率や、南宋時代江南先進地域で徴収された和買絹など、宋代の人民支配のなかで両税賦課と並立する役割を担った。

戸部計帳（こぶけいちょう）
戸口や税収についての全国的な数をとりまとめたもので、唐代に用いられたもの。戸部には県から管内の戸口や税収についての集計結果が寄せられることになっており、そうして集積された情報を基に戸部計帳が作成された。

戸由（こゆう）
明代における上納分の糧銀を徴発するための伝票。各戸の所有する耕地についての情報や銀米徴収額などが記されていた。

五等丁産簿（ごとうていさんぼ）
宋代、県を単位に作られた、賦税・職役賦課の原簿で、各種帳籍の中で最も重要なもの。8世紀後半以降の大きな社会変動にともない、唐代の徴税体制は崩壊し、宋初には戸籍や徴税簿さえ満足なものはなかった。2代太宗に入り、戸籍の整備とともに、徴税に必要な各種帳簿類（**版籍**）の作成が進み、職役と関連して九等の**戸等制**が敷かれ、試行錯誤の結果、4代仁宗の明道2年（1033）、漸く五等丁産簿の制度が全国的に実施されるようになった。

この帳簿は、坊郭・郷村を問わず、郷を単位に作成され、それらはまとめて県に収蔵されるが、副本は上位の府州にも送られる。内容は、各郷の**主戸**・**客戸**とそれぞれの**丁男**数、主戸の田土・家屋を主体とした不動産の所有額、あるいはそれ以外の収入を銭に換算した**家業銭数**、それらに基づき決められた戸等、職役（差役）の種別、などを記載する。これらは両税の賦課基準になると同時に、特に主戸と客戸を区分し、郷村と坊郭の主戸層を戸等に段階付け、職役（のちに免役銭）賦課に役立てた。名称の通り、ここでは丁男と産業が機軸をなし、唐代の戸帳と異なる性格を持つ。

五等簿は3年に1度、閏年に帳簿をチェックし、必要事項を改定する規定であった。これを**推排**と名付ける。その際は、郷役の中心をなす、**戸長**・**耆長**・**郷書手**が集まり、別々に1戸の財産額・丁男数などを書き、それを集めて不正を正し、さらに不当告発も認めていた。しかし現実には、都市・郷村を問わず、地域の利益を代弁する有力者たちの査定が変更できることは稀で、地域共同体の指導者たちの利害を、県が追認するだけで、推排が殆ど行なわれていないという苦情や弊害は枚挙に暇がない。王安石が退いた熙寧7年（1074）、後継者呂恵卿は、五等簿の不実、免役銭不均等を理由に、人々に自己申告させる**手実法**を実施したが、彼の失脚とともに元に戻された。

甲帳（こうちょう）
徴税台帳の一種。宋代に用いられたもので、保長はこれに基づいて徴税を行った。

紅冊（こうさつ）
土地台帳のこと。官庁がこれを所有した。

三梟制度（さんきょうせいど）
北斉における租税の徴収制度。戸を上梟・中梟・下梟の3等に分け、徴収すべき賦税の額に応じて徴収対象を変更するもの。徴収額が少なくて済む場合は上梟のみから徴収するが、中程度の場合は中梟も対象に加え、大量に徴収せねばならない場合のみ下梟からも徴収した。また、納付に当たっても上梟は遠方の場所に、中梟は次に遠い場所に、下梟はその州に納めさせるなど対応を変えた。

三等九甲（さんとうきゅうこう）
元代に鼠尾冊を作成する際に用いられたとされる戸等であるが、その運用実態は定かではない。三等はそれぞれ全科戸・減半科戸・止納絲戸に対応すると考えられている。

三等九則（さんとうきゅうそく）
三則九門ともいう。課税の際に用いられた区分のこと。所有地の種類や収穫量によって上則・中則・下則の課税区分をなし、さらにこれらの区分は上・中・下の3種に分けられて、計9等からなる区分が設けられた。元の三等九甲や明の三等九則などはいずれもこの区分法に従ったものである。累進課税が一般化した唐半ばから以後で広く用いられた税則。

三等九品制（さんとうきゅうひんせい）
北魏において設けられた戸等制。天下の戸を貧富の差に応じて3級9品に分け、1級は毎年賦税を京師に納めさせる一方で、2級は他州の重要な倉庫に、3級は本州に納めさせた。

産銭（さんせん）
両税における夏税を指す語。**産税銭**ともいう。耕地の評価額に基づいて畝ごとの税額が定められ、民はそれを産銭として金銭や絹布を納付した。

司冊（しさつ）
明代に民の租税・徭役負担に関する情報をとりまとめた冊籍で、布政司や戸部に集積されたもの。**総冊**ともいう。

州県総冊（しゅうけんそうさつ）
州県全体の戸口や耕地・税額などを記したもので、明代に用いられた。**計帳**ともいう。州県総冊としてまとめられたのち府に送られた。

集簿（しゅうぼ）
漢代に用いられた徴税のための簿冊。県での徴収事務においてこれが用いられた。

収糧冊（しゅうりょうさつ）
明代、張居正の丈量が行われた際に作成された帳簿。在籍の図とは異なる図に土地を所有している人戸については、丈量ののちこれが作成され、戸ごとに所有地に関する情報が取りまとめられた。

出剰田苗（しゅつじょうでんびょう）
税帳に載らない耕地で、いわゆる**隠田**の一種。『旧五代史』に見える。

推割（すいかつ）
耕地を売買した際に譲渡の手続きをとり、土地台帳の記載を改めること。過戸割糧・過割ともいう。

推排（すいはい）
土地の丈量方法の一種。土地所有者の**自実**ではなく郷都にこれを行わせることで税役負担の不公正を改めようとしたもので、郷都は以前の経界による台帳を参考にしつつ、人々を集めて各耕地の所有関係を確認し、業主や佃戸の変更があった場合は台帳の記載を訂正した。

清冊（せいさつ）
徴税台帳の一種。南宋の紹定6年（1233）に嘉興府華亭県において経界を行った際に甲首にこれが給付された。甲首は管下の耕地についてその面積を清冊に記入し、税額の軽重を定めた。

清冊供単（せいさつきょうたん）
各戸ごとの丁口や耕地に関する情報を記したもので、明代に**黄冊**を作成する際、基礎的なデータとなった。地方官が用意したこの様式は里・甲を通じて各戸の手に渡り、各戸が所定の情報を記入した後は甲首がこれをとりまとめて里長に提出した。

赤暦簿（せきれきぼ）
徴税台帳の一種。明代に北直隷の保定府にて用いられた。大戸が民から租税の徴収する際に用い、官もチェックに当たってはこれを参照した。

赤暦単状（せきれきたんじょう）
元代、倉庫あるいは税務上の一種の収支帳。**赤暦・単状赤暦**ともいう。定期的に上級官庁に報告の義務があった。

銭糧則例（せんりょうそくれい）
清代初め、浙江の嘉興府嘉興県で賦役全書を作成して定めたもので、その徴収は明代万暦年間の額に照し、天啓・崇禎の加増分は免除した。

蔬地課鈔（そちかしょう）
明代における租税の一種。蔬菜地より収穫された物を販売する者に対して課せられた税であり、税額は地畝を基準として定められていた。

地丁奏銷冊（ちていそうしょうさつ）
清代に用いられた報告書の類で、地丁銀米の数目や丁口の数が記されたもの。毎年これらの項目について調査が行われ、年末にその増減が報告された。

逐号田畝業主姓名辦糧図甲細冊（ちくごうでんほぎょうしゅせいめいべんりょうずこうさいさつ）
清の康熙10年（1671）に嘉善県知県莫大勲が**均田均役**を行った際に作成した冊子。圩内の耕地1筆ごと耕地の番号・面積・所有者名・所有者の所属する図甲などの情報が記載された。

砧基簿（ちんきぼ）
南宋紹興12年（1142）、李椿年の提言で開始された**経界法**で作成された土地台帳。堅固な基礎になる帳簿の意。靖康の変のあと、江南始め各地の土地台帳や租税徴収簿は、収拾不能の大混乱に陥り、蘇州の歳入などは3割に減少した。その対策として経界法が立案され、この帳簿が生まれた。各戸自身が、都保ごとの測量のよる田形・丘段（地形）、所有田土の四至や土色（肥沃度）、祖産・典買の相違を記入して作り、官印を受けて発効する。1本は自身が所有し、不動産登記簿となる。副本は郷単位に県・州・転運司に送られる。経界法そのものが南宋全域に施行されたわけではなく、また地域や時代差もあるが、両浙や江西・福建の一部などでは、北宋時代の**戸帖**に相当する、最も重要な各戸の不動産証書として、土地をめぐる訴訟では常に参照された。

田由（でんゆう）
地券に類するもので、明代に用いられた。**由票**ともいい、耕地の所有者に対して給付された。1筆ごとに作成され、字号・地名・四至など**魚鱗図冊**に載せる情報が記されていた。また、当該の耕地が売買される際には契約書とともに**田由**が買主に渡された。

那移（ない［だい］）
土地不正の一手段で、課税対象となる耕地の税目や地目を偽ること。

白冊（はくさつ）
明末に賦役徴収の際に用いられた冊籍。**実徴文冊・実徴黄冊・実徴白冊**ともいう。従来用いられていた**賦役黄冊**が徭役制度の変化に適応できずに形骸化したため、隆慶年間に江南の各地でこれが作成され、徴収に当たって活用された。

撥冊（はつさつ）
清朝において各省の収支決算を行う際に用いられた帳簿。各省は収支をこれにまとめたのち、戸部に提出してそのチェックを受けた。

府冊（ふさつ）
明代に管下の県から寄せられた賦税に関する情報をとりまとめた冊籍。**総冊・府総冊**ともいう。府冊は布政司に送られ、布政司はそれらの情報を元に管轄地域についての黄冊を作成し、これを戸部に提出した。

賦役黄冊（ふえきこうさつ）
徴税台帳の一種で、明の洪武帝が作成させたもの。各戸の耕地や丁口に関する情報を載せるほか、それに基づく徴税額も記す。その作成には里甲制が密接に関わっており、個々の戸にまつわる情報が里甲制を通じて国家の下に集積されるよう定められていた。すなわち、各甲が管下の各戸に作成させた供単の情報を取りまとめて里長に提供し、里長はそれを元に**里冊**を作成、同様にして里冊は**県冊**のために、県冊は**府冊**のために各種情報を提供するが、このようにしてまとめられた情報は布政司の手を経て戸部へと渡り、徴税業務に活用された。なお、賦役黄冊は租税や徭役の割り当てのために用いる冊籍であるため、官吏はこれに編入されず、またその職掌そのものが役に当たる軍戸・匠戸・竈戸なども別の冊籍が作られたため賦役黄冊から除外された。

賦役冊（ふえきさつ）
清代に用いられた丁口調査のための帳簿。明代の賦役黄冊に類する性格のものであった。

賦役正冊（ふえきせいさつ）
明代に賦役黄冊を作成するに当たって、その基礎的な情報をまとめたもの。各戸の情報をまとめた甲の文冊は里長の下に集められたが、里長はそれらを10甲ごとにとりまとめ賦役正冊とした。

賦役全書（ふえきぜんしょ）
清代に用いられた徴税台帳。順治3年（1646）に編纂が命じられて14年（1657）に完成した。各地の耕地や人丁・徴収額など徴税に関する事柄に加えて、起運・存留にまつわる額など租税に関連する一切の情報を取りまとめたもので、省ごとに発行された。各地の地方官はこの台帳に基づいて徴税を行った。

賦冊（ふさつ）
財務報告書のこと。

物力（ぶつりょく）
物力は古くからある普通名詞。経済・軍事力、生産力など多義に使われる。宋代では、田土・家屋その他の財産の時価評価、つまり利を生む資本の意味となる。一家が持つ動産と不動産は貨幣に換算されて**家業銭**というが、それらを構成する田土・家屋はじめ、高利貸資金・倉庫・借家・貸店舗などは、**田土物力**とか**浮財物力**のように物力の2字を付けて呼ばれる。金代にはそれが独立して**物力銭**となる。なお南宋でも物力銭の名はあるが、家業銭と同意。また**物力簿**といわれるものは、五等丁産簿かそれに準ずる帳簿の別称に過ぎない。

里冊（りさつ）
明代に里で作成された冊籍。**文冊**ともいう。里冊は各里の賦税にまつわる情報を集積したもので、各甲から寄せられる情報を取りまとめた里冊は県に送られて**県冊**を構成する情報源となり、それらは最終的に**黄冊**の内容に反映された。

流水日報簿（りゅうすいじつほうぼ）
収税管理に用いる帳簿で、『福恵全書』にその名が見える。収税担当の吏がこれを用い、日々収納した税銀の額を記して上司に報告した。

流水簿（りゅうすいぼ）
元の至正年間に行われた**経界法**において用いられた帳簿。**流水不越之簿**ともいう。1筆ごとに耕地の形状を画き、またその多寡から税額を定めてこれを記した。

領号冊（りょうごうさつ）
土地台帳の一種で、清の康熙5年（1666）に松江府婁県（現：江蘇省）の知県李復興が実施した均田均役の改革において編造されたもの。戸ごとに作成されるもので、耕地の所有状況を所有者ごとに確認することができ、各圩ごとに作成された土地台帳（号冊）と合わせて用いられた。

類戸冊（るいこさつ）
明代に**魚鱗図冊**や**帰戸冊**などの土地台帳作成のために用いられた冊籍。丈量が行われる際に担当者はこれを用意して丈量に臨んだ。

類姓簿（るいせいぼ）
南宋期に**経界法**が行われた際に作成された帳簿。**類姓図帳**をその前身とする。丈量を経たのち都・保で官・民の耕地をまとめ、戸ごとに耕地についての情報を記入したもの。各戸に役の負担を課する際に用いられたものと考えられている。

暦（れき）
帳簿のこと。

③五賦

五賦（ごふ）※
宋代における5種類の賦税。『宋史』食貨志で公田・民田・城郭・丁口・雑変に区分するが、便宜的区分である。宋代の賦税は当初大別して5種類とした。第1は公田之賦で、田土の所有権は官にあり、民がそれを借り受けて耕作し、その租を納めるもの。第2は民田之賦で、民の私有田土に対する賦税である。第3の城郭之賦は、都市居住民に対して課する宅税・地税の類いである。第4は丁口之賦で、丁男すなわち20歳から60歳の男子が毎年納める身丁銭米をいう。この税は国初より南方各地の丁男に賦課されていた。第5は雑変之賦で、牛革蚕塩のような各地の特産品を、米絹を納入する代わりに折納するものである。王安石の新法が行われる以前では、茶酒税などの現銭で納められるもの以外は、ことごとく現品納入であった。また、その物品は大別すると穀・帛・金銭・物産の4種類からなっていた。

円融（えんゆう）
宋代、官舎の修築や什器作成、夫力輦載のような臨時の出費を民間に賦課して調達すること。

塩博紬絹（えんはくちゅうけん）
南唐から宋にかけての付加税（沿徴・博徴・転徴）の一つ。塩の支給に対して布を徴収したが、のちに塩の支給は止められ、付加税のみとなった。**塩博布**・**塩博綿**も同じ。**塩博斛斗**・**塩博米**・**塩米**は同じく米の付加税。

縁科の物（えんかのぶつ）
正税の付加税、すなわち沿納・沿徴のこと。

縺環（えんかん）
正税の付加税、すなわち沿納・沿徴のこと。

応徴盈餘（おうちょうえいよ）
税関（新関）において、その経費と正税定額の補欠および臨時増徴に備えるために徴収する税金で、徴収率は不定。各税関は中央政府より業務を請負う制度であり、この不定税に対して主任者は絶対的な賠償の責任を負う。このため、少なからぬ弊害が伴い、南京国民政府成立後、この請負制度の打破を目指したが、実現は容易ではない。

屋税　（おくぜい）
宋代の五賦のひとつである城郭之賦に含まれる賦税で、坊郭戸（都市居住者）に課税される。屋課・宅税・房捐ともいう。屋税の名は五代の後唐・後晋から出現する。五代の中原王朝は荒廃した洛陽などの再建に努力し、そこから屋税を徴収した。宋代に入り坊郭と郷村が二分されると、**地税**とともに坊郭戸の税賦の代表的なものとなる。両税と同様に年２回貨幣で徴収され、その額は立地の上下や家屋の間数で決められた。ただし詳細は不明で、華北の城市では屋税の大小を按じて塩を割当てその額を定めた**屋税塩銭**や**蚕塩銭**と表裏して現れ、北宋中期以降は**方田法**とともに見える程度に過ぎない。後者では屋税は10等に区分されていた。南宋には屋税の名がほとんど見られなくなる。江南社会の発展に伴い、城市内部の経済構造、住民階層が複雑化し、単純な間数での課税を止め、各種の家業銭・物力銭を総合して和買絹などを割り当てる方向に変わったためと推定される。その他、家屋と土地が分離課税されていたか、住居と倉庫や店舗が区分されていたのかも不詳である。また、地税は坊郭戸の園地や白地への税銭であると推定されるが、屋税より一層資料に乏しく、現状では具体像は不明である。

火車貨捐（かしゃかえん）
清代、鉄道輸送貨物に課す**釐金税**。同一の線、他省通過の場合、転送の場合等それぞれに協定があった。

科差（かさ）
金・元代では、税糧以外に徴収された絲料と包銀の両者をいった。絲料は２戸あるいは５戸で糸１斤を納める二戸絲と五戸絲があった。包銀は銀納のこと。のち両者以外に、俸鈔が徴収されることになった。

加饒百姓（かじょうひゃくせい）
唐代、実估の物並びに見銭を納めるものに対して、これを布帛に換算するとき、割り増しを行って、虚估のものの納入との権衡を失わないようにした。これを加饒という。また、実估によって両税銭を布帛に換算し、１貫毎に500文を附加させる。これを加饒百姓、または**優饒百姓**という。

課銭（かせん）
唐代、均田民の金納負担で、その内容が**課**にあたるもの。課は租庸調の物納負担であるから雑徭には含まれない。

課程苧麻折米（かていちょませつべい）
課程として納めていた苧麻を、米で折納するもの。明代にこれが実施されたのは湖広布政司のみであった。

改折（かいせつ）
明代、税糧や茶課を納めるにあたり、現物を銀や絹に代えること。また、折色した定価の中から、新改の価に従って加減する銀両を改折銀と称する。

海租（かいそ）
漢代の税で海における漁業税である。主として山東北岸、すなわち当時の東莱郡に行われた。

鞵銭（かいせん）
五代から宋にかけて多く徴収された付加税（雑銭）のひとつ。江南東西路において徴収された。

活税（かつぜい）
清代、定額がなく、毎年増減される税。例えば**釐金税**のようなものをいう。

官課（かんか）
官府の税収。**課料**・**官項**に同じ。

官参（かんしん）
清代、人参の採取者より**参課**、すなわち人参税として徴収した人参のこと。官参は最良質のものを選び取り、通常、一部は内務府に送り皇室その他の薬用に供し、その他は売却して公費に充てた。

間架税（かんかぜい）
架は屋根の桁のことで、2つの桁ごとに柱を立て、その間を間という。唐代、屋内の間架の大小を按じて課することを**間架**といい、その税を間架税、あるいは間架法という。

勘合銭（かんごうせん）
南宋は北宋の**合同印記銭**の納入制度をそのまま踏襲したが、名称は勘合銭と改められた。

義租（ぎそ）
隋代、中央政府に納める正租としての**墾租**に対して、二次的・副次的な穀物租税を表わす語。

規費（きひ）
官庁や公共団体などの公務取り扱いの際に徴収される一種の手数料。例えば、民事刑事裁判費・遺産管理費・各種登記費、そのほか証明費・特許費・検定費などの類である。

丘甲（きゅうこう）
丘という大きさの土地に対して割り当てられた軍賦のこと。**丘賦**・**邱賦**に同じ。春秋時代、兵制の変化により、従来の貴族だけでなく、一般の平民にも武器を準備させた。これを貴族の賦に対して、邱賦・丘甲・兵甲・州兵などと称した。丘は民の部落を指し、丘民などの熟語がある。

牛羊絲（ぎゅうようし）
元代初期の太宗の時、華北の城市の戸に対して、戸毎に課せられた使臣接待費50両のこと。

金花銀（きんかぎん）
15世紀前半の明代宣徳年間に、蘇州・松江の重税を課せられた地域の農民の負担軽減のために、周忱によって始められた田賦の折納銀の呼称。その後、正統年間に、金銀交易の禁令を撤回して、江蘇・浙江地方の租税米穀の一部を銀で代納させ、毎年帝室に100万両納入させた銀のことを金花銀と称し、嘉靖末年以降はこれが折納銀の通称となった。

匀丁銀（きんていぎん）
台湾においては、鄭氏時代から**人丁銀**と称する人頭税を課した。清代乾隆13年（1748）にこれを改めて、土地の公的負担の付加税として匀丁銀を徴した。

軍興（ぐんこう）
軍用に供与する物資の徴収のこと。

軍賦（ぐんふ）
周代から戦国にかけての**軍賦**は兵器車馬の費用を徴収することで、丘という大きさの土地に対して割り当てられた軍賦として**丘賦**がある。秦代には賦が狭義には軍賦の意味に用いられている。また漢代の算賦は、兵器および軍用の車馬を製造する費用に充てるために徴収されたもので、これも軍賦の一種である。また、漢代の賦には人頭税のほかに、民が兵役に服する義務そのものを指すものがあり、これを特に軍賦ということがある。

経賦（けいふ）
経常の賦税のことで、常賦と同じ。

五戸絲（ごこし）
元代、諸王・功臣の食邑に指定された路・府・州・県の税、すなわち**絲料**の一部。**阿哈探馬児**ともいう。実際は、5戸につき2斤の割合で中央政府から支給された。

口賦（こうふ）
秦・漢において採用された人頭税。秦では田租と力役のほかに口賦が新しく設けられた。また漢代には算賦を納めない7歳から14歳の幼年者に対する人頭税で、武帝の時には3歳から課せられた。毎年23銭を定額として徴したが、元帝の時に20銭と改めた。**口賦銭**、あるいは**口銭**ともいう。

公件（こうけん）
清代の雲南では田賦が少ないが公事が頻繁なため、楊名時が巡撫として赴任した康熙末年に、各属の公事に必要な経費を毎年田糧に割り付け、非正規の附加税として正税とともに徴収した。これを公件・**公件銀**、あるいは**公件銀両**と称した。

公庫銭（こうこせん）
宋代、身丁銭に課された付加税のひとつ。

公田之賦（こうでんのふ）
宋代の五賦のひとつで、私有田土の賦税に対比される用語。**公田**とは公有（官有）の田土のことで私田の対語。具体的には屯田・営田・学田・職田・没官田・官荘などを指す。屯田が軍兵にかかわるほかは、原則として民に耕作させ納入させる佃租（小作料）をいう。南宋時代の淮南の営田を除くと、政府は公田経営に積極的ではなく、没官田なども出売する傾向が強かった。

甲料絲（こうりょうし）
南唐、華北の五代王朝時代の沿徴の一種。各州府の作院で、作工を使用して軍器を製造するために、民に割り当てて徴収した生糸（絲）をいうものであろう。

耗（こう）
欠損・消耗・不足・損害を意味する。穀物・茶・塩などの税物の搬入、移送および保管途中の損失分、またこの損失分を見越して、納税時にあらかじめ一定額を追加徴収した一種の付加税の名称となった。税物は移送や保管の段階で目減りやこぼれ、鳥獣の食害、また浸水や気候条件による傷みや劣化などによって目減り分が生じる。耗は本来この目減り分をいい、転じてこの目減り分を補填するための加徴をも耗と称するようになった。この加徴分を表わす耗は、**加耗**・**耗餘**、また1斗毎に加徴額が定められたところから**斗耗**と呼ばれ、対象となる税物の種類によって**雀鼠耗**・**火耗**などと称された。

耗を徴収する慣習は漢代にすでに見られる。五代後漢の隠帝の時、三司使王章は民間からの収奪が酷く、旧来の田税では毎石2斗の雀鼠耗を徴収したものを、改めて更に2斗を納めさせ、これを**省耗**と称したとあり、これが雀鼠耗の初出である。宋代には通常税額の5分ないし1割が徴収され、明代においても倉吏の侵害によって加耗の徴収額が増加し、禁じても止まないとしてその弊害が報告されている。なお、清代には諸種の耗・加耗の類を総称して**耗羨**といった。

耗脚斗面（こうきゃくとめん）

五代、宋代の秋税の**加耗米**・**耗脚米**・**斗面米**などの付加税をいう。五代では、毎石加耗米1斗を徴収し、宋代の江西路では秋苗1石ごとに耗米1斗を徴収、時には更に1斗を納めた。紹興3年（1133）、広徳郡広徳県では宣州水陽鎮倉に苗米を納める代わりに、毎斗耗米3升7合を追加納付して脚乗の費、すなわち運賃に充当した。南宋中期、江西路の洪州では加耗米のほかに更に斛面米を多い場合は毎斗3升加徴した。この斛面米は蚪面米ともいい、穀物を倉に納める際、桝で計量するときに倉吏が徴収するもので、計量に使用される斛・蚪などの桝を1面・2面と数えるためにこの名がある。

耗銀（こうぎん）

清代、民間より税として納入された零細な銀両は、一旦布政司使衙門において鋳造し直し、大塊としてから中央へ解送された。その鋳造時に生じる若干の損耗を**火耗**といい、その補填のために、あらかじめ納税時に一定額が正税に追加して徴収された。この付加税を耗銀と称する。

耗羨（こうせん）

清代における諸種の耗・加耗の総称。穀納・銀納にかかわらず、官府に納入された税物は中央政府に廻送される間に若干の損耗が生じる。穀納の場合はこの損耗を鼠雀耗といい、銀納の場合には**火耗**という。これらの損失に対して関係官吏は賠償責任があるため、徴税の際にその損耗分を見積もり、これを付加税として追加徴収したものを加耗・**増耗**・羨餘といった。

清初には州県官の私的収入であったが、雍正帝の時、養廉銀制度実施に伴う財政の改革が行われ、耗羨は州県より上級機関で財政を担当していた布政使の司庫に提解されて公的な税目となり、率も軽減された。軽減後の各省耗羨率はおおよそ13%が平均値である。しかし実際の徴収の際には耗羨に更に付加税的なものが加えられ、例えば耗羨率10%の場合は14.5%の負担となるのが普通であった。そこで耗羨率13%は実際には20%近い負担となっていたものと思われる。

耗米（こうべい）

地方において徴収した米穀を中央政府へ移送する際に、漕米としての定額以外に、定率をもって付加徴収された米穀。この場合、漕米を**正米**というのに対し、付加米を耗米という。耗は消耗の意味で、納入から移送を経て中央の倉庫に収蔵されるまでに消耗する分量をあらかじめ補填するために加徴されるものだが、実際はこれによって運送にかかわる一切の経費を賄うことが目的であった。

唐中期以降、両税法が施行され、五代になると秋税に対して耗米が追加徴収されるようになった。北宋では漸次耗米が重くなって来るが、南宋に入ると州県の主な財源となり、耗米は秋苗1石に対して5～6斗から1石以上にも及んだ。耗米のうち、**省耗**や転運司に入る**明会耗**、府州に入る**州用耗**などの額は相当に明瞭であったが、これら以外の**斛面米**などいわゆる**土米耗**は、地方で異なる斛・斗の計量桝や、秋税として納める米の等級に従って徴収されたため耗米の額は不明確で、多くは倉場の受納官や倉吏の懐を肥やした。

合同印記銭（ごうどういんきせん）

手数料の一種。従来納税や契約に当たって使用する鈔・帖は官より購入して用いたが、これは北宋末に廃止され、鈔・帖は民が自身で作成することになった。この制度では納税や契税の支払いに際して官に設けた文歴に納める所の数目を書き入れ、そこに官印を押捺するが、その手数料として合同印記銭が納められた。

沙田租（さでんそ）

清代、沙田すなわち海浜・江岸の沖積河洲にして民が耕作して収穫がある土地に課する税名。**沙田捐**と称する地方もある。沙田の清佃（整理）に際しては沙坦園・田菜園・桑基・草垣・斥鹵などの数項目に区別する。

坐平銀（ざへいぎん）

清代、政府が民から租税を徴収するとき、あるいは政府の物資を商人に払い下げ、その代償を受け取るときなどに、額の約1％を余計に徴収する。これを坐平銀と称した。

雑款（ざつかん）

清代の両淮で、政府が塩商人に対し、引課の他に課した税金。織造・河工・銅脚・損河工銀・匣費・雑支などの諸税から成る。**雑項**・雑課ともいう。

雑調（ざつちょう）

北魏で行われ、他に経常の租調があり、臨時に徴発したものを指したようである。布帛より粟であろうと推定される。

雑変之賦（ざつへんのふ）

宋代の5種類の賦税である五賦のひとつ。**雑税**・**雑配銭**、また**沿徴**・**沿納**ともいわれる。五代の割拠時期には十数種の雑銭が知られる。宋代の徽州では、夏税に**見銭**・**塩銭**・**脚銭**の3色（3種）の雑銭があり、これらは折変して絹・綿・麦を納めさせた。すなわち、上田では見銭55文・塩銭12文・脚銭12文の雑銭が、絹4尺3寸・綿4銭5分・麦1升2合に折変され、中田では見銭43文7分5厘・塩銭9文・脚銭8文を折変して、絹3尺4寸・綿3銭・麦9合となり、下田では見銭27文7分5厘・塩銭6文・脚銭6文の雑銭が、絹2尺2寸・綿1銭5分・麦6合に折変された。なお、塩銭は秋苗からも徴収された。税額は両税の6～8倍にも達し、南宋末期には税目が100件を超えたともいわれる。宋朝はその整理削減を企図しながら現実的には徹底できなかった。仁宗の明道2年（1033）、沿納税目は一本化されたが、その内容や税額の詳細は不明である。それから50年後にも、沿納雑銭は両税と並んで存在し、多くは穀物・布帛で徴収されていた。ちなみに応天府（商邱）の税銭額は11万余貫であった。五代沿納の牛皮銭・鞋銭・蚕塩銭などの煩瑣な税目は姿を消しても、その地域の税額は銭立てで残り、新しく作られた税目で賦課された。

算（さん）

人やものを算えること、またそれに基づき課税すること。漢代には算と称する税が少なくない。景帝の時には貲（財産）に算し、貲万銭ごとに一算127銭を徴した。武帝の時には緡銭2,000ごとに一算20銭を徴した。また小型馬車や船にも算した。当時は課税の物件と単位を定めて、それから一定の銭を徴収する場合、そのしくみが算賦に似ていることから全て算と称した。

算賦（さんふ）

両漢時代の人頭税。**算銭**ともいい、また15歳以上の者に課せられたことから**十五賦**ともいう。算は人をかぞえることをも意味し、毎年8月に人口調査を行い、然る後この税を徴収した。その淵源は戦国秦孝公14年（前348）創設の賦にある。15歳以上56歳以下の民から徴収され、一算すなわちその1人分は銭120。商人および奴婢には1人につき算賦2人分が課せられた。女子は15歳以上30歳までとし、結婚促進のため、未婚者に対しては重く五算を課し、懐妊した者にはその夫の算一歳を免じた。

子粒（しりゅう）

明代、正糧・餘糧を総括していう。正糧が廃されてからは餘糧の別称となった。

支移（しい）

両税の納入者が政府の必要に応じて、遠隔地、とくに辺地の軍隊駐屯地の倉庫に両税本色を納付すること。これが普遍化するのは宋代になってからである。主として両税の穀物を、居住地から段階的に距離を設定して輸送・納入させ、輸送費を納入者に負担させる加重な無償労役である。北宋期の陝西の例では、戸等により300里・200里・100里と輸送距離に差等をつけ、災害時や下等戸などに対しては減免規定を設けた。北宋前期、異民族と抗争した陝西や山西などの事例が多いが、南宋に至るまで折変とならんでその弊害指摘の声が絶えない。輸送費である支移脚銭を納入することで免除もされたが、効果は疑問であるうえ、その脚銭（輸送費）は付加税化した。

支移脚銭（しいきゃくせん）

宋代、官が支移を代行する際に、納税者より徴収したその輸送費。**地理脚銭**ともいう。支移は納税者自らが輸送することもあったが、多くは官が輸送費を徴収して代行した。支移の輸送距離に等差があるように、支移脚銭も3等級に分けられていた。

市籍租（しせきそ）

市籍とは、市の区域内に店舗を設置して営業する商人の名籍であり、市内に商店を持つ者から徴収された課税が市籍租である。一般に、国土の市籍租は皇帝の府庫に入り、諸侯王の市籍租は諸侯王に帰した。

市例銭（しれいせん）

宋代、**身丁銭**を納入する際に徴収された付加手数料。

紙筆銭（しひつせん）

五代の附加税（雑税）のひとつ。五代王朝では人戸が夏税・秋税の穀物を納めた時に、1布袋（1石）ごとに銭8文または3文を徴収して、3文を倉司の吃食・鋪襯・紙筆・盤纏などに充当した。また、絹・絁・綾・羅からは毎疋銭10文、銭からは毎貫銭7文、稈草や柴考蒿は毎束銭1文、麻鞵からは毎量銭1文を徴収した。これらの税は宋でも徴収されて**頭子銭**といわれた。南唐ではこれと異なり、**鋪襯銭**・**紙筆銭**など特別の沿納税目を設けて徴収していた。宋代では鋪襯銭・紙筆銭は頭子銭の中から支給されていたようである。

絲綿折絹（しめんせつけん）

生糸（絲）・綿を絹布で折納すること。明代、絲綿折絹が行われたのは、江西・福建・山東各布政司と、南直隷の応天府・蘇州府・松江府・常州府・鎮江府・太平府であった。

絲料（しりょう）

元代、**科差**として生糸を納付する**二戸絲**と**五戸絲**のこと。二戸絲は、2戸で1斤を納め、五戸絲は5戸で1斤を特に諸王・功臣に納める制度。1斤はのち2斤とされ、両者を合わせて**二五戸絲**といわれ、1戸当たり1斤6両4銭の負担であった。

雀鼠耗（じゃくそこう）

税糧の納入から移送の途中、また貯蔵期間中の鼠や雀の食害をあらかじめ補填するという名目で、納税時に正税に併せて徴収された一種の付加税。**鼠耗**に同じ。

州用耗（しゅうようこう）

南宋における付加税の一種で、州の経費に供するための加耗。**邑耗・州耗・路耗**と、各役所ではさまざまな名目を設け、あるいは計量器具を不正に用いてこれを作り出した。このような加耗は、当該官庁の費用、あるいは官吏の私的な収入となり、一部は残余すなわち羨餘として朝廷に献納された。

充代（じゅうだい）

丁男が身丁銭の重課のために逃亡すると、残った老幼の男性親族はもちろん、宗族姻親隣里にまでその代納を命じ、なお納められない場合は保正長に責辦させ、未成丁にも及んだ。これを充代という。

出剰（しゅつじょう）

官府に税糧を納める際、損耗に備える名目で、規定額を超えて一定量余分に納める一種の付加税。出撓と同じ。

閏耗銀（じゅんこうぎん）

清代、閏年に際しては行政上の経費が1ヶ月分増加するため、この不足を補填する目的をもって租税にあらかじめ若干額を追加し徴収すること。

潤官（じゅんかん）

耗米のこと。税賦を納める際、正額のほかに1石につき1～2斗を納めたが、これを北宋の初め、潤官と称した。**加耗米**と同じ。

潤耗（じゅんこう）

贈貼銀米のことを山東・河南ではこのようにいい、浙江では**漕截**という。

処置（しょち）

開中の手数料のこと。また、開中の納糧の品質が粗悪であるなどの名目で科せられる罰銀を科罰といい、どちらも入中に際して辺境の管糧官に納めるもの。

城郭之賦（じょうかくのふ）

宋代、府州県城を中心とした城市と一部の鎮をも含んだ城市の居住者である坊郭戸に対する税賦。『宋史』食貨志の賦税では五賦のひとつに数えるが、正確な定義は難しく、その内容は、当時の都市社会の複雑な構成と性格とを反映して雑多である。坊郭戸負担の税賦13種をあげる学者もあるが、これは資料に残る坊郭戸への賦課を羅列したに過ぎず、正確な実態はつかみ難いものが多い。

両税法は都市・農村を問わず課税された。この原則は宋代も同じだが、都市（城市）の両税の細目やその税額を明記した資料は見られない。府州県は治所のある城市の周辺に郷村を持っており、全体の賦税額は知り得るが、そのうちどれだけが城郭の賦であるのかは不明である。五代に入り、割拠政権が根拠地を置く城市と、十分には統治できない郷村とが区分され、前者の住民を**坊郭戸**と呼び始めた。政権が把握しやすい坊郭戸への課税は時と場合に応じて変化あるいは多様化し、郷村と異なる場合も生じる。原則では郷村と同様の両税が賦課されても、現実には城市の両税は複雑に細分化され、あたかも両税負担が消滅したかの印象さえ受ける。

坊郭戸賦課の具体例をあげれば、家屋所有者への**屋税**、倉庫所有者に対する**房廊地基銭**、園宅地への**地税**が最も目立つ。いずれも銭納であろう。坊郭戸には郷村のような職役負担はなかったが、その代わりに**科率・科配**などと称される、その時々の官署の必需品の強制割付が日常化していた。これも戸等による銭納が普通であったものと思われる。城市には無産の下層民が多く、客戸も対象に含む身丁銭も存在した。国都などの巨大都市以外の地方州県では、城内外に田土を持つ郷戸が多数存在したが、彼らは通常の両税や職役を負担していただろう。この他に、大都市のギルド商人には**行役**があり、これは後に**免行銭**となる。

省耗（しょうこう）

耗のうち、中央政府が規定した耗制。

身丁銭米（しんていせんべい）

丁男（20歳～59歳の男子）に対して毎年2回、両税とともに徴収される銭、または米・絹。宋代では丁税・**丁銭・口算**ともいう。真宗朝の大中祥符4年（1011）に基本的に廃止されたが、江南の各地では南宋後半まで地域的に残存し、その名称も多岐にわたる。身丁銭納入の際に手数料として附加される銭を**息本銭**という。

両税法施行とともに、課税は田土・財産を対象とし、それまでの丁口とは別の体系を形成した。ところが五代の割拠政権では、中央・地方ともに丁男対象の賦税を設けた。渾沌とした社会では、田土中心の戸を把握するより、現に存在する丁から徴税するほうが容易であったためであろう。名称は**丁税**に括られても、内容は地方によりさまざまで、都市・農村を問わず、端境期に民に塩を強制割付し、収穫期に蚕塩銭あるいは丁口塩銭を徴収する方法は、中原政権や東南地方政権で広汎に行われ、塩を支給せずに丁銭のみを徴収することが通例となり、それが身丁銭として宋代に残った。税額は年間166銭・210銭・360銭など、時代や地域により一定しない上、とかく絹に折変され、それがまた銭に換算されるなどの弊害が生じた。また、身丁銭は城市に集まる貧民（宋代の**客戸層**）をも対象に含めたため、それが問題となり、常賦が不足した広南では、身丁米が定着して下層農民を苦しめた。

五代中原王朝の**蚕塩**を別にして、地方政権での例としては南唐の**戸口塩銭**、呉越の**丁身塩銭**、閩の**身丁米**、荊南の**丁身塩麹銭**、南漢の**丁米**などの名が知られる。北宋大中祥符4年（1011）、両浙・福建・荊湖・広南の身丁銭45万貫が免除されたが、福建や安徽の一部地方では長く身丁銭が残り、広南の丁米も廃止されなかった。また両広地方で行われた**掛丁銭**は、12、3歳の未成丁に賦課した身丁銭で、起源や賦課方法は不明だが、重税のために未成丁の逃亡が多く、再三禁令が出された。中央から離れた州県では、建前は3年毎に制度上の見直しがあるにしても、一度決まった徴税枠の額や費目は固定的に継承され、帳簿上の辻褄が合ってはいても内容は違うことが日常茶飯事であった。五代に始まる身丁銭米も、宋代両税体制からは鬼子なのだが、ほとんど宋一代を生き残り、結果として**五賦**のひとつに加えられている。

身丁米（しんていべい）
宋代、江南の限られた地域で、丁男単位に徴収された米。福建の3州では、仁宗朝の皇祐3年（1051）に主戸5斗、客戸3斗とされ、江東の徽州では南宋期に中田（産銭毎畝4.4）に対して苗米8升、下田（同3.3）に対しては7升4合という数字が知られる。また広南では両税の不足を補うために身丁銭米に頼り、なかなか廃止できない地域が多く、湖南道州でも南宋まで問題とされ続けた。丁税は銭・米による徴収が多いが、それを絹に換算し、再び銭に折算する場合などもあり、丁銭・丁米・丁絹を明確に区分できない。

侵街銭（しんがいせん）
宋代、都市の街道に屋舎を建てるものから徴収する税銭。

進際（しんさい）
五代銭氏の時に課せられた**地税**の附加税。軍費供給のため両浙地方に課せられた。

進奉門戸（しんほうもんこ）
唐代、進奉物が門戸を経由する際の通過料。

随正耗米（ずいせいこうまい）
清代、臨時的な付加耗米と区別し、**正兌糧・改兌糧**に伴う本来の耗米をいう。

正項銭糧（せいこうせんりょう）
清代、1州1県内より徴収する地租、および人頭税（丁賦）は皆この正項銭糧に属した。正項は正課・正餉・正供に同じ。

責課（せきか）
諸州に課して、その土地の特産物を貢納させること。

折斛銭（せつこくせん）
宋代、秋苗を銭に換算して納入させたもの。官の定めた米価が安いと、農民はより多くの米を売って折斛銭を納めなくてはならず、これに苦しんだ。

折色（せつしょく）
⑴本来租税として納入すべき物品、すなわち本色の等価に相当するものとして納付される銀・鈔・布帛などの物品。色は種別の意味であり、**折**は移し替える、換算するなどの意味で折兌に同じ。折色を納入することを折納、徴収することを折徴という。また本色を折色に換算する時の価格を折価という。⑵銭・鈔で給与される俸禄のこと。⑶銀の品位、含有量（純分量）のこと。またその品位が不足していることを指す。

折漕（せつそう）
凶作の年、各省からの漕糧米を徴収するにあたり、その価格を見積もり銀に代えること。

折鉄銭（せつてつせん）
明代、鉄課は里甲の負担となっていたが、成化年間以降、蛋戸が折鉄銭の形で負担するようになり、蛋戸への徴収が強化された。

折納（せつのう）
折色輸納の意味。租税・負債などにおいて、本来支払品目と定められているものが本色で、この本色に代えて等価に評定された他の品目を支払う場合、この他の品目を折色という。折納とはこの折色を納めることで、**科折**ともいい、例えば米を銀に換算して納め、あるいは鈔すなわち紙幣を銭に換算して納付することなどを指す。明代の洪武30年（1397）には、同28年（1395）以前の田賦未納額を、鈔、金、銀（1両を4石に折する）、絹、綿布、綿花、苧布に代えて折納することを許している。

折納布（せつのうふ）
唐代、江南で租を布に折して納めたもの。『通典』巻6、食貨、賦税下に掲げられた天宝中の国庫収入額の統計の中に、江南で折納布を納めるものが190余万人あって、八等戸は毎丁3端1丈（16丈）、九等戸は2端2丈（12丈）を納めるとある。

折馬銀（せつばぎん）

明代、備用馬の数は毎年兵部より太僕寺に通知し、各州県に若干匹を分派し、各州県はそれによって本色、または折色を起解（納付）する。起解に先立って馬戸よりその価格を銀で徴収し、これを**備用馬価銀**・**備用銀**・**馬価銀**または折馬銀などといった。その徴収額は、本色馬と折色馬とでは差があった。

折変（せつへん）

宋代では両税を中心に各種の課税対象を、建前は等価の他の物品に換算して納入させた制度。**折銭**・**変価**・**変買**ともいう。本色に代えて等価に評定された他の物品すなわち折色を納入することを、折納あるいは**科折**といいい、徴収することを**折徴**という。また本色の折色への換算を**折算**・**折計**といい、換算された価格を**折価**という。

折納は唐代の両税法施行から行われ、明代でもこの語がよく使われたが、宋代では同様の制度を一般に折変と称した。唐代までは、米1石、絹1匹、銭1貫、銀1両は等価値と見なす建前であり、宋に至っても折変の際の換算はこの建前に基づいて行われた。例えば南宋期、絹1匹が市価で銭4貫であっても政府は折価を1貫としたように、換算率は実際より高くされがちであった。

両税はその地域の産物を徴収するといっても、穀物7種はそれぞれが細分され、各地域の先例や慣行と結びつき、本色である現物は千差万別となる。しかし官員や軍隊に支給する穀物や衣料は、差異が少ないほうが望ましい。そこで租税徴収票にも見られるように、各戸の負担は本色と折変に区分されて調整が図られる。北宋では、遼や西夏に毎年30万両に達する銀を歳幣として贈っていたが、広南の銀産地はともかく、各地にこの銀が賦課されるとなると、折変という形式にならざるを得ない。そこで本色の穀物や布帛を銭に換えて、それで銀を調達するのだが、その手続きの各段階で多くの不正が入り込む。折変は受納にかかわる県の胥吏や郷書手などの下役人が、その生活費を稼ぐ好機であり、同時に在地の豪民や城居の商人が利益を手にし、その余沢は官員にも及ぶ。その弊害が論議され、法規が整備されて士大夫官僚が改善の声をあげ続けても、官・吏・役人・豪商たちの巧妙な利得のバランスの上に、この制度は維持されていった。なお、近代において、財産を売却した代金で債務を償うことも折変と称した。

折畝（せつほ）

1県内の田土に対し、田・地など同一の地目の中で、均しく1畝の面積増減操作を行うこと。これを通じで、全地目一律の畝ごとの徴収率が丈量によって設定された。明代の嘉靖元年（1522）より2年（1523）の間に、北直隷広平府の各県で実施された丈量は、小畝計算で田地統計が行われたため、丈出された田土数は原額田土数を数倍上回るものとなった。しかし、1県当りの税糧額を原額の範囲内に限ったため、小畝（小地）数畝が課税物件表示としての1畝に換算された。これを折畝と呼んだ。

折料銀（せつりょうぎん）

明代、草料を改折した銀のことをいう。

宣課（せんか）

元代、差科（絲料・包銀）・税糧以外の諸種の税、すなわち商税・塩課・茶課・竹課等の総称。

贍軍茶（せんぐんちゃ）

五代南唐、淮南の廬州舒城県で課せられた**沿徴**の一種。軍費捻出のために民戸に茶を強制配布して、絹や米を納入させたもの。宋初に廃止された。

贈帖盤脚米（ぞうちょうばんきゃくべい）

清代、運搬費補助のために正米のほかに幾分か徴収する米をいう。贈帖は幇助、盤脚は人足の運搬をいう。

泰半（たいはん）

3分の2のことで、太半と同じ。収穫の3分の2を賦税として徴収することをいう。また、秦半之賦は秦の賦税で、5割を徴収する。

地子（ちし）

唐代の官有地の租税。官有に帰すべき職田からの上納米を指すが、転じて停廃した職田の代償として支給される粟をいう。**地租**と称する場合もある。

地漕銭糧（ちそうせんりょう）

清代、地丁銀と漕糧を併せた呼称。

地畝銀（ちほぎん）

明代、田地の畝数に応じて徴収された付加税。特に万暦年間、軍事費の増大によって全国的に徴収され社会問題となった。

中票料（ちゅうひょうりょう）

清代台湾で用いられた、地賦の付加税の一種。

丁絹（ていけん）

宋代、両浙地方で、蚕塩と表裏した身丁銭を絹に換算したもの。北宋末の塩法改革に伴い、塩を支給せずに絹を徴収し、南宋に入ってからは3～7丁ごとに絹1匹を割り当てた。蔡京の塩法改革で蚕塩支給をやめ、**丁銭**を360銭と改め、間もなく3丁で絹1匹を納めさせた。南宋期は丁の減少も重なり、下層農民までこの被害を受けた。湖州各県や常・処・厳・紹興などにその徴収事例が知られる。夏税と同時に徴収されたと思われるが、寧宗朝の開禧元年（1205）年に取り止めとなった。

丁口の賦（ていこうのふ）
人頭税。宋代の**身丁銭**はその名称の示すように、丁を対象として課された人頭税である。両浙・江南・淮南・荊湖・福建・広南など、中国東南地方全般にわたって、20歳から59歳までの男子に課された。両税が土地を基準として、土地所有者である主戸のみを対象としたのに比べ、身丁銭は主戸・客戸を問わず、すべての**丁男**に課された。

丁絲（ていし）
元代、城市の民に男女を問わず**丁賦**として、毎年25両を課した糸のこと。

丁賦（ていふ）
丁男など人に対して割当て課された人頭税のこと。明代には**人丁絲**という丁賦があり、これを絹布で折納したものを**人丁絲折絹**・**人丁絲絹**・**丁力絲折絹**などと称した。一条鞭法の実施とともに徭役その他の人丁を対象とする全ての税目は一括されて**丁銀**・**人丁銀**となった。しかし清代に至り、人口の増加と移動によってその把握、賦課が困難となり、雍正年間にはこれを廃して地糧中に加え、土地のみを課税の対象とする地丁併徴・地丁銀の制度が発足する。

転徴（てんちょう）
五代南唐の付加税。**博徴**と同じ。淮南の諸州で茶や塩を民戸に強いて配し、紬絹や稲米を徴収したもの。

廛布（てんふ）
廛は市中の店舗または住居のことであり、廛布とは貨物を置く倉庫に課する税である。

土米耗（どべいこう）
宋代の付加税の一種。斛面米と加点添耗のことをいう。

頭銭（とうせん）
漢代における一種の人頭税。後漢の王充の『論衡』に「七歳頭銭二十三」とあり、7歳以上14歳までの者に1人毎年23銭の口賦を課し、これを頭銭と称した。

椿配（とうはい）
元代、重複の**科差**をいった。

屯糧（とんりょう）
税糧のうち屯田から納められるものを指す語。明清期には田賦の一種として設けられていた。

農具銭（のうぐせん）
宋代、農具に課した附加税。

納課（のうか）
唐代徳宗の貞元年間以来、長安の富民姦民たちが、銭を納めて京師の官庁、とくに北衙諸禁軍に名籍だけを置いてもらい、実役には就かずに軍籍にある特権を利用して悪行を尽くした。この者たちを納課戸、その納める銭は納課といわれ、資課の一種であった。

馬口銭（ばこうせん）
漢代の税。内容については諸説あるが、車騎の馬に充てるべき算銭のことであろう。他の口銭とは帰入する官庁が異なるために、特に馬口銭の項目を設けたものと思われる。

扒平則法（はいへいそくほう）
明代の嘉靖26年（1547）、浙江嘉興府の知府であった趙瀛が実施した税法で、官田・民田を統一して、1県内の各田畝当たりの税負担量を均一にさせようというもの。

白地銭（はくちせん）
宋代、官有の房廊すなわち家屋倉庫などを借りて、建て増しをして官地を浸食している者から、浸食官地の面積に応じて徴収する銭。単に**白地**ともいう。

撥補（はつほ）
明代、災傷地の納入すべき漕糧などを、非災地が代わって補納すること。

皮貨（ひか）
元代、狩猟専従の打捕戸が税として納める毛皮類。

縻費（びひ）
宋代、身丁銭納入の際に徴収された付加手数料の一種。縻費とは損耗の意味で、本税に付随して課す付加税として、**売塩食銭**や**発遣交納常例銭**と併記されている。**縻費銭**ともいう。

苗屯米（びょうとんべい）
宋代の省荘の租税のこと。

副米（ふくべい）
正税として徴収する法定租穀の額数以外に、正米の消耗を補うために、別に若干を徴収する米穀のこと。

平賦法（へいふほう）
一条鞭法の山東省曹州地方における呼称。

平米（へいべい）
桝で米を計量する際に、桝に盛った米の上面を平らにして量ることをいう。桝の上面より上に米を錐形に盛り上げて量る**尖米**に対する語である。
また明代、周忱の創設による**平米法**の平米を指す。平米法の沿革は、明初より江南地方では田賦が非常に重く、その上、**加耗米**の軽重の差が激しく、豪戸はもっぱら加耗を一般の農民に転嫁したため、一般農民は苛酷な負担に耐えられず逋賦が増大した。周忱は江南巡撫に任ずると、この問題の解決のため**加耗則例**を制定。税額の重い者には加耗を軽減し、税額の軽い者には加耗を重くして負担の均一化を図った。この加耗米のことを平米と呼んだ。

編徵銀（へんちょうぎん）
清代、毎年各地に一定額を割り当て徴収する税銀。額編銀ともいう。同様に徴収される米を編徵米・額編米、また額徵米という。

補水（ほすい）
⑴清代、地税の付加税である**耗羨**のうち、水害による損耗額の補足分を指す。⑵甲乙２種類の銀の品位（**成色**）の差に対する打歩をいう。⑶現金に依らない、帳簿上の振替決済方法のことで、江蘇省無錫で行われた、いわゆる撥兌銀のひとつ。

包銀（ほうぎん）
元代、毎戸平均、銀４両の納税をいう。のち**中統鈔**の代納が認められ、銀２両相当に半減したが、のち中統鈔１両の増税で補われた。各戸の貧富も考慮され、納税額は一律ではなかった。民戸以外の軍戸・站戸・儒戸・僧戸・道戸等ははじめ免除されていたが、後、民戸同様徴収された。

抛樁暗耗（ほうとうあんこう）
抛樁は割り当て徴収してたくわえること、**暗耗**は勝手に徴収した耗米のことを指すようである。宋では上供には**省耗**を、転運司は明会耗すなわち**明耗**を取り、州県には州用・軍糧・官吏の廩などの耗があり、そのほかに州県の倉吏が斛面米や暗耗を取っていたようである。

房銭（ぼうせん）
宋代の城市の官有・私有家屋の租（家賃）。屋租ともいう。宋代になって登場した同義の新語として**僦銭**がある。国都をはじめとする大都市では、人々は多くの場合、借家住まいであった。その日暮らしの零細な都市浮遊人口はもとより、大臣や官吏、科挙受験者などにも借家住まいが多かった。住居の賃貸料は都市の有力者や商人にとって大きな収入源であり、彼らの浮財物力の中心であった。毎月15貫（年180貫）程度が家主の平均収入で、王安石に代わった旧法党もこの水準以上の収入に対しては**助役銭**を徴収した。南宋の宰相である秦檜や軍将張俊などは年に数万～数千貫の房銭を手中に収めた。房銭の平均日額は15銭からのちに50銭程度となり、通常は１ヶ月毎に、貧民は毎日徴収された。開封の官有住宅の房銭徴収者が**掠銭親事官**である。なお、大雪や霖雨などの時には公私とも３日間の徴収免除があり、官屋の住人には他にも優遇措置が講じられた。

茆草（ぼうそう）
茅（かや）のこと。五代の南唐、江東路太平州で、秋税の付加税（沿徴）として徴収された。

本色（ほんしょく）
唐宋以降、色は種別の意味であり、例えば他種族に対する本族を本色という。また、租税や負債などの支払で、本来の支払品目と決められているものを本色という。明清時代の租税徴収法においては、則例によって定められた税物のことで、たとえば米・麦など現物納税すべき物品を指す。ただし場合によっては、銭・鈔・銀・布帛などを本色の代わりに納入させることがあり、この代納を折色といい、本色の値を銀に換算したものを本色銀といった。商税としては、明初には米・麦を納めることもあったが、銭・鈔・金・銀・布帛などに代えて折収される場合も多く、とくに銭・鈔による折収は政府の通貨政策によって原則化し、明代中期以降の銀納の進展にしたがい、銭・鈔を本色、銀その他を折色と称するに至った。

無米丁（むべいてい）
明代、丁賦はもともと税糧（田賦）を納める者の負担であったが、税糧を負担しない、すなわち土地を所有しない者に対して課された**丁賦**のことをいう。

明耗米（めいこうべい）
宋代の付加米のひとつ。糧米の収納を掌る専斗の勝手な耗米増徴を禁止するため、専斗のために明確な一定の増徴を許した。これを明耗米という。**明会耗**も同じものか。

有賦役（ゆうふえき）
賦と役を担うこと。『明律』と『清律』には、どちらにも「有賦役」の語が見られるが、その内容は異なる。清は康熙年間に丁税を田租に入れて地丁とし、**賦役**は田租の専称となった。律の「有賦役」の意義も自ら変化し、田租および田租より出る差役を指すようになる。

率分（りつぶん［しゅつぶん］）
五代・北宋期の**雑銭**・**沿徴**のひとつ。率分銭米ともいう。建隆２年（961）、宋の太祖は諸郡の屯田務を止めて州県の令佐に帰属させ、その給与財源（禄廩）として、常賦とともに徴収した付加税。租税収入に随って10分の１を率分といった。華北でも行われ、政府が木を関中の諸郡で売買するため、歳ごとに緡銭数千万を出して民に仮し、長吏は10分の１を取って率分銭といった。その額は歳に数百万に達した。咸平５年（1002）に廃止された。

釐頭（りとう）
清代、地租附加税の一種。華南および台湾などで用いられる税目の名称。

盧蔆（ろはい）
附加税の一種で、蓆（むしろ）のこと。五代南唐から宋まで、江東西路では秋苗を倉に入れた時に、米または蘆銭（盧蔆を米や銭に折変したもの）が徴収された。また秋税とともに現物で納める場合もあった。

禄絹（ろくけん）
晋代、**課田**にかかる約４割の附加税。綿を徴収する場合は禄綿という。

禄綿（ろくめん）
晋代、丁男に対して禄綿３両２分が、また丁女に対してはその半分が課せられた。禄を支給する財源と思われる。

六分丁料（ろくぶていりょう）
明代、上供物料の徴収法として行われた八分法において、延平府および沙県などでは銀６分を徴収し、これを六分丁料と呼んだ。

和買絹（わばいけん）
預借民戸和買紬絹の略称。

④納税

一平一鋭（いつへいいつえい）※
１石について１斗を加徴する方法であり、この１斗を**鋭米**、または**尖米**といった。

一処完糧（いつしょかんりょう）※
清代、１戸で数百畝の土地を所有し、しかもその土地が各区図に散在している場合、それらの土地を全て本戸に集め一括し、１甲規定額に照らして各甲に分立し、その甲を編すという原則。

催税（さいぜい）※
税の納付を督促することで、**催租**・**催辦**ともいう。催辦は事務処理を督促するという意味で徴税以外の場合にも用いられる。また、賦税徴収のための台帳作成を**催科**という。

圧租（あつそ）
清代における地代の一種。東北地方の開墾地において行われたもので、土地を開墾に供する時に事前に地租の名義でこれを徴収した。圧は予めとか質入れする意味。開墾地の供与は無償だったが、熟成後に徴する地租を予備徴収することを指す。

圧徴（あつちょう）
税金の徴収形態の一種で、清代に行われたもの。翌月あるいは翌年以降の税を前もって徴収すること。

倚閣減放（いかくげんほう）
宋代、徴税未納に対する段階的処置。倚閣は**開閣**・**展閣**と同意で、未納賦税の納入延期。徴収の原則に倚《よ》るが、一時とどめる意。従って徴収が延期となる。減は減額、放は免放。『慶元条法事類』では開閣減免とする。広大な中国では、毎年災害のない場所はないといってもよい。政府はそれを前提として、各地の徴税を調整し、多くの法規を作るが、それに対応できない事態も頻出する。税戸の逃亡や戸絶があると、忽ち納税額に欠負（滞納）生じる。その対策規定もあるが、結果的には厖大な逋欠（滞納）が累積する。そこで、納入期限の延期が汎用される。両税なら、次回や何回かに分けて帯納するのが通例で、五年十科の方法も案出される。また赦令によりそのうち何割かが免除されることもあった。

遺税（いぜい）
遺漏の課税の意味で、いわゆる二重課税の類。**重征**ともいう。既に納税したにもかかわらず、未納とされて重ねて課税されるものを指す。

易知由単（いちゆうたん）
納税通知書の一種で、徴収の１ヶ月前になると州県がこれを送付して各戸に納税を促した。また、明代には一部地域にて**易知編**なる徴税のための帳簿が作成され、この内容に基づいて易知由単が発行されていた。

溢額銀（いつがくぎん）
明清期に税の徴収額が本来予定していた額を超えた時の超過額を指す語。租税などにも通用する言葉であるが、一般に関税において用いられることが多い。

因便湊数（いんべんそうすう）
納税方法のひとつで、代納に類するもの。同類の語に**附納**がある。基本的に租税の代納は認められていなかったが、零細な戸の納税分は多額納税者の納税に付して納めることが許された。これを因便湊数と称する。

印信長単（いんしんちょうたん）
租税を完納した者に対して給付する証書のこと。**通関**ともいう。

隠寄（いんき）
賦役を忌避するための手段のひとつ。財産を密かに他に寄せ、高い資産評価とそれに伴う賦役負担を避けること。

蔭附（いんふ）
戸籍に載せるべき丁口を隠匿し、賦役の負担から逃れること。**隠冒**ともいう。

影占（えいせん）
賦役を忌避するための手段のひとつ。土地を所有するに当たって官側の登記を経ずに済ませ、賦役負担を回避すること。また、権豪の家がその力にものを言わせて土地を不法に占拠することも影占と称した。

下忙（かぼう）
地租および徴税の期限に関する名称で、上忙と下忙からなる。一般に租税の徴収は夏と秋の両期に分けて行われていたが、このうち8月から11月にかけて行われる秋季の徴税を下忙と称した。また、上忙は、2月から5月にかけての徴税を指す。

花戸（かこ）
納税を行う戸を指す語。特に自作農を意味する語として用いられ、華北や東北地方においては大地主を紳戸と称するのに対し中産以下の自作農を花戸と称した。

花絨（かじゅう）
明代における納税者の呼称のひとつ。一条鞭法施行以前において用いられたもので、綿花を租税として納付する者をこのように称した。

過斗（かと）
官斗房（穀物売買において重量を検査する場所）において穀物を過剰に量ること。

加派（かは）
租税を正額以上に加えて徴すること。坐派ともいう。

科率（かりつ［かしゅつ］）
正税以外の臨時の徴発のことで、**科配**・**配率**・**科買**・**率買**などとも称する。

夥捐（かえん）
税目のひとつ。湖北省西部におけるアヘン栽培に対してこの税が課せられた。

夥収（かしゅう）
明代における徴税方式のひとつ。租税の徴収において税目を分けることなくひとまとめにして徴収すること。**総収**ともいい、反対に税目ごとに徴収することは**分収**と称した。夥はここでは集めるの意。

回引（かいいん）
宋代の税収の証明書。

会州（かいしゅう）
収税後に行われる監査のことで、宋代に行われたもの。同類の語に**会鈔**・**計会**・**会末**がある。租税の徴収を終えたのち、県吏の下にある監鈔と倉庫が所持する住鈔を対象として異同のチェックが行われたが、これを会州と称した。

開征（かいせい）
租税などの徴収を開始すること。

劃開（かくかい）
劃は計画、開は開征などと称して徴税を始めること。劃開は徴税開始を計画するの意である。

額編銀（がくへんぎん）
額は毎年の徴税における定額を意味し、編はそうして得られた税を各地に割り当てる予算額を指す。

豁免（かつめん）
免除を意味する語で、刑罰などを始めとした各種制限の免除に用いられるほか、租税の免除に対しても用いられた。

串底（かんてい［せんてい］）
納税簿の一種。官庁の取り扱うもので、知県はその内容に従って納税義務者に納税通知表を送付した。

串費（かんひ［せんひ］）
収税の際に民から取り立てる手数料のこと。**票銭**・**規費**・**串票捐**ともいう。

串票（かんひょう［せんひょう］）
租税を納付した際に官側から給付される領収証で、明清期に用いられたもの。**串子**・**糧串**・**版串**ともいい、また形状は異なるものの清代に用いられた領収証として**領紙**がある。3枚綴りの形状をなし、官司は民から納税を受けるとその税額を本票に記載して番号を付し、さらに官印（**串截印**）を押捺した後、3枚の内の1枚を民に渡す。残りは1枚を県の役所に保管し、1枚を帳簿に添付した。また、こうした領収証は土地の所有を証明するものともなり、土地の売買や出典にまつわる揉め事が起きた際には地券と共に証拠として用いられた。

完半（かんはん）
納税方法の一種で、清代に行われたもの。租税の半分を前納することで、それによってその年の雑役の半分を免除される特典を受けられた。また完半によって納税した銀両を**完半銀**と称した。なお、租税の全てを前納する**全完**もあり、これを行うとその年の雑役の全てを免ぜられた。

完糧（かんりょう）
租税を納めて納付済みとすること。

官物（かんぶつ）
税金を指すこともある。

陥税（かんぜい）
徴収しそこねた税のこと。

乾息（かんそく）
息銭をただ取りすること。乾は**乾没**のこと。

乾食塩銭（けんしょくえんせん）
塩税の収税方法のひとつ。従来塩の取引が配給の代償として銭を納める形態のものであったのに対し、乾食塩銭は塩を配給することなく銭のみ納付させた。なお、この場合の**乾**は対価を与えずして取り立てることを意味する。

勘合（かんごう）
明代に**開中法**が行われた際、官倉への糧食の輸納を完了させた商人に対して交付する証書のこと。**倉鈔**ともいう。証書には偽造防止のための割印が押されたことから勘合の名が用いられた。

関子（かんし）
納税証明書の一種で、宋代に用いられたもの。同様のものに**標子**がある。権場にて取引を行う商人は税務にて過税を支払う必要があるが、その証明としてこれが給付された。なお、権場にて金の商人より購入した商品も課税対象となり、税の支払いを終えた商人には**関印**が与えられてその商品の売買が許された。

緩徴（かんちょう）
租税の徴収を猶予すること。

起科（きか）
課税すること。

起解銀（きかいぎん）
清代、各省より首都に送る税銀のこと。

起催（きさい）
起発催督、あるいは**起発催科**のことで、指定の期日までに賦税などの納入を監督・督促する意味である。

起徴（きちょう）
地賦・丁賦および関税などの徴税を開始することを起徴といい、その税を起徴銀という。

寄税（きぜい）
寄産脱税の略で、詭戸に類する行為を指す。

寄荘冊（きそうさつ）
順荘法に基づいて徴税業務を行う際に用いられた徴税簿のこと。

寄糧（きりょう）
代理人による納税の一種。土地の所有者が別の行政区域内に居を構えている場合、その土地の者に依頼して納税を行わせること。

欺隠田糧（きいんでんりょう）
租税の負担から逃れるために所有地や収穫について偽って報告したり隠匿すること。

畸零（きれい）
極めて小さな規模を指す言葉、あるいは端数のこと。

詭寄（きき）
土地不正の一手段。同類の語に**詭危田糧**・**飛灑詭寄**がある。自身が所有する耕地の名義を他人のものに書き換えることで名目上の所有面積を少なく見せかけることや、耕地を隠匿することで課税や徭役の負担を免れようと図るもの。また、民が徭役免除の特権を有していた官僚に土地を寄せることで徭役負担を回避することも詭寄と称した。

詭戸（きこ）
賦役を忌避するための手段で、**詭名挟戸**・**詭名立戸**などをつづめた語。また**詭挟**・**挟戸**ともいう。架空の名義で戸籍を設けて財産を分割し、その評価を低下させることで賦役負担の軽減・忌避を図った。

詭名（きめい）
偽名を用いること。

虧欠（きけん［きけつ］）
官吏などによる税の使い込み、取り込みをいう。

虧兌（きだ）
虧欠・兌欠の略称で、租税未納者を指す語。

旧欠銀（きゅうけんぎん［きゅうけつぎん］）
租税を連年滞納することによって積み重なった未納分をいう語。同様に滞納が積み重なることを**積逋**とも称した。

給復（きゅうふく）
賦役の免除を意味する語。また免除の対象となった客を**復客**と称する。

虚糧（きょりょう）
坍江田のように耕地が荒廃しているにもかかわらず、従来通り課せられる税糧のこと。同類の語に**虚米**があり、またこうした税糧の額を**虚額**と称した。

協済戸（きょうさいこ）
戸種の一種で、元代に設けられたもの。老幼の戸のように単独では税負担を全うできない戸がこれに充てられ、協済の役について他の納税者を援助することで税負担と代替とすることが認められた。

繳（きょう）
税などを納める、支払う、返還するなどの意味を持つ語。**繳税**・**繳納**・**繳款**は税など納めるべきものを上納するという意味であり、また**完繳**といえば完納の意となる。その他、**繳費**（納金する）・**繳存**（払い渡す）・**繳回**（返納する）・**繳価**（代価を支払う）・**照繳**（額面に照らして払い込む）のように用いられる。

繳跋銭（きょうばつせん）
南宋期、都保正・副保正となった時に出す役人の税のひとつ。

均攤（きんたん）
平均に分配する、あるいは平等に負担・支出するという意味。

掛穴（けいけつ）
租税の納入を引き伸ばすこと。

欠税（けんぜい［けつぜい］）
租税の滞納を指す語。

検放展閣（けんほうてんかく）
稲の作柄や被害状況を検査し、両税の免除率・納税延期の期限などを決定すること。

捲地皮（けんちひ）
民から租税を巻き上げることで、同類の語として**刮地皮**・**刮削地皮**などもある。地皮の語は本来土地を意味するが、この場合は原義から転じて租税を意味する。

蠲復（けんふく）
蠲は除くというニュアンスを持つ語で、蠲復は税の減免を意味する。

蠲免（けんめん）
賦役の免除や減免を指す語。

限比（げんひ）
期限を限って税糧を徴収すること。比に期限の意味がある。

減瞞（げんまん）
土地不正の一種。所有地の面積をごまかして報告し、納税額を低く抑えること。

扣追缺租（こうついけつそ）
租税の滞納分を取り立てること。

拘催（こうさい）
納税リストに依って賦税の督促を行うこと。**拘収催督**・**拘収催科**をつづめた語とされる。

抗糧（こうりょう）
租税の納付を拒否すること。

紅批照票（こうひしょうひょう）
租税の受領を示す領収証の一種。**硃鈔**ともいう。清代に用いられたもので、租税を複数回にわたって分納する者に対して収受のたびにこれが給付された。

敲平（こうへい）
租税の徴収などにおいて秤量の操作によって生じる余分を指す語。

合戸制（ごうこせい）
耶律楚材によって設定された徴税方式で、数戸で連合戸を結成して一戸の徴税単位とする戸割税法。太宗元年（1229）漢地において施行された。

合零就整（ごうれいしゅうせい）
宋代、賦税の端数を、何戸か集まって整数に直して納入すること。納税はその本色に従い、升合・匹・両・貫などの整数にしなければならないが、現実には各戸に割り当てられる税額は、多くの端数を伴う。そこで何戸かが共同で、各戸の端数を整数に調整するか、現銭で折納する。それを納入票で表現すれば**合鈔送納**となる。この帳簿上の端数の処理は、これまた受納の時の、胥吏や官員の儲け口となる。北宋梓州（四川）の転運副使范琮が、合零就整で働いた悪事の詳細が『続資治通鑑長編』に残されている。

斛面（こくめん）
主として南宋時代、穀物徴税の時、斛斗（ます）の計量と関連して行なわれる不正を指す。単純にはマスに穀物を入れ、斗かきの操作で斛面を加減するが、通常はその程度では済まされない。そもそも、使うマス自体に、文思院規格の官斛のほか、商人・軍用をはじめ、各地慣行の大・小斛斗、さらには秋苗の**加耗**、毎石６斗５升用のマスさえあり、受納の胥吏たちが自分たちの利益になるように使い分けて、私腹を肥やした。斛面米や**点合米**といった名称は、この時加耗をどれ位取るかに関係した用語である。

滾単（こんたん）
滾は水が旋転して流れる様を表す。滾単は清代、里甲中の5戸あるいは10戸ごとに、各戸の姓名・田畝面積・種類・賦税銀米額を、1紙内に連合し記載した納税告知書。これを甲首に発給して催促させ、甲内の納税者に規定額を自封投櫃させ、里長らによる作弊を防止しようとした。滾単を用いたこの形式による税の督促を**滾催**という。また、1枚の告知書を発給し、各戸に回覧告知するものを**流単**という。

差税（さぜい）
元代の文献にある差税は、**差発税糧**の略語。

坐派（ざは）
加派に同じ。

催税甲頭制（さいぜいこうとうせい）
宋の熙寧7年（1074）より、各州県坊郭に施行された徴税制度。翌年には郷村部にも実施され、ここに保甲制は郷村の徴税組織としての歩みを開始した。主戸10～30戸を1甲とし、甲ごとに保丁1人を甲頭に充て、甲内の租税と常平免役銭の徴収を担当させた。従来の戸長に代わって徴税・催税を担う甲頭は、一税一替の半年交替とし、戸等基準とは無関係に圧倒的多数を占める下等戸もその担い手となった。同時に、郷村の治安維持の役も耆長・壮丁から保正・大保長へと移行する。神宗没後、政権は新旧両法党間で頻繁に交替し、役法においても募役・差役の置廃が繰り返されるが、その間の紹聖2年（1095）、催税甲頭に代わって大保長が徴税担当者となった。南宋に入ると、時に催税甲頭制の復活を見ながらも、耆長・戸長に代わって保正・大保長が治安と徴税を分担して、差役として定着していった。

曬颺耗米（さいようこうべい）
収税の際に乾燥や篩をかける過程で目減りする分を見越して徴収するもの。**篩颺耗米**ともいう。

雑摧率（ざつかくりつ）
法規外の私徴のことか？

三餉（さんしょう）
明末における特定の税目の総称。**遼餉**・**勦餉**・**練餉**の3種を指した語で、これらの加派は民にとっても相当の負担であったため、清朝はこれを免除された。

暫徴（ざんちょう）
暫定的に徴収された税糧のこと。

子口半税（しこうはんぜい）
通行税の一種で、清の咸豊年間に定められたもの。貨物100両ごとに2両5銭の銀が支払われた。また、納税者に対しては半税単なる納税証明書が給付された。

私下補数（しかほすう）
収税処理上の一手段。租税を徴収した際にその総額が定数に満たない場合、内密に他の余剰分よりこれを補填すること。

施舎（ししゃ）
施は恩典を民に与えること、舎は租税の滞納分の支払免除を指す語で、合わせて滞納分の徴税放棄を意味する。

自実（じじつ）
自己申告のこと。

自封投櫃（じふうとうき）
明清期における租税の徴収法のひとつで、民が自ら租税を納める方法。同類の語に**親輸法**・**自辦**・**自封入櫃**・**自衡投櫃**もある。民は県内の要所に設けられた銀櫃に租税となる銀と共に自身の氏名・所属の里甲・納税額などを記した紙を投じて納税を行った。一連の業務を終えると、糧長や胥吏が担当する管理人（**櫃頭**・**銀頭**）は民に受領証を給付して納税の証しとした。

実封投状（じつふうとうじょう）
王安石の募役法が行われた際に坊場経営の請負人を決定するために採られた制度。請負いを希望する者は経営権の買取額を記した紙を箱に投ずることからこの名がある。落札者は3年の経営期間において毎年落札額の一部を分納し、坊場からの収益との差額を自身の取り分とした。

酌派（しゃくは）
各戸の資産財力を斟酌して割り当てることで、臨時地方税の徴収、あるいは義援金の募集などを行う場合に用いる。

手実（しゅじつ）
土地の所有者に所有地の面積や自身の姓名・年齢を報告させて郷帳（土地台帳）を作成すること。唐代、里正が各戸主に申告を促し、戸籍・計帳をつくった。同類の語に自実・自占がある。

朱鈔（しゅしょう）
両税の輸納の際に用いられる受領証の一種。宋代に用いられた。県から州へ銭物を納入するとき、県からこれを提出し、州はこれに受領印を押して送り返した。

株連（しゅれん）
芋蔓式に次から次へと係累を処罰すること。親族の者を次々と追求して、滞納した税糧を完納させること。

受納（じゅのう）

受納は日常語に過ぎないが、ここでは宋代の両税徴収をめぐる、主として県の現場で起る特殊問題に限定する。両税は、地域差を設けて徴収されるが、徴収に先立ち州の承認を得て、県から徴収の細目や期日を公表し、各戸に納入票を配布する。同時に州県長官が責任者となり、主要な官員を徴税に従事させる。その制度や法規は表面的には整然としているが、実際は県と倉庫の胥吏、郷書手、あるいは攬戸が複雑に絡み合い、多種多様な弊害を生み、納税者を苦しめる。特に、徴税と訴訟を食い物にして生活している吏の弊害が目立つ。

南宋初の紹興5年（1135）、受納の弊害として、推割不明・催科無術・支移太遠・折変価高・攬納射利・公吏求貨・雑以湿悪・高下斗面・盗印虚鈔・失陥羨餘の10事が挙げられている。程度の差はあろうが、宋代を通じて、各県で恒常的にこうした問題が生じていたと見做して大過ない。それらは3つに大別できる。第1は徴税原簿と納入書類の不備である。県に五等丁産簿と夏秋税租簿はあるものの、その内容は規定通り変更（**推排**）されず、従って徴税内容も殆ど前回の踏襲に終り、帳簿上の辻褄が合えばそれで済まされる。また納税通知・領収書の支給も不備が多く、二重納入強制が稀ではない。第2は納入現場でのトラブルである。豪民の土地管理人（幹人）は胥吏・官員への裏工作で、難なく納税を終えるが、下層自営農が自ら県に赴き納税するとなると、第一歩で、胥吏の受付け拒否・賄賂要求が待っている。計量・品質評定・合零就整を始め、支移や折変・加耗などが、納税者の予想できぬ負担に加重される。それを避けるため**攬戸**（徴税請負人）が暗躍する。第3は根底に横たわる、在地豪民（官戸・形勢戸）と郷役人・県の胥吏、州県官員の馴れ合い（暗黙の合意）がある。そこに彼らと通じた城居の商人と攬戸が加わる。彼等は一致して、農民の現状維持（＝自分たちの利益保持）につとめるが、それは農村の拡大再生産の阻止と貧窮化、そして農村の犠牲の上にたつ消費都市を繁栄を出現させる要因となる。

『宋史』食貨志はじめ宋代の文献には、上記受納の弊害防止と対策を訴える識者の上奏や議論が繰り返されている。事実としても、時に信念を持つ州県官が弊害を取り除く具体的な政治を断行する例もある。しかし、彼が3年の任期で移動すれば元の木阿弥で、民・吏・官一体となった前近代中国の構造的特性は、個人の努力ではほとんど解決できない。宋以後の官箴書は、それら弊害の数々を具体的に指摘するが、本質的な改革には無力であった。

収繳（しゅうきょう）

地方税を収受したのち倉庫に納めること。

収兌（しゅうだ）

明代、糧長の任務を分担して米を収納する者のこと。

収頭（しゅうとう）

徴税業務の担当者。明代華北において見られ、社では2、3名の、屯では1、2名の収頭が置かれた。

重糧追併（じゅうりょうついへい）

税の追徴を指す語。

順荘法（じゅんそうほう）

徴税方法の一種で、清代の浙江・江蘇・安徽などの地域にて行われたもの。**版図法**ともいう。不在地主に対する租税徴収の不便を解消するために行われた方法で、各地に分散する耕地の税額を全て地主に一括する形の帳簿を作成し、地主の居住地がある荘から租税を取り立てた。

諸色課程（しょしょくかてい）

色は種の意であり、諸色とは諸種のこと。課程は物品の貴賤によって設定された税額のことである。すなわち、諸種の物品に対する税銭を諸色課程という。

承催（しょうさい）

上命を受けて租税の催促徴収を行うこと。

承辦捐（しょうべんえん）

各種の請負税を意味する語。

称収（しょうしゅう）

銭糧などを量り収めること。

秤頭（しょうとう）

銭糧徴収の際に、火耗以外にはかりの操作によって生じさせる増収分。併頭・平頭・併戥・掛平・敲平・併封などともいう。

陞擦（しょうさつ）

陞は加増を、擦は軽減を意味し、合わせて租税の増減を指す語。

商税則例（しょうぜいそくれい）

奸吏姦民が納税者を侵し欺くことを防止するため、課税品目・課税単位・税率を分類し明記して徴収官庁の前に掲示した。これを**収税則例**または商税則例と称し、宋の太祖の時に始まり、明朝により踏襲された。

上忙（じょうぼう）

田賦の徴収は1年を夏と秋の2期に分かち、毎年2月に徴収を開始し、4月にその半額を徴収し、5月中には徴収手続を停止。更に8月に入ると徴収を再開し、11月中には全額完納させる。これが原則である。その前半期である2月～5月を上忙、後半期の8月～11月を**下忙**、中間の手続停止期を**停忙**という。地方によってはこの区分が異なるところもある。

条漕知単（じょうそうちたん）

土地の細片個々につき、科則・課税面積・課税額・納税期限などを、花戸・糧戸に通告し、税の納入を催促する告知書。

儘収（じんしゅう）

租税の徴収に努めること。

征調（せいちょう）

征は税・賦と同義で、力役あるいは単に公課と解釈する場合もある。征調は税を取り立てるとの意。具体的には、各地の駅を経由する公使差客が、駅夫に提供させる廩糧のことを指すか。

税館（ぜいかん）

徴税に関する役所。同類の語として**租庸司**（唐）・**税課務**（元）・**税課司**（明・清）がある。

税場（ぜいじょう）

徴税を行う場所。同類の語として**税局子**がある。

税租鈔（ぜいそしょう）

宋代、両税の納入票、同時にそれが納税証書にもなる。唐末から五代、戸鈔と呼ぶ納税証の存在が知られるが、宋も国初から夏と秋の両税徴収に際し、納税者に納付書を渡した。その詳細な規定は、南宋初のものが残り、『慶元条法事類』にも記載されている。

まず県は両税納付者に次の様式の納付書（**戸鈔**）を提出させる。そこには、某県某郷某村某色戸のあと、姓名、某年夏（秋）の某色税あるいは租物若干として、本色・折某色・耗各若干を列挙、右件如前として、年・月・日・鈔で終る。受納官は団印を捺し、それが同時に納入証となる。また県ではそれと同じ**県鈔**を作り、徴税簿に納付済のチェックを入れる。さらに受納監督官は自分の責任のため**監鈔**を持ち、税物を受け入れた倉庫でも確認の**住鈔**を作る。これら戸・県・監・住の鈔を納税四鈔と呼ぶ。なお戸鈔は当初から官で発売していたようであるが、北宋末には鈔旁の名で印刷発売され、不動産典売の証文である定帖と合せ、鈔旁定帖銭という税目までできている。

宋代300年、民の側からみた納税書は、建前は立派でも、徴税現場では各種各様の不正行為が入り込み、額面どおりには遵守されていなかった。幹人（マネージャー）などが納税をとりしきる豪民や官戸は別として、下等の農民各戸が自分で県城に、直接納税に出掛けたとは想定し難い。このため、戸鈔が確実に配布されたとは限らず、納入証書を彼等自身は保有していなかったろう。県の徴税簿は、とかく抹消されず、郷書手や県吏が介入し、税金の二重取りは日常茶飯事となる。おまけに県鈔とて長くは保存されず、監鈔や住鈔はあるほうが珍しいから、受納の弊害が続出する。要は現在の我々の感覚で、**四鈔**の規定を読んではいけない。

税単（ぜいたん）

清代に税関にて発給された領収書のこと。**放行単**ともいう。貨物の種類やその発送元と発送先・徴税額・収税日などの情報が記され、商人は関卡を通過する際にこれを提出してチェックを受けた。

税領（ぜいりょう）

租税を納付した際に官側から給付される領収書。宋代に用いられた。

責銭税（せきせんぜい）

税の滞納を催促すること。

折扣（せつこう）

税額を軽減すること。ここでの折は割引を意味する語。

截曠銀（せつこうぎん）

収受した租税の内、一部を公費として留め置くこと。30日分の税を徴収した場合、29日分は中央に送られ、1日分は截曠銀として残された。

截票（せつひょう）

租税の受領を示す領収証の一種。清代に用いられたもので、2枚綴りの串票を十分割した形状をとる。そこには徴税額が記されると共に官印も押され、租税が分納されるごとに一部を切り取って給付した。

全科戸（ぜんかこ）

元代における租税負担にまつわる等級のひとつ。上戸・近戸上計ともいう。定められた税額を全て支払うよう義務付けられており、元管戸を始めとする各戸種にこれが設定された。これを共に等級を構成するものとして**減半科戸**（中戸・酌中戸計）・**止納絲戸**（下戸・近下戸計）などがあり、減半科戸は定額の半数を、止納絲戸は絹糸のみを納付した。

前流借銭糧（ぜんりゅうしゃくせんりょう）

次第に貸越となった税のこと。

租鈔（そしょう）

秋租鈔ともいう。ただし、秋租鈔が全ての官有田地に課せられたわけではなく、特定の田地に課せられたものと思われる。明代の弘治『興化府志』（巻10、戸紀）によれば、秋租鈔を出す田地は、官租田・府学地・廃寺地・廃寺山などである。なお、秋租鈔を出す地域は、浙江・福建・広西各布政司と、南直隷の常州府・揚州府であった。

捜括（そうかつ）
課税対象を捜索し集めて、洩れなく課税することをいう。

棗株課米（そうしゅかべい）
各戸が栽培する棗の木の株数に応じて割り当てられた税米で、明代に河南・北直隷の地で行われた。

拖欠（たけん［たけつ］）
租税の支払いを引き伸ばし、長きにわたる滞納分を生じさせること。同類の語に**掛欠**などがある。

多収（たしゅう）
収税の際の不正手段のひとつで、明代に行われたもの。一条鞭法の施行以前は租税の徴収を里長戸が担っており、追徴がなされる際も里長戸に求められたが、里長戸は追徴にあうと各戸に1両あたり4、5割を割り増して徴収していた。これを多収と称した。

兌税（だぜい）
税を納めること。

兌銭糧（だせんりょう）
税糧を支払うこと。

帯徴（たいちょう）
租税の徴収法。⑴本来特定の個人に課せられるべき租税を別人の税に付帯した形で徴収すること。また、未納の税目を付加的に徴収することをいい表すこともあった。⑵租税の代理徴収を意味する語。前任の官による徴税業務がいまだ完遂しない状況で転任してしまった場合、後任の官がこれに代わって徴収を行った。後任の官は未徴収分を翌年の正税に加えて徴収を行って未納分を補った。また、こうして徴収された未納分を**帯徴銀**と称した。

代票（だいひょう）
収税における不正徴収のひとつ。収税処理を行う役人が富裕な戸の名義をもって徴税書を作成してこれを代納し、のちに領収書を当該の戸に突きつけて納税額に上乗せした額を請求すること。

代輸（だいゆ）
代わりに租税を納めること。あるいは代わりに役に服すこと。

短交（たんこう）
収税の際の不正手段の一種。租税の徴収を請け負った者が定額より少なく官に納付すること。その際発生する不足分は末端の戸に皺寄せされた。

短派（たんは）
この場合の短は数の少ないこと、派は民間に割り当てて地方経費を徴収することである。『六部成語註解』によれば、その地方の人民の財力が乏しいか、あるいは土地が瘠せている場合は、その事情を斟酌して、特に少額の徴税を実施する。これを短派といい、この方法によって徴収した銀を**短派銀**という。その後、民力が余剰を生じるに至れば、再度徴収することもある。

攤入（たんにゅう）
清代、丁銀などを地銀に繰り入れることを攤入と称した。

攤納（たんのう）
攤はある数量を均分することであり、税糧を割り当てて納入させることを攤納という。正税以外の臨時経費を、県あるいは村などの民に分担させて徴収することを攤派といい、税などを戸別に割り当てることを**門攤**という。また官吏が軍需品を買い入れる際に、市場によらず民に割り付けて徴収することを**里攤**という。

団印（だんいん）
官印のひとつで、宋代に用いられたもの。両税を授受したのち、納入済のチェックを**税租鈔**に入れるためにこれが押印された。その作成は州県の長官の監督の下でなされ、押印は監官が担当する。また、税物を起納させる際に団印もまた州県に送らせ、官が鈔と対照して不正が無いか確認をとり、収税業務を終えたのちは長官が団印を廃棄した。

抽（ちゅう）
原義は引く、抜くであるが、唐宋時代には税物を表す語として用いられた。課税対象物からその一部を税として抜き取ることを抽、あるいは**抽取**といい、その税を指して**抽税・抽分・抽解**などという。抽は本来、現物徴収である。宋代には、通過する竹・木材など、あるいは入市する貨物に対して、現物でその10分の1が抽分として官府に徴収された。また、互市交易の貨物に対しては、貿易額の幾パーセントかが商税として抽取された。元代においては、至元7年（1270）に宋制に倣って外国との交易に市舶を設け、毎年舶商を招集して珠翠香貨などの交易を行わせ、次の年廻船の時に貨物を検査して、中から一定数量を抽取し、その後に商貨として売ることを許可した。抽分としては、細色すなわち上等の物品は25分の1を、麁色すなわち下等の物品は30分の1を取り、脱税の者はその貨物を没収することを規定した。なお、量に従って抽取された税を按件抽税と、価格に従って抽取された場合は按値抽税という。また、抽税を政府に解送することを抽解という。

紐配（ちゅうはい）
正税に併せて課せられた付加税のこと。また五代、徴税において、必要とする科徴額を負担能力に応じて配分することを紐配、あるいは**均紐**・**均配**・**攤紐**・攤配といった。

徵科（ちょうか）
正税の銭糧を徴収すること。

貼納（ちょうのう）
租税の追徴・追納を意味する語。

丁僉（ていせん）
僉は人や物を寄せ集める意で、丁僉とは糧戸からその丁数に応じて徴収するもののこと。また、その納糧額に応じて糧戸から徴収するものを**糧僉**という。

定日虚税（ていじつきょぜい）
租税の納入方法のひとつ。決められた納税額を納めきれない際に、帳簿上は徴収済として記載しておき、後日未納分を補うこと。

抵項（ていこう）
租税を納めない者に対して財産を没収すること。また、税官が徴収事務を怠って収税額が定額に満たない時にその財産をもって不足分に充てることを**抵償**と称した。

提編（ていへん）
期限前に税を徴収すること。同類の語に**預借**・**預借税租**・**預徴**・**預先収受**がある。また、**加派**の別称として用いられることもあった。

程課（ていか）
課せられた税額のこと。

踢斛淋尖（てきこくりんせん）
収税の際の不正手段のひとつ。租税の収受にあたって作業に当たる官吏がより多くの穀物が升に入るよう足で升を蹴ることを踢斛と称し、また升に穀物を高く盛って多く得ることを**淋尖**と呼んだ。同類の語に**淋踢**がある。

墊完民欠（てんかんみんけん［てんかんみんけつ］）
収税処理上の一手段。租税の未納分を税官などが代わって納入すること。実際には代納を行った税官がその額に上乗せした額を民より取り立てる不正手段であり、清代には禁止されていた。

当献（とうけん）
土地不正の一種。自身の所有地を名目上有力者に献じ、国家からの税役負担を免れようと図ること。この名目上の所有者に対して実質的な所有者は私租を支払い、本来納付すべき税役との差額分だけ利益を得た。

投税（とうぜい）
納税に同じ。

倒折（とうせつ）
銭を米に換算すること。

頭会箕斂（とうかいきれん）
苛酷に民財を徴収すること。単に**箕斂**ともいう。**頭会**は民の頭数によって税を取り立てること。箕斂とは税穀を箕を用いて余分に徴収することである。

匿税律（とくぜいりつ）
脱税を図った者を罰する規定。『宋刑統』では「闕くる所を計り盗に準じて論ず」る処罰が、明律では笞50に加えて物貨の一半が没収する処罰が下された。

督催（とくさい）
地方官が所属の官吏を督励して、催税を行わせること。

認（にん）
認には認める、弁別する、承認するなどの意味から派生して、金銭や手形などの支払いや賠償を、自ら引き受ける、請け負うという意味がある。**認納**とは納税を請け負うことである。

納戸（のうこ）
税糧を納める義務をもつ戸のことで、**糧戸**に同じ。明律・清律によれば、納戸は自ら上納米を計量することを許されていた。

派徴（はちょう）
租税の負担を割り当てること。同類の語に**配徴**がある。

派撥（ははつ）
税糧を徴収する時に、それを割り付けること。

倍征（ばいせい）
税率を倍に引き上げること。

賠納（ばいのう）
租税の未納分を納めること。

買撲（ばいぼく）
税銭徴収の請負いを指す語。**撲買**・**承買**ともいう。宋代に始まる制度で、あらかじめ官に課利銭の納入や物件の抵当を行った者に酒の販売や土産の税場や渡し場の経営を任せるもの。それを請け負った側は住税の取り立てを行い、その収税額と官への上納額との差額を利益として獲得した。

白著（はくちゃく）
正規の税の外に民から徴収する税のこと。

白納（はくのう）
耕地を所有していないにもかかわらず租税を納めさせること。同類の語に**白敷**がある。

剥削（はくさく）
収税における不正手段のひとつ。租税の代納を行う者が収受した税物の中から幾分か抜き取ること。

発泄（はつせつ）
一般には力が放散する意味だが、重税から解き放たれることをもいう。

反覆紐折（はんふくちゅうせつ）
収税における不正手段のひとつ。同一の費目を何度も計算に入れて多く金銭を徴収すること。

盤査（ばんさ）
清朝の戸部則例によれば、**盤検**と同義であるが、盤査は米穀を検査する場合に多く用いられる。

比較の法（ひかくのほう）
官吏の徴税状況に対して定期的な検査を行う制度。

比限（ひげん）
税の納付を急がせること。

比磨（ひま）
期限を決めて納税状況を検査して税簿に記し、納・未納を明らかにすること。**比格**・**比較**・**比卯**・**比併**ともいう。

俵（ひょう）
配分する、あるいは割り付けるという意味だが、唐宋代の税制用語としては一般に、官が民戸に強制的に割り付けることを指す。**俵配**・**俵散**も同意。また、官が兵馬糧を強制買い付けすることを**俵糴**という。

票銭（ひょうせん）
収税領収書。**串費**のこと。

憑由（ひょうゆう）
字義に即せば証明書に該当する語であるが、実際には証明書以外の各種書類にも憑由の名が用いられる。例えば、宋代の納税通知書がそれにあたり、**由子**・由単・串票とも称されるこの通知書には課税される税銭物の内容が詳記され、起催前に各戸に配布され、納税の拠り所となった。また、宋代に地主が佃客の移住を認めた許可証も憑由と称する。当初は地主を保護するために設けられた制度であったが、地主はこれを利用して客戸に憑由を与えずに客戸を留め置いたため、後に改められて収穫終了後に客戸が自由に移住することが許められた。

附餘銭糧（ふよせんりょう）
租税を徴収した結果、その額が正額を超過すること。徴収の際に秤や升の加減により銭や穀物を多めに収受してしまったことによるもの。また徴収に当たる胥吏が不正手段をもって正額以上に徴収した額を**附餘糧数**や**秤頭**と称した。

浮課（ふか）
徴収の当てもなく課する増税のこと。

浮収（ふしゅう）
不正手段を用いて定額以上の税を徴収すること。同類の語に**浮費**・**浮収勒折**がある。

封櫃（ふうき）
収税を開始して一定の期間を経た後に、納税の受付業務を取りやめること。櫃は税銀を納める箱を意味する。

腹撑丁（ふくとうてい）
徴税上の不正手段のひとつで、宋代に行われたもの。**貌丁**ともいう。胥吏は丁産簿の記載に対して各丁の実情を反映させないでおき、のち納入すべき義務がないにもかかわらず追徴の対象と見なして税を取り立てること。

分収分解（ぶんしゅうぶんかい）
租税の徴収と支出についての方法で、一条鞭法の施行以前に華北で行われていたもの。項目に分けて徴収を行い、そうして受納した税を中央に送る際も項目に分けて送った。のちに大戸制の改革と共にこの方法はとりやめられ、収税を項目に分かたず一括して行い、起運に当たっては費目ごとに支出する**総収分解**・**夥収分解**・**一串鈴法**が行われるようになった。

平規（へいき）
付加税のひとつで、清代の甘粛布政司にて行われたもの。州県から銭糧を送る際に毎両2.5%が余分に徴収された。

平斛交収（へいこくこうしゅう）
租税を納付する際、升目を平らにして穀物を量ってこれを納めること。

米折（べいせつ）
本来米で納税すべきところを金銭や銀・絹帛などで代納したものを指す語。

逋（ほ）
租税の未納を指す語。同類の語に**逋課**・**逋欠**・**逋負**・**逋租**・**逋賦**・**逋銀**・**逋糧**・**衆逋**・**民欠**・**民欠銀**などがある。また、未納分を納めることなく逃亡することを**逋逃**、逃亡する民を**逋民**と呼び、そのようにして生じた未納分は**宿逋**と称した。なお、租税の未納額は**逋税**と称し、翌年に繰り越された。

逋欠（ほけん［ほけつ］）
逋糧と欠額を合わせた語。**逋糧**は租税の未納分を意味し、**欠額**は帳簿上は徴収済であるものの実際には未だ納付されていない租税を指す。

逋更賦（ほこうふ）
漢代において賦役から逃れることを指す語。

逋責（ほせき）
未納の租税及び官より借りて未だ返済していない種子を指す語。**逋債**（**逋租宿債**）ともいい、また**逋負**の語をこの意として用いることもある。

簿書期会（ぼしょきかい）
帳簿に記載された徴収の期日と対照して、租税の徴収を行うこと。

包缺（ほうけつ）
税を支払うことなく済ませてしまうこと。**包抗**ともいう。

包税（ほうぜい）
租税の取り立てを請負人に委任することで、清代に行われた。

包納（ほうのう）
租税をとりまとめて納付すること。同様に荒田の租税をまとめて納付することを**包荒**と称した。

包賠（ほうばい）
現住の戸に逃戸の租税を割り当てることをいう。

掊克（ほうこく）
苛税を課すこと。同類の語に**割剥**・**誅求**・**聚斂**・頭会箕斂がある。

報税（ほうぜい）
税を納付すること。

朋辦（ほうべん）
清初の均田均役法における納税方法には、土地所有の多寡によって区別があり、**自辦**すなわち自封投櫃と、田の少ない戸が何戸か共同して納税する朋辦とがあった。

裒益（ほうえき）
裒多益寡の略語。負担の重い官田の税糧額を減らし、負担の軽い民田はその税糧を増やして、両者の負担を平均化させようとしたことをいう。

卯票（ぼうひょう）
納税の義務を他に先んじて果たしたものに支給される証明書。雑差の優免措置があった。卯は期限。

本折（ほんせつ）
本色と折色のこと。

本徴（ほんちょう）
原則上、租税は米穀を本色とし、銀を折色とするところから、米穀を徴収することを**本徴**、あるいは**収本**という。

民運折色銀（みんうんせつしょくぎん）
明代における税目のひとつ。本来淮河以北の各地から辺境の鎮へ運搬すべき税糧を銀で納めさせたもの。

民折官辦（みんせつかんべん）
租税の納入法のひとつ。納付すべき税額を定めて民に銀で折納させ、官側はその税銀で本来収受すべき物品を購入するもの。ただし、時価の変動を予測するのが困難であるため、官民共に不便とした。

民則（みんそく）
民が納める租税の等級を指す語。この他に**官則**・**斗則**・**荒民則**・**下地則**などもある。

免科（めんか）
科は租税を課すことで、免科とは課税を免除すること。**免賦**ともいう。

免鈔専照（めんしょうせんしょう）
免税証書のこと。

免税単（めんぜいたん）
免税証書のことで、**免税執照**ともいう。

免丁（めんてい）
徭役を免除を意味する語。

免糧（めんりょう）
租税を免除すること。

棉花折布（めんかせつふ）
租税の納入法のひとつ。本来綿花で納めるべき税を綿布で折納するもの。

輸交（ゆこう）
　税などを納付すること。

輸納（ゆのう）
　輸は納める、納付するという意味で、輸税といえば租税を納めることである。繳納ともいう。

由単（ゆうたん）
　明代の一条鞭法などにおいて各納戸に配布された納税証明書のこと。**単子**ともいった。徴収する地税（税糧）・丁税の額が記載され、各戸はその額を定められた期間内に、定められた櫃に直接納入した。

由帖（ゆうちょう）
　明清期に用いられた租税の内訳を証明する帳簿のこと。また、3年に1度の勤務評定（**考覈**）の際、各官庁の長官よりその部下の成績を上司に証明するために用いる官文書もまた由帖と称し、これを当の官吏に持たせて考覈に遣わすことを**結由**という。

預先収受（よせんしゅうじゅ）
　租税の徴収方法のひとつ。秋に納めるべき租税を期限より早く徴収することを指す。早稲を対象とした租税の徴収などはこれに該当した。

預徴（よちょう）
　租税の徴収方法のひとつ。次年度の租税を繰り上げて徴収すること。

濫索（らんさく）
　濫りに税を求め徴収すること。

攬納（らんのう）
　宋代両税その他の納入を、肩代わりして請負うこと。請負人を**攬戸**・**攬納人**などと呼ぶ。攬納は北宋の半ば以後顕在化するが、あるいは差役法の推移と関係するかも知れぬ。蘇軾が杭州での納税暴動を記録する中に攬納人が登場する。南宋の多くの資料から帰納すると、城市在住の商人や官員の不良子弟が、遊民を使って攬納する例が浮かびあがる。蕪湖（安徽）の攬戸孟某は、1,700石を納入し、倉庫の監督官は彼に多額の借金をしていた。攬戸は必ず農村の豪民・県の役人・胥吏らと結託し、農民から高い手数料をとって租税納入を請負う。農民には官吏・攬戸の方がまだましだったのだろう。しかし、良い米や絹を受け取りながら、官には劣悪な品質にすり替え、あるいは農民に領収証を渡さないなど、多くの弊害を齎した。官員が攬戸になることは禁ぜられていたが、県の胥吏などには攬戸がまま見られる。

理折（りせつ）
　先借りされた租税を次年度以降の納税予定分に引き当てて納付済みの扱いにすること。

流抵（りゅうてい）
　被災などの理由によって租税の蠲免が行われるものの、既に納税を済ませてしまった場合、本年度の免除額を次年度の租税に繰り越して適用すること。

糧衙（りょうが）
　明末清初における官庁のひとつ。催税にかかわり、また佃租関連の訴訟を処理した。

糧戸（りょうこ）
　明代の税糧を納める義務をもつ戸。田土の所有者に限られる。

糧差（りょうさ）
　清代、地方に出張して、租税の徴収に当たる下級役人のこと。**糧胥**・**糧吏**ともいう。

糧重（りょうじゅう）
　糧食を輸送する車を指す語。

糧租（りょうそ）
　穀物で納める租税のこと。金納による租税は**銭租**と称す。

糧長（りょうちょう）
　明初、郷には富戸から糧長を任命し、里甲の徴収した税糧を収納させ、更に解運することを担当させた。

糧秣折価（りょうまつせつか）
　租税の納入法のひとつ。軍隊が糧秣の納付を民に割り当てるが、穀物やまぐさそのものを徴収せず、品目と数量に従って銀価に換算し折納させるもの。

輪催法（りんさいほう）
　清代の租税徴収手続きの一種。通常、徴税事務は知県が直接担当し、納税のため納税者が出頭した場合は、一々納税帳簿に照合し、納税者の姓名を記入して徴税の証しとし、徴税が終了すれば、その徴税額を上級官庁に報告する。しかしこの輪催法では、里中の一定数の有力者の戸に、あらかじめ必要事項を記載した納税告知書を交付し、順次戸ごとに督促徴収を行う。

連賦（れんふ）
　税の滞納分を指す語。

斂（れん）

民から税を徴収すること。同じ意味の熟語として**賦斂**がある。

斂弛（れんし）

賦役の徴収に対する免除あるいは緩和を意味する語。

漏税（ろうぜい）

脱税のこと。同類の語に**避税**・**脱漏**・**透漏**・**偸税**がある。また、租徭を逃れようと図ることを**規避**と称した。

漏報（ろうほう）

税関などにおいて貨物の届出をする際に、実際の数よりも少ない数を報告すること。

勒捐（ろくえん）

無理に税金の取り立てを行うこと。

勒折（ろくせつ）

租税の徴収に当たって折納での納付を強制すること。

⑤漕運・和糴・和買

(1) 漕運

漕運（そううん）※

漕も運もはこぶの意であるが、特に漕は水上運輸をいう。漕運とは、**転漕**・**漕輦**・**漕輓**・**漕上**・**船漕**・**河漕**・**河運**ともいい、河川及び運河による行政の水上運輸およびそのための制度である。

地理的に見れば、中国大陸は海岸線に比して内陸部が広く、黄河・淮河・長江・珠江といった大河に無数の支流があり、河川は灌漑とともに交通運輸をも容易にしていた。水運以外にも、元以来の南船北馬という言葉に見られるように、北中国においては陸路の比重が南中国におけるより大きく、とくに唐以前においては西域に延びる河西回廊や、長安・延州から北方遊牧地帯へ至るルートなどの陸路は帝国の維持に重要であり、長安－洛陽間も、大幅に車あるいは人畜による陸運に頼らざるを得なかった。中国王朝の多くが陝西・華北に首都を置いたが、中国北部の人口扶養力は前漢にすでに上限近くに至っており、7世紀以降は18～19世紀の人口爆発までは、むしろ人口が全体的下降に転ずる。

一方、孫呉・東晋以降、中国王朝と江南との関係が密接となり、また長江中下流の人口も著しく増加した。それを受けたのが隋の運河開鑿で、広通渠（大興（現：西安）と黄河を結ぶ）・山陽瀆（淮河と長江をつなぐ古来の邗溝を改修したもの）・通済渠（黄河の板渚から泗州の淮河まで。唐代、広済渠と改名）・江南河（京口から余杭（現：杭州）まで）・永済渠（武陟から燕（北京西南）まで）等が設けられ、海河・淮河・黄河・長江・銭塘江の五大水系を結ぶ大運河が完成した。唐初において運河の利用は十分ではなかったが、開元元年（713）、李傑が水陸発運使に任ぜられたのに始まり、転運使・水運使・陸運使・塩鉄運使・運糧使といった、漕運を担当する使職が、8世紀を通じて次々と設けられ、ことに広徳元年（763）漕運を掌った劉晏が、塩専売の収利を漕運改革に当て、綱運法を始めて、江淮米の年間輸送量100万石を達成させた。ついで藩鎮が力を持ってからは、重職として転運使等の使職を与えて朝廷のロジスティクスを保とうとしたように、江南と長安を結ぶ漕運の安定的運営なくしては、首都の人口を養い、華北から華南にまたがる政治勢力を維持することは難しくなっていた。

続く五代諸王朝の多く、そして北宋は、江南からの漕運が確保しやすい汴河沿いの開封に首都を置いた。開封の100万と言われる人口は、漕運の安定によって維持された。汴河は、淮南の盱眙県から宿州を経て北上し、淮河の北方を流れ、開封を経て河陰県に至る水路であるが、主として江淮の東南六路、すなわち両浙・淮南・江東・江西・湖北・湖南の各路（現在の江蘇・安徽・浙江・江西・湖北・湖南）の物資を輸送した。景徳4年（1007）、江淮発運使により、620万石東南六路上供米額の原額の固定化が行われ、北宋を通じて600万石前後の米穀の輸送量は唐の4～5倍に達し、明代もこれを上回ることはなかった。開封およびその付近への漕運路は、他に広済河・恵民河・黄河があったが、汴河が中心で、東南からの漕運には、**転搬倉**を中継させた。転搬倉は、宋初は楚・泗の2州に置かれ、その後、真・揚の2州が加えられ、北宋末の蔡京の時代の一時期、転搬法を廃止し、各地の転運使・提挙官が民船などを管理し京師に直達させる**直達法**が採られた。民船利用は、神宗期王安石新法のときより顕著となってきており、それに対抗して政府も直達せざるを得ないという事情があった。

そのように、河川や運河はいうまでもなく、漕運に付随する民運は通常の市場的経済活動を支えていた。たとえば長江下流域の上質米は華北諸都市にまで市販され、人口の対土地比率が高い衢州・睦州には、長江河口デルタの穀物が桐廬県経由流入していた。一般に大都会、あるいは福建・四川盆地など人口稠密・土地稀少の地域の需要は市販の米穀によってまかなわれ、宋代には各地で生産物の特化が見られ、さらに四川での取引などでは、交子・会子など、官印による紙幣に先んじて民間の手形が流通していたから、相当の遠隔地交易もすでに行われていたことは明らかであり、こうした短距離から長距離に至る財物の市場取引や人の移動も、水上運輸に頼るところ大であった。むろん水運のみならず、土地稀少の福建は両浙・広東からの海路による米穀の移入に頼らざるを得ない状況であった。漕運は、京師や北辺に偏った大量の官需・軍需を補うなど、政策的要因により行政部門に属してはいたが、その運用においては必ずしも官民が截然と区別されるものではなく、特に末端においては、客船・民舟と称する既存の民間運船の雇用を含むことが多く、宋初、華北と淮南を領するにとどまっていたときには、淮南からの漕運は汴河や蔡河の公私船によって行われていた。だが太平興国元年（976）、范旻が淮南諸州并淮北徐海沂等州水陸計度転運公事を勾当してより、淮南からの漕運は大幅に増加したというから、漕運とは一面的に官が行ったのではなく、民間の流通を官の用に役立てる面も多分にあった。ただ北宋末、漕運の活用は花石綱に及び、それがもとで方臘の乱を招いて金の南下となり、淮河以南の領有に止まった南宋は、長江以外の水運を途絶えさせた。

北宋の漕運は東南から京師への輸送を主とし、さらに京師から河北・河東・陝西の沿辺3路への移送もあった。それは遼・西夏・金との対立上、北辺に巨大な軍需を持っていたからである。ただ、華北では江南の稲米を嗜好しないこともあり、必ずしも東南の米穀がそのまま京師経由で北辺へ送られたわけではなく、特に陝西へはほとんど送られなかった。北辺での穀物需要は、和糴によって供給された部分が多く、また絹布なども京師のみならず、四川からも直接支給された。北方へは黄河による漕運が用いられたが、南中国に比して河川が少なく、陸路も一定の比重を占めていた。

元の大都は金の燕京、つまり北京であったから、当初、江南の糧穀を首都に運搬するために様々な方途が試みられた。当時、黄河は淮河に合流し、大都への輸送に不便であったので、海路輸送に踏み切り、当初は海賊の朱清・張瑄に委託し、江南米を江蘇太倉県付近の劉家港より出帆させた。船戸の海船（大都船）利用総数は1,800隻に及び、仙鶴哨船に護衛させ、脚価（輸送費）は交鈔で支払われた。後に政府直営となったが、至元26年（1289）**会通河**（徐州から臨清まで）が竣工し、1,800キロの大運河の復興が成ったが、河床が狭く海運を止めるには至らなかった。

明代は、南京を都としたので運河は不要であったが、モンゴル追討のためには海運を利用した。しかし倭寇が次第に猖獗し、北京遷都後の永楽13年（1415）、海運を廃止し、大運河を復活させた。漕運総督の下、淮安に中枢機関を置き、10余名の把総官が運領衛所を監督し、運搬に当たる運軍には船団（帮）を組ませ、納税の糧戸が糧長指揮の下、所定の倉庫まで輸送してきた漕糧を引き取らせた。これを交兌といった。年間の漕糧は400万石、輸送方法は三変した。初め、運軍が水次倉の間の輸送に当たる**支運法**が行われたが、交兌までの距離が長く糧戸に不便であった。次の**兌運法**は、糧戸の輸送軽減を運軍への耗米供与を条件に認めるもの。3つ目の改兌法は、糧戸の過江脚米負担を条件に、**運軍**に全面的に輸送を委託するものであった。しかし、今度は運軍自身、軽齎銀等の負担増に悩んだ結果、私物搭載を増加するという弊害を招いている。なお、漕糧のうち、白糧は民運によったが、その河運は盛行し、それに関係するものは膨大な数に及び、海運の復活を阻止する勢いであった。

清はおおむね明の体制を継承し、さらに**坐糧庁**を置き、交兌授受の際の不当な利益を防止すべく、**官収官兌法**に改め管理を強化したが、水手の雇用、漕船の配置等において民間への依存は強まる一方となり、秘密結社青帮の暗躍を招いた。貧窮化した運軍は屯田を売却し、土宜（搭載公認の私物）と客貨が増加して漕糧は途絶えがちとなり、海運論が高まる中、列強の進出に会い、太平天国以降はほぼ民営化された。同治11年（1872）、招商局が設立され、鉄道の敷設が決められ、海運化は一層進行し、失業した水夫は光緒26年（1900）義和団事変の立役者となった。河運の完全廃止は民国元年（1912）の清朝滅亡と同時で、最終的に漕運は、鉄道の長距離輸送に座を譲ることになる。

窔運（あつうん）

明代、軍餉輸送のためにあらゆる手段を尽くすこと。窔は穴を探るの意。辺境の要地あるいは四川・貴州・広西への輸送に際しては、地理的・社会的条件に適した、水運・陸運その他あらゆる方法で、時に人民を動員して目的を達成させることをいう。

委輸（いゆ）

漢代、郡国に集積されていた物貨を随時、大農に輸送すること。委は**委積**すなわち集積の意。

運軍（うんぐん）

明清期に漕運に従事した官軍である**運糧官軍**の略称。衛所の構成員であるが、運糧を義務づけられた特定の衛所、運糧衛所に配属されたもの。**幇丁**・**運丁**・**屯丁**ともいう。1船の運軍は1、2名で大多数は水手・水工であった。また1船ごとに責任者の旗丁がいたから、官旗という場合は官吏と運軍をいう。

永安渠（えいあんきょ）

隋代に開鑿され、長安西南より水を引き、都城西部を貫通して渭水に注ぐ渠道。**交渠**ともいう。

永済渠（えいさいきょ）

隋代に開鑿され黄河より沁水・衛河を経て涿郡（北京西南）にいたる運河。**御河**ともいう。今の衛河。高句麗遠征に備えて軍事物資輸送が狙いであった。しかし、この運河によって大運河はほぼ成り、残すは江南河のみとなった。

塩場河（えんじょうが）

明代、淮安・揚州を根拠地とする徽州商人の内商が、揚州の儀真まで塩を運搬するための河。

花石綱（かせきこう）

北宋末、徽宗の好尚を利用した蔡京らは、大運河を使い、南方の花木や珍岩奇石を国都開封府に運び、その船団を花石綱と呼んだ。蔡京は専制の隠れ蓑として徽宗を籠絡し、宮城の東北に艮岳（万歳山）を造営、全国から鳥獣・植物を集めさせた。特に宦官童貫と蘇州の豪民朱勔ら6人が中核となり、太湖石を始めとして、全国から異花奇木を強制的に徴発、20年間人民を苦しめ、運河の漕運の大きな障害となった。これが一因で宣和2年（1120）方臘の乱が起ると、一旦廃止されたが、王黼・梁師成が応奉司の役所を作り、花石綱は徽宗末まで存続していた。靖康の変で、僅かな岩石以外、すべてが烏有に帰した。

河倉法（かそうほう）
　宋代京師の漕運用その他の倉庫（河倉）に勤務する胥吏・衙役・皂隷（あらゆる倉庫勤務者を**倉界人**と称した）に俸給、倉法銭を与え、米の運搬者の糧綱あるいは米の受給者より収賄する者はその額により、徒刑・流刑等の罰に処した法。新法のひとつ。河倉は船搬倉といい、汴河・黄河・広済河・蔡河の4河それぞれの漕運物資を収貯した倉庫。胥吏等が日常的に行っていた、軍人等に与える糧食の升目の誤魔化しを是正するのが狙いであった。**倉法**・**河倉条貫**ともいう。

過関銀（かかんぎん）
　明清期、大運河沿いの水駅・逓運所で漕船を交替できない場合に要した費用。明代は**過関米**といった。通過駅の水夫が負担して漕船に与えた。

過江脚耗（かこうきゃくこう）
　明代、長江漕運の旗丁に与えられた特別旅費。

回空（かいくう）
　運糧船が京にて荷を下ろし、帰途に就くこと。空船回空。重荷を積んで通州に向かう重運に対する言葉。

会通河（かいつうが）
　元代に開鑿した運河。北京に奠都した元は大運河の復興に努め、長年開掘してきた安山から臨清にいたる安山渠を至元26年（1289）完工させ、会通河と命名した。これによってほぼ大運河は復興された。

改兌法（かいだほう）
　明清期、兌運の法によって輸送しつくせない蘇州・松江地方の漕糧を、瓜洲・淮安の運軍が引き取り、耗米・脚米・水脚銀を受けて蘇・松より京・通まで輸送する法。のち運軍は、**支運の法**による漕糧をも北運し、支運の法にとって代わり、漕運は**兌運**・**改兌**の2法だけとなった。両者ともに運軍の長距離輸送であったが、合わせて**長運**といった。

海運（かいうん）
　税糧あるいは貿易品等の海道を使う輸送をいう。大々的な海道開発は、大都（北京）を都とした元代に始まる。当時、黄河は淮河に合流し、大都への輸送に不便であったので、海賊の朱清・張瑄に委託するという方策の下、海道輸送に踏み切り、江南米を太倉県付近の劉家港より出帆させ、船戸の海船（大都船）利用総数は1,800隻に及び、仙鶴哨船に護衛させ、脚価（輸送費）は交鈔で支払われた。後に政府直営となった。至元26年（1289）、**会通河**（徐州から臨清まで）が竣工し、大運河は復興したが、海運の廃止にまでは至らなかった。明代もモンゴル追討のために海運を利用したが、倭寇の猖獗に遭い、北京遷都後の永楽13年（1415）、海運を廃止した。清代に入り、河運は秘密結社に牛耳られていたので、海運論が高まり、同治11年（1872）、招商局が設立され、漕運の外国船をも利用する海運化は一層進行し、河運を圧倒していった。

解戸（かいこ）
　明代、糧米の輸送の役に充てられた戸。一般に糧米の輸送を**解餉**ともいうが、解は送るの意。

官収官兌法（かんしゅうかんだほう）
　清代、軍民交兌における運軍の不正を防止すべく、糧戸は漕糧を、手数料を付して直接州県官に手渡し、運官・運軍の搾取を抑制する法。

含嘉倉（がんかそう）
　唐代、洛陽におかれた漕運倉である。一度ここに輸納された江淮上供米の一部はここに留めて、他は長安に送られたが、天子が洛陽に在る場合は、殆ど全額をここに留められた。

義船法（ぎせんほう）
　南宋末、明・温・台州で行われた共同出資による公用船調達法。台州出身の周夑の献策により、公用船と共に、民間営業用の船も購入し、営業収益を挙げ、海船の徴発に備えた。

供漕抽分（きょうそうちゅうぶん）
　清代、江蘇省等の渡船業者に対し収益の10分の1を課税し、漕船の運搬人夫料に当てたことをいう。俗に**船鈔**といった。

撟欠（きょうけん［きょうけつ］）
　漕米を陸揚げするための浮橋架設費用。漕米の中から抽出する。

軍儲倉（ぐんちょそう）
　明代、京倉のひとつ、軍糧を収貯した倉。

京通倉（けいつうそう）
　明清期、京師および通州（現：河北省通県）に在る漕糧貯蔵庫、**京倉**と**通倉**。戸部所属の倉には、京倉・通倉・**内倉**の3種があり、京倉には長安門倉・東安門倉・西安門倉・旧太倉・海運倉・禄米倉等56倉、通倉には大運西倉・大運南倉・大運中倉等16倉あり、通倉へ向けての航行を重運といった。内倉は戸部直轄の倉庫。一方、地方に在る倉は**外倉**と呼ぶ。臨清倉（山東省）・天津倉・常盈倉（淮安）・広積倉（徳州）・広運倉（徐州）等があった。

恵民河（けいみんが）
宋代、京西の粟を汴水を経て開封へ運ぶ運河。もとの閔河。洛陽・鄭州・許州境界に発し、下流は蔡河となって、潁水に合し、淮河につながった。

軽齎銀（けいせいぎん）
明清期、漕耗米の一部の折銀をいう。随漕軽齎ともいう。地方によって額は異なるが、江西・湖広・浙江では漕糧1石につき6斗6升の耗米に、1斗の尖米が加わり、合計7斗6升となるが、輸送中の耗米4斗を除き、3斗6升が折銀された。此れを三六軽齎といい、二六軽齎、一六軽齎もあった。篙羨銀等の財源とし、また太倉庫に収められ、**扣省銀**と称し、京・通・昌平・密雲・天津等の倉へのものは**完糧銀**と称した。

歇艎支江船（けつこうしこうせん）
唐の劉晏製造の漕運船。歇は止、艎は大、歇艎は大船。長江・汴水・黄河・渭水、それぞれの水運に耐えられる大型船2,000艘を作り、船団を組んで輸送に伴う損害と費用を少なくすることに成功した。

減歇（げんけつ）
清代、しばしば行われた漕運の減免をいう。

箇児銭（こじせん）
清代、漕糧を倉厫に納める際、経紀（仲介者）や倉役に与える銭。

勾徴（こうちょう）
唐代、租庸調・戸税・地税の他に、臨時に徴収された税。米の輸送費とされた。

広済河（こうさいが）
宋初、五丈河の改名。開封にて汴水を引き、東北に流れ、曹州・済州・鄆州を経て鉅野沢にそそぐ。京東の漕米を運搬する。

広通渠（こうつうきょ）
隋代に開鑿された運河のひとつ。**富民渠**ともいう。大興（現：西安）の北から渭水を引き、漢の漕渠古道を使って潼関に至り、黄河に通ずる。

交兌（こうだ）
明清期における漕運法のひとつ。納戸の農民が漕糧を最寄りの衛所倉において、路費（脚米・脚価米という）・耗米を添えて運官・運軍に引き渡すので、交兌といい、また**正兌**・**兌運**・**漕兌**・**兌行**・**領兌**ともいう。運軍は、京・通2倉まで運ぶ。**交兌米**は、その漕糧。**監兌**は、交兌の際の米色の良否、兌運の遅延、運軍の横暴等を監視すること。**私兌**は官民のひそかな交兌。

行程法（こうていほう）
1日当たりの輸送距離をいう。唐律によれば、陸行の場合、馬は70里、驢・歩は50里、車は30里、水行の場合は、黄河・長江・余水によって、また重量によって違いがあった。

江南河（こうなんが）
隋代に開鑿された運河のひとつ。長江南岸の京口から蘇州を経て余杭（現：杭州）に至る。大業元年（610）完成し、大興から銭塘江までの水路が通じた。

江路（こうろ）
宋代、浙江・荊湖米の長江・江南河を使った漕運およびその航路をいう。楚・泗・真・揚の4州に置かれた転搬倉まで衙前あるいは募役により運ばれ、それ以北は、汴綱に引き継がれた。この輸送方法を**転搬法**という。北宋末、蔡京によって、直達法に改められ、転搬倉は廃止し、江路は汴綱に奪われることもあったが、全廃するわけにはいかなかった。江路は、往路の漕米を復路の塩に換えるという利便性があったからである。これを止めると、漕運は商運に奪われる恐れがあった。

紅剥銀（こうはくぎん）
清代、剥船（河川の難所を航行可能な船）を民間から雇う費用、**紅駁銀**・**小封**ともいう。康熙年間、官営の維持が難しくなり、衛所所有屯田の管理を地方官に委ね、その収益を充てることになり、漕運総督管轄下の糧道庫から各運軍に配分された。

黄河（こうが）
漕運路としては宋代、陝西・河北の粟を開封まで運んだ。宋初はほぼ東流していたが、慶暦8年（1048）、濮陽県の商胡堤にて決壊、東流から北流に代わった。この北流河道は御河の漕運路を閉ざしたので、嘉祐5年（1060）、大名府より博州・徳州を経て入海する新東流河道、二股河を設け、北流河道を遮断した。しかし東流河道も埋まることが多かったので、北流河道を復活させ、元豊以降はおおむねこの河道によった。その後、金代、明昌5年（1194）、黄河は南流し、清末の咸豊元年（1855）まで続くことになる。

黄快丁銭（こうかいていせん）
清代、民船の持ち主より毎年壮丁に支払われる銭をいう。

綱運（こううん）
唐代以降、陸運・水運を問わず、輸送隊を組んで輸送すること。米綱・銀綱・銭綱等があった。統率者を**押綱官**・**綱官**・**綱首**・**押運**・**押趲**・**領運**といい、長押官は元代、起点より終点に至るまで、官物輸送の責任を持つもの。二百綱は宋代汴河の船団、汴綱ともいい、糧綱は宋代、河倉制度下、米の運送の役に当たる者、花石綱は北宋末、珍岩奇石を運んだ船団。明清代、漕運の綱は幇と言われた。

綱運公皂迓送食銭
（こううんこうそうがそうしょくせん）
宋代、衙前等に対し、坊場銭・河渡銭・市例銭・免行銭・役剰銭・息銭等より支給した漕運費用。公皂は公人、すなわち衙前等をいい、迓送は送迎の意。

採買（さいばい）
清代、民間に漕米を折納させ、別に米を買って輸送することをいう。採は選ぶの意。

歳運額漕（さいうんがくそう）
毎年輸送する漕糧の定額。

山陽瀆（さんようとく）
隋の大運河のひとつ。淮河と長江をつなぐ。古来の**邗溝**を改修したもの。

支運法（しうんほう）
明代、大運河畔の要地、瓜洲・淮安・徐州・臨清・徳州等に倉庫（**水次倉**）を設け、そこまで糧戸に漕運させ、あとは運軍に送らせる法。当初、**転運**・**転搬**といわれたが、のち兌運・改兌法と区別して支運と呼ばれることになった。

遮洋漕運（しゃようそううん）
明代、北辺防衛、特に九辺鎮強化の一環としての、最南端の薊州鎮への軍餉輸送法。軍餉は大運河の河南等の水次を発し、天津経由、海道によった。しかし、15世紀末の弘治年間のはじめ、韃靼との妥協がなり、また銀の流通は米穀輸送の必要性を減らし、16世紀の半ばになると規模は縮小し、薊州城一帯への輸送に止まり、独立した遮洋漕は廃止された。

集津倉（しゅうしんそう）
唐代、黄河の三門に置かれた2倉の中の1倉。東側に置かれた倉を集津倉といい、もう1倉は、**三門倉**という。三門峡は黄河の難所であり、そこを避けて陸運するために設けられた。

僦勾客運（しゅうこうきゃくうん）
賃銭を取って税物を輸送すること。**僦勾**は、賃銭を取り部民を強制して他国の税物を移送させること、**客運**は、他省税物の輸送をいう。略して**僦運**という。『唐律』の言葉。

順成倉（じゅんせいそう）
宋代、開封の外城（羅城・新城）の東南角外に位置し、汴河を城内に通ずる通津水門の近くにあった穀物倉庫。

省倉（しょうそう）
宋では州倉をいったが、元では大都の倉をいった。明清期には地方の漕運倉を**外倉**といった。

水次倉（すいじそう）
明清期に河川や運河の沿岸に設けられた漕運のための倉庫。水次とは水傍の意。

数（すう）
清代、漕運の正税額は石数で決められていたが、実際納入する際は、大戸・小戸間の差があり、その実徴石数の「数」によって換算された。

正兌米（せいだまい）
明清代、漕米のひとつ。**兌運法**によって京師の米倉に入れ、清代では八旗三営の兵食用とする。漕米は他に、改兌米・白糧・麹麦・黒豆があった。

正糧（せいりょう）
明清代、正兌・改兌の両法によって運ばれた米。正米ともいう。耗糧・漕耗に対する言葉。**漕白正耗**は正兌・改兌の正糧・耗糧の4種。

石壩（せきは）
通州の北関外にあり、明清代に漕運の正兌糧が陸揚げされる地点。ここより京倉に搬入される。一方、東関外の土壩は、改兌糧を陸揚げして通倉へ輸納する。

截漕（せつそう）
清代、京通への漕糧または漕船を、臨時に起運地あるいは指定された地方に截留すなわち留め置き、災害救済等、緊急対策その他の費用に充てること。**截漕銀**・**行折漕截銀**はその銀への換算である。

船搬倉（せんはんそう）
宋代、開封に置かれた漕米収納倉庫。**東河**（汴河）10倉は江淮6路の、**西河**（黄河）2庫は懐・孟等の州の、**南河**（恵民河・蔡河）1倉は潁・寿等の州の、**北河**（広済河）2倉は曹・濮等の州の漕糧を納めた。

全単（ぜんたん）
清代、沿河各幇の京師漕運の船数、運軍の行糧・修理費・水次到着日・交兌日・発出日等、一目瞭然に記した書冊。漕船の監督用に作成された。

尖米（せんべい）
明清期、漕耗米徴収の際、正耗以外に余分に取られた米のこと。**一平一尖**あるいは**一平一鋭**といって、漕糧１石につき１斗、余分に取られ、**鋭米**ともいった。

漕渠（そうきょ）
漢代、開鑿された長安と黄河を結ぶ運河。北魏以降途絶えたが、隋は復興させ**広通渠**となした。唐末の洛陽遷都後、埋もれた。

倉収（そうしゅう）
官倉へ米穀を収納した場合に給付する、領収証書のことをいう。

倉場（そうじょう）
糧米・倉儲を蓄える倉庾・廩庾のある地域をいう。廩は米倉、庾はその河岸にあるものをいう。倉庾は数十個の厫（こめぐら）より成っていた。監倉は、その出納を管理するもの。清朝では倉場侍郎を置いて監督させた。

漕缺（そうけつ）
漕糧の定額に不足する糧。

漕耗（そうこう）
清代、漕米の**随正米**・**行糧**（運軍に与えられる旅費・脚米）・**月糧**（運軍に与えられる月給）・**漕貼銀米**などの他に、損耗すなわち起運から到着までの、鼠害・虫害・積害（荷積の際の損耗）・卸害（荷卸しの際の損耗）・盤耗（小舟への積換えの際の損耗）等による目減りを想定して、あらかじめ徴収する費用。**正耗**・**漕耗銀**・**漕耗米**・**加耗米**・**耗米**・**船耗**・**耗贈**・**省耗**ともいう。

漕標（そうひょう）
清代、総運総督の下、治安維持・警察に当たった緑営で、運軍とは区別された集団。

漕帯法（そうたいほう）
清代の康熙３年（1664）より行われた**白糧漕運**の法。漕船62隻と新造船64隻を白糧輸送船とし、それを漕船の幇に編入して輸送させた。

漕糧（そうりょう）
漕運によって京師に送られ、宮中・百官・軍人および外国使臣に供された税糧。米・麦・豆を主とし、漕米ともいう。南方からの輸送は、宋代の600万石をピークとし、明代以降は現物の本色は銀銭に換えられたので、輸送量は当然減少した。換算を**改徴**・**折色**・**糧折**・**漕折**・**永折米**・**永折漕糧**等といい、石灰や石の代納は灰石米折、またその代わりに銀等を納めるのを、石灰改折といい、蓆や木材、その代償の銀の場合は、席木・席木銀といい、銀銭代納者は運送費を納入し、それを**漕項**といった。漕運の方法には**正兌米**・**改兌米**・**白糧**・**麹麦**・**黒豆**の５種類があった。

贈貼銀米（ぞうちょうぎんべい）
清代、漕運の交兌法が官収官兌法に改められ、州県官が漕糧受領する際、農民から徴収して運軍に与えた手数料、**漕費**・**漕贈**のこと。従来、軍民交兌の際、運軍は民に銀米を要求していたが、それを認める代わり、一定額に抑えていた。浙江における呼称は**漕截**。山東・河南では**潤耗**、江蘇・安徽では**漕貼**、江西・湖北・湖南では**貼運**といった。

大運河〈だいうんが〉
隋に初めて開鑿され、元・明・清と南北を結ぶ大動脈として活用された運河をいう。隋の運河は、広通渠・山陽瀆・通済渠・江南河・永済渠からなり、元代に至って、新たに徐州から臨清までの会通河が竣工し、明代以降、1,800キロの大運河は漕運の幹線としての役割を果たすことになる。杭州を発し、途中、長江・淮河をまたぎ、黄河をさかのぼり、済水を超えて北京に至る。一般に、長江から淮河までを南河（**南運河**）または裏河（**裏運河**）、淮河から江蘇・山東の省界までを中河（**中運河**）、それより天津までを北河（**北運河**）といい、特に北河の南半は高地で取水に難があって閘門が多数築かれたので**閘漕**ともいい、中河は黄河を利用したので**河漕**ともいい、南河は湖沼に接しているので**湖漕**ともいい、この３漕は幹線中の幹線であった。

太原倉（たいげんそう）
唐代、河南陜州に設けられた漕運倉。ここより黄河の水運を経て華陰県の永豊倉に至り更に長安に達する。

太倉（たいそう）
古来、京師の米倉をいうが、明代以降、特に折色あるいは銀の収納庫をいう。なお承運庫も内府十庫のひとつとして税銀を収蔵した。

堆垜場（たいだじょう）
宋代の元豊年間、汴河と淮河の結節点の泗州に置かれ、後、京城外その他にも置かれた商貨収蔵庫。**堆垜銭**はその保管料。堆垜は物資の集積場。

贍運銀（たんうんぎん）
清代の漕運において、衛所所属の屯田不足で経費を賄えない場合、特別、地丁銀等に支給を仰いだ銀。

簞羡銀（たんせんぎん）

明清期に漕運において坐糧庁より支給された、必要経費の**簞夫銀**と**羡餘銀**の総称。軽齎銀から支給された。前者の簞夫銀は**担夫銀**ともいい、漕糧1石毎に支給された、輸送中、牽引・荷負人夫（簞夫）を雇うための費用。**羡餘銀**は山東・河南の船には1両、江蘇・安徽は2両、江西・浙江は4両を支給した回空費（帰路の費用）。

茶菓銀（ちゃかぎん）

清代、漕船・白糧船いずれも1艘につき10両、小米船は7両、運軍が茶菓の名目で坐糧庁に醵出する銀。官公費・吏役の飯食・黄船や快船の修理・埸河の浚渫・閘壩の補修等、さらに蘇州向け兵餉輸送の剥船の雇募、坐糧庁長官満漢2人・大通橋監督・京通15倉監督への給与等、全て茶菓銀より支給され、総額は6万余両に達した。

貼船（ちょうせん）

清代、公用のための船の徴発をいう。

通関（つうかん）

清代、漕米交兌の際、給せられる証明書。

通恵河（つうけいが）

元の郭守敬開鑿の運河。郭守敬は地形の調査に当たり、今の昌平付近から西山山麓を通り、大都の積水潭までの水路を築くことに成功した。現在も北京への運河はそのルートを使っており、その功績は計り知れない。

通済渠（つうさいきょ）

隋代開鑿された運河。洛陽西の西苑より穀・洛水を引き、黄河に入り、また黄河の板渚から**汴河古道**を大梁（開封）に入り、汴河古道と別れ、下邑・宿県を経て泗州の淮河まで通じ、江淮の米を輸送した。河道はほぼ宋の汴河に受け継がれた。

通済倉（つうさいそう）

通州にある倉庫。**通庫**・**通齎庫**ともいう。明代は冬衣布花を収蔵し、清代は坐糧庁管轄下、軽齎銀を収納し、三修銀、運軍への救恤銀等の支給に当たった。

転搬法（てんはんほう）

北宋期に汴河、大運河と長江およびその支流を含む水路によって開封へ米などの物資の輸送で採用された方法。汴河は凍結・流水量の季節的変動があるため、江南からの漕米を山陽瀆に沿う真州・揚州・楚州・泗州の転搬倉に収めて汴河は漕軍に運ばせ、江南からの船の回路には淮南産の海塩を運ばせた。しだいに江南からの漕運で民船が主力を占め、しかも開封まで一貫した輸送ができるよう水路が改良されたので転搬法は直達法へと推移した。

土宜（どぎ）

漕運において漕船に搭載を許された運軍等の一定量の私物、**搭帯**・**搭運**・**帯運**・**例帯**ともいう。宋代では1分から2分、明清では1艘につき60石まで認められ、淮安・通州において、それぞれ漕運総督・倉場侍郎によって臨検され、超過量があれば私貨の夾帯あるいは付載として没収され、処罰を受けた。私貨は超過量のみならず、非公認の様々な物資を含み、沿途で売却し利益を上げていた。中には委託された客貨も含められていた。

鬧漕（とうそう）

清代、漕糧負担の荷重に抗議し、民衆を動員して蜂起することをいう。

南糧（なんりょう）

元代以降、江南から輸送される漕糧をいう。**南漕**ともいう。清代には、湖北で徴収する米のうち、荊州倉に入れて満州標営の兵食に供する米をいい、通州に輸送する米は北糧といった。

入閘（にゅうこう）

明清期に漕船の漕河（会通河の通過）をいう語。

排幇銭（はいほうせん）

清代、河川の滞留地で航行をスムースにするために、商船が運軍に支払う銭、**買渡銭**ともいう。沿河の混徒を通じて漕船の運軍に与え、その幇を解いて単独航行させれば航行が容易になった。

白糧（はくりょう）

明清期の漕米の一種。蘇州・松江・常州・嘉興・湖州の5府および太倉州から民運によって京・通2倉に送られ、宮中・百官および各国貢使に供された白米。**運白**はその輸送。**坐名対支**は、脚価の、当役者（運頭）と貼役者間の直接の授受をいう。**漕白糧米**は漕糧と白糧。両者の正米と耗米とを合わせて**漕白正耗**という。清代になって民運は官運または漕船の雇用に改められ、その費用を**白糧経費**・**白糧銀**といった。

柏崖倉（はくがいそう）

黄河の北方よりの運米上の利便のため、裴耀卿の漕運法改革の附帯的施設として河清県におかれた倉。唐代の倉には、陝西省渭南県の**渭南倉**、華陰県の黄河と渭水の合流点の**永豊倉**、黄河と汴河の交合点にあった**河陰倉**・**武牢倉**、黄河と洛水の合流点に置かれた**洛口倉**等があった。

撥補（はつほ）

明代、被災地の漕糧を非災地が肩代わりして納入するをいう。臨・徳2倉がその役割を果たした。

漂缺（ひょうけつ）
漕運船の漂流による欠糧。河道に漂失した200石以下を**小患**といい、大江への漂失200石以上を**大患**という。

汴綱（べんこう）
宋代、汴河漕運に従事する船団。冬季、不通の際は諸路の漕運に従事させた。

放空（ほうくう）
清の道光年間、上海発の北上船が石塊を積んで船の安定を図ったことをいう。南下の際は**正貨**といった。

放凍（ほうとう）
宋代、汴河が冬季凍結して舟行不能となり、舟運から放免されることをいう。

幇（ほう［ぱん］）
明清期における漕運船団の単位。各衛所所属の運軍は数個の幇に分けられ、明代は指揮・千戸・百戸に、清代は守備・千総・百総に率いられた。**幇辦**は船団取り締まりの官吏。**青幇**は清代の漕運を牛耳った秘密結社をいう。

幇費（ほうひ）
清代、漕糧輸送団が消費する費用、**幇甲銀**ともいう。初めは衛所屯田の収益で賄われたが、支出の増大に伴い、州県から補充し、結局は農民の負担になった。

北運（ほくうん）
唐代、黄河と汴河交会点にある河陰倉を基点に、陝州太原倉への物資の輸送をいい、洛陽の**含嘉倉**への輸送は**南運**といった。北運は黄河を遡り、**三門倉**（黄河三門峡を避けて陸運するために、集津倉とともに設けられた倉。解県の塩の中継地に在ったので、**塩倉**ともいわれた）からは陸運によった。

北倉（ほくそう）
明清期に天津に設けられた貯穀倉。明の永楽2年(1404)、漕糧収貯転搬のため設けられ、城北18里の所に48座より成る。従来満州方面からの海運米を収貯した。とりわけ雍正・乾隆間は、満州方面から北京への漕運に用い、清末においては海運が行われた時に利用されたものとして知られる。

北糧（ほくりょう）
元代以降、華北あるいは江北地方（山東・河南両布政使司管内）より、大都・北京に輸送される漕糧をいう。**北漕**ともいう。

民運（みんうん）
明清期において糧戸の指定された倉庫への漕糧輸送をいう。その中心者が糧長で、明代、税糧ほぼ1万石に、後3,000石に1人の割で置かれた。**蠹戸**は**収攬包交**すなわち漕運交兌を請け負う大戸をいう。

輸賞之格（ゆしょうのかく）
北魏の陸運による輸粟授官の法。河北省の瀛州・定州、陝西省の岐州・雍州の4州に粟200斛を入れるもの、陝西省の華州・北華州に粟500斛を入れるもの、それぞれに1階を賞して、陸運の労に報いんというもの。

餘米（よべい）
明清期に漕船の帰路、回空費として運軍に与えられた米。1石につき3升8合と定められていた。

様米（ようべい）
明代、漕運に先立つほぼ1ヶ月前、地方の輸送地より戸部に対し糧質の見本として送る2升の米粟。漕糧の品質低下を防ぐ方法であった。

陸運（りくうん）
河川を使う水運に対し、陸路による輸送をいう。**駄運**・**負般**・**車運**の3者があり、宋代の絵画「清明上河図」によれば、車運には**太平車**（宋代の大型の荷車。騾馬・驢馬・牛等数頭から数十頭で牽かせた）・**平頭車**（宋代、荷車の太平車の小型車）・**宅眷坐車**（平頭車に似て、蓋と簾が付いている）・**独輪車**（串車ともいい、竹木・瓦等を運搬する1輪車。驢が牽引し、左右で人が支える）・**浪子車**（人力で牽引する二輪車）・**拋車**（橇型の荷台のみで車輪のない車で、牛に牽かせる。拋脚車・癡車ともいう）等が描かれており、駄運には馬・騾馬・驢馬・牛・駱駝等の役畜が使用された。なお唐代、陸運の車牛を交代させる場所を**交場**といった。

量中（りょうちゅう）
貨物輸送の際、一定数に満たすことをいう。『漢書』に見える語。

糧道庫（りょうどうこ）
清代、各省の漕運を掌った糧道が、職務遂行上必要とした諸費を収蔵する倉庫。

霊渠（れいきょ）
秦始皇帝が開鑿した湘江と漓江を結ぶ運河、湘桂運河・興安運河ともいう。南方への物資輸送に多大の便宜を与え、嶺南統一を達成させた。

(2) 和糴

和糴（わてき）※
国家が穀物等を買い上げる糴法（糴買・市糴）の中で

も、和糴の語は民間より強制的に買い上げず、官民の合意のもとに行う趣旨を強調したものである。**和市**・**平糴**ともいう。本来は豊年に官が穀物を時価よりやや高く買い上げ、穀価を調節し救荒時の備蓄とするものであったが、唐以後、軍糧調達など他用に充てる目的で実施された。軍糧を租税以外の手段によって確保することは北魏にはじまり、唐代中期開元以後は恒常的に行われるようになった。安史の乱後、西北辺境に駐屯させ吐蕃・回紇に備えた軍兵の糧食に充てるため、関内・河東・河西・隴右の諸道において民間の穀物を買い上げ、これを和糴と称した。北宋前半、河東路で行われた和糴法は北漢平定後、大幅な租税減免と同時に施行されたが、それは軍糧確保のためのものであった。収穫前に農民の田地の大小、作物の種類を調査したうえ、資産に応じて均等に按分して、支給の銭は前払いされたので、常平法の意味合いがあり、当時不況に苦しんでいた農民にとっては、生産資金融資として便法であったが、物価漸増の下で支払い価格が低落し、事実上、軍糧調達となってしまい、元豊元年（1078）、対価支給は止められ、助軍糧草と命名される租税と化した。

徽宗以降また南宋期にも、和糴の際の買い上げ価格を市価より低く設定したり、代価が現銭ではなく会子・関子・度牒・官誥などによって支払われ、甚だしきは上に見たように一種の租税のごとく、代価を全く与えず穀物馬料を強制的に割り当てて納入させた。これを銭に代えて納めさせた場合、これを**和糴銭**といった。

もちろん和糴は、租税の補充のための手段でもあった。北宋東南六路の上供米は600万石。両税と和糴の2本立てに依っていたが、和糴は楚州・泗州・揚州・真州に置かれた転般倉で行われた。転般倉は発運司・転運司の下、中央から資金（糴本）が与えられていて、4ヶ所を訪れる米商・米船から穀物を和糴した。糴本は上供米は600万石の総数を経常的に維持調節する機能も果たしていた。南宋では紹興から乾道年間にかけて、東南諸路（両浙・江西・江東・荊湖南北等）の歳認の米は469万石、主に臨安の豊儲倉、鎮江・建康等の倉に納められたが、そのうち100万余石は和糴等に依っており、それは臨安の省倉、3総領所の軍倉に**椿管**（貯蔵保管）された。なお四川は成都府所在の四川総領所において独自に和糴した。

遏糴（あつてき）

穀物の買い上げを阻止しようとすること。防穀の一種。豪商は穀価の安い時に買い占め、売り惜しみで暴利を得る。この売り惜しみ、すなわち購入者に対する妨害を遏糴といい、『孟子』にこれを禁ずる記述がある。**閉糴**、あるいは**閉糶**も同じ意味に用いられることがある。

塩折和買草料（えんせつわばいそうりょう）

元代には和糴として2種類あり、ひとつは穀糧の市糴、もうひとつはこの塩折和買草料で、略して**塩折草**とも称する。成宗の大徳8年（1304）に制定されたもので、毎年5月に河間の塩を京畿郡県の民に貸与し、秋に至って塩量に応じた草料を納入させ、それを京師の馬用とする。塩2斤につき草料一束（重量11斤）である。

括糴（かつてき）

括には引っくるめる・求めるなどの意味があるが、括糴とは、民間の保有する糧穀を、官が直接強制的な手段で量り買い上げる方法。宋代の元符元年（1098）、辺境地方の倉米が欠乏したため、民間の日常に必要な分を取り除いたほか、全て政府が買い上げ、欠乏を補充し、これを括糴といった。

勧糴（かんてき）

穀物の貯蔵に余裕のある富裕な民や官戸などに勧めて、特定量の穀物の供出を命じる方法。飢饉の際に供出を求める場合は**勧分**ともいう。勧糴はしばしば均糴と併称される。

寄糴（きてき）

寄は寄託・預けるの意。寄糴とは倉庫の穀物を農民に預けること。すなわち官穀を農民に予め貸し与えて債務となし、期限をもって利息を付けて回収する方法であり、倉庫の更新をも兼ねて行われた。宋代には河北糴便司の設置後、河北路の諸州で、糴便司の管轄の下でしばしば行われた。

均糴（きんてき）

均には均等、あるいは一率賦課の意味があるが、均糴は前者、すなわち民の財産を特定の基準（田土頃畝・家業銭・役銭文簿など）に基いて査定し、その査定額に按分比例して特定量の保有穀物を割り当てて買い上げ、実質的な負担を均等にさせる方法である。一般に買い上げ価格は市価よりも安く、しかも強制的になりがちであった。宣和4年（1122）の転般法の復活とともに東南六路に行われ、宋遼金の間の軍事的緊張が厳しい中で軍糧調達の費用に充てられた。

結糴（けつてき）

市易法と関係の深い糴法。結には結ぶ、連なる、くくる、証文などの意味があり、連帯保証人を立てて証書を入れ、官物の納入を一括して請け負うことを宋代では結攬ともいった。市易法には、(1)結保賒請法、(2)契書金銀抵当法、(3)物貨貿遷法の3種があるが、結糴はほぼこの(1)に相当し、商人らを募り、官から予め買い上げ資金として銭・物を支給し、この債務を一定の期限後に利息を付けて穀物で返済納入させることを請け負わせる方法である。宋代、神宗・徽宗の新法時代に市易司の管轄下で行われた。

坐倉法（ざそうほう）

宋代の糴法の一種。俸禄として支出された穀物を政府が買い上げて、倉庫に備蓄する方法をいう。

市糴（してき）
豊穣の歳に国家が穀物などを高値で買い上げ、すなわち糴し、凶歳時にこれを廉価で売り出し、すなわち糶して貧窮する民を救済すること、そのような糴法を総称して市糴という。買上げの和糴のほか、他物による博糴、鈔引を給する便糴の３者があった。市場価格の調節、救貧・救荒のほか、軍糧の調達などの目的のためにも行われた。一例として宋太宗の淳化３年（992）、京畿地方は大豊年で物価が大きく低落したため、京城の四門に使臣を派遣し市場を設けて市糴を実施した。

遮糴法（しゃてきほう）
金代、河北において貨幣として最も普遍的に流通していた物品、すなわち金・銀・糸・絹布によって、まず商販の穀糧を買い上げる。これによって商売の当面の営業利益を阻害しないようにした上、官自ら河北においてその糴本を廻易し、併せて見銭を収納する方法。**闌糴法**ともいう。

召糴（しょうてき）
明代、辺鎮において、商人を召して穀物を買い入れること。召糴の難とは、開中に依って得た銀で米穀を買い入れる場合に、穀価の高騰によって買い入れ数量が少なくなることをいう。

招糴（しょうてき）
宋代、官が農民から直接穀物を買い上げるのではなく、商人や富農に委託して穀物の買い上げを行わせること。

兌糴（だてき）
兌は易の意味で、兌糴とは穀倉の運営法の一種である。規定の糧穀以外のもので一時的に倉庫を満たし、時期が至れば再び規定の糧穀に取り替える。その間の時価の変動や収穫の豊凶に臨機応変に対処して運用し、倉庫の更新・充実を計る方法である。

対糴（たいてき）
軍糧の調達のために行われた糴法で、秋苗１石を納めると更に同額の１石を官によって強制的に買い上げられた。北宋では陝西・河東路などで行われ、南宋では特に四川地方で実施された。この方法で買い上げられた米を**対糴米**という。

糶糴（ちょうてき）
糴は穀物を買い入れること、また買い入れたその穀物のことであるが、一般に軍糧など国家が必要とする穀物・馬料・塩を民間から買い上げることを指す。買い上げたこれらの物品を民間へ売り出すことを糶といい、糶糴、あるいは**糴糶**と熟して官による売買行為を示す。豊年で穀価低廉な時に官が高値で買い取ることを**糴斂**といい、凶年で穀価高騰時に安値で販売することを**糶散**という。これは『管子』の「軽重斂散」にはじまる。同様に物価調整を計り、更に大商人たちの価格壟断防止をあわせて目的としたものに、宋代神宗の時に設定された軽重斂散之法がある。これは予め発運使に銭貨を仮給付して、適宜米穀の買い上げ・売り出しを行わせた。また、強制的に低価格にして糴を行うことを**抑糴**という。
糴については『春秋左氏伝』荘公28年にこれを行った記述があり、また戦国時代の魏において糴斂糶散によって穀価調節と凶荒時の救済を行う**平糴**・**平糶**が行われた。平糴・平糶の平は平価の意であり、買い上げられた穀物が貯蔵された倉は平糴倉、あるいは平糶倉といわれ、その主旨は後世の義倉・社倉などに引き継がれた。唐代には民間の合意を得て買い上げを行う和糴の法ができ、宋代に至って結糴・寄糴・俵糴・均糴・博糴・兌糴・括糴など、さまざまな糴法が現われる。

糴本（てきほん）
糴を実施するための費用を糴本という。辺境の軍糧調達のために毎年行われる糴の糴本は**歳糴**ともいう。朝廷から糴本として銭・絹・銀などが支給されたのは北宋以後のことある。南宋では銭・絹・銀のほかに、見銭関子・茶引・度牒・官告・乳香などが糴本に充てられたが、孝宗期に会子が主要貨幣となりその信用が強固になると、糴本は概ね会子３・銀１・銭１の割合で支給されるようになった。

博糴（はくてき）
博は本来、物貨を交易・売買する意味であるが、宋代において博糴・**博易**・**博買**などと称する場合は、銅銭・為替証券類・紙幣以外の、布・帛・金・銀・官誥・度牒などを使用して物品を購入、あるいは交易することを指すことが多い。博糴はすなわち、そのような交換手段をもって穀物を買い入れることをいう。

俵糴（ひょうてき）
俵は分ち与えるの意味で、これは結糴同様、市易法に関連した糴法であり、官が銭・物の前貸しを行って民に債務を課し、一定期間後に利息を付して返済納入させる方法である。ただし結糴が商人対象であったのに対し、俵糴の対象は農民であり、予め田収の多寡を計って銭物を貸与し、秋の収穫をもって返済納入させたもので、より直接的な調達手段となっている。

辺糴（へんてき）
辺境地方における、糧草の買い上げ購入。価格が作為的に高騰させられ、糧草の調達を危機に陥ることもあった。

便糴（べんてき）
和糴が一般に和合の上で穀物を買い上げるのに対し、特に商人を対象に手形類を支払い手段として、官に穀物を納入させることをいう。宋代、富裕な商人を河北・陝西の辺境の軍隊駐屯地に誘致し、穀物・馬草・金・銀・土木資材・軍器資材を納めさせ（**入中**・**中**・**中売**等という。明代の開中）、銅銭・銀・茶・香薬・礬等を約束の場所で支払うという信用手形（交引）を有利な割増しをつけて交付し、商人が開封に持参すれば、交引舗が裏書をし、権貨務か産地で現物を支給するという方法である。支払方法その他の違いにより、三分法・三説法・四説法・見銭法ともいわれる。仁宗の至和2年（1055）以降は大名府に置かれた河北糴便司が便糴をはじめ類似の諸糴法を統括した。官が時価より幾らか値を増して買い上げる事を**加估和糴**というが、便糴においても割増料金の増加が財政を苦しめたので、後に、入中そのものと交引提供とは切り離されることになる。

量糴（りょうてき）

宋代、両税のうち、秋苗に付帯してその2割5分を買い上げる糴法。つまりは附加税に類似した物産供出制度である。

(3) 和買

和買（わばい）

春期、政府より農民に銭を貸与し、夏秋に養蚕が終了した後に絹でこれを返済する制度。北宋の太宗の頃から開始された。**預買**ともいい、返済納付された絹は預借民戸和買紬絹、略して**和買絹**・**預買絹**と称した。仁宗期からは銭の代わりに一部塩を貸与したが、徽宗期の塩法改革の後に塩の貸与を停止。しだいに銭の貸与も廃れ、無償でただ絹を政府に納めるのみの租税のごとき制度となった。南宋に至り、絹の代わりに銭を納めることとなり、これを**折帛銭**と称した。これは建炎3年（1129）3月両浙路を始めとして順次各路に及び、紹興3年（1133）、江淮・閩広・荊湖では上供の糸帛を銭に折した**夏税折帛銭**も登場し、その額は次第に重くなっていった。紹興11年（1141）に一部が絹を納める制度に復し、以後、和買絹と折帛銭とが併存し、紹興中期にはその総計が1,700余万緡に達した。

4　役法

①総記

役法（えきほう）※

土地・財産を所有する農村の地主と自作農（宋代の主戸層）に賦課する定期徭役労働の一種。宋代では、単純な肉体労働から分離し、州・県における各種行政の末端業務を負担させ、事務職的色彩を帯びる点に特長がある。農村の主戸を、財産高により9段階の**戸等**に分け、主として上四等戸を、相応の職役に輪番で充当する。その内容は官物の管理と輸送、各種徴税・戸籍業務、治安維持、州県官庁の使役などに大別される。各州県では**五等丁産簿**を作成し、必要な職役を配分するが、地方の条件によりかなりの偏差が生じる。宋代の役法は、その成立背景を反映して、**郷役**・**県役**・**州役**に区分できるが、後述のように王安石の改革により、募役・助役への移行、あるいは都市の役法負担の区別といった要素が加わり複雑化する。

8世紀後半以後、200年の変革期を経て成立した宋王朝では、前代の唐とは、多くの面で著しい相違が生じた。変革の結果、地方政治においても、郷里制や州県制は、前代と名称は同じでも、内容は大幅に異なり、また質量とも複雑多岐に分かれる。官員（科挙官僚ほか）・吏人（胥吏）・役人（**職役**）の系列ができあがるのもその一例である。特に地方行政では職役への依存度が増加する。宋代の職役は、六朝以来の**色役**や唐代郷村の里正などの役、藩鎮の行政職員などの諸要素を、宋初の現実に即して混然一体化しており、その中の郷役・州県役と、職業化した**吏役**を区別して理解する必要がある。

農村の主戸（農民）を郷単位で戸等により、輪番で徴発し、一定期間、衙前・里正・戸長・耆長・郷書手・弓手・壮丁などの役（職役）に充当する。これが**差役法**である。通常は第1等戸から4、5等戸までが該当する。州・県では戸口数により1県で12種類・100人程度の事務職の定額が設けられているが、その大部分は実際には職業化した**吏人**で占められ、郷書手や弓手以外、農村戸が輪番で差充されることは実際には殆どない。ちなみに、郷村の役人が最も頻繁に接触するのは州県の吏人であり、その誅求に郷民は苦しんだ。その代表例が**衙前**（牙前）の役である。これは里正の役を終えた上等戸に割り当てられ、任務を完了すれば、酒造などの恩典も与えられたが、破産する者も多く、差役論議の主対象となる。差役は原則として、官員・都市住民（坊郭戸）・僧道・客戸などは免除された。ただ、坊郭戸には、官庁の消耗品や臨時の必要のため、**科配**（科率）と総称される職役相当の負担が存在した。また州県郷単位の割り当てといっても、土地の生産性や所有のあり方、貧富や人口の多寡に著しい相違があるため、全国一律の施行には様々な不都合や地方差が生じた。

差役法施行当初から、豪民や有力者は代人を雇用充当し、また江南の経済的先進地では、貨幣代納を便利とする風潮が高かった。江南の行政官歴を持つ王安石は、新法の柱として役の銭納を推進した。神宗熙寧3年（1070）9月、開封府での試行から1年、反対者を排除し、4年（1071）10月から**募役法**として全国施行に踏み切る。それは、4等以上の郷村戸から、相当の**免役銭**を両税とともに徴収、免役特権のあった官戸・寺観・坊郭戸などから郷村の半額の**助役銭**を徴収、別に両方かから２割の**免役寛剰銭**を予備費として賦課する内容であった。この結果、衙前はすべて雇傭・専業化し、州県衙門の職役の大部分も郷村戸の差役からはずされた。募役法は確かに郷村上等戸の要望には応えたが、同時に施行された**保甲法**と絡み合い、免役銭を支払ったはずの耆長・戸長・壮丁らが、改めて保正・保丁の役にあてられる事態が起り紛糾する。王安石の下野で、新法と旧法の権力闘争が激化すると、その時々の状況で、役法は大混乱に陥る。ただ宋代では、まだ徭役銭納の制度には到らず、先進地帯や南宋江南で、募役法が主流となる状況にとどまった。

北宋時代の文献史料には、役法の議論を掲載するものが極めて多い。とりわけ、北宋前半の衙前と王安石の募役法にそれが集中している。五代節度使体制から誕生した衙前職掌のうち、官物運搬と管理の職務が、宋代に入り衙前の名称で職役として郷村上戸に賦課された。ところがいざ実行してみると不都合が続出する。それは唐末・五代と宋初のズレを象徴しているように思われる。宋王朝の安定とともに、論議を重ねて、衙前は職役から除外される。また宋代社会・経済の進歩的側面を伸張しようとする王安石の改革は、主として中原の保守派から強硬に反対され、結果的に挫折する。その後の権力争いと絡んで、役法は理念を失い、政争の具に陥る。『宋史』食貨志の役法の大部分は、そうした内容に乏しい声高の議論の羅列に終始するに過ぎない。役法論議に振り回されずに、宋代の地方行政、特に財政問題としての役法や、都市・農村の時代的変化、商品経済の発達と貨幣流通などの諸要素を綜合して、宋代の役法を扱う必要があろう。一例を挙げれば、募役法とほぼ同時に開始された保甲法は、当初の捕盗・民兵の色調は次第に薄れ、唐中期以後の課題であった農村を行政的に再編成する方向に転化してゆく。その結果、郷村における郷役は保甲組織の指導層と重なり合い、南宋に入ると保甲法を下敷きとした郷村行政（**都保制**）が確立する。その中で、戸長・耆長・壮丁などの旧郷役も、結果として摺合されてしまう方向を辿る。

宋代、とくに北宋時代の前半は、唐宋の変革直後の時期とて、徭役制度の一環としての役法も、いわば試行期間に相当していた。役法実施の際も、地域差により方法が異なり、欠陥の是正対策も多様にわたるから、各問題が本質的か派生的か見極める必要がある。ことは免役と差役の論議でも同様である。差役や募役銭の賦課方法、鼠尾簿に代表される差科台帳、戸等などについての一時的な問題、あるいは給田募役・義役、さらには役法と関係する**限田法**などの地域的問題なども、そのことを注意して扱う必要がある。また王安石の募役法といっても、明代の一条鞭法とは、まだ社会・経済の構造が異なっており、徭役の銭納として同次元では考えられない。

明代の役法は里甲正役と雑役に分けられ、前者は里甲制に基づき里長・甲主をおき、畸零戸を除く全ての戸を10年に一度科派し、後者は人丁と財産を基準として割り当てるものであった。

役人（えきじん）

宋代、職役により、地方行政の末端労務に、輪番で一定期間徴発される、主としては郷村の上・中等戸の丁男をいう。ここでは、古来よりの普通名詞的用法は除外する。日本の役人《やくにん》とは本質が違う。宋代になって確立した職役に従事する庶民、すなわち**職役人**の総称で、元・明と継承される。古来庶人在官と呼ばれた、官の手足となる使用人たちが、唐宋の変革の結果、大規模に再編成されたものと言えよう。宋代に限れば、地域や内容の相違から、**郷役人・県役人・府州役人**に区分するのが適当である。役人は、広義には王朝が人民から徴発する徭役に含まれるが、たとえば唐代の庸とは異なり、単純な肉体労働者ではなく、特定庶民を無償徴発した、州県官衙の下級事務職員と考える方が適切である。

役銭（えきせん）

王安石の募役法以後、役人雇用が主流になると、その財源として、従来の郷村差役戸より、改めて財力に応じて両税とともに徴収した税銭。**免役銭**（**募役銭・徭銭**）が中心。ほかに、それまで免役の特権を有した官戸・坊郭戸・女戸・単丁戸・寺観も、それぞれ基準を作り、郷村戸の半額の助役銭を納入することになり、また免役銭と**助役銭**両者に２割の**免役寛剰銭**（単に**銭**・**準備銭**とも称した。寛剰とは羨餘、余剰金の意）を増添して、不時に備えた。役銭は、郷村戸と上記助役銭負担の５種を合わせて**六色銭**とも呼ばれた。本来、地方費の枠内にある職役に代わる役銭は、当該地域で使用されて当然であるが、南宋に入ってからの財政困難のため、耆長や壮丁の役銭の一部が、上供項目に回され、それが地方に還元されず、役銭をとられつつ差役にも充てられる弊害も生じる。

科率（かりつ［かしゅつ］）

宋代の吏語のひとつ。税物の強制割当・徴収に際して頻用される。段階をつけて割り付ける意味だが、事柄の性質により、**科配・配率・配売・科買**などと使い分けられる。また原則として職役のない坊郭戸からは、その代わりに官の必要物品を不時に徴収し、それも科率・科配と呼んだ。王安石の助役法実施に際し、坊郭戸には科率があり、常数なく不時に徴収されるとか、坊郭戸は官中配買の物や飢饉・盗賊・河工・城塁など緩急科率があり、州県これに頼るといった史料から、科率は坊郭戸特有の賦税と錯覚してはいけない。一口に官の必要物資といっても、各地方、時の状況、官側の姿勢などで、坊郭戸科率・科配の内容は千差万別だった。北宋中期、欧陽脩が山西の実情報告で、銀の坊郭戸への配売に触れるのは、数少ない具体例のひとつであろう。なお、国都における**行戸祗応**も科率の範疇に入るが、一般坊郭戸との重なり具合の詳細は不明である。

寄荘地倍徴（きそうちばいちょう）
明清時代、徭役負担を免れた寄荘地に、付加税を課すこと。寄荘地加徴ともいう。

限田免役法（げんでんめんえきほう）
宋代、50頃以上の土地を所有する**官戸**が納入する助役銭を、一般並に全納させる措置。王安石免役法以後、一般農民の納める免役銭に比して、官戸の助役銭は半減と定められていた。それを改め、官戸に対する優免は50頃までとし、それ以上の土地所有には農民一般と同じ額の免役銭を課すというもの。ただ、荒田・墓地・恩賜の地は50頃より除かれていた。

更賦（こうふ）
漢代の3種類の賦のひとつ。更とは毎年1ヶ月間に力役に出て、3日間は辺境の兵役に就くことであるが、1ヶ月の服役に対して銭2,000、3日間の服役に対しては銭300を納めて免れることができた。この役または免役の銭を指して更または更賦という。免役の銭は過更銭ともいう。

差役法（さえきほう）
宋代職役賦課の一方法。郷村の主戸層に対し、土地財産の多寡に応じて**戸等**を設定し、原則として上四等戸を、輪番無償で郷・県・州の職役に充当する。大部分が郷村の有力者で占められているこうした役務は、唐代には在地豪民にむしろ歓迎されたが、宋代に入り、行政・経済の制度が複雑化し、王朝支配が強化されると、逆に大きな負担に変わる。宋政府は五代節度使の末端支配体制を職役に組み入れ、地方行政費用の肩代わりを目論んだため、特に北宋前半期には差役の弊害が顕著になる。北宋半ば過ぎの王安石の改革で、差役の主要部分は**募役法**に転換されたが、地方によりなお差役の一部は残存し、弊害の火種となった。次の元代には、形を変えて差役が復活する。

差科簿（さかぼ）
唐末、財産額に応じて作成され、雑役賦課（差科）の基準とされた帳簿。県単位に作成され、これによって輪番に差充する輪差の法、**輪流応役**（**輪当編排**ともいう）が施行された。元代にも租税徴収の夫役に当たる里正・主首選考のための台帳としての差科簿があり、**龍頭蛇尾冊**・**虎頭鼠尾冊**ともいった。上等戸から下等戸までの配列が鼠の尾に似ていることから名づけられた。戸籍科差条例公布の下、戸ごとに割り当てるための**科帖**・**由帖**も作られた。元の差科簿は南宋の鼠尾冊を受け継いだものといわれている。更に明に引き継がれ均徭法施行台帳となる。

手実法（しゅじつほう）
宋の熙寧年間、五等丁産簿の不備を正すべく、民戸に財産・丁男数を申告させ、事実に反するときは人に告発させた法をいう。新法党の呂恵卿等の上言による。

職役（しょくえき）
宋代、新しく生まれ変わった皇帝－科挙官僚中心の君主独裁制の舞台裏を、実質的に支えたのは胥吏の集団だが、それだけでは行政を賄いきれない。そこで、特に地方行政のかなりの部分を、郷村の富裕層を輪番で徴発し、無報酬で州県の雑役に使用することが定着した。それを職役と総称し、唐代までの**徭役**と区別する。その在り方としては、官や吏の直接関与しにくい、郷村内での職務を担当する**郷役**と、州県庁に出仕して、税物運送・倉庫管理・役所の雑務などを広汎に分担する**州役**・**県役**に分けられる。このうち後者は、郷村を離れ、州県城市で暮らし、官員や胥吏からことごとに搾取され、破産する者も少なくなかった。文字さえも十分に読み書きできず、官庁の習慣に熟さぬこれら役人は、官・吏にとっても不都合が多く、専業化してゆく大勢となる。地方の状況により差異はあるが、北宋半ばには、州役からは農民は姿を消し、城市住民が雇傭され、職役の胥吏化も進む。いったい職役は、地方衙門の諸般の事務費用を農民の労力提供に依存したもので、唐から宋への改革期を過ぎると、次第に銭納化の方向に進む。明になると職役は官職にあるものの職務を言うようになり、宋の職役は一般に徭役と称せられた。

職人（しょくじん）
北魏・北斉における後世のいわゆる職役に当たるもの。百姓でありながら公務に徴発されて官人・百姓間の中間的存在であった。**職事**ともいう。

親駆丁（しんくてい）
元代、親丁と駆丁をいう。出征する戸主の身代わりになる子弟と駆口すなわち成人奴隷。

析戸（せきこ）
宋代以降、役を免れるために分家を作って丁男数を減らしたり、表向き親隣あるいは己の佃僕に分配し、物力（資産高）を低下させること。明代では**貼脚**・貼脚寄詭といった。投献と共に盛んにおこなわれ、**寄産折戸**・**詭名規避**といわれた。

僧道士免丁銭（そうどうしめんていせん）
宋代、僧侶や道士は丁役および免丁銭の賦課を免ぜられていたが、紹興15年（1145）より僧道士免丁銭を課せられることになった。

鼠尾帳（そびちょう）
主としては南宋以後出現する、郷単位の職役充当のための帳簿。鼠の尻尾のように、太から細へ段階をつけて並べられ、周回するため**鼠尾流水**の名が使用される。後世のように**鼠尾冊**と呼んだかどうかは不明。北宋哲宗元祐7年（1092）に鼠尾都簿の名が見えるが、南宋の役法では、該当者の物力・等第・人丁などを綜合して順序づけ、輪差するため作成。当役者は朱批をつけて**朱脚**、非該当者は**白脚**と呼んだ。なお役法以外にも、地域により、雑税その他の賦科のため、**鼠尾簿**が作成された例も見られる。

投献（とうけん）
宋代以降、税役の忌避を狙いとして、名目上、己の土地を優免の特権を持つ**官戸**・**形勢戸**等の有力者に預け、名目上その佃戸となること。有力者は免役の特権を有するので、事実上、隠蔽差役していた。**寄産**・**寄荘**・**詭名挟佃**ともいい、**隠冒**・**蔭冒**・**蔭庇**もだいたい同じである。明代、寄荘地には附加税を課し、**寄荘地倍徴**あるいは**寄荘地加徴**といった。

派役（はえき）
清代、地方官主宰の工役に対する民間の資金援助。それに１回当たること一差という。

倍役法（ばいえきほう）
南宋の就役の法。役に充てられている**批朱戸**の物力が、未だに役についていない**白脚戸**の２倍のときは10年間役を休ませるもの。３倍であれば８年、４倍であれば６年であった。淳熙年間両浙地方に始まり、のち全国に広まった。

批朱白脚歇役法（ひしゅはくきゃくけつえきほう）
南宋初めの役法において、就役の戸である**批朱戸**は、歇役６年後には再度、就役しなければならなくなったことをいう。**再差之法**ともいう。

復除（ふくじょ）
徭役の賦課を免除すること。**復**・**優復**・**賜復**・**施舎**ともいう。復は力役を免ぜられて復《か》えること。租税免除に拡大されることもある。

募役法（ぼえきほう）
宋の神宗煕寧２年（1069）、開封府で試行され、４年（1071）10月から全国に施行された、王安石の改革の柱となった新法。従来の、郷村主戸層を、戸等により輪番で一定期間無償徴発する差役の弊害を是正し、当時の社会経済の進歩的側面に対応すべく、職役を銭納にして、それで役人を雇募する方法。差役を免除するところから免役、納入貨幣を**免役銭**と呼んだため、**免役法**ともいうが、差役に対する用語としては募役がより適当である。旧来の郷村主戸層の差役徴発を止め、両税納入期に、改めて郷村四等戸以上から免役銭を徴収、同時にこれまで差役のなかった官戸・坊郭戸や寺観などから、半額の**助役銭**徴収を骨子とする。この財源で郷役を中心とした職役人を雇用する。この改革は、郷村上等戸の救いにはなったが、却って下等戸の負担増となり、また免役銭賦課の基準や銭額が地域によりまちまちで、不満が絶えなかった。加えて新法派が権力を失い、旧法派に変わると差役が復活し、次の政権では差・募が併用されるといった混乱を生ずる。北宋末から南宋時代の大勢は、募役法が主軸で、場所や職役の種類により、部分的に差役が併用される状況で推移した。

傜（よう）
傜役のこと。徭に同じ。

繇賦（ようふ）
繇は夫役、賦は租税のこと。

②州役

州役（しゅうえき）※
宋代、府州官衙と関係した職役、それに従事する役人を指す。県役と本質は変わらぬが職種や人数、あるいは専業・胥吏化の程度、任用方法などに相違がある。その定額人数は府州の戸口数で定められる。南宋の福州では477人、台州で342人とするが、実際にはその何倍かあったろう。職役の具体的名称としては、南宋では、衙前・人吏・貼司・造帳司・祗候典・散縦官・院虞侯・雑職・揀掐等子・攔頭などがある。これらは衙前以下の衙門外の現場労役の系列と、衙門内の事務職に二分でき、法制上は前者を**公人**、後者を**吏人**と区別する。また衙前系は唐末・五代の衙前軍将との繋がりで、都知兵馬使、押衙、教練使など10数段階の肩書が用意され、職役人から最下級の武官への道筋を作っている。これに対して吏人系でも**都孔目官**から糧料押司官まで10段階の職級があり、やはり彼等が最下級官員になる出職の標識とされる。府州政庁は、宋代にはかなり大きな城市にあり、その職務が、朴訥な農村上戸の差役で勤まるわけはない。恐らく一部単純労役を除き、府州役の大部分は城市の市民を招募し、あるいは県の押録などを経験した吏人を登用、彼等が職業化、世襲化して胥吏層を拡大していったものと推定される。

院虞侯（いんぐこう）
刑獄管理を担当する州の役人の総称。**獄子**と**節級**に区分され、正しくは（左・右）司理院虞侯。**虞候**の２字は『春秋左氏伝』に存し、やがて斥候伺姦の意味に使用されるようになる。特に唐代後半、藩鎮の軍制に都虞侯（憲兵司令官）以下、種々の虞侯が現れる。五代の軍事裁判所である馬歩院の虞侯もそのひとつで、宋代それが州の司理院に継承されると、そのまま院虞侯（司理院の見張り役）として州役に定着する。これも宋初は主戸を差充したが、獄（未決留置所）の管理は問題が多く、次第に専業化してゆく。普通**獄子**と呼ばれる獄卒が大部分で、その隊長が**節級**、かれら全部を院虞侯と呼ぶ。南宋の福州では80人、台州では70人が定額とされている。

衙前（がぜん）

宋代の州役中、最も問題となった職役名。衙前の衙は普通には官署を意味するが、唐代中期以後の藩鎮の役所と関連して、衙前は特別な用語となる。また軍事政権の象徴である牙旗や牙門の牙が衙と同音のため、衙前はそれを連想させ、時に牙前など牙・衙の混用も見られる。本来は節度使衙門の前面の意味だが、行政事務を受け持つ内局の使院に対し、外回りの労役職務を担当する外局の総称となり、衙前軍将、衙前軍校、衙前職員から衙前編管などの用語を生む。その役割は、軍将や軍校といっても、節度使正規軍である衙内の将兵とは区別され、労務者の色彩が強い。すでに五代以前、節度使管内の税糧や財物の調達と輸送、それに伴う諸雑務は、衙前人員の主要な任務だった。軍政を民政に転換した宋朝は、軍卒中心の衙前労役を、郷村の主戸層の負担に移行させた。通常は資産2～300貫以上の一等戸を輪番で差役として充当し、税物や貢納の中央への輸送、州の公使庫や財物庫、駅逓の管理など、州政府の重要な外的雑務を受け持たせた。その責任を果たせず、官と吏の抑圧・誅求により、失陥の**陪備**（賠償）のため破産する者が続出した。宋初から、応募による投名衙前、五代軍将らの流れを引く将吏衙前、県の人吏頭である押録を起用する押録衙前、郷村で里正の役を終えた者を徴発する里正衙前などがあり、里正衙前と重なる郷戸衙前の呼称もあった。このうち、押録衙前は3年、里正衙前は2年が任期だったが、投名や将吏には年限のない者も多く、かれらは**長名衙前**とも呼ばれる。そうした衙前は、別にきめられている子城使、教練使、押衙などのランク（職級）の階段をのぼり、長い年月をかけて最下級の武官となる道（出職）も用意されている。衙前の人数は、これまた戸数により一応は決められていたようだが、府州によりその差は大きい。北宋中頃の福州では、250人ほどでうち郷戸衙前が66人というが、南宋では半分の125人に減額されている。また台州では北宋75、南宋46の数字が残っている。しかし、北宋神宗の熙寧3年（1070）には、「開封府の郷戸衙前八百三十五」なる史料があり、また先の福州郷戸衙前66人でも、その予備軍として990戸が挙げられているから、単なる額数以上に、その郷村への影響は極めて大きかったと考えられる。

税物や官物の州への輸送、州から中央など指定の場所に運搬することと、州の公使庫などの什物管理、知州の機密費である公使銭の運用、公的宴会のための厨庫、官員個人の宅庫の管理運用、その他駅逓・場務など多くの雑務を受け持つ。その仕事は建前では衙規で決められており、仕事量の単位をきめる分数（指数）により、**重難**から**優軽**の段階が設けられ、たとえば十分重難とか二十五分重難などの分数により役が科せられた。規定では1分の分数は銭10貫とされる。四川の三峡を江陵まで、牛革・牛角などを運ぶ責任者（押綱衙前）などは第1等の重難とされ、60人近い兵卒や水夫を使い、その食料なども負担したであろうから、普通でも破産に追い込まれたと推測できる。特に重難の職務を終えた衙前には、酒造や渡し場管理の恩典が用意されたが、その効果は薄かった。また官署の公的行事や宴会、ひいて官員の私生活の一部まで負担させられる衙前や客司なども、陪備（賠償）の名目で官員や胥吏から誅求をうけることが通例化していた。

名称は同じ衙前でも、郷村第1等戸で里正の郷役を勤めた者が任用される里正衙前が、輸送管理の陪備で困窮に陥り、大きな社会・政治問題となった。仁宗に入り、まず里正衙前をやめて希望者（**投名衙前**）に代えたが、郷を単位に一等戸を差充する郷戸衙前は、王安石募役法まで残る。税物の輸送などの重難は、次第に軍大将や得替官員に振り替えられ、やがて雇募に代えられて投名が主軸になると、郷村上戸は免役銭を徴収されても、従来の苦難は一応軽減される。

揀掐（かんとう）

宋代、州県の出納する貨幣と絹帛類を選別する役人。**揀子**と**掐子**の合称。零細な史料から推測すると、揀子の揀は選別を意味し、主に絹・布などの織物の長尺や質量を調べるのに対し、たたくの意味を持つ掐子は貨幣の選別を受け持ったのではなかろうか。この役人も、当初は4等以下の**行止**（品行）ある者から選抜していたが、希望者を募り役銭は支給しない規定に変った。同類には、穀物出納に携わる斗子や、官署の備品や物品の重量を測る秤子、財物庫の管理・警備を担当する**庫子**、穀物倉の**倉子**などがあるが、全部合わせても州で30人から50人、県は10人から15人ほどで、職務内容の互換性も高く、常に全部の役人名が置かれていたわけでもない。

客司（きゃくし）

宋代、衙前の一職務とされる区分。**通引官**などと共に、州の渉外労役全般を担当する。南宋の福州の例では、衙前53人に対し、客司と通引官は10人ずつとなっている。仕事の性格から、差役農民の使用は少なかったろう。その名は唐末・五代に現れるが、衙前軍将とは最初から区別されていたようである。節度使たちの外交・渉外の末端を受け持ち、客人の接待や、あるいは節度使たちに随伴して、旅先での先導や世話を引き受けた。宋代になると、河北では坊郭上等戸を任用し、彼等は公使庫や宅庫の管理で苦しんだという記事があるから、州の客人接待のみならず、そのための什器や酒造をはじめ、運用資金の工面まで引き受けさせられていたことが分かる。当時の皇族の宮室でも、客司・通引・宅案・書表などの使用人の系列の存在が知られ、州のそれも同様だったことが知られる。なお州の上位の路の監司にも、それらの名が見え、『慶元条法事類』には監司出巡の時の人数が記されている。なお通引官の名は中書省にもあるが、ここは訪問客の刺を通じ、その送迎が主務、表奏司は奏状や文書係であろう。

公人（こうじん）

宋代の職役人の一部分の総称。現代的意味と混同してはいけない。節度使体制の流れを承け、宋代地方州県の職役は、州院以外、使院職級と衙前職員に大別される。公人は後者に相当する。『慶元条法事類』の名例敕では、「衙前・専副・庫秤・掐子・杖直・獄子・兵級の類」と具体的役名を挙げる。官物の輸送と管理、物品の秤量、刑・獄の担当など、いずれも衙門内の事務職ではなく、地方官衙の雑多な労役を分担させられる。公人すなわち衙前系の旧軍職には、都押衙や教練使など13種の肩書きが残存し、その段階をあがった衙前などは、最下級の武官になる道も開かれていた。

公吏（こうり）

『慶元条法事類』の名例敕では、公人と吏人の定義づけを行い、両者を合わせて公吏と呼ぶ。宋代の地方職役人は殆どここに包含される。公人は節度使支配の一支柱である衙前職員の系列に属し、税物運搬、倉庫の出納や刑獄の管理など、主として現場の労務を担当し、役人の多くはこれに入る。彼等は宋代に入っても、衙前職員と総称される。吏人は衙門内の事務職を受け持ち、狭義には、州県の職役名としても使用されるが、書写・計算などのできるいわゆる書吏・胥吏で、こちらは使院職級の名で一括される。両者ともに唐末から五代の、節度使体制に由来し、宋代の地方政治の実務を担う職役人たちである。ただし、宋代の文献では、両者の区別は定義通りとは限らず、時に混同されることもあるから注意を要する。

散従官（さんじゅうかん）

宋代、州の雑務を受け持つ役人の総称。前代からの慣行をうけ、州衙門には実質的差異の少ない雑役が混在していた。承符直・散従直・歩奏官や人力がそれで、別に雑職の役人名もあった。文書送達、官員送迎や護衛などのグループ分けは多少あったろうが、いずれも「公事を追催する」と抽象的な表現で総括されるように、現実には役所の最下級に置かれた雑役吏卒の代名詞とも言え、官の字を附しても官員とは関係ない。散従官とそれと同等の州役人は、国初は税戸や坊郭の行止（品行）ある者を差し、2年交替とされたようだが、真宗初には、節度使院の散従・歩奏・雑職は3万戸以上なら100人とされ、判官には15人、節察推官には7人などと細かい配属規定も知られ、郷村の差役人はやはり淘汰されていったかと推定される。神宗熙寧には人力・承符が散従官名に一体化された。なお南宋の福州では、北宋100人の定額が、66人に削減されている。

造帳司（ぞうちょうし）

宋代、州の役人の名、州から転運司や提点刑獄司に提出する銭帛の帳簿を作成する。法規に沿って書写する必要があり、郷村の役人では勤まらず、県の胥吏を登用したり、後には使院（節度使）の後行（下級人吏）を任用する。監司への帳簿類は重要であるから、その待遇や恩典も特別に与えられる。ただ作成時期が限定されているため、その時以外は一般吏役に配当される。1州で4・5人程度。

長名衙前（ちょうめいがぜん）

宋代の職役中、最も問題の多かった州役の衙前の一種。衙前の職務は多岐にわたるが、主として税物の輸送を郷戸衙前に負担させたのに対し、多少の文字や事務知識を必要とする衙前は、希望者を募り、任期も限定せぬ場合があった。これを投名衙前と呼び、その職に長くとどまる者は長名衙前とも呼ぶ。最下等の教練使から、13もの段階を上り、都知兵馬使の肩書きに達し、漸く進義副尉、進武副尉として武階の末席に出職するまでには、長い歳月を要し、自ら希望した長名衙前でないとその達成は不可能である。北宋の福州では、こうした長名衙前は全体の4分の1を占める。

貼司（ちょうし）

宋代、中央・地方の官庁で広汎に見られる胥吏の一段階、もしくは範疇。ここでは州と県の貼司に焦点を合わす。貼り付ける意味から、本来は正任の胥吏の補助・補欠の意から生まれた呼び名と推測される。宋代では、当該官署の手分枠の次に置かれる下級胥吏の総称となるが、補欠や臨時雇傭ではなく、正式に胥吏名籍にも記載され、書類の書写や作成などの雑務に従事する。宋初は中央官庁と監司にのみ貼司の枠があったが、真宗初めから、州県の私名書手が貼司と呼ばれるようになる。正名の吏の推薦・保証でその枠に入ることができ、正名に欠員ができれば順次それに充当される。南宋福州では、人吏100人に対し貼司50人、台州では50人と25人、福州管下の12県では、10人の人吏に貼司20人、あるいは15人に30人といったように、貼司は人吏の倍になっているのが普通。

斗子・秤子（とし・しょうし）

宋代、州・県で出納する米穀の計量を受け持つ役人。多くは、郷村の中等戸から希望者を採用していたが、差役の場合もあった。その数は熙寧3年（1070）、開封府で390人というが、南宋の福州や台州では、30人ほど、各県では2、3人である。斗子は財産50貫以上で保証人のある者を雇傭した。斗子のいわば下士官として**節級**を設けたので、合わせて斗級なる語もある。また秤子は、秤量を受け持つが、税物以外にも、獄具や恵民薬局などの秤量もおこなっていたことが知られる。庫子は財庫、倉子は穀倉に属するが、特定の役人を指すとは限らない。

投名衙前（とうめいがぜん）

宋代、州役の代表である衙前に自ら希望して就く場合の呼称。郷村の上戸、時には坊郭戸が応募する。衙前の役、特に税物の輸送は重難で、郷戸や押録の衙前は、普通2年か3年で交替する。官物輸送が衙前から他に移されると、公使庫や宅庫、倉庫・場務・駅逓などがその担当となり、官員と胥吏の誅求は被るが、それなりの旨味がないわけではなく、ある部分は投名で充たせた。この衙前は通常は任期がなく、継続的に在職したため**長名衙前**と呼もばれるが、投名と長名の意味には若干の相違もある。彼等には早くから、退職後の恩典として、酒造販売や渡し場の権益が与えられていた。

陪備（ばいび）
宋代、役によって被る納付をいう。**陪費・陪銭・陪納・賠填・賠費・賠備・陪備糜費**ともいった。食費・旅費にとどまらず、運搬途中、紛失した官物の補填まで雑多な費用を官府・胥吏より請求された。特に衙前の負担は莫大であった。

吏人（りじん）
宋代州県の職役人の中心。広義には、胥吏（吏胥・書吏）と同義だが、ここでは狭義に、地方官衙の職役人に限定する。『慶元条法事類』の名例勅では、「職級、貼司に至る、行案・不行案人同じ」とある。行案は試験による補任かと思われるが不詳。州役は、本来は知州系列の州院に属するが、節度使の使院系列と混ざり合い、複雑化する。吏人は宋代の地方志では、州県の各種の主要事務職員の称呼ともなり、先進地になるほど、専業化あるいは世襲化が顕著である。これには、職級、前行・後行、私名書手、貼司などの段階があり、詳細は不明だが、使院系吏人は都孔目官から糧料押司官に至る10段階の肩書きを持ち、そこから職級の名が生まれるとされる。

③県役

県役（けんえき）※
宋代、県の衙門と関係する職役、またその役人。定額は戸口の多寡で定められるが、南宋の例でみると、大約1県100人程度である。その具体的職役名は、大部分府州と一致するが、当然衙前はなく、本来は郷役であった郷書手が加わっているのが目に付く。福州と台州の諸県では、人吏・貼司・郷書手・手力・斗子・庫子・掐子・秤子・攔頭・所由・雑職・解子・弓手などの名称が挙がっている。常熟県志の『琴川志』では、さらに細分化された役人名を列記するが、本質は変らない。ここでも、税産あり過犯なき税戸や坊郭の行止（品行）ある者を募充する史料が多く、専業・胥吏化が顕著である。

押録（おうろく）
県の職役人のひとつ、**押司録事**の省略。その名は五代後唐から現れ、州県の事務職の役人を指すが、宋に入ると、県役所の職役の中心となる。当初は庶民の主戸で、事務に明るい者を徴用したが、4代仁宗の頃から、財産のある希望者を試験で採用する方向に変わる。**押司**とは役所の管勾・統括、**録事**は伝統的な州官の録事参軍を意識する。訳注などで、押司と録事を別物としているのは誤り。知県の心得を記す『作邑自箴』では、知県に最も近い事務係として、各種文書の取り扱いに際する押録の具体的職務や責任が書き残されている。県の事務職役は数段階に分かれるが、押録はその上級ランクに入り、県の戸数により額が異なるが、普通は20人程度。ただし、南宋地志の県役人では、人吏なる項目中に取り込まれて、その名称が出てこない場合もある。また州の衙前には、職務期間が終了した押録を任用する枠が設定されており、これを**押録衙前**と呼ぶ。余談ながら『水滸伝』の宋江も鄆城県の押司として登場する。

手力（しゅりき）
宋代、知県や主簿に奉仕する役人。手力の語は古くから見られるが、唐代には内外衙門の官員の雑役夫として固定化し、それを代納する**手力課**や**手力資課**などを生む。宋でも県役として継承され、戸数に応じてその額がきまる。最低で知県には20人、主簿10人、最高は50人、20人が配当される。宋初は2、3等戸より差出し、2年交替だった。官員への奉仕のほか、賦税の追催にも従事したが、特に在城の徴税を行なった史料が散見する。募役法では税戸や坊郭戸の行止ある者を充当した。南宋の福州では倚郭県では5、60、他は3、40人の定額であり、台州でもその額は変わらない。単なるお供や力仕事に従事する人力よりは上位にあったと想定される。

④郷役

郷役（きょうえき）※
宋代、県の下に置かれる郷・里あるいは保などの行政村の職役・役人の総称。10世紀後半以後、皇帝・官僚支配体制は、前代とは質量とも比較にならぬほど整備される。その影響は州県城市外の郷村部に及び、旧中国的自治の領域である郷里にも、行政の浪が波及してくる。郷村の主戸を、財産高などに応じて戸等（実質は5等）に分け、輪番で一定期間、地方行政の末端職務を無償で引き受けさせる職役が定着する。それらは、府州の役と県役、そして郷役に区分できる。郷役の特長は、原則として農村の在地で勤められる点にある。従って、郷書手を例外として、郷役人が専業・胥吏化することは殆どない。北宋後半までは、里正・戸長・耆長・郷書手・壮丁、それ以後は保正・保長・甲頭・承帖人などもその範疇に入る。唐末・五代の変動期をすぎ、宋代は多くの改革が要求された。郷役も差役と募役の変改のほか、郷村の再編成と繋がる保甲法とも密接に関連し、多くの複雑な政治・社会問題の淵源となる。

挨編（あいへん）
単面街における保甲編成の方法。道路片側だけの街並みを単面街といい、街並みの順番に従って編成していく。これに対して**合面街**の場合は、両側を向かい合わせて編成する。それを**対編**という。

官解（かんかい）
明代、糧長の役のひとつ、運解の布政使による代替。布政使の官が州県に赴き治県立会いの下、解送すべき銀両を量り、密封・捺印・署名して省城に持ち帰る。斂解の法、明貼も同じ。

官図（かんと）
明末清初、里甲制の下、官戸・郷紳層を１図に編成する法。**官甲**ともいう。一般民戸と区別し、それより軽減されながら一定の賦役を負担させ、特権行使の拡大を防ぐのがねらいであったが、この特別編成は、却って一般民戸の田土詭寄を招くことになった。儒戸対象の**儒図**、僧侶対象の**僧図**、軍戸対象の**軍図**等もあった。

耆長（きちょう）
宋代、郷村の役人（郷役）を代表し、壮丁を配下として、郷村の治安や雑務を統括する。五代後周の末、郷村再編成の一手段として、世宗は100戸を１団とし、三大戸を選んで耆長に任じ、姦盗・田地を管轄させた。耆長の名は郷村の耆老（長老）に由来する。当面、約30戸単位で荒廃した郷村の建て直しを計ったと考えられる。この耆長の管轄範囲を、これも臨時に設けられた区画の**管**とする説もある。宋は郷村行政の柱として郷役を設け、民政の里正と戸長、警備責任の耆長を置いた。耆長は警備だけではなく、徴税簿作成などの郷村雑務にも参画した。これら役人は郷単位の１～３等の上等戸から、輪番で差役された。各耆長は配下に四等戸・五等戸の壮丁を数人置く。警備といっても、本格的な捕盗や犯罪捜査は、県の県尉と弓手に依存し、耆長と壮丁は郷里内の治安維持を受け持つに過ぎない。耆長・壮丁の職役は、王安石の募役法により、銭納に切り替るが、ほぼ同時に施行された保甲法により、全国的に郷村再編成が行なわれると、その役人である保正や保丁と重複し、不必要となる。ところが、新旧両党の目まぐるしい役法改変で、地域的差異はあるにせよ、耆長・壮丁が全面的に保甲の役人に移行しないなど、様々な不都合が生じる。特に南宋では、耆長・壮丁の雇銭が総制銭の税目に固定されてしまい、免役銭を払いながら、耆長・壮丁に徴発される事態も各地で発生して問題となる。

畸零戸（きれいこ）
明代、里甲制下、里長・甲首の110戸より除外された、鰥・寡・孤・独で役に任じえない戸をいう。鰥は無妻、寡は無夫、孤は無父、独は無子。のち年老・残疾・幼少10歳以下・寡婦・外郡寄荘人戸と表現を改めた。**寄荘**とは近代では本籍地以外に居住することであるが、ここでは当地に土地を所有しながら遠隔地に居住する者をいう。税制上、戸を立てなければならなかったが、単丁のことが多かった。明末に、地域によっては寄荘人戸を里甲内に編成しようとし、寄荘人戸入籍法といわれた。

櫃収（きしゅう）
明末、分割された糧長の役のうちの銀を徴収する役。糧戸に自封投櫃させた銀両を州県の庫に入れるまでの任。**櫃頭・守櫃・収銀・収頭**ともいう。糧長の役は催・収・解に３分割され、さらに収は糧米を徴収する収兌・収戸と銀の徴収の櫃収に分けられた。

義役（ぎえき）
南宋時代、保正と保長の郷役で諸種の弊害が生じたため、当該郷里（都保）で、有力者や農民が協力し、田地や財貨を供出して役人を援助した制度。紹興年間に婺州金華県で始まったものが、孝宗乾道５年（1169）、隣近の知処州范成大の手で、松陽県で実施され、以後両浙や江南の各県に広がった。蘇州常熟県では理宗時代の詳細な記事もあり、南宋では、内容や実施状況に相違はあっても、長期間各地で実施されていたようである。義役の一般的な形態は、郷民に田地を購入させ、そこからの収益で保正・保長らの役人を援助するもので、政府も義田購入を援助した。その運用は、都保の有力者が役首となり、小作料の管理や、就役の順番決定を受け持った。義役を運用の主体が、在地の有力者（豪民）であることは、その個人的利害が優先しがちになり、義田の私有化や役人選定・費用支給の不適正が頻発した。また郷役配当でそれまで主導権を握ってきた胥吏たちとの衝突も避けられない。朱熹も指摘するように、趣旨は良いのだが、運用の実際に欠陥が多く、所期の効果を十分に挙げられなかった。

弓手（きゅうしゅ）
宋代、県尉の配下にあって捕盗を主務とする役人。宋初は県の戸数に応じて７段階の定員がきめられ、郷村の三等戸から差出された。ただ郷役の耆長と違い、期限がなく（長年勤務する者を**長名弓手**という）、代役を認めず、勤務地も県城内という相違が顕著で、県役の中に加えるのが適切であろう。北宋中期、広南や福建では３年を任期としていたが、仁宗時代７年の任期が設けられた。在地に根を置きつつ、県尉の下で盗賊や凶悪犯の逮捕に従事するため、武芸訓練はじめ、当然ほかの郷村職役とは異なる点も多くなるが、郷村と県衙との連携という立場からは、郷書手と同様に、重要な役人である。北宋半ば、契丹・西夏との関係が緊張した河北や陝西では、強壮や郷弓手の名目で、義勇軍として弓手を増強、さらに軍賊や盗賊が横行すると、その対策として弓手を増員した。ために差役から離れて専業化するとともに、その管轄範囲も城市とその近郊に制限される。南宋初の混乱期には、治安維持のため県の弓手を増額し、武臣県尉たちの指揮下の治安部隊の色彩を強くする。南宋の福州では、12県の定額が800人、各県平均50から70人となっている。元代も京師の南北両兵馬司に各1,000人おり、僻遠の村落でも邸店があれば置かれた。100戸から中産者1人を選んで当て、捕盗・漕運の警備を担当させた。

郷司（きょうし）
宋代、郷書手の執務室の通称で、同時に郷書手そのものをも指す。郷書手は本来は郷役のひとつとして、里正・戸長を補佐して、郷村の帳簿・文字を取り扱う役人だが、仕事の性格や県衙との密接な関係から、次第に郷役を代表する立場に変化する。それに伴い、郷書手自身が県衙に執務室を置くようになり、その呼び名も郷司と変わる。郷司の2字は、哲宗の頃から見られるようになり、以後南宋から元代まで、郷書手に代わって使用される。郷司の出現と同時に、現実には、郷書手は郷役から県役に変化したと言える。南宋福州と台州の地誌では、各郷に1人ずつの郷書手が配置されており、また臨安府臨安県の地図では、県衙門の中に郷司のあることが明示されている。北宋の後半から、郷書手の地位が郷村在地の役人より上となって、県役人に接近し、その郷村と県衙の結節点である性格がより鮮明となったといえよう。

郷書手（きょうしょしゅ）
宋代、郷村の役人（郷役）の一種、各郷に1人ずつ置かれる。郷村の帳簿・文書を主管。書手は官署に普遍的な帳簿担当の吏の呼び名であるが、郷村のそれは唐中期に出現し、五代をへて、宋初役法の成立期に、郷役として郷書手の名が定着する。当初の建前では、里正・戸長に属し、身元の確実な税戸を任用したが、4代皇帝仁宗時代、郷村の四等戸から差し、募役法以後は招募によるとされる。ただ、実際には職務の性質上、郷村有力者の子弟が推挙されることが多かったろう。里正・戸長を補佐して、戸籍や税簿の作成、徴税事務に携わり、県衙と郷村の接点に位置して、極めて重要な役割を担った。具体的には、3年ごとの五等丁産簿や役法の台帳差科簿の作成、両税はじめ徴税全般に関する県と郷の間の事務手続、土地家屋売買の時の台帳変更など、郷村行政の中核となる実務は、すべて郷書手に集中している。郷と県の橋渡しとしての存在意味は小さくないが、他方その立場を利用した詭名挟戸や攬納への関与などの弊害も生じた。なお王安石の保甲法実施以後、都保正の下に2名の承帖人が雇募され、保の文書を取り扱ったが、これは壮丁の変形と見る方が適当であろう。

郷董（きょうとう）
清末、県の下の城・鎮・郷の自治制の下、郷に置かれた役員。郷董1名のほか**郷佐**1名が置かれ、議事会議員の選挙、議決事項の執行、委任事務の執行、執行方法の議決、議決事項の審査等に当たった。

均田均役法（きんでんきんえきほう）
明末、里甲制下、正役の負担の偏りを是正すべく、里甲内の田土額を均一にし、郷紳の優免を制限した改革。均田・均甲・均里・均役・均編法・限田議ともいわれるように、里甲間の格差解消のみならず、優免額を超えた田土は、**民図**とは別の**官図**に編入して重役を課すようにし、官民間の格差軽減をも狙っていた。清初に受け継がれ、**局公所**を設けて**圩長**の下、業戸・田戸を会同させ、またやはり圩長の下、1坵ごとに業主の番号・面積・納税額等を記入した2枚のカードからなる連環号票を作成させるなど細かい規定が設けられた。

均里法（きんりほう）
順荘法の別称。清の康熙3年（1664)、江蘇省江陰県において一足畝数を基準とする里の再編が行われたが、その際に郷を改めて鎮とし、36の鎮を設けて、その下に444の保を置いた。この鎮は単なる区画名称として郷に代えて用いられたもので、鎮の特殊な使用例である。また、金華県でも152図を改めて183里とした。このようにして、明代までの郷・都・図の系列による地方行政区画が、清代康熙年間に鎮・保の系列による区画制に変更された。

経催（けいさい）
明代、江南の松江府における里甲制下の里長のこと。銀米の催辦を掌る。その監督者が**総催**。

経造（けいぞう）
清代、保甲内にあって、保長や甲長とともに治安維持と徴税に当たったもの。**地保**・**経保**ともいう。

限比（げんひ）
明代、糧長の税糧徴収に一定の期限を設け、違反者は刑罰に処することをいう。

現年（げんねん）
明代、里甲制下、現在、里甲正役に当たっている現年里長1人、甲首10人をいう。**該年**・**値年**ともいい、他の里長9人、甲首90人は、**排年里長**・排年甲首という。

戸長（こちょう）
宋代では耆長とともに郷役の中軸、戸籍や徴税の責任者。その名は宋初に現れ、郷村戸の長を意味する。里正の下に戸長と耆長が属し、郷村2等戸から差出され、1年任期であったが、仁宗の至和年間里長の役務が軽減されると、任期3年となった。**五等丁産簿**や**差科簿**を始めとする、郷村の戸籍、徴税台帳・帳簿などを統括。従って両税はじめ各種徴税・戸等推排・戸籍財産の推割などの責任をも分担した。王安石の募役法で、差役の戸長は一旦消滅し、同時並行的に実施された保甲法の保丁を催税甲頭として徴税に当たらせた。しかし、政権交替により差役・募役や保甲法が目まぐるしく変わると、現場では混乱が起り、大保長が徴税を受け持つこともあれば、再び雇募の戸長が登場することもあった。この混乱は南宋に入っても続き、戸長の名が残る地方も珍しくない。

戸長甲帖銭（こちょうこうちょうせん）
宋の役法上、大保長が官司より甲帖を受け取る場合に収める銭をいう。**甲帖**は管内より催税するための台帳である。**甲葉銭**ともいう。

公費（こうひ）
宋代では**公使銭**の意。明代では里長・甲首の負担する宮中及び中央・地方各官庁所要の費用、歳費をいう。また清代でも地方行政上、公事運用のための経費をいった。在城の坊長と郷里の里長とでは負担に差があった。公費が多額になると、**会銭法**といって丁地に科派され、その銀納化を**公費会銀**といった。

甲下戸（こうげこ）
宋代、保甲に編成された下等戸をいう。

甲首銭（こうしゅせん）
明代、里甲正役に代えて納入された銭。15世紀半ばを過ぎると銀納化が進み、里甲正役の負担も銀で一括予納させ、官が必要に応じて支出した。

甲首夫（こうしゅふ）
明代、里甲制下、現年甲首で州県官衙の雑用に当てられているもの。10甲首のうち1人が負担した。

甲頭（こうとう）
宋代の一時期、徴税に当たった郷役名。正確には**催税甲頭**と呼ぶべきであろう。甲頭は普通名詞としては、小グループのかしらを意味し、宋代青苗銭を借用する保証人代表にも甲頭の名が見える。催税甲頭は、郷村募役が保甲法に組み込まれた結果、旧来徴税責任者だった戸長の役を振り当てられた**保丁**を指す。保甲法が試行された熙寧7年(1074)、郷村30戸程度を単位に、保丁が輪番で任用され、一税一替で徴税に当たった。しかしその多くは貧弱な農民下等戸で、県吏の長である押録が出掛けても徴税を拒否する豪民たちには、とても役目が果たせなかった。間もなく甲頭の催税は止められ、より有力者である保長がその任務を引き受ける。

綱銭（こうせん）
明代福建で随時科派の雑多な公費を、現年里甲の所有する丁田額に応じて輸納させた銭。その銀納化を**綱銀**といい、上供の正綱とは別に徴収され、**雑綱**といわれた。

催頭（さいとう）
明代、里長の後身。胥吏に近く、租税の督促・徴収に当たった。**催甲**ともいう。清朝下の江西省の里長催頭は銭糧の催収に当たったもの。

参役銭（さんえきせん）
南宋の都保正・副保正等の役についているものに提出させた銭。同様なものに**典限銭**・**辞役銭**・**甲頭銭**等があった。

主首（しゅしゅ）
元代、郷に里正があり、その下の都に主首が置かれて賦税の徴収に当たった。**推排**または**挨排**といって、1年輪充であったが、代納の苦を逃れるために豪強官貴へ投献するものが絶えなかった。主首は金代、宋の保正・保長に当たる警察の役。元では上記のように徴税の任となったので、代わりに弓手を置いて治安の任に当たらせた。

収兌（しゅうだ）
明末、分割された糧長の役のひとつ、収糧に当たるものの呼称。華北では**収戸**という。糧長の役は催徴・収糧・解運に3分割され、そのなかの収糧の役は各地でいい方が異なり、蘇州では公正・糧長、松江府では図記・典者、常州府では里甲・図収、松江府華亭では典者、婁では図記、上海では看漕、青浦では倉夫といわれた。

収頭（しゅうとう）
明代、華北では、米麦の徴収にあたるもの、里長の後身。華中では、糧長の下、里長の上にあって納入銭糧の照合検査を任とする。収頭大戸は、明末、保定の一条鞭法において、里甲の再編、順甲の法が行われ、1社全体の銭糧の徴収に当たったもの。

書算（しょさん）
明代、里甲制の下、帳簿を担当する**書手**と計算に当たる**算手**をいう。官衙における帳簿担当の書手は古くからあったが、郷村の書手は唐中期に出現し、宋初に郷書手として定着する。明代に入り、州県衙門・里甲の両者に置かれていたが、常置されたのは里長の職責が分化した後のことである。

小甲（しょうこう）
明代、里甲正役のひとつ。湖広の水田地帯で堤の修理に当たる**圩長**の下の10余人。冬季、その出来高に応じて工食が給せられた。

小黄冊図法（しょうこうさつとほう）
明初、湖州府で行われた里甲編成の法。100戸ごとに1図（里）とし、余剰戸が10戸以上であれば別に1図を編成し、各図に里長1名、甲首1名が毎年輪流就役し、10

年で1周する。里長は甲首10名を管轄し、税糧を徴収した。これが洪武14年（1381）里甲制の前身となった。

承帖人（しょうちょうじん）
宋代の一時期、都保正の下で各種帳簿や文書を扱った書記役。承帖は承受引帖の略であろう。都保ごとに2名が置かれた。差役法時代の郷役では、各郷に郷書手が置かれ郷村の要として活躍した。しかし郷書手は県との交渉も頻繁で、次第に専業化し、在地の役から県役へと変貌する。保甲法試行とともに、昔の郷書手の職務を受け持つ承帖人が新設される。すべて雇募であるから、郷村や城市の然るべき下層識字人が使われたと考えられる。すでに県役となった郷書手と同列には扱えないが、県の郷書手（郷司）の手先として、密接な関係を結んだであろうことは十分推測できる。

上供物料（じょうきょうぶつりょう）
明代、里甲正役のひとつで、中央・地方の官衙調達物資を負担する。その品目は牲口・皮張・羽毛・薬材・顔料・軍器その他の項目の下に分けられ、永楽以降増加し、毎年定額化されたのが**額辦**、臨時の科派で後に2、3年間隔となったのが**派辦**、派辦以外が**雑辦**といわれて区別された。本色徴収が原則であったが、折色納も認められるようになった。

丈量役（じょうりょうえき）
明代、土地丈量に当たる役。公正・里長・甲首・扇書・図長・図総・図催・図幹・書手・算手・弓手・弓正等があった。

正管戸（せいかんこ）
明代、里甲制下、編成された110戸のこと。余剰の戸は里長の名前に付けて徭役を課した。それを**帯管戸**という。

全図（ぜんと）
明代、規定の戸数を持った里甲、**全里**ともいう。不完全里甲は**半図**という。

壮丁（そうてい）
通常は壮年男子を意味するが、宋代では狭義に、郷役の名称に使う。郷村の治安維持の責任者耆長の配下の者を指す、郷役のひとつ。本来は郷村の4、5等戸から、差役として半年任用の輪番で徴発され、地域の治安と防災に従う。神宗時代の福州の統計では、耆長450人に対して壮丁1,600人という数字が残っている。郷村の差役中では軽微なものであったが、募役法施行で免役銭を支払う必要が生じ、貨幣の調達を始め、納入時の胥吏の誅求などにより、思いがけない苦難を強いられる者もあった。また耆長と同様、役法と保甲法の目まぐるしい変改により、被害を被る程度も大きかった。

総甲（そうこう）
明代、分化した里甲正役のひとつ。里内の治安維持に当たった。特に福建省では総甲・**小甲**の自警団が組織され100人の長総甲には強い権限が与えられた。里甲正役としては、清初の官解・官収・官兌施行後も残存し、里内の行政に当たったが、**均田均役法**で廃止された。また清初、郷村の10甲100家の治安担当をいい、1甲10家の長である**甲長**の報告があれば、地方官に通知する義務があった。やがて旗丁の逃亡防止を狙いとし、施行範囲は直隷・山東・山西省に限定された。

総催（そうさい）
明代、塩場において団の運営に当たるもの。一般民戸の里甲制に模して結成された**団**には10名の総催がおかれていた。元の**百夫長**の後身に当たる。また明代の松江府において、里長に当たる経催を督する領限総催をいい、さらに明末、分割された糧長の役のひとつ、催徴に当たるものの呼称でもあった。清初にこの役は廃止され、吏収官解とされた。

総書（そうしょ）
清代、里役のひとつ。かつての里長に同じ。

族正（ぞくせい）
清代、保甲に編成できない100人以上の聚族の長。また隋代では100家の長。

団首（だんしゅ）
宋代、湖水・湖岸を掌管し、逐次、輪番に岸埂の興修にあたるもの。保甲法に由来する。

地方（ちほう）
清代、里甲と保甲の役を合わせた職役。数個の村落を合わせて管轄し、管内の租税・力役・訴訟・賊盗等一切の事務的処理に当たる重い役であった。後、行政区域の呼称となる。ただ、入関当初の華北に限られていた。

聴解（ちょうかい）
明末、分割された糧長の役のうち、京師までの解運に当たる役。**長解**ともいい、櫃収の役を受け、州県から中央まで銀の運搬に当たった。後、改革されて布政使に委ねられた。

塘長（とうちょう）
明代、里甲制下、水利工事の監督・施行に当たった里役。区ごとの塘長を**総塘長**、里長の役から分離されたものは**小塘長**という。

排年（はいねん）
明代、里甲制下、現在非番の里長・甲首戸をいう。**逓年**

ともいう。排年里長の場合、催徴にあたった。清の康熙初め、耆民・経催・塘長の3役に代わり、排年・里長・総書が設けられ、やはり催糧に当たった。

品搭制（ひんとうせい）

明末、江南における役の科派を、田土を所有する郷紳・坊廂市戸に及ぼし、その等級を定めたことをいう。徭役を負担する都市の富裕商人・高利貸を**殷実**と称した。

賦役黄冊（ふえきこうさつ）

明代、里甲制により、10年ごとに編造（更造という）された、民戸の戸籍及び賦役台帳。編造は明初より始まり通算27回に及んだ。地方官があらかじめ配布した、一戸定式（清冊供単という。従来の**戸貼**）という書式に則して記載された各戸の籍別・丁口・田土等を、甲首・里長が取りまとめたもの（**文冊**という）が台帳の資料となった。これによって田賦を徴し、徭役が課された。作成の過程については賦税の査税・税籍「賦役黄冊」の項参照。

平図法（へいとほう）

清康熙年間、武昌県において採用された里甲編成法。里甲間不均衡を是正し均糧化を狙ったもの。

保伍法（ほごほう）

南宋における盗賊捕縛・犯罪防止・兵式訓練などの治安対策に当たる、王安石保甲法にかわる組織。保甲法が治安対策から郷村組織に変化したので、保伍の籍を置き、原則として5家を1甲として、その上に小保・大保・大甲・隊・団などを置き、甲首・保長・大甲長・団長等の役職を設けて相互に糺挙させた。地域によっては**保伍帳**を置いて、人戸に田産の畝角数目・土風・水色・坐落・苗税を申告させ、経界法に代えたところもあった。

保甲法（ほこうほう）

宋に始まり明・清と受け継がれた、民兵あるいは治安維持の組織をいう。宋では王安石新法のひとつとして熙寧年間、軍事費の削減を狙いとして始められ、保丁は主戸・客戸2丁以上ある家より取り、武器の保持を認めて軍事訓練を施し、やがて弓手に代わって県尉の下に勤務させ、民兵の役割を持たせた。そのため禁軍の欠員ができても保充せず、浮いた費用を**封椿禁軍缺額銭**と称して国庫に返還させている。南宋になるとトップの保正・保長は耆長・戸長の役を担当する**都保制に**変化していった。明代における民戸の組織は、里甲制に受け継がれたが、これは税糧徴収が主な任務であった。治安維持を目的とする保甲法は明末になって各地に作られ、清に入り完備された。すなわち各戸に**門牌**（標札）を掲げさせ、1牌（10家）に**牌頭**を置き、1甲（10牌・100家）に**甲長**を置き、1保（10甲・1,000家）に**保長**を置き、戸籍簿としての保甲冊を作成させて戸籍を正させ、賦税の脱漏を防いだ。各々その長には信望才幹あるものを充て、部下の監督に当たらせた。

保正・保長（ほせい・ほちょう）

宋代、王安石新法のひとつとして始まった保甲法の単位である**都保・大保**の長。保甲内の行止・材勇で物力最高の者を募集、任期は2年。本来は郷村の治安責任者として、兵農一致を実現せんとするものだったが、間もなく差役法の郷役の代替にされ、役人化する。熙寧8年（1075）8月の保甲法の全国実施以後は、5戸1保、25戸1大保、250戸1都保となり、それぞれ保長・大保長・都保正と副保正が置かれた。それに伴い、旧来の戸長・耆長・壮丁の役が保正と保長に肩代わりされる。このうち徴税の責は、最初は甲頭を設けて負担させたが、弊害が多く、大保長がそれを引き受けることになる。南宋になり経界法で、郷村の土地と税制の区画が郷都・郷保になると、保正と保長の郷役は定着し、隣保制による治安維持のほか、甲帖を管理し、3年毎の物力推排の責任者ともなる。郷村の豪民・富裕層がそれを勤め、官戸は代役が認められる。

徴税の役務には種々の問題を生じたが、表面的には南宋1代、郷役の中心として持続したが、『琴川志』には、北宋差役の衙前を彷彿させる、保正・保長の負担と陪備、その疲弊などが、具体的に叙述されている。1県の保正・保長の数は極めて多く、南宋福州では、1県ああたり保正が50から80、保長は大・小合わせて1,500人に達する。

保馬法（ほばほう）

王安石新法で実施された富国強兵策のひとつ。保甲の家に牧馬1匹を給し、あるいは購入させて、毎年1回その肥瘠を検閲し、用をなさざる馬は補償させた。普段は民用に使い、有事には軍事に徴発するのがねらいであった。

方中御史（ほうちゅうぎょし）

明初、里ごとに1人置かれ、民の利害及び政事の得失に参議したもの。

坊正（ぼうせい）

唐宋期に城市において租税の催課にあたる役職名。明代は、**坊長**と称した。

木鐸老人（ぼくたくろうじん）

明の太祖が制定した、六諭を唱え、木鐸を鳴らして里内を巡行する老人。教化を任とし、郷約盛行後は、**約讐**といわれた。

吏収官解（りしゅうかんかい）

清初、運搬の諸役を廃止し、税糧の徴収・解送を官が行ったこと。諸役とは大役とされた5年1役の白糧南運、綿布解役の亀・細布解戸、収銀、総催等である。費用の銀は、田土に応じて徴収された。なお前もって民戸には自封投櫃させたが、その際用いられた票が三限截票である。

里甲銀（りこうぎん）
明代、現年里甲の上供・公費負担相当の銀。里ごとにあらかじめ6両を一括納付させ、必要に応じて官が支出する。**均平銀**・綱銀・会銀・板榜銀とも称した。銭の場合は均平銭。後、里甲間の格差が著しくなり、科派の方法が改められ、南直隷では、丁糧基準の石ごとに課す銀35銭は10年分とし、毎年その10分の1ずつ納付させた。これを**里甲均平**という。里甲間の格差にもかかわらず、旧来のまま科派することを**在甲還甲**あるいは**在図還図**という。

里甲制（りこうせい）
明代初期、湖州府の小黄冊図法をもとに全国的に施行された郷村編成の法。1里を里長戸10戸、甲首戸100戸の合計110戸で編成し、里長1名、甲首10名が1年ずつ輪流当役し（里甲正辦という）、10年で1周する法。**里甲正役**には、黄冊編造・税糧徴収・治安維持・上供物料・地方公費・里甲夫馬・里甲夫等の役があり、ほかに不定期の雑役もあった。役には里長・甲首の他、糧長・里老人・塘長・書算（書手・算手）・総小甲等が当たった。里長はのち、**総書**・**催頭**・**催甲**・**経催**ともいわれた。外郡寄荘人戸等は**畸零戸**とされ、里甲正役から除外された。

里甲夫馬（りこうふば）
明代、駅伝のない街道で、馬・船・人夫等を現年里甲に割り当てること。単に**里甲夫**・**里甲馬**ともいう。**里甲夫馬銀**はその銀納化。長夫・短夫があり、現年里長の負担。

里書（りしょ）
明代、正規の吏書（胥吏）の外に、里ごとに置かれ、黄冊編造を掌った**里甲正役**。地域によっては**冊書**・**扇書**・**図書**・**税書**・**図総**等ともいった。里書は書算もつかさどったが、のち**書算**という里甲正役が設けられて徴税請負人化し、やはり冊書・扇書・**書手**・**算手**等とも称せられた。清朝に入り、図書は**清書**となり、清書は**荘書**となる名称の変遷があったが、やはり徴冊の編造等に当たるものであった。民国に入ってからも、華北で村々を回って田賦の台帳を作成する役職名として残存した。

里正（りせい）
北宋前半、郷村職役の最高責任者、村落の長に相当。唐代の郷里制では、100戸1里の長である里正は、地域のボスであるとともに、公的な名誉も持ち、希望者が絶えなかった。そうした郷里制の崩壊した宋代でも、やはり郷と里を行政の最下部に置いたが、名前だけ前代以来の、人為的な里と、自然発生的な村が混在し、その戸数もまちまちだった。当面それらを纏めて、宋代の郷里制は出発するが、その場合農村の有力者を差役により、県の下の行政末端に組み込む方法が採られた。当面、郷里を代表する職役は里正で、郷村第1等戸が1年交替で輪差される。里正は戸長と耆長の上に立ち、郷役の頭となるが、県の官や吏の風当たりも強く、何よりも里正の役を終えた戸を、州の職役である衙前（里正衙前）に徴発したため、農村の富民は負担に耐え切れず、破家倒産する者が相次ぎ、大きな政治問題となった。その結果、衙前の徴用制度が改正され、仁宗初、里正を廃止、戸長を増員して穴埋めすることになる。それ以後は役人から里正の名称は消え、雅名として詩文に使用されるに過ぎなくなる。

里長供応（りちょうきょうおう）
明代、**里甲正役**のひとつ。地方公費の中の物品代の負担及び日取りを決めた公事の役使をいう。地方官庁の必要経費には各種用度品費・儀典費・祭祀費・郷飲酒礼費・挙人等の試験費用・社会事業費・接待費等が含まれ、役使には官吏・賓客外出時の夫馬・供帳・飲食の供与等があった。**値月**・**坐月**・**里甲支応**・**直日支応**ともいう。

里老人（りろうじん）
明初、民間の高徳有識の耆民より選ばれ、里内の民事及び軽微な刑事事件の裁判や教化・勧農を任とした里甲正役のひとつ。州県城に置かれた**申明亭**において裁判が行われ、その種類は戸婚・田土・闘殴・争占・失火・窃盗・罵詈・銭債・賭博・擅食田園瓜果等・利宰耕牛・棄毀器物稼穡等・畜産咬殺人・卑幼私擅用財・猥褻渎神明・子孫違犯教令・師巫邪術・六蓄践食禾稼等・均分水利の19項目に及んだ。殺人事件は除外されたが、下級審の役目を果たし、里老人を経ないものは越訴とされた。しかしこの制度は永続せず、**郷約**に取って代わられた。

閭正（りょせい）
隋代、5家の長を保正、25家の長を閭正、100家の長を**族正**といい、畿外では閭正を**里長**、族正を**党長**といい、100家を最高の単位とした。**閭**は村里の意。

糧長（りょうちょう）
明代、里甲制下、**里甲正役**に準ずる役で、税糧の徴収、京師への輸送、水利の統括等に当たった。明初は税糧1万石ごとに1名置かれ、若干の里を包含する区が管轄区域。後、区ごとに正副各1名となった。糧長の在郷地主としての勢力は、裁判権・刑罰権に及び、事実上、税糧を請け負う地域の支配者であった。江南では**長賦**・**賦長**と呼ばれた。しかしながら明も中期になると、官吏の誅求のもと糧長の役は重くなり、破産するものが続出した。そのため有力地主は官戸となって役を免れ、重役は中小の地主に転嫁させられた。数戸が共同で当たる**朋充制**（**串名法**ともいう）はその対策である。明末、糧長を里長から簽充し（**糧里合一**あるいは**糧里統一法**という）、その役は催徴・収糧・解運に分割され、それぞれ総催・収兌・聴解という役職を設置し、負担の軽減と徴税の能率化が図られた。一条鞭法施行後も役は存続し、銀納化されなかった。

糧役（りょうえき）
明末、**里甲正役**である糧長の分割された役。重い役には布解・北軍白量（負担の度合いは上々役）・収兌糧長（上等役）・収銀総催（中等役）の4役があった。元来、大戸の役であったが、実際には中人の家が当てられた。

⑤力役

力役（りょくえき）※
民衆を徴発して労働に服させる言葉として古来、官庁への労働奉仕・辺戍・兵役の意で用いられ、先秦では**征役**・**征**・**力政**・**政**・**夫布**、漢では**繇**・**徭役**・**雑任**、三国時代では**事役**・**仕事**・**正調**ともいわれた。夫布は1夫の力役で、**里布**（1夫の桑麻に対する課税の布銭）と合わせて**夫里**といわれた。また辺戍には戍卒・外繇・長城役があり、兵役には番戍・徭戍があり、その免除が**更賦**（免役銭）、その支援が**兵資**・**資糧**である。漢の徭役は、**正卒**（京師の衛士）・**更卒**（郡県での労役）・**戍辺**（辺境の守備隊）の3種であった。
唐になり、正丁には**歳役**（正役）と**雑徭**があり、正役は20日、それの代わりが庸、20日以上の役は**留役**といい、留役の日数によって租調が免ぜられた。**雑徭**は**色役**・**雑匠**・**雑職役**・**邑役**ともいい、官吏・官庁の雑用にあてられる親事・帳内・幕士・防閤・庶僕・白直・執衣があり、その銭納が**課**・**資課**・**貲課**・**免番銭**といった。雑徭には他に兵役として府兵・衛士・防人、郷里における役職の里正・坊正・村正等がいた。
宋になり力役は河夫としての夫役のみとなったが、熙寧年間銭納に代えられる。明代の里甲正役以外の雑役も次第に荷重となり、力役に近くなり均徭法その他の是正策が講ぜられた。

乙士（いつし）
六朝劉宋代、民丁を徴発して、軍隊の種々の役務に当たらせたもの。

義勇（ぎゆう）
宋代の民兵組織をいう。宋の軍隊は大きく禁軍・廂軍・郷兵に分けられ、禁軍は正規軍としての役割を果たしたが、廂軍は地方の鎮兵といわれながら、殆ど労役奉仕団であって、その穴を埋めたのが**郷兵**、いわゆる民兵であった。郷兵は華北縁辺の義勇を初め、弓箭手・土丁・壮丁・槍杖手等が置かれ、王安石の保甲法下の保甲はその一般化であった。

郷勇（きょうゆう）
清末の広域にわたる民間の自衛組織。郷村の治安維持のための組織に、**保甲**・**団練**があったが、太平天国軍には無力であり、八旗も頼りにならない状況で、新たな軍隊組織が求められ、咸豊2年（1852）、湖南省の曾国藩によって湘軍が結成された。その後、李鴻章の淮軍、左宗棠の楚軍等が結成され、その軍事力を背景に中央政界における発言権を増大させていったが、地方においてもそれぞれ近代化の政策を打ち出し、のちには民国期における軍閥の礎となった。

均工夫（きんこうふ）
明の建国後、国都・南京の造営に必要な労働力確保を目指し、直隷・江西等、21府州より徴発された丁夫。田1頃あたり1人出させたので**均工民夫**・**民夫**といわれた。台帳として**均工夫図冊**が作成された。

均徭法（きんようほう）
明代、徭役を10年に1度、定期的に割り当てる法。従来はおおむね**里甲正役**に服したのち、5年にして充てられていたが、臨時に割り当てられることが多く、過重かつ不公平であった。それを改め、各戸の人丁と税糧の多寡を基準として**蛇尾冊**（**由帖**・**徭帖**・**龍頭蛇尾冊**・**鼠尾冊**）を編造し、割り当ての台帳とした江西における試みが成功し、15世紀終わりころ全国に及ぼされ、里甲・均徭・駅伝・民壮の**四差**の呼称が生まれた。ただ16世紀に入り銀の流通の盛行に伴い、銀納が認められ、**銀差**・**力差**の違いが出てきた。

銀差（ぎんさ）
明代、均徭の銀納化されたもの。**均徭銀**・**富戸銀**・**雑役銀**ともいう。明も中ごろになると、銀の流通に伴い均徭の銀納化の**官当法**が行われ、用銀夫役と用力夫役に徭役が別れていき、銀差・力差の名称も広く使われるようになった。

工食銀（こうしょくぎん）
明清時代、官吏に対する手当をいう。**工銀**・**労銀**ともいった。その財源は飯食あるいは飯食銀といって、地方衙門が徴収した手数料あるいは賄賂であって、中央官衙もそれに依存した。工食銀は清代では官吏のみならず、胥吏・河工の人夫への労銀を意味した。

甲斗（こうと）
明代、各種官倉出納の雑役に従事するもの。

更卒（こうそつ）
元来、兵役・力役一般に従うものを意味したが、秦漢の頃より、民丁の内、兵籍に入れられた材力優秀者を都に上番させ衛士に任じ、これを**正卒**または**正**と称し、その残りを更卒とし、毎年1ヶ月、郡県の雑役を課すようになった。また1年間、辺境を屯戍する者を**戍卒**といった。

祗候典（しこうてん）

宋代、州県間の文書・命令を伝達する州役人。最初は県が適宜人吏を州に遣わして**文帖**を承領し、それを**解子**たちが県に持参したが、神宗熙寧10年（1077）、県役が繁忙という理由で、祗候を設置して雇募した。**祗候**はそばづかえ・さぶらうなどを意味する普通の用語で、名刺に祗候と書くほか、皇城内の東西閤門にも祗候の官名がある。唐代節度使の国都留司や宋代通進司の連絡係と似る。祗候の名は不適切とて、**知後典**と改められたが、各州5人以下で実際には使院の予備胥吏が充てられた。

十段法（じゅうだんほう）

明末、**雑徭**の優免特権を抑制すべく、富豪大戸を含む民戸の田土額を10等に分けて徭役を科派し、公平を期した法。**十段錦冊法**・**十段文冊法**ともいわれる。均徭法の10年1役の原則を維持しつつ、郷紳の大土地所有を制限せんとするものであったが、里甲制の枠を守ったところに限界があった。ただその精神は一条鞭法に継承される。

津貼（しんちょう）

明代、徭役の費用を支弁することをいう。その費用を**津銀**・**津貼銀**ともいう。元代でも**貼戸**といって、身体虚弱のために軍役を忌避して出銭するものがいて、壮丁及び有力者があてられた正軍の軍事費を助けた。明では、役に服する**正戸**（**頭戸**・**役頭**・**批頭**ともいう）と**貼戸**に分け、貼戸は**空役戸**ともいい、**貼銀**あるいは**役銀**といって銀を出させて就役者・正戸への手当（**貼役**という）とした。これを明貼といった。役田を設けて拠出することもあった。明末の徭役負担法の改革では、郷紳の優免田にも貼米・貼銀を負担させ、明貼と暗貼があった。**貼**とは、支弁・援助をいう。

地頭銭（ちとうせん）

唐代、在京官吏の助手として課せられる雑役の代償である**手力資課**を、税として徴収したもの。毎畝10文を秋に徴収した。後、夏に徴収され、名前も**青苗銭**に改称された。

聴差（ちょうさ）

明代、均徭法実施以後、役にあてるべき戸がいても科派すべき役が無い場合、その余剰戸に銀納させること。庫に貯えておき需要に応じさせた。**餘剰均徭**・**征徭羨銀**ともいった。

丁銀（ていぎん）

明では**門銀**に対する**丁均徭**をいい、また清初では16～60歳の男子から徴収した銀をいった。清は、5年ごとに人口調査を行い、**供丁銀**といって人丁に丁銀を課したのは力役の代納を意味した。ただ、康熙52年（1713）、その調査をやめ、2年前の丁数をもって丁銀賦課の人丁と定め、以後増殖の人口への丁銀は免除した。

丁夫（ていふ）

北宋年間、治水労務の河役に徴発された成年男子、**正夫**・**河夫**・**修河夫**・**民夫**・**春夫**ともいう。30～50内外を1隊とする河夫隊に編成され、上等戸を指揮に当たる隊頭に任じ、5～10夫を1火としてその長の**火長**の下、堤防の修築、渠の再修、河川の浚渫、楡柳の植樹等に従事した。日給は宋初より1夫米2升であった。緊急時服役するものは**急夫**といった。

売放（ばいほう）

清代、人夫徴発または雇用の際、胥吏・差役・地保・甲首に賄賂を送り、就役を免れること。1人の場合は**売夫**、1村挙っての場合は**売荘**という。

歩快（ほかい）

清代、盗賊の逮捕を任とした衙役、**捕快**・**捕役**ともいう。騎馬によるものは**馬快**・**小馬**と称する。

防夫（ぼうふ）

明代、軍囚・囚徒の護送に当たる人夫。明末、銀納化され、**防夫銀**といった。

民壮（みんそう）

明代、縁辺において兵役に服した壮丁。初め召募されたが半ば以降、徭役となり里ごとに定数が設けられたが、大県なれば少なくて済んだ。その科派の仕方を、**斂民壮法**という。また役の銀納化を**充餉民壮銀**・**民壮充餉銀**といい、その銀で希望者を募ることを**聴差民壮**といった。

免夫銭（めんふせん）

北宋後半、黄河の河防に必要な徭役夫（河夫）の労働を金銭で代納したもの。河北・京東などで、農閑期に実施される黄河河防工事には、農村主戸の丁男が徴発され、口糧が支給された。神宗熙寧10年（1077）、そのうち衙門から700里以上離れた者は、1日3～500文の銭納が認められる。哲宗元祐以後、その制限も撤廃され、1夫1年7貫の銭額が決められた。黄河の河防には年10万人の人夫が必要で、それが銭納・希望者雇傭に変わったわけだが、黄河以外の溝河でも、やはり労役の銭納が認められた。なお以上の河防免夫銭の他に、金人の侵入時、軍事費対策として全国的に泛科免丁銭が徴収され恨みを買ったという。

門銀（もんぎん）

明代、華北において資産の多寡、すなわち戸等に応じて科派された均徭の銀納化をいう。これに対して壮丁を対象とする**丁均徭**・**丁銀**があった。

5　駅伝

駅伝（えきでん）

明代には里甲正役以外に交通・運輸・通信等に従事する徭役。正役以外の役も丁糧・事産によって課されるが、一般に**雑役**・雑泛と称し、駅伝の他に均徭・民壮があり、正役と併せて**四差**といわれた。駅伝の役は様々な負担の仕方があった。雑戸役として軍戸に属して世襲的に駅伝に服役するのを**鋪兵戸**といった。陸運による場合、公使差客の使役や輸送の任に当たる者を、駅伝では**站夫**・**駅夫**、馬駅では**馬夫**といい、その責任者は**夫頭**になった。駅夫の他にも脚力という雑役があり、常置ではないが臨時に近くの糧戸から徴発し使客の荷物運搬に与った。駅馬供出の戸の世話役として**馬戸**があり、そのなかの富裕な者が**馬頭**に充てられ、特に蘇州・松江など江南の府では**馬差**といった。また、車を供出するのは**車戸**であり、清代には車を所有しその雇用に応ずる戸となった。水運による場合、公使差客の使役や輸送には、田糧五石以下の者を徴発して水駅や水馬駅に配する**水夫**の雑役があり、銀納化すると水夫銀が徴収された。

駅伝銀（えきでんぎん）

元代に駅運営のための税として軍站銭があったが、明代になると駅站付近の民に対する駅伝の役務を課した。この費用を銀納化したもの。税額に応じて割り当てられた。**駅貼銀**・**貼銀**・**站銀**・**工料銀**ともいう。口糧用の米麦の代りとして徴収する**米麦銀**もあった。道路を舗装する費用は**鋪路税**の名目で徴収した。水駅の場合は区別して**水夫銀**と称した。銭で納める場合は站銭となる。清代には**駅站銀**という正賦として支出された。

駅伝冊（えきでんさつ）

明代、糧戸の負担を均等化するために作成された帳簿。永楽年間より始まり、当初10年1期として里甲ごとに割り当てられた。弘治年間頃から銀納が普及するという情勢の変化に応じて、地域によって3年あるいは5年に年限が短縮された。

駅馬（えきば）

駅に配備された馬で、公文書の逓送や官員の往来に用いた。駅は前漢に初めて置かれ、以後の王朝も踏襲した。唐代では駅馬は騎乗で1日6駅程度、伝馬は車乗で1日4駅程度進んだ。宋代は全国的に共通の制度は行なわれなかったが、概ね官馬を使用していた。

過関銀（かかんぎん）

明清期に、大運河の**水駅**で駅船交替の際に交替船が足りなかった場合、船を替えずに通過させて**過関米**という特別の費用を支給した。これが銀納化したもの。通過駅の水夫がその費用を負担した。

官当法（かんとうほう）

明代、正徳年間以降において糧戸の税糧を**征銀**と称して銀で徴収し、経費に充てて鋪陳や馬匹の購入を行なう方法。これ以前では駅夫の充当は、糧戸の地畝や税糧の額に応じて人数を割り当てる**糧僉**（**苗当法**）が行なわれた。他に糧戸の丁数に応じて充当する**丁僉**という方法もある。

館夫（かんふ）

明代に飲食の提供、その他雑用のために一般糧戸から会同館・逓運所などに充てられた人夫。後に州県の駅館にも設けられた。駅夫銀納化が進行した後は地方では**均徭銀**として納めた。

給駅（きゅうえき）

明代、駅伝利用の際に人夫や口糧を併せて支給すること。

厩置（きゅうち）

秦・漢代、駅伝用の厩舎施設、30里ごとに置かれた。

協済（きょうさい）

元代、協済馬は駅逓常設の馬（**正馬**）以外の補助の馬をいい、明代では、駅伝の運営にあたって、府州県が定められた駅伝へ駅馬・駅夫・鋪陳・什物等を供出することをいった。協済とは元来、老弱戸の救済、遠隔地への駅馬提供をいう。糧戸のほか、市民馬戸という特定の都市住民も負担した。弘治の頃から銀で代納されるようになると、**協済銀**・**協済站銀**と呼んだ。主に江南から江北への供与が多かったので**南馬銀**と称することもあった。

私貨附載（しかふさい）

宋代以降、水運における慣行。官物を船で輸送する際、積載量のうち1、2割を私貨の積載に当てることが許された。これを**附載**・**附搭**・**配帯**と称した。これによって民間の運送業者への委託を避け、廂軍・運軍等による官物の円滑な輸送が図られた。

条馬銀（じょうばぎん）

明清期に駅站の官馬の銭糧をいう。

水駅（すいえき）

元代の駅站には陸路に馬・牛・驢馬・車の站があり、水路には**水站**があって**站船**が配備された。明代においては、水駅に配された駅船（站船）は、幹線の場合10・15・20隻、支線の場合5・7隻であった。その船隻には絵が描かれて装飾されており、1隻につき水夫10人が乗り組み、その人員は税糧4石～10石の糧戸から1人ずつ徴発され、それでも不足の場合は連合してさらに1夫を供役した。これに対して、**逓運所**にも逓送用の船が置かれたが、積載量は600料積（乗組員13人）・500料（12人）・400料（11人）・300料（10人）に分けられ、人員は税糧が5石以下の糧戸から徴発された。その船隻は赤く塗られて紅船と称した。

青夫（せいふ）
　明代、駅伝の代用として官物輸送のために**逓運所**に徴発された里甲夫は**接逓夫**・**接運所夫**・**走逓夫**・**排夫**と呼ばれた。地方によっては長夫・短夫の区別があり、山東ではこれを青夫・**白夫**と称した。

総貨単（そうかたん）
　清代、税関に提出する、貨物の種類・数量を記した船舶の積荷証書（目録）。税関への通知が遅れた場合は陸揚げを中止させられる。**総単**・**出口貨**、あるいは**艙口単**・**艙単**ともいう。

長押官（ちょうおうかん）
　元代、貨物の運送において、輸送に当たる人員が駅伝で交替しない場合に称する。

長行馬（ちょうこうば）
　唐代の駅伝において、駅ごとに乗り継ぐ駅馬・鋪馬に対し、乗り通す馬をいった。駅の西端である西州（トルファン）と北庭の間を往来し、西州や北庭都護府には**長行坊**が置かれ、これを管理した。驢を用いる場合は**長行驢**という。

通政院（つうせいいん）
　元代において漢地・モンゴルの駅伝を管轄する官司。至元7年（1270）に設置された諸站都統領使司が至元13年（1276）に通政院に改称した。

呈様（ていよう）
　宋代に外国船が来航すると市舶司の官吏が貨物を検査するが、商人がその際に積み荷の一部を見本（実質は賄賂）として官吏に贈る習慣。

逓運所夫（ていうんしょふ）
　明代の駅逓に関する雑役で、官物輸送を管轄する逓運所に配属された。逓運夫・逓運所水夫・防夫などがあった。

噸税（とんぜい）
　清末に、入港した船が登録トン数に応じて納める税のこと。150トン以下の船はトン当たり1銭（1/1000両）、150トン以上はトン当たり4銭（1/10両）となっていた。ただし、積荷の揚げ降しがなく48時間以内に出港する場合は支払わなくてよい。

馬価銀（ばかぎん）
　明代に駅伝の役務に対する代替銀で馬匹の購入に充てられたもの。**丁僉馬価銀**・**糧僉馬価銀**ともいう。元代には同目的で站戸が負担した**馬銭**という費用があった。

夫馬（ふば）
　明代における**里甲夫**・**里甲馬**の総称。**里甲夫馬**ともいう。駅伝の置かれていない地域を往来する場合に代用として里甲から人馬が提供されたことによる。その馬は**脚馬**・**走逓馬**ともいう。後に銀納化して里甲夫馬銀が納められた。

夫保（ふほ）
　明代、福建省漳州府では駅の館夫を確保するために募民して養贍夫を養成したが、困難になったため均徭から出役させたものを夫保と称した。

鋪馬（ほば）
　元代、駅に配備された馬で、**站馬**ともいう。逓送用の馬を**逓馬**・**正馬**といい、貨物運送の馬を**包馬**とも称した。『元朝秘史』によると駅ごとに馬夫20人が置かれた。

密輸（みつゆ）
　宋元以降、禁令を犯して国外に持ち出すことを**闌出**といい、密輸に対しては漏船法という罰則規定が定められた。

6　専売

①総記

専売〈せんばい〉※
　国家財政の窮乏に伴い、茶・塩などの日常消費物資の生産・販売を国が独占することをいう。中国では漢代の武帝在位中に始まり、塩・鉄がその対象であった。匈奴遠征のための軍事費あるいは土木事業費の補填と大商人の勢力抑制を狙ったが、賢良・文学と呼ばれた知識人が反対し、当事者である丞相・御史大夫との間の論争は激しくなり、塩鉄会議が招集されるほどであった。後漢には廃止され、唐に至って塩の専売が復活されたが、やはり安史の乱後の軍事費膨張が理由であった。宋は塩のみならず、茶・酒・礬・明礬・香薬をも専売品とし、その莫大な収益はほとんどが軍事費として使われた。茶の専売は唐に始まり、宋に受け継がれるが、建国100年にして専売色の強い榷茶法は**通商法**に代えられ、商人が茶交引を購入後、商税を納付すればかなり自由に販売できた。ただ四川の茶のみは茶馬貿易の対象とされ、北宋を通じて榷茶法が敷かれていた。茶馬貿易は明代になって重要性を増すことになる。一方、酒はその醸造権を民間に投状買撲という競売によって買い取らせることが行われた。礬も染色用の需要増に乗じて専売下に置かれた。香薬は南海貿易の発展を踏まえて国の管理下に置かれ、特に南宋はその収益によって存続できたといわれる。

専売制は元・明・清と受け継がれ、代々議論されたことは、専売制と民間の経済活動との関係であった。反対者は、政府は民間にならって兼併行為をしてはならないと主張する。しかし塩についてみると、漢代にすでに塩官に大商人を登用し、宋以降は通商法を施行し商人への依存を強め、明・清の票法は特権商人への委託そのものであった。専売制度は国家経済を支えただけでなく、民間経済にもプラスになったと見るべきであろう。

礬（ばん）※

礬・礬石は色分けすれば、白・青・黄・黒・絳（紅）の5種があり、その内、**白礬**は一般に**明礬**・**香礬**といわれ、中国では薬剤として用い、製紙・収銅・製革・浄水にも用い、最も需要が多かったのが染色用であった。宋代、この植物性染料を媒染剤として用い、染色工業が大いに発達したことが、政府に注目され専売下に置かれるようになる。白礬と並んで緑礬が有名であるが、それは色分けすれば青礬・黒礬・絳礬である。焼いて深青色となるものを**青礬**といい、赤くなるものを**絳礬**（絳は紅）・**藍礬**といい、黒色に染めるので**黒礬**・**皂礬**ともいう。皂は黒色の意。皂礬は**膽礬**あるいは**青膽礬**といい、銅銭鋳造の原料硫酸銅である。

『宋史』食貨志、礬には、白礬・緑礬・土礬・青礬・青膽礬・黄礬等を挙げ、主な産地については、白礬は河東路晋州・慈州・汾州霊石県、淮南西路無為軍、永興軍路坊州、緑礬は河東路慈州・隰州・汾州、江南東路池州銅陵県とする。また南宋紹興11年（1141）の条に、青膽礬・土礬は江南西路撫州、青膽礬・黄礬は江南西路信州鉛山場とあり、その他の主な産礬地として、荊湖南路潭州瀏陽県永興場、広南東路韶州岑水場、福建路漳州を挙げる。

『宋史』食貨志記載の白礬・緑礬・青礬・青膽礬については上に記したが、残る**黄礬**は、緑礬から出るものもあるが、『本草綱目』によれば瓜州からのものが本物であるという。土礬は当地の礬の意。このほか、晋礬・坊州礬・隰州礬と地名をつけた呼称もあった。

礬の経営は、唐末、河東道の晋州（現：山西省臨汾市）平陽院に置かれた礬場で行われ、はっきりした専売制は五代に始まり、宋代に入り、天下を統一した太祖は、契丹に奪われていた燕雲16州の地を奪回するためには、政府の左蔵庫の外に、別に天子直属の封椿庫を作って軍資を貯蔵する必要があり、明礬も一役買わされた。

礬の生産は政府が鍋鑊を置いて煉製することもあったが、おおむね民間の**鑊戸**に委ねられ、鑊戸が礬山より原料（**生礬という**）を採取し煉製した製品（**熟礬**）を、政府が購入した。販売は通商法の下、商人が京師の榷貨務（専売局）もしくは縁辺に金銀・見銭・絲帛・茶・糧草などを納入したとき、交付された**礬引**（礬販売許可証）を持って、礬の産地の務場に行き、そこで礬の拂下げを受ける。しかし礬引の売れ残る場合は、商人に**買撲**させた。ところが熙寧・元豊年間、新法党の天下となり、東南9路宛ての産地、すなわち無為軍の礬に対しては、商人の介入を止め、官自ら販売することにし、その後の新法・旧法両党の政権下、**官売法**と通商法が廃置を繰り返したが、それ以外の河北・河東の晋州礬・坊州礬・隰州礬については、ほぼ民製官買商販が採用された。

つまり礬の専売法（**礬禁**）は、民間の生産と商人の販売に依存せざるを得ないのが実情であった。ただ政府は購入価格に比し、払い下げ価格を高くして収益を挙げんとしたことは言うまでもない。このように宋代、礬は塩や茶とともに専売に付され、軍事費捻出に寄与した。ために販売区域（**行礬区**）を設け、生産と販売規制を守らぬ私礬を取り締まったが、禁令は徐々に緩められていった。というのは民間の礬需要の増大を抑えられなかったからである。哲宗朝の元祐元年（1086）、染物業者に対して、有力商人（雑売鋪戸）を連帯保証人とし、1季の礬貨を先物買いさせる権限を与えようという請願が、礬を掌っていた発運使から出された。この請願は戸部に却下されたが、有力な染物業者が存在したことは疑いようがない。

明代も、洪武年間より**礬課**があったが詳しくはわからない。ただ浙江省温州府平陽県は白礬の一大産地となったという。

榷麹（かくきく）

麹の専売をいう。

榷酤（かくこ）

専売制下、官府が酒を醸造・販売することをいう。**官酤**・**官醞**・**榷酒**ともいう。榷は専売、酤は売り買いの意。漢の武帝に始まり、のちに廃止されたが唐代に官業を復活させ、軍費に充てた。宋・元代も官営下に置かれたが、一部買撲を認め、また万戸酒といって自由な醸造・販売を許した地域もあった。明代以降はほぼ民営下に置かれ、自家用には課税を免じた。

官督商銷（かんとくしょうしょう）

清代、塩の運搬と販売は一般に、官の監督の下に商人が行っていたことをいう。

饋糧（きりょう）
兵糧輸送のこと。

禁榷（きんかく）
漢代以降の塩の専売制の下、管理から運搬・販売にいたるまで、商人その他に委ねないで、官自ら行うこと。**榷法**・**榷塩**・**禁塩**・**海榷**ともいう。

京鈔（けいしょう）
塩鈔の一種。宋代、范祥の塩法改革において、開封の都塩院が発行した塩鈔。

見銭貼射法（けんせんちょうしゃほう）
宋代、糧草納入と茶塩交引とを分離し、茶塩の専売収益を確保しようという法。沿辺納入の糧草にはプレミアつきの**交引**が支給され、商人がそれを榷貨務に持参して現金に換えるものを**見銭法**と、茶の場務を指定（**射**）して、余分の代金を納入（**貼**）して、上等の茶を手に入れようとするものを**貼射法**と称した。両者を分けて茶塩交引の暴落が防がれた。

見糧（けんりょう）
現在、その場所に有する兵糧をいう。

槓頭（こうとう）
清代、泰壩において販運中の淮北塩を秤量する人。壩客・**先声**等とともに**場商**より賄賂を要求し、更に屯・駁船戸とぐるになって場商の塩を盗掠し、私塩として流した。

行礬区（こうばんく）
宋代、礬の販売地域画定をいう。塩同様需要の多い礬について、国が専売制を敷き、生産地に応じた販売地域を定め、その地域以外の販売を許可しなかった。元豊元年(1078) の画定では、河東路の晋州・隰州礬は、京畿路・京東東路・京東西路・京西北路・京西南路を販売地域とし、陝西永興軍路の坊州礬は、陝西路・京西南路の均・房・襄・鄧・金州を販売地域とし、成都府路の西山野川州・保州・覇州礬は、成都府路・梓州路を販売地域とし、無為軍礬は、東南九路（両浙東路・両浙西路・淮南東路・淮南西路・江南東路・江南西路・荊湖北路・荊湖南路・福建路）が販売地域であった。

根票（こんひょう）
清代、雍正6年（1728）施行された、製塩規則の**火伏法**において、竈戸の起床の時刻、ノルマの塩数等を記載した証書。竈長の印を押し、場官の検査に備えた。

酒戸（しゅこ）
宋代、民間の酒屋あるいは醸造戸をいう。官に酒税を納めて大規模な醸造を営む**大酒戸**、官から醸造の権利を買い取り自ら醸造場の正店を持つかあるいは官営の醸造場を借用する**買撲戸**、もっぱら酒の販売に当たる**酒家**・**酒肆**・**拍戸**・**泊戸**・**脚店**等を含む言葉である。

酒税（しゅぜい）
民間の酒の醸造・販売に課した税。官営の醸造所が無い地域あるいはそうした時代において適用されたものである。漢代の専売も実は酒戸に醸造させ、一定の税を取ったに過ぎないとの説が有り、唐・宋の専売制下でも一部官業の無い地域では、**万戸酒**の制が施行され、民戸が負担した**榷酒銭**も酒税であった。また、明清期にはほぼ民業が認められ酒税が課された。

酒務（しゅむ）
宋代、各県に置かれた官営の酒醸造並びに販売所。**清酒務**・**酒坊**・**坊場**ともいう。府・州に置かれたのが都酒務。宋初には、任の重い衙前に役の終了後、請け負わせることがあったが、王安石の新法下、一般の**買撲**（請け負い）が認められ、競争入札（実封投状法）も行われた。

請算（せいさん）
算請ともいう。民間商人が榷貨務を通じて政府と取引することをいう。

折乾（せつかん）
糧穀を他と交換する場合、暴利をむさぼること。『明史』食貨志の用語。

折糙（せつそう）
宋代、軍糧の糙米（玄米）を白米に折する場合の増額をいう。1石当たり1斗8升の増額であった。

竈草（そうそう）
煎塩の際の燃料用の草。

陳首帖子（ちんしゅちょうし）
唐代、専売品を私販しながら、自首して納税したことを証明する文書。

搭帯（とうたい）
専売品の塩輸送において、私物をもぐりこませること。帯運ともいう。

万戸酒（ばんこしゅ）
宋代、官営の醸造所をおかずに、民間の自由な醸造・販売を許した酒。福建・湖南・四川の一部その他の地域で認められ、専売収益の旧額がある場合は**万戸抱額**といって、民戸全体が財産額に応じて負担したが、それは唐・五代の**地頭榷酒銭**を受けたものである。

辺餉（へんしょう）
明代、辺境駐屯軍の食料をいう。

買春銭（ばいしゅんせん）
清代、科挙受験者が成績不良の際、酒肉料として試験官に提供する銭。

醋息銭（さくそくせん）
宋代、諸州の公使庫が酢を作製・販売して得られた専売益金。**醋銭**・**納醋銭**ともいう。

添酒銭（てんしゅせん）
宋代、財政切迫した際の酒代割り増し料金。酒価は1升数文から100文前後までさまざまであったが、北宋時、1升当たり1文から数文であった割り増し料金は、金の南下による物価の高騰に伴い激増して行った。

②茶

(1) 総記

茶法（ちゃほう）※
茶への課税は唐代8世紀末に始まるが、宋王朝はそれを専売制の一環に取り入れ、両宋300年、原則として茶の専売を実施した。これを茶法と総称する。茶の専売は、政府統制の厳しい榷茶法と、商人を利用した通商法に大別され、その時々の政策に従って使い分けられるが、通商法とて自由販売ではなく、専売法の規制がやや緩いに過ぎない。飲茶の習慣は唐代以後急速に進み、宋代には都市・農村を問わず生活必需品となっていた。ただし、その産地は東南地方と四川に偏在し、生産や流通・製品管理の諸面で権力が干渉しやすく、またそれを他の経済政策に組み込んで利用できたため、他の商品と異なり、少なからぬ問題を派生させた。

宋代の茶は、唐代以来の固形茶（一般には餅茶・団茶と総称、臘茶・片茶ともいう）、茶葉のままの散茶、それを粉末にした末茶などに区分できる。固形茶は茶研などで粉末にして飲むが、概して高級品に属し、皇帝周辺の特権階級や、都市の富民に供され、一般民衆は多種多様な散茶や末茶（粉茶）を常用した。ただ、その製法は現在と異なり、従って形状をはじめ、飲用の方法や茶具も同じではない。

宋代の茶法は、国初太祖の建隆3年（962）から、4代仁宗の嘉祐4年（1059）までの**榷茶法**中心の時期と、それ以後宋末までの**通商法**主流の時期に区分できる。前者は、官が茶の生産者（茶戸・園戸）に資金を貸与し、償還分と租税分を徴収するほか、残りの茶をすべて官に売与させる。官は売茶場、榷貨務など特定の場所で、価格や売り捌き地と期限を指定した証明書（**茶引**）とともに茶を発売し、商人がそれに従って販売する。後者は、京師榷貨務の一部局の都茶場もしくは各地の売茶場で、太府寺発行の茶交引（茶引同様の販売許可証）を購入、自分の希望した産地で園戸から茶を受け取り、交引記載の地方で期限内に販売する。なお北宋末から、産茶府州の合同場で、購入茶と交引の照合（**批発**）を受け、特定容器（籠蔀）に入れて販売するよう法規が細かくなる。また通商の際、茶に商品として課せられる商税は別途に支払う。通商法の茶交引は**長引**と**短引**に区別される。長引は100貫で茶約1,500斤、期限1年、茶を購入地以外の路で販売でき、一方短引は20貫、200斤程度、期限は3ヶ月、販売は茶購入地の路に限定される。ただし、小商人の現実的要求から、10貫の短引や5貫の食茶小引なども作られた。宋代の茶の価格は、政府が買い上げ、段階差をつけて出売するため、複雑多様、千差万別となる。たとえば散茶は、買い入れ価格1斤16銭から38銭で59等級であるのに、出売では15銭から121銭まで190等級という具合である。ごく大雑把に言えば、臘茶の極上は1斤あたり1貫から800銭、片茶は300～200銭、散茶は35～20銭といえようか。

宋代の茶の専売は政治・経済と関連して幾つかの重要な問題を生み出した。(1)既に五代には、南方の商人が茶を商品として北に運んでいる。宋王朝は、当初、江南の商人を自由に江北に渡れぬ政策をとったが、それは茶の統制をも意味した。まず長江沿いに6～8の榷貨務を設け、江南の茶は南方での消費分を除き、すべてここに集積し、開封榷貨務で認可された茶商人に卸売りする。同時に淮南西部（安徽省江北西部）に13ヶ所の茶生産場（山場）を設け、安価な散茶を栽培させ、北方各地の需要に応じる体制を敷いた。この人為的政策は仁宗嘉祐4年（1059）の通商法実施まで続くが、以後は沿江榷貨務も淮南の山場も消滅する。(2)1004年の澶淵の盟で遼と和約を結んだものの、北方の境界一帯には大量の軍馬を配備し、その糧食の調達に政府は頭を悩ませた。そこで糧秣を北方に納入した商人に、専売品である香料・薬品とともに茶の販売許可を値引きして与える方策が採用された。その名称や方法は時期により相違はあるが、穀物を納入した商人は開封の榷貨務に来て良い条件で茶引を貰い、交引鋪戸の裏書を受け、沿江榷貨務で茶を受け取り、指定地域で販売して利潤を得た。ただし、この全段階を1人の商人では当然行なえず、交引鋪戸の裏書とて簡単には貰えない。ことは為政者の思惑通りに運ばず、却って茶法そのものに歪が生じ、これまた通商法に切り替えられると同時に廃止されてしまう。(3)宋代鉄銭の使用区であった四川は、茶法でも別扱いされ、国初から通商法運用が続いていた。それが神宗熙寧7年（1074）、江南などとは逆に榷茶法に変更される。そのひとつの要因は、甘粛・青海一帯のチベット系青唐族との茶馬交易であった。宋は軍馬・儀式・駅伝・運搬などに相当量の馬匹を必要とした。軍馬はじめ優良な馬は、北や西の異民族から輸入したが、国内の飼育場（監牧地）の管理運営は劣悪で、馬匹は不足していた。とりわけ西夏との抗争が慢性化すると、西方からの馬の補給が途絶え、その対策に悩んだ。王安石の保馬（戸馬）法は苦し紛れの便法に過ぎない。そこで甘粛西部から黄河上流（青海省）を占拠していた、西夏とは同じチベット系ながら一線を画して宋との貿易を望む青唐族から、青海産の馬を購入し、代価を四川の茶で支払う方法が始まる。これは同時に、神宗・王安石による熙河路経営の経済政策の一環でもあった。その際、中央から銀・絹を甘粛の交易場に運ぶより、直接四川の茶を官運で輸送し、馬と交易する方法が発案され、それと連動して、四川と陝西の茶法に手が加えられる。茶馬交易は北宋後期の50年間、年間馬約1万5,000～2万匹の対価として、茶4万駄（400万斤）が、四川から茶逓鋪を通して、甘粛の買馬場まで官運され、購入した馬は京師に運搬する仕組みだった。そのため成都と秦州に茶場司を置き、四川茶の生産と販売を統括する。商人は生産地の売茶場に赴き、代価や長引銭を払い、指定地で販売する。従来、南方茶の範囲だった陝西地方は、四川茶の販売区となり、陝西と四川間の民間交易も変更を余儀なくさせられる。この結果四川茶は、年間100万貫の利益を上げ、特に新法派により強く推進され、北宋末まで榷茶法が続く。この政策に伴い、四川の茶法は大きな影響を被った。

以上のように、川茶は中原や江南地方と異なり、国初から緩い統制の通商法だったが、熙寧7年（1074）、上記茶馬交易を視野に入れ、官の管理が強化された榷茶法に切り替えられる。その中心となったのは、成都と秦州に設けたれた提挙茶馬司で、監司に準ずるこの機関が、以後、茶馬交易と茶法の強力な推進機関となる。四川茶の産額は年間約3,000万斤、うち茶馬交易には500万斤が使われるに過ぎぬから、四川と北に接する陝西西部や甘粛の茶法はこれまでより統制が厳しくなり、それだけ川茶の専売収益も増加することになる。ちなみに、四川では、元豊8年（1085）、茶法通用条貫が制定され、同じく通商法と呼ばれても、他の地域とやや異なる、独自の茶法が実施されることになる。成都盆地西部を主産地とする川茶は、馬一駄に100斤を載せ、蜀の桟道を越えて渭水上流をへて黄河上流の熙河地方の売茶場へ運搬される。この間蜀の山岳地帯には200に達する**茶逓鋪**が設けられ、甘粛の**車子鋪**と合せ廂軍など1万の労働力が動員されたが、その過酷な労働のため逃亡者が相次いだ。なお、青唐の馬は、買馬場から東へ、直接開封府に搬送されたが、これは従来の西方での買馬の方式を踏襲したものである。ただ、こうした年間2万近くの青唐馬が、どの程度有用であったかは明らかにできない。

南宋に入ると、広南から馬を調達したため、茶はその交易品とならなかったが、対外情勢の変化により、茶馬交易は中止され、四川茶は江南同様の通商に戻され、青唐買馬も消滅した。次の元代以降、北方民族が茶を要求し始めると、茶馬交易が再開され、特に明代には軍事、経済的に宋代以上に重要問題となる。また北方民族のため、湖南を中心に安価な固形茶が大量生産されるようにもなる。茶の製造方法は南宋から元代へと逐次改良が積み重ねられ、特に茶葉の揉捻法の進歩により、簡単に飲める味の良い葉茶（散茶）が著しく普及、手間がかかり高価な固形茶が衰退し、14世紀後半には消滅する。それに伴い、葉茶の飲み方や茶器などにも画期的変化が生じる。ただし、日本で広く受容された抹茶や煎茶は、中国ではむしろ好まれなかった。

茶法(明代)（ちゃほう・みんだい）※

明代の茶法は、宋・元のそれを踏襲し、陝西・四川に榷茶法（禁茶法）が施かれたほか、江南その他の産茶地域には通商法が実施された。茶の生産者は茶戸・園戸と称せられ、戸籍では一般民戸と同様に府州県官の管轄下に属し、生産茶の一部は歳課として政府に上納せられ、残りは全て政府の統制下に商人に払い下げ販運された。その際、宋代以後の通商法による引由の制が実施され、政府は茶の販売許可証である**茶引**（毎引100斤）・**茶由**（毎由60斤）を産茶府州県に発給し、商人をしてその代価すなわち茶課を納めしめて茶の販売権を認め、私茶すなわち密売茶を取り締まり厳しく監視した。この制度は主として内地に施かれ、政府の財政収入を獲得する目的であったが、陝西・四川の産茶地は西蕃に隣接してその通路にあたり、国防上また軍馬供給の茶馬交易のために大量の官茶の確保と私茶の出境防止との必要上、特に榷茶法が施かれ、政府の厳重な監督統制下におかれた。

榷茶（かくちゃ）

茶の専売のこと。茶の生産・運搬・販売の全部あるいは一部を国家の手を通して行うこと。茶を官営として民間の販売を禁ずる一種の専売制度。唐の徳宗の時初めて茶に課税し、穆宗の時にはその税額100銭に50を増し、また王播が相となると榷塩司をおいてこれを兼掌させた。宋代榷茶法の目的は、⑴州県財政の援助、⑵商人に糧草を国境方面に納入させ政府自らの餽運を省くこと、⑶中央政府の財政充実などにあった。

給引販売法（きゅういんはんばいほう）

明代、江南の産茶地法に行われた商茶引由の制度。商人に産茶州県に赴き茶課を納めて茶引を請けさせ、茶貨の販売を認許する法。

交引鋪（こういんほ）

主として北宋時代、北・西辺境の軍馬糧草買い付けで支給された**交引**（信用手形）に対し、裏書保証もしくは買い取りを行なう国都開封の商店。**榷貨務**に登録する金融業者の一種であるが、政府の糧草買い付け、貨幣や専売政策、それらに加わる民間商人の多様性につけこみ莫大な中間搾取を行なう。多くは**金銀鋪**も兼ね、国都の豪商の最上位を占める。宋は国初から契丹、ついで西夏防衛軍の糧草調達に腐心し、貨幣不足を交引で代替させた。辺境に糧草を納入した商人には国都で現銭が支払われる建前だが、貨幣不足のため、茶・香薬などの専売品の交引を発行し、開封交引鋪の保証を経て、生産地に赴き商品を受け取り、指定地で販売して利潤を得る方法が採用された。その中心となる交引鋪は、保証者の立場を利用し、中小商人の交引を買い叩き、北方への穀物商と南方の茶商人を分離して、双方から搾取し、交引を私蔵して価格操作を行なうなど、政策に便乗して巨利を博した。政府も糧草と専売品とのリンクをやめ、開封榷貨務で現銭を支給しようと試みたが、成功せず、神宗時代、河北便糴司の設置で漸く交引鋪の弊害が下火になった。しかし、南宋になり、会子・関子などの紙幣ないし手形が流布すると、交引鋪は金銀鋪の裏に隠れつつ、同じような中間搾取を繰り返した。

三説法（さんせつほう［さんぜいほう］）

北宋前半期における専売茶と関係する施策。内容の異なる2つの政策を、三説の名に合一したため、やや理解しにくい。2代太宗末、十三山場・六榷務制への反対が強くなる。三司使の陳恕は、茶商たちに意見を求め、それを三説に分けた結果、従来の政策の続行を決めた。これが三説法の名の由来である。ところが、ほぼ時期を同じくして、契丹との関係が緊張すると、商人に軍糧を北辺に納入させ、代価に交引を支給する折中法（入中法）が始まる。交引の一部は、京師榷貨務に属する交引鋪にその保証をさせ、沿江榷務で茶を支給する方法がとられた。交引にはプレミアムが附けられたため、資本力のある商人が利潤を独占しがちになる。この**折中法**が真宗から仁宗時代広く実施され、軍糧納入交引の代価を、希望により、茶のほか現銭や香料・薬品で支給する形式となる。これが三説法と通称されるが、事実は**三分法**というのが正しく、慶暦年間には、塩も加わって四分法にされた。交引のプレミアムが高く、交引鋪の保証も問題で、豪商や政商には有利な反面、茶・香薬などの専売税収に悪影響が生じ、仁宗後半には廃止の声が高まり、嘉祐3年（1058）、茶の通商法実施とともに消滅する。それから間もない神宗時代三司使となった沈括でも、三説法の意味を正確には語れず、三税法としたり、博糴・便糴・直便に当てている。

山場（さんじょう）

産茶場のこと。北宋時代、湖北・安徽・河南の各地13ヶ所に置かれ、隷属している**園戸**に栽培をさせた国営の茶畑。政府は園戸より税として徴した茶や、買った茶（園戸が税として納めた茶の残りのすべて）をここに貯えた。産茶は自然条件に依存するところ多く、広い中国でもその主産地は限定される。五代南唐が高級固形茶を建州（福建）で製造を開始して以来、品種と品質は多様化し、その生産地を山場、生産者を園戸と総称するようになる。しかし、園戸と茶畑が常に集中しているとは限らず、通例では、生産現場と商人への売り渡し場所（売茶場）は距離があったろう。政策的な淮南十三山場でも、売茶場は県などの城市にあり、浙江や安徽の茶産地でも同様で、必ずしも商人が園戸から直接茶を買ってはいない。四川では熙寧7年（1074）まで茶は自由販売ではあったが、一定の専売の枠があり、完全な自由取引ではなかった。四川での榷茶実施、続く蔡京の茶法改革により、成都盆地や漢中の産茶主要州県に合同場（売茶場）が設けられ、榷茶管理の体制が整備されている。この場合は、商人が自ら園戸に出向いて茶を購入し、あとで官の検査を受ける仕組みになっている。

十三山場（じゅうさんさんじょう）

山場は宋代、茶生産の特殊区域を指すが、これはより狭義に、北宋前半の淮南（安徽省江北部）の産茶場をいう。この地方の茶生産は、すでに陸羽の『茶経』に見えるが、五代南唐も淮南で茶を生産していた形跡がある。宋は国初から、この地方で政策的に広汎に茶の生産を実施する。淮南中・西部と一部河南にわたる、廬・寿・黄・蘄・光・舒六州に13から14の山場を設け、官が茶戸に本銭を支給し、収穫の一部を茶租とするほか、他の全部を買い上げ、商人に売り渡す。茶はすべて散茶で、3等の価格がつけられるが、いずれも中級以下の品質である。江南茶の北方流入防止の一環として、政策的に実施されたが、真宗末、その収益は全体で3万貫といわれ、場所によっては売れ残りが多く、江南茶への政策や茶法の変更と相俟って、仁宗嘉祐年間には殆どの山場は機能を停止した。

招商買運（しょうしょうばいうん）

明代、弘治年間、山西・陝西の富商に官茶を収買・運輸させて、茶馬司が価銀を支払う法。後に輸送の茶の半分は商人の自売を許し、半分は官が馬に易えることに修正し、それを官商対分の法といった。

貼射法（ちょうせきほう［ちょうしゃほう］）

北宋時代、茶法と関係する用語。商人が現銭あるいは金銀を京師榷貨務、場合によっては沿江榷務に納入し、茶交引（手形）を入手のうえ、希望する茶の生産地（山場・売茶場）を指定し、そこに赴いて茶を受け取り、決められた地域・期限内で売り捌くこと。入中法実施に伴い、北辺への軍糧納入の代価として交引を貰った商人が、暴利を貪り、茶法を崩壊させるため、交引と茶法を切り離す目的で立案された。その中心人物が林特である。現実にはそれまで利益集団だった豪商や交引鋪などから強い反対が起り、また貼射されぬ山場では茶が堆積し、間もなく三説法に戻される。射は的に当てる意味、貼は交引にプレミアムをつけることと考えられているが、貼を榷貨務に抵当を入れる意にとる説もある。

都茶場（とちゃじょう）

北宋後半、四川で榷茶が実施されると、産地の売買茶場を統括する形で成都に都茶場が設けられた。その後、崇寧年間、蔡京が専売法を改革し、国都に都茶場を創設して茶引発売の窓口としたことがより重要で、南宋の都茶場はこれを踏襲する。臨安・建康・鎮江の各榷貨務は、それぞれ並置された都茶場が茶の専売を受け持ち、塩は榷貨務に任せる。ただし、その長官たちは榷貨務との併任となる。軍糧納入や茶の販売区域、商人のあり方などに北宋との違いが顕著になり、東南地域の茶専売が独立した枠組みになった結果である。南宋では榷貨務都茶場は、左蔵庫・雑売場・雑買務とならび、財務の重要機関四轄の筆頭とされ、長官も北宋の監から提轄の名を冠するように変わる。

入中法（にゅうちゅうほう）

入中は入官中売の略で、官に物品を売ることであるが、宋代では政府の必要物資を大量に商人や民間から買い上げる意味に限定して使われる場合が多い。特に、北宋前半、契丹・西夏との関係が緊張した時期には、北・西の国境地帯防衛軍のため、莫大な軍糧の調達が必要となる。その一手段として、商人の手で糧秣を運搬させ、プレミアムをつけた交引（手形）を支給、京師その他の場所で、現銭・茶・香薬などと交換する方法がとられた。軍糧輸送費の軽減、京師での現銭確保、専売法の合理的運用など一石数鳥を狙った施策。何種かの物品に折変するため**折中法**とも呼ばれる。軍糧と引換えた交引を京師交引鋪に裏書させ、産茶地で割増しを加えた茶と引換える方法も、入中法のひとつとして汎用された。

買茶場(売茶場)（ばいちゃじょう）

宋代、産茶地の州県が、地域の生産者から茶を買い上げ、それを商人に売り渡す機関、合称すれば売買茶場。買茶場と売茶場を区別する資料もあり、買茶場だけなら園戸と官、売茶場なら官と商人が当事者となる。両者が表裏している場合も当然少なくない。なお、北宋時代、陝西の州県で、四川茶を民間に販売する場所を売茶場と呼んだ例もある。北宋熙寧・元豊時代の四川買茶場は40程度だが、主要産地には必ず在城場が見えるから、成都始めそれら州県城では、買茶と売茶場が表裏していたかと思われる。特に、宋末、蔡京の茶法改革で、茶引（販売許可証）や計量・包装の規定が細密になると、茶売買の手続が面倒になる。このため合同場などの新語が登場するが実質は売茶場と変わらない。

批験茶引所（ひけんちゃいんしょ）

清代、茶引を検査する官署。茶専売の事務は概してその地方官が兼掌するが、江寧（南京）には府の補助として批験茶引所があった。

六榷務（ろくかくむ）

北宋初期、長江に沿って設置された茶の専売官署。名前の知られるものは8ヶ所あるが、太宗時代は6ヶ所に落ち着く。榷貨務と呼ばれる例も多いが、正確にいうと国都の榷貨務とは違い、その出先機関と言うべく、榷務とする方が適切であろう。南唐を主産地とする江南の茶は、五代すでに中原に販路を拡大していた。宋は経済政策上、江南茶の流入とそれに伴う南方商人を制限するため、長江の要所に榷務（専売官署）を置き、分属生産地から茶を集め、そこを通じて茶商に販売した。江陵・真州（建安軍）・海州・無為軍・漢陽軍・蘄州蘄口の榷務がそれである。たとえば海州榷務は杭州など浙江産の茶を扱い、有力茶商が集まった。これら榷務もやはり仁宗時代の茶法改革とともに廃止された。

(2) 茶品

茶（ちゃ）※

山茶科の常緑灌木。学名 Thea Sinensis または Camelia Thea。原産国はインドのアッサム州と称せられ、ビルマ北部・雲南・四川あたりにかけて古くから野生していたらしい。周の官職中には茶掌があった。『爾雅』の註に「煮て羹と作して飲むべし」云々とある。古くは**苦茶**と称した。その芽を摘み取り湯に浸して喫飲することは、漢魏の頃四川に起こったものらしく、晋から南北朝にかけてその風習が長江沿岸に行われ、唐の中ごろ以降南北一般に流行し、宋代ますます盛んになり民間の細民にまで普及した。当時は、茶葉を蒸し、臼でついて粉末にし、型に入れ、固形体として用いたものであるという。唐代、茶の栽培はすでに中部以南の12省に及び、最も多いのは四川、湖北・浙江がこれに次ぎ、さらに貴州・江蘇・安徽の順で続く。宋代に入ると製茶は一層隆盛し、これに対する賦課は財政上の重要財源になり、あるいは国家の専売、あるいは商人の通商にゆだねられた。吐蕃・回紇・西夏・金でも愛用したので、唐宋より大量に輸入した。代価として宋へ輸入された物貨のひとつは銀であった。『金史』には、金の旅商が糸絹をもって宋から茶を買い込み、その1年の総額が100万（100万貫か）を下らなかったことを載せている。摘採の季節によって、啓蟄を上品、清明を中品、穀雨を下品とする。また、明代の上貢には、**探春**・**先春**・**次春**・**紫筍**などという種類がある。茶葉には偽造も多く、宋代では**盗葉**と称し、柿葉・笹の類が用いられた。明代では苦灯樹・楊柳葉があり、**托茶**と称する。一般の人民はこういった托茶を飲用することが多い。明代には官場や民間で、一般の客の接待には茶、特に篤くもてなす際には酒を用いるという。茶樹木は温暖多雨を好むので南嶺山脈の支脈たる大小の丘陵地が栽培に適しており、湖南・湖北・江西・安徽・福建・浙江が最適であり、またこれらの地域は中生層赤色砂岩層であり、この点でも茶樹栽培に最適である。そのほかに江蘇・四川・貴州・雲南・広東・広西・甘粛にも産出する。

茶は近世輸出貿易中で重要なる地位を占めた。始めて海外市場に紹介されたのは康熙8年（1669）イギリス東インド会社が本国に43ポンドの茶を送ったのを嚆矢として、乾隆37年（1772）には4,370ポンド、光緒10年（1884）には2億6,800万ポンド、光緒12年（1886）には3億3,000万ポンドとなり、これが中国茶輸出の絶頂期であった。20世紀にはいると、ロシアへの輸出が減少し、また、他国産の産茶が改良を遂げたにもかかわらず中国茶は製法を改良せず、加えて中国国内の政争動乱に災いされ、インド茶の下風にたつこととなった。

なお、海関においては次のように種別している。

甲：**紅茶** Black Tea（工夫茶 Confu、白毫茶 Pekoe、橙花白毫 Orange pekoe、双龍 Caper、小種茶 Sou chong、彩花白毫 Flowery pekoe、花香白毫 Scented pekoe、球蘭 Scented caper）

乙：**緑茶** Green Tea（小珠茶 Green powder、Gun powder、大珠茶・元珠茶 Imperial 以上2種は大きさで更に区別あり。熈春茶・海淞茶 Hyson、摘茶時期で更に区別あり。雨前茶 Young Hyson、更に5種に分類あり）

丙：**烏龍茶** Oolong tea（烏龍茶 、包種茶 Pao chong）

丁：**磚茶** Brick tea

戊：**茎茶** Stalk tea

癸：**香茶** Scenten tea

アンコイ（Ankoi :Anke）

中国産の輸出茶の名称。福建省西南部安渓に産する。安渓の広東発音や福建発音から出たもの。ボヘア（Bohea）に類するもの、Congou に類するものがある。

インペリアル（Imperial）

緑茶の一種。ヒソン・スキン（Hyson skin）すなわち皮茶の中で弾丸状に丸くなったものを選りだしたもの。ヒソンの高級品。

雨箭緑茶（うぜんりょくちゃ）

穀雨（4月20日ごろ）前に摘採した茶葉で作った緑茶。海関名称は雨前（Young hyson）。

雨前（うぜん）

清代の茶の一種。穀雨前の軟らかい葉で作ったもの。外国名は Young Hyson。Hyson（熙春）の高級品。主にアメリカに輸出された。

烏龍茶（うりゅうちゃ［ウーロンちゃ］）

製茶過程で茶葉中の酸化酵素が十分に働けば紅茶、全く働かなければ緑茶となるが、その中間の物が烏龍茶である。閩粵すなわち福建・広東地方に産する。春茶の若芽を摘採して生葉を天日に晒乾し、色がやや黄色に変じたものを揉み、更に焙り熱し、微火の釜で揉結した後、布で覆って発酵させて紅色にしたもの。

園茶（えんちゃ）

清代、南安徽地方の緑茶生産は、緑茶の値段が紅茶に比して高く利益も大きいため平地の肥沃な野菜畑にも栽培され、栽培方法も集約的で春秋2回に肥料も施された。この茶を園茶という。それに対し、福建地方での紅茶の栽培は、紅茶が大衆向きの下級品で利益が少ないため、山腹のスロープを開墾した他の農作物には適しない土地でなされた。

オレンジ・ペコー（Orenge pekoe）

茶の呼称のひとつ。紅茶の最も高級品たる Pekoe（白毫）の一種。中国名は上香。香りが高いことからオレンジ・ペコーと呼ばれる。

柯茶（かちゃ）

番茶の類。

蝦目（かもく）

茶の一種。

岕茶（かいちゃ）

明末清初に茶の至精とされ、岕片とも称された。袁宏道の記載によれば、毎斤2,000余銭に値し、折銀は2両に達しない。明末には値が上昇し、毎斤紋銀2、3両に値した。**羅岕**は湖州長興県に属し、東西200余里あり、その名を称するのは72もあるが、数片の最上の茶を岕片という。採る時には第2層あるいは第3層を採り、葉が大き過ぎると香りが劣り、葉が若いと味が劣る。葉の傷や茎を取り除き、揉んで焙り、水で漉すが、蒸す、煮るなどの加工は行わない。色はやや黒く、香りが非常に強い。

カントン・ボヘア（Canton Bohea）

紅茶の一種。紅茶産地福建西北部の武夷（Woo-e）が訛ったもの。紅茶の中では最下級・大衆むけの物。中国人のいう大茶。中でも広東省和平県などのものを Canton Bohea という。安価のため大量輸出された。

ガンパウダー（Gonpowder）

緑茶の一種。インペリアルよりも小さい弾丸状に縮れたもの。インペリアルやガンパウダーのような弾丸状になったものは、中国人の珠茶と称するものであって、外国人が珍重した。

旗槍（きそう）

茶葉を旗とし、柔らかな茎を槍という。または茶店にて上等茶の一種に名づけたもの。

熙春（きしゅん）

緑茶の一種。英語名ヒソン（Hyson）。平地において集約的な手入れをして栽培された茶の若芽を原料とし、入念な工程によって製される。製茶の名人に熙春なる者があったのでその名を冠したとも、また、熙春すなわち初春摘製の茶であるともいわれている。

偽茶（ぎちゃ）
粗黄に色づき枯れかけた葉、時には木の葉をまじえて製した茶。**仮茶**ともいう。

京甎（きょうせん）
紅茶を煉瓦のように固めた小型のもの。

京鋌（きょうてい）
南唐から宋朝の京師開封に進貢された固形茶をいったが、のちに貢品の名称となった。

ケイパー（Caper）
紅茶の一種。英語名 Souchong。一番摘（**頭春**）の最も柔らかい葉で作った香気高い上等品。葉がカール状になる。特に弾丸状になったものはSonchyと称せられ、また香辛料であるケイパー（Caper）の花に似るところからこう呼ばれる。

研膏茶（けんこうちゃ）
唐末から五代にかけて蒸した茶葉をすりつぶした固形茶をいう。『茶経』によれば、蒸した茶葉をついて固形茶に仕上げる方法が開発されたという。宋代の建州北苑にあった宮廷専用の茶園・製茶上で製造された貢茶はいずれもこの種であった。

湖南茶（こなんちゃ）
湖南地方に茶業が勃興したのは北宋時代であるといわれるが、唐の陸羽の『茶経』の中に衡州の衡山・茶陵２県の名がみえている。その品質は下等であったが、岳州の㴩湖の茶は品質佳良であった。宋代の産額は全国第４位、さらに元・明時代に至って江西につぎ第２位を占めた。当時、湖南茶の品質は優品とは言い難く、主に西北辺境地帯及び塞外方面へ販出された。清代、康熙年間に新たに開始された英国を中心とするヨーロッパへの茶の輸出は、福建・安徽・江西・浙江等の諸地方が主であって、湖南地方はほとんどそれに関与していなかった。道光22年（1842）、南京条約にもとづく５港の開港は、中国茶の輸出貿易に空前の拡大をもたらし、湖南茶もヨーロッパ貿易に登場せしめられた。しかし、その貿易構造が他と異なって、ロシア向けをも含む２本立ての構造でもあったところから、19世紀末葉、インド・セイロン島の台頭による中国茶全体の凋落に際しても孤塁をまもり、やがて中国第１の茶産地となった。

工夫茶（こうふちゃ）
湖南・湖北産の紅茶で、工夫が訛ってコンゴー（Congou または Congo）と称せられ、輸出茶の最大を占める紅茶の中級品である。多くの種類があって、Campoiもその一種。揀培を広東発音から訛ったもの。

紅梅（こうばい）
紅茶の高級品の一種。水色が紅梅の色に似ている。ペコー（Pekoe）の一種。

紅片（こうへん）
紅茶の一種。茶店にて粗なるものをこう称した。

耗茶（こうちゃ）
宋代、割増しの茶をいう。耗茶の率は入官すべき茶貨の２割ないし３割５分であり、かなり高額であった。

貢熙（こうき）
銘茶の一種。

貢茶（こうちゃ）
上等茶の意。

貢品（こうひん）
明代宮廷で用いる茶、すなわち宮品をいう。洪武24年（1391）、茶の生産地に勅して年ごとに茶葉を貢せしめ、それぞれ定額を設けた。福建建寧の茶が最上品であったので、宮廷内では建寧の貢茶を多く採用した。宋代の慶暦年間以来、貢茶はみな小片の**龍鳳団**に作り、20個の塊を重さ１斤とし、宮人が茶団の上に金字を彫った。明初、建寧紅茶もひいて揉み、銀板で圧し大小の**龍団**に制成した。のち明太祖は龍団を作るのをやめ、ただ芽茶を用いた。進貢の茶葉は、みな春の字を使って名付ける。宋代宣和以前には玉液長春・龍苑報春・万春銀葉があった。明代の建寧貢茶には探春・先春・次春・紫筍などの茶品がある。明末崇禎朝に至ると、周皇後家が年ごとに陽羨茶を進貢した。宜興茶も貢茶となった。明宮廷で消費した品は多く貢品であり、またその多くは地方の特産品であった。

香眉（こうび）
茶の一種。

香片（こうへん）
茶葉にジャスミンを混ぜて密閉して蔵置し、芳香を付けたもの。香片茶葉ともいい、安徽に産出する。

高末児（こうまつじ）
茶の名。

三幇茶（さんほうちゃ）
三春茶ともいえ、日本の三番茶に相当する。

山茗（さんめい）
番茶。

散茶（さんちゃ）
片葉を茶臼でひいて細末になしたもの、点茶に用いられる。**末茶**（**末子茶**）と同じ。また、茗茶・葉茶ともいわれ、茶芽を揉んで乾燥させた、すなわち日本の茶のようなものであった。または、茶葉を蒸してからバラのまま乾燥させたもの。『宋史』食貨志にみえる政府の買い上げ価格・販売価格からみて、散茶は大衆品であったと考えられる。散茶には11等、すなわち、淮南の太湖・龍渓・次号、荊湖の岳麓・草子・楊樹・雨前・雨後、帰州の清口、江南の茗子等があった。

四幇茶（しほうちゃ）
四春茶ともいえ、日本の四番茶に相当する。

珠茶（しゅちゃ）
緑茶の形態の呼称。ヒソン（熙春）の高級品であるインペリアルやガンパウダーのように、弾丸状になっているもの。外国人が珍重した。

松蘿茶（しょうらちゃ）
安徽省松蘿山の遠麓椰源の茶を山僧大方が製茶した。明の隆慶年間に創始。鍋を松枝の薪で加熱し軽くあぶった後、茶の若芽一握りを鍋の中に投じて炒りあげ、細い竹で作った箕の上に広げ、あおいで冷まし、手で軽く揉み、その際滲出した液汁を、別置のとろ火にかけた鍋で乾かすと、色は翡翠の如く深緑色を呈するという。

シンロ（Singlo）
緑茶の最下級品。産地である安徽省松蘿（山）を訛ったもの。大衆向けゆえ輸出は多く、輸出緑茶の半分を占める。ただしボヘア（Bohea）の倍以上の値段である。

清茶（せいちゃ）
花弁で香りをつけない純粋に茶葉のみの茶。

石乳（せきにゅう）
『宋史』食貨志によれば、一種の茶で、石崖に生えて枝葉茂り、至道年間の初めに詔によってこれを作る、という。「石崖に生えて」という点から、武夷岩茶の命名を想起させる。

剪刀麄葉（せんとうそよう）
四川省の碉門・永寧・筠連など西南部産の茶。品質不良。

川茶（せんちゃ）
宋代、四川四路で産出する茶を指すが、蜀茶の別称のように、成都府路がその中心で、漢水上流の利州路の一部がそれに次ぐ。いずれも葉茶（散茶）である。三峡やその他の地方にも産地はあるが、質量ともに劣る。宋代、四川は鉄銭使用のいわば経済特区で、茶法も中原・江南と異なる政策が採られた。四川四路と陝西西部の秦鳳路は川茶の販売地域とされ、それ以外の場所が榷茶であった時代も通商法が実施されていた。北宋後半の神宗時代、西北の青唐族との茶馬交易が開始されると、一転して四川茶は禁榷となる。しかし、南宋になり状況が変わると再び通商法に戻されるが、川茶は四川境域を出ないとする原則は維持される。成都南東の岷江の東には茶産地が点在し、雅州名山の蒙頂は特に有名である。茶馬交易においても青唐族が名山茶を強く希望した事例が多い。

塼茶（せんちゃ）
紅茶または緑茶の粉末を蒸して、機械で圧搾し方形の煉瓦状としたものをいう。**磚茶**ともいう。

探春・先春・次春・紫筍（たんしゅん・せんしゅん・じしゅん・ししゅん）
茗茶の称。茶の新芽を採って加工した上等の茶。上供品として珍重された。

東南茶（とうなんちゃ）
宋代、長江中下流域以南で生産される茶、葉茶が主要部分を占める。両浙（江蘇江南部と浙江）・江東（安徽江南部）は、唐代から茶の産地として現れ、五代南唐もそれに意を用いた。また江西や湖南でもやや質は落ちるが茶を生産し、北方との貿易品の中心としていた。宋代に入り、一時、江北への自由な進出が阻まれたが、時の経過とともに東南茶が四川を除く中国全域に販売されるようになる。自然条件の差異により、同じ江南でも生産地は限定されるが、安徽省の山間部や浙江の杭・湖・越州などでは良質の茶を産し、顧渚（湖州）・陽羨（常州）・日鋳（越州）などは高級茶の代名詞とされる。なお、福建の茶生産は、建州の北苑茶のような固形特別品を別として、まだ後世のようにその生産が普遍化しておらず、産出量も少ない。

日注（にちちゅう）
茶の名。**日鋳**ともいう。浙江紹興に産し、絶品と称せられる。

白毫（はくごう）
ペコー（Pekoe）に同じで、ペコーは**白毫**を訛ったもの。清末輸出茶の一種。紅茶の最高級品。茶の芽の十分開かないうちに採摘したもので、白い毛を思わせるので命名された。上香は香りが高くオレンジ・ペコー（Orange Pekoe）と呼ばれる。紅梅は水色が紅梅に似ているもの、珠蘭は球状に葉が縮れて、蘭の花で香りをつけたもの。

皮茶（ひちゃ）
ヒソン・スキン（Hyson skin）のこと。ヒソンの中に混じっている、よじれないで茶の葉の形を残しているものをより分けてできたヒソンの下級品。

品茗（ひんめい）
茶博士・品茶名家をいう。明の士大夫は一般に品茗を雅事となし、多数存在した。南京の閔汶水・黄岡の杜濬などは、茶道に精通していた。張岱も茶淫と呼ばれ、閔汶水のような品茗の専門家を大いに感服させた。

閔茶（びんちゃ）
清の初めごろからの安徽産の松羅茶の優良品で、2種ある。ひとつは青陽県西南の九華山の閔園に産したもの、ひとつは休寧において万暦の末に閔汶水の製法で産したもの。

武夷茶（ぶいちゃ）
福建省産の紅茶。福建西北部の武夷山の武夷（woo-e）が訛って、ボヘア（Bohea）と称せられ、世界的な名声を博し、需要が大きかったが、紅茶の中で最下級、大衆向けの物。他の上質の茶に製する若芽を摘んだのち、古葉や小枝をも摘み取って略式工程で作ったもの。中国人のいう大葉。広東省和平県などの物はカントン・ボヘア（Canton Bohea）という。安価のため大量輸出された。

普洱茶（ふじちゃ［ぷーあるちゃ］）
雲南の普洱山に産する茶。少数民族が栽培するもので、蒸製して竹の皮に包む。易武・倚邦に産する物を最上品とする。

餅茶・団茶（へいちゃ・だんちゃ）
唐宋期に特徴的な固形茶。餅と団はその形状を表す。当時、上級茶は茶芽を集め、蒸したあと圧搾し、固形化乾燥する製法が目立つ。五代以降、圧搾の技術が進み、研膏茶と俗称される、肌理の緻密な餅茶が作られ、色彩や感触から蠟面茶（蠟茶）とも呼ばれた。現在の膠の塊を想像させる。その製法は、陸羽の『茶経』始め、宋代の茶書に詳細に書き残されてはいるが、現在それを再現するのは困難である。こうした固形茶は、必要に応じて暖めて小片として固め、茶研（小型の薬研）で粉末にして湯を注ぎ、スプーンでかき混ぜて飲用した。その色は白色か薄い青白色が好まれ、宮廷始め上流士人階級で愛飲された。ただその価格は散茶（葉茶）に較べると5・6倍は高かった。なお龍鳳茶は皇帝用に製造された団茶の特別な品である。

片茶（へんちゃ）
茗茶に同じ。**葉茶**・**草茶**・**団茶**・**餅茶**とも呼ぶ。片とは1個を片と称したからであり、宋代に一般に使われた。日本で普通に用いられる茶に当たる。茶芽を揉み潰して固めて乾燥したもの。一説によれば、円形や長方形の型を用いて乾燥し片の形にしたので片茶と呼ぶ。建州産の高級品を蠟茶と呼んだ。

ポウチョン（Pao chong）
茶の一種で、**包種**のこと。包種を訛ったもの。

末骨茶（まつこつちゃ）
福建省・四川省南部に産する片茶の銘柄で、下級品である。

末茶（まつちゃ）
末子茶ともいい、散茶と同一で、片葉を茶臼で碾いて細末にしたもの。点茶に用いられる。片茶・蠟茶は碾して細末にし、湯に点じて飲用するが、その細末となったものを末茶・末子茶という。

茗（めい）
茶の芽。一説には、遅く採集した茶をいう。

蒙頂（もうてい）
茶の名。蒙山の頂きに産するのでこの名がある。蒙山は四川省名山県の西15里にある。五嶺ありその最高を上清峯というが、その嶺に一大石があり、上に茶が七株生えており、これらは甘露大師の植えたものと伝えられる。1年でわずかしか採れないが、明の時にはこの茶を京師に貢した。石の周りには別に数十株あり、これを**陪茶**といい藩府諸司に供した。

毛茶（もうちゃ）
粗製茶のこと。摘み取った茶の葉は生葉のまま売られることもあったが、毛茶にしてから茶荘（問屋）に売られた。製法には2つある。ひとつは福建の安渓で行われていた方法で、職人を雇って加工させ、職人は必要な器具や燃料を自弁して加工し、1担（100斤）につき1銀ドルの加工料をとった。もうひとつの方法は、山戸が自ら加工するもので、家族労働で製する小経営において下級の毛茶が作られた。輸出茶のためには、**茶荘**は自ら茶山を経営しているので、市場の必要に応じた品質のものを製造した。

洋荘茶（ようそうちゃ）
洋荘とは外国商館を指し、商館向けの茶すなわち外国輸出向けの茶をこのように呼ぶ。

酪奴（らくど）
北朝で茶のこと。学者王粛が南朝から北魏に投降した時、孝文帝が王粛に、羊肉酪醤と魚羹茗飲とはどちらが美味か問うと、王粛は、「羊は斉魯大邦の味であり、魚は邾莒小邦の味であり、茗は酪に比ぶべきものでなく酪の奴である」と答えたことから、茶を酪奴といったという。

龍井（りゅうせい［ろんじん］）

茶の名。浙江省杭州の龍井に産する龍井茶のこと。品質・風味ともに中国第一とされ、烏龍茶と並び称せられる。しかしその産額は少なく、愛茶家の需要に対してすら充分の供給力がない。

茘枝茶（れいしちゃ）

茘枝の果肉を布袋に入れ液汁を圧出し、茶1斤につき茘枝5斤の割合で清遠茶（清遠産）に混合し、茶に液汁を吸収させ完全に乾燥するまで約2週間あまり日光にさらし、さらに火で加熱したもの。茘枝の香りによって非常に爽快な飲料として用いられる。

露芽（ろが）

上等茶の名称。

臘茶（ろうちゃ）

蠟茶・**蠟面茶**ともいう。五代南唐に始まり、宋代では、仁宗初めに茶務（茶官事務所）を福建北部・建州建甌県鳳凰山に設け、皇帝御用の茶園（北苑）として、特別に栽培製造された固形茶。色々の種類がある。色が蠟に似ているので蠟茶といわれたが、その字の俗なのを嫌って、臘・臈とも書かれる。人工的な促成栽培によって発芽したものを新茶として臘月（陰暦12月）に進貢したことがあった。こうした背景があって、蠟茶から臘茶へと変化したようである。製品は**大龍団**・**小龍団**・**団茶**・**龍団**・**団龍**・**団鳳**・**鳳餅**・**帯胯**などとも呼ばれ、通常の餅・団より格段に高級である。香料を加え、表面を白地にして金色の龍・鳳を型捺しするので、**龍鳳茶**ともいう。茶苑は1辺30里の中に46箇所あり、製品は毎年前半、10数綱に分けて開封の宮廷に直送された。北宋前期の蔡襄の小龍団は、1斤金2両といわれ、同じ龍鳳茶でも、京鋌・石乳・的乳・白乳など多くの種類があり、神宗時代の密雲龍は特に逸品とされた。皇帝用のほか、重臣への下賜、外国向けの賜與に充てられ、下賜された大臣が宝蔵した逸話なども伝わる。ただ、生産地の過酷な労働や高価格、消費範囲の狭さなどが相乗し、明初には廃止されてしまう。

籠子茶（ろうしちゃ）

モンゴル人の使う、葉よりもむしろ枝が多い極めて下等の紅茶。鄭家屯地方のモンゴル人は白毫と称した。

六安茶（ろくあんちゃ）

評価のあまり高くない茶なので明末に広く流行し、比較的大衆化した茶。

淮山茶（わいざんちゃ）

福建から輸出される上等緑茶に対する外国人からの呼称。品質は普通の茶葉より粗葉で、茶末・茶茎を除く約7割の精粋で、焙爐で仕上げたもの。ジャスミンなどの香気は付けない。福建を中心として集散する各地産の緑茶はいずれも淮山茶に充て得る。福安・寧徳一帯から産するのを上等品とし、特に羅源産のものを白眉とする。輸出先はロシアを主とする。福建での価格は茶葉1担につき銀20～30両ほどだが、一定しない。国内消費には供せられない。

(3) 生産及び生産者

委凋（いちょう）

清代、安化地方における毛茶（あらちゃ）の製法工程の一種で、生葉を晒箪の中に散布し、約1時間ほど日光にさらし、葉を折っても音をたてない程度に柔らかにする。その後、揉捻・晒乾・醗酵の工程を経て製品となる。

園戸（えんこ）

茶の生産者。このほか、**茶園戸**・**茶人戸**・**茶民**・**茶戸**などともいう。茶園戸の略。五代以降、特に宋代、専売にされた茶の生産に従事する民。園戸の生産区域を山場と呼ぶ。特に北宋前半の淮南十三山場、後半の四川成都周辺の茶生産地でこの名が頻出する。これら地域では園戸は官から資金（本銭）を貸与され、それに相当する茶（茶租）のほか、残余の茶も折銭してすべてを官に納入させられた。こうした園戸は官の隷属民に近い境遇にあり、しばしば園戸の貧窮が問題とされる。他方、浙江・福建・安徽などの中・高級茶の産地では、それと異なった園戸の存在形態も想定できるが、福建の北苑茶などの生産では、やはり過酷な労働を強いられていたかに見える。

揀撰処（かんせんしょ）

茶荘（問屋）がもつ茶の再製選別工場のこと。茶荘が買い入れた生葉や毛茶を、加工・再製・選別し、包装した。多くの職人や女子供が使用された。広東付近をはじめ、福建省の崇安・星村・甌寧、広西省の河口、安徽省の婺源・屯渓など、茶の取り引きの中心地には、大工場があった。

烘焙（こうばい）

粗茶を精製する過程は、烘焙・揀撰・篩分けよりなっている。そのうち烘焙は、火力を用いて保存能力を高める方法である。

山戸（さんこ）

茶の直接生産者、茶樹栽培及び粗茶（毛茶）製造過程を担当する農家。史料には**園戸**・**産戸**・**茶戸**・**業戸**または山民としてあらわれる。山戸は山主に対して地租を納める関係にあり、佃戸を中心とする小農民層であったと考えられる。茶商人である茶行は、山戸に対して優越的な関係にあり悪辣な搾取を行った。明末清初の山戸は主穀作物との兼営形態が主であった。茶畑の経営や茶の生産は小規模の副業で、雇用労働は茶摘みや製茶のように季節的に限定的であったり技術を要する部面に限られており、他は家族労働にたよった。広大な海外市場を控えた有力な副業を持つことによって富農化することもあった。東インド会社は茶を確保するために行商に資金の前貸を行ったが、行商（公行）から茶荘（問屋）に、さらに茶荘から山戸に前貸が行われ、山戸は行商・茶荘を通じて東インド会社の前貸を受ける形であったといえる。

揉捻（じゅうねん）
湖南省の安化における毛茶（あらちゃ）の製法工程の一種。委凋した葉を木桶の中に入れ、液汁が流れ出し、葉が条状になるまで約30分ほど足で繰り返し踏むこと。この後、晒乾・発酵の工程を経て製品となる。

廠戸（しょうこ）
茶廠に同じ。

水磨茶（すいまちゃ）
北宋末、国都開封と周辺の一部で行なわれた、官による末茶加工の方法。単に**茶磨**ともいう。その内容には不明な点も残るが、神宗元豊6年（1083）に始められ、徽宗政和元年（1111）まで、汴河の水力で石臼を回し、末茶に加工して開封城内で販売された。それまでは、江南の茶が開封に運ばれると、各茶鋪が家畜の曳く臼で末茶にして販売していたが、品質は劣悪だった。政府はそれを全面的に禁止し、開封西側の汴河水門外に100に達する石臼を置き、水力で回して末茶に加工し始める。この水磨茶は、新旧両党の政権交代に合せるように廃罷と再開を2回繰り返す。その実施は、国都の茶の販売を、豪商たちの独占から解放することにあったかと推測される。なお、ここでいう末茶は現在の抹茶と違い、中等以下の葉茶を粉末にした粉茶で、当時開封では、茶の需給や保存と関連して、それを半強制的に飲まされていたと考えられる。こうした水磨茶は間もなく宋が江南に遷ると姿を消す。ただ水磨そのものの記録は、張舜民『画墁集』・鄒浩『道郷集』等にあり、襄州では小麦の加工に使用されたという。元の王禎『農書』以前の記録として注目される。

打推（だすい）
製茶用語、茶を堆積することをいう。積み上げる。

茶戸（ちゃこ）
製茶業者、あるいは茶の売買を営業する家をいう。

茶工（ちゃこう）
茶摘み人、あるいは製茶工。

茶焙（ちゃばい）
製茶用具のひとつ。焙爐（ほうろ）。

茶本銭（ちゃほんせん）
宋代、茶場（山場）のもとには園戸すなわち採茶の民に、あらかじめ政府から給せられた資金。茶ができると、一部を歳課として輸租し、余りはことごとく政府が買い上げた。

茶籠部法（ちゃろうほうほう）
宋代、茶を貯える容器である**籠䈬**をめぐる取り決め。籠䈬は産茶州軍の通判が責任者となって手工業者に作らせたもの。大きさや重さも規定され、火印（焼き判）を使用して題号を記した。製品は市易務が収納し、製造が規格通りでなかった場合には杖罪が課されており、制作者にはきつい作業であったと思われる。

(4) 茶商・販売

ウィンター・ティ（Winter Tea）
中国茶の流通にまつわる名称。一般的に、8月から11月にかけて茶荘（問屋）が前年の契約にもとづく茶を行商に引き渡し、行商はそれを包装して、11月から翌年1月にかけて東インド会社に引き渡すこの茶がこのシーズンに入港する貿易船の帰航の荷となる。このような茶は、契約にもとづくのでContract Teaと称する。それに対し、7・8・9月の如く早く入港する第一船の荷物には、前年度のシーズンに受け取って残ったものを保留しておくか、それがなければ行商の倉庫に残っているものを買い入れて保留しておかなければならない。これらをWinter Teaという。

ウィンター・コントラクト（Winter Contract）
東インド会社が、一定の品質の茶を市価よりも安く、ある数量だけ、定められた期日までに入手するために、行商（公行）との間に結んだ契約。貿易シーズンの終わりに近い1月または2月に結ばれ、10ヶ月を期限とし、契約値段の5割が前貸しされた。行商はこの契約を履行するために、彼らもまた茶荘に対し、それに応じた契約をし、前貸しを行い、茶荘（問屋）は更に山戸（生産者）に前貸しをし、東インド会社が、行商・茶荘を通じて山戸に前貸しをしていたともいえる。乾隆41年（1776）ごろには常例になっていたが、道光10年（1830）に廃止された。

私茶（しちゃ）
茶専売の下で、私的に闇に流れる茶をいう。『旧唐書』・『新唐書』の食貨志にすでに茶禁の記事がある。茶を商うには官許を得て茶引を受けなければならないが、これの無い販売を私茶と称し、処罰されることになっていた。南宋においては徒党を組んで茶賊・茶冦に発展した私茶の集団があり、特に茶商軍を率いた頼文政は湖北に蜂起し、湖南・江西を席巻し、辛棄疾の招安を受けて鎮定された。

商私課茶（しょうしかちゃ）
商茶・私茶・課茶の意。課茶は、茶戸より徴収または収買した茶、商茶は開中法により辺地にもたらされる茶、私茶は専売制化に出回るヤミ茶。

商茶（しょうちゃ）
明代、官茶に対する語で、茶商の扱うもの。商茶の出現は、運茶の方法が官運より商運に転じたことを意味する。陝西の禁榷地において、商人に官から茶引を支給して、産茶地にて茶貨を購入することを許し、その代償として購入した茶の一部を茶馬司に交納させたが、この茶を商茶と称した。茶商は引由の制に基づいて茶の販売許可証たる茶引・茶由の交付を受けて商販を行ったが、その際に茶商人が納めた代価は**輸課**と称した。

折色（せっしょく）
明代、茶の開中法において、洪武末年以来商人の糧草の納入に対して官茶をもって購うことが行われ、成化3年(1467)に銀・糸絹等を納める商人にも官茶をもって購う法、すなわち納銀中茶の例が開かれるに至ったことをいう。

茶規（ちゃき）
陋規・賄賂の一種。清代、茶商の出す規礼銀。公項養廉の重要な財源となった。清代には塩規・茶規といわれる特殊な陋規があった。

茶商軍（ちゃしょうぐん）
南宋末、金軍に対抗するため、茶の豪商を中心とする茶商集団を召募し軍籍に入れた義勇兵のこと。隊伍を組んで移動する茶商は、実質的に茶賊と異ならなかったが、戦力ともなったので、政府はそれを組織して金軍の南下に対する備えとした。

優潤銭（ゆうじゅんせん）
南宋の行在榷貨務において、茶塩鈔引算請のために納められる金子にたいして1両ごとに銭1貫文を加算し、会子には1貫ごとに銭30文を加算した。これら加算する銭を優潤銭という。

(5) 販売許可証

正引（せいいん）
明代、茶の販売許可証。茶100斤を単位とする引目で、陝西・四川に割り当てられた正額の茶引をさす。南京戸部の発行するもの。明代、正引1引以下には**由票**が発行された。由票は濫発され、私茶の原因となった。

短引（たんいん）
茶引の一種。20貫文（陝西では25貫文）で茶200斤を、茶の購入路内で販売することを許した。期限は3ヶ月。

茶引（ちゃいん）
宋代、主として客商が持つ、専売茶の販売証。北宋前半、榷貨務などで支給された茶交引の詳細は不明であるが、売茶場や榷務で受取った茶の、販売期限と価格、地域が指定されていたかと推測される。北宋後半、四川で榷茶が実施されると、それがやや詳しく判るようになる。茶引は太府寺で印刷され、長・短に大別される。長引は100貫文（陝西120）で1,500斤、茶を購入した以外の路で販売し、期限1年。短引は20貫文（陝西25）で200斤、購入路内で販売、期限3月、場所により10貫文も作られた。ほかに1引5貫文、60斤で期限3月の食茶小引もあった。徽宗時代、蔡京の改革により茶は全国的に通商法となったが、四川の例では、管理が厳重で、商人は茶引に従い直接園戸から茶を買い、決められた合同場で内容検査と認可を得て、茶引の通り販売し、商税も負担していた経緯が知られる。

長引（ちょういん）
茶引の一種。100貫文（陝西では120貫文）で1500斤、茶を購入した以外の路で販売を許し、期限1年。商人が秦鳳熙河方面に商搬する目的で、茶貨の買い出しを行う時、貨売地指定券ともいうべきものを買わねばならなかった。この券を長引といい、代価は**長引銭**といった。『宋会要』によれば、客人が川茶を興販して秦鳳等路に入り貨売しようとする時、出産茶州県が熙州・秦州・通遠軍・永寧寨の四売茶場を指定する長引を出給し、客人はこの四茶場でのみ、中売入官（政府監督の下に、政府指定の買値で、運搬してきた茶貨を政府に売る）することができた。長引銭については、『浄徳集』巻3、奏為繳連先知彭州日三次論奏摧買川茶不便并条述今来利害事状には「駄毎に直十貫なる者、長引銭一貫文を収む」と見え、この計算では、**駄**（茶貨はラクダによって運ばれ、1頭のラクダに積まれる荷物が1駄であり、1駄は茶貨の場合は100斤である）ごとに1割を納入することになっていた。前引の『宋会要』によれば、長引には客人の姓名・茶色の数目・起離の日月などが記入された。

土引（どいん）
茶販売に対する免許状の一種。西南部辺境における土司に搬売する茶に対して給する。

福建臘茶長引（ふくけんろうちゃちょういん）
福建で蠟茶を買い入れ、淮南京西地方で販売することを許可する茶引。長引を持つ商人であっても淮南京西に自由に行くことを許さず、長江以南の州軍において販売するよう限定した。このことから、臘茶の貿易が官の専占であったと考えられる。

由票（ゆうひょう）

証明書であり茶の販売許可証である由帖、または票を指す。茶100斤未満に対して給し、茶引を補助するもの。茶60斤をもって1由となした。明初からの制度だが、明末には地方官府にて濫造し、その代価を収めて茶貨の販売を認めたことをいう。『万暦会典』巻37、戸部課程茶貨に嘉靖5年（1526）の例として、四川にて茶100斤に至らざるものは10斤ごとに銀1分を収めしめ、票を給して発売を許した、というのはこれを指し、またその後これが濫用されたことをいうものであろう。

(6) 茶税・茶課

加饒（かじょう）

割増しをいい、商人を優遇するために茶課100斤を販売許可する引（多引）に対して、110斤与えていたことをいう。

課鈔（かしょう）

明代、茶の生産者から歳課として徴収する茶税。現物納たる本色と代納としての折色がある。課鈔とは現物の代わりに鈔をもって徴収したものを指す。陝西・四川では主として本色で徴し、その他の地域は鈔で徴することが多かった。

官茶（かんちゃ）

政府の所有する茶、の意。狭義には茶の生産者より本色すなわち現物納として官府に収められた茶を指し、広義には官府の必要上、民間より買い上げた茶、官に没収された私茶、ならびに上供として貢納せられた貢茶などを含めていう。

折税茶（せつぜいちゃ）

折は換算する、の意。一般民として輸すべき税額（本色）を茶（折色）に換算して代納すること。**折茶**とみえる史料もある。また諸役についても茶での代納が認められ、これらは**折役茶**といわれた。

茶課（ちゃか）

茶商の納める税金。茶の販売許可証である茶引に対する課徴、すなわち茶販売への課税である。ゆえに、茶引のない地方では茶課はない。宋代からあったと考えられ、『宋史』巻353、程之邵伝には「茶課四百万緡を得。」とみえる。また茶租と同義で園戸に対する栽培許可料のような課税とも考えられる。明代では、通商法施行地域では茶の引由に課する税金を指し、陝西・四川の榷茶法地域では茶の生産者に対する官収買の割当額を指す。

茶歳課（ちゃさいか）

歳課とは、園戸が年間に納入すべき茶額をいい、その額は一定していた。園戸からの買上げ価格と商人への売却価格の差を息（**茶息銭**）といい、定められた歳課を納入できなかった園戸に対しては、その不足分である息を園戸に納入させた。これは、貼射法下において政府が茶利の確保を図ったものである。

茶税（ちゃぜい）

園戸より茶葉を仕入れた商人が消費者に売却する際、所在において政府機関に支払う税銭（商税）をいう。唐の徳宗の建中2年（781）、趙贊の上言によって榷茶の制（一種の専売制）を創設し従価税10分の1の40万貫の茶税を徴収した。宋ではこれを茶引に改め、元・明はこれを踏襲し、清末に至りこれらの禁令を廃した。しかし各省においては茶税を課し、あるいは茶釐局を設置して徴税を行った。これらは東南諸省では相当苛重なものであった。民国3年（1914）財政部税務処の申請によって税率を軽減し、海外輸出100斤につき1両2銭5分を1両と改めたが、さらに同8年（1919）免税とした。

通貨儈息銭（つうかかいそくせん）

通貨牙息銭ともいう。権場で南宋の茶商と金の茶商との間に立つ仲買人に支払われる手数料に対する課税と思われる。

搨地銭（とうちせん）

一種の消費税もしくは関税に似たもの。『旧唐書』・『新唐書』によると、茶商の通過するところに収税所を設けて税を徴収したもの。

翻引銭（はんいんせん）

宋代、一般の茶すなわち草茶・末茶を江北に帯出する際に課した、特殊な税。茶の販売許可証である茶引に記された内容を変更するときに課された。商人が金との国境近くに行き密売するのを防ぐための措置である。水路では高郵軍を過ぎて楚州に赴いたり、陸路では天長県を過ぎて盱眙軍へ赴く時に、納めねばならなかった。

(7) 馬政・茶馬交易

馬政（ばせい）※

馬匹に関する政令。中国の馬政は『周礼』夏官、司馬、校人の条にすでに記録があり、戦力としての馬は、秦・漢における内外の戦い、特に対匈奴遠征にはその威力を存分に発揮し、また車馬としての役割も大きかった。その後も北方民族の華北への南下が続き、唐までは馬政なくして政治の動向は語ることができなかった。ところが五代・宋を境目として変化が起きた。南方の開発に伴い、馬の需要が減り、自然に馬の産出が減少していき、政府の飼育あるいは民間での牧畜は、宋の保馬法・戸馬法が失敗したように困難となった。そのため馬の供給を西北諸胡に求め、主に絹・金帛あるいは茶をもって購入せざるを得なかった。宋代以降の茶馬貿易が盛行した所以である。古来、騎馬戦術に欠かせない馬の供給は、ある意味では民族の存亡にかかわる重大問題であった。しかし宋政府は茶馬貿易に必ずしも的確な対処法を取ることができず、金の侵攻の下に滅亡するひとつの要因となった。

喂養草料銀（いようそうりょうぎん）

明代、馬戸の養馬の負担が次第にその意義を失い、隆慶2年（1568）、その一半を存留し、その一半を毎匹10両で変売することとした。変売した馬戸を**幇戸**、馬頭を幇頭といい、その変買した種馬に対しては毎年毎匹草料2両（のち1両）を折徴し、各州県より兵部にやり、太僕寺に収貯した。これを**折徴草料銀**・**空間草料銀**・**乾馬草料銀**・**種馬折乾燥料銀**・**変馬草料銀**という。在留した馬戸を正戸、馬頭は正頭という。在留した種馬に対しては、毎年毎匹草料銀6両を貼戸から帯徴し州県より正頭に給し餧養させた。これを**種馬草料銀**・**喂養草料銀**・**喂馬草料銀**という。

塩馬（えんば）

明代、霊州で行われた商人を介しての馬と塩との交易をいう。

塩馬貿易（えんばぼうえき）

宋代、秦州（現：甘粛玉山市）における解州塩とチベット族の馬、また広西産塩と西南地方、羅殿・自杞・大理その他の少数民族地区の馬との博易（物々交換）をいい、広馬貿易ともいう。前者は宋初より行われ、チベットの大小馬家族との交易が中心であったが、熙寧7年（1074）の熙河用兵以後衰え、北宋末期より南宋にかけて、馬政において後者の役割が増大してきた。南宋初め買馬司を広西浜州（現：広西浜陽）ついで邕州（現：広西南寧）におき、主に広西廉州産200万斤及び欽州100万斤の塩を基金として、毎年1,500頭前後、多い時は4,000頭の馬を購入した。ただ広西塩は質が悪く、良質の広東塩をも用いざるを得なかった。

下場回営（かじょうかいえい）

明代、官馬は毎年夏秋の間に坐営官が草場に放牧して草料の支給をやめ、冬春の間には原営に回り草料を支給して厩牧することをいう。

括馬（かつば）

北宋代、戦争がおこると行われた民馬の強制買い上げをいう。明代にも行われたが、その代償は不当に安く、甚だしきは無償であった。

寄養馬（きようば）

兵部が戦馬として糧戸に飼育させている馬。また、明代、京営の騎操馬とするために順天府下で領養していた馬。また馬匹の飼養を託された戸を寄養戸といい、飼養料として一般から徴収した銀が与えられた。

怯烈司（きょうれつし）

元制、馬をつないでおく所。『元朝秘史』には**乞烈思**・**乞魯額**とある。

金牌信符（きんぱいしんぷ）

明代、西番との茶馬貿易において奸欺防止のために作製した銅製の**勘合信符**。西番の諸酋に頒給した。下号と上号との信符よりなり、陰文すなわち凹字で彫られた信符と陽文すなわち凸字で彫られた信符とがあり、陰文信符が下号、陽文信符が上号を指すものと考えられる。上下信符を合わせてその真偽を決定する。洪武年間に始まり、陽文と陰文の金牌のほか、某字号（1号より100号まで）の批文勘合と勘合底簿が備えられ、陰文信符・勘合は土官に、勘合底簿は布政司に、陽文信符・勘合は内府に蔵せられたという。

券馬（けんば）

北宋初期において、諸蕃から馬を京師にて買い入れる方法。夷人が馬を駆って辺に来た場合、市馬務であらかじめ1頭について1,000文を与え、芻粟も給して京師に至らせ、京師の佑馬司がこれを買い取って諸監坊に分配する。名前の由来は、夷人の馬を数十頭～100頭で一群とし、これを一券と称したからである。

験俵（けんひょう）

明代、寄養馬を収俵する際に検査すること。

戸馬法（こばほう）

宋代、王安石の隠退後、保馬法が変更されたもの。沙苑監以外の河南北のすべての馬監を廃止した熙寧8年（1075）から行われた。直接の動機は河北察訪使曽孝寛の上進であった。実施は元豊3年（1080）の詔からで、それによると開封府界・京東・京西・河北・河東・陝西の諸地方において行われ、資産ある戸に馬を買わせ養わせる制度で、都市であれば資産が3,000貫文、郷村であれば5,000貫文に達すれば1頭を養い、資産がその倍になれば更に1頭多く養うが、最大限3頭までとする。養う馬の体格は4尺3寸以上、年齢は8歳以下でなければならず、飼養して15歳に達すると買い換えなければならなかった。各地区から使用すべき戸馬数を報告させたところ、開封府界は4,694頭、河北東路は615頭、河北西路は854頭、河東路は366頭、陝西の秦鳳路は624頭、同じく永興軍路は1,546頭、京東東路は717頭、京東西路は922頭、京西南路は599頭、京西北路は716頭であった。この戸馬法は後に、陝西の諸蕃部にも及ぼされ、また各地の戸馬を徴発して北辺及び西北片の軍隊に配給した。しかしその補償が行われなかったことなどにより民衆を苦しめ、哲宗の元豊8年

(1085)に罷められた。明代では、初め民間の孳牧馬を戸馬といい、永楽13年(1415)以後は種馬と改めた。

拘刷(こうさつ)
元代の馬政において、馬を強制買いすることをいう。相談買いするのは和買といった。

綱馬(こうば)
南宋代、四川・陝西で買い入れた川馬・秦馬をいう。名前の由来は、川馬は成都府より、秦馬は利州路の興元府より、陸路・水運にて長江周辺の諸軍及び臨安の三衛へ輸送し、それを**押綱**・**馬綱**と称したことによる。押綱は距離が長く困難を伴ったので、恩賞・処罰の対象になった。

種馬草料(しゅばそうりょう)
明代、北直隷の広平府邯鄲県の税糧・徭役の一項目で、馬料のこと。張居正丈量の施行後、万暦17年(1589)、すべて8項目の税糧・徭役を合算通計して1総(1条)とされた。**草料銀**はその銀納。

廠租(しょうそ)
明代中期、牧馬草場を田土化した時、ここから租銀を徴収した。これを**廠銀**・**廠租銀**・**馬廠子粒銀**・**草場租銀**・**場租**・**牧馬草場子粒租銀**などという。

上馬・中馬・下馬(じょうば・ちゅうば・かば)
明代、馬政として馬に上中下の3等を定めたことをいう。農民(糧戸)にその供出の義務を課し、上馬は税納糧額100石の戸、中馬は80石の戸、下馬は60石の戸にそれぞれ供出させ、1戸の糧額が100石未満のときは、数戸が連合(合糧)してその義務を果たさせた。上中下の3種を駅馬として給する場合は、使客の使命の緩急によって定めた。

常盈庫(じょうえいこ)
明代、太僕寺所管の庫で、太僕銀を収貯するもの。備用馬の起解が馬価銀の折納に改まったのを機会に成化4年(1468)に創建された。

省馬(せいば)
北宋初期、辺州にて馬を買い入れ、京師から官人が派遣されて部送の任にあたり、これを京師に送るか、あるいは諸軍に分配する方法をいう。

西馬(せいば)
明代、回回・韃靼・西蛮より市買される馬。**胡馬**ともいう。

税草(ぜいそう)
唐太宗の時に始まった、一種の課税として牛馬を飼養する秣糧を提供させること。

茶市(ちゃし)
西蕃すなわちチベット族等との間に行った互市場。中国産の茶と蕃馬との取引を中心とし、明朝は茶馬司を設けて掌らしめた。

茶馬(ちゃば)
宋代以降、中国の茶で西北諸民族の馬を購入する貿易方式をいう。**茶馬交換率**は、平均して馬1頭に茶100斤と見なされ、「茶三百万斤を用いて馬三万匹を得」といわれていた。貿易は茶馬司で行われていたが、官・民が秘かに集積された茶を盗みだして蕃馬と交易し、客商の往来を待ってこれを売りさばくことも盛んに行われていた。

茶馬貿易(ちゃばぼうえき)
中国と外民族との間の制度のひとつ。中国には馬の産出が少なく、国防上軍馬の供給を外国に求めざるを得ない状態であり、唐以前は主に絹をもってこれに当てたが、唐代には飲茶の風習が西北諸民族にも波及したので、ウイグル人が馬を貢して茶を得た例も見られる。宋代には、彼らの必需品となった茶をもって馬に易えるいわゆる茶馬貿易を専管する茶馬司の設置をみる。明はこの制度を継いで茶馬司を西北辺境に設け、遼東及び北方諸民族との間に設けた馬市とともに中国への軍馬の供給源となし、また併せて外民族を制御する手段となした。

徴料地(ちょうりょうち)
明代、馬価銀は養馬される土地(馬地)を対象として派徴されたが、嘉靖の土地丈量以後は馬地と糧地との区別が無くなり、500畝を単位として派徴され、これを徴料地という。

椿朋銀(とうほうぎん)
明代馬政において、倒損馬匹に対する賠償と買補の為に設定された銀。**椿棚銀**とも書く。**椿銀**と**朋銀**との併称で、正しくは前者を**椿頭銀**、後者を**朋合銀**という。椿頭は馬主の意であるが、通常官軍の倒失馬主をさし、椿頭銀はこれに科する賠償銀である。**朋合**とは各営の馬隊官軍が共同して倒失馬主の買馬を幇助する意で、朋合銀はそのための積立金である。朋は棚とも書く。椿朋銀制度の成立は成化13年(1477)である。

内操馬芻料銀(ないそうばすうりょうぎん)
明代、宮内警備養馬匹の飼料を購入するための銀。

肉臓銀(にくぞうぎん)
倒死馬匹の肉臓を割いて売却し、馬匹買補の資金に充てる銀をいう。

馬口銭（ばこうせん）

馬匹に課する税金。

馬市（ばし）

唐の玄宗の時に開始された、金帛あるいは茶をもって西北諸胡の馬を買うこと。宋も唐制に倣ってこれを行い、明では永楽帝の間に、開原南関・開原城東・広寧の3ヶ所に馬市場を設けた。後に2南関以外の2ヶ所は廃された。

馬房子粒銀（ばぼうしりゅうぎん）

明代、馬房に属する放牧地を民に佃種させて徴する租銀をいう。

馬房商貨（ばぼうしょうか）

馬房所属の草場に貯蔵する草料を民間から購入する資金。

馬房倉麦豆草折銀（ばぼうそうばくとうそうせつぎん）

明代、御馬監以下各地の馬房所属の糧秣倉庫に納入する麦豆草を銀納としたもの。

買補価銀（ばいほかぎん）

軍馬駅馬等が倒死し一定の額数を減じた時、その不足を補うために購買する馬匹の代銀をいう。

備用銀（びようぎん）

明代、備用馬の数は毎年兵部より太僕寺に通知し、各州県に若干匹を分派し、各州県はこれによって本色または折色を起解するが、いずれにしても起解に先立って馬戸よりその価銀を徴収した。これを備用銀、あるいは**備用馬価銀**・**馬価銀**・**折馬銀**などという。その徴収額は、折色馬と本色馬とでは差があった。

備用馬（びようば）

明代馬政において、民間の孳生馬の中から選ばれ、毎年太僕寺に送り、京府で寄養された馬をいう。民間からの徴用を**徴駒**といい、のちには、予め徴収した価銀をもって馬匹を購入し、これを太僕寺に納付することになった。これを買俵という。**買俵**とは、起買正俵の意。

備用馬価銀（びようばかぎん）

明代の馬政において、孳生馬の中から選んで、毎年太僕寺に送り、京府に起養する馬をいう。

俵寄（ひょうき）

明代馬政においては、民間の孳牧馬匹から年々2万匹を取り、8月以内を限って兵部に起解し、太僕寺に転発して順天府下に寄養し、団営の騎操馬に充てるのが定制である。このことを**俵馬**または俵寄という。

篦（へい）

茶篦ともいい、茶馬交易に用いる茶の重さの単位。明代初め、7斤ごとに1篦を蒸晒し、正徳10年（1515）には、正茶3斤・篦縄3斤4両として、計6斤4両を1篦の標準としたという。これによれば、篦は茶を蒸して**篦縄**（縄ですき駆使の如く作った袋か）の中に包み、日に晒して固めたものと察せられ、正味の茶と篦縄との重さを合わせたようである。

牧馬草場（ぼくばそうじょう）

官有の馬匹を放牧する草場。

餘地（よち）

明代の馬政において、馬匹を養う馬地に余剰が出た時これを餘地という。正徳以後はここからも徴銀し、これを**養馬空間地土銀**・**馬地餘銀**・**餘地銀**などという。

③塩

(1) 総記

塩法（えんぽう）※

古来、中国王朝財政存立の基盤は塩場の掌握にあったといっても過言ではない。

山西解州の池塩である解塩に依存した殷・周以下の中原の王朝、海塩に依った五代南方の諸王朝、青白塩に依った西夏、更に王朝を興しまた滅ぼしたさまざまな私塩集団塩徒。塩はまさしく現代の石油であった。したがって人々は塩の市場に大なり小なり巻き込まれており、その管理を誤れば容易に全国的な騒乱を招来した。その重要性にかんがみ、統一王朝はそれぞれ塩を茶・明礬・鉄等とともに専売品として扱い、塩の生産・運輸・販売の全行程を管轄下に置いたが、運輸と販売は商人に委ねることが多かった。専売は財政不如意の下、設置されたため、往々にして強引な手法で塩価を吊り上げ、私塩の跋扈を招くこともあった。以下、宋代以降の塩法と私塩対策を中心として見ていきたい。塩法とは王朝の塩業対策一般をいう。

唐は当初、塩の自由な生産と販売を認めていたが、中途から漢代を受けて専売法を敷いた。特に第五寄を継いだ劉晏の塩法は、専売制の下、商人の活躍を大幅に認めたので、東南地域の塩産額を飛躍的に上昇させ、以後、淮浙は主たる塩場となる。唐は私塩商黄巣の叛乱で衰退し、その傘下にいた朱温は唐を滅ぼして後梁を建国する。五代十国時代、南方の地方政権はそれぞれ塩場の開発・販売に努め、特に南唐の通州・泰州の塩産は莫大となった。しかし顕徳6年（959）、両州は後周によって奪われ、淮塩場として宋に受け継がれた。宋代の塩は淮塩を中心とする沿海の海塩（末塩）のほか解州の顆塩、河東路の土塩、四川の井塩の4種があり、唐の流通区域界定を受けて、宋でも行塩区を設けた。その広狭の差はそれぞれの産額に応じてはいたが、ほぼ五代十国の支配地域を受け継いだものであることに注意したい。都の開封を含む比較的広域の解塩区は、宋初の塩産額が4,000余万斤であったのに対し、淮塩の淮塩区の産額は2倍余りの1億斤に達していた。したがって淮塩の販路は拡大され、淮南東西両路のほか、江南東西両路・荊湖南北両路に及ぼされていた。しかしながら淮塩地より遠方の地域は必ずしも淮塩を歓迎せず、行塩区に種々問題を残すことになった。

塩法は生産・運輸・販売の3点に分けられるが、生産体制には官営と民営と官民合営があり、官営の塩場で民間より募る役夫は、一般に竈戸・灶戸といい、また畦戸・畦夫(解塩)・鐺戸(土塩)ともいった。それに対して民営の生産者は亭戸・塩戸・鍋戸といい、両税免除の下、塩本銭支給の見返りとして政府に正塩・浮塩を納めた。官民合営とは福建・広東に見られるもので官と民が資本を提供しあっているものをいう。運輸と販売方法には大まかに官運官売と通商の2つの形態があった。京師及び河東・京東地域は官運官売によったが、沿辺各地は遼・西夏対策上、糧草の需要があり、その輸送は民間に頼らざるを得なかったので、陝西・京西南路は通商により、特に陝西沿辺8(9)州は、西夏の青白塩の侵入を食い止めるため、商人に塩も運搬させ官が販売にあたった。河北でも早くから通商法を採用した。官運は政府が衙前・廂兵などを使い、輦運・船団を連ねて行う方法で、官売には俵散法・蚕塩法等があったが、末端では商人に販売を委ね、また都市の有力人戸鋪戸に分配し、時に買撲・包攬(請け負い)を行わせることもあった。福建・広東では、輸送販売に民間の運輸業者をそのまま利用し、官民の区別がなく、生産同様、官民合営であった。

宋の塩法を決定付けたのは沿辺の軍糧対策であった。入中といって軍への糧草・金銀絹帛等の輸送を商人に委ね、その見返り商品として塩が利用された。景徳元年(1004)、澶淵の盟により遼との和平が成り、軍糧対策は一息ついたが、その対価として折中倉から支給する交引類は額面が膨大な額と為り、宋の財政を圧迫した。天禧元年(1017)より通商法が適用された淮塩も見返りの商品に加えられ、国の負担は増大したが、宝元2年(1039)には西夏の李元昊入寇もあり、入中を止めるわけにはいかなかった。一方、交引類を入手した商人は、そのまま生産地に赴いて塩に変えることは少なく、都の交引鋪において利益の大きい交引類を売却して現金化するものが多かった。慶暦2年(1042)に制置解塩使范祥の提言を容れ、商人に対し塩鈔を与えることにし、更にその後、商人の糧草納入をやめ、納入は現銭でよいこととし、入中と塩鈔とを切り離した。これを見銭法あるいは塩鈔法という。現銭納入を商人は歓迎し、政府も財政負担を減らすことができた。しかし、塩鈔の濫発と価格暴落により、政府は種々の対策を講じなければならなくなる。すなわち暴落した塩鈔を買い支える一方、貶価の塩鈔は貼納(割増料金)を納入させ、旧鈔を廃棄して新鈔に買い換えさせ、また新鈔と旧鈔を抱き合わせる対帯などの方策である。

王安石新法の行われた熙豊時期(1068～85)、市易法の下、従来通商地であった京西路も官売法が採用され、陝西沿辺8州への商運も廃止し、折中倉・市易務を増設して商業管理を強め、京師と永興軍に買鈔場を設けて塩鈔を買い支える一方、川峡交子を支払手段として用い、解塩を四川に持ち込み、四川の茶を買い占めるなど、四川を足がかりとして強引な手法もとられた。しかし内地特に江浙一帯では、商人による販塩の買撲が広く行われており、都市の諸廂販売人(坐賈)にも販塩を請け負わせ、有力商人鋪戸のなかには運搬まで承攬する者が現れた。神宗逝去後の元祐年間(1086～93)、新法が廃止されおおむね通商法が復活したが、その後の新旧両党闘争の間、政府は生産者亭戸対策を怠り、塩本銭の不足は慢性化していった。

崇寧元年(1102)宰相に就いた蔡京は、永年にわたる解池水害の後遺症対策として京師・京西において、解塩のほか行塩区外の河北・京東の末塩を併用することにし、さらに沿辺の売鈔所(折博務)を京師に移動させ、解塩新鈔を絶えず発行して淮塩をも支給の対象とした。その結果、商人が殺到し政府の収益は上がったが、一方で解塩旧鈔の暴落を招いた。そこで政府は加熱抑制もこめて塩本銭の不足を口実に、解塩旧鈔の貶価も商人に負担させた。解池復興後もそれを継続させた。これに対し旧鈔保持の解塩商人の反発が激しく、後を継いだ張商英・童貫は解塩と淮塩を政争の具とし、塩法はめまぐるしく変更された。その結果商人の不信を招き塩の流通は著しく阻害された。そこで宣和5年(1123)、宰相の王黼は、それまで禁じられていた官僚家族の塩鈔売買を事実上許可した。

靖康2年(1127)の靖康の変によって北宋は滅び、南宋建国の高宗は軍事費捻出のため逃亡先の真州・揚州等にて行在榷貨務を開設し条件を緩和しつつ、塩鈔を盛んに出売して急場をしのいだ。一方、政権崩壊の下、民間官界を問わず塩の販売によって糊口をしのぐものが多くなり、私塩は蔓延し塩鈔売買を妨げていた。それに対し宋は、紹興2年(1132)紹興勅を発して私塩律を厳しくした。宋初の私塩律は五代に比し緩和され、その後も軽減の方向にあったが、ここに到って再度宋初の段階に戻されることになった。この年、官僚家族の塩鈔売買も禁止された。しかしながら私塩は民間のみならず、官僚・軍人・生産者亭戸・胥吏の間に広まっており、重罪を課すことは出来なかった。翌年紹興勅は撤回される。

紹興11年(1141)、宋金両国の和平が成立すると、宋朝は淮浙・福建・広東の塩場の亭戸と商旅を優恤し増産に励んだ。塩法はほぼ蔡京の方策を踏襲したもので、州倉にて支給する隔手法、新旧両鈔を抱き合わせる対帯法、正塩のみならず浮塩をも一定の割合で購買を許す額外塩鈔等が採用された。しかし開禧2年(1206)、韓侂冑主導の宋金開戦前後から問題が浮上してきた。亭戸へ支給される塩本銭が横流しされる(減克という)一方、塩鈔購入資金である会子の有効期限が切れるたびに、鈔商はその大幅な埋め合わせを命じられた。更に北宋より持ち越しの行塩区の問題があった。江南の南安軍は元来広南塩を食しており淮塩区より除かれるが、隣接する虔州、福建の汀州もそれぞれ淮塩区、福建塩区であった。しかし両州はすでに北宋より、広塩私販に士大夫すら参加しており、結局盗区扱いとなる。端平元年（1234)、金が滅亡し、南宋はモンゴルの圧迫を直接受けることになり、軍糧購入資金源として塩の増収が図られ、鍋戸（自由な塩業戸）の浮塩が注目されてきた。政府は浮塩購入に期限切れの会子使用を認めたので、一石二鳥の効果があり、浮塩は秤提塩といわれて歓迎された。しかしながら浮塩購入は正塩を扱う亭戸及び鈔商を圧迫し、結果として私販の横行を招くことになった。その対応策として両浙路に塩司が増設されたが、その提挙官は権臣の身内のもので、私販対策はなされず、塩本銭も横領され、亭戸は逃亡し塩場の生産は途絶えるようになった。徳祐元年（1275）浙東における亭戸の叛乱は大規模な暴動に発展し、祥興２年（1279）の南宋の滅亡へとつながっていく。

元は南宋を制圧し、両淮両浙等、塩の生産地を獲得した世祖フビライの代になって、財政上に占める塩専売制の重要性が認識され、ほぼ南宋を継承する体制が出来上がった。その結果、軍事費の財源確保のため塩法は次第に厳しさを増し、批験所を設けて運搬途中の塩引・塩袋の検閲が始められ、その収益は財政の８割を占めるに至った。しかしそれと共に塩価の増大と私塩の蔓延をもたらし、元の滅亡は塩法の失政にもよるといわれている。

明の塩法で特筆されるのは、宋の入中法を承けた開中法の実施である。国境の軍糧・馬・鉄・帛・銀等の確保を狙いとして、運搬の商人に塩の販売権が与えられた。漠北に追いやった元の復活と満州族の侵攻対策であった。商人は与えられた納入証明書の勘合を塩運司あるいは塩課提挙司に持参すれば、台帳の底簿と照合の上、塩引が交付され、それを産地に持参して塩の支給にあずかる。塩の運搬には批験所の検閲を受けること元と同じであった。かくして主たる生産地の淮・浙・長蘆に商人が殺到し活況を呈したが、明中葉以降は権勢ある商人に独占され、一般商人への塩の支給は遅れがちとなった。そこで政府は待機の商人に対して融資し、また行塩区の制を廃止して指定地域以外の塩を支給する兌支法を設け、従来の開中法によって支給する常股塩のほかに、高価ながらも直ちに支給する存積塩を設け、豪商の買占めを抑えようとした。しかしかえって存積塩は増加して常股塩を圧迫し、塩引乱発はさけられなかった。また国境における屯田・商屯が推進された結果、開中法の銀納化が進み、さらに国境ではなく中央の塩課提挙司・塩運司へ銀納する在司納銀制が行われ、商人は辺商・内商・水商の３者に分割されていった。北辺土着の辺商が入手した塩引は、山西・陝西・徽州出身の内商に売り渡され、内商は江西・湖広の水商に販売を委託する。３者の中で有力であった内商の独占を防ぐ目的で、政府買い上げの餘塩をも一般に開放する票法も設けられた。しかしながら以上の様々な改革にもかかわらず塩の値は上昇し、私塩の蔓延を防ぐことは出来なかった。万暦（1573 ～ 1620）以降になると、塩引の独占を認める綱法のもと、淮安・揚州を根拠地とする徽州商人は、メキシコ・日本から流入した銀を資本として財閥に成長し、為替の山西商人と拮抗しつつ、塩の輸送・販売一切をその手中に収めていった。

清代に入っても銀の流入は続き、徽州商人の繁栄は衰えることなく、彼等は塩引購入の権利（**引窩**という）を代々世襲し、巨額の資金を有して上納したから政府も保護した。しかし19世紀に入り、アヘンの流入等で銀の流出が始まると事情は一変する。暴騰した銀価が、逆に価格上昇した銅銭で販売する塩価を吊り上げた。当然のことながら、私塩がはびこり政府財政を圧迫したため、何らかの塩法改革が求められた。道光12年（1832)、淮北において陶澍が行った票法は、運送関係の冗費を削減し塩価の抑制には成功したものの、逆に窩商の活動を抑えたので、財政上の効果は一時的なものであった。陶澍は淮南の改革にも着手したが、太平天国の乱が勃発して両淮塩場は壊滅した。政府は出回っている私塩に釐金を課して乱鎮圧の財源とする一方、四川など両淮以外の塩の生産を高めて塩政の建て直しを図った。さらに太平天国が鎮圧された同治３年（1864)、李鴻章は淮南に循環票法を施行し、明末の綱法のように、特定商人に塩引購入の権利を付与して、票法によって打撃を受けた特権商人を救済し、併せて財政への寄与を目論んだ。しかし外圧の下、釐金増収策は塩価を貴くし、私塩が出回り、行塩区は崩壊し、塩政は混乱したまま清朝の滅亡に及んだ。

塩鈔法（えんしょうほう）※

沿辺あるいは中央の官府に現銭を納めた商人の**入中**に対して、政府が塩鈔を与える方策をいう。五代の制を承け宋初より、商人は予め**交引鋪戸**を通じて政府に名前を登録し、証明書として引暦類を受領することが一般に行なわれていた。これを**給由**・**給版榜**という。**便糴**といって、その引暦を有する商人に沿辺にて糧草・金銀絹帛等の現物を納めさせ、それに対して**折中倉**（折博務・買鈔所）から塩・香薬・現銭等の交引を支給することも宋初より行われ、その支給対象によって三説法や現銭法と称した。しかし特に宝元２年（1039）西夏の李元昊の入寇後、交引類は額面（**鈔面銭**）以上に膨大な額となり財政を圧迫してきた。これを**虚估**という。そこで政府は慶暦２年（1042)、入中に対する交引の支給を**塩引交鈔**（塩鈔）に改め、慶暦８年（1048）には入中そのものを糧草よりは安価で商人の嗜好にも合う現銭の納入に切り替えた。従って塩鈔法は**現銭法**ともいうが、折中倉支給の現銭法とは区別される。塩鈔は鈔引・塩引ともいい、毎鈔塩１席、毎席300 ～ 500斤（50斤が１石）であった。これを持って塩場に赴けば塩に換えられたので、塩鈔は現銭に等しく手形の役割を果たした。塩鈔法は制置解塩使范祥の献策によるといわれる。塩鈔受領資格を有する鈔客は入中した後、交引の記載に基づき、塩鈔の交付を受ける（発鈔という）。塩鈔には姓名・塩種・塩価・番号・日時・支給地等が記載されており、支給地に赴き、塩場あるいは州倉より塩を支給される（支塩という）。解塩鈔の支給地は解池、河東塩は并州永利監、河北・京東塩は売買塩場、川峡引塩は合同場、東南塩は州倉であった。ついで運搬して（司運という）、指定の行塩地に赴き住売する。入中後の現金化には、以上の発鈔・支塩・司運・住売の手続きを要した。塩鈔発行は特に遼・西夏・金との交戦中に濫発され、交引鋪戸に買い集められることが多かったから、政府は**折中倉**で絶えず買い戻さなければならなかった。また旧鈔を廃棄する時、値打ちが下がった旧鈔を新鈔に換鈔する時などの割り増し料金を徴収する貼納、新旧の塩鈔を一定の割合で抱き合わせて購入させる対帯・循環等の対策が絶えず採られた。しかし塩鈔発行の国家財政への寄与は甚大であった。明代も宋の入中法を承け開中法が実施された。

垣曲県店下様（えんきょくけんてんかよう）
1958年垣曲県東灘村の渠水修理中に発見された、巨大な石の錘（おもり）。宋代塩法に関する銘文が貴重。

塩賊（えんぞく）
私塩を販売する集団。**塩梟**・**塩徒**等ともいわれる。大きくは密売を指揮する首領の下、専ら組織的に大量に扱うものから、政府の漕運に紛れて運搬するもの、あるいは農民が農閑期に出稼ぎとして密売するものまで、さまざまな形態があった。

塩本銭（えんほんせん）
宋代、亭戸が政府に正塩・浮塩を納める見返りとして与えられた、鉄盤・燃料・耕牛等購入の資金。本は資本のことで、明代の工本米・工本鈔もこれに類する。坊場銭・河渡銭・寛剰銭（塩税の剰余の積立金）・**通貨銭**（行塩地以外の地域への持ち出しに課せられる税）等を財源とした。途絶えがちであったが、特に開禧2年（1206）韓侂冑主導の宋金開戦前後から塩本銭が減克（横流し）されたため政府への納入が減り、生産者は私塩生産に活路を見出した。

屋税塩法（おくぜいえんぽう）
宋代、都市住民の屋税額に応じて塩を割り付ける法。

開中（かいちゅう）
明代、商人に辺境にて糧食を納入させ、代わりに塩等の販売権を与えること。宋の入中と同じ。開は開列の意で，糧草に対する塩の交換率を箇条書きにして掲示すること。中は官民間の取引をいい、開中は**中塩**ともいう。辺境に屯する軍隊への補給手段であったが、正統年間には銀の普及と北辺の開拓が進み辺餉調達が容易になり、塩商が産地で納入した銀でもって糧草は購入されるようになった。

外銷活支（がいしょうかつし）
清代塩法で総商が公用に藉口して運商よりとった浮費。同じ種類の月摺・岸費を加えると正課の数倍に達した。

隔手法（かくしゅほう）
宋代、鈔客に対して塩を支給する支塩場（州城にあったので州倉ともいう）を設け、買塩場での支給を廃止する法。支塩場は早くからあったが、蔡京塩法のひとつとして整備された。

官塩（かんえん）
運搬・販売を政府が許可した塩。私塩に対する言葉。**正塩**ともいう。

官売法（かんばいほう）
宋朝はおおむね塩茶、明礬・鉄等の生産・運搬及び販売を自ら行って利益を独占しようとした。これを**禁榷**という。**榷**とは市場の壟断の意。そのうち運送と販売を官営の下に置くのを官売法あるいは官運官売という。宋の塩政の実際は、大幅に商人を介在させる通商法採用の方向にあった。塩の生産体制から見ていくと官営と民営とに分けられるが、両浙・福建・広東の一部は官民合営であった。官民合営とは生産手段の塩田・塩竈・塩盤・草蕩・柴地等の官有と民有の並存をいう。運搬と販売については、京師及び河東・京東地域は官運官売により、官運には貼頭車戸衙前廂兵などを使い、淮南塩の官営長距離輸送では、真州の転般倉までは漕運により、真州から江南東西・荊湖南北の諸路までは船団を組んで運搬された。官売には京師糶塩院、各地の市易務・買売塩場等の売塩機関の下、時に俵散法・蚕塩法等の割り当て方式を用い、時に**代銷**・分銷といって鋪戸店戸に分配を委ね、また買撲・包攬といって有力戸に販売を請け負わせることもあった。以上のように京師を中心とする地域及び河東・京東は解塩その他の官運官売あるいは官売法によったが、陝西・京西南路及び河北は早くから商人を採用し、陝西沿辺8（9）州は、西夏の青白塩の侵入を食い止めるため、商人に解塩を運搬させ官が販売したことがあった。上述の福建・広東官民合営では、輸送販売に民間の運輸業者をそのまま利用し、淮塩は当初は通商であったが、天聖元年（1023）より官売法に改められた。ただ地域を限定した通商は認められ、北宋末の崇寧元年（1102）まで続く。

験貲法（けんしほう）
清末、陶澍の塩法改革の一環として行われた塩引ブローカーに対する資金調査。塩引の買占めを防ぐべく、塩の辦運への意思が確かめられた。

戸口食塩法（ここうしょくえんほう）
明代塩法のひとつ。永楽2年（1404）、毎月大口には食塩1斤を支給し、代償として郷村には米糧（**塩糧**という）

を、都市には鈔を納入させた。鈔価の暴落を防ぎ併せて軍糧の調達が目的であった。鈔はのち銀納となり**戸口塩鈔折銀**といわれた。

綱法（こうほう）

明の万暦年間、両淮塩の200万を超える滞引を消化するために袁世振によって設けられた法。綱ごとに**十字綱冊**を作り、商人の名前とその旧引数を記載し、旧引の処理が完了すれば新引が与えられた。その綱冊を所持する商人以外に塩引の割り当てがなく、綱冊は塩引子々孫々独占の証となった。塩商相互の競争を避けさせ、稽考を容易にするという狙いもあった。綱冊を**窩・窩本・根窩・引窩・引底・窩底・窩単**ともいい、それを有する塩商を**窩商・引商**といい、清に受け継がれた。道光年間の票法により綱法は廃止された。

私塩（しえん）

塩の専売制の下、法的手続きによって製造・販売される正塩・官塩に対して、密造・密売される塩をいう。唐末、財政窮乏をうけて塩価格は旧来の3倍に値上げされ、塩の自由な製造・販売を促すことになり、黄巣の乱をもたらし、唐は滅亡した。五代にも私塩の風潮はやむことなく、諸王朝は官運官売制の下、厳罰をもって対処した。宋代に入り、初期の私塩律は五代に比し軽減されたが、次第に遼・西夏の塩の流入もあり、私塩が出回りはじめた。宋は屋税塩法・計口塩法等の配給制を敷いて厳しく取り締まったが、北辺の糧草対策として通商法を行い、商人に塩の販売権を塩鈔として売与し、輸送・販売を委ねざるを得ず、また官売法下でも、商人に販売を請け負わせることがあった。そのような場合、民間は回収不能の投入資本を密売によって埋め合わせざるを得ず、私塩はますます広まったので、地域によっては私塩の販売を黙認し、また官が私塩を購入することもあった。問題となるのは南宋末期である。金の滅亡と元の圧迫の下、軍事費の財源の大部分を塩の収益に仰いだので、塩本銭の未払いや横領、塩司の濫設等、塩政は混迷の度を深め、それに伴って塩民叛乱は頻発し、私塩も横行した。私塩はその後も衰えることなく、さまざまな異名がつけられた。**私煎・竈私・場私**（竈戸等生産者あるいは塩場の私塩）や**梟私**（塩賊といわれる私塩集団）・**商私**（商人の夾帯する私塩）・**功私**（商巡が捕獲した塩を売却すること）・**脚私・船私**等（運搬の船戸の夾帯した私塩）・**隣私**（行塩区以外の塩）・**漕私**（漕運の回空糧船、すなわち帰路に水手・舵工等が夾帯販売する私塩）・**私店**（施設の塩店）・**緝私**（私塩の取り締まり）等である。

私塩律（しえんりつ）

私塩の処罰規定、私塩法・私塩例・断没令ともいった。宋初の私塩律は五代に比し緩和され、後周の密造1斤以上死罪が宋初は3斤となり、その後も10斤・50斤と軽減されていった。行塩区違反も1斤が10斤・30斤・100斤と軽減されていった。南宋成立後の紹興2年（1132）、紹興勅を発して厳しくし宋初の段階に戻されたが、翌年紹興勅は撤回された。なお私塩の取り締まりに当たる巡捕官の、私塩の見逃しによる収益減損に対しては、漏泄の法という処罰規定もあった。

守支（しゅし）

明清期において、塩の支給を待つことをいうが、掣験の順番を待つ場合もいう。

巡商（じゅんしょう）

清代、私塩を巡緝するために塩商が雇い私的な取り締まりに当たる巡丁をいう。**総巡商**ともいい、その費用を**巡費**といったが、塩政崩壊とともに流用され、塩商の塩購買資金として回収されるようになった。

秤盤（しょうばん）

明清代、大型の秤で塩袋を量り、斤両が適当か否かを検査すること。

紹興勅（しょうこうちょく）

南宋初の紹興2年（1132）、宰相呂頤浩によって発せられた私塩厳禁令。私塩蔓延を食い止めるべく、緩くなってきていた私塩律を宋初の段階に戻したもの。翌年撤回される。

食塩法（しょくえんほう）

五代以降、産塩地帯にては安価で良質の塩が出回りやすく、逆に入手しにくいところでも私塩は横行する。その私塩を防止するために民戸の口数を計り食塩を強制配布する法。**計口買塩法**ともいう。

掣験（せいけん）

掣験とは塩商が携帯する塩引上の記載と現物とが合致するか否かを検査すること。**掣摯**ともいい、宋の批鑿・批銷に由来し、**批験**ともいう。また実施場所の批験所にちなんで**所掣**ともいう。掣割・掣割線塩・割没除塩は、摘発された規定以上の塩の割取。割没銀といって銀納に代えることもあった。掣割の堆積を掣割餘塩・餘塩・所塩・零塩等という。**京掣**は中央官僚派遣の掣験。**掣売**は掣験後行塩地にて発売すること。**季掣**は塩引購入順に四季に分けて掣験すること。超掣は順序を超えた掣験。収益増あるいは賄賂目当ての塩引対策である。掣規は清代の浙江総督が年2回の掣験の際、毎回贈与された2,000両の規費銀。

正塩（せいえん）

専売制度の下、塩の生産者である亭戸・鍋戸が納入すべき一定額の塩をいい、私塩に対するときは官塩をいう。

存積塩（そんせきえん）
明代、特別に蓄えておき辺境の非常時の開中に充てる塩。永楽年間より始まり、正統5年（1440）に制度化された。常時商人に支給する塩（**常股塩**）は、一般に守支の期間が長かった。そこで両者を一定の割合で分け、緊急用の存積塩を確保しようとした。ところが却って需要が増し常股塩を圧迫することになった。

通商法（つうしょうほう）
官売法に対し商人に運搬・販売を委託する方策を通商法という。宋は唐・五代を受け、塩の販売等を専売制の下に置くことを旨としたが、沿辺の糧草対策上、商人に依存せざるを得ず、通商法をも広く採用した。商人はおおむね京師で塩鈔を購入した後、塩場に赴き塩を仕入れ、各地にて自ら販売しあるいは鋪戸等に売りさばくことができた。しかし通商法の下でも客商は名前を登録する義務があり、行塩区を厳守させる等、禁榷下にあることに変わりはなかった。ただ規制がやや緩くなったので間接的専売法といわれる。特に北宋末期の崇寧元年（1102）宰相就任の蔡京は、地域を問わず全面的に通商法を実施し、京師榷貨務は塩鈔等の発売により中央財政を潤すことが出来た。軍事費の大半はその収益に仰いでいたから、それ以前の遼・西夏との戦争が拡大された時期および南宋初期には塩鈔の発売によって、戦いを継続し、政権も維持することができた。総じて宋は禁榷が後退し通商が強まった時期であった。ただ通商法の採用は地方財政を枯渇させたことに注意しなければならない。

搭帯（とうたい）
宋代、交通不便な塩場の販売促進を図るため、1、2割の割り増しの帯運を認め、あるいは便利な塩場と抱き合わせて支給すること。**搭中**・**搭配**・**配中**・**兼中**ともいう。また対帯といって旧鈔（古い塩鈔）に新鈔を抱き合わせる方法もあった。

入中（にゅうちゅう）
宋代沿辺あるいは中央の官府に現銭を納めた商人に、緡銭支給の**便糴糧草交引**（他物を支給する場合には**博糴糧草交引**）や塩の販売権である塩鈔等を与えること。仁宗慶暦8年（1048）以降、入中は現銭、支給は塩鈔に改められた。**中**は官民間の取引を指す語で、明の開中も同じ用法による。塩の場合、**中塩**ともいう。算請は入中を商人の方から言ったもので、鈔引算請のこと。旧鈔を新鈔に変更する場合は**対行算請**という。

囊橐（のうたく）
私塩等の犯人をかくまう事。唐律以来の禁令。停蔵・窩隠は盗品を含めていう。

票法（ひょうほう）
一般には清道光年間、淮北において綱法廃止を狙った陶澍の塩法改革をいうが、起源は明代・宋代に遡る。宋では正塩以外に政府が買い上げる塩を**浮塩**といってたびたび払い下げられていた。明の嘉靖年間には、正塩を扱う塩引の行き渡らない僻地において、小商に正塩以外の浮塩（餘塩）の販売を許可し、その証書を票・票引といい、その扱いはまったく自由であった。清の票法はその扱いを正塩にも及ぼしたもので、当時、淮北沿岸においては、官塩が売れ残り、私塩は蔓延していたが、それを改めるべくこの方法がとられた。官員の運搬監督の下、良商に運送費と積塩収買資金、合計20万両を貸与し、塩の販売を官運から民間に広く開放し、その実施方法を官督商運といい、票を扱う商人を**票商**といった。その結果、特権的な**窩商**は大打撃を受けることになった。票商には販売許可証の護照が与えられ、1引あたり4包（塩包1包は塩100斤）で査検に備えるものを小票といい、600斤から1,000斤に及ぶものを大票といった。票課は票の下付の際の税、票釐は釐金をいい、その徴収所が票釐局で、主な塩場にあった。陶澍は票法を淮北暢岸にも及ぼし、さらに引地（行塩区）の撤廃を図るなどして、塩法の近代化に多大の貢献があった。

封輪（ふうりん）
清代、漢口において運商・船戸の水販への塩の販売を、漢口到着順に行わせ適正価格を守らせた措置。**整輪**・**輪規**ともいい、その解除を散輪という。建前は漢口の水販の買い占めを防ぐためであったが、順番を有利にするためや遅れて費用がかさむことに備えて、運商・船戸は私塩を夾帯販売し（**跑風**という）、整輪・解捆する際、小包内に私塩を入れ（**買砠**・**買担放斤**という）、整輪前に運搬した塩を売却し、順番が来たら私塩で埋め合わせ（**過籠蒸糕**という）、私塩夾帯の痕跡を消すために船を沈没させる（**法生**という）等、さまざまな策を弄した。

立限の法（りつげんのほう）
宋代、期限内販売に失敗した積帯塩所持の塩商を処罰する法。

両税塩法（りょうぜいえんぽう）
宋代、河北沿辺地帯にて契丹塩の流入を防ぐため食塩を強制配布し、その価は両税中に繰り込ませた法。

陋規（ろうき）
清代、塩商が関係官庁及び官僚から割り当てられた賄賂のこと。

(2) 塩品

塩（えん）
品質・産地により様々な呼称がある。**鹵**は天然の塩、斥・**斥鹵**は塩分の濃厚な土地。塩は精製された塩、**鹹**は塩味、その濃いかけらが**鹺**、**鹹鹺**は古来祭祀用の塩、**鹻**・**鹼**は地中の塩分、**尖塩**は上質の塩、それに次ぐのが**次塩**、**護塩**は清朝における腐敗防止の食塩、**花塩**・**印塩**も食塩をいい、産地で区分すれば、**海塩**（末塩）・**池塩**・**井塩**・**岩塩**・**土塩**等がある。海塩は直隷・山東・江蘇・浙江・福建・広東に、池塩は山西その他に、井塩は四川・雲南に、岩塩は**石塩**・**崖塩**ともいい新疆・チベット・雲南に、土塩は**鹻塩**・**硝塩**・**小塩**・**野塩**ともいい主に河東に産する。そのほか塩州付近に**青白塩**、蒙古に**口塩**がある。

河東塩（かとうえん）

河東路（山西省）并州・汾州・忻州が産地。土塩あるいは崖塩という。その生産者を鐺戸という。塩分（硝酸ナトリウム）が多く含まれる土を池に投じて塩水（滷水という）となし、それを塩釜で煮詰めたものである。質は悪いが古来食用としてきた。宋初の産額は800万斤。

河北塩（かほくえん）

生産地は浜州・滄州。宋初の産額は150万斤。河北沿辺への糧草供給の必要上、通商法が適用されてきたが、宋遼関係が安定し、榷場貿易が盛んになると、官売法へ変えられた。

解塩（かいえん）

山西省解州の解県（運城市解州鎮）と安邑県（運城市東王郷安邑村）の両池生産の顆塩。**両池塩**ともいう。古くから開発され、官営の下に置かれ国家財政を支えてきた。宋も両池榷塩院・解州榷塩院次いで制置解塩司等を置き管理した。2月に**畦**という塩田を造り、4月に種塩（塩池から池水を注ぎ入れること）を行う。畦は段に仕切られており、段を移動させるたびに、太陽熱や南風（杓子風）を利用して塩分濃度を高めていく。これを**晒塩**という。作業は**畦戸**といわれた付近の民戸を雇い、戸ごとに壮丁2人の畦夫を出させ、両税を免除し、戸ごとに米を毎日2升、銭を毎年40貫を支給した。畦戸の総数は380戸で、解県では毎戸980席（1席は116.5斤）、安邑県では1,000席の種塩額が課せられた。畦夫のほか、護宝都という巡邏兵100人が募集される。宋初、塞がれていた永豊渠その他の水路は改修されて生産高は上がり、996年の4,300万斤は30年後、7,600万斤に達した（ピークは北宋末期の1億5,000万斤）。政府は官売法と通商法を並行させ、京東西路の3京28州軍の東塩は官売、陝西路25州軍の西塩及び京西南北路の南塩は通商とした。官売法下では水陸漕運に郷戸衙前か雇用した民を当て、それを**貼頭**といった。天聖8年（1030）、東塩の官売法を止め、商人に銭と金銀を京師榷貨務に入れさせ、慶暦2年（1042）には制置解塩使范祥の建言により、塩鈔を与え解塩を受け取らせた。ついで慶暦8年に現銭を納入させることになった。熙豊時期（1068～85）、陝西西塩の通商を廃止し、折中倉・市易務を増設して商業管理を強めた。その後元符元年（1098）、洪水によって両池の堤防が破壊されたため、付近の6ヶ所の小池で生産せざるを得なくなったが、崇寧元年（1102）宰相に就いた蔡京は、永年にわたる解池水害の後遺症対策として、京師・京西において、解塩のほか行塩区外の河北・京東の末塩を併用することにし、解塩鈔の末塩鈔への換鈔も進めた。京師には買鈔所を置き、解塩新鈔を絶えず発行して、淮塩をも通商法に改め支給の対象とした。その結果、商人が殺到し政府の収益も上がったが、一方で旧鈔の暴落を招いた。そこで政府は過熱抑制もこめて塩本銭の不足を口実に、解塩旧鈔の貶価は商人に負担させた。解池復興後もそれを継続させた。これに対し旧鈔を保持する解塩商人の反発が激しく、大観3年（1109）、後を継いだ張商英は解塩行塩区を確保し、末塩鈔を分離回収させた。しかし、政和2年（1112）、蔡京執政に返り咲くや再度末塩鈔を導入した。ところが政和7年（1117）、解塩を掌握した童貫は、解塩旧法に戻し、末塩商人の自陳せぬものを私塩法により処罰した。解塩は政争の道具とされるなか北宋は滅亡し、解池は金の領有することになった。

吉塩（きつえん）

蒙古、阿拉善（アラシャン）部吉蘭泰塩地に産する塩。

客塩（きゃくえん）

清代、よそから来た商人の販売する塩をいう。

京東塩（けいとうえん）

産地は青・莱・棣・密の4州。海塩としては最も早く開発されてきた。産額は熙寧8年（1075）に1,500万斤であった。官売法の下にあったが蔡京の塩法により通商法に改められた。河北塩同様、金の領有となる。

広南塩（こうなんえん）

塩産地は東路の東莞・静康等13場と西路廉州の白石・石康の2場及び欽州白皮場。前者は本路および西路の昭・桂州及び江西の南安軍へ、後者は本路ほか18州で消費され、また中国西南地方少数民族との間の塩馬貿易の財源としては後者の他、良質の前者も用いられた。宋初の産額500万斤、南宋では2,800万斤に及んだ。福建同様、地方財政を支えたのが塩の収益であったから、広州あるいは漕司が管轄した場合、州県に何割配分するかが絶えず問題であったが、民間には私塩が出回っており、取締りには強く抵抗した。慶元3年（1197）大渓島民の叛乱はその例である。南宋初め広西茶塩司が置かれ**客鈔法**を施行し、2割は官売、8割は鈔法と定められたが、州県は折米塩銭を徴収して財政を補填したので、やがて廃止され官般官売法に戻された。広南塩はまた海南島の瓊州・崖州は運搬に困難で衙前の使役は問題であった。

行塩区（こうえんく）

塩の産地に応じた特定の販売地域をいう。**引界・引岸・引地・銷岸**ともいう。唐の流通区域界定を受けて五代の後周は引界を設け、宋も行塩区を設けたが、それはほぼ五代十国の支配地域に倣ったものであった。すなわち解州（現在の山西運城県）の解塩の解塩区は、京畿（開封府）・京西南北両路（河南省）・京東西路（山東省の西部）・永興軍路（陝西省）・秦鳳路（甘粛省）を、河東路（山西省）の土塩の河東塩区は河東路を、井塩の川区は四川４路を行塩区とするほか、海塩については、北から東北塩区は河北東西両路（河北省）及び京東東路（山東省東部）を、京東塩区は京東東・西路を、淮塩区は淮南東西路（江蘇省・安徽省北部）・江南東西両路（安徽省南部・江西省）・荊湖南北両路（湖南省・湖北省）を、両浙塩区は両浙路（浙江省）を、福建塩区は福建路（福建省）を、広南塩区は広南東西両路（広東省・広西省）を、それぞれの販売地域と定めた。淮塩区と両浙塩区は併せて淮浙塩区、あるいは東南塩区と称する。以上の行塩区のうち、比較的広域の解塩区の宋初の産額4,000余万斤に対し、楚・通・泰州の淮塩区の産額は２倍余の１億斤に達していた。したがって淮塩の販路は拡大され、淮南東西の両路のほか江南東西両路・荊湖南北両路に及ぼされていた。しかしながら淮塩地より遠方の地域は必ずしも淮塩を歓迎せず、行塩区に種々問題を残すことになった。元符元年（1098）解塩両池が洪水に遭った後、京師・京西への供給不足を行塩区以外の海塩でまかない解塩商人の反発を招いたほか、北宋政権崩壊後の建炎３年（1129）の金軍の南下の際には、淮浙塩場が閉ざされ行塩区を無効にした。やむを得ず政府は建炎４年（1130）１月、淮浙塩鈔の福建・広東塩使用を認めた。しかし両路の生産量では到底応じられるものではなく、国内の混乱を増大させた。幸い宋軍の抵抗にあって、金軍はまもなく引き上げ、淮浙行塩区は回復した。しかし解塩区と河東塩区・東北塩区・京東塩区と淮塩区の一部は失われ、残るのは淮浙・福建・広南・四川の塩区のみとなり、中でも淮南塩区の比重は一層高まった。その後、行塩区はほぼ代々受け継がれることになる。

井塩（せいえん）

四川にて地下を掘って塩水を汲み上げ煮水して得た塩をいう。四川４路では宋初、梓州路を中心に600余りの井が掘られ、産額は1,600万斤であったが、元豊末年には6,000万斤を突破していた。それは牛革の嚢を用い、何人もの人手（生産者を**井戸**という）を要する旧来の汲み上げ作業が改善され、卓筒井という汲み上げ法が開発されたからである。塩井は深さ数十丈に達し、大きな塩井は監という官署の下に置かれ、一部は有力者の買撲を許して増産させた。小さなものは民営にまかせ、土豪あるいは衙前の井戸に運用を任せた。煮水の方法は末塩と同じであった。

佃塩（でんえん）

商人または豪竈の煎た塩。佃塩が出現した背景には明清期に塩田拡大に伴って商人等が資本を投下して労働者を雇い、製塩に関与するようになってきたことがある。

福建塩（ふっけんえん）

沿海の福・泉・漳州、莆田軍が産地。福州南台倉に集められ、内陸の建・南剣・汀州、邵武軍に運ばれた。塩産額は北宋末2,500万斤、南宋で3,000万斤であった。福建の財源は塩の官売法に依存していたので、政府が時々要求する通商法の施行に応ずることなく、結局鈔塩銭の名目で、益金10万貫のうち３分の２を権貨務に支払い、３分の１を転運司に納めることにした。官売法下、海塩を産する沿海各州では**産塩法**が行われ、財産額による塩価納入後、塩の配給が行われた。その結果往々官塩が強制販売された。同じことが南宋時、内陸各州でも有余の塩が売りつけられ**口食塩**といわれた。塩の運搬は官民共同で行われ、費用は官が負担し、運搬に当たる綱戸は一般の民戸・税戸より募り、綱戸には運搬塩10万斤あたり１万斤の**掩脚塩**の予備塩を帯運することが認められていた。無事運搬後、官府が買い上げて均支銭が支払われた。元豊元年（1078）蹇周輔によって買撲戸に販売を委託されることもあったが、消費地の府州に置かれた都塩倉まで運ばれた塩は、おおむね食料品店その他の鋪戸に販売を委託された。その際、戸毎に**暦**（配給手帳）が別途支給された。

末塩（まつえん）

狭義には海水より製造した沿岸６路の海塩をいうが、四川の塩井より汲み上げた井塩と河東の鹵水を煎熬した土塩の２種を含めることもある。粉末状なので末塩といい、また**散塩**ともいう。海塩の製造は古来煮海・煮水・熬波等と称してきた。古くから開発された京東路（山東省）をはじめ、北の河北路、唐以後最大の産地となった淮南路。それに次ぐ両浙路、南方の福建路・広東路等が産地である。生産方法は自然条件等によって異なるがおおむね**煎熬法**という製法が採用された。煎熬とは**塩鹵**（濃度の高い塩水、鹵水）を煎塩盤あるいは鉄盤・牢盆（元豊年間より作製され塩生産の増大に貢献すること大きかった）にて煎煉して製塩する最終工程をいい、それ以前に塩田を耕し海水を導入して鹵水にする工程があった。

餘塩（よえん）

塩の生産者である亭戸・鍋戸・竈戸に課せられた規定生産額以外の塩。**浮塩・額外塩**ともいう。宋では納入が認められていたが、南宋の鍋戸は半ば公然と私塩として販売し塩本銭の欠損を埋めていた。また商人に対して政府が塩鈔を発行する際、一定の割合でその購買を許した。明初、その販売は自由であったが、後、正塩確保のために私売は禁止して納入が課せられ銀納化もなされた。これを**餘塩銀**といった。さらに増産させられる**加煎**もあった。清朝では収買して**籴商**に販売させ、**籴塩**といった。

両浙塩（りょうせつえん）

産地は坑州・明州・秀州・温州・台州の5州。それぞれ臨平監・昌国東西両監・嘉興監・天富南北両監・龍岩監が塩場を管理した。五代の呉越による領有後、生産が上ったが、宋初は私塩に押されてその生産額は3,400万斤、淮塩の3分の1であった。淮塩同様官売法が行われていたが、私煎の跋扈を抑えるために、嘉祐3年（1058）、両浙転運使沈立・李粛之の2人は官綱を止め、鋪戸・衙前に塩の運搬を委託する**買撲法**の施行を献策した。やがて認められ、神宗時代にかけて買撲は盛行した。この頃越州の塩場も復興し、秀州華亭県に転般倉を置き、産額は1億斤に達することが出来た。その後、金軍の南下により淮塩同様、販路がしばしば閉ざされ生産も停滞したが、明州に新塩場を築き、やがて蘇州も産地に加えて復興し、産額は1億5,000万斤となり、淮塩とともに淮浙塩として南宋の財政を支えた。

淮塩（わいえん）

産地は通・泰・楚・海州及び漣水軍であり、海塩としては最大の生産額を誇る。塩の専売を再開した唐代、塩鉄使劉晏のもと海塩の開発が進められ、通・泰両州がその中心であった。五代十国時代には呉の楊行密、南唐の李昪の領有に帰し、生産は拡大され国力の基盤となった。しかし南唐は五代・後周に通・泰両州を奪われ、そのまま宋に受け継がれる。生産地は天聖4年（1026）**捍海堰**を築いた泰州の産額が最大で、通・楚両州が次ぎ、漣水軍は熙寧後、楚州あるいは海州に所属し一定しなかった。政府は通州に利豊監、楚州に塩城監、泰州に海陵監を置いて管理した。生産額は宋初、1億斤に達して解州塩をはるかに凌駕したが、その増産は堤防あるいは運塩河を新たに築くなど、販路網の拡張に支えられていた。特に楚州塩城県に范公堤を築いて塩田開発と塩運に役立て、泗州・楚州間の淮河急流の難を避けるべく亀山運河・新河・沙河等を築き、淮河上流への運塩を容易にしたほか、泰州から長江への運路を従来の瓜州へのほか、より上流の地の真州に直運すべく陳公塘の水を引いて溝河を築き、長江への塩運路を多様化したことなどが注目される。例えば、真州に置かれた転般倉では、江南東西路及び荊湖南北路向けの塩が出荷されていたが、それは4路の米の漕運を終えた帰路の空船回脚を利用したものである。淮塩の販売は、南唐を受けて宋初は商人に委ねられていたが、まもなく官営下に置かれることになった。しかし商人に末塩鈔を販売して、沿辺の糧草購入資金に充てるという議論は繰り返され、おおむね販売のみの通商法が認められ、しかも都市と農村を兼ねさせず、地域的に限定されたものであり、運搬は前述の官営漕運回脚等によった。以上のように淮塩の販売は官営と民営をミックスさせたものであったが、それを全面的に改めたのが祭京の塩法である。崇寧元年（1102）蔡京は解塩水害後遺症対策として、海塩を導入すべく淮塩にも通商法を適用している。商人は淮塩場に殺到し、**転般倉**を廃止し**直達法**が施行され、それによって生産額は2億斤にも及ぶ勢いであった。しかし漕運は打撃を受け、都の繁栄に陰りをもたらした。南宋となり金軍の南下によって販路が閉ざされ、塩場も通・泰・楚の3州に狭められたが、亭戸に**鹵水の法**を実施させ、塩場の開墾も進められ、産額は2億斤を越すことが出来た。しかし嘉定12年（1219）金軍の南下は、宝慶元年（1225）以後の楚州の軍乱に発展し、それが長引いて李全の敗死する紹定4年（1231）まで及んだことが、南宋滅亡の遠因となった。

(3) 生産及び生産者

塩田（えんでん）

塩田及び海塩生産地域の呼称には地域ごとに、**亭場**（蘆東・淮南）・**攤場**（東北）・**圩灘**（淮北）・**灰場**（浙江）・**塩埕**（福建）・**沙田**（広東）等の名前があり、そのほか**灰地**・**竈地**・**灘地**・**塩灘**・**灘副**・**攤**・**攤地**・**奎灘**・**広斥**等と言われた。

塩民（えんみん）

塩業従事者一般をいう。官営の塩場における役夫は、解塩では**灶戸**・**竈戸**・**畦戸**・**畦夫**といい、土塩では**鐺戸**といった。民営の生産者は**亭戸**・**塩戸**・**鍋戸**・**井戸**などといわれ、その中で塩戸・鍋戸・井戸は自由な塩業戸と称しても過言でなく、官吏と結託しその不当な要求から免れ、貧しい亭戸へ資金を貸与し、更に正塩の外、浮塩の販売を一定の割合で許す額外塩鈔等に活路を見出していった。一方、亭戸は両税免除の下、塩本銭支給の見返りとして政府に正塩・浮塩等の塩課を納めたが、南宋半ばを過ぎると塩本銭の支給が途絶えがちとなり、亭戸は私塩製造に向かわざるを得なかった。また塩戸・鍋戸あるいは亭戸の中でも富裕層に圧迫されたものは逃亡し、塩場の生産は途絶えるようになった。徳祐元年（1275）浙東における亭戸の叛乱は大規模な暴動に発展し、祥興2年（1279）南宋の滅亡の遠因となる。明代は一般に生産者を竈戸・**竈丁**といったが、福建では生産者は**附海塩戸**といい（依山）竈戸は生産にタッチせず、塩戸に薪木を提供して煮塩を依頼していた。ただ、製塩法が熬塩法から天日製法に変わってからは、薪木の代わりに銀を納めた。

火伏（かふく）

私塩生産を防止するため、竈の火を点じ（火）また消す（伏）時間を取り締まる法。火伏は一昼夜の煎塩。宋の両浙塩事司盧秉が両浙において、その時間を3ないし10竈ごとに相互監視させたのに始まり（**煮海分数法**という）、清雍正時代以降法制化され、竈（牢盆・**盤鏾**という）の大きさに応じた生産額を決め、**竈長**・**竈頭**等を置いて竈戸の煎塩を取り締まった。

敖波図（ごうはず）
南宋から元に至る間の浙西華亭県における製塩作業を画いたもの。南宋初の淮南の人、陳華の『通州煮海録』に倣い、瞿（あるいは唐）守義の原図を、元の陳椿が完成させた図。52枚中現存47枚の図と解説文は、験鹵法（鹵水の法）その他、当時の製塩技術を伝える貴重な文献である。

井戸（せいこ）
四川にて井塩を製造する者。官営の塩井に雇われる**井夫**、それを請け負う**井灶戸**、独立して製塩に従事し納税する戸、あるいは非合法に営業する戸など、さまざまであったが、独立して製塩する**灶戸**が多かった。上級の井灶戸は10余の井を持ち、多数の井夫を抱えるものがいた。

煎熬法（せんごうほう）
海塩製法のひとつで煎塩法・煎煮法ともいう。3段階に分けられ、1段目はわが国塩田の引浜作業に当たり、灰を撒く**灰圧法**（**曬灰・攤灰**）と土を海水に注ぐ**削土法**（**括土・取土・括鹻**）がある。いずれも水分を蒸発させる段階である。2段階目はやはり持浜の作業で鹹水を濾過する淋鹵法をいい、濾過した鹵水の濃度を測定するためには鹵水の法が用いられた。3段階目が火伏の煎塩である。作製された塩を**熟塩**といい、おおむね高価であった。

草場（そうじょう）
明代、竈戸に与えられた燃料葦草確保のための草地。

卓筒井（たくとうせい）
北宋時代四川で開発された地下塩水汲み上げ法。腕の太さの穴に、節を取り除いた竹を繋いで数十丈としたものを差込み、自動的に塩水を汲み上げる。これによって塩の生産は飛躍的に増大した。

天日製法〈てんぴせいほう〉
燃料を用いる煎熬法に対して、天日による製塩法をいう。**曬塩法**のこと。貯水池・蒸発池・結晶池の三池を経て塩を結晶させるが、煎塩法との大きな違いは最後の結晶池にある。その池は大部分粘土で作り土池と称したが、明末以降、磚石を敷きめぐらした磚池を用いるようになり不純物の混合を防ぐことが出来た。磚石の代わりに板を用いる場合は**板曬法**といった。しかし磚石・塩板による結晶池の造成には莫大な費用がかかり、さらに夏季高温で日射・風力共に強いことが条件であるから、その盛行は近代になってからである。天日製法の塩を**生塩**という。一般に廉価である。

鹵水の法（ろすいのほう）
宋代以降、濃度の高い塩水鹵水の塩分濃度を測定する法。試蓮法ともいう。煎塩の作業に入る前に、鹵水中に10枚の石蓮あるいは蓮の実を投入し、その浮沈の数によって測定し、基準値に達しているか否かを判定する。これによって煎塩の労と経費を節約することが出来た。

(4) 塩商・輸送・販売

引商（いんしょう）
蔡京の塩法改革によって販売許可証の長引（1年売却）か短引（1季）を取得した塩商。元以降は塩引を取得した**塩商**をいい、明清では**綱冊**を有する**窩商**をいう。

運脚（うんきゃく）
輸送費をいう。

運商（うんしょう）
塩場より指定の行塩地へ販運する商人。宋代は**運戸・般戸・脚戸・車戸**ともいい、清代淮南塩について見ると、塩場より揚州までは場商が運び、揚州より南昌・漢口までは、窩商より塩引を買い取った運商が運搬し、末端の塩店までは水販が運搬した。

垣商（えんしょう）
清代、運商の下にあって竈戸より塩を買い取る商人。場商ともいう。運商から独立して竈戸を配下に置く者もあらわれた。

塩筴祭酒（えんきょうさいしゅ）
明代、塩商間あるいは官憲と商人の間の紛争の調停・斡旋に当たるもの。同業者が推挙し、官憲の承認を得て任じられ、塩運使の施策にも参画した。

塩綱（えんこう）
宋代以降、水陸運塩の組織。綱は車あるいは船の一団をいう。特に明の万暦年間に始まる綱法では、旧引・現引を塩綱に編成換えして運塩の単位とし、淮南10綱、淮北14綱とした。

塩商（えんしょう）
唐代劉晏が塩の運搬を商人に委ねてより、塩商の役割は増大し、宋代には通商法の下、塩商への依存は強まり、官売法下でも運搬・販売を請け負う**買撲商**が現れ、明清にかけて塩商は政府の財源の担い手となっていく。地域、時代によって様々な呼称があり、経営規模によっても豪商から零細商までさまざまな商人がいたが、おおむね引商・引客・塩戸・総商・窩商・包商は手広く運搬・販売を請け負い市場を壟断しており、運商・票商・鈔商・鈔客・交引鋪戸・包戸・辺商・内商はそれに続き、さらに水商・散商・住商・鋪戸等がいた。

塩倉（えんそう）
宋代、塩の生産地、運搬の中継地、消費地等に置かれた倉庫。それぞれの倉庫には**監倉**・**専典**（専知官と売典の併称）等が帳簿・守衛・宿営等の管理に当たった。交通要衝の中継地に置かれた倉庫としては、真州・秀州の転般倉及び主要都市の都塩倉が有名。生産地の倉庫も北宋末期に亭戸より購入用の倉庫となり、商人への支給は別の場所で行われることになった。

塩店（えんてん）
清朝では塩の小売業者をいう。明代、すでに塩店と称せられたものは全国に数万とあり、帝室経営を**皇店**、政府経営を官店、民間のものを**民店**といった。店とは元来、倉庫業・旅館業・問屋等を兼ねる政府公認の大店舗をいう。

塩鋪戸（えんほこ）
宋代、官塩の分配（**分銷**・**代銷**という）に当たり、時に販売権（**買撲塩**という）をも入手し都市に店舗を構える商人のこと。単に**鋪戸**・**塩戸**ともいう。

回脚（かいきゃく）
官物輸送後の空便。水路の船（回船）、陸路の車。

改梱（かいこん）
清代、票法下、儀徴（揚州）における淮南塩包の小塩包すなわち子包への改装をいう。**義梱**ともいう。口岸における販売の便宜のためであったが、掣験後この作業を掌る子塩大使・梱工等は賄賂要求、抜き取り等の不正を行った。

肩商（けんしょう）
清代、両浙塩の肩引を扱う商人。住商に対する呼称。**販夫**・**肩挑背負**・**挟帯**ともいい、以前より広く存在した。

黒費（こくひ）
清代、塩商が運塩の際、土匪・地棍によって強要される費用。**買路**・**大脚**ともいう。

散商（さんしょう）
明清時代、総商に資金を仰ぐ零細な塩運搬業者である運商をいう。

州倉法（しゅうそうほう）
宋代、政和年間より州城に置かれた塩倉。通商法の下、鈔客は生産地にあった買塩場に赴き塩を支給されたが（**就場支塩**という）、不正が絶えなかった。そこで政和年間、州城までは政府が運搬し、そこで商人への塩の支給が行われた（**塩倉支塩**という）。しかし増設された塩務官の介入は反発を受け、また塩倉と買塩場は客商招誘合戦を演じ、就場支塩と塩倉支塩の両者は廃置を繰り返した。

鈔商（しょうしょう）
宋代、銭穀を納入し、塩の販売許可証の鈔を取得した塩商をいう。**鈔客**も同じ。

場価（じょうか）
竈戸から収買商人の**場商**（**垣商**）に売却する塩の価、場塩価をいう。清の同治年間の淮南場竈の塩価は毎禁 3 ～ 5 文、高くても 10 文内外であったが、次第に高騰し塩政に甚大な影響を与えた。

常平塩（じょうへいえん）
産塩地より遠い江嶺の地に貯蔵された塩をいう。唐の劉晏によって行われ、商人の至らざる時の円滑な支給に備えた。元にも常平局が置かれた。

水商（すいしょう）
明代、内商が運んだ淮南の塩を揚州で買い取る商人。**水販**ともいう。水商は湖南・江西に運んだが、万暦年間の綱法以降、その地位を内商等の運商に奪われていった。水商は活躍の舞台を末端の小売に求めることになる。

請硬牌（せいこうはい）
塩業者が免許鑑札を求めること。

船戸（せんこ）
宋代以降の船舶業者。明清時代、船を持ちそれを賃貸する船主あるいは船主より賃貸するものを船戸といい、船戸の中の有力者を**船行**と称した。船行はいわゆる牙人、福建では福州南台にて客商に倉庫宿舎を提供するものであった。宋代に南台は既に塩の集散地として知られており、船行に類する者がいたと思われる。

卡隘（そうあい［かあい］）
清代、票法実施に伴い設置された商人が購入した塩の検査所。塩場 100 里内外水陸必経の地に置かれ**卡員**が添買・夾帯の有無を検査した。

総商（そうしょう）
明清時代、塩商には総商と**散商**があり、資本の大なる者を総商といった。総商は散商にかわって塩課その他の公費を立て替え、後日、散商より徴収した。それを**月摺**といい、その額は正課の数倍に及んだ。大小に分けられ、大総商は小総商を、小総商は散商を統轄した。

堆塩（たいえん）
明清代、運搬されて運塩河畔に上堆された淮南・淮北の塩。そこで掣験の順番を待つのが一般。上堆せずに批験所に赴く塩は**河塩**といった。上堆する場所は、淮南は白塔河と運塩河との交差点の浮橋以西、揚州城南の鈔関の浮橋以東、淮北は安東県安東壩巡簡司以南、支家河との交差点以北等、それぞれの運塩河畔にあった。

長商（ちょうしょう）

清代、塩引を大量に扱う商人一般をいうが、特に票商に対して長蘆塩を扱う塩商または両広の塩商、場商と埠商をいうこともある。場商は資本を有し塩の購入にあたり、埠商はその塩を購入販運した。

都塩倉（とえんそう）

宋代、塩の産地、亭場より集めた塩の貯蔵庫。淮南塩の場合、25の亭場から通・楚二州各1ヶ所と泰州の3ヶ所、合計5ヶ所の都塩倉に集められ、さらに真州・漣水軍等の転般倉に送られた。

帑商（どしょう）

清代、内府の資金で運用する塩引を扱う商人。往々にして餘塩を対象とした。

桶価（とうか）

清代、淮南では竈戸が場商に販塩する時に桶を用い、その価格は毎桶200斤であったが、場商はしばしば資本欠如を理由に収買を停止し塩価をたたいた。これを**坎桶**という。また場商は大桶を用い不当にも1割ほど余分に徴収していた。同治8年（1869）の京控之案はそれに対する竈戸の反抗であった。なお淮北では筐が用いられ、同治12年（1873）には毎筐55斤であった。

内商（ないしょう）

明代以降、両淮の塩引を辺商から購入し、塩場より運搬した塩を揚州にて、江西・湖南の水商に売り渡す塩商。明末以降、次第に資本を増大させ、運搬の場を拡大させ、水商の地位を奪っていった。

壩販（ははん）

清代、淮北の塩の仲買人。淮北塩は生産者から消費者まで、垣商・壩販・湖販・零販を経由したので、末端の小売値は自然に高騰した。塩を垣商から入手した壩販は、内河300余里を運搬して西壩に至り、そこで湖販に引き渡した。

票商（ひょうしょう）

明清代、票引を扱う塩商をいう。**土商**ともいう。

辺商（へんしょう）

明代北辺の開中に応ずる山西・陝西等の土着の塩商。辺商は開中で交付された勘合を塩運司に齎して塩引を入手し、餘塩購入の権利も獲得するが、その手続きに時間がかかるので、しばしば塩引を内商に引き継いだ。

包商（ほうしょう）

宋代では豪商・土豪・衙前等の有力戸が、政府から一定地域における塩の排他的な運搬・販売等の権利（買撲という）を買い取った商人。北宋仁宗の頃、両浙地方では私塩対策として**買撲**策が採用され、浙西湖州と江西衢州では酒の買撲と軌を一にして盛行した。王安石は、湖州の塩が広徳軍・昇州を、衢州の塩は饒州・信州を侵すといって反対していた。熙寧・元豊年間、福建の塩鋪戸にも買撲が課せられていた。南宋期に淮南塩を扱った江西・湖南の引客も買撲商の代表的存在で、明清の綱法の下では窩本を所持する窩商がその発展したものである。

(5) 販売許可証・塩税・塩課

安引配塩（あんいんはいえん）

塩引を参照して塩を配給すること。

一分頭（いちぶんとう）

清代、塩商人の納税銀1両あたり1分の付加税のこと。

引課（いんか）

引商を始めとする塩商に、塩引交付の代わりに徴した塩税。塩税の中に占める額は、生産者の納める竈課等に比して甚大であった。

塩引（えんいん）

宋代以降の塩販売許可証。宋代、北辺で糧粟納入（入中）の代償として与えられた、塩販売許可証の**塩鈔**は、茶・礬等を含む時は、**鈔**・**鈔引**などといわれた。慶暦8年（1048）、范祥の改革によって入中と切り離され、許可証は現銭納入に対して与えられ、やがて塩引と称せられ、北宋末期には中央での現銭納入が条件とされた。明でも同じような経過をたどり、**客鈔**・**塩票**・**引票**ともいい、綱法を施行してからは、購入の権利は特権的な商人に代々世襲されるようになった。以下、塩引関連の言葉を挙げれば、**腹引**は内地で通用する塩引・茶引、辺商の扱うものは**辺引**・**土引**といい、**歳額引塩**・**正引**・**引額**あるいは**額引**は行塩地ごとの年間発売額、それ以外を**餘引**という。**浮引**は塩の支給なき空引。**提引**（予提塩引の略称）は額引で不足する場合、翌年分を使用すること。**旧引**は無効の塩引。**老引**・**廃引**・**退引**は古い無効の塩引。**増引**は明代、正引以外に増加した場合の引毎の商人への課税をいう。新引は明代、両淮歳課以外に増加した額引。**大引**は1引当たり塩400斤、**小引**は200斤をいった。

塩課（えんか）

宋代では生産者より徴収する塩税をいったが、元以降は商人に引を支給する際徴収する税をいい、清代では両者、すなわち竈戸に課す**竈課**と引商に課す**引課**の一括呼称となった。竈課は軽く、引課は重くさらに種々の付加税が課せられた。清代の塩課は、**正款**・**雑課**・**捐款**・**攤帯**の4種に分けられ、正款すなわち正課は、40項目、雑課は地域によって異なり、捐款は雑費、攤帯は塩引賠償の銃綱等3

項目からなっていた。盛時、塩課は収入の半分を占め、両淮塩課はさらにその半分であった。

塩課銀（えんかぎん）
明代、竈戸が塩の現物代わりに納入する銀。

塩照（えんしょう）
清道光年間、淮南塩の一定区域内における販売許可証。塩政・運司は掣験後、引目収訖の文字を押して通行を許可した。

塩税（えんぜい）
宋代以降の塩税は歳入の主要項目であった。その内容はおおむね生産者の納める塩課と塩引販売収益の引課に分けられるが、宋では一般に塩銭といい、元以降の塩課は主に引課を意味し、生産者の塩戸・竈戸の納税は竈課といわれるようになった。引課は正課・正款・正項ともいわれ、他に付加税・規費等の雑課（雑項・雑款ともいう）・捐款・攤帯（銃鋼・借帑報効・旧商帑息賠価）等も塩税収益であった。

塩銭（えんせん）
宋代塩税の一般的呼称。宋代塩法には官売法と通商法があり、官売法下、生産者に支給する塩本銭を差し引いた販売収益を**浄利銭**あるいは**剰塩息銭**・**売塩息銭**というが、統計上はしばしば本銭・息銭を含めて**売塩銭**といわれた。通商法下の塩鈔販売益金は純然たる収益で、塩銭あるいは**鈔塩銭**・**提勘銭**という。後の塩課である。

塩票（えんひょう）
清代、山東で用いられた塩販売許可証。塩引とは別に用いられ小商人の辺地販売を促進するためのもの。何人でも手数料納付によって得られた。

塩釐（えんり）
清末太平天国の乱の際、行塩地以外の塩の流入を認める代わりに徴収した釐金。湖広の軍餉を賄うために、四川の塩が湖広での販売を許可された。

額外塩鈔（がくがいえんしょう）
宋代の塩生産者である亭戸の生産する浮塩を商人に買い取らせる際、発行する塩鈔。一定の割合で発行された。

勘合（かんごう）
明代、辺商の軍糧納入証明書。これを運司に持参すれば塩引が支給された。**倉鈔**ともいう。

虧兌課程（きだかてい）
塩税発送の際、額が欠けることをいう。

牛塩（ぎゅうえん）
政府より購入する牛の対価を塩で支払うことをいう。

虚估（きょこ）
宋代、入中価格に割増金を付けて額面以上の値にしたこと。**虚鈔**ともいう。西夏との交戦上、軍需物資購入に迫られた結果である。やがて国家財政を蝕むことになった。それを**蠧耗**という。

耗塩（こうえん）
運搬中の減量対策のために竈戸に課せられた余分の塩をいう。

行塩辦課（こうえんべんか）
塩引発行の際、引税を徴収して国税に充てること。

蚕塩法（さんえんほう）
五代後唐の時、養蚕地域において、春季配給した塩の代金を夏季絹織物等で支払わせる法。宋に受け継がれ、両浙にて塩1斗の代金として銭166文を輸納させた。北宋末の塩鈔法施行以降、銭または絹紬納入させ無償の人頭税となり、身丁銭といった。配給の基準は資産額（産銭）であったから、蚕塩銭は**産塩銭**・塩銭・産銭ともいう。

残塩（ざんえん）
塩田が災害にあって塩課免除となった塩引。当然、これによって塩は入手できないが、明代、弘治年間、奸商はこれを使って餘塩をきわめて安価に払い下げ、その後も行われて塩法に混乱をもたらした。

紙価（しか）
塩引用の紙代。**関引紙価**ともいう。明代、塩商は塩引請求の際、塩運司あるいは塩課提挙司に塩引用紙を納入したが、後に官吏の俸鈔不足を補うために1引あたり鈔1貫代納させられた。

住引（じゅういん）
清代、両浙塩の店舗での販売を許可する票引。その地域を**住地**といい、商人を**住商**といった。それに対して担ぎ屋の肩商が販売する地域、杭県・余杭・海寧・崇徳・紹興・蕭山の6県を**肩地**といい、票引は**肩引**といった。両浙は住地と肩地に分けられていたが、住地の店舗販売に比べて肩地は小商の担ぎ屋に委ねられていた。

銃銷（じゅうしょう）
清代塩法において、滞積した塩引を廃棄し、その銭糧を他の塩引に割り付けて賠納させること。**銃銷綱引**・**銃引**・**銃綱**という。嘉慶・道光年間、塩引が滞積したため、数綱の塩引を銃銷させ、塩法改革の一因となった。

循環（じゅんかん）
宋代、塩鈔の値打ちを下げ、追加納入によって初めて塩の現物を入手させる仕組み。

循環転運法（じゅんかんてんうんほう）
清代塩法にて、票商統制のために特定の商人に額引と引地とを請け負わせること。票商の**搶鈔**（先を争って塩鈔を買い求めること）に懲りた李鴻章は、同治年間、浙江に施行し、太平天国後、淮南に及ぼされた。

抄劄（しょうさつ）
宋代、塩課欠納人戸の資財を没収すること。

織造銀（しょくぞうぎん）
清代、塩政・運司への陋規を削減すべく、塩引に割り付けて徴収し中央へ送られた陋規相当の銀額をいう。

食引（しょくいん）
清代、綱法により行塩地への販運を許可する塩引（綱引）に対し、塩産地近辺の販売地（**食塩口岸**・**食塩引地**・**食岸**という）での販運を許可する塩引のこと。塩価を安くし私塩が綱塩引地に流れるのを防止した。また、食引販運の商人を**食商**という。

截角（せつかく）
明清代、塩引の一角を截るたびに納める手数料。塩場・運司・批験所・販売後に返還する官庁等で截られた。明初から行われ、成文化は正徳2年（1507）。角がなくなり無効となった塩引を**残引**という。残引の回収を**繳残**・**退引**といい、清朝は季節ごとに州県より運司を経て戸部に報告させた。

先塩後課（せんえんごか）
清代、商人の販塩後、塩課（正課）を納めさせる方法。**先課後塩**（引）は塩受領前の納入。

帯耗（たいこう）
清朝にて運塩の際、毎引200斤を1袋帯とし、耗額5斤を加算したことをいう。

抽塩廠（ちゅうえんしょう）
明代、交通の要衝に設置された商塩課税所。抽税は銀による代納であった。

貼納（ちょうのう）
宋代、価値の下落した旧塩鈔によって塩を支給する際、相応の付加税を納入させること。塩鈔面に加印（**符験**という）して証許する。

暢岸（ちょうがん）
清末、官塩がよく銷暢する口岸。逆に滞積して銷暢の進まないことを**滞銷**といい、その口岸を**滞岸**という。

丁口塩銭（ていこうえんせん）
五代南唐附加税（沿徴）の一種。丁口対象に食塩を給していたが、後周に淮南塩場を奪われてからは、支給なしに徴税しうるようになった。

斗用（とよう）
塩田より塩を購入するときの手数料。**斗釐**ともいう。

統催（とうさい）
宋代、塩の販売代金の一括徴収。おおむね上戸に委ねられた。

予納減納（よのうげんのう）
清代塩法にて塩課予納者に減額したこと。減額は予納しない運商に割り付けた。

7　商事行政

①総記

商事行政〈しょうじぎょうせい〉※
商事行政とは、国が行う流通過程への介入あるいは商業管理をいう。国家財政を問題とする限り、賦税・役法さらに塩・鉄等の専売事業はもとより、国営商業・外国貿易等の内外の商業等にも注意する必要がある。それは歴代王朝による鉱山掌握とそれに基づく貨幣発行という公益事業が底流にあり、その貨幣を用いた民間の商業活動が、国家の専売その他の収益事業を支えていたからである。このことは漢代平準法・宋代市易法等の国営商業が民間の事業に倣ったというばかりではなく、収益事業全体が、兼併家をはじめとする多くの商人の参加があって実施できたことと大いに関係する。いい換えれば中国における流通路の開拓や交易機構の発達は早期から存在し、経済全般に大きな役割を果たしていたからこそ、国はその成果を取り入れ、商人を国営事業に参加吸収させたと考えられるよう。したがって、商業管理なくして財政が考えられないばかりではなく、さらに下降して民間経済自体、商業管理に左右されてきたということもできる。国は収益を上げるべく、商人に委託することが唐宋時代を中心に盛行した。その結果、特権商人を育てることになり、それを是正すべく元・清においては国の関与を前面に出してくる。商事行政は収益を上げることが大前提ではあるが、民間に官は如何に介入するか、官営事業に民間商人をいかに活用するか、官と民の持ち分をどう調整するかなどを課題としたということができよう。

②商税

商税（しょうぜい）※

商人が売買する貨物に対して課せられる税のこと。商税と呼ばれるようになったのは唐代中期以降であり、秦・漢時代には**関市の税**とか**関梁の征**といわれたが、詳しい内容はわからない。ただし、(1)首都などの城内に特設された商業地区の市に籍を置く商人に課す税（**市籍租**）、(2)関所・渡し場の通過税（関梁の征）、(3)商人が城門を入る際に、城内の市で行う取引行為に課した課税（入市の税・**落地税**）、の3種が存在したと思われる。

唐代になり商業が興隆し、商人の往来が一般に自由になると、市籍の制が崩れ、代わって徳宗の建中元年（780）には商税の制度の原形が誕生し、五代の後晋となって商税と呼ばれ、正税である両税と並んで行われた。宋代になると、商工業の発達により商税は一躍して重要な国家財源となり、この勢いは明清期まで及んだ。

宋代の商税は、大きく**過税**と**住税**とに分けられる。過税は、客商（各地を遍歴して販売する商人）が貨物を運搬する際に沿路の税関で課せられる税、つまり通過税である。住税は落地税ともいわれ、客商が城門に入り、城内の坐商（定住して貨物を販売する商人）と交易するとき、その搬入・搬出の商品に対して課せられる税である。北宋では、過税は1,000銭ごとに20（2％）、住税は1,000銭ごとに30（3％）を課した。商人が過税を納めると、場・務より領収証が発行され、その証書は公引・**文引**・**関引**・**引**とも呼ばれ、また、通過する毎ではなくまとめて納付する場合には、**長引**を発行した。なお、商税とは種類が違うが、不動産および家畜などの取引には牙人に契約を仲介させ、1,000銭ごとに40を納めさせて、契約書に朱印（紅契）を押し、これを**牙契税**・契税と呼んだ。

また、商税に含まれる別種の課税の一つとして抽分・抽解がある。これは税関を通過する特定の物質、あるいは鉱山の地元において、官府の用度品につき総量の1割ないし2割、ときに3、4割の現物を徴収する。互市・市舶の課税では抽分が重きをなした。

明代になると、商税のほかに**鈔関税**（船料を徴収する過税）・**工関税**（竹木の運搬につき総量の2割程度を実物で徴収する過税）・**門攤税**（営業税）などが加えられた。商税の徴収機関としては税課司局が設置され、明初には381局を数えた。清代も基本的に明代と同様であるが、いくつか新たな制度も生まれた。税関は大別して(1)**常関**、(2)**釐局**、(3)**海関**の3種となった。(1)常関税は明代の鈔関と同じ通過税で、内地の税関において貨物にかけられる商税であった。戸部所管の常関は衣服・食料などに、また工部所管のそれは木材に課税された。また、落地税と称する貨物の入市税（宋代の住税）もあった。(2)釐金税は各省で行われたもので貨物の通過税に類し、清末の太平天国の乱による軍費不足にその端を発し、あらゆる商品に税を課し、重要な財源となった。(3)海関（洋関）での洋関税は、開港場での輸出・輸入品に課した税で、はじめ広東の粤海関などで徴されたが、アヘン戦争後は上海以下5港、ついで諸港にも及ぼされた。

運洋貨入内地税単
（うんようかにゅうないちぜいたん）

天津条約において、英国は外国輸入品の税法が複雑であるため、一定の抵代税の徴収と引き換えに内地税を免除する手続きの簡便化を図った。以来、貨物輸入業者は、入港した海関において関税および子口銭を納付し、完納の証明書を受領した。

筵席捐（えんせきえん）

奢侈税の一種、日本でいう遊興税。地方税であり、徴収率は各地で異なる。

花捐税（かえんぜい）

一種の遊興税で、国民軍の北伐当時、広東においてこの名によって課税されたことがある。

河渡銭（かとせん）

唐宋時代、河川の渡し場あるいは井堰のごとき交通の要所において、渡船・船および荷物の揚げ卸し作業をする者が広範に発生し、その営業は広義の商税における課税対象であって河渡銭などと呼ばれた。北宋では、はじめこれらの経営権は地方の豪民に買撲され、ことに利益のある河渡の運営は、地方政府において職役の責を果たした豪民にその負担への報酬として課していた。のち王安石の新法を機として、河渡の運営は買撲により広く民間人に請け負わせた。河渡銭は利益金につき100分の20の率で課され、この収益は倉法すなわち国都周辺の水路に沿う倉庫において就役する胥吏に支給する俸給の財源のひとつとなった。

過海渡捐（かかいとえん）

渡船付加税。かつて広東省政府が渡船業者に課税した際に用いた名。

過税（かぜい）

唐半ば以来の商税のひとつで、通過税のこと。税関（務・場）を通過する商品に対し（行旅やその同伴者であれば携帯する現金に対し）、公示された課税対象物件の一覧表、および物件ごとの時価への換算一覧表に照らし、北宋では1000分の20の税率で課した。税関では徴収ごとに証明書（引・鈔）を発行したが、ただし長距離を動く商品については出発地または到着地で、あるいは数州をまとめて一括納付をさせる優遇措置があり、その際には長引という証明書を発給した。

過壩税（かはぜい）
明代の商税の一種、唐宋以来の過税ことに津埭の税に類す。嘉靖45年（1566）に淮安壩（水流を調節する堰）で徴収したのが始まり。往来の貨物が多く、通過する米麦雑糧に対し、石毎に銀1厘を徴収した。

課程（かてい）
元代の頃から、薬・塩・酒等に関する収入並びに商税などを課程と呼ぶようになり、明代になると、田賦を除き、**茶課**・**商税課**・**魚課**・**酒醋課**・**金銀課**等の一定種目の下に割当て徴収した諸税を課程と汎称した。なかでも商税はその比重が大きかったことから、課程といえば主に商税を意味するようになった。たとえば棉布で折納する場合、課程棉布という。ほかに、課額というほどの意味にも用いられる。清代では、これらのものは雑賦ないし雑税に編入された。その一方で、明代から課程の語は牙行が官に代わって徴収する一種の商税を意味することになり、清代に及んだ。

課程牙雑牛驢税銀
（かていがざつぎゅうろぜいぎん）
明代、各省には課程牙雑牛驢税銀と呼ばれる税種があり、商牙雑税などとも略称された。課程とは、牙行が官に代わって徴収するところの一種の商税を意味し、牙雑とは牙行の年々納付する税、牛驢とは牛驢の売買に際して徴収すべきもので、やはり牙行が官のために取立てた。集市に対する課税は、すなわちこの課程牙雑牛驢税銀であった。従って、それは牙行のいる集市の商人等からのみ徴収された税銀である。

牙税（がぜい）
牙行に課する一種の営業税。多くの業種ごとに存した牙行は地方政府の認可を要する特許商で、所定の税を納め、牙帖（牙行の営業免許証）を得ることで営業が許される。清代には5年毎に1回更新することになっていたが、清末には特許商としての統制がほとんど保たれないようになっていた。そこで辛亥革命後、民国4年（1915）9月に整理辦法を設けて、その課税を牙税と**帖捐**の2種に分け、帖捐は300元・250元・200元・160元・120元・80元の6等として、帖を受ける時に納付させることとし、牙税は6等級の160元・130元・100元・70元・40元・20元として毎年1回納付させ、なお帖の給付および引換には規定の税額の2分を手数料として徴収することになった。

牙銭（がせん）
牙人の手数料。一例として、宋・金貿易において、仲買の牙人が宋・金から各々徴収された手数料を**口銭**・牙銭と称したが、交易高1貫につき牙銭20文（100分の2）であった。また、清代においてもこの手数料は同じ率であった。

外支（がいし）
清代、塩商が政府に納入する雑費の一種で、文武衙門の公費・善挙・辛工・役食雑費などの費用にされた。

楽戸捐（がくこえん）
芸娼妓税で、たとえば天津市政府では妓楼や娼妓を3等に区分し、毎月徴収していた。

関引（かんいん）
出発・到着地点で過税を納入済あるいは免税の場合、その旨を記載して途中の場務での過税を免除する通行証明書。

戯捐（ぎえん）
戯は唱戯などといい芝居のこと。捐は清代ではしばしば税金を指す。つまり芝居小屋に課す税で、各地方政府で附加税収入として徴収する。戯餉の名で広東政府が課税した例もある。

九門税（きゅうもんぜい）
明代、京城の九門（北京順天府の崇文・宣武・朝陽・東直・正陽・阜城・西直・安定・徳勝）を出入りする客貨に課した商税のこと。巡城御史または戸部委官が徴收を監督し、さらに成化年間には諸門に胥吏が増置され収税事務を行った。古くからの**国門の税**の後身。

暁市捐（ぎょうしえん）
清代の用語。捐は税を意味する語で、早朝明け方に開く農村の朝市（暁市）でこれが課された。

估税（こぜい）
晋代の商業税。商品に課す税、営業税の一種。

互市税（ごしぜい）
馬市抽分ともいう。明代、外民族および内地商人で、辺境で開かれた馬市に入市して交易する者に対し、貿易品目に応じて課した税。内地において入市税を徴したのと同様のものと見なされる。

工関税（こうかんぜい）
明代の商税の一種、唐宋以来の過税ことに抽分・抽解に類する。竹木税ともいわれ、竹・木材・柴薪等の物が商人によって運搬される時に、交通の要衝に抽分局を設け、通過する木材につき実物を定率で課税した。徴収機関は中央・地方の政府で、用材が必要な場合は竹木局が用材数目を算定して徴し、工部から交付された。税率は、明初は30分の6であったが、その後度々変更され、成化年間（1465～87）には10分の1となった。

公憑（こうひょう）
商税関係の証明書。出発・到着地点で予め過税を納入済あるいは免税の場合、その旨を記載して途中の場務での過税を免除する通行証明書。**長引**・**関引**・**文引**と同じ。

行釐（こうり）
行商釐捐ともいい、局卡を通過する行商の貨物に課す釐金を指す語。

香資銭（こうしせん）
清代、北京で店舗を構え営業する薬商には月ごと収益の8毫を出させたが、これとは別途に徴した毎月一定額の銭をいう。

膏塩税（こうえんぜい）
石膏と塩に課す税、石膏の産地を擁する湖南省政府では釐金税として徴収されていた。

告緡（こくびん）
漢の武帝期、緡銭令を出して商人の所有財物の高に応じて税を徴収していたが、もし隠匿が告発されれば没収・辺戍（兵役による流刑）1年となり、その半分を告発者に与えるものとした。

坐釐（ざり）
坐賈釐捐ともいい、店舗を構えて営業する者の貨物に課す釐金。

三五分増収税銭（さんごぶんぞうしゅうぜいせん）
南宋初における商税の税目、紹興2年（1132）に設けられた。三五分とは、3割あるいは5割の意味で税率の加算を示すと考えられるが、具体的な徴収方法は不明。

算車船（さんしゃせん）
漢・武帝の元光6年（前129）に定められた商業税で、商人の軺車（1頭立ての車）に2算を、商人でない者の軺車および長さ5丈以上の船に1算をそれぞれ課した。なお、算とは算賦すなわち税金を指し、1算とは銭20である。

市井税（しせいぜい）
漢代の商業税。市籍租ともいう。『史記』平準書は市井租税、『漢書』食貨志は市肆租税とし、『漢官旧儀』では市税とする。いずれも市から取り立てる租税を意味する。

脂粉銭（しふんせん）
朝廷・官府が官妓に課す税。

住税（じゅうぜい）
唐の両税法に始まり、五代を経て宋に伝わり、商税の中心をなす税目。商人が城市などの市場に入市して貨物を販売するときに課税される。落地税ともいわれた。その税率は北宋では1000分の30。住税を徴収されたのち、市場における取引で生じた売買双方の利益にたいしてどのように課税したかは、まだ明らかにされていない。

承買（しょうばい）
宋代、政府に一定の金額を前納して経営権を入手すること。

商税祖額（しょうぜいそがく）
各府州における、過去5年ほどの徴税実績の平均値を勘案して定めた各年の収税目標額を指し、課額・額・歳額などともいう。ただし、単なる標準額ではなく、政策の見直しが時々行われるのに伴い、かなり大幅な上下の増減が見られた。1場務ごとに祖額が定められたのは淳化3年（992）以来のこと。熙寧以後には商税の徴収額が増加し、のち政和年間（1111～17）には従来の過税・住税の額数以外で一分収税銭を、紹興2年（1132）には三五分増收税銭をそれぞれ設けた。このように北宋末期から南宋初期以後には徴収額がいっそう増加をみた。

商税則例（しょうぜいそくれい）
収税則例ともいわれる。商税を徴収する際の徴税規則。宋の太祖の時に制定されたといわれ、明でもこれが徴税の根本として用いられた。商税則例には貨物の名称・単位数量・その他の標準価格の一覧表が示されている。東京大学東洋文化研究所および東洋文庫には清の乾隆・光緒年間、北京の崇文門における商税則例数冊と税則を蔵し、詳細がわかる。

焼鍋票（しょうかひょう）
清代、山西商人のうち東北地方に永住して企業に投資する焼鍋は、未開地の開墾や人参採集を手がけていたが、焼鍋業主には公課負担がなかったので、人参を領する参票を割り当てられていた。これを焼鍋票という。

鈔関税（しょうかんぜい）
明代の商税の一種、唐宋以来の過税に類す。宋代の力勝税の後身。この制度は宣徳4年（1429）に創設され、客商の貨物を装載する船舶が水路を通じて運航する際、中央直轄の関すなわち鈔関において船料を徴収される。徴収は紙幣制度を指す鈔法の例により鈔で行われたので、この税を**船鈔**とも称した。鈔関は天津から長江に至る運河その他の交通の要衝など12箇処に設置された。また、船料は明初では毎船の積載力の単位100料に対し鈔100貫の率であったが、その後減少した。清代、康熙初に公布された海禁が同23年（1684）に解かれ、33年には山海鈔関が設けられた。山海関に置かれた牛荘など旱口・海口を若干数管理し、さらに47年には牛荘はじめ熊岳城・復州・金州などをここの管理とし、海船貨物に関税を課した。

照単道費（しょうたんどうひ）
照単は鑑札、**道費**とは道台の手数料のこと。つまり商業者が営業鑑札を受けるため、道台に納める手数料を指す。

条税（じょうぜい）
明・清代、北京における商税の徴税方法。明代、近距離において商税が二重徴収されることを免除するために始められた。条税とは起条の税の意味で、弘治元年（1488）に京師での販売者に対し、まず張家湾で3分を起条して納入させ、京城の崇文門で残りの7分を完納させた。その後、崇文門では正規の商税のほか条税を兼収することが常例となり、一種の付加税となった。

常関税（じょうかんぜい）
清代、常関（内地の税関）において内地商人の貨物に課された商税。常関は明代の商税徴収機関（鈔関）を承けたもので、南北各地に設置された。常関では関税徴収と違法行為取り締まりの口岸（原義は港）がそれぞれ分設され、前者を**徴税口岸**、後者を**巡査口岸**と称した。また、戸部に属する**戸関**と工部に属する**工関**とがあり、戸関では貨税・牲畜税、工関では竹木税が主に徴収され、沿海沿江の関では船税も兼収された。この関税収入には正額と余額があり、関ごとにその額数が決められていた。人口増加によって商品流通が増大したため、関税収入も増加をみたが、官吏の不正によりその実収は定額を超えること数倍ともいわれる。しかしのち海関の設置により常関の収入額は減少し、さらに光緒26年（1900）の義和団事件により、沿海沿江で開港場から50里以内にあるものの収入は償金担保として海関に移されたので、さらに収入が大きく減じ、また常関も50里内・50里外・内地と区分が生じた。民国以後は、50里内の常関以外は中央政府の財政部で直轄することになった。

常年税（じょうねんぜい）
北平地方（京兆）における**当税**（質屋業者に課す税金）を指す。なお、当税は地方によって異なり、京兆では1年につき銀100元、および内外城報銷抵息銀両を納付することになっていた。

食物税（しょくぶつぜい［しょくもつぜい］）
清代、飲食物に課す関税の一種。

進貢捐（しんこうえん）
収益税。清末、政府資金を得て設立された公司について、政府収益を控除してなお利益があればその2割を献金させたもの。

水課（すいか）
清代、水運利用に課せられる税金。

水脚税項（すいきゃくぜいこう）
水脚とは元来は船舶運賃をいうが、ここでの意味は貨物運搬費であり、税項とは内地の運搬の沿途で納める関税・釐金などあらゆる税捐をいう。

征算（せいさん）
征は徴収、算は税金を意味するが、征算というときは商税を指す。

牲畜税（せいちくぜい）
牲畜とは牛・馬・驢馬・騾馬・豚・羊等の家畜の総称。これら家畜の売買に対して課す税金であるが、実際はその性質からいって徴収困難であり、民国3年（1914）には牲畜税調査表を作ったが、その成果も思わしくなかった。

税課司局（ぜいかしきょく）
明清期の商税徴収機関。戸部が管轄し、大使あるいは副使が事務を掌った。税課司局には**都税司**・**宣課司**・**税課司**・**税課局**の区別があった。都税司は南京応天府・北京順天府に、宣課司はその近郊に置かれた。税課司・税課局は通課司が改名されたもので、前者は府に、後者は州県に置かれた。清代もこの制度を踏襲したが、司局の区分は行わず、みな一様に税課（司）大使を置いた。

税単（ぜいたん）
清代、税関にて関税を受けとった後に交付する証明書。記載内容は品目数量・到着地・税額・納入済年月日で、他の税関を通過する際の納税証明となる。

専照単（せんしょうたん）
清末、外国商品の輸入に際しての、釐金免除の証明書。専照とは特許証の意。これによって奥地輸送が可能であったが、商品到達後、4か月以内に発給税関に返却しなければならなかった。

船税（せんぜい）
明代、河西務から京師に入る商貨運送の船に課した税で、目的地ではなく河西務で全納させていた。また、長江中下流域を運行する同様の船に対し、鈔関税の脱漏・追加と称して課税したものもいい、これは**遺漏船税**・**船隻遺税**とも称される。

増一分税銭（ぞういつぶんぜいせん）
北宋の政和年間に商税額を従来より1割増徴した、その税目。**一分増収税銭**ともいう。

打撲銭（だぼくせん）
宋代、商人より徴収する過税の一種。

堆卡（たいそう［たいか］）
番小屋、税関の見張り所。

長引（ちょういん）
途中での過税課徴を免除し、目的地での一括納入を許した通行証明書。通過距離が長い場合に与えられるためこのように称する。**公憑**・**関引**・**文引**ともいう。

長引銭（ちょういんせん）
宋代の商税の一種。たとえば茶の専売法の下、榷茶法をやめて通商法を採用し、それまでの雑税銭に代わり1貫の茶につき100文ずつの長引銭を徴収することで、納税の簡便化を図った。

貼皮捐（ちょうひえん）
清末、通行する船に課税した釐金税の一種を**船捐**というが、貼皮捐はその俗称。河北省で行われた。

通貨銭（つうかせん）
宋代、過税・息銭・牙銭などは通貨銭とも呼ばれた。淮河に沿って置かれた榷場において、大商・小商ともに徴収される過税・息銭・牙銭の総称。

典税（てんぜい）
典業（質屋業者）に課す税金。

斗息肉捐（とそくにくえん）
斗息は米に対する課税、**肉捐**は豚1匹に対する課税、徴収した税は学堂費（教育費）に充てた。

屠宰税（とさいぜい）
いわゆる屠殺税のことで、民国4年（1915）の屠宰税簡章によれば、その種類は豚・牛及び羊の3種類に限って、1頭につき豚が3角、羊2角の率で宰戸（屠殺業者）から徴収する事になっている。宰戸は屠殺税を納め執照（免許状）を受ける必要があり、屠殺後は徴収所の検査を受け許可を得てから販売することになっているが、実際には徴税以外のことはほぼ実行されていなかった。

到岸銭（とうがんせん）
宋代の商税のうち、過税の一種。**塌地銭**に類す。

到著税（とうちゃくぜい［とうちょぜい］）
中国産の阿片で海関を経由するものは、100斤ごとに出発税・到着税各20両を徴収した。

統捐（とうえん）
釐金は官吏がそれを利用して誅求し私腹を肥やすので、政府の収入が上がらないという弊害があった。そこで清末には**百貨統税**を施行し、貨物の生産地あるいは到着地で課税して、中間の局卡はただ証明書を検査するだけで、課税を行わないようにした。この方法は光緒29年（1903）広西で試行されて成功、広西・湖北では釐金を改めて統捐と称し、多くの局卡が廃された。光緒32年（1906）にはさらに**統税**と改称した。

塌地銭（とうちせん）
蹋地銭ともいう。塌は低い・水際のという意味で、**塌房**は河岸の倉庫のこと。塌地銭は河岸の荷揚げ場ないし倉庫に課した一種の商税。

碼頭税（ばとうぜい）
清代の海関税の税目。上海・天津・漢口などの要港で、商船が埠頭に碇泊するときに課した。

売字（ばいじ）
清代、内地の税関における雑税の一種で、験印費のこと。

売銭捐（ばいせんえん）
消費税の一種。民国以来、吉林・黒龍地方において、売り手に対し課せられた税。なお、買い手に課すものは**買貨捐**という。

文引（ぶんいん）
出発・到着地点で過税を納入済あるいは免税の場合、その旨を記載して途中の場務での過税を免除する通行証明書のこと。

補照子（ほしょうし）
清代、内地税関での検査票費のことをいう。つまり、前地の税関にて交付した票を次の税関で検査する手数料。

鋪底捐（ほていえん）
商店の家屋税。各商店に課する戸別割のことで、**鋪税**ともいう。なお、**鋪底**には店を所有ないし賃借して営業収益する独立の物権という別の意味がある。

包角銭（ほうかくせん）
宋代の商税の一種。**包角**はまた**席角**ともいうように、梱包1個毎に納める税銭。

包定釐金（ほうていりきん）
包釐ともいい、地方の会館や公所のような有力な団体において、毎年当該地に輸入された商品について釐金税を請負い、釐金局に納付した。

報関行（ほうかんこう）
海関創設時、英文になじまない商人に代わって関税事務を処理した公設機関。

報頭（ほうとう）
明代、**保頭**ともいい、官府と商人との間にあってさまざまな斡旋を業としたもの。**攬頭**と同じ。

翻引銭（ほんいんせん）
宋代、淮南東路に茶を売る商人は、一般には水路は高郵県、陸路は天長県まで往くことを許したが、更に北の楚州及び盱眙軍にまで赴く者があれば、翻引銭など特殊の税を納めさせ、また楚州・盱眙軍等の榷場で折博する者は2倍の翻引銭を課徴した。商人が金の国境近くに接近することを制限し、私に茶を貿易することを防ごうとした。翻引は茶引すなわち茶の交易で使われる手形に関わるが、実体は未詳。

門捐（もんえん）
清末における釐金税の一種、関門通過者に課す。河北省遷安県の冷口で行われていた事例がある。

門局（もんきょく）
京城の崇文門収税局のこと。

門攤課鈔（もんたんかしょう）
明代、商店の坐賈に課せられた一種の営業税。市門（市場）の、油・糖・茶・木植・緞子などの各種店舗を営業財産によって3等に分けて税を割り当て、またその徴収には鈔（紙幣）を用いたのでこの名がついた。

由閘銀（ゆうこうぎん）
過関税ともいう。清代、大運河の水門（閘）を通過する船から徴収した過税。

落地税（らくちぜい）
宋代、商税のうち住税の別称。清代でも同じ用法であり、目的地に運ばれてきた貨物が、入市のために卸された時点で納付する税。市場税もしくは入市税。

釐金（りきん）
清の咸豊3年（1853）に地方政府において創設された内地関税の2種。そもそも釐金という語は従来民間の同業・同郷会館で使用され、一定のパーセントの率で会員の取引上の売上げから会費を徴するものである。これから発想して公の税にも便宜上この名称を用い、転じて本項の税を指す言葉となったものである。
釐金は従来の常関税の範囲外に存すところの一定の貨物に対する内地関税ないし消費税であり、行商だけでなく、坐賈からも徴収される（**行釐・坐釐**）。清代後半における商品の流通増大に適応した徴税法であり、財政構造が変化した清末における地方分権化が進む原因ともなった。
釐金制度の始まりは太平天国の乱による軍費の欠乏を補う便法であり、咸豊3年に揚州で施行されて成果を挙げ、以後各地でも諸々の動乱併発を受け実施された。当初、釐金は一時的な措置であって、徴税担当の官吏による苛斂誅求・流通経費の増大・原価の高騰・多重課税などの弊害も生じたが、廃されずに恒常的な課税となり、収入は主に各省の経費にあてられた。徴収は各省総督・巡撫の管理に一任されて統一的な規定がなく、税率・課税対象も千差万別で（酒釐・肉釐・糖釐・馬釐・木釐・棉釐・印釐・烟釐など）、課税の機会も発送地・通過地・到着地それぞれのケースがあった。釐金の収税所として**釐金局**ないし**釐捐局**があり、その下に**釐卡**が置かれた。辛亥革命後、釐金は民国政府により国税に区分されたが、実態は地方政府により徴収される地方税となっていた。民国政府は地方財源を奪い確実な税徴収をはかるため、国内通過税の撤廃と海関税への附加税導入を目指して列強と交渉し、民国20年（1931）に国内通過税は関税自主権回復と同時に撤廃する旨、地方政府に命じたが、結局は釐金に代わる新たな税目が次々新設される結果となった。

釐金船（りきんせん）
宜昌～重慶間を航行する中国人の民船で、釐金局を通じて貨物を運送し、多くは沙市・宜昌・重慶・万県その他の主要地を航行するものである。なお、同区間を航行する外国人のそれは**捐旗船**という。

立廠抽税法（りっしょうちゅうぜいほう）
明・王守仁がはじめた一種の商税であり、国内関税の法。

樑頭税銀（りょうとうぜいぎん）
運河内を通行する貨物船に対し、管轄署が一幇船（一隊の船）につき船鈔（税の名）を徴収することをいう。樑頭とは船体の中央、主檣のある部位での船幅。この幅と船身（船長）の長さで大小の規模を測る。

力勝税（りょくしょうぜい）
宋代、過税系列の税。輸送する貨物の総量に応じ、船舶（船車）を所有する運輸業者および商人に課された。力勝とは、船の長さ（船身）・主檣の位置の幅（面闊）・深さ（船深）から算出された積載能力をいう。船の積載の重量単位は石、あるいは料を用いる。1石＝100斤＝1担と同量であり、北宋代には1石＝92.5斤＝55.13kgであったので、100石の船は積載量が5.5トンとなる。明の鈔関税の前身でもある。

③市易・均輸

市易法（しえきほう）※

宋代、王安石新法のひとつ。各地の商人が都会へ持ち込む商品を、国営商店の下に置き、その運用によって物価安定と収益の増大を図ったもの。市易の言葉は、既に唐代の『唐律疏議』に見えており、国が関与する交易万般を意味し、漢の平準法に当たる。漢の平準法は均輸・平準法といわれたように、宋の市易法は先行する**均輸法**と両輪であって、賦税に代えて各地の特産物を上納させる一方、商品を政府の管理下に置き、加賦なき増収が狙いであった。背景に、西夏の圧迫による軍事費の増大と財政の逼迫という事情があった。そのため、実務官僚及び商人層を登用して大量の資金を投入した。市易法施行に当たって王安石が危惧したのは、いわゆる兼併の徒の抵抗であったが、以下見ていくように、結局、彼らの一部を取り込む形で運用がなされた。

熙寧２年（1069）、神宗は副宰相就任早々の王安石の提言を容れ、均輸法を施行して上供物資の効果的な運用をもくろみ、翌３年（1070）には四川の交子30万貫を準備金として沿辺市易務を秦州に設け、同５年（1072）に下級武官指使魏継宗の建議を容れ、市易務（司）を京師にも設け、監官・提挙官・勾当公事官等の官を置いた。均輸法は東南九路の税糧を効率よく移送・運用せんとするものであった。それに対し、**平準法**すなわち市易法の狙いは、建前としては都市の大商人すなわち兼併の徒の抑制にあった。客商からの物資の買い上げを、市易務内の国営商店買区が行い、都市の行人（坐賈）に払い下げる。市易務はいわゆる問屋の業務に当たるわけであり、買い上げは現金払いあるいは折博というバーター取引により、行人不要物資も将来に備えて購入した。払い下げの方法は、行人の提供する抵当物資の量に応じた**賖請**すなわち掛売り（後払い。**賖買**ともいう）であった。賖請は実質的には融資であり、その利息は半年１割、年２割で、延滞料の市例銭（**市利銭・事例銭**ともいう）は利息の１割であった。注意すべきは抵当がないものにも５人の保証があれば賖請が認められていたことである。それを結保賖請という。行人の賖請拡大を狙ったものと考えられる。

熙寧５年（1072）の市易法は、内蔵庫銭100万緡と京東路銭87万緡を資本として出発した。ところが開始早々、市易条文に、新法を妨害する兼併家の較固（市場独占）に対する処罰規定を盛り込む、という王安石の狙いは神宗に反対され、兼併家と妥協する形で発足せざるを得なかった。それは都市商人行人及び牙人（仲買人あるいは問屋）を募集登録させ（投状といった）、市易務行人・牙人に当てたが、兼併家の応募を断ることはできなかったからである。市易務の円滑な運用のためには、購入物資の払い下げ先を確保しておく必要があり、投状できるものはそれなりの資産を有してなくてはならない。それの無いものにも結保賖請の道は開かれてはいたが、実際の運用に際しては、業務を委託（**承攬**という）することのできるものが歓迎された。そこには建前に反して兼併家を任用して取り込むという工作があったと考えられる。客商からの買い上げ価格も、客商・市易務行人・牙人の３者で決めたというから、市易務行人・牙人も市易務運用に深くかかわっていたと言える。

熙寧５年（1072）京師に創設された市易務は間もなく市易東務上界と改称され在京商税院と雑買務・雑売場をその傘下に入れ、専売業務に携わる権貨務は市易西務下界と改称された。雑買務は宮中と官庁の必要物資の購入に当たる部署である。その購入は従来行役すなわちご用達として主に中央諸官庁諸司庫務の公吏差配の下、行人に担わせ、また地方より科買していた。翌年行役は廃止され、代わって都市行人より免行銭を徴収することになった。宋初より行役を差配してきた公吏すなわち公人と胥吏は、いわゆる形勢戸であり、被抑圧的側面のみ強調すべきではない。徴収された免行銭の分配、市易務行人・牙人の実態等については必ずしも明らかではないが、宮中と結託した公吏等の手中にあった一定の利権を奪い、必要物資の購入を市易務傘下の行人に委ねようというものである。従って免行銭徴収に変えられた後も、末端の負担にさしたる変化はなく、その後も行役・免行銭は併称されることが多く、行役のギルドへの依存態勢は続いたと考えられる。前述のように権貨務に市易の名前を冠し、市易務は専売業務に深くかかわっていき、熙寧７年（1074）、陝西に係員を派遣し下落した塩鈔を買い支えた。実は陝西沿辺８州軍は、解塩通商区として商人の運塩を許していた。西夏からの青白塩の侵入を防ぐためであった。やがて塩はだぶ付いてきたので、熙寧の新法党の下、商運を止めたが、沿辺入中に対する塩鈔の発行は継続しつつ、一方でその下落を防ごうとした。８年（1075）、提挙市易就任の呂嘉問は、西夏と接する沿辺８州軍の１州秦州を含む各地10州軍に市易務を増設し、翌年京師市易司の物資15万貫分を熙河市易司の準備金とし、以後、岷州・通遠軍にも市易司を置いた。秦・熙・河・岷州、通遠軍の５州軍及び後に設置された蘭州は、沿辺８州軍と吐蕃に挟まれたいわゆる軍事路熙河蘭会路である。各地に置かれた市易務総数24の大半は沿辺にあり、いずれも蕃漢貿易の盛んな地域であった。秦州の博買牙人に直接資本を投下したように、市易司設置の狙いは沿辺への融資と貿易管理によって西夏対策を有利にしようとするものであった。

しかしながら市易法には他の新法同様、当初より様々な抵抗があった。宮中からの不満の声、実務官僚に対する卑下、官司の商業区域買区の設置は、国家自身兼併の徒への成り下がりであり、商人の任用は、市井居販の徒の政事堂への登用である等の非難である。しかし、熙寧９年（1076）の王安石引退後は、呂嘉問がその衝に当たり、非難を浴びながら市易務を沿辺のみならず、東南各地に増設した。しかし、市易務諸事業のうち無担保融資法である**結**

保賒請は不良債権化し財政を圧迫してきたので、元豊元年（1078）王居卿の建言により、市易法は物資の売買（貿遷物貨法）と抵当法（契約金銀為抵法）とに限られ、結保賒請の法は止められた。代わりに都の各地に抵当所を設け金融政策の継続を図ったが、この時点で市易法は収益の増大に重点を置くようになったということができよう。元豊7年（1084）、榷貨務の名前を復活させ、市易法当初の無担保融資を復活し全国に及ぼさんとしたが、翌年、神宗の逝去に遭い、他の新法同様市易法は廃止される。

元祐（1086～1093）以降、市易法は置廃の繰り返しがあり、元符3年（1100）市易務は**平準務**に改称され、その買い占めていた石炭は放出された。その後、平準務監官に対し考課法が適用され、その銭物は増大して他司移用の対象となった。南宋中興翌年の建炎2年（1128）、投資に見合う収益の上がらないことを理由に市易務は廃止され、紹興元年（1131）行役・免行銭も止められ、必要物資は時価で購入することになった。しかしその後も免行銭は軍事費の財源として、時に減免措置が講ぜられながら、徴収を廃止するわけにいかなかった。紹興5年（1135）には潭州市易務が置かれ、淮塩を運んで収益をあげ、泗州・楚州・濠州・廬州・岳州・寿春府・建康府等にも市易務が置かれた。紹興25年（1155）行役及び免行銭は、小商及び郷村への被害拡大を理由に廃止されるが、実際は継続したようである。というのは帥府・総領所・制置司等、地方官衙あるいは軍隊は、市易庫・回易庫・回図庫により盛んに公的資金の運用・増殖を図り、商人に対する資金貸与の代償として、免行銭を徴収できたからである。また都市の抵当所も存続しており、その意味で市易法は南宋を通じて実質的に施行されていたと言える。

均輸法（きんゆほう）※

宋の均輸法は、市易法同様、漢の均輸・平準すなわち官物の徴収・輸送・販売において合理化を図る政策を受けたものである。熙寧2年（1069）の制置三司条例司すなわち財政審議会の設置後、まもなく王安石新法のトップを切って施行され、その加賦無く物資を買い入れ、徴税とその輸送等を効果的に運用しつつ収益を上げようという精神は、市易法その他に受け継がれ、新法全体に通ずるものであった。均輸法が広域的かつ長期的な視野の下にあったのに対し、市易法は物資の売買に当たる国営商店の**買区**を各地に設置し、地域的かつ短期的な価格安定を期するものであったが、後に均輸の業務を受け継ぐようになった。

北宋の都開封は100万余の人口を擁し、東南の穀倉地帯からの物資輸送は国の命運がかかっていた。宋初は年400万石の米穀の輸送は汴河を使って綱という船団を組んで行われ、それを担ったのが発運使である。東南六路（淮南・両浙・江南東西・荊湖南北路）には転運使がおり、各路の上供米輸送を担当していたが、転般倉のある真州・揚州・泗州・楚州から開封までは発運使が管轄し、更に東南六路の茶・塩・礬・酒税等をも総べることになっていた。均輸法はその発運使の任務を拡大させ、福建・広南東西路の3路を加えた都合九路の上供物資について、各地の特産品の有無、豊凶の差を見極めて輸送販売（これを移用という）する一方、開封の在庫状況をも調査し、南方の物資を効果的に上供せんとするものであった。そのために大量の資金を投じ、すでに河北における糧草の便糴に実績があり、解塩の運営では永興軍に買鈔場を設け、塩鈔の価格調整に功績を残した薛向を江淮等路発運使に登庸し、属官辟用（任意採用）の権限を与える形で発足した。

均輸法は内蔵庫銭500万貫と上供米300万石を資本金として発足したが、上供米300万石は、東南よりの年間上供額の半分にも及ぶものである。従来、輸送に当たる船団は30隻で1綱を編成し、綱ごとに人夫を雇い、年間1,000石輸送のノルマが会ったが、船団の横流しは絶えなかった。薛向は発足早々、漕運を一部民間に委ね、官民の相互監視によって不正を防ぐという方策を用いたが、これは注目すべきことである。なぜなら民間の大運輸業者は、政府の指揮下に置き排除すべきものではなかったからである。この方針は市易にも通ずるものである。翌3年（1070）、都大提挙江淮・両浙・荊湖・福建・広南等路銀・銅・鉛・錫坑冶・市舶等の職務を兼ねることになった。鋳銭監も掌握した結果、当時最大の銅産地岑水場の銅鉛を元手に陝西鋳銭監を設置したことが特筆される。薛向が採用した属官は、発運使管勾塩運、六路勾当公事等の職名を帯して、両浙・江西・荊湖・広南・福建の各地に派遣された。

均輸法施行に当たっては、恩蔭出身の薛向の資質に対する非難や国の商業活動による民間商人の利益侵害といった反対意見が出された。神宗はそのような反対論にもかかわらず、政治は理財を優先すべきだといって、薛向を励ました。当時の記録には、「熙寧三年、薛向が長官を辞め、結局均輸は失敗した」とあるが、今日から見れば、均輸法は実質的に市易法に引き継がれていったと見なすことが出来よう。熙寧5年（1072）に置かれた京師市易務は、翌年都提挙市易務に格上げされ、諸州市易務を統括することになった。この時点で市易務は、均輸の業務すなわち時に商人を使う広域的な物資移用の任務をも兼ねるようになった。事実、均輸法の下、薛向に採用された属官のなかには市易に活躍の場を求めていったものがおり、熙寧8年（1075）以後は各地に陸続市易務が設置され、種々その統合が図られるようになる。

南宋となり発運使は存続したが、汴河の水運はなくなりその役割は軽減された。紹興8年（1138）程邁は江淮京浙閩広経制発運使となり、北宋の発運使のように中央の三司に対抗できる権限を欲したが認められず、任務は結局和糴のみにとどまった。乾道6年（1170）には戸部侍郎史正志を江浙京湖淮広福建等路都大発運使に任じ、300万貫をもって均輸・和糴用の銭としたが、史正志は諸司・州郡より美財を徴収するのみで辞めさせられ、発運使も廃止されることになった。

移用（いよう）
地方の長官が管轄する地域の上供物資を独自の判断で転用処分することをいう。王安石均輸法は、発運使に東南九路各地の特産品の有無、豊凶の差を見極めさせ、中央の在庫状況を見て適宜移送・販売し、効果的に税糧を上供させることが狙いであった。移用は民間の兼併家に倣ったものと考えられる。南宋では建炎4年（1130）、藩鎮の制によって淮南・京東西・荊湖南北の諸路に置かれた鎮撫使にもこの権限が与えられ、また転運使にもこの権限があたえられることがあった。

科配（かはい）
宋代、主に宮中・官庁の必要物貨の都市商人からの強制的な買取、いわゆる行役すなわちご用達をいう。**科敷**・**科率**・**科買**・**借賃**ともいい、また広く臨時の雑税・両税の折変・和糴・和買等の意味で使用されることもある。宋初から建前としては雑買務・雑売場がその売買に当たることになっていたが、しばしば都市の行人に割り当て、また地方より半ば強制的に上供させていた。

牙人（がじん）
宋代、民間のあるいは官民の取引に介在し、その仲介役に当たるもの。市易法下の市易務牙人は官牙とも呼ばれるが、牙人そのものの呼称は多種多様で、牙儈のほか**牽銭人**・**接引交易人**・**引至牙人**・**領攔人**・**引置**・**牙嫂**、あるいは**荘宅**・**米**・**猪羊牙人**や**塩**・**茶牙子**等の呼称があった。

回易（かいえき）
五代の軍閥が行った商業。**回図**・**回図貿易**ともいい、政府公認の下、商税が免除されていた。宋に引き継がれた。

較固（かくこ［こうこ］）
『唐律疏議』によれば「**較**は利益の独占、**固**は市場の囲い込み」とあり、市場壟断をいう。宋代市易法設立当初の条文には、較固して市易法を妨害する兼併家は処罰するという項目があったが、神宗の反対によって削除され、兼併家と妥協する形で発足せざるを得なかった。

寄糴法（きてきほう）
宋代沿辺における糧草の入中を分散させること。糧草の対価の騰貴に悩んだ政府は、熙寧3年（1070）、河北糴便使に命じて大名府で始めさせ、のち次第に拡大させた。

魏継宗（ぎけいそう）
宋代熙寧5年（1072）、京師市易務設置の提案者。自らは布衣と称していたが実は下級武官指使であった。指使とは、指揮使の略称として用いられることもあるが、散直・殿侍等の下級武臣を当てる巡教使臣あるいは訓練官であり、軍隊・保甲を指揮し、吏役を差配した。南宋では2任した後、監当1任で巡検・県尉に昇格した。従って魏継宗は財務に全く関係なかったわけではないが、まもなく市易法実態は当初の理念と異なる、と批判したことによって罷免された。

宮市（きゅうし）
唐・五代まで行われた宮廷内の市場。宮中及び官庁の物資購入をいう。しばしば半ば強制的に徴収された。宋ではそれを是正すべく雑買務・雑売場が設けられた。

強市（きょうし）
官吏が威力を以て貨物を強買すること。強乞取ともいう。

均輸（きんゆ）
漢の法を受けて、王安石新法のトップを切って施行された法。加賦無く上供物資を効果的に輸送・運用せんというもの。「あらゆる官に輸すべきものは、皆な其の地土の饒する所を輸し、其の所在の時価を平らかならしめ、官、更めて他所にて之れを売る」という、魏の孟康の解説が要を得ている。

契要金銀為抵法（けいようきんぎんいていほう）
市易三法のひとつ。契要は契約書。市易務行人が契約書・金銀の類の抵当を差し出して市易務の銭または物貨を賒請すること。

軽重斂散之術（けいちょうれんさんのじゅつ）
商品が過剰で価格が下がっている時（軽）、国が購入（斂）して価格を引き揚げ、重い時は販売（散）ずることをいう。『管子』軽重に見える言葉。王安石均輸法の理念であった。

結保賒請法（けつほしゃせいほう）
市易三法のひとつ。結保は抵当のない市易務行人に、保証人5人あるいは3人を組ませること。賒請は物貨の掛売り。零細商人に売買参加の機会を与えるという意義があった。市易法実施当初より行われていたが、当然の事ながら焦げ付き、元豊元年（1078）以降、銭や物貨の賒請も止められた。

兼併家（けんぺいか）
土地所有の拡大、商業活動の増大を狙う大地主及び大商人をいう。王安石新法立案に当たってはその抑制を狙いとした。実際の施行の段階ではそれと妥協する形で進められた。

市易（しえき）
市易とは、国が関与する交易と融資を意味し、漢では平準といい、国営事業による物価安定及び国庫増収策であった。宋代でも王安石新法のひとつとして採用され、大量の資金を投入して融資と売買に当たり、売買差額と利息収入をあてにしたが、その運用は都市の坐賈と牙人に委ねざるを得なかったから、国庫増収に寄与したとは言えず、むしろ無担保の結保賒請によって不良債権を拡大させた。後には結保賒請をやめ、増収に努めたが、青苗法とともに一般の投資への意欲を駆り立て、その商活動による商税収入の増大をもたらしたことは評価されなければならない。

市易三法（しえきさんぽう）

宋代市易法における物貨取引と融資の際用いられる貿遷物貨法・契要金銀為抵法・結保賒請の法の3者をいう。元豊3年（1080）の都提挙王居卿の建言内における分類。

市易本銭（しえきほんせん）

市易法施行の為の資本をいう。熙寧3年（1070）の秦州沿辺市易務には30万貫、熙寧5年（1072）の京師市易務には、内蔵庫銭100万緡、京東路銭87万緡を出資した。

市易務行人・牙人（しえきむこうじん・がじん）

宋代市易法の下、市易務の監官・提挙官・勾当官の下、実際の業務に携わり、購入物資の払い下げを受けるものが行人、その差配に当たるのが牙人。都市の行人（坐賈）・牙人（仲買人あるいは問屋）に投状させて任用し衙啮の義務は無かった。行人への物貨払い下げ賒買には田宅・金銀等の抵当が求められたから、兼併家をはじめ有力者によって占められる恐れがあった。それを防ぐため無担保の行人にも結保賒請が認められていたが、不良債権化し元豊年間廃止される。買区購入物資の客商からの買い上げ価格は、客商と市易務行人・牙人の3者で決めた。したがって行人・牙人には強い権限を与えられており、行役に代えて免行銭が徴収されるようになってからは、商人ギルド（**団行**）の下その任にあたったと考えられる。

市例銭（しれいせん）

商税その他広く徴収された付加税のこと。**市利銭・事例銭**ともいう。市易法の場合、行人が市易務より賒買した際、半年1割、1年2割の利息に懸けられるが、更に付加税1割が徴収された。滞納した場合、毎月2％の罰銭が課せられた。

時估（じこ）

前月あるいは前の10日間の価格を勘案して決められた、政府の物資買い上げ価格。翌月あるいは次の10日間に適用される。

実直（じつち［じつちょく］）

行人が毎旬、報告する実際の市場価格。おおむね時估より高い。

賒請（しゃせい）

宋代市易法に用いられた掛売りをいい、実質的には融資であった。**賒買**ともいう。利息は半年1割、1年2割。滞納した利息にはその1割の市例銭が延滞料として徴収され、さらに2％の罰銭が課せられた。この賒請は市易法のみならず、外国貿易においても広く用いられた信用取引であり、経済の活性化に寄与すること多大であった。

招商政策〈しょうしょうせいさく〉

商人に投状させ、さまざまな国営事業に参加させることをいう。歴代政府は、商人の商業活動を推進させて商税収入に期待する一方、漢に始まる塩・酒等の専売において、宋代国営商店市易務の運営、市舶および権場貿易において、宋代以降の沿辺への軍糧輸送において、以上のさまざまな国家事業に商人の参加を求め、商人への依存を強めていった。特に宋代王安石の均輸法の下、税米輸送を主管した薛向は、発足早々、東南からの漕運を一部民間の大運輸業者に委ね、官民の相互監視によって不正を防ぐという方策を用い効果を上げた。後世、官物を商人へ払い下げることを**招商承領**といい、希望の商人に請け負わせることを**招商承辦**といった。**承買・撲買**も同じである。

壮保（そうほ）

宋代、客商が京師に置いた身元保証人のごときもの。商税免除の長距離通行手形（長引）を持つ客商を多数上京させ、また京師の牙人の不法から客商を守るという狙いがあったようである。

当行（とうこう）

一般には国家の事業の下請けに当たること。名前を登録しておき、順番があった。宮中及び官庁が必要とする物資の購入に当たる行役（ご用達）は、王安石新法の下、免行銭を徴収するようになってからは、建前としては廃止され、その業務は市易務傘下の雑買務が担当したが、末端では行戸（都市の商人、坐賈）が負担したことに変わりがなく、行役と免行銭のいずれをよしとするかの議論は絶えなかった。

投状（とうじょう）

商人が書鋪・交引鋪戸を通して政府に書面を提出して登記注冊を受け（**給由・給版榜**という）、引暦類の証明書を受け取り、さまざまな国営事業に参与すること。保証人と抵当物件の提出が求められ、**陳状・投勾**ともいう。**実封・実封投状**という場合は競争入札であり、酒など専売品の醸造・販売を請負う場合等に適用された。

東南六路上供物資

（とうなんろくろじょうきょうぶっし）

宋代、江南東西・淮南・両浙・荊湖南北の6路より上供される物資をいう。熙寧2年（1069）王安石均輸法の施行を委ねられた発運使薛向は、翌年福建・広南東西の3路を含む都大提挙江淮・両浙・荊湖・福建・広南等路銀・銅・鉛・錫坑冶・市舶等の職務を兼ね、当時最大の銅産地岑水場の銅鉛をも管掌することになった。

博買牙人（はくばいがじん）
王安石市易法のもと、秦州沿辺市易務において資金供与し業務を委託した商人をいう。当地の販路を掌握しているものに直接投資したことは、市易法の本質を示すものとして注目される。

俵糴法（ひょうてきほう）
宋代、民田の多寡を計り、先に銭物を給し、秋成後、米麦粟を納入させること。俵は割り当てるの意。

報納（ほうのう）
明代、報名納入を略したもので、御用品納入の選（簽）に当たった商人がその名を官府に報告し、御用品を納入すること。

貿遷物貨法（ぼうせんぶっかほう）
市易三法のひとつ。市易務が客商から購入した物資を市易務行人に払い下げることをいう。購入には博買すなわち物々交換もあり、払い下げには賒買も認められていて、実質的には融資であった。

免行銭（めんこうせん）
王安石市易法下、都市商人行人より徴収した銭。徴収の狙いは、宮中及び諸官庁の必要物資の調達である行役を銭納に変えることであり、徴収した免行銭は市易務の胥吏の給与利禄の一部に充て、調達そのものは雑買務の担当とした。しかし免行銭よりは元の行役が良いとも言われ、行役そのものは残存したようである。ただ従来行われていた宮中と結託した形勢戸の公吏としての行役差配を打破し、調達を在京市易務のもとに置くという狙いはある程度達成されたものと考えられる。

④市舶・互市

互市（ごし）※
互市とは辺境にある通商上の要地を選定して、中国の王朝が外国ないし他民族の通商使節団あるいは私的商人団と相互に定期の市（交易）を開く行為・貿易形式の総称。中国側が管理し統制する貿易なので**榷易**（管理貿易の意味）とも**関市**ともいい、その交易場所を**互市場**・**榷場**といった。中国側は官吏を派遣し、規則・資本をととのえ、交易における禁輸品の出入や不正行為を監督し、牙人（互郎ともいった）すなわち仲買業者に命じて交易を媒介させた。外国側の使節団と交易するときは**官市**と称し、これに随伴する商人団と交易するときは**私市**と称した。互市という用語は古くから用いられ、漢代の初めには南越と、後漢でも北単于・鮮卑と互市を行っている。以降継続して互市は行われてきたが、唐の半ばから海上貿易の規模が発達するに及んで沿岸の華東・華中・華南の要港における互市を市舶と呼ぶようになった。中国側が互市によって交易した外国ないし他民族は、北方・西北方・東北方では遊牧・牧畜・狩猟民、南方では東南アジアの諸国である。宋代まで、主要な交易品は前者では馬・牛・羊・皮革・薬剤（硇砂・甘草・人参の類）・玉ほか中継貿易品であった。一方、中国側からの貿易品は絹織物をはじめ漆器・陶磁器などであり、後者（南方）では香薬・象牙・犀角・真珠などと交易した。この情勢に変化をもたらしたのは、双方における需要の増大に加えて、第1は遼・西夏・金の勢力が中国領内にまで発展して、宋との国境線によって接壌した事態であり、互市・榷場の貿易は政治・外交・経済上の重要課題となった。第2は宋代における南海方面を中心とする海上貿易が台頭して、市舶制度の発展に示されるように南海貿易およびその収益が財政・経済方面におおきな比重を占めるようになった。第3に遼・金との互市ことに後者において、互市を通じて中国のこの勢いはさらに拡大した。宋金の榷場での互市の例をみると、宋は淮河に沿って盱眙軍・楚州北神鎮・楊家寨・淮陰県磨盤・安豊軍水寨・花靨鎮・霍丘県封家渡・信陽軍斉冒鎮・棗陽軍・光州の10榷場を置き、金ではこれらに相対して泗州・寿州・潁州・蔡州・唐州・鄧州・鳳翔府・秦州・鞏州・洮州・密州膠西県の11榷場を設けた。交易方法は両国の商人たちの直接交渉は許されず、牙人（仲介人）を立てて、商取引が行われた。売買が成立すると、過税・息銭・牙銭を支払った。宋からは茶・香薬・絹織物・文具などが大量に流れ輸出超過であった。金からは北絹・貂皮・人参などが持ちこまれた。明代では北辺（蒙古・遼東）に馬市が設けられた。開原では官市だけでなく私市も公認され、定期市として月5回、広寧では月2回、10日間開かれるまでに発展した。蒙古の大同宣府・楡林などでの馬市も1年に2回開かれ、隆慶年間には1年で数万頭にのぼる馬・牛・羊が売買された。明側からは、絹・茶・塩・米などと交易され、後に銀で支払うこともあった。第4に清代に入りロシアとの交易がキャフタ条約（1727）によって成立した。乾隆27年（1762）にはロシア商人による貿易が承認され、キャフタとツルハイトゥイに榷場を設け、ロシアの毛皮と、清の綿布・絹布が交易されたが、後に中国の茶が増加し、9割を占め、交換には茶を基準とするようになった。ロシアの輸出入額は1760年には140万ルーブルであったのが、道光10年（1830）には9倍に近い1,280万ルーブルに増加し、西北方の互市は東南方の四海関と並んで、清朝中国における二大渉外関心事になっていった。

市舶（しはく）※
「舶貨を市易する」ことを指し、沿海の港で国の管理下に行われる国境貿易のこと。国境（辺境）貿易を広く指す言葉には互市がある。市舶が海上貿易を意味する言葉として使われるようになったのは唐の半ばからで、開元２年（714）の史料に初見する。この頃から東南アジア・西アジアの国々と交易が盛んになり、海上貿易が陸上貿易を凌ぐようになり、政府はこれを管理すべく、広州に市舶司を設けた。

この制度は宋代に引き継がれ、海上交易は益々活発になった。その理由として以下のものが挙げられる。⑴中国で人口が増え、社会が豊かになって、舶来品への需要が増えた。⑵造船技術の発達や、羅針盤の発明のごとき航海技術の発達によって、遠洋への安全な航海が可能となり、アラビア・インド・東南アジア・日本・朝鮮半島など遠隔諸国との往来交易が進展し、大型帆船が開発され、大型・多量の物品や人員が運搬可能となった。⑶北方民族（遼・西夏・金）の勢力伸張と宋への侵入。これにより陸上貿易が阻害され、江南の開発とともに海上ルートが拡充された。⑷政府が海外貿易を奨励した。政府は蕃商の招致に力を入れ、南海品を多く持参した蕃商に官位を与えたりした。また同様に中国商人の海外活動も奨励した。

活発化する海上貿易に対応し、宋の政府は海岸線沿いの広州・泉州・福州・明州・杭州・密州などの要港に市舶司（または市舶務）を置き、海上貿易を統制した。外国船は、出入できる市舶港が特定され、広州・泉州の市舶司には西アジア・東南アジアの船が、両浙のそれには高麗・日本などの船がそれぞれ入港した。中央からは提挙市舶（長官）が任命され、海事行政に関する全てを掌った。すなわち、船の出入りのチェック、朝貢への応接、舶貨の検査、定率の関税徴収・抽解（抽分）、特定商品の強制買上げ、中央への輸送、外国人民の処遇、貿易の振興などである。

諸外国の商人からもたらされた舶貨は、例えば香薬・犀角・象牙・玳瑁などであり、中国の金銀・絹・銅銭・瓷器などと交易された。政府は舶貨を専売とし、太平興国２年（977）には榷易院を置き、私貿易を禁止した。のちに緩和されたが、舶貨のうち数種を専売品として中央の政府直轄庫に送り（起発）、ほかの物品は１～２割の課税を徴収する（抽解）。さらに政府が必要なものは半ば強制的に買い取った（**博買**、和買、官市）。このために市舶司には資本金が必要で政府から支給される資本金を市舶本銭という。上記の方法で得られた舶貨は中央の官庫に輸送されるが、貨物によって**細色**（小さくて高価なもの）と**麤色**（大きくて重いもの）とに分けられ、綱（輸送の船団）を組んで輸送された。こうした買い取り手続きが済んだ後は、民間に売られた。

なお、宋は一貫して銅銭の海外流出を禁止していたが熙寧７年（1074）～元豊８年（1085）の約10年余のみは、新法政策の一環として銅および銅銭の禁令を解除した。銅や銅銭は海外諸国の需要が高く、貿易の対価として需められていた。禁令の解除を機会に、大量の銅銭を国外に流出させ、市舶貿易も大きな利潤を得た。その後、再び禁令が復活したが、密輸を完全に抑えることはできなかった。市舶司は財政収益の増加を求められ、和買・抽解・官市などによる収入は増加し、紹興29年（1159）には、抽解と和買の利益は200万貫に上り、これは国家財政の５％を占めたという。

明代は、洪武７年（1374）に太倉市舶司を置くがすぐに廃止し、その後寧波・泉州・広州に市舶司を置き、さらに永楽元年（1403）には浙江・広東・福建に改置、同６年（1408）には交阯雲屯市舶司をも置いた。しかし明代は嘉靖年間を頂点とする倭寇の害や朝鮮の役など海上治安が不安定であり、**海禁**政策とともに市舶司自体も置廃を繰り返すこととなった。隆慶元年（1567）の海禁解除にともない、福建の漳州には海防同知が設けられて市舶税の徴収に当たることとなり、市舶司の機能に取って代わるようになった。清代になると、海上貿易は海関の管轄するところとなった。

安息香（あんそくこう）

えごのき科、樹脂。アラビア・アフガニスタン・インド・東南アジアで産出。薬用・香焚・化粧に使用。安息はパルティア（イラン）の地名。金顔香は安息香の一種。

閲貨（えつか）

宋代、港に到着した外国船に対し、市舶司の官吏が立ち会って行う貨物検査。

膃肭臍（おつどつせい［おっとせい］）

オットセイの腎臓・陰茎・睾丸を油につけて薬として使用。アラビア・東南アジア地方に多い。

下碇税（かていぜい）

唐代の関税。その税率は不明であるが、アラブ人の記録によれば輸入貨物に対し３割を課したという。舶脚ともいった。

海関（かいかん）

清代、外国貿易のため設けられた管理と徴税の機関。唐～明の市舶司の流れを汲んでおり、康熙24年（1685）に海禁を解いて外国貿易を許したのに続き、同41年（1702）における粤海関監督の設置を嚆矢として、閩海（漳州）・浙海（寧波）・江海（上海）の計４海関を置いた。のち同59年（1720）頃より、特許商に徴税の管理をさせる公行制度が敷かれ、西洋航路方面諸国との貿易は広州に、南洋航路方面諸国との貿易は厦門に限定された。正規の関税は船鈔と貨税からなり、その税率は低かったものの、実際には各種附加税や賄賂など多額の支払いが必要であった。外国にとって高かったこの障壁は南京条約によって除かれ、広州・厦門・福州・寧波・上海の５港が開港され、19世紀のうちに計19港が、公行の廃止・通商の自由・協定関税制度・租借地制度・領事裁判権などを含む新制度が敷かれた。しかし清側の旧態はほとんど変わらず、また諸外国が各港に派遣した領事にも往々にして不正行為があった。咸豊3年（1853）に始まった太平天国の乱により上海の海関が機能を停止し、その対策として同4年（1854）、外国人を海関組織に関与させる税務司制度が生まれ、のち他の4港もそれに倣った。これにより、海関は清朝から委任された外国人監督官すなわち総税務司が統轄するほか、この外国人総税務司の制度は、中華人民共和国の成立によってようやく終止符を打った。

海関金単位制（かいかんきんたんいせい）

第1次世界大戦後、世界的な下落傾向が続いていた銀価であるが、民国18年（1929）末から翌年初頭にかけて暴落し、代わって金価が急騰した。このままでは関税担保・外債償還に大きな支障を来すため、また将来的な金本位制への移行を考慮し、従来銀建てであった海関も金建てに切り替えることになった。すなわち、孫という仮想金単位（1孫＝60.1866センチグラム）を作って各国通貨の相当額を算出、民国20年（1931）2月1日より施行することにした。

海関両（かいかんりょう）

関銀ともいう。海関で関税徴収する際に、計算単位として用いる標準銀両で、この標準によって各種硬貨の相当額を算出する。ここ以外の商業取引には適用されない。

海禁（かいきん）

海上の防衛及び貨幣制度・外交の秩序を守るため、海上交通・貿易・漁業などに対し諸規制を加えることをいう。海禁政策が顕著だったのは元末・明・清代であるが、唐代以後、海上の治安維持や禁輸品の統制をめぐる海禁は随時行われてきた。規制も対外情勢の変化に応じて消長を繰り返した。中国内陸部までに及ぶ倭寇の活発化に対し、元は海防の厳重化および貿易統制の強化を行ったが、明初もまたこの路線を踏襲した。宗主国としての中国が、藩属国に貿易という形で恩威を及ぼすという名分のもと、朝貢貿易のみを公認して私貿易を厳禁する政策を取り、海上治安の維持と経済活動の安定化が図られた。しかし明の後期ともなると海禁に抵抗する海商や郷紳の密貿易が盛んとなった結果、朝貢貿易以外の民間貿易も認めざるを得なくなり、その隆盛に反比例して朝貢貿易は縮小化した。清ではその初期に鄭成功の反清活動を封じ込めるため海禁を行ったが、海禁解除後は外国貿易を許し、海関を置いて関税を徴収した。

格納（かくのう）

宋代、力勝税と通称された船舶の積載規模（力勝）を基準として課される、海南島海域での広義の商税。船身・船幅を計測して、3段階の等差で課す船舶税。等級毎の税額の差が大きいため、1尺の違いで10倍の税額を支払わなければならなかったり、積載貨物の内容を問わずに課せられるので、貨物の種類によっては割高な関税となり流通を阻害する、といった問題が生じた。

榷場（かくじょう）

榷とは漢以来官営専売の意味で使われてきており、榷場とは中国と北方・西方民族との官設の貿易場を指す。古来両者の間では絹・馬などの交易が行われていたが、交易場として榷場の語が登場するのは宋代で、北宋では契丹（遼）や西夏との間に、南宋では金・交趾などとの間にそれぞれ設けられた。榷場は遼に対しては雄州・覇州などに、西夏には鎮戎軍・保安軍などの国境地方に置かれたが、貿易の規模・制度が整ったのは宋金の場合である。金とは紹興12年（1142）に秦檜により和議が成立すると榷場を開設し、公に貿易を行った。宋では、淮河に沿って盱眙軍・安豊軍など10榷場を置き、金側は宋の榷場に対峙して泗州・寿州など11榷場を設けた。盱眙軍の規定によると、商人を大商（貨物価100貫以上）と小商に分け、小商のみが淮河を渡り、金の榷場（泗州）に赴いて貿易することが許された。大商は、直接交渉は許されず、金国商人が来るのを待ち、取引は牙人（仲介人）によってなされた。商人たちは売買成立の商品に対して、宋と金それぞれに牙銭を支払った。宋金の間の貿易品をみると、宋からは、茶（臘茶・末茶）が最大の輸出品で、象牙・犀角・香薬（乳香・檀香など）の南海からの輸入品、華南の生薑、陳皮や高級な絹織物・漆器・瓷器・竹木器・筆墨などであった。なお、武器・経書以外の書籍・銭・米などは金に輸出を禁止したが、銭は要求が強く、多く金に流入した。一方金からは、北珠・貂皮・人参・甘草などの薬物、絹織物（北綾・北絹）・馬などであった。馬は金国の禁制品であったが、宋側の需要が多く、密輸された。これらの交易品は、宋側にとっては、輸出超過、金国の輸入超過で、金国は代価として銀で決済し、銀が宋へと流れたといわれる。

官市（かんし）

宋代の市舶で例示すれば、政府が直接に必要物資を民間から買い上げる行為を、広く官市・市易・和市という。港に着いた外国船の積荷に対し、まず市舶司が関税として所定の商品の一部につき定率の部分を強制的に買い上げる（抽分・抽解・抽買・博買）。その後で民間の売買を許した。

関桟（かんさん）

海関（税関）の保税倉庫をいう。行桟がすでに通関した貨物を保管する倉庫であるのに対し、関桟は通関手続きを経ていない貨物を入れる倉庫である。また**関庫**ともいう。

関餘（かんよ）

関税収入剰余金の略称。清代、アヘン戦争の対英賠償金の支払い担保に海関収入を充てたが、その後も各種賠償金の担保として用いられ、その結果収入よりも支払いが増大したが、毎年、その支払額を控除した残額を総税務司から中央政府に交付することになっていた。その剰余金を関餘と称する。

脚乗銭（きゃくじょうせん）
交通費の手当。

虚出通関硃鈔（きょしゅつつうかんしゅしょう）
ここでの**通関**とは租税全納証書、**硃鈔**は分納領収書であり、虚出通関硃鈔は未納者にこれらの証書を給付することをいう。

験估処（けんこしょ）
清代、海関（税関）内において、通過貨物の鑑定をおこなう部署。輸出申告書を検閲し、貨物の価格や品質を評価記録し、価格税率の正確な適用を図る。なお、書類が充分な要件を満たしていると判断できれば、貨物検査を免除し通関させることもあった。民国16年（1927）ごろ上海海関に設置され、ついで民国18年（1929）大連にも設置された。

験単（けんたん）
税関から荷船に給付される検査済の証明書。税金額が記入されており、この額によって税金を税関銀行に納付し、**放行単**（陸揚許可証）が給付される。

公憑（こうひょう）
官が発行する渡航証明書。商人が海外に出て、貿易をする際には、市舶司が発行する公憑を必要とした。帰国の際には、出国時の市舶司に戻り、公憑を提出しなければならなかった。紛失した場合には、密貿易とみなされた。その公憑の具体的な内容については、北宋の崇寧4年（1105）に泉州の商人李充が日本に行った時に、両浙路明州市舶司から交附された公憑からうかがうことができる（『朝野群載』巻20、太宰府附異国大宋商客事）。これによると、「1. 渡航目的、2. 船（所有者）、3. 乗組員の職種と名前・綱首・梢工・雑事・部領（第1甲・2甲・3甲、67名）、4. 物貨、5. 保証人（3人・物力戸）、6. 泉州令、印顆、7. 注意事項、北方（遼・登・莱州など）への渡航禁止、武器などの持ち込み禁止と罰則規定、8. 日附（崇寧4年6月）、9. 発行者・明州市舶司関係者4人の名前と印」とあり、当時の海外貿易の実態がわかる。

江輪護照（こうりんごしょう）
長江を航行する河川用汽船（定期船）に給付される通航証で、River Steamer Passという。有効期限は1年で、税関に提示して更新する。

高麗亭（こうらいてい）
宋代、元豊年間以後は高麗使への待遇が厚くなり、沿路の亭館を一新して高麗亭と名付けた。なお、北宋における高麗使の来朝ルートは2通りあり、海路から密州に上陸し、京東路から陸行して開封に至る東路と、同じく海路で明州に上陸し、運河によって汴河に入り開封に至る南路とがあったが、もっぱら後者が利用されていた。

香薬庫（こうやくこ）
宋代に諸外国の朝貢や市舶司の貿易で得た香料・薬品・珠玉類を中央で貯蔵した倉庫。天禧5年（1021）、宮廷東華門の中の内香薬庫と、城南に置かれた外香薬庫の2庫が置かれ、前者は比較的上等なものを貯蔵した。貯蔵品は宮廷の需要品を除き榷貨務（専売局）を通じて商人に売られた。

香薬鈔（こうやくしょう）
香薬の販売許可証で、輸入された香薬の中から官用を除いたものが商人に売り渡された。

細色（さいしょく）
宋代、中国が輸入した南海交易品は、大きく2つに分けられた。すなわち細色と**麤**色である。細色の抽解率は10分の1であった。**麤**色は15分の1。**麤**色が大きく粗雑なものに対して細色は容量が小さく高価なもの、高級品である。例えば、真珠・乳香・琥珀・金・銀・膃肭臍・龍涎香（マッコウ鯨の腸内にできた結石性の分秘物）・薔薇水（バラ花を水にひたし溶出した油を採取したもの）・沈香・瑪瑙・紫礦・珊瑚・瑇瑁などである。これらは貴重で、全交易品の2割程度であった。

子口半税（しこうはんぜい）
子口税ともいう。清代、海関で輸出入の貨物に対し、輸出入税の外に課した定額の抵代税のこと。内地関税および釐金税免除の便法として始められ、有税品はその輸出入税の2分の1、無税品は従価の2分5厘を徴収し、搬入の貨物には子口単を、搬出の貨物には報単をそれぞれ交付して内地税関を通過できるようにした。民国20年（1931）、新国定税率の実施に伴い廃止された。

住舶（じゅうはく）
寄港すること。

出口違禁貨物（しゅつこういきんかぶつ）
市舶ないし関税の用語で、海外への輸出禁制品のこと。たとえば銅銭・米穀等の輸出はそれである。ただ清代でいえば、内地の口岸（港の意）から口岸への移出は、以下の規制の下で許されていた。本商人ほか2人の連名による**呈報単**（申告書）を提出し、**護照**（許可証）をもらえば、免税となる。到着すると、運到の証明書をもらう。証明書の期限は6か月で、それ以降は銅銭の没収となる。米穀も同じ。移出の時には税がかけられた。

出口紅単（しゅつこうこうたん）
出口許可証のこと。**紅牌**ともいう。

書禁（しょきん）
宋代の遼・西夏・金との交易所・榷場において、中国の情報が国外に流れるのを防ぐため、九経以外の書物、国内の状況を示す随筆、地図等は、持ち出しを厳しく禁じた。これを書禁という。

浚浦税（しゅんほぜい）
港湾および水路改修のため、海関において輸出入される船舶貨物に課す特別税。各港によって名称を異にする。

小建銀（しょうけんぎん）
清代、各省で関税徴収するには月の大小を問わず30日を按分して徴収し、うち29日分を中央政府に送ったが、これを小建銀と称した。小建とは、**大建**の対語で、小の月すなわち陰暦29日の月をいう。なお残り1日分は当該官庁の公費に充てられた。

進口違禁貨物（しんこういきんかぶつ）
輸入禁制品のこと。たとえば、塩・鉄器・軍器・地図・書籍・アヘン・紙幣・銅貨・金銀・人身・風紀を乱す絵などである。ただし、時代ごとにリストはかなり異なる。なお、進は出ないし支の意で、付の対語。進貨は売り出し輸出の仕入れ商品。進口は輸入とか輸入品・仕入れ品。輸出・売り出しを出口・付貨という。

沈香（じんこう）
沉丁木の香木。樹膏が凝結したもの、また樹木が朽ちて樹膏ができたもの、堅くて黒いものが上質の香木である。比重が大きく、香木が沈むことから沈香の名がある。産地はベトナム・カンボジアのものは、質がよく、スマトラ・ジャワは、質が落ちるという。焚くと芳香を放ち儀式に用いられ、また鎮静・疲労回復にも効果がある。日本では高級な沈香を伽羅・奇楠木と呼んだ。正倉院にある蘭奢待は沈香の一種の黄熟香である。沈香はその性質によって、雞骨香・青桂香・桟香・黄熟香・速香・生香・熟速などと呼ばれており、複雑である。

水餉（すいしょう）
明の万暦17年（1589）に定められ、入港する船舶の大きさに応じて船主から徴収した税。船の巾1丈6尺に対し、尺ごとの税銀5両で計80両、1丈7尺で尺ごとの税銀5両5銭、合計93両、それ以上の船は1尺増すごとに尺あたり銀5銭を加えた。

税単（ぜいたん）
清代、税関において関税を徴収したときに発給する証明書。これには納税完了の月日や税額が記されており、商人は通過する関卡に提出し、検査を受けてのち通行を許される。したがって**放行単**ともいう。

税務司（ぜいむし）
各海関で税務管理を掌った職員。多く外国人の貿易関係者が任ぜられ、北京の総税務司から派遣されていた。各関の税務司は内外2班の職員が補佐し、また**海班**と称する監視部隊もいた。中華民国の成立後もおおむね制度を踏襲した。

折博務（せつはくむ）
折博とは、商人や民が特定の地に政府が需要する物資を納め（入中）、その代償として塩・茶などの政府専売品を、割り増しされた価格相当分で受け取ることで、**折中**ともいう。折博務とはそれを取り扱う役所のこと。宋代では乾徳2年（964）に創設された。

麤色（そしょく）
粗色ともいう。中国に輸入した南海交易品の数々は細色と麤色とに分けられた。細色が小さく高価なものであるのに対し、麤色は容量が大きく安価で粗雑なものを指す。細色の抽解が10分の1に対して、麤色の抽解は15分の1であった。麤色の方が税率が安い。都での運搬も難しく、市舶司で抽分（定率の強制買上げないし課税）して出売することが多かった（出売を**変売**という）。麤色の中でも容量が大きく、重いものは**麤重**といった。『宋会要』職官44、市舶の紹興11年（1141）11月の条には南海交易品の一覧表があり、それによると、全体の品目345品に対して、細色に属するものは75品で2割、麤色が121品で3.5割、残る麤重が最も多く、麤色と麤重を併せると7.7割すなわち8割となる。麤色として組み入れられたものは、胡椒・黄熟香（沈香の一種）・吉貝布・降真香（紫藤香・鶏骨香または降香といい、舶来のものは俗に香降といった。焚香）・桂皮（肉桂、薑と合わせて薑桂ともいう）・肉荳蔻（ナツメグの種子の肉をとったもの）・檳榔・鹿角などである。また、麤重には倭板・薄板・杉板・杉板狭小枋など日本産も含む材木が多く、ほか大蘇木（赤色の染料。蘇芳・蘇枋）・硫黄・雞骨香（降真香に同じ。舶来のものを番降・雞骨という）などがあった。

象牙（ぞうげ）
象の牙。装飾品・仏像・器物など、宋代では五品以上の官吏が持つ笏を作る材料として幅広く用いられた。『諸蕃志』によると大食（アラビア半島）のものが良質で、色は真白で文様のきめが細かく、一本100斤（約60 kg）ある大きさのものもあった。真臘（カンボジア）や占城（南ベトナム）のものは小さく、20斤～30斤（12 kg～18 kg）

で、紅い色をしており、尖った牙などは、箱を作る材料にしかならないという。しかし、象牙の需要は高く、大きなものは高価で売れた。3斤（1.8 kg）以下の小さな象牙は使い物にならないと判断され、政府は買い上げ（官市）を行わなかったので、蕃商（外国商人）達は、中国に入る前に、必ず象牙を3斤以下に切断して官市を免れたという（『萍洲可談』巻2）。また象牙は南宋初、紹興元年（1131）、大食国の蒲亜里が朝貢のために大象牙209株と犀35株を持参した。政府は、市舶条例によって1株57斤以上の大象牙を1斤2貫600文94銭で買い取った。市舶本銭（資本金）5万貫を準備した。そしてこれらを半分だけ都に送り、象牙は官僚に与える笏を作り、犀角は帯に使用した。残り半分は利息をかけて商人に出売したという。中国国内だけでなく、遼、西夏、金などの北方諸国でも舶来品として珍重がられ、高価で取引された。

大商（だいしょう）

互市に参入する宋の商人は、価格100貫以上の貨物を携行する大商（大客）と、それ以下を携行する**小商**（小客）とに分かれる。大商は金との貿易の際には榷場に留まって金の商人が至るのを待ち、国境をなす淮河の渡河は許されない。また金人が来ても直接取引は出来ず、牙人を仲介して取引する。

帯泄（たいせつ）

宋代に銅銭を貿易船に委托して海外に密輸入（泄）した行為。民間から見れば、委託投資のこと。船員の縁者・知人が自らの銅銭を委托し、航海で増殖した利益を帰帆後に分益した。

茶市（ちゃし）

明代、西蕃（チベット族）等の間で行われた互市で、中国産の茶とチベット産の馬の取引を中心とし、明側は茶馬司を設置して貿易を管轄した。

チャペ税（ちゃぺぜい）

Sceau税ともいう。清代、広東での貿易において、ポルトガル商船が総督に送る謝礼のひとつ。謝礼は貿易許可を受ける時、貿易市開催許可を受ける時にもそれぞれ払うが、帰路につく際に送るこのチャペ税が最も重く、支払って初めて退去が許される。

抽解（ちゅうかい）

一般に流通する商品・物品に対し、政府が通過税名義で税をかけること。抽は幾割かを抽取すること、解は中央に発送すること。抽解とは、抽分して起発上供するの意から、徴税の意となる。税率はほぼ1/10～2/10税であったが、変動して2～4割に上ることもあった。元代では細色は1/10で、麤色は1/15と低減された。

抽買（ちゅうばい）

宋代、南海交易品の抽解と博買（官市・和買）。抽解は**抽分**ともいい、事実上の関税。博買は買い上げ。抽分した外に、さらに一部博買したので、抽買と連用される。例えば「犀角・象牙の如きは十分の二を抽し、又た四分を博買す。珠は十分の一を抽し、又た六分を博買す。舶戸は抽買の数の多きを懼れて、止だ麤色の雑貨を販するのみ」（『宋史』食貨志、互市舶、隆興2年の条）とある。また、「貢物は十分を以って率と為す。進奉の一分を許す。余数（九分）は条例に依りて抽買せよ」（『宋会要』蕃夷4、占城、乾道3年11月28日）とあり、進奉の九分は商品の如く抽解し、博買している。

東口（とうこう）

張家口をいう。清代は山西商人にとって対露貿易の基地、また**西口**の帰化城とともに対蒙古貿易への基地、またキャフタ貿易の根拠地でもあった。

透漏（とうろう）

脱税・密輸のこと。また、漏舶法は法に背き貨物を私販し、抽分を免れようとした船舶に対する処罰規定。

独檣船（どくしょうはく）

アラブの船の最大の船で、1,000婆蘭（約180トン）を載せる船もあった。

南海交易品〈なんかいこうえきひん〉

宋代、特に南宋では西アジア・南アジア・東アジアの国との交易が盛んになり、市舶の制は国用を助くと皇帝が賞賛する程に海外貿易が発展した。中国から国外に輸出された物品は、金・銀・緡銭（銅銭）・鉛・錫・絹織物・磁器などであった。その見返りとして実に多くの物品が輸入されている。海外からの輸入品は、政府管轄の市舶司を通じて入り、選り分けられ皇帝・政府が必要な禁榷品を都に送り、残りは関税（1/10～2/10）をかけて民間に売り出された。これらの交易品の取り扱い分類は年代によっても異なるが、『宋会要』職官44、市舶によると大きく3つに分類される。⑴宋初の太平興国8年（983）では禁榷品として8種、玳瑁（南方海洋産の大亀の甲羅であり、服飾や薬に用いる）・象牙・犀牙・賓鉄（鋼鉄）・鼊皮（亀の一種〈cheloniamydas〉の甲羅）・珊瑚・瑪瑙（岩石の隙間に化成する宝石）・乳香・真珠（象牙・犀角を犀牙として真珠を入れることもある）であり、後に紫鉱（赤色染料、ラックという。蟻に似た小虫が樹木上につくる殻より製する。マレーからの舶来品）と鍮石（自然銅また銅と爐甘石を合して錬成した金属）が入り、10種となる。その他、37種は沈香・檳榔などで、民間に売り出された。全体で50品目位である。⑵南宋の紹興3年（1133）11月では起発する物（都に送る）と変売（港の市舶司で売る）する物に分けている。起発品は乳香・金・銀や武器となる牛皮・筋角などの132品。変売品は、重量の重いもの、また起発品より質的に落ちたものなど87品目。例えば、上・中黄色熟香は起発で、下黄熟香は変売品となる。(3)紹興11年(1141)には細色・麤色・麤重の3種類に分け、350品目を数える。細色は小さくて高級な品、乳香・龍脳など70品。麤色は粗雑で大きい品、吉貝布(木綿)・胡椒など127品。麤重は重く粗雑な品、倭板(日本産の材木)・硫黄・青木香など149品である(『宝慶四明志』巻6、市舶にも細色・麤色の品目の記載がある)。ひとつの品目が質によって細分化されて各々に異なる名称がついているものがあるとはいえ、紹興3年(1133)の210品目から、8年後の350品目は数量ともに多い。これらの品には乳香をはじめとする香薬が多く、これらは寺院の香として、また宮殿の人の焚香として使用された。乳香は品質によって13等級に分化された。下級の方は安価で、一般の人々も自由に入手でき、またこれらの香薬は焚香として用いる一方で、薬用として、治療のための必需品として使用されていることに注目したい。宋代では、江南の開発と共に人口も増加し、庶民の人々の生活力も増してきた。その中で、香薬・真珠・宝石などの高級な文化への関心も高く、それを受容できる文化的水準が高くなったことが考えられる。一方、西アジア・東南アジアからの交易品は、中国に持参すれば磁器・絹・銀などと交易できるので、当時の一流品が集まったものと思われる。

乳香(にゅうこう)

橄欖科の香木の樹脂。**薫陸香**ともいう。薬用、鎮静剤として使用。アラビア半島のイエメン・オマーン・アフリカの東部のソマリアで産出。高貴な香りは西アジア・ヨーロッパでも珍重がられ、古くからの伝統的な香薬の一つである。幹に傷をつけると乳白色の樹脂が出て、空気に触れると透明黄色に固まるが、これを焚くと香りが出る。中国でも珍重がられ、宋代では専売品として政府が買い上げた。『中書備対』によると北宋の熙寧10年(1077)には35万斤(213トン)も買い上げている。また朝貢品として南宋朝に占城から10万斤(60トン)も献上されている。これらの乳香は国内では品質・色などによって13等級に分けられ、名称も以下のように異なっている。(1)揀香、(2)缾乳、(3)缾香(上・中・下)、(6)袋香(上・中・下。乳香採集の時に瓶か袋を使用したかの違いである)、(9)乳榻(石、砂が混入)、(10)黒榻、(11)水湿黒榻(船の中で水をかぶったもの)、(12)斫削、(13)纏末(粉末で塵のようなもの)。13等級に分けるということはいかに乳香に需要があり、貴重なものであったかを示し、更に最下位の纏末でも一般人向けであろうが、安価で多くの人々に使用された。これらの乳香は宮殿、特に寺院での焚香に用いられたが、北方民族(遼)・西夏・金との南海交易の筆頭として高値で取引きされ、利益を上げた。

寧波の乱〈にんぽうのらん〉

宗設の変、寧波争貢ともいう。明代嘉靖2年(1523)、日・明の勘合貿易をめぐる細川・大内両氏の主導権争いにより、寧波で発生した争闘死傷事件。

派司(はし)

発航の港の輸出入品で、既に納税し終わり後は帰国もしくは他口に行く段階になったとき、税関から給付される証明書。**存票**ともいう。この証明書を保持することにより、輸出品は1年間当該口において他税と劃底する、あるいは輸入品は現金と交換することが可能で、かつ3年間の納税の効力を有する。なお、外国の外交官に発給する旅行券や官吏・商人の汽車乗車券などもみな派司と称する。

婆蘭(ばらん)

マレー語の音訳で重量の単位。1婆蘭は300斤(約180kg)。アラブ人の船の最大は独檣船といい、1,000婆蘭(約180トン)であった。その3分の1の船を牛頭船(60トン)といい、その3分の1の船を三木船(20トン)、その3分の1のものを料河船(7トン)と称した。

舶主(はくしゅ)

舶は大型の遠洋航海船のことであり、商船が多い。船主はこうした船舶の所有者を指す。明代には沿海地方の郷紳層で舶主となる者が多かった。概して個人所有者は少なく、大半は合股を組んで経営した。

舶商(はくしょう)

海外貿易商人のこと。

番貨(ばんか)

蕃ないし番は中国人が外国・外国人を指した用語。**蕃貨**・番貨は外国産品、舶来品。

復進口税(ふくしんこうぜい)

海関税のひとつ。国内関税の一種である沿岸貿易税で、輸入税の附加税である。

法庫(ほうこ)

すなわち法庫門のことで、辺牆12門のひとつ。内外蒙古の貿易場で、清代は官庁を置いて盛京奉天府に属させ、民国では県に改めた。

報関行(ほうかんこう)

貨主に代わって海関に対し関税交渉を請け負う、一種の代理営業。清末、海関設置によって設けられた総税務司は多く外国人(英国人)が採用され、交渉にあたり英文が必要とされたためこの職が生じた。

報験人（ほうけんじん）
海関または官府の検査所に対し検査を申請することを**報験**、またその申請者を報験人という。

北洋通商衙門（ほくようつうしょうがもん）
清代咸豊11年（1861）、北京における総理衙門の発足にともない、南北の開港場にも衙門を分設して大臣（通商大臣）を置き、海関道（海関を管理する道台）・海関監督をその下に置いた。牛荘・天津・登州の開港場など北洋方面の通商事務を扱う衙門は北洋通商衙門と呼ぶのに対し、南洋通商衙門は広州・厦門・福州・寧波・上海など長江沿岸や華中・華南を管轄した。

木市（ぼくし）
材木の取引を中心とした互市場。明代の木市は北方民族と漢族との間に行われた私市で、こうして徴収した木税は、馬市抽分と同じく北虜の撫賞に充てた。

洋貨落地税（ようからくちぜい）
清末、輸入貨物に対する**落地税**（入市税）のこと。子口単貨物を買い受けた商人から徴収した。

陸餉（りくしょう）
明代、万暦17年（1589）に定められた貿易にまつわる貨物税。貨物の価格に照らして銀を納めさせる。唐宋以降、輸入貨物の何割かを物資そのもので納めさせており（抽分）、また明初の市舶司は輸入貨物の強制買い上げ（博買）のみで抽分は原則上行わなかったが、この制度とともに銀納が行われるようになった。隆慶元年（1567）からこの元になる税則があったようで、万暦3年（1575）に改正、同17年（1589）に詳定、同43年（1615）には若干の減額が行われた。この税率は大体時価の100分の2であったらしい。

龍脳（りゅうのう）
香木の一種で、ボルネオ・スマトラ・アラビアを原産地とする常緑樹。大高木で50メートル以上にも達し、花には香気がある。樹根中の乾脂・膏（油）は根下の精油、心材部の割れ目に結晶が生じるが、これが龍脳である。芳香・薫香・防虫剤などに使用される。貴重な香木で、香気・色彩・形状・内容によって名称があり、11種以上にのぼる。(1)梅花脳（氷片脳）、最上品で、雲母の如く色は氷雪、梅花に似ているという。(2)油脳（澄んだ液のもの）、(3)金脚脳（棒状になっている）、(4)米脳（米の様に砕けたもの）、(5)白蒼脳（砕けて木屑と混ざったもの）、(6)赤蒼（砕けて木屑と混ざったもの）、(5)とは色が異なることか）、(7)聚脳（砕いた屑を蒸し焼きにして、木屑についた塊をいう。婦人の花環をつくる材料になる）、(8)熟脳、(9)木札脳（脳子を採取した後の木片）、(10)脳泥、(11)鹿速脳、などの名称がある。宋代では、非常に高価な香料であったが故に、このような名称が用いられた。万暦17年（1589）の貨物税（陸餉）によると、乳香は100斤につき200（銀、両銭分厘）であるのに対し、氷片は10斤につき3,200と高価であったことが分かる（『東西洋考』7）。しかし、香りが似ている樟脳が普及していくと、次第に重んじられなくなった。

8　公会計

①総記

会計（かいけい）※
古語ならびに歴代正史の食貨志等における会計の用語は月末・歳終等に行う決算及び監査の意味をもつ。現代において財物や出納を計算して帳簿を管理し、それを監査することをいうのとは若干の違いがある。**会**・**計**ともに照らしあわす・監査するの意味をもつ。史料上、西周時代にはその制度が成立していたことがうかがわれる。『周礼』によれば、会は歳終に行う決算（**大計**）、計は月末に決算を行う意味（**月要**）となる。また10日ごとの決算（**日成**）もある。このほか『周礼』に「歳終則会計其政」（地官・舍人）とあって、歳終に穀物量の総決算をすることをいい、同じく「歳終則会其出」（天官・司裘）とあって、歳終に収支決算をすることをいう。ちなみに『宋史』食貨志、会計の条には、宰相となった蔡京が徽宗に対して「周官の『惟だ王のみ会せず』を以って説を為す」と説明するくだりがある。まさに『周礼』の「唯王及后之服不会」「唯王及后之膳不会」を念頭において、王と皇后だけは歳終に行う決算及び監査（会）の対象とならないことが説かれている。

会計録（かいけいろく）
王朝下における歳出・歳入額、官員・兵士数などの諸統計を編集したもの。中国では唐・李吉甫撰『元和国計簿』が創始とされる。それに倣った北宋の『景徳会計録』6巻は、戸賦・郡県・課入・歳用・禄食・雑記の6巻から成る。その後、『祥符会計録』30巻・『慶暦会計録』2巻・『皇祐会計録』6巻・『治平会計録』6巻・『元祐会計録』30巻・『宣和両浙会計総録』、南宋の『紹興会計録』・『乾道会計録』・『紹熙会計録』・『慶元会計録』・『端平会計録』などが伝えられる。北宋前半には比部や帳司など、統計資料収集の官署が機能していたが、すべての数字が何倍にも増加し、政治・軍事・社会情勢が大きく変化すると、現実に則した会計録が出来難くなる。『宋史』食貨志、会計にも、宋代会計録の記事が多数引用されていると想定できるが、その分析は容易ではない。

額（がく）
基準となる、あるいは平均の値のこと。徴収される小作料、漕糧などの基準定額のことを**額数**という。数年間の徴収額を平均した歳収額を**正額**・**定額**という。また食貨志では銭穀・絹帛等の1年間の総計を**年額**・**歳額**という。

額辦（がくべん）
歳辦とも呼ばれる。明代、農民が毎年定期的に割り当てられ、各地域の土産物を上供として提出することをいう。これに対し、臨時的に割り当てられたものを**派辦**、あるいは**坐辦**と称したが、時代の経過とともに額辦と同様に固定化され、雑辦という呼称もうまれた。額辦（歳辦）、派辦（坐辦）、雑辦は、一般に上供物料といわれた。

軽齎（けいせい）
漢代頃は軽く持ち運びやすい有価物（例えば金・銀・絹など）を軽齎・**軽資**・**軽貨**などといった。宋代は、金・銀・会子などを指す。明清時代、漕運において輸送途上や貯積中に損耗した米を補充することを耗米といったが、やがて輸送費不足の為に付加的に耗米を折銀（銀で代納）した。これを軽齎銀という。

公帑（こうど）
政府の金、公金のこと。**公款**・**官帑**ともいう。**帑**は金銭・布帛、あるはいそれらを蔵する政府の倉庫のこと。ちなみに宋代、内帑といえば内蔵庫を指す。

上計（じょうけい）
戦国・秦・漢時代、地方官吏が朝廷に対し、管轄区域における当該年の戸口・銭糧・獄訟などの状況を報告することをいう。この報告書は**計簿**と呼ばれ、官吏の勤務評価に使用された。上計吏のことも指す。

中書備対（ちゅうしょびたい）
11世紀後半、真宗初の宰相畢士安の曾孫、畢仲衍が編纂した国家財計事典、30巻（『文献通考』は10巻・125門）。計数に明るく、中書検正戸房公事の時、神宗の予想外の下問に答えるため、宰相呉充の命で編纂。天下の事、悉くこの中にありといわれ、士大夫たちは争って伝写した。『宋会要』食貨や『文献通考』の戸口・鋳銭監・職田などに、当時の路別の統計数字が残っており、陝西の折博務の解説もあるから、総合的な経済統計、官署などの、要をえた事典だったと思われる。

透支銀（とうしぎん）
清代、会計官吏がひそかに帳簿をごまかして得た銀両をいう。

内蔵庫須知（ないぞうこしゅち）
宋代、大中祥符5年（1012）に劉承珪が作成した内蔵庫関係の法規・条例集。5巻。

変価銀（へんかぎん）
清代、不用となった官物を売却、換金して公費に充てること。

放散官物（ほうさんかんぶつ）
官吏が官物を出売して利益を得ること。また、屋宇の営造や祠祀・宴会等の費用を過剰にいつわり利益を得ることも指す。

②予算・収入

移用銭（いようせん）
移用は融通・転用・流用する意味。宋代、転運司が管轄する州軍では、中央の財庫へ送納する上供とは別に転運司の徴発する財賦を収めた。これが転運司移用銭である。目的は、地方における所轄の州軍と中央との間の財賦を調整補填することにあり、管轄下の州軍の上供に闕額が有れば転運司移用銭で補い、州軍にて年額経費が不足すれば中央との調整にあたった。しかし、転運司が賦税を過度に徴収するなどの悪弊も生じた。

印契銭（いんけいせん）
宋代民間の田宅典売の際、課せられた税銭。**契税**ともいう。

捐納（えんのう）
政府が人民に対して官職を授けることを条件として、米穀あるいは金銭を上納させること。**開納**・**捐輸**・**捐官**ともいう。清代では康熙初年の三藩の乱によって財政不足となり、捐納を進めた。捐納は戸部の管轄であったが、事務を専管させるため特別機関である捐局を設置した。中央では在京捐局、地方では在外捐局という。捐納の種類は、捐職官・捐花様・加捐・捐升・降捐・捐離任・捐免など10余種類に及んだ。このうち捐職官の場合は実際の官職を与えるので、中央官では五品以下（六部の郎中・員外郎以下）、地方官では四品以下（道員・知府以下）、未流入に至る官職を捐納で買うことが許され、その額は郎中銀6,912両、道員銀1万1,808両と定められた。ただし、これらの実官の捐納は貢生・監生の資格ある者に限られた。また捐免では、候補者が実官に補任される際、一定の試用期間を免除される捐免試用などの特例が認められた。このほか捐納の際、京官にして外省の官を申請し、武官にして文官を申請することを**改捐**といった。

羨餘銭（えんよせん）
路や州県が定額の税の外に無名の税収入を増して朝廷に献納する銭をいう。

窠名（かめい）
諸種の賦税の税目をいう。

額支（がくし）
清代、経常歳出予算額をいう。

官員等請給頭子銭
（かんいんとうせいきゅうとうしせん）
頭子銭のひとつ。南宋の建炎3年（1129）、5種類の経制銭が制定されると、官員の給料より天引き（割引）される税（頭子銭）が経制銭に充当された。これを官員等請給頭子銭という。

勘合朱墨銭（かんごうしゅぼくせん）
納税手続きのための手数料をいう。北宋時には、税租の納入証明書（**鈔旁**）と土地家屋の売買典質契約書（**定帖**）を官府が売与し、これを鈔旁定帖銭といった。このうち鈔旁は、建炎年間に人戸に証明書を自写させる手数料（合同印記銭）と化し、紹興5年（1135）に総制銭の設置とともに勘合朱墨銭と名前が改められた。

麹銭（きくせん）
五代南唐における付加税（沿徴）のひとつ。民間に醸造を許して支給した麹の代金として、麹の専売益金相当額を田畝に割り当て、両税とともに徴収した。醞酒麹銭ともいう。北宋になって醸造は禁じられたが、雑銭として重い額が継続徴収された。

牛皮税（ぎゅうひぜい）
五代時、兵器の製造にともない牛皮の需要が増大した。民間では牛皮売買は禁止され、すべて政府に納入し、代価（塩等）を受け取っていた。しかし後晋・天福年間頃になると代価も支払われず、牛皮は税と化した。後周の太祖は、田10頃ごとに一皮という率で課税した。宋代になると牛皮税は現銭納入の税に改められた。

御前銭物（ぎょぜんせんぶつ）
御前銭物は天子御用の、朝廷銭物は宰相管轄の、戸部銭物は中央政府財務官庁たる戸部のそれぞれが管理する銭物。

係省銭(物)（けいしょうせん(ぶつ)）
尚書戸部（三司）の帳簿に記載されている銭物の総称。本来は中央の財物を意味し、宋初、公使銭を係省銭から支出するというように表現される。やがてそれが係省窠名銭と混同され、地方府州で使用する費目としてもこの名称が定着してしまう。ただ府州の係省銭は正確には、係省の窠名（綱目）に入っている銭物を指す。その対語は不係省銭である。

経制銭（けいせいせん）
北宋末設けられ、一旦廃止後、南宋を通じて存在した上供歳入の主要項目名。類似の総制銭と併せ、経総制銭と呼ばれる場合も多い。毎季または半年ごとに納入。
北宋末の宣和3年（1121）、軍費補充のため、発運使陳亨伯に経制使の職名を与え、東南六路の財賦から経費を捻出、経制銭の名をつけ、200万緡の歳入を得た。酒税・商税・各種頭子銭などの税率を増加させ、その分を集積して上供窠名としたものである。靖康の変で一旦廃止されたが、南宋初の建炎2年（1128）から紹興元年（1131）にかけて復活、七種の税目を集めた上供銭の窠名として、以後南宋末まで存続する。
経・総制銭は、北宋末南宋初の非常事態に対応するための特別歳入項目に過ぎない。しかし金軍侵入、宋室南遷とそれに伴う未曾有の混乱の中で、当面の財政収入確保のため、なりふりかまわず、徴収できるものなら何でもよいという姿勢から実施されており、それがのちのちまで、その性格とかかわることになる。『慶元条法事類』には南宋中期の両銭についての詳細な法規が残っている。ただ、官員等請給頭子銭などの各種頭子銭、監司各司の添酒銭、典売田宅増牙税銭・楼店務増三分房銭・増添三分白地銭・平準務四分息銭などと列記されている財源のうち、その実体や詳細を知り得るものは稀で、しかもそれらは、普遍的に全国各州に存在したわけでもない。要は、各県から集められた極めて雑多な税目が、ひとまず州でこのような項目（窠名）に整理・統合されたに過ぎない。従って、列挙された微細な財源を穿鑿してみても、あまり意味はないと思われる。
当時の財政担当者は、増税せずに微細な余剰を集めて歳入を助けたと自讃するが、現実には各県それぞれ多数の税目を作って徴収を強行、割り当て銭額に応じて州に上納し、そこで7〜8種の項目に整理し、経制銭の名をつけて中央に送ったに過ぎない。その徴収・管轄責任は、総制銭とともに、主として通判と提点刑獄の線で実施された点が特徴的である。秦檜専政時代に各州の経総制銭は定額化され、戸部もしくは総領所に送られ軍費に使用された。孝宗淳熙末には経制銭660万、総制銭780万と言われ、200万の正額上供銭を大きく上回る。南宋後半では、葉適は戸部の経費の7〜8割は経総制銭だと述べている。その減免や改革が叫ばれでも、州の段階で、納入と上納の各種税目名が異なり、経・総制銭をいくら非難しても、各地で具体的な対象を絞れない政策的問題が背後にあった。

月椿銭（げつとうせん）
南宋時代、軍費補充のため、主として江東・江西諸州で、毎月一定の金額をプールして上納したもの。**按月椿撥**

する大軍銭の意。経総制銭の補助的役割を持ち、州は県に割り当てて、弊害を生んだ。

南宋初の紹興2年（1132）、江寧（建康）の韓世忠の軍費支援のため、江東転運使馬承家が、参知政事孟庾・宰相呂頤浩らの協力で開始。当初は酒税や上供・経制銭から拠出していたが、やがてそれを州に割り当てて定額とし、州は県にそれを転嫁、江南東西路を中心に、一部両浙などでも実施された。軍費が主であるため、大軍の名を冠し、大軍月椿銭・月椿大軍銭とも呼ばれる。その総額は、南宋半ばで年390万緡といわれるが、江南東・西路が中心で、必ずしも全国的にあったとは言えない。

経・総制銭も同様な目的で始まったものだが、その納入は3ヶ月か半年ごとで、どうしても不足する期間が生じる。そこで、別に毎月椿発できる費用準備のため月椿銭が案出された。ところがその財源は、当時の客観的状況では容易には求められず、闕額が増大する。やむなく江南東西路の諸州に強制的に月椿銭用の金額を割り付ける。その額は概ね各州の実情を無視した過酷なもので、秦檜の専制時代、すでに減免の要請が絶えなかった。各州ではその財源を捻出できず、それぞれの属県に丸投げする。県は割当額を充たすため、各種の雑税を新設して人民を苦しめ、弊害が増大する。なお、この月椿銭も通判が軸となり、提点刑獄が関係している点は経・総制銭と同様である。

県段階での、月椿銭のための税目を史料から集めれば、麹引銭・納醋銭・戸長甲帖銭・折納牛皮筋角銭・科罰銭・歓喜銭など甚だしく雑多で、各県により適宜創出された税目に過ぎない。特に南宋後半では、不法に獄訟を起こし、犯人からは罰銭を、訴訟の勝者からは歓喜銭を徴収し、それらを月椿銭のための財源としたと伝えられる。県段階での多種多様な雑税は、本来戸部の財用と無関係だが、月椿銭など上供と関係すると、新しい区分が必要となる。そこで版帳銭なる特殊な名目が生み出されることになり、県と州が南宋独自の上供制度に対応する仕組みになる。

鈔旁定帖銭（しょうぼうていちょうせん）

宋代、両税納入鈔の照合や、不動産典売契約書などに課税された税銭の呼び名。鈔旁と定帖をひとつとするか、別々と見るかにより意見が分かれる。ここでは2つのものとする。鈔旁とは紙幣の鈔と同じで、冊子をなさない紙片の印刷物の意味。この鈔旁は両税と関係した戸鈔、定帖は不動産典買契約紙。前者は官と民、後者は官を媒介にした契約者相互の手続的な問題が起るため、一定の価格をつけて書類を発行するとともに手数料もとる。北宋末から出現し、**合同印記銭**とか、朱墨勘合銭の別称をも持ち、南宋では一部が総制銭に加えられる。

上供銭物（じょうきょうせんぶつ）

がんらい上供という用語は、唐代中期の憲宗時に天下の賦を3分して上供・留使・留州としたのに始まる。宋代はこの3区分が便宜的に踏襲され、中央への上供、路の監司への留使、州用への留州となった。具体的には各州軍県から路を通じて徴収された布帛等の物貨・米穀類を主とする両税、貨幣を主とする課利が、左蔵庫（戸部）や内蔵庫（皇帝直属）などの中央の諸庫へ送納され、上供といった。

浄利銭（じょうりせん）

坊場銭に同じ。宋初、酒の専売にかかわる坊場の経営権を、長名衙前とよばれる職役の人々に与えて醸造を請け負わせるために収めさせた銭。王安石の新法後、経営権は一般人の競争入札制として酒税の増徴をもくろみ、酒場の収益たる坊場銭を中央に封椿し、衙前の雇銭とした。さらにこの坊場銭1,000文ごとに50文を付加して胥吏への俸禄に充てた。特に福建路建寧府において、宣和年間、酒の官榷を止め、代わりに徴収した銭をもいう。夏税の小麦と秋税の糯米を銭で折納させて、官榷の場合の純益相当額に充てた。したがって浄利息銭ともいった。

青苗銭（せいびょうせん）

唐代、代宗の頃財政が逼迫し、秋期に納入すべき税を夏期に徴収したものをいう。宋代、神宗時に王安石が登場して青苗法（常平新法）が行われ、年2回（1月・5月）農民に低利で貸し付けた現金をいう。当時、夏秋の納税に穀物（あるいは現金）で返済（のち利率2割）させる施策が進められた。

折帛銭（せつはくせん）

南宋時、高宗頃より和買絹・預買絹を絹に代わって銭で換算して納入させた。これを折帛銭・**和買折帛銭**という。絹1匹を2,000文、4,000文などと査定して養蚕農家が多い両浙地域等に課した。これらの農家は折帛銭から逃れるため隠寄田産・詭名挟戸などにより戸等の低下を画策することもあった。

贍軍酒息銭（せんぐんしゅそくせん）

官の酒専売の純益を月椿銭に充てたもの。

僧道免丁銭（そうどうめんていせん）

南宋紹興15年（1145）に創始された、丁男僧侶・道士の免役特権に代わる税目。15貫から2貫まで9等に段階づけられる。律院の普通の僧侶は5貫、禅僧や道観道士は2貫程度で、位階が上がるほど高額になる。初年度には約50万緡を集めて上供に加えられた。初めは60歳で免除されたが、のち70歳まで延長。ただ国都や両浙の有力な寺観では、徭役免除の特権を入手して免丁銭を納めず、その分を民衆が肩代わりさせられる弊害を生んだ。

総制銭（そうせいせん）

南宋初、紹興5年（1135）開始された上供歳入の項目名。経制銭と類似するため、経総制銭と呼ばれることが多い。3ヶ月（季）または半年ごとに納入。

靖康の変（1127）後、宋室南遷に続く大混乱期にあっては、旧来の徴税体制は壊滅状況にあった。国家財政の建て直しのため、徴収できるものは総て徴収する姿勢のもと、経制銭に倣い、紹興5年、財政責任者となった参知政事孟庾が総制使に任命され、総制銭を創置した。それは内外官司の雑収入を細かく拾い上げ、経制銭と同じように項目（窠名）を作成し、それらを綜合して総制銭の上供名を冠したものである。

総制銭の細目は、経制銭よりさらに煩瑣で、省司頭子銭・耆戸長雇銭・増添七分商税銭・勘合朱墨銭・人戸合零就整二税銭・免役一分寛剰銭・官戸不減半役銭・抵当四分息銭・五分契税銭・七分契税銭をはじめ、『慶元条法事類』に挙げるだけでも40項目に及び、専売の塩や茶にかかわる微細な税銭も多数含まれる。こうした税目は、経制銭よりも一層馴染み薄いものが多く、各州に普遍的に存在したのは、そのホンの一部に過ぎない。李心伝は光宗嘉泰年間、東南諸州の総額を780万と書き残す。

総制銭の管轄もまた、州では通判、路では提点刑獄が受け持ち、知州－転運使と区別している点も注意される。同じく中央の財政といっても、戸部に直接納入されるものと、それ以外があり、複雑な操作で歳入運用が行なわれていたと推測できる。また経制銭と総制銭は、本質的性格は同じであっても、その項目名が混ざり合うことはなく、州の段階で両者は截然と二分されている。州・路・中央の租税徴収や納入に、巧みに逃げ道が作れ、自由裁量の余地が多かったことであろう。

増一分税銭（ぞういつぶんぜいせん）

商税銭で**一分増収税銭**ともいう。北宋の政和年間に商税額を従来の額より1割増徴し、ここに一分増収税銭の窠名が始まった。陳亨伯が宣和年間に経制銭を創始した際、この一分増収税銭が経制銭に組み入れられた。南宋になると額外の一分増収税銭ではなく、**正銭一分銭**となって総制銭に充当された。

贓罰銭（ぞうばつせん）

宋代、犯罪者の贓物の売り捌き金、各種の罰金の総称。主として、大理寺や路・府・州県の司法部局の運営に使用される。この中に贖罪の銭が含まれるかどうか判然としないが、その金額などから見て、入っていたと推定される。贓罰銭の名は唐代後半に出現、宋代では、県・府州・路の提刑、中央の大理寺にその史料が散見する。特に大理寺のそれは、唐代で8万貫あったとされ、南宋前期には半年で20万貫を得た記載も残る。各段階の刑獄を掌管する部局や大理寺が、様々な手段で犯罪者や違反者から銭物を徴収し、それを巧みに運用して、役所の公私の費用（機密費）に充当していたと想定される。

大軍銭（たいぐんせん）

南宋時代、御前軍を始めとして、淮水・大散関の線を界とした、対金防衛のための内外正規軍を大軍と通称。彼等に支給する銭米を、大軍銭・**大軍米**・**大軍衣賜**、それらを**大軍支遣**と総称。またその銭・米の貯蔵所を**大軍庫**・**大軍倉**と呼んだ。月俸銭に大軍の名が付随しているのは、最初は比較的軍費としての目的が明確だったためであろう。

大礼銀絹（たいれいぎんけん）

宋代、大礼は3年に1回行われる明堂または南郊の大祀をいう。明堂は仁宗の皇祐中より行なわれ、天地と祖宗を祭った。大礼の年には各州軍より銀や絹を納めた。

題估（だいこ）

清代、地方から送付される予算書。工事等の予算額を記した估冊を上司が承認したもの。その過程を**予估**という。

地頭榷酒銭（ちとうかくしゅせん）

唐・五代、田畝の額に応じて一般民戸より徴収された酒税。麹の代金である麹銭もその中に込められ、醸造を民間に開放し、代わりに両税と同時に榷酒銭が徴収された。宋代にも受け継がれ、万戸抱額といわれた。榷酒銭を納める事を**納榷**というが、榷の字を使うのは専売収益相当額という意を込めていると考えられる。

地頭銭（ちとうせん）

唐代中期の田賦の付加税で、**青苗銭**・**青苗地頭銭**とも呼ばれる。永泰元年（765）に始まる。当初は京兆府において毎畝銭20文を徴収した。両税法施行後は両税に編入された。

典売田宅増牙契銭
（てんばいでんたくぞうがけいせん）

宋代、不動産売買・質入れ等の牙税。売買文書を官府に届け出て納める税をいう。この銭も経総制銭に組み入れられ中央に上供された。

添売糟銭（てんばいそうせん）

宋代、酒課のひとつである売糟銭の酒価の外に酒価を増添したものをいう。宣和年間の経制銭の創設時に本銭も組み入れられた。

頭子銭（とうしせん）

宋代、税物の出納に際して徴納された少額の手数料の総称。五代末から出現した倉庫などの官物出納の際の手数料が、宋代に拡大普遍化したものと推定される。両税や茶・塩の専売・免役・常平・市糴・和買など、歳入・歳出と関係する出納の資料には、しばしば頭子銭の名が見える。例えば州県の銭物出納には毎貫43文省、茶引は8文、といった具合で、南宋ではその一部が総制銭に組み込まれる。本来は現場の手数料として適当に使用されるはずのものが、やがて政府への上納に変化する。ただその内容や使途は雑多であり、個々の金額は少なくても、官署の雑費として役立った。

売契銭（ばいけいせん）

宋代、契約証への手数料で宣和の間陳亨伯が創設した経制銭に組み入れられた。

版帳銭（はんちょうせん）

南宋時代、戸部（版曹）の帳簿にあらたに記入された、主として県段階での微細な各種税目からの徴税銭の総称。**板帳銭**ともいう。各県からの版帳銭が、州で仕分けされて、月椿銭・経制銭・総制銭の名目となり上供される。賦課の項目が確定している正税・課利以外に、増徴された貨幣の県から州にのぼる時の総称に過ぎず、そうした税名（窠名）があるわけではない。

坊場河渡銭（ぼうじょうかとせん）

宋代、差役法が行き詰まると神宗・熙寧4年（1071）王安石により募役法が行われた。職役には希望者を募り、俸給あるいは坊場・河渡の経営を請け負わせた（この請け負いを買撲という）。坊場は政府が経営する酒務・塩場・茶場等の専売を扱う所であり、一定の金額を政府に納めさせて余剰金を彼らの収入とさせた。河渡も同様に渡し場を管理させ税を徴収させ、彼らにいくらかの報酬を与えた。これら政府に上納される銭を坊場河渡銭という。

無額上供銭物（むがくじょうきょうせんぶつ）

宋代、国都に上供する銭物のうち、毎年の定額がない部分の総称。税物上供の制度は、太祖・太宗の試行期をへて、3代真宗末までには、曲折の末、大綱が出来上がった。そうした年額上供銭以外に、毎年の定額未定の部分が残されていた。神宗元豊5年（1082）、それが無額上供銭として纏められる。その項目（窠名）としては、15種類が列挙されているが、坊場税銭・増添塩酒銭・披剃銭・竹木税銭・贓罰銭・戸絶物帛銭など、あまり馴染みのない名目がならぶ。北宋末には有額上供400万に対し、無額上供は200万という。なお『慶元条法事類』には、その上供帳状が掲載されている。

量添酒銭（りょうてんしゅせん）

添酒銭といい、規定の酒税以外、熙寧5年（1072）初めて酒1升につき1文を徴収したもの。のち2文3文と増えて**贍学酒銭**と呼ばれるものもあらわれた。

楼店務増三分房銭

（ろうてんむぞうさんぶんぼうせん）

官が保有する土地・建物を管理する楼店務（太平興国中、左右廂店宅務と改称。南渡後、楼店務）の扱う、家屋の賃貸料（房銭）・倉庫の使用料（廊銭）・土地の借地料（白地銭）への税を**楼店務銭**という。北宋の宣和年間にこれらは経制銭に組み入れられた。南宋建炎3年（1129）、5種類の経制銭を制定した際に楼店務所管の房銭を3割増徴して経制銭に充てたのが、楼店務増三分房銭あるいは**楼店務添収三分房銭**である。

和買絹（わばいけん）

宋初、政府が春季になると農民に銭を貸し、夏秋季の蚕繭ができあがった後償された絹。このほか馬料用の藁・菰・葦などの草の和買もあり、これらは**和買草**と呼ばれた。当初適正価格であったものが、次第に安価に買い取られるようになっていった（**抑買**という）。北宋の仁宗頃から銭の代りに一部を塩で前貸し、徽宗頃には何も与えず絹紬のみを納入させた。南宋になると絹に代わって銭を納めさせ（折変）、一種の税として変質し、これを折帛銭と称した。和買は唐代からあり、市買といって政府は民間物資を買い上げた。やがて官吏による恣意的な買い取り価格、代価不払い等の弊害を伴ったので、人民の応諾とともに適正価格で買い取ることを原則として、和買（和市）と呼ぶようになった。

③支出・決算

額設（がくせつ）

清代、予算のことを**預估**といい、予算設定のことを**額設**といった。ひろく予算編成については**預為会計**と称し、毎年一定額の歳出が見込まれる予算額を**額支**という。

供億（きょうおく）

供給して不足分を満たし安んじること。たとえば軍糧の場合、補給して軍馬を養うこと。

耗散（こうさん）

無駄な消費が多く、財政が紊乱すること。

歳幣（さいへい）

宋代、契丹・西夏との和平締結に伴う負担金。契丹とは、景徳元年（1004）、澶淵の盟約を結び講和し、毎年、銀10万両、絹10万匹を歳幣として贈ることとなった。さらに慶暦2年（1042）、契丹は宋が西夏と戦っているのに乗じ、宋を脅かし歳幣を、銀10万両、絹10万匹を増すことを承認させた。西夏とは、慶暦4年（1044）、西夏の李元昊と和議し、歳賜として毎年、銀7万2,000両、絹15万3,000匹、茶3万斤を与えることを約束した。

三餉（さんしょう）

明末から清代にかけての租税で悪税として知られる。**遼餉・勦餉・練餉**がある。遼餉は遼東作戦のための軍餉、勦餉は賊徒を剿滅するための軍餉、練餉は辺兵を訓練するための軍餉。

餉（しょう）
軍糧・軍費（俸給、馬匹、糧秣、犒労）のこと。軍餉ともいう。**食餉**は政府より支給される軍用の銀・米のこと。**辺餉**は辺境の駐屯軍の糧餉をいう。

正支銷（せいししょう）
明代、正式な支出費をいう。

厨本銭（ちゅうほんせん）
宋代、厨料が不足した場合、これを補填して支える本銭を指す。

籌備餉需（ちゅうびしょうじゅ）
清代、軍事費捻出のため課した税収をいう。**籌餉**と略称される。当初、近畿防餉あるいは**籌辺軍餉**と称し、光緒18年（1892）以後、籌備餉需と改名された。

通紐（つうちゅう）
紐計ともいう。絹や銭など各々単位の異なるものの数量を通算して合計・換算すること。

透支（とうし）
一定額をこえて支出すること。

認籌（にんちゅう）
清代、地方長官が地方の財政状況を踏まえて軍費負担額の報告をすること。一種の決算報告書である。往々その認籌額は戸部の派定額に反していた。

破除（はじょ）
銭物を支出して消費する意味。破除した分を他に支用することを支破という。敦煌文書における破除暦は会計簿のこと。

物在（ぶつざい）
営造等に費消したのちの残額をいう。費消した額を散用というのに対する。唐律に見える。

糧籌（りょうちゅう）
糧米を支出するための書類。

④官倉

捐監倉（えんかんそう）
清代、捐納備賑の穀物貯蔵倉をいう。

甘泉（かんせん）
漢代、長安北方にあり、穀倉のあった甘泉苑のこと。周回400里と称せられた。

軍資庫（ぐんしこ）
宋代、府州の最も主要な財庫。その名は五代に存在していたと推測される。宋初から諸州府の財庫の称呼としてあらわれ、受納された両税は必ず軍資庫に送納するとか、州県・諸司の入るところ、一金以上はことごとく軍資庫に入れ収掌するといわれる。現存南宋の府州志の地図には、必ず軍資庫を載せている。通例では録事参軍の管轄下に置かれたが、杭・真・広など重要州では監軍資庫官が特置され、中級官員の左遷ポストとなっていた。

京倉（けいそう）
清代、京師にあった13の倉。朝陽門内に、禄朱・南新・旧太・富新・興平の５倉、朝陽門外に太平・万安の２倉、東直門内に海運・北新の２倉、徳勝門外に本裕・豊益の２倉、東便門外に儲済・裕豊の２倉があった。

景福殿庫（けいふくでんこ）
宋初、皇帝に直属した内庫。景福殿は間もなく講武殿、ついで崇政殿と改称、皇帝の執務室がある。太祖は蜀や江南併合後、財貨を開封に集めたが、乾徳３年（965）その余剰を封椿庫とし、ついで景福殿庫と名づけた。皇帝の居住区内の文字通り内庫である。２代太宗は太平興国３年（978）左蔵庫の一部を割き、内蔵庫を創設する。その後の景福殿庫の推移は不明だが、北宋の史料に見える景福殿庫は明らかに内蔵庫そのもので、恐らく、殿名の解消とともに、実質的には内蔵庫に吸収され、両者が並立し続けたのではないだろう。

激賞庫（げきしょうこ）
南宋初、軍兵への多額の賞賜を名目に設置された財庫。**御前椿管激賞庫**ともいう。のち権力者に適宜運用され、やがて内蔵庫同様、皇帝管轄となったが、左蔵南庫をへて封椿庫に併合される。優渥な賞賜を意味する激賞の２字は、唐以前の文言でも使用されたが、ここでは、南宋の軍事体制の中で軍功賞与を念頭に、頻出する財政用語。出軍する有力将帥に御営司激賞庫の名で大量の貨幣が支出され、次に三司・枢密院激賞庫と改称、宰相秦檜の財庫となるが、その死後は高宗の激賞庫となり、内蔵庫と同様に運用される。孝宗になると、それが左蔵南庫となり、やがて、内蔵・左蔵両庫の中間的財庫である封椿庫に落ち着く。なお、南宋では、激賞の下に銭・絹・酒などを加え、地方的な軍賞にも使われた。

元豊庫（げんぽうこ）
神宗親政の元豊３年（1080）新設された財庫。北方領土回復の軍事費蓄積を謳ったが、実際は新法と関係する坊場銭や常平銭をはじめとした、戸部に関係しない銭貨をいれ、皇帝管轄の名目で運用した。各時代によりその収入や支出の内容は一定せず、蔡京の崇寧当十銭の一部もここに蓄蔵されていた。左蔵庫とは切り離され、内蔵庫寄りの富裕な財庫として、時の権力者にも利用され、その名は北宋末まで続く。元祐庫や崇寧庫・大観庫なども類似の性格を持つ。第3の財庫として、南宋の左蔵南庫・封椿庫につながる。

香薬新衣庫（こうやくしんいこ）
錦綺・雑帛・衣服をつかさどる官庫。賜与・儀注の用に備え、衣服を諸司・諸軍に納めた。太平坊に置かれた。熙寧4年（1071）5月に廃された。

左蔵庫（さぞうこ）
宋代、三司（戸部）の管轄する、政府の最も重要な財庫。左蔵庫は右蔵庫とともに晋代に始まり、太府寺の管下にあったが、唐代に入り国家財政の主要財庫として整備された。ただ、金玉寶貨を収納する右蔵庫は、恐らくその機能を内蔵庫に移して消滅する。北宋の左蔵庫は開封宮城東南部に、南宋臨安では、城内西北部、旧韓世忠邸跡に設置されていた。宋代左蔵庫は、国初の試行錯誤を経て、真宗始めには銅銭（銀）と布帛に2分され、それぞれが受納と支出に区分され、左蔵南庫・左蔵北庫として定着する（北宋末、東・西に改名）。納入される財貨は、両税収入を基軸としており、支出は官員と軍隊への俸料が中心となり、特に人件費を含めた軍事費の支出が7割に達していた。全国各地の租税は多くの費目（窠名）に区分され、上供の名で開封に送られるが、左蔵庫はそれら銭貨の出納を一手に引き受けた。ただし、金銀・高級織物・香薬・寶貨・新鋳銅銭などは、別途区分されて内蔵庫に納入された。北宋時代は両税を柱とした歳入のメドは不十分なりに立てることができた。しかし靖康の変で江南に追われた南宋政権が、徴税体制の健全な立て直しができたかどうかには多くの疑問がある。支出と同時に歳入の面でも左蔵庫は苦境に陥る。宋代戸部、従って左蔵庫の毎月の支出は、大まかに言って、北宋末宣和90万緡（年1,080万・以下同様）、南宋紹興初110（1,320）、光宗紹熙150（1,800）、うち国都の百官・軍人への毎月の俸給は、北宋熙寧36万緡、宣和220、南宋初80、寧宗慶元120万とされる。支出の大半は官・兵の人件費に喰われ、経常費さえ支出困難で、赤字が常態となって不思議でなくなる。これに戦争や軍備の支出が加われば、内蔵庫その他に補填を仰ぐしか方法はなくなる。これも目安の数字に過ぎないが、宋朝の歳入銭は、北宋真宗末の天禧で3,600、神宗熙寧5,000、南宋孝宗の乾道5,500、寧宗時代で6,000から6,800（いずれも万緡）とされている。これを上記左蔵庫の歳出と較べると、左蔵庫が受け持った部分は、およそ歳入銭の3分の1程度であったことがわかる。特に南宋に入ると、金（女真）との軍事的緊張から、政府の財政は、有力将軍や権力者、さらには新設の4総領所に蚕食され、左蔵庫の持分は減少する一方である。こうした状態を曲りなりにも打開してゆくためには、内蔵庫はじめ、それに準ずる封椿庫など第3の財庫よりの補填が不可欠だった。

左蔵南庫（さぞうなんこ）
南宋紹興末、秦檜独裁の財源となっていた御前椿管激賞庫を、皇帝に直属させて改称したもの。左蔵庫との直接の関わりは希薄で注意を要する。当時困窮していた戸部の左蔵庫を救済する意図から、孝宗は左蔵の名を冠したが、実際には戸部は直接運用できず、内蔵庫的性格を維持していた。多くの歳入項目を蓄蔵したこの庫は豊かで、光宗の紹熙年間、同じ性格の封椿下庫と合体し、消滅する。

場務（じょうむ）
場は、専売品や商税・官用度品の調達・購買・収税などを処理するための官庁の末端組織及びその設備で、大規模なものをいう。小規模なものは**務**という。宋代には各種の場がみられ、官場・坊場・山場・亭場・塩場・榷場・場務などがある。熙寧10年（1077）には、全国で大小併せて1,993ヶ所存在した。

贓罰庫（ぞうばつこ）
宋代、州の財庫である軍資庫のうちのひとつの子庫。贓罰（銭）は、裁判における没収・追償・贖や民間の科罰などによって得られた収入をいい、宋代には提点刑獄司が掌管し、元豊5年（1082）の無額上供銭にも組み入れられ、次第に州軍の横賦として民間を苦しめた。贓罰庫は贓罰銭を所蔵したと思われるが、その使途については機密費の他、勅令格式を録付する際の官紙や税租の簿紙の購入、病囚の薬代、死んだ囚人の埋葬費、官員の獄空の上奏への褒美としての食銭の支給などがあった。

大観庫（たいかんこ）
徽宗大観元年（1107）開封宮城に創置された財庫。東西二庫に分かれる。詳細は不明だが、金銀・香薬・高級絹織物・貨幣などを貯蔵したと伝えられる。徽宗・蔡京がその奢侈を支えるため、戸部の歳入を削り、新しい専売や銭法で得た利益をそこに入れ、自由裁量で浪費する財源としたと推測される。これも蔡京の新鋳銭の貯蔵と関係する崇寧庫もあったが詳細は不明。

内蔵庫（ないぞうこ）
宋代、皇帝に直属する最も重要な財庫の総称。性格によりいくつかに区分され、名称も異なる。前漢時代、すでに皇帝の財（少府）と政府の財（大農）に明確な区分が設けられていたが、後漢では両者が混淆する。宋代でも内蔵庫を前者、左蔵庫を後者の流れとする建前や記述があるが、実際は前漢のそれとはかなり性格を異にする。左蔵庫が晋代に始まるに対し、宋代内蔵庫は、唐玄宗の天宝4年（745）のそれを直接継承する。太祖・太宗時代、征服戦の結果、開封の国庫には財貨が山積した。その一部は封椿庫にプールされ、やがて皇帝居住区に近い景福殿に接した封椿庫を景福殿庫（内庫）と改めた。太宗はさらに余剰財貨を左蔵庫から分離し、左蔵庫の北に内蔵庫を創設した。最初はその蓄財を北方領土買収費の名目としたようだが、皇帝政治の進展とともに、内蔵庫は別の役割を担うことになる。　内蔵庫は皇帝に直属し、政府や外部が容喙できない原則である。従ってその管理は宦官が主体となり、制度や運用の詳細は明確ではない。しかし、真宗時代の宦官劉承珪らの活動で、仁宗の初めには大枠は固まり、金銀・香薬・絹帛・銅銭それぞれの庫蔵が林立し、神宗時代には全部で52庫を数える。皇帝の恩恵により、非常の事態にそれらを下賜する建前でも、君主独裁制下の新しい財政状況は、皇帝の私的財庫ではすまず、国家財政の機構の一部を担う事態を生じる。たとえば、真宗時代年間100万貫を超す、主要鋳銭監の新銅銭は、銭綱を組み、直接内蔵庫に納入される。そこから歳出用の定額が左蔵庫に支出されねばならない。国の台所に当たる大蔵省所属の左蔵庫は、歳入歳出とも常に余剰がなく、そこで戦争が起ると莫大な軍事費を内蔵庫に泣きつかざるを得ない。事実、北宋時代、契丹と西夏の防衛や軍時行動に対し、定期的とも言える形で、内蔵庫の銭帛貸与が繰り返されている。これら国家財政の補填という役割は、皇帝の実施する祭祀や式典、冠婚葬祭への支出、さらには皇帝周辺の日常費用といった、内蔵庫固有の負担の範囲を遥かに逸脱している。仁宗の慶暦年間、西夏との緊張状態の中、毎年300万緡の銀・絹や銅銭が三司（大蔵省）に賜與される状態が続く。やがて、王安石が理財を掲げて改革に着手すると、こうした実情をふまえ、新鋳銅銭や両税の絹帛などは、まず左蔵庫に納入させ、そこから定額を内蔵庫に入れる方式が採用される。さらに、王安石新法がある程度成功すると、その中心機関司農寺が新法による歳入を貯え、三司（戸部）から独立した財庫を創設する。元豊・元祐・大観・宣和など、北宋末の年号をつけたこれら財庫は、時の権力者との関係が濃厚で、時に宰相の財とも言われるが、それは必ずしも適切ではない。ここではとりあえず、左蔵庫と内蔵庫の中間に位置し、内蔵庫を二分して、政府の財政に近い部分を独立させた、第3の財庫としておきたい。南宋に入ると、内蔵・左蔵と並び、元豊庫の系列に連なる財庫が目立ってくる。独裁者秦檜は御前椿管激賞庫を自己の財源に利用した。彼の死後、財貨に富むこの庫は皇帝に直属、のち戸部を援助する意味を込めて左蔵南庫と改称されたが、結局内蔵庫の性格を持ちつつ封椿庫に吸収されてしまう。その封椿庫は、宋初のそれと違い、孝宗乾道6年（1170）創設され、上下庫に分かれ、南宋末まで続く。その特長は余財のプールではなく、ある項目の歳入をそのままここに納入させ、その保有財物は歳入の半ばに達したという。左蔵南庫・封椿上下庫いずれも、内蔵庫の左蔵補填部分を独立させた、第三の庫蔵と言えよう。

奉宸庫（ほうしんこ）

北宋時代、皇帝に最も近接していた宝物庫。徽宗政和4年（1114）内蔵庫に併合された。宋初は、皇帝のもとに集められた財宝のうち、特別な品は皇帝近接の御殿に収納されていた。宜聖殿・宣聖殿・崇聖殿等の内庫がそれで、宜聖殿五庫と呼ばれ、皇帝服御や恩賜に使用された。仁宗康定元年（1040）これらが奉宸庫に統一。余剰は時に三司財用に下賜されたが、原則としては内蔵庫のなかでも、特に皇帝自身の公用とかかわる庫蔵であった。

封椿庫（ほうとうこ［ふうとうこ］）

南宋時代、財貨をプールし、政府の財政（左蔵庫）を補助する、内蔵庫の一部機能を受け持った国都の財庫。封椿（余剰蓄積）の語は、宋代の財政・経済で頻用され、封椿庫も普通名詞のほか、宋初は内蔵庫の前身の名称にも使われた。本項のそれは、南宋に入り、曲折の後、戸部の財計補填を念頭にして置かれた財庫で、その場所も宮城外にある。孝宗乾道6年（1170）にできた（左蔵）封椿庫は、間もなく左蔵南庫と合体し、やがて納入費目により上・下庫に区分される。封椿庫の性格は複雑で、戸部財計の支援のほか、大量の会子や金・銀のストックの記事もあり、官告や度牒の収益も収納していたかと思われる。

豊儲倉（ほうちょそう）

南宋初の紹興26年（1156）、粟100石を飢饉に備えて蓄えた臨安の倉。のちに鎮江・建康・四川にも建てられ軍事費にも使われた。

経済

1　経済一般

①総記

王土（おうど）

古来すべての土地、その産出物（地下の鉱物も含む）は、根本的にいえば王（皇帝・国）に帰属する王土であり官地・官産、国有地であり、人民も全て王民であるとする観念があり、これに対応して法律上でも民間人による土地の直接的、事実上の私有・用益・処分についてはあえて私有と明言せずに**業**（tenure、保有）・民業として表現してきた。王土の用法は「溥天の下王土に非ざるは莫し…」（『詩経』小雅）に由来するとされる。この観念は王莽の制度や政策、北朝および隋・唐の均田法などにおいて実現され、また自然状態にとどまる山林・湖沼・河川・海洋など、あるいは租借地を官地として捉えることにもつながっている。

食貨（しょくか［しょっか］）

現代では economy に当たる語として日本語と同様に経済を使うが、前近代では食貨という古語を用いることがある。これは『書経』洪範篇八政にある語で、その冒頭に生活必需品を列挙して食ついで貨を置いたことによる。食とは農業ないし食糧生産を指し、貨は衣料生産をはじめ、貨幣のごとき流通財の分配・交換による営利をいう。実際にはこうした基本経済活動にかかわる財政・政策のことを指しており、民間で経済を食貨と表現する例はほぼない。

所有（しょゆう）

中国で所有・有という語は古くから使われ、また財物の個人への帰属は己有・己田などと称してきた。ただし不動産に対して、今日の所有権に当たる法的な権利関係が存在したか否かについていえば、実態上ではともかく、観念上、法令上でこれを明言し規定することはなかったといえる。これは「全ての土地と全ての民は天子＝皇帝のものである」という王土王民観念が清末まで存続していたことと関わっている。王土観念のもとで資産・財産（財物）は物・物業と汎称される。うち、物主は動産所有者、業主は不動産所有者を指すことが多い。業主の業は不動産の用益を意味していて、田主・地主・屋主・房主という用語はあっても、個人の土地・家屋に対する排他的所有までを含意してはいない。その一方で、王土王民観念は動産に対してまでは及ぼされていない。宋の蘇軾の「赤壁賦」に「且つ夫れ天地の間、物には各々主が有る（＝物主）。苟も吾の所有に非ざれば、一毫と雖も取ること莫し」という事例は、物主（動産所有者）が物（動産）を自己に占有・使用・収益・処分する所有権を保有していることを指している。なお、現代華北では家族員の財産を**貼己産**という。

②物業

物業（ぶつぎょう）※

現代日本語の資産または財産に当たる用語としては**物**ないし業ないし産、また熟語では物業が一般的であり、**財物**ないし**産業**ともいい、まれに物力という。業は資産の tenure（保有）関係を意味する。なお、用語としての産業は industry を意味しない。**物主**・**業主**（業戸）はその資産を保有・所有し用益し支配する者（家）を指す。資産は不移徙物か移徙物かによって現代日本語における不動産と動産のごとく区別することが多い。不動産に当たる資産は主として土地（墓地も含む）と家屋であり、田業・田産・屋業・房地産・房産などといって業とか産の一種目とされ、その交易には税契（**契税**）すなわち所定の公式手続きを経た契約書の作成とこれに伴う納税を要した。一方、動産は⑴重要動産と⑵普通動産の別がある。⑴には家畜・船・車、特殊な事例として奴婢のごとき人身などが含まれ、その交易には不動産並みに税契（契税）の作成とこれに伴う納税を要した。家畜の資産は畜産とされ、船・車のごとき資産は**動使**とされた。⑵普通動産は資財ないし財物・財などと呼ばれ、交易などにともない債券・債務関係の生じたときには口頭または書面で契約書を作成した。なお特定の業ないし産を運営することを**管業**といい、動産から生ずる資産、その収益を**浮財**といった。

営運（えいうん）

日本語の運営とほぼ同じ語義であるが、営運は動詞よりも名詞として使われ、その際商業・金融によって資産をマネージして増殖する行為を指す。宋代に頻用された。ただし資本を運営して利殖ないし投資するとき、不動産なかんずく土地（田土）に投資することは通常は営運とはいわず**置土**・**置産**といった。営運というときは商業、質店の経営、金融・ローンを通じて営利することを指す。商業・金融は土地と並んで古くから利殖の手段であった。しかし資産運営・資産投資の行為のなかで商業・金融による利殖と土地による利殖を区別するようになったのは、恐らく晩唐・宋以後である。北宋末に免役法（募役法）が実施された頃から南宋にかけて、資産査定の対象として、動産・不動産から成る資産を物力と定義した上、物力をさらに田産物力（ほかに田土・田業・畝頭等物力とも）、**家業物力**・**浮財物力**のごとき範疇に区分するようになった。家業とは具体的には質庫・坊廊（大倉庫）・停場（倉庫）・店鋪（旅館＋商店）・租牛（耕牛の賃貸）・賃船（船のチャーター）・酒坊（醸造）とされ、明らかに、地主の兼業を含めて、農村部の市場（市・鎮）を拠点として浸透しつつあった利殖の収益を一括して、資産として認定したものである。これらは宋代では営運・浮財と総称され、後世では経紀・**生意**・**生財**などといった。

商業一般および質屋・金融業すなわち営運・生財の収益率また利率は土地投資よりも通常ははるかに高い。複利計算を行う高利貸しは別として、質店・金融店の月利は唐代に５〜６％、宋代に３〜４％、明代、清初に２〜３％と時代を追って逓減しており、それだけ融資への関心が普及していったと考えられる。とはいえ、清代、民国期まで土地投資は最良の資産運営法であるとする観念は根強くのこり、家賃収益を上げる家屋への投資がこれに次ぐものであった。この主因は土地が投資資産としてリスクが少なく、社会的評価も高いと目されていたためであると説かれている。

業（ぎょう）

広くは生計、生業を指すが、より具体的には不動産である土地（田業・田産）、家屋（屋業）を保有ないし所有し、それらを経営し収益する関係を指し、これを管業という。所有者を**業主**・**業戸**といい、家の生業・資産を**家業**・家力という。永く業を用益し、それが世襲にわたるときは**永業**という。民有地・私有地のごとく所有関係を明言しないで業字を用いる理由として、すべての土地は王土に属するという観念の下で、公法上も私法上も土地など不動産の直接の私有を明言することを避け、その用益・処分のごとき経済活動の享有を内容とする権利を業として抽象的に示したもの、と説明されている。

産（さん）

広く生計・生業、また資産・財産のことを指し、単独に**財**・産とも、また財産ともいうが同義である。業を加えた熟語である**産業**・業産も同じ。不動産のうち土地、その所有、支配権を指すときは田産・田業、または業と呼び、家屋の所有、支配権は屋業・屋産・房産という。日本漢語でindustryを指す産業という用語は過去の中国では普通には用いられない。

物力（ぶつりき［ぶつりょく］）

力は能力。**物**は不動産・動産のこと。財政、ことに課税を査定する際の用語として物力が使われたのは宋代・金代である。宋の物力は土地関係の資産につき田産物力・田土物力・田業物力・畝頭物力・家業物力また商業関係の資産につき浮財物力のごとき用法があった。

③契約

契約（けいやく）※

経済上、甲と乙とが売買・賃貸・賃借・貸借・雇用・請負などの債権・債務の関係に入るとき、これを口頭の約束（**口契**・**口約**）で済ませる場合もあるが、重要な件については、目的物・権利・義務および条件・立会人・保証人などを明記した証拠書類を作成した。これが契約であり、この行為を立契・**立字**・**立合同**などという。契約のことを古語に従って**縄**・結縄・**縄約**・剤・**質剤**とも表現するが、一般には・**約**・**字**・約字・契字・**合約**・合約字・**合契**・契約・**批約**・批単・関約・**契要**・**契券**・**要契**・文契・**文券**・文書・契帖・結状などと称し、また証拠の意味をこめて拠・**契拠**・字拠・字・約拠・存拠・書拠・契・執照・憑照などともいう。具体的には田契・売契・典契・雇契・雇船契など、目的を明示して区別する。先秦時代では契約において甲乙が同一内容の契約書を２部作成して貸し手と借り手が各１部を保管し、義務の完済時に双方を付き合わせた。この意味合いで**合同**・合同字号・合同議拠・合券・合子文子・契符・**合同契**・合同字・**左契**・**右契**・左券・右券などの語が生じた。後世では１通の契約書に借り手が署名し、貸し手がこれを保存することが多い。不動産の所有権が移転ないし伝承するときは、ことに土地契約の場合、現に保有し用益する者の権利を保護するために、旧時よりその土地について交わされてきた一連の契約書を添付する慣行があり、この旧契約を**老契**・**上手契**・**上手老契**・**老文書**と呼んだ。

契税（けいぜい）※

税契ともいう。土地家屋、さらに家畜（ときに人身）の売買契約の成立後、牙人を介して官庁にこれを届け出、その時に納める契約税のこと。東晋から南朝にかけてはじまり、その税金をはじめ**散估**とよび、税率は売買価格の100分の４とされ、１万銭につき売り手が300、買い手が100を負担した。唐をへて五代・宋代に至り契税の制として整い清代に及んだ。宋代の税率は100分の４であったが、後世では売買価格の２割近くにもなり政府の大きな収益源になった。官庁は届け出に際して官製の**契紙**・**契本**（契約書式）を買わせ、取引の内容・手続きの記載が合法であれば、これに朱色の官印を捺した印契・印券を下付して売買の効力を保証した。ために印契を**赤契**・**紅契**・**朱契**ともいい、契税手続きを経ず官印のない契約を**白契**と呼んだ。明・清では印契の用紙のことを**契尾**・**契本**といった。なお、土地売買のとき、官庁は届け出に応じて売り主を田籍から除き、新しい買主を田籍に附籍する（戸管という）が、この名義の書き換えを**過戸割糧**、略して**過割**と称した。

引進人（いんしんじん）
小作契約を結ぶ際の仲介人。保稞人ともいう。地主と農民の間に立って小作契約を斡旋した。

印結（いんけつ）
身元保証書のこと。特定の人物の身分や行為を保証する文書を結あるいは**保結**と称したが、これに官印が押されたものを印結と称した。

央（おう）
中人（仲介人）のこと。**央中**とも言う。売買証書における央人説允なるいい回しは仲介人を立てて話をつけることを意味する。

押款（おうかん）
保証金・担保金のこと。

押註（おうちゅう）
裏書のこと。無記名式の裏書については空白背書と称した。

加典（かてん）
質入期間を延長すること。

花押（かおう）
文書においてその作成者が自署につづけて書き入れた判。自己の名を楷書やがて草書で崩したことに由来するとされる。契約文書でも**画指**・指印などと並んで用いられ、簡略な花押としては十の字を書き入れる十字花押がある。

過戸筆資（かこひつし）
名義書換を行う際に支払う手数料。

牙保（がほ）
商事における仲介人。牙保人・荘牙人ともいう。契約を交わす際には当事者の間に斡旋・仲介・保証をなす者を立てるのが通例であり、これを中人・保人などと称したが、牙保は商業取引に携わり、売手と買手の間に立って売買契約の成立に努めた。

会隣割事（かいりんかつじ）
土地売買等の契約が成立した際に買主が（あるいは買主・売主共同で）売買に携わった関係者を招待して催す酒宴のこと。こうした習慣は吃割食・吃割事・中人酒など地方毎に呼称が異なり、また招待の対象となる人（仲介人や立会人・代書人・量地人・郷長など）も異なった。

蓋印（がいいん）
捺印すること。**蓋章**・**蓋戳**ともいい、また印鑑の押された証拠を蓋印憑拠といった。

画諾（かくだく）
契約において承諾の意思を示す際に記入する文字。古くより用いられる語であり、のちには簽字と称された。

画指（かくし）
男は左手の、女は右手の中指ないし中指の三つの関節（指節）において横線（指理）を書き入れ、これに合わせてその指の長さの線を書き添えて契約において自署に代えたもの。無筆の当事者が用い、後日の証拠とした。ほかに同様の自己証明の方法として**掌印**・**手模**・指印・指模も用いられた。

活契（かつけい）
売買契約の一種で、売手が買い戻しの権利を保持するもの。これに対して買い戻しの権利を有さないものは**死契**と称した。

甘結（かんけつ）
誓約書・承諾書の類。人々が官庁に対して提出するものに用いられることが多いが、土地を立ち退く際の誓約書を退地甘結と称するなど民間で使用される場合もある。

帰単（きたん）
地券のこと。

騎縫（きほう）
証書類における切取線や二紙の合わせ目のことであり、**騎封**の呼称もある。この部分に文字（当面騎字）や印（騎縫印・騎縫図章）を施すことで証書としての正当性を示し、また証書の紛失に備えた。

拠（きょ）
証書のこと。これに類するものとして字拠・券拠・文憑・憑単・**憑拠**・結状などの語も用いられた。

空押文票（くうおうぶんひょう）
各種証書類において、花押のみあって官印が押されていないものを指す。官印が無いため証書に効力は存しない。

契紙（けいし）
契約書のこと。不動産売買などにおいては契紙を用意して官から認証を受ける必要があった。税を支払うことで契紙に官印を受けることができたが、こうした契紙を**紅契**・赤契・朱契・印契と称された。

契首（けいしゅ）
契約証書における筆頭署名人のこと。**契頭**ともいう。

契約書式〈けいやくしょしき〉
事例が多い売買契約によって通常の形式を示せば、冒頭に表題（売契・売田契・売屋契・租田契・雇契など）が書かれ、次いで⑴年月日、⑵当事者の署名ないし記名、⑶売買の事実・事由、⑷目的物、土地であれば、四至・親権者や近隣の同意、⑸代価とその授受、⑹担保文言、⑺保証人である**保人**・見人・**知見人**・証見・牙人などの記入とその署名ないし記名がなされるものである。契約の種類・目的しだいで項目また文言は異なることが多い。契約書は文書作成者自らが書写するとは限らず、無筆であれば代筆人が本文だけでなく、連署者の姓名までも書写することあり、その際は作成者並びに連署者はこれに重ねて自署するか、自署に代えて花押・指印・**画指**を加えた。

結（けつ）
証明書のこと。甘結・切結・保結などの結は皆この語義によるものであり、**結証**の語もまた証明書を意味する。

券（けん）
契約証書のこと。また、契約を取り交わす、証書を認める等の行為を**立券**という。

験契税（けんけいぜい）
契約を登記する際に支払う手数料をいう。

原合（げんこう）
最初に取り交わした契約、あるいは以前の約束を指す。

口承人（こうしょうじん）
口丞人とも言う。**保人**（保証人）のことで、スタイン文書など西域出土の契約文書にしばしば見られる。

口保（こうほ）
口頭で保証すること。これに対して書状による保証を**信保**と称した。

公断契約（こうだんけいやく）
いわゆる仲裁契約のこと。紛争に際して仲裁人となる第三者に判断を委ね、その内容に服することを合意する契約を指す。

合保（ごうほ）
数名の保証人による保証。また、複数人で債務を分担して相互の保証責任をも担う貸借様式を**相保**・連保・**連環保**などと呼んだ。

左験（さけん）
もともとは、契約書のこと。また証拠・証人のことを指す語。これに類する語としては験・験左・左証などもあり、また証拠を立てること、立証することを佐証といった。

死契（しけい）
売買契約の一種で、売手が買い戻しの権利を放棄したもの。また出典した不動産において典価が増額されて市価以上に達した時に当事者が協議の上で典契を売契に改めたものも死契と称した。吐絶契ともいう。

死契活口（しけいかつこう）
買売が禁ぜられた土地を譲渡しようとする際に用いられた脱法的な契約。かつての熱河省など東北地方で行われた。

指模（しぼ）
拇印のこと。指摹・**指印**ともいう。

字児（じじ）
書類・書付などを意味する語。字拠ともいう。

時旁人（じぼうじん）
契約における立会人を指す語。漢代の土地売買文書にその語が見え、そこでは売地に隣接する土地の所有者が時旁人としてその名を記している。傍人と呼ぶこともあり、また衆人・**知券約**・時人・**時知者**も同様に立会人や証人の類であったとされる。

時約者（じやくしゃ）
契約の当事者。漢代の土地売買文書に土地の売主を示す語として文書の末尾に見ることができる。

執照（しつしょう）
証書のこと。契照ともいう。

質剤（しつざい）
商業上の手形証券ないし証券を指す古語。大きいものを**質**、小さいものを**剤**と呼んだ。転じて契約書をも指す。

手模（しゅぼ）
手のひらに墨を塗って押す手形のこと。**手摸**ともいう。署名や花押などと同じ役割を持つものとして土地売買証書や離縁状など各種文書に用いられた。

主売銭（しゅばいせん）
不動産売買における慣習で、江西省新建県にて見られた。売買証書作成の際、署名のために出向いてきた売手側の父母に対し、買手側から足代が支払われたが、これを主売銭と呼んだ。

承還保人（しょうかんほじん）
代償責任を負う保証人。承還担保人とも言う。債務の保証法には2種類あり、債務者が債務弁済を行い得ない場合、保証人には債務者に対する支払いの催促義務を担うのみで代償責任は発生しなかったが、承還保人には代償責任が生じた。

証（しょう）
不動産取引における立会人を指す語。時旁人・時人などと共に漢代から六朝期にかけての土地売買文書にその記名が見られる。

照規（しょうき）
売渡証書（売却事実ならびに代金の受領事実を証明する証書）に用いられる文句。概ね「右の通りです」の意に相当する。

照拠（しょうきょ）
証拠のこと。これに類する語として**存照**・照拠・**照憑**なども用いられた。

照費（しょうひ）
地券の発給を求める際に支払う手数料。冊照費ともいう。

任（じん）
契約における保証人の類であり、漢代から魏晋南北朝期にかけての土地売買文書にその署名が用いられた。その他に任者・**任知者**などの呼称があるほか、信の語が用いられることもあった。

成三破二（せいさんはじ）
契約成立時における中人（仲介人）への謝礼（中費）の支払い分担を示す言葉。成・破はそれぞれ買主と売主を意味し、保証人への謝礼は買主と売主の間で3対2の割合をもって分担した。また、他にも**買三売両**・正三補二などの言い回しがある。

成単（せいたん）
商品取引契約書のこと。成票・定単・**定貨単**・定貨成単などの別称もある。大口商品など取引成立後ただちに受け渡しができない場合に成単を作成して買手側に交付した。成単には記された内容は取引品の名称・種類・数量・価格・品質・運賃・税額・受け渡しの期日や場所・売買者の住所氏名・交付時期など多岐にわたるが、状況に応じて内容を簡素に済ますこともあった。

税契銀（ぜいけいぎん）
土地や家屋を売買する際に役所に支払った契税の一種で、清代に行われた。売買契約に関する証書に対して官の認証を求める際、買主がその売買価格に応じた銀を官庁に納付した。

草契（そうけい）
不動産売買の際に売手が作成するもので、契約証書の原本に当たる。中人（仲介者）はこれを元に買手を探すが、実際に売買取引が行われる際には**正契**が作成された。

知契（ちけい）
契約の当事者を指す語。

知見（ちけん）
各種契約における立会人のこと。見人・**知見人**・証見人・**中見人**・見中的人などの別称があり、また近代には監証人なる制度も作られ、集落の実力者がこれにあたった。不動産売買などの契約証書を作成する際には、成約の現場に売手と買手の他に立会人が参加し、これが契約の成立を見届けて契約の正当性を証明した。

中三代二（ちゅうさんだいに）
不動産売買の際に中人や代筆人に対して支払われる謝礼に関する慣行。同類の語に**中三筆二**もある。不動産の売値から5％を謝礼に充て、そのうち3％が中人に、2％が代筆人に支払われた。また、地方によっては中三筆一酒二とする慣行もあった。

中保（ちゅうほ）
物事の取り決めを行う際に当事者の間でなされる斡旋及び保証を示す語。中保の中は交渉の仲介を、保は契約内容の保証を意味し、それぞれを請け負う者を中人・保人と、この両者を兼ねた者を中保人と称した。古来より中国では契約の成立や家産の分割など様々な分野にわたる交渉において第三者を介在させる習慣があったが、そうした中で中人は各種売買契約ならば買手の斡旋や双方の利害の調整を、家産分割ならば当事者間で得心のいく分割条件の提示や紛争の仲裁・調停を行い、いわゆるまとめ役として交渉の円満なる成立に努めた。ただ、中人の関与は必ずしも交渉の過程のみに限定されるわけではなく、交渉事の成立を見届ける証人・立会人となる場合も多く、さらには保証人としての役目を兼ねることも間々あった。そのため中保人や**眼同中人**（眼同は「立ち会う」の意）・中証人・央保など仲介・立会・保証といった諸行為の兼務を示す語が多々見られるわけであり、それらは交渉に加わる第三者が有する多様な側面を表している。

帖子（ちょうし）
唐宋期に証書を指す語として用いられた。

定銭（ていせん）
手付金を指す語で、**定銀**ともいう。宋元期に用例が見られるが、後には定金・**定洋**の語も用いられた。売買契約や請負契約などの各種取引において買手から売手に支払われ、それを通じて契約の遵守が図られた。

釘椿（ていとう）
　不動産売買における慣習で、湖南省常徳県にて見られた。釘椿は売買契約を行う前にその売買行為がなされる旨を記した木札のことであり、これを売地に立てて一定期間内に異議が唱えられなかった場合、初めて売買証書の作成授受が行われた。

典身券（てんしんけん）
　身売りする際に発行される証書。典身文契ともいう。

典房契（てんぼういけい）
　家屋を出典する際に発行される証書。同類の語に**当屋契**がある。

吐売文契（とばいぶんけい）
　絶売による売買取引の際に作成される証書。**杜契**ともいう。証書の文言には買戻や代価追増を許さない旨が記され、これによって永代売買が成立した。

図象（としょう［ずしょう］）
　物の売買・貸借の契約において対象となる物の形を図に写し取っておくことをいう。

同取人（どうしゅじん）
　共同債務者を指す語。同借人とも言い、貸借文書においてその署名が用いられた。同取・同借は数人が同一契約により同種の債務を引き受けることを意味し、債務者の１人が逃亡しても残りの同取人が債務の返済に対して責任を負った。

売頭典尾（ばいとうてんび）
　売買契約において形式上は**絶売**の体をとりつつも証書中に買戻しを許す文言を含めたもの。売頭典尾は浙江でのいい回しであるが、他にも売頭当尾（山東）・売頭帰尾（湖北）・死売活頭（河南）・死契活口（山東）・死価活約（山西）など地域ごとに呼称を異ならせ、またその内容も地域ごとにやや異なる。

半印（はんいん）
　割印のこと。証書が２部にわたる場合や１枚の証書を２部に切断して保管する場合、それらが元々一つづりの証書であることを証明するため両部にまたがって捺印が行われた。

判書（はんしょ）
　契約の際に作成される証書。

批限（ひげん）
　契約で定められた期日を指す語。

批単（ひたん）
　注文契約書の類を指す語。青田売買の契約書をいうこともある。

憑（ひょう）
　証拠のこと。これに類する語として**憑証**・憑証的・**照憑**なども用いられた。

保（ほ）
　保証人のこと。契約を取り交わす際、契約内容が相違する場合にその責を負う者を立てることが求められ、それを保と称した。別称に保人・保職・保主・保家・保租・保任人・保認人・中保人・做保人・作保的・口丞人・**口承人**・契人・叨・叨保・原保・見限・**見中**などがある。一口に保といっても保証対象は契約内容によって異なり、売却物が契約内容に相違ないことを保証する保もあれば、債務者が逃亡しないことを保証する保もあった。また、保証人としての責任範囲も契約内容によって異なり、債務者が逃亡した場合も保証人に債務履行責任が必ずしも発生するわけではなかった。

保結状（ほけつじょう）
　当該人物の身元引受人となる意思を示す保証状。同類の語に身契がある。

保状（ほじょう）
　証状のこと。**保単**・認保状・保条子ともいう。また、口保（口頭での保証）の対になる語として信保（書状による保証）があった。

本身契（ほんしんけい）
　契約の一種。老契が不動産の所有権の伝承を示す旧契であるのに対し、本身契は所有者自身の名義を記載したものを指した。

要言（ようげん）
　契約を結ぶことを意味する語。**要結**ともいう。また、契約の申込者のことを要約人と称した。

落定銭（らくていせん）
　手付金のこと。不動産売買の際に仲介者に支払われた。

立字画押（りつじかくおう）
　立字は証書作成の、また画・押はそれぞれ**画指**・押印の意。すなわち立字画押で証書の作成調印を意味する。

2 不動産

①地目・地種

(1) 地形・地名

埃界餘地（あいかいよち）
境界間にある所有者のいない土地、あるいは所有者が不明な未耕地のこと。

挨頭（あいとう）
東北地方における地目の一種。崖地のこと。

塋盤（えいばん）
将来墓地としての利用を前提として所有したものの、以後も埋葬は行われず耕地として利用され続けている土地のこと。塋盤地・墳園・塋園ともいう。

汙（お）
水溜りのこと。また、耕作が放棄されると低地では水が溜まることから、荒地のことを**汙莱**と称した。

淤地（おち）
河川の氾濫の後、泥砂の堆積により河岸や河中に生じた土地をいう。河川の中に生じたもの（中洲）は**沙洲**、河岸に生じたもの（寄洲）は**灘沙**と呼び分けられた。この他にも**河淤地**・水冲河淤地・淤漲地・河沿淤漲地・江心突漲・淤塞・淤洲・遊浅州渚・浅洲灘など別称は多く、また淤復地・故土復生（一度崩落したものの後日泥沙の堆積を受けて再び生じた土地）・**白灘**（草の生えていない淤地）・**河灘地**（岩礁が多い箇所に泥砂の堆積した土地）など特定の条件下にある淤地を示す語も多数存した。

旺地（おうち）
東北地方における地目の一種。山麓などの湾曲した土地を指し、また**汪**・彎・彎地・堭ともいう。

河辺地（かへんち）
河川沿岸の土地を指す。同類の語に**壖**・河壖地・河沿児・河岾などがある。

鏵子地（かしち）
ハート形の土地のこと。スキサキ（鏵子）がこの形状をしていたことに拠る名称で、同様のものとして鏵尖地という名称もある。

海灘（かいたん）
河川の氾濫などの理由によって海岸に土砂が沖積して陸地となったものをいう。また、こうした土地において常時潮水の至らない土地を**海埔**と、潮水をかぶる土地を**海坪**と称した。

海甸子（かいでんし）
東北地方における地目の一種。瀕海の土地をいう。

塏（がい）
高く乾燥した土地を指す語。

間田（かんでん）
所有者のいない土地のこと。

丘（きゅう）
土地が小高くなった地形を指す。丘陵・**壟丘**・**沙堆**などの呼称もある。

坵段（きゅうだん）
耕地の区域を示す語で、日本の筆に相当する。

涇（けい）
クリークの一種。江南のデルタ地帯では**浜**・**漊**などと共に縦横に張り巡らされていた。

畦（けい）
土を盛り上げて作った耕地間の区切り、あぜ。畔・畛・畛畦・畦畛・田畦・町・町畦・條子・畤・埸・地格・地夾半・地半などの別称もある。また、類語である荒地格・荒格・草格は不整形のあぜを、大格は大きなあぜを指し、共に東北地方では土地境界の俗称として用いられた。

畎（けん）
古の田制にて用いられた畝の間の溝（うねま）を示す語。**甽**とも称し、『漢書』食貨志では幅１尺・深さ１尺の溝とする。春秋戦国時代より畎・畝は耕作の特徴となっていたため、畎畝の語が農業そのものを意味するものとして用いられ、また農夫を畎畝之人、牛耕を畎畝之勤と称することもあった。

湖泊（こはく）
水を湛えた土地。池沼とは面積の広さや水深の深さによって区別される。

溝（こう）
一般に田間の水路を指して溝と呼ぶが、そこから派生した土地の名称も多々見受けられ、溝窩地（溝のある窪地）・小水溝（小さな水溝のある土地）・潮溝（海辺にある溝地）

などはそうした地目の１例である。また、溝の各所も溝心（溝の中心部）・溝底（溝の底部）・溝口地・溝門地・溝地頭（溝の始発点）・溝合（溝の合流する部分）・溝埃（溝の崖に当たる部分）・溝旁・埃溝地・涯溝地・順溝地（溝に沿った土地）と呼び分けられた。

溝格（こうかく）
溝を境界とする土地のこと。東北地方にて用いられた。

磽确山田（こうかくさんでん）
砂や石が多く山地のこと。痩せた土地であるため、そこからあがる収穫も少ない。

壕（ごう）
東北地方における地目の一種。塹壕や地隙・溝などのある土地をいう。壕溝ともいう。

砂河（さか）
東北地方における地目の一種。水の流れていない旧河道にあたる土地をいう。

柴山（さいざん）
自家用の燃料となる柴を採るための山をいう。

祭田（さいでん）
宗族内での祭祀に必要な費用を賄うために設けられた耕地。**護塋田**・護墳田ともいい、地方によっては**蒸嘗田**という呼称もあった。そこからの収入は祭祀や墳墓の修繕に用いられたが、さらには相互扶助の用に充てられることもあり、子弟の学資や凶作の際の救済、孤児・寡婦の生活保護などに用いられた。

山荒（さんこう）
樹木のほとんど生えず、草地に覆われた山のこと。荒山・荒山晌ともいう。

山場（さんじょう）
山地・山林のこと。特に養蚕や果樹・茶の栽培、あるいは木材伐採などを行うために施設を整えてある場所を指し、果子山場・松子山場・養蚕山場などの山場はそうした用語に基づいている。また山中において茶税を徴収する場所のことも山場と称した。

山背地（さんはいち）
東北地方における地目の一種。山の陰にある土地のこと。

四方地（しほうち）
四角形の土地のこと。**直田**ともいう。また、形状に応じて方田（正方形の土地）・棋盤地・盤子地（碁盤に似た四角形の土地）・槽子地（飼い馬桶に似た長方形の土地）・斜田（平行四辺形の土地）・稜田（菱形の土地）などの名称がある。

斜角子地（しゃかくしち）
三角形の土地のこと。邪を斜の、甲を角の借字として用い、邪甲子地と称することもある。また、二等辺三角形の土地を圭田、直角二等辺三角形の土地を勾股、不等辺三角形の土地を斜圭田と称した。

樹巒（じゅらん）
樹木の生える山地をいう。樹林・樹嵐・山嵐・山崙などの別称もある。

塍（しょう）
あぜの一種で、特に水田のあぜを指す語。

牆根（しょうこん）
東北地方における地目の一種。塀際の土地をいう。

場園（じょうえん）
東北地方における地目の一種。脱穀・乾燥処理など収穫物の加工や穀物の保管を行う場所のこと。宅地に付属するもの、耕地に付属するもの、独立して設けられたものなどその形態は様々である。**場院**などの別称があり、また共同の場園を閣場という。

津（しん）
浅瀬のこと。また、浅瀬に船着場が設けられたことから転じて船着場そのものを意味するようにもなった。

遂（すい）
古の田制にて用いられた溝のひとつ。『周礼』遂人にて五溝のひとつとして挙げられており、夫（井田法における区画の単位）と夫の間に設けられた。

潟滷（せきろ）
潮の干満によって隠見する土地のこと。

阡陌（せんはく）
阡・陌はそれぞれ古代社会において見られた耕地の間の道のこと。これらの道は縦横に走って耕地を区切っていたと推測されているが、それが意味する内容は論者によって異なり、近年に至っても定説が出されるには至っていない。例えば、戦国秦の商鞅が変法の際に阡・陌を「開いた」とされるが（『史記』商君列伝など）、これは新たな阡・陌の敷設と解すべきなのか、それとも井田制以来の阡・陌の撤去と見なすべきなのかで理解は分かれる。また、区画ごとの耕地の規模や運用形態などについても議論は分かれ、さらには商鞅の行った制度改革が道路や耕地のみにとどまらず、森林や牧地など居住区周辺を広く対象とした総区画変更であったとする、「開阡陌」の語を根本から捉えなおす説もあり、実態の解明には研究の進展を待たねばならない。

堧（ぜん）
河川のほとりの土地を指す。

草廠（そうしょう）
草原を指す語。草園ともいう。

草場（そうじょう）
家畜を牧養するための土地の総称。馬場・廠地・牧地・牧田・牧養地・牧廠・牧廠地・牧馬廠・草廠・馬廠・馬廠地・草廠地などは全て草場に属する。

草蕩（そうとう）
アシなどの生える海浜の地。アシは製塩の燃料にも用いられ、その場合は、この地は竈丁に給された。

藪沢（そうたく）
草木が茂り水資源にも富んだ、人間の開発の手が入っていない土地のこと。山林と合わせて山林藪沢・林麓川沢などと称される。野生の動植物が多く生育する土地であり、人々はここから野生動物・植物の狩猟・採取を行って、建築資材・鉱物・皮革・燃料など様々な日用品や軍需物資を確保した。こうした原料供給地としての性格からその所有が争われ、春秋戦国期には季節的な規制の下で人々の共同利用が認められていたようであるが、次第に国家や豪族によって囲い込まれる山林藪沢が増えていった。

灘（たん）
海岸線が後退して干潟となった土地。灘地・退灘・城灘・**海退地**ともいう。主としてこうした土地が海岸に発生した場合は灘と、河岸に発生した場合は淤と呼び分けられる。なお、こうした土地の所有権は発生当初には国に帰すが、のち民間に払い下げられることもあった。これを帰公招変と称する。

灘沙（たんさ）
河岸に土砂が堆積して新たに生じた土地（寄洲）のことで、その生成を地辺滋生と称する。また寄州を**子地**と、寄洲の生じた河岸の土地を**母地**とする呼称もあった。なお、台湾では寄洲を洲埔・渓埔・浮洲・浮埔・浮埔地・浮復地などと呼んだ。

弾丸地（だんがんち）
弾丸ははじき玉のことで、極めて狭小な土地のことを指す。弾丸黒子地（黒子はほくろの意）という別称もある。

池沼（ちしょう）
水を湛えた土地で、湖泊よりは規模が小さい。水泡・水泡子・泡子などの別称もあり、台湾では塭地・穏水塭とも呼ばれた。

潮口（ちょうこう）
東北地方における地目の一種。河口に当たる部分をいう。

汀洲（ていしゅう）
浅瀬にあって土砂の露出した中洲のこと。

亭場（ていじょう）
製塩の一工程である攤灰を行う土地。埞場ともいう。

滴水地（てきすいち）
東北地方における地目の一種。軒下の土地を指す語。滴水簷ともいう。

土包地（どほうち）
東北地方における地目で、高く盛り上がった土地を指した。土包子・土硃子地・凸堆地などの呼称もある。

刀子地（とうしち）
包丁の形状をした土地のこと。杷子地・刀杷地・刀杷子地・大刀把地・小刀把地ともいう。なお、杷・把は包丁の柄を意味し、爬字を用いることもある。

塘（とう）
海塘などの語が示すように元々堤防を意味する語であるが、後に派生して水路（浦塘・塘浦）や溜池（水塘・田塘・塘圩・蓮塘）を意味するようにもなった。また、湿地の意としても用いられ、アシの生じた河川や海岸沿いの湿地を葦塘、草の生い茂る湿地を草塘と称するのはその１例である。

墩子（とんし）
東北地方における地目で、堆積土のある場所を指した。

坡（は）
陂ともいい、坂や斜面・土手・小山を指す語。またその意味から転じて陂池・**陂塘**のように溜池を意味する語としても用いられた。

馬廠地（ばしょうち）
清初に官有地を牧場として八旗に与えられた土地。伍田地・馬乾地・牧養地ともいう。

馬地（ばち）
明代、馬を養育するための負担を課せられた土地のこと。馬畝・馬田・養馬田・群田・編地ともいう。

秣場（ばつじょう）
まぐさばのこと。草場ともいう。そこに生える草は牛馬の飼葉となった。

泊（はく）
海岸のこと。

縵田（ばんでん）
畝（うね）を作らない平坦な耕地（ひらうね）のことで、前漢武帝の時代にその名が挙げられている。畝を作ってそこに播種する畝立て法とは異なり、耕起した土塊を整地道具である摩で粉砕して平らにならして播種に備えた。

卑湿（ひしつ）
低地にあって湿気の多い土地のこと。類語に埤湿・下湿・洿下・塗潦などがあり、また日の差さない湿地は陰湿地と称した。また、窪んだ土地を窪地・窪塘地・窪槽地・凹地・凹溝地と称したが、これらの土地も水が溜まりやすい湿地であり、下等地と見なされていた。

廟地（びょうち）
廟を始めとした神を祭るための施設及びそれを維持管理するための土地（斎田）のこと。公業ともいう。廟地は土地の寄贈（香煙地・香火地・香資地）を受けて設けられた。

腹地（ふくち）
中央の土地のこと。

畝丘（ほきゅう）
丘陵上にある耕地。

放牛廠地（ほうぎゅうしょうち）
東北地方における地目の一種。放牛場の付近にある土地を指す。

浜（ほう［ひん］）
クリークの一種。その規模は小さくクリークからさらに入り込んだ小クリークを指すことが多い。

葑茭蕩（ほうこうとう）
マコモやヒシの生えている池沼をいう。

養息牧（ようそくぼく）
東北地方における地目の一種。王侯に献上するための牛羊を飼育するための草地をいう。

林地（りんち）
樹木を育成するための土地。なお、育成の対象が自然林か植林か、また土地が平地か傾斜地かといった点は問われることはなく、皆林地と呼ばれる。

蘆場（ろじょう）
沿海・沿江の地においてアシの生える土地のこと。荻場とも称す。ここより得られるアシは薪やムシロの材料として用いられたが、豪民や寺院の手によって占有されることも多かった。

蘆田（ろでん）
アシの繁茂する土地のこと。蘆場・荻場ともいう。河岸の沖積地や泥砂の堆積した沙田などに多く見られた。

漊（ろう）
クリークの一種。江南デルタ地帯ではこれが縦横に張り巡らされたが、『営田輯要』はこの水路を幹線である浦・塘とその支流に分け、支流には地域ごとに港・涇・蕩・浜・瀼・淹・漊などの異称が存したと述べる。水上の交通路としての役割を果たすだけではなく、上流から押し寄せる水勢を分散させる治水上の利点も備えていた。漊の各所には閘・斗門などと呼ばれる水門が設けられ、その開閉によって水量調節が図られ、状況に応じて貯水・排水が行われた。

壟（ろう）
耕地において作物を栽培するために土を盛り上げた部分（畝・うね）を指す。一般に壟・隴・隴子・土壟・埂などと称されるほか、壟臺の語も用いられ、これは畝と畝の間の窪んだ部分を指す壟溝の語に対応した呼称でもある。また畝の形状に応じて順壟地・竪壟地（畝が南北にのびる耕地）・横壟地（畝が東西にのびる耕地）・長壟地（畝の長い耕地）・短壟地（畝の短い耕地）・寛壟子（幅の広い畝）などの呼称が用いられた。

(2) 地界

伙牆（かしょう）
隣接する家屋の境界となる垣根のこと。伙山牆・夥牆・界比牆ともいう。伙が夥から転じて用いられたことからも明らかなように、垣根は両家の共有物であり、破損した場合の修繕費は両家が賄った。

界址（かいし）
土地の境界を示す語。同様に境界を意味する語として界至・経界・地界・地辺・疆易・疆場・土疆・疆土・疆埒などがある。また、境界線のことを界線、四周の境界のことを**四至界限**と称した。

海崖（かいがい）
満潮時の水陸の境界のこと。

外撩（がいりょう）
所有地の異なる耕地が接するも、石や樹木・荒格など境界を示す標識がない場合、畝を立てて境界を示した。その畝は年ごとに鋤き方を異ならせ、1年目は畝の半分を内側に鋤き返し、2年目は畝を前年とは反対に外側へと鋤き返した。これらの鋤き返しの内、1年目のものを裏収・収半と、2年目のものを外撩・撩半と称した。

角石（かくせき）
土地の境界を示す石。記石・甲石・界石・介石・計石・石線などの別称があり、所有地の両端を示す石を本地夾石と称した。この石は自然石を用いることもあれば、他所から運搬した石を利用することもあった。

格（かく）
狭い荒地や空地を示す地目で、土地の境界部分となることが多かった。地格・荒格・草格・溝格・壕格・夥格などに用いられる格の字もこの語意に類するものと考えてよい。

鄂博（がくはく［おぼ］）
オボ。モンゴル族にとっての崇拝物・祭壇であり、また土地の境界を示すものとしても用いられた。

官道（かんどう）
いわゆる公道であり、また、これを土地の境界とした場所をこのように称した。同様に街道（大通り）・古道（旧道）・車道（荷馬車路）・牛道・趕牛道なども同様に土地の境界を示す際に用いられた。

義地（ぎち）
共同墓地のこと。また、これを土地の境界とした場所をこのように称した。

牛道（ぎゅうどう）
耕地にある小道のこと。趕牛道・赶牛道などの別称もある。牛馬の通行に便利なように設けられた道であり、また土地の境界ともなった。

径塍（けいしょう）
あぜ道のこと。塍岸ともいう。

荒格（こうかく）
土地と土地の間に設けられた空間で、雑草が茂るあぜのこと。地半・甸節・回牛地などの呼称もある。多くはこの地を双方の土地の境界としたが、あぜが共有される場合は夥格と呼び、その際境界はあぜの中心に置かれた。

壕格（ごうかく）
耕地において境界を示すために掘られた小溝。

三岔道（さんたどう）
三叉路のこと。

四至（しし）
土地の東西南北の四隣のことであり、土地の所有範囲を示す際に用いられた。売買証書など土地にまつわる契約書には四至が記され、当該地の範囲が東西南北にわたって示された。また唐宋期には荘園などにおいて分水嶺や河川を境界とする四至を四大界・大四至と称した。

車道（しゃどう）
牛馬や荷車の通行する道のこと。

争墩（そうとん）
土地の境界を争うこと。また、土地争いの訴訟を地訟と称した。

壩心（はしん）
本来は堤防の中央を意味する語。また、土地の境界を示す語でもあり、堤防の中央を境界とする際に用いられた。

馬蓮堆児（ばれんたいじ）
馬蓮草（ネジアヤメ）を植えてそこが耕地の境界であることを示した畝のこと。また、楡なども境界を示すために植えられた。

封（ほう）
土地の境界を示すために境界部分に盛られた土のこと。封堆ともいう。

封洫（ほうきょく）
水田の境界に設けられた溝のこと。

毛道（もうどう）
私有地の中を通る小道のことで、毛は微少の意。小毛道ともいう。毛道は公的な道路ではないが、土地の所有者以外の者も通行が認められた。

(3) 田・地

田（でん）※
耕地一般を意味する語。狭義には『説文解字』などが説くように穀物を栽培する耕地を示す字であり、禾田・穀田・稲田・麦田はそうした用法の系譜に連なる類語と言える。無論、耕地は穀物のみを栽培するものではなく、蔬菜や樹木など様々な草木を栽培対象とするものであるが、同じ耕地でも蔬菜や樹木の栽培を目的とした耕地には**園**・

圃・園圃あるいは**地**の語が充てられ両者は区別されていた。しかし、中国における農業は穀物生産が極度に重視される傾向にあったためか、田字は古くから耕地一般を指す語として用いられてきた。我々がよく目にする官田・民田・屯田・営田・井田・均田などの語に用いられる田字はいずれも穀物栽培には限定されない耕地を想定した用字であるし、地目にも学田・祭田・墳田・陸田・火田など田字の持つ広いニュアンスを感じさせるものは多い。

一方で、時代が下り穀物生産においてイネの占める重要性が増大してくると、田がいわゆる**水田**のみを指し示す事例も増えてくる。課税のために設定された地目に現れる田が水田を意味したことはその典型であるが、この水田も栽培形態の多様化に応じて地目上の細分化が進む。低田・高田・早田・晩田・圩田・囲田・湖田・沙田・**塗田**・梯田はそうした地目のほんの一例であり、こうした用語の豊富さに中国農業における水稲作の位置づけを窺うこともできよう。

地（ち）※
その本義は天と対になる概念、いわゆる大地・陸地の意に求められ、そこから転じて地上・領土・地域など意味は広がりをみせるが、こと地目としての意味に限定するならば、地は畑を指し示す字である。古くは穀物栽培地に田の語が、蔬菜・樹木の栽培地に園・圃あるいは園圃の語が充てられたが、のち田は水田としてのニュアンスが強まったこともあって、穀物栽培を目的とした畑地を意味する語として地が用いられる機会が増えていった。田字と合わせて田地と熟される語が耕地一般を指す言葉であるのはそれを明示するものであるし、現実に徴税上の地目において地の語が畑地を意味するものとして用いられた。

秧田（おうでん）
イネの苗を栽培するための耕地のことで、日本における苗代に該当する。

伙地（かち）
仲間と共同で所有する土地。また、分家後に共同耕作する土地も伙地と称した。

畸（き）
一区画をなすに至らない零細な耕地のこと。

坤輿（こんよ）
大地を指す語。同類の語に方輿・地輿がある。坤は陸地を、輿は乗り物のこしを意味し、万物を載せるこしに陸地を見立ててこの言葉が用いられた。

山地（さんち）
山を意味する語であるが、中でも特に開墾されていない山を指す。また山間にある不毛の土地をいうこともある。

大段地（だいだんち）
広大な面積を持つ平地のこと。同類の語に大塊地・遼濶などがある。

地面（ちめん［じめん］）
土地の表面を指す語で、地下を意味する**地腹**と対になる概念である。清朝の制度では地面に関する権利が所有者のものとされたのに対し、地腹の権利は国家に属するものと見なされていた。こうした観念は特に鉱物採取の際に用いられ、土地の所有者と国家の間で利益の分配が行われた。

茶園（ちゃえん）
茶の木を栽培する耕地。茗園ともいう。

疇（ちゅう）
本来はアサを栽培する耕地を意味する語であるが、後にその意味は薄れ、**田疇**（田地）・平疇（平地の耕地）のように耕地一般を指すようになった。

田地（でんち）
田畑のこと。同類の語として土田・田廬・田産などもある。

土（ど）
土貨・土宇・土宜・土毛などの語が示すように多岐にわたる意味を有する語であるが、その原義は土壌に求められる。土壌は農業生産の基盤であるが故に古来よりつとに関心が払われ、『書経』禹貢では州ごとに土壌の色・性質が示されている。

豆田（とうでん）
マメを栽培する耕地のこと。角が莢と同音であることから角田ともいう。

農桑地（のうそうち）
清代において用いられた地目の一種。農耕や桑の栽培に適した土地のことであり、清朝が租税徴収ために民田を区分した際にこの地目が設けられた。

白地（はくち）
何も栽培していない耕地のこと。また、華北では井戸水の使用できない耕地を白地と称した。

麦田（ばくでん）
ムギを栽培する耕地のこと。麦地ともいう。また東北地方では毎年ムギを栽培する耕地を老麦渣地と称した。

平壌（へいじょう）
平地のこと。**夷陸**ともいう。

無糧蕩地（むりょうとうち）
水辺にある低湿の地にして税のかからない荒地のこと。

零地（れいち）
極めて狭小な土地のこと。一席地ともいい、また散在する零地を零星地と称した。

露地（ろち）
更地のこと。

(4) 水利田

水田（すいでん）※
畦で囲み灌漑水を張った耕地のこと。いわゆる水稲作が行われる田んぼのことであるが、中国では古くから水田を利用した耕作が行われ、例えば蘇州の草鞋山遺跡（前4000年頃）にはその萌芽とも言える遺構が残されている。それは地形の窪みを利用したもので、水田の原初的形態とも言える遺構であるが、後の呉・越・楚といった春秋戦国の諸国のもとで営まれた水田耕作がこうした水田遺構の系譜に連なることは想像に難くない。
そして、『詩経』小雅・白華が灌漑栽培の様子を詠ったように、文献資料も水田耕作が古代社会において各地で行われたことを示しており、中には『斉民要術』に見られる水稲栽培の記載のように水稲作が華北の一部にも広まっていたことを示すものもある。ただ、農業生産全体の中で水稲作の占める比重が高かった地域となると、それは華中・華南の地に求められる。江南の地が「魚米之郷」と称され、火耕水耨による耕作が行われたこと（『史記』貨殖列伝など）、四川や雲南・広東の地から溜池灌漑による水稲作の様子を模した明器（陂塘水田模型）が大量に出土していることはそれを裏付けるものであり、とりわけ唐宋期以降、華北からの人口流入を受けて開発が進展すると水田は一層の広まりを見せた。上流の山地・渓谷から下流のデルタ・海浜に至るまであらゆる土地に水田が設けられたが、南宋の陳旉が水田を高地・下地と呼び分けたのはそうした水田の多様性を意識したものであり、より詳細に水田の種類を挙げていくならば、主なものだけでも**梯田**・**雷鳴田**・**浴田**・**仏座田**・圩田・囲田・垸田・湖田・沙田・塗田などがあり枚挙に暇がない。
また、イネの栽培環境の差異によっても名称が与えられた。例えば、**早田**・**晩田**はそれぞれ早稲と晩稲のイネを栽培する水田であるが、前者が雨季の増水による被害を避けるために栽培種が早稲に限定されていた水田であるのに対し、後者はそうした増水期の影響を受けない水田、あるいは日照条件が悪く長期間の栽培が必要とされる水田であった。また**高田**・**低田**や**旱田**・**湿田**の別もそうした栽培環境に応じた与えられた名称である。ここでいう低田は水量のコントロールが難しく、1年を通じて水をたたえる湛水田を、高田は逆に水量のコントロールが可能な環境にあって田畑転換が容易にできる乾田を意味する。イネの生育に適した水温や水量のコントロールあるいは二期作・二毛作の実現といった集約的な農業とその結果としての高収量を可能にする耕地は後者であった。従って、水稲作の歴史的展開も湛水田から乾田へという形で栽培環境の整備がなされる側面を有しており、民国期には同時代の日本の稲作に劣らない水準の稲作栽培が行われる水田も見受けられた。

囲基（いき）
広東の沿岸地域にて設けられた堤防のこと。基囲ともいう。沿海・沿岸に造成されて河川の氾濫や潮水から耕地を守った。

囲田（いでん）
江南デルタに見られた耕地の一種。低湿地に設けられた耕地で、堤防で耕地を囲んで押し寄せる水から耕地を守った。また、**圩田**・垸田・湖田・**墒田**・**櫃田**・**圩田**・**圩埝**などはいずれも同様の形態をとる耕地である。宋代以降富戸によって盛んに造成されたが、湖沼や浦塘の一部を耕地に変えてしまったため、湖沼などの貯水機能が低下して水旱害が多発するようになった。

圩長（うちょう）
江南において圩岸などの水利施設が破損した際に住民を監督してその修復工事に当たった者をいう。

圩田（うでん）
長江下流域のデルタ地帯に設けられた水田。同類のものとして囲田・湖田・圩埝などがある。四方が高く中央が窪んだ土地を意味する圩の語義通り、湿地の中に堤防（**圩岸**）を築いて内部を耕地として利用したものであり、その規模は数十畝の小規模なものから数十頃の広大な面積を持つものまである。唐宋期の江南開発の進展と共に各地で圩が造成されたが、当初は自然堤防を利用したものや、排水の便を考えた馬蹄形のものなど当時の技術水準に応じて作られた圩が多く、圩は時代の経過と共にその姿を変えていく。その変化の起点となるのが水路網である。圩岸の内部には水田だけではなく、集落も設けられて圩民（圩戸）が生活を営んでおり、また排水を行うための水路が張り巡らされていた。その水路網を通じて集積する水は、馬蹄形の圩では堤防のない面から排水され、囲いきっている圩では圩内の底部に溜め込まれるが、後に水利技術が進展して**龍骨車**を用いた排水が可能になると、圩内の数箇所には排水ポイントである**車基**が設けられ、そこから圩民が共同作業で排水を行った。こうした圩の生産環境も明代以降に圩田の分割・再編が進むと大きな変貌を遂げる。従来それぞれの耕地は形状や水がかりの良し悪しにばらつきがあったが、水路網の整備を通じて小規模かつ短冊形の耕地が整然と並ぶよう再編が行われると、耕地一筆ごとの独立性も高まっていく。上述の共同排水を廃して個々人による排水への移行を主張する声が上がったのはその現れである。また、各耕地の生産環境も向上した。排水の便が好転したことにより耕地の乾土化が進むと、田畑輪換が可能になって作物や品種の選択の幅が広がり、多毛作や商品作物の栽培が可能な耕地も増大した。こうして宋代には決して良い生産環境にあるとは言えなかった圩田は明代以降の再編を通じて江南の高い農業生産力を支える存在へと姿を変えていった。

塢（う）
本来は壁を意味する語であるが、そこから転じて城市や船舶のドッグのように周囲を高いものに取り囲まれた状況を指すようになった。また、盆地状の地形あるいはそこに立地する集落を示す語としても用いられ、太湖周辺にはこうした某々塢と称する地形・集落が多く見られる。

汙邪（おじゃ）
低窪の土地にある水田のこと。

淤湖成田（おこせいでん）
湖水が各種原因によって耕地となることをいう。

淤田（おでん）
アルカリ土を改良させるための方法で、北宋の王安石が奨励した。冬期に河川の水を耕地に注ぐことで土壌のアルカリ性を和らげるものであり、また河南の**洗鹹**・山東の**放淤**のように中華民国期にも同様の方法が行われていた。

海塘（かいとう）
海岸沿いに設けられた堤防で、海水の浸入を防いで塩害を避けることを目的としたものが多かった。こうした防潮堤は各地に設けられたが、とりわけ江蘇から浙江にかけて築かれた浙江海塘や江南海塘は長大で、その長さは７万丈をゆうに上回った。

垸（かん）
湖北・湖南を中心とした長江中流域にて造成された水田の一種で、院ともいう。デルタや湖畔のような水域に垸堤という堤防を築いてその内部に耕地を設けたもので、耕地を囲って水の浸入を防ぐ点で圩田・囲田と同様の形態を持つ。その規模は十数里にもわたる巨大なものから１頃にも満たないものまで多様であり、また土地を不法に占拠して造成された私垸も多く見られた。

堿則地（かんそくち）
課税のために設けられた地目のひとつ。河川や海岸の地にあって砂礫質やアルカリ土のために耕作に適さない土地のこと。**砂則地**ともいう。

湖田（こでん）
湖沼に設けられた耕地。湖沼の一部に堤防を設けて内部を耕地としたもので、宋代以降開発が進展して開拓地が欠乏しだすと、水辺の地が開発の対象となって各地で湖田が造成された。中には紹興の鑑湖のように湖田の濫造から干拓が著しく進んで社会問題となり、政府から囲裹の禁（湖田の新規造成を禁ずる命令）が出されるところもあった。

沙田（さでん）
海岸や河岸・中洲などに設けられた耕地のこと。泥砂が堆積してできた淤地を堤防で囲って耕地としたものであり、水田を沙田、畑を沙地と呼び分けることもある。河流の衝撃から土地が河川に没してしまうことも多く、そのため租税を免ぜられることが多かった。かつては河岸・中洲に造成された耕地と見なされていたが（王禎『農書』）、のち塗田との区別は曖昧になり、広東では海浜の堆積地を利用した耕地も沙田と称された。

秋田（しゅうでん）
春の訪れを受けて水を張る耕地のこと。

退淤地（たいおち）
河道の変遷により水の枯渇した旧河道を指す語。

埭田（たいでん）
海浜の堆積地に設けられた水田。旧来開発されていた洋田の外側に造成された。

沢田（たくでん）
水深の深い水田のこと。**陥田**ともいう。牛力による耕起は行われず、また田植えは水田の中に渡した木を足場として行った。

坍漲（たんちょう）
水際の土地の発生・消滅をいう語。河川や海浜で泥砂が堆積して新たに土地が発生することを漲と、激しい水勢にさらされて土地が水中に陥没・崩壊することを坍・坍没・坍塌・汕損坍塌と称した。また、陥没・崩壊してしまった淤地・灘地上の耕地を坍江・坍江田・**坍江田地**・坍塌田地・坍海田と、その所有者を**坍戸**といった。なお、崩壊した土地のあった場所に後日再び土地が堆積した場合、その土地を**坍剰地**と呼び、所有権は坍戸にあった。

低田（ていでん）
低湿地に設けられた水田のこと。陳旉はこれを**下地**と称した。低湿地に立地し、かつ排水の困難な土地に設けられた水田であるため水量のコントロールが難しく、季節を問わず水をたたえる湛水田であった。そのため栽培するイネの品種も早稲が多く、また田畑転換も困難なため、それが可能な高田に比べると収量は大分劣った。

墊没（てんぼつ）
洪水によって土地が沈没してしまうこと。なお、墊は低地を意味する語。

塗田（とでん）
海浜に造成された耕地で、沙田と同様の形態をとる湿地田。**海塗田**ともいう。王禎『農書』によれば、泥砂が堆積した土地に潮を防ぐ堤防や杭を築いて内部を耕地とし、耕地の一部には灌漑に供する天水を溜める溝を設けるものであり、そこからの収量は通常の耕地を大きく上回ったという。

塘泊（とうはく）
溜池の一種で、**塘濼**・塘淀ともいう。低く窪んだ地に水を貯めておくもので、北宋期に遼軍の侵入を阻む目的で方田・稲田・楡塞などと共に設けられた。またこれを利用した屯田も行われ、初期には稲作が行われたが、後に塘泊が淤塞すると畑作作物も育てられた。

壩（は）
河川の流れを截断する堰であり、埭・垻ともいう。その素材によって石壩・土壩・柴壩と分かれ、また用途に応じて欄水壩・束水壩（河水を収束させるもの）・滾水壩・竹絡壩（増水した河水を漏洩して氾濫を防ぐもの）・挑水壩・磯嘴壩（水勢を分散させるもの）と名称が異なった。また、土手の形状をとることから壩堈のように堤防を意味することもあった。

白塗田（はくとでん）
江南デルタにおいて冠水のため毎年の耕作を行えない水田のこと。上流からの泥砂が蓄積する肥沃な耕地ではあるが、一易・再易の水田として見なされたことから耕地としての評価は高くなく、また税額も低かった。そのため白塗田を耕す農民には毎年の冠水を望む者もいた。

埤（ひ）
溜池を意味する語で、陂より転じたもの。台湾のみで通用する用法であり、規模の大小や天然・人工の別なく用いられた。

複塘（ふくとう）
堤防を保護するために堤防の外側にさらに造成された堤防のこと。

放生河（ほうせいか［ほうじょうか］）
漁撈が禁じられた河川のこと。**禁塘**ともいう。

葑田（ほうでん）
耕地の一種。**架田**ともいう。筏の上に藁を敷き詰め、さらに泥土を10 cm強の厚さになるまで積み重ねたものを耕地としたものである。こうした葑田は湖沼や水深の深い水田に浮かべられ、岸に繋がれたまま作物が育てられた。

民埝（みんてん）
河川の氾濫から身を守るため民衆が私的に築いた堤防をいう。山東などに多く見られた。なお、埝は墊に通ずる語。

浴田（よくでん）
山間の渓谷にあって渓流や泉から灌漑を行った水田のこと。**源田**とも称した。

(5) 高田・高地

高田（こうでん）※
山間の盆地や扇状地など河川の上中流域に設けられた耕地。必ずしも山地のような標高の高い土地に設けられた耕地のみを指すわけではなく、低田（低湿地に設けられた耕地）の対になる語としての意味合いが強い。高田と低田との対比は特に陳旉『農書』が明示するところであるが、そこでは低田は排水が困難で水量のコントロールを行いにくい湛水田として、高田は取水・排水共に意のままに行える乾田として理解されている。こうした耕地では、イネの生育段階に応じた水量の調節や中耕除草が適宜行え、また優良品種の栽培も可能であった。さらには田畑転換が可能であることから、イネと畑作作物を組み合わせた多毛作が行われ、低田よりも生産力が高かった。のちには圩田・囲田のようなデルタ地帯の低田でも水路網を整備し、河泥を客土として加えることで耕地の乾田化が実現したため、農業生産の中心はこれらの地域へと移っていったが、唐宋期においては高田が高い収量と安定した生産の見込める耕地として重視されていた。

苑（えん）
古代社会における国家の所有地の一種で、主に離宮や牧場を指すことが多い。**苑囿**ともいう。苑の本義は禽獣の飼育場や狩場の意にあったが、のちに狩猟の休息場としての意味が強まっていったものと考えられる。

園宅地（えんたくち）
均田制における地目の一種。蔬菜や果樹を栽培するための園地と住宅地とするための宅地からなり、唐代の規定では良民ならば３人ごと、奴婢ならば５人ごとに１畝が給付された。永代的な所有が認められたが、永業田や口分田とは区別された。

園圃（えんほ）
野菜やクワ・ナツメなどの樹木・花卉などを栽培する耕地のこと。元来園は樹木を栽培する土地を、圃は蔬菜を栽培する土地を指す語であったが、後に総じて用いられるようになった。また、野菜を栽培する耕地には蔬地・菜園・菜圃・園欄・農圃・菜園子・小円地の呼称もある。園圃と田・地は同じ耕地の範疇にはあるが、厳密には専ら穀物栽培を行う田・地と目的が区別されていた。そうした用途による区分は古くより明確にされていたようで、『周礼』など各種史料にそれを窺わせる記載が散見され、また均田制において給付された園宅地なる地目も耕地（永業田・口分田）と園圃とを区分するものであった。ところで、この園宅地の区分が示すように園圃は邸宅に付属する形で設けられることが多かった。類語に宅園・房園などの語があり、菜園・房園・墳園が一括して**三園**と称されたのもそうした園圃の立地を反映してのことであるが、こうした立地に加えてその規模の小ささもまた園圃の特徴のひとつである。すなわち、園圃から収穫される野菜類の用途はあくまで自家消費に限定されていて販売されることは少なかったため、必然的に耕地の規模も小さいものにとどまった。都市住民の消費に供する野菜類の生産は都市近郊あるいは都市内部にて野菜栽培を専門とする農家が担い、その他の農民は耕地の大半を糧食作物か商品作物の生産に充てるのが中国の農業における一般的な姿であったが、上記した園圃の特徴はこうした生産形態に応じてのことであると言える。

火田（かでん）

焼畑のこと。畬田・山畬ともいう。主に山地や傾斜地において行われ、樹木や雑草を火で焼き払ったのち、そこを耕地として耕す。草木の灰が肥料となり肥沃な耕地となるが、雑草の繁茂などの理由によって数年後には地力が落ちてくるため、新たな耕地を求めて移動した。それまでの耕地は放置されたが、長時間かけて地力を自然回復させ、地力が戻ったころを見計らって再び火田とするために火を放った。中国ではこうした農法を刀耕火種と称し、華中・華南の各地で行われ、開発の進展と共に規模は小さくなりつつあったが、近代に至るまで残存し続けた。

山田（さんでん）

山地に設けられた耕地。**坂田**・嶒田の呼称もある。華中・華南では漢族の進出と共に開発が進められて山田が設けられ、こうした耕地には田畑共に見られたが、梯田・雷鳴田などのような棚田を造成することができたのは取水条件の良い土地に限られ、一般には歪な地形に合わせた小規模な畑がそこかしこに開かれることが多く、畑作作物の栽培や油茶・油桐のような商品作物の栽培が積極的に行われた。また、清代も後期に入ると**棚民**と呼ばれる人々による山地開発が進み、山林を切り開いて畑としてトウモロコシや煙草などが栽培されたが、過剰な開発は山地からの土壌流出や洪水の多発を招いたため抗争の火種となることもしばしばあり、中には封禁の措置を施す事態に至る地域もあった。

蒿草耕粒地（こうそうこうりゅうち）

清代徴税上の設けられた地目のひとつ。畑地の劣等なものをいう。

囿（ゆう）

天子や諸侯が田猟を行うための狩場。周代に設けられたものとされ、春秋時代には各国がこうした狩場を有していた。

雷鳴田（らいめいでん）

山地に設けられた水田の一種。梯田・嶒田ともいう。四川において盛んに造成された水田で、天水を蓄えて灌漑に用い、イネを栽培したという。

陸田（りくでん）

耕地のうち畑地にあたるものを指す語。旱・旱地・旱田・畹・田畹・圃地・大田地など異称は多い。いわゆる水田が十分な降雨量あるいは水利施設の充実が条件として求められ、その広範な展開は華中・華南の諸地域に限定されたのに対し、陸田は全国的に見ることのできた耕地形態であり、とりわけ華北や東北地方などの地域では耕地の大半が陸田で占められるほどの広がりを見せていた。

単位当たりの生産力では稲作栽培に特化した水田に及ばないものの、多岐にわたる作物が栽培された点にその有用性が求められる。すなわち、水田での生産活動がほぼ稲の栽培に限定され、まれにヒシやハスなどの水生植物の栽培や養魚が行われる程度に過ぎなかったのに対し、陸田では麦・粟といった穀類に加えて、大豆を初めとするマメ類や各種蔬菜類、綿・麻・苧麻などの繊維作物、茶・タバコ・サトウキビなどの経済作物と様々な種類作物が栽培され、それらの生産物は水田からの生産物と相互補完しつつ人々に生活物資を供給するものであったため、陸田の重要性は単純に生産性の高下のみでは測れない。

陸田での耕作形態は地域によっていくらかの差があるものの、いずれの地域でも土壌中の水分保湿に意を用いている点では共通する。とりわけ華北や東北地方の農法にはその特徴が顕著に表れており、入念な土壌の耕起・粉砕と鎮圧からなる**乾地農法**はその代表的な例である。こうした陸田での農法は古来より改良を重ねて発達し、元代にはその完成を見るが、明清から民国期にかけて見られた華北の大豆・綿・ラッカセイ・タバコなど経済作物栽培の盛行はそうした技術的発展を裏付けとしたものといえる。

(6) 民田

民田（みんでん）※

個人が私的に所有する耕地のことで、国家の所有に帰する官田の対になる概念として用いられた。名田・私田・民賦田なども、用いられた時代は異なるものの皆私有の耕地を指す名称である。また、より広く私有地を意味する語としては民地・民有地などがあるが、これらは王公や旗人の私有する土地をも含んだ概念であり、そうした特殊な私有地と区別して一般の民が私有する土地のみを示す場合には一般民地・**民業**の語が用いられた。

民による土地の私有は古くより認められており、『詩経』小雅・大田に公田の語が見えることから春秋時代には既に公田・私田の区別がなされていたことが窺い知れ、また均田制のもとでさえ官が権利を有する公田（剰田・屯田・営田）と土地主が権利を有する私田（口分田・永業田・桑田・麻田・園宅地・官人永業田・賜田）とを分ける認識があった。

無論、原則としてこれらの私田は自由に売買することは禁じられていたので厳密な意味では私有と言いがたい。それでも官人永業田や賜田の売買・貼賃（買戻し条件つきの売買）には制限は設けられず、庶民も遠地に出征し、かつ家に土地を使用する者がいない場合など条件次第では売買や貸与・質入れが許されていたことから、私田の占有者には一定の権利が存したことになる。

そして、均田制の崩壊後には民の土地所有権も拡大し、民田の割合も著しく増大する。明代前期のように官田の比率が高まる時期もあるが、こうした官田にはその利用形態から実質的な民田である場合も多く、またしばしば民間への売却対象ともなっていた。そのため通時的には民田は増加の趨勢にあり、清代後半の記録では全国の田土の８割以上が民田であったという。

菴荘（あんそう）

墳墓に付属する荘園のこと。客戸に田地を耕作させ、その収入を墳墓の維持に充てた。

一般民地（いっぱんみんち）

地種の一種で、満州国にて用いられたもの。官地が国家に所属する土地であるのに対し、民地は個人に所属する土地、いわゆる私有地であるが、満州国において民地は一般の民が所有する土地のみにとどまらなかった。王公荘田や旗地など清代の所有形態に淵源を持つ土地もまた民地に含まれており、一般民地の語はこれと区別すべく一般の民が所有する土地に対して与えられた名称である。

ただ、一般民地自体も数多くの地目から構成されていて、単純に理解されるものではない。その沿革上から分類すると、⑴当初から民が所有する土地、⑵旗地から一般民地に転じた土地、⑶官地から一般民地に転じた土地の３種が存し、またこれに名目上官地ではあるが実質上民地である準民地を加えることもある。具体的な地目を列挙すると、**紅冊地**や**額徴陳民地**は⑴に当たり、**退圏地**・**民典旗地**・**永遠徴租地**・**暫行徴租地**などは⑵に、**牧廠開墾地**・**囲場開墾地**・葦塘・升科地などは⑶に該当する。また、**額徴民人餘地**・**原浮納租地**・**額徴首報私開地**といった**餘地**は準民地の一種であるが、当然これらの地目のみをもってしても一般民地を網羅したことにはならず、その性格は複雑であった。

革荘（かくそう）

国家や王公宗室などの設置した官荘を撤廃すること。

額内地（がくないち）

華北における地目の一種。明の万暦年間以来の地租徴収地のこと。

官牛場（かんぎゅうじょう）

家畜の共同放牧地を意味する語。また、そこから転じて村落の共有地を指すこともある。

官折田園地（かんせつでんえんち）

清代、東北地方における民地の一種。明代に職官役人が所有していた土地や廃寺・廃廟の所有地を民田へと改めた土地。

官荘升科地（かんそうしょうかち）

清代、東北地方における民地の一種。錦州副都統管下にある御料地が払い下げられて民有となった土地。

寄荘（きそう）

本籍地以外の土地において所有する荘園のこと。寄荘田・客荘ともいう。その所有者である寄荘戸は代理人（荘頭）に経営を委託し、その地代を徴収した。

原額地（げんがくち）

東北地方において私権が公認され課税の対象となる土地のこと。また各種原因によって同一地券の土地の中に免税となる土地が生じたが、この土地を原扣地と称した。

功労田（こうろうでん）

土地の開拓を援助した者に対して与えられた土地のこと。

紅冊地（こうさつち）

清代における地目の一種で、官の紅冊に登録された土地。東北地方において民の所有地を清初に官が公認して紅冊に記入した土地や、官がその所有権と引き換えに民に開墾させて紅冊に登録した土地などがこれに当たる。**紅冊**の語の由来は、帳簿の用紙にある紅格・紅罫や公簿に押捺された朱印あるいは開墾許可証である紅契など諸説あって詳らかではない。紅冊地の内、旗人の私有する土地は旗冊地、民の私有する土地は民冊地・民冊糧地と称し、また紅冊地以外の土地は**餘租地**と称したが、他にも所有状況や地域によって様々な名称が存在する。新開墾地に対する呼称としての旧額地や土地の沿革にまつわる呼称である民人起科地（清初より居住する農民や康熙年間までの移民が開墾した土地）・出旗民人随帯地（旗籍にある者が民籍に転ずる際に付随する土地)、徴税内容による呼称である額征銀米地(銀と穀物を徴収する土地)・全徴銀両地(銀のみを徴収する土地)などそれにまつわる名称はあまたにわたるが、それらは同一の土地を指し示す名称が複数存在するものと認識するのが実態に即している。

坐図(ざと[ざず])
明代の地籍において土地所有者の居住地を指す語。他の地域にあって所有者が居住しない土地は**客図**と称した。

私開地(しかいち)
清代における民地の一種。私墾地ともいう。官の許可を得ずして私的に開墾された土地であり、官に申告して課税対象の土地として登録された開墾地は**首報私開地**という。こうした私開地には数多の地目が設けられており、升科地・新升科地・滋生地・新滋生地・正額首報私開地・続増首報私開地・民人私開地・続増民人私開地・自首餘地・首報餘地・続首報餘地・続徴首報餘地・新丈地などはその1例に過ぎないが、いずれも地域や登録が行われた年代によって呼び分けられた地目であって、それぞれの私開地に大きな差異があるわけではない。一方で、私開地の立地が紅冊地の傍らにあるか否かよって法律上の性質が異なることから、紅冊地の傍らにある首報私開地を紅冊地旁滋生地や紅冊地旁私開地と称したのに対し、紅冊地と異なる地段にある首報私開地には另段私開地・另段滋生地・納租餘地などの名称が与えられて両者は区別された。

常住田(じょうじゅうでん)
寺院の所有する耕地のこと。寺観常住免粮田ともいい、単に常住と称することもある。

荘園(そうえん[しょうえん])
広義には大規模な耕地・山林や庭園を伴った邸宅のこと。唐宋期に貴族・寺院・官僚・商人などが所有した荘園は広く知られているが、こうした有力者層による大土地所有は唐代以前から墅・別墅・園・山居などの名で史料に見え、唐宋期の荘園はそうした前代の大土地所有からの延長にあると考えられる。
荘園の本義は本宅とは異なる地に設けた別荘・庭園に求められるが、荘園とその類語(荘田・田荘・別業)はその意味するところが多岐にわたり、単に別荘や庭園を示すこともあれば、耕地・山林などを含めて荘園と称することもあった。また唐代以降には個人の所有する耕地を荘田と称することがあったが、明清期に荘田は皇帝や王公などの所有する土地を指すようになった。さらには荘園の所有形態も一円的な所有もあれば、小片の土地の集積もあって荘園の語が包含する内容は極めて多様であるが、一般に荘園と言う場合それは大土地所有を意味するものとして用いられる。
荘園の規模は様々であるが、概ね広大な面積を有し、例えば唐の宰相李徳裕の荘園は周囲10余里にわたったという。そして、その敷地には山川林沢が連なり、数十頃の耕地が展開するだけではなく、茶園や薬園あるいは製粉所などありとあらゆる物が備わっていた。そのため所有者である主人が単独で耕作・経営に当たることはなく、幹人・監業・管荘人・荘吏・荘幹・荘頭・荘甲・荘官と称する管理人をのもとで労働者(客戸・荘客・荘戸・佃戸・佃家・佃僕)が農業を始めとした各種生産に従事し、また奴婢・家僮・僕といった使用人が家内労働に当たって主人やその家族の世話をすることで、荘園の経営は成り立っていた。従って荘園内部には主人とその家族が居住する邸宅(荘院)が設けられると共に客戸たちの住まいである客坊が設けられた。客坊の規模は荘園の規模に応じ、中には100戸から200戸程度の客坊が立ち並び、一村落に匹敵するような景観を呈する荘園もあった。
ただ、以上のような荘園も具体的な経営実態については様々な説が唱えられていて明確なイメージが共有されるまでには至っていない。主人と荘客・佃戸の社会的関係や土地の所有形態などはその一例であるが、これらの点も含めた研究の進展が待たれるところである。

荘宅(そうたく[しょうたく])
別荘と邸宅を意味する言葉であるが、別荘には広大な田園が付属することが多いことから、広義には別荘・邸宅・田園の3者を含む言葉としても用いられる。

荘田(そうでん[しょうでん])
いわゆる荘園における耕地を意味する語であるが、のち明清期に入ると皇帝や王公勲臣の所有する土地を指すようになった。特に清朝は直隷・山西・東北地方などの地に一般民衆の所有を禁じる土地を広く設けたが、そこに置かれた皇産・旗地・官荘にはこうした荘田が含まれる。荘田では荘園と同様に耕作者を募って土地を小作に出し、これらを荘頭・管荘官・管荘人などに管理させることで小作料を徴収し、そうして得られた収入は宮廷の維持費や軍事費・旗人の生活費などに充てられた。一方で、清朝も後期に入ると旗人の没落が進むと旗地を手放す者も増えた。旗地の売買・出典は固く禁じられていたが、様々な名目が設けられて禁令は骨抜きにされ、民間の手に渡って実質的な民田と化す荘田が増大した。

竈地(そうち)
清代における民地の一種で、塩田のこと。灶地とも書く。

撥段(はつだん)
国有地を民間に払い下げることをいう。

民冊糧地(みんさつりょうち)
民紅冊地の中で納税を米粟で行う土地のこと。銀地・銀米地と区別するためにこの名称が用いられた。

民糧地（みんりょうち）

清代における民田の一種。老糧民地ともいう。完全な業主権を認められた土地を指す。

名田（めいでん）

漢代の制度で、個人の所有する耕地を指す。

餘地（よち）

清代において民によって占有される耕地の中で紅冊地・退圏地以外の耕地を指す語。額徴民人餘地・原浮納租地・額徴首報私開地などはこれに類する。名目上は官地に属するが、開墾者には永佃権が与えられるため民地としての性格が強い。なお、餘地の語は法律上の地目として用いられる場合に加えて、民が所有を認可された土地以外に占有する土地の総称として用いられる場合がある。

猺田（ようでん）

清代における民地の一種で、瑤族の居住地における耕地を指す語。

(7) 官田

官田（かんでん）※

地種の一種で、国家が所有する耕地を指す語。これに対して個人が私有する耕地は民田と称した。その用例は古く、『周礼』に見ることができるが、古代社会において国家所有の耕地を指し示す語としては公田もあり、官田の語が盛んに用いられるようになったのは宋代以降のことといえる。

官田の範疇に組み込まれる耕地の種類は多く、例えば『明史』食貨志は還官田・没官田・断入官田・学田・皇荘・牧馬草場・城壖苜蓿地・牲地・園陵墳地・公占隙地・荘田・職田・養廉田・屯田の各地目を官田としている。この中には学田や公占隙地のように民国期の法令や土地調査において公有地と見なされる耕地や荘田のように個人の所有地と認識される耕地も含まれていることから、官田の概念は緩やかで包括的なものであったといいうる。

無論、こうした官田は国家が無闇やたらに増やしていくものではなく、何らかの成因が働きかけることで特定の土地は官田に編入されることになる。そうした成因として主たるものを挙げると、⑴罪人の所有地を没収する場合、⑵民が逃亡などの理由によって無主の耕地が生じた場合、⑶山林叢沢を開拓した場合、⑷国家が民田を買収した場合、⑸家産を相続する男子がいない戸絶の場合などがある。上記の各種地目で言うと、没官田は⑴に、断入官田は⑵に該当し、また南宋の公田法において設けられた公田は⑷の典型的な例である。

以上のようにそれが内包する地目や官田発生の成因は多様であるが、当然のことながらそれぞれの時代の状況に応じて官田をめぐる事情は異なる。金・元との緊張関係が続いた南宋では前線に当たる淮南路・京西路に官田が多く設けられ、明初には敵対勢力である張士誠の影響下にあった長江下流域の土地が多く没収され官田が著しく増加している。一方で清代には官田の民田化が進行し、19世紀半ばの時点で全国の耕地の中に官田が占める割合は1割にも満たなかったといい、官田の存在形態の内に各王朝が土地に対してとっていたスタンスの違いを見ることができる。

官地（かんち）※

国家が所有する土地を指す語で、官産ともいう。個人が所有する土地である民地と対になる概念であるが、官地に含まれる地目は実に多様で、宮殿・官庁の敷地や官有の耕地のみにとどまらない。清代の地目を例に挙げると、官荘・官田・藉田・祭田・囲場・屯田などはいずれも官地に該当し、また無主の地や荒地あるいは淤地・灘地のように新たに生じた土地の所有権も国家にあったので、これらの土地も官地の一種といえる。ただ、これらの地目も時代を問うことなく設けられてきたわけではない。確かに祭田・藉田・屯田などは古くから史料にその名が見える地目であるが、囲場などは清朝に独自の地目で、それ以前には存在しないものであった。一方で公田のように官田に取って代わられ本来の意味では用いられなくなった地目もあれば、苑囿・山林叢沢などのようにその名称が失われたものもあって、官地の概念が内包する地目は時代によって出入の激しいことが窺われる。

また、官地の規模も時代に応じて異なる。例えば、北魏から唐代にかけて実施されていた均田制にあっては、露田・口分田といった土地が国家の所有に帰し、それを一時的に民に貸与しているという建前に従って運営されたことから、当時全国の土地に占める官地の割合は極めて高いものとなった。無論、それは名目的な側面も強く、均田制の崩壊後は民地・民田の割合も増大するが、そうした官地の増減は均田制のみに影響されるものではない。戦乱を経て社会不安の増大した時期には社会の流動性が高くなって無主の地も増えるため国家がそれを運用する機会も増えることとなり、必然的に官地の割合も高まる。南宋期に各地で官田・公田が設けられ、明朝の土地の半数は官地であったことはその現れである。

ただ、それも清朝が中国を治めるようになると状況は変化し、同治年間の統計では土地の9割近くを民地が占めていて、上記の地目は1割弱というわずかな比率に過ぎなかった。こうした変化は清朝において華中・華南開発が進展して民地の総面積が増加したことに拠るところが大きいが、一方で官地の民地化が進行したことも作用している。一般に民地においては売買・貸与・出典といった土地の処分が所有者の裁量に委ねられていたのに対し、官地の売買は原則上認められていない。例えば、旗地も旗民不交産の語が示すように売却が禁じられていたが、康熙帝の時代には既に旗地を売却する旗人も増加し、禁令は有名無実化していた。さらに清末から民国期にかけて官地の払い下げが大規模に行われ、官荘を始めとした官地の多くは旧来の管理者・耕作者である荘頭・佃戸の手に渡った。

伊犂旗地（いりきち）
恵遠城・恵寧城・錫伯部落における八旗屯田のこと。イリ駐屯の旗兵に窮乏するものが増えたため、嘉慶元年（1796）に設けられた。八旗間散人は土地の給付を受けることができたが、自身による耕作が求められ、小作に出すことや出典することは禁じられた。

囲場（いじょう）
清代における地目のひとつ。**囲荒**ともいう。皇帝や家臣・兵士のための演武場・狩猟地であり、またここで狩った動物は皇室に献上された。

溢額地（いつがくち）
清代における徴税上の地目の一種。瘠せた土地については租税を課す面積を減らして負担の公平が図られたが、こうした減免地を溢額地と称した。

永遠徴租地（えいえんちょうそち）
民典旗地の一種。永遠征租地・永遠餘地・永遠餘租地の名称もある。旗人が出典したもののその旗人が絶戸となったために、官が没収した土地であり、耕作者である民からは租を徴収した。

永業田（えいぎょうでん）
唐の均田制において民に給付された土地。北魏以来の桑田を受けて設けられたもので、丁男（18歳以上の男子）に20畝の土地が給付された。口分田とは異なり永代的な所有権が認められており、受給者が死亡しても国家に土地を返還する必要はなかった。

営田（えいでん）
宋代における屯田の一種。本来は内地にて兵士が耕作を行う屯田を指す語であったが、のちに耕地を小作に出して民が耕作に従事する営田も増えたため、営田は民屯としての性格を強めていった。

営田官荘（えいでんかんそう）
宋代に設けられた官荘の一種。軍糧の確保を目的として荒蕪地を開墾したもので、その経営には監荘である土豪があたり、これを知県・県尉が管轄した。

営蕩（えいとう）
官地の一種で、営基と葦蕩とを合わせた語。江蘇に特有の地目で、臨海の地において柴草を産する土地を指した。

営盤田（えいばんでん）
清朝が台湾において先住民の襲撃に備えるため兵士に屯田させたがこれを営盤と称し、またその耕地を営盤田と呼んだ。また、先住民の脅威が薄れると兵営は撤廃されたが、その跡地は営盤田園として開墾された。

衛所屯田（えいしょとんでん）
屯田の一種。明代に全国の衛所に設けられた屯田であり、**軍田**とも呼ばれた。

駅站地（えきたんち）
官地の一種。そこから得られる収益は駅站の運営に必要となる経費に充てられた。

駅田（えきでん）
唐代における地目のひとつで、駅馬の飼料を栽培するための耕地。

捐助田（えんじょでん）
富裕な民が所有する耕地で、そこからの収入が官への財政援助に充てられた。

堰工田（えんこうでん）
清代の四川において、堰渠など水利施設の管理費を賄うため寄付を募って購入した耕地を指す語。**済田**ともいう。堰工田から得られる収益を通じて管理維持が行われた。

恩賞地（おんしょうち）
清朝が功績のあった八旗の官兵や朝廷のために身を傷つけた者に対して与えた土地のこと。

科田（かでん）
徴税上の地目の一種。荒地を開墾すると、その土地は一定の免税期間を経た後に徴税冊に編入されて課税対象となったが、この登録を**陞科**・升科といい、また課税対象となった耕地を科田と称した。なお、課税額の基準となる耕地の等級が変更された耕地を改科田という。

夥地（かち）
共有地のこと。夥有地ともいう。夥（伙）は合夥を意味する語。

開放蒙地（かいほうもうち）
蒙地の中で清朝が漢族の入植を認めた土地のこと。従来蒙地は漢族農民による占有が禁じられていたが、雍正年間に直隷・山東の飢饉の救済策として借地養民制が採られたことをきっかけとして民の入植が公認され、開放蒙地が設けられた。開放蒙地は公式開放地と非公式開放地に分けられ、前者は生計地・留界地・放領地以外の土地の中で民に開放されたものを指す。後者は実質的に開放されて民の手に渡ったものを指し、具体的には爛価地・白楂地・活契地・死契地などがそれに該当する。

学田（がくでん）
学校の運営費などを捻出するために給付された耕地。貢士荘の別称もある。学田は北宋の仁宗が各地に賜与したことを嚆矢として広まり、明の太祖によって正式な制度として定められた。学田は国家から提供されたものの他に官僚・地主から寄贈された土地や犯罪者から没収した土地や戸絶の土地からなり、学校はこれを小作に出して小作料を得た。その収益は学校運営の経費に加えて貧しい学生への補助や孔子廟の祭祀にも用いられ、余剰分は国家に納付された。

額田（がくでん）
明代における徴税上の地目の一種。課税対象として黄冊に登録された耕地をこのように称した。

活契地（かつけいち）
蒙地の一種で、蒙人が漢人に買戻し条件付で売却した土地。蒙人・漢人間の契約内容によって典当地・押租地・退租地・爛価地に分けられた。

官荒（かんこう）
荒蕪地の一種で、国が所有するものと無主のものが含まれた。

官山（かんざん）
同じ宗族に属する者ならば誰でも入会地としての利用が認められた山のこと。官の字を冠するものの、必ずしも官有地とは限らない。

官山地（かんさんち）
官有の山地のこと。

官産（かんさん）
官有の財産を意味する語。主として官地や屯田など私有地ではない土地を指すことが多い。

官租地（かんそち）
没官田の一種。土地の所有権をめぐって訴訟となり、いずれの所有地とも判じがたい場合はこれを没収し、第三者に貸与された土地のこと。

官荘（かんそう）
官地の一種で、官の所有する荘田のこと。その名は宋代より見られたが、清朝では内務府官荘・礼部官荘・戸部官荘などの皇産がこれに当たる。官荘は主として東北地方を中心として各地に設けられたが、それらの土地はかつて明朝の所有にかかる土地や清朝の進出に際して漢人地主が自ら差し出した土地などからなる。清朝はこうした土地や漢人の再編成を行い、土地は官荘を始めとする各種官地に改め、民は旗籍に編入して官荘の管理・耕作を行わせた。また、清朝の入関以前にこれに降伏した明軍の将兵は漢軍旗人に組み込まれたが、これらの旗人にも官荘の荘頭に任じられ、その管理に当たる者が多かった。
明末清初の時期に以上のような土地制度が確立し、清朝はそこからの収入を財政の一部に充てていたが、官荘では次第に荘頭が地主的な支配力を強め、皇室や王公宗室の統制は及ばなくなる。また、外部からの漢族の移住が禁じられていた東北地方では、その禁令に反して移住・開墾の動きが進展したこともあって、官荘をめぐる環境は設置当初から変貌を来たした。やがて清末から民国期にかけて官荘も民間への払い下げの対象となり、かつての荘頭や佃戸がそれらの土地を優先的に買い取ることで官荘は民地化した。

監荘（かんそう）
宋代において官荘を管理する者を指す語。管幹・管官荘戸・力田戸ともいう。官荘を設ける際に荒地の開墾に当たった土豪をこれに充てることが多かった。

還官田（かんかんでん）
功臣に賜与された耕地を官に返還させたもの。

寄産（きさん）
戸籍のある県や居住地ではない県に所有している土地のこと。寄荘ともいう。

旗冊地（きさつち）
清代における地目の一種。旗人が所有する土地で、民冊地（民の所有する紅冊地）に対する語。

旗三園（きさんえん）
旗人の所有する三園（菜園・房園・墳園）のこと。

旗升科地（きしょうかち）
旗地の中で課税されるものをいう。清代後期、旗地において新たに開墾が行われ、旗衙門によって登録された土地は旗升科地として課税対象となった。

旗人餘地（きじんよち）
清代における民地の一種。旗餘地ともいう。旗冊地が定められた後に旗人が開墾した土地を指し、額徴旗人餘地と旗人升科地に区分される。前者は民人額徴餘地に、後者は民人額徴減賦餘地・民人首報私開地・続増民人首報私開地などに該当し、その性格を同一にするものであり、各種民人餘地が民衙門に属するのに対し、旗人餘地が旗衙門に属する点においてのみ異なった。

旗地（きち）

清代における旗人に対する分賞田地の一種。旗地には広義と狭義があり、狭義の旗地は旗人が土地の所有者でもある土地を指し、旗紅冊地・旗人餘地・旗升科地などがこれに当たる。一方、広義の旗地は耕作者が旗人である土地も含まれ、狭義の旗地に加えて随缺地や伍田地のような職田もこれに該当する。

狭義の旗地は清の入関以前には遼東半島一体に設けられ、入関後には北京周辺の土地が旗地として与えられることが多かったが、また要所に駐屯する旗人に与えられる駐防旗地を始めとして全国各地に点在した。支給される旗地は明朝の所有した官地や無主の地、あるいは民の献上による土地などからなるが、旗人達の得られる土地はその地位に応じて異なる。例えば参領以下の官には60畝の土地が、旗兵には30畝の土地が給付され、また都統・副都統以下の官もそれぞれの官職に応じて土地が与えられた。

これらの土地は世襲が認められた上、租税も免ぜられたが、その経営は荘頭が、実際の耕作は小作人が携わり、旗人は不在地主となることが多かった。一方で、こうした旗地は勝手に処分することは認められていなかった。それは旗民不交産なる原則に拠るもので、旗人は民との間で財産の交易を行うことは禁じられていた。しかし、人口増による家計の圧迫を受ける中で旗人の窮乏化が進むと、禁令を犯して旗地を処分しようとする者も現れた。政府も旗地の買い受けや追加給付などの対応策を講じたものの、旗地を売却・出典しようとする者は後を絶えず、払い下げられて退圏地となる耕地は増大する一方であった。

旗東民佃地（きとうみんでんち）

旗人を地主と、民を小作人とすることを意味する語。旗人には民を招いて土地の開墾を行う者が多かったが、のち旗人と民との間で係争が生じることも増えたため、旗人を地主と、民を小作人と定めることで解決が図られた。旗人は勝手な租税増額や退去要求が許されない代わりに民も租税の欠額は許されなかった。

旗民不交産（きみんふこうさん）

旗人と一般の民との間で財産のやり取りを行うことを禁じた原則。清朝の入関後よりたびたび禁令が出されたが、のち旗民の窮乏化と共にそれを犯す者も増え、また清朝末期には解禁された。

義地（ぎち）

共同墓地の一種。義塚ともいう。貧者や身寄りの無い者あるいは行き倒れた旅人の死体を埋葬する土地をいう。任意の土地を義地として設定し、それを特定の組織が管理するもので、原野や山林の中に死体を埋葬する乱葬崗子とは性格を異にする。

義田（ぎでん）

宗族が共同で所有する土地で、相互扶助を目的とするもの。北宋の范仲淹による義荘をその先例として以後各地の宗族の間で設けられた。義田は小作に出され、そこから得られた収益をもって貧者や老人・寡婦・孤児など宗族内の弱者の救済や教育費の捻出が図られた。

牛運米豆地（ぎゅううんべいとうち）

清代における官地の一種。牛荘・熊岳・遼陽・蓋平などの地にある官有米豆地のこと。そこから徴集された小作料が牛荘より通州倉へ運送されたためこの名が与えられた。

牛羊圏（ぎゅうようけん）

皇産のひとつ。三陵（皇帝陵のひとつ）での祭祀に用いる牛や羊を牧養した。

禁荒（きんこう）

三陵（皇帝陵のひとつ）の周辺の土地を指す語。のち中華民国14年（1925）に皇産の整理が行われた際にも開放されず、封留陵寝界地の名称を得て残された。

錦州糧荘（きんしゅうりょうそう）

皇産のひとつで、錦州の各地に設けられた。清末の払い下げを経て民地に変じた。

圏地（けんち）

官地の一種。国家や地方団体から公共の用に供するものとして指定され、その用途による使用を予定している土地のこと。

圏撥地（けんはつち）

清朝が宗室や八旗官兵に給付した土地のこと。圏撥・圏給の語が土地を測って発給することを意味することに拠る名称。老圏地・原圏地ともいう。明末清初の時期、北京周辺の地は兵火のため荒蕪地が多かったが、北京に入った順治帝はこれを宗室や八旗官兵に与えて生計の資とした。いわゆる官荘や旗地はこれに該当する。

伍田地（ごでんち）

官地の一種。もともと盛京駐防八旗に給付された牧馬場であった土地を開墾して課税地として登録したもの。伍田・馬乾地・牧地・牧廠・牧養地などの別称もある。伍田地は八旗の兵士が耕作すべきものであったが、実際には民の小作するところとなり、職田と同様の性格を持つ土地に変じた。

口分田（こうぶんでん［くぶんでん］）

唐の均田制において民に給付された土地。北魏以来の露田を受けて設けられたもので、丁男（18歳以上の男子）が1頃、篤疾・廃疾者が40畝、寡妻妾が30畝の土地を受給したが、このうち20畝が永業田として永代的所有権を認められ、残りの土地は口分田として私有は認められず、受給者の死後国家へ返還された。

公廨田（こうかいでん）
隋の文帝の時に設けられた耕地。その収益から官庁の経費を賄うことを目的として各官庁に給付された。

公産（こうさん）
地種の一種で、公共の目的を持った団体に帰属する土地。同類の語に公有地・工業団・公業地などがある。中華民国政府が公布した規程においては地方自治団体の所有地、営所・屯衛・軍衛・学校などに附属する土地、各旗の共有地、寺院・祠堂・善堂の所有地などが公有地として規定されており、従って寺廟地・義地・学田などはこれに属する土地と見なされた。ただし、民国以前においては公有地の概念は明確に定められていたわけではなく、寺廟地や学田などは官地に属するものと見なされることが多かった。

公田（こうでん）
公田の語は古くから見え、『詩経』に見える公田は諸侯・貴族が所有する耕地を意味し、また孟子はこの公田を井田制の構想の中に取り入れて、共同耕作が行われその収穫は君主のものとなるような耕地を考えた。戦国時代以降も国家の所有地として君主の権力を支える基盤のひとつとなった。のち国家の所有する耕地は官田の語が用いられるようになり、公田の語は地方官庁の公私の用に供することを目的とした耕地を指すことが増えた。南宋末期に杭州・蘇州一帯で民田を公田として政府が買い上げ、その米を軍隊に給したことはその一例である。こののち元は宋の皇族の荘園とあわせてこれを没収し、明初にはこれが継承されて広大な官田が形成された。

行差田（こうさでん）
明代における地目の一種。優免田が租税を納めるだけで雑役を免除されたのに対し、行差田は租税に加えて雑役の負担も求められた。

更名田（こうめいでん）
民田の一種。もと明代に藩王の所有下にあった土地を清朝が民衆に分け与えたもの。官田より民田に変更されたためこの名がついた。

皇産（こうさん）
官地の一種で、旧清朝の皇室が所有する土地のこと。内務府官荘・盛京戸部官荘・盛京礼部官荘などの官荘や盛京工部官地、三陵荘園・窰柴官甸地・三陵餘地などの陵産、永陵龍崗官山・養貢鹿官山地などの封禁地がこれに当たる。辛亥革命後、中華民国政府が清朝の皇室に対してこれらの土地の私有を認めたことに起源が求められる土地で、そこから得られる収益は皇室の用度や陵墓の管理・維持費に充てられた。東北地方やモンゴルの地を中心として1,000箇所以上に点在し、それらは規模や肥瘠などの基準によって一等荘・二等荘・三等荘・四等荘・半分荘・豆糧荘・稲田荘・棉花荘・茶園などに分類された。
このように旧清朝の皇室の私産は極めて広大なものであったが、そのためにこれを財源に充てようとする民国政府や張作霖政権に目を付けられる。上述の通り皇産自体は中華民国政府から私有が認められていたが、民国政府や張作霖政権は皇産に属する土地を官荘設立以来の耕地である原額地と官荘設立後に開墾によって耕地とした浮多地からなるものと見なし、浮多地は官が所有権を有するという清代以来の原則を援用する方策をとったため、皇産は次々と売却されてしまった。

皇荘（こうそう）
皇室が所有する荘田のこと。明清期における名称で、宋代では御荘の名が用いられた。明代における皇荘は皇帝のみならず皇后や貴妃・皇太后・諸王など皇室に属する者の所有する荘田を指したが、清代における皇荘は**内務府官荘**を指した。

紅牌（こうはい）
明清期において屯田を管理するために用いられたもの。則例（関連法規）や租税額など屯田経営に関する情報がまとめられて関係者の便に供した。

黄帯子地（こうたいしち）
旗地の中で王公宗室の所有する土地のこと。荘頭にこれを経営させ、典売などの処分を禁じられていた点は官荘とほぼ変わらなかった。

差使地（さしち）
蒙地の一種で、職田に類するもの。札薩克が蒙人官吏に対して在任中の使用権を認めた土地で、官吏が退官した後はその返還が求められた。

暫行徴租地（ざんこうちょうそち）
官地の一種。暫租地・暫行餘租地ともいう。王公門下あるいは喇嘛管下に充足する壮丁が出典した土地で、土地の帰属が壮丁の所属主と壮丁自身どちらにあるのか定かではないため、清査が待たれる土地。後に壮丁に業主権が与えられた。

死契地（しけいち）
蒙地の一種で、蒙人の買戻しが認められない土地。民国期に売却・出典などを通じて漢人の手に渡った土地で、元の所有者である蒙人は小額の名目的な地代を受け取るのみであった。

自置地（じちち）
旗人が民地を購入して所有権を得た土地のことで、従来の所有地である**祖遺地**と対になる語。土地にかかる税を州県に納付する点では民地と変わらないが、土地自体は旗地に編入されたため勝手に処分することはできなかった。

書田（しょでん）
義田の一種で、台湾において見られる同族の学田を指す語。そこから得られる収益は育才租・学穀などと称し、宗族内の子弟の教育費として用いられた。

小府地（しょうふち）
恩賞地の一種で、熱河地方において用いられた。小門荘頭地ともいう。

賞田（しょうでん）
功績のあった者に対して賜与された耕地のこと。

賸田（しょうでん）
均田制における地目の一種。民に規定通りの土地を給付してなお余っている土地をいう。乗田・剰田とも称した。賸田の開墾を希望する者は官に申請すれば認められた。

上賞地（じょうしょうち）
功績のあった者に対して旗長が与えた土地のこと。

娘娘地（じょうじょうち）
清代において皇后が所有した土地のことで、**姻粉地**・宮粉地ともいう。

常田（じょうでん）
均田制における地目の一種。トルファン文書に見られる地目で、田令に規定されたものではないことから、全国的に用いられたわけではない。部田と対になる地目であり、部田が地質は劣るものの多くの土地が与えられるものであったのに対し、常田は少ないながらも地質の良い土地が与えられた。

縄地官荘（じょうちかんそう）
官荘のひとつ。清朝入関ののち明朝所有の皇荘・荘田や荒廃した私有地などから官荘を編成したが、この官荘にて耕す者には1縄地（42畝）の土地を給付した。これを縄地官荘と称した。

職田（しょくでん）
官地の一種。**職分田**ともいう。官職に応じて与えられた土地で、在職期間のみ所有が許された。北魏の均田制において設けられたが、その崩壊後も職田の名は残り、そこから得られる小作料は官員への俸給に充てられた。また、清代における随缺地・**伍田地**・**営盤田**・**津貼地**・**養贍地**などもこれに類するものである。

津貼地（しんちょうち）
清代における官地の一種で、職田に類するもの。その土地に初めて来往した旗人に給付されたもので、地租は免ぜられた。

随缺地（ずいけつち）
官地の一種で、職田に類するもの。缺地ともいう。缺は官職を意味する語で、清代に八旗官兵の生活保護を目的として給付された。官員に与えるものを官缺地・官随缺地・官員随缺地、兵士に与えるものを兵缺地・兵随缺地・兵等随缺地と呼び分けることもある。建前上は八旗官兵が自ら耕作を行うものであるが、実際には小作人が借り受けてこれを耕すことが多かった。

生計地（せいけいち）
蒙地の一種で、蒙地の開放がなされる際に蒙古旗丁の生計のために蒙古王公が確保した土地のこと。屯界・旗裡界・七里界などの別称もある。

省田（せいでん）
宋代における官田の一種。官荘田の名称もある。官田を称するものではあったが、実際にはそこで農業を営む民がこれを売買し、官も売買に際して算銭（商税）を徴収していたという。

盛京官荘（せいけいかんそう）
内務府官荘のひとつで、奉天省の各地に設けられたもの。糧荘・塩荘・棉花荘・城荘などからなる。清朝滅亡後も皇産として旧皇室の私有が認められたが、清末の時点から国有化が図られ、丈放を経て民地と化す土地も多かった。

盛京内務府果園（せいけいないむふかえん）
皇産のひとつで、奉天・錦州の両省に設けられた。のち皇産の整理が行われた際に民地となった。

盛京内務府魚泡（せいけいないむふぎょほう）
皇産のひとつで、奉天省の遼陽・遼中両県に設けられた。河口魚泡・養魚河泡・捕魚河泡などの別称もあったが、清末の時点で河口は国有化され、中洲のような淤地も民国14年（1925）の土地整理によって民地となった。また、奉天省には同類の地目として盛京礼部魚泡もあった。

税地（ぜいち）
租税負担の義務を有する土地のこと。有租地・有糧地などの別称もある。

藉田（せきでん）
皇帝が農耕儀礼を行うための耕地。藉田では皇帝自ら耕地に入って耕起を行う農耕儀礼を執り行い、そこからの収穫物は祭祀に用いられた。

佔山（せんさん）
旗地の一種。満州の地において旗人が荒蕪地の開墾を申請した結果、官より業主権が認められ土地のこと。その用益者（佔山戸・刨山戸）には**佔単**なる証明書が発給された。佔山地・佔産・佔産地ともいう。

荘頭地（そうとうち）
清代の官田の一種。そこから得られる地代は戸部や内務府などの財源として供された。

挿花地（そうかち）
いわゆる飛地のことで、A県に納税すべき耕地がB県の中にある場合の耕地をいう。挿花ともいう。

桑田（そうでん）
北魏で行われた均田制における地目のひとつ。15歳以上の男子に20畝が与えられた。世襲が認められた耕地であり、のち世業田・永業田へと受け継がれていった。

贈嫁地（ぞうかち）
清代において王公の娘が降嫁する際に与えられた土地のこと。

打牲烏拉糧荘（だせいうらりょうそう）
皇産のひとつで、吉林・九台両県に設けられた。清朝が滅亡すると間もなく払い下げが行われて民地となった。

帯地投充官荘（たいちとうじゅうかんそう）
内務府官荘のひとつ。かつて東北地方の漢人が所有していた土地で、漢人が清軍に投降したのち内務府官荘に編入されたもの。

退圏地（たいけんち）
清代における民地の一種で、従来官荘や旗地であった土地が民の手に渡ったものを指す。別称は多く、退地・退出地・退交地・正額退地・退圏民地・退圏米豆地・退地豆折地・銀豆地・米豆地・徴豆地・除圏地などはこれに類する語である。本来、官荘や旗地に属する土地は売買・出典等の処分が許されていなかったが、八旗官兵の窮乏化などの原因によって土地を手放す者が後を絶たず、退圏地がなし崩し的に増えていった。
また**退字**は退交の語のように官地の所有権や耕作権を官に返還することも意味し、そのためかつての官荘・旗地で官に返還された耕地を民に給して墾耕させたものを退圏地と呼ぶこともある。

直省旗地（ちょくしょうきち）
旗地の一種で、直隷省以外の直省に設けられた旗人の土地のこと。

抵帑（ていど）
官が旗人の土地を一時的に没収すること。旗人が賦の滞納などの問題を起こした場合、その賠償として滞納金などを完済するまでこうした措置がとられた。

土司田（としでん）
清代に苗族の土司が治めた土地のこと。

屯田（とんでん）
国家が未開地や耕作放棄地に農民や兵士を定住させて開墾させる制度。軍隊の駐屯地周辺に農地を開き、戦闘がない時に兵士に農業を行わせるものを指すことが多い。こうした屯田は漢代から清代に至るまで見られるが、時代・状況に応じて性格は異なる。例えば、北宋期には遼・西夏・金などの周辺諸国家と対峙する場面が多いことから、河北・河東・陝西などの前線地帯に屯田が設置されたが、明清期には全国各地の衛所に屯田（軍屯）が配された。いずれにせよ、屯田の設けるねらいは軍団の常駐と軍糧の補助にあるが、中には塘泊・方田のように騎兵の侵入を防ぐべく水田を設けた屯田もあり、その存在形態は一様ではなかった。
以上のような屯田は敵対勢力と相い接する縁辺の地に設けられたのに対し、内地にて兵士が耕作を行うものもあり、それを営田と呼ぶ。これらの語が用いられた当初両者は区別されていたが、次第に営田の耕地は小作に出されるようになり、民間人が耕作に携わる営田が増えていった。兵士が耕作を行う屯田（兵屯）に対して、民を耕作者とする屯田は民屯と呼ばれたが、このような営田の民屯化は南宋期の時点で既に進んでおり、また明初に北方の各地で民屯が設けられて、招かれた山西・陝西の民が開墾に当たったのも民屯の広まりを示すものであった。このような民屯は兵屯とは異なり軍事的に求められるものは少ない。むしろ、開墾による国家収入の増大を目的としたものや、贍運屯田のように漕運の経費を確保するために設けられたものなど内政的な要請に基づく屯田が多い。また、明代には**商屯**のように商人が開中法に応ずるための糧草を生産するために経営したもの出現し、屯田の果たす役割は時代と共に多様化していったといえる。

内荘宅使（ないそうたくし）
唐代における官職のひとつで、官有の荘宅（別荘・邸宅・田園）を掌った。こうした荘宅は朝廷自らの用に供されたが、また貸付や売却によって利益を得たり、家臣へ賜与されることもあった。

内務府官荘（ないむふかんそう）
清代に内務府の管轄下にあった官荘で、直隷・東北地方・口外蒙古の各地方に設けられたもの。その種類は多く、関内官荘（直隷）・盛京官荘（奉天）・錦州官荘（奉天）・打牲烏拉官荘（吉林）など所在の地域に応じた名称がある一方で、内務府に納付する租の内容による区別もなされ、糧荘・綿花荘・靛荘・塩荘・堿荘・蜜戸・葦戸・猟戸・狐皮戸・鷹戸・漁戸・網戸・菜園・果園・果子山場・楥樗林などの名称も用いられた。また、帯地投充官荘や承領官地官荘のようにその沿革から区別する名称もある。
これらの内務府官荘から得られる収益は全て内務府に帰属して清朝皇室の用度に充てられることとなる。上記の名称からも窺えるように穀物・蔬菜・綿花から野生動物や魚類、果ては蜂蜜や塩・ソーダに至るまでありとあらゆる物産が内務府官荘を通じて皇室へと納められるが、こうした管轄に関わる諸点を除外すれば、その運用形態は他の荘田と大きく異なることはない。すなわち、旗人に荘頭として現場の管理を行わせ、荘頭の下では同じく旗人からなる壮丁が生産活動に励む。無論、官荘での生産は壮丁のみによって成立していたわけではなく、荘頭から耕作を請け負った佃戸も官荘経営の一端を担っており、中には官荘設立当初から開墾に従事して永佃権を獲得した佃戸（刨山戸）も数多く見られた。
以上のような内務府官荘は帝室財政を支える重要な存在であったが、清朝滅亡後これらの官荘は清朝皇室との密接な関わりもあって、その所有権は旧皇室に帰属するもの（皇産）として認められた。しかし、その広大な土地は貴重な財源として民国政府や張作霖政権など時の権力者に目を付けられ、様々な名目が設けられては次々と売却されていった。

熱河果園（ねつかかえん）
皇産のひとつで、熱河省承徳県に設けられた。

熱河官荘（ねつかかんそう）
皇産のひとつ。熱河省の承徳・灤平・平泉・豊寧の４県に設けられたもので、民国４年（1915）以降払い下げが行われて民地となった。

白楂地（はくさち）
蒙地の一種で、漢人が蒙人より貸借した土地のこと。

八旗銀米地（はつきぎんべいち）
従来八旗の紅冊地であったが、民に出典され、そのまま旗衙門から民衙門へと管理が移ったものをいう。

八旗公産（はつきこうさん）
清代における官地のひとつ。犯罪などの原因によって没収された土地であり、そこから得られる収益は俸給の一部として八旗に分け与えられた。

八旗井田（はつきせいでん）
土地を持たない旗人を対象として給付された土地で、雍正２年（1724）に内務府及び戸部に属する土地をもってこれに充てた。井田とした土地のうち八家にそれぞれ100畝を支給し、残り100畝を公田として共同耕作させ、その収穫は国家に納められた。

避暑山荘（ひしょさんそう）
皇産のひとつで、清朝の皇帝が避暑のために設けた離宮。離宮・熱河園庭ともいう。

俘囚田（ふしゅうでん）
帰順した捕虜を優遇するために給付した耕地のこと。台湾においては先住民に対してこの優遇措置がとられた。

婦田（ふでん）
北魏の均田制において寡婦に給付された土地で、課は免除された。

福分地（ふくぶんち）
蒙地の一種で、蒙人の団体や旗の機関のために開放せずに保留した土地のこと。福民地・**留界地**ともいう。族長は功績勲功などの報償としてこれを授けることがあり、受領者はその土地に対して業主権を獲得するも、その生存中は土地を売却することは許されなかった。

分賞田地（ぶんしょうでんち）
清朝が宗室や旗人などに賜与した土地のこと。荘田や旗地などはこれに該当する。

兵屯（へいとん）
屯田の一種で、兵士が耕作にあたるものをいう。時代によって運営のあり方は異なるが、一般に屯田の兵士は国より俸給を授かった上、耕作による収穫もその一部を受け取ることができた。

方田（ほうでん）
屯田の一種。方形の水田を溝で囲ったもので、宋代に遼や西夏との国境地帯に設けられた。兵士や失業者が耕作に当たったが、それは水田からの収穫のみを目的としたものではなく、敵軍の侵入を防ぐ意味合いも含むものであった。ほかに方田均税法などといって、土地を正確に再丈量して税負担を公平にする目的で地方ごとに行われた査税制度があった。

没官田（ぼつかんでん）
官地の一種。元々民地であった土地が、行政上あるいは司法上の理由によって没収されて官地となった土地のこと。帰公地・逆産地・充公官地・籍没田地もこれに類する。また、所有者の不明になった耕地や子孫が絶えて所有者がいなくなった耕地も**断入官田**として没収された。

本地（ほんち）

蒙地の一種。蒙人の所有が公認された土地のことで、特に熱河地方にて用いられた。生計地・福分地・差使地・三枝六箭地・大倉租地・小倉租地・廟地・牧養地などの地目からなる。

麻田（までん）

北魏で行われた均田制における地目のひとつ。15 歳以上の男子に 10 畝、既婚女性に 5 畝が与えられ、70 歳に達すると返還された。北斉になるとその世襲が認められるようになり、のち世業田・永業田へと受け継がれていった。

民人餘地（みんじんよち）

清代における官地の一種。民餘租地ともいう。餘地は餘租地とも称し、紅冊地以外に新たに開墾した土地を指すが、こうした開墾地は官地として扱われ、開墾者には永佃権を与えた。また、官荘に編入された餘地も少なくなく、それらの餘地は餘地官荘と呼ばれた。

民典旗地（みんてんきち）

旗地や旗人餘地を民が出典を通じて獲得したもの。民典餘地・民典旗人餘地・旗租地・旗租餘地とも称す。

民典旗紅冊地（みんてんきこうさつち）

民地の一種。旗地が民の侵食を受ける現状を鑑み乾隆年間に**旗民不交産律**が出され、民への旗地の出典が禁じられたが、それまでに民が獲得した旗地についてはその権利が保障された。そうした土地を民典旗紅冊地と称す。

民屯（みんとん）

屯田の一種で、耕作に兵士ではなく民が携わったものをいう。

無糧黒地（むりょうこくち）

国家に租税を納めていない土地のことで、特に私的な開墾によって生ずる浮多地のことをいう。なお、**無糧地**は納税を行わない土地を、**黒地**は私有権が国に承認されていない土地を指す。

免科田（めんかでん）

徴税上の地目の一種で、永久に課税を免ぜられる土地のこと。免科田地・免賦田ともいう。公共建築物の敷地やそれに付帯する田地、寺廟・義塚などの宗教的な目的を有する土地、あるいは祭祀・教育に関する土地などがその対象となった。

免税地（めんぜいち）

徴税上の地目の一種で、課税が免ぜられる土地のこと。災害地や荒地・改良地などがこれに該当した。また、清代に課税免除の特典が与えられた土地は**優免地**と呼ばれた。

蒙荒（もうこう）

蒙地の一種で、未開墾地をいう。

蒙地（もうち）

清代以降、蒙古王公や蒙旗が所有した土地を指す語。おおよそのところ内蒙・外蒙及び西蒙古より青海地方を除いた地域がそれに当たるが、その領域は一定せず時代によっては東北地方の一部が蒙地に組み込まれることもあった。

清朝が蒙古の地を統治下に置くに当たって、当地の有力者は蒙古王公・蒙旗として土地に対する特別な権利（管轄治理権）が付与された。そのため、蒙地は一般的な民地とは異なる土地として扱われ、漢人の占有は認められていない。もっとも漢族農民の蒙地への流入は早くから見られ、所有する側もこれらを積極的に招き、土地を開墾させて小作料を得ていた。清朝自身は時の状況に応じて容認と禁止を繰り返すものの蒙地の耕地化は進展し、また光緒年間に対露防備の必要性による植民政策が採択されたことにより、民間への蒙地の払い下げが行われた。満州国においても同様の方策が採られたため、蒙地が設定された当初の原則は大きな変化を来たした。

以上のような蒙地は大別すると開放蒙地と非開放蒙地に分けられる。前者は清朝の公認を受けて漢族の入植が行われた土地である。土地所有者である蒙古王公・蒙旗より漢蒙合璧執照や戸管などの証書を受けて土地の使用権を獲得した漢族農民は耕作に努めるが、定められた租を支払う限り使用権の相続・売却・出典を行うことも認められた。また、後者は漢族の土地利用が認められていない土地である。実際には非合法的に民の耕作を認める蒙古王公・蒙旗もいたが、建前上耕作者が権利を主張してもそれは認められず、蒙古王公・蒙旗の支配権が比較的強く働く土地であった。

両者には以上に挙げた性格の違いがあるにせよ、共に土地の権利関係が重層的かつ複雑であるために紛争の絶えない土地であった。そのため後に蒙地を統治下に収めた満州国はこうした事態に対して整理解決を図ろうとするも叶わずに終わった。

様田（ようでん）

明代の屯田において標準とすべく設けられた耕地のことで、**様**は見本を意味する語。各地の屯田は肥瘠が異なるため、これを基準として屯田の等差を判断した。

養廉田（ようれんでん）

官地の一種で、職田に類するもの。明代に設けられ、そこから得られる収益を辺境にある文武官の俸給に充てた。

爛価地（らんかち）
蒙地の一種で、漢人が蒙人に金銭を支払って使用し、期間が満了すると共に返還する土地のこと。

陵産（りょうさん）
皇産のひとつで、清代に三陵（皇帝陵のひとつ）に帰属した土地。三陵荘園・三陵餘地などはそうした土地のひとつに当たる。

糧荘（りょうそう）
清代における戸部官荘のひとつ。荘地の多寡に応じて一等糧荘から四等糧荘に分けられた。荘頭・管荘・管荘人と呼ばれる管理人を置いて耕作を行わせ、そこから得られる小作料は皇室の経費に充てられた。

露田（ろでん）
北魏の均田制において民に給付された土地。正田ともいう。丁男（15歳以上の男子）が40畝、婦人が20畝の土地を受給し、丁牛1頭につき30畝が給付された。また、奴婢も良民と同様に土地の給付を受けた。この制度は西魏・北斉・隋と後続の諸王朝にも受け継がれ、唐代には口分田と名称を変えて給付が行われた。

(8) 地力

堿地（かんち）
ソーダ分を含む土壌のこと。また、そのソーダ分を含む水分が吸い上げられて地表に噴出した土地を出堿地・堿甸子・堿巴拉地と称した。

鹹土（かんど）
塩分を含んだ土地のこと。同類の語に鹻・鹻地がある。また、海岸や塩産地に近く塩分を含んだ土地を鹹地・鹹片地・鹹丁地という。

棄楂地（きさち）
荒れ果てて耕作しても収益の上がらないため放棄された土地を指す語。

原野（げんや）
雑草や灌木の生い茂る広大な土地のこと。砂地・礫地・鹹土などもこれに含まれた。

荒地（こうち）
災害など種々の理由によって耕作できない土地のこと。同類の語に大荒地・荒疇・荒甸・荒甸子・間荒地畝・**生地**・生荒地・瀉土・不堪田・醜地・石田などがある。また、官有の荒地を官荒、私有の荒地を民荒・民荒地と称した。

荒蕪（こうぶ）
未墾を意味する語。同類の語に荒片・荒廠・薄地・毛荒・埔・**埔地**・草田・**草萊**・草榻地があり、また地主のいない荒蕪地は無主閑荒・版荒田地という。開墾を経て農事が営まれる土地は**熟地**と称されたが、その後再び荒蕪地に転じた場合、その土地は復荒・閑荒地・棄楂地などと呼ばれた。

膏田（こうでん）
肥沃で上等な耕地のこと。膏壌・膏土・膏腴・腴田・腴墳・上腴・豊壌・肥壌・黄壌・沃土・沃壌・沃衍・良沃・饒田・畝鍾・雉尾・油地・美地・好地・好地脚・浄上質地などはいずれも同義の語である。

黄土地（こうどち）
いわゆる黄土のこと。色が黄色く比較的肥沃な土壌であり、華北の高原地帯にはこの土壌が多く見られた。

磽埆（こうせき）
石が多く瘠せた土地のこと。また、砂石のために開墾できない土地のことを沙崗地と称した。

曠地（こうち）
広く荒れた土地のこと。同類の語に甸子・佃子がある。

黒壚（こくろ）
黒色にして肥沃度が比較的高い土壌をいう。東北地方においては黒泥地の呼称もあった。

沙磧（させき）
沙漠のこと。

沙則地（さそくち）
租税の徴収のために設けられた土地の等級のひとつ。河岸・海岸にあって砂礫や塩分を含むために耕作に適さない土地のこと。堿則地ともいう。

做荒（さくこう）
私欲のために熟地を荒蕪地にすること。

三壌（さんじょう）
土地の肥瘠に従って分別された等級のこと。三壌の語は『書経』禹貢に見え、上中下の3等からなると理解されている。

熟地（じゅくち）
古くから耕作が行われている耕地のこと。熟田ともいう。

陞科（しょうか）
開墾地を徴税対象の土地として登録すること。升科ともいう。清代の制度では荒地を開墾した際には、その土地の成熟を待って３年間税を免じた。４年目から徴税冊に編入して課税したが、これを陞科や新陞と称した。また、開墾地に対して定額の半数を税として取り立て、土地の成熟に従って漸次税額を増やしていく制度もあり、これを**陞増**と呼んだ。なお、陞科地に対して開墾の行われていない土地や何らかの理由で課税されていない土地を未升科地と称した。

上好浄地（じょうこうじょうち）
地内に墓場などを含まない上等な土地を意味する語で、土地売買の際に用いられた。

上則地（じょうそくち）
地租を徴集する際に租額の基準となる土地の等級のひとつ。この等級は上則地・中則地・下則地からなり、上則地は肥沃度が最も高かった。

壌（じょう）
柔らかく塊状をなさない土のこと。壌土ともいう。

水冲沙圧（すいちゅうさあつ）
災害のため地形が変わってしまい荒地となった土地をいう。同類の語に河滾崖頽がある。

水泡地（すいほうち）
池沼が涸れて生成した未墾地のこと。泡地子・水泡子老片ともいう。また、耕作のできない湿地を意味することもある。

赤地（せきち）
瘠せた土地や裸地・旱魃で草木の枯れた土地など不毛の地を指す。同類の語に瘠地・不毛地がある。

舃鹵（せきろ）
塩分やソーダ分を含んで耕地に適さない瘠地のこと。また、干潟や海浜の土地を意味する語でもある。同類の語に鹵地・**斥鹵地**・淳鹵地・沙則地・堿則地・白堿地などがある。

鮮原（せんげん）
良い原野のこと。

淡丁地（たんていち）
塩分を含まない土地を指す語。

地力（ちりょく）
土地の肥沃度や生産力を示す言葉。地利ともいう。

雉尾（ちび）
肥沃度の高い土地を指す語で、穀物の穂が実の重みから雉の尾のように垂れ下がったことに由来する。

緹（てい）
黄赤色の土壌のこと。また、桃色の土壌を赤緹と、赤色の土壌を赭土と呼んだ。

塗泥（とでい）
質の悪い土壌のこと。

土質（どしつ）
土地の性質を示す語。地質や肥沃度などの性質を包含する。

土薄（どはく）
瘠せた土地のこと。薄地・埆薄・卑薄・埤薄・埤田・耗土・垞土・轂土・瘠・瘠埆・乏地・墝・甌窶・甌楼など同類の語は多い。

当陽地（とうようち）
東北地方における地目のひとつで、日当たりの良い土地を指す語。また、傾斜地にある場合は瞼子地・仰瞼坡地・鉄瞼地・田瞼地と称した。

売荒（ばいこう）
熟地を荒蕪地であるかのように装って免租の資格を獲得し、その後に他人にこれを売却すること。

薄地（はくち）
未墾の地のこと。また肥沃でない土地のことも薄地と称す。

不易田（ふえきでん）
毎年作物を栽培する耕地のこと。不易上田ともいう。これに対して隔年で耕作する耕地を一易田・一易中田と、３年に１度耕作する耕地を再易田・再易下田と称した。作物の栽培は土壌の養分を消費することから、一易田・再易田のように休閑を行う耕地も見受けられたが、一方で不易田のように連年の栽培が可能な土地は肥沃な土地と見なされた。

梟土（ふと）
アルカリ性の強い土壌のことで、その地質は堅い。

片荒田（へんこうでん）
肥沃度がさほど高くないため、休耕して地力の回復を行う耕地のこと。

畝鍾（ほしょう）
肥沃な土地のことで、漢代に1畝につき1鍾（10斛）の穀物が収穫できた土地をこのように称した。

萊（らい）
耕作が放棄された土地のこと。萊は荒地に茂る草の意であり、そこから転じて耕作放棄地の意味も兼ねるようになった。同類の語に**汙萊**があり、耕作が放棄されて水が溜まり雑草がはびこる土地をいう。

陸海（りくかい）
物産を豊富に産する土地を示す語。同類の語に天府がある。

連環土（れんかんと）
砂質の土壌をいう。同類の語に沙尖地・沙土地・沙板地・砂蓋地があり、また泥交じりの砂地は砂泥地・沙土泥と、砂礫の地は砂拉包地と称した。

鹵田（ろでん）
地質の良くない耕地。

②発生・消滅

(1) 占有

移圻（いきゅう）
土地不正の一手段。土地の境界を勝手に変更し、従来登記されていない土地の収穫について脱税を図ろうとするもの。同類の語に移圻換壟・移圻換段などがある。

一裏一面田（いちりいちめんでん）
小作関係の一種で、湖北省において見られた。地主に保証金を支払って認種字（小作証書）を発行してもらうことで成立する小作関係であり、収穫物の分配は地主7割、小作人3割の割合で行われた。小作人には第三者への小作権の譲渡が認められたが、地主は小作契約をみだりに解除することができない点に特徴があった。

影射（えいしゃ）
土地不正の一手段で、不正登記にあたる語。書手（土地登記関係の胥吏）を買収して自身の土地を書手の名義に書き換え、書手はその土地を細分して所有させることで租税負担から逃れようとしたもの。

押租（おうそ）
小作慣行のひとつで、小作契約を交わす際に支払う敷金・保証金のこと。**押金**・押租銀・**圧租銀**ともいい、また地域によっては荘銭・寄荘銭・上荘銭・**頂首銭**・頂頭銭・写田銭・押脚・押紹・押板礼銀・進荘銀・**進荘礼銀**・討田銀・批頭・批金・批規などの別称もあった。押租の額は耕地の面積などに準じて設定され、また1年分の小作料を前納させることもあった。こうした保証金は小作料の滞納があった場合にその代替に充てられた。

押佃所（おうでんしょ）
小作料の滞納が生じた際に地主が行う告訴を受けて、滞納者である小作人を押し込めた留置場のこと。県の役所などに設けられた。

外撈青（がいほうせい）
蒙古の地において小作人のことをいう語。帮耕・半青ともいう。

権外佃（けんがいでん）
小作関係において地主は土地のみを提供し、小作人は種子・農具など耕作に必要な資材を全て自弁すること。

原佃戸（げんでんこ）
永佃権の旧所有者を指す語。

小租銭（しょうそせん）
小作慣行の一種で、江蘇では催甲費、江西では邏年銭、広東では田信銭など地域ごとに別称がある。小作人が地主に対し正規の小作料を納める他に、付加的に金銭を支払うことを指す。

侵佔（しんせん）
土地など他人の所有物を横領・占有すること。同類の語に侵占・侵尅・奪佔・隠占・侵奪などがある。

佔（せん）
事実上土地を支配する状態のこと。

租息銀（そそくぎん）
台湾における小作料の呼称。

租田（そでん）
地主・国家などの土地の所有者が小作人に耕地を貸与して耕作させることをいう。いわゆる小作制度であり、佃耕・租耕・保庄など同類の語は多い。一方で、小作することは承田・包租と称する。

租は売を攔らず、買は租を圧がず
（そはばいをさえぎらず、ばいはそをふさがず）
原語は「租不攔売、買不圧租」。小作関係にまつわる俚諺のひとつ。小作契約の期限が満了する以前において地主が土地を譲渡することを小作人は拒むことはできず、一方で譲渡によって小作権の存続が否定されることもないという慣習を示したもの。

租粮（そりょう）
小作料の一種。収穫物にて支払われた。同類の語に粮租・力米などがある。

退戸字（たいこじ）
大租戸が自身の大租権を他者に移譲したことを示す証書のこと。

退佃（たいでん）
小作人が小作料を納付できない状況にあって土地を地主に返還することをいう。

退佃酒（たいでんしゅ）
小作契約を解消する際に地主・親族・友人・立会人・仲介人などの関係者を招いて行う宴会のこと。

頂契（ちょうけい）
小作人の名義書換の証書のこと。

頂田（ちょうでん）
小作田の一種で、湖北省五峯県において行われた。地主を**粮主**、小作人を**頂主**と称し、頂主が粮主に小作料を納付し、粮主が土地に対する税を納付するものであった。その内容は永佃に近く、粮主が小作権の解消を行うことは難しく、頂田の小作権は所有権にほぼ等しいものであった。

頂当権（ちょうとうけん）
小作関係の一種で、湖北省竹渓県において見られた。**明租暗典**ともいう。AがBより土地を購入しようとするも資金が不足している場合、Cにこの土地の小作権を与えることを条件として資金を借り受ける。こうしてAの手に渡った土地においてCは小作を行って小作料を納付する関係が生ずるが、これを頂当権と称した。この頂当権は**永佃権**に類似したもので、頂当権の保有者は第三者にそれを譲渡することも可能であったが、一方で土地の所有者はそれに干渉することはできなかった。

地裏分（ちりぶん）
小作料の徴収法の一種で、耕地の畝の状態に応じて地主と小作人の取り分を均分に折半すること。**分壟**ともいう。

徹佃（てつでん）
地主が永佃権を解消すること意味する語。通常永佃権者である小作人がその解消を受けることはないが、小作人が契約に背いて第三者に小作地を貸与した場合、あるいは地代の滞納額が地代2年分に達した場合（欠租徹佃）などには永佃権は解消された。

佃契（でんけい）
地主と小作人が小作関係を取り結ぶ際に交わされる契約書のこと。小作証書。同類の語に**佃貼**・佃字・租契・畝字拠・招墾書・招耕字承種地畝字拠などがある。

佃権（でんけん）
小作権のこと。小作人は地主と佃契を交わすことでその土地の耕作権を獲得するが、その代償として小作人は地主に小作料を支払い、小作料が滞納する場合には地主がその小作権を解除する場合もあった。また、佃権は物権的性質を有しており、佃権を有する小作人が第三者に佃権を売却あるいは出典することも可能であった。

佃戸（でんこ）
小作人を指す語。佃は他者の耕地を借り受けて耕作を行うことを意味するが、転じて最下層の農民の総称としても用いられることがあった。佃客・佃民・佃耕・佃人・佃下・地戸・飛戸などの別称もある。

土主（どしゅ）
地主のこと。業主・**大租頭家**などの別称もある。

副租（ふくそ）
小作慣行の一種で、**冬牲**ともいう。小作人が地主に対し正規の小作料の他に貢いだ各種礼物のことで、小租銭に類するもの。礼物は進荘礼銀・新米・新鶏・重陽酒・年糕など多様であり、また特定の時期に納められるものが多かった。また、それ以外にも状況に応じて労働力を供出し、婚姻の際には掛紅礼銀を納めることもあった。

分租（ぶんそ）
小作料の徴収法における分益租のこと。分収・**活租**・分種ともいい、その土地は分租地・分益小作地などと称した。毎年の収穫物を地主と小作人との間で一定の比率をもって分配するもの。分配の割合は一般に地主と小作人で5割ずつとすることが多いが、小作人が地主から種子や農具・耕牛を借りることによって分租の割合が異なることもあった。小作人にとっては豊作の年における取り分が包租には劣るものの、凶作の年の被害を軽減することのできる分配制度であった。

分佃戸（ぶんでんこ）
永佃権を保有する者のこと。

包租（ほうそ）
小作料の徴収法における定額租のこと。同類の語として**鉄租**もある。地主と小作人との間で事前に小作料を定めておいて毎年その額を徴収するもので、豊作・凶作によって収穫量がいかなる増減を見せようともその額面が変更されることはなかった。包租契・**包認法**ともいう。豊作の場合、小作人の取り分は増加するものの、天災などによる凶作の危険に身をさらし、さらには耕作に関する一切の費用も負担せねばならなかったため、小作人にとって決して利の大きい小作契約ではなかった。また、包租には銭納と物納とに細分され、銭で納める場合は銭租、収穫物で納める場合は糧租と称した。

包租契（ほうそけい）
小作契約の一種。毎年の小作料を一括で支払うもので、中には1年分や2分の小作料の前払いを小作人に求めるものもあった。華北の一部地域には債務者が債務不履行に陥った場合、債務者は自身の所有地を対象として債権者あと包租契を取り交わした。その際の土地を買馬不離槽という。

放新（ほうしん）
小作慣行の一種で、江西省で行われたもの。小作人が地主からコメ1担（60 kg）を借りた場合、翌年の収穫の際に通常の小作料や小作保証金に加えて2担を返済分として納めた。

搒青（ぼうせい）
分益小作の一種。同類の語に**傍青**・鎊青・榜青・対半・半青・半清・清分・分種・均分・夥種・帮工佃種法などがある。未墾の地や痩地を小作に出す場合に行われることの多い慣行で、地主が耕作に必要な設備や資金を提供し、小作人が労働力を提供して、収穫物は一定の比率をもって分配された。

贌（ぼく）
台湾において小作を意味する語。贌佃・贌耕ともいい、その際貸借の対象となる土地は贌地という。また、土地の所有者が土地を小作に出すことを贌出といい、その際交わされる証書を贌耕字と称した。なお、船で運輸を荷主から引き受けることは贌船といったが、この場合は賃貸・租賃の意味で用いられた。

毛租（もうそ）
小作料の一種で、江西にて見られたもの。穀物の刈り取りを行ったのち、籾すりなどの加工を行わずに地主に納付した。

預租（よそ）
小作料を前納すること。

(2) 開墾

開墾（かいこん）※
山林・原野を切り開き、その土地を耕地となすこと。墾・墾地・墾荒・墾闢・開地・開荒・開闢・闢田・闢墾・斥地・啓土・畇畇・刨種・敷菑など同類の語は多く、また開墾によって得られた耕地を墾田・開荒田と称した。開墾による耕地の拡大は、開墾に従事する個人はもとより国家にとっても生産力増大に直結することから、有史以来官民を問わず行われてきた。民間レベルでは未開地への進出に伴う形で開墾は推し進められ、国家レベルでは漢代以来の屯田や宋代における営田といった政策が各地の開拓を担ってきた。
ただ、一概に開墾と称しても個々の事情によってその性格は異なる。例えば、上記の屯田や営田、あるいは清代における東北地方や蒙地・台湾の開墾は未開地を作物の生産地へと転ずるものであり、我々がイメージする開墾像に合致するものであると言えるが、一方で耕作が放棄された土地に再び鋤を入れ、耕地として復旧させることもまた墾と称される。元末明初の戦災や太平天国の乱など長期間にわたる戦乱を経たのちにはこうした形の開墾を各地で見ることができ、それは開墾の一類型としては決して例外的なものではない。
このような開墾の契機にまつわる点に加えて、開墾が行われる状況もまた一律ではなく性格を複雑なものにしている。屯田や営田のように官が主体となって開墾に携わることもあれば、資産家が官地の開墾を企図してその申請（承墾・報墾・請射）を行い、招墾によって大規模な開墾事業を組織することもある。また、官に報告することなく開墾を進める私墾もしばしば行われ、こうした開墾地は私開地・私墾地・**黒地**など呼ばれている。当然、こうした私開地は官にとっては糾問の対象であり、その事実が発覚すれば私開地は課税対象の土地として登録されることとなる。**升科地**や首報私開地などの地目はそうした経緯を背景とする開墾地の一部である。
以上のように開墾は国家や資産家の主導の下で進められることが多かったが、そうした中にあって実際に開拓の労を払うのは開墾経営者から開墾を請け負う農民、いわゆる佃戸である。佃戸は経営側と開墾に先立って契約を取り交わし、その土地から得られる収穫の一部を契約に準じた形で小作料として支払う。この点では一般の地主 - 小作関係と大きく変わるところはないが、開墾に費やされる多大なる労力・資本から佃戸には**永佃権**や**田面権**を付与されることが多い。そして、佃戸側に強い権限が認められることは往々にして見受けられ、中には台湾の**大租権**のように佃戸にイニシアティブを握られ、ついには土地の所有権すら喪失する経営者もあった。

捐墾（えんこん）
私産によって開墾を行うことをいう。こうして開かれた耕地は開墾者の所有に帰した。

押荒銀（おうこうぎん）
押租の一種で、特に開墾者が支払うものを指す。**圧荒銀**ともいう。

過投（かとう）
江蘇省崇明県における慣習。圩が出来上がった際に地主に金銭を支払う慣習で、1,000歩ごとに1両ないしは3両程度の銀が支払われた。

給照（きゅうしょう）
開墾の際に地券を給付することをいう。官庁は開墾の申請を受けた場合、その土地について所有権を始めとした各種調査を行った後、申請者に開墾許可証や地券（荒照・墾照・准単小票・准墾執拠・印信執照）を発給した。

荒山照（こうざんしょう）
山荒の開墾の際に発給された地券。民国17年（1928）に興京県において山荒の払い下げが行われた際にこれが発給された。また、民国17・18年（1928・29）に蓋平・清原両県で行われた山荒の払い下げには荒山憑照が発給された。

興輯（こうしゅう）
開墾事業をおこして開墾者を集めることをいう。

黒地（こくち）
私墾地・盗墾地・脱税地などの土地を指す語。往々にしてこうした土地は開墾ののちも官に届出がなされないものであった。

墾戸（こんこ）
開墾者を指す語。原戸ともいう。なお、台湾においては開拓事業を担った者を意味する語であり、**墾首**の別称もあった。この墾首は官より墾照の発給を受けたのち、資産を投じて佃戸を集めて開墾を行った。

墾主は三年を喫す（こんしゅはさんねんをきっす）
原語は「墾主喫三年」。小作人が荒地を開墾した場合、その小作人は3年の間、開墾地の地代が免除されることを意味する語。

墾成（こんせい）
開墾を行ったのち、その耕地が一定の収量を望める状態に至ったことをいう。

墾批（こんひ）
開墾の際に取り交わす契約書を指す語。

墾牧公司（こんぼくこうし）
開墾・牧畜を目的とする会社のこと。

籽粒銀（しりゅうぎん）
清代に官が開墾者に対して給付した銀を指す語。新たに開かれた土地に対して種子の代金として支払われた。

菑（し）
開墾1年目の土地のことで、『爾雅』には開墾1年目の土地を菑、2年目の土地を新田、3年目の土地を畬とする呼称が見える。また、そこから派生して土地の開拓を**敷菑**といった。

畬田（しゃでん）
開墾3年目の耕地のこと。開墾1年目の土地を菑、2年目の土地を新田と称するのに対する語。畬や新畬ともいう。『爾雅』などに見える古い用法であるが、畬字はのち焼畑を意味する語としても用いられた。

借地養民制（しゃくちようみんせい）
清代における開墾政策のひとつで、蒙地を漢人に開墾させたもの。本来蒙地では漢人の移住・耕作が認められていなかったが、華北における飢饉の発生やロシアに対する辺境防備の必要から雍正年間や嘉慶年間に移住・耕作が認められた。

熟荒（じゅくこう）
開墾が既に終了しているにもかかわらず払い下げ手続きの行われていない土地。

招墾（しょうこん）
開墾を行うために移民を招くこと。また、このようにして開墾を行うことを**招戸開地**と、移民が開墾を請負うことを承墾（**承領開墾**）と称した。

招頭（しょうとう）
東北地方において開墾を行う際、移住民の募集を行った官や民を指す語。なお、船を指揮する船頭・舵工を招頭と称する場合もある。

承墾（しょうこん）
民が官に荒地の開墾を求めること。**報墾**ともいう。また、開墾を条件に官有地の払い下げを受けることも指した。なお、招墾も参照のこと。

請射（せいしゃ）
民が官に荒地の開墾を求めること。

搶墾（そうこん）
開墾の一種で、独占的な開墾の実施を防ぐために行われた競争的な開墾法。荒地の払い下げを受けた者が開墾に着手しない場合は第三者による開墾が認められ、そうして開かれた耕地の4割は払い下げを受けた者の、6割は開墾に従事した者の所有となった。

搶墾官荒執照（そうこんかんこうしつしょう）
黒龍江省にて発給された官地の開墾許可証のこと。この給付を受けた開墾者は3年間開墾に従事した後地価を納付すれば、許可証と地券とを交換することができた。

搶墾民荒執照（そうこんみんこうしつしょう）
黒龍江省にて発給された開墾許可証のこと。民に払い下げられた荒地が規定年限の内に開墾されない場合は、第三者に開墾を行わせ、それが順調に進んだ時は前者への払い下げを取り消し、後者にこの開墾許可証を与えた。

代墾人（だいこんじん）
開墾を請け負ったのち、開墾予定地をさらに農民に分配して開墾を行わせた者をいう。官はこうした代墾人に開墾を委託することで大規模な荒地の開拓を行い、代墾人は農民から墾価を徴収することで経費を回収した。

捏墾報官（でつこんほうかん）
荒地の開墾をするとの偽りの報告を行い、官より牛馬や種子を詐取すること。

刨種為主（ほうしゅいしゅ）
刨種は開墾を意味する語。すなわち、開墾者が自ら開墾地の所有者となることを意味する。

放荒（ほうこう）
未開地を民間に払い下げることをいう。

未墾浮多地（みこんふたち）
原額地・原扣地（官が丈量して税額を定めた土地）以外の土地を**浮多地**と称したが、その内の未だ開墾されていない土地を指す語。

犂杖票（りじょうひょう）
蒙地の開墾者であることを示す証書。厳密には蒙地を小作に出す際に支払われた押租の証明書であるが、のち蒙地が払い下げられる時に犂杖票を持つ者は原墾者と認められて、優先的に払い下げを受けられた。

(3) 丈量

丈量（じょうりょう）※
土地の面積や地力を測定することで、いわゆる検地を指す語。**清丈**ともいう。大きく分けて弓手・縄工などと称される下役人が行うものと土地の所有者が自ら測量して報告するもの（自実）とがある。面積や地力から耕地の収量を算定することは税制の根幹をなす作業であり、古来より為政者によって実施されてきた。始皇帝31年（前216）に行われた自実はその先駆けであり、前漢の建武15年（39）には初の全国的な丈量が行われている。以後、こうした丈量はたびたび実施され、王安石の方田均税法や南宋の経界法・推排法、洪武帝による地籍整理、張居正の一条鞭法などは全て丈量の成果を基礎として行われている。
ただ、丈量を行うに当たっての障害は多く、土地が広大であることや丈量に携わる人員の知識・技術水準の低さもあって全国的な丈量はなかなか実施できなかった。また、丈量は役人による不正を横行させて民衆の負担を重いものとし、また**隠田**のような不正の発覚を恐れる民衆が騒擾を起こすことから、為政者の側にとっても安易に丈量を行うことはためらわれたようで、時代を問わず丈量を求める声は上がったものの、皇帝はこれを拒むことが多かった。

一磔手（いつたくしゅ）
測量すべき土地を指す語。

隠田（いんでん）
密かに開墾し、その存在を官には申告していない耕地を指す語。

加田（かでん）
明代、張居正による全国的な丈量の際に行われた検地の処理方法。張居正の丈量が行われる前には不正な土地登録が横行しており、耕地の実態と簿冊上の徴税額がかみ合わない事態が生じていたが、そうした齟齬の辻褄をあわせるためこれが行われた。

開方法（かいほうほう）
検地の方法のひとつで、明代に行われた。

覈実（かくじつ）
土地を検査すること。

括田（かつでん）
検地のこと。**括勘**ともいう。耕地の面積や肥瘠を調査し、その結果に基づいて税額を定めた。

経界（けいかい）
土地の境界を意味する語。「経界を正す」とは土地を公平に計測して分配することをいう。宋代には千歩方田法や経界法が地域的に実施された。

元科田土（げんかでんと）
元代における徴税上の地目のひとつ。元の延祐2年（1315）に括田が行われたが、それ以前に登録されていた耕地を元科田土という。なお、この括田によって新たに登録された耕地は**自実田土**と称した。

自実（じじつ）
民が自身の所有地について申告すること。

手実（しゅじつ）
所有地に関する申告書。土地の所有者が自ら測量（自丈）してこれを作成し、官に提出した。

縮弓（しゅくきゅう）
明代、張居正による全国的な丈量の際に用いられた測量道具。通常用いられる正弓よりも2寸縮小したものであった。

小畝（しょうほ）
明代に華北で用いられた土地面積の単位。**税畝**ともいう。宋代にはすでに用いられていた語であるが、特に明代以降盛んに用いられるようになる。すなわち、明初の華北地域は積極的な開墾政策によって移住民の流入を受け入れたが、その際に土着民を社民と、移住民を屯民と呼び分け、また後者の土地を大畝（広畝）、前者の土地を小畝として扱った。小畝が240歩をもって1畝とされたのに対し、大畝は割増し換算されており、1畝ごとの歩数も540畝・720畝・1,200畝などと様々で一定しなかった。こうした小畝・大畝の併用は畝数が異なるにもかかわらず同じ一畝として扱われることから税負担の不均衡をもたらし、社民に有利な内容となるものであったことから問題視され、のち張居正による全国的な丈量が行われた際に大畝は廃され、小畝への統一が図られた。

銷図（しょうと）
検地の一種。清初に均田均役法が行われた際、土地登録の隠漏を防ぐために、耕地の所有者に田冊を提出させて相違ないかチェックを行った。

丈見（じょうけん）
土地を実測すること。

丈出（じょうしゅつ）
土地の測量によって計測された土地面積のこと。

縄工（じょうこう）
土地の測量を行う者を指す語。同類の語に量地人・五尺行・五尺桿・紅名牌子がある。

推収（すいしゅう）
売買などによる耕地の所有者の変更を確認して登記すること。推割ともいう。

等則（とうそく）
三等九則などというように、土地を課税や交換、租賃などのために評価査定するときに用いられる等級の上下を示す用語。一般に三等とは上等・中等・下等という総合的な区分であるが、より細かく土壌の種類・立地の条件・開墾暦・成熟度・水利や耕作の条件・作物の種類などを勘案したとき、上等の上・中・下、中等の上・中・下、下等の上・中・下と分けて九則とする。均田制のように労働力（壮丁）を均一な単位と想定した課税では等則はあまり顧みられないが、両税法以降のように各家の資産（とくに土地）総額を目安として累進的に課税額をきめる税法のもとで、貧者・富者のそれぞれに公平な負担を及ぼそうとする際には、等則の厳密かつ画一的な実施が官・民いずれにとってもその要目をなした。ただし、広大で地域差も甚だしい国土で三等九則の丈量を画一的に運用することは実際にはむずかしい。そこで現実的な運用の便法として案出されたのが、三等、ないし五等の区分を考えた上、この大枠の中の建前上の九等区分については、民に有利な換算法を適用しながら上級の区分に繰り上げる方法であり、一般に**税畝**・**大畝**・**折畝**と呼ばれて、宋代から事例があり、明代になってより広く行われて多くの地方志に散見している。優遇条件とは、本来の1畝=240歩を小畝とし、これより広く倍から数倍にもいたる実面積の耕地を1畝として換算するものであって、ゆえに大畝と呼ばれた。なお、九則はともかく、三等則の査定は、民間の土地の売買・交換・質入れ・租佃などの契約に頻出する。

排段検括（はいだんけんかつ）
検地の一種で、『旧五代史』食貨志に見える。現場にて耕地を段別に調査すること。

(4) 地籍

挨号冊（あいごうさつ）
土地台帳の一種。明代に用いられたもので、1片ごとの土地を号数順に編纂したもの。

烏由（うゆう）
地券の一種。元代に発給されたもので、至正年間に**経界法**が施行された際に土地の所有者に与えられた。典売を行う場合、契書と共にこれが必要とされた。

永遠絶売契（えいえんぜつばいけい）
売渡証書の一種。売契・**絶売契**・**杜絶契**・杜絶売契・杜絶文約・杜売契などの別称もある。この証書が交わされることで、売主は従来有していた土地・家屋に関する権利を全て絶ち、買主にこれを譲渡した。

永租執照（えいそしつしょう）
地券の一種。民国期に営口県・安東県にて外国人に土地を貸借・出典した際に財政庁より発給された。

永退耕契（えいたいこうけい）
売契の一種。小租権の譲渡の際に作成されたもので、特に抄封田の小租権が譲渡される場合に多く用いられた。

過割（かかつ）
不動産証書や土地台帳あるいは記名式の有価証券などの

所有名義を改めること。同類の語に過戸・過戸割糧・推収過戸・推糧過戸・過戸推糧・変名過割などがある。明律や清律においては過割の手続きをとらない場合は処罰の対象となり、またその土地も官に没収された。

過撥契（かはつけい）
帳簿上における土地所有者の名義書換を指す語。過はかつての所有者の名義を過割すること、撥は新しい所有者に名義を兌撥することを意味するが、のちこれが転じて升科地などを耕作する小作人がその耕作権を譲渡する際に作成する証書を意味するようにもなった。

割移（かつい）
土地を譲渡すること。

割単（かつたん）
花附（土地の分割売却）や遺産分配を行う場合、その田単を売却・分配対象となる人数分に切断してこれを分け与えたが、この切断された田単の1片を割単・劈単と称した。

官戸書冊（かんこしょさつ）
郷紳の所有する土地を記した帳簿。明代の隆慶年間以降に用いられた。

換照（かんしょう）
土地を売買する際に売主名義の執照を買主名義の執照に改めることをいう。換契ともいい、土地の買主は売主名義の執照を官に提出し、自身の名義を記載した執照を新たに発行してもらう必要があった。

換単（かんたん）
土地の交換を行う場合に作成する契約書のこと。換帖・換地契ともいう。また、蒙地においては旧契を新契に改める意味としても用いられた。

帰票（きひょう）
明代に土地の売買の際に用いられた書類。土地の売買が行われると帰票・収票によって授受を確認し、10年に1度、帰戸冊の書き換えを行った。

給田簿（きゅうでんぼ）
唐の均田制において土地を給付する際に用いた帳簿。毎年10月に作成される退田簿（国に返還されるべき土地の帳簿）をもとにした帳簿で、県令は土地を返還すべき民と次に給付される民を集めて返還・給付の作業を終わらせるが、その際に給田簿に受給者の名前や給付状況などを書き入れた。また、これらの他に受領すべき土地が定額に満たない者の氏名や未受領額を記した缺田簿もあり、給付作業の際にあわせて参照された。

給佃批（きゅうでんひ）
耕地を小作に出す際に用いる証書。批は契約書を意味する。

給風水山批字（きゅうふうすいさんひじ）
台湾において発給された地券で、墓地のために荒地を提供する際に用いられた。風水山は墓地の俗語であり、また批字は地券を意味する。

魚鱗図冊（ぎょりんずさつ）
土地台帳の一種。例えば、圩のような土地区画を単位として当該の圩に属する土地（坵）の情報（形状・1辺ごとの長さ・面積・四至・地目・所有者・耕作者など）を1筆ごとにまとめたもの。またこの帳簿の冒頭には圩の全図を載せ、圩内における坵の配置を図示しているが、この圩を魚に、坵を鱗に見立てたところから魚鱗図冊の名称が生じたとも説かれている。
魚鱗図冊の起源は宋代に求められ、魚鱗図・魚鱗図冊の語が史料中に見出されるが、実物が残っていないため上記のような特徴を持った土地台帳であったかは判然としない。少なくとも明代の時点では台帳としての定形が整えられており、以後清末に至るまで利用され続けた。ただし、その利用はただちに全国的な普及を見たものではない。宋代の時点では江蘇・浙江といった沿海地域を中心として用いられ、明代においても江蘇・浙江・安徽などの江南地方と山東など華北の一部地域に限定されており、時代の経過と共に次第に利用範囲が広まっていった。
このように魚鱗図冊は土地管理に欠かせないものとして活用されたが、こうした土地台帳が出現した理由は横行する土地不正や土地所有関係の紊乱に求められる。脱漏・詭寄・飛灑・移坵・影射など富戸による賦役忌避は時代を問わず講じられたが、特に戦乱を経た後の社会にあっては逃戸の増加や旧来の土地台帳の亡佚といった事態につけ込んで不正を図る民が後を絶たなかったため、政府の側としても賦課の均等化が課題として意識された。明の洪武・万暦年間や清の康熙・雍正年間などたびたび魚鱗図冊が作成されたのはその現れであるが、こうした形式の土地台帳は土地の管理に便利であったと見え、魚鱗冊のように民間でも私的な土地管理に用いる帳簿が作成され、小作料の徴収や土地所有にまつわる裁判などの場面において活用された。

業主冊（ぎょうしゅさつ）
明代に作成された地籍。業主を中心とした記載がなされ、これをもとに魚鱗図冊や帰戸冊が作成された。

局票（きょくひょう）
地券の一種。同治3年（1864）に東北の承徳裕課局が囲場県の囲荒を払い下げて民地として升科した際に発給された。

契拠（けいきょ）
契約書を始めとした証憑書類の総称。単拠ともいう。

戸管（こかん）
不動産の権利証券のこと。

戸帳（こちょう）
土地の歩畝や賦課の額を記したもので、宋代に**方田均税法**が行われた際に作成された。各戸が所有する耕地の歩畝を記した**荘帳**と共に当該の戸に与え、これを地券とした。

甲帳（こうちょう）
宋代に**方田均税法**が行われた際に作成された帳簿。各戸が所有する土地の歩畝や等級を記したもので、甲頭に与えられた。

交佃（こうでん）
佃戸がその小作権を売却すること。

坐啚（ざひ）
地理的な区画による里甲のひとつ。康熙5年（1666）に婁県知県李復興による**鎖啚之法**にて用いられ、坐啚の所有者は坐啚冊によって管理された。また、のちには各坐啚について面積・業主・税額などの情報をまとめた坐啚完糧冊も作成された。

執照（しつしょう）
証明書のことで、地券の一種。また、官地の払い下げの際に官より発給された土地所有の証明書を指すこともある。

執票（しつひょう）
官地を払い下げる際に買い手に給付される証書。購入地に関する地図説明に加えて購入に際して求められる地価・経費・照費などが記載されており、これらの費用を支払うと、この執票が部照に貼り付けられた上で給付された。

実徴文冊（じつちょうぶんさつ）
明代に用いられた賦役に関する台帳。白冊・実徴黄冊ともいう。形骸化した従来の黄冊に代わってこれが用いられた。

小票（しょうひょう）
仮の土地所有証明書。民国3年（1914）に黒龍江省にて清丈（検地）や放荒（官有荒地の払い下げ）が行われた際に発給された。前者については検地ののちに業主に給付され、従来の所有地の場合は測量費を支払えば、**浮多地**の場合は地価を納付すれば信票（小票）と交換された。後者についても地価を納付することで小照と交換された。ただし、これらの証書も一時的なもので、民国7年（1918）に財務部執照が発給されると、これと交換された。

升科単（しょうかたん）
土地を課税対象地として登録した際に官より発給される地券を指す語。

承墾書（しょうこんしょ）
土地の払い下げを請求する書類。清代に開墾を希望する民が土地の払い下げ事務を担当する清丈機関に提出した。払い下げが許可された民にはその証明書として承墾証書が給付された。

上至蒼天（じょうしそうてん）
土地の所有権に関する表現のひとつ。漢代の土地売買文書に見えるもので、買主が取得する土地の権利がその上下に及ぶことを意味する。同類の表現として「上至天、下至黄」も用いられた。

丈単（じょうたん）
検地や土地の払い下げの際に給付される証書の一種。土地の面積や四至が示されており、地価や各種費用を支払ったのち**大照**の発給を申請すると、この丈単が添付された大照が申請者に与えられた。また、台湾では検地ののち小租戸に発給された地券をいう。

出由冊（しゅつゆうさつ）
小作地に関する台帳で、地主や**租桟**が所有するもの。同類のものとして**出由帰図冊**・**魚鱗冊**・**田畝冊**がある。都や啚ごとに小作地の所在や面積、そして小作人の氏名と小作料が記されており、地主や租桟はこれを用いて賃貸の管理や小作料納入の催告を行ったと考えられている。

推下（すいか）
土地の業主権を売却すること。同類の語に推業・甽畝転易などがある。

推割（すいかつ）
土地を売買する際に、その事実を土地台帳に登録して譲渡の手続きを行うこと。

推収（すいしゅう）
推は土地の譲渡を、収は土地の購入を指すことから、推収の2字で土地の所有権の移動を意味する。また、土地所有者の名義を書き換えて登録することを推収法と称する。

推収号票（すいしゅうごうひょう）
隠田を防ぐために用いられたもの。明の万暦39年（1611）に海塩県知県喬拱璧が行った里甲に関する改革の中で作成された。

推単（すいたん）
明の万暦8年（1580）に江西布政司が検地を実施した際、客戸の土地登記のために用いた伝票。業戸名などの情報が書き込まれ、またこれらを選りだして**推糧冊**が作成された。

青苗簿（せいびょうぼ）
苗を植えた面積を記載した帳簿。唐代に用いられたもので、調査して青苗簿を作成したのち、その内容は毎年7月までに州から尚書省に申告された。

清奪（せいだつ）
清出追奪を縮めた語で、所有者が所有権を有していない耕地を国家が没収すること。

籍外剰田（せきがいじょうでん）
唐代において戸籍に記載されなかった耕地。そのため租税の負担を免れた。

租冊（そさつ）
土地台帳を指す語。地冊ともいう。主に吉林省にて用いられた。

租籍（そせき）
小作地に関する台帳。**租簿**ともいう。小作に出した耕地とその借り手が記された。また、同類の土地台帳に**魚鱗冊**があり、形式・内容共に官の台帳である魚鱗冊に似せて作られたもので、地主や**租桟**が利用した。

租由（そゆう）
租桟が小作料の納期を通達するために小作人に送付した書類のこと。田租通知単・租繇ともいい、またその送付を**出由**と称した。租由を受け取った小作人は期限以内に租桟に小作料を納めねばならず、また受領する側は装銷冊によってその納入状況を管理していた。

荘摺（そうしょう）
耕地の地券を指す語。

大照（だいしょう）
地券の一種。**地照**ともいう。民国7年（1918）から18年（1929）にかけて行われた**浮多地**に対する検地を受けて、奉天省財政庁が発給した土地証書も大照と称した。これには**升科照**・清賦大照の別称もある。また、浮多地払い下げの請願を受けた際には大照准単という書付が給付された。

地股（ちこ）
土地の提供による権利株。

地照（ちしょう）
地券のこと。地単・地契・田単・田契・田券・執業田単・方単・丈単など別称は多い。

知符（ちふ）
地券のこと。

註冊（ちゅうさつ）
登録・登記を意味する語。

砧基簿（ちんきぼ）
南宋期に用いられた土地台帳の一種。紹興12年（1142）に李椿年の主張に従って**経界法**を実施した際に作成された。経界法は、北宋末から南宋初にかけての混乱に乗じて隠田や盗耕・租税負担の不公正などが横行したため、経界を正してこれらの弊害を除こうとしたもので、地籍を明らかにする砧基簿は経界法実施に当たっての要点となった。
砧基簿はまず所有する土地について所有者である民が情報をまとめる。そこでは田形・坵段が画かれ、また四至や畝数、所有に至る経緯が記されたが、こうして作成された砧基簿は県に提出されてチェックを受け、さらに措置経界所においても検閲を受けて、誤りがなければ各戸に給付された。その際、偽りを含む**砧基簿**を提出した者は処罰の対象とし、また砧基簿を提出しない者はその土地を没収するなど、その実施において厳しい姿勢でこれに臨んだ。
上述のように砧基簿は官の査閲を経て民の手元に届くが、その写しは転運司・州・県、さらには郷にも保管されており、また県は3年ごとに新しい砧基簿を作成して土地の把握に努めた。それは売買や出典にも影響を及ぼし、土地を売買・出典しようとするならば、郷や県にて砧基簿の照合を行って内容に偽りなきことを確認せねばならない。この手順を踏まない土地の売買・出典は正当なものとは見なされず、仮に売主・買主双方の承認を得た契約書があっても効力を持つものとは認められなかった。
このような砧基簿の運用を行う経界法は平江府にて実施され、翌紹興13年（1143）には全土での実施が公布されたが、その諸規定は次第に徹底されなくなった。砧基簿も南宋中期に至るとそれを保管する州県は半数にも満たなかったという。

土地執業証（とちしつぎょうしょう）
地券の一種。上海市内において土地権利の移転が行われた際、あるいは土地整理が終了した際に上海市土地局より土地の所有者に給された。

道契（どうけい）
地券の一種で、租借地方所轄の地方官である道台が発給したもの。租借地における外国人の永租権者に対して与えられた。

売契（ばいけい）
土地の売買契約がなされる際に作成される契約書のこと。一般に官契紙を購入し、契税を支払って官印を受けることで公的な承認を得たが、また私的に作成された証書（白契）の使用もしばしば見受けられた。

買売田房草契（ばいばいでんぼうそうけい）
官契紙に同じで、不動産を売買する際にこれを購入する。所定事項を記入したのち、官庁にて契税を支払って官印を受けると、**草契**は地券として認められた。

標撥（ひょうはつ）
土地を分与すること。

風旗冊（ふうきさつ）
土地台帳の一種。明の正統年間に作成された。

方単（ほうたん）
地券の一種。土地を売買する際には印契に加えて方単も買主に渡された。また、江蘇省の一部地域には、土地を分割して数人に売却するに当たって方単も切断して譲渡する習慣があった。

方帳（ほうちょう）
土地の歩畝を記したもので、宋代に**方田均税法**が行われた際に作成された。検地を行う際、方田官・甲頭・方戸の立会いのもとで土地の歩畝や地等を定め１筆ごとの情報を**草帳**に記したが、これをもとに方帳が作成された。

房契（ぼうけい）
家屋およびその敷地の所有権にまつわる証書のこと。宅券・房園大照ともいう。

満漢兼書房契（まんかんけんしょぼうけい）
旗人の家屋・敷地を売買するにあたって、名義書換や契税の納付ののちに官より買主に発給された証書。

立戸（りつこ）
土地・家屋・財産などの登録を指す語。

老典（ろうてん）
不動産の売却方法のひとつで、脱法的なもの。清代において旗地は**旗民不交産**の原則のもと民間への売却が禁じられていたため、典の名義を用いて実質的な売買が行われた。また、典を名義としたやり取りは売却の際に発生する契税を逃れる手段としても利用された。

(5) 一田両主

一田両主（いちでんりょうしゅ）※
土地所有慣行の一種で、土地に関する権利を**田底**（所有権）と**田面**（耕作権）に分割し、それぞれが独立した形で地主と小作人双方に運用される形態のもの。その開始時期については諸論あり確定することは叶わないが、明代以降には全国各地で見られ、中華人民共和国の成立に至るまで存続した。慣行の具体的な内容は地域ごとに詳細を異ならせ、一概にその内容を規定することはできないが、共通する特徴を列記すると以下のようになる。
まず、一般的な地主－小作人関係（出租・承佃）との違いを述べると、出租・承佃の関係が一般には地主より土地の耕作の認可を付与される代償として小作人が小作料を納付するだけの関係にとどまり、小作人に耕作権を処分する権限は与えられていなかったのに対し、田面権の確立した土地では小作人が処分に関する権利を有しており、田底の所有者である地主はこれに干渉することができない。従って、田底・田面の確立している土地にて小作を希望する者は地主ではなく耕作者である小作人と交渉して田面権を譲渡してもらう必要があった。
この田面権は基本的に期限の設けられていない永代的な権利であり、また容易なことでは地主によって没収されることはない。たとえ地主が田底権を他者に売却・出典したとしても、新たな地主には旧来の田面権を処分する権限が与えられることはなかった。小作人の小作料未納（欠租）の額面が田面価に達した場合、地主は田面を没収（奪佃）することができたが、これも旧田面主が新たな田面主に田面権を売却することで支払われる金銭を欠租額と相殺する措置と捉えることができ、地主による一方的な田面権の没収というわけでもない。
このような田面権が発生する理由は多岐にわたり、特定の原因を求めることはできない。土地の所有者が何らかの事情で耕作権のみを売却・出典することで小作人が田面権を取得することもあったし、土地の開墾や肥培管理が小作人によって行われてきたという事実が田面権の確立に作用することもあった。すなわち、**原費工本**などと称される開墾・肥培管理のために投入された費用や労力が小作人の持ち出しになることによって、小作人は地主に対する権利主張の根拠を獲得できたが、こうした工本は欠租額と相殺されることもあれば、小作人が退佃する際に地主から償還されることもあって、田底・田面関係における様々な場面で作用する。時には退佃の際に地主に工本を償還するだけの金銭的余裕がないことを受けて、新田面主が旧田面主に償還額を立て替えることとなり、工本に起因する権限が小作人の間で継承されていく事態が生ずるに至る。
いずれにせよ、田底・田面にまつわる諸現象は成立の事情や地域差によって極めて多様かつ複雑な様相を呈することとなる。そして、地主の与り知らぬところで次々と代替わりしていく田面主、あるいは田面権の売買にあたって田面主が行う売却額の変更、需給に応じた小作相場・田面価の変動といった諸要素は、上記の複雑な事情と相俟って地主や小作人・旧田面主などの関係者の間で紛争の種となることもしばしば見受けられた。

一田三主（いちでんさんしゅ）

土地所有慣行の一種で、福建にて行われたもの。一業三主の名称もある。同一の土地に3者が権利を有する慣行で、**糞土銀**（**佃頭銀**）を支払って永続的な耕作権を取得した佃戸が耕作を行い、また租の徴収は金銭を支払って本来の地主である小租主から権利を取得した大租主が行った。その名称は福建の内部においても多岐にわたり、例えば南平県においては小租主は**苗主**、大租主は**賠主**の名称で通用し、また雲霄県では小租主は**税主**、大租主は**業主**の名称が用いられた。

骨主（こつしゅ）

一田両主慣行における田底の所有者を指す語。田主・税主などの別称もある。骨主は**皮主**より小作料を徴収し、国家に租税を支払う立場にあったが、骨主は皮主の所有する田面権に干渉する権利はなく、また皮主を交替させようとしても、皮主が田面価に相当する額の小作料未納をなさない限りそれは認められなかった。

承価（しょうか）

土地慣行の一種で、江蘇省崇明県にて見られたもの。地主が小作人に土地を開墾させた場合、開墾に費やされた労力や諸経費（工本）は小作人に償還されるが、償還の代償として小作人に与えられた田面権を承価と称した。これを全承価と称することもあるが、これは工本の半分が償還された場合を半承価、一部が償還された場合を分承価と称するのに対応した呼称である。

譲田票（じょうでんひょう）

田面権の入質証書のこと。

大租権（だいそけん）

台湾における業主である**大租戸**の権利。台湾での開墾は、**墾戸**（墾首・業戸・業主）が官有地の払い下げを受けて開墾権を獲得し、実際の開墾は佃戸が行う形で進められ、墾戸は開墾地の所有者として官から認められる代わりに租税納入の義務を負い、一方で佃戸からは小作料を徴収する権利を有していた。のち佃戸の勢力が強大化するにつれ実権は佃戸のもとに移り、本来墾戸の承諾なくして行いえない第三者への耕作権の貸与も盛んに行われた。こうして同一の土地に墾戸と佃戸、そして佃戸から土地を借り受けた現耕佃人の3者が関与する状況が出現したが、佃戸から墾戸に支払われる租を**大租**と、現耕佃人から佃戸田に支払われる租を**小租**と称し、それに伴い墾戸を大租戸と、佃戸を小租戸とする呼称も用いられるようになった。**小租戸**の権利が伸張すると、大租権は小租戸から大租を授受するだけの権利に縮小し、さらに光緒年間に土地整理事業が行われると小租戸が業主としての公認を受けて大租は4割削減され、最終的には明治政府による土地整理の際に買収されて消滅した。

田底（でんてい）

土地所有慣行の一種で、田面と対になるもの。**田根**・**田骨**・骨田・**地骨**・**骨業**・**大業**・大租・大根・大買・**大頂**・軽田など別称は多い。田面が小作人の耕作権であるのに対し、田底は地主の持つ土地の所有権に該当する。田面と共に一田両主と称される慣行を構成するもので、田底の所有者である地主は小作人から小作料を徴収する権利を有していたが、一方で田面権の売却や出典に干渉する権利は持たず、小作人は地主に配慮することなく田面権を処分することができた。

田面（でんめん）

土地所有にまつわる慣行のひとつで、田底と対になるもの。**田皮**・皮田・**皮業**・小業・**小租**・小根・小買・**小頂**・賠田・賠頭穀田・作水田・糞繋脚など別称は多い。田底が地主の持つ土地の所有権であるのに対し、田面は小作人の有する小作権に当たる。小作人は地主に対して小作料を納付する義務を負うが、売却や出典といった田面権の処分に際しては地主からの干渉を受けることはなく、また小作料の未納額が田面価に達しない限りは地主から一方的に田面権を奪われることもなかった。

皮骨分売（ひこつぶんばい）

田面と田底を分けて売却すること。一田両主慣行においては土地に対する権利は所有権（田底・田骨）と耕作権（田面・田皮）に分かれていたが、それぞれの処分は別個に行われた。

皮主（ひしゅ）

一田両主慣行における田面の所有者を指す語。皮主は骨主に小作料を支払う永代的な小作人であるが、田面についての権利は骨主から独立した形で所有しており、骨主に許可を得ることなく田面権の売却や出典を行うことができた。

米主（べいしゅ）

一田三主慣行において租税を負担した者を指す語。白兌ともいう。本来は租税の納付は大租主が担うべきであるが、大租主には佃戸から徴集した租の一部を手元に残して、一部を米主に与えてこれに納付させる者もいた。

③出租・承佃

永佃（えいでん）※

小作関係の一種で、土地の永代貸借を指す語。これに対して普通小作権は佃権と称される。全国的に見られた慣行であり、とりわけ華中の地にて盛んに行われるものであったが、永佃権の獲得に至る事情は一様ではない。荒蕪地の開墾に功あって永佃権が認められた者、保証金（押租）を前納して永佃権を買い取った者、債務を負った地主が土地の所有権のみを売却し永佃戸と変じた者、所有が禁じられていた旗地を得るために名目上永佃の形で所有権を獲得した者などはそうした事情の一部に過ぎない。

こうした小作関係において地主（土地を先占していた台湾などの先住民を含む）を業主、土地の借り手（小作人）を永佃戸・老佃戸・老地戸と称したが、小作料や納付期限など詳細について合意を形成させた後に小作証書（永佃字・永佃批・永佃租照・永耕字）を作成して小作関係を築き、小作人はその土地から獲得される収穫物の一部を地主に納付して自身の義務を果たすという点において両者は一般的な租佃関係と何ら変わるところはない。小作料は通常の小作田に比べて小額に納まっていたようであるが、分租・包租・銭租（金納）といった小作料の徴収形態も一般的な小作と同様のものである。

永佃が他と大きく異なるのは小作権の有効期限が設定されておらず、またその権利に世襲が認められた点にあり、こうした権利の永続性は土地の所有者である地主といえども容易には犯すことのできないものであった。増租奪佃・徹佃・退佃と称される小作料の増額や小作権の解消が認められたのは、小作人が契約に背いて第三者に小作地を貸与した場合、あるいは地代の滞納額が地代２年分に達した場合など違約行為が生じた場合のみに限られており、たとえ地主が土地の所有権を第三者に譲渡して所有者の変更がなされたとしても小作人の権利は何ら揺らぐことはなかった。

一方で、小作人には小作地の処分について一定の権利が認められており、しかも処分に当たっては必ずしも地主の同意を得る必要はなかった。そのため地主から借り受けた耕地を第三者に譲渡・賃貸・出典する小作人も数多く存し、中には一田両主はおろか一田三主のような所有権と使用権が複雑に入り組んだ耕地が生じることになった。このように田底権と田面権の分離は中国の土地所有に関する実態把握を困難にさせる側面を有していた。

加租（かそ）

小作契約に当たって予め数年分の小作料を徴収すること。

花租（かそ）

小作料の一種で、明代の松江府において見られたもの。**棉花租**ともいう。小作料の納付に綿花を充てる形態のもので、地主は現物で小作料を受納した。

花分（かぶん）

徭役忌避の一手段。同類の語に**瓜分**・**析分**・飛灑などがある。富戸が自身の土地を細分化して、それぞれの土地を架空の戸（鬼戸）の名義とすること、あるいは貧戸の名義に仮託することを指す。貧困の戸が徭役を免れる規定にかこつけた不正であり、富戸は胥吏を買収してこうした徭役忌避を図った。

過種田（かしゅでん）

小作地の一種で、安徽省安慶県において見られたもの。地主の小作地に対して有する処分権が強く、小作料の滞納がなされた際には小作権の没収ができ、また小作人は地主の承諾なくして小作権の譲渡はできなかった。

粿保人（かほじん）

地主と小作人の間にたって小作契約の仲介を行う者のことで、湖北における呼称。

課丁（かてい）

晋の課田法において耕作を請け負った小作人のこと。

改科絲（かいかし）

明代における租税の一種。改科田に課せられたものであり、広東布政司のみがこれを徴収した。また同類のものとして改科絹もあった。

官佃（かんでん）

佃戸の一種で、宋代に公田を耕す者をこのように称した。

頑佃（がんでん）

地主に対して反抗的な態度をとる佃戸のこと。同類の語に**刁佃**・悪佃・奸佃・強佃・覇佃・庇佃・庇抗などがあり、これらの佃戸は集団で活動を行って、小作料滞納はもとより負債の未払いや地主に対する暴力的行為も辞せず、甚だしい場合には官兵と衝突することもあった。

己業田（きぎょうでん）

小作地の一種で、湖北省漢陽県において見られたもの。土地のかつての所有者がその所有権のみを売却し、耕作権のみを手元に残したもの。また、この旧所有者は第三者に対して耕地を小作に出すこともあったが、その際に与えられる小作証書を**認頂字**と、新たな小作人を**頂種**と称した。

詭寄（きき）

土地不正の一手段。自身が所有する耕地の名義を他人のものに書き換えることで名目上の所有面積を少なく見せかることや、耕地を隠匿することで課税や徭役の負担を免れようと図るもの。また、民が徭役免除の特権を有していた官僚に土地を寄せることで徭役負担を回避することも詭寄と称した。

脚米（きゃくべい）
小作料の一種で、付加的に徴集される小作料のこと。地域によって**脚銷**・**伙頭米**・**小稞**・力米・田信米などの呼称があった。

牛米（ぎゅうべい）
小作料の支払いに関する慣行のひとつ。**牛租**ともいう。本来収穫は地主と小作人の間で半分に分配するが、小作人が地主の牛を借りた場合、収穫物分配の割合は地主６割、小作人４割となった。この地主の取り分に上乗せされた１割を牛米と称した。

虚懸（きょけん）
土地不正の一手段。土地の転売を重ねてその所有者が誰なのかを分からなくさせるもの。

虚租（きょそ）
小作料の一種で、江蘇省松江・崑山において見られたもの。金納による支払いで、予め納付額が定められているが、実際の支払いの際には割引がなされた。

踞荘（きょそう）
進荘銀などを目的として立ち退かせようとする地主に対して佃戸が抵抗すること。

銀租（ぎんそ）
小作料の一種。**租金**ともいう。金納によって支払われる小作料であり、江蘇にて見られた。

見佃（けんでん）
土地を事実上支配することを意味する語で、**管業**・管佃ともいう。典によって出典人から土地の使用権を得ることなどがこれに当たり、こうした用益者を見主・見佃主と称した。

傔人（けんじん）
唐代における官人の付き人。官人が所有する荘園の管理人を務めることもあった。

懸掛（けんかい）
土地不正の一手段。土地所有者を変更するに当たって胥吏を買収して登記上の不正を行い、徴税から逃れようとするもの。

限客法（げんきゃくほう）
小作人の制限を図る法で、晋代に行われたもの。

湖主（こしゅ）
宋代における地主の一種で、湖北の漢陽など長江沿岸地域に見られたもの。城居地主であるものの湖沼を占有し、そこから得られる漁利を物権として保有していた。

巧典（こうてん）
典に属する取引を**押**の名目をもって行うこと。典契を取り交わす際に発生する契税を免れる目的でこうしたことが行われた。また、民が**旗民不交産**の原則をかいくぐって旗地を取得するための手段としても用いられた。

甲頭（こうとう）
その意味するところは時代・地域などの状況によって異なるが、宋代においては地主に代わって荘園の管理に当たった者の一部を甲頭と称した。

三限（さんげん）
租税を納付に当たって官が設けた期限。初限・中限・末限あるいは第一限・第二限・第三限からなる。

剗田（さんでん）
地主が佃戸の小作権を没収して、他の佃戸に小作させること。『華北農村慣行調査』には同類の語として端牽・端奪の語が見える。没収がなされる理由は多様であり、佃戸が小作料の滞納や拒否を行ったことを受けてなされることもあれば、現在の佃戸よりも好条件での承佃を求める者が出現することによってなされることもあった。

資陪（しばい）
宋代における佃権の売買の一種。屯田・営田・省荘などの官地において、佃戸は佃権の所有ならびにその売買が認められたが、そうした売買を資陪・酬価交佃と称した。売買に当たっては牙税が徴収され、民田の売買と同様の取扱いがなされた。

主権佃（しゅけんでん）
小作関係の一種。地主が種子や農具など耕作に必要な資本を負担し、小作人は労働力のみを提供する小作の形態であり、土地に関する権利は全て地主の手にあった。

種戸（しゅこ）
小作人の一種。官田を借り受けた佃戸がその土地をさらに小作に出した際の借り手のこと。

重租田（じゅうそでん）
地主から耕地を借りた小作人がその耕地をさらに第三者に貸して小作を行わせた状況における耕地を指す語。

召佃（しょうでん）
小作人が退佃した後、新たに小作人を探すこと。

召由（しょうゆう）
小作人が租桟などに提出する証書を指す語。**承攬**・**銷由**ともいう。小作地の所在や面積、小作の条件などが明記され、また小作料の延滞や耕作の放棄を行わないことを誓う文も盛り込まれていた。

承種地（しょうしゅち）
小作地のこと。小作人が地主と契約を交わして耕作を請け負った土地をこのように称した。

承租（しょうそ）
土地を借り受けて耕作すること。いわゆる請作のことで、同類の語に**承佃**・承佃認租・**承種**・**請射**・**請佃**などがある。

水租（すいそ）
水の使用量に応じて支払われた租を指す語で、台湾において見られた慣習。

推下（すいか）
土地の業主権を売却すること。同類の語に**変産**がある。また、関連する語として土地の分割を意味する割地や土地の取得を指す**契置**がある。

随田佃客（ずいでんでんきゃく）
耕地を出典する際、耕地に加えて耕作者である佃戸も合わせて典戸に引き渡すこと。

世佃（せいでん）
佃戸の一種。地主との間で先祖代々小作関係にある佃戸のこと。

折租（せつそ）
小作料の一種。小作料の額を予め定めておき、それをその時々の時価に換算した額（折価）にて支払ったもの。従って最初から貨幣の額面で小作料が定められている銭租とは性格がやや異なる。

銭租（せんそ）
小作料の一種。定額金納の小作料であり、特に華北や東北地方において見られた。これに対して定額物納の小作料は**糧租**・穀租と称した。

租権（そけん）
借地権のこと。地主は貸借人に対して土地の用益を認め、貸借人は地主に対して賃料を支払った。賃料に定額はなく当事者間の交渉によって決定されるが、借地から得られる収益の半額が賃料となることが多かった。

早租（そうそ）
小作料の一種。小作人が地主より借金をした場合、翌年収穫物をもってこれを返済すること。

荘客（そうきゃく［しょうきゃく］）
佃戸の一種で、荘園において労働に従事した者。家屋を借りて居を構える者のほか、荘院にて居住する者も多く、耕作や家畜の飼養・施設の建造・修繕などの肉体労働のほか客の接待・送迎、食事の準備あるいは荘園の警備などあらゆる雑役を担った。

荘吏（そうり［しょうり］）
唐末五代における荘園の管理人のこと。知荘吏ともいう。荘客や佃戸から租を徴集し、また荘園の租税の納付も行った。

対佃喫租（たいでんきつそ）
土地の所有者が既に小作人に貸し出している土地の出典を指す語。

退価（たいか）
土地を借りて開墾を行う際に地主に支払う対価。**頂耕**ともいい、開墾者はこれの支払いを済ませ、証書（退字）を作成することによって土地の耕作権を取得した。

奪佃（だつでん）
地主が小作権を剥奪すること。徹佃ともいう。

地基銭（ちきせん）
借地料のこと。地租・地銀の呼称もある。

地基租権（ちきそけん）
台湾における土地所有権の一種。家屋敷地の所有者である**地基主**が有する租権のこと。

地客（ちきゃく）
小作人の一種。宋代の史料に登場するもので、奴婢とは明確に区別される存在。湖北の長江沿岸部では豪民の下で、漁労に従う数十人の地客がいた。

地子（ちし）
土地に対してかけられた租税。地子銭ともいう。

地上権（ちじょうけん）
土地の使用権の一種。旧満州国の民法に定められており、建築物の使用を目的として他者の土地を借り受け、これを使用する権利のこと。同時代の日本の民法においては建築物の他に竹木の所有も地上権の一部として認められていたが、旧満州国の民法においてはそれに関する文言が見られないことから、同じ地上権でも国によって内容はやや異なる。

地を売りて、租を売らず
（ちをうりて、そをうらず）
原語は「売地不売租」。清代における**旗地**に関する規定で、土地を売却してもそれに付帯する貸地権は売却しないことをいう。同類の規定に売租不売佃があり、これは旗地を貸与しても小作はさせないことを指した。

長租（ちょうそ）
小作料の一種。小作料の支払方法には将来支払うべき分を事前にまとめて納付するものもあったが、それが3年以上に及ぶものを長租と称し、国法ではこれを禁じていた。**旗民不交産**の禁令に対する抜け道としても用いられ、複数年の租を一括して前納させるという口実で典売が行われた。また、その際に用いられた証書を長租契と称した。

頂麦根（ちょうばくこん）
土地の貸借に関する慣行で、四川においてみられたもの。麦を栽培する耕地を担保として金銭を借り受けること。債権者は翌年収穫される麦をもって利子に充てるため、債務者は元金のみを償還した。また、債務者が返済不能に陥った場合はその耕地を第三者に貸与することで元金の弁済を行い、その土地は借金の完済をみて初めて元の所有者に返還された。

底銭（ていせん）
敷金あるいは基金の類を指す語。

提種均分（ていしゅきんぶん）
小作料納付に関する慣行で、江蘇にて見られたもの。収穫物より種子として用いる分を差し引き、その残りが地主と小作人との間で折半された。

鉄脚（てつきゃく）
土地不正の一手段。自身の土地を細分し、親隣・佃僕といった目下の者に名義的な分与を行うことで徭役の忌避を図ったもの。同類の語に貼脚・鉄脚詭寄・詭寄などがある。

転佃（てんでん）
小作地をまた借しすること。転租・兌佃ともいう。

田主（でんしゅ）
土地の所有者を指す語。ただ、状況に応じて田主の語が示す内容は異なり、実質的な所有者を意味することもあれば、名目のみの所有者を指し示すこともあった。

田租（でんそ）
地租あるいは小作料を意味する語。ただし、西晋期には官田における小作料を意味したように、それが意味するところは状況によって異なることがある。

佃権（でんけん）
小作人が地主の土地を耕作する権利のことで、いわゆる普通小作権を指す。これに対して永代的な小作権は**永佃権**と称した。

佃主（でんしゅ）
小作人の一種で、南宋の公田法において公田の経営を請け負った者。佃主は給付を受けた耕地をさらに種戸に小作に出して小作料を徴収した。また、逃亡戸の耕地を一定期間耕作した佃戸はその耕地の所有者と認められたが、そうした所有者も佃主と称した。

佃人（でんじん）
一般には小作人を指す語で、宋代以降しばしば用いられる。ただ、唐代の均田制に関する文書において佃人の語は既に見られ、散在した土地の耕作が各地の佃人によって耕作されていた。

当三売四（とうさんばいし）
不動産の売買・出典に関する慣行で、河南・山東・陝西・甘粛などの各地で見られたもの。家屋を売却・出典した場合、出典人は出典後3ヶ月まで、売主は売却後4ヶ月まで住んでよいとされた。

二八分種（にはちぶんしゅ）
小作料納付に関する慣行で、民国期の華北にて見られたもの。小作人は地主より種子・肥料から食事に至るまで耕作に必要なものの提供を受け、自身は労働力のみの提供で済ませる代わりに、収穫物の分配は地主8割、小作人2割の割合で行われた。この割合は小作人の自立の程度に応じて変化を来たし、三七分種や五五分種といった形の分配も見られた。

麦主（ばくしゅ）
唐代における小作人の一種。トルファン文書に土地の貸借人としてこの語が見える。

批出（ひしゅつ）
土地などを貸し出すこと。同類の語に**批地**・佃批・賃地・地銭・**佃賃**などがある。

浮客（ふきゃく）
隋代に租税から逃れるために豪民の小作人となった者のこと。

墳客（ふんきゃく）
小作人の一種。墳墓に附属する荘園において耕作を行った。

分種（ぶんしゅ）
共同耕作の一種で、民国期の華北地域において見られた。同類の語に捎種・**夥種**・**分糧**・搭套などがある。同族や朋友など親しい間柄の者の間で土地や労働力を出し合い、協力して生産に当たった。

包佃（ほうでん）
小作を請け負うこと。承佃に同じ。

包套（ほうとう）
他人の所有地を自身の有する土地の境界内に囲みこむことで詐取すること。

封護（ほうご）
山林叢沢を囲い込み、そこから得られる各種資源の利益を占有すること。**封固**・固護・**障禁**・鄣護などともいい、魏晋南北朝時代に広く見られた。

旁戸（ぼうこ）
小作人の一種。宋代の四川・陝西の地に見られた佃戸で、代々豪民から使役を受け、田租・庸役を納付していた。ただ、四川辺境塞柵近傍の熟夷戸との説もある。

預租（よそ）
小作料の一種。小作料の前納を指すが、実際には広く見られるものではない。

庸保（ようほ）
雇用耕作者の一種。客作児ともいう。唐宋時代の荘園において見られた。

遥佃戸（ようでんこ）
不在地主の一種。宋代において地主が差役から逃れるために都市に移住し、坊郭の戸と同様の扱いを受けた。

糧賦（りょうふ）
土地に対する租税を穀物にて納付するもの。

④租桟・収租

租桟（そさん）※
地主の代理として小作料の徴収事務を取り扱う管理機構の一種。清代後半に江蘇省に見られたもので、同類の機構として**荘頭**（河北・山東・安徽）・**倉屋**（山東）・**匱屋**（山東）・**都管**（山西）・**舗子**（陝西）・**倉庁**（江蘇）・**倉房**（江蘇・湖北）・**賬場**（安徽）・**賬席**（安徽）・**管事**（四川）・**頭人**（貴州）などが挙げられるが、いずれも職掌の範囲をやや異ならせ、また同一名称の機構でも地域によって内容が異なることもあってその形態は多様であったといえる。

租桟は地主がこれを取り仕切り、その規模は大小様々である。自己の所有地のみを管理し、管理事務も地主自身で行う小規模の租桟もあれば、自身の所有地に加えて他の地主から委託を受けた土地の管理をも行う租桟もあって、後者は必然的に大規模なものとなり、中には数万畝もの耕地を管理する租桟があった。こうした租桟は発達した組織を伴うもので、**賬房**・**櫃房**・**桟倉**などの事務所や倉庫が城市の内部や市鎮などに設けられ、そこで師爺・大賬・小賬・司賬などの名称を持つ事務員が収租管理や各種経費の処理といった事務に専従し、またその下に納税通知や滞納分の取りたてを職務とする**催甲**が控えていた。

こうした組織のもとで小作料の徴収作業は以下のように行われる。まず毎年霜降（新暦10月下旬）の頃に徴集業務を開始するが、それ以前に租桟開倉の通知が賬房によってなされる。賬房では小作人ごとに田租通知単あるいは**租由**と称する通知書を作成し、これを催甲に命じて当該の小作人に届ける。この通知書には小作料や納付時期などの情報が記載されており、小作人はそれに従って租桟に小作料を納付する。場合によっては催甲が小作料を集めて租桟に納めることもあった。

上述の通り納付には期限が設けられており、その期限内に納付を済ませるとその時期に応じて割引の優待措置（譲）がとられる。具体的には開倉後3日以内を飛限、10日以内を頭限、頭限から10日間を二限、二限から10日間を三限と定め、それぞれに応じた受領処理が行われるが、三限を越えてもなお小作料を納めない者に対しては督促が行われる。租桟は県に対して**欠佃開単**を提出して督促を依頼し、催租費を受領した県は租差に拘引令状である**切脚**を持たせて未納者のもとに赴かせる。それでもなお納入がなされない場合は未納者を押佃所や地保処などの公安機関に拘留（管押）し、未納分が完納されるか翌年の農繁期に至らないと釈放されなかった。

このような組織である租桟は不在地主の増大に伴って需要も増えたが、一方で大賬・小賬などの事務員や催甲、果ては押佃所の看守に至るまであらゆる場面で手数料や賄賂が発生して小作人にのしかかる負担は重いものがあった。また、場合によっては事務員や催甲が小作人と結託して私腹を肥やし、地主の小作経営にとって障害となることもあって、地主・小作人双方にとって長短相半ばする存在であった。

押佃所（おうでんしょ）
小作料の納入を拒否したことにより拘引した小作人を留置する場所のこと。滞納者である小作人はもちろんのこと、小作人の身代わりとして老人や女性・子供が拘留されることもあった。これらの人間が一室に押し込められたが、押佃所に拘引された者は時期によっては数百人に達したという。押佃所内での食事は自弁が原則であるが、看守はしばしば高額の食事を売りつけることがあり、その場合は家人が食事を差仕入れても看守によって阻まれた。

管押（かんおう）
小作料未納者を拘束して所定の場所に留置すること。同類の語に**叫拘**・叫到・**火速領向**・**覊留限繳**などもある。小作人が期限内に小作料を納入せず、かつ租桟や官の求めにも応じず納付を拒否する場合は、官の派遣した租差や経保などがこれを拘引して押佃所・地保処といった公安機関に拘留した。拘束された小作人は未納分が完納されるか翌年の農繁期に至らないと釈放されなかったが、時期が来れば釈放されることを当て込んで居座り続ける小作人や老人を身代わりに立てて自身は他所で出稼ぎを行う小作人などもおり、管押の処置は必ずしも未納分の回収につながるとは限らなかった。

欠（けん［けつ］）
小作料の未納分のこと。**吉欠**・**吉少**・少ともいう。租桟においては欠冊や欠租冊という小作料滞納者のリストを作って県に提出して督促を依頼した。

催甲（さいこう）
小作料の徴収の際に租桟が小作人に派遣する取立人。催子・**領催**ともいう。催甲の担当範囲は圩や都の単位で定められており、その中に滞納者が現れると催甲は租桟が発行した租由を届け、その手数料（**中米**）を租桟より受け取った。ただ、実際には催甲の職務はそれにとどまるものではなく、小作料の徴収も行って租桟へと送付し、また凶作の年には小作料減免の可否やその程度を決定する租成が催甲の報告に基づいてなされた。この催甲の実態は一様ではなく、それを専業とする者がいる反面、小作人や寡婦などがこれを担うこともあった。前者は担当範囲も広く、中には副催甲を駆使して職務に当たる大催甲もおり、一方で後者は担当範囲の規模も小さく、租桟の使用人的な性格が強かったことから、その形態は多様であったようである。

催租（さいそ）
小作料の滞納を受けて租桟が行う督促のこと。所定の期日を過ぎてなお小作料が支払われない場合、租桟は官に欠佃開単を提出して租差の派遣（差追）を依頼した。これを**開見**や告租とも称するが、それは納付期限が過ぎるとすぐに始められ、12月に盛んに行われたのち、しばしの猶予を経て3月・4月に再度行われた。

催飯（さいはん）
租差や催甲などが滞納者に対して取りたてを行う際の諸経費。同類の語として牌差帳費もある。

桟費（さんひ）
租桟の経費のこと。同類の語として**佃酒**もある。

賙流冊（しゅうりゅうさつ）
出納簿の一種。支出に関する帳簿で、義荘において同族の救済にあてた支出を記載したもの。

上櫃（じょうき）
小作人が租桟に足を運び小作料を直接支払うこと。**上桟**・上框ともいう。

饒（じょう）
小作料の引き下げを意味する語。同類の語に議・**議折**などがある。被災などを理由として小作人から引き下げの要求がなされた際にこの措置がとられた。

切脚（せつきゃく）
小作料滞納者の身柄を拘引するための令状を指す語。**佃切**・**経切**もこれに類するもの。原則として官より発行されるものであるが、租桟もまたこれを盛んに発行していた。こうした切脚の発行や督促の記録は出切備査冊のように備忘録的にまとめられることもあった。

截票（せつひょう）
租税納付の証明書を出す際の手続きの一種。租税を分割払いで支払う際、納税証明書である**串票**を、受領するごとに一部を切って納付者に給付して証明書とした。これを截票と称した。

租枷（そか）
小作料滞納者を管押する際にかけられるかせのこと。枷・租提枷ともいい、差追の際の経費にこれらの名称が見られるが、拘引に当たっては必ずしもかせがかけられるわけではなかった。

租差（そさ）
小作料滞納者に対して官が派遣した取立人。府が派遣した租差は府差と、県が派遣した租差は県差と称した。滞納者が催甲の取り立てにも応じない場合、租桟は官に督促を依頼し、それを受けて府や県から租差が派遣された。租差は租桟より滞納者の氏名や滞納額が記された書類（租帳・春賙）、あるいは**切脚**の交付を受けて取りたてを行った。租差に対しては租桟より人房飯など各種名目を持つ経費が支払われるほか、単旱（陸路１人）・双旱（陸路２人）・単水（水路１人）・双水（水路２人）といった名称の日当が支払われた。

租子局（そしきょく）
地代徴収の職を担う事務所。地主である豪人に代わって取りたてを行った。

租簿（そぼ）
租桟が小作料徴収の管理に用いた帳簿。同類の帳簿として**租籍**・租籍便査・**租冊**などもある。帳簿は管理地を地主ごとに分けてまとめ、また耕地を府・県・圩・坵などの所在地ごとに区分し、面積・小作料額・小作人名・納入状況など各耕地に関する情報や担当する催甲の名前が記入された。

庇佃（ひでん）
小作料の納期を遅らせた小作人を指す語。

飛限（ひげん）
租桟が小作料を徴収する際に設けた期限の一種。小作料の納付受付を開始して3日以内を飛限と称し、10日以内を**頭限**、その後の10日間を二限、さらにその後の10日間を三限と称した。これらの納入期間ではその遅速によって異なった割引率が適用され、また三限を越えてなお未納の小作人に対しては租差による取立てが行われた。

逋租（ほそ）
租税・小作料を納めないこと。逋租をなす小作人を逋佃と称し、またそれを償還することを退租という。

力外（りょくがい）
小作料滞納を受けて官が租差を派遣した際に発生する徴収費を小作人に負担させるための追徴分のこと。力米在外の略で、地域によっては**脚米**・**伙頭米**・**小粿**とも称した。

⑤家屋・墓地

塋（えい）
墓地を意味する語。同類の語として塋地・塋土・塋田・塋墳・塋域・塋園地・塋穴・穴塋などもある。

垣（えん）
土地や建築物の周囲に設けられた塀や垣根の類を指す語。墻・牆・埒・院なども同様に囲いを表す。垣は時に城壁を指すこともあり、そこから転じて瀋垣（奉天の別称）のように城壁に囲まれた都会を意味する場合もある。

街基（がいき）
地基・**基地**に類する概念で、市街地における建物の敷地を指す。城・鎮・屯など建物の立地に応じて城基・鎮基・屯基と呼び分けることもあり、また城鎮基地・在城蓋地基と概括的な表現が用いられることもある。

看禾廬（かんかろ）
耕地を監視するために立てられた小屋のこと。

義塚（ぎちょう）
墳墓の一種。行き倒れの者や孤独死した者あるいは埋葬のための資金を持たない貧民などのために設けられた共同墓地。義地・善地・善塋地ともいう。篤志の者を始めとする公私の寄付によって設けられることが多く、設置に当たっては義塚の管理・維持の費用をまかなうための土地も合わせて寄付される。また、乱葬崗地・乱葬崗子・乱死崗子・乱材岡子・乱墳崗子なども同様の共同墓地・無縁墓地であるが、これらは官地などに許可を得ずに設けられたものを指す。

公廨（こうかい）
官吏が公務を行う建物。公廨の語を用いるに当たって官庁としての規模が問われることはない。

衖堂（こうどう）
路地の中にある家のこと。

厝屋（さくおく）
台湾において家屋を意味する語。厝は家屋を指し、家屋を建築した土地あるいは建築予定の土地を**厝地**と呼ぶのもそうした字義に基づく。

墻（しょう）
土地を囲む塀やまがきのこと。同類の語として囲墻・囲障・院墻がある。また、囲む対象（園墻＝菜園を囲む塀）や素材（石墻＝石塀）・所有形態（本墻＝自己の所有する塀、夥山墻＝隣家と共有の塀）など塀・まがきの形態に応じて囲いにまつわる名称は多岐にわたる。

荘房（そうぼう［しょうぼう］）
米穀を保管するために耕地の近くに設けられた物置小屋。**包荘**・車棚子も同様に収穫物や各種道具を保管するための倉庫を指す。

大廈（たいか）
大きな家屋や立派な家屋のこと。同類の語として高廈・広廈・隆廈・甲第・朱楼などがある。

地基（ちき）
地盤・地面を意味する語。また、より限定的に用いられて建物の敷地を指すこともある。基地・宅基・房基・房地・房場・房身地・地址・屋址・地盤などの語は皆これに類するものであるが、この場合地基の語には房屋そのものや家屋に隣接して設けられることの多い園圃は含まれておらず、これらは厳然と区別された概念として扱われている。

塚（ちょう）
墓地のこと。塚地・塚墓・塚子ともいう。盛り土がなされ、周辺に木を植えた形態のものが多い。

廛里（てんり）
庶民の住む住居。また、農民の住まう家屋を田宅・田舎・野屋・荘院などと称する。

風土（ふうど）
墓地を意味する語。陰陽五行の思想に基づく名称で、風水において盛んに用いられる。また、陰宅も風水において墓地を指す語として用いられる。

墳（ふん）
墓地のこと。墳地・墳塋ともいう。

墳院（ふんいん）
墓地に付属する庭園・園林のこと。墳園ともいう。

墳屋（ふんおく）
墓地の建物を指す語。また、墳隣は墓地の管理人のための住居のこと。

墓（ぼ）
死者を葬る場所。墓地・墓田・墓域などもまたこれに類する語。佳城・宅兆・山丘などの呼称もある。また、他にも塚など墓地を意味する語は多いが、塚が盛り土を行い、木を植えるものであるのに対し、墓はそうした形態をとらないものとして区別される。その形態は多様であるが、一般に墳墓は後部に小高い場所（墓山）をしつらえ前部を低くし、前面には祭祀用の広いスペース（墓庭）をとり、それを左右から包むように低い塀（墓手墻）が設けられる。

墓根（ぼこん）
土地境界の名称のひとつで、墓地に面する境界のこと。東北地方において用いられる名称。また、墓地自身の境界は塋界と称した。

房屋（ぼうおく）
家屋・建物を指す語。他にも房産・戸房・屋舎・屋子・屋廬・廬宅・宅宇・宅房・宅舎・宅第・居邸・居第・庭舎・庭堂・堂屋・家荘・落家など家屋を指す言葉は数多く存する。

房主（ぼうしゅ）
家屋の所有主のこと。房東・屋主ともいう。

本塋盤（ほんえいばん）
東北地方において用いられた土地境界の名称のひとつ。墓地の近くにある土地のこと。

3　債権・債務

①総記

債権・債務（さいけん・さいむ）※
債権はある者が他の者に対して一定の行為を請求する権利であり、反対に債務は一定の行為を行わねばならない義務を指す語。これはより具体的には金銭を始めとする物品や不動産等の財産を対象とする貸借・賃貸などの各種関係をめぐって発生する権利行使・義務履行を意味する。前近代中国では債務は債・債責・負・負責・負欠・欠項・欠債など、あるいは債権者を債主・銭主、債務者を債人・欠主などの語で言い表したが、これらはごく一般的な語彙で、実際には広義の債権・債務関係に含まれる語はそれだけには止まらない。例えば、貸借はその形態に応じて消費貸借（金銭・穀物の貸借）と使用貸借（無償での物品の貸与）と分けられ、前者については貸の語が、後者については借の語が充てられることが多い。また、担保を介在させた債権・債務関係も占有質に当たる質と非占有質に当たる抵当・指当とでは明確に区別されている。これに加えて典（買戻し条件付きの売却）なる中国独自の取引も債権・債務関係に含まれるものと見なしてよい。

以上のように債権・債務関係についてはその内容が実に多様であるが、いずれも関係の発生に先立って契約手続を経て債権者・債務者双方の合意を得る必要がある。債権・債務関係の構築には典契約のように中人による仲介を経て典契を取り交わし、場合によっては保人を立てる場合もあれば、質庫のような専門業者との2者関係の中で成立するものもあってその形態は一様ではないが、いずれも典契や借単のような証書類が発行され、それを拠り所として契約の履行・不履行が確認された。

当然のことながら、このようにして発生した債権・債務関係はそれが解消されるまで継続されるが、解消に至る道筋は一様ではない。最も一般的な解消方法は借り入れた金銭と同額の、あるいは利息分も含めた額の金銭を弁済する方法で、還欠を始めとしてそれを言い表す語は無数に存する。無論、債務者の全てが契約通りに弁済を果たせるわけではないため、債務の解消には弁済以外の方法もしばしば採られた。例えば、上記の質物や抵当の存在はそうした解消をスムースに進めるためのシステムと言える。また、抵還（代物返済）も債務解消の方法の一種で、借入額に該当する物品を提供することで債務の解消を図ろうとするものである。物品の代わりに労働力を提供する債奴も代物返済に類するものと見てよい。この他にも2人が互いに債務を負担する状況にある場合には抵銷（債務の相殺）による解消が図られることもあった。

債権者の立場からすると上のように債務者が債務を解消すべく努めることはしごく当然のことであるが、実際には債務者の全てがそのような誠実な者ばかりではない。中には止むに止まれず欠租（滞納）を発生させる者もいるが、意図的に逋（債務逃れ）を行う者や居直って**賴債**（弁済の拒否）を行う者、はたまた**懸欠**（借金の引き伸ばし）を図る者なども数多く見られたため、こうした債権・債務関係はしばしば紛争の火種となった。

印子銭（いんしせん）

高利の日歩による金銭の貸借で、分割払いで返済するもの。同類の語に印銭がある。放印子銭は印子銭を貸し出すことであり、またその返済は打印と称した。

還欠（かんけん）

債務を返済すること。還賬・**還債**・**抵債**・填還・**賠還**・**理債**・以清欠款・繳・打本・還清・清還・還賬・清賬・完済・打完・清償・還足・全清・付清・還楚・了債など同類の語は多い。

吉銭（きつせん）

金銭を借り受けること。

京債（けいさい）

清代において官僚が地方へ赴任する際、その旅費を京師の商人より借り受けること。借京債とも称し、またその債務は官利債と呼ばれた。

結缺（けつけつ）

借金の借り換えを意味する語。**結欠**ともいう。また、債務の更新を換票転期と称した。

欠（けん［けつ］）

借金を意味する語。欠債・欠款・欠項・欠銭・欠人・欠賬などの語は全てこのニュアンスに基づいて借金・債務を意味する。

欠主（けんしゅ［けつしゅ］）

金銭を借り受ける人を指す語で、いわゆる債務者のこと。欠主児・欠戸・債人・債家・債戸・租主・租借人・使銭主・挙銭人などはいずれも同類の語である。

欠租（けんそ［けつそ］）

債務や借料の返済が滞ること、また負債や延滞金そのものも指す。**缺租**・**逋租**・債負ともいう。また債務の累積を積欠・積缺・積逋などと称し、古くからの借金を**宿債**・宿負・陳欠・旧欠・**旧逋**・**宕賬**などと呼んだ。

牽掣（けんせい）

私的な差し押さえのこと。**掣奪**・硬奪・**査封**・査抄・抄家・**扣押**ともいう。債務者が債務の履行を怠った場合、債権者は官に届け出ることで債務者の財産を差し押さえることができ、債務が返済されると啓封（差し押さえの解除）がなされた。時には官の許しを得ずして差し押さえが行われることもあったが、これは**強牽**と称する。また、類語として仮の差し押さえを意味する仮扣押・暫為押繳や船舶の差し押さえを意味する封船などの語もある。

債奴（さいど）

労働に従事することで債務を返済すること。債務者が返済に充てる金銭を所持していない場合や返済を行ってなお不足分がある場合は、債務者自身や戸内の男子を労働力として使役し、その給金を不足分の代替とした。唐代の投身折酬や元代の質債折庸もこれに類する語である。

債票（さいひょう）

いわゆる公債にあたる言葉。類語として外債を意味する洋債・洋款がある。また、公債を起こすことを挙債と称した。

債目（さいもく）

負債額のこと。欠数・逋負ともいい、負債の残高は**債尾**・**尾欠**と称した。なお、貸付額については**貸款**の語が用いられた。

索欠（さくけん）

借金の催促や取立てを行うこと。索賬・索要・索逋・索還掛欠・催索・催欠・催併・催逼・催撥・催款・催迫・催督・催討・催租・取債・取討・要債・逼債・討賬・追出・追批・収回などはいずれも債務の履行を求める語である。

借拠（しゃくきょ）

借用証書のこと。同類の語に**借帖**・借約・借契・**借字**・借券・借票・借単・借款字拠・**欠約**・欠拠・欠単・欠契・欠帖・貸字・貸字拠・貸帖などがある。

称（しょう）

金銭の貸借を意味する語で、『漢書』食貨志など古くから用いられるもの。同類の語に**称貸**・**称責**などもある。これらは利息付の貸付に対して用いられることが多いが、同様に**挙放銭債**・**放利債**・子貸などの語も利息付の貸付を意味した。

責主（せきしゅ）

金銭を貸し付ける者を指す語で、いわゆる債権者のこと。同類の語として債主・放銭主・**銭主**・銀主・**放債戸**・賬主子・賬主児などがある。

折券（せつけん）
債権者が借用証書を破棄して債権を放棄すること。折券棄責などの言い回しも同様に債務の督促の取りやめを示すものであるが、一方で債務の踏み倒しを意味する語として用いられることもあった。

爽帰期（そうきき）
借金の返済期日のこと。

呆賬（たいちょう）
貸し倒れのこと。放債不帰ともいう。

抵還（ていかん）
他の物品を債権者に提供することで債務の償還を行うこと。同類の語に**抵賬**・**折還**もある。

抵銷（ていしょう）
いわゆる債務の相殺・棒引きに該当する語。例えば、AがBに対して債権を有し、BもまたAに対して債権を有している状況にあって、互いの債権・債務を相殺することでその権利関係の精算が行われたが、こうした処理を抵銷と称した。相抵・各相抵銷・相方付替などの呼称もある。

墊繳（てんきょう）
立替払いを意味する語。**墊賠**・墊発・甘心墊付ともいい、また立替金を**墊款**・墊銀と称した。

展限（てんげん）
借金の返済期限の延長を意味する語。寛期とも称し、これらの支払い猶予措置は債務者が期限までに負債額を全て弁済できないことを受けて行われた。

討債（とうさい）
金銭の借り入れを申し入れること。同類の語に**告債**・告貸がある。

同取（どうしゅ）
共同の債務あるいは連帯債務を意味する語。債務者が死亡ないしは逃亡した場合、代わりに債務を負うことであり、またそうした債務者を同取人と称した。

賠（ばい）
他者の財物を償うこと。また、抵償や貲償なども同様に賠償を指す語である。

逼債人（ひつさいじん）
債務の督促を行う人を指す語。討債鬼・**跑賬的**ともいう。

浮缺（ふけつ）
当座貸付のこと。同類の語として浮欠・**浮借**・暫賒・活期放款・往来透支などがある。なお普通貸付のことは**放款**や放掲款項と称した。

父債子還（ふさいしかん）
貸借をめぐる慣習の一種。子孫債ともいう。債務者が債務を完済することなく没した後、債権者はその弁済を子孫に対して求めること。父債子当還の文句はこうした慣習を示したものであるが、一方で子の負債に対する責任は親には求められず、これを子債父不管と称した。

逋（ほ）
債務を踏み倒して返済の義務から逃れること。同類の語に**負逋**・躱債・避債・折券・**倒賬**・挂賬・借貸不給がある。また、借金を長いこと引き伸ばして返済しないことを**懸欠**や**拖欠**と、故意に返済を拒むことを**頼債**・頼賬・掯賬・抗債・抗償不償と称した。なお、唐律に見える負債違契・違契不償、明律や清律に見える**負欠私債**などの語もこうした債務不履行を意味する。

保人、銭を保たず（ほじん、せんをたもたず）
原語は「保人不保銭」。貸借をめぐる慣習のひとつ。債務者が返済を終えずに行方をくらました場合、保証人は債権者に対して債務者の居場所を突き止める責任を有するものの、債務の弁済については責任を負わないことを意味する言葉。保人不還銭も同様の慣習であり、また同類のものとして保物保不銭もある。

放款（ほうかん）
銭荘などにおける貸付を意味する語。缺銀・**缺款**ともいう。

放債（ほうさい）
民間にて金銭の貸付を行って利殖を図ること。**放**は渡すの意から転じて金銭の貸付も示し、貸付を意味する放・放出・**放賬**・**生放**・放銭債などの語は皆この字義に基づく。また、官民間の貸付と区別するために私債・私放銭債・私賬の称もあった。

免債（めんさい）
債務の免除を意味する語。また、同類の語に寛限もあるが、これは債務の一部の支払いを受けてその残額を免除するものである。

②抵当

抵当（ていとう）※
不動産・動産を物的担保として金銭・財物を借用すると

き、その行為を日本語と同じく抵当と称し、また同類の語として**抵押**・**抵借**もある。唐宋時代には貼帖・貼賃・貼買・貼典・質・質当・質挙・質賣・倚質・典・典売・典質・典貼・典帖・典当・**当**・抵当・倚当、などが用いられ、後世では**押**・押抵・**圧**・押圧・押借・押作・押典・押質・押当など押字を用いる表現も広く用いられた。質入れ主（債務者）が担保の目的物を質取り主（債権者）の占有用益に委ねて移転させたとき、この入質は占有質であって、典・質・典賣・典質・倚質・典貼・**胎**などの語はこの状況を指している。ただし所定の押期（質入れ期間）が満了した後に生ずる収贖（回贖、請け戻し）期間において収贖できないときは、抵当物は質取り主（債権者）に帰属し、事実上は売買に形を変える。典、典賣を「買い戻し条件付き売買」と解するのはこのためであって、事実上は質入れと売買との区別は容易ではない。以上とは別に指名質挙・指当・指地借銭・指物借銭・指産借銭などといって、占有を引き渡さずに特定の不動産（動産）の上に指定の方法に依って担保権を設定する非占有質があって、六朝時代に現れ唐宋から明清にかけてさらに発展をとげた。債務者は利息を債権者に支払わなければならないが、担保とした不動産（動産）の使用用益を継続するもので、占有質よりも一歩進んだ形であった。

押款（おうかん）
保証金や敷金あるいは手付金の類を指す語。同類の語として**押賠**・**押金**・**頂首市銭**などがある。

押契（おうけい）
土地を担保に出して押権を設定する際に交わされる契約証書。**圧契**・押契圧帖などの呼称もあり、また台湾では**胎契**と称する。

押権（おうけん）
不動産を担保に出した際に発生する抵当権。押権保有者の当該不動産に対する用益は認められておらず、この占有権の無い点において典権とは異なる。

押地（おうち）
金銭貸借の方法の一種で、土地を担保として金銭を貸し出すもの。**圧地**・**指地**ともいう。取引を行う両者の間で押契と呼ばれる証書を作成することで貸借契約が結ばれ、一般的に債権者は担保となる土地の売値の6、7割程度の金銭を債務者に貸し与えた。この価格を**押価**と呼ぶ。また、この借入額には利息が発生し、地域によって慣行は異なるものの、債務者は月利2、3分程度の利息を支払った。

押頭（おうとう）
金銭を借り受ける際に担保とする品のこと。同類の語として押典・押質・押産・抵押品・抵押貨物・当頭・実物などがある。

押房（おうぼう）
家屋を抵当に入れること。同類の語に指房・以房作保がある。また、押地（土地）・押産（財産）も担保の内容による呼称である。

措贖（こうしょく）
回贖すべき抵当物件を渋って請け出さないこと。

指当（しとう）
金銭を借り受けるに当たって特定の不動産を担保とすることで、いわゆる指名質に該当する貸借形態。同類の語に**指地**・**指房**・指産・指注などがある。指当は無占有質としての性格を有しており、担保となる土地の占有権が金銭の貸主に委譲されるわけではなく、この点において典と内容を異にする。

寺庫（じこ）
寺院が経営する質屋のこと。南北朝期には既にその活動が見られ、宋代には長生庫や普恵庫などの別称もあった。

質庫（しつこ）
質屋のこと。典当・典舗・典庫・当舗・当店・**解庫**・解当・解典庫・解典舗・**解舗**・解質庫・解戸・押舗・押局・押当舗など質屋業に当たる語は大変多いが、これらは南北朝期の寺戸のように寺院が経営する形態や、唐代の質庫や櫃坊・僦櫃のように倉庫業を兼ねた形態などを経て次第に専業化していったものである。宋代以降には都市部を中心として各地の鎮に至るまで広まりを見せ、また山西商人や徽州商人など有力な商人も積極的にその経営に携わり、明清期の商業の発展に密接に関わった。

重張典掛（じゅうちょうてんかい）
二重にかけられた抵当を指す語。重張掛借ともいう。

出質人（しゅつしつじん）
自身の財産を担保に差し出し金銭を借り受ける者のこと。いわゆる質権設定者を指す語。押券人・**原業主**ともいう。

招押人（しょうおうじん）
金銭を貸し出す見返りとして担保の抵当権を持つ者のこと。同類の語に**当主**がある。

贖（しょく）
借り受けた金銭を返済し抵当物件を請け戻すこと。贖当・贖出・贖出来・贖回・回贖・取贖・執贖・抽贖・請戻とも称し、逆に債権者が抵当物件を返還することを放贖と呼んだ。また、質物が流れてしまうことを**当死了**と称した。

頂当（ちょうとう）
新たな抵当物件を提供し、既に抵当に出していた質物と交換すること。同類の語に贖当頂当がある。

抵借票（ていしゃくひょう）
借用証の一種で、抵当付きの借金を行う際に発行されるもの。

当票（とうひょう）
質庫が質物と引き換えに発行するもので、いわゆる質札。当票子・当稟・**帖**・帖子・信帖・**解帖**ともいう。質入れを行ったものは請戻しの際にこれと引き換えに質物を受け取った。

③典

典（てん）※
不動産の占有権と引き換えに金銭を借り受けることで、いわゆる占有型の質権に属するもの。同類の語として**典売・活売**などがあり、ここでは売の字を用いて典を表記しているが、その実態は現代社会における売買の概念とは大分異なる。典を行う（出典）に当たって土地に関する権利は所有権と占有権に分けて認識されていて、占有権のみが典権として**典戸**（金銭の貸方）への移譲の対象となり、所有権は出典後も従来通り**出典人**（借方）に属するものとされる。すなわち、典の取引を通じて土地にまつわる権利の全てが取引相手の手に渡るわけではない点が一般的な売買取引と大きく異なる所であるといえる。
実際に出典がなされるに当たっては、まず出典人が**中人**を通じて典戸を求め、両者の間で**典契**なる契約書が交わされる。典契には出典対象となる土地に関する情報を記すほかに貸付金の額（**典価**）や契約の有効期限（**典限**、一般に30年を上限とする）なども記され、それらの内容に準じた典戸－出典人関係が構築される。
このような過程を経て不動産（**典物**）は典戸の利用に供されることとなるが、出典人は典限を過ぎると典物を買い戻すことができる。これを回贖と称するが、実際には典限を迎えた全ての典物が回贖されたわけではない。典限は出典人の回贖を制限するための期限ではあっても、借金の返済を強制するものではないため、出典人が典の状態の持続を望むならば、所定の典限を過ぎた後も長期間にわたって回贖せずに済ませることは可能であった。
また、当初は典として典戸に移譲された典物も最終的に売却されてしまうこともある。すなわち、出典後に出典人が典価の借り増し（**找価**）を求め、その借金額の累計が土地の売却額の達すると、土地の占有権はおろか所有権までもが典戸の手に渡ることとなる。これを絶売や**死売・杜売**と称し、この形での取引が成立すると土地の元の所有者には回贖を要求する権利が失われてしまう。ただ、実際には絶売成立後にも找価が求められたり、また絶売の成立をめぐって典戸と出典人との間で見解の相違が発生したりと典にまつわる訴訟は後を絶たず、宋代以降こうした係争の様を窺わせる判決文は膨大な数が残されている。

傾典（けいてん）
出典人が故意に典物を典戸以外の第三者に出典あるいは売却すること。

死頭活尾（しとうかつび）
買戻し条件付き売買証書の一種で、証書の冒頭に絶売の契約であることを明記しつつ回贖を認める内容のもの。証書内に買戻しに関する約款を記したものやそれを記した紙片を添付するもの、回贖を許す旨の証書を合わせて作成するものなど方法は多岐にわたり、また地域ごとに多くの名称があるため、**死頭活尾**・死売活頭・死契活頭・死契活口・**死契活条**・死契活地・死契活拠・死価活約・死地活約・死地活口・**売頭当尾**・売頭帰尾・**売頭典尾**・截契活売など異称は数多く存する。

出典（しゅつてん）
典として不動産の占有権を委譲して、取典人より金銭を借りること。同類の語として典売・典質・典産・典貼などがある。

出典人（しゅつてんじん）
出典を行う人のこと。典戸・典人・業主ともいう。

承典（しょうてん）
出典人からの出典の申し出を受けて担保となる不動産の占有権を獲得すること。同類の語に受典・**取典**・接典などがあり、またそのようにして得られた土地を承典地と称した。

絶売（ぜつばい）
買戻し条件のつかない売買のこと。同類の語として**死売・杜売**・絶退などがある。一般に出典人は一定の期間ののち典戸に典価に相当する金銭を支払えば出典した典物を買い戻すことができ、こうした形態の取引を典売・活売と称するが、絶売はそのような買戻し条件を設定しない取引である。一旦絶売として取引された不動産（**絶産**）はその使用権はもとより所有権も買主の手に渡ることとなり、売主は買主に対して不動産の買戻しを求めることはできない。絶・杜・死の字にはこのように売主と土地との関係が完全に絶たれ、二度と自身の手元に土地が戻ってこないことを示すニュアンスが込められている。ところで、絶売の措置をとるに当たっては他の諸契約と同様に証書を作成する必要があり、**絶売契**・永遠絶売契・売契・絶兌契・死契・杜契・杜絶契などと呼ばれる証書がそれに当たるが、絶売に至る道筋はそれだけには限られない。最初は通常の典として取引されていた土地も、度重なる**找価**によって典価が加算されてその土地の地価にまで達してしまうと、土地をめぐる取り扱いは典から絶売へと移行する。従来の典契に加えて**找絶契**なる証書を作成することでこの移行は成立し、こうした形の絶売は找死了・找価作絶・**找貼**・找貼作絶・告找作絶・増価絶売・先典後売・已典就売などと称された。

找価（そうか）
不動産を出典した後、さらに金銭の追加を求めること。**添価**・**加典**・増典・抜価・増銭ともいう。找価が行われる場合、そこで借り受けた金額は最初に典戸より借り受けた典価に加算されることとなり、回贖を行うためにはその総額の返還が求められた。また、找価を繰り返して典価が本来の売却額に達すると、契約の内容は典から絶売へと変じ、占有権のみならず所有権もが典戸に移譲された。こうした現象を**找死了**や找価作絶・増価絶売などと称する。

租回（そかい）
典物の原所有者（出典人）が典権を有する者（承典主・典戸）に賃料を払って典物を借り受けること。

退典（たいてん）
典権を有する者（承典主・典戸）が典権を第三者に譲渡して典の関係より離脱することをいう。

典価（てんか）
典戸が典物の占有権を獲得する代償として出典人に支払う対価のこと。典価の相場は時代や地域によって異なるが、一般的には典物の売値の5割から8割程度の価格が貸与される。

典契（てんけい）
出典人が典戸との間で典の契約を交わす際に作成する証書のこと。同類の語に典約・対契などがあり、また典の内容に応じて活契・死契などと呼び分けられることもある。典契には典戸や出典人の名前、四至や面積など出典する土地に関する情報、典価・典限などについて記すほかに、他の契書と同様に中人や代書人などの氏名を末尾に載せた。

典権（てんけん）
典売を通じて獲得した他者の不動産の占有権を意味する語。

典限（てんげん）
典の契約を交わす際に設定される約定期限。またその存続期間を典期という。典契を取り交わす際に3年程度の典限が設けられ、その期限を迎えて初めて出典人は回贖することがでた。すなわち、典限によってこの間の典戸の典物に対する用益権が保障されたが、一方で出典人は典限を迎えたからといって必ずしも回贖せねばならないわけではなく、望むならばそのまま典戸—出典人の関係を継続することも可能であった。

典戸（てんこ）
典権を有する者を指す語。承典主・典主・銭主ともいう。

典雇（てんこ）
人身を貸借の対象とすることを意味し、転顧ともいう。その際にいわゆる典価に該当するものを**身価銀**と呼び、それを支払えば買い戻すことが可能であった。また、妻を貸借することを租妻・典妻・質妻と称したが、そのようにして他人の妻を娶ること（**典娶**）は処罰の対象となった。

典売（てんばい）
売買方法のひとつで、買戻し条件付きの売買。**活売**ともいう。その際にやりとりの対象となる売却物を典物・活産、交わされる契約証書を典契・活契と称した。同類の語に**貼賃**や**帖売**があり、また活売とは異なり買戻しのできない売買を絶売と呼んだ。

典物（てんぶつ）
出典を行う際に出典人が典価の代償として差し出す不動産、換言すれば典権の目的物となる不動産を指す語。同類の語に典田・典地・典当地などがある。通常こうした不動産は承典した典戸が占有し、そこから得られる利益をもって利息に充てるが、場合によっては出典人が出典後も引き続き耕作を行うこともあった。これを不出楂之典や打乾租と呼び、またその際出典人から典戸に支払われる金銭を**乾租**と称した。

転典（てんてん）
典権を有する者（承典主）がその典物をさらに第三者へと出典することで、重典ともいう。その際本来典物を出典した者を原典主、典物を第三者に出典した承典主を**転典主**、転典主より典権を譲り受けた者を状況に応じて第一典主・第二典主などと呼び分ける。転典が行われても原典主が典物に対して持つ権利はそのまま維持され、また第一典主から直接回贖すること（隔手回贖）もできた。

另典（れいてん）
自身が出典している土地を一旦承典主より回贖し、他者に再び出典すること。

另売（れいばい）
典戸が找価や典物の買取に応じない場合、出典人が第三者にこれを売り渡すこと。同類の語に外売や別売がある。また、典不圧売・当不譲売などの語は另売に対して典戸が異議を唱えられないことを示すものである。

④貸借

貸借（たいしゃく）※
貸・借・**掲借**・借貸・仮貸ともいい、日本語の貸・借・貸借と意味・用法は同じ。時に**便**を借用の意味に用いることがある。法律上からこれを消費貸借・使用貸借・賃貸借に分けると、消費貸借とは、相手方から受け取ったと同一の種類・品等・数量の物を返還する契約のことであり、一般的に言えば貸・掲などの字が用いられた。無利息の消費貸借は負債・負・債と呼ばれた。一方、利息附き消費貸借は漢代には**称貸**・**称**と呼んだが、唐宋時代には**出挙**・**挙債**・**挙息**・挙粟・挙銭・利銭出挙・挙便などと呼ばれた。**出**は元本を出すという意味、**挙**は利息を挙げる目的の下に銭や粟などの代替物を貸す意味である。なお担保の有る利息附き消費貸借を**質挙**と称した。使用貸借（所有者がある物を他人に一時的に引き渡して無償で使用収益させる契約）には一般的には借の字が用いられた。いわゆる賃貸借の場合では、土地については賃または租、家屋の場合は賃・租ないし僦、人畜の場合は庸・倩、船・車などの場合は賃・租と称した。

借主（しゃくしゅ）
家屋の賃借人を指す語。同類の語に**租戸**や**賃戸**・租賃主・賃房人・房客・屋客などがある。

借牲畜（しゃくせいちく）
家畜を借り受けること。借工畜ともいう。経済的な理由で家畜の購入・飼育を行えない農民はこうした賃貸や共同飼育などの方法によって労働力を確保した。

借糧（しゃくりょう）
貸借の一種。前年に廉価にて穀物を買い入れた商人が、翌年の端境期に有利な条件で農民に貸し付け、収穫期に取りたてを行うもの。

出挙（しゅつきょ［すいこ］）
金銭や布帛を利息付で貸し出すこと。利息付の消費貸借は**挙**という名称で古くから確認され、敦煌・トルファン文書などに契書が残されているほか、唐の雑令に利息の上限を始めとした取り決めがなされている。

出租主（しゅつそしゅ）
賃貸借における賃貸人のこと。業主と称することもある。賃貸の対象は動産・不動産共に含むが、家屋の賃貸人を指す語としては屋主がある。

小租（しょうそ）
敷金に類するもので、家屋を借り受ける際に家主に支払われた。**茶銭**ともいう。また、1ヶ月分の敷金を住茶銭、2ヶ月分の敷金を双茶銭と称した。

招租（しょうそ）
土地や建物の持ち主がその借受人を募集すること。召租ともいう。また、賃貸契約を更新することを続租と称した。

租船（そせん）
船を貸借し、チャーターすること。同類の語に租雇・賃船がある。

租銭（そせん）
賃貸料を指す語。同類の語に**租項**・租款・租銀・租費・**租価**などがある。

租与（そよ）
賃貸を意味する語。例えば、租与地ならば他者に賃貸ししている土地ということになる。

大押小租（だいおうしょうそ）
土地取引の一種で、典に類似するもの。金銭を借り入れる代償として土地の占有権を期限付きで委譲する取引であるが、契約手続を行わないため土地に課せられる租税は土地の所有者が担い、占有権を保持する者は所有者に租税に相当する額を支払う点において典と異なる。

賃居（ちんきょ）
借家すること。同類の語に賃戸・賃房・**租房**・税房・**僦屋**・僦舎・僦居などがある。

賃約（ちんやく）
土地の賃貸契約のこと。契約に当たっては租拠・租契などの証書を取り交わされた。

当売（とうばい）
貸借の一種。**皮売**ともいう。耕地を質入して金銭を借り受け、返済に当たってはその利子分を耕地から得られる収穫物で支払うもの。同様の貸借形態を持つものとして浙江にて行われていた**利米**もある。

批限（ひげん）
借地契約の期限を意味する語。

放稲（ほうとう）
貸借の一種。農民に対して籾を貸し付けるもので、貸付額に利息を加えた合計額を籾の数量に換算した分だけ収穫期に返済させた。同様に貸付額を収穫物で返済させるものとして**放夏米**や**放冬米**がある。

房金（ぼうきん）

家屋や店舗の賃貸料のこと。**房銭**・房賃・**房租**・房価・房緡・房地銭・白地銭・民房銭・賃房銭・租房銭・宅金・戸緡・**屋租**・**屋税**・店銭・店租・僦銭・僦租・僦直など同類の語は多い。また、賃料の値上げは増租・長房銭、免除は免租・放房銭と称した。

予売（よばい）

貸借の一種。金銭を借り受ける代償として、将来収穫される作物を貸主に譲り渡すこと。同様の貸借形態を持つものとして浙江にて行われた**放青穀**（作物での返済）や**放青葉銭**（桑の葉での返済）・抵竹（竹での返済）などがある。

⑤雇用

雇用（こよう）※

自らを他人に賃貸して労務を提供し、他人がこれに対して報酬を支払う有償の双務契約が雇用契約であるが、用語としては賃・僦・傭・庸・傭賃・庸賃・傭保・庸保・保庸・雇・傭・雇倩・顧倩・倩などといった。

客傭（きゃくよう）

他所より雇い入れた職人・労働者のこと。同類の語に客作・客作児・作客などがある。

苦力（くりょく［クーリー］）

労働者の通称。元々イギリス人による呼称で、鉱夫や車夫などの肉体労働に従事する者を指す。19世紀以降労働力としての需要が高く、広東や福建出身の苦力が東南アジア・アメリカ・オーストラリア・アフリカなど世界各地へと送られた。また、中国国内においても苦力の出稼ぎは行われ、山東出身の苦力が満州国の産業を支えたことはその一例である。

歇傭（けつよう）

解雇すること。

雇工（ここう）

雇用者の中でも特に雇用主と雇用契約を取り交わした者を雇工と称する。同類の語に雇工人がある。雇工には複数年にわたる契約を結ぶ者もあり、長工に属するものと見なされることが多かった。

短工（たんこう）

雇用者の名称の一種で、雇用期間の長短によって区別した名称。短趁・小工・零工・日工・臨工・忙工・力夫・流傭・做工・散工・雇倩人など同類の語は多い。農作業における田植えや刈取りなど短期的に労働力が必要とされる場合に雇われた。

中工（ちゅうこう）

雇用者の名称の一種で、雇用期間の長短によって区別した名称。同類の語として月工・月伙などがある。これらの名称が示す通り月単位で雇用される雇用者であり、特に農業労働者に多く見られる。

長工（ちょうこう）

雇用者の名称の一種で、雇用期間の長短によって区別した名称。長雇・長夫・長班・常工・包帯などの別称もある。短工が日雇いの、中工が月単位で雇われる労働者であったのに対し、長工は年単位で雇用され、また雇用に当たっては雇用主との間で契約を取り交わした。雇用契約は一般に毎年正月に行われ、年末までを期間とするものが多かった。

把作（はさく）

労働者の取りまとめ役となる者を指す語。いわゆる人夫頭。同類の語として**把頭**・組頭・小甲・夫頭などがある。

傭工（ようこう）

雇用者の中でも手間賃を受け取って短期労働に従事する者を傭工と称する。いわゆる手間取り人夫を指す語。同類の語として傭夫・傭作・傭保などがある。

労工（ろうこう）

労働者を指す語。同類の語として労傭・功夫・力作人・売力・夫皂などもある。

和雇（わこ）

労使間の合意のもとでなされる雇用を指す語。ただ、官が土木工事などで労働力を募る場合は、苦役であるが故に忌避されることも多く、和雇の名が用いられても実際には強制徴発に近かった。

4　商事

①総記

商業〈しょうぎょう〉※

商および商業は、交易・流通分配・金融・信用などの営業およびそれらの業種を幅広く指し、明清時代ではふつう**生意・生理**などといった。業務の内容区分に即して一般的にいえば、批発（卸売り）・零売（小売り）及び中人・牙人（仲買）に大別され、それぞれに細かい下位区分の用語群が成り立ち、また行桟（倉庫業）・船行（運輸業）などの関連業種、さらにそれぞれの下位区分の用語群が存在する。これら個々の業種についてはその項目を参照されたい。なお、商業を末業・逐末・末生・末利、商人を末民と呼ぶのは、為政者が士農工商の序列を社会階層と考える四民観念に影響された賤視、蔑視の表現である。

営利（えいり）※

古語では**権利**とか**貨殖**・殖利などといった。宋代以後では**営運・発財・発跡・生財**などの語がよく用いられる。なお営利をめぐる経営を広く指して経紀というほか、commission agent、代理店・仲介人・仲買人を経紀・経紀人・小経紀ともいった。宋代に四司六局と別称された経紀は、都会において宴席をはじめさまざまな社会的・経済的な業務を請け負い、設営する小規模な便利屋に当たるagentのことを指す。

賒（しゃ）※

掛け買い・掛け売り・貸し売り・貸し買い・後払い・信用取引・クレジット（credit）のことであり、債権・債務の完済方法における一形態として商業界で広く多岐に行われ、会計上ではこれを欠・欠款と称する。小売が概ね現銭（現金取引）で行われるのに対して、卸売りは賒による取引が普通とされる。まず客には摺子（通い帳）を渡す。店では仕入れの契約時に浮批帳・批単（契約帳）に記入する。その商品の受け取り時に売り手は発貨単（送状）を添え、買い手は収単（受領証）を渡すほか、過貨草記（仕入れ帳）に記入したのち、仕入れ先口座を設けた各商店の存貨底帳（仕入れ元帳）に記入する。また顧客から商品の発注があれば售貨未発帳（売り渡し商品未済帳）に記入し、その引き渡しを待ってこれを発荘草記（商品売上帳）に記入し、さらに外欠総帳（商品売り上げ元帳、欠は信用貸し・売り掛け）に転記する。掛け代金が支払われたとき、また卸売り代金を受け取ったとき、これを発荘進帳流水に記入し、現金でなく手形によるときはその受け取りを入帳嵌（受け取り手形帳）に、その支払ったものは出帳嵌（支払い手形帳）に記入する。賒取引の決済は、月総（月勘定）と節総（端午節・仲秋節・歳末の節季払い）が多いが、大商店の場合、大物取引には年総（1年1回、歳末）、または三年大賬（3年毎）もある。売掛代金の取り立ては、これを討賬とか討債とか要賬という。一般に現金取引が安全であるので、諸親好友概不賒欠とか一概不賒の看板を出して掛け売買を断る店もある。

②交易

(1) 総記

交易（こうえき）※

交換のことを1字で交・易・換・博・貿、熟して交易・交換・交割・博換・博易などという。売買・交易・取引も交換に含められるが、その内、銭貨を媒介とする交換には買売・交関・販売・貿・貿易・貿販・貿遷・成交などが用いられ、いわゆる物々交換には**博**・博易・博取・博買・易が用いられる。交易のうち売ることに重きを置いたとき、售（売る）・售出・售販・発售・銷售（売り捌く）・銷罄（売り尽くす）・銷路（販路）・販・販売・販出・貨販・販鬻・販運・営販・貨・鬻（売る）・出鬻・鬻売・鬻運、ときに市（売る）などの用語がある。買うについては、買・購のほか採・採辦・市が用いられる。**置**は田業・家屋・証券などへの投資の意味で用いられ、置産・置業・購置という。一時的な土地・公債などへの投資は**放盤**と呼ばれ、土地、家屋などに永久投資して地代、家賃を収めることを置産という。なお穀物ないし塩を買うときは**糴**を用い、売るときは**糶**を用いる。また競売は拍・拍売といい、民間の酒屋で官私の醸造酒を競争入札して請け売りする業者を拍戸、その行為を拍酒という。

回単（かいたん）

買い主が商品の受け取り後、売り主に渡す受取状。

起貨単（きかたん）

荷卸明細書・荷揚げ証のこと。

供求（きょうきゅう）

需要に対する供給の意味。

収拠（しゅうきょ）

受取状のこと。収条とも支取契ともいう。

収条（しゅうじょう）

受領証のこと。支取契・取銭ともいう。

摺子（しょうし）
商店で小売り取引のある顧客ごとに渡した通帳のことで摺拠・札子ともいう。店では各顧客の屋号・住所・保証人などを登録した門市交易札底帳という元帳を備え、客が商品を持ち出すたびにこの通帳を持参させ、商いを転記した。なお商店で使う手控え帳、当座帳のことを小摺とか厝・摺・手摺・手厝といった。

信局（しんきょく）
銀信局とも批局・銀信匯兌局ともいう。国内、海外を含めて商業書簡のほか送金の往復を扱った業者。郵便局と為替銀行を兼ね、貿易金融および金銀取引を扱った。東南アジアの華僑送金では有名。

折旧（せつきゅう）
老朽化した不動産などについてその評価額の引き下げをすること。

先算単（せんさんたん）
概算書・見積書のこと。

荘信（そうしん）
商業書簡のこと。

賺（たん）
購入に当たりまずその代金（の一部）を渡すことであり、賧ともまた**先過銀**ともいう。手付け金・前金・先銭・入れ銭・内金のこと。

定貨（ていか）
定または訂１字で予約することを意味する。定貨・**訂貨**・定購・訂購・批定・**批訂**・批購は商品を注文ないし注文購入すること、その台帳・控帳を定貨帳・訂貨帳とか批定簿・訂正簿、また注文契約書を定貨成単・訂貨成単という。注文生産は定做・訂做・定製・訂製といい、注文主は定主子・訂主子・定作人という。注文を引き受けることは承批という。

定銀（ていぎん）
手付け金・手金を定銀・定金・定銭・作様銀などという。擦定銭・放定銀は手付け金を打つこと。

抵換（ていかん）
引き替えるという意味。

墊（てん）
立て替える・補う・補塡するの意であり、墊銭・墊付のごとく用いられる。

輾輸（てんゆ）
段階的に販売すること。

撐子（どうし）
銀行・銭荘用語。店の債権・債務の総額のことで、銀行・銭荘における業務量の大小、すなわち規模を表示する。帳面ともいう。

堂票（どうひょう）
委任状のことで授権書ともいう。

売小蛇（ばいしょうだ）
店員が不正に知人に安く売ること。

売人、買人を饒す
（ばいじん、ばいじんをじょうす）
原語は「売人饒買人」。取引に当たり売り手側が買い手側に若干の譲歩をする、色をつける、という成語であって、取引関係の常道を指している。

拍売（はくばい）
競売、競り売りを拍売という。競り落としを拍帰、競り落とし人を拍定人という。

駁価（はくか）
商品の価格を値切ること。

発兌（はつだ）
発売・発售・発行と同義。

発票（はつひょう）
sales invoice。送り状のこと。商品名・売品名・数量・価格・日付などを記入し、印紙を貼付する。発貨単・貨単・発単・貨物単・開貨単ともいう。貨物が多数であるときは、仕切った箱ごとに箱単に内容を記す。

批定（ひてい）
商品を注文することを指す。訂・定・批貨・批購ともいう。批定成単・批単は注文書のこと。注文するときの見本は様式単という。批は多義を兼ねる字であり、銀錠・銀元の品位を調べたり、検査する意味でも批定・批碼という。また約定するという意味で売買契約書を批定成単、略して批単という。さらに売り捌き、卸売りの意味で批発・批売・批售という。

標売（ひょうばい）
標は票に通じる。入札を投票買売という。また入札価格を標価、入札票を標単、入札募集を招標という。

憑信匯（ひょうしんかい［ひょうしんわい］）
信用状のことで、信用函・憑支款などともいう。

不准稍色（ふじゅんしょうしょく）
割引をしない、売値から値引きをしない、という意味。

不敷（ふふ）
不足ないし不足するという意味であって広く用いられる。

変償（へんしょう）
返済するために売ること。

保本（ほほん）
引受書・保証書のこと。

預給（よきゅう）
前渡しすること。**先恵**といえば前金の支払いを求めることの意味。

預繳（よきょう）
予め納入することを意味する語。予繳金といえば予約金を指す。

預估（よこ）
売約あるいは前売りすること。予め値踏みをすることにも用いる。

預借（よしゃく）
前借りのこと。

利市（りし）
商業・貿易上の利益のこと。不利市・不発市は利益がない、運がなく商いが不振だという意味。

流行（りゅうこう）
日本語の流通を意味する。流通の語を用いることもある。

連環保結（れんかんほけつ）
連帯保証書のこと。

(2) 投機・商略

儥慝（いくとく）
市中で不正の品物を売ること。古典の『礼記』に用例がある。

開閉之言（かいへいのげん）
商人が商略を用いて市価を操作し、自分の商品を高く売り、他人の商品を安く買う、投機取引の操作のこと。用例は古い。

機利（きり）
不正な手段で利益を挙げる。

居奇（きょき）
古い諺の「奇貨居くべし」に由来する言葉で、珍しく利益になる品は蓄えておいて利用するという意味。転じて、市場に品が薄く需要が多いときに乗じてすぐに値上げをすることを指す。

空頭門牌（くうとうもんはい）
市価の下落を見越して予め商品を売り出し、下落した後にこの商品を買い入れて差額を儲ける投機売買のこと。

拘権（こうかく）
競争を排して利益を独占すること。**辜権**・専利も同じ。

摧抑（さいよく）
売り惜しみのこと。

重畳交易（じゅうじょうこうえき）
二重売りの不正のこと。

折乾（せつかん）
取引において徹底的に利益をむさぼること。

賤斂貴出（せんれんきしゅつ）
安く仕入れて高値で売ること。

対交（たいこう）
販売において甲地、乙地の売り手が協議して、その交易を同時に行って買い手に引き渡す商略のこと。

賺（たん）
だます、金を儲けるの意味がある。**賺利**は純益金、**賺銭**は金儲けする、賺帳（賬）は利益計算、儲け高を指す。

抽豊（ちゅうほう）
頭をはねる、上前を取ることで、秋風ともいう。相手に余分があるときに分配を求めて自分の不足を補うこと。

廃挙（はいきょ）
商人が市価の低いときその品を貯蔵して売り惜しみをし、市価が上がればこれを売り出して儲ける意味。廃挙とは売り惜しみを指す。

売貴（ばいき）
賤売・売賤の反対語で、値段を高く売ること。富売ともいう。

売得貴（ばいとくき）
高値をつけて販売すること。

売漏（ばいろう）
価値のある品を安値に売り落とすこと。

分肥（ぶんひ）
不正に取得した財物を分配して利益を上げること。

網利（もうり）
手広く利益を独占すること。壟断と同じ意味。

預買（よばい）
代金を前払いしておいて物品をあとで受け取ること。転じて買い占めして売り出す投機販売のこと。

両套秤（りょうとうしょう）
商人が正規と不正の２種類の秤を使って客をだます不正行為を指す。たとえば問屋が荷主と買い主と取引するとき、いったん荷主・買い主の目前で不正秤で秤量して荷主をだまし、別に買い主との間では正規の秤で秤量して商談を成立させ、それによって利鞘を手にするような手口をいう。

(3) 価格・相場

胃口（いこう）
商品の需要、あるいは捌け口をいう。去路・銷路は捌け先・市場を指す。

加碼（かば）
すでに売買した上にさらに売買を加えて故意に値段をつり上げることで、**軋空**もほぼ同じ。

回跌（かいてつ）
市場価格・相場が下落すること。趨跌・暴跌、また**短紬**とも**減色**・**鬆落**・鬆跌・**軋落**・折水などともいう。回小も同じ。逆に相場が上がることを回好という。

街底（がいてい）
存底ともいい、全市場に蓄えられた現金の総高をいう。

角子（かくし）
銀角（小銀貨）の10セントに対する銅貨建て相場。角抷ともいう。

銀折（ぎんせつ）
銀の取引業者において銀相場の利子計算を指す語。取引所での**早市**（午前の相場）・**午市**（午後の相場）における銀の需給状況をみて標準相場をきめるとき、これを銀折とか折息という。

行市（こうし）
近代において相場・市況・市場価格を指す言葉。早市・前市といえば午前の寄りつき相場、午市・下市は午後の引け相場。また**行単**・行情単・行市単は市況表、市場価格表を指す。

扯価（しか）
扯は引くの意味で、相場が下がる、安値になる、割り引いた売り出しをする、などのことを指す。

俏疲（しょうひ）
俏は高値に上る、上向きである意味。疲は安値に下がる、下向きである意味。同じような表現として長縮・硬軟・上落も使われる。長行市・**長価**・**増盤**・跳起・仰高・抬価・活動・転堅は相場の上昇、飛張は暴騰を、歩張は漸騰を意味する。また**硬**とか**堅**は高値を指す。逆に**軟**・減色・進関・毛荒（暴落の意味）は安値をいう。

提（てい）
提には持つ・提げる・引き出す・引き起こすという意味がある。商事用語としての**提成**は預貯金の一部を引き出すこと、提回は銀行から預金を引き出すこと、提単・提貨単は貨物の引渡指図書、**提項**は送金を指す。

豆単（とうたん）
東北地方において大豆類の先物取引市場である銀市で用いた売り渡し証書。契約の成立とともに市場の台帳に記入し、売人は買人に豆単を渡し、売り渡し期日になって当日の相場で総決算する。この間に転売がなされて実際に現物の受け渡しをする例はすくなかったという。

透支（とうし）
銀行や銭荘の勘定科目の貸し越しをいう。逆に借り越しは**透借**という。透支借用は当座勘定の貸し越しのこと。

套利（とうり）
日本語の鞘取りのことで地方によって**套卯**ともいう。現物を買い進め同時に定期を売って差額を利息とすること。

売空買空（ばいくうばいくう）
空物の売買をして市価の変動を煽ること。**空盤**ともいい空相場のこと。なお**搗把**ともまた**拋空**・拋售ともいう。

買起（ばいき）
買い煽りのこと。

盤（ばん）
盤の１字多義的な用法のひとつで、相場・市場取引・市場価格を指す。**盤児**ともいう。用例として春盤は新年相場、售盤は売り出し価格、頂盤は最高相場、上盤は交易所（取引所）に上場すること、限盤は申し合わせ価格、**明盤**は問屋の公開販売、**暗盤**ないし内盤は非公開・内輪の販売、**収盤**は相場の引け・引け相場、ないしは商店の閉店のこと、開盤は取引所の寄りつき相場・立ち会い相場、ないし商店の開店のこと。放盤は急に売りまたは急に買って盤つまり元値に対して相場を上げ下げすること。**坐盤**は相場の上での最低限度の価格、**底盤**は最低の相場、また定盤は相場を定めること。

米珠薪桂（べいしゅしんけい）
古くからの成語で日常物価の騰貴のこと。

補空（ほくう）
商品手持ち薄のことを**空頭**といい、これを買って補うこと。

捕進（ほしん）
一度売り出し、さらにまた買い戻すこと。

補水（ほすい）
銀元相場における受け入れ地と支払い地の差額を予想し、それを補うために徴収する額。

(4) 包

包（ほう）※
１字多義の代表例のひとつであり、しかも中国の商事慣行上の重要語。一手に受託する、一手に請け負うことを承包・包承・包認・包管・承攬などというが、この場合は一種の債券・債務関係に立つ信用の授受を指す。**包攬**は一般には販売・製造を引き受ける受託業務・請負業務・下請け・代理業・代理店のことであるが、公の税金や公の事業を受託することも包攬・包辦・商辦・**包繳**・認捐といい、その業者をときに**攬戸**という。南北朝以来、**包税**といえば租税請負の業務を指した。宋代では**買撲**・撲買といって商税・酒税・茶税・塩税・渡し場の通行税において広く行われ、政府が寄託する税の定額を算出してこれをさらに細分（分包）し、１件ごとに請負希望者に競争入札させた。閩南語の民間慣行では買撲・撲買の代わりに贌字が用いられ、贌船・税船という。贌船とは他人が所有する船舶を一定期限賃借チャーターして貨物の運送をすること、税船とはこれを中小の船舶について行うことで、税は租税のことではなく賃借のことである。包車・包船は車・船の貨物引き受け、または保険を意味する。その周旋人を**攬頭**とよぶ。なお保険業務に当たる者を鏢車・鏢車・鏢局・鏢局ともいい、のちに保険そのものを**鏢局**ともいった。この関係は寄託する側から見れば雇・傭・倩（ともに雇う）に相当するが、受託する側からみれば包・承包・包承であり、包に包摂される範囲はこのように広い。宋代に江南６路の漕運に民船が広く雇用（charter）された。これは純然たる雇用ではなく、北方への往路に政府が租税米のほか、定量の私貨の運送を許し、帰路に塩を運ばせ、往復ともに商税の一括納付という優遇を与えたもので、民間からみれば承包に当たる。同じく政府と民間の合作に**包産**がある。古くから民間が政府に公有地の開拓ないしは荒れ地の拓殖を申請したとき、批期すなわち一定の期限を設けて許し、これを広く**射請**と称した。近代でも生産の責任を民間に負わせて拓殖することを包産到戸と呼んだ。民間で田地を地主が出租し小作人が承佃するとき、汕頭の慣行で作柄の豊凶にかかわらず一定の小作料を納める形を**包認**といい、分種（分益租）と区別した。また、地主のために田租の収納を請け負う江南の業者は租桟と呼ばれた。次に、土木・造船・建築・その取り壊しにはこれを請け負う**包工**という業者がある。また製造業・商業でも糖廠・染坊・銀細工店・鉄器店・木工店・裁縫店なども包工として製造の委託を受ける。なお、包の原義のうち、包括的あるいは一手に引き受ける意味から包占や包佔、つまり独占の意味の用法があり、また庇護する、保護する意味から、保証・請負の用法が生じたとされる。

寄（き）
寄託すること、預けること。**寄付**ともいう。

認捐（にんえん）
同業組合の釐金請負。認捐公所という。

包攬（ほうらん）
一般には請け負って代納すること。買撲税場・包納・包繳と同じ。攬貨・攬買と同じく、商品の買い占めをいう場合もある。什排は明代里長戸の代納。包荒は荒田の租税代納。結攬は相互結託した包攬。包送は請け負って輸送すること。包欠・包抗は税金未納を請け負うこと。包賠は引き受けて償う。攬権は分外の引き受け。包銷は一手に引き受けて全部を発売すること。包認法は汕頭地方の定額小作の方法で、分種法に対する。

撲買（ぼくばい）
請け負うことをいい、承包・承攬・買撲・承買・撲断・一面管・干請・抄交・管定・委辦・包交・包医も同じ。包辦・包商制度ともいうように、古来民間に受け継がれた慣習であった。包工承攬人は工事請負人。包単・包票・承攬扻・承攬字は請負契約書。攬頭は請負人またその頭。

明状添銭法（めいじょうてんせんほう）
宋代、坊場買撲を公然と最高額のものを選ぶこと。実封投状法に対する。

用銭（ようせん）
手数料の意。**佣銭**・用銀も同じ。

摟売（ろうばい）
委託販売のこと。

③商人

商人（しょうにん）※
商１字で取引・商業の総称語としても、商人一般の総称語としても用いられる。熟語の商人・買売人・営生戸・経緯的・商販は商業従事者の総称であるが、同類の熟語である商賈は遍歴商人であるか定住土着の商人であるかの区別をした上で両者を合わせて総称する用法である。前者の遍歴商人、後者の定住商人それぞれその下位に様々の表現がある。前者は商・客商・客旅・客游・客販・経商・估客・行商・行客・行賈・行販などである。一方、定住土着して店舗を構える商人を一般に賈・坐賈・坐商・行坐・居売・居商・土賈・賈客・賈人・鋪戸・鋪賈などと表現する。また遍歴といっても近隣の範囲を零細な商品を携えて売り歩き、概ね店舗をもたない行商人・露天商に対しては、販・販夫・販婦・販女・販子・販仔・肩販・負販・貨客・小販・攤販・小買売・貨郎・売貨郎・出担・常売・挑売・稗販・裨販・床灘、などが用いられる。農民が行う副業的商業にも以上の語が充てられるほか、しばしば農販・農販下戸とも総称される。

行（こう）※
１字多義に用いられる。⑴一般的には**行業**すなわち商人・手工業者の営業の種類、種目を指し、同行といえば同業者のことである。行の用法の由来として、古代に同一営業の商人の店、手工業者の店を列・肆・廛などと呼び、同一の市において同業ごとに集まり住んだ慣行が、やがて同業者の立ち並ぶ区域・街区を指して行、また同業の商工店をも行と呼ぶようになったとされている。俗に三十六行・七十二行・百二十行などと称されるのは、都市におけるこうした業種別の営業店舗の数と分化の程度について概数を指した表現であって、必ずしも実数を挙げているものではない。米行は米屋であるとともに米屋街、銀行は銀の両替および銀細工業者の街区を指す。⑵上の原義の説明にも関係する用語としての**行会**・工会は、主として明清時代になって商工組合を指した総称であり、唐宋時代には単に行・行戸と呼ばれ、清末には現代式の商工会議所である**商会**・**工会**が発足して再編された。唐宋時代に行というとき、商工組合を指すか組合を指すかは文脈で判断せざるを得ない。必ずしも米行・銀行などが即米屋組合、即銀細工商組合とは断定できない。組合としての行は、共同して営業の統制・対官折衝・互助・福祉などを行い、会員・役員の組織をもち、行老・行首など役員を定め、行役（官庁御用達）として商品の納入、専門職の奉仕などを果たし、これを**行戸祇応**と呼んだ。ただし行戸には個々の組合に加入する商店という意味と商業店舗一般という両様の表現がある。行→行会の系列を西欧の guild、gild に相当たる社会制度であるとする説明があって、あながち誤った説ではないが曖昧・漠然とした敷衍の仕方である。西欧の guild では、会員数が各業ともより限定的、選別的で加入強制がつよく、職人仲間における親方・徒弟の関係に重点がおかれているのに対して、中国の行会ではふつう商業者が手工業者よりも優越し、一般的に会員数も多く、組織上でも商人が主導力をもっている。また商業上の有力業種の組合である業幇が連合をする関係に加えて、さらに同郷関係による郷幇の連合によって凝集力・統制力を高めているところに特色がある。⑶行家。日本における問屋に相当する商業者があって、その商界での影響力は大きいが総称する用語がない。行１字ないし**行家**・**荘**・**荘戸**はおおむね問屋業を営む卸取引の商店のこと。**桟**・**行桟**すなわち倉庫業者の大規模なもの、また閩南語で**郊**・郊行という業者は、倉庫を備えて大規模な輸出入商品の卸売買をおこなう店。このように字の上では行業と区別しにくいが、問屋を指す行は、資本力が大きく、輸出・輸入、移出・移入の有力商品を扱い、たいていは行桟を兼ねる大口の卸商・仲買商を指す。

仲買〈なかがい〉※
日本語の仲介人・仲立ち人・仲買・取り次ぎ商・すあい・才取り・とんび、英語の middleman、broker、commission agent のこと。仲介者・斡旋者・周旋人のことを中・中人というが、商事ではこの行為を**接**とか**会**といい、接買・接売は日本語でいえば買い次ぎ・荷受けに当たるから、単に甲と乙の取り引きを周旋するにとどまらず、流通機構の各要所において仲買の存在は重要であった。それだけに細かく分化も遂げてきたので、その用語も多岐にわたる。この種の営業を総称する語は一般には牙・**牙人**であるが、来歴の上からいえば駔会・**駔儈**・儈駔・駔・儈・買儈の用法が古く、ともに会の意味合いが語源とされ、権会といえば、仲買を専らにする、また仲買の利益を独占する意味である。ややおくれて**互**字が転訛して牙が使われはじめ、唐宋あたりから以後、牙・**牙人**・**牙儈**・牙郎・**牙行**・市牙・互行・互戸・互子・牙見人・証見・仲・辦仲・引至牙人・引領人・跑合児・跑行市的・地媒などの語が用いられたようになった。ほかに牙人を含めて取引における委託・受託にたずさわり commission として１～２割の日本でいう口銭すなわち用銭・佣銭・吃盤・中費・牙銭などを収める agent の部類を**経紀**ともいう。経の語義は広く、経営管理する・世話をする、さらに商売する・仲立ちするなどの意。**経商**は貿易業のこと。**経手**・経紀は主に仲買人ないし競り人、また広くは問屋・番頭を指した。経售・経銷とか寄售は委託販売のことである。こうして経紀は商業・取引の斡旋人、仲立ち人を指している。売買とか債権関係の契約における保証人・立会人を指す中見人・中説人・居間人・中人・保人なども、広くいえば牙人の一種であって牙保人とも呼ばれた。取引・契約行為が社会全般において広くかつ盛んになってきたのはおよそ南北朝のころからである。これに応じて不動産および重要動産の取引に政府が課税し、公の保証・保護も与えるべく牙契税・契税・税契（契約税）を課するようになると、交換の斡旋人である牙人の機能も重要となり、取引の業種ごとにその営業を地方政府に登録させて期限付きの牌とか牙帖・司帖・官帖という鑑札を与えて**牙税**（仲買の営業税）を毎年徴収し、また契約の立ち会いにおいては官製の契紙（契約書）の使用を求め、売買双方の当事者から契税を徴収して地方政府に納め、不正・脱税を監視する責任を負わせた。こうして政府と結びついた牙人を官牙ともいい、牙行・牙人の業務は政府と民間商業との接点に介在するものという捉え方からも公記録に頻出する。なお、牙人の営業およびその組合のことを牙行（行は行業）という。牙行のうち資本力も社会的地位も高かったのは塩の専売にかかわった塩行である。

仲買人は商業機構の分化と専門化、または資本力・信用の評価に対応して大小・上下の分化をとげた。大駔とか小牙子とかの語はこれを示している。規模が大きくて日本の問屋に相当する**接買**といわれた取り次ぎ行為・輸出兼輸入業・代客買い付け・代客売り捌き・荷受けを営むものに廈門・台湾の**行郊**や華中・華南の**九八行**・**南北行**・平碼行、華北の大屋子・発行家・**出撥子**など、またやや小規模なものに問屋のために産地に買い出しする糧食販・餘繭・水客・袱頭小経紀、華南と南洋を往来して運送・販売・送金を仲介する**水客**、上海で舶来綿布を買い次ぐ洋貨字号、蒙古方面の到雑児、安徽省の茶業における螺司、河南省の穀物買い次商の**坊子**などがあり、地方ごとにさまざまな呼び名があった。これらは集荷や売り捌きの取り次ぎ、寄託・受託、代理店の営業にかかわり、自己名義で商品を取引し、代金の徴収・商品の運送・税金の代納・通関手続きなどを顧客の代理者として請け負うものであり、九八行と称したのは口銭を取引ごとに2、3割ほど徴する（二分用銭など）からである。これらは資本も大きくしばしば**合股**を組織し、取り次ぎ商品ごとに部門をもち、行（組合）を結成しており、**行桟**（倉庫業）を兼営し顧客のための商人宿を備えるものである。こうした規模にいたらなくても、倉庫を備え商人宿を兼ねる営業として唐宋時代から大は邸店・停場・房廊、一般には店戸・船戸・船店・車船店・脚牙などと呼ばれ、明清では桟と総称されていた倉庫業兼問屋があり、仲買業と深いかかわりをもっていた。また、文献上では商とか客商と表現されていても、業務内容から見れば買い付けないし売り捌きの取り次ぎ商がその実体である場合も少なくない。清代湖北省の**土客**は、葉煙草を栽培者から買い集めて漢口や上海に売る業者である。清末に知られるようになった広東・上海の**買辦**、上海の**掮客**も仲買商の系列から発達して外国商社の代弁をしたものである。

卸売〈おろしうり〉※

日本でいう卸売、主として問屋で行う大口の取引を批・批発・発批・批貨・批売などといい、批発業・批発所は卸売業ないしは問屋業を指す。総批発所は卸元、批価は卸値、批折は卸仕入れを指す。**批**には注文することのほかに、商品を１口・２口と数えて取引する意味があり、ある程度以上まとまった数量の商品を大口に取引することを大批とも大売ともいう。また卸売りの表現として**躉**の字も用いられ、躉貨・躉買・躉売・大躉・躉批・躉戸・躉船などの用例がある。零躉ないし零整批発といえば小売および卸売、卸兼小売を意味する。ほかに、１口にまとめる意味で**整**とか**兜**の字が使われ、**兜售**・**整売**は卸売のことを指す。規模がやや小さくて卸兼小売りを営む店もあり、華中では拆頭店と称した。

小売〈こうり〉※

小売りはふつう**門市**・門售・**文市**・零売・零售・零銭・零批・小売・小方生意・截売（小口売りの意）・折兌といい、その店は門市鋪であるが単に**鋪戸**ともいう。商工業店の販売部、小売り部のことは門荘部と呼ぶ。はるかむかし国門に設けられた市で商品の出入を政府が管理したところから門市の語が生じたという説がある。小売店は現金取引を主とするが、しばしば掛け取引である賒も合わせて行う。前者は門市現売帳（現金受取控え帳）に記入したのち現売流水（現金売り上帳）に転記し、後者は門市草記（小売掛売帳）に控えたのち、支払いを受けたときに門市進帳流水（掛け代金受取帳）に記入する。

号商（ごうしょう）

客商の一種で、漢口に集まる棉花をめぐり買い集めに従う。すなわち銭鋪ないし当鋪が先物取引として集荷した棉花を引き受け、倉庫に寄託して高値の時期を待って漢口市場に向けて売る。あるいは号商みずから船舶で運び、買い手のないときは貨物を倉庫に預け、その倉庫証券である桟単を担保にして銭荘から時価の7、8割相当の金を借り、知人に販売を委託して帰郷する。

出撥子（しゅつはつし）

辺地をめぐる客商・行商・買いつぎ問屋の一形態。出撥子は張家口などモンゴルに接境する漢地の商人で蒙古貿易に従う店である。4月・5月から12月にかけて蒙古人の好む日用品を整え、数輛から数10輛の牛車ないし駱駝によって蒙古内地の市場を転々と遍歴する。春夏には毛皮、初秋には馬、秋から初冬には牛を物々交換によって購入して漢地にもたらす。また蒙古に滞在する間に蒙古人を勧誘して家畜の市場取引を斡旋する。取引額は大きい出撥子で3万元内外、小さい出撥子で5,000～6,000元とされ、張家口の大出撥子は店員数十人から100人をかかえるという。辺地に活躍する客商のひとつの典型である。

攤販（たんはん）

露店の商いは攤とか**攤販**・攤子・貨攤・露店生意（青空商い）、夜売・夜攤子・柵櫳店などといい、また屋台のことは**浮鋪**という。通例、商業は商（客商・行商、すなわち遍歴商業）と賈（坐賈・鋪賈、すなわち店舗営業）に区別する慣わしがあるが、小規模な商いで仮設の店舗・屋台において短時間営業するものは、常設の店舗売買から区別し、さらに遍歴商業からも区別してこれを攤販と称した。

鋪戸（ほこ）

店舗を構え、従って土着・定住を常態とする商人の総称。賈人・坐賈・居商などともいい、客商・客販・行商・行賈の対語をなす。鋪戸は所有ないしは賃借によって自らの店舗を営み、商品とその取引による資産収入を持つところから有資産者であり課税負担者とされ、負担・負販・販夫・攤販・挑売のたぐいの振り売り、露天商とは区別された。

④商店

(1) 店舗

店（てん）※

物ないし人を停める施設の意味があり、店はしばしば両者の兼業である。廛は店と同義。魏晋南北朝のころから遠距離の交通運輸が全土で起こる気運となり、都会や道路沿いに商品や貨物を泊めるやや大きな施設として**邸**とか**邸店**・**邸閣**が記録に現れるようになった。唐代になると、都城内の市（市場）の牆壁沿いに邸店が設けられていたが、一般的には邸とか邸店の語を用いる例はむしろ減り、代わって店の語が南北の地域・地方に普及してきた。その証として交通を中継する地点とか府州城・県城の城門外などに店を中心に置いて発達し某々店とよばれた集落の存在が地名として目立つようになった。その中でも規模が大きく倉庫業（日本の津屋）と目されるものは**房廊**とも**停場**とも呼ばれた。一方、鋪とともに物を置く・陳列する等の意味を帯びる店は米店・魚店・金銀宝飾店・打鉄店のごとく一般の商店・手工業店を指す言葉としてさかんに用いられて今日に及んでいる。なお店の派生語を挙げれば、正店（製造兼販売店）や脚店（支店・出店）、しにせを意味する老店・老行・老牌子・老買売児・老鋪などがあり、また特殊な用語である**出店**とは店員が客に小売りをするとき、出店というサービス料を客に求めて店内に蓄え、年末に全店員に配当する慣行を指す。

鋪（ほ）※

商店のことで店舗・鋪店・鋪子・鋪席などとも表現する。鋪席は物を陳列する義であるから、強いていえば小売店の意味合いが籠められている。ただし宿屋業も鋪と呼ぶこともある。魏晋南北朝あたりから都会や道路上で宿屋を営みあるいは兼業するものを店ともいって内包が広がり、商店を指す語として店鋪・鋪店・行鋪・鋪戸・鋪子・鋪家などと鋪字の用例も広まったと見られる。清代に都市の商店に戸別に課された鋪税・鋪面税は、もともと商店の店先にある鋪面（陳列場所）から名付けている。また鋪面房といえば店舗付の住宅のことを指した。清代、店舗を借りて営業する権利は底地（基地）の所有権とは別に物権化してこれを**鋪底権**といった。また商業家屋の床に張る敷物の購入費に充てる敷金（押租）を意味する鋪墊銀とか**鋪墊**という語があった。なお、正字は鋪と書き、舗は俗字。

開張（かいちょう）

店をはじめる、開店すること。新張・開行・開賬・開盤・開幕・基業・起寮などともいう。開辦費・開幕費は開業費のこと。

肆（し）

肆とか肆鋪には店舗の意味があるが、そのむかし列・列肆・肆列、ときに次とも記されて、同業商店の並ぶ町をも指したとされている。さらに列肆・肆列のある街区は市とも**市列**とも呼ばれたので、**市肆**・**市廛**・市房は市中にある商店のこととされている。

商号（しょうごう）

単に号ともまた**字号**ともいい、日本でいう某々屋の屋号のこと。ゆえに商店を指して某々号とか某々記と呼び、本店は本号、支店は分号という。たいてい２字ないし３字の吉祥字を用い、合股経営とか親族経営とか本支店の連携（連号）による経営であるときは、その１字を共に用いて関係を示すなどの工夫をしている。なお、厦門・台湾における合股経営による船舶業では、号名の頭に金の字をつけて区別する。

招牌（しょうはい）

門牌とも牌匾・牌子・牌ともいい、商店の看板のこと。

倒号（とうごう）

閉店・破産のことを**倒**・倒閉・倒号・停場・倒欠・倒盤・倒関・関鋪・辞賬などという。また**召盤**・招盤・召磐・出盤・盤店は店を閉めて譲渡し、売り出すこと。以上に用いられた**盤**は身代・財産を指す。

牌号（はいごう）

商店の商標のこと。

鋪保（ほほ）

商店において店員個人ではなく、店として保証をすること。経理人の子弟・姻戚がその商店名のもとに保証状に捺印をし、保証は永久とされ、これをやめる（退保）ときは通告をしかつその保証状を撤回する。合股経営による商店の支配人すなわち家長・掌櫃的の選任に当たっては2、3の確実な商店の鋪保を必要とし、一般商店でも店員を雇うときには同人の保証人に対してその人物候補の身元を保証し、損害が生じたときの賠償を約束する鋪保が求められた。

(2) 店員

下脚（かきゃく）
店員の間において遺利として分配すべく積み立てられた物品。木箱・麻袋・縄・板などを現金化して積み立て、またその店の品以外を小商いして年末に各店員の俸給に比例して分配するもので、小司とも称した。

花紅（かこう）
花紅銀ともいい、年度末にその純益の中の一部を割いて財東が使用人に報奨金として分配する金額のことをいう。北方と南方とでその定義に若干の違いがある。すなわち純益から控除する分が、北方では営業諸雑費ほか利益配当には与らない夥計の薪水（俸給）額とするのに対し、南方では営業雑費ほか掌櫃的及び店友（店員）の薪水積立金並びに官利とする点である。受給の資格があるのは銀股を有する財東（出資者）と身股を有する店友であった。

家長（かちょう）
商店主のことを古くはまた一般的には店主、鋪東とか主人と呼ぶ例が多い。後世になると、商店ないし合股（合資）商社の代表者や経営の支配人・責任者・大番頭のことを家長と称した。その類語は多く、**管事**・董事・経理・総経理・行頭・事長・主事・掌握的・掌管的・首士・甲幹ないし幹人ともいう。このうち管事の用例は漢口に見られるとされ、北方中国では**掌櫃的**という例が多い。ほかに、上海で執事・経手・**経理**・当家、広東で了事・在事・**司事**などとも呼んだとされる。商店が合股組織の場合には、家長ないし掌櫃的は資本家（複数）である東・股東・東家を代表して一切の営業を執行する人物を指し、彼は股東の同意を待たずに単独で訴訟を起こすことが出来る一面で、その任務を他人に譲渡しまた代理させることは出来ない。また店友（店員）の任免の権限があり、彼らの過失や不正で生じた損害は原則としては家長が負った。家長は契約（合股字）によって合股の内外から選任され、契約上の任期中、あるいは合股の存続期間を通じて就任し、重要な案件は股東から監督を受ける。1人の就任が常態であるが2人ないしそれ以上が置かれることもあり、筆頭者を総辦、次席を副総辦といった。また一番番頭を営行頭児といい、副支配人を阿二ということもある。報酬として利益配当及び定額の給料である辛水・辛金が支払われ、利益配当は身股と分紅に区別される。なお、店の番頭と手代を合わせて呼ぶときは東夥ということもある。なお、合股の項も参照。

夥計（かけい）
商店の手代の職を夥計といい、ほかに行夥・店夥・夥記・同事・夥幇ともいった。ふつう**外櫃**（外交部）・欄櫃上的（営業部）と**内櫃**（庶務部）の長を合わせて夥計といった。店主ないし掌櫃的（支配人）は雇用契約を交わして夥計を傭うが、学生意（丁稚）のように期限を設けることはない。解雇ないし辞去が生じたときは通例年末の決算後にする。夥計の採用には奉薦人（推薦人）の添え書きと保薦人（保証人）の保単（保証書）が求められ、保単内に人物の保証のほか、被保証人が生じた欠損を代わって弁償する文言が書かれる。老舗は夥計の行動を規律する夥計訓を備えていた。なお、夥計が店に差し出す身元保証金は**押櫃**と呼ばれた。

会客的（かいきゃくてき）
商店の営業における顧客の接待係のことで、招待員・招客・管応酬的・坐櫃ともいい、夥計の役を永年勤めて功労も才能もあり、顧客を熟知する者が当たる。ことに行家（問屋）の業は客商を宿泊させて取り引きをするので、この役職を重んじた。

学生意（がくせいい）
学生・学徒・学資意・年軽的・小工・小生意・**徒弟**ともいい、日本の丁稚・見習い・徒弟に当たる。採用に当たり奉薦人（紹介者）の推薦状、保薦人（保証人）の保単（保証書）を要し、保単には同人が店に損害を与えたときには保証人が賠償の責任を負うことが書かれ、一種の入門誓約書となっている。掌櫃的（支配人）や店友（店員）の血縁者、同郷者から採用することが多いが、山西商人の店では血縁者を採用しなかった。年期は3年とされ、期間中は無給とし、食費・散髪代・入浴銭・節季ごとの手当ていどが店から支給される。年齢は10歳以上、20歳以下で15歳前後が通例である。たいていその店の**学生意訓**とされる家訓があり、また同業組合でも徒弟の訓練・年限・処遇を定款に定めているのでこれに従い、夥計（手代）の下にあって店務商務の厳しい訓練を受け、かたわら雑務の手助けをする。見習いの学生意を俗に三壺というのは、夜壺・茶壺・烟壺の掃除の如き雑役に当たることから附けられた称呼である。期限中に夥計が学生意の才能を見抜き、見込みのない者は家に帰す（帰湯という）。見習い期間が終了したのちは、辞去するも夥計に任ずるも自由とされたが、通常は夥計に採用された。なお、満期後も3年間、他の学生意と共に雑役に従わせた後に正式の夥計に任ずる場合、これを要銀子と称した。

管事（かんじ）
大番頭総支配人のことで、日本でもこの語を用いたこともある。中国では一般に家長とか掌櫃的というが、例えば船長を管船的というように、総指揮者の意味合いで管事といい、ほかに管家・管事的・管店・阿大・老板とも称する。規模の大きい店の大番頭を指して用いられ、そうした店では管事の下に営業・販売部、経理部が分かれ、前者は外櫃的、後者は内櫃的と呼んでそれぞれ掌櫃的・小掌櫃的と称する小番頭を置く。外櫃的は庶務外回り販売を担当し、内櫃的は会計・簿記を担当する。主に東北地方で用いられた老板は老闆が転訛したとする説もある。古参番頭の尊敬語である。

管賬的（かんちょうてき）
　管長的とも書き、商店における内櫃すなわち経理部の簿記係のこと。金銭出納保管の係は管銀的という。また会計方を外取引と内部会計に分けた店では、外部取引に関する係を**外帳房**、内部会計の係を**内帳房**という。経理部長は管銀櫃的と称する。

起頭人（きとうじん）
　ある企業が創業ないし拡張をはかるときに投資を勧誘される資本家のことで、これを起頭人・起初人という。投資の仕方は労力の場合、財物の場合があるが、起頭人が業務を担当する。合股（合資）経営の場合では股東（合資者）との間で定率の純益配当を受ける。なお、合股の項も参照。

饋送（きそう）
　毎年末に財主（資本主）から掌櫃的（支配人）を通じて店友（店員）以下学生（丁稚）・司務（雑役）まで漏れなく、損害の生じた年であっても与える特別賞与金のことで、櫃送ともいわれる。掌握的はその総額を各店友の功績に照らして饋送単子（賞与配分目録）をつくって分配する。

銀檯（ぎんだい）
　銀の品位・真贋・良否を鑑定する係員。

経理（けいり）
　一般商店・合股（合資）商店・商社における業務の指揮者、日本の番頭を指す。営業・経営に老練な人物が当たり、掌握的・掌櫃的・家長ともいう。合股商店はこうした経理を契約で委任して一切の事業をこれに預ける。その際、股夥（合資仲間）が自分の股份（持ち株）の中の一定率に見合う労力を出資する形で股夥に列する場合と、純然たる労力の出資を担当する全くの雇用者の場合がある。いずれの場合も一定率の利潤が配当される。経理は自らの責任と権限で店友（店員）を選任してこれを部署に配して経営するほか、外部に対しては合股の代表者となる。ために経理のことを家長とも称した。なお経理を解任するときは全ての合股員の同意を要した。

稽核股（けいかくこ）
　監査役のことで、股はここでは係を意味する。例えば銀行の本店が分支店に対して財産・帳簿・営業状況の監査を行うときに任命した。

師爺（しや）
　清代、大商店において政府との折衝に専ら当たる読書人を傭い、これを師爺とか**出官**と称した。学位や位階を帯びた人物を礼を厚くして招聘するものである。その文筆力を生かして文書係すなわち信房に属して文書の往復を掌り、写信先生とか**写信的**とも称した。

商夥（しょうか）
　商店の手代を商夥・櫃伴・店役などという。

掌櫃的（しょうきてき）
　大商店・小商店いずれにも置かれる番頭・支配人のことで、家長はじめ様々な称呼がある。大店では２人ないしそれ以上が置かれ、経理部と営業部それぞれを指揮し夥計（手代）以下学徒（丁稚）の業務を監督する。内掌櫃的は女性の支配人・お女将さんを指す。なお、掌櫃的の選任・報酬・配当などについては家長・管事の項目を参照。

常盤的（じょうばんてき）
　販売に携わる手代のことで店口夥計・欄櫃などともいう。商店で手代の職が分掌されているとき、**欄櫃**（営業）・**外櫃**（外交）・**内櫃**（庶務・会計・倉庫）に分かれてそれぞれ夥計が置かれた。また問屋で卸しと小売りを兼営する場合には、小売り販売係を**零売手**、卸売り係を**蔓売手**といった。店の規模が大きいときはさらに頭手・二手・三手などの席次に分かれる。なお、合股の項も参照。

辛金（しんきん）
　労金・辛水・**辛俸**・**薪水**などともいい、俸給のことで、学生意より上の店員は雇傭人として定額の俸給を受ける。給料取りとなることを吃労金と呼んだ。しかし店員には身股と呼ぶ利益配当が割り当てられるので、辛金は唯一の報酬ではなかった。また、毎年の年末に業務が多忙なとき１、２ヶ月分の給料を増給する。毎年許されている１、２ヶ月分の休暇を取らない者に対しても同じく１、２ヶ月分の増給を行い、9月から12月にかけて業務が多忙な業種では４ヶ月分の増給をして、これらすべてを双薪といった。日本のボーナスに類する。

津貼（しんちょう）
　店員には定額の俸給が支給されるほかに、別途少額の手当が与えられこれを津貼と称した。店員の上下関係を問わず、一律に１ヶ月につき２元ほどが支給され、また物価が騰貴したときには米貼と称して割り増しの手当を給した。

長支（ちょうし）
　商店において夥計（手代）以上の店員に対する前貸しの

ことで、身股という利益配当の予定額から行われる。

帳房（ちょうぼう）
商店の会計課・経理部を指し、**賬部**・**櫃房**・櫃上・計司・納府ともいい、その店員を櫃夥という。会計副主任は幇帳という。本店の帳房は銀銭帳卓（勘定方）および内帳卓（帳場）から成り、支店もこれに準じていて、単なる会計係以上の権限をもっていた。なお、帳場の金庫の金のことは櫃款と称した。

店主（てんしゅ）
一般商店の経営者・所有者、また倉庫兼商店（これも店という）の経営者・所有者のこと。

店友（てんゆう）
日本の店員を指す。**店夥**ともいい、夥はまた火・伙・火伴・夥伴とも称していずれも仲間の意味。また鋪夥・店司も同義。店員上下の構成は家長ないし掌櫃的（いずれも番頭、支配人）以下、大別して夥計・夥記・店役・行夥・店夥（いずれも手代）の類、司務（庶務・雑務）の類、学生・学徒・学生意（いずれも丁稚）の類に至るまで、同一の店内に同居しその店の営業に携わる人員から成る。通例、地位に応じて物品、金銭で固定した俸給（辛水・辛俸・辛金）として受け、食事・散髪・入湯ほか小遣い銭は店の経費で賄われる。商店が合股の経営であれば、店の純益についてふつう3年ごとに利益配当が行われ、股東（出資者）仲間と店友の間でこれをその地位に按じて公平に分配する。俸給は概して少額であるので、利益分配の行われる年までの間、掌櫃的・夥計については利益を予測した前貸しを行うのが常例であったようである。休暇は主に祭典日および決算期の後に与えられ、元日から正月15日は決算に伴う休業日であり、守護神たとえば関帝の誕生日5月13日には祝典とともに休業し宴会・観劇などを行う。夥計・学徒の成婚には12日程度の休暇を許し、また親族の婚礼、葬式には6日程度の休業を認める。ほかに毎年2ヶ月程度の旅費付きの帰省を許し、疾病のときは投薬・看護を施し、夥計以上であれば疾病が一時的なときは俸給・配当を与える。

頭櫃（とうき）
銭荘の櫃房（帳場）で両替を掌る者を頭櫃とか**老師傅**という。

内櫃（ないき）
商店の夥計（手代）相当の店員とその職務のことで、外櫃（外交部）・欄櫃上的（営業部）と合わせて夥計の掌る部署とされている。地方によって先生とも称する。その職務の分掌を見ると、庶務は**信房**に、倉庫関係は**庫房**に、会計と帳簿は**帳房**に分かれ、部長ないし課長に当たる管帳・管桟などの夥計が置かれた。

鋪規（ほき）
店毎に定める執務規則であり、内容としては家訓に相当する。老舗では数十条・100条にわたる詳細な鋪規を備えていた。営業上の訓戒・禁止事項・解雇の要件のほか、慰労金・生活保障・休業や休暇の取り決め・冠婚葬祭・疾病の際の手当などが盛り込まれていた。

報関的（ほうかんてき）
清代、商店ことに問屋業にあっては商税（入市税）・常関税（内地通過税）・海関税（外洋貿易の関税）・釐金税（地方税化した商税）などの関税類の納付にまつわる通関手続がきわめて煩瑣であったので、これを専門に処理する報関的という夥計（手代）を置いた。

跑街的（ほうがいてき）
商店で外交員、外回りの職責を与えられた夥計（手代）のことで、走街・嚷客的・跑合人・跟跑・**跑街**・**上街**・外場（店内職員の**内場**に対する呼称）、**外櫃**・趕場的・会貨的など呼び名がある。大商店では数名以上を抱えてそれぞれの役目に従わせ、掌櫃的（支配人）の指揮を受けながら商況などを時々刻々報告した。工場を廻る者は跑廠、地方を廻る者は出庄といった。これらの外交員は掌櫃的から交際費・売買の口銭を与えられて、茶館・煙館、あるいは問屋・旅館・顧客の店などを巡り、貨物需給の動向、市価や相場の変動、取引きの出来高などを調査し、金融業であれば銀行・銭荘・銭業公会に出入して市況、相場の情報をもたらし、顧客を接待して自店と取引きさせ注文を取るなど、店の売買を助ける役を果たした。

老司務（ろうしむ）
司務ともいい、商店における倉庫主任・仲仕主任・炊事係など雑役に服す者のこと。その下役で運送に当たる者を送力・**搬夫**、倉庫係を**管桟房**・**管庫**といい、門番を**看門**、炊事係を**厨子**、単なる雑役の担当者を**出店**という。

⑤倉庫

倉庫（そうこ）※
元来、倉は米倉、庫は財帛を収めた。倉庫は倉房・倉口・庫蔵・倉匣・倉廒・倉敖・敖房・倉廩ともいう。代田倉は漢代、代田法によって耕作された作物収納庫。屯倉は明代、軍屯の正糧を蓄える倉。営業用は古来、邸・店・垛場・場坊と言われたが、清代になると桟・行桟と言われるようになる。倉庫業者が商品を預かり保管すること、またその貨物を儲峙・囤儞・囤積・寄存・存放・上桟・存桟・寄桟・落桟・到桟・儲庫・貯庫・存庫・卸貨・卸桟・受寄財物・居停等というが、儲は積、峙は備えの意、囤儞は東北地方における用語。受寄財物については唐律に受寄物費用、すなわち預かり物を費消した者に対する罰則があった。倉単は倉庫の預かり証のこと、桟単・入桟憑単ともいう。解単は運搬証明証または貨単と同じく売上計算書。桟交は在庫品の引き渡し。車桟交・貨車交・碼頭交・駁船交・大船交などという。発票・秕単は寄託貨物の引き渡しの請求があった場合交付した送り状。

窩停主人（かていしゅじん）
唐宋期において盗賊を泊めた宿主を指す語。後に窩家・窩主という。盗品を扱う問屋は窩頓・做窩家という。

館（かん）
唐代、駅の宿舎。駅は大路に置かれたのに対し、館は一般の街道にあり、駅馬・駅子の設備はなかった。駅館・客館・郵館・亭館・館舎・客寓・公寓・寓望・旅寓も同じ。外館・裏館は蒙古人宿、知館人は管理人。

櫃坊（きぼう）
寄付鋪ともいい、唐宋期に保管料を取って、金銀等の財物及び貴重品を預かり、その売買にも携わった金融業者をいう。唐代、櫃坊は西市にあったので、その預け入れを「西市に鎖す」といった。預けた者は帖という小切手を受け取り、通貨として用いた。宋になって本来の機能から離れ、賭博場となり、元代にはこの呼称はなくなった。鉄櫃・鉄庫・保険櫃・銭櫃・銀庫は金庫。

客店（きゃくてん）
旅館の意。客坊・客院・旅店・宿店・舎・伝舎・謁舎・客桟も同じ。店は旅館を意味し、草店・酒店も同じ。一般の商店は鋪・鋪子という。打店は宿屋の捜索、投店・下店の投・下は投宿の意で、安泊・歇泊と同じ。蹲店は旅館への客の引き留め。

歇家（けつか）
明代、一条鞭法施行後、納税者が自封投櫃のために泊まる旅館。また、清代には買辦の手先として、蒙古羊毛買い付けに当たる雑貨商もこのように称した。蒙古人を無料宿泊させ、**出撥子**という証券を発行して優遇し、勢力拡大に努めた。羊毛取引に当たる者は、他に外荘・毛販子・跑合児・毛桟等がいた。歇は休憩の意。歇房・歇店・歇鋪、さらに**尖**・**打尖**も休憩所、茶店。歇銭は宿賃。

行桟（こうさん）
清代、客を泊め、貨物保管し、売買の仲介にも当たる、倉庫兼旅館兼仲介業者のこと。たいていは日本の問屋に当たる。唐宋以降、邸・店・邸店・堆垜場・垜場・塌坊・停塌・塌場等といい、房銭・堆垜銭・垜地銭・塌地銭・巡廊銭（会）等の保管料を取り、牙人を兼ねた業者である。桟とはかけはし、転じて倉庫の意、貨桟・出桟・堆桟・桟房・大行桟・字号桟房・商桟・桟店・客桟・関桟（税関倉庫）も同じ。個人専用は貨房といい、**推桟**・**公桟**は公司（株式）経営のもの。茶桟は、茶商と洋商間の周旋にあたり、茶楼・帳房・過磅・通事等の係員を置いた。糧桟は穀物問屋、粮桟とも書く。東北地方における糧車店・糧市店は荷車宿で糧桟を兼ねるものをいった。花桟・花店・花局・花行は綿花問屋。土桟はアヘン問屋、あるいは洋式倉庫である洋桟に対する在来の倉庫のこと。毛桟・毛店・皮毛店・皮毛桟は羊毛問屋。薬桟は、薬種問屋。雑貨桟は雑貨問屋。

荒鋪（こうほ）
清末湖南省の牛革・牛骨を扱う問屋。

絞草（こうそう）
江西省浮梁県の陶磁器問屋。景徳鎮の窯元と顧客との間に介在し、取引の斡旋に当たる。

窖粟（こうぞく）
明代、山西商人が米価の変動に備えて、密かに黄土に横穴を掘り、蓄えた米穀をいう。窖はあなぐら。

桟租（さんそ）
桟費・規費・桟力・邸直・（官）店銭・房銭・巡廊銭・堆垜銭・垜地銭・塌地銭・巡廊銭（会）・盤桟費ともいい、桟房へ仕払う倉庫料・倉敷料・保管料。

桟総（さんそう）
倉庫業者の預け入れ原簿。桟貨賬・庫簿・庫籍・入門到廒暦・廒経等ともいう。

上下力（じょうかりょく）
倉庫への貨物搬入の際、苦力に支払う手間賃が**上力**、倉出しの際の手間賃が**下力**。**跑飛**は北満における糧桟から船までの苦力賃。**過行力**は湖北における綿花買い入れから花行（綿花問屋）までの運賃。

堆垜銭（たいだせん）
倉敷保管料・桟租の呼称のひとつ。堆垜は**堆存**ともいい、貨物を堆積させる、貨物を寄託居積するの意。

託售（たくしゅう）
他人への売り捌きの委託をいう。委銷も同じ。託購は購入の委託。託収は集金の委託。

邸店（ていてん）
元来、邸は収蔵所、店は販売所をいったが、唐宋期には邸も店も多くは旅館業と倉庫業の両者を兼営する者の呼称となり、さらに食堂・金融・輸送・売買の斡旋・委託販売等、牙人の業務を行うものもいた。招商店・客邸・邸舎・停塌・居停主人も同じ。居停・停塌は貨物を預かる意でもある。邸店等は後の桟房・行桟に当たる。

提存（ていぞん）
供託のこと。

店主（てんしゅ）
旅館の主人。店小王・店小二・寄主ともいう。店夥は手代・番頭。古くは商店主を指した。

店佣（てんよう）
清末、問屋手数料（口銭）をいった。河南においては取引額1串（貫）文当たり15文前後。叨光は、湖北における綿花売買上の口銭。**行用**（佣）ともいった。包行市は口銭を犠牲にした取引。

東洋荘（とうようそう）
清末、日本商品とり扱い商。西洋荘は西洋輸入品を扱う上海商人。洋貨荘は舶来物の問屋、洋物問屋。紙荘は紙問屋。拍売荘は競り売り問屋。布荘は明清時代、綿布問屋、布号ともいう。

搨地銭（とうちせん）
倉敷保管料、**桟租**の呼称のひとつ。搨は古碑帖を磨摹するの意。邸中の物貨通過を紙の磨摹になぞらえたという。

入関桟准単（にゅうかんさんじゅんたん）
保税倉庫である関桟の保税貨物入庫免状。英語名 Permit for Entry in Bond。

入桟字拠（にゅうさんじきょ）
入港船舶の税関から行桟への通過を許可する入桟証。

売貨手（ばいかしゅ）
天津の倉庫業・貨桟の販売係・番頭。

発荘（はつそう）
大口問屋をいう。貨物発荘・総荘・販荘・抄荘・大本経紀・行紀も同じ。

扳留（ばんりゅう）
小旅館。打火店・起火店・半壁店・鍋夥児も同じ。道店も元代の木賃宿。

有抵業人戸（ゆうていぎょうじんこ）
相当の財産を所有し、受託したものの損害を賠償する能力を有する問屋をいう。

力駁堆折（りょくばくたいせつ）
上海茶桟における貨物倉庫出し入れの際の苦力費及び堆存の際の損失である桟耗のことをいい、予め毎箱銀1銭を徴収した。

⑥資本・利率

合股・合資（ごうこ・ごうし）※
日本でいう合資経営のことを中国では合股・**合夥**・共帯・**合本**・合倣・合作・相合・連財・連号（聯号）・集股・共夥・公夥、時に**公司**・**公記**などと呼んできた。これは個別資本の規模を超えた資本を合名の組織に集中させることによって危険を分散・緩和して信用度を高め、経営上の競争で優位を占めるための民事制度として案出され、清代には著しく普及し、民国時代に商法の公司法（株式会社法）が公布されるに及んで近代的な合資会社組織に転身をとげて今日にいたる。この制度の原初ははなはだ古く、通説では戦国時代に管仲と鮑叔が財・利を分かち合う仲間を組んで営業した故事にまで遡らせる。漢代には初期の発達をとげて富商の間でかなり行われていた。一方、家族制度において、家長の在世中は家長の下に家族共同体として家産を運営するが、家長が逝去して生ずる家産の均分後においても、親族が一定の期間は相続財産の共産関係を維持することがしばしばある。合股に内在する凝集力ことに血縁紐帯を説明するときに、家産及びその相続における共同運営がその母胎であったと指摘する説もあり、参考として挙げておく。その後に合資の具体相が分かるのは宋代からである。宋代には質屋・互市貿易業者・海上商業の組合など、資本力を要しつつも危険性も伴う業種で行われた合資について、かなりの情況が判明する。当時はこれを合本（本は資本）・**連財**・**鬪紐**などと呼んでいた。明清時代になると合資は制度として普及と発達をとげ、組織内容も分化と洗練を重ねた。最近に発見されたバタヴィア在住の華僑集団が残した記録『公安簿』は、18、19世紀におけるこの制度の内容をうかがわせる有力な新史料である。

明清時代ことに清代の合資はふつう合夥・合股と呼ばれた。夥は日本の仲間・友に当たり漢字の火・伙とか伴に通ずる。宋代にすでに合資組合の一形態を**夥伴**と称しているので、合夥の用法は合股よりもむしろ早いかもしれない。合資を夥有・帯産・公夥などと呼ぶときは、共有組合の意味をこめていると見られる。一方、合股における**股**は商事の上では日本の株・持分・持株を意味し、股分と呼ぶ。この点では合股は日本の株仲間に近い。合資の規模として出資者2、3名でなる商店・工場の合股が珍しくない反面で、大規模な企業が合資で営まれる事例は多い。例えば銭荘（旧式銀行）や票号（為替業）の如き金融業、造船・航海・古船解体などの海運関係業の多くは合股で営まれた。厦門・台湾では合股商船の船名に金の字を冠して区別していた。そのほか包税（租税請負）の各種企業、製糖業・製塩業・鉱業・行桟（問屋兼倉庫業）・油店・糧店・染坊などもたいていは合股で営まれた。

合股を発足させるときは、まず出資者である股東・股友・友股人・股夥の募集（招股）を行い、約定書である**紅帳**・**合股字**・議単・合同議拠を作成して共同の商号として某々記・某々号などの屋号を定め、目的・出資者氏名・資本の総額・一股の金額・**股東**の引き受け額・損益の配当方法などを明記し、帳簿である**万金帳**・鴻帳及び業務担当者の領東を定め、所定年限にわたり合資経営を営む。股東の出資には成本と護本（附本）とがある。**成本**は配当を受ける出資金、**護本**はこの成本を支えるべく股東が合股に入金して積み立てる金額で、これには配当はない。配当である**股利**・**股息**・**花紅**・**紅利**は約定書で定める各自の出資額に比例して配分する利息、および純益を出資した股で比例配分する収益である。このうち利息の配当金は**官利**といわれる権利株への配当である。持分出資の内容は金銭を主として銀股・銭股と呼ばれ、時には財物すなわち商品とか鉱山の鉱区である地股などがある。大規模な合股では出資者と経営者とが分かれてくる。合股の経営・営業を担当する領東・**管事**・**家長**などの支配人や**掌櫃**（番頭）は、労力の出資者とみなされる。海運業における**出海**（船長）などはその例である。その場合、銀股・銭股などの持分出資者（**実股**ともいう）を**東股**・東家・正股と称し、労力出資者（**蔭股**ともいう）を**西股**・西家・**力股**・人股・身股・頂身股として区別する。東家と西家との間の分配方法は東六西四・東西双五などいろいろである。ただし人股・身股などの労力出資者は損失については連合責任を負わない。

経営の担当者である**領東**を設けている合股では、出資者である合股営業で生じた損失・債務については一般に股東が各自の股の出資額に比例して無限責任を負う。このために外部から合股に与えられる信用は合股の資本全体に対してではなく、各合股員の資産の大小に対してなされる。出資と経営とが分化した合股では、股東は事業の経営に対して通常は介入しないが、いくつかの重要事項には決定権を持ち、合議で決める。商号の変更・営業の転換・譲渡（承頂・出頂という）・解散（分夥という）・股友の脱退（退股・退夥・抽股などという）ないし新股東の加入・財産の処分・支店の設置・股分の譲渡などは股東全員の同意を要する事項であり、また経理担当者の任免も同様である。合股は股東の中から**書名人**・**査帳人**と称する監査役を選出しこれに書名股と呼ぶ身股を報酬として与えて経理を監督させる。

一本一利（いつほんいつり）

唐・元・明・清律の規定で利息は元金を超えてはならず、毎月の利子も元金の3分の1を超えてはならないという利息制限令。一本一息・一本息も同じ。

営運（えいうん）

商業・資本の運営。営運銭は南宋において、賃戸が借家・借地して商売するための資本。

往来缺息（おうらいけつそく）

当座貸付金の利息。

加一利（かいつり）

月利1割、年利12割の高利貸しをいう。印字銭・閻王債も同じ。倍称は唐代の挙銭、明清の一銭一利と同じく、1を借りて、2を償うこと。違禁取利は明律に毎月元金の3分の1、1年間で多くても一本一利を超過してはならないとあること。

官本（かんほん）

政府出支の資本金。利息は国服といい、官物を貸し出す際の利子は、漢代、5分から2割5分、唐代、年利3割3分、4割8分、8割4分と幅があった。宋代、青苗法は春の貸し付けを秋に2・3割で返還し、市易法では年利2割であった。

官息（かんそく）

優先配当。

官利（かんり）

権利株への配当のこと。社債利子のように、企業利潤、すなわち紅利・餘利という収益如何に関わらずに支払われる利子。股息・保息ともいう。場合によっては官利・紅利両方支払うという慣習があった。

月利（げつり）

唐宋の月ごとの利息制限は4分（年7割2分）・5分（年6割）・6分（年7割2分）とさまざまであったが、この高率さえ守られることはなかったようである。

原本（げんほん）

元金。子母・本利は元金と利子。利息・子金・子銭・花利は利子。放利も貸付利子。花銀は利息銀。関息は湖北沙市の銭荘間における標準利息。

減租減息（げんそげんそく）

1937年以降、中国共産党支配地で行われた地代と利息の引き下げをいう。

股（こ）

身体の大腿部を指す言葉であるが、転じて部分・係・班・部局を意味し、商事上の特殊な用語として日本の株（股分）、株券（股票）を指す。股本は株式資本のこと。

股東（ことう）

股友とか夥友・股夥・財主・財東・股董・東家・頭家ともいい、合資の組合における出資者・株主を指す。大株主は大股・主股という。資本を醵出して合股を維持し、損失を分担する責任を負う。股東の出資には匿名の場合もある。甲2股、乙3股、丙4股計9股の割合のとき、甲1人の名義で9股を持ち、乙・丙の名義を出さない場合、あるいは甲が共有する9股のうち、乙に3股、丙に4股を譲渡しながらも甲の名義で9股を持つ場合もあり、いずれにしてもこうした匿名で持つ股を**坿股**という。なお、財東年会は株主総会のこと。

股利（こり）

股息ともいい、股すなわち持ち株に対する利子のことで、決算において生じた利益金の中から股東（出資者）に対して約定書で定めた権利としての配当である**官利**、並びに純益である**紅利**の配当の双方をおこなう。なお、合股の項も参照。

公司（こうし）

公記とも公夥ともいい、また大公司ともいって合股を指す呼び方であるが、大規模なものをいう場合が多い。公司の語は明末、清初あたりから起ったようであるが、南京条約の締結のころから英語の company の訳語に充てられることが多くなり、日本語の会社を意味するようになった。起源については諸説があり、大家族・宗族が営む事業・商事上の合資の組織、および brotherhood つまり秘密結社である天地会・三合会などの組織、客家集団の自治組織などが挙げられそれぞれの実例・証拠も備わっている。福建・台湾・広東・広西・雲南、さらに東南アジアのマレー半島・ボルネオ・ジャワ諸島における華僑社会において合資形態の公司が広く行われた。有名なものはボルネオ西岸部の銀鉱山の開発における客家系の公司である。起業家・鉱山熟練者・鉱夫・経理担当者・農民の 20 ～ 30 人が組合をつくり、役職を定め、毎日開掘した銀の中から鉱山所有者への税、共同生活の経費を差し引いた残りを、**米分**と称する各自が出資した持分に按分して取り分として配分した。モントラドではこの種の公司が聯号して**蘭芳公司**という大公司をつくり、その組合員数は1万人をこえ、行政組織を備えた。マレー半島では錫鉱山の採掘において客家系の鉱夫がいくつかの公司を組織し、自己防衛のために天地会系の秘密結社に加盟して争った。この他にペナンには宗族が営み多角経営をした公司があった。また台湾・厦門・ジャワ島では航海業・一般商業における合股のうち、規模の大きいものを公司、大公司と呼んでいた。（これらは『台湾私法』や『公案簿』（バタヴィア華僑社会の自治裁判記録）に詳しい。）このように公司の組織は華南に発祥したようで、鉱山の開発、海運とこれに連なる商業、手工業との関わりがある。台湾の海運業が営む整船合股では、陸上の股東（出資者）集団が出海（船長）を合股の一員として傭い、乗船させて航海と貿易を一任するが、貿易は公司すなわち合股の名でまた損益は公司の責任・権限で行われた。船中の船頭（舵工）以下水夫もまた組合をつくってこれを**小司**と呼び、各自が搭載した私貨で得た利益を帰港後に配分した。一方、ジャワ島でも合股は商工業の間で普及していたが、特定の大規模な合股を公司と呼んできた。それは製塩・製糖・製油・アヘン販売・人頭税徴収などオランダ人の管理下にあって税を納める企業の請負（**包税**）および資本力を要する業種であった。

合股字（ごうこじ）

聯財合股字・合同議拠・議単などといい、合股つまり合資の契約書・約定書のこと。字は字拠のことで契約書・証拠書類を意味する。文面には合股の目的・合同で用いる商号（屋号）・股東（出資者）各位の氏名・資本の総額や股数・一股の金額、各股東の引き受け額、損益配分の方法・約定書の作製年月日を記し、詳しいものは経理執行人の氏名と権限、かれらに与える身股（利益配当）なども書き込まれる。合股契約に参加した股東は各自1本を所持し、別に1本を店内に備え付ける。

財首（ざいしゅ）

財東ともいい出資者・貸主のこと。持分資本家としては官僚や富民が経営に参加せず行う融資。経営に当る機能資本家に対する語。

慈生銀（じせいぎん）

利子を生む政府の銀両貸付金。生息銀・帑利・帑息・土利ともいう。清代の総商は、その利率の安いことに目をつけ、散商等に貸付け利ざやを稼いだ。暫存生息銀は、企業が利殖を看板に高利で借り入れる資金当利。

出息（しゅつそく）

利子の配当。派息・分派紅利・平分春色・照利均分も同じ。分派盈虧は損益分配。分派賸餘財産は残余財産の分配。

浄利（じょうり）

純益のこと。花頭・花息・贏利・溢利・盈餘・紅利・紅賬も同じ。提分紅利・提彩・分紅は純益の分配。

錐刀の末（すいとうのまつ）

わずかな利益。蠅利・錙銖の利も同じ。奇贏・贏得・奇利・奇羨・益・厚勝・浮利は多大な儲け。

成本（せいほん）

資本金をいう。**本銭**・鋳本（鋳銭のための資本）・**貲本**・金貲・物本・**財本**・工本・元本・本銭・本銀・母財・銀母・商本・人干（呉服屋の隠語）ともいう。商家の場合、貨物に対する総費用、すなわち運賃・税項・資本元利・本支店の経費等あるいは商品原価のこと。清代の運商は引課・場価・運脚・使費・根窩・辦公費に支出した。巨貲・巨款は大資本。小本は小資金。添本は増資。独資は独立した自己資本で、独家経理は株式・合資・合名に依らない単独の個人経営をいう。興業は共同出資による会社、合股のひとつ。長本は所定の資本金、短本は臨時融資。収足資本は株式会社等の払い込み資本金。それに対し未収資本・未繳資本は未払い込みの資本をいう。追了本銭は資本の取り上げ。捞本は資本の回収。羡財は余りの財。銭褡子は財布。費銭・費財は出費。上算は採算が取れること。埰銭は蓄財。籌備は予算。

銭項支絀（せんこうしちゅつ）
支出困難。不中貲も同じ。傷本児・蝕本は資本の欠損。

短票（たんひょう）
清代、奸商がわずか3、4か月で改換し、暴利を貪る商票のこと。一種の紙幣でもある。

籌画款項（ちゅうかくかんこう）
融資のこと、籌款・幇銭・挹注・週転・資貸・墊本も同じ。赶籌款項は緊急融資、款項は金。商捐は商人の融資。

猪会（ちょかい）
会の一種で、華北において見られるもの。数戸の農家より構成される。これに属する農家は共同で1頭の豚を飼育し、必要に応じて屠殺して肉・脂を分配した。

提抜（ていばつ）
無産者が貸主を見つけること。財主の提抜という。提抜とは元来、官界用語で引き立てられること。

搭套（とうとう）
数戸の農家が合作耕作を行い、家畜や農具などを共同で利用すること。華北において見られる。

分一（ぶんいつ）
1分1厘の利率。分二は1分2厘（1割2分）。什一の利は1割、什二は2割の利息。

本大利寛（ほんだいりかん）
資本が大きければ利益も多いこと。

利倍（りばい）
1倍の利益、利益の多いこと。利市三倍も多大な利益のことをいう。

領東（りょうとう）
発達をとげた合股・合夥（合資組合）において、出資者と経営者が分かれ、経理を担当する管事・薫事、またその部下の掌櫃を指す言葉。一般に出資者である股東から傭われて、報酬として合股財産から生じる利息・純益の配当にあずかる権利として股分を受ける。いわゆる業務担当株主に相当するもの。

聯号（れんごう）
合股（合資）はもともと同一の営業業種について成り立つものであるが、大規模化した場合、股東（出資者）は同時に複数の別業種の合股にも出資することがしばしばあり、また股東の側から見て多角に経営を行った方が有利かつ安全な投資となることも少なくない。他方、同一業種について経営を拡大した場合は本店と支店のネットワークを形成することになる。多角業種に経営を拡大した場合が聯号の組織であり、一種のコンツェルンとなる。例えば銭荘（旧式銀行）が漕船業・行桟（倉庫兼買い受け問屋）・油房（搾油業・油商）・糧店（精米・米穀商）などを聯号組織として営むことがこれに当たり、多くは親族の事業である。この事例はすでに宋代にも存在し、大商人・富商がしばしば採用する営業方法である。

⑦会計・帳簿

会計（かいけい）※
古語の会計・会稽に由来し、帳簿（中国では賬簿と書くことが多い）を整理する意味である。会および計1字でも同じ。計は月末の決算のことでこれを**月要**ともいう。**会**は大計ともいい、歳末に行われる決算、総勘定のことで**会算**ともいう。なお、総計することを俗に一股脳児算ともいう。

帳簿（ちょうぼ）※
⑴賬簿・簿・簿子・簿帳・貲簿・簿書・計簿・計籍・数簿・資簿・賬目・賬本・要節などという。もともと会計のことをまた計とか計会、あるいは上計ともいったが、およそ唐のころにはそうした文書を計帳と呼び、帳1字でも帳簿・会計簿を指すようになり、帳目（帳簿上の勘定）・斗帳（小さい帳簿）などの派生語ができたようである。帳に代えて賬字が広く用いられたのは比較的に新しい。一方、簿ないし簿書をもって帳簿を指す用例は歴史的に古く、記帳のことを簿録・簿領ともいった。ほかに帳には勘定する・精算するという意味があってこれを**算帳**といい、また付帳・開帳ともいう。これに関わって掛け売買・信用取引及びその決算の意味で帳字が用いられ、掛け取りにおける年帳（1年払い）・月帳（月払い）の語は前者を、要帳・追帳・収帳・清帳・完帳の語は後者を指した。年末における一切の取引の精算は**収帳**とか**斉帳**と呼ばれる。
⑵一般商店の帳簿は大別してⓐ原始簿とⓑ転記簿に分かれる。原始簿はまた大別して(a-1)流水簿、(a-2)銀銭簿（銀銭流水簿・銀洋総簿ともいう、現金出納簿のこと）、(a-3)進貨簿（来貨簿・沽貨簿・貨源簿）、(a-4)出貨簿（支貨簿）に分かれる。このうち流水簿は日記簿・当座簿・控え帳（扣帳）のことであり、小規模の商店では毎日、取引の順序によって収支の日月・理由・主体および金額を記入した上で、しかるべき元帳へ転記（**複記**）した。一方、進貨簿では商品の仕入れに当たり、上欄に仕入れの月日、売主の姓名ないし商号・商品の名称・数量・単価・運賃などを記入し、出貨簿もこれに準じた。大規模の商店

では流水簿は必ずしも設けず、各勘定口座別に記帳した上でそれぞれの元帳に転記した。すなわち売り上げ商品は出貨簿に、現金の収支は銀銭総清に、掛取引は進貨総清・出貨総清に転記（複記）した。こうして流水簿はあたかも複式簿記における総仕訳帳に相当する。つぎに転記簿（元帳）は総清ないし総簿・総賬・総清といい、銀銭総清簿・進貨総清簿・出貨総清簿に分かれる。銀銭総清簿は債権・債務関係を知り、また現金の手持ち有高を知るための帳簿である。広東・厦門・台湾では流水簿から進支草簿ないし草進簿に転記したのち、毎日あるいは１ヶ月ごとに各勘定収支の総額を銀銭総清簿に転記する方式をとる。進貨総清簿は進貨簿の元帳であり、売主毎に口座（戸名）を設け、日ごと購入ごとに上欄に購入月日・購入貨物の名称・数量・単価・運賃を記入し、代金を支払うときは下欄に支払月日と支払金額を記入し、月末または勘定期日に収支決算をして残高を算出した。出貨総清簿もこれに準じた。このほか、合股（合資）経営による営業の場合、その商号（屋号）における会計帳簿として資本総清簿（資本金勘定）がある。これは股東（合資の出資者）ごとに口座が設けられると共に、各口座帳簿に上下欄を分け、上欄に当該股東出資の年月日・出資額及び配当額を記入し、下欄に引き出し額を記入し、一定の時期ごとにその残高を算出する。なお、このほか寧波・厦門・営口などの地方の旧式銀行では、発達した振り替え記帳の方式があった。寧波ではこれを**過帳**、その帳簿を**銀銭滾存**、厦門では**日清簿**といった。

盈虧表（えいきひょう）
盈は収益、虧は欠損のこと。軋龍門ともいう。西洋の複式簿記における合計試算表に相当するもので、収支損益の均衡を調べるための表。

閲（えつ）
中国旧式簿記で点帳ないし算帳、すなわち関係帳簿の突き合わせ（帳合）を承けて、司帳・掌簿官（帳簿の責任者）が再度詳しく記入漏れ、収支の符合を検閲したのち、北方中国ではしかるべき箇所に閲の字の印を押捺し、上海では覆の字を押捺する。これを閲帳とか覆帳という。

花費（かひ）
費用あるいは小遣い銭を指す。費用のことはほかに**用項**・用款・用度ともいい、出費ないし手数料のことは**規費**という。日用花費・日用開支は雑費のことで零花費ともいう。

過帳（かちょう）
清の末期に中国の南北各地及び東北地方において、取引の決済を帳簿上の振り替えで行い、実際の金銭の授受を伴わない制度。過帳の原義は帳簿への記入の意味。貨幣特に銀の流通が不足したために銭荘業を中心として行われた。浙江省寧波の銭荘業が採用した過帳は有名である。ほかに遼東半島営口の**過炉銀**、江西省南昌の**九三八平市銀**などが知られている。

回単簿（かいたんぼ）
貨物の取引が頻繁なとき、売買双方が賬簿を用意し、受取人はこれに受領捺印をする。日本の判取り帳に相当する。**留印帳**ともいう。なお、受領賬簿のことはこれを**交盤冊**という。

外欠帳（がいけんちょう［がいけつちょう］）
取引代金の未収・未払い台帳。賒（掛け売買）の未決済を記す台帳。外欠草帳ないし各欠という。

記帳法〈きちょうほう〉
中国の書写は縦書きであるため、簿記における収支の対照方式も縦書き式であって、用紙の上欄に貸方を記入し、下欄に借方を記入して対照させる。これは西洋複式簿記において横書き式を採り、用紙の左方に借方 debtor を記入し右方に貸方 creditor を記入する方式とは異なる。さらに収支の対照関係を示す術語の用法は多様であり、全国同一でもない。代表例を挙げれば、上海式簿記では**収**（収入）vs **付**（支出）を、広東式簿記では**進**（収入）vs **支**（支出）を、厦門・台湾式簿記では**来**（収入）vs **去**（支出）を、天津式簿記では**入** vs **出**（支出）を用いる。なかんずく広東式簿記では総決算である総結の表現にも独自性があり、現金の出納をまず進（収入）・支（支出）・存（残高）・欠（貸し方）に区分した上で、**四柱冊**の要目に従い【**旧管**（前年度繰越金）＋**新収**（本年度収入）－**開支**（本年度支出）＝**実在**（現在高）】を計算した。なお、広東簿記に限らないが、当該店舗を主軸として当店が他店から収入するものを収、他店に支出するものを付とするものである。

客貨草帳（きゃくかそうちょう）
商品仕入れの控え帳、すなわち扣帳のこと。

決算（けっさん）
決算、決済のことを**結**・計・結該・結核・結算・**結彩**・結冊・結徴・**盤帳**・開銷・**打帳**・打算・総算・**交清**・清理・清算・通盤一算・勾会という。決算して余剰のあるときは**結存**、赤字のときは**結欠**という。総締め高は**結総**といい、勘定を行うことを**管帳**という。決算報告書は**紅帳**・**清冊**・年結・報銷ないし報銷冊・銷冊・**微信録**・収支清冊という。いわゆる棚卸し表・貸借対照表に当たる用語は結彩・**結冊**・結欠・盤貨・盤存・**盤存表**である。

決算期（けっさんき）
総称して**卯期**とか**標期日**・**結徴期**などという。具体的な勘定の締日の設定法は旧暦上の節季ほか、月・その朔望日・月内の十干周期上の特定日・年末など、暦の運行に合わせて取り決める。一般的には節季が用いられ、**三節**といえば端午（陰暦5月5日）・中秋（同8月15日）・年底または加年・年関（同12月30日の大晦日）であって、掛け取りはその数日前から、12月については15日からはじめる。この三節季勘定を採用したときにはそれぞれの節季の期日に長短の差を生ずる不便がある。**四標期**勘定は春夏秋冬の四季に即してこれを改善したもので、春標は旧暦3月末、秋標は同7月末（閏年は6月20日頃）、冬標は同10月初、年標は同12月30日である。この12月末勘定を**臘期**ともいう。もっとも短い勘定は**日結**（毎日）、銭荘が外国銀行からの融資の受け取りに用いた**二天一期**（2日ごと）、農村市場で市日に合わせた五日清算、一般商店の旬日清算、半月清算（15日と30日）、**月結**（月末決算）などがある。しかし重要な決算期は三節季・四標期、ことに**年結**（年総・年標・年結・年関・斉帳・収帳）であった。以上は通常行われる決算期であるが、必ずしも会計年度を元旦から年末の締めまでとせず、新会計年度の開始を業務が閑散となる5月から6月末におくこともある。

結転（けつてん）
決算後に配当を終えて残る剰余額（**浄存**・**浮額**）のことで、次期繰り越し額を指す。

現購（げんこう）
現金購入のことで、現進ともいう。現金のことを見銭、実金ともいうが、見は現に同じ。支払いに銅銭を用いて、賒（掛け売買）ではない、あるいは紙幣・手形などによる交易でも物々交換でもないときこれを現購という。

扣除（こうじょ）
扣には差し引くの意味があり、**扣算**・**扣折**は割り引くこと。扣付・扣撥は割り引いて支払う、扣利は金を貸すときまず1ヶ月分の利子を扣除すること、扣成色は銀塊につきその純分の値打ちで両替すること。転じて扣用は口銭を指す。また、差引勘定をした場合、差し引いた額のことを**提子**という。

号碼（ごうま）
中国式簿記あるいは日常書簡で使われる計数記号・略字・符号の総称であり、碼字・碼号ともいう。明らかに古来の算木における数字表記に起源し、これを平易化したもので、さらには甲骨文・金文・貨幣刻文・易の卦に遡る（J.Needham, v.3）。また、左から右へ書くことも算木以来のことである。元代には普及し、簿記用数字として商事で頻用されたが、蘇州号碼・厦門号嗎など地方ごとにやや方式の違いがある。総じて中国文書の書体は縦書きでありまた右から左に筆写するが、算盤による計数では数字は左から右に並び、また横方向に示される。ために簿記では中国数字をそのまま用い書写するよりも商用数字を使うのが便利に叶っている。この必要から案出されたものが号碼であり、その書法である。元代以降では、号碼の1から9までを縦書きに示すとき、𝍠（1）、𝍡（2）、𝍢（3）、𝍣（4）、𝍤（5）、𝍥（6）、𝍦（7）、𝍧（8）、𝍨（9）と書く。横書きに示すときは𝍩（1）、𝍪（2）、𝍫（3）、𝍬（4）、𝍭（5）、𝍮（6）、𝍯（7）、𝍰（8）、𝍱（9）と書いた。なお、個々の1から9に至る号碼を用いて1桁以上の整数、例えば123を示すとき、縦書きの号碼である𝍠、𝍡、𝍢を横並べにすれば、1～3が区別できない不便さがある。このため、縦書き号碼と横書き号嗎を交互に使うようになり、例えば123を示すには𝍠𝍪𝍢という三つの号碼の組み合わせによってこれを示し、また例えば678は𝍥𝍯𝍧と書くことになった。

合訖（ごうきつ）
中国式帳簿で、決算帳・簿記帳の上において収支の決算が正しく符合したとき、合訖・清訖・両訖などの字を押捺する。

合票児（ごうひょうじ）
中国式簿記において帳簿（賬簿）係の店員が用いる各自の符合。たとえば「生意興隆通四海、竿妹尾茂盛達三江」のごとき吉祥の意味のある成句から任意に各々が1字を採って自己の合票児と定めておき、取り扱った貨物を各自の控え帳に記入しまた関係帳簿に付記する。これにより各自の能力と責任が明らかとなる。

合龍（ごうりゅう）
収支の突き合わせ、帳合いのこと。**軋直**・軋平・**刷勘**・検籍・刷巻ともいう。

今日結存（こんじつけつそん）
流水賬・浮記賬（日記帳）においてその日の貸借22項を総決算した後、昨日の決算高を借方に記し、その総高より貸方の合計を減じた残高。

錯（さく）
中国式簿記で記入の誤りを示すとき、当該の字に錯の字を書き足す。

雑項帳（ざつこうちょう）
雑項総帳ともいう。商店内の各種の雑事の項目を分類して記入する帳簿。店員の俸給の支払い（項目名は辛俸・辛酬・辛金など）・賄い（福食）・小口支出（小使・零要）・日常経費（常款）・店内財産（家俱）・店内什器目録（生財簿）・各種判取り帳（留印帳・回単帳・蓋印帳など）・税金・卸売り収益代金（発荘還）・小売り収益代金（門市還）・荷役費（箱皮卸貨力）などの類の控え帳。

算盤（さんばん［そろばん］）
珠算ともいう。七つ玉の算盤・珠算は一応中国独自の考案とされている（J.Needham, v.3）。始原に諸説はあるが、明・程大儆が引く北宋の佚書に珠算への言及が、元初の『南村輟耕録』には走盤珠・算盤珠についてのやや詳しい記述が見られ、また明の謝察微は『算学統綜』にて体系的な記述を行っている。日本へは室町時代に貿易に伴って日用算書と共に伝わる。乗算の九九や除算の八算見一のみならず、割声も算盤の構造（七つ玉）もほぼ似通っていたが、明治になって五つ玉に改められた。

四柱冊（しちゅうさつ）

四柱清冊とも四柱銀ともいう。会計における基本の四要目（四項目・四賬目）のことを指す。唐代の寺院の帳簿文書にすでに四柱方式によって決算した事例が確認されている。宋代、元代に公私の会計で普及し、明・清・民国にわたり定式化された。すなわち**旧管**（繰越項目）・**新収**（収入項目）・**開除**（支出項目）・**実在**（旧管＋新収－支出＝残高）を四柱とするものであり、このうち旧管と新収につづく開除はほかに開支・開銭・出銭・費用、また実在は現存とする用例がある。

収訖（しゅうきつ）

中国式簿記で、金銭の受領が済んだとき収訖または**収清**の２字を証拠として当該の金額に押捺する。

抄（しょう）

中国式簿記で原始簿から元帳に転記したとき、転記済みを確認するために押捺する字。北方・中央部では過の字を、広東では抄の字を用いる。

商用数字〈しょうようすうじ〉

大字数目字のこと。賬簿で１～10までの計数に一、二、三、四、五、六、七、八、九、十を使うこともあるが、第三者が故意に書き換えることを防ぐために、むしろ壱・壹(一)、弐・貳（二)、参・參（三)、肆（四)、伍（五)、陸(六)、柒（七)、捌（八)、玖（九)、拾（十）のごとく、同音でしかも画数の多い文字を用いることが多い。また零(0）は「o」で示した。ただし常用においてこれらの正字の書写が煩わしいとき、草書字、または扁（へん）ないし旁（つくり）の借用、略字などを代替の記号に使った。例えば一は「乙」、四は「の」、五は互の崩し字、六は「〦」、拾は「+」、百は「ｸ」、千は「ノ」、万は「万」を用いた。用例を挙げれば、壱百零四は〡〇〤、四百参拾は〤〣、壱千は〡〇〇〇ないし〡千、壱千五十は〡〇〥〇である。

常款（じょうかん）

用款とも用項・用度ともいい、出費・経費のこと。**規費**・贍金も経費・費用を指し、**常款**・常費・餉需・日用開支も日常の経費・手数料を意味する。また**花費**も費用・出費を意味し、零花費・零用といえば雑費を指す。なお、費用という語は消費を指し日本語の費用ではない。

常費（じょうひ）

経常費のことで、ほかに常款・進用・餉需ともいう。

正（せい）

中国式簿記において、帳面上の余白に対して不正記入を防ぐために書き加える字。西洋式簿記において余白の全面に斜線を入れるのと同じ。また、帳面上に金額を記入するときにも不正記入を防ぐために正の字を書き足したが、これらは日本式簿記で書き足す也に等しい。

清（せい）

中国式帳簿で、掛けの貸借が終了したとき、掛け売買帳簿の原数字の上に押捺し、取引の完了を示す字。ふつう清・訖・両訖が用いられるが、広東では完を用いる。

草簿（そうぼ）

賬簿のうち原始簿に当たる日記簿において草書体で当座の取引を速記した控え帳（扣帳)。厦門式簿記・寧波式簿記の金銀出納帳には草簿があり、上海式では一切の簿記に略字と草書体を用いた。

存貨簿（そんかぼ）

貨存簿とも貨総簿ともいい、決算に向けて貨物の有り高を知るための元帳。進貨流水簿（商品購入の控え帳)・出貨流水簿・付貨流水簿（商品売り上げの控え帳）から転記する。後者は批発流水簿（卸売り控え帳）と門市流水簿(店売りの控え帳）から転記する。こうして出入の差引額に市価を乗ずれば、その有り高の総価額を知ることができる。

存項（そんこう）

有り高・積立金・貯え高・また貸し方をいう。

対（たい）

中国式帳簿で、旧帳から新帳に転記したのち、原始簿から元帳に転記をするが、その際必ず現金または商品の勘定と賬簿面とを照合して計算の正否を調べ、すなわち帳合(ちょうあい、突き合わせ）をする。符合すれば司帳は必ず関係項目の上に対の字を押捺する。

対銷（たいしょう）

中国式簿記で上欄の借方と下欄の貸方の金額が一致して他の帳簿に転記する必要のないとき、対銷の字を押捺する。

通共（つうきょう）

合計のこと、**統共**・共総・**共計**・共合・共同・共結一総・共銀・共銭・**計値**などという。

登帳（とうちょう）
帳簿に付け込む、記入すること。塡簿・登記・登部・入帳・拉帳・記帳・攅写・落帳などともいう。項目別に付け込むことを過帳という。

内帳卓（ないちょうたく）
商店ごとに本店の帳場を指す。本店の一切の元帳、すなわち金銭出納元帳と貨物出入帳元帳を管理する。金銭出納元帳には資本勘定をはじめ、銀行取引・為替手形の受け渡し・商品売買・雑費の支出など金銭の出入に関するものはみな原始簿からこれらに転記する。仕入れ品代金・仕立て料・艀費（はしけ代）・運賃・釐金（内地通過税）手数料などの項目の個々についてそれぞれ商品売買元帳が備わっている場合は、みな金銭出納元帳からそれらに転記する。

発荘還（はつそうかん）
商品を卸売りして代金を受け取った総控え帳である扣帳のこと。

万金帳（ばんきんちょう）
合股（合資）の営業について資本勘定に属する事項を記入した賬簿。財本簿・**紅帳**・**鴻帳**・堆金帳ともいう。内容は合股の契約文である合股字、その定款である議単、執務規約を収め、ついで資本金勘定、出資者である股東の新規加入・退会・出資額・配当・割り戻し、また商業使用人の中で利益配当を受ける者があれば股東に準じて記載する。当該合股の証拠文書として便利なものである。万金帳を設けることを**立兌**という。

万年総帳（ばんねんそうちょう）
旧元帳から新元帳に換えるとき、新しい賬簿ごとに金銭出納元帳の記入については、支配人の手元にあって長期にわたる会計の要所を記録した万年総帳と対照させ、その決算尻を転記しなければならない。ただし万年総帳では全ての貨幣はその種類通りに記載し合計し、総決算においてのみ本店の標準貨幣である銀両に換算して記入している。そこでこれを新しい元帳に移すときは再び貨幣種類に分けて転記する。金銭勘定以外の元帳については新旧帳簿の交代において直ちに合計通り転記してよい。

盤帳（ばんちょう）
会計における損益決算のこと。

浮計簿（ふけいぼ）
賖帳（掛け売り）関係を記録する帳簿。

本票根簿（ほんひょうこんぼ）
一覧払いないし期日払いの手形を振り出すとき、手形番号・支払い期日・金額・名宛人を記入する帳簿。通例、この根簿と手形とに割り印をする。これは譲渡できるもので、貨幣と同様に流通する。小切手ないし指図証券を降り出すときに記入する帳簿は支票根簿という。

流水簿（りゅうすいぼ）
流は暫時・漸次・当座の意味で、商店が毎日収受する金銭・貨物などを記入する原始簿であり、流水賬・流水草賬・流水清単・日用循環簿・発荘進賬流水などともいう。簿記の日記帳・控え帳に当たる。大きな店でははじめから金銭項目の銀銭流水簿と貨物項目の貨物流水賬に分けて記載し、あるいはその記載をさらに元帳に当たる総簿に転記する。銭荘では発荘日記賬という。

流抵（りゅうてい）
流用のことを指し、流は暫く別項目に用いる意味。金銭を流用することをほかに**挪款**ともいう。挪は物を移すこと。

龍頭（りゅうとう）
司賬ともいい会計係のこと。会計長のことは総龍頭ともいい、会計主任のことを司賬員という。

零売賖帳（れいばいしゃちょう）
端午と中秋の決算期に小口掛け売り代金の掛け取りをする帳簿。大口取引は内払いにとどめる。

歛銭（れんせん）
集金のことで歛財ともいう。歛は収めるの意味。

5　貨幣・信用

①総記

貨幣（かへい）※
中国で貨は物品とか貨物、幣は贈与とか贈呈を意味し、両語を合せて物品貨幣、金属貨幣、紙幣・為替・有価証券などを広く指し、今の日本語の用法にほぼ同じ。なお宝・宝貨・泉もしばしば貨幣を意味する。貨幣の一般機能が交換手段、支払い手段であり、価値の尺度、価値の蓄積手段であることは世界共通である。

子母相権（しぼそうけん）
「子と母とたがいに量る（権る）」というとき、もともと、子は小銭、母は大銭のこと。文意は小額貨幣と高額貨幣を同時に流通させる貨幣政策を指す。形および重さのちがう銭貨について、小さい銭、軽い銭を子、重い銭、大きい銭を母とみなし、両者を同時に流通させるという政策の始まりは、周代に遡るという説がある。しかし実際には大銭・小銭がかなり広く鋳造された戦国時代に始まったとみてよい。漢代からのちになると、子母相権をめぐり、単一の標準貨幣（後世の**制銭**）を軸にした流通を重んずる説と、小額、高額複数の貨幣を同時に通用することに通貨発行の利益を認める説とに分かれるようになった。漢の五銖銭の発行、唐の開通元宝（開元通宝とも）発行などは前者であり、王莽の貨幣政策などは後者の例である。大銭の発行は国家の財政に利益をもたらすために、財政危機を切り抜けるインフレ政策として後世では何度か行われた。その一方、**銭軽**・**銭重**というときに、前者は銭貨が軽くて購買力が低い、後者は重くて購買力が高いことを形容する場合がある。この用法では、**権軽重**の権は重量比例や価値比例の操作を指し、政府が介入して銭貨と物品間の均衡をはかる意味を示す（管仲の説）。ゆえに子母相権も権軽重もともに大小貨幣間にとどまらず主要貨幣と補助貨幣の関係に当たり、広くいえば銭貨と物品間の需給問題を適正にすることを意味する。この用法は主要貨幣の変遷に従って推移した。銅銭貨幣が主要貨幣の座を交鈔すなわち紙幣にゆずり、ついで銀にゆずるようになった南宋・元・明代でも子母相権・権軽重の論は盛んに行われているが、紙幣の場合、母は紙幣を指し子は銭貨を指し、また銀の場合、母は銀を指し子は銅銭を指していて、関係が大きく変わっているので注意を要する。

貝貨（ばいか）
春秋時代にはいって金属貨幣が登場しはじめる以前の交易の主流は物々交換であり、その際に用いられていた物品貨幣のひとつが貝貨である。貝は主に子安貝を用いこれを糸で束ねて使った。これを示す貝の字を扁に用いる漢字が贈与、交換、商業関係の字に多いことにより、かつて貝貨が広く用いられていたことがわかる。戦国時代の銅製の蟻鼻銭はその形状から子安貝を模したものと推定されている。金属貨幣の登場とともに貝貨は衰退したが、王莽の時、尚古思想を背景として布銭、刀銭などとともに一時期行われたことがある。また元末から明代の雲南では肥子、海肥と呼ばれる子安貝の貨幣が流通しており、17 世紀に入ってから銀、銅銭の行使に移行した。

牌子（はいし）
貨幣の代用物として流通していたものに、南宋臨安府（杭州）で使われていた牌子とか籌とかいう長さ 7.6 cm、幅 1.3 cm ほどの銅板があり、上部に束ねるための円孔があった。一面には臨安府行用、別の面には準伍百文省とか三百文省・二百文省とか刻され、府政府の発行したものである。元代には木牌・竹牌・酒牌などの民間発行の牌があり、明や清一代でも民間の老舗商店が発行し、ほとんどが短陌（1 貫以下の銭数を 1 貫とみなす）として流通していた。銭貨の流通量の不足を補う代用貨幣、今日の金券の類である。

廃両改元（はいりょうかいげん）
明清時代を通じて銀錠が価値尺度として広く使われ、近代幣制を施行して銀元建てを宣言した中華民国期でもこの慣行がしばらく続いて、民国 22 年（1933）に至り政府は銀元を計量単位とし銀両建てを廃止することになった。

帛（はく）
絹を指すとともに古代から物品貨幣の一種類として、絹の長さ 4 丈すなわち 2 端を 1 匹（疋）とする巻物を単位として、帛が広く用いられた。漢代は金、銅貨と並んで帛も多く用いられたが、漢が滅びてのちの大分裂時代には五銖銭の流通が衰退して帛が穀物・麻布の巻物（布）とともに交換手段・価値尺度として大口の取引において貨幣の用途で使われた。三国の魏では一時期銅貨をやめて穀物と帛を貨幣と定め、北魏王朝の大半では銭貨自体が流通しなかった。唐初に銅銭の広域流通が復活したとはいえ、帛は金・銀に次ぐ重要な物品貨幣であった。帛の用途は私経済では賄賂・贈り物・社寺への喜捨・報酬・賞金・旅費・物品購入代価・価値尺度・傭船費用・融資・蓄蔵などに、公経済では租税・上供・宮廷への貢物・国用の支出・贓罪処罰の計量・軍費目的などに用いられた。唐の半ば以降、帛・布・穀物などの物品が貨幣のなかで重く用いられる時代はほぼ終わるが、辺地の一部においては後世まで塩・絹・水銀・穀物などが貨幣として使われていた。

物品貨幣〈ぶっぴんかへい〉
中国で金属貨幣が登場する春秋戦国時代以前に交換手段として用いられていた物品貨幣を代表するものは、珠玉・亀甲・子安貝・犬・馬・皮・麻布・絹・穀物・金であったとされる（銀の通用は金よりおくれる）。春秋戦国時代に布、刀などと呼ばれる青銅鋳貨がおこり、秦の半両銭、漢の五銖銭が流通してからも帛（絹）・金・穀物などが大口かつ重要な取引に使われる大勢はつづき、六朝時代では華中の一部を除いて物品貨幣が主流となった。唐代に開通元宝（開元通宝とも）が多量に鋳造され、両税法によって租税の一部を銭納することが促されて、銅銭による交換が広く普及しはじめ、宋が大量の銅銭を流通させ、さらに紙幣を発行し、銀も貨幣としての通用を広げたことにより、物品貨幣は辺地における局所の現象とされるようになった。その一面で国の財政の主流が租税を現物で収め、現物のまま輸送（漕運・上供）させる制度は後世までつづき、物品貨幣の一部が社会で温存される背景のひとつでもあった。明初に一時期物品経済が華北などで復活した後、貨幣として銀の流通が再生拡大し、これに合わせて次第に一条鞭法に向けて租税を銀で納める政策が採られたことで、帛・布・穀物などが貨幣の代役を果たす時代はほぼ終わった。

②銭貨

銭（せん）※

唐の開通元宝（開元通宝とも）の発行（621年）から清末まで、中国銭（主として銅銭）を指す銭の字は銅・鉄などの鋳貨の称呼であるとともに、1銭の重量という両義をもつようになった。漢の五銖銭における1両の重さは24銖であって、その1/10である銭1枚の重さは2.4銖、五銖銭の重さはその5倍に当たる。しかし唐の1両は漢の1両の3倍の重さに当たる一方で、唐銭1枚の重さが1両の1/10であること自体は変わらず、漢の五銖銭1枚よりも44%重い結果となった。ここに漢より重い1両37.5gという量目単位が現れ、その1/10である1銭3.75gの重さという新しい事態に合わせて、銖という単位による表現をやめ、銭（ないし**文**）が鋳貨1枚の基礎単位となった。さらに、この1銭は1貫の1/1000、すなわち3.75gであって、銭ないし文（**匁**とも）と呼んで数えるようになった。これと連動して、少なくとも唐代では銭における1貫（＝1,000文）、銀における1両（10銭）、穀物における1石（＝100升）、絹における1疋、1匹（＝4丈）が、横並びにほぼ1,000銭（文）＝1貫の価値に相当していたことから、唐代には公私の経済における**貫両石匹**を通じた概数を算出することが容易になり、さかんに行われ、その遺風は宋代まで続いた。

銭貨(先秦)（せんか・せんしん）※

銭貨は中国の金属　貨幣（鋳造貨幣）の総称。伝承上では周の呂尚（太公望）が貝貨などの物品貨幣に代えて青銅の貨幣である布・刀・銭を流通させたとされる。実際に銭貨が歴史に登場したのは春秋～戦国時代のことであり、三晋（陝西・山西・川南）地域で**空首布**・**尖足布**・**方足布**・**円足布**などの布、燕・斉（河北・山東）地域で**明刀**・**尖首刀**・**斉刀**・**即墨刀**などの刀と総称される青銅貨幣が流通した。いずれも当時の農具を小型に模したもので、形状の大小・厚薄で種類が分かれ、表裏に鋳造した諸侯の国名ないし都市名・額面・重さなどが刻まれ、まれに無刻のものもある。斉刀・即墨刀に刻まれた斉法化（貨）・即墨法化（貨）の語は法定貨幣であることを示している。

銭貨(秦漢)（せんか・しんかん）※

中国で**円郭方孔**の金属貨幣が画一的に流通したはじまりはおそらく秦の政府が独占的に鋳造、通行させた**半両銭**であり、銭面の左右に半両（12銖＝1/2両）と刻された。漢初には鋳銭の政府独占がいったん弛められ、また半両銭が重すぎる不便もあって、半両の額面を示しながら重さは8銖、五分（半両の1/5＝2.4銖）、三分（半両の1/3＝4銖）ないし四銖、三銖の銅銭が一時期流通した。のち、武帝の元狩5年（前118）、額面の刻文と重量が一致する**五銖銭**が政府独占の下で鋳造されて流通し、漢以降の時代でも用いられた。前漢を簒奪した王莽は五銖銭を廃止して、小銭～大銭計6種の額面の円形銅貨を発行して、銭字を用いずに**泉**（銭と同義）の字を付し、別に小銭～大銭計10種の高額面の布銭をつくり、さらに4種の亀甲貨、5種の貝貨、2種の銀貨、1種の金貨をつくった。王莽の貨幣政策は尚古趣味を表明し、また小銭と大銭を兼ね用いた極端な事例であるが、その失政とともに五銖銭の単一流通に戻り、銭の字の行用も復活した。なお、前漢の武帝から平帝までの120余年間、五銖銭280億萬余が発行され、年平均で22萬貫になる。これは唐の開通元宝などの年平均約15萬貫をこえる規模である。後漢からのち五銖銭の発行が途絶えたにもかかわらず、民間にストックされた五銖銭は**古銭**として長く使われた。

銭貨(唐～清)（せんか・とう～しん）※

中国の銭貨の歴史は唐宋期を境として画期的な発達をとげた。武徳4年（621）に発行された**開通元宝**（**開元通宝**とも）から以後、従来の銭面の左右に2字を刻む様式から4字銭文を刻む新規の様式に移行し、また1銭の重さが五銖銭と同じく1両の1/10＝2.4銖とされるものの、唐の1両は漢の1両の3倍の重さであるため、1枚が五銖銭よりも重くなり、これを銖で表さずに1/10両＝1銭という等式で示すようになって、この銭を俗に文（匁）といった（＝3.75g）。つまり銭字は銭貨自体およびその数量を指す意味と重量の意味とを合わせもつようになった。重量の銭はまた**貫**の1/1000に当たるため、銭の計量に1,000銭＝1貫目が用いられるようになり、これに付帯して1貫の銭の一括りを示す**緡**という計量単位が盛んになった。開通天宝のごとき**四字銭文**は時計回りに読む（環読）ことも、上下右左の順に読む（対読）こともできる。8世紀から天子の年号につづけて某々元宝・某々通宝と表示する銭文が行われ、宋代は18帝で計51の**通宝**を発行した。北宋期は中国史でも最大の銭貨鋳造・発行量を記録し、年平均で約200万貫、最高の時期は神宗の熙寧年代の約500万貫であった。南宋期は20～30万貫に減り、銭貨は紙幣・銀と並んで通行するようになった。中国銭の海外への流出はほぼこの南宋期に始まる。元に至り紙幣の交鈔を元宝鈔と称したために、**元宝**の用法が銭貨から紙幣にまで拡大した。この曖昧さをさけるためか、明清時代の銭貨の銭文は主として通宝を用いた。唐以後の銭貨の様式は周辺の諸国における銭貨にも影響を与えた。日本が708年に発行した**和同開宝**（和同開珎）、安南が970年に発行した太平興宝、980年に発行した天福鎮宝、高麗で1102年に発行した海東通宝などが早期の事例である。光緒24年（1898）に清国の広東において新式機械で鋳造され、翌年から東南および華中の各省でも発行された**銅元**と呼ばれる銅貨は、方孔のない文字通りのコインであって円郭方孔様式の旧中国銭はここにその歴史を閉じた。銅元1枚は旧銅銭10文に相当した。銅元は政府の逼迫した財政を補うべく過剰に発行され、民国期には銀元に対する銅元の比価は1：100から1：300

に低落した。この間に材質で相対的に銅元にまさる旧中国銭は鋳つぶされて市場から一掃された。

黄牛白腹、五銖当復
（こうぎゅうはくふく・ごしゅとうふく）

王莽が発行した銅・鉄銭を揶揄した俚語。黄牛は王莽が改鋳した粗悪な銅銭、白腹は公孫術が改鋳した鉄銭。五銖当復の復は腹の押韻であり、また百にも通ずるので、黄牛も白腹も五銖銭がこれらの百に相当する、つまり当百の価値だという意味。さらに、黄牛と呼ばれた銅銭は王莽の治世である土徳で黄色を暗に指し、白腹と呼ばれた鉄銭は公孫術の世が金徳白色を暗示するので、この俚語は王莽・公孫術の天下が去って漢の世が回復することを唱えている。

私鋳（しちゅう）

もともと民間に銅銭の鋳造を公許することを、政府の鋳造である**官鋳**に対して**放鋳**ないし私鋳といい、前漢の文帝の時にその先例がある。やがて武帝が首都の上林の貨幣鋳造所（唐宋では銭監、明清では銭局）に一括の官鋳を命じてから以後、放鋳を請う主張は折々にあり、皇室や寵臣に私鋳を許した事例や地方での官督民鋳の事例もしばしばあったが、銭貨の鋳造の趨勢は官鋳が原則となり、私鋳といえば偽金つくりとか制銭の模造を指すようになった。私鋳および外国への流出に対しては死刑が課された。違法に銭貨の一部を削り取ることは**剪鑿**とか剪錯といい、これも重罪が課された。銅材料に錫・鉛、あるいは砂を混ぜた劣悪な銭つまり悪銭は鉛錫銭・沙尾銭・沙板などといい、銅銭を鋳つぶして銅器に変造したり、勝手に改鋳する違法な行為は**銷鎔・銷毀**とか呼ばれた。私鋳は歴代を通じて存在したが、その深刻さは制銭の鋳造・供給が相対的に多く、銭貨が貨幣の主役であった唐・北宋期よりも、主役が銀になり、しかも銅銭の鋳造量が減り、また海外に流出した明代では貨幣制度を揺るがす大問題であった。

省陌（しょうはく）

中国の銭貨（主に銅銭）の行用において、穴差し銭計1,000銭（文）の束一括り（＝1貫、1 string）が実際に1,000銭（文）であれば**足**とか**足陌**といい、1,000銭未満の数量であってもこれを1,000銭とみなして割り引いて受給に使うことを省陌、省百とか**短陌**、**短緡**といった。この慣行は古くからのもので、後漢の184、188年の鉛板に記された田契に950銭を1,000銭とみなす旨の文言があり、晋の『抱朴子』には「借人長銭、還人短陌」の句がある。また梁国の東部では80銭を100銭（東銭といった）、西部では70銭を100銭（西銭といった）として受理し、建康（南京）では90銭を100銭として受け**長銭**と呼んでいたが、中大同元年（546）の勅命で足陌の使用を命じたことがある。中唐になると、政府は920銭を1貫として行用し、差し引いた80銭のことを**除陌**とか**除墊**と呼んだ。唐末には公定の除陌は850銭、五代の天成2年（927）に800銭、乾祐元年（948）に770銭となった。宋はこの制を引き継ぎ、100銭の省陌は77銭と公定したが、市中では普通75銭、魚・肉・野菜の店では72銭、貴金属店では74銭、宝石店や女中の雇い入れ、動物の買い入れでは68銭、書籍店では56銭を用いた。金国でも省陌を88銭と公定した。省陌・省百というように、100銭（文）の単位でいうのは、100銭を一括りの束つまり**緡**として紐を刺して括り、この束の10個によって1,000銭（文）つまり1貫として勘定したからであろう。明・清では一方で鋳銭量が少なくなり、一方で私鋳銭・悪銭が増え、良悪銭の混ざり方も相互の比価も複雑多岐となったためか、省陌という用語の用例は少ない。清代では100銭（文）の括りの中に好悪銭が一定の割合で混ざり合うことを**毛銭**といい、その比例関係に対応する用語があった。

制銭（せいせん）

1個で1銭（文）の価値を規定された基準銭貨、標準銭貨のこと。当二・当三・当五・当十などの額面も重さも形状も大きい大銭に対する基準の銅銭を意味する。また、官鋳の好銭として市中に流通する私鋳銭や悪銭を却ける意義もある。銅銭が主要貨幣の座を占めていた漢から北宋まで、官が好銭を官鋳してこれを納税・官俸の用に供するとともに、庶民同士の交換にも便宜を供するという常套化した貨幣政策の思想が底流にあり、制銭の鋳造・発行は公的財政と私的交換を政府が一手に掌握・統制する方策であるとして歴代の政策上で重んぜられてきた。しかし、南宋・元・明・清の間に、紙幣ついで銀が主要貨幣の座につき、しかも銅銭の鋳造は減少に傾き、時に休止・停止したほか、海外流出も増えた。ただし、この間に民間の生産・流通は上昇を続け、小額貨幣である銅銭への需要は一貫して増えた。明代後半期には制銭の供給が不足して各種各様の私銭・悪銭が市中に蔓延する状況が目立つが、嘉靖期以降の制銭政策はこうした背景から実施された。基準銭貨は宋代では**小平銭**とも制銭とも呼ばれ、明前半の洪武通宝から弘治通宝までの5種類の紀年銭は**官銭**と総称されたが、嘉靖通宝からは制銭と呼ぶようになった。北京の宝泉局鋳造の北銭、南京の宝泉局鋳造の南銭を総じて**京銭**とか**黄銭**といい、量目は1斤の160分の1を1銭とし、70銭（文）で銀1銭に相当し、地方の外省で鋳造したものは**皮銭**ともいい、100銭（文）で銀1銭に相当した。また鋳銭材料のうち錫を用いず、鉛の比率を増やしたので、素材からみれば青銅銭から真鍮銭に変わった。清朝では太祖の天命通宝以下宣統帝の宣統通宝にいたるまで、天子在位の紀年を通宝の前につけた銅銭をもって基準通貨、制銭とした。うち天命通宝（太祖）と天聡通宝（太宗）は満州文字で歴元を書き、3代順治帝以下の制銭は表面に漢字で紀年を、裏面に満州文字で北京宝泉局ないし南京の宝泉鋳銭局の名を刻し、他省の鋳造銭であれば満州文字で宝の字およびその地名を刻した。実際の取引には制銭と劣悪銭貨が混ざるが、例えば100枚中に制銭9、悪銭1ならば一九銭、以下二八銭・三七銭・四六銭・五五銭・六四銭・七三銭・八二銭などといい、この良悪混成した割合の銭のことを**毛銭**といった。四川地方の取引や納税で100枚中悪銭が0枚ないし1、2枚なら**紅銭**といい、同じく安徽地方で良銭から成る銭緡を**西典**と呼んだ。(なお近代の通貨で単位1角の値の小銭を1毛すなわち1毫と呼ぶ用法もあるのはこれとは異なる)。

銭闤函方(せんえんかんほう)

穴あき銭のこと。円郭方孔などともいう。中国銭や日本・安南・朝鮮の古銭に共通する形状。中央の四角の穴はもと円形であったとされている。周郭および中央の方孔の縁の部分は、漢の五銖銭発行の時に削り取られることを防ぐために分厚くしたとされる。

鉄銭(てつせん)

銅銭は宋代まで中国の銭貨を代表する主要貨幣であったが、王莽の幣制を先例として、事例は多くはないが鉄銭、鉛銭が広範囲に用いられたときがある。その好例は五代の南方地域と北宋、南宋の四川および陝西・山西と淮河地方である。まず貞明2年(916)に閩(福建)で鉄銭・**鉛銭**が行われ、ほぼ同じころ楚(湖南)・南漢(広東)もこれにならい、銅銭を用いていた後蜀(四川)も広政18年(955)に、同じく南唐(江蘇)は顕徳7年(960)に同調した。そのねらいは意図的な貨幣の価格切り下げにあり、都市では銅銭を、農村では鉄銭・鉛銭を通用させて、遠距離商人に銅銭や銀で決済させる一方、国外に銅銭が流出することを防ぐことにあった。宋は統一後、南方で鋳造された銅銭を地元で流通させせつつ鉄銭・鉛銭を回収したが、四川ではこれに失敗して鉄銭流通区域として残った。ついで1140年代の西夏との戦争を機に、大鉄銭・小鉄銭を銅銭とならんで行い、陝西・山西を鉄銭と銅銭とを行使するゾーンと定めた。元豊3年(1080)に存在した北宋の26の銭監(銭貨鋳造局)のうち、9監全体で88.9万貫文もの大量の鉄銭を鋳造した。南宋でも四川は鉄銭行使であったほか、淮河流域地帯は鉄銭・銅銭の行使地帯となった。なお、銅銭と鉄銭の比価はおおむね1対2であった。鉄銭の鋳造は南宋以降では減るが、それは紙幣および銀の流通が貨幣の不足を緩和したからであり、清が光緒21年(1895)に鉄銭を鋳造したのは財政の逼迫による。

渡来銭〈とらいせん〉

鎌倉・室町・戦国期の日本に、主として中国で鋳造され流通していた銅銭が貿易によってもたらされたものを日本では渡来銭と総称するが、発見の状況に因んで出土銭、埋蔵銭と呼ぶこともある。これまでにほぼ全国の百数十箇所から、大は37万枚から数万・数千・千内外台で一括出土するものを含めて、これまで総累計にして約400万枚の出土が知られている。ただし至治3年(1323)に寧波を出港し京都東福寺仕向けの貿易品を載せて韓半島の木浦沖で難船した中国船からは、2万8,018トン、約800万枚の銅銭が出土しており、遣明使節が中国で受けて持ち帰った回賜の銅銭も毎回数万貫には上ったから、渡来銭全体の実際の規模は相当の数量に及んだに違いない。その構成内容は圧倒的に中国鋳造の銭であるが、少数ながら遼銭・西夏銭・金国(女真)銭・元朝銭・琉球銭・朝鮮銭が混ざっている。銭に刻された紀年によって年代的な枚数の比率の内訳をみると、漢の半両銭・五銖銭・唐の開通元宝、五代王朝の銭などの数は各出土事例のなかでは1割に満たず、宋銭とくに北宋の銭が7、8割を占め、南宋銭・遼国銭・金国銭・元朝銭は微少である。明朝銭は洪武通宝・永楽通宝で代表され、1〜2割に止まるが、鐚銭の混入も多い。こうした紀年銭の比率は王朝ごとの銅銭鋳造の総量にほぼ沿っている。しかし各出土例における渡来年代の下限を推定する傍証材料にはなるが、渡来の最盛期が南宋から明代前半におよぶこと以上に詳しい詰めは未だ進んでいない。中国・日本それぞれの貨幣制度・貨幣政策の推移、市中における通貨とくに少額貨幣の需給関係、高額貨幣の需給との関係、金融業者の機能などの推移を解明することと並行して検討される必要がある。それにしても、これだけ多量な中国の銅銭が全国規模で遍く出土していることは、輸入中国銭を軸にして営まれた日本中世・近世期の貨幣経済・貿易交渉の実態を反映する動かぬ証拠として十分に注目するに値する。なお、渡来銭では中国の1,000文=1貫=1緡の慣行とちがって100文=1緡で仕分けられ、さらにその100文を概して97文の短緡とし、北宋銭を中心にして良銭を主体に一部の悪銭を混ぜた節がみられる。この方式が日本独自なものか中国側の方式によるのかも含めて、日本・中国の銭貨の歴史を比較照合する問題が多く残されている。

当五銭(とうごせん)

同類の当二銭・当十銭・当百銭、あるいは折二銭・折三銭・折五銭・折十銭、などと呼ばれる銭貨(銅銭・鉄銭)とともに大銭と総称される。大銭は、形状・重さ・額面価値ともに標準貨幣(小平銭、制銭という)の1枚(1銭・1文)に対比して大きく、この価値の比例関係を銭面に表示し形容する用語が当ないし折である。大銭を国が鋳造するのはたいてい財政上の窮乏に対して収益を上げる政策に伴うものであり、当・折といっても制銭に対して正確に比例するものではなく、鋳造差益(seigniorage)いわゆる出目利益を財政につぎ込むもので、明末の事例が有名である。

緡(びん)

緡銭・銭緡・銭貫ともいう。緡はもともと釣糸など強度のある糸のことで、紐として銭を束ねる。小額の銭貨(とくに銅銭)が多量にあるとき、運搬にも、計量にも不便なので、これを恐らくまず100枚の銭(文)を一括りとし、銭の中央の方孔に麻紐などを刺し通して束ねる。日本ではこの紐を緡とも銭緡とも「さし」ともいう。つまり、穴差しの紐である。中国では古くからこの100枚一括りの10束分の1,000銭（文）をもって1貫（1 string）の計数単位、また同時に3.75kgの重量単位ともした。銭束をめぐって緡と貫とは互いに通用して1,000銭単位の数量を指し、緡銭とか緡といえば漢から唐宋では1貫文の銭を表示した。後世の明清では貫の代わりに**吊**・**串**が多く用いられた。なお、銭貨の流通量の地方的な不足、つまり需給の不安定とか、好悪銭が混ざって市中に流通している状況などが増える中で、100銭（文）未満の一定の銭数を100銭とみなして取引する市中の慣行が発達して、唐宋時代にはこれを省陌とか短陌といった。

③金銀

金の単位〈きんのたんい〉※

中国では金は銀ともに王朝時代を通じて、地金・延べ棒・砂金・まれにコインの形で貨幣の役を果たし、貨幣としての行用は銀よりもかなり早く先秦時代にさかのぼる。ただし古い漢字の用法では金は銅をも、また金属一般をも意味しており、各種金属は同じ重量単位を用いていたから、貨幣用途か否かの弁別がむずかしい。古い金の重量は守ないし爰（鍰）であって同一単位の異称であった。戦国時代の楚国において郢爰・陳爰・寿春と刻された金の小さい板状の貨幣が銅・鉛のそれと並んで行われ、後世、宋代以降にそれらの遺物が出土している。戦国時代には24両ないし20両の重さの金地金を鎰と呼んでいたが、のちに漢代になると金の重さは斤で表し、価値は1万銭（文）に相当した。六朝から唐代にかけて、金・銀ともに斤ではなく両で量るようになり、鎰も唐代以降では両と同義になったが、これは金銀の使用価値が高くなったためであろう。ほかに唐・宋では金・銀の1両の量目を竿秤の目盛りに因んで1**星**ともいったが、清代になると1星は1銭（1/10両）を指すようになった。

金の名称〈きんのめいしょう〉※

金はふつう黄金（銀は白金、銅は赤金）と呼ばれるが、地金の形状から名付けて馬蹄金・瓜子金、品位から名付けて良品を**紫磨金**、普通品を**赤金**といった。

銀の名称〈ぎんのめいしょう〉※

普通の銀は白銀という。特上の銀は**花銀**とか**雪花銀**という。純銀は伸展性があるところから細糸（シース）紋銀という呼び方があり、広東方言で訛ってシシー（sycee）と英語で呼ばれるようになった。馬蹄銀は英語でshoeともsyceeとも呼ばれるが、どちらも元宝として知られる楕円形の地金を指している。この元宝は、至元13年（1276）にモンゴルが贈答用の大量の撒花銀子をもって各50両の銀地金に鋳直したことに始まる。

金銀の用途〈きんぎんのようと〉※

中国では金銀のコインが鋳られたことはむしろ稀であって、地金・延べ棒・板金の形によって贈遺・交換・備蓄に用いられた。貨幣としての用途のうち、唐代の公経済では納税・上供（税物の中央への送付）の折換・進献（宮廷への貢納）・国家支出・軍事支出であり、私経済では賄賂・贈遺・寄進・謝礼・賭博の懸賞・賠償・贖身・融資・長距離送金の手段・路費・支払い手段・価値尺度・雇傭の賃金、退蔵であった。ただし支払い手段としては唐代では大取引に限られ、上流階層によって用いられた。宋代にはなると用途はより日常化し、上記のほか賠償の支払い・貸し付け・税の折納・紙幣の兌換などに広がった。役銭を銀で納めた遺物が残っているほどである。

金銀の価格〈きんぎんのかかく〉※

金価は北宋末（1126年）に北宋前半（998～1003年）の4倍、南宋前半（1131～1162年）にはその6倍、南宋半ば（1208～1224年）にはその8倍と急騰し、銀は1126年に北宋前半（998～1003年）の2倍弱、南宋前半（1131～1162年）にはその3倍弱、南宋半ば（1226～1228年）にはその4倍弱となった。これは米価が1226年に1068年以前の4倍余り、絹価が2倍に騰貴したのに類する。南宋における銀の騰貴傾向は一般物価の上昇に沿うもので、供給不足によるものではない。同時期に金が米・絹のほぼ2倍に上昇した一因は供給不足にあるとみられている。

袁頭（えんとう）

中華民国期を代表する銀貨に袁頭と**孫頭**がある。袁世凱の肖像を刻した袁頭は民国3年（1914）に、孫文のそれは民国22年（1933）とその翌年に発行された。後者が英語でジャンク・ドルといわれるのは裏面にジャンク模様があるからである。その鋳造は銀の貨幣使用が廃されて国の正貨が採用された民国24年（1935）に終わった。

外国銀（がいこくぎん）

中国では貨幣素材にも用いられる金・銀の産出地は歴代主として華中・華南の山地に分布して産出額も限られ、採掘・精錬はほとんど認可された民間人に委せられ、産出額の20%～30%を政府が物品税（課銀）として課徴していた。貴州・雲南で銅鉱とともに金鉱・銀鉱が本格的に開発されたのは明末清初以降である。ゆえに歴代主に西北中央アジア方面、インド・東南アジア方面から交易によって供給されてきた金銀は無視することはできない。16世紀半ばから17世紀末にかけての中国は銀の世紀と呼ばれて銀が銅銭に代わって主要貨幣の座を占める契機をなすが、これには外国銀の流入が関わっており、その背景には中国経済の発展・幣制の混乱・世界貿易の拡大など錯綜した事情がある。

唐宋時代にはじまる経済の発展は農業生産の発達にとどまらず、遠隔地間の商業流通の成長、国家財政規模の拡大を伴うものであった。北宋政府は未曾有の銅銭を発行してこれに応えたものの銅鉱は枯渇に傾いた。この間、大口・遠距離取引の決済手段として、銀地金および各種手形・紙幣が登場するに至り、南宋は紙幣（会子）と銅銭、元は紙幣（宝鈔）と銀を併用する幣制を敷いた。紙幣の登場の下で国内にストックされていた銅銭はむしろ海外周辺諸国へ貨幣として流出する勢いを増し、またモンゴル大帝国の版図内から中国に集まって宝鈔制度を支えてきた銀は、元朝の衰退とともに供給が激減した。明初の幣制は元の宝鈔制度を継承しつつ銅銭の新鋳・流通でこれを支える一方で、金銀の貨幣使用を禁じ、金山・銀山も一時期は閉鎖を命じた。銅銭の鋳造高は北宋にはるか及ばず、しかも国内にある銅銭は海外に流出したために厳しい海禁を断行し、この間に宝鈔は不換紙幣に陥った。

明の国内経済・国内商業は15世紀半ばに元末の荒廃から立ち直り貨幣需要も回復するが、これに応える銀・銅銭の需給は東南部と華北で格差が大きかった。銀課から推計される銀鉱山の年間産出高は15世紀を通じて1万kgに概ね届かずむしろ漸減していた。正統7年（1442）に全国の銀収益を蓄えて財政に供する太倉銀庫が北京に設けられる。その収入は16世紀に5万kgから18万kgへと伸び、17世紀半ばには80万kgを越え、この増加に外国銀の供給が少なからざる役を演じたと想定できる。

日本銀（**倭銀**）の大量の流入は1530～40年代にはじまり1640年代までつづき、年間で約3万kgから5万kgが中国商船、ポルトガル船で運ばれ、主として生糸・絹貿易の決済に用いられた。1545年に発見されたスペイン領南米現ボリヴィアのポトシ銀山のスペイン銀（**西銀**）は、1570年代以降生産を拡大しコインに鋳造されて、東回りでスペイン本国から西欧、さらにアジアへ、西回りマニラ経由でアジアへと世界を巡った。このころアジア内海域における貿易の主幹商品は中国東南部が産出する生糸・絹、おくれて木綿・砂糖であり、中国と日本・朝鮮半島・琉球・南海諸国との貿易関係が主軸となり、これにポルトガル・スペイン・オランダの商船が参加していた。中国産品と交換されたものはほとんどが新大陸産の銀であった。中国側の銀需要だけでなく、中国内の金対銀の比価が金1対銀5.5～7であり、たとえばスペイン本国の1対12.5～14に比べてはるかに銀高であることが世界に知られていた。マニラ経由で中国厦門方面に運んだスペイン銀は年に8万kg～30万kg、ポルトガル船が西欧で集めマカオ経由で中国に運んだ銀は16世紀末に3万2,000kgであったといわれる。

銀炉（ぎんろ）

清代に貨幣用の銀地金を鋳造する業者のことを北方では**炉房**、南方では銀炉・**銀楼**といった。これらは銭荘のために銀地金を鋳造して手数料を受け取り、客に対してその製品について全責任を負った。これらが登場する以前は**公估局**の手で検印がなされ、品位の証明として店の刻印を捺したり、墨で記しをつけて重さと品位を記した。公估局の数が限られていた華北では**炉房**がこれに代わるようになった。炉房も銀炉も公許制であって、一地方で少数が許されていた。

庫平（こへい）

清末には貨幣用の銀地金1両の品位について、その標準と仮定して行用する計量単位には、一応全国的に通用する**庫平両**（平は秤のこと）・**漕平両**・**海関両**の3種と、地方毎に使われる無数の単位とがあった。地方の単位としては、上海で通用する銀両の**九八規元**（九八は100両に対して98両を受け取る意味）、天津で通用する銀両の**行平貨宝**（銀両替ギルドの重量）などがある。

小洋（しょうよう）

小洋とは高額の外国銀貨幣（**大洋**）つまりドル銀貨に対する少額の銀の補助貨幣をいい、たいていは19世紀初めの30年間に発行された10セント・20セント貨である。おおむね価値が下落したため、10セント貨で11枚から13枚をもって1ドルとして受け取られた。

申水（しんすい）

両替において銀を交換する際に、その銀の品位が標準銀より劣るとき不良の分だけ割り増しを出した上で交換すること。これを出す側からは**貼水**といい、承ける側から**申水**という。水平をはかる意味。**水**の1字で銀の品位を意味する。

成色（せいしょく）

清代に貿易用の銀錠について品位を100等に分けて成色といった。80ないし100成色であれば商業に用いられ、80以下ならば受け取りを拒めた。**九六色**といえば100分の96の品位を指す。純銀に次ぐ品位は99両1銭8分の重さをいう。品位の十分ある銀（純銀）を**足色**・**足紋**・足色銀子・燭銀・敲糸などという。品位を示す称呼には地方差もあって、北京の足銀は京色、天津の足銀は津色、済南の足銀は済足などといった。また銀の交易で品位の劣る銀に対して相手に与える差額の補足を**加色**ないし**色水**といった。混ぜもののある銀は**毛銀**・毛色・折色銀と呼ばれた。

蔵銀（ぞうぎん）

乾隆58年（1793）に清朝がチベットを併合したとき、ラサに宝蔵局を置いて鋳造した銀貨であり、形は円形方孔で大小2種があり、大コインは10枚で重さ1両、小コインは18枚で重さ1両に当たり、小銀貨は大コイン9枚または小コイン18枚で銀1両に相当した。

錠（てい）

正字は鋌。貨幣としての金・銀の計量単位。宝鈔などの紙幣にも用いられる。唐・宋のとき1錠は重さ50両であった。元の宝鈔において銀1錠に当たる紙幣の額面を1錠としたが間々50両よりも軽い銀地金も1錠とみなした。

銀貨幣の利用が増えたため、明代では1錠は通例重さ5両の銀、ないし5,000文の銅銭を指すようになった。土地税を銀納することを広く認めた正統元年（1436）には、その銀を**金花銀**と称したが、もともと金花銀は唐代には良質の銀を指す語であった。

番銀（ばんぎん）

外国から中国にもたらされた銀貨の総称。16世紀にフィリピンから福建・広東に到来したスペインのカロルス銀貨（**本洋**・**双柱**といった）、ついでスペインのメキシコ銀貨（**墨銀**・**鷹洋**・鷹餅・鈎銭といった）が主流をなし、19世紀には英国ドル・香港ドル（**站人洋**といった）・米国ドル、日本の円銀貨も流入した。番銀のほか、番餅・洋銭・ともいう。番銀のうち無傷のコインは**光板**と呼ばれ、数次の刻印を経た者は**爛板**、爛番と呼ばれた。

餅（へい）

貨幣としての銀のうち小型のものを指す。唐宋では餅とよんでいたが、明清では錁子といった。

④紙幣

(1) 紙幣1（〜宋代）

交子（こうし）※

宋代11世紀初頭、四川で出現した紙幣。交子とは付き合わせ交換するものの意味だが、具体的には当時四川で流通した鉄銭と交換した兌換紙幣を指す。四川は宋朝の併合に伴う混乱期を経て、真宗期にようやく安定し、鉄銭通行地域と定められた。しかし鉄銭は重く不便であったため、商人間では一種の約束手形として交子を発行し鉄銭に代えて使用した。しかし発行者の乱立で交子の信用は損なわれ、その信用回復と同業者統制のため、益都（現：成都）の富戸16戸が**交子舗**を設立し、連保作交子すなわち連帯責任を負って独占的に交子の発行を担うこととなった。特製の紙に家屋人物などの文様が朱・墨で印刷され、発行商人の印や隠し文字・記号を加えて偽造を防止し、額面はその都度筆記された。兌換の際には1貫につき30文の手数料が徴収された。**交子戸**と呼ばれた発行者の富戸16戸は代価の鉄銭を不動産などへ投資し利益を得たが、そのために現銭への兌換が停滞するなど紛争が発生。仁宗の天聖元年（1023）には政府が介入し、益都に益州交子務を設けその発行を官営とした。官営後の交子を**官交子**、それ以前の交子を**私交子**ともいう。民営時代と同様に原則3年を**界分**・界（通用期限）とし、1界ごとに新旧の交子の交換が行われた。デザインは交子式で決定され毎界異なり、天聖2年第1界から大観3年（1109）に**銭引**と改称されるまで43界発行された。当初は1〜10貫の種類があり、宝元2年（1039）には5・10貫、熙寧元年（1068）には500文と1貫の2種類となり定着する。第1界の発行額は125万貫で、これを基準として準備銭を備えた。この基準が遵守されていた間は交子の価格も940〜1,100文と安定していたが、哲宗の頃より額外発行が多くなり、徽宗の時には総額2,600万貫に達し市場価格は崩落した。新旧の交換には1貫につき**紙墨銭**30文を納入し、これが蓄積されて兌換時の本銭となった。仁宗初期に西夏との緊張が高まると、秦州以西の辺境に糧草を納入する代価として、益州交子務で印造した交子60万貫が陝西へ供給された。交子は神宗・哲宗・徽宗の時にも陝西で通行し、四川より大量の供給が行われただけでなく、陝西独自の交子も発行された。四川交子は蔡京の貨幣政策によって銭引と改称された。

北宋期にはやはり鉄銭通用地域であった河東路（現：山西）でも、短期間ではあるが交子が発行された。神宗の熙寧2年（1069）、潞州に交子務が設置され、河東辺境への軍量調達の便を図り、重い鉄銭に代えて交子を通用させようとしたが、塩や礬を入中糧草の代価に使用していたことと衝突し、交子の発行は1年あまりで停止された。この他にも、南宋の紹興6年（1136）には「行在交子務」が設置され、江淮と東南に新たな交子が発行されたが、この時は官僚たちの反対を受けて停止された。乾道2年（1166）には淮南東・西路の鉄銭通用地域で使用する交子が発行された。これは普通には**淮南会子**といわれるが、鉄銭との兌換という条件が交子を連想させたのか、**両淮交子**、あるいは淮交とも称した。当初は200文・300文・500文・1貫の4種類で有効期限はなかったが、紹熙3年（1192）に再度発行されたものは、3年を1界とし、200文・500文・1貫の3種類であった。寧宗の嘉定半ば以降は、乱発による価格崩落や対金関係の変化によって、淮南の交子は流通不能に陥る。

会子（かいし）※

宋代12世紀後半から南宋末にかけて東南（江南）諸路で使用された紙幣。**東南会子**、あるいは**行在会子**ともいう。北宋後半期に商人間の送金為替手形として出現し、**便銭会子**とか**合同会子**と呼ばれた。割符のように2者を会合（照合）するため、合わせる、突き合わせるものの意味で会子と呼ばれたものと思われる。南宋でも臨安（杭州）の有力商人は**寄付便銭会子**を用いていたが、紹興30年（1160）からは政府による会子が発行され、商人の私的会子や**関子**に代わり、臨安城内外で銅銭同様に使用させた。当初は無期限で1貫・2貫・3貫の3種のみであったが、翌年、臨安の榷貨務都茶場に所属する会子務が設置され、隆興元年（1163）には200文・300文・500文の3種が加えられて、通用の便が図られた。銅銭の欠乏と対金軍備のため、政府への納入に会子が奨励され、官員や兵士の給与には会子の支払率が設定された。紹興31年の例をあげれば、官員は6分折銀・4分会子、兵士は5分折銀・3分見銭・2分会子となっている。このような比率設定を**品搭**といい、しばしば問題を惹起した。各種徴税や専売においても、会子と銅銭半々で納入する**銭会中半**の規定が作られたが、実施には各地でさまざまなトラブルが発生した。

乾道3年（1167）には印造額が2,800万貫、うち民間に滞留して使用されないものが1,000万近くに達し、政府は所蔵の銀を放出して買い支えた。翌年には通用期限を3年1界とし、期限終了後は新会子と交換すること、また毎界の発行額は1,000万貫と定め、更に会子は商税を免除する措置も講じてその保護を図った。12世紀後半、孝宗の治世は会子の全盛期で、淳熙3年（1176）の戸部歳入貨幣の半分は会子だったといわれる。寧宗期に入ると、対金軍事費の高騰による財政難を会子乱発で乗り切ろうとする常套手段が頻用される。また両界併行、すなわち2界分2,000万貫の会子を2年間交換せずに使用することも行われ、3界併行も行われた。このような乱発に加えて定額自体も増額となり、新旧会子の交換も実施されなくなっていった。なお、会子は印刷された絵柄による別名で呼ばれることもあり、例えば第17界の会子は瓶楮、第18界のものは**芝楮**、第19界は**関楮**と呼ばれた。

会子には各地方で通行したものもある。湖広会子は隆興元年（1163）と淳熙11年（1184）に発行され湖北で流通し、**湖北会子**、あるいは略称で湖会ともいわれた。また、四川では宝祐4年（1256）、銭引の価値の大幅下落を受けて毎年500万貫を発行限度額とする**四川会子**が発行された。

会子務（かいしむ）

会子を印造し、会子発行に伴う諸事務の管掌機関で、南宋の紹興31年（1161）に臨安に設置。権貨務都茶場に属した。南宋末には204人の職工がいたといわれる。乾道3年（1167）会子の回収とともに廃止されるが、再発行に伴い復活した。行在会子務、あるいは会子局・会子庫ともいう。会子務の設置に続いて、もっぱら会子の兌換を扱う五場（務）が臨安の要衝に設置され、後に会子の流通地域が両浙以外にも拡大されると、諸路の帥府にも兌換のための会子務が設置された。

関外会子（かんがいかいし）

利州西路河池県、すなわち現在の漢中周辺に通行した会子。**関外銀会子**ともいう。紹興7年（1137）、川陝宣撫副使であった呉玠が、初め**一銭銀会子**14万枚、**半銭銀会子**10万枚を造り、一銭銀会子には四川銭引の4分の1の値を、半銭銀会子は8分の1の値を持たせた。発行総額4万7,500貫、魚闕および階州・成州・岷州・鳳州・秦州などの諸州に通行させ、1年に一度新旧の交換を行った。紹興17年（1147）には利州東路の大安軍地方においても造り、こちらは2年ごとの新旧交換で、乾道4年（1168）には一銭銀会子3万枚を増印し、文州地方にも及ぼした。寧宗の初期には、『繫年要録』によれば一銭銀会子23万枚、半銭銀会子36万枚、四川銭引の価格にして10万貫ほどあり、といい、『朝野雑記』によれば総計61万枚、四川銭引にして15万貫ほどがあったという。このように四川銭引と折算するところから、名称は**銀会子**といい銀が本銭のようだが、実際は四川銭引を本銭としたもののようで、四川銭引に対する一種の補助会子といえる。

関子（かんし）

宋代の紙幣のひとつで、**見銭関子**ともいう。既に北宋期に一種の送金手形として官民に使用されていた。南宋では紹興元年（1131）婺州（現：浙江省金華）の屯兵の送金の便を図るために発行され、当初は手形の一種であったが、後に州県が糴本、すなわち穀物買い入れの資本として用い、紙幣として流通するようになった。紹興年間に乱発されて停滞と価値の低下を招き、紹興30年（1160）には300万貫が発行されたが、この年、会子の発行にともない使用停止された。景定5年（1264）に賈似道により再発行されるが、この時の関子を**金銀見銭関子**・**金銀関子**、あるいは**銀関**ともいう。

交子務（こうしむ）

北宋仁宗の天聖期以降、益州（現:成都）に設置された、交子の発行運用を職務とする財務官署。成都府通判の管轄。3人の監官の下に80名ほどの胥吏、印匠81人、彫匠・鋳匠・雑役などが勤務した。四川の楮紙は良質で、南宋の隆興年間には成都城西の浄衆寺に抄紙場が別置されたほどである。大観期以降、交子が銭引に改称されると、交子務も**銭引務**となる。また陝西などで四川の交子が使用されると、秦州その他に交子務の出先機関が設置されたこともある。南宋期には、紹興6年（1136）臨安に行在交子務が設置され、江淮と東南などに新たな交子が発行された。

交引（こういん）

単に**引**とも称し、引換券・約束手形の一種である。引には証明の意味があり、広く免許鑑札の類を指す語として用いられた。宋代には、政府が軍糧買い入れの際、その調達運搬を許可した商人たちに発行した引換券を交引と称した。これを京師に持参すれば引換に緡銭が給付され、後には一種の金銭切手、あるいは兌換紙幣として流通し、**引保**・験引・公引・**公拠**・**文引**などともいわれた。また、引き換える物品が茶であれば茶の交引すなわち**茶引**、塩ならば**塩引**と呼ばれた。また**路引**は旅行の許可証、すなわち旅券のことで、明代では100里以上の旅行にはこれが必要であった。鉄銭の引換券であった銭引もまた**交引**の一種といえる。**見引**とは引の現物または新発行の引のこと。積引は滞留している旧い引のこと。旧引は退引ともいう。

紙墨銭（しぼくせん）

宋代、交子や銭引の兌換および新旧紙幣交換の際の手数料。交子1貫につき紙墨銭30文を納入し、蓄積されて兌換時の本銭となった。銭引においても交子と同様に徴収されたが、南宋の交子・銭引ではこれを**頭銭**・**貫頭銭**あるいは**貼頭銭**と呼び、紹興11年（1141）には1貫につき64文、慶元年間には80文となった。また会子の新旧交換の手数料は**靡費銭**といい、1貫につき20文が徴収された。

金の交鈔の場合は**工墨銭**と称して、時期によって毎貫15文・12文・6文の差違がある。元代の交鈔では工墨費といい、毎貫30文あるいは20文。明代の宝鈔の場合も工墨費といったが、これは毎貫30文であった。

水火付到銭（すいかふとうせん）

南宋期、交換に来ない旧界の交子・銭引などの銭額は水火付到銭と称され、辺用に供する規定があり、紹興11年（1141）には約20余万貫分あった。

銭引（せんいん）

宋代の大観元年（1107）、当時四川に流通していた交子を改称した小切手、兌換紙幣。大観3年（1109）に第1界が発行され、理宗の宝祐4年（1256）まで約150年にわたり発行された。四川銭引を略して**川引**とも称した。

蔡京は貨幣政策の一環として、陝西で信用の高い**四川交子**の流通を図り、崇寧の数年間で2,400万貫を乱発し、交子価格の急落や新旧交換の停止といった事態を招く。その混乱を収拾すべく銭引への改称が行われたが、北宋末から南宋初期には、女真の侵入と政治の混乱が加わり、成都支払の銭引は4,000万貫に達し、対する兌換用の鉄銭はわずか70万。塩・酒の専売収益などを総動員して新旧銭引の交換に対処した。南宋期の銭引の実情も、発行数の増大によって価格は下落し毎界の交換も難航するが、四川の経済的支柱としてこれを守ろうとする意識は強く、中央からの宣撫司・成都転運使・総領所などが財政的援助を惜しまず、そのため発行額が基準の20数倍になっても持ちこたえていたが、嘉定以後は事実上破産に陥り、宝祐4年（1256）に流通を停止した。

四川銭引の様態については、明代の曹学佺『蜀中広記』巻67に引用する『楮幣譜』に、紹興31年（1161）の第70界から淳熙6年（1179）の第79界の10種類の銭引についての記事が見える。それによれば、表面には界分、年分の次に貼頭五行料例として、「利足以生民」などのそれぞれに異なる5文字、次が「金鶏捧勅」とか「双龍捧勅」といった勅字花紋印、その下に「合歓万歳藤」などの青面花紋印、さらに紅団故事印と年限花紋印がある。裏面は1貫と500文とで内容が異なり、「武侯木牛流馬運」や「李徳祐建籌辺楼」などといった物語や故事の絵が、界ごとに主題を変えて刻印されていたという。

造会子局（ぞうかいしきょく）

南宋では東南会子の用紙を製造するため、当初は徽州に、次いで成都、後に臨安および泉州安渓に造会子局、あるいは造紙局を設置した。徽州や成都は近辺に紙の産地があり、また南宋末の理宗期になり四川紙よりも杜紙を用いるようになると、臨安などが用紙製造の中心となったものであろう。

茶引（ちゃいん）

茶商人が一定額の税を納めて受領する専売許可証。**茶交引**ともいう。宋代、銭や金帛を中央や地方の権貨務に納めさせ、あるいは北方の軍隊駐屯地に軍糧を納入させて給付された許可証で、受領者はこれを茶生産地の**権貨務**や**山場**に持参し現物と引き換えた。茶引を受けた者だけが簿冊に登録された**茶園戸**から茶を購入して販売することが許され、無許可の商人は取り締まりの対象となった。この方法は宋・元・明・清を通じて行われた。引は茶引の種類によって取り扱われる茶の量を表す単位ともなり、宋代では**長引**・**短引**・**新引**の区別があり、それぞれの斤量は時によって異なったが、元代では長引120斤、短引90斤となり、明清においては1引が100斤となり、100斤未満の許可証は**由帖**と称した。

楮幣（ちょへい）

宋代に用いられた紙幣を表す語のひとつ。**楮券**、あるいは単に**楮**ともいう。宋・金の紙幣には楮の樹皮で作られた紙を使用することが一般的であったためにこの名がある。後に紙幣用には桑の樹皮が用いられるようになるが、楮幣の名称は廃れることなく使われ続けた。

履畝輸楮（りほゆちょ）

南宋の理宗の時、東南会子の価格低下防止策として行われた方法。**履畝輸券**ともいう。人戸の田1畝ごとに会子1貫を割り当てて強制的に購入させた。人戸を上中下の3等に分け、また輸納の期限を6限とし、1限は半月・3ヶ月で全戸が完納する。上戸を1、2限に、中戸を3、4限、下戸を5、6限に納入させ、輸納した会子は官府でその一角を截鑿して朝廷に納入する。このようにして会子の数を減らし価格の吊り上げを図ったが、上戸が納入すればそれだけ価格が上がり、中下戸の納入時には上戸よりも高価な会子で納入する事態が生じ、また上戸は官吏と結託して輸納せず、譴厳、貧弱な者を苦しめるばかりで実効なく、短期間で廃止された。

(2) 紙幣2（元～清末）

交鈔（こうしょう）※

金・元代に通用した紙幣。**鈔**は**鈔引**ともいい、金属貨幣に対し紙の貨幣を指すが、北宋の時すでに紙幣の名称に用いられ、崇寧5年（1106）額面100文から1貫の**小鈔**が発行され、四川以外の地域に流通していた。

金においては貞元2年（1154）から**大鈔**・小鈔の2種が発行された。大鈔は1貫・2貫・3貫・5貫・10貫の5種類、小鈔は100文・200文・300文・500文・700文の5種類。

鈔本、すなわち兌換準備金には最初は銅銭を用いたが、後には多額の銅銭の兌換を防ぐために、大鈔には小鈔または銀を用いた。兌換は指定場所で行われ、鈔面には兌換場所が某処合同と印刷で明示されていたが、中都・南京では交鈔庫、諸路転運司では特定の省庫（官庫）が担当した。当初7年ごとに規定されていた新旧交鈔の交換が撤廃されると、乱発によって価値の下落を招く。貞祐2年（1214）には20貫から100貫の額面の交鈔が発行されるが、すでに毎貫1文ほどの価値しかなく、翌年には**貞祐宝券**が取って代わるが、それも価値の下落によって数年で廃された。

元代では太宗8年（1236）発行の交鈔が最初の本格的な紙幣で、銀と糸（絹糸）を兌換本位とした。糸を本位とした兌換券は**絲鈔**と称した。次いで憲宗元年（1251）発行の**行用交鈔**は俗に**銀鈔**ともいわれた。中統元年（1260）に世祖フビライが即位すると、行用交鈔に代わって**通行交鈔**が、続いて略称中統鈔といわれた**中統元宝交鈔**が発行された。中統鈔は額面10文・20文・30文・50文・100文・200文・300文・500文・1貫・2貫の10種があった。通行交鈔1両と中統鈔1貫は銀半両と等価に定められ、当初は価格も安定していたが、後に乱発により価値が低下した。なお、中統鈔には至元12年（1275）より同15年（1278）まで印造した、額面1～5文の小額紙幣である釐鈔、および至正10年（1350）新定の（至正印造）中統鈔がある。至元24年（1287）には**至元通行宝鈔**、略称至元鈔が発行されるが、旧来の中統鈔も至元鈔の5分の1の比価で引き続き流通した。続いて至正11年（1351）に発行された**至正交鈔**は、至元鈔の2倍の比価で流通した。至大2年（1309）に発行された至大鈔は、紙幣価値下落のため再度の平価切り下げを企図したもので、白銀1両＝赤金1銭＝至大鈔1両＝至元鈔5貫＝中統鈔25貫の比価が定められた。至大鈔は**至大銀鈔**ともいわれ、銀と等価の紙幣として額面にも銀の価格表示が用いられたが、平価切り下げ率が高過ぎたとの理由で至大4年（1311）には廃止された。元代の交鈔の印造も政府によって行われ、**平準行用庫**が管掌したが、例外的には13世紀末、元朝より漕糧の海運を委託された海商によって、運送の報酬として発行され、大徳7年（1303）、事業の終了とともに廃止された。

鴉青紙（あせいし）

元鈔の紙の色は、青味を帯びた黒灰色というような色で、明代の**大明通行宝鈔**も同色である。元代ではこの色を鴉青色といい、この色の紙を鴉青紙といった。

金票（きんひょう）

朝鮮銀行発行の金兌換券。1917年の金券統一主義の実施により、関東州および満鉄付属地内において無制限に流通する強制力を与えられた紙幣で、要求次第に金貨あるいは日本銀行券と兌換することができた。これに対して**横浜正金銀行**発行の**鈔票**は銀本位兌換券であった。

銀票（ぎんひょう）

清末、**銭舗・銀号**が発行する銀引換手形。**銀単・銀両票**ともいう。

戸部官票（こぶかんひょう）

清代の紙幣で、単に官票あるいは官銀票、**銀票**ともいった。銀貨に代用した紙幣で、咸豊3年（1853）に**銭票**と同時に発行された。当時、民間の金融業者である**銭舗・銀号**が発行する銀手形を銀票と称し、これを政府が模倣したものがこの官票である。清朝の紙幣は順治8年（1651）12万8,073貫余を発行したのが初回。咸豊時は第2回目で、太平天国の乱にかかわる軍事費の必要から、銀銭欠乏の難局を救うために発行された。

市票（しひょう）

沙市において商人が発行する一種の兌換券。**角票**と**沙票**の2種類があった。いずれも銅銭を本位とする兌換券だが、発行者の資力が弱いために兌換不能になる恐れもあり、常に銅銭に比べて安い価格に設定された。

小洋券（しょうようけん）

東北地方に通用した**小洋**を本位とした兌換券。

称提（しょうてい）

宋代の経済用語で、穀物などの物品や貨幣の価格を引き上げることをいう。とりわけ南宋期には紙幣価値が低下する度に行われ、政府がその購買力を維持あるいは回復させるための常套手段となった。紙幣の準備銀・銭の貯蔵によってこれを行う**以銭称提**と、紙幣と現金の兌換レートあるいは新旧紙幣交換レートの変更によって行う**以法称提**の、2種類の方法があった。

銭票（せんひょう）

銭荘から発行される兌換券。**銭鈔**、あるいは**街票**ともいう。

大清宝鈔（だいしんほうしょう）

清代の紙幣。咸豊3年（1853）に発行された。単に宝鈔ともいわれ、また制銭を単位としたために**銭鈔**、あるいは**銭票**とも称した。額面は当初は500文・1千文・1,500文・2千文の4種類があり、咸豊5年（1855）には5千文・10千文・50千文・100千文が増発された。発行後まもなく価値の低下が始まり、咸豊11年（1861）頃には額面1,000文につき実勢は制銭50文ほどにまで至った。同治元年（1862）には使用が停止された。

大明通行宝鈔（だいみんつうこうほうしょう）

略して大明宝鈔とも呼ばれる。明の洪武8年（1375）に発行が開始され、額面1貫の鈔が白銀1両、4貫が黄金1両に相当する兌換紙幣であった。明初、政府は銅銭の使用を禁じた。宝鈔は発行後まもなく価値の低下に見舞われたが、これは政府が主に増税目的で宝鈔を増発したためであった。正統期（1436～49）以降、銀・銭の使用が広がると、宝鈔の流通範囲は縮小。価値の低下も甚だしく、額面1貫の宝鈔の実勢価格は1、2文、支払に1,000枚の宝鈔を束ねて用い、これを1塊と称したという。

帖子（ちょうし）

手形・紙幣の類。**帖鈔**ともいう。制銭を兌換の本位として発行した兌換券で、政府が発行したものを**官帖**（帳）、民間金融業者である銭荘・銭舗が発行したものを**私帖**（帳）あるいは**街帖子**といった。

挑鈔（ちょうしょう）

紙片を貼り付け、鈔の額面を改竄して利益を得ること、またその改竄鈔。元典章には1貫を2貫に、また500文を1貫に増額した挑鈔の事例が記載される。偽造紙幣の印造に対する罰則は重く、宋代には追放刑だが、金・元では死刑を科し、これは明・清にも受け継がれた。挑鈔に対する刑罰はこれより軽いものであった。

倒鈔（とうしょう）

古くなり汚れ破損した鈔、すなわち**昏鈔**を政府機関において新鈔と交換すること。宋代にすでにこの方法は行われていたが、鈔が紙幣の名称に用いられることが少なかったため、この交換を倒鈔とはいわなかった。金代の交鈔における倒鈔は、定期の新旧交換だけでなく、その鈔の流通期限にかかわらず、鈔紙が摩耗し文字や図柄が判明しづらくなったものは、所属の庫司に納めて新たな鈔と交換することが許されていた。元代においては新鈔と交換し回収された昏鈔は各行省において焼却され、これを**焼鈔**といった。明代には洪武9年（1376）に倒鈔法が定められ、各地の行用庫がこれを管轄し、回収した昏鈔には墨印で昏鈔の2文字を捺印して倉庫へ封納した。

博州会子（はくしゅうかいし）

元代初期、華北の博州で、糸（絹糸）を兌換の準備物として通行した一種の紙幣。

法幣（ほうへい）

法貨ともいい、国家が法律によりその通用力を保証した貨幣。中国においては、民国24年（1935）に国民政府により実施された法幣政策によって、銀元の流通が禁止され、中央・中国・交通の3銀行（後に中国農民銀行が加わり4行となる）が発行した紙幣が最初の法幣である。民国31年（1942）には中央銀行発行の法幣に代わり**金円券**が用いられるようになった。

⑤金融

票拠（ひょうきょ）※

中国における信用証券は、唐代の**飛銭**、および明代の**会票**をその起源とするといわれる。その後清代から民国期にかけて、商取引の隆盛に伴い、また地域ごとに各種各様で実価流通する銀・銅銭による取引の不便を解消すべく、多くは**銭荘**・**銀号**・**票荘**など民間の金融業者によってさかんに発行された。手形・証券・切符・切手の類を表す語としては**票**、あるいは票子・票拠・票文・票巻・簽票などがあり、その代表が票拠である。拠は依り従うべき根拠・証拠、またその文書のことであり、憑拠すなわち証明となる文書一般を指す場合もある。また、公拠・公憑とは政府が発行した証書類を指す語であるが、すでに宋代において見銭関子と同質の証券・手形を意味する場合があった。民国18年（1929）6月28日に立法院を通過した**票拠法**によれば、票拠とは**滙票**・**本票**および**支票**のことを指すと規定されているが、それ以外にも機能・発行者・地方によりさまざまな種類の票・票拠が通用していた。

応付票拠は支払手形のこと。対して受取手形は**応収票拠**という。また、**貼現票拠**とは割引手形のことである。**即付票拠**は即時（一覧払い）手形のことで、即票・即期票・現票などともいう。また、現金支払者の一覧承認を経た手形を**見票**というが、一覧の際に、例えば「見後六十日期期票」のように、満期日を確定し記入した手形を**註期票**、あるいは**遅期票**と称した。対して手形振出当初の満期日が記入されたものを**板期票**といった。長期手形は**長期票拠**・長期票、あるいは**遠期票拠**・遠期票と称した。また、**客票**とは乗車券など切符の意味で用いられる語であるが、他店が発行した手形を指す場合もある。**票存**は手形発行準備金のこと。**空票**とは資金の融通のために振出したり裏書きする、いわゆる融通手形である。**退票**は無効の手形、すなわち不渡手形として返還するもの、あるいは支払を拒否された偽造手形を指す。偽造手形は**仮票**ともいう。**票面**・票額・面額はいずれも手形・証券類の額面を指す。また、2連あるいは3連の続き票の控えの部分を、**存根**あるいは**留底**などと称した。

各地方で独自の機能・名称をもって流通した手形類も少なくない。北京では銭荘などで発行される即時払いの約束手形を**小票**といったが、これは一般に銅銭100～3,000文という少額の手形である。**信票**は一般に郵便切手類を指したが、長春では約束手形の一種の名称である。**大票**は江蘇省鎮江で、**貨票**は福建省福州で、また**墨票**は陝西省で通行した約束手形である。**糧票**は河南省道口地方の手形で、**津票**ともいう。これはその名のごとく、天津から出張した穀物買付け人が、買付け代金支払いのために天津の自店に向けて振り出す手形と、道口の銭荘兼穀物問屋が天津の支店に向けて振り出す手形との2種類があり、期限は一覧後57日払いから1ヶ月払いで、確定日払いや一覧払いのものは少ない。南京で通行した**上票**は、一種の期日払約束手形だが、振出人が銭荘に預金または予約をしておくか、あるいは銭荘が立替払いを了解しているか、このいずれかの場合以外、銭荘は支払いを拒否することがあり、その場合、上票の所持人は直接振出人に支払い請求をする必要がある。上海には北市の一流銭荘発行の手形である**単力票**、銭荘などが定期預金者に交付する手形の一種である**存票**、また銀行が発行する**外行本票**、**専解本票**などがある。また**申票**とは上海の為替手形に対する、他地方における呼称である。**紅票**は江蘇省揚州および四川省成都に通行する手形である。揚州の紅票は一覧払いと期日払いに分別され、また記名式・無記名式に分かれる。これを振出した銭荘が期日に支払不能となった場合は、同業者が共同責任を負う厳格なギルド的慣習があり、揚州では最も信用のある証券として知られた。成都の**紅票**は銀行・銀号によって使用される手形の一種である。紅票は慣習上、受取人はその受取番号を書かず、一覧払い無利息であり、定期払いのものは無い。漢口では一覧払い手形を**現票**あるいは**期票**と称する。また**銭票**は**花票**ともいい、一定の花枠を附して印刷され金額は1,000元、官銭局および民間商人の発行によった。外国人は紙幣としてこれを扱ったが、中国人は手形の一種とみなしていたという。**常票**は漢口の銭荘などで定期預金者に交付される手形の一種。また**漢票**とは漢口の為替手形に対する、他地方における呼称である。四川省の、とくに重慶で流通した**執票**は無利息の定期払い手形で、執照票あるいは俗に通票・転票ともいわれた。多くは半月または1ヶ月、場合によっては2、3ヶ月の期限を有し、概して期限の制限が緩い。無記名式で所持人は随意に譲渡できるが、慣例として譲渡を受ける者は先ず発行者の確認を得る必要がある。流通地域は狭く、ただ発行者の信用によって流通する。湖北省長沙で通行した**底票**は、当地の銀行・銭荘と取引商店との間で使用された手形である。取引関係のある商店が底票の振出しを請求し、銀行・銭荘がこれを発行する。また半月から1ヶ月、あるいは3～6ヶ月という長期にわたる銭荘間の銀両貸借にもこの手形が用いられるが、慣習上、借券のような証書を作成することがない。

貨票（かひょう）

貨物売買の際、買い主から売り主に対して発行する約束手形。**外底票**ともいう。また、福建省福州地方では約束手形のことを貨票と称する。

会票（かいひょう）

明清期に通行した為替手形の一種。明の万暦年間、外国銀の流入による経済の活性化により、重税を課された江南からは北京へ向け大量の税銀が送られ、また南方産品の購入のために銀は再び南に流れた。往来の盛んな現銀取引の便を図り、これを為替で決済するために案出されたのが会票の制度である。明末の陸世儀によれば、当時多額の資金を北京へ運ぶ者が多く、道中が不便なため、銭を委託した北京の富商の家へこの票を持参し金額を受領したという。普及にしたがい貨幣のごとく市場に流通した。清代中期以降は次第に廃れたが、異なる地域間の送金手形として唐代の飛銭、また後の匯票の系統に連なるものである。

解款人（かいかんじん）

解は送る、支払うという意味であり、**款**は金・金額・費用を表すが、金融用語としての解款人は手形類の支払人を指す語である。兌換人・**付款人**・支付人・**接票人**も同意。

匯劃総会（かいかくそうかい［わいかくそうかい］）

略称を総会といい、上海における銭荘間の票拠類の交換や清算を行う組織。光緒16年（1890）に**上海銭業公会**内に設置され、民国26年（1937）銭業連合の票拠交換所が発足するまで存続した。毎日午後7時、総会では加入銭業者が持ち寄った票拠類を集め交換し、その相殺決済を行った。匯劃総会加入の銭荘が振り出した**匯票**は当時の習慣にしたがい、期日に呈示してもその当日は現銀化できず、ただ自己の口座へ入金されるか、総会で交換決済させられる。現銀を要求すればその翌日には支払われ、これを**匯劃銀**と称し、期日当日に現銀で支払われる**劃頭銀**と区別した。

匯兌（かいだ［わいだ］）

為替業務に取り組むこと。**通匯**ともいう。匯は水の旋回するさまの形容から為替を指す語になった。手形による為替を**票匯**、また為替で送金することを**匯付**・匯寄・匯往・匯上などといい、為替料金は**匯費**、また手数料および支払地との間の貨幣価格の差額に充てる費用を**匯水**、匯兌銀水あるいは匯息という。**匯撥**は為替の支払い、**転匯**とは為替の振替を指すが、福建省福州においてはこれを**転口**という。為替に使用される銀両は各地その標準が異なっているため、その秤の差と品位の差を比較し、取引地間の銀両の平価を出す必要が生じる。この平価を**平匯**、あるいは**平色**といい、平価に対する各地の打歩、すなわち割増を**正帖色**・**銀貼**・銀貼票、割引を**倒貼色**という。この平匯に運賃・保険料等を加算したものを基準として、銀両や為替の需給などに応じ、為替相場、すなわち匯価が変動することになる。また、**匯兌尾**とは為替取引の結果生じた債権債務残高、いわゆる為替尻のことで、この決済払込金を匯兌尾撥入金、決済納入金を匯兌尾繳入金という。

匯頭（かいとう［わいとう］）

匯頭とは銭荘間の為替業務において、他地方の銭荘が上海の銭荘に委託して上海の同業者に代払いさせることをいう。支払方銭荘の通知を受けた銭荘は、受取方銭荘に対し帳簿上の照合確認を行うことが一般的であり、照合して互いに対同の2字を印章にて押捺し、これを**匯頭対同**と称した。また、上海銭業市場では銭荘間において、現銀の授受を行わず洋銀（銀元）の受取手形を交換するのみの取引が行われ、これを**洋匯頭**、あるいは**票劃**と称した。銭荘は匯頭を売り出した後、洋公単を発行して買方の銭荘に送付し、買方の銀公単を取置き、夜間に匯劃総会（手形交換所）において相互に交換するのである。

匯票（かいひょう［わいひょう］）

隔地間の送金、または金銭の取立に用いられた為替手形。**匯券**・匯単・**兌票**・匯兌単ともいう。送金為替手形には三**連匯票**があり、これは1枚の紙面を**附信**（送金の案内状）・匯票・**留底**（控え）に3分割し、請匯人・**匯款人**（為替振出人）は匯票を**託匯人**（為替取組依頼人）に、附信を**付款人**（支払人）に送付し、留底を手元に残す。付款人が支払を引き受けた場合は**承兌人**（手形引受人）となる。信匯は書信による送金為替であり、郵便為替は**郵匯**、**電匯**は電報為替である。**銀匯**は銀両による為替、銀元によるものは**洋匯**と称した。また、現匯とは一覧払手形のこと。**回頭匯票**は戻為替手形のことで回頭票ともいう。匯票は一般に記名式で、その記名者のみが権利者となることができたため、裏書譲渡を禁止するために「人単両認、本人親収」などの文言が記載されたが、**空白匯票**といわれた無記名式の為替手形も存在した。これは最後の裏書が白地の為替手形で、所持人はこの白地内に自身または他人を被裏書人として記載し、これを再譲渡することができる。また、為替金額中から任意の金額を支払うことができる**活支匯票**、期限付き為替手形である**駐期匯票**、一覧払約束手形で即票ともいう**即期匯票**などがある。**匯款匯票**は取立為替、いわゆる逆為替のことで、退匯・倒匯・**逆匯**とも称する。**押匯**は隔地売買における荷為替のことで、**貨匯**・随貨匯・**代報匯信**・**跟単**ともいわれる。

国内為替は一般に内匯といったが、上海向けの為替は**申匯**、また国外に対しても日本、すなわち東洋向け為替は**東匯**、シンガポール向けは**坡匯**、英国向けは**英匯**、米国向けを**美匯**と称した。

官帖（かんちょう）

帖（貼）は帖子ともいい、広く文書一般を指すが、唐宋期より小切手・手形・兌換券の類を指す語でもある。官帖は官刻の帖の意味であり、牙商が官庁より受領する鑑札の名称でもあった。宋代の**照帖**は官が振り出した約束手形である。

銀則（ぎんそく）

銀貨小切手。広東においては則はその発音が英語のチェック（Cheque）に近く、小切手の意味に用いられた。

銀票（ぎんひょう）

銭荘・銭舗・銀号などが発行する銀手形。銭荘は寄託された銀の預り証に代えてこの銀票を発行し利息を附した。10両以上100両以下の銀票を**整票**・整票子という。清末から民国にかけては、預金の証書として以外に資金の貸し出しのためにも発行されたが、無準備で発行されたこのような銀票を**虚票**と称した。

銀票は貨幣のように通用したが、その流通範囲は発行者の信用の大小に規定された。特定地域に流通した銀票もあり、長平銀票は湖南省長沙で通行した標準銀票で**票紙**とも称した。また、広東省仙頭では、日本台湾銀行および当地の銭荘・銀荘が発行した**七兌直平銀票**が流通した。これは1元・5元・10元・20元・25元・35元・50元・100元・500元の9種類があったが、通常市場に流通したものは1～10元の小額のものが多く、20元以上のものは大取引に用いられた。一種の信用手形として、請求があれば直ちに額面価格で同地の標準通貨である**七兌銀**と交換すべきものだが、七兌銀は各種の雑銀で銀塊に等しいものであり、そのため通常は兌換当日の相場にしたがって、**龍銀**または小銀貨に換算交換された。

銀票は清末には銀両または銀元の兌換券の通称として広く用いられた。例えば政府発行の紙幣である**戸部官票**も銀票と呼ばれ、また、咸豊年間に政府が捐納に用いるため発行した銀手形なども銀票と称した。

空買空売（くうばいくうばい）

投機的空取引・空相場のことで、空空買売・空頭售出・空頭買売ともいい、また俗に**空盤**ともいう。

空碼銀子（くうばぎんし）

確実な支払いの準備も無く、空信用の設定により増加した預金を基礎として流通する銀小切手のこと。

掛失止付（けいしつしふ）

掛失はまた**挂失**ともいい、証書類または印鑑などを遺失した際に、銀行と交渉の上で新聞紙上に公告し、それぞれ保証手続を取ることをいうが、掛失止付は支票所持人が盗難、天災、過失などによってその票を失った場合、払出人にその旨を届け出て支払を一旦停止させ、一定の期間後に票の所持人が現れなければ、改めて元の払出人が届け出た者、すなわち元の所持人に対して原票の額面に相当する支払を行わせる制度のことである。

掛牌（けいはい）

証券・手形などの一般に公布された相場上の名目値、気配値のこと。

券（けん）

広く証書・証券・手形の類を表す語。例えば宋代の**宅券**は家屋証書であった。**要券**・**文券**は手形、証券の類。官券・印券は官庁発行の手形・証書類である。**礼券**は商品切手、あるいは商品券のこと。景品付きの債券や証券は**有奨券**といわれた。また銀行など金融機関が発行した銀行券は兌換紙幣として流通したものの総称。

公単（こうたん）
上海の銭業間の匯劃総会における手形交換の際、500両以上の取引には、相互に発行した一種の為替手形をもって決済を行った。この手形を**公単**と称した。

鈎銷（こうしょう）
鈎は鍵の手のことであり、鈎銷とは鍵の手型のしるしを附してその項目の抹消、無効を表すこと。このしるしは支払済み手形や掛売の決済などを表示する方法として用いられ、これを**鈎銷随繳**と称した。

鑿頭（さくとう）
宋代、証券発行の手続きを指す語から発して、この手続きにより発行される証券、またその証券を用いる法をも意味した。

支票（しひょう）
銀行の預金引出に用いる小切手。また、銭荘に対しその当座預金者が第三者への支払いを委託する手形・小切手のことで、これには振出日付を附記することができ、振出人が振出当日あるいは満期日前に宛名の銭荘に振出通知を行わなければ、銭荘はその支払いを拒否することができる。銀行・銭荘からは預金者に対し、**支票帳**・支票簿・支票連冊、あるいは**兌條**と称する小切手帳が交付され、発行人はこの帳面の用紙に番号・金額・支払期日を記入し、控えのほうに支払金額・期日・受取人の姓名を記入し控えとする。小切手の振出のことを**填発支票**というが、これは小切手面に必要事項を填記して振り出すためである。同様の小切手には銭荘が預金者に発行する**連票**があり、この通帳を連票簿、またその控帳を連票根という。
支票には各種あり、**銀洋支票**は銀貨支払小切手のこと。**保付支票**とは支払保証付小切手のことであり、**担保透支**とも称する。また、旅行支票は旅行の際の現金携帯を避けるため用いられる旅行小切手である。**二連支票**は振出人が支払人となる小切手であり、1枚の紙面をミシン目で2分割し、一方は控え、他は支票とする。また、**劃綫支票**・**劃線支票**・横綫支票とはいわゆる線引小切手のことである。

私帖（しちょう）
官帖に対し銭荘・銭舗あるいは一般商店など私家発行の帖、すなわち小切手・手形・兌換券を指す。**市帖**ともいう。**街帖子**は私家発行の一覧払信用手形。**銭帖**・銭帖児は銭手形、銅銭兌換切手である。**零帖**は小額の一覧払手形のこと。多額の一覧払手形は**大帖子**というが、これは主に東北地方に流通した。また、遼寧省錦州地方で流通した信用手形に**商帖**がある。該地では単に**帖子**といえばこれを指すこともあり、当舗（質屋）または**局店**（問屋倉庫業）などの大商店において任意に発行された。吉林の金融市場で通行した**執貼**は、専ら預金者に対して発行された一覧払手形である。

承認照准（しょうにんしょうじゅん）
票拠の引受のこと。註明照准・**照准**・承付・**照票**・過印・認付・承受・承兌などともいう。

饒益（じょうえき）
手形・証券類に割増を付加して発行すること。

折票（せつひょう）
清代、銭荘間における帳尻決済のため、借り手から貸し手に対し発行された手形。また、外国銀行から銭荘へ信用資金を貸し出す際に用いられ、この場合は銀行側の要求に従い、通常、即日または翌日には返済すべきものとされた。折票の利子を**折息**、または**銀折**という。

銭條（せんじょう）
條はいくつかの地方で小切手類を意味する語として用いられるもの。銭條は銅銭を、**銀條**は銀両を、**洋銭條**は銀元を兌換貨幣として、主に天津地方の銀号・銀行など銭業者が発行した一覧払い手形である。また天津あるいは北京において、銀行等同業者間の支払に用いる手形に**撥條**あるいは**劃條**・**画條**がある。これも一覧払い手形で提示された当日の入金として受け入れるが、実際の兌換は翌日回しで処理され、したがって入金も1日遅れ、その間の利息を失うことになるため、その損失を嫌う外国銀行およびその買辦に対しては、当日勘定で受け入れる業者間支払手形である**取條**が払い出された。また、劃條は振出人が銭荘に対し、その所持人への支払を請求する手形である。信用ある商店や預金者の場合、これを振り出して預金を引き出すほうが支票より簡便であったためよく用いられた。**対月期條**とは1ヶ月先日付の約束手形である。山西省の一部地方で行われる役畜売買においては仲買人がこの手形を使用し、もし売り主が直ちに現金を要求する場合には、月利3分を割り引いて支払う。**上條**は漢口で通行した小切手の一種で、**取款條**・撥條・支票などともいわれた。銭荘など銭業者が発行する荘票のひとつで、当座勘定を有する預金者が銭業者に振り出す。上條・控え・銭荘宛通知書の3枚綴りで、一覧払いと期日払いの2種がある。期日払い上條には発行日を記入せず主に記名式である。支払は銭荘宛通知書が到着していることが絶対条件であり、この通知書と対照して支払が行われる。上條は本票に較べて流通が少なく、一般に信用があり確実な相手に対し振り出される手形である。**鈎條**は江蘇省鎮江の銭業者間に流通した手形で、券面の署名捺印などの筆跡を唯一の証拠として現金の取り立てを行うもので、業者間では最も信用を要する証券。また、この他にも特定の地方のみで通行し約束手形もあり、温州・贛州地方で通行した**計條**はそうした手形の一例である。

銭票（せんひょう）
清代、銭荘・銭舗が発行した為替手形。銭票子ともいう。発行した銭荘において要求すれば直ちに見銭に交換できたが、銀票と違って利息は付かない。また、銭票の流通範囲は一般に一県内に限られていた。

籤子（せんし）

籤子は浙江省紹興地方の手形の一種である。また**竹籌**ともいわれる。竹製の札の一面に古諺または詩句などを書き、他の面にはただ1字のみを記し、どこも支払期日や金額、数字などは書かれていない。それらの条件は全て口述で行われ後日の証拠とする。紹興では銀元・現金と支払証書とが別で、この支払証書が取引銭荘に至ると、そこで籤子を受け取って他への支払いに代用する。もし銀両現金の必要があれば、割引料を加えてこれを受け取ることになる。紹興における籤子の通用は久しく信用も厚い。なお、この種の方法は少数の他の地方においても行われているという。

荘票（そうひょう）

清代から民国期に銭荘より発行された約束手形。即日支払手形である即票・**即期票**と、5日あるいは10日後の確定期日支払を約した**期票**の2種類がある。形式は中央部に金額を記載して発行銭荘の印章を捺し、右側に発行番号、左側に満期日付を記入するという簡略なものだが、その流通は円滑で外国人からの信用も高かった。荘票を発行した銭荘は、その支払に全責任を負い、明記された期日に確定金額を無条件でその持参人に支払うが、現金支払の場合は通常1日遅延する。また、持参人支払である荘票に裏書きの必要はないが、最後の所持人、すなわち受取人は署名、捺印することになっていた。

不渡となった荘票を**空頭票拠**、あるいは浅瀬に乗り上げた船にたとえて**擱浅票**ともいう。不渡となった場合は、発行した銭荘と最初の振出依頼人との間で処理され、その譲受人が損失を蒙ることはないが、償還の請求は満期日とその翌日に限られるとの規定があった。銭荘が破産、または廃業する際には候票発銭、すなわち手形類の取付を待ち現金の支払を行うという広告を出し、自荘発行の荘票を回収して閉店した。

打対印（だたいいん）

紙幣・手形類の真偽を判別すること。

対票（たいひょう）

荘票あるいは支票を銭荘に提示し、その引き受けを要求すること。

台伏（たいふく）

福建省福州の銭荘において発行された兌換券。

貼現（ちょうげん）

銀行・銭舗などの金融業者が、支払期限前の現金あるいは同業者の発行した票拠類を代わりに支払う場合、通例として取り付けに来た者に対して若干の割引日歩を請求した。いわゆる手形の割引であり、これを貼現・貼換あるいは**折息**・折扣・**更票**などと称した。貼現率・貼現息はその際の割引率のことを指す。

同行過賬（どうこうかちょう）

浙江省紹興地方に通行する手形の一種。商店より振出して銭荘に委託して代理送付させるもので、支払証書の代わりとなる。もし別に割引料を支出すれば、割引して現金に換えることも可能である。

軟・硬（なん・こう）

金融・為替相場の市況を表す語で、軟は弱含み、緩み傾向、硬はしっかりと堅調であることを指す。

背書（はいしょ）

手形類の裏書、すなわち手形裏面の現金受領者の署名捺印などのこと。裏書ともいうが背書のほうが一般的。裏書人は背書人、被裏書人は被背書人という。一部裏書は一部背書、白地裏書は空白背書、または空白簽名といい、手形の持参人裏書を来人式背書・来官式背書・**持票人背書**、あるいは無記名背書とも称する。

発票人（はつひょうにん）

手形類の振出人のことで、**出票人**・立票人・支銀人ともいう。なお、手形持参人は**執票人**・来人・来官・持票人・支取人、支払人を**付款人**・**支理人**などと称した。

番単（ばんたん）

天津の銭荘・銀号が外国系銀行の華帳房に対し発行した小切手。**番紙**・蕃紙とも称した。

飛子（ひし）

清末以降、現在の遼寧省内を中心に通用した証書・手形の一種で、名称は同じでも商圏・地域ごとに性質が異なる。

旧奉天省営口（現:遼寧省営口市）を中心とした商圏と、遼河沿岸および奉天などにおいては、貨物引換証の性質をもつ約束手形として用いられた。穀物の取引に用いる糧飛子、大豆の取引に用いる荳飛子、大豆油の取引に用いる油飛子、大豆粕（豆餅）の取引に用いる餅飛子、白音他拉地方に流通する碼飛子などがある。飛子のうち金額の大きいものは大飛子という。通常、無記名の預証書形式をとり、転売したり貸金の抵当とすることが可能である。転売は7、8戸に及ぶ場合もまれではないが、その貨物引き渡し責任は発行者が負うべきもので転売者にはなく、したがって転売者には裏書きをする必要もない。

旧奉天省安東（現：遼寧省丹東市）地方では、短期支払手形の性質をもつ現金引き渡し証券として通用した。安東の糧行や搾油工場である油坊が、地方に赴いて大豆・雑穀の買い出しを行う時、現金輸送の不便とリスクを回避するために発行したもので、期間は短期ではあるが金利、金融上の利便がある。

旧奉天省開原（現：遼寧省開原市）地方においては、一種の信用手形として用いられ、これは**期票**とも称した。銀行はこれに対して３ヶ月から６ヶ月の定期貸付を行い、一般に担保付貸金に書き替え2、3ヶ月の延期を許可した。利子は１ヶ月１分５厘ほどであった。

飛銭（ひせん）

唐代に行われた一種の為替手形。憲宗の時、首都を訪れた商人たちが便宜上、銭を諸路の進奏院、諸軍・諸使、あるいは富豪らに委託し、受託者から券を受け取り、軽装のまま各地方に赴き、その券を合わせて銭を受け取ることができるようにした。飛券・便銭・便換・兌便などともいい、宋代にはますます盛んに行われた。太租の時には管轄官庁として便銭務が設置され、商人が左蔵庫に納銭すると、納入金額を明記した券が発給され、商人はその券を携えて各地の官庁へ赴き、券と引き換えに即日銭の支払いを受けることができた。この券の発給を求めて納銭することを入便・便納・取便などと称した。

票費（ひょうひ）

手形などの出票の際の手数料。また、商家が銭荘に出向いて出票する場合の手数料を**票貼**ともいう。為替の手数料である**票力**には**単力**・**双力**の２種類があり、同業者間の取引では単力を、それ以外の取引においては双力を徴収するのが慣例であった。

憑単（ひょうたん）

証書・手形・証券類を指す。**単**のみでも証書・証券を意味し、**会単**・**匯単**は為替手形・兌換証書の類、**銀単**・**支単**・**向単**は小切手の類である。**水単**は船荷の送り状で交単あるいは輪船提貨単ともいう。**卸載単**は貨物の陸揚げ証券のこと。また**様単**は一種の見本出し証書で、荷主から倉庫に宛て、本単持参人に規定の商品見本の取得を許可するよう指示したもの。荷主と問屋や仲買人の間の取引において、わずかな見本に頼る売買が不安な買方が、倉庫の現品から見本を取るために売方から得た証書である。また地方的な手形としては、浙江省温州に通用した銭荘間為替手形である**上単**、河北省蘆台地方の商店・銭荘間で通用した手形の**揭単**、香港から広東省宛の電報為替である**省電報単**などがある。

鎊餘（ほうよ）

外債の借入時と返還時の金相場の相違によって生じた利益。同様に生じた損失は**鎊虧**という。

本票（ほんひょう）

⑴約束手形。⑵銀行より発行する支払手形、信用手形。主として上海で流通したものに外行本票・専解本票がある。**専解本票**は手形面にと規定の銀行の商号を記入し、支払人はその銀行に対してのみ支払いを行う。その流通地域は自ずと狭く、またその銀行と取引関係の無い者が手形を得ても支払いを受けられず、取引上のリスクが少ないものである。

洋找帖（ようばつちょう）

找頭帖ともいい、上海の銭荘間における手形交換の際に端数を記入する帳簿である。これによって銭荘間で直接決済が行われた。交換尻は毎月現銀で支払われず相互に帳簿上の貸借とし、利子は月末に清算され、貸借は毎年旧暦の６月と年末に決済されることになっていた。

来人抬頭（らいじんたいとう）

手形の持参人払いのことで、来人手ともいう。

⑥信用制度

質庫（しちこ）※

典・**当**・**質**・**押**はみな日本語の質屋を指し、中国で一般には質店・質庫・質鋪・当鋪・当店・典押・押店・解典庫、広東や福建では**按店**ともいう。店は**解**や当の字の看板を掲げる。おおむね典は大規模な質屋で、押店は小規模な店をいう。清代では質屋業は政府に登録して当税ないし当課を納付した。その際、規模の大小は資本額・利率・質草を請け戻すまでの期間などで決まった。市鎮には**代当**ないし代歩という質屋があって、親の質屋から抵当と引き替えに資金を融通されたり、抵当を自店に置いたまま親店の監督のもとで営業した。質屋の歴史は六朝時代の５世紀末に遡り、唐宋時代までは主として大寺院が営み、**長生庫**と呼ばれるものがあった。これは寺庫の財宝を融資に運用するもので、無尽蔵とも呼ばれた。**無尽蔵**ないし無尽の慣行は日本に伝わり、庶民金融として広がった頼母子講の起源である。抽籤で子の順番を決める方法も寺院の無尽から派生したとされる。寺院と信用貸借との関わりは明代には衰えるが、すでに唐宋以来、質屋業は俗人の間で盛んに行われ、唐代では**寄附鋪**・**解典庫**と呼ばれ、宋元代には民間の各種の質屋業が広まった。清代に入ると大きな発展期を迎え市鎮にも普及した。山西の票号、安徽の徽州商人が質屋で産をなした一つの理由は、政府の官金を無利子で融通を受けて資本額を増やし、前者は匯票、後者は官塩の販売を有利に進めたからである。清代の後半になると**囤当**といって、江蘇・浙江・安徽の大きな質屋は、穀物・絹・棉花などの物品を引き当てに低利の融資をした。これらの物資の囤積者は融資を受けて投機を行って大きな利益を上げた。これは一種の商業銀行の働きをしたのである。清末になって銭荘や近代銀行が起こってから質屋は不振となった。これらの金融機関はお客との間の対人信用で融資をし、ほぼ担保を置くことを求めなかったからである。

⑦庶民金融

社（しゃ）

社は古くは土地神ないしその廟のことであるが、仏教が伝来して大きな社会的勢力であった六朝から唐・宋・元代まで、寺院が**無尽蔵**や**長生庫**のごとき制度によって信用貸借あるいは金融業の一環としての役割を果たしたほか、もっと大衆的なレベルで冠婚葬祭など不時の金融需要を扶助する機能を帯びた**社邑**という宗教的な組織が存在し、寄付者を募って社司が追凶逐吉を呼びかける書き付けを配布した。宋元時代には日本の講中に当たる社・**会**が文献に頻出する。宗教色の少ない社としては、唐末の湖南永州の知県韋宙が組織した20の社では、貧しい農民各戸が各社に献金して牛を養い、抽籤順で犂耕に用いた。華北ではこうした互助耕作を合養活・偏把式・合夥・搭套・揷伙盆といった。

社倉（しゃそう）

朱子が福建の淳安県で乾道4年（1168）に始めたという社倉は、600石の常平倉の貯穀を同県の農村部に12年間も貸し出し、夏に農民に貸し出し冬に20％の利息をつけて収納するもので、利率は後に10％に減らされ、凶作には無利子とした。淳熙8年（1181）に元の600石を返したあとで3,100石が利息で建てられた3倉に貯えられ、これが社倉の基礎となり、以後、貸し出しの利息は夏〜冬1期で3％とされた。この方式の社倉は南宋時代の浙江・江蘇の各地で行われた。

合会（ごうかい）

唐宋さらにはそれより古い歴史のある庶民相互のための金融扶助の組織であった**社**・**会**は、清朝でも一層普及と発達をとげ、**合会**とか**社会**と呼ばれた。その運営は日本における頼母子講や無尽と大差はない。こうした社には**社主**がいて、輪番で知友を召集（請会）し、一定の人数が揃うと会が開かれて寄金を持ち寄り、抽籤で共用の寄金を利用する順番をきめる。この寄金を利用するには利息も加算される。ゆえに順番を決めるほかに、もし利率が未定ならば集会の時にせりで決め、各人が口頭で1期間の利用で払う利息を競り合い、最高の競り落とし人に優先権が与えられる。地方ごとに名前はちがうが、方式は3種に分けられる。**輪会**というのは集会のときに合議で利用の順をきめる。**揺会**というのは集会のとき利用の順を籤か骰子できめる。**標会**というのは同じく集会のときに最高の利息率を申し出た人がその時の利用者になる。どの形にしても毎回の利用寄金の割り当て額は同じとは限らない。あとの順番で利用する人の不利を埋め合わせるために、ふつう第1回に利用する人はその期に大きめの割り当て額を利用するように求められる。こうした扶助組織には他に碗会・抜会・女会などがあった。

清末の江蘇・安徽における**七賢会**は7人の会員から成り、名称の由来を西晋・東晋頃の竹林の七賢に遡らせる。広東には龐公会があり、9世紀の仏教徒龐蘊（龐居士）に由来するという。元曲のなかに、龐居士が悟りを開いたとき債務者の返済を免除したとされる。

長寿会（ちょうじゅかい）

清末から民国期にあった長寿会・**白袍会**・**老人会**という会員組織は、会員のなかに親の逝去が生じたとき、定額の費用を当人に差し出すもので、時に会の基金をつくり利息を求めて投資する。

攢銭会（さんせんかい）

堆金会などともいう。民国期に存在した貯蓄組合のことで、貧しい人々がつくり、投資のためにお互いの貯蓄を促した。合股の形式で営まれ、3年間を目安とした。また河北には戒烟会という月掛けの金融組織があった。

⑧融資・利子率

出挙（しゅつきょ［すいこ］）

融資の事例は先秦に遡る。唐代では借り入れのことを**挙**・**便**・**貸**、貸し出しのことを出挙・出便・出貸と呼んでいたが、宋代になると貸・借ともふつう借とした。融資の期間は唐代では3ヶ月から6ヶ月であった。

利率（りりつ）

漢代に融資の利息は1年に投資額の5分の1から3分の1であったが、3分の1の率は高利とみなしていて（司馬遷）、年利20％がむしろ常識であった。王莽は官金の貸者への融資に月利3％（年利で36％）とし、利率の上昇が伺われる。北魏の永平4年（511）に元金に対して利息が超過することを禁止し、唐代以降では**一本一利**の禁と呼ばれた。また**以利為本**すなわち複利計算は不正とされ、この両者の利息法が適用できるのは債務者が利子ないし元金を長期に返済しなかった時であった。通常であれば利子は定期に返済され、この間における融資額は同額であった。

一方、高利の上限が法的に示されるようになったのは唐代あたりからである。唐初に私債は月利6％、官金の融資で7％とされるが、開元16年（728）からそれぞれ4％と7％に下げられ、宋代も前者は4％、後者は5％、元・明・清では月利3％が基本であったようである。実例から見ると、唐では**公廨本銭**ないし食利本銭の融資は捉銭令史・**捉利銭戸**という金融業者を通じてなされたが、その利率は7世紀のはじめ8％、永徽元年（650）に7％、開元16年以後は5％に規制された。唐代の**公廨麦粟**という官穀の貸与では、6月から秋までの利息は50％、月利に直すと12.5％でかなり高利である（敦煌、8・9世紀の例）。ただし**常平穀**の2月から10月までの貸与では、永泰元年（765）に30％、月利に直して3.75％であった。宋の王安石の**青苗銭**では春から秋にかけての貸与で多くの地方で20％、河北で30％、のちに紹聖2年（1095）に10％に減じた。市易法（1072～85）では官金と官物を商人に貸与して営業させたが、利率は年に20％であった。南宋の楊時は平常の年利は50～70％から100％としているが、これは月利で4～6％、高利の時8％に当たる。同じく南宋の袁采は質屋・商業・融資の利益は3年間で元金に等しい、金貸しでは月利で3～5％ならば穏当10％なら高利、穀物のローンでは春から秋の期間で30～50％なら穏当80％なら高利と述べている。元代には一般には月利3％であった。政府がウイグル人のオルターク商人に斡脱銭を貸与したとき、その月利は市中の3％より4分の1も低い0.8％であったとはいえ、斡脱商人はこれを年100％の利率で、しかも複利計算で民間に貸し付け、10年内に元利合計で1,024倍を儲けたという（**羊羔児銭**といわれた）。明の楊継盛は通常の銀の融資では年利60％、月利5％としている。清代には質屋の利率に法の制限があり、3％（18世紀）・2％（19世紀）と定められたが、融資額の大小・抵当物の値段によって異なる。清政府は質屋及び塩商に官金を融資した。その際、平均して月利は2％～1％と低く、この収益で政府は童生への手当・救荒・孤児院の経費に使った。たぶん質屋はこの官金をもとに3％で商売し、1％を手数料として収めたであろう。

⑨新旧銀行

荷蘭銀行（からんぎんこう）

Nederlandsche Handel-Maat-schappij. 1824年創立のオランダ資本の商業銀行。アムステルダムに本店を置き、世界各地に支店を設立。中国には1903年、上海・香港に支店を開いた。主な業務は庚子賠償金や関税収入の管理・運用。1913年以降は、ベルギー銀行団と共同で隴海鉄道敷設に投資。対華僑為替業務や上海租界内で通行した紙幣の発行も行った。

華旗銀行（かきぎんこう）

National City Bank of New York. 1812年創設。1865年改組によってNational City Bank of New Yorkを称する。アメリカの商業銀行で本店はニューヨーク。中国へは1902年、アメリカ政府より庚子賠償金運用の代表権を託され、上海に支店を開設。香港・漢口・北京・天津・哈爾浜・厦門などにも支店が置かれた。中国名の華旗はアメリカ国旗星条旗を表したもの。広東・香港では万国宝通銀行と称した。一般的な銀行業務以外に、賠償金や中華教育文化基金の管理、また金融や鉄道敷設投資などを通じて中国の財政と深く係わった。抗日戦後、同じアメリカ系の大通銀行（Chase Bank）と共同で行ったアメリカの救援（美援）資金の決済と為替の発行で大きな収益をあげ、国共内戦下では匯豊銀行とならぶ為替相場の支配者となる。

華比銀行（かひぎんこう）

Banque Belge pour l'Etranger. ベルギー資本の商業銀行。1902年創立当時の名称はSino-Belgian Bankだが、1913年に改名。ブリュッセルに本店を置く。中国では上海・天津・漢口・香港・北京に支店を置き、一般の銀行業務以外にも、鉄道建設・鉱山開発・電車や電灯の設置など公共事業の請負や紙幣の発行も行った。

匯豊銀行（かいほうぎんこう［わいほうぎんこう］）

The Hongkong and Shanghai Banking Corporation. 香港上海匯豊銀行、略称で香港上海銀行、または香上銀行ともいわれた。1864年創立。1865年に香港に総行（本店）を置き、その後相次いで上海・広州・厦門・福州・漢口・北京・天津・青島・大連・哈爾浜・台湾の高雄などに支店を開設。資本金は当初500万香港ドルだが、事業の発展に伴い1920年には200万香港ドル増資された。初期の主要業務はインドはじめイギリス植民地間の為替取引や在中国イギリス商人への融資、および香港当局の幣制改革に対する協力、また公共事業への資金提供であったが、後に清朝政府に対する借款貸与を通じて財政にも深く関与した。中華民国期にも外国為替業務などを通じて政府とのかかわりは続いたが、1941年の太平洋戦争勃発の後、中国内の店舗営業網の多くは日本軍に接収された。戦後は営業が回復されたが、1955年に上海支店が共産党に接収されたのを皮切りに、各地の支店は次々と閉鎖されたが、上海支店のみは貿易金融や送金業務を継続し、1980年代からは再び中国内各地に支店が設置されるようになった。香港の本店は香港ドル発行業務など、事実上の中央銀行としての機能を担い続けたが、1997年の香港の中国返還に先立ち、1991年には登記上の本拠地をロンドンへ移してイギリス法人となった。なお、現在も香港においては最大の、また香港ドルを発行する銀行のひとつである。

官銀銭号（かんぎんせんごう）

清代の官営金融機関。官銭号・官銀号・官銭舗とも称した。官銭舗の存在は既に雍正年間の記録にあり、乾隆2年（1737）には北京をはじめ10カ所に官銭局が設置され、銀銭の兌換や銭価安定の業務を担った。道光年間になると内務府により北京に5カ所の官銭舗が置かれ、銭票の発行が行われた。また、5口通商港に設置された海関銀号も官銀号と称されたが、これは関税の徴収を専業とし金融業務は行わない。咸豊年間には戸部官票と大銭の発行に伴い、各省に官銭局の設立が命じられたが、福建・山西・陝西に設置されたのみであった。そこで戸部は民間商人を招聘して北京に乾の字を冠した4カ所の官銀銭号、すなわち**四乾号**が開設されて、八旗各営の兵餉の管理と銭票の発行が行われた。更に大清宝鈔の発行を推進するため、商人の出資により宇の字を冠した5カ所の**五宇号**が、また後には引き続き天の字を冠した**五天号**が設置された。光緒年間に至ると、湖北省を皮切りに各省に設立された**官銭局**によって、省庫の管理経営、紙幣発行や金融活動が行われるようになるが、これらのうち幾つかは地方銀行に改組されて省銀行と称し、辛亥革命後も経営を継続したものもあった。

官銭舗（かんせんほ）

清の咸豊3年（1853）以降、北京および各省に置かれた官設の金融機関。民間の銭舗に臨時に委託し、官票と宝鈔の行用など、主として官のための貨幣出納業務を行わせた。

櫃房（きぼう）

唐代後期から設置された、一種の金融・財物保管機関。金銀や銭貨を預かって保管料を徴収し、また、手形や小切手の類の換金を行った。**櫃房**・**僦櫃**ともいう。

公估局（こうこきょく）

清代、銀の鑑定を行った公証機関。清代は各地さまざまな質量の銀錠が流通し、その交易の不便を解消するため、特に清末に至り各地に設置された。開設に際しては当該地方の政府の許可と銭業公会の認可とを必要とした。北京の公估局は官営であったが、天津・上海・漢口のものは当地の銭業者との共同経営で、地方によっては全くの民営のものであった。鑑定は秤量と看色、すなわち色による純度の識別によって行われた。看色は熟練者の経験に頼る方法であったが、化学分析と大差ない結果が得られたという。鑑定後は銀錠中央の凹部に、重量とその地方の標準質量と比べた価値の増減が明記された。標準より価値が高い場合は**昇水**、価値が低い場合は**耗水**と記し、その上から改竄を防ぐための印が押された。

毫子店（ごうしてん）

広東省汕頭地方の金融業者で、収我店ともいう。各種貨幣の両替を主な業務とし、**七兌銀票**という一種の紙幣の発行も行った。資本金は**銀荘**よりも小さく、一般に4、5,000元～2、3万元程度であった。

四行（しこう）

民国期、国民政府の金融政策の中枢を担った、**中央銀行**・**中国銀行**・**交通銀行**・**中国農民銀行**の4行。1937年7月、これら4銀行は上海に四行連合辦事処を設け、共同で借款の批准業務などを実施。これは同年11月に漢口に移転し、四行連合辦事総処と改称された。翌年には重慶へ移転。更に改組され、中央信託局と郵政儲金匯業局が参入。蒋介石が理事会主席に就任した。民国期、四行の名称は地域的な金融集団にも用いられ、華北で1923年に紙幣発行のための四行準備庫および四行貯蓄会を結成し、北洋政府を支持した**塩業銀行**・**金城銀行**・**中南銀行**・**大陸銀行**を北四行、また北伐前後から提携関係を強め、江浙財閥の金融業務の中核を担った**浙江興業銀行**・**浙江実業銀行**・**上海商業貯蓄銀行**・**新華信託貯蓄銀行**を南四行と称した。

銭号（せんごう）

清代の貴金属商および貨幣商の呼称のひとつで、**銭局**も同様。

銭荘（せんそう）

明代中期に登場した**銭舗**・**銭桌**を起源とする民間の金融業者。銭荘の名称は明末に現れ、**銭店**・**銭肆**とも称した。荘は一般に店舗・問屋を指す語だが、時にこの1字のみで銭荘の略称としても用いられた。また、南方では銭荘、北方では**銀号**と呼ばれることが多く、あるいは比較的大規模なものを銭荘、小規模なものを**銀号**と呼ぶ場合もある。銭舗の名はその総称として清代にも残った。個人の出資、あるいは合股によって経営され、明代以来の**会票**・**銭票**・**匯票**など手形の発行業務のほか、貨幣の兌換・預貯金業務とその貸付などを行った。貸付先は主に商業主で、信用を重んじ抵当を取らなかった。清末には外国銀行の信用をも得て隆盛したが、辛亥革命後は近代的銀行にその地位を襲われて次第に衰退した。

銭攤子（せんたんし）

清代の露天両替業者のこと。**銭床子**・**銭車子**ともいう。多くは小資本で、その準備金は200～500元ほどで、1、2名の合股によって運営された。一般に賑わう盛り場、市場などの街路に店を張り、多額の売買を行う場合は連携した銭舗からの一時的な融通を利用した。

兌房（だぼう）

宋代の両替店。宋代の両替業は**金銀舗**の業務の一環として行われていたが、金銀の貨幣としての使用が盛んになるに伴い、南宋末、両替を専業とする業者が出現した。これを兌房または**兌便舗**と称し、銭・銀・会子の兌換・売買を行った。

大清銀行（だいしんぎんこう）

清朝政府による国営銀行で、光緒34年（1908）、**戸部銀行**の後身として開設。本店は北京に置かれ、長春・開封・太原・西安・杭州・福州・長沙・広州・昆明などに支店が設置された。資本金は官民折半の出資により、400万から後に1,000万両まで増資された。紙幣の発行および公金・公債類の管理運用を主な業務とした。辛亥革命後は業務を停止し、北洋政府財務部によりその中核部分は**中国銀行**へと改組された。

大清戸部銀行（だいしんこぶぎんこう）

清朝政府が設立した国営銀行。単に戸部銀行とも称する。光緒31年（1905）開業。北京に総行（本店）を置き、天津・上海・漢口・張家口・済南・奉天（現：遼寧省瀋陽市）・営口・庫倫・重慶などに支店を開設。資本金は400万両で、出資は官民折半による。紙幣の発行、戸部の公金出納業務を担当。光緒34年（1908）に大清銀行に改称された。

中国銀行（ちゅうごくぎんこう）

民国期に設立された外国為替専業銀行。民国元年（1912）、大清銀行を改組して北洋政府の**中央銀行**として設置された。資本金は6,000万元で官民折半の出資。本店は当初は北京に置かれたが、民国16年（1927）に上海へ移転。翌年には国民政府により外交為替銀行と定められ、資本金は3,500万元となる。主要業務は、政府に代わって国外での公債発行、および在外公金の運用、対外貿易の振興促進、また一部ではあるが国庫の運営や兌換券発行にも携わった。後に中央銀行に紙幣発行や公金・公債関連業務が集中されるようになると、国際貿易業務に特化し、国内外に多数の支店を設けた。

中国通商銀行（ちゅうごくつうしょうぎんこう）

清の光緒23年（1897）、当時大理寺少卿であった盛宣懐の奏議に基づいて設立された、中国資本初の近代的銀行。官民合弁の銀行で、部庫・藩庫の銀両を預かり、各省より北京へ送付する官庁の為替を取り扱い・紙幣の印造発行・銀貨の鋳造などの特権を有したが、資本は1株100両として5万株、計500万両で、全て民間の出資とした。内外の信用を得るために年利5分で300万両以上の政府預金を得ることになっていたが、経営は民間が担い政府は関与しなかった。

朝鮮銀行（ちょうせんぎんこう）

1911年、日本の朝鮮併合によりソウルに開設された銀行。活動範囲は朝鮮のみならず、中国東北部や華北、上海など沿海部にも及んだ。中国には1909年に安東（現：遼寧省丹東市）に支所を置いたのを皮切りに、奉天・大連・旅順・長春・天津・北京・青島・済南・上海で支店開設。1917年からは**横浜正金銀行**から東三省通用の紙幣である老頭票の発行や公金管理などの業務を受け継ぐ。中国東北部における日本軍の膨大な戦費を調達し、日本の植民地政策を助けた。

東方匯理銀行（とうほうかいりぎんこう）

Banque de l'Indo Chine. フランス系資本の銀行。1875年の創立当初はフランス領インドシナを活動の中心としていたが、1880年代末より中国・日本などへ活動域を拡大。1894年に香港、1899年上海、後には漢口・天津・北京・昆明などに支店を開設。仏領インドシナの紙幣発行権を独占。中国においても紙幣の発行・塩税収入の保管・フランス資本による中国内鉱山開発や公共事業への投資推進を行い、特に雲南地域の貿易・金融に大きな影響力を発揮した。浙江省泰化出身の朱志堯が買辦を務めた。

徳華銀行（とくかぎんこう）

Deutsch Asiatische Bank. ドイツ系銀行13行により設立された銀行で、1889年上海に本店を開設。北京・天津・漢口・青島・済南・広州・香港などに支店を置いた。山東方面を主な勢力圏として鉄道敷設への投資、紙幣・債券の発行業務を担った。第一次世界大戦で北洋政府がドイツに宣戦し営業停止。戦後は復業するが戦前の勢いはなく、第二次大戦後は中国銀行に接収された。

麦加利銀行（ばくかりぎんこう）

Chartered Bank of India, Australia and China. **渣打銀行**とも表記するイギリス系資本の銀行。1853年創立。1857年に香港・上海に支店を設け、鉄道敷設その他イギリスの対中国投資に活躍した。

票号（ひょうごう）

清代の民間金融機関。**票荘**・**匯票荘**・**匯兌荘**ともいわれた。起源については諸説あるが、隆盛したのは道光期以降。山西商人の創立により、また彼らの経営による所が多かったため、**山西票号**・西号・西帮票号の名称もあり、山西人以外の経営によるものは**外帮票号**、江蘇・浙江人が開設したものは**南帮票号**といわれた。山西票号の多くは山西省内に本店を置き、その場所によって祁県・太谷・平遥の県ごとに幇が形成され、しばしば**祁太平三幇**と総称されたが、中でも**平遥幇**が最も古く強勢であった。個々の票号は家族経営で、資本金は10万～50万両、利益は合股の出資率により配分された。主要な業務は当初は為替の取扱であったが、次第に預貯金や資金貸付にも手を広げ、政府公金の為替送金や出納、また官僚や銭荘に対する為替や預貯金、資金貸付なども手がけ、莫大な利益を得た。最盛期は19世紀末より20世紀初頭で、国内に400カ所以上、また日本・朝鮮・シンガポール・インド・ロシアなどに海外支店が設置され、業務網が築かれたが、近代的銀行の増加にしたがって為替業務が浸食され、辛亥革命以降は急速に衰退、1920年代には多くが倒産、あるいは銭荘への改組を余儀なくされた。

民信局（みんしんきょく）

郵便・為替送金・金銀取引業務を行った民間機関。信局・銀信局、あるいは民局ともいわれた。また華僑送金・郵便業務を行った**僑批局**・**批局**・**批館**も同様の機関。閩南語では信を批と称したためにこの名がある。明代永楽年間に始まり、東南沿海部、長江中下流域、大運河沿岸地域に広がった。送信と送金を同時に行える便利さに加えて、その確実な業務遂行は人々の信頼を得て、清末には内陸西北部へも拡大。僑批局はシンガポールなど東南アジア各地にも開設され、華僑郷里への送金ばかりでなく、国内災害時の義援金の送金ルートとしても利用された。

有利銀行（ゆうりぎんこう）

Mercantile Bank of India,London and China. イギリス系資本の銀行。1854 年に上海に支店設置。また、香港にも支店が設けられた。

横浜正金銀行〈よこはましょうきんぎんこう〉

1880 年設立の、日本の外国為替専門銀行。本店は横浜。世界各地に支店を置き、外国為替および貿易関連業務に当たった。中国においては1893年に上海支店を設置。日清・日露戦争後は国策に随い中国東北地方への支店設置を拡充し、営口・大連・奉天・旅順・遼陽・鉄岭・安東・長春・哈爾浜に、また天津・北京・漢口・青島・済南・香港にも支店が開かれた。東北地方では金票が発行され、第一次大戦後はその通行範囲を広げた。抗日戦争期には日本軍の支配地域における金融業を支配し、充分な準備金もない紙幣を乱発して中国全土に展開した日本軍の膨大な戦費を賄った。上海など在中支店は第二次大戦後、共産党に接収。1946 年に改組、主要業務は東京銀行へ移管された。

零兌荘（れいだそう）

清代、小額の両替を業務とする両替商を零兌荘・零兌あるいは**銭卓**、また兼業の形態から**煙銭舗**と称する場合もあった。

露清銀行（ろしんぎんこう）

ロシア・フランス資本の銀行。資本金は600 万ルーブルで、8 分の 5 はフランス資本、8 分の 3 はロシア資本の出資による。重役のうち 5 名と総裁はロシアの株主代表、3 名はフランス側の株主代表であった。中国内の鉄道敷設利権の獲得に活躍した。

炉房（ろぼう）

清代の銀の鋳造機関。一般に北方では炉房と称して個人経営が多く、南方では**銀炉**と称して銭荘などとの合資経営が多かった。官営のものと私営とがある。官営のものは、藩庫、官銀号に付設され、戸部の批准が必要であった。各地に定額があり、勝手に増額することはできなかった。清末になると法規が緩み、批准を経ない無認可の私営炉房が鋳造を行った。鋳造された宝銀はその地域の公估局で鑑定された後に市場へ出回ったが、公估局のない地方では炉房自身が鑑定役を担った。北方の炉房は為替業務などを兼業し、資本の大きなものが多かった。民国 22 年（1933）の廃両改元によって業務停止となった。

6　交通

①総記

運輸の区分法〈うんゆのくぶんほう〉※

唐代、官運における運輸方法の別と難易の別とを組み合わせた輸送の 12 の区分。運賃は 5 等に大別され、最も高くついたのは**山坂**・**平易**の車運で、次いで**泝流船運**、**負般**・**駄運**は 3、4 番目であった。下限運賃で比較すると、沿流船運は平易車運の約 3 分の 1 弱であり、沿流輸送は非常に有利であった。一方、陸運では、平易路の負般・駄運が車運の約 2 分の 1 以下であり、陸運においては負般・駄運が大いに安くついた。車運は数千斤・数十石の大量輸送に便利であったため、官運では車運が多用された。

引（いん）

百里以上の旅程や関津を通過する場合、引という通行券を発給し、貨物などの詳細を記載する。文引・行路文引・路引などとも称する。身分や目的によって勘合・火牌・口票・路票など様々な券が出される。引を発給すべきでない者に給することを冒引、白紙の引に印のみを押したものを空押路引といい、不正の一種である。また、他人の馬などの貨物を記す違反行為を冒渡という。

運脚（うんきゃく）

運賃・輸送費のこと。搬費・**脚銭**・**脚価**・脚費・脚乗・載脚・僦輓費・寄費・寄価ともいう。その雇い賃は**僦費**といい、車を借りる場合は**車租**・車份児、水運の際の傭船料は雇船水脚銭と称した。唐代徳宗期に進奉物を搬入する費用を脚価銭と称することもあった。

駅券（えきけん）

漢代の駅馬利用の券すなわち**符伝**の、唐代、開元 18 年（730）における改称。差遣の官員や外夷などに与えられた。**紙券**ともいい、門下省発行のものは往復に利用し得たが、諸使・地方発行のものは片道のみであった。宋代、嘉祐 4 年（1059）に駅券則例（嘉祐駅令）が定められた。駅券の一種で駅舎宿泊のみ許可する館券もあった。

押匯（おうかい［おうわい］）

荷物付の荷為替手形であり、**跟単**・**随貨匯**ともいう。

火車（かしゃ）

鉄道のこと。当初は火輪車と翻訳されたが、その後、火車という呼称が一般化する。鉄道の駅を火車站といい、軌道となる線路を鉄軌という。1876 年、上海－呉淞間の鉄道敷設の後、中国の鉄道に対する投資熱が高まり、早くはアメリカ資本が華美啓興公司を設立した。1896年に盛宣懐が鉄路総公司を上海に開設し、これが近代中国における鉄道建設の中心となった。李鴻章も開平鉄路公司を設立し、後に中国鉄路公司となった。列強は中国に対して鉄道敷設権を求め、フランスは1898年に印度支那雲南鉄道会社を組織し、その設備・資材は免税の特権を得た。ドイツの山東鉄道会社やロシアの東清鉄道会社も同様である。中国鉄道の建設にはベルギーの柯古里大製鉄会社などが参与した。ベルギー・シンジケートは在中国鉄道研究会と称し、後に在中国鉄道電車総合会社となった。鉄道の敷設は各地で進み、汕頭から潮州を経て意渓に至る潮汕鉄路、大同より陝西を経て成都に至る同成鉄路などが通された。北京から熱河に至る京熱鉄路も予定されたが、日本が敷設権を有する内蒙古と関連するため中止された。鉄道の敷設に際して借款が行われることも多く、開封より洛陽に至る汴洛鉄路の敷設にはフィリピンとの間に汴洛鉄路借款が交わされた。こうした鉄道に対しては路律という鉄道法が定められた。日露戦争後は中国人が自ら資本を集めて自主的に鉄道を建設しようとする自弁鉄道運動が唱えられたが、一部地域の鉄道以外は資本への応募がほとんどなく、徴税的措置によって割り当てようとするもののうまくいかなかった。

過所（かしょ）

後漢以後、関津通行許可の証明書。漢代には**伝・啓・繻**と称し割符であった。後漢に過所と改められ、五代頃まで続いた。唐代には一般人が移動する際に、素性・目的・人数・年齢・携行品を記し、中央・地方州県の役人の署名捺印があった。**公験**ともいう。宋代には長牒という、食料が支給される過所の一種があった。

関津（かんしん）

国境もしくは水陸の交通上の要地に設置され関所。橋の袂は関梁といった。関津には関津口鋪という商税徴収所が設けられ、検査を受けることを放関と称した。船舶が出洋する際は、塘汛という検査所発行の証明書を、船照という州県・海関から交付されたものに張り付ける。関津を通らないのは越渡として処罰の対象となった。

勘合（かんごう）

官吏の出張の際に支給される証明書。また、入貢船に対してその真偽を明らかにするために与えた券であり、1船ごとに1通を所持することとされ、裏面に乗船人員・貢物・貨物の詳細が記された。

脚直（きゃくち［きゃくちょく］）

唐代、官物輸送料をいい、**駄脚・車載脚・船脚**の3種に大別される。駄脚は陸運の輸送労費。貨物取り扱いの手間の多少を重視した貴賤基準が適用された。貴貨はその梱包や取り扱いにおいて、高価な貨物であるため特に手間をかけ注意を払わせた。車載脚は、単なる道具としての車の使用量であったため、貴賤基準による高下はなかった。船脚は水運の船舶運賃。

脚法（きゃくほう）

唐代、開元年間の法定運賃法のこと。財政に用いる財物を輸送する官運においては、その運賃を法で規定していた。官運は、定期的な租・庸・調などの税物の輸送を主とし、なかでも江淮諸州からの官米輸送は厖大な量にのぼり、官運の大宗となっていた。その輸送経費も厖大であり、官運の経費は財政の規模にも影響を与える一因でもあった。運賃高下の基準は貨物の軽重・貴賤、運路の平易・険渋を脚直高下の基準とした。軽重・難易の両基準が脚直高下に反映されていることは、水陸の規定から明らかであるが、水運では、同じ水路を使う場合の脚幅が設けられていないので、貴賤基準により船賃が高下されていないが、実際には貴賤基準が適用されていた。陸運では**平易・山坂**の両路において脚幅を設けているので、貴賤により運賃が高下されたと考えられる。

『大唐六典』によれば、脚法は陸運・水運・例外の3種規定に大別される。舟・車による水陸運送においては、貨物の重量や貨物価格の高下・運路の平易・険難により、その運賃の高下を定めた。河南・河北・河東・関内等の4道の諸州において、租庸・雑物などを運ぶ場合の運賃は、毎駄100斤、100里につき平易の所では100文、山阪では120文、車載は1,000斤（100里）で900文であった。黄河及び□（欠字）水河、ならびに幽州から平州までの運送は、10斤で（100里につき）上水（泝流）では16文、下水（沿流）では6文とし、余水（黄河等以外の他の一般河川）の上水は15文、下りは5文とされた。ただし澧・荊州などの州から揚州への下水は4文であった。山阪でも険しく、しかも驢馬が少ない所でも、1駄の運賃は150文を越えてはならず、平易の所では、80文より安くしてはならなかった。人夫が負般する所は、2人で1駄を分けて運ばせるようにと決められた。なお、小船を使用する所や播・黔などの州への水運及び海運では、例外規定として脚銭が明示されず、運賃は各州の裁量に任された。

護票（ごひょう）

通行許可証。護照・行道護照・関照・執照ともいう。

公験（こうけん）

広くは公的な証明書を意味するが、狭義には旅行証明書を指す。安史の乱以後の藩鎮割拠状況で過所は効力を発揮し得ず、公験が発給された。過所は関津の通行許可であったのに対して、公験は身分証明のパスポート的な役割に拡大した。公拠・公憑・引拠などとも称する。公拠は宋の舶商に給せられ、引拠は藩鎮が発行したもの。公験には程糧（旅行中の食料）支給方法が明記されていた。

勾徴（こうちょう）

唐代、洛・陝間の陸運の財源として徴収される税。税率は毎丁100文で、全国の輸丁（正税の課税対象丁）から徴収する。毎丁100文の税×400万人＝40万貫（税収上限の目安）であるから、洛・陝陸運の経費は40万貫以下となる。開元21年（733）頃の洛陝陸運の常運額は100万石であるので、100万石の輸送経費は40万貫以下であったことになる。ただし、東都までの租米送納費は遠近に随って各自己負担とされた。また、別途毎丁50文を徴して営窖等費に充てた。勾徴・営窖等税は京・都の司農寺・河南府・陝州に貯納、またそこから支出される。営窖費は米麦久貯に必要な資材購入費・作業労賃であったという。河南府・陝州に貯納されたのが勾徴収入、京・都両司農寺に貯収されたのが営窖等税収である。

行単（こうたん）

貨物を運送する時の送状で、運照・運単・運送単・託運単とも称した。このうち運照は運送許可証の意で用いられることもある。

行程法（こうていほう）

唐代、官運の輸送法・運賃法の「公式令」に定められた時間と里程に関する規定で、一般規定（陸行規定・水行規定）と例外規定からなる。陸行は3規定、水行は9規定、例外は例外地の規定、風・水浅などの半功規定に分ける。唐の律令制時代の行程法は、諸種官運に広く適用され、五代末まで数百年間にわたって利用され続けた。それは、唐～五代の間に車・船の速度をあげる工作技術が現れなかったことだけでなく、明瞭性・適応性・簡便性など、法規としての優れた要素を備えていたからである。

一般規定の陸運から見ていこう。陸運は、馬・歩・驢・車に大別し、それぞれの輸送における1口当たり里程を定め、規定の長短は、手段の遅速に準拠するだけで、平易・山坂、深沙の路、雨雪の後の泥土の道などの道路条件は準拠基準に入らない。つまり、各手段の一般的な速度に見合う1日の里程ではなく、一般的よりも遅い速度を基準にした里程である。例えば1日40里・50里の車運例があり、行軍法の車運は1日60里であるが、行程法の車運は1日30里と規定されている。一方、水運規定は、泝・順の流速の違い、空船・重船の船足の遅速、各河川の流速の違いの3種の基準により、この3つを組み合わせた9種の行程が規定されている。順風をうけたり、無風であったり、あるいは貨物の重量の違いなどは、水運規定では考慮されない。陸運と同様に、遅い速度に合わせた里程にしていると想定される。1日の里程が最も長いのは黄河順流で重船・空船とも150里、長江のそれは100里、余水（他の河川）は70里である。最も短いのは黄河泝流の重船で1日30里、長江のそれは40里、余水で45理とされている。

例外の半功規定では、風波によって就航に遅れが生じた場合は、もよりの官庁（州・県・駅など）がその証明書を発行し、輸送期限の延期を認めていた。例えば2日の遅延ならば1日の延期を認められた。

行李（こうり）

旅行にて携帯する装具およびそれを入れる容器のこと。同類の語に装齎・齎・随身・栲栳・行嚢・行槖などがある。

綱運（こううん）

諸州から上供物を京師・東都への輸送。綱は大量の物資輸送のために編成された組。唐代には遠方に行く**長綱**が組織され、南宋代に陝西・四川で買い入れた馬を臨安・長江沿辺の軍に輸送する**馬綱**があった。唐代、州県官が指揮した輸送隊は、水路であれば水駅、陸路では駅に宿泊する。官駅は輸送隊のほか官僚の赴任・帰京、使者の往還、許可証の交付を受けた官僚が利用するもので、経費は一般予算から支出し、また公廨本銭の利子により賄っていた。従って、営窖費や洛・陝陸運の財源である勾徴は特別な処置であった。

絲綢の道〈しちょうのみち〉

古来、アジア大陸の東西を結ぶ交易路、いわゆるシルクロードである。渭水盆地を起点として、タリム盆地・カシュガルを経て地中海に至る。絹及び絹織物（絲綢）を運ぶ道であったので、この名称が与えられた。一方、海上のルートもあり、これには中国南部から海上に出るルートと、東南アジアの河川を利用した後に海上に出て、西航するルートがあった。これらのルートを通じては主に陶磁器が運ばれたので磁器の道ともいう。

車載脚（しゃたいきゃく）

唐代、陸運の車使用量。平易・山阪にかかわりなく1,000斤100里につき900文と一定である。車は単なる道具にすぎず、労力を車自体は出さない。このため平易・山阪にかかわりなく一定であると解される。よって、車載脚は一定重量の貨物を搭載して一定距離の輸送に車を使用することに対して支払われる料金、すなわち車使用量である。労費（駄脚）は別に支払われた。

水程（すいてい）

水路の行程の義。ほかに塩商人に対して発給される、行塩地までの水路の旅券のこと。明代に塩の売買運送に対する取り締まりは特に厳重であった。

船脚（せんきゃく）

唐代、水運の船舶運賃。陸運の駄脚と同じく輸送労力の多少により高下されている。『大唐六典』において、泝流（上水）と沿流（下水）とで大差をつけていた。澧水・洞庭湖・長江などの泝流脚が示されていないのは、余水泝流の15文が適用されたものか。なお、船脚では、車運と違って、労費と船使用料とが区別されていない。労賃と使用料とが入っているのが船脚、すなわち船賃であった。唐代の行程法によれば、流速は黄河・長江・余水の順に速い。しかし、泝流脚は16文・15文の2種のみであった。流速が速ければ、労力はそれだけ少ないはずだが、沿流脚は黄河等6文・余水5文・長江等4文であり、流速の遅速＝労力の多少と船脚の高下とは必ずしも一致していない。長江等の船脚は安かったので、流速は速かったが泝流脚は余水と同価とされ、沿流は1文安価に定めたと思われる。黄河船脚は、他河川よりやや高かった。水運においては河川別船脚の格差が考慮された。

泝流船運（そりゅうせんうん）

唐運賃法における、河川泝流の船賃。沿流船運の約3倍であった。一般河川の泝流と平坦路とを比べると、船賃が車運より約13～26パーセント安く、さらに沿流では船賃は240～250パーセントも安かった。運賃は重量・距離に正比例するので、大量長距離と軽量長距離との輸送コスト格差は巨額になった。

駄脚（だきゃく）

唐代、陸運の輸送労費。唐運賃法によると、陸運の運賃は輸送労費と車使用料からなり、人夫・役畜による運送に労費が支払われ、車運には労賃と車使用料とが支払われた。そのため平坦路で比べると車運は人夫・役畜による運送より約2倍も高くついた。輸送労力が少なくてすむ平易路の駄脚は80文～100文に抑えられ、労力を多く必要とする山阪の駄脚が120～150文と高い。従って駄脚は一定重量の貨物を一定距離運ぶ輸送労力の多少に対応して定められた労費である。

長引（ちょういん）

長距離の輸送の場合に与えられる通行証で、途中での課税を免除し、目的地で一括納入することが認められた。証明書を指す引・公引・文引・関引の特殊な種類である。

程図（ていと［ていず］）

明代の路程図。宋代、既に駅程地図はあり、明代には詳しい交通指南書として、黄汴の『天下水陸路程』などが残されている。

遞運所（ていうんしょ）

運送事務を取り扱うところ。

道路（どうろ）

古来、通行路一般を指し示す言葉であったが、清代に至って郊外の道の呼称となり、**馬路**ともいい、近代は国道と称された。それに対して都市内部の道は**街巷**という。街はまっすぐな道・大きな道、巷は曲がった道・小さな道を指す。また規模によって、大通りの大道を**街道**・**亨衢**、町通りを**街陌**・**市陌**、路地の細道を**巷道**・**巷子**・**巷陌**という。**衚衕**は、京師の街路を指す場合と小路・路地を指す場合とがある。小路の入り口には閎・闠門・市門という門が、路辺には街閘・欄柵・柵欄という柵が設けられた。この他に、径（まっすぐな近道）・畛（あぜみち）・涂（水路沿いのみち）・道（通り道）・路（往来のみち）を合わせた**五塗**という概念もある。地域的な特色を有する道としては、四川の桟道、陝西終南山の渓谷を縦断する褒斜道が著名である。用途による道路呼称としては、行路を意味する去路、回り道・横道を意味する腰道、糧道を意味する饟道・転道などが挙げられる。清代では道路を維持する官は督理街道衙門であった。

鏢局（ひょうきょく）

明清代、保鏢（旅客の保安）に当たる運送業者。標局・**鑣局**・**驃局**・保鏢局ともいい、護送に当たるものを鏢師・鏢友といい、旅客運搬用の車あるいは船を鑣車・標船と称した。特に華北における土匪対策に有効で、鑣旗を持つ鏢客は盗賊も避けたという。鑣とは矛形の頭の兵器のこと。

符券（ふけん）

駅伝の使用証。元代には**円符**・**符節**という牌符が用いられた。明代には符験ともいった。

符伝（ふでん）

駅馬を利用する際の駅券のこと、または貨物の通関手形。伝符ともいう。漢代より符伝と称せられたが、唐の開元18年（730）に**駅券**と改称した。

保険銀（ほけんぎん）

近代、貨物輸送中の損害を保証する契約銀。河川水運に起源を発する。

封伝（ほうでん）

周代、駅伝を利用し、関所を通過する際の通行証。

輸（ゆ）

運送を意味する語。貨物を輸送することを**輸将**・**盤運**・転運、荷を積載することは載運、荷を発送または荷卸して運ぶことを起運、荷を送って捌くことを運銷、折り返し運送することを**摺運**という。量帯は荷物を計量して運ぶことで、多量の場合は分装といい、分割して運ぶ。**委輸**の委は、車に載せること、輸は卸すこと。輸粟は穀物の輸送を指す。

里程（りてい）

中国における距離の単位、路程のことで、里路・程限ともいう。伝承上、黄帝が初めて里程を定めたという。里程を示すために一里塚として**堠**が設けられ、5里ごとに置かれる**里堠**と州県などの境界に作られる**界堠**があり、その上には木牌・石刻を置いた。宋代になると5里ごとに里隔柱という4～6尺の高さの土柱が作られた。なお、駅逓の里程は駅程という規定において定められた。

路費（ろひ）
旅費のこと。行道費・賫斧・**資斧**・川資・盤川・**盤費**・**盤纏**・盤脚費・盤銭等も同じ。駅料は宋代、駅伝利用の官僚に支払われる旅費。斧は荊棘を切り開く道具を意味する。資遣・送盤程・送盤川は旅費を餞けること。

②運送業

運夫（うんふ）
運搬に従事する労働者（苦力）をいう。都市近辺の農民が農閑期に働きに出る者が多い。その呼称は様々で、運丁・搬夫・脚夫・**脚力**・脚下人力と称し、荷を担ぐことから担夫・**擺夫**・擯夫・挑力・挑脚的ともいう。その戸は**脚戸**と呼ばれ、明代には均徭として扱われ、清末には苦力帮を組織して縄張り区域において苦力頭の下でその労働を独占した。運送業における運送人は託運人・脚行市児である。水運における人夫は上水（積荷がある場合）・下水（積荷のない場合）で区別され、剥船が閘壩を通過する際に手助けとして雇われた者を小脚、港における荷揚げの場合を兌頭水脚・碼頭苦力という。**雇脚**とはこうした運夫を雇うことである。

過載車（かさいしゃ）
牙帳という許可証を受けて営業する陸上運送店であるが、水上運送を扱うこともある。

僱船契（こせんけい）
宋代、船を雇う傭船契約書。僱舟契ともいう。特に貨物・発着地・期限の詳細を記したものは成単と称した。船舶による運送はこれに準じて行われ、運送業者は貨物の損害・紛失に対しても責任を負った。

工銭（こうせん）
日雇労働である苦力に支払われた力銭・苦力賃。貨物運送や金品の運搬においては、送力・挑力と称された。また、船の荷降ろしには下力、車曳きには拉銭が支払われた。貨物の運搬費用について、自弁の場合は内力、相手方負担の場合は外力という。東北地方では大豆の袋を運ぶ力銭を貫袋費と呼んだ。

車坊（しゃぼう）
本来は車宿りのことであり、車屋・車房ともいう。太僕寺やその他官有の車坊が各地に存在した。ただし、単なる馬車置場ではなく、商人が貸馬車屋を営み、そこから収入を得た。

卸（しゃ）
陸運において貨物を荷卸すこと。水運では荷揚げすること。陸運では卸載・脱卸・卸担、水運では起岸・下船などの語がこれにあたる。積むことと卸すことをあわせて装卸という。また、運送の目的地を卸地と称する。

重難（じゅうなん）
積荷の運送が困難で労力を要すること。運送が容易な優軽と対になる語。梱包することを打套・打角という。包装した上で封記して運送するのが封装である。荷物を積み込むことを上装・上貨・装載・装貨・装行李、それを送ることを装運という。積荷が石炭の場合は装煤、氷であれば挑冰である。

船戸（せんこ）
沿海・沿江地域で船をもって運輸に携わる船舶業者のことで、豪戸が多い。荷主との契約には船行という船問屋が仲介し、承攬単という請負書を作成した。廻船問屋は過載行・装船行という。運送においては行用銭という船行が納めるべき手数料がかかり、船戸と客商がともに負担した。これらのことについては明の『三台万用正宗』商旅門・船戸に詳しい。

装載行（そうさいこう）
荷主と上海－山東－遼東間の海運業者の沙船号の間に立って貨物を斡旋する仲介業者。関税の代納も行う。積荷に対して責任を負わない**摯頭**というのもあった。

提貨単（ていかたん）
運送業者が荷主に発行する船積証書。略称は提単。**落貨単**・**水単**・交単・**攬載単**・載貨証券などともいう。英語のBill of loadingにあたる。貨物に保険が附された場合は攬単（攬契）といい、特に紅色で印刷したものを紅提単といった。また、荷を引き取る際の荷卸証書を起貨単・起貨紙という。

転運業（てんうんぎょう）
運送業のこと。過塘行が荷を取り扱い、過儎行が荷を保証した。鉄道における運送会社は転運公司、汽船では報関行である。鉄道などの及ばない地域は車行が扱った。江西では荷に対して保証を請け負わないものの、挑夫という人夫によって危険を担保する**揮幇**があった。福建では荷を保証する**泊頭**と保証しない**墟船**がある。江寧では穀物運送において、古くから近距離の**籮行**（**簾行**）と遠距離の**梢行**に分けられている。

駁（はく）
船荷を大船から小船に転載（般剥・**盤剥**）すること、駁船（剥船）という艀船に荷を積み替えて浅瀬を航行することを**駁浅**・剥浅という。積み換え運送を起駁・駁運・駁貨・剥運といい、その許可証が駁貨准単である。

渝荘（ゆそう）
長江上流の四川と中・下流を往来する汽船運送を取り扱う。**渝行**ともいう。

③水運

宋代水運（そうだいすいうん）※
宋代の官物輸送では水運が盛んであった。陸運の法定運賃は、平易路と山坂及び負般・駄運・車運の区別がなくなり、運費は一律に100里100斤につき100文とされた。この値段は単純に銭数で比較すると、唐の平易路の負般・駄運の銭数と同じである。ただし、これはあくまでも法定運賃のことであり、実際の運賃はやや異なっていたようであるが、唐の車運において輸送労費に加算された車の使用料が、宋ではなくなったので、物価上昇に比べて運賃が安くなったことは想定される。これは宋では、車の製造費が安くなり、車が普及し、陸運運賃の計算が、上述のように重量と距離のみでなされるようになったためでもある。
それに対して宋の水運運賃がかなり安く、泝流・順流ともに唐の5、6分の1になっていて、明らかに水運が陸運に比べて安価であった。おそらく水運の大量輸送が、水運の費用を押し下げ、逆に陸運費用は水運泝流に対して3.3倍、順流に対しては実に10倍も高く定められることになった。宋における財政規模の拡大は、水運の隆盛によることが多かった。

運河開鑿（うんがかいさく）
運河は戦国時代に軍事目的で作られた**邗溝**に始まる。その後、運河によって漢代には米粟の運輸が始まり、隋代の610年に南北の運河がつながり、唐代に水運の制度が整備される。北京に運河が至ったのは元代である。明清には官軍の転運が行われ、清代には直隷総督兼河道総督が北河を管轄するに至るも、汽船の出現により河運は廃されることとなった。後漢の汴渠、魏の泉州渠・中瀆水、呉末の北渠、隋の永済渠（御河）、唐の漕洛・霊渠、宋の漕河（汴河）・亀山運河・広済渠・恵民河、元の会通河、明の山東運河などが開鑿され、他に石塘河・運塩河・龍洞渠などがある。天津－徳州間の衛河を南運河といい、通県より下流を北運河という。

堰（えん）
あらいぜきの一種。壩・埭ともいい、堰埭とも称する。山東では堌ともいった。水のレベルが異なる2つの運河の接する所に設けて、船を移動させるための設備。船の上げ下げには主に牛力・人力によって縄で行う。漕船が壩（垻）を通過することを過壩という。壩を低くして船を通しやすくする煞壩が行われることもあった。石造りの硬堰と泥土に革を混ぜた軟堰があった。三国魏代の千金堨や隋代に築かれた捍海堰などが知られる。堰に対して、石造りで水量に応じて水門を開閉するものが**硬**である。

火長（かちょう）
宋代における水手のリーダーで航海責任者、船長。火は火伴・夥計・船夥の意味で、夥長とも称する。長年三老ともいわれ、櫂の操作の指揮・揚げ帆の監督・羅針盤を担当する。大伙ともいい、その次が二伙と呼ばれた。航運の操船を指揮し、また水夫や水夫頭など役職を雇い入れる責任者でもある。

河工（かこう）
治水工事のことで、堤工・壩工・埽工・閘工・搶修（堤防の決壊の修築）などの総称。宋代は、正月～3月に河堤使・河堤判官の監督のもとに河堤夫が編成され、5人1列、2列1火で火長を置き、5火を隊・団として、堤防の破損している箇所を修治し、堤林を植えた。近隣の州県の人夫が充てられ、遠い州県から徴発された人夫は河道を開淘する溝河夫となった。明代以降、区という区割りを行い、その下に図を設け、図が1年ごとの輪番制で区の治水に従事した。区に**塘長**1人を置き、これには糧長の経験豊かな者が選ばれた。成化・弘治以後、塘長は図における10年の役となった。その役を免れたり減じようとして行う贈賄から発展して納曠銀が起こったが、清代に禁止された。なお、河の治水状況は河快が偵察し、2里ごとに卡房（堡防）を置いて警戒に当たらせる**堡房**という仕組みがとられた。清代には、特に決壊の恐れが大きい箇所には**窩舗**が設けられ、工事用の資材が置かれ人夫を待機させた。漕道の水源を管理することを管泉といい、水路が梗塞する河梗を監視した。

開船（かいせん）
船が出帆することを意味し、他に類語として開港・開棹・開駕・開往・開洋・起船・起碇・頭楫・抽錨・行船・行楫・抱船などがある。特に海に出るときは放洋ともいう。

艤（ぎ）
船を整える、艤装のこと。艤船・**整船**ともいう。

渠（きょ）
河川のない所に掘られた人工運河。漕運路としての目的をも有しており漕渠ともいう。自然河川とつなげることによって漕運を果たし、その沿道を河道という。渠の開削は先秦時代より行われ、隋代に一定の完成を見た

縴戸（けんこ）
曳舟を拖船・背牽というが、特に漕船の航行を補助して運河の両岸、あるいは岸辺に沿って船を曳く必要がある**牽**

路において従事する曳船夫を指す語。縴手・縴夫・繂夫・纜夫・水脚役ともいう。荷が多くて擱挫する際は積荷を減らして牽く剥挽が行われた。

港（こう）
港は河の分かれるところをいい、そこから船の停泊するところを意味する。港口・港門・口子・口岸・船場・船岸・舳岸ともいう。また、水路・クリークを指す。

閘（こう）
閘門・水牐ともいう。運河において河流に落差がある場合、閘板という水門の開閉によって水量を調節した上で水門を開き（啓板）、船の運航を可能にする装置。水門の管理（管閘）には閘壩官が当たり、その運営には閘官・閘吏の監督のもとに閘夫が従事した。洪水の時には減水閘といって閘を開いて放水し、その水量を調節することもあった。山陽瀆や江南河、その他貯水池の放水口に多く設けられた。

綱首（こうしゅ）
宋元代に、輸送の責任を負う船長を指した呼称で、大商人が選ばれ、その下に副綱首・雑事がおり、刑罰権や財産処理権が委託されていた。綱司・船頭・駕長・管駕ともいった。明清時代には船主（その団体の合股）が船に乗り込ませた出海が、船長の呼称となった。

篙（こう）
水棹のこと。水篙・榜・戮浪ともいう。

篙工（こうこう）
竹ざおで船を進める者を指し、熟練した船夫を意味するが舵工より地位は低い。篙師・篙手・棹手・棹工ともいう。広義には船頭までを指すこともあり、その場合は篙人・篙夫ということもあった。

出海（しゅつかい）
明清代に海舶の綱首（船長）を出海と称し、オランダの史料などでは哪嗟（nachoda）といった。貿易に関する一切の経営を掌り、乗組員全体を統括する。海外への航海・貿易に熟練した者を、船舶を共有する合股が契約で雇って財東（合股員・公司）に加え、艤装・船荷の積載・船員の募集を委託し、出港から帰帆まで航海と営業を出海１人に統制させる。合股商店における総支配人（経理・掌櫃的）に相当する。合股は出海のほかに財副を船中に送って出海の補佐、経理の監督にあたらせる。

檣（しょう）
帆柱のこと、桅・桅子・桅頭・桅杆・桅竿・桅桿・機桅・篷桅・帆竿・桅架・緉・百尺・象門・頂天快など、多様な語がある。帆柱の下部を特に馬面、差し込みを檣串・桅欄・鑲桅、栓を桅閂・桅栓、轆轤を佼・雞桿、帆柱にはめる箍を桅箍、帆綱を篷縄・桅索・桅繂・釣帆索・帆繂・繂索、帆桁を篷檐・甲篙という。清代には１船の大きさを制限して１本柱の単桅しか認められていなかったが、福建のみ２本柱の双桅が許された。

津渡（しんと）
渡し場のこと。津・埭・渡口・船渡ともいう。渡し場には津が置かれて役人と渡子という丁夫が配され、渡貨を徴収する河渡という請負事業がなされた。山地における関と合わせて津関ということもある。

進口（しんこう）
輸入のこと。輸出は出口という。

水脚（すいきゃく）
水脚銀・水力・船力・船価・船銭・漕截・起水銭といい、水路による貨物運送費のこと。船賃。水脚の語はすでに『宋史』食貨志に見え、清代には官塩の運送において船戸に支払われる賃金を指すこともある。これに対して船費・船脚・船価は乗船賃である。

水手（すいしゅ）
船内の各種労働にあたる一般水夫のことで、水工・目侶・舟子・目侶・漕手・漕工・船火児・剗船人などと呼ばれた。舵・帆柱・帆綱・碇などの労働はそれぞれの頭目（五頭目）の指揮に従った。唐代の官運では橋の近辺の津家から橋夫を差定して水夫とし、明代の水駅の水夫は糧戸から供出されたが逃亡が多く、清代には運軍によって漕運の漕ぎ手として徴発され400石積みの船に８人程度が乗り組んだ。水手は漕運の際に舟歌である榜歌を唄い、また水辺に菴を造り、これを共同生活の単位とした。

水程儀（すいていぎ）
船の速度を測定する器械。

船（せん）
まず船の構造に関する呼称から見ていくと、船体のことを船殼、船腹のことを船身・船幇、船の頭部を鷁・鷁頭・閤閭、船尾を船艄・舳・櫓後・龍尾、船側を舷・水障・遮水という。なお、船身には船の長さという意味もある。船中央部の幅のことは梁頭と称する。船骨は龍骨、順風樑は船尾の柄木、枋は船側にわたした木のこと。船内は艙という十数枚の隔壁板によって分けられた区画があり、艙後の部位を後梢頭とする。船内の堰板を堵頭という。艙口という甲板への出入り口が設けられ、特に後部にあるものを後艙門という。また水仙門という胴体部の間の出入り口もある。甲板は艎・艙面・船面・艙頂という。乗員が岸と往来するときは、艇板・跳板・桃・扶梯という板を渡す。航行において圧載という肚石（バラスト）を積み込む。

船舶の一般名称は、川を渡る小船は舟と書き、他に舡とも称する。海を渡る大船を舶といい、その大きなものが独檣舶であり、約180トンを載せる。300トンから1,000トンの大船もあった。呉の地方では航海用の大船を餘皇（艅艎）といい、装飾船の意味も持つ。大船を舸ともいい、早船は走舸・飛舸、艀船（はしけぶね）は小舸と称する。また、軽便な小船を利舸・舠魚船などと称する。運河・河川用の船を浅船といい、船底が平らで吃水も浅く、積載量は400石、乗員は10人程度であった。平底の小船を浅底舟・划子・小划ともいい、江浙地方では小舟を脚劃船と呼ぶ。兵船では宋明頃に、高速で移動できる蜈蚣船、船上に楼を有する楼船、戦闘用の走舸があった。

浅い河道を航行する平底の艀に該当する船としては、水船・剥船・駁船・駮船・紅剥船・紅駁船・剥載船・三板・舢板・舢・杉板・鑽風船・艒・大艇など、多様な呼称がある。剥船で積み卸しの輸送をすることを過剥といった。地域的にみると、上海でネイティヴ・ライターと呼ばれる船舶があり、これによって荷の積み卸しをしていた。その船数は黄浦江・蘇州河に限っても、60トンまでで3,000～4,000隻であった。上海特別市では登記税を課していた。また、台湾では駁といい、やや大型の艀船が不憧仔であった。

目的に応じた船を挙げると、水上で倉庫の役割を担う躉船や貨船・撥船と称される貨物船がある。特に貨物船は積載する内容物に応じて異なる名称が与えられ、柴や水を積む柴水船、江南蘆墟地方で主に絹織物輸送に充てられる蘆墟船、蘆・荻を運ぶ草船・積蘆船、船上に倉庫式の構造をもち米塩を積む倉船、清代に税糧運送用の糧船などが挙げられる。地域的にみると、黄河航行用の船を黄河船といい、櫓を船に固定させない形状であった。長江を航行する船は江船と呼ばれ、特に南京を出る船を外江船といった。長江上流を運航する民船では、船体は5、6丈、深さ1丈、積載量1,000～2,000ピクルの麻雀船や宜昌－重慶間の往来を許可された掛旗船が重要であり、他に麻陽船・艕子船・辰駁船・鰍船・宝慶船、縦長の構造をもつ五板船（五板子）などがある。デルタ地帯には小型の平底船として呉船があった。河南省潁水においては、最大の積載量をもつ軳燕子、旅客輸送を行う艑子、雑穀輸送に充てられる対連華があった。淮河を航行する船は淮船といった。呉越地方では航船、広東地域の広船、北方と異なり夜も運航することから夜船（夜航船・黒底子）、太平底子といった。福建・浙江の地域では釣櫓船・胡羊頭船・寧波船、福建の鳥船という海船や福船、浙江の蛋船、棉紗を運搬する棉紗船、明州の浅船で漕力に頼る多槳船である湖船、2,000石の積載量をもつ蛋給・三不像船を寧船と総称した。また、沿岸各地に赴き商業を目的とするものを商船、南洋に出て貿易するものを洋船、漁業をする船を漁船、川船を溪船、その他の小舟を小船として区別した。

船戸（せんこ）

沿海・沿江地域で船をもって航業という運輸に携わる船舶業者、船主のこと。板主ともいい、豪戸が多い。荷主との契約には船行という船問屋が仲介し、承攬単という請負書を作成した。廻船問屋は過儎行、装船行という。剥船を所有する船戸は駁船戸・紅剥船戸・官剥船戸などと呼ばれたが、時に塩の密売をすることもあった。清初に2人以上が合本で造船・共有することが普及し、これを整船合股ともいう。船主に対して、荷主のことは綱主といった。

船手（せんしゅ）

船夫のこと。稍水・水客・榜人・艭人・撐夫・撐子・船夥・船工・江司などと呼ばれる。渡し船の船頭は渡夫・渡子。時刻を掌る役目を更夫といった。

船房（せんぼう）

船室のこと。船庁・艙位・船艙・溜浪ともいう。1等客室の場合は官艙、船頭の居室は日月窓と称する。船屋形のことを船屋・船楼・拱篷・雀室・篷庫・篷厝・飛廬、雨露をしのぐ苫は篷といい、弓篷・陰陽竹とはその屋根のこと。苫の開閉は篷錯という器具を用いる。船の窓は篷窗である。

埽（そう）

堤防の材料となる土塊、また、それによって作られた堤防。堤防の場合は埽岸とも称した。河流が堤岸を破壊するのを防ぐ埽を岸埽という。中国では黄河の治水が常に重要な課題であったが、華北は地盤が柔らかく堤防工事に土を用いるため工夫が必要であった。まず竹索や木の枝などを用いてアンペラ状にして、その中に土石を入れて巻き込んだ直径数丈、長さ10余丈のローラー状の菰包みを作る。竹を中心にした竹楗、柳を利用した柳埽、石材を用いる石埽、磚を積み重ねた磚埽などのほか、鉄・杙・絙を用いることもあった。これを数百人～1,000人の丁夫が転がしながら河岸に積み上げ、大木の杭に結び付けるなどして流れるのを防いだ。こうした埽の造営・維持のために毎年数万～数百万の人と物が徴発され、農閑期の冬に護岸工事が行われこれを冬作と称した。堤防の構造としては、堤防本体を守るために鉅牙という小堤防をその前面に作ることもあった。約水・挑水の機能を持つ。両岸から河に突き出した埽を馬頭埽という。これに対して、運河の堤防を縴堤といい船を曳く人夫の通行路でもあった。また、海水の進入を防ぐための堤防が海塘であり、呉越の銭鏐が杭州湾岸に築いた捍海塘が有名である。

装船（そうせん）

船に荷を積むこと。装輪・附貨・落貨・過儎ともいう。船便で運ぶことを津遣といい、荷を船から卸して保管することが起存である。汽船に積み入れ託送する場合は交輪という。船荷を所定の場所以外で捌くことを転変滲泄という。難所で漕船が集まっているのを順次通過させることを僨運といい、輸送を意味することもある。

舵（た）
かじ。柁・柂・梢とも書く。舵の柄を舵杆・舵把・舵牙、舵輪を舵車という。船尾に設置され、その場所を舵梃といい、同所に舵楼・尾楼・尾後架をつくった。伏獅ともいい、上に操舵所、下に船手の居所があった。川舟にはわきかじである偏舵が設けられた。操舵において面舵のことを父舵、取り舵のことを母舵・裏舵という。海船では船体を安定させる辟舵を船腹に備えたものもある。

舵工（たこう）
舵取り。船の舵を梢・稍と呼び、これを扱う者を司柁・梢子・梢工・稍工・梢戸・梢公・稍班・正梢・艄婆・抄人・挟抄・櫂郎・槳手ともいう。狭義には操舵の責任者である船頭であり、広義には船の運航や貨物の積卸、船夫の指揮を担当する船長である。梢工と水手をあわせて梢水人と呼ぶ。

打戧（だそう）
川船が斜航して風をコントロールすること。

帯水人（たいすいじん）
水先案内人、灘師・領港的ともいう。

長年三老（ちょうねんさんろう）
長老格の熟練した船夫。特に招頭は船の労働監督で三老の長である。船頭をさすこともあり、工船ともいう。台州では事実上の船長である舵工のことを大翁といった。舵工の下には大繚・二繚がおり舵・帆の操縦にあたった。上級船員は事頭と呼ばれ、事務長の雑事、船倉掛の擇庫、武具掛の直庫、司厨長の飯頭、錨を司る司椗・碇手（頭碇）、帆綱を司る亜斑などがいた。

櫂（とう）
かい。逐波ともいい、長いものを櫂、短いものを楫として区別する。小舟の櫂を劃楫という。

撐駕（とうが）
竿で船を進めること。刺船ともいう。櫂船は船を漕ぐの意であるが、櫂で棹を操るのは櫂槳、櫂を踏み漕ぐことを踏槳という。舵を入れることを駕舵、舵をとることを把舵という。

馬頭（ばとう）
埠頭・船着き場のこと。治水・護岸の施設から発達したとも説かれ、碼頭とも書く。港湾の奥に位置して停泊に不便な場合は旱碼頭、便が良い場合は水碼頭と称した。物品の流通の拠点となるため、その集散地のことも馬頭と呼ぶようになる。清代には塩商人が集まり、そこで税を徴収したので塩関と呼ばれ、またその交易を塩行とも称した。

駁力（はくりょく）
艀賃のこと。剥価・駁船交ともいう。天津と通州の地域の場合は津通剥価銀ともいう。水先案内賃は領港費という。

皮筏子（ひばつし）
黄河上流の木船の運航に不都合な場所で用いられる、牛や羊の皮で作られる船。

錨（びょう）
いかりのこと、稍錨・碇ともいう。形状から鉄十字と称したり、爪型のものを柁歯などということもある。

浮橋（ふきょう）
船を並べた浮き橋。浮梁・造舟ともいう。

附搭（ふとう）
商人などが自己の貨物とともに船に便乗して営業すること。賃銭を払って船ごと使用権を得ることは僦船・傭船という。汽船の場合は附輪である。

埠（ふ）
港・波止場、またその集落の名。埠頭・埠子ともいう。そこから埠頭における船問屋のことを指して船埠頭ともいう。埠は歩に通じることから歩頭・部頭・船歩・渓歩とも称する。

篷子（ほうし）
帆のこと、篷帆・帆篷・船篷・颿・迎風ともいい、小舟の帆は舟帆、高帆は篾帆である。送り帆は尾送という。素材によって、蓆の帆である帆席、蒲蓆の帆である蒲帆、苫帆である風篷などの区別がある。広東では四角い蓆帆を平頭鯉と呼ぶ。帆を引き上げることは拉篷、下ろすことは下篷と呼ぶ。篷脚は帆による船の速度のこと。帆柱に鶏羽で五両と称するものを作り、吊るして風向きを判断した。

木簰（ぼくはい）
木材輸送の筏。木牌・木排とも書き、木栰ともいう。

羅経盤（らけいばん）
羅針盤。指南車ともいった。11世紀ころから磁石を航海に利用するようになり、明代に羅経盤が用いられるようになった。

纜（らん）
曳き綱・ともづなのこと。簹縄・繂・牽紱・繂縄・繂索・弾子・連連ともいい、湖北・四川では百丈と称する。

曳き綱に付けられた棒・板は牽槓・連翹・絳板などと呼ばれた。

櫓（ろ）
船の推進具のひとつ。劃水ともいい、大きいものを櫓、小さいものを槳として区別する。櫓床（櫓棚・櫓牀・槳砧・槳鼻）に設けた櫓杭（櫓推・櫓人頭・櫓臍・櫓檝・槳丫・槳椏）にはめて用いる。櫓綱を櫓索子・幇櫓という。

④陸運

陸運（りくうん）※
車で物資を輸送することを輦運・陸送といい、漕運（船運）に対する語である。穀類の運搬は特に輓輸といった。転轂百数といえば貨物輸送の車両が連なることを指す。車は人・家畜が輓くが、宋代では鋪兵・廂軍を用いることが多かった。その運賃を総じて陸運傭銭という。車での運送の場合は車脚・車価、馬・騾馬・驢馬の場合は頭口銭、駱駝では駝脚、鉄道は路款といった。

轎（きょう）
轎夫・舁夫・舁隷・脚子・駕輿丁というかごかきによって担がれる小さい車、あるいは前後で担ぐ駕籠。唐宋期には轎子・大轎・兜轎ともいう。腰で担ぐ腰輿と肩で担ぐ肩輿の形態があり、4人で担ぐ四人轎、2人で担ぐ両人轎が一般的である。様々な種類があり、官轎（人車）・卧（眠）轎・逍遥轎（長檐車）・女轎などに区別される。他にも絹や布を垂らした巾車があり、明代には帷轎と称された。人の代りに動物に担がせるものもあった。騾馬の場合は騾駄轎といい、一般に長さ5尺、高さ2尺5寸、幅3尺5寸で1人が横になれる程度の大きさであり、1日30哩進んだ。後漢代にも輦を驢馬に載せた驢輦があった。

輜車（ししゃ）
大八車程度の小荷駄車で、任車・人奔車・役車・重車ともいう。

車（しゃ）
轂という円木によって車輪を備えつけた車のこと。転じて轂ともいう。車によって運送に携わる車夫や馭者のことを、車戸・車傭・車仗人・車公・輓夫・車士・車子・趕車的・車手という。後世の車夫は車把勢という親方によって組織され、その車夫仲間を車豁子と呼んだ。運送の際に車を雇った（僦車）が、車夫が賃金を余計に請求する訛索という行為が行われることもあった。

車運（しゃうん）
唐代における車運の搭載重量は数百～4、5,000斤、容量は30石～40石が最多例である。車は一輪車と二輪車に大別される。人力牽引は早くから行われており、漢代では1車の搭載量は25石、必要な要員、すなわち牽引する人と車の後ろから押す人は6人、これを六人共車といい、1日の輸送距離は50里であった。唐代、車運では牛が牽引して人夫が御者に当る。牛・人夫の労力に対して支払われるのが駄脚で、車運運賃はこれに車使用量すなわち車載脚が加算されたものである。貨物を人が運ぶ**負般**、驢馬・馬・駱駝などの役畜が背負う**駄運**に対しては、輸送労費である駄脚のみが支払われる。1車25石は、車の一般的な搭載量であったようである。唐宋でも山岳地帯などの悪路で人力車運が行われた。宋代の絵画「清明上河図」では一輪車を1人が引き、1人が後ろから押す絵がみられるので、町でも人力車運が行われていたことがわかる。宋代、驢馬が牽引する車を驢車と称し、その中で、30車に100人の親従官をつけさせたとあることから、1車に約3人であったとわかる。

車運では人力も用いたが、牽引労力として一般に用いたのはやはり役畜であった。唐代、官庁が用いる運搬用の車は、原則では1車2牛であった。敦教坊に置かれた車営坊は驢馬や牛を飼い、駕車をつかさどり、内外の役使に供し、その役卒は4,500余であった。永泰坊に置かれていた致遠務も驢馬や騾馬を飼い、乗用あるいは什器・軍資などの車運の用に供した。兵校は1,600余人だった。また多くの官庁に逓運用の車牛が配備されていた。車牛が配備された官庁は30、最多の司は1,021台、最低1台、合計1,141台であるが、車を牽引する牛は「牛皆之倍」とあるので、牛は3,682頭の計算になる。ただしこれは建前であり、1牛1車の場合もあった。

国家の行う財物輸送は一般に大量であったので、陸運では搭載能力が大である車が多用された。唐前半の洛陽－陝州の毎年の車運が代表的であるが、洛陝300里の車運には**和雇**による民間の**大輿**（大型車）が用いられ、潼関－咸陽（長安）間300里の輸送にも車運が使われていた。潼関（永豊倉）－長安間は、渭水の漕運、あるいは漕渠（天宝時代）を使っていたが、唐後半では陸路を使った車運も行われていた。江淮税物の輸送も、開成初に通過する各県の駅逓に役畜・車両を配置し、役畜は路傍の民に飼わせて車運に就役させ、1日に1区間の江淮税物の輸送を行わせた。役畜は牛・驢馬・騾馬・馬などであり、車両1万3,300乗を備えた輸送体制であった。河南府では逓の車運に民間牛が使われていた。

宋代、商人に辺境で銭を納めさせる代わりに鈔を与え、解塩両池で鈔と塩を交換して販塩を許す鈔法が行われる以前は、両池の塩は数十の府州に運ばれ、官設置の塩務から消費者に小売されていた。その輸送には牛・驢馬に引かせた車運も利用され、毎年多くの牛・驢馬が死傷していた。これは定期的車運の例である。また辺戍への輸送・食糧輸送、および諸路から上納する銭帛の輸送には、民間の舟・車の徴用を行わず、官の舟・車による輸送方針が立てられた。しかし官車輸送は、すべての地域には徹底されていず、民間の車牛を使用する地方もあった。例えば、京東路・京西路・河北路・陝西路では、前例により民間の車牛を徴用し、あるいは和雇して輸送に当てていた。しかし、牛の疫病流行を機にこれを廃止した。宋の官車輸送は原則的な政策であり、急を要する場合は民間車を徴発した。

小車（しょうしゃ）

車運では小車も用いられ、宋代、京師の市易司から西京（洛陽）への絹の輸送には駄運・水運を行い、西京から鄜延・環慶・涇原・熙河などの辺軍までの紬絹および塩鈔・銀の輸送においては、主として小車による車運とし、駄運も行なった。河東・沢州へは騾駞の駄運および小車による車運とし、小車は合計260台投入された。また襄州－林湖鋪、荊南－荊門軍間の逓鋪の小車１乗の搭載貨物は布200匹とされている。元の『農桑輯要』によると、布200匹の重量は、200～600斤となる。また沙道の多い鄜州の逓鋪輸送では、３人１車で、その搭載重量は250～300斤とされている。さらに元豊に置かれた15里間隔の各茶鋪に輸送隊が組織され、各輸送隊の輸送区間は１区間（15里）の搭載量は約200斤であった。１～３人の小車の搭載能力は、数百斤である。江蘇・江西・湖南では手押しの一輪車が機動的利便性からさかんに用いられ、これを小車・**推車**といった。他に平車・小鞍子車ともいう。

清明上河図（せいめいじょうがず）

宋代の画家張擇端の作品。清明上河図は、街並み・商店・橋・船・車等を描いたものであるが、特に数種類の車によって、その構造や牛・騾馬・驢馬のつけ方・車夫の人数などが判る。構造的には、**大車**（小型の**太平車**）・**平頭車**・**独輪車**の３種類の絵が描かれ、用途を基準にすると、荷車と坐車の２種類である。

駄運（だうん）

駞（ラクダ）・**牛**・**馬**・**騾**・**驢**などの役畜を利用する運搬である。駄運は人夫の負般より多く輸送でき、かつ経費も安価である。ただ輸送中には飼育が十分に行えず、役畜が死ねばその荷物も投棄することになるので、負般と駄運とは、その優劣がつけがたいとされる。宋代では、駞の運搬量が最も多く３石の荷物を搭載できた。馬・騾馬は１石５斗、驢馬は１石である。近距離短時間の輸送ではこれより多めに運ぶことができる。１夫６斗であるから驢馬は約２人分の輸送能力を有していた。食糧輸送には畜類では驢馬が最も多用された。役畜の飼養・生産については、唐代、規定があった。駞は４歳で生産を始め、６歳で生産課額を与えられ、馬・牛・騾馬の牝はそれぞれ毎年100頭につき60頭、駞は100頭につき３年に70頭の生産が課せられていた。牧監から出される馬は賜・出の字の焼印をつけられ、個人・諸軍・伝送・駅などに与えられたが、騾馬・牛・驢馬・駞・羊も馬に準じて焼印されて個人・諸軍・伝送・駅等に与えられ、食用に供される羊を除くと、駄運・車運・耕作あるいは騎乗に供される。馬・騾馬・驢馬・牛・駞は監牧で生産されるほか、辺境の互市即ち貿易によっても調達された。貿易された諸畜は、上馬のみを京師に送らせ、他の馬・騾馬・驢馬・駞・牛は、使者を派遣して監牧に送り、放牧させた。その後生産用と使役用に分けられ、使役用は適所に配置された。

駄子（だし）

役畜の駄運で用いる荷物入れ。皮革または竹で作り、その形は方形で平たい箱形である。駄子は２個（左右各々１個）を背に負わせて用いる。また穀類の運搬には麻布の袋を利用した。宋代の絵画「清明上河図」には、この方形の駄子に加え、梯子状のもの、また網目のついた袋ないし籠と思われる駄子が描かれている。

太平車（たいへいしゃ）

宋・遼・金において用いられた荷車。太平車は、騾馬あるいは驢馬20余頭を２列につないで牽引させる。牛ならば57頭で引かせる。手摺のように平らな箱が荷台に取り付けてあり、箱の高さは車軸より上の車輪の高さ（車輪の半径）に等しい。蓋はなく、荷台の最前部（車体の前板）には2、3尺の２本の棒（梶棒）がつけてあり、車夫は両手でこれを持ち、操作して、車の運転をする。また荷台の最後部の下には、２本のブレーキ用の斜木脚拖がある。また後ろに驢馬や騾馬２頭をつなぎ、急傾斜の道や橋（アーチ型橋）では、倒坐せしめて（後脚・前脚を前方へ踏んばらせる）、車を後方へ引かせ、車をゆっくり進ませる。すなわちブレーキの働きをさせる。なお夜間は鉄鈴をつけ、その音で太平車が来ることを知らせて、対向車を避けさせる。この太平車は、数十石を搭載できた。官の太平車は、もっぱら驢馬に引かせるやや小型の太平車であり、このことから、太平車には大型と小型の２種類があったことがわかる。太平車に取手を付けた**江州車**というのもあり、前轅のあるものを**木牛**、手押し車を**流馬**と称した。河南では騾馬に曳かせる荷車を**廠車**（敞車）、**長車**といったが、時には覆いを付けて客を乗せることもあった。太平車が特大型の車であること、それ故に搭載重量も重く、泥濘の道における貨物輸送は、極めて難渋した。

大車（だいしゃ）

騾もしくは馬３～８頭で曳く荷馬車。**大輅**・**侵車**・**広柳車**ともいう。その積載量は通常1,500斤程であるが、大きなものは4,000斤のものもあり、牽引する馬の頭数・気候・道路等の条件に左右された。唐前半、洛陽の含嘉倉から陝州の太原倉までの洛陝陸運の運米には、約300里の北路が利用され、和雇で動員された民間の**大輿**（大型車）が用いられ、開元初ではその運額は80万石、後に100万石、180万石、そして天宝７年（748）には250万石に達した。しかし唐後半になると、洛陝間の輸送は黄河の水運が盛んになった。宋代の官運でも大車が使用され、百姓および車戸の大車が官運に用いられ、また、軍糧輸送も大車で輸送された。宋代の大車には、太平車と呼ばれる牛・騾馬10数頭で引かせるものがあり、輸送業者も利用していた。大車には一般的に牛が用いられ、平均4頭で引かせた。また『東京夢華録』の太平車の記述には、牛57頭で引かせる特大太平車の搭載量は、数十石とされている。一般民家の大車が3、40石を搭載しているので、輸送専業者の特大太平車は、4、50石前後と思われる。元の王禎『農書』によれば、大車は左右2本の大きな木で荷台の枠を成し、車箱が6尺の大車は、平地の輸送に適し、中原（黄河流域）の農家が用いた。唐宋までは四輪車は現れないが、明清になると四輪車が使用されるようになる。

宅眷坐車（たくけんざしゃ）

平頭車と大体において同じであるが、棕造りの蓋がついていて、前後に出入り口（枸欄門）があり、簾が取りつけてある。

炭車（たんしゃ）

炭荷の車をいう。白居易の詞の一節に、雪道を牛に引かせて長安の市に炭を売りに来た老人の1車の炭荷は1,000余斤とあり、炭車は、布200斤を搭載する小車の数倍の搭載能力を有していたことがわかる。

癡車（ちしゃ）

短い荷台があるのみで、車輪がない車。人力を省くためのものである。元の**拖車**と似る。拖車は、前部がやや反り上がっている長さ4尺の脚木2本と、横木とからなる荷台を有し、棒を車体の4隅に立てる橇である。車体は長さ4尺、幅3尺、高さ2尺で、耕牛に引かせる。

独輪車（どくりんしゃ）

前後各1人がついて牽引推進に当たり、又左右各1人が支え、さらに前で驢馬が牽引する。**串車**と呼ばれ、両輪はついていない。この串車は、竹・木・瓦・石等の運搬にも用いる。独輪車には、車体前部に轅が無い。1人あるいは2人で動かす独輪車は、よく粉餅及び餅粥などを売るのに利用されている。なお車体の中央に車輪があるので、荷物は車体の真ん中には載せず、車輪の左右に搭載する。

二輪車（にりんしゃ）

1～4頭の驢馬・騾馬・牛が引く車で、宋代、荷物・乗客を輸送するのが日常に見られた。

馬車（ばしゃ）

唐代、馬車には二輪のものと四輪のものがあった。二輪は短距離に用い、四輪は騾馬8～12頭立てで積載量は50石、300里の遠距離に及ぶものもあった。城門の出入りにおいて車両単位で課税された。馬車以外にも、家畜に曳かせる車は多い。**駱駝車**は2頭立てで1日30哩を進んだ。2,800里を1ヶ月で移動し、その運賃は300両前後であった。**牛車**は山西においてよく用いられた。馬車を牽く馬夫は跟馬人・槽人、驢馬夫は跟脚的と呼ばれ、そのリーダーが馬頭となった。なお、貴州は山が険しく馬車の運用が困難なため、驢馬の背に荷物を載せる馬行・馬店という方法に頼っていた。

八逓（はつてい）

唐代、洛陽・陝州間の陸路に置かれた施設。逓とは、多くの牛・夫の飲料水・食糧・草藁を補給し、車・牛・夫を経宿させる施設である。江淮両道上供米は洛陽含嘉倉に荷揚げされ、そこから陝州太原倉までは陸運し、次いで華州永豊倉までは黄河水運により、さらに京師までは渭水水運によった。その中で洛陽・陝州間の陸路には北路と南路があった。北路は大道とも称され、300里あり、東都巡幸や大軍行軍にもしばしば利用された規模の大きい路であった。一方、南路は50里ほど長く、沿道には多くの駅が置かれ、官私の交通に利用されて交通量も大きくかったため、洛陝陸運には北路が利用されていた。北路に置かれた八逓は、元来、直達輸送（直送）のための施設であったが、直達輸送は牛の過重役使となり、牛を損なうことが多かった。このため逓ごとの交替制すなわち転般制に切り替えられたのである。利便性を求めて三門の険を利用した北運を開き、あるいは黄河利用も試みられたが、いずれも成功しなかった。

負般（ふはん）

人夫が物資を背負って輸送することをいう。唐代、1人当たりの輸送量は少なく、行軍の場合一兵につき1人の負般人夫がおり、その負般の基準は6斗であったが、宋代の負般では7、8斗、60斤（土木工事）に及ぶ場合もあった。また軍馬1頭につき負般人夫は7.5人であり、1人の負般は自己の糧3斗・馬の粟1斗、及び草1束とされた。また租庸調などの税物の運搬では、1駄の重さを100斤とし、負般では2人で1駄を分けたので、1人の重さは半駄50斤（約30キログラム）とされた。長距離輸送における負般能力は1人米約6斗であり、人夫負般は軽量の輸送しかできなかったが、軍糧輸送・上供などではよく利用された。負般は官運でも食糧輸送に多用され、10余万人の徴用例がある。

平頭車（へいとうしゃ）

平頭車は、太平車とほぼ同じであるが、同車よりも小型である。両輪で、長い木製の2本の轅がある。轅の先には、横木（軛）が取りつけてあり、轅内の1牛がこの横木を頸部で負って牽引する。車夫は1人で、片側で牛の鼻縄を引いて車を引かせる。酒屋は多くこの車に酒樽を乗せる。酒樽は水桶と長さはほぼ同じで、樽には醪口（酒の注出口）がとりつけられていて、3斗ばかり入る。

驢（ろ）
役畜の一種で、ロバのこと。駄運に多く供せられた、行軍の際は、軍需物資の輸送に使役された。宋代、西夏討伐に備えるため、5万頭の驢馬を徴用し、軍需物資輸送に当てたことがあった。また、河東において随軍の夫・驢馬が徴発され、3驢をもって5夫に相当させた。1夫の負般は普通では6斗であったから、5夫では3石である。驢馬は1頭1石の駄運が普通であるから、3驢3石であり、このため3驢を5夫に相当させている。この時の驢運では、5驢に1夫を付けた。驢馬を連ねての駄運では、数頭に1人を付ければよかった。

浪子車（ろうししゃ）
二輪車で、平たい荷台（平盤）を有しているが、箱がなく、もっぱら人力を用いる車。巨石・大木の輸送にも利用する場合がある。人力を省くものである。

⑤海運

火船（かせん）
汽船のこと。火輪・輪船・火輪船・快輪船ともいう。特に大きな汽船は蒙輪、小蒸気船は小輪、外国の汽船は洋輪、長江航路のものは江輪、吃水の浅いものを浅水航輪船、輪船招商局の汽船を招商輪船といった。また、単に外国船を洋船と称した。

夾板船（きょうはんせん）
汽船登場以前においてオランダ人の船を、その大きさから2層に見えたので夾板船と呼んだ。

沙船（させん）
上海を中心に山東・遼東方面の海域を航行した海船で、吃水が浅いので沙礁の多い北洋航路に用いられた。俗に方艄、また鳥船と合わせて沙鳥船ともいう。

遮洋船（しゃようせん）
明代に河海両用で北辺の軍餉輸送に充てられ、浅船よりも大型の500～600石積みの船。

招商局（しょうしょうきょく）
清末、最初の官督商弁汽船会社。輪船招商局ともいった。同治12年（1873）李鴻章によって官商合弁として設立され、列強の圧力の下、長江航運に当たっていた旗昌輪船公司（上海汽船会社）を併合して官督商弁とし、さらに清末、民営化したが、その後、経営は困難となり国営化される。清末、多くの汽船会社が設立され、民間のものでは宝豊公司・寧波輪船公司・華商輪船公司等があり、外国資本の協力輪船公司・徳吉利士輪船公司・中国商業輪船公司等があり、日系の日清汽船会社・大東汽船会社・湖南汽船会社等があり、上海駁船公司は艀船を扱い、運花公司は綿花を運搬した会社であった。

⑥郵便

駅路鈴（えきろれい）
鋪逓従業員の携帯する鈴。警備用である。

箇牌（かんはい）
宋代、小型の封書の通称。南では箇版、北では牌子と称され、その素材は紙に限らず、竹紙が用いられることもあった。逓送物は駅ごとに信牌・棨信・信矢という符牒で確認され、当初木牌であったが、後に紙に印刷し排単といった。

脚行（きゃくこう）
飛脚屋のこと。清代には置書郵ともいい、脚力・脚銭・脚価という運賃をとって、遊民・苦力を**脚戸**（郵丁・行脚・送信的・走夫・走逓夫・脚力）として運搬させた。急ぎの場合は走札子的・飛跑的を利用し、特に馬に乗って届ける者を跑報的・跑摺子的という。

急脚逓（きゅうきゃくてい）
宋代において逓鋪を利用した官文書伝達の方法のひとつ。急逓ともいう。歩逓も同様の通信制度であるが、急脚逓は急を要する場合に用いられ、かつ鋪夫が昼夜かけて疾走して1日に400里の距離を進めた点において異なる。

急逓鋪（きゅうていほ）
官庁間の官文書の運搬を担う伝達施設。金に始まり元・明と受け継がれたもので、明代には単に鋪や逓鋪とも称された。ただ、時代によって施設としての性格は異なり、金元期の急逓鋪が緊急用の伝達施設であったのに対し、明代にはそうした性格は薄れて常時機能する施設となった。明代の急逓鋪は10里ごとに配置され、近辺の糧戸より鋪司1人、鋪兵数名を徴して役に充てることで、施設の運営及び管理・維持を行わせた。

逓運所（ていうんしょ）
明代における官用の物資の運搬に当たる機関。水陸共に設けられ、紅船や大車・小車を用いて輸送を行った。

逓鋪（ていほ）
宋代における通信・交通の伝達制度。主として官文書の伝達を行い、また官使の往来や貨物の輸送にも携わった。伝達方法の違いから歩逓・馬逓・急脚逓に分けられ、これらが全国各地に10里から20里程度の間隔で配置されるが、伝達施設としての性格が強く、一般に宿泊施設としての機能は兼ねていない。逓鋪の運営には節級がこれに当たり、伝達業務に当たる鋪夫や鋪馬の管轄を行った。

伝信木牌（でんしんぼくはい）
宋代に急脚逓・馬逓に用いられ、300人以下の兵を発するか、軍事上の官使往来において勘合として用いられた木製の牌。また、軍事・赦書の案件において内侍省から出される**金字牌急脚逓**があり、1日500里を進んだ。他に枢密院に350里を進む雌黄青字牌・軍期急速文字牌、尚書省には緊急文字牌があり、煩雑になり事務が弛緩した。そのため黒漆紅字牌の制を立てたがあまり効果はなかった。

馬逓（ばてい）
宋代において逓鋪を利用した官文書伝達の方法のひとつで、馬を利用して官文書を運搬するもの。同類の語に馬站もある。また、馬逓のために馬鋪・馬逓鋪が設けられ、そこで鋪馬が管理された。

牌（はい）
唐代以後における駅伝利用の許可証。期限を定めて発行され、事後は発給元に返却した。唐代には長さ5寸、幅1寸半の銀製で**銀牌**ともいい、宋初に頭子という券を支給したが偽造が発覚し、長さ6寸、幅2寸半の銀牌を給することとなった。しかし、端拱年間に遺失が多いという理由で再び券に切り替えられた。それゆえあわせて**牌券**ともいう。ほかに渡河の木札で牌子というものもあった。遼では銀牌・木牌、金では金牌・銀牌・木牌、元では金牌・銀牌、琉球王国にも同名の制度があった。

擺鋪（はいほ）
南宋期に軍事上の情報伝達を目的とした施設。それまでの斥候鋪の機能が低下したのを受けて設けられたもので、鋪卒より優秀な者を選抜してこれに所属させ、金軍の侵攻や盗賊の出没の際に情報伝達を行わせた。

歩逓（ほてい）
宋代において逓鋪を利用した官文書伝達の方法のひとつで、鋪夫が徒歩にて官文書を運搬するもの。また、急脚逓も鋪卒が徒歩にて運搬を行うものであるが、こちらは昼夜かけて疾走し、より迅速に運搬を行った点において歩逓と異なる。

郵（ゆう）
漢代における交通・通信の制度。人力による公文書の逓送所として、主要街道に**亭**が、その中間に5里ごとに郵が配置された。各地に設けられた郵亭を中継地点として目的地まで官文書が届けられた。建物を**郵舎**という。亭の表には標として桓を立てた。郵伝ともいい、郵は元来、人による運送、伝は車による運送を意味した。周代から存在し、漢代に亭と関連して郵の制度が整った。唐宋の安史の乱に駅伝の制が乱れ、これを補うものとして郵の制が発達するとともに郵を**鋪**とも称するようになった。

⑦近代郵政

郵政（ゆうせい）※
郵便配達である**郵差**において、信書・荷物を郵便に託すことを附郵、それを廻送することを転寄・転送という。その料金は郵費（郵力・郵資）といい、**信票**という切手に該当するものを貼った。料金未納あるいは不足の郵便物には欠資票が貼られ、受取人が不足分を支払った。発信者が一度送った郵便物を途中で止めることを截留という。往復葉書を明信片といい、政府発行と民間発行の2種があり、後者は信票を必要とした。代引郵便は代貨（代物）主収価といい、受取人に領包招帖という通知書を送り、郵便局で30日以内に受け取らせた。こうした留置郵便を存局候領といった。**掛号郵件**という郵便書留には**単掛号**と**双掛号**があり、前者は掛号執拠（受付受領証）を、後者は加えて回執（配達証明）を取り扱う。書留料金である掛号資費において、双掛号は単掛号の倍額であった。書留小包を**包裹**といい、貴重品には包裹保険という強制価格表記が必要であった。郵便為替を**郵政匯票**という。一方、電報では受信者に対して発信者を明らかにするために本文末に押脚という暗号を加えた。電信において漢字を表す工夫として、4ケタの番号を付す碼号がおこなわれた。親展電報のことを面交電報、外国通信のことを番信といった。

交通部郵政総局（こうつうぶゆうせいそうきょく）
民国設置の近代的な郵政官庁。近代的な郵政は総税務司サー・ロバート・ハートに始まり、清代の海関限属郵政部の設置や、デンマークの大北電信会社との契約による技術指導の下に進められた。

7　産業

①農業

(1) 総記

農業〈のうぎょう〉※

産業の一種で、土地を利用して任意の植物を栽培し、その収穫物を生活の資とするもの。中国の経済は伝統的にこの農業に多くを依存している点に特徴があり、またその社会も大半の人口が農民によって占められているが、それはただちに中国が古来より常にそうした社会の下にあったことを意味するわけではない。例えば各種の史資料より殷周期の華北社会を推察する限り、当時は狩猟や植物の採集といった活動も重要な役割を担っており、生産を農業のみに特化していたわけではないようである。そのことは『詩経』豳風・七月の詩に見える人々の生活が牧畜や狩猟・採集から得られる物資にも依存していた様子からも窺うことができるが、一方で古くより為政者が農業の奨励に力を注いできたこともまた確かなことである。様々な経済活動を組み合わせて成立する社会生活の中から次第に農本主義的な思想が涵養されたわけであり、藉田儀礼の確立や各種の勧農政策などはそうした**農本主義**の一端と見なすことができる。

このように社会経済全般において農業の持つ存在感が濃くなりつつある中で**農業技術**もまた着実に向上し、宋元期には既に農業技術の基本的な体系が整っていた。それは畜力を動力源とした犂耕技術を基盤に据えたもので、具体的には華北の畑作地域における犂－耙－耢、華中・華南の水稲作地域における犂－耙－耖の組み合わせからなる**耕起・整地技術**の確立を指す。特に華北におけるそれは土壌中の水分保持を目的とした乾地農法の根幹となる知識・技術であり、近代に至るまで華北や東北地方の農業を支え続けるものであった。こうした農法は北魏の『斉民要術』に現れ、元の三大農書（王禎『農書』・『農桑輯要』・『農桑衣食撮要』）において完成するものであるが、この『斉民要術』から元代の農書に至るまでの間には**地力回復技術**の向上とそれを前提とした**輪作体系**の高度化、南方における**稲作技術**の発展や水利灌漑技術の多様化も確認されることから、この時期には農業技術の多面的な成熟を見て取ることができる。

そうした技術の著しい進歩もあって、明代以降には農業生産の根幹に関わるような技術の発明は見出せない。無論、甘薯・玉蜀黍のような**舶来作物**の普及や豆餅のような肥力の強い**肥料**の導入、輪作に油菜を用いた効率的な耕地運用、棉花・菸・大豆などの**商品作物**栽培の盛行といった新しい現象は農業の発展にとって重要な要素であるといえるが、それらはあくまで前代からの農業技術の延長線上にあるものに過ぎない。その意味では明代以降の中国農業はそれまでに培われた知識・技術が末端の農民にまで普及し、かつそれを洗練させていく点に特徴があるといえる。それは農民の間にいわゆる**精耕細作**が徹底されていく過程であり、また人口増加によって1人当たりの可耕地面積が逓減しつつある厳しい状況下にあって単位面積当たりの生産性を可能な限り高めることで生活を維持しようとする農民の現実的な対応を表現するものでもあった。詳述は避けるがこの他にも租税の銀納化や過重な税負担、中国社会の世界経済との結びつきなど農民に農業生産力の向上を強要する諸要素は無数に存する。1930年代の太湖周辺における稲の収量は同時代の日本に遜色ない水準のものであったとされるが、このような高水準の農業生産性が実現したのも上述した各種の要素を遠因とする農民の集約的な労働の賜物であるといえよう。

委積（いし［いせき］）

凶年に対する備えとして穀類を貯蔵すること。

勧農（かんのう）

国家による農業の奨励。農業から得られる生産物は国家の税収において主要な地位を占めていたため、国家にとって農業振興政策である勧農は大変重要なものと位置づけられていた。皇帝自ら耕作を行う儀礼の籍田に始まり、作物の種子や農具・農書の配布、あるいは地方官による勧農文の発布など政策の内容は多岐にわたり、また各王朝は勧農のための官職を定めて農業の振興に勤めた。一方で勧農の主体は唐宋期を通じて次第に地方官へと移っていき、さらに元明期には郷村組織の行うものへと移行していったことから、勧農をめぐる制度や運用の実態はその時代背景に応じて大きく変容を見せていた。

蝗（こう）

大量発生して群れをなし、農作物を荒らすバッタの類。

蝗害（こうがい）

蝗（バッタの類）による農作物の被害。漢代以来国家はその駆除のために蝗やその幼虫に値をつけてこれを買い上げていた。

藁（こう）

穀物の実を刈り取った後に残された茎、わら。稭・秸・穰などの別称もある。藁には用途が多く、紐・肥料・飼料・燃料・建築材などに用いられたほか、それらを織ることにより履物やムシロなどの各種日用品、あるいは工芸品なども作られた。

荒歉（こうけん）
凶作のため収穫が少ないこと。**大侵**・倹年・饑歳など同義の語は多い。

斛斗（こくと）
米麦などの穀物類の総称。本来、穀物を計量する単位である斛（石）・斗が、のち転じて穀物そのものを指すようになった。

三盗（さんとう）
収穫の害となる地竊・苗竊・草竊を指す言葉で、『呂氏春秋』士容論に見える。**地竊**は溝を広くして播種面積を小さくすること、**苗竊**は密植したために苗の生長が妨げられること、**草竊**は雑草が苗の生長を妨げることを意味する。

三農（さんのう）
農家の区分を指す言葉。『周礼』に見られる語であり、その注釈はこれを平地・山地・湿地それぞれの土地の農民と解する。また３種の農事（耕起・除草・収穫）を示す語としても用いられる。

収成（しゅうせい）
収穫のこと。また、収穫物の多くが秋季に得られることから秋成・秋収ともいう。

春荒（しゅんこう）
春の耕作播種の時期に起こる各種災害。

場園（じょうえん）
農家において収穫物の処理を行う場所。穀物の乾燥・脱穀を行う場所（**場院**・禾場・**穀場**・打穀場）と穀物の保管場所を合わせて場園と称した。

青黄不接（せいこうふせつ）
いわゆる端境期のこと。いまだ新穀が収穫できない時期にあって前年収穫の穀物が尽きてしまった状態を指す。

草（そう）
いわゆる草本で、特に作物・有用植物以外の草本を指すことが多い。こうした植物は家畜の飼料として用いられるほか、緑肥として重視された。耕地に生える雑草は軒並み除草作業を経て耕地の中にすきこまれ、またそれでも不足する場合は山地・丘陵地・墓地などで草刈りを行って緑肥が集められた。

代耕銭（だいこうせん）
五代後漢の時に耕作を促すために設けられた税。当時、荘園を持つ有力戸には小作に耕作を任せて、自らは商業に従事する者が多かったため、これらから銭を徴収して農務につかせようとした。

本業（ほんぎょう）
農業を指す言葉。現在の日本における本業の語がその人の従事する職業を示すものであるのに対し、中国では農業のみを指す言葉として用いられた。儒教的観念においては数ある生活手段のうち農業を根本たる職業として貴び、工業・商業などのその他の職業との弁別を図ったが、こうした**農本主義**的な観念に基づいて農業は本業と、工業・商業は末業と呼びあらわされた。

螟（めい）
ズイムシ。蛀稈蟲ともいう。稲の茎に侵入して芯を食べ、稲を枯死させる。

力田（りょくでん）
農事を奨励すること。漢代には勧農政策の一環として孝悌力田科が設けられ、農事に熱心な者に対して帛の賜与・官吏への採用といった優遇措置がとられた。

糧食（りょうしょく）
食用となる穀物・豆・薯芋の類の総称。かつては旅行の際の食物を糧、平時の食物を食と呼び分けたが、のちにその総称として糧食の語が用いられた。

(2) 作物

芋（う）
サトイモ。別称として芋奶・芋頭・蹲鴟などもある。総じて野菜として扱われることが多いが、『史記』貨殖列伝に載せる卓氏のエピソードが示すように古くは華南や四川・湖南といった地域では主食として利用されていたようである。また、これらの地域に漢族の植民が進んだ後も貧困層に属する民は芋を主食の一部に加えていた。

豌豆（えんとう）
エンドウマメ。西域伝来の蔬菜（張騫物）とされ、その栽培・利用の歴史は古い。成長が早く、夏作・冬作どちらでも栽培が可能である。特に南方では稲と輪作され、冬作物としての豌豆は収穫後に茎や豆がらを草糞として水田に鋤き込めるため重宝された。また、茎や豆がらは家畜の飼料としても活用された。豆自体も未熟なさやえんどうの状態から完熟した豆（グリーンピース）の状態まで用いることができ、煮物・炒め物・粥・豆餡あるいは粉末にして餅としたり、醤油の原料としたりと利用法は多岐にわたる。また、その幼苗は豆苗として用いられている。

燕麦（えんばく）
エンバク。**莜麦**・油麦・雀麦の別称もある。小麦や大麦ほどには広く栽培されないものの、土質をあまり選ばず、乾燥や低温に対する抵抗力が高いことから山西や東北地方などでは重要な作物として扱われる。食用に供されるほか、藁に混ぜて家畜の餌にすることもある。

菸（お）
タバコ。アメリカ大陸原産の舶来種で、その葉はタバコに加工される作物。烟ともいう。明代以降、福建・広東・東北地方の３ヶ所にて導入されると、喫煙の習慣の普及に伴って菸の栽培地域も福建から全国へと拡大していった。ただ、菸の普及は穀物栽培を放棄する農民の増加につながり、それは朝廷において菸の栽培・利用禁止を求める烟禁の議論が交わされるほどの影響力を持つものであった。こうして中国に定着した菸は土菸と称されるが、これに加えて清末には欧米諸国によって米国産の品種（米菸）が持ち込まれる。この動きは自国のタバコ需要を中国で賄えるよう企図したものであり、後には外国資本によるタバコ製造工場も設けられる。以上のような欧米諸国の参入はタバコ産業を活発化させるものであったが、一方で菸の栽培には膨大な労力を要することから菸の栽培農家はその栽培に専従せざるを得ず、市場価格が安定している時には多大なる利益の恩恵にあずかれるものの、ひとたび価格の暴落に見舞われると零落する農家も数多く現れた。そのような意味において菸の栽培は投機的な性格を強く有していたと言える。

罌粟（おうぞく）
ケシ。その未熟果より採取される乳液はアヘンの原料となる。ただし、明代に至るまで罌粟よりアヘンが製造できることは知られておらず、専ら消化不良などの治療薬として用いられていた。明代にアヘンを吸引する習慣が伝えられると積極的な栽培がなされるようになり、政府がこれを厳しく取り締まるにもかかわらず陝西・甘粛・四川・雲南・貴州などの地域で盛んに栽培がなされた。

火車豆（かしゃとう）
ダイズの一種。車豆・唐豆などの異称もある。河南で栽培されたものが鉄道にて漢口や営口まで搬出されたことからこの名がついた。品質が良く、含油量も豊富であるため大量に出回った。

禾（か）
広義では穀類の総称を示す語。ただ、漢代以前は粟を意味する言葉としても用いられ、のち稲作の広まりと共に稲を指すようにもなった。

瓜（か）
ウリ科の作物を指す語。古くはキュウリ（胡瓜・黄瓜）・トウガン（冬瓜）・ユウガオ（蒲瓜）・シロウリ（生瓜・越瓜）などが利用され、のちにはカボチャ（南瓜）・ヘチマ（糸瓜）などが中国に伝わり栽培された。煮物・炒め物・漬物などその利用法は多様であり、中にはカボチャ・スイカ（西瓜）のように種子を煎って利用する品種もあった。

果蓏（から）
果実の類を指す言葉。果は桃・杏などの木の実を、蓏は瓜・ユウガオなどのウリの類を指す。

稞麦（かばく）
ハダカムギ。大麦の一種で、倮麦・元麦ともいう。穀粒から皮がむけやすいことからこの名がついた。

薤（かい）
ラッキョウ。藠菜・藠頭の別称もある。『礼記』・『周礼』などに登場し、古来より人々の間で愛好されてきた野菜。特に江西・湖南や華南で盛んに栽培され、鹹菜や糖醋漬菜として食される。ただ、葱や韮と同様に臭いの強さから仏教は五葷のひとつとしてその利用を退けた。

甘蔗（かんしゃ［かんしょ］）
サトウキビ。砂糖の原料となる作物。その利用の歴史は古く、『楚辞』に見える柘漿は甘蔗より作られたものとされるが、製糖技術が確立するのは遅く、インドからそれが伝わったとされる唐代を待たねばならない。熱帯・亜熱帯にて生育する植物であるため、中国では栽培地域が限定され、華南と華中の一部で栽培されるが、特に台湾における製糖業は広大な未開地・豊富な燃料資源などの好条件もあって高い生産量を誇り、日本の植民地統治下にあっても顕著な発展を見せた。

甘薯（かんしょ）
サツマイモ。**紅薯**・**番薯**・地瓜・紅山薬・紅苕などの異称があり、また単に薯と称することもある。明代以降に福建・広東・雲南など複数のルートを通じて中国に伝来し、次第に全国へと普及していった。水はけの良い土地であれば瘠せていても栽培できるため盛んに栽培され、農民の主食として用いられている。とりわけ清代に進展した華中・華南の山地開発においては玉蜀黍と共に欠かすことのできない作物として評価されている。その利用法は、そのまま煮る、蒸すなどして食するほか、乾燥させた甘薯を臼で粉末状にして粥を作ったり、デンプンのみを取り出して様々な料理に用いたり、あるいは甘薯から酒を醸造したりと多岐にわたる。また、その葉や蔓は家畜の飼料とされた。

柑（かん）
ポンカンなどを指す語。ミカン科の果樹の中でも大形の果実をつけるものを柑とした。中国南部で盛んに生産され、特に潮州産の潮州柑（汕頭柑）・太湖産の洞庭柑は有名である。

橘（きつ）
ミカン。同様にミカン科の果樹を示す語に柑があるが、柑が大形の果実を指すのに対して橘は小形の果実を指す語として区別される。古来より生食用として利用されてきたが、その皮（陳皮）もまた香辛料や薬品として用いられた。

韮（きゅう）
ニラ。韭・韮菜ともいう。『礼記』・『詩経』など各種文献に名前の見える作物で、古くから盛んに栽培・利用されてきた。栄養価が高く、また栽培条件も厳しくないことから、重要な野菜として扱われているが、臭いが強いため、仏教はこれを五葷のひとつに加えて利用を忌避した。

御稲米（ぎょとうべい）
イネの一品種。その名は清の康熙帝が自ら選んで御苑にて栽培したことに由来する。1年に2度収穫される優良品種であり、その穀粒は赤みを帯びて細長く、香りを漂わせるものであったという。

姜（きょう）
ショウガ。薑ともいう。主として華中・華南で栽培され、その根茎は香味野菜として調理に用いられたり、薬材として利用される。また、生のまま用いられることもあれば、乾物（乾薑・白薑）として調理に使用されることもあり、富裕層はもとより庶民にとっても日用的な必需品であった。

蕎麦（きょうばく）
ソバ。好んで栽培される類の作物ではなかったが、痩せた土地に適していて山地で盛んに栽培される。また、その生長の早さから稲や豆が旱魃や増水などで被災した際の代替作物として栽培されることもあった。

玉蜀黍（ぎょくしょくしょ）
トウモロコシ。**包米**・包穀・**包粟**・**包蘆**・**玉米**・御米・御麦・西番麦・珍珠米など異称は多い。明代に新大陸から中国に伝来した舶来種で、福建・雲南・西域など複数のルートを通じて中国に持ち込まれた。ただ、その全国的な広まりは清代を待たねばならず、湖南・四川・雲南など内陸地の開発を支える食糧として普及した。旱魃に強く気候による豊凶の差も少ない作物であるものの、地力の消耗が激しいため、施肥をほとんど行わない略奪的開発が行われた山地では玉蜀黍が環境悪化の遠因ともなった。ただ、飯や粥・餅などとして民の間で食され、また酒の原料や飼料あるいは燃料など用途は多く、貧民にとって欠かすことのできない作物でもあった。

藕（ぐう）
レンコン。蓮・荷ともいう。池塘や湖沼・水田に産する水生植物で、その地下茎（藕・蓮藕、レンコン）や種子（蓮子、蓮の実）が食用として採取された。とりわけ南京産のものが美味であったという。

菰米（こべい）
マコモの実。現在のワイルドライスがこれに当たる。盛んに利用される類の作物ではないが、米が欠乏する時期にはこれを増量材として混ぜて炊くことがある。陸游の詩にはしばしば菰米を用いていたことを窺わせるものが見られ、その利用が決して稀ではないことが分かる。

五穀（ごこく）
中国社会における重要な作物を示した言葉。古い時代より用いられているが、五穀の内容は議者によって異なり、「麦・菽・稷・麻・黍」（『礼記』月令）・「黍・秫・菽・麦・稲」（『管子』地員）・「稲・稷・麦・豆・麻」（『楚辞』大招）などその説は複数にわたる。また、六穀・八穀・九穀などのバリエーションも見られるが、その内容についてはいずれも定説があるわけではなく、重要な作物の総称であることを示すにとどまる。

杏（こう）
アンズ。主として華北にて栽培される果樹であるが、栽培地域によって北杏（シベリア杏）と南杏（普通杏）に大別される。南杏は生食のほか乾果・蜜餞としても食されるが、北杏は果肉が食用には向かないため種核（種の中身）のみが利用の対象となる。種核は杏仁と称し、薬用に供されるが、また杏仁豆腐のように香り付けにも用いられる。

香稲（こうとう）
香り米。香気を伴うイネの品種で、穀粒から香りの漂うものもあれば、イネ自体から香気を発するものもある。また、蟬鳴稲・紅蓮稲・稑禾などもそうした香稲の仲間に属すると見られている。

豇豆（こうとう）
豆の一種、ササゲ。長く垂れ下がる莢が特徴的で、長豇豆・飯豆とも呼ばれる。作物としては耐熱・耐寒の性質を持ち、排水性さえ良ければ土地を選ばないため、全国的に栽培される作物である。蔬菜として用いられるほか、餡の材料とされたり、四川の泡菜として漬物にされたりと、その用途は多い。

高粱（こうりょう）
コーリャン・タカキビ。**紅粱**・**蜀黍**ともいう。中国には古くより存したようではあるが、栽培が広まり始めた時期を文献から特定するのは難しい。明確に高粱を指し示す作物が農書に登場するのは元代の王禎『農書』であるが、それ以降も高粱が広く利用された形跡は窺えず、清代に入ってようやく各地で栽培される様子が目に付き始める。主として華北や東北地方で栽培されるが、瘠地でもよく育ち、かつ一定の収量が見込める作物であることもあって、上記の地域では肥沃な土地では玉蜀黍や棉花を、瘠せた土地では高粱を栽培するという作物の割り当てがなされた。その種実は食糧として貧困層の間で食されるほか白酒の原料にも充てられ、時には飼料としても用いられる。また、その茎は屋根を葺いたり垣を作る際に用いられるだけではなく、ホウキやムシロに加工され、燃料にもなった。

黄緑穀（こうりょくこく）
イネの一品種で、陳旉『農書』にその名が見える。早稲種のイネであり、芒種（新暦6月6日）以降大水がひいてから水田に植えられ、60～70日で収穫できたという。

稉糯（こうだ）
稲を始めとする穀類は成分の違いによってウルチ種とモチ種の別に分かれるが、このうちウルチ種を稉（秔・粳）、モチ種を糯と称した。

穬麦（こうばく）
カワムギ。大麦の一種で、穀粒から皮が剥離しにくい品種。麹や馬の飼料に用いられた。

細糧（さいりょう）
高粱・玉蜀黍・粟を意味する**粗糧**に対置される言葉で、主として稲・麦・雑穀などを指す。

菜豆（さいとう）
インゲンマメ。芸豆・四季豆の名称もある。16世紀頃アメリカ大陸よりもたらされた舶来種であるが、若いものはさやごと調理ができ、また餡に加工できるなど菓子を作る際にも用いられるなど、使い勝手の良い作物であるため各地に普及している。菜豆の名称もそうした側面を反映したものと推測されるが、菜豆の名は混用されることも多く、扁豆・豇豆・刀豆などの総称として用いられることもある。

雑子（ざつし）
宋代に歳賦の対象となった各種穀物を指す語。その内実は芝麻子・床子・稗子・黄麻子・蘇子・苜蓿子・菜子・荏子・草子からなる。

山楂（さんさ）
サンザシ。酸楂・紅果・山里紅などの別称もある。『爾雅』に登場し古い歴史を持つ果樹であるが、かつては栽培もそれほど盛んではなかった。栽培条件が厳しくないこともあって華北を中心として広く栽培されるが、特に山東で盛んに栽培された。生食よりも蜜餞や果醤などに加工されて食されることが多く、蜜漬けにした山楂を串刺しにした糖葫蘆は北京の名物として有名である。

山薬（さんやく）
ヤマイモ・ナガイモ。元は藷蕷と呼ばれていたが、皇帝の名を避けて山薬と名を改めた。山藷・山芋・玉延などの異名があり、また単に蕷と称することもある。漢方では延命の薬として重宝されたが、華中・華南ではこれを主食の一部に加える地域もあった。

蚕豆（さんとう）
ソラマメ。羅漢豆・空豆ともいう。また、胡豆の別称もあって外来種であることが窺えるが、伝来の時期やルートなどについてははっきりとしない。ただ、栽培に手間がかからず、かつ秋に播種する作物であるため、冬季の耕地を活用できる存在として重宝され、長江流域を中心として盛んに栽培された。炒め物・煮物あるいは粉末にして餅とするといった利用法があるほか、各種調味料の原料としても利用されるが、特に四川では豆瓣醤の原料とするなど盛んな利用が見られる。

芝麻（しま）
ゴマ。**油麻・巨勝**ともいい、西域伝来の蔬菜（張騫物）とされるため、胡麻の名もある。油分を多く含み、ダイズと共に油料作物として盛んに栽培された。搾油を経て製造される麻油は上質な部類の植物油であって人気が高く、香りの高さから香油とも称される。調理油として供されるほか点火・整髪にも用いられた。また、調味料にも用いられ、芝麻醤などに利用されている。

宿麦（しゅくばく）
秋・冬に播種して翌年に収穫する麦。年を越して生育するのでこの名がついた。

春麦（しゅんばく）
春播きの麦。夏から秋にかけての時期に収穫する。旋麦ともいう。

筍（しゅん）
タケノコ。竹筍・**笋**・竹笋ともいうが、他にも別称は多い。南方原産の植物で、中国では華中・華南に多く生育し、孟宗竹や麻竹など食用にできる品種も多い。利用法としては炒め物や煮物に用いるほか、乾物（乾笋）や塩漬もあり、台湾では醗酵食品（メンマ＝麺碼児）にもされている。以上のような利用は歴史が古く、『呂氏春秋』にタケノコに関する記述が見え、『東漢観記』は乾物（玉版筍・明筍・火筍）や塩漬（塩筍）について言及する。また、採取する季節に応じて冬筍・春筍と呼び分けることもある。後者が一般的なタケノコであるのに対して、前者はまだ地上に出てくる前の若いタケノコを掘り出したもので、肉質・味わいともに優れた高級品として喜ばれる。

黍（しょ）
キビ。黍をモチキビ、**穄・糜**をウルチキビとして呼び分けることもある。また**秬・秠**もキビを指す語であって、その品種は多い。粟には生育期間が短い高地などに栽培され、粟と共に古代社会における食糧の中核を担う作物であった。ただ、その生産量は粟と比べても少なく、稲や麦・高粱あるいは甘薯・玉蜀黍などの普及と共にその重要性を減じていった。

小豆（しょうとう）
アズキ。**赤豆**・赤小豆・紅豆とも言う。中国北東部の原産とされ、古くから栽培・利用されてきた。赤豆から作られる豆沙は日本の小豆餡と同じもので、包子や各種点心に用いられる。また、米の消費量を減らすために増量材として米に混ぜて炊くような利用の仕方もされる。

小麦（しょうばく）
コムギ。長江以北を中心とした地域で極めて高い頻度で利用される穀物で、その穀粒は製粉作業を経て麺や餅など様々な料理に用いられる。また、耐乾性や耐寒性が高いことから広範に栽培される作物であるが、そうした重要性の割にはそれが西アジアから中国に伝来した時期やルートなどの由来についてはいまだ定説を出すには至っていない。少なくとも出土物の状況から見て新石器時代には既に中国にもたらされ、また遺伝学的な観点からシルクロードを通じて伝来した小麦とインドよりミャンマーあるいはネパールを経由して伝来した小麦が存することは確かなことである。
こうした歴史の古さは有するものの、粒食するには加工に手間がかかることから、大麦と比べると栽培と利用が広まる時期はかなり遅れた。中国社会への定着は、漢代以降に石臼が普及し、粉食が可能になる環境が整えられ、そうした製粉・調理の技術が行き渡る魏晋期を待たねばならなかった。これ以後、小麦は中国農業にとって最も重要な作物のうちのひとつとなるが、そうした評価が下されるようになるのは以下の事情による。すなわち、小麦には、秋に播種して春に収穫する宿麦（冬小麦）と春に播種して秋に収穫する春麦（春小麦）があるが、このうち宿麦は春から秋にかけて栽培する作物と組み合わせることが可能となり、より効率的な耕地利用を可能にする。とりわけ個々の作物の生産性がそれほど高くない時代にあっては春から夏にかけての青黄不接の時期の窮乏を救う作物として重宝された。また、唐代以降には麦と粟・豆などを組み合わせた二年三毛作、稲と組み合わせた二毛作が次第に普及していくが、こうした効率的かつ高生産性を企図する農業経営にとって小麦は欠かすことのできない作物であったといえる。

菘（すう）
ハクサイ。白菜ともいう。古くから栽培・利用されている野菜で、『斉民要術』にもその名が見える。また、全国的に普及しているが、同じ十字花科の植物と交雑が行われやすいため、その変種は大変多い。くせのない野菜であるため様々な料理に用いられ、また鹹菜にもされて庶民の間で好んで食される。

青稞麦（せいかばく）
チベットを始めとした中国西部で用いられた麦。ハダカムギの一種。馬の飼料とされたほか、チベットのツァンパのように煎ってはったい粉として食された。

占城稲（せんじょうとう）
イネの一品種。占城（チャンパ）伝来の品種であり、北宋の真宗が大中祥符5年（1012）に取り寄せて各地で栽培させたことによって普及した。以後、その広まりに応じて名称も多様になり、占米・秈米・金城・小米・黄稲などの異称がある。占城稲自体はインディカ種の早稲とする説が有力であり、大水などの不利な自然条件の下にある土地で好んで栽培された。ただし、イネとしての品質は決して良いものではなかったようで、腐敗もしやすく、もっぱら貧困層の間で食されていた。

粗糧（そりょう）
北方において高粱・玉蜀黍・粟を指した言葉。粗糧以外の作物は細糧と称した。

双期稲（そうきとう）
イネの二期作。同一の水田にて早稲の収穫後にまたイネを栽培することを指す。再熟稲と呼ぶこともあるが、この語はひこばえ（収穫後の株から再度イネが生じること）を指し示すこともあるので注意が必要である。

葱（そう）
ネギ。中国での利用は古く、『礼記』などにもその名が見える。中国各地で栽培されるが、華北・東北地方では特に好まれ、春の早い時期に収穫できる野菜として重宝された。強い香りから香味野菜としても多用され、そのため仏教では五葷のひとつとして利用が忌避された。

棗（そう）
ナツメ。収量が多く、また栽培してすぐに実をつけることから重宝され、救荒作物の意味合いも込めて古くから盛んに栽培された。また、枝に堅い棘をつけることから垣の材料にも用いられている。果実の利用法は生食のほか乾果（乾棗）や燻製（烏棗・黒棗）も多く見られ、スープなどの調理に用いられるほか、潰して点心の餡（泥棗）にしたり、蜜餞（蜜棗）として食されている。

蒜（そう）
ニンニク。葫・大蒜・胡蒜ともいうが、別称に胡が含まれるものがあることからも分かるように西域より伝来した作物（張騫物）とされる。我々と同様に球根に当たる部分（蒜頭）を香味野菜として用いるが、またニンニクの芽（蒜苗）も野菜として用いられる。その臭いの強さから仏教では忌避されて、五葷のひとつに加えられている。

粟（ぞく）
アワ。**穀**・穀子・**谷子**・**禾**・粱・小米など異称は多く、また極めて多くの品種が存し、史料にも黄粱・青粱・白粱などの名称が見られる。またモチアワは秫と称した。乾燥・温度・土質などを選ばず生育することから栽培しやすい部類の穀物といえ、古くより穀物生産において黍と共に食糧の中心となる穀物として扱われていた。新石器時代の遺跡から大量に粟が出土しているのは粟の重要性を示すもので、食糧や酒の原料として生活に欠かすことのできない作物であった。そうした背景もあってかアワを意味する字は穀物の総称としても転用され、例えば穀物一般を意味する穀の字がアワを示す語として、アワを意味する粟の字が脱穀を経ていない穀物一般を示す語として用いられた。

大豆（だいとう）
ダイズ。黄豆・元豆・黒豆・青豆などその異称は膨大な数にのぼる。栽培においては気候や土壌に対する栽培条件が厳しくなく、また根瘤菌の作用による施肥効果が期待されるため輪作を行う際には外せない作物として重宝される。利用に当たってはそのまま調理に使われるほか、豆腐や豆油皮などの食品や黄醤・醤油のような調味料にも加工され、その用途は広い。特に清代には油料作物としての需要やその搾りかすである豆餅が高い肥力を持つ肥料であることを当て込んで華北や東北地方で盛んに栽培され、江南地方を中心とした各地で売買された。

大麦（だいばく）
オオムギ。麦の類縁種の中でも小麦と共に高い頻度で用いられてきた品種。穀粒と皮の剥がれやすさに応じて稞麦と穬麦に名称を呼び分けることもある。小麦の利用が普及する前は粟・黍と共に華北における重要な食糧として扱われた作物で、稲・小麦が広く利用されるようになった後も庶民の日常食として利用され続けた。利用に当たっては加熱してそのまま粒食するか、煎った穀粒を細かに砕くはったい粉に加工される。また、家畜の飼料として用いられることも多い。

豆（とう）
マメ科の作物を総称する言葉として菽と共に用いられる語。『文献通考』が大豆・小豆・緑豆など16種の品種名を載せるようにその品種は数多く、さらに同じダイズであってもその形状や色によって元豆・黒豆など異称が与えられたため、豆・菽に属する作物の名称は無数に存する。利用に当たってはそのまま調理して食するだけではなく、豆腐を作ったり粉末から粉絲を製造したりすることもあれば、黄醤や豆瓣醤のように調味料として用いられることもあって多岐にわたる。また、大豆のように油料作物・肥料などの供給源となるものもあってその用途は非常に広いため、古来より盛んに栽培されていた。

桃（とう）
モモ。『詩経』を始めとする各種文献にその名が見られ、また長寿の象徴として好まれるなど馴染みの深い果実。全国的に栽培される果樹であるが、品種によって生態条件は異なり北方種や南方種などに分けられ、また蟠桃・扁桃など品種も無数に存する。生食として利用されるほか、乾果（桃脯）・果醤にも加工される。

稲（とう）
イネ。イネ科の作物であり、有史以前より長江以南の地では栽培され、その重要性から五穀のひとつとしてその名が挙げられている。禾・稌・大米などとも呼ばれるが、その性質や栽培形態などに応じた異称が数多く定められており、ウルチ種・モチ種の別（稉・秔・粳・糯）やインディカ種（秈）・成熟時期（早稲・中稲・晩稲）・栽培環境の差異（水稲・陸稲）などが名称に反映されるほか、色（紅米・穲稏）・形状（箭子稲）・ノギの有無（和尚稲）などに由来する品種名も枚挙に暇がない。時代の経過と共に作物の主たる地位を確立したため、農民は競って生産の集約化に努め、また生産地も清代には華北地方にまで拡大し、現在では東北地方でも生産されるに至っている。

梅（ばい）
ウメ。華中・華南に多く栽培される。『詩経』・『礼記』にその名が見え、また戦国期の墓より梅の種が出土していることから、栽培・利用の歴史は3000年近く遡ることができる。加工して用いられる場合がほとんどで、乾果（梅乾）や塩漬（漬梅）・砂糖漬（糖梅・青梅）あるいは燻製（烏梅）などはそうした加工品の一部である。

蔓青（ばんせい）
アブラナ科の二年草、カブ。蕪菁ともいう。古くより栽培されてきた野菜で、明清期に国外より舶来の野菜が持ち込まれる前までは盛んに利用されていた。根茎・葉ともに調理されることもあるが、一般には漬物としての利用が多い。

麦（ばく）
コムギ・オオムギなど外見の類似したイネ科の植物の総称。中国では小麦（コムギ）・大麦（オオムギ）・穬麦（カワムギ）・稞麦（ハダカムギ）・青稞麦（ハダカムギ）・油麦（エンバク）などが用いられた。また、植物学的には同種ではないものの蕎麦（ソバ）にも麦の名が与えられている。本来、麦の名称はオオムギに与えられたものであったが、類縁種の利用が広まるにつれ名称も多様化する。大麦・小麦と呼び分けられ、あるいは大麦がさらに穬麦と稞麦とに分けて認識される現象はそうした流れの中で捉えることができる。そうした中で麦は類縁種の総称として用いられることが多くなり、またコムギの重要性が高まってゆくにつれ麦がオオムギではなくコムギを指す事例が増加することから、麦の名称をめぐっては時代と状況を踏まえた上で理解される必要があろう。

麦争場（ばくそうじょう）
イネの一品種で、宋の地方志『琴川志』などにその名が見える。早稲種のイネであり、旧暦6月に収穫された。

稗（ひ）
ヒエ。穇子ともいう。乾燥や温度に対する耐性の高い作物であるが、あまり栽培されず、救荒作物としての側面が強い。その穀粒は飯・粥にされるほか粉末にして餅とすることもある。

米（べい）
漢語でいう米はいわゆる日本語のコメとは異なり、玄米（糙米）の状態を指す語として用いられている。すなわち、穀粒の籾殻を除去した状態を米と、籾殻がついたままの状態を粟と称する対応関係に基づく用語である。また、こうした用法はアワを始めとしたイネ以外の穀物に対しても用いられる。

扁豆（へんとう）
豆の一種、フジマメ。この名称はさやが平たいことによる。菜豆の別称もあるように調理用のマメとしてごく一般的に利用されており、またそのさやも食用にされる。

葡萄（ほとう）
ブドウ。漢代に西域より伝えられたとされる果樹。本来温暖な地域で生育する作物であるが、華北を中心として各地で栽培されている。生食や乾果としても利用されるが、それから醸造されるワインは唐詩などにもしばしば詠みこまれて著名である。

麻（ま）
アサ。五穀のひとつに数えられることもある農作物。主に麻織物の材料として用いられるが、種子は薬品・食糧あるいは搾油の原料にもなった。雌雄異株であり、種子の実るもの（めあさ）と実らないもの（おあさ）があって用途別に栽培され、『斉民要術』では麻と麻子の栽培法が区別されている。

油菜（ゆうさい）
アブラナ。蕓薹・菜花ともいう。主として華中・華南で栽培される。蔬菜としての利用のほか、油料作物としても重視され、菜種（菜子）から菜油を得るために盛んに栽培されていた。菜油は調理や灯火として用いられ、また菜油の搾りかす（菜餅）も肥料として活用された。また、江南の地では秋に播種して春に収穫する越冬栽培が可能であることから**春花**と呼ばれ、輪作を構成する作物のひとつとして重宝された。

柚（ゆう）
ザボンやブンタンなどを指す語。ユズには香橙の語があてられる。その果実は淡黄色で大きく、果皮もまた厚い。生食のほか、果皮を蜜餞として利用する。

洋芋（ようう）
ジャガイモ。洋山芋・山芋頭児・山薬頭児などの異名があり、また舶来種であることから、荷蘭薯・爪哇薯などの名称も用いられた。山地を中心として各地で栽培され、その豊富な澱粉質と高い栄養価もあって貧民の間で重宝された。

薏米（よくべい）
ハトムギ。薏苡仁ともいう。漢方でも利用がよく知られているが、貧民の間では主食を構成する作物のひとつとしても用いられていた。

蘿蔔（らふく）
ダイコン。全国的に栽培される野菜であるが、地域によって栽培時期は異なる。南方では8・9月に播種して翌年の2・3月ごろに収穫されるが、北方での収穫は10・11月に行われるため、それぞれ輪作における位置づけが異なる。蔓青と同様に鹹菜として利用されることが多く、収穫後その大半は天日干しにして塩水に漬けられる。

來牟（らいぼう）
『詩経』に見える語で、牟は大麦を、來は小麦を指すとされるが、異論も多い。また、近年では、麦の分類に関する知識が発達していなかったとの想定から、來牟は麦類全般を指す語であったとする見解もある。

落花生（らくかせい［らっかせい］）
ラッカセイ。花生・長生果・番豆の名もある。明代に中国に持ち込まれた舶来種で、清代に華北を中心とした各地に広まったとされる。他の作物にとっては栽培に適さない砂質の土地を好み、他の作物と競合しないため、導入後次第に普及していった。その実は焙る、茹でるなどの方法で食用にされ、また菓子の材料とされることもあるが、主として搾油用として栽培される。比較的高価な菜油の代用品として調理油や灯火油に利用された。

李（り）
スモモ。『詩経』・『爾雅』などの文献に登場し、桃李・杏李の名称で親しまれるように古くから人々に馴染みの深い果実である。植物としては環境への適応性が高く、東北地方から華南に至るまで栽培されており、またチベット高原にも分布している。その果実は生食に供されるほか、乾果（李乾）や蜜餞（李脯）・塩漬（塩李）などにも加工される。

梨（り）
ナシ。『礼記』にその名が見え、馬王堆漢墓の出土品であったことは太古よりの利用を想起させ、また『斉民要術』の時点で接木の技術が細かく記されていることも栽培・利用の長い歴史を窺わせる。その栽培地域は華北を中心として広く栽培され、北京の紅梨、天津の雪梨、山東の鴨梨などその品種も膨大にある。生食のほか蜜餞や乾果（梨脯）としても利用された。

栗（りつ）
クリ。貯蔵に便利で飢饉の際の助けになる果実であることから古来より人々に栽培され、棗・杏・李・桃と共に五果のひとつに数え上げられた。甘栗のような利用法のほか、炒め物など調理にもしばしば用いられる。

緑豆（りょくとう）
豆の一種、リョクトウ・ヤエナリ。菉豆ともいう。全国的な広まりを持つ作物で、蚕豆や豌豆と同程度の規模で栽培される。良質の澱粉を含んでいて、それから作られる緑豆粉（団粉）は粉絲や餅の材料とされ、料理の下ごしらえなどにも用いられた。小豆と同様に飯の増量材にもされる。また、その若芽（緑豆芽）はもやしとして人々の間で好んで食された。

林檎（りんきん）
リンゴ。蘋果・苹果ともいう。『斉民要術』には柰の名称で登場するが、近年の林檎はいくつかの種との交雑を経てできあがった経緯を有する。かつての中国では山東を始めとして北京や東北地方など一部地域でのみ栽培され、山地など梨の栽培に向かない土地を選んで育てられることが多かった。その果実は生食されるほか、乾果や蜜餞に加工して利用する。

茘子（れいし）
ライチ。中国南部の原産であり、華南地方や台湾において盛んに栽培された。その果実は糖分や水分を多く含んだため人々から大変好まれ、それを愛好した楊貴妃が長安に早馬で運ばせた故事はあまりにも有名である。生食のほか、甘い羹の材料にされ、また果実酒の材料としても用いられた。

(3) 農法

夷下麦（いかばく）
麦下・禾下麦とも呼ぶ。アワ（禾）の収穫後にムギを、あるいはムギの収穫後にアワやマメを栽培することをいう。

耘（うん）
除草のこと。厳密には手で雑草を引き抜く作業を意味し、盪などの除草具を用いて雑草を除く作業は摥と称する。

秧田（おうでん）
苗代。早い時代の記録では陳旉『農書』に苗代の管理方法が見えて、耕耘や施肥について記されており、後世には清代の『斉民四術』のように肥料の種類や用い方を細かに定められ、管理技術も確立していった。

火耕水耨（かこうすいどう）
古代江南社会における稲作にまつわる言葉で、『史記』平準書・貨殖列伝に初めて見える。その指し示すところには論者に多少の異同はあるが、おおよそのところ火耕は耕地に火を放って前年の株・草を焼き、それ肥料として耕すことを、水耨は耕地に水を流し込むことで雑草を除くことを意味する言葉と考えてよい。ただ、火耕と水耨を連ねて解釈し、同一耕地における一連の農法として捉えるか、あるいはそれぞれを別個の農法として理解するかは見解の大きく異なるところである。

看青（かんせい）
農作物が盗まれないよう耕地を見張ること。華北地域において見られ、その形態には私的な看青や複数の農家が共同して人を雇用して見張りをさせる看青などがあった。

乾地農法〈かんちのうほう〉
華北で行われた農法の一種。華北の黄土は耕起を行うと、土壌中の細かな穴が毛細管現象を起こして水分を地表へと押し上げ、水分を蒸散させてしまう。こうした現象を防ぐため、犂で土を翻転させた後、その土を耙などの農具で細かく砕いて耮で平らにならすことで土壌中の穴をふさぎ、乾燥より土壌を守った。

区田法（くでんほう）
漢代の農書『氾勝之書』に見える農法。耕地を碁盤の目状（**坎種法**）あるいは矩形（**溝種法**）に区画し、そこに大量の肥料を投入して栽培を行い、収量の増大を図るものとされる。当時この農法が一般に普及したか否かは定かではないが、各種農書はこの農法を載せて継承に努めたため、元代の区種法のように後世でもそれを実践しようとする動きは見られた。

耦耕（ぐうこう）
２人１組で行う耕起作業。古くより見える語ではあるが、それが示すところは明確ではなく、２人が並んで耕地を耕していく作業とする説や、１つのスキを２人で操作して耕していく作業とする説など複数の説が存在する。

歳易（さいえき）
耕地を1年間休ませること。『斉民要術』にその語が見られる。

畬（しゃ）
焼畑のこと。火田ともいう。所定の土地に火を放って草木を焼き、その灰から得られる養分をもって耕作を行った。古来よりその農法は確認されるが、近代に至るまで山地を中心として華中・華南の各地で行われていた。

深耕易耨（しんこうえきどう）
『孟子』梁恵王篇に見える言葉で、深耕疾耰・深耕熟耰など類似する言い回しも多く見られる。深耕は耕地を深く耕すこと、易耨は除草を入念に行うことを指し、共に収穫量を上げるためには欠かせない作業であった。

租牛（そぎゅう）
耕起などの作業に貸し出される牛。貸し出しの際には賃料が発生し、寺観などにおける租牛は**長生牛**と呼ばれた。

挿秧（そうおう）
水稲栽培における苗の移植、いわゆる田植え。その技術は唐代以前より見受けられたが、その当時は種子を直接蒔く方法（直播法）が多く、移植法は唐宋期以降に広まっていった。

桑基魚塘（そうきぎょとう）
広東の珠江デルタにて見られた農法。耕地の一部を養魚池にあてて魚を飼育し、また池を作る際に生じた残土を残りの土地に盛って桑を育てた。4割を養魚池とし、6割を耕地として用いたことから**四水六基制**と称されることもある。明代には珠江デルタで広く採用されていたが、それ以降も土地の運用に工夫がなされ、清代には豚の飼育も加えられた。そこでは養魚池の水草は豚の飼料と、豚や蚕の糞は桑の肥料とされ、資源の再利用を効率よく行う多角的経営が行われた。

代田法（だいでんほう）
前漢の武帝の時に捜粟都尉の趙過が普及に努めた農法。幅1尺、長さ240歩の溝を作って、ここに種を蒔き、その上に畝の土をかけて作物を育て、翌年には溝と畝の位置を交換して栽培を行った。

漫種（まんしゅ）
播種法の一つ。漫散ともいう。手まきによる播種を指し、ばらまくように種をまく。一方で条播（すじまき）は**撮種**、点播（つぼまき）は**点種**と称する。

犂耕（りこう）
家畜に犂を牽かせて農地を耕耘すること。人力で牽く犂は人輓犂と呼ぶ。耕起作業は、農地の土を攪拌させることで土壌に空気を含ませて柔らかくし、作物の生長しやすい環境を形成する上で必須の作業であるが、古来よりそのための農具は数多く発明されてきた。犂もそうした農具の内のひとつであり、有史以前には既に用いられていた。

輪作（りんさく）
同一耕地において作物を周期的に交替させて栽培すること。輪作は『斉民要術』の時点で既に確立しており、それは通年の休耕地を設けずに穀物と蔬菜の組み合わせで栽培の経営を行っていくものであった。こうした華北において形成された輪作体系は江南農業にも導入され、イネを中心とした輪作は農業生産の増大に多大なる貢献を果たした。

輪種（りんしゅ）
耕地を数区に分け、それぞれ数年に一度休耕地とするようにローテーションを組んで栽培を行うこと。

(4) 農具

軋稲機（あつとうき）
脱穀の際に用いる農具。足踏式の回転脱穀機。機械に付いたペダルを足で踏むと扱歯の多数ついたドラムが回転し、それに稲穂を押し付けることで穀粒を穂から分離した。中国では1930年代に導入され、作業効率を大いに高めた。

耘爪（うんそう）
除草に用いる農具。芸爪・鳥耘とも称する。鉄製あるいは竹製の爪で、五指にはめて稲根周辺の土を攪拌し、雑草を取り除くとともに苗根の生育を促進させた。

耘田馬（うんでんば）
除草の際に用いる道具。薅馬・竹馬ともいう。竹で出来ており、それに跨って水田の中で雑草を摘みとる。水田を軽快に行き来することができたが、稲に損害を与えることはなく、そのために農民は除草に専心することができたという。

耘盪（うんとう）
除草に用いる農具。その形状はデッキブラシに近く、ブラシの部分に釘が多く突き出たものを想定するとよい。使用に当たっては、デッキブラシで床を磨くように水田の条間の土をかき回すことで雑草を取り除くが、耘盪の登場により作業効率は格段に高まった。王禎『農書』で「江浙の間の新制なり」とされていることから、宋元期以降に中耕除草の重要性が認知されていったことと相俟ってその使用が広まっていったものと考えられる。

秧馬（おうば）
田植えの際に用いる農具。小型の船のような形状であり、その前部には苗を納めるスペースが設けられていた。農夫はこれにまたがって水田の中を移動し田植えを行ったが、その情景は蘇東坡の詩にもうたわれており、宋代にはすでに各地で使用されていた。

壊耙（かいは）
農具の一種で、木枠に歯をつけたもの。家畜に牽引させ、播溝（播種のための筋）を作ったり代掻きを行う際に用いられた。

劐子（かくし）
スキサキの一種。小型で耬車に取り付けられ、播溝（播種のための筋）を耕地に作るほか中耕作業にも用いられた。

钁（かく）
クワの一種で大形のもの、オオグワ。人力の農具ではあるが犁に比べて深く耕せるところに特徴があり、南宋の陸九淵の記すところによればその深さは1尺半（約45cm）程度に達したという。深耕は土中の保水能力を高めるため、钁の利用は耐乾性の高い栽培環境を実現させることとなり、その意味で钁は農業生産力の向上に一役買う農具であった。

喬扞（きょうかん）
イネの収穫後はさかけを行う際に用いる木組み、稲木。笐・禾架・竹架ともいう。その形態には三脚のように木竹を組み合わせた簡易なものや高くなるよう組んだものまで多種にわたり、地域差によるバリエーションにも富む。

耦犂（ぐうり）
漢の趙過が考案した犂の一種。その詳細については詳らかではなく、『漢書』では2牛・3人を用いることが示されているだけに止まるため、犂の形状や人の配置などについては諸説ある。

薅鼓（こうこ）
田植えなどの共同作業の際に打ち鳴らされる鼓や鉦。蘇東坡の「眉州遠景楼記」によれば、共同作業を行う集団の中から皆の信頼厚き者2人を選出し、1人は鼓、いま1人は鉦を手にしてそれを打ち鳴らし、田植えを行う者はその音によって作業のリズムをとったという。

水転輪軸（すいてんりんじく）
スリウスの一種。中心にスリウスをしつらえ、その周囲には穀粒や粉を受ける桶を備えたもの。水力でウスを回転させ、籾すりや精白・製粉を行った。

剗（せん）
スキサキの一種で、**鏟**・**鑱**ともいう。刃の部分の幅は広く、耕起作業に用いた。

耖（そう）
水田の整地に用いる農具。春耕において土起こしと土の破砕を終えた後、耖を用いて田面を平らかにしていく。犁や耙のように牛に牽引させる形態の農具であるため、耖には本体と牛を連結させる引き綱とくびき、人間が耖を操作するための取っ手がつく。また本体底部には爪が取り付けられ、それは耙に比べると長く数も多い。『耕織図詩』にその名が見え、宋代では既に利用されていたようである。

代耕器（だいこうき）
スキの一種。轆轤に縄でスキを連結し、回転させた轆轤の力でスキを牽引した。清代の『広東新語』に見える。中華人民共和国成立後にはその改良型として**絞関犂**が発明された。

銍（ちつ）
イネ・ムギなどの収穫の際に用いる短い鎌。王禎『農書』に見える図ではS字状の鎌として描かれている。古来より用いられていたようで、『詩経』・『書経』などにその名が見える。

鉄搭（てつとう）
クワの一種で刃がフォーク状に分かれたもの、日本の備中鍬・四つ鍬に相当する。鉄杴ともいう。宋代より用いられ、元代の王禎『農書』にはその図が見える。その形状により耕す時の土の抵抗が少ないながらも深耕が可能であり、そのため水田の耕作には都合が良く、江南地方を始めとして広く普及した。

碾磑（てんがい）
スリウスの一種。水力を動力源とし、水車の回転する力をウスに伝えて作動させ、脱穀・精白・製粉といった穀物の加工に用いた。唐代よりその使用が盛んになり粉食の普及に一役買ったが、王公・貴人・寺院などの有力者層が河川沿いにこれを設けたことによって民間の灌漑水利が妨害される社会問題も惹起した。しかし、その利用が後退することはなく、宋元期以降は畜力・人力を動力源とするスリウス（輥輾・海青輾）も広く用いられた。

踏犂（とうり）
耕起用の農具。長鑱とも呼ぶ。両手で持つT字型の取っ手と足で踏む横木のついたスコップ状の農具で、耕起のための効率を高めたものである。柄の部分の横木を踏んで土に踏み入れ、柄の上部に取り付けられた横木を反転させて土を起こした。宋代には既に用いられており、その功は牛犂の半分にも達すると言われた。

耙（は）

整地の際に用いる農具で、日本ではマンガ（馬鍬）がこれにあたる。爬ともいう。春耕において土起こしをした後、さらに土を破砕するための農具である。四角形の木枠に木製の歯を付した構造をなし、くびきと引き綱で牛に繋ぎ牽引させる。作業の際には耙に人が乗りその重みも手伝って歯が土塊を細かく砕いていく。耙を組み込んだ春耕の体系は宋代以前に既に確立していたが、宋代の水田においてもそれは「犂－耙－耖・田盪」という形で用いられており、整地農具として前代に引き続き重要な役割を担っていた。

鎛（はく）

除草に用いる農具。刃と柄をかぎ型の鉄棒でつないだ構造をなし、クワのように振り下ろして用いた。主として除草作業に利用され、その際には耕地の表面部分をこそげるようにして除草した。王禎『農書』にその図を載せるが、のちに鎛の名は廃れて戦前の華北・東北では鋤・鋤頭の名で呼ばれた。

風扇車（ふうせんしゃ）

イネの調整具、トウミ。**風車**ともいう。脱穀した穀物に混じる藁屑などの挟雑物を取り除くために用いる。ハンドルを回転させて内部の風車より送られる風に漏斗から落下する穀物を当てることで重量の重い穀粒と軽い挟雑物とを分離させる仕組みになっている。風扇車に類するものとして颺扇があり、宋代には既に利用され、王禎『農書』でも言及されるが、明の『天工開物』に載せる風扇車とはその構造が異なっていたようである。

耒耜（らいし）

古代の農業において用いられたスキ。木製で柄がやや弓なりに反った形状をなしており、手にとって耕地を反転させるのに使用された。本来、耒は先端が二股のフォーク状に分かれた農具を、耜は先端が円頭平葉のスコップ状になった農具を示す語であったが、のちにはその原義も失われて両者を併せて耒耜として一語で呼び表された。初期の単純な構造の耒耜はその後改良が加えられ、鉄製のスキ先が用いられたほか、反転を行いやすくするための横木や耒耜を土に押し込みやすくするための踏み棒が取り付けられ、後世の**踏犂**につながる系統を形成した。

犂（り）

牛や馬・驢馬などの家畜が牽くスキ。耕槃で連結された家畜が犂を牽引し、その後ろで人間が犂を操作することで耕地を耕した。犂の本体である犂轅にはスキ先（犂鏵・犂鑱・犂錧）が取り付けられており、それが土を掘り起こし、撥土板（犂鐴）がその土を脇に反転させた。犂は犂床の形状によって**長床犂**・短床犂・**無床犂**に分類され、長床犂が安定した耕起を行える一方で深く耕すことは難しいという特徴を、無床犂が深耕を行える代わりに操作が難しく安定性に欠けるという特徴を持ち、それぞれ性格が異なった。中国では春秋末期より長床犂の使用が始まり、漢代以降に普及したとされるが、この犂は春の降雨を有効に利用する華北**乾地農法**に適しており、耙・耮という砕土・整地用具と組み合わせて耕起・整地過程の効率を向上させた。唐代になると直轅犂から曲轅犂へと改良され、また耕起深度の調節も可能な犂が江南の稲作用に登場した。さらに元代には3、4頭挽きの大型犂もあらわれ、時代が下るに従って畜力農法の体系はその完成度を高めていった。

連枷（れんか）

脱穀の際に用いる農具で、日本でいうカラザオ・クルリボウに当たる。払・掉花・拍爬木などの名称もある。木製・竹製の棒の先に短い棒を回転するように繋いだもの。刈り取って乾燥させたイネやムギを積み重ね、それに連枷の短い棒を回転させて打ち付けることで脱穀を行った。

耬（ろう）

播種に用いる農具。耬犂・耬車ともいう。犂のように牛がこれを牽引し、後部で人間が操作する。耬に設けられた箱に播種用の種子を入れ、その種子は耬の脚部（劐、スキ先）でつけた溝に自動的に落下する仕組みになっている。その初見は三国魏の時代と古く、またそのバリエーションも脚の数に応じて独脚耬・両脚耬・三脚耬・四脚耬と多く見られた。

耬鋤（ろうじょ）

除草に用いる農具。耬を改良したもので主に華中の地で用いられた。その構造は耬とほぼ同じであるが、種子を収める箱がなく、扇形のスキ先が取り付けられている点が異なる。家畜に牽引させて除草を行うが、その労働効率は優れていてクワのような手耕具の数倍に及んで、1日に20畝ははかどったという。

耮（ろう）

整地の際に用いる農具。犂・耙で耕起と土の破砕を行った後にこれを牛に牽引させて耕地を平らにならした。2本の丸太を2本の木材で連結して口の字形にしつらえたもので、その内部に蔓や柳の枝で編んだものを装着させることもある。耕起作業を行った耕地に耮を引くことで土中の毛細管を断って水分の蒸散を防げたため、華北地方や東北地方で行われた**乾地農法**には欠かすことのできない農具であった。

礱（ろう）

籾すりに用いるウス。その素材によって石礱・木礱・土礱に分けられ、また水力を利用する水礱もある。上臼と下臼をほぞでつなぎ、両者の接合面に刻んだ歯に籾を通すことで穀粒と籾殻とを分離した。

碌碡（ろくとく）
整地に用いる農具。磟碡・**輥軸**などの異称もある。木枠の内側に角のあるローラーをはめ込んだもので、牛にこれを牽引させて耕地をならした。水田にも用いられ、犂・耙の作業を終えた後の代掻きを担った。また、同系統の農具として礰礋もあり、ローラー部分に歯を多数備えている点で区別される。

(5) 利水

水利（すいり）※
農業生産にとって水分は欠かすことができず、従って水のコントロールは再生産活動にとって重要な課題であった。そのため古来より官民問わず河川沼沢の水を誘導・取得する技術、あるいは生産に支障を来たす量の水を排除する技術を向上させ、安定した生産活動を実現させることに力が注がれてきた。古くは『周礼』や『史記』河渠書といった古典籍にその努力の跡を窺うことができるが、そうした活動は地域ごとの自然条件や栽培作物・農法によって異なってくる。例えば、華北では乾燥した気候やアルカリ化した土壌という環境に応じた農業用水の確保が求められることから、戦国秦の鄭国渠、前漢の白渠といった大規模な水路が開鑿され、華中・華南のデルタ地帯では上流から集積する水の排水が課題とされることから、水路網（漊・漊港・涇・蕩・浜・瀼）の整備や浚渫、あるいは堤防（堤・陂・塘）の造成・水門（閘・牐・斗門）の設置といった土木工事が絶えることなく行われた。また、淮河下流域では楚の芍坡のような溜池が設けられ、華中の山間地では井堰灌漑のための水利施設（堰・埭・堨）や溜池（陂池・陂塘・水塘）が造成されたのも地域ごとの生産環境に適した水利事業が行われた例として挙げられよう。一方で、土木工事による自然の改変には莫大な資金・労力が要求されることから、農民の大半は多様な水利用具を活用して農業用水の確保に勤しんだ。戽斗・桔槔・龍骨車・抜車・刮車・筒車・連筒といった類の水利用具はいずれも農業用水の獲得や過剰な用水の排除のために用いられたものであり、そうした器具の発明・普及もまた中国の農業水利において重要な意義を有していた。

雩祭（うさい）
雨乞いの祭りのこと。

堰埭（えんたい）
渓流を堰き止めて分水し灌漑の水に資するための水利施設。堨ともいう。名称と実態は必ずしも一致するわけではなく、堰字が海岸の堤防の意を示すこともあれば、井堰灌漑の意で陂字が用いられることもあった。堰は陂塘など他の水利施設に比べて高度な技術を必要とするわけではなく、草木を積み上げて堰きとめる程度のものもあった。

刮車（かつしゃ）
灌漑用の水車。水車の一部に取っ手が取り付けられており、それを回すことで水車が耕地に水を汲み入れた。唐代には既に用いられ、また元代の王禎『農書』でも取り上げられており、長きにわたって人々に用いられていた。

涵洞（かんどう）
河閘側壁に引水口を設けて管を通し、灌漑用水や飲料水を引く水路。『中国農村慣行調査』には河北省減河上流に設けられたものとしてその名が見え、乾隆には永定河河務局がこれを管理したという。

涇浜（けいほう［けいひん］）
涇・浜共に小規模なクリークを指すことが多く、長江下流域のデルタ地帯にはこの名を冠した地名もまま見られる。灌漑や排水を行うための水路であると同時に小型の船の通り道でもあり、江南の人々の生活に密着した存在であった。

桔槔（けつこう）
揚水具の一種、はねつるべ。吊桿ともいう。柱の先端を支点として横木を取り付け、その両端に水を入れる桶とおもりを吊るした構造をなしている。おもりの重みで桶を跳ね上げ、その水は飲料水や水田・棉花・野菜畑の灌漑水などとして用いた。

畎澮（けんかい）
田間の水路であり、これを利用して灌漑を行った。

戽水（こすい）
龍骨車を用いて水田に水を汲み入れること。**車水**・**車畎**ともいう。

戽斗（こと）
2人1組で用いる揚水具、なげつるべ。木製のあるいは柳の木を編んで作った桶に、縄を片側に2本、計4本とりつけたもので、2人が両手に縄を1本づつ持ち操作する。水を汲み上げるべき水域が岸よりやや離れ、**翻車**を利用できないような条件にあっては戽斗を用いた給水・排水が行われた。

芍坡（しゃくは）
春秋戦国時代楚の孫叔敖が寿春（現：安徽省寿県）に造成したとされる溜池で、現在では安豊塘と呼ばれる。造成当初は寿春を水害から守る遊水池としての役割を果たしていたようであるが、後漢期の廬江太守王景の手による修築以降、周囲の耕地に灌漑を行う溜池としての側面が強まった。

浚渫（しゅんせつ）
河床に蓄積する泥砂（**河泥**）を浚う作業を指す。こうした泥砂は氾濫の危険性を高めたため、古来よりその予防を目的として河床の浚渫が頻繁になされ、特に太湖周辺を中心とした長江下流域では宋代以降官主導の浚渫作業が盛んに行われている。一方で民間の側でも泥砂を肥料（泥糞）として利用する目的で積極的に浚渫を行い、**囲田・圩田**ではこうした泥砂を客土として投入していくことで耕地の質を高めていった。

水穴（すいけつ）
華中・華南の灌漑用の湖・池で、周辺の受益する田に公平に配水するため堤防に設けられた配水孔。線香の燃焼時間で水量・順番を調節した。これを均水約束ともいう。

水則（すいそく）
目盛りを刻んで水中に建てる石碑。水中の深浅を測り、洪水の調節や灌漑用水の適正を期した。五代十国時代の呉越が銭塘県の捍海塘沿いにこれが設けられ、北宋元祐3年（1088）に永嘉県、南宋宝祐5年（1257）に明州の甬江盆地にも建てられるなど各地に水則石（碑）が建てられた。

水法（すいほう）
農民の間で用水にまつわる権利・義務を平等ならしめるために設けられた規定。水則ともいう。その内容は用水の順番や用水量の多寡、あるいは水利施設の管理維持の負担など、状況に応じて細かに定められ、特定の人間のみが優遇を受けないよう配慮された。

水利団体（すいりだんたい）
『中国農村慣行調査』によれば、団体員の鎌戸によって選出された河正（正老人・河上老人・河老・河頭）・河副（副老人）の役員の下、手伝いの公直・小甲・幇辦等を置き、水利権を設け配水量を定めた組織。河正は河簿の管理や水争いの仲裁を行い、行政とは無縁であった。

大棚車（だいほうしゃ）
排水あるいは排水作業を指す語。大朋車・大棚車ともいう。特に共同で行う排水作業を指し、大雨・大水などにより排水の必要が生じた際には人夫を動員してこの大棚車が行われた。

堤岸（ていがん）
溢れ出す水を防ぐための土手。一般には河川を氾濫させないよう川岸に沿って設けられるが、のちには囲岸・圩岸のように湖沼に設けた耕地を取り囲み、耕地への水の浸入を防ぐ目的で築かれたものも多く見られるようになった。

鉄龍爪（てつりゅうそう）
河床を浚渫する道具。鉄製の爪に縄を結びつけたものを船に牽引させて泥砂を攪拌し、泥砂を下流へと押し流す効果を持つ道具で、宋代に黄河の浚渫に用いられた。後に浚渫用具はその種類を増やし、鉄龍爪に改良を施した鉄笆や巨木に複数の爪を取り付けた濬川杷、濬川杷を鉄製かつ小型に作った鉄篦子などが清代に至るまで利用され続けた。

斗門（ともん）
水門を指す語。閘・牐・壩・埧・堰などの名称もある。これら水門は河川や水路あるいは囲田・圩田などに設けられ、特に江南地域では水田での水量の調節を行い、遡上する海水から作物を守るなど重要な役割を果たした。また、運河の中に高低差が激しく通行の困難な場所には水門を利用した装置（閘門）を設けて船舶の往来を可能にするなど、水門は農事のみならず交通面においても活用された。

都江堰（とこうえん）
戦国秦の李冰が築いた水利施設で、岷江の水が成都平原へ流れ出す際の扇状地の扇頭部に設けられた。都江堰は氾濫を繰り返す岷江を治めただけではなく、岷江の水を各地に分水する役割を担い、都江堰が造成されると14の県が灌漑の恩恵にあずかったため、成都平原の農業生産は高まった。

土牛（どぎゅう）
堤防を補強する際に用いられた土嚢。

筒車（とうしゃ）
河川の流れを動力源とする揚水具。水車に筒を複数取り付けた構造をなし、水車の回転と共に筒が水を汲み取って給水を行った。その運用のためには一定の流速が求められることから、流速の緩慢な下流域ではあまり用いられず、山間部の渓流などで広く用いられた。

坡塘（はとう）
塘とも称され、溜池およびその周囲の堤防をいう。坡は本来つつみ・土手の意であるが、溜池の周囲に造成されることが多かったため、溜池も含めた呼称となった。坡塘は古くから作られてきたが、とくに宋代以降、稲作技術が発達し、また水田の乾田化の進展とともに、坡塘が多く求められるようになった。とくに重力灌漑方式をとる地域（宋代では浙東・江西など）では、灌漑用水の確保のために重要な役割を果たした。
また、塘はクリーク網のなかの幹線水路をいう場合もあり、さらには、水路の両側に設けられた交通のできる堤防・土手をも塘と呼んだ。

抜車（ばつしゃ）
揚水具の一種。小型の**翻車**のような形状をなし、車軸に連結した2本の取っ手を両手で操作することで車軸を回転させ、水を汲み上げた。翻車を利用できないような浅い池沼などで特に用いられ、1人が1日作業に従事すれば2畝の耕地に灌漑できたという。

翻車（はんしゃ）
足踏み式の木製揚水具。**龍骨車・踏車・蹋車**とも呼ばれる。主として田面より低い位置にある水を耕地に給水する際、あるいは囲田・圩田の中に溜まる水を堤外に排水する際などに用いられた。水を汲み上げるチェーンと車軸・ペダルからなり、上部においてペダルを踏んで車軸を回転させることで、チェーンも連動して回転し、チェーンに組み込まれた木板が下部から水を汲み上げる仕組みになっている。後には水力で揚水する水転翻車や畜力で揚水する牛転翻車のようにバリエーションも増えていったが、その所有は富農に限られていた。

李渠（りきょ）
江西の袁州宜春県に設けられた都市・農業用水路。唐の元和4年（809）に成り、清の同治10年（1871）以降まで存続した。秀水の支流の官陂水に取水口を設け、宜春城西郊の200頃の田を灌漑し、城内にも疏導して上下水の水源とした。渠長1員を置いて管理し、城内外に堰閘・斗門を設けて水流を調節した。

連筒（れんとう）
灌漑用具の一種で、節をくりぬいた竹を繋ぎ合わせて作った導水管。遠地にある水源から灌漑用水を引き寄せるために用いた。こうした導水管は後漢の時代に宮廷で用いられた渇烏のように富裕層に用いられるものであったが、のちには杜甫の詩に一般的な灌漑用具として詠われるように人々の間にも普及していった。

鎌（れん）
『中国農村慣行調査』に記録された水利組織の下の用水権をいう。この権利の所有者は鎌戸・鎌夫といい、それらは用水権の持ち分によって耕地に配水を受け、またその時期・時間・方法等は全て河簿に記載されていた各鎌戸の労働力によっていた。河簿は水利団体が選任した正副老人が作成したものであるが、根拠となったのは、鎌戸がそれぞれ申告した土地所有高であった。すなわち申告をもとに、各村から選ばれた2、3名の小甲が清書し、一覧できるようにした土地台帳（鎌底）が判断材料であった。したがって鎌戸が土地を売買した際は、撥鎌・過割といって鎌底・河簿の書き換えを要した。以上のように、土地所有高をもととした労働力提供の量が、配水を始めとして力役割当等の基準となった。したがって、河簿作成に当たった小甲及びそれを統率する正副老人等の役員の責任は重大であり、役員たちは河神へ供物を差し出して神明を誓わされた。そして、この水を管理する組織は、行政とは無関係であったという。

轆轤（ろくろ）
揚水具の一種。台木に取り付けられた軸には円柱状の木がはめ込まれており、これを回転させることで円柱に繋がれた縄が巻き取られ、水を汲んだ桶を引き上げる仕組みになっている。井戸水を汲み上げるための用具として使用され、特に畑に付置された井戸ではよく見られた。

(6) 施肥

肥料〈ひりょう〉※
作物はその生育に当たって土壌中に含まれる窒素・カリウム・リン酸などの栄養素を吸収するが、収穫後に生ずる土壌中の栄養素の欠乏を補うためには翌年の耕作を取りやめて地力の自然回復を待つか、各種栄養素を耕地に投入して消費した地力を補う必要があった。この栄養素が肥料であるが、『氾勝之書』や『斉民要術』などの記載は蚕矢（蚕の排泄物）や砕骨・豆がらなど多様な肥料が古くより用いられていたことを窺わせる。中でも人々の間で広く行われたのは草糞のすきこみやマメ科の植物が持つ窒素固定化作用を利用した肥沃度の回復であり、それらの利用が望めない場合には休耕が行われた。宋代以降には堆肥や厩肥・下肥あるいは豆餅・麻枯・菜餅といった油の搾りかすなど、より高い効果を発揮する肥料が普及した。また、こうした高品質の肥料の登場、及び種類の多様化は多毛作の実施に必要不可欠なことであり、肥料の利用状況は農作業のあり方にも影響を与えるものであった。

淤溉（おがい）
客土法の一種で、河川・水路から採取した泥土を水田に投入すること。河床の泥土（河泥）は肥料として優れており、南宋以降、江南の各地で盛んに利用された。南宋の毛珝の詩には竹の網で浚った泥土を大量に船に積み込み、それを水田に混ぜいれている姿が詠われている。

火糞（かふん）
肥料の一種。その製法は史料によって異なり、陳旉『農書』に見える火糞が塵土・灰・籾殻・秕（実の入っていない籾）・藁・落葉などを積みあげて燃やし、人糞尿を注ぎかけたものとされるのに対し、王禎『農書』では土と草木を焼いたものとして記されている。その製法には違いは見えるが、いずれにせよ単に草木や藁を耕地にうずめるよりは高い効果をもたらす肥料であったことは想像に難くない。

草糞（そうふん）
除草した際の雑草を用いた肥料であり、いわゆる緑肥を指す。雑草を耕地に深くうずめて腐らせるもので、取り扱いの難しい肥料というわけでもないが、利用の広まりは地域や個々の農民によって様相を異にしていたようであり、宋代の時点では草糞を用いない農民の存在が間々見られる。

泥糞（でいふん）

河床の泥土（河泥）を利用した肥料で、王禎『農書』にはその製法が見える。河川・水路の底から浚った泥土を干して細かく砕き、大糞（人糞尿）と混ぜた上で用いた。ただ、南宋の毛珝の詩には船に積んだ泥土をそのまま耕地に施している様子が詠われているので、泥土の用い方は必ずしも王禎『農書』に載せる方法のみに限られるわけではないようである。なお、城市・市鎮で集められる人糞尿は城門外など近郊の烏盆場に貯えられ、小舟によって農村に運ばれた。

豆餅（とうへい）

ダイズの搾りかす。豆粕・豆并ともいう。ダイズから油を絞る際に生じる搾りかすを乾燥させて固めたもので、肥料として優れた効果を持つ。そのため華中での綿花生産などで需要が高く、華北・東北の地ではそれを見込んでの豆餅生産が盛んであった。

肥田粉（ひでんふん）

欧米諸国より輸入した化学肥料。清末より用いられ始め、廉価にしてその効果はすぐに現れたという。

麻枯（まこ）

ゴマより油を搾り取った際に生じる搾りかすで、農書では元肥として高く評価されている。ただし十分な発酵を経た上で用いないと醗酵熱が作物の生長に悪影響を与えることもあり、その取り扱いには注意を要した。

②漁業

漁業〈ぎょぎょう〉※

産業の一つで、魚介類や海藻など水域に生息する生物を捕獲・採取あるいは養殖し、それらをもって生活の資に充てるもの。農業や牧畜業などと同様に古くから人間の再生産活動を支えてきた産業であり、各地で数多く出土している新石器時代の貝塚や各種漁具はその証左であると言える。また、やや時代は下るものの漢代の画像石や明器には漁業の様子をより具体的に示すものが残されており、前者では投網や魚伏籠を用いて魚を捕獲しようとしている姿が描かれ、後者では水田・溜池の明器に魚を始めとする各種水棲生物の存在が認められ、それらを通じて当時の漁撈活動の様子を思い描くことが可能である。

当然のことながら、以上のような漁撈を通じて獲得される魚介類は全てが自家消費に充てられるわけではない。むしろ、これらは他者と交換することを目的として捕獲・採取される側面が強い。そして、交換・販売が目的とされるに当たっては魚介類の加工も必然的に求められることとなる。いうまでもなく捕獲・採取された魚介類は時間の経過と共に次第に鮮度を落として最終的には腐敗に至り、商品としての価値は無くなる。無論、極めて狭い商業圏の中で鮮魚が取引され、人々に食されている事例は史料の中に数多く見ることができる。しかし、大半の魚介類は干物や塩漬あるいは醗酵食品として加工され、可能な限り腐敗する瞬間を先に延ばそうとする努力がなされる。乾魚（魚乾）・柴魚・鮝などの干物類、鹵魚・鹹魚・絶魚・腊魚などの塩漬、蝦醤などの発酵食品はそうした水産加工品の一部であり、また魚翅（フカヒレ）・海参（ナマコ）といった著名な乾貨も元はといえばそうした現実的な必要性から生み出された食品であると推測される。いずれにせよ、こうした加工処理を経ることで魚介類はその販路を格段に広げることが可能になったわけであり、例えば南宋の首都臨安は明・越・温・台といった浙東の沿海諸州から運搬される魚の干物や塩漬によって需要を賄っていた。

ところで、今しがた沿海地域から得られる魚介類について触れたが、中国全体で見るならばこうした沿海漁業は少数派に属していたことには注意しておく必要がある。すなわち、中国においては海域での漁業以上に河川や池沼などの淡水域で行われる漁業のほうが重要であったわけである。それは中国が広大な内陸部を抱えていることに思いを致せばすぐに首肯しうることであろうが、とりわけ華中・華南地域には河川・池沼が無数に存し、そこから獲得される魚介類の量は海域から得られるそれを凌駕するものであった。

また、こうした内陸漁業は養魚の著しい発展を伴うものであったことも注目に値する。後漢初期の時点で既に范蠡の名に仮託した『養魚経』なる技術書が存在したことは古くより魚介類の養殖に関する知識・技術が蓄積していたことを想起させるものであるし、上述した水田・溜池に泳ぐ魚をかたどった明器も養殖の普及を背景としたものであろう。とりわけ宋代以降に華中・華南で移住・開発が進展すると、農業上の必要性から溜池も数多く建造されるようになり、養魚業はさらなる発展をみせる。このように淡水域での漁業は広大な内陸地という地理的要因に加えて、養魚のように農業と阻害しあうことなく複合的な形の生業形態を確立できたこともあって、沿海漁業を上回る重要性を有していた。近代以前における中国の漁業の特徴はこの点に求めることができよう。

烏賊（うぞく）

イカの総称。またコウイカのみを指すこともある。イカは種類に応じた名称もあり、コウイカは烏賊・墨魚、ヤリイカは鱿魚、スルメイカは柔魚とされ、またそれらから作られるスルメもそれぞれ鱿魚乾・墨魚乾・螟脯鮝と呼び分けられる。中国の全海域にて漁獲され、またその漁獲量も大変多く、四大海産の一つとされている。その身が調理に用いられるのはもちろんのこと、内臓の各部位は乾物とされ、また内臓や墨袋から鱿魚膏なる醗酵食品が加工されるなどその用途は大変広く、いずれも人々の間で愛好されている。

河魨（かとん）
フグ。鈍魚や気泡魚などの別称もある。中国では海域のほか淡水域でも生息し、長江沿岸では武漢周辺までは漁獲される。古くより食されており、『山海経』にはフグと思しき魚の記載が見られる。その身は調理に用いるほか干物や塩漬にもされたが、一方でその毒による中毒事故も多かったようで、各種史料には毒に対する警戒を呼びかける文言がしばしば見受けられる。

家魚（かぎょ）
販売を目的として人工的に飼育される魚のこと。主な家魚としては草魚（ソウギョ）・青魚（アオウオ）・鰱魚（ハクレン）・鱅魚（コクレン）などの四大家魚が挙げられ、その他にも鯉（コイ）・鯿（ヒラウオ）・鯽（フナ）・鯵（フトセトゲ）などがよく飼育された。これらの種はいずれも成長が早く飼育しやすい利点を有し、また肉質も良かったため盛んに飼育された。

蝦（か）
エビの総称。その種類は大変多く、イセエビ（龍蝦）のように体長30 cmを超えるものからオキアミ（毛蝦）のような3 cm程度のものまで様々であり、また生息地も淡水を好むもの、海水を好むもの共に見られる。そのまま調理されるのはもちろんのこと、蝦米や蝦醤に加工されてスープの出汁や調味料として用いられることも多い。

海貨（かいか）
海産物全般を指す言葉。同類の語に**海錯**・**海味**などがある。

海帯（かいたい）
コンブのこと。加工法によって名称を分け、そのままの形のコンブを海帯、刻んだコンブを海絲と呼ぶこともあった。コンブは安価で栄養に富むだけではなく、塩分をまとわせて長期の保存が可能なことから湖南北・四川など内陸の庶民の間で需要があった。

蟹（かい）
カニの総称。その種類は大変多いが、その代表的なものとして海蟹（梭子蟹＝ワタリガニ）や河蟹（チュウゴクモクズガニ、いわゆる上海蟹）などがある。蟹は古くより人々に愛好されてきたようで、中でも『周礼』に蟹醤や蟹胥などの加工品が登場するのはその古い例であるが、このちも各種史料にしばしばその名が見え、宋代には『蟹譜』・『蟹録』などの書籍も刊行されている。

魚苗（ぎょびょう）
稚魚のこと。魚子・**魚秧**・魚花ともいう。養魚を行う際は業者より魚苗を購入して飼育する。一般に魚苗は撈戸と呼ばれる漁師が河川にて採集してくるものであり、稚魚を魚種ごとに選別して溜池で飼育し、ある程度まで成長した段階で販売業者に卸した。こうした魚苗育成は主として九江を中心とした鄱陽湖周辺で行われ、ここから各地へと販売されていくが、その範囲は南北は淮南から広東まで、東は沿海地域に至るまで極めて広い地域を対象としていた。

魚梁（ぎょりょう）
日本ではヤナと呼ばれる漁法。川に蘆などで編んだスノコを設置するもの。また、古くは石や竹を並べて魚の進路を限定し、1ヶ所だけ開いた場所に筌・笱（ウケ）を設置して魚を獲る方法も魚梁と称した。

漁禁（ぎょきん）
漁撈に関する禁令で、水域における資源保護を目的として出されたもの。主として時期・漁具・漁法に関するものに分けられる。時期については魚の繁殖期である春から夏にかけての時期が禁漁期とされ、漁具については拖鉤・星子網・鉄脚子網・囲罩などの使用を禁ずる記録が史料に見られる。また、魚類の生育環境を乱すような漁法や川上より毒を流して魚を麻痺させる毒魚も禁じられていた。

銀魚（ぎんぎょ）
シラウオ科の魚類の総称。中国における品種は10種類以上にのぼり、品種ごとに体長や淡水魚・回遊魚の別も異なる。そのまま調理に用いるほか、乾物に加工して利用することも多く、盛んに利用されることから鱖・鯽と共に川魚を代表する魚として扱われることもある。

鱖（けい）
ケツギョ。桂魚ともいう。全国的に生息する淡水魚で漁獲量も多いこともあって、淡水魚の中では鯉や青魚・鰱魚などと共に主要な品種とされている。こうした漁獲量の多さに加えてその肉が美味しさから人々の間で広く食されている魚であり、特に蒸し物や揚げ物として調理されることが多い。

滬（こ）
漁法のひとつで、刺し網漁に類するもの。海が満潮の時に竹を並べるようにして突き立ててスノコを張り、退潮に伴って沖に向かう魚を捕らえる。椵とも称する。

鯔（し）
ボラ。東北地方から華南に至るまでの沿海に生育する海水魚。ただ、淡水域にも溯上することがある。利用の歴史は古く、殷墟からの出土物には鯔の骨が含まれている。産出量が多く、また養殖も行われていて、人々の間で盛んに食べられる。また、その卵巣は烏魚子（カラスミ）に加工される。

鰣（し）
ヒラコノシロ。華中・華南の海域に生息する回遊魚。産卵の時期のみ河川を溯上し、孵化した幼魚は1ヶ月ほど河川で過ごしてから海にその身を移す。漁獲量も多く、味も良い魚であったこともあって『随園食単』などの料理書にはしばしばこれを用いた料理が見られる。

鱘（じん）
アムールチョウザメ。中国では東北地方の河川に生息する淡水魚。通常体長1mほどに成長する巨大な魚で、肉が美味であるほか卵も塩漬け（キャビア）にされる。その美味しさから常に珍重され、清代には皇帝への献上品となっている。また、長江流域には別種のカラチョウザメ（中華鱘）が生育し、こちらは古くから食されていた。

鱭（せい）
チョウセンエツ。刀魚ともいう。渤海から閩江近辺の東シナ海に至る海域を中心として生育する回遊魚。普段は海域に生息するが、時期が来ると河川を溯上して産卵する。その味は良く、長江下流域では重要な魚とされている。

鯽（せき）
フナ。鮒ともいう。全国的に生息する淡水魚で、河川・池沼はもとより水田なども住処とする。『呂氏春秋』など古い文献にもその名が見え、古くより利用されていた。肉質が柔らかく味も良いため広く利用され、しばしば溜池などで養殖された。

銛（せん）
漁具のひとつ。モリ。魚に突き刺して捕獲するもので、同類の魚具として矠や叉もある。

草魚（そうぎょ）
ソウギョ。コイ科の淡水魚の一種で、東北地方から広東に至る広い地域の河川・湖沼に生息する。また主要な養殖魚でもあって青魚（アオウオ）・鰱魚（ハクレン）・鱅魚（コクレン）と共に四大家魚と称される。その名が示す通り水底の草を好んで食し、他の魚と生活域や餌を競合させないことから混養に適し、養殖業者や養魚を副業とする農民の間で盛んに飼育された。

帯魚（たいぎょ）
タチウオ。中国の全海域に生息する回遊魚。そのまま調理に用いられるほか、塩乾品としても用いられる。その漁獲量は多く、また広く愛好される魚であるため四大海産のひとつに加えられている。

大黄魚（だいこうぎょ）
フウセイ。舟山群島から雷州半島あたりまでの近海に生息する海水魚。他の海水魚と比べると水揚量及び水揚金額は大変多く、かつそれ自身が美味であることもあって四大海産のひとつとされている。また、大黄魚と同じニベ科キグチ属の小黄魚（キグチ）も同じく四大海産に選ばれている。共にそのまま調理するほか鹹魚や干物にも加工する。

釣魚（ちょうぎょ）
いわゆる釣りのことで、釣り糸と釣り針を用いて魚を捕らえること。釣り竿（釣竿・漁竿）を用いる一般的な釣りのほかに、手で直に釣り糸を操作する手釣り（手線）や延縄に当たる漁獲法（釣鉤）もある。

鮎（でん）
ナマズ。全国の河川・池沼にて生育する淡水魚。白身の肉は小骨が無くて柔らかく、大衆魚として人々の間で好まれている。また、その浮き袋は加工して魚肚とされた。

罩（とう）
漁具のひとつ。日本でいう魚伏籠に当たり、底に穴のあるザルのような形状をとる漁具。使用に当たってはこれを魚の上からかぶせて逃げ場を絶ち、穴に手をいれ魚を捕獲する。漢代の画像石にはこれを用いた漁の様子を窺うことのできるものがあることから、その利用の歴史は古いものと考えられる。

毒魚（どくぎょ）
漁法の一種。毒流し漁。**薬魚**ともいう。毒性のある植物の汁や薬物を水中に投じて、魚類を捕まえる漁法。世界各地で行われていた、原始的漁法である。『山海経』や『荀子』に見えているから、中国でも早くから行われていたことが知られる。使われる植物として最も一般的なのは、その名も酔魚草（フジウツギの類）や、莽草（シキミとの説有り）・芫花（チョウジザクラ）・巴豆（トウダイグサ科ハズ）などである。稚魚まで根絶するので、資源保護の上からも、禁止されることが多かった。

氷廠（ひょうしょう）
氷室のこと。氷窖ともいう。冬の内に氷を製造した業者がここに貯蔵して夏季にこれを販売する。生の魚は腐敗しやすいため夏季には異臭の原因となったが、氷を用いて腐敗を遅らせることでそれが防がれた。遅くとも南宋期には魚の保存への利用が確認され、また清代に氷販売業者が増え生魚を氷で保存する習慣が広まっている。

鱉（べつ）
スッポン。スッポン科のカメで、河川・池沼などの水域周辺に生育する動物。古くより人々に食されてきたようで、『周礼』にはこれを扱う鱉人なる職も見られる。他の魚介類に比べるとそれほど高い頻度で食する食材ではなかったようであるが、それでも画像石や水田を模した明器にしばしばスッポンの姿が見え、『養魚経』が溜池にてスッポンを飼育する記述を載せることを勘案すると、それが人々にとって身近なものであったことは想像に難くない。

網（もう）
漁具のひとつで、いわゆるアミのこと。網に関する名称は多く、絲網や麻網など材質によるもの、密網・稀網など網の目の粗密によるもの、合網・旋網など構造によるもの、銀魚網・蟹網など捕獲する対象によるものなど多岐にわたる。

網捕（もうほ）
網を用いて魚を捕らえること。網を用いた漁法にはいくつか種類があり、網・罟（小網）を用いて行う投網や複数の漁師が大網を引くもの、川を横断するように長網を張るもの、罾（四つ手網）を川に仕掛けるものなどがある。

養魚（ようぎょ）
魚類の養殖を意味する語。中国における養魚の歴史は古く、四川を始めとする西南地域ではその様子を象った明器が出土しており、また北魏の『斉民要術』の時点で既に『養魚経』なる養魚指南書が用いられていたことからもそれは窺い知れる。とりわけ、華中・華南の開発と共に各地で坡塘（溜池）の造成が進むと、養魚は専門の業者のみならず農民の間でも副業として広まり、そこで得られる各種の魚は庶民にとって貴重な蛋白源として扱われた。

鯉（り）
コイ。コイ科の淡水魚。その利用は古く、『詩経』にその名前が見える。中国では南北を問わず広い範囲で生育し、特に南方では溜池を利用した養魚も盛んに行われる。このような漁獲量の多さや味の良さもあって利用されることが多く、また吉祥の象徴と見なされていることから宴席の料理にもしばしば用いられた。

鱸魚（ろぎょ）
スズキ。沿岸や河口に生息する魚。その身は淡白にして美味であるため人気があり、華中・華南では清蒸や揚げ物などこれを用いたレシピは大変多い。

③林業

林業〈りんぎょう〉※
山林から得られる資源を生活の資とする産業のこと。人間が樹木を始めとする自然環境から得られる資源は極めて豊富で、またその用途も多岐にわたる。例えば、樹木を伐採して得られる木材・竹材は家屋・城壁・寺廟・車両・船舶・家具・楽器・棺・日用器具などの原料となり、あるいは薪や木炭のように燃料資源にもなる。また、油桐・油茶・烏臼のようにその実から良質な油を採取できるもの、樟脳・松脂のように薬材として活用されるもの、さらには梅・桃・棗といった各種果樹や胡桃や橡子などの木の実のように食用に供されるもの、桑や櫟のように葉が蚕の飼料となるものなど、山林を通じて得られる資源は枚挙に暇がない。
当然のことながらそうした豊かな資源は人々の間で盛んに利用されることとなる。古来より各地で**山林藪沢**が争奪の対象となり、為政者が盛んにその規制に躍起になったことはその証左であるといえる。そして、このような資源利用の進展は環境に影響を与えずには済まされない。かつて華北の地は森林が豊富に生い茂り、サイやゾウといった野生動物の住まう環境の下にあったが、度重なる山林の開発と農地化の進行によって山林資源は枯渇していく。
以上のような開発の進展と資源の枯渇は、人口の増加とそれに伴う移住に呼応したものであることはいうまでもないが、それが故に同様の現象は宋代以降に移住・開発が進められた華中においても見られるようになる。例えば、宋代の浙東においては開封のような大都市における建材の需要、あるいは南宋政権による海軍編成の要請に応じた船材の需要によって近隣の山地では大量の杉・松といった木材が伐採され、洪水や旱魃が頻発するようになる。また、明清期に湖南・四川・雲南・貴州といった内陸地への移住が進められると、木材や鉱物の獲得のために多くの山林が開発にさらされ、山地の荒れ果てた環境は下流域に同様に洪水や土壌流出などの被害をもたらしている。
無論、為政者もこうした状況を傍観しているわけではない。植林や森林伐採の制限の実施を上奏する官僚もいれば、持続的に山林から資源を獲得できるよう産業を育成し、略奪的な開発がもたらす負の連鎖を防ごうとする官僚も見られた。しかし、そうした為政者の活動以上に、人々の山林の利を求める動きは活発であった。特に明清期には華中・華南の山中に商業資本が積極的に進出していく。各地の商人は四川・湖南の桐油・茶油や雲南・貴州の木材といった物産を買い入れては漢口・上海といった大都市へと運搬して利益をあげ、搬出元である山地もそれらの利益によって大いに潤っている。このような林業は民国期に至るまで内陸の諸地域を経済的に活性化させる重要な産業であったといえるが、上述した環境の問題については根本的な解決が図られることはなく現在に至っている。

屋材（おくざい）
建材のこと。屋料の語も用いられる。家屋の建設に用いる木材は部位によって必要とされる性質・条件が異なるが、一般に堅実で耐久性に富み、環境の変化を受けても変質しづらいものが求められる。建材に用いられる樹木としては杉（コウヨウザン）・松（マツ）・柏（コノテガシワ）・

櫟（クヌギ）・楡（ニレ）・樟（クスノキ）などが好まれた。

檜（かい）

イブキ。ヒノキ科の針葉樹で、主として華北・華中に分布するもの。日本のヒノキとは種が異なる。別称として円柏がある。15 ～ 20 m 程度の巨木に成長する樹木で、『春秋左氏伝』に「棺に翰檜有り」、『詩経』に「檜楫松舟」と見えるように船舶や棺などの原料に用いられた。

棺材（かんざい）

棺に用いられる木材。棺材としては高い強度に加えて腐敗や虫食いによる変質がおきにくい種類の樹木が好まれる。史料には泡桐（ココノエギリ）・梓（キササゲ）・楸（トウキササゲ）・杉（コウヨウザン）・檜（イブキ）などの木材が棺材に適したものとして挙げられている。

虞衡（ぐこう）

虞・衡共に山林藪沢の管理を掌る官。古くは虞師（『荀子』・『管子』）や虞人（『荘子』・『国語』・『春秋左氏伝』）・衡鹿・虞侯（『春秋左氏伝』）などの官が設けられ、三省六部が設けられた後も工部の下に虞部が設けられてその名称は用いられ続けた。

五加（ごか）

ウコギ科の落葉樹で、ウコギのこと。その根は五加皮と呼ばれて薬材として用いられ、また焼酎にこれを漬け込み五加皮酒なる薬用酒も作られた。

五倍子（ごばいし）

ヌルデ。ウルシ科の落葉樹。棓子・信子・五棓子・没食子などの異称もある。四川・湖南・湖北などが主産地であり、それぞれ川棓・南棓・河棓と呼ばれる。枝に生じる瘤が染料や薬材の原料として用いられた。

杉（さん）

コウヨウザン。スギ科の常緑針葉樹。杉の字を用いるが、日本のスギとは種が異なる。長い年月をかけて 20m 前後に成長する木は家屋や船舶・棺あるいは家具の原料に適した樹木とされる。こうした需要の高さもあって宋代には既に華中の山地において杉の植林が行われていた。

脂（し）

一般的に脂は動物性の油脂を指す語であるが、樹木にまつわる脂は樹木からの分泌物（樹脂）を意味する。同類の語として脳・瀝油もある。樹脂は樹液の凝固したもの、あるいは半固体化したものであり、本草書などの史料には松脂・杉脂・柏脂などが見られる。主として薬材として用いられ、しばしば灯火の燃料としても利用された。

漆（しつ）

ウルシ。ウルシ科の落葉樹で、主として湖北・四川・陝西・貴州などの地で産出される。その栽培は農家が行うが、樹液の採取は漆掻工がこれを担う。こうして採集された樹液は塗料として用いられるが、漆による塗装は強度や光沢をもたらすだけではなく、耐熱・耐湿・抗腐など様々な利点を伴ったことから重宝され、先秦時代には既に用いられていた。

松（しょう）

マツ。マツ科の樹木の総称。その木質は堅実で耐久性があり、家屋や船舶の建造に適するものと評価された。また、松から採取される松脂は薬材として用いられ、松を燃やした煙から松烟墨が作られるなどその用途は広く、華中・華南の各地では馬尾松（タイワンアカマツ）などの松が広く植林された。

樟（しょう）

クスノキ。クスノキ科の常緑樹。長江以南の地や台湾において広く分布する。10 m 以上の巨木に成長する樹木で、屋材や船材として用いられたほか、その香気の高さから家具の原料としても人気が高かった。また、その枝葉からは樟脳が得られ、防虫剤や薬材として用いられた。

樟脳（しょうのう）

樟の木片を水蒸気蒸留することで作られる結晶。無色透明で、独特の臭いを発するもので、古くは薬材や殺虫剤・防虫剤として利用された。中国では福建・江西・台湾などの地域で産出され、特に台湾での樟脳生産は盛んに行われたが、これらの樟脳はイギリスを始めとする欧米の商社や台湾を植民地とした日本が海外に輸出して巨利を得た。

女貞（じょてい）

トウネズミモチ。モクセイ科の常緑樹。女貞の樹液をイボタロウムシ（白蠟虫）が吸って分泌する白蠟は封蠟や防腐・防錆などに用いられる。四川・雲南・陝西などの各地ではこの白蠟の採取を目的として女貞の栽培が行われた。

薪（しん）

いわゆるタキギ・シバのことで、燃料とする木材を指す語。同類の語に柴や薪蒸・柴薪などがある。薪がおおぶりのタキギであるのに対し、蒸や柴は細く小さいタキギを意味した。

船材（せんざい）

造船において用いられる木材。船材としては堅実で弾力性に富み、かつ耐湿性のある木質の樹木が好まれる。こうした条件を備える樹木として杉（コウヨウザン）・松（マツ）・柏（コノテガシワ）・檜（イブキ）・樟（クスノキ）などの名が史料には登場する。

桑（そう）
クワ。柘・檿（ヤマグワ）や魯桑（雄桑）、荊桑・桋桑（雌桑）など品種や雌雄の別に応じた名称がある。また雌株がつける実は椹と称した。その葉が蚕に与える餌となることから中国全土において盛んに栽培されたが、それ以外にも木材や紙の原料として用いられ、乾燥させた実は保存食として重宝されるなど、養蚕の飼料以外の側面も評価され、特に華北ではその植林が為政者によって奨励された。

竹（ちく）
いわゆるタケを指す語で、イネ科タケ亜目の植物のうち茎が木質化する植物の総称。温暖・湿潤の気候を好む植物であるため、中国では華中・華南に多く分布する。一定の強度を有しながらも弾力性に富み、加工しやすい性質の素材であるため、ありとあらゆる物の原料として用いられる。主なものを挙げてみても、家屋・船舶・家具・器物・武器・漁具・衣服・楽器・装飾品・筆記具・紙など枚挙に暇がない。また、その若芽である筍は食卓に供され、貴賤を問わず盛んに利用される食材であることもあり、竹は衣食住を始めとする生活全般にわたって活用される植物であったと言える。

柏（はく）
コノテガシワ。ヒノキ科の常緑針葉樹で、全国的に広く分布するもの。側柏ともいう。日本ではカシワを指す漢字として用いられるが、種が異なる。成長すると10m以上になる樹木で、その木材は家屋や船舶・家具に適しているとされる。

筏（はつ）
イカダ。材料に応じて木筏・竹筏の名称も用いられ、また小さいイカダは桴と称した。日常的な水路交通に用いられる筏のほかに、山中にて伐採・加工を行った複数の木材を縄で結び合わせて下流へ流していくような運搬用の筏も見受けられた。

封禁（ふうきん）
山林薮沢など特定の自然環境を対象として出される利用制限の禁令のこと。封山のように制限の対象となる場所を限定した語もある。**山林薮沢**は日用品や軍需物資となる動植物あるいは鉱物を豊富に抱えた場所であるためその所有が争われたが、それを防ぐべくこの禁令が出された。また、風水上の観点から自然環境を維持すべく封禁の措置が採られることもある。ただ、実際にはそれが必ずしも効果を発揮するとは限らず、豪族によって囲い込まれたり、禁令を遵守しない民によって収奪にさらされる山林薮沢も数多く存した。

楡（ゆ）
ニレ。ニレ科の落葉樹の総称であるが、ノニレのみを指すこともある。堅実な木質であるため建材や器具・車両の材料として用いられ、『斉民要術』は成長すると建物の垂木や轂（こしき）などに適した木材になると記す。

油茶（ゆちゃ）
ユチャ。ツバキ科の常緑樹で、華中・華南の各地に分布する。その実から採取される茶油は食用油や灯火油・整髪油として需要が高いため、華中・華南の各地で盛んに栽培された。また、その絞りかすである茶餅も肥料や飼料に活用できるため、油茶は湖南や四川などの山岳地帯では油桐と共に現金収入を見込める重要な樹木として扱われた。

油桐（ゆとう）
シナアブラギリ。トウダイグサ科の落葉樹。その実から桐油を採取することができるため、清代には四川や湖北・湖南などの各地で盛んに栽培された。桐油は乾性油であるため撥水用の塗料に適しており、傘や雨合羽の塗料などに用いられた。わけても当時造船業が著しい発展を見せたアメリカなど欧米諸国からの需要が高いこともあって、油桐は華中の山岳地帯にとって重要な産業をもたらす樹木と見なされた。

櫟（れき）
クヌギ。ブナ科の落葉樹で、全国的に広く分布するもの。麻櫟ともいう。木材としては家屋や家具などに向くものと評され、薪にも適しているとされる。また、その葉は野蚕の飼料に用い、橡子（ドングリ）からはデンプンを採取して食料とするなど、その用途は多岐にわたる。

④牧畜業

牧畜業〈ぼくちくぎょう〉※
産業のひとつで、家畜の飼育によって得られる物資を通じて生活の糧を確保するもの。一般的に家畜はその働きから労働家畜としての側面と生産家畜としての側面を有しており、前者は農耕・交通・輸送などにおいて労働力を提供する家畜を、後者は自身が提供する物資によって飼育者に貢献する家畜を指すものであるが、牧畜が数百数千という頭数の家畜を飼育の対象としているのは特に後者の役割を期待してのことである。これらの家畜から得られる物資は実に豊富で、その肉を食材に用いるだけではなく、獣皮・腱・膠・毛などありとあらゆる部位が活用される。特に獣皮や腱・膠は日用物資のみならず軍需物資としても重要であり、家畜の存在は歴史上一貫して重視されてきた。

ただし、牧畜そのものは中国の中心部から追いやられ、北辺や西辺、現在でいう東北地方やモンゴル高原、華北北部、陝西・甘粛以西の地に限定されていたことには留意する必要がある。無論、中国も古代社会においては異なった様相を見せている。殷が狩猟を重視する王朝であったことや秦の出自が馬の牧畜に従事する集団に求められることは、古代諸国家と牧畜とが一定のつながりを有していたことの証左である。しかし、こうした関係性は農本主義、より広く捉えるならば儒教的価値観の台頭と共に薄まっていく。儒教的価値観は動物より得られる物資のみに依拠する生活の有り様を「獣衣」・「飲血」と蔑む傾向を持つため、それが各王朝の基本理念に据えられると必然的に牧畜を生産の中心とする生活形態から民を遠ざけようとする政策が採用されるようになる。また、為政者のみならず農民の立場からも牧畜は好まれない。それは土壌に生える雑草が農民にとっては貴重な肥料源であり、大量の雑草を消費する牧畜は農業にとって邪魔者でしかないからである。

こうして事情が働きかけたこともあって、中国社会では牧畜と農業との棲み分けが進んで、牧畜は北辺や西辺の農業に不向きな土地で営まれることとなる。また、その結果として牧畜地帯では馬や羊が数多く飼育され、農業地帯では農家ごとに1頭の牛か驢と数頭の豚・鶏が飼育される生産形態が定着する。従って中国では伝統的に畜産品は貴重な存在であり、欧米のような肉や鶏卵をふんだんに使用する光景は一部の都市民・富裕層にしか望めず、また日用品として毛織物や皮革製品に親しむ文化も育たなかった。家畜は労働家畜として活用するのを通例とし、肉や鶏卵は祭礼や年中行事など特別な機会にのみ口にされ、衣服には獣皮や毛織物よりは絹糸・綿花・大麻・苧麻などの繊維からなる織物が用いられる、そのような生活が中国の農業地帯では一般的であった。

無論、それは直ちに牧畜業そのものの不振を意味するわけではない。先に触れたように都市民・富裕層など一部の人々の間には牧畜地帯の物資に対する需要が存し、肉・羊皮・羊毛などの物資は恒常的に供給されていた。北宋や明のように北辺に遼やオイラートが国を構えている時ですら国際交易を通じてこれらの国家から家畜の供給を受け、元や清のように北辺もその領域に含んでいる場合は何の障害もなく農業地帯へと家畜の供給がなされている。清から民国期にかけてモンゴル高原において大盛魁のような商社が盛んに活動し、年間100万頭以上の羊、20万頭以上の馬が売買されたというが、このことは当時における牧畜業の隆盛を示すものと言えよう。これに加えて開港後には欧米諸国からも需要が生じたこともあって、牧畜業は産業として一定の存在感を有していたが、それが需要と排斥という農業社会からの2つのアプローチを背景として成り立っていた点に中国の牧畜業の特徴を見出すことができる。

褐（かつ）

織物の一種で、毛織物を指す語。絨・絨布・絨呢・毛布・毛段毛絨・旃ともいう。古くは『書経』禹貢などに織皮の名で登場し、雍州や梁州など華北の西部からの貢賦とされている。その原料には羊・山羊・牦・駱駝・兎などの毛が用いられるが、中でも羊毛については北魏の『斉民要術』がその刈り取りについての方法を載せるように他の獣毛よりも利用頻度が高かった。

裘（きゅう）

動物の皮膚から作成した衣服。古代社会においては重要な衣服であり、『礼記』に君主の衣服として狐白裘が挙げられているのはそうした重要性を示す。また、『詩経』豳風・七月には狐や狸・貉（ムジナ）を狩って裘を作る様子が詠われ、裘の製造が広く見られたことであったことが窺われる。『天工開物』が貂（テン）・狐・貉など様々な裘について言及しているようにその後も一定の需要があったが、一方で儒教的価値観に基づいて「獣衣」を夷狄の風習として蔑む向きもあった。

牛（ぎゅう）

ウシ。中国の牛は大まかな分類では黄牛・水牛・牦牛からなり、このうち黄牛は日本の牛と同種のもの、牦牛はヤクを指す。水牛が華南一帯で、牦牛が四川・青海・西蔵といった中国西部で飼育される地域性を持った家畜であるのに対し、黄牛は全国で広く利用される家畜であったと言える。六畜の一つに数え上げられ、またその肉は社稷の供物である大牢に加えられていたことなどは古くから牛が社会にとって重要な家畜であったことを窺わせるものである。牛に期待される役割としては①農作業における労働力、②運搬作業における動力源、③肉・腱・皮などの利用などが挙げられ、世界各地の遊牧社会や欧米で見られる乳製品の利用は行われない。以上の用途において最も重視されたのは①であり、牛は**犂**（土の翻転）・**耙**（土塊の粉砕）・**耮**（畑の整地）・**耖**（水田の整地）などの農具を牽引して作物を栽培する環境を整えるのに一役買っている。また、②については車を動かす動力として牛が用いられ、『清明上河図』には屋根付きの車を牽引する牛の姿を目にすることができる。ただ、背中が湾曲していることもあって背に直接荷物や人を載せることは難しく、そのような利用は少なかったようである。このように牛は生活に裨益するところが大きいため、政府は統制を行い無闇に殺傷することを許さなかった。③の用途に制限がかかるのはそのためであり、宋朝が牛の殺傷を罰則の対象とし、軍需物資としての腱・皮の確保に躍起になるのはその一例である。実際にはそうした統制の目をかいくぐって庶民の間で牛肉は食されていたようであるが、その消費規模は豚や鶏と比べると圧倒的に低いものであることから、中国史上における牛の利用は労働力を中心として考えるのが妥当と言える。

牛皮（ぎゅうひ）

牛の皮。衣服の原料のみならず兵器作成のための原材料としても重宝された。そのため租税徴収の対象にもされ、五代から宋にかけて民には牛皮そのものの納入や**牛皮銭**・牛皮税の支払いが課せられていた。欧米諸国との通商関係が築かれたのちは輸出品として重視され、特に河南・山東・四川などの牛皮が好評を博した。

禽毛（きんもう）

鳥類の羽毛のこと。羽毛は布団や枕・座布団などの充填材として外国への輸出品となり、中でもガチョウ・アヒル・カモ・ガン・ニワトリなどの羽毛が好まれた。特に南京・上海産のものが一等品として扱われ、1930年代にはアヒル・カモの羽毛だけで600万元以上の輸出額をあげることもあった。

鶏（けい）

ニワトリ。主としてその肉と卵を目的として飼育される家禽で、古くより各地で盛んに飼育されている。他の家畜と比べると飼育にはそれほど手間や資本がかからないため、零細な農家でも大抵は4、5羽ほどは飼育されている。一般的に肉や卵が生産者によって消費されることは少なく、そのほとんどは売却を目的として飼育されている。また、卵は皮蛋・鹹蛋・糟蛋などに加工されることもあるが、清末には輸出品としての性格が強まり、また外国より乾燥卵や冷凍卵・液状卵の製造法が伝えられるとそれらへの需要も格段に高まったため、1930年代にはその総輸出額も4,000万元にまで達した。

鉸（こう）

動物の毛を刈り取ること。『斉民要術』は1年のうち3月・5月・8月の3回羊毛の刈り取りを行わせ、刈り取り後は羊の体を洗うよう指示する。なお、春に鉄梳ですきとったものは活抓毛と、刈り取られることなく自然に落ちた毛を脱毛と称する。

膠（こう）

にかわ。動物の皮や骨などを煮てゼラチンを濃縮させたもので、主として接着剤として用いられる。水膠とも称し、また阿膠（山東）・広膠（広東）など地域によって呼び分けられることもある。

山羊皮（さんようひ）

ヤギの皮。その皮質は丈夫でありながら薄く、また光沢もある美麗なものであるため人気があり、手袋・ベルト・ハンドバック等の皮革製品に加工されたほか、書籍の装幀にも用いられた。数ある獣皮の中でも最も輸出額は高く、アメリカを中心とした欧米諸国に供給された山羊皮は年によっては1,000万元ほどの輸出高をあげることもあった。

絨毯（じゅうたん）

毛織の敷物のこと。同類の語として毛毯・毛席・地毯・地氈・絨単・絨氈などがある。原料には羊毛を用い、稀に山羊や駱駝・牛などの毛を使用したものも見られる。元代に西域より伝来したとされ、以後北京や天津など北方の各地を中心として生産される。

芻（すう）

馬・牛などの家畜に与える飼料。また、馬の飼料のことを**馬料**・馬稿・馬乾・茭芻ともいう。主として刈り取った草や藁や苜蓿（ウマゴヤシ）などが与えられるが、大麦や豆・高粱など穀物そのものや豆がら・フスマ（小麦の糠）といった穀物からの副産物を加えることもある。

生皮（せいひ）

動物の皮膚。剥いだ後の加工処理を施していないものもあれば、天日乾燥や塩漬の処理が行われているものもある。中国では水牛・黄牛・山羊・羊・馬・驢馬・騾馬などの動物から生皮が生産されているが、とりわけ水牛・黄牛の皮は柔軟かつ強靭であるために、山羊の皮は緻密にして光沢があり、また染色も行いやすいために好まれ、これらは輸出品としても重要な位置を占める。その用途は衣服・靴・ベルト・ハンドバックなど各種皮革製品に求められ、こうした需要を持つ欧米諸国は中国から多い年で2,000万元前後の生皮を購入していた。

猪（ちょ）

ブタ。豚・**豬**・**彘**・豕なども同様にブタを意味する語。古くから人々に飼育され、各地の遺跡からその骨が出土し、漢代の明器には豚や豚小屋の様子を模型としたものが見られるのはその証左である。また、この明器の豚小屋が厠に連結したものであることが示すように人間の排泄物をも飼料とし、この他にも人間の残飯、甘薯の蔓や葉、フスマ（小麦の糠）、豆がら、油の絞りかすなどありとあらゆるものが飼料となりえたので、その意味では飼育しやすい家畜であったと言える。その主たる用途は食材に求められ、鶏と共に家畜の中では盛んに食される部類に属する。肉や内臓・脂肪などは様々な調理方法を通じて食されるが、そのまま調理されるだけではなく火腿・香腸・肉乾などの加工品も製造され、これらの食品は富裕層のみならず庶民の間でも祭礼や年中行事の際に食された。また、肉以外にも皮や毛が活用され、特に豚毛には高い評価が与えられている。豚の剛毛はブラシの原料に適したものとされ、特に欧米諸国へ輸出されたが、このように豚は食材や各種原料としての役割が第一に期待される家畜であり、この点において牛や馬・驢馬などとは性格を異にしていた。

腸衣（ちょうい）

各種動物の腸を指す語。ソーセージなどの加工に用いるものとしてドイツを始めとした欧米諸国に需要があり、20世紀に入ってから各地へと輸出された。輸出に供する腸は豚や羊のものを中心として用い、それらは加工処理の状況によって毛腸（処理を経ていないもの）・光腸（汚物・脂肪などを取り去ったもの）・浄腸（塩漬けにされたもの）に分ける。こうした中国産の腸は欧米諸国に広く受け入れられ、1930年代の最盛期にはその輸出額が約800万元に達していた。

豚毛（とんもう）
豚の剛毛。鳳尾と称することもある。白毛は歯ブラシや頭髪用のブラシ・絵筆などの、黒毛は機械用・洗濯用・清掃用などのブラシの原料となる。豚毛は従来ほとんど商品価値もないものであったが、清末に欧米人がその品質を認めて買い求めるようになるとその需要は急激に高まり、そのための工場も建設された。四川・湖南の地を中心として生産された豚毛は世界各地へと輸出されていき、20世紀前半には世界のシェアの75％近くを占めるほどであった。

馬（ば）
ウマ。中国において伝統的に用いられてきた馬は蒙古馬・伊犂馬・四川馬などからなる。この内、伊犂馬が体格も良く足の速い馬であるのに対し、蒙古馬・四川馬はずんぐりとした体つきでそれほど大きくなく、また足もそれほど速くはないが、持久力に富み粗食にも耐える性質にその特徴がある。中国ではこの蒙古馬と四川馬が主として用いられ、軍馬に供されるほか人間や貨物の運搬に活用された。「清明上河図」に登場する馬がみな人間を騎乗させているように絵画史料において馬は人間を乗せている姿を描かれることが多いが、実際には馬も荷駄の運搬など役畜としての働きも見せていた。とりわけ山岳地帯においては車を用いた運搬は不便を来たすため、物資の運搬には馬や驢・騾といった家畜が用いられ、特に四川馬のように小さな馬はかえって山中の隘路を通過するのに重宝された。その一方で遊牧民族が行うような搾乳や乳製品の加工・利用、あるいは日本において見られた農耕馬としての利用は漢族の間では極めて稀なことであり、このような利用形態の欠落、軍事・交通・運搬などの分野への利用の特化といった点に伝統中国社会における馬利用の特徴を見出すことができる。

馬毛（ばもう）
馬の毛。それから毛布が織られるほか、クッションや敷布団の材料、ブラシなどにも用いられる。ただ、同じ馬毛でも色合いや部位によって評価は異なり、暗色種よりは白色種が、たてがみよりは尾毛が好まれた。

皮坊（ひぼう）
獣皮のなめし加工を行う工場のこと。豊富な資本を背景に専用の機械を備える製革業者もいくらか見られるが、一般的には数名程度の職人が手作業で作業を行う形態の工場が多い。上海を始めとする皮革産業の盛んな地域ではこうした小規模経営の皮坊が数多く存し、1日2万担とも言われた民国期上海の皮革生産もこれらの皮坊に多くを依っていた。

牦（ぼう）
ヤクのこと。牛の亜種であり、中国では四川西部や青海・西蔵など中国の西部高原地帯に生育する。役畜として各種労働に用いられるほか、食物・衣料の重要な供給源でもあり、上記の地域では欠かすことのできない家畜である。

牧地（ぼくち）
馬を放牧させる草場で、100匹・1,000匹単位の大規模な飼育を行うためのもの。同類の語に牧場・牧田・馬廠などもある。牧地は官牧と民牧に大別され、唐代や明代に見られた監牧は前者に該当する。ただ、官牧・民牧を問わずその経営は過重な管理・維持の負担を伴うものであった。

毛氈（もうせん）
毛織物の一種で、フェルトに類するもの。氈子・毡子ともいう。『天工開物』にはその製法が比較的詳しく記されており、お湯で揉み洗いしたのち木型に敷き詰めローラーで加圧するとある。

羊（よう）
ヒツジ。五畜の内のひとつに数えられ、大牢・少牢（社稷を祀る際の供物）にその肉が加えられていたことから古くより重視された家畜であるが、羒・羜・羭・羖など羊に関連する語には不確かな部分が多く、『爾雅』や『説文』・『玉篇』など各種史料の説は錯綜している。また、山羊との区別も曖昧にされており、宋代にならないと両者が弁別されていることを確認できない。中国における羊は、湖羊のように古くから華中にて飼育される品種も存するものの、一般的には華北にて飼育される家畜であり、特に内蒙古自治区や東北地方・陝西・甘粛・新疆といった地域に加えて河北・山西の北部や山東などの地域に多い。その用途としては食材や衣服・日常品の原料が挙げられ、肉を食材に、羊皮や羊毛を衣料や日常品の原料に充てている。ただ、伝統的に羊はその肉と皮の利用を目的として飼育されている側面が強く、その毛は副産物として扱われることが多い。そのため羊毛の品質向上もなかなか図られず、開港後に欧米諸国への一定の需要は存したものの、それらは絨毯や毛布として加工されることが多く、毛織物の原料として用いられることはなかった。

羊皮（ようひ）
羊の皮であるが、山羊の皮をこれに含めることもある。羊の胎児や生後間もない子羊の皮である羔皮は光沢があり捲縮性にも富んでいるため高級な毛皮として扱われた。

羊毛（ようもう）
羊から採取される毛のこと。剪毛・抓毛など採取方法によるものや春毛・秋毛など採取季節によるもの、一歳毛・老毛など年齢によるものなどその名称は採取状況に応じて多様に存する。古くより毛織物に用いられたが、肉や羊皮が重視されたのに対して副産物として見なされることが多かった。開港後に欧米諸国に向けた商品として扱われるようになるとその重要性は増し、民国期には毎年1,500万元前後の輸出額をあげていた。ただ、羊毛の質はそれほど高くなく、また繊維には短くかつ太いものが多かったこともあってカーペットや毛布の原料に用いられた。

駱駝褐（らくたかつ）
　駱駝の毛を用いた織物のこと。トルファン戦国墓やノイン・ウラ遺跡の出土物にはこの織物が含まれ、また『旧唐書』地理志には会州（現：甘粛省）の、『新唐書』地理志には豊州（現：内蒙古自治区）の土貢としてその名が挙げられている。

六畜（りくちく［ろくちく］）
　牛・馬・羊・豕（豚）・犬・鶏の6種の家畜の総称。『春秋左氏伝』など古くから見られる語で、これらの動物が中国では家畜として人間の生活と密接な関係を有していたことを示す言葉でもある。六牲ともいう。また、同類の語に五畜（牛・馬・羊・豚・鶏）もある。

驢（ろ）
　ロバ。その利用の歴史は古く、旧石器時代の峙峪遺跡（現：山西省朔県）から野生の驢馬の骨が多数出土し、また『呂氏春秋』や『爾雅』などの文献にも驢馬に関する記載が見える。家畜としての驢馬は主として人間や荷駄の運搬に用いられ、「清明上河図」には荷物や人を乗せて移動する驢馬の姿が描かれている。また、牛と共に犂を牽き、臼を回して脱穀・製粉を行う役畜としても重宝された。豚や鶏と異なりその肉を食用に充てることはそれほどないようであるが、山東や河南など華北の一部地域においては食されていた。なお、騾（ラバ）は驢馬のオスと馬のメスの交配によって生まれる雑種で、驢馬と同様の労働に従事させる家畜。繁殖能力はないものの、丈夫で忍耐強く、また性格が従順であることから好んで用いられ、驢馬と同様に「清明上河図」にその姿が認められる。

⑤織物業

織物業〈おりものぎょう〉※
　産業のひとつで、動植物より得た繊維を織り合わせて布地を作り上げるものを指す。布地としては他にも樹皮布・魚皮布・フェルトなどの不織布があるが、繊維の不使用・織り上げ工程の欠落といった理由によってこれら不織布が織物の範疇に入れられないように、織物にとって原料としての繊維と製造工程としての機織という2つの要素は欠かすことはできない。
　一般に繊維は動物性と植物性に大別され、また植物性繊維は靭皮繊維・葉脈繊維・種子毛繊維・果実繊維に分けられるが、この内中国にて用いられていた繊維としては動物性のもの（蚕繭（絹糸）・獣毛）と靭皮繊維（大麻・苧麻・亜麻・黄麻・青麻・葛）・種子毛繊維（棉花）などが挙げられる。とりわけ古代社会においては絹糸・大麻・苧麻の3種が盛んに用いられ、『詩経』・『書経』・『礼記』など数多くの文献にてしばしばなされる言及や馬王堆漢墓を始めとする各地の遺跡から出土する副葬品の存在はそうした重要性を証明するものであると言える。一方で機織技術については出土した織物を見る限り、今日織物の三大組織と称される平織・綾織（綾・綺）・繻子織（緞）の内、平織と綾織は古代社会においてその技法が確立しており、また紗・羅などの織物の存在も確認される。
　このように多種の原料や多様な技法を用いた織物が古くより見られたわけであるが、当然のことながらこれらの織物は階層に応じた使い分けがなされている。前漢の記録ではあるが、桓寛の『塩鉄論』には絹織物は上流階層の衣服であり、庶民の衣服は大麻・苧麻の織物が一般的であること、また綾のような紋様のある衣服や刺繍などによって飾り立てられている衣服は貴い身分の者が身につけるべきものであることが主張されている。この主張は庶民も絹織物や装飾の施された衣服をまとう奢侈の風俗に対する批判であり、単純に図式化することは控えるべきであろうが、それでもおおよその傾向として富裕層＝絹、貧困層＝大麻・苧麻という対応関係を想定することは許されよう。
　ただ、宋代より棉花の栽培・利用が広まりだすとこうした関係は変化を来たし、棉花が大麻・苧麻に代わって庶民の衣料を担う存在となってくる。繊維としては丈夫で保温性もあり、また栽培・加工に大麻・苧麻ほどの労力を要さない点が好まれたこともあって、明清期には全国的に普及して各地で盛んに栽培と織布が行われるようになる。元々織物業は農桑の2字が象徴するように農本主義的な傾向を持つ歴代王朝にとって奨励すべき産業であったことに加え、明代以降租税の銭納化が進められたことにより棉花の栽培及び棉布の生産は農家の副業としてさらに重要な意味を有するようになる。同様の事情は養蚕と絹布生産にも当てはまり、織物業に関連する各業種、具体的には養蚕・製糸・棉花栽培・紡績・織布・染色などは基幹産業として現実の中国経済を支えるものであった。
　そして、織物業をめぐる環境は清代後半より複雑な様相を呈していく。例えば、インド棉糸の流入による在来棉の栽培農家の圧迫、外国資本の参入に刺激された製糸・紡績工場の林立といった現象が生じ、結果として**土糸**と**洋糸**、**土布**と**洋布**の間で市場をめぐるせめぎ合いが激化した。また中国経済の国際化によって中国の織物業も世界的な銀価格・原料価格の影響の下に置かれ、生産者はみなこうした諸要因に端を発する好不況の波にさらされている。清代後半以降の中国の織物業は以上のような厳しい状況の中にあったが、それでも着実なる成長を遂げており、1930年代における年間10億超という総生産額は織物業が製粉業・製油業と並んで近代中国の経済を支える重要な産業であったことの明証とすることができよう。

亜麻（あま）
アマのこと。茎から取れる繊維は丈夫かつしなやかな性質で、清代の農書『三農紀』には織物に良いと見える。また、種子から得られる油は印刷用インクや顔料・薬品として用いられる。

軋車（あつしゃ）
繰棉機。**攪車**ともいう。採取したばかりの棉（子花）は種子を含んでいるためこれらを分離する作業が必要となるが、軋車はそれに用いられた機具。王禎『農書』や『農政全書』に記載が見え、回転する２本のローラーの間に棉を投入することで花衣と種子とを分離する仕組みであった。

緯車（いしゃ）
緯糸の管巻きを行うための道具。日本では管巻車がこれに当たる。台の上にそれぞれ車輪と筒を設けて双方にベルトをめぐらしたもので、車輪を回転させるとそれに伴って筒も回転するようにできている。筒には竹管が取り付けられているが、筒の回転を利用して竹管に糸を巻きつけることで、杼に装着する緯糸を準備することができる。

印花布（いんかふ）
縮緬織りにした木棉の布地に紋様染を施したもので、いわゆる**更紗**のこと。印花縐布・印花綢布・印華布などの別称もあるが、このうち印花は捺染による紋様染を、縐・綢の語は縮緬織りを意味する。

花衣（かい）
繰棉のこと。**浄花**・浄棉・**皮花**ともいう。軋車などの機具や繰棉機を用いて種子を分離した棉をこのように称した。

花機（かき）
織機の一種で、日本の空引機に類するもの。織機の上部に経糸を操作するスペース（花楼）が設けられている点に特徴がある。花の字が模様（花紋）を意味するように模様を組み込む高級な布を織る際に用いられた。

花行（かこう）
綿花を取り扱う問屋や商人のこと。規模の小さい商人に対しては花号の名称が用いられた。

家蚕（かさん）
屋内にて飼育する蚕のことで、屋外で飼育する**野蚕**・**山蚕**に対する呼称。

葛布（かつふ）
葛の繊維から作った布のこと。先史時代より利用されている布で、新石器時代の草鞋山遺跡から葛布が出土している。『詩経』や『塩鉄論』に葛布の一種である絺（細い葛糸を用いた布）が見えるように古代社会においても広く用いられたようであるが、収量の低さや加工に手間がかかることもあって絹や苧麻・棉の普及と共にその重要性は低下し、明清期には広東・福建など南方の地で活用されるにとどまっている。

夾纈（きょうけつ）
布帛の染色方法の一種。布帛を模様のある型板に挟み、圧縮された部分を染料の浸透から守って模様を作り出す技法。それが発明された時期は明確ではないが、馬縞の『中華古今注』には隋代に宮中の職人がこの製法を用いて染色を行ったことが記されている。

錦（きん）
絹織物の一種。複数の色の絹糸を用いて織り上げ、複雑な紋様が施された絹布。製法によって経錦と緯錦に分けられ、経錦は経糸（たて糸）によって、緯錦は緯糸（よこ糸）によって地と紋様を織るものを指す。中国では古くは経錦の製法による絹が織られていたが、隋唐期に西域より緯錦の製法が伝えられると次第に経錦は衰退していった。

経架（けいか）
機織りの経糸を準備するための道具。日本では整経台がこれに当たる。絡車でまとめた糸枠（籰）を経架の下に複数並べ、上部には竹の輪を多く設けた竹竿を掛ける。糸枠から導き出される糸は１本につき１つの輪を通ってあぜおさ（掌扇）に集められ、織機にかけられるようまとめられる。こうした作業を経ることで経糸の長さを均等に整えて弛みを無くし、またその張力も揃えられ、布を織る作業がスムースに行えた。

纈（けつ）
布帛の染色方法の一種。いわゆる絞り染めのことで、染色の際に布の一部分に圧力を加え、その部分だけ色に染まらないようにする技法を指す語。纈の字は本来絞る動作のみを意味していたが、纐纈・夾纈・蠟纈のように染料の浸透を防いで模様を作る技法はみな纈の字で表現された。

絹（けん）
織物の一種で、蚕の繭から採取する繊維を原料とするもの。その名称には、絹・帛などの総称に加えて綾・紗・緞・羅など織り方に応じたものが存し、この他にも紈・素・縞・縑・縠・繒・綮・繻などのように絹の質・色ごとに異なる名称が与えられている。絹糸の利用が始まった時期や地域については定かではないが、河姆渡遺跡からは蚕の文様が描かれた器が、浙江の銭山漾遺跡からは絹織物が出土しているように利用の歴史は先史時代に遡ることができる。耐久性の高さや優れた保温性だけではなく手触りの良さや光沢の美しさもまた古代の人々を魅了する特徴であったようで、有史以来常に高級な衣料品として扱われ、

『書経』禹貢によると絹糸は貢賦の対象に定められ、また六朝以降には租庸調制や両税法の税制度の下で徴税の対象とされている。明代に税制が物納から銭納へと変更されても絹糸生産は廃れることなく、むしろ現金獲得のための副業として農家の間で盛んに生産され、清代には国外にも大量に輸出された。

湖絲（こし）
絹糸の一種で、浙江省の湖州にて産出されるもの。その品質は高く、著名な絹糸であった。

紅花（こうか）
ベニバナ。染料植物の一種で、紅藍花・黄藍ともいう。開花前の花を摘み取って紅花餅に加工し、臙脂色の染料とする。『天工開物』は、搗きくずした紅花をしぼって黄汁を除き、米のとぎ汁などで洗った後さらに圧搾し、餅状に整形して天日干しにすることで紅花餅ができるとする。

黄道婆（こうどうは）
木棉の紡織技術招来にまつわる伝承に登場する人物。松江府出身の女性で、海南島より戻った折に当地の紡織技術や機具をもたらし、その普及に努めたとされる。

黄麻（こうま）
コウマ。シナノキ科の一年生植物で、和名ではツナソといい、またジュート・インド麻とも呼ばれる。中国では主として華中以南で栽培される。茎から得られる繊維で織った布は丈夫で、清代の農書『三農紀』には織物の他にロープや履物・紙などを作るのに良いと記されている。

纈纈（こうけつ）
布帛の染色方法の一種。染色の際に布の一部分を紐で縛って染料の浸透しない箇所を作り、それによって模様を表す技法。この技術は六朝時代には既に確立しており、トルファン出土の絹織物には纈纈染を用いたものが見られる。

刻絲（こくし）
絹織物の一種。剋絲・緙絲ともいい、日本の綴織がこれに該当する。緯糸（よこ糸）が経糸（たて糸）を包み込むように密に織り込み、緯糸の色だけで紋様を織り成す織物で、緻密な紋様を表現することができる。唐代の時点でその技法は確立していたようであるが、宋代に入るとその技術は発展して絵画的な刻絲が数多く生産され、これらは後世に宋緙絲と呼ばれて珍重された。

紗（さ）
絹織物の一種。一般的な織物は１本の経糸（たて糸）が緯糸（よこ糸）と交わるが、紗は規則的に絡まった２本の糸を１組として経糸を構成し、経糸が絡み合った間に緯糸を通す構造をとる。そのため紗は繊維の密度は粗く薄手の織物となり、他の織物と比べると大変軽い。魏晋期には既に普及していたようで、官服にも絳紗や烏沙などの紗が用いられたが、のちに廃れて夏服としてのみ利用されるようになった。

細布（さいふ）
木棉布の一種。ただし、広義には細密に織られた布を意味し、また古代社会においては高級な麻布を指す語であり、語の用いられる時代と状況によって指し示す対象は異なる。木棉の普及した後には**三梭布**に含まれる木綿布を指すことが多い。中でも元明期に松江府にて産したものは大変精巧な作りで好評を博していた。**飛花布**ともいう。

柞樹（さくじゅ）
野蚕の飼料となる樹木の総称。特定の樹木を指すわけではなく、櫟などナラ科やクヌギ科の樹木を含める。

殺繭（さつけん）
繭より生糸を採取する前に蛹を殺す作業。曬（日光に曝す）・蒸（蒸す）・悶（窒息させる）・烘灶（火をたいて乾燥させる）などの方法がある。

三梭布（さんさふ）
細密に織られた上質な木棉布。三梭木棉布・三紗木棉布ともいう。

蚕矢（さんし）
蚕の糞のこと。肥料として用いられた。

蚕簇（さんそく）
蚕が繭を作るための寝床。日本ではマブシと称する。用いる材料や形状は非常に多彩で、単に蚕槃の上に草を敷き詰めただけのものから木竹で格子状に部屋を作るものまで様々であり、王禎『農書』には団簇や馬頭簇などの蚕簇が挙げられている。

蚕箔（さんはく）
蚕を飼育する道具で、蘆や荻で編んだスノコ状のもの。曲ともいう。２本の蚕椽（横木）に蚕箔を敷いたものを蚕槌（蚕棚）に吊るして用いる。同類の道具に蚕筐・蚕槃もあるが、蚕筐は円形の籠、蚕槃は方形の板であり、共に蚕架なる蚕棚に載せて飼育を行う。

蚕網（さんもう）
蚕を移す際に用いる道具で、縄で編んだ網状のもの。蚕のいる蚕槃などにこれを被せて桑の葉を用意しておくと、蚕は網の目を潜って桑の葉に群がり、移動し終えた頃を見計らって網を持ち上げることで容易に多くの蚕を移動させることができる。

紫草（しそう）
ムラサキ。染料植物の一種。その根を染料として用い、細かに砕いた根から染色すると紫色に染まる。『管子』軽重に茈（紫草）を用いた染色の記述が見られるようにその歴史は古く、常に紫色の染料として珍重されてきた。

絲（し）
生糸のこと。純ともいう。蚕の吐き出した繭から糸を繰り出した状態のもので、練糸のように精錬加工は行われていない。

繡（しゅう）
刺繡による紋様を指す語。刺繡は布地に針と色糸で縫いつづることで布地に紋様を描き出す手法で、その作業は繡花・繡作と称する。紋様を作り上げつつ布を織っていく技術が発達するまでは刺繡によって紋様を表現することが多く、馬王堆漢墓出土の織物に代表される各地の出土品には刺繡が施されているものを数多く見ることができる。

小機（しょうき）
織機の一種。腰機・臥機ともいう。日本でいう居坐機の系統に属するもので、腰に回した腰当てにかける力の入れ具合で経糸の張りを調整する点に特徴がある。紬のような織物から葛布・苧布・棉布に至るまで様々な布がこれで織られ、清代にバッタン織機・足踏機が導入されるまでは小機が全国的に用いられていた。

蕉布（しょうふ）
バショウの繊維を用いて織った布。蕉葛・蕉紗・芭蕉布ともいう。古くは後漢の『異物志』や『南方草木状』にその名を見ることができる。特に福建や広東・広西など南方の地で生産された。

織金（しょくきん）
金糸を織り込んだ織物。南宋期に生み出され、元代以降にその技術の発展を見た。

青麻（せいま）
日本でイチビと呼ばれる繊維作物。莔麻・桐麻・芙蓉麻の別称もあり、また古くは紵と称した。繊維としては硬く、河姆渡遺跡より出土したロープにはこれを用いたものも見受けられる。また、王禎『農書』にはロープや牛衣・雨衣・草履などの製造に用いられる旨が記されている。

茜草（せんそう）
アカネ。染料植物の一種で、蒨・緋絳草ともいう。その根を乾燥させたものが染料として用いられ、使用する媒染剤によって茜色や緋色に発色する。

蘇芳（そほう）
スオウ。ジャケツイバラ科の常緑樹。別称として蘇方・蘇枋・蘇木があり、また単に枋と称することもある。その木片から色素を抽出し、羊毛を始めとする繊維の染料や家具類の塗装などに用いた。

繅（そう）
繭より糸を引き出して紡ぐこと。同類の語に繅繭・繅絲・繰・繰繭・抽絲・抽線がある。沸騰した湯の中に繭を投入してセリシン（膠質）を除去したのち糸口を引き出し、この糸口を繅車（糸繰り車）を用いて巻き取っていく。いわゆる生糸はこうした工程を経た絹糸である。

足踏機（そくとうき）
織機の一種。踏木の操作によって綜絖（開口具）の上下運動・投杼（緯糸（よこ糸）の挿入）・筬打（緯糸の固定）といった一連の動作を行えるもの。人力の織機としては高度な性能を持つもので、バッタン織機と共に清末ごろより使用が広まると生産量の増加に貢献した。

大麻（たいま）
タイマ。火麻とも称し、かつては単に麻と呼ばれた。アサ科の一年生植物で、その茎から繊維を取る。『詩経』に大麻から繊維を取り出す場面などが見られ、利用の歴史は大変古い。その繊維は硬く丈夫でロープや天幕・袋などに用いられる。

踹布（たんふ）
棉布の仕上げ工程として行われる作業。碾布ともいう。凹形の巨石に敷いた棉布に蓋石で圧力と摩擦を加えることで艶出しと皺伸ばしを行うもの。この作業を行う職人を踹匠・踹工・砑匠・躧匠、それを監督する者を包頭・作頭・保頭・坊戸・坊主などと称した。

弾花（だんか）
棉布を製造する際の工程の一種で、日本でいう綿打ちに当たる作業。弾棉・棉打ともいう。種子を取り除き花衣とした棉を弾弓という弓状の器具を用いてほぐす作業を指す。

緞（だん）
絹織物の一種。緞子・紵絲ともいい、日本でいう繻子・サテンもこれに相当する。経糸（たて糸）と緯糸（よこ糸）を粗に織り合わせる技法の織物で、例えば日本で五枚繻子と呼ばれる織物が、経糸が緯糸を４本超して５本目の緯糸の下を潜る織り方をされているのを想起すると良い。この場合、経糸は表面に長く現れるため光沢が強くしなやかな織物となり、高級品として扱われる。元代以降盛んに生産されるようになり、宮中で用いられた南京の貢緞が上等とされ、蘇州の累緞や杭州の花緞はこれに次ぐ。

紬（ちゅう）
絹織物の一種で、玉繭（2匹以上の蚕が作った繭）や屑繭（変形した繭）から得られる絹糸によって作る織物のこと。綢や絓と称することもある。それらの絹糸は太く、またその太さも均一でないため、織物としては厚手となり、光沢も他の絹織物と比べて鈍い。

苧布（ちょふ）
カラムシの繊維から作った布。古くは紵・紵布と称した。『書経』禹貢や『春秋左氏伝』などに各地の特産品としてその名が見え、馬王堆漢墓から苧布が出土しているように古くから重要な織物として扱われていた。木棉の普及と共にその重要性は低下したが、耐熱性や吸湿性・通気性が良いこともあって夏季の衣服としての需要があり、明清期も華中・華南の各地で栽培・加工されていた。

苧麻（ちょま）
カラムシ。イラクサ科の多年生植物で、その茎から繊維を取る。その繊維は丈夫で腐食しにくいこともあって、衣服や袋などの日用品を作るのに用いられた。ただ、その栽培や繊維への加工作業には労力を要するため、棉花が中国全土に普及するとその重要性は低下した。

賬房（ちょうぼう）
絹織物を取り扱う問屋。紗緞荘ともいう。織物業の発展と共に清代に形成されたもので、生糸の仕入れ及び練白・染色・掉経（巻き取り）・槌糸（軟熟・艶出し）等の準備工程の委託の手配を行い、また機戸に製織作業を委託するなど絹織物の生産にまつわる経営・管理に携わった。また、機戸に対して絹糸の前貸しや各種機具の貸し出しも行っていたため、こうした債務関係を通じて機戸を半ば拘束的に働かせる側面も有していた。

土花（どか）
棉花のうち在来種のものを指す語。唐棉ともいう。これに対して外来種の棉花を洋花・洋綿と称した。

土布（どふ）
中国産の木棉布を指す語で、外国産の輸入品である洋布に対して用いられたもの。

納刺（のうし）
刺繡による装飾の一種で、いわゆるアップリケに類するもの。数枚の布を重ね合わせ、それを針と糸で縫い合わせていくもので、漢代の出土品には既にこの技法を用いた織物を見ることができる。

バッタン織機（ばったんしょくき）
織機の一種。踏木を両足で踏むことで綜絖（開口具）を操作し、経糸（たて糸）を上下に二分して杼を通せるように作られたもの。投杼（緯糸（よこ糸）の挿入）と筬打（緯糸の固定）は手動で行った。

紡績（ぼうせき）
棉や麻・羊毛などの繊維を引き伸ばしてよりあわせ、糸状に加工する作業のこと。績・紡・緝・紡線・紡紗・絡梶ともいい、原料に応じて紡棉・紡花・績麻・績苧の呼称も用いられる。紡車・絖車児（糸車）や脚車（足で輪を回す糸車）などの機具を用いて行われた。近代以降、ヨーロッパより紡績機が導入されるとその生産効率は飛躍的に向上し、各地で紡績工場が設けられた。

麻布（まふ）
大麻の繊維を織って作った織物のこと。夏布ともいうが、本来単に布と称する場合は大麻から織られた織物を指す。古代社会においては大布や苴布のような厚手のものが庶民の間でよく用いられた。ただ、中には細布・緆のように製造に技術と手間を要する高級品もあり、その実物は馬王堆漢墓からも出土している。その後も隋唐期ごろまでは主要な織物として扱われたが、棉布の普及に伴ってその産量は減少し、盛んな生産が行われる地域は四川や福建・広東など一部の地に限られている。

棉花（めんか）
ワタ。結実した種子の周囲にできる繊維が綿糸として紡がれ、衣服などの原料として用いられる。各種文献には古貝・吉貝あるいは白疊・白氎など棉と思しき植物が登場し、漢代にはすでに棉布が存在していたようであるが、その栽培は華南や西域などの地域に限定されており、江南を始めとした中国各地での普及は宋代を待たねばならない。元明の時期に棉を対象とした税目が設けられたのはそうした利用の広まりを反映してのことであり、また次第に大麻や苧麻に代わって主たる日常衣料としての地位も確立するようになる。こうした状況の下で棉花の紡織は農家にとって重要な副業となり、特に零細農家の家計を支える収入源であったが、一方で19世紀後半には従来の在来紡織業に加えて各地で紡績工場や織物工場が設立されるようになる。そこでは中国のみならず欧米や日本などの資本が投入され、また近代的な紡績技術の導入などによってその生産量や商品流通量は飛躍的な伸びを見せる。無論、綿花産業をめぐっては銀レートや国際情勢に同調した相場の高下によって好況・不況の波に激しいものがあったが、上記のような成長を見せた棉花産業は製粉業・製油業と共に近代中国の経済を支える重要な産業であったと言える。

綿紗（めんさ）
インド棉布の一種で、いわゆるモスリンを指す語。大変薄手の生地の棉布で、最高級品として扱われた。

野蚕（やさん）
屋外にて飼育する蚕のことで、天蚕（ヤママユ）や柞蚕（サクサン）など複数の種の総称。山蚕ともいう。屋内で飼育する養蚕に用いられる家蚕（カイコガ）とは飼育環境の違いに加えて餌も異なり、野蚕は櫟（クヌギ）・槲（カシワ）・青棡（アラカシ）などの葉を食して育つ。この野蚕より得られる絹糸を用いた織物は繭綢・山綢と称した。

薬斑布（やくはんふ）
木棉布の一種で、捺染による紋様染を施したもの。澆花布ともいう。蘇州周辺を産地とするもので、白地に藍染の紋様を特徴とした。

洋花（ようか）
棉花のうち外来種のものを指す語。洋棉ともいう。土花からなる繊維が丈夫で農民や労働者に好まれたのに対し、洋花の繊維は細くて高級繊維として扱われた。

養蚕（ようさん）
蚕の孵化から繭の採集に至るまでの一連の飼育過程を指す語。養蚕の工程は催青・飼育・上簇に大別されるが、それらを簡潔に述べるならば以下のようにまとめられる。まず、前年度に母蛾が生みつけた卵を清水に浸す浴種を行い、卵が孵化できるよう適切な温度・湿度の環境を整える。これは卵をなるべく同時期に孵化させるための措置であり、これを催青と称する。孵化した幼虫は蟻蚕と呼ばれ、飼料として桑の葉が与えられて慎重に飼育される。蚕は数度にわたって眠と称される脱皮を行うが、結繭するほどに成長すると繭を作るための寝床（簇）に移される。これを上簇と称し、そこから５日ほど経て繭を作り終えたのを見計らった頃に繭は採集される。こうした一連の作業は春から夏にかけての時期に行われるため、麦の収穫や稲の播種・挿秧の時期と重なることとなり、農家にとって１年で最も繁忙期となった。

浴種（よくしゅ）
蚕の孵化を促す作業の一種で、保管しておいた卵を清水に浸す行為を指す。この後、卵は暖かい環境の下に置かれて孵化するまで管理された。

羅（ら）
絹織物の一種で、薄手に織られたもの。紗と同様に規則的に絡まった糸を経糸（たて糸）として緯糸（よこ糸）と交錯させた織物であるが、紗が２本１組の経糸を用いるのに対し、羅が４本１組の経糸を用いるため、その構造は紗よりも複雑にできている。絽・繻と称するものもこれに類する織物である。唐宋期に盛んに用いられ、その後も夏季の衣服として使用された。

絡車（らくしゃ）
経糸を作るための道具。絡篤・絡垜・絡柅の別称もある。木台とそこに立てられた複数の棒から成り、そこにぐるぐると巻かれた絹糸は上部に設けた鉤に導かれ、そこからぶら下がるようにして手元に届けられる。作業者はこの手元にある糸を糸枠（籰）で巻き取ることで経糸を揃えて布に織る準備を整えることができた。

藍（らん）
アイ。染料植物の一種。その葉より藍色の色素が得られるが、染料として用いるためには靛（澱・靛青）に加工する必要がある。『天工開物』にはその製法を載せ、刈り取った茎と葉を水に浸して石灰を混ぜると、滓が沈殿して泥状の靛ができるとする。このようにして作られる靛は水靛ともいうが、これに対して乾燥させた藍の葉をついて固めたものを土靛と称した。

綾（りょう）
絹織物の一種。単色の絹糸を用いて布を織り上げていき、かつ紋様が浮かび上がるよう工夫されたもの。具体的には経糸（たて糸）が本来緯糸（よこ糸）の下を潜るべき部分を敢えて浮かすことで紋様を織り出す。このようにして斜紋組織を作り上げる織物が**綺**であり、またその経浮が規則的に配されている織物を綾と称する。

蠟纈（ろうけつ）
布帛の染色方法のひとつ。布の上に溶かした蠟で模様を描き、この蠟を防染剤として染料の浸透を防ぐことで模様を作る技法。新疆のニヤで出土した漢代の織物にはこの技法によるものと思しきものが見られ、西域には古くから伝わっていたようである。

⑥鉱業

坑冶（こうや）※
坑はあな。金坑・銀坑など、鉱坑を指す。冶は鉱石から金属を折出するの意。坑冶は、鉱山の採掘、いわゆる鉱業である。
中国の鉱業は青銅器に始まり、その鋳造技術を基礎に、戦国時代、南方の楚と呉を中心として鉄器生産の時代に移行した。鉄製農具、特にＶ字型鉄犂農具の出現は農業生産に改革をもたらし、単婚家族の農耕を可能とし、生産力の増強に寄与した。兵器も鋼によって作られると、社会および政治は変革を免れず、中国は秦によって統一された。巨富を積んだ坑冶経営者を見て、漢は鉄を専売下に置き、鉄官（政府が監督して鉄を鋳造する機関）を全国48ヶ所に置き、鉄官徒を役使してその増産に努める一方、銅も鋳銭の原料として盛んに開掘された。後漢には水力を利用した韛（ふいご）による高炉も開発された。魏晋南北朝には鋼の精錬に改良があった。

唐代になると鉱山は政府管轄の下、民間の採掘が許可され、**鉱課**という一定税額を納入すれば、金・銀・銅・鉄・鉛・錫・礬・水銀・朱砂等の鉱山経営ができ、生産は大幅に伸びた。石炭・石油も発見され、特に石炭使用の高炉は鉄器を改良させ、鉄搭（四つ手の鍬）を出現させた。それを受けた宋代は坑冶大発展の時代となる。

中国正史二十四史食貨志のうち、初めて坑冶の項を挙げ、王朝一代の鉱業を叙述しているのが『宋史』で、あとは『明史』のみである。その分量は、『宋史』の場合、殿本で4,282字、『明史』は1,983字である。『清史稿』にも鉱政の項目で、坑冶にあたる記述があるが、中華書局版標点本で3,673字。字数の比較は中国史における宋代鉱業の発展と、そのもつ意義の大きさを推察させる。たとえば銅産額は唐代数十万斤に対し、北宋の熙寧年間（1070頃）、2,000万斤以上（約1万3,000トン）といわれ、当時世界第一の産額であった。また、首都の開封や臨安の酒楼や茶館では金銀器が盛んに使用され、一般市民や村民にも金銀の服飾は無縁ではなくなった。このほか、造船・兵器製造・鋳銭等の官用消費は、製鉄業を盛んにし、粗鉄の海外輸出や農具・鍋釜類の日常消費も活発であった。

山沢之利と称されてた宋代の鉱物は、『宋史』食貨志、坑冶の項によると、金・銀・銅・鉄・鉛・錫・水銀・朱砂の8種類である。これらの鉱産物はその採掘・製錬・売買に至るまで、すべて官の厳重な管轄下に置かれ、その坑冶経営は、大きく別けて3つの形態によった。⑴官が自ら資本を用意し、民戸を役使し、あるいは廂兵を労働力として採掘・製錬する直接的官営方式。⑵官が資本を提供し、坑戸を召募して採掘・製錬させ、生産物を抽解・和買する官民合営方式。⑶民間の希望者をして、一定の額を立てて経営を請負わせる私営方式（承買法）。時にこの3つの方式が組み合わされたが、いずれの場合にも、得た鉱物の大部分は、上供・賦税・折納・抽分（民営における鉱産税）・中売（民が官に売って納める）等の方法で官に収納された。更に銅と鉄と錫は、時に短い期間ながら**禁榷**（専売法）を断行し、完全に官の手中に握られたことがあった。鋳銭の主原料を確保するためである。

南宋については『宋史』の記述は極めて少なく、北宋部分の4,282字に対し、南宋部分は619字、約7分の1である。鉱産資源の涸渇、鉱政不振という事情があったにせよ、南宋坑冶の実態はなかなかつかみにくい。しかし、基本的には南宋の坑冶も中央政府の強い支配下にあった。

宋朝は生産及び管理運営の政府末端機構として、鉱産地に監・冶・務・場の4衙を置き、監や場は生産規模の大きい鉱産地に置かれた。『宋史』坑冶の冒頭には、この官衙の所在地（州・軍）とその数とが前記8種の鉱物別（金・銀・銅・鉄・鉛・錫・水銀・朱砂）に列記されている。唐代鉱山168に対し、北宋初年201、英宗治平年間（1064～1067）371となった。

宋代の坑冶で注目されるのは、その鉱業技術面での発展である。そのひとつは、**石炭**を燃料とする製鉄法であり、もうひとつは**浸銅法**とよばれる**胆水**を使った製銅法である。製鉄は有史以来主として木炭が用いられていた。石炭の産出は文献上は5世紀であるが、唐末を受け宋代に石炭に代えられた。その理由は木材の必要量が莫大で経費も嵩み、自然環境の破壊も甚大であった点に求められる。一方、地中から銅鉱石を採掘し、これを木炭で焼いて銅をとりだす製錬法（**乾式法**）が中国では古くから行われていた。これが、北宋の哲宗時代に**湿式収銅法**とよぶ新方式に代わり、北宋末にかけて盛行した。浸銅法ともいう。これは古坑からでた**胆礬**（硫酸銅）を含んだ水（胆水）中に鉄片を浸して胆水中の銅成分を析出させ銅材を入手する方法で、製出した銅を**胆銅**と呼んだ。これに対し乾式法によるものは**黄銅**（鉱銅）と呼ばれた。さらに**胆土煎銅法**という方式も工夫された。これは坑をうがって胆土を取り出して坑外に堆積し、これに水をかけて胆礬水（胆水）を作り、ここに鉄片を投入して銅分を集め、炉に入れて精錬して淋銅（淋は水をそそぐこと）とし、製法は**堆積収銅法**と称せられる。この2方式は、宋代鉱業の画期的な技術革新である。

鉱山の経営は明代になると官営から次第に民営へと推移した。さらに清代になると、鉱山は西南諸省、特に雲南省に中心が移り、四川・湖南・両広から労働者が大量に招致された。

金・銀（きん・ぎん）※

中国古代の金鉱には**砂金**と**山金**があり、砂金は、先秦より採取され唐宋以降衰えていった。山金は、雲南に多くの金山があり、元代以降、山東登州棲霞県の金鉱が有名である。金は銀その他の鉱物を含む合金として採掘されるのが普通であり、その分離のための精錬には**灰吹き法**あるいは金銀分離法があるが、黄礬に樹脂を加えあるいは鉛を用いて金銀を分離する法は後漢末の文献に見え、灰吹き法の存在をうかがわせる。唐代には硫黄のみを用いる方法が開発され、明代になって硼砂を用いる法が開発された。

金の貨幣としての使用は、戦国から秦漢にかけて、主として上流階級に行われたが、魏晋前後に一旦衰え、南北朝中期よりまた勃興した。唐代に金の貨幣としての使用は復活し、私経済においては、賄賂・請託若しくは好意による贈遺・布施・謝礼・懸賞・賭博、遠方輸財の方便・路用・蓄蔵等の外、大価格の支払ならびに大価格の表示にも用いられ、公経済においては納税用として稀に私の科徴に用いられただけで、国法上では認められなかったが、上供・進献には用いられ、また軍費・賞賜にも充用された。その使用の範囲は多少下流にも及んだが、主に上流に限られていた。宋における金の使用は一層発達し、唐代における用途の外、賠償・挙債・賦税の折納・紙幣の回収等にも用いられ、広く庶民に広まった。

一方、**銀**は、秦以前には贈遺・支払等の用に充てられず、前漢の武帝はいわゆる「白金を仮りに銀と見做」し、また王莽の時、貨幣と定めたが、ともに久しからずして廃れ、朝廷において賞賜に用いられることもなかった。後漢に至って、銀を賞賜・賄賂等に用いたことが初めて文献に現われ、南北朝より隋にかけて、その使用が次第に発達した。南北朝時代の**煉丹術**の発展はその表れである

唐宋時代、銀は金よりも様々の用途に使用された。唐は金と同様、銀を主として上流階級が貨幣に使用したが、銀をもって物価を表示した事例はなく、宋代にそれが見られたのは、一般社会に貨幣としての使用が広まったからである。宋代では銀の偽造が禁止されるほどであった。唐宋時代には、**金銀鋪**・銀鋪・金肆・銀肆などいうものがあって、金銀器の製造売買の外、両換ならびに金銀地金の鋳造・鑑定等を行なった。これは中国の銀行業の萌芽として注意すべきものである。金銀器飾は古くから存在したが、魏晋南北朝の際から特に流行し、唐宋に至ってますます旺盛となった。そうして金銀の貨幣としての使用もこれに並行して発達した。中国における金銀貨幣の発達は、金銀器飾の流行に依って刺激され、促進されたことを認めなければならない。

このような金・銀の需要に対し、宋代の銀の供給は、ほぼその需要を充たしたが、金はその需要に対してやや不足を告げたようである。宋の産金地は、国初以来、主として中国の中部以南に在った。唐末に比べてその数はかなり減少し、真宗・英宗両朝の頃に至って特に甚だしかった。たとえば、英宗の治平中（1064～1066）の金冶の総数は登・莱・商・饒・汀・南恩6州に11とある。神宗朝もそれはあまり変わらず、産金地の数は多くなかった。南渡後、中国本部は女真人の領地となったが、産金地は主として中部以南に在ったため影響は少なく、その地域は荊湖南路・広南東路・江南東西路等である。これら地域の南宋高宗の紹興32年（1162）の金冶の興発、停閉の総数は267とある。前記英宗朝と比べるとかなりの数である。

金と同様、銀も北宋の初め産銀の州が著しく減少し、熙寧・元豊に至ってようやく増加した。この間、真宗の天禧5年（1021）には、銀坑が26州軍に、3監・51場・3務あったという。主な地域は広南東西路・福建路・荊湖南路等である。南渡後については、紹興32年（1162）の統計として、荊湖南路・広南東西路・江南東西路・福建路・両浙東路の7路に**銀冶**が174あったことが伝えられている。

宋代、金・銀の坑冶は民営としての採掘を聴し、立額**買撲法**といった。これは、その採掘権を専らにさせ、10分の2の鉱産税を納付させ（**抽分**という）、残りは官が一部あるいは全部を**和買**させる方法で、当時、多くの富民が応じたやり方であった。さらに土貢として州より上納させ、採掘、製錬された金銀は殆どが官に収納される仕組みであった。これは唐の方式に倣ったもので、神宗の熙寧・元豊時代に規定され、南宋にそのまま引き継がれた。税の収納にあたっては、その歳額がまず定められ、歳額に達しない時は、担当主吏は、私財を投じて補った。金銀は他の坑冶産物の収利とともに中央財務機関である三司管轄の**左蔵庫**に収貯され、王安石の新法の改革後は宰相の直轄となり、**元豊庫**・**大観庫**などの中央財庫に収納された。

南宋と対峙した金国においては、銭の使用を禁じて専ら**鈔**を流通させた結果、かえって銀の盛行を促し、物価の支払にもその表示にも主として銀を用いるに至った。元初は、銀と共に私に売買することを禁じ、貨幣としての使用をも許さなかったが、民間における貨幣使用の盛行を見て、朝廷も遂に禁令を解除した。

明初、金銀交易の禁にかかわらず、依然、貨幣としての使用は継続され、英宗以後、銀の使用がいよいよ旺盛となると、金は次第に売買媒介の役目から遠ざかり、貨幣以上の財宝としての傾向を強くし、清初まで金はなお中国に多量に存在したが、次第に海外への流出は激しくなり、乾隆末年以後、遂に大いに欠乏するに至った。

一方、銀については、元初、それに依る売買を抑圧しその後に許容したこと、および明初にもまた同一の禁令が存したことは、金の場合と同様であった。この間、銀は事実上、常に貨幣としての機能を失わなかったが、明の英宗の正統中、用銀の禁が弛められ、その使用はすこぶる旺盛となり、大価格のみならず、比較的小価格の支払い及びその表示にも用いられ、賃金の支払い・租税の納付・俸禄の支給にも用いられた。ここに至って、銀は完全に貨幣としての機能を発揮し、真に徹底的に一般社会の貨幣となった。しかし国内の銀場は次第に枯渇してきており、**洋銀**に依存せざるを得なかった。そこで元代に開発された雲南の銀山は最後の砦として民営下に置かれ盛んに採掘され、清初、三藩の呉三桂の乱を支える経済力を維持するに至った。その経営は、採鉱と鉱山所有、坑内採鉱と坑外施設等、分業体制も進められ、労働者も徭役的側面を払拭して地位を高めていったが、政府が支援する企業家に対抗して秘密結社を組織せざるを得なかった。銀山をはじめとする鉱山経営は、清末列強の圧力の下、近代化の機会を失い、民国になっても**把頭制**のもと経営および労働条件の改善はならなかった。

鉄（てつ）※

中国は春秋戦国時代、華南を中心として鉄器生産の時代に移行し、やがてV字型鉄製農具の犁の出現は牛耕を可能とし、鋼鉄兵器の長剣は秦による全国統一を達成させた。

秦を受けた漢は、鉄を専売とし、**鉄官**を全国48ヶ所の産鉄地に置き、後漢には水力を利用した鞴（ふいご）による高炉も開発され、燃料としての**石炭**利用が開始された。魏晋南北朝にも鋼を精錬する**灌鋼法**が開発された。

鉱山経営は唐までは官営下におかれ、おおむね兵士・囚徒を役使したが、唐末より民営および官民合営が盛んとなってきた。民営には2割の上納を課し、残りは買い上げた。その結果、憲宗元和初年（9世紀初）の政府年収量200万斤が、神宗元豊元年（1078）には5倍の1,000万金を超えた。これは後述の**胆銅用**の鉄を加えたものである。

宋は**榷鉄法**を敷き、鉄の利を独専しようとしたことも

あった。神宗の元豊6年（1083）の京東路に、徽宗の大観・政和年間（1107～1117）の陝西路に、また政和末年より重和初年（1118）にかけて全国的に、以上3回行なった。民の鉄の保有量を厳しく制限し、鉄の国外帯出および**生熟鉄**の黄河渡河を禁止するものであった。その背後には、特に沿辺における武器製造原料の確保、鉄銭私鋳対策、そして新式の胆銅製錬（**浸銅法**）のための原料確保等の狙いがあった。しかし全国産鉄の禁権は初めから計画に無理があり、結局、農具需要の方面より破綻し、短期間で旧法に復した。

農業技術の進んだ南宋では州県の郷村で農鍛冶に当たる鉄工・鉄匠があらわれ、多く農業をも兼業していた。政府や諸州軍は彼らを徴発して武器や用具を造らせ、官僚の家や富戸も彼らを雇傭して農具や武器を造らせていた。中には奴隷的境遇におかれたものもいた。

元代になり政府は民営を禁じたので、製鉄は阻害されたが、**生鉄**（炉からとり出した鉄で鋳造の原料。銑鉄あるいは鋳鉄ともいう）の一種に**箇鉄**と称するものが生産された。中国の山西・四川方面には古来の**土法製鉄法**があった。土製の坩堝中に鉄鉱と石炭をつめこみ、これを外側から強熱してのち、坩堝を破壊して鉄を得る方法である。用いる**石炭**はごく良質の無煙炭であるため鍛造可能の鉄が製出される。その淵源は確定しにくいが、この鍛造に適した鉄の主産地が明初では山西交城県にあり、ここにある大通鉄冶が宋代以来有名な製鉄所として知られ、元代でも政府の管理下におかれていた。

明代でも、鉄の製煉所である**鉄冶**（**鉄場**・**鉄廠**・**鉄炉**などともよばれた）を管理し、**鉄課**（鉄の坑冶税）を徴収した**鉄冶所**という官庁があり、太祖洪武7年（1374）に置かれ、その職官は鉄冶所大使・鉄冶所副使と呼ばれた。なお、鉄冶の名称はそれぞれ所在の府名あるいは県名が名づけられた。例えば、広東広州府の陽山冶、山西平陽府の富国・豊国2冶などである。中でも北京東方の遵化県にあった**遵化鉄冶**は重要である。永楽末年以後、明末の万暦朝まで、多少の断絶はあったが、官営鉄冶として、明朝の兵器製造の材料を供給する最も重要な施設であった。太祖洪武28年（1395）になると、官営を罷めて民営とし、生産を挙げようとしたが、洪武末期には鉄課に対する施策は消極的となった。しかしその後、湖広中心の増産は、永楽年間（1403～1433）に産額を7倍にし、明中期には江蘇地方で灌鋼法が改良され**蘇鋼**を生んだという。

清代は明を継承したが　19世紀となり、列強の圧力の下、鉄鉱の近代化は避けられず、李鴻章は光緒元年（1875）、磁州の石炭採掘を手がけ、同3年（1877）、1株100両として80万両を募集して官督商弁の**開平鉱務公司**を組織し、翌年に開設した。やがて鉄道及び運河による輸送設備の完成を待って、8年（1882）から500～600トンの生産をあげ、13年（1887）4月よりはじめて利益をあげ、株主に配当し、その後順調に発展させた。

一方、張之洞も、鉄道建設のための鋼軌・鋼材を供給する目的をもって漢陽に製鉄、製鋼工場の**漢陽製鉄所**建設を企画し、光緒17年（1891）に着工し、19年（1893）に完成させ、20年（1894）5月に操業を開始した。日清戦争後、財政困難によって、22年（1896）、盛宣懐を中心とする特権資本家の経営にゆだねられた。さらに投ぜられた500数万両の政府資金の償還を保証するために、盛宣懐の手に日清戦争後の鉄道建設が全て移譲された。盛宣懐は**鉄路総公司**を組織し、列強の利権獲得競争の中にあって借款は非常に不利であったが、全国の主要鉄道を独占的に建設し、さらにこれに鋼軌、鋼材を供給して漢陽製鉄所を維持せんとして、コークス用石炭を産する**萍郷炭坑**を開発し、またその運送のために萍洙鉄道を建設した。

銅（どう）※

中国では昔から銅に対する需要が極めて高く、歴代王朝は武器、日用の器具、さらに貨幣鋳造の原料として銅山開発に深く意を用いてきた。

春秋戦国時代には青銅器あるいは布・刀・銭の鋳造原料として鉛・錫と共に用いられ、雲南省は古来中国の銅供給地と目され、大小無数の銅供給地が存在していたが、漢代には銅山採掘のために**銅官**（政府が監督して銅を鋳造する機関）を置き、精煉・販売等すべてが政府の手によって統制され、民間の採掘は許されていなかった。唐末になって貨幣経済の発達とともに銅の時代に突入することになる。

宋代に入ると銅産は唐代の数十万斤が、一気に2,000万斤以上（1,300万トン。神宗時代）に跳ね上がり、**韶州岑水場**中心に生産は高まり、鋳造貨幣目的の銅鉱業は隆盛を極めた。宋朝は、銅の確保に最大の努力を傾け、新銅鉱の開発、製錬法の技術革新に顕著な実績を挙げた。一方、民営の銅坑に対しては、1割の鉱産税を現物の銅で納めさせ、残余の銅をことごとく官が買い上げ、さらに、種々の禁令を発布して国内の銅の確保に努力した。銅に関する禁令を総称して**銅禁**あるいは銅の禁権、権法ともいう

その内容は、銅器銅材出界・私有・私売買等の禁である。例えば仁宗朝の嘉祐編勅（嘉祐2年詳定）の禁令では、銅ならびに**鍮石**（真鍮、銅と炉甘石＝亜鉛とを合して煉成した金属）100両を犯すものは杖100、1斤毎に1等を加え、9斤はさらに逐処牢城に刺配し、10斤以上はさらに千里外の牢城に刺配する。また銅鉱あるいは夾雑せる者は烹煉して得る実銅に換算して処罰するという細密で厳格なものであった。

この嘉祐編勅は、王安石の新法時代に解除され、その解除期間は熙寧・元豊にかけて11年余に及び、やがてまたそれ以前の銭禁・銅禁の励行に逆戻りし、南宋に継続された。**銭禁**とは、**銅銭帯出**の禁と**銷銭**の禁の2つの禁令をいう。銷銭とは銅銭を銷熔し、器具や私銭を鋳造することである。国外特に北辺流出に対する銭禁は年毎に厳密さを加え、仁宗朝では極刑の基準を従前の5貫より1貫に引下げ、共犯者の処罰をも規定した。さらに禁令は南海貿易にも及びますます厳重となった。前述のようにこの銭禁がなぜか

銅禁とともに王安石の新政で撤廃された。その意図・理由は不詳であるが結果的には失敗で、新法党の勢力失墜と同時に銭禁・銅禁ともに復活した。そしてこのあと禁令は以前と同様すこぶる厳重に行われ、その方法も年とともにいよいよ周密さを加え南宋に引き継がれた。

さて宋の鉱山経営は初め官営主義であったが、後には民営をも許可された。金国でも民営であった。元は鈔を用い、銅の需要は宋に比してはるかに少なく、宋で開発された**浸銅法**も公式には用いられず廃れていった。ところが武宗の至大3年（1310）、貨幣政策が変革され、至大通宝なる銅銭が鋳造され、北宋の浸銅説の完成者張潜の後裔、張懋・張逖が場官に任命されたが、いくばくもなく事業は罷められた。その後、順帝の至正12年（1352）、銭法改革で再び事業が興されたが失敗に終わった。

明では、官営の銅製煉工廠を**銅場**といった。太祖洪武初年（1368）には既にあったが、その後は低迷し、実録の各年末の歳入表にある銅課収入年額は洪武末年以来わずかに2千数百斤に過ぎない。さらに鉱山封閉政策をとった英宗の正統年間（1436～1449）以後には全然記入されていない（金銀・硃砂・水銀の各課についてのみ記入）。このことから明朝の銅場経営は前代、特に宋代に比べてかなり消極的であったといえる。これは、銅銭の鋳造をやめて**宝鈔**の流通をはかった貨幣政策によると考えられる。なお、明代では、銅は**黄熟銅**（真鍮）・**紅熟銅**（赤銅）・**生銅**（未精錬銅）に種別されていた。

明中期以後、清代にかけて、雲南等の西南地方に銅産が増加し、宋代胆銅の産地として著名であった信州・饒州等の江西地方、韶州の広東地方の重要性は減り、浸銅法は影をひそめ**乾式法**が中心となった。清国は銅を以て通貨の原料となし、国家経済上特に重視し、銅の開採に対しては一定の保護法を設けてこれを奨励した。清末、光緒帝の中葉以後は、**官辦・民辦・商辦**の3法が採られ交々行われたが、晩年には更に富商合弁の法が設けられ、これが実行された。

火浣布（かかんふ）

後漢時代、西域人が伝えたもので、石綿をほぐして織った布。火中に入れても焼けないところから不思議な布として珍重された。

花石（かせき）

大理石の別名。また別に雲石・屏石（産地雲南の俗称）等ともいう。

課銀（かぎん）

宋代、銀採掘者に課せられた鉱産税。抽分ともいう。採掘した銀の10分の2が納入額で、唐以来の税率であった。残りの銀は官が和買し、1年間の課銀と和買銀を合算したものが歳課と見なされる。ちなみに、太宗の至道3年（997）は天下の銀の歳課は14万5,000余両、真宗の天禧5年（1021）は88万2,000余両であり、その差が極めて大きい。これは天禧の場合は鉱産税・和買以外に銀に関わる収入、例えば湖南平陽県の壮丁人頭税・課利折納の茶塩税・互市所得の輸入銀などがかなり包含された結果と考えられる。このあと仁宗の皇祐・英宗の治平・神宗の元豊の諸年間の銀の歳課が10幾万ないし2、30万の間にあったことからみると天禧末の歳課は特別のものと考えられる。

課利（かり）

専売などの定額的賦税をいう。**課銭**ともいう。宋代では、課利の入るところは、その日に数を具して州に申告することになっていた。課利を管轄したのは戸部で、神宗元豊の官制改革後は戸部左曹の房地が諸州の楼店務（官が保有の土地・建物を管理する官司）・房廊、あるいは酒務などの課利を掌った。

榷鉄法（かくてつほう）

宋代、一時行われた鉄の専売をいう。元豊6年（1083）の京東路、徽宗の大観・政和年間（1107～1117）の陝西路、また政和末年より重和初年（1118）にかけて全国的に、以上3回行なったが、苗脉の微なる鉄冶は民の**出息承買**を聴し、民が収めたものは官に中売させ、私的に取引することを禁じた。なお、**中売**とは商人が官許を得て民間の所有物品を買収し、これを官に売り納めることを指す。

堿（かん）

曹達（ソーダ）のこと。

関防（かんぼう）

明代、皇帝から支給された官印をいう。鉱山開発の責任者として地方に派遣される鉱税太監や戸部の官に給された。このなかには、内廷の宦官すなわち中官が鉱税政策の推進力として活躍していた。

監坑冶（かんこうや）

坑冶担当の宋代の監当官をいう。監当官は主として、場・院・庫・務・局・監などの各種税収・庫蔵・雑作・専売など、物を対象に扱う官局の官員。監官あるいは監臨官ともいう。坑冶の場合は金・銀・銅・鉄・鉛・錫等の鉱山の場あるいは務・監・冶に属し、採鉱や冶鋳を管掌した。鉱場規模の大小によって地位に軽重があり、小型の鉱場では低級の選人ならびに大小使臣等文・武官が、大・中型鉱場では京・朝官が任ぜられた。徽宗政和の初め鉄貨の利を挙げようと諸路の鉄を榷し、その最盛の地に監を置き、他の鉄冶はただ鋳瀉の地としてこれを監当官に兼領せしめようと計ったが実現しなかった。なお知県にも徽宗の大観2年（1108）、坑冶兼監させようとしてならなかった。

鈒造（きゅうぞう）

鏤刻のこと。

金花銀（きんかぎん）
明代、良質の純度の高い銀を俗にこう称した。

金・銀使用禁令（きんぎんしようきんれい）
明代、民間の交易に銀を用いることの禁令は、太祖洪武8年（1375）にみえている。法に違うと罪に処せられ、告発者は非法の金・銀を賞として与えられた。この禁令は、大明宝鈔の流通をはかるために行われた政策で、鈔法の崩壊とともにしだいに弛んできた。

金箔（きんぱく）
金薄に同じ。金の薄片を更に烏金紙の中に包み込み槌で打ち延ばしたもので、彩色・工芸に用いられる。

金部（きんぶ）
宋前期の官署。職事なし。元豊の官制改革後、戸部機構のひとつとして鋳銭・金銀銭帛・度量衡・給俸銭・市舶・商税・榷場等を掌った。

銀廠（ぎんしょう）
清代の制、銀の採取と銀の傾銷等を掌る銀鉱所在地に設置されたもの。なお銀鉱は四川省・広東省・広西省・雲南省・貴州省等の各地に散在し、いずれもその附近の人民に採掘を許可し、これに一定の課銀を行なったものである。

銀場局（ぎんじょうきょく）
明代、銀坑に置かれた官司。いくつかの炉冶を管轄し、その採鉱、煉成や銀課の採辦を扱い、実績不能によってはしばしば革罷された。銀課開採さかんなところは、たとえば洪武19年（1386）開設の福建尤渓県銀屏山の銀場局は炉冶が42座もあった。銀場局と同じく金の場合は金場局が置かれた。

虞部（ぐぶ）
虞部は宋代、元豊の官制改革で工部に帰された三部（屯田・虞部・水部）のひとつ。山沢・苑囿（鳥獣を飼う庭園）・場冶のことを掌る。元豊7年（1084）、坑冶凡そ136所を領することになった。虞部郎中・員外郎は金・銀・銅・鉄・鉛・錫・塩・礬の入るところの登耗によって詔を以って賞罰された。

検踏坑冶官（けんとうこうやかん）
検踏官あるいは検踏と簡称。宋代の都大提点坑冶鋳銭司・提挙坑冶司・提挙常平司等の属官。鉱苗の探逐・巡視・坑冶場監からの課利催収などを担当した。坑冶に通暁する承務郎以上あるいは選人の文官、または大小使臣の武官が充てられた。定員は1～10員ぐらいまでで不定。

鹻水（けんすい）
天然の炭酸曹達で、堿とも書く。これを水に溶かしたものが鹻水。一般にアルカリ性を鹻性という。

元祐庫（げんゆうこ）
哲宗の元祐3年（1088）、それまでの封椿銭物庫を改めて時の年号をとり庫名としたもの。尚書省左右司に隷された。金帛などを収納していた。

坑冶官（こうやかん）
宋代、坑冶の諸業務（鉱苗探索・巡視・課利催収など）に携わった担当官。たとえば、監坑冶あるいは検踏坑冶官などを指す。彼らで注目されるのはその職務への信賞必罰の厳しさである。鉱山の開発・採錬に実績をあげた者には、直ちに増秩・減磨勘年・昇官の恩賞があり、反対に、失敗あるいは不正を働いた者は厳しく処罰される。さらに鉱産物が歳額に達しない時は私材を投じて補足させられた例もある。彼らに特色的なのは鉱山開発を自ら上請し、あるいは他者の推薦などによって抜擢されていることである。科挙の上位成績出身のエリート官僚はみあたらない。列伝にもその名はみえない。鉱山開発に一身を賭けた野心的な男たちである。彼らに多分に山師的な人間臭が感じられる。例えば許天啓。伝未詳なれど、諸史料からみえてくる彼は哲宗の紹聖年間（1094～1097）戸部尚書蔡京に見込まれ南方から同管幹陝西坑冶事に抜擢され、更に同管勾陝西路銀銅坑冶鋳銭となる。しかし期待の銅産をあげることができず、また専横が目立ちたちまち失脚する。もうひとり、鄭良なる転運使。徽宗の宣和6年（1124）、詔をうけて広南東西路の坑冶の利をあげるべく提挙計画するが実を挙げ得ず、やがて華麗な大邸宅、不正な資産収得の事実が発覚して逮捕下獄され、死に至った。

坑冶戸（こうやこ）
宋代、鉱山の採掘・製錬に従事した人戸。冶戸・坑炉戸また坑戸ともいわれた。官から資本を借用し失業遊民などを坑丁として招募し就労させた富裕者が多かった。

坑冶税（こうやぜい）
明は重要な鉱山を政府の管理下におき、その生産に対して定額の**課**（坑冶税）を徴した。その鉱産物は、金・銀・銅・鉄・鉛・汞（水銀）・硃砂（水銀の原鉱石。硫化水銀。辰砂・丹砂ともいう）・青緑（コバルト）などで、課はその種類によって金課・銀課・鉄課などともよばれた。このうち金・銀両課が最も民を苦しめた。

鉱金・鉱銀（こうきん・こうぎん）
明代、鉱山から採掘したままの金銀で、完全に精製していないものをいう。ちなみに『世宗実録』嘉靖36年（1557）の条によると、「この年に、一歳先後入るところの各鉱金銀は玉旺峪銀七千五百両、保定金二十八両・銀九百二十八両、山東金八百二十両・銀八千一百四十三両、河南銀一万五百両、四川金七百両・銀一万一千二百両、雲南金四百両、銀一万両」とある。なお、当時、鉱脈微細で金銀鉱の産出が少ない場合には地方民に割当てて採掘させていた。

鉱税太監（こうぜいたいかん）
明代、宦官で坑冶行政現場の最高の責任者。鉱脈探査・開鉱・精製・徴税等あらゆる面に強い実権を持っていた。現地に派遣される時は、皇帝から関防（官印）を支給され、権威が高く、これに追従する者の悪業があとを絶たず、人民や地方官を苦しめた。

鉱頭（こうとう）
明代、坑冶の採鉱経営者をいう。太監に対して鉱税を請負わされていたので、しかるべき資本を有する者であり、鉱頭はその中から強制的に徴用された者であった。彼らは、苛酷な課税負担のため経営の資本を失い、鉱洞の維持が困難となり死ぬ者もでた。

鉱兵（こうへい）
明代、雲南などの辺境軍営の軍丁が鉱山労働に充てられていたその兵をいう。

黒鉛（こくえん）
鉛（Pb）を指す。銀や銅と馴染み、それらを純化させ、また自身、黒から黄・白と変化したので、五金（金・銀・銅・鉄・鉛錫）の祖ともいわれた。これに対し亜鉛（Zn）は**白鉛**といわれた。周代から銅と錫の合金（青銅）に鉛を加えることが行われ、以後、貨幣鋳造の発展とともにその含量が増加した。また黒鉛から黄色の**密陀僧**を経て鉛白を作る工程が中国独自のものか、西からの伝来か、ニーダムその他に論議されている。この黒鉛の酸化物が**鉛丹**（四酸化三鉛 Pb3O4）とよばれる赤色の粉末で、丹粉とよばれ顔料として使われた。北宋、真宗天禧年間（1017 ～ 1021）の鉛の主な産地は、越州・建州等、浙江・福建・広東の10州、及び南安軍（江西省贛州市大余県）・邵武軍（福建省南平市邵武市）の2軍で36の場・務があった。一方、**亜鉛**は鉱石としての認識が遅れたが、早くから銅との合金を**黄銅**・**鍮石**と称し、貨幣・装飾品・工芸品の原料として重宝されてきた。

子粒銀（しりゅうぎん）
明代、皇荘の小作料を折銀したもの。慈寧宮・慈慶宮・乾清宮等、三宮のものに分かれていた。明朝廷に関わる銀は、預備欽取銀と称された、天子の命によって内庫（内府庫、宮中の庫）に進納すべく予め備え置いた銀、**軍辦銀**と称して、宮中御用品の買上げの資に充てられた銀、南京銀庫といい、孝宗弘治8年（1495）、南京に創設された内府庫（宮中の銀庫）の供応に充てられた銀等があった。

四火黄銅・二火黄銅
（しかこうどう・にかこうどう）
明代、四火・二火は精錬の回数を指す。精錬するごとに黄銅（真鍮）に含まれた亜鉛が減少するから、四火黄銅の方が亜鉛の含有が少ないことになる。

硃紅の膳盒（しゅこうのぜんこう）
朱塗りの膳と盒子（ふたもの）をいう。**硃**は**硃砂**を意味し、硃砂はあるいは朱砂に作り、丹砂とも呼ばれる。天然に産する硫化水銀の鉱物で、これを研砕して光沢ある緋紅色の顔料を作り、その顔料を加えて作製した漆器が**硃紅**の膳盒諸器である。

出井税（しゅつせいぜい）
清時代の鉱物産出税を指す名称で、鉱物産出地を鉱井と称するに因る。

書藝局（しょげいきょく）
皇帝の親筆文字、供奉書写のことなどを掌る翰林書藝局のこと。初め翰林御書院といわれていたが神宗元豊5年（1082）、新制改名された。徽宗の政和7年（1117）、提挙東南九路坑冶徐禋が「部内の山沢坑冶で希世の珍物及び古宝器があらば書藝局に赴き上進するように」と上奏している。提挙東南九路坑冶の9路とは、淮南東西・両浙・福建・江南東・荊湖・広南東西・江南西路を指す。

商税と金銀〈しょうぜいときんぎん〉
明の商税は初期、米麦を納めることもあったが、銭・鈔・金・銀・布帛等を折収する場合も多かった。特に鈔・銭使用が政府の通貨政策により原則化し、中期以後、銀納が発達すると、銭・鈔を本色、銀その他を折色と称するに至った。

硝黄（しょうこう）
硝石と硫黄・火薬の原料である。**硝石**は**火硝**ともいい、主要産地は河北・河南・山東・四川・浙江である。

廠員（しょういん）
清代、鉱廠は所在の州県官において経管する制度であった。ただし遠隔の地にある鉱廠は、直接察訪ができないので、佐弐雑職中より適当な者を挙げて派遣し代管させた。これを廠員という。

剰利銭（じょうりせん）
塩や酒、あるいは鉱産物の専売など、官営業を通じて得た利益金。剰は余るの意。

信石（しんせき）
砒石のことであるが、古来江西省の信州産が著名であったのでこの名がある。中国では主として肥料に用いられ、また鼠取りその他に用いられて来た。なお、民国5年(1916) の中国の産額は全世界の1.2％に上った。

浸銅法（しんどうほう）

浸銅法とは、**胆水浸銅法**の略称で、**湿式収銅法**ともいう。銅山の**胆礬**（硫酸銅）の溶けた水（胆水）に鉄片を沈め銅成分を析出・精錬する法で、銅と鉄のイオン化傾向の大小差から鉄片に胆水中の銅イオンを付着させるもの。既に、中国では、後漢末から魏晋にかけてこの知識があったが、工業化されたのが北宋哲宗朝である。紹聖元年(1094)、饒州徳興県（現：江西省徳興市）の名士張潛がその著『浸銅要略』を献じたのが始まりである。朝廷は早速これを採り上げ、韶州岑水場・信州鉛山場・饒州興利場などで実施させた。その結果を受けて浸銅の法を実際に成し遂げたのが游経である。浸銅法は次第に広まり、南宋初、広南東路韶州（現：広東省韶関市）の岑水場、荊湖南路潭州（現：湖南省長沙市）の永興場、江南東路信州（現：江西省上饒市信州区）の鉛山場は、産銅の三大場といわれ、宋代の銅鉱業に大きく貢献した。いずれも銅の苗脉が豊富で産額が大きかった。特に岑水場は、真宗の天禧年間(1017～1021）に興置され、仁宗の至和2年（1055）に大いに興発、神宗の元豊元年（1078）には全国産額の87パーセントを占めるに至った。しかしその後は不振で種々策を講じたが失敗に終わった。徽宗朝にはいり、游経が提挙措置江淮荊浙福建広南銅事に任ぜられ、かねて講究していた浸銅法による銅の製錬を岑水場・鉛山場で措置して成功した。しかし事実はこれより前、哲宗の元祐年間（1086～1093)、饒州（現：江西省上饒市鄱陽県）の興利場で、游経が実施していたといわれる。南宋の乾道2年（1166）の胆銅産額順位は、1位が信州鉛山場、2位が韶州岑水場、3位が饒州興利場であった。

浸銅法には、この胆水浸銅のほかに銅坑から胆土を取り出し坑外に堆積し、これに水をかけて胆礬水を作りこれに鉄片を投入して銅分を集め、炉に入れて精錬する**胆土煎銅法**という方式があった。**淋銅**あるいは**堆積収銅法**とも称された。淋とは水をそそぐ意である。胆水浸銅法は労少なく利益が多いが、胆水に限りがあり、胆土煎銅は労が多く利益は少ないというそれぞれに長短があった。胆銅生産は北宋末、それまでの乾式法による黄銅（鉱銅）生産をはるかに凌駕し、南宋に続いたが、胆銅・黄銅（鉱銅）いずれも生産は激減した。浸銅法は元代では、鈔法専用のために銅を必要とせず行われず、明・清では専ら乾式法が行われて、影をひそめた。

水曳工費銀（すいえいこうひぎん）

清代の制。戸部則例に拠れば、鉱山開採の際、鉱坑排水の費用に充てる銀の意。

水銀（すいぎん）

鉌・汞ともいう。中国では古来水銀の光沢に魅せられ、五金（金・銀・銅・鉄・鉛錫）の母あるいは仙人になるための物質と見なし、**丹砂**から抽出する方法（**練丹術**）がさまざま考案されてきた。北宋代、炭を混ぜる効果が発見された。製煉して良質のものを**朱**（**銀硃**）といい、劣等品は蒸溜して水銀としたという。天然には、貴州・四川・湖南・雲南・広西等の各省に多く産出した。その鉱床の分布は四川の東南、湖南西部、広西の北部から起って貴州全省を包含し、雲南の蒙自まで数百哩に亘ると称せられ、1916年、世界産額の8.7％を示した。産地としては、湖南省辰州府下の諸地方の古来**辰砂**（丹砂のひとつ）と称せられた硫化水銀を産出する地域が有名である。

水銀硃砂場局（すいぎんしゅさじょうきょく）

明代、水銀の生産を管理して課（税金）を徴収した官庁。大使・副使がこれを掌った。『英宗実録』の正統3年(1438）9月乙未の条には「官多く人少なく、地瘠せて課壅っているため、貴州銅仁府の大崖土黄坑水銀硃砂場局を裁革して大万山長官司に隷せしめた」とある。

水精（すいせい）

水晶のこと。無色透明な結晶石英。水晶が水の精気によって生成されるという考え方による呼称。宋徽宗政和の初め、京西の漕臣王璹が、京西南路均州（現：湖北省十堰市）にある太和山（武当山の別名）における水精の産を上奏している。

崇寧庫（すうねいこ）

徽宗の崇寧年間に設けられた。諸路の剰余や坑冶等の収入を受けた。大観元年（1107）には見銭1,000万貫を貯え、宮廷の費に用いている。

錫（せき）

すずのこと。古くから合金材料として用いられ、錫器といって酒瓶・燭台・茶壺等の諸器物及び錫箔、近くは茶の包装ないしは巻烟草の包装等に用いられている。錫の主産地は南中国に偏り、江西・湖南・広東・雲南に集中している。その生産は宋になって急増し、元祐年間（1086～1093）には、民間の製錬及び錫器の使用が禁止され、それを**錫禁**といった。特に契丹・西夏対策として、鉄に錫を混ぜた夾錫銭が河東・陝西で鋳造され、やがて全国に広まり、北宋末期には蔡京によって**夾錫銭**の使用が強制されると、錫は文字通り禁榷下におかれることになった。

石炭（せきたん）

鉱炭・麪灰・炭ともいい、現在は**煤**と俗称される。中国では燃料としての石炭の使用は文献上、5世紀に遡る。『隋書』王劭伝に「今温酒及び炙肉は石炭を用う」とあり、その利用が広く普及してきたのは唐末から宋にかけてである。『宋史』陳尭佐伝には河東路について「地寒く民貧しきを以て石炭に仰ぎ以て生とす」とあり、華北では家庭の燃料は尽く石炭に仰いでいたと伝えられ、北宋の首都開封でも盛んであった。

宋代の石炭は、民掘・民売、すなわち民営が中心で、税として一定量の石炭を納入し、あとは政府や民間に販売して利をあげた。一方、官営もあり、売炭場を設けて販売し、最初は賑恤の意味で官炭を廉価で貧民に分与したが、のちにはそれを恒久的な施設とし、石炭を官営商業の商品とした。官の採掘については不明だが、仁宗朝、河北西路の真定府（鎮州）に石炭務を設置していた史料がある。また神宗朝、知徐州であった蘇軾が、人を遣わして石炭を探させ、炭鉱（煤窑ともいう）を発見して冶鉄の燃料にあてたという。

宋代の石炭で注意されるのは、製鉄や陶磁の燃料として工業的に使用されるようになったことである。文献上の初見は北宋である。鉄の主産地は華北にあった。華北はまた石炭の主産地でもある。当然ながら、製鉄と石炭が結びつき、その石炭利用は単なる炊事用・暖房用から、更に冶鉄・鋳鉄に及び、宋代の産業・経済・生活に大きな影響を与えることになった。石炭を用いる以前は木炭であった。しかも驚くべきことにその石炭は高熱で蒸焼きして煙気をとった**煉炭**（コークス）で、火力の強いものであった。このコークス製鉄法は、ヨーロッパのそれが始まった約600年も前のことである。さらに仁宗朝、河東（現：山西省）の民が石炭を燃して、鞴（ふいご）や鋳造具を使い、盗鋳を行う者が多かったという。

しかしながら石炭使用はその後継続されず、清初に至っても、未だその採掘額は極めて微々たるもので、盛んになったのは光緒の末年以来のことである。

銭息（せんそく）

明代、鋳造した銭の価格総額から鋳造資本金額（原料費・工賃など）を差し引いた政府の利潤、鋳息ともいう。この銭息（鋳息）を銀であらわした場合の名称を**息銀**といい、銭で計った場合の名称を息銭・銭息という。

祖額（そがく）

基準とすべき官の鉱産物収納目標額のこと、**元額**・原額ともいう。最近あるいは数年間の実収額の平均数量または最高額で決められた。北宋神宗の元豊元年（1078）の各鉱物の祖額と実際の収納額を比べて見ると、銀と水銀が祖額より減収しており、銅は元豊以前の太宗の至道、真宗の天禧、仁宗の皇祐、英宗の治平の各年号の時代と比べてかなりの増額となっている。南宋になって孝宗乾道2年（1166）の場合は、銅・鉄・鉛・錫、いずれの鉱産物も祖額よりかなりの減収であり、さらに元豊元年の実収と比べても相当の減収である。南宋坑冶の不振を読みとるべきであろう。

大冶賦（だいやふ）

南宋寧宗朝の進士である洪咨夔が、銅産地・鋳銭地として著名な饒州の饒州教授の時、実地で得た見聞智識をもとに作った賦（韻文と散文の総合体）。その内容は、鉱山や銭監の名称を列挙し、採掘と鋳銭の活動、さらに坑冶・鋳銭の官制機構の変遷を故事成句をふまえて詞藻豊かに表現したものである。宋代の鉱業・鋳銭の史料として極めて看過し難く貴重である。

大理石（だいりせき）

雲南省大理地方から産出するをもって大理石といい、別名**花石**又は**雲石**ともいわれ、雲南地方では俗に**屏石**とも称した。大理に次いで麗江からも多少産出し、また広東省の肇慶からも出る。その用途は建築に用いる外、装飾品として用い、床の飾としての石面の紋様が喜ばれた。清末から民国にかけて、その輸出の経路は四川に出て長江を下るものと、雲南鉄道で海防に出るものとの2路があった。

丹砂（たんさ）

硫化水銀（HgS）をいう。深紅色をなし、顔料・薬剤に供した。宋代の主な産地は、商州（現：陝西省商洛市商州区）・宜州（現：広西壮族自治区河池市宜州市）・富順監（現：四川省自貢市富順県）で、それぞれに場が置かれた。明代では辰州（現：湖南省懐化市沅陵県）から産出するものを特に**辰砂**といった。**朱砂**・硃砂は水銀と硫黄の化合物で**銀朱**・**霊朱**ともいう。古来、特に魏晋南北朝以来、丹砂を加工（伏・伏火という）してさまざまな物質に変化させる煉丹術が盛んであった。明代の『天工開物』によれば、その鮮やかな朱色が好まれ、水銀の3倍の高値を呼んだという。

地股（ちこ）

中国人が外国人と鉱業を営むため鉱地を提供するとき、その持株を**地股**といい、資金を支出すればその持株を**銀股**という。股は株と同義。

地面（ちめん）

清代の鉱物開採法においては地面は地腹に対し土地の表面をいうことになっている。すなわち地面から開採する鉱物はその所有者の所得に帰するも、地腹は国家の所有に属するをもって、地腹から採掘する鉱物は政府もまたその利益の分配にあずかり得ることになっていた。

鋳瀉戸（ちゅうしゃこ）

鋳は金属を溶かし鋳型に流しこむの意。瀉はそそぐの意。宋代、官が管轄した民間の農器・器具の鉄器製造者すなわち**冶鋳戸**を指す。冶坊ともいう。これら鋳造業を主管した機構あるいは場所は鋳瀉務といい、銅鉄・鍮石（銅と亜鉛との合金　真鍮のこと）の諸器及び道具を造り供出していた。真宗朝、工匠は110人とある。

鋳銭院監（ちゅうせんいんかん）
鋳銭院は北宋末、蔡京が新貨幣政策のために設置した鋳銭所。鋳銭監は官営銭貨鋳造所を指し、**銭監**ともいう。神宗の熙寧・元豊の頃、諸路に19処あった。

鋌（てい）
唐宋時代つかわれた金・銀を計る単位。鋌とは金属の地金の長さをいう。ここから五金（金・銀・鉛（一説に錫）・銅・鉄）の数量単位となり、さらに著聞する金銀だけにつかわれるようになった。金10鋌・銀7鋌・白金半鋌・銀100余鋌といった使い方がなされている。なお、鋌はほかに挺・錠と書かれている場合がある。ともにその音が同一のためこれは俗間の略用と考えられる。

塗田銀（とでんぎん）
塗は泥塗の塗、すなわち泥塗汙下の地を開墾して田と成し、そこから上納すべき租銀をいう。

銅脚銀（どうきゃくぎん）
清代、雲南よりの銅の運搬費として塩課に課せられた銀で、最初は臨時的な経費であったが、後には正款となり、中央に解送された。

銅斤銀（どうきんぎん）
清代、鼓鋳の銅斤を雲南から運搬するための費用として塩課に割りあて増徴したもの。両淮塩に対しては5万両が徴収された。単に銅斤ともいう。

把頭制（はとうせい）
中国の前近代的な労働請負制度。包工制・包身制ともいう。明清時代を通じて農業・手工業・交通業などで広範に採用され、中華民国になってからも鉱山や近代工場で支配的に行われていた委託管理制である。
中国農業では、農繁期に莫大な労働力を必要とし、農閑期にそれを放出するので、短工（日雇労働者）は集団となって農村と都市・鉱山の間を季節的に往復していた。この集団を掌握していたのが把頭（組長）で、ここでは労務者は共同体的な集団の支配を受ける。農家では人市（労働力の需給に当たる市場）を通じて季節的に労務者を雇い入れ、把頭に責任をとらせる代わりに賃金も把頭に手渡し、土建業やクーリー（苦力）も同様であった。クーリーとは労働者、特に荷担ぎ人夫・鉱夫・車夫などを指して呼んだ名称である。
1942年における旧満州の龍烟鉄鉱の場合、組長（把頭）・班長・先生・做飯的・挑水夫・衛生夫（看房的）・小孩・一般鉱夫がいて、組長の下に2、3人の班長が居り、その各班長が何人かの鉱夫を分割して管理し、あるいは組長直属の鉱夫と班長所属の鉱夫があって、組長は直属の鉱夫に対して別に班長を置いて管理した。すなわち把頭は100人前後の労働者を抱え、直接または間接的な方法で飯場経営を行い、粗悪な食事を与え多額の利潤をかせぐことができた。また、華南・雲南・貴州・東南アジアにおける鉱山で行われた公所の制でも、その夥長（火長）・財庫・鼎工の組織は把頭に近かった。

白鉄（はくてつ）
薄鉄に亜鉛（鋅）を鍍したもので、日本のいわゆるとたん、もしくは、なまこと称せられるものである。

斑銅鉱（はんどうこう）
銅鉱の一種。古銅と比較して色が少々赤く、褐色の斑紋がある。故に斑銅鉱という。製銅の原料として黄銅鉱に次ぐもの。

砒霜（ひそう）
砒素ともいう。鉱物の一種で、はげしい毒性がある。

翡翠（ひすい）
玉の緑色のものは、普通に翡翠とよばれるが、『天工開物』はこの類を菜玉といっている。中国では、翡翠は雲南産が最も上品とされ、その最も多く出るのは雲南と緬甸交界地方で、緬甸側からも採掘されるが、雲南側のものは麗江・大理等を産地とする。上等な翡翠は硬翠で、青い部分が多く、光沢好く白点の稀にあるものも存する。これに次ぐものは玻璃翠といって青色薄く光沢が少なく、稍々白色を含んでいる。薄茱緑はその次に位し、青色白色中に斑点を有するものである。元来翡翠は原産地では価格の頗る低廉なものであったが、外人が産地で買い集めをやるようになってから騰貴した。

猫児睛（びょうじせい）
宝石の名、キャッツアイ。単に猫睛ともいわれ、睛は精に通じ猫精ともいわれ、また猫児眼ともいわれる。名は猫の眼のように光ることに由来し、3種ある。

不灰木（ふかいぼく）
石綿のこと。石絨とも称する。

麩金（ふきん）
麦麩（ふすま）のような小粒の自然金をいう。この屑が沙金といわれ、土沙のような細小のもので主として河床の土砂中から淘出された。宋・太祖時代の李石『続博物志』に「麩金は是れ毒蛇の屎（屎は糞便の意）」とある。

兵匠（へいしょう）
宋代、官が技能を持った者を召募しあるいは役兵（役使に動員された者）もしくは廂兵（非戦闘員的労務兵）の中から技能を持ったものを選んで工部が管理し、官営の製造所、例えば東西作坊・弓弩院・弓弩造箭院等の軍器工業所、あるいは各種修造務（左右廂店宅務）等に就労させていたもの。坑冶でも、南宋初期、浸銅法（淋銅）による銅製錬場務に動員していた。

宝貨司（ほうかし）

宋代、坑冶鋳銭行政の推進発展とともに、専職として路ごとあるいはいくつかの路を一司にまとめて置かれた官司、すなわち都大提点坑冶鋳銭司・提挙某路坑冶司・提轄提置某路坑冶鋳銭司・提挙東南九路検踏坑冶司等、坑冶鋳銭行政担当官司の別称。例えば、「措置東南坑冶宝貨司奏…」という表記にみられる。北宋初期は、このような官司は専置せず転運司あるいは発運司が坑冶鋳銭行政を兼領していた。仁宗景祐2年（1035）、江浙荊湖福建広南等路提点銀銅坑冶鋳銭公事を置いたのが始まりで、さらに仁宗の嘉祐勅で都大の2字が加わった。徽宗宣和7年（1125）の諸路の提挙官および管勾文字は各1員、勾当公事は1～2員、検踏官は10員であった。なお、宝貨は貨幣のこと。

宝蔵（ほうぞう）

鉱産のこと。『中庸』に「宝蔵興焉」とある。すなわち天然の宝蔵という意味。

餘課（よか）

清代、鉱業税等を徴収する場合に、正課正税として出銅100斤に対し一定の税銅を抽課・抽分した以外に、さらに幾分を追課することをいった。すなわち一種の附加税である。

盧甘石（ろかんせき）

硝石のことで、『武経総要』前集巻12火薬法にその処方を記す。原鉱は菱亜鉛鉱で、真鍮の合金製作に用いられるが、ほかに精製して**硝石**として、火薬の起爆剤に用いた。

鑞（ろう）

錫をいい、また鉛を指すこともあり、その区別は混淆している。

⑦陶磁器業

陶器（とうき）※

中国古代における遺物としての陶器の始原は、河南省澠池県仰韶村から出土した新石器時代の彩陶に始まる。彩陶とは彩文土器陶器の略称である。日本の専門家はこれをまだ陶器ではなく土器の段階とみなし、彩文土器とよぶが、中国では土を形成して焼成したものをすべて陶とする。彩陶は、河南・陝西・山西・河北南部および甘粛省など広く分布している。製陶技術がいつから中国で始まったかは定かでないが、農耕社会とともに始まり、最初は女子が従事していたと考えられている。初め窯はなく、野焼きであった。新石器時代には、焼成するときに生じる色の変化から、紅陶・黒陶・灰陶と呼ばれる種類があった。通常、陶土には多少の鉄分が含まれているため、酸素を十分に用いて焔をあげて焼く酸化焔では、その鉄分が酸化して赤みのある色になる。**紅陶**や**彩陶**がこれである。**黒陶**は龍山文化（BC2400-2000）に属し、還元焔という焔を出さずに燻して焼成し、轆轤を使って胎の厚さを0.5～1mmまでにしたという特徴をもつ。**灰陶**は黒陶の一種で、燻しが足りなかったものと考えられる。その後、殷代晩期（BC1400-1100）の殷墟から、白陶が発見された。**白陶**は器の内外と素地がいずれも白い土器のことを指す。主に副葬品として埋められていたが、出土例は極めて少なく、殷代以後は姿を消す。

磁器（じき）※

中国では、瓷器（じき）と表記するが、今日に著名な宋代の磁器の原型は唐代の半ばから現れる。河北省定県の舎利塔基で発見された3個の浄瓶などは11世紀までは降らない逸品とされ、宋初の早い時期に宋磁の技術は蓄積されていたと考えられている。技術的にも完成度が高く、元代以降、明清時代に連なる中国の陶磁器は宋代の陶磁器をすべての理想的見本とした。

宋代の磁器生産は、10世紀以降における都市を中心とする社会・経済の飛躍的な発達を背景に商品として流通するようになり、飲茶文化とともに発展した。そのため、唐と宋とでは、技術的にも物質的にも格段の違いがある。およそ唐代までの皇帝や支配者層・貴族階級が日用にもちいる什器は、銀器・銅器・漆器が中心であり、普通の人びとは、壊れやすい瓦器などの土器を使用していた。こうした状況は、唐代なかばから宋代を通じて、陶磁器の普及で大きく変化していく。開封や臨安といった宋代の都、および全国各地域の中心地にある城市で日常使用される什器の大部分が陶磁器に替っていった。これには**石炭**とくにコークスの使用普及による火力の変化も大きい。陝西省銅川県の**耀州窯**は石炭を燃料としていた。窯の改良も行われ、地域によっても異なる。**鈞窯**（河南省禹県）は平地から掘り下げた地下窯であり、同時代の北方の半倒焔饅頭窯は地上から上へ築きあげた。地下窯は昇温と降温が緩やかで保温性と密封性に優れており、強還元焔（焔を出さずに燻し焼きにする方法）での焼成に適している。また、**唐三彩**は、主に明器（副葬品）であったが、宋代の磁器は日用什器として大量生産された。ただ、明代中期以降は、民間で磁器の碗を陪葬する風習が起きる。技術的には、宋代から**轆轤**（ろくろ、**鏇**・**運鈞**ともいう）を使用した技術が取り入れられたほか、唐三彩の焼成が800度であったのが、宋磁は1,250度以上になり、焼造技術の改良が進んだ。それが需要にこたえるかたちで大量生産されるようになり、海外への輸出拡大につながった。

宋代に発展する陶磁器生産は、全国的な規模で展開し、各地で異なる特徴をもつ。1949年以来、中国全土19省170県で**磁窯**が発見されているが、その内、宋代の磁窯は

76％あり、130県におよぶ。宋代、初期の生産力はそれほど高くなかったと考えられる。しかし、当初、貢納されていた**越磁**（紹興の余姚、明州の慈渓・鄞・上虞県）が200点ほどであったのが、太平興国３年（978）には５万点に達し、宋側ではそのために官設の磁器庫という収蔵庫を用意したほどである。宋代に栄えた窯に、北方の定州・磁州・鈞州・耀州系と、南方の景徳鎮・越州・処州龍泉・達州系の窯がある（八大窯）。耀州窯は唐代に創業した民窯で、北宋時代に最盛期を迎えた。磁州窯は河北省磁県を中心とし、河北・河南・山東・山西に広く分布している北方最大の民窯で、装飾が豊富なことで知られている。その他有名な窯に**汝州窯**（河南省臨汝県）や**吉州窯**（江西省吉安市）がある。越・明・台州といったいにしえの越の地である浙江省東南沿海部の産品は、古代の灰陶以来の伝統的色を基調としている。

宋代の磁器は主に**青磁**・**白磁**・**黒磁**に分けられる。黒磁は茶碗に用いられ、福建省の建州が特産地である。淡い色が特徴の彩色青磁は、鈞州（河南省禹県）・耀州（東窯、陝西省銅川県）が主な窯である。青白磁では、定州・耀州・汝州・**景徳鎮**がある。**青磁**は、宮廷で好んで使用され、龍泉県が生産地であった。南宋では都の移転に伴い、臨安近郊に作られ、宮廷で使用される高級品は、おもに南の城外にある**郊壇窯**などの特別な窯で生産されていた。南宋になって発展した**龍泉窯**は、もともと民窯であり、宮廷の需要に応えるようになって後に膨大な系統となった。官窯と民窯の区別がつくのは特に南宋代からであるが、御器専門に生産をしていたわけではない。官命があった場合に製作したものの中から厳選した一品を献上していた。御器専門の生産を行うようになったのは**御器廠**を置いた明代になってからである。明代に入ると、景徳鎮以外の窯場はいずれも衰退していく。生産量を増大させた明代景徳鎮の窯の数は約900座とされている。龍泉窯は、明代中期まで生産したが、景徳鎮の多様な生産に対抗できず衰退していく。

宋代は、瓷器産業とその市場・消費が飛躍的な発達を遂げた。唐の長安は坊（居住区）と市（商業区）とを分けていたが、開封ではこれを行わず、夜の市も禁じなかった。断片的で詳細は明らかになっていないが、『東京夢華録』・『夢粱録』・『武林旧事』・「清明上河図」といった史料から、当時の都市の繁栄がうかがえる。北宋末の開封を書いた『東京夢華録』では、漆器店が多く磁器店はない。料理などの場面でも銀の食器が描かれている。ただ同時代の開封を描いた「清明上河図」では、食器類はほとんど磁器を描いている。これに対し、南宋の臨安を書いた『夢粱録』によれば、運河に沿って市街にならぶ青白磁器店の存在が知られ、**青器行**といった同業組合の名もみられる。

内地消費および輸出用の陶磁器は水陸両路にて輸送されたが、水路のほうがより大量に、かつ比較的安定した輸送が可能であった。むろん梱包は御器廠の上供品から民用品まで、それぞれの品質に応じて使い分けられており、御器廠の上供品ともなると、綿花や紙でくるみ、紐で縛って麻袋に入れ、数をまとめて箱に納めて鎖で縛り、さらに篭に入れる、という厳重さである。

唐から宋・元にかけては海路や大型船舶の発達により南海貿易が繁栄し、そのなかで陶磁器が南海貿易の主要品目の一角を占めるようになった。南宋以降、窯業の産地は江南に移り、景徳鎮を中心に大量生産された陶磁器がイスラム圏に輸出され、さらにはヨーロッパにも拡散していった。また、朝鮮半島全羅南道の海底の難破船から発見された２万数千の宋代の陶磁器は、日本に向けて大量に輸出されたものであったことがわかっている。16世紀の大航海時代になると、陶磁器貿易の買い付けはそれまでのイスラム商人に替わりオランダ・ポルトガル商人などヨーロッパ諸国が独占するようになった。彼等は景徳鎮が明代末期に衰退するのに伴い、一時は新興の日本陶磁が買い付けられる。しかし清代に景徳鎮が復興・繁栄したので、また中国陶磁の輸出も盛んになった。19世紀から20世紀にかけては、中国と陶磁器業の近代化を果たした日本との間で、中国および世界市場における競合が繰り広げられた。

影青（えいせい［インチン］）

北宋期、**景徳鎮**で作られた白磁の一種で、白い磁胎に青みを帯びた透明釉がかかり、模様部には釉がたまってさらに青さが増す。

越州窯（えつしゅうよう）

後漢の時代には浙江の越州、唐半ば以降は明・越２州の杭州湾を臨む西北部において興起し、六朝から隋にかけて隆盛を極めた。唐初期～中期にかけて退潮。その後、唐代末から五代にかけて再び最盛期を迎えた。五代呉越の銭氏のもとで代々保護され、焼造されてきた製品の中でも、最上のものは**秘色窯**の名で知られる。『宋会要輯稿』や『宋史』には、太平興国３年（978）、呉越国王銭俶が、太祖趙匡胤に越州窯の青磁を送って臣下の礼を取ったことが記される。献上された磁器の数は膨大なものであり、これを納めるため、宋では瓷器庫と呼ぶ官設収蔵庫を建てたという。北宋初期、朝廷内ではこの越州窯を一般に用いたと推測される。しかし、宋代以降は質の悪化と共に廃れていった。

窩戸（かこ）

景徳鎮の陶磁器生産における３段階の分業組織のひとつ。第２段階として、第１工程で素地造りされたものを更に焼く窯のことをいう。

瓦・磚（が・せん）

瓦も磚（塼・甎とも書く）も灰陶の一種である。そのため、龍山文化以来の技術によっている。建築用陶器としては、中国で最も古いものは殷代初期の陶水管である。河南省偃師二里頭中期の宮殿遺跡から発掘されたものが有名である。西周初期になると、瓦が使用されるようになり、板瓦・筒瓦・瓦当などの種類があった。春秋時代後期になると、磚が現れる。磚は一種の煉瓦（れんが）であり、最古の人工の建築材料である。戦国時代に、各国で城市や宮殿の建築が行われるようになり、普及していった。はじめは地面を舗装していたものが、後に壁や墓室をすべて磚で造るようになり、後世にあっても磚廠・磚戸は農林部における有力な産業であった。

回回青（かいかいせい）
元の青花に用いられたとされる青色染料のコバルト。

回青（かいせい）
明代正徳年間後半から嘉靖年間に用いられた、イスラム産の青料。

霍州窯（かくしゅうよう）
山西省にある窯場で、定窯にならい白磁の器を出す。『景徳鎮陶録』によれば、唐宋の間に始まり、その製は土細かく質薄く色の白いものが多かった。平陽窯の産と比較して良質であり、当時、平陽窯と区別して霍器と呼んだという。

官搭民焼（かんとうみんしょう）
明の嘉靖年間に始まった、民窯へ出資して官窯製品の一部を委託生産する方式。その背景には技術向上、需要の増大、財政的な事情が存在する。

官窯（かんよう）
官営の窯のこと。宮廷および官用の陶磁器を専一に焼造するために設けられた官営窯場施設である。明代では御器廠、清代でも**御窯廠**と呼ばれ、今日ではこの２つの呼称を統一して官窯と呼ぶ。宮廷・官府内の高級日用磁器と鑑賞用磁器の生産のために設立された。
宋代、御器の生産は、宮廷の目に留まった民窯に官命を下し、選りすぐりの物を献上させる形で焼造されたが、この他に宮廷専用の官窯を設けた。官窯と民窯が区別されるのは、宋代以降のことである。北宋官窯は、徽宗時代に窯を開いて青磁を焼いたもので、体も釉も薄く、色は月白・粉青・大緑を尊び、天子御用の優良品を造った。南宋官窯は、『垣斎筆衡』によれば、臨安府宮中の修内司に窯を置き、これを**内窯**といったこと、その後郊壇下に新窯を作ったことが記される。内窯に関しては、実態を明らかにしないが、**新窯**と思われる窯址は、1956年、郊壇があった杭州市街南郊の烏亀山山麓で発見されている。これを郊壇官窯もしくは郊壇下官窯と呼ぶ。南宋官窯は、青色に粉紅を帯びた青磁で、濃淡は均一ではなく、蟹爪紋・紫口鉄足という際だった特徴を持つ。なお、**蟹爪紋**とは貫入（釉面に表れるひび）の名称のひとつである。

宜興窯（ぎこうよう）
江西省太湖の西側にある窯業地。明代以降に作られた砂泥の製品、なかでも茶壺など茶道具の名品で有名。

吉州窯（きつしゅうよう）
江西省廬陵県永和鎮にある窯場。永和窯ともいう。定窯にならって白磁の器を出した。紫色の磁器も造ったが、これは紫定器と相類し、体が厚く質も悪かった。黒色磁器も有名。宋代、この地には５つの窯があり、公焼という窯が最良とされた。

御器廠（ぎょきしょう）
明代、**景徳鎮**に置かれた官窯。**御廠**ともいう。清代では御窯廠と称した。珠山の麓に位置する。設置年代には諸説があり、洪武２年（1369）・同35年あるいは宣徳元年（1426）といわれる。御器廠は督陶官の管理下にあり、宮中の祭祀や日用品、あるいは下賜品・朝貢回賜品など多種かつ大量の陶磁器生産を要求され、品質管理も極めて厳しいものであった。生産は完全な分業体制が敷かれており、原土の採掘加工・釉薬の調製・成形・施釉・絵付け・焼成・運搬用物資や工具の製造など23の工作場（二十三作）に分かれていた。労働は匠役や軍戸や民戸より徴用された人夫によって担われていたが、その後匠役は１年１回から４年に１回とされ、ついで銀納制による匠役の免除を経て、嘉靖41年（1562）には班匠銀制を採用し、工匠を雇用して生産に当てるようになった。そこで庞大な需要量を満たすため、**官搭民焼**という民窯への委託生産方式が生まれた。しかし財政難や監督官の不正・工匠の暴動・技術の低下により御器廠は万暦年間後半から衰退し、明末には壊滅状態となった。清では康熙19年（1680）に復興、御窯廠と呼ばれて雍正・乾隆期に繁栄を迎えた。

均窯（きんよう）
宋初、均州（河南省禹県）にあった窯場で、濃淡さまざまな澱青釉を施した器で知られる。澱青釉は珪酸と燐を多く含む成分を加えて乳濁させた不透明な青色の釉薬である。均窯の均は、禹州（今の禹県）の古名である鈞が訛ったものと伝えられる。釉色の深いものを天藍釉、薄いものを天青釉、更に淡いものを月白釉と呼ぶ。均窯の窯址は県内に100ヶ所ほど発見されているにも関わらず、その創始は明らかではない。北宋期、官命を受けて御器の焼造を行ったとされる。

景徳鎮（けいとくちん）
江西省東北部にある中国最大の窯業地。宋代の景徳年間に鎮を置いたことからこの名がある。近辺から陶土を産出する（カオリンはその地名である**高嶺**・高梁に由来）ほか、水運や燃料の確保といった、窯業の適地としての諸条件に恵まれていた。
景徳鎮における窯業の起源が何時かという問題には諸説

あるが、史料上確実に現れるのは唐代であり、また窯業地として広く知られるようになるのは宋代以降で、明清期に隆盛を極めた。年代ごとのその特徴を述べると、まず唐から五代にかけては青磁・白磁の生産例が見られる。次いで北宋では**影青**（**青白磁**）が作られて一大窯場に発展し、南宋では金の侵攻により北方の陶工が移住し、技術的に一層の向上を見た。なお、宋代ではいまだ官窯は置かれず、宮廷用や官用の陶磁器は専ら不定期の注文生産によって作られていた。元代になると、フビライは景徳鎮に浮梁磁局という管理機関を置いた。また、生産品は白磁を主としていたが、14世紀にはイスラム圏からの良質なコバルトの流入を背景に、釉下彩技法を用いた**青花**（**染付**）が開発された。明ではその初期より官窯の御器廠が置かれ、高品質と大量生産の要求に応えるべく、規模・技術両面において大きく発展した。また民窯も発達し、嘉靖年間以降は**官搭民焼**と呼ばれる民窯への委託生産方式も採用された。この時代では元に引き続き生産された青花磁器のほか、釉上彩の**五彩**（**赤絵**）が発達、高度な製陶技術に裏打ちされた製品を大量に生産するとともに、輸出品は海外で広く愛好され、各地の陶磁器業に多大な影響を与えた。

建窯（けんよう）

福建省建寧府（建陽県）水吉鎮にあった窯場で、**黒磁**で知られる。建窯で焼造された磁器を**建盞**ともいう。紫黒・烏泥などの雑器を出す。建窯の黒磁、つまり黒釉碗は、中国では**兎毫**や**鷓鴣班**などの名称が知られるのみだが、日本では、**天目**と呼ばれ尊重された。

建盞の一般的な特質は、鉄胎と呼ばれる多量の鉄分を含有した胎土で、焼成後の露胎部の呈色は褐色、黒褐色ないし灰黒色にわたっており、重厚さを感じる作りである。釉薬にも鉄分が多く、焼窯の如何によって、紺黒・青黒・黒褐・赤褐・黄褐等変化に富んだ呈色を示すと同時に、**窯変**になりやすい。厚く釉薬をかけるので、流下した際、釉調に様々に作用する。器式は、やや深目で、口縁の造りはいわゆる捻り返しに造り、高台内をごく浅く削り込んだ小さく低い蛇目高台がつくのが典型的である。

五彩（ごさい）

赤色を主とする多彩色の上絵付け。別名**硬彩**、日本では**赤絵**と称する。白磁を高温で焼成し、釉の上に赤・緑・黄・紫・青などの鉛を用いた上絵具でもって文様を少しく盛り上げ彩色、さらに初回よりも低温で焼成する。金代には上絵付けの手法が現れ五彩の先駆的存在となるが、この技法が五彩として発達したのは明代である。**万暦赤絵**、**呉須赤絵**などが知られる。

紅店（こうてん）

景徳鎮の陶磁器生産における3段階の分業組織のひとつ。第3段階として、模様付けの工程を行う工場や店のことをいう。

紫口鉄足（しこうてつそく）

器の口辺に褐色を呈し、無釉の底足に黒褐色を呈することで、青磁の特徴である。とりわけ南宋官窯の特徴とされるが、**哥窯**にも著しい。郊壇官窯周辺の胎土は鉄含有量が多く、そのため釉薬の薄い口辺や高台の部分に、素地の黒い胎土が薄く表れた。足下は、露胎の部分が火によって紅褐色ないしは暗紅褐色を呈し、まるで鉄色のように見えたことから鉄足と称し、口辺は、窯内で熔融した釉薬が自重で流れ落ち、胎土の褐色が釉の薄くなった部分を通して浮き出たために紫口と呼んだ。

明代以降、この紫口鉄足が大変賞美され、そのためにあらゆる技法で模擬されることとなる。例えば、明成化窯・清康熙窯の白磁・青花磁に紫口鉄足が見られる。

磁課（じか）

磁器産業に課せられた、産業税としての税。宋代に入り、陶磁器が皇帝や官のみならず都市住民にも普及するようになって、磁器産業は産業としての基礎を確立する。ここに至り、磁器は国家から徴税対象となった。いつ頃から磁課が制度化されたかは不明だが、北宋初、太宗・真宗期において、定州窯・饒州窯・汾州窯に磁課徴収の機関である磁窯務が設置されていることから、宋代では、磁課が既に定着していたものと考えられる。磁課は、商税ではなく窯業税であり、商品としての磁器売買の際に徴収されたものではなく、商品としての磁器の生産高に応じて、窯場に対して賦課された。税率については明らかでないが、元代の景徳鎮では、窯の大きさに準じて磁課を割り当てており、宋代もこの方式であったものと推測される。

磁州窯（じしゅうよう）

宋代陶磁器生産の拡大に大きく貢献した、民窯を代表する窯場である。五代から北宋にかけ、陶磁器の需要が一般民にまで及ぶようになったのを受け、民間供給のための白磁を生産して、形成・発展を遂げた。生産地は磁州に限定されず、磁州窯系と呼ばれる窯も存在する。磁州窯の典型は白化粧が施され、透明釉をかけたものであるが、需要に応じて同じような製品が各地で生産されるようになった結果、磁州窯タイプの磁器すべての呼称ともなっていく。狭義の磁州窯は、河北省南部の邯鄲市磁県観台鎮・東艾口村・冶子村周辺地域及び彭城鎮を中心とした地域を指す。白磁に黒で模様を描いたものが多く、とりわけ劃花・凸花・墨花を描いた。ときに墨釉のものもあり、金代から元代にかけては、白磁よりも多く生産された。また磁州窯は、釉下彩画という、器物の表面に装飾を描く技法を発展させ、この装飾法は元代の**青花**に影響を与えた。

匠戸（しょうこ）

元・明代、諸職人の戸は匠戸と称して民戸と区別し、特殊な徭役に充当した。すなわち、その壮丁を官の手工業に従事させたのである。これを**匠役**という。しかし匠役は匠戸の大きな負担であり、逃亡者が増加したこともあって銀納制に切り替えられた。陶磁器業においても、労働力は匠戸に編入されて匠役に当たる官匠とともに、軍戸や民戸を徴用した**陶夫**によって担われていたが、徭役制度の動揺、民窯の発展と需要量の増大といった諸原因により、景泰年間には従来年1回であった匠役が4年に1回とされ、ついで成化21年（1485）には銀納制により匠役の免除が行われるようになり、嘉靖41年（1562）には完全な銀納化すなわち班匠銀制が採られ、工匠を雇用して生産に充てるようになった。

汝窯（じょよう）

汝窯は河南の汝州（現在の河南省臨汝県）で造られたもので、青磁で知られる。宋代の窯の中で、古来特に名高い窯場である。北宋の頃より、宮廷の御用品を焼き、南宋にはすでにきわめて稀な磁器とされていた。色は淡青を主とし、厚い釉が堆脂のようであり、蟹爪紋と称するひびの有るものと無いものとがある。現存する汝窯器は、100点に満たない。

青花（せいか）

白地に青色の文様が描かれた陶磁器。日本では**染付**、また英語ではブルー・アンド・ホワイトと称する。釉下彩技法を用いるため、**釉裏青**ともいう。白磁の素地に青料（酸化コバルトの顔料）で文様を描き、その上から透明釉をかけて1,300度前後の高温で焼成する。

青花は元代に現れ、絵付けに用いる青料の輸入先や文様構成の要素からは、イスラム圏からの強い影響が見て取れる。広く愛好の対称となり、大量に生産されるのは明代に入ってからで、元末の動乱で一時中断されていた貿易活動が再開されると、良質の青料が輸入され、青花磁器の生産が盛んとなった。貿易用のほか、**景徳鎮**の御器廠においても宮廷用として青花が取り入れられ、生産の主流となった。

青料（せいりょう）

青花の顔料。コバルトのほか、鉄やマンガン・珪石などから成る。イスラム圏から輸入された青料はコバルト成分を6、7％含み、高品質で鮮やかな発色をもたらすが、高火度に弱くまた描きにくいため、**土青**と呼ばれる中国産の青料を混合して用いられる。

石湾窯（せきわんよう）

広東省広州の南西にある窯業地。明代以降、江蘇省の鼎山窯とともに海鼠釉の製品を盛んに作ったことで有名。港の近くという地の利に恵まれ、日本へも盛んに輸出された。

蘇麻離青（そまりせい）

蘇麻離とは、スマルトの音訳。明代永楽・宣徳年間に用いられたイスラム圏からの輸入青料。成化年間には途絶えたため、饒州で産出される陂塘青（平等青）を用いるようになった。

戧金（そうきん）

金彩・鎗金ともいう。明代嘉靖年間に現れた技法で、五彩を焼成したのち金箔を張り、さらに低い温度で金箔を焼き付ける。日本でもこの技法は模倣され、**金襴手**と称する。

定窯（ていよう）

定窯の窯址について異説あるものの、河北省定県が定説とされる。定州は遼との国境に接する地である。白磁を最も多く産し、その清麗さで知られる。景徳鎮が隆盛を極める以前、最も栄えた窯であり、定窯を倣造した窯は大変に多かった。

定窯では北宋末期にかけて釉薬の製法を洗練させ、ごく薄い塗りで光沢を出すことに成功した。定窯には**光素**・**凸花**の2種がある。酸化炎で焼かれるため、釉色がかすかに黄みを帯びるが、この釉薬が流れた跡が涙痕のようであるとして賞美された。とりわけ政和年間（1111～1117）の窯が最も好いとされる。

宋が南渡してから後、景徳鎮で焼造したものを南定と呼び、元代では彭窯を新定と称したが、いずれも北定（北宋期の定窯）の精度には及ばなかった。

天目（てんもく）

天目とは、**建盞**、つまり建窯で焼かれた茶碗に対する日本の呼称である。天目の名称は、浙江省と安徽省との境にある天目山に由来している。この山には有名な禅源寺などの名刹があり、ここに留学した日本の禅僧たちが持ち帰った建盞を天目と呼ぶようになったとされる。もともとは、建窯で焼かれた磁器、または建盞風の磁器を天目と呼んでいたが、しだいに広義に解されるようになり、近年では、建盞に類似した黒い釉薬、すなわち鉄呈色による黒色釉の代名詞となり、さらには黒釉のかかったやきものを、形の如何を問わず天目と呼ぶようになっている。天目の一番の特徴は、前述したように黒色の釉であるが、この天目、つまり建盞が有名となったのは、宋代に興った喫茶法の流行と関連する。この茶法は、抹茶あるいは点茶と呼ばれるもので、圧搾して塊状にした茶葉を砕いて粉末とし、湯を注いで泡立たせるものである。白い泡を引き立たせるには、黒い茶碗がもっともふさわしいとされ、また攪拌によっても冷めにくい厚手のものが求められた。

中国と異なり、日本では天目を詳しく分類している。釉調により、**曜変**・**油滴**・**禾目**（**兎毫**）・烏盞・灰被（はいかつぎ）・黄天目などに分類される。このうち曜変・油滴・禾目が、建窯で生産されたものである。

土青（どせい）
中国産の青料をいう。輸入青料に比して不純物が多いため黒みが強い。江西の饒州から産出する陂塘青（平等青）、浙江から産出する浙青のほか、紹興産・金華産なども用いられていた。

豆彩（とうさい）
闘彩ともいう。青豆色を主調とし、黄・紫・赤を配する色絵付け。明代成化年間に盛んとなった技法で、青花で文様の輪郭線を描き透明釉をかけて焼成、輪郭線のなかに彩色する。清代雍正期に再び盛んとなった。

唐三彩（とうさんさい）
陶器の一種で、漢代に中原で栄えた低火度釉陶の系譜に連なるもの。釉色は、深緑・浅緑・翠緑・藍・黄・白・赤銅・褐色など多種にのぼる。ものによっては単色や2色があるが、3色以上でも三彩と呼ばれる。素焼きした上に、釉薬をかけて、再び低火度で焼成する。唐代は厚葬の風が強く、唐三彩は主に明器（墓の副葬品）に使用されて流行した。1980年代前半までに発掘された唐代の窯跡は隋代におけるそれの5倍にも達し、その盛行の様をうかがうことができるが、開元年間（713～741）に生産の最盛期を迎えたのち、天宝年間（742～756）以後には早くも衰退し始めた。

陶匠（とうしょう）
窯場において、窯戸の窯を借用し、磁器製造に従事した。南宋初期の蕭県白土鎮窯では、金国の治下に属し、独立して磁器製造に従事する数百名の陶匠がおり、30余の窯が稼働していたという。1窯につき、10名ほどの陶匠が製造を行ったと考えられる。窯戸に比べ、これら陶匠の資本は乏しく、焼造量も僅少であったものと思われる。

徳化窯（とくかよう）
福建省泉州徳化県にある窯業地。宋代より製造が行われていたが、特に明・清の白磁が有名である。

二十三作（にじゅうさんさく）
明代、御器廠に設けられた分業式の作業場。大碗作・碟作・盤作・鐘作・酒鐘作・印作・錐龍作・画作・写字作・色作・匣作・泥水作・大木作・小木作・船木作・鉄作・竹作・漆作・索作・桶作・梁作・東碓作・西碓作の各作業場からなる。

批坊（ひぼう）
景徳鎮の陶磁器生産における3段階の分業組織のひとつ。陶磁器を仕上げる工程には3段階あり、その第1工程である素地（白批）を造る工場や店のことをいう。

秘色窯（ひしょくよう）
唐末五代、呉越において焼造された越州青磁の名である。秘色とは、本来、神秘的な色、特別な色を指す語である。『陶説』に引く『高斎漫録』によれば、秘色窯の名は、この磁器が供奉の物であり、臣庶は使用を許されなかったことに由来するとする。日本ではひそくと称され、高麗では**翡色**となった。

浮梁磁局（ふりょうじきょく）
元代、至正15年（1278）、景徳鎮に置かれた陶磁器製造の監督機関。将作院に属する。明・清代に同地に置かれた官窯とは性格を異にする。なお、浮梁は江西省饒州の雅名、また饒州の県名。

粉彩（ふんさい）
七宝（**琺瑯彩**）に用いる絵具を使った絵付けの技法。**軟彩**ともいう。明末以降における西洋の知識や技術の流入を背景として、清代康熙年間に出現し、雍正年間には頂点に達する。焼成した白磁の上の絵付け部分に白色不透明の地（琺瑯白）を造って絵付けを行う。これにより、微妙な色調や絵画的な表現が可能となった。なかでも、皇帝の御用に製造された粉彩の最高級品を**古月軒**と称する。

琺瑯作（ほうろうさく）
清代康熙年間末から乾隆年間にかけ、内務府造辦処に置かれた工房。景徳鎮で焼造された最高級の白磁を用い、宮廷画家などが粉彩で絵付けし、焼成を行った。ここで製作されたものを古月軒と称する。

民窯（みんよう）
官窯に対し、民営による生産を行った窯場施設。宋代に至って、窯場の増大と規模の拡大を見る。唐代と比較し、窯場の数はほぼ3倍となり、もともと存在していた窯場もその生産基地を拡張させた。定窯・耀州窯・均窯などの著名な民窯は、官命を受けて、一定数の御器を焼造したが、多くは民衆の生活必需品用の磁器を生産した。
唐代までの陶磁器は、唐三彩に代表される明器であり、唐半ばに至って北方の青磁や南方の白磁が生産されるようになるが、皇帝及びとりまきの官僚たちは、主に銀器・銅器・漆器を日常に使用し、民衆に至っては瓦器を用いた。それが宋初になると、上層階級だけでなく一般民衆の間でも磁器の普及・日用化が見られてくる。磁器の普及は、諸地域の窯場の隆盛を促し、大きな商品流通を生み出した。
宋代に名を知られた民窯は、その後景徳鎮を除いて衰退し、景徳鎮もまた民窯ではなく官窯としての役割を担っていく。

釉裏紅（ゆうりこう）
酸化銅の紅を含んだ釉を用いた絵付の技法。元末の動乱により高品質の輸入コバルトが不足した結果、青花磁器が不振に陥ったが、それを補うかのように、明代洪武年間にはこの技法を用いた磁器が盛んに作られるようになる。銅紅色は青花に用いるコバルトよりも安定性に欠け、高度な火温調整が必要となるが、原料の入手は容易であった。その後、紅釉のベタ塗り手法により、安定した発色を得る工夫がなされた。

窯戸（ようこ）

窯場経営者であり、同時に磁器制作者でもあった。窯場の中で中心的な存在である者が代表として選出され、窯場の同業間に自治的規制を及ぼす一方で、**磁課**の直接負担を請け負った。窯戸のもとで、各専門・非専門従事者が独立して分業的・ギルド的な存在をなし、連携することで、窯場は大規模生産を継続することができた。元代の景徳鎮に見られる、**陶工**・**匣工**・**土工**といった各組合は、宋代からの伝承であると推測される。

窯場内の各窯は定期的に焼造を行い、開窯の日に商人達が買い付けにくる。生産規模の大きな窯場における窯戸の収益は圧倒的なものであったと思われる。

窯務（ようむ）

主として陶磁業務を掌った役所で、将作監に属する。陶土で陶磁器や磚瓦器を焼造し、営繕の用に供した。『宋会要輯稿』食貨55-20、窯務雑録によれば、もともとは東西の二務があったが、北宋景徳4年（1007）7月に両窯務を廃して、河陰県に窯務を移し、国都開封には受納場を置くに止めた。その後、大中祥符2年（1009）5月に、再び開封に東窯務を置き、諸司使、諸司副使の3班3人で管領させ、匠人1,200人を抱えた。受納場は、後に西窯務に改められ、3班2人で監督した。匠・瓦匠・磚匠・装窯匠・火色匠・粘較匠・鴟獣匠・青作匠・積匠・﨓窯匠・合薬匠の十等に分かれていた。

耀州窯（ようしゅうよう）

陝西省銅川市にて発見された窯場で、この地は宋代耀州に属していたため、耀州窯と称する。唐代では、主に白磁・黒磁・三彩を焼造したが、五代以降、**青磁窯**としての立場を確立していく。耀州窯の特徴として知られる、オリーブグリーンの釉色、片切彫りと型押しによる文様装飾の作風が完成するのは北宋中期頃と考えられる。北宋滅亡後は、華北の他の窯場と共に金の支配領域に入るが、引き続き青磁を生産し続けた。均窯や耀州窯の彩色青磁は、原色ではなく、淡い色合いの微妙な変化を特徴とする。

龍泉窯（りゅうせんよう）

浙江省処州府龍泉県にあり、古くから栄えた越窯の流れを受け継ぐ民窯である。南方青磁の代表的な窯。創業した北宋初期は、一地方窯としての存在に過ぎなかったが、北宋後期頃から急速な発展を遂げ、南宋期には御器の生産も請け負うようになって最盛期を迎えた。国外へも輸出され、日本でも大量の龍泉窯青磁が出土している。しかし、明代中期には衰退した。透明感と光沢のある青白磁が特徴である。龍泉窯は、章兄弟の経営であり、兄の章生一の窯を**哥窯**（**硫田窯**）といい、弟の章生二のものを**龍泉窯**（**弟窯**・**章窯**）と称したとされるが、この記載は明代嘉靖年間（1522～1566）になって見られるもので、正確なところは不明である。しかし、哥窯磁器と伝えられる作品は少なくなく、黒胎で貫入が文様となっているのがその特徴である。この貫入には、氷烈紋・**蟹爪紋**・魚子紋といった名称があるが、哥窯磁器には、器面内外の釉面に大小の亀裂が走り、**金絲鉄線**と呼ばれる。弟窯である龍泉窯は断紋のない点が哥窯と異なり、色は粉青と翠青とがあった。

⑧製紙業

製紙業〈せいしぎょう〉※

紙は帋とも書き、古くは紙・絮・布とはっきり区別されていなかったようである。ここでいう紙とはノア・ウェブスター（Noah Webster）が「ぼろきれ、稲麦の藁、樹皮、木材、その他の繊維質材料で薄く作った物質」と定義するように個々の単繊維になるまで分解した繊維から構成されるものである。従って紙に先行したパピルスは分解した繊維から作られていないので紙のカテゴリーには含まれない。

中国では、もともと紙を作るのに蚕糸、綿絮などを原料としていたが、後漢時代に、蔡倫が樹膚（かじのきのかわ）・麻頭（あさのきれはし）・敝布（あさのふるきれ）・魚網で紙を作ることを考案し、105年に和帝に報告した。これが蔡倫による紙の発明といわれるものである。しかし最近になって、古代遺跡から、前漢時代の麻を原料とした紙片が発見されたという報告がなされている。1990～1992年、甘粛省敦煌市懸泉置遺跡では、前漢武帝～成帝頃（紀元前2～1世紀）の紙片7点、また、1957年陝西省西安市東郊灞橋から武帝期ごろの紙の断片、また甘粛省天水市放馬灘からも紀元前2世紀前半ごろのものが出土している。これらのことから紙の製造起源は前漢時代、紀元前2世紀まで溯ることができるようである。したがって蔡倫は樹皮・麻などを原料とする製紙法を見出した優れた改良者であるといえる。これまで重い竹簡・木牘や高価な絹帛に文字を書いていたものが、紙の出現により比較にならないほど、軽便かつ廉価な文化の伝達手段を得られるようになった。この紙の発明は世界に先駆けての製紙技術となった。

蔡倫紙の技術は三国、南北朝時代には、四川・長江流域・華北へと広がっていった。原料も楮・麻・桑・藤・竹・蜜香樹・海苔などが使われた。唐は全国を統一し、人口の多い北方の市場と江南・四川の両地帯が結びつけられ、紙業も原料の多様化や特産地の出現といった現象が全国的に進行した。例えば四川では麻・桑、両浙では、竹・

稲・麦藁、北方では桑・剡渓（紹興）の藤などであった。唐代の製紙の特色は、麻紙・藤紙のような重厚で高価な牋紙や勅牒紙は、朝廷・貴人・文人など宮廷を活動の中心とする人々によって書冊・文芸に使われていた。つまり、当時紙は一般的・日常的ではなかったが、宋代になると製紙業は発展期を迎える。それには竹紙・楮紙の生産・消費の普及が大きく関わっている。軽く、薄く、白く、低廉で、実用性に富むこれらの紙は、上は公用から、下は日常の消費に至るまで、品質も多様な目的に応じる紙が多量に製造されるようになった。さらには宋代の紙業の発展が印刷文化を生み、科挙制度の発展による新興の官人階層の隆盛、庶民の消費生活の向上を生み出した。またこの市場の拡大が自然条件の厳しい山村社会にも及び、紙業特産地を生み出し、社会分業を促進させ、この動きは明清期にも継続された。とくに福建の竹紙は技術的にも改良が重ねられ、短期間で大量の製紙を生産できるようになった。この他にも宣紙は清代では利用価値が高く、日本にも多量に輸出された。しかし、清末、産業革命を終えたヨーロッパでは機械化が進み、パルプを使った洋紙が中国に大量に輸入されると、パルプを自国で作ることができなかった中国では、製紙業が大きな影響を受け、洋紙に市場を侵食される結果となった。

烏絲欄紙（うしらんし）
黒い細い罫を引いた用紙。唐時代に多く用いられた。

官柬（かんかん）
竹の上等な材料で作った手紙用の紙。名刺にも使う。厚手で筋目がない。江西省の鉛山で作られる。

還魂紙（かんこんし［すきかえし］）
再製紙。廃紙を再生するので環魂紙という。朱や墨の汚れを洗い、水につけて、少し新しい紙料を加えて再びすき直すが、はじめに製した時のように煮たり漬けたりの手間が省けて、目減りも多くない。竹が安価な南方ではあまり作られないが、北方地区では流行し、紙屑が落ちていたら、拾って還魂紙の材にしたという。北宋のころから行われていたらしく、南宋、湖広の会子（紙幣）は環魂紙を使用した。

凝光紙（ぎょうこうし）
銀光紙のこと。

金沙紙（きんさし）
金すなご紙。

蠲紙（けんし）
桑皮紙の一種で、真白で堅く滑らかな高級紙。五代十国時代の呉越はこの紙を供した者に対して賦役を蠲（のぞ）いたといわれ、それゆえに蠲紙という。胡粉地の紙や漿を紙に引き美しくしたもの、紙の文様が波のようなものもある。蠲強紙も同種のもの。

広都紙（こうとし）
楮皮を用いて造られる紙の一種。その名は四川省広都県にて作られることに由来し、仮山南・仮栄・冉村・竹紙の4種からなる。軽くて木目が細かく、四川ではこれで経書・歴史・諸子百家などの書籍を印刷する。なお、竹紙はその名に反して楮皮から作られるものであり、他の3種類より値段が少し高い。

高麗紙（こうらいし）
窓貼用の朝鮮紙。

黄紙（こうし）
黄蘗（きはだ）を使って黄色に染めた紙。黄蘗の成分には殺虫・抗菌に加えてシミを防ぐ作用がある。黄紙は唐代に使用され、官庁の公文書・文人・書家・仏教・道教の写本に広く用いられた。唐代の写経には巻末に染色工の姓名がある。宋代でも重んじられ、政府の文書・写本は黄紙を用いるように規定されていた。

藁（こう）
穀物の茎のことで、紙の原料としては稲藁や麦藁が用いられる。こうした紙は草紙と称し、福建・浙江などで生産されているが、粗雑な低質紙ながらも安価にできるため、庶民の日常生活や祭祀用の紙として利用された。また、草紙のようにそれらを単独で原料に使用することもあるが、製造コスト削減のために竹紙・楮皮紙の原料として混ぜられることもあった。

蔡侯紙（さいこうし）
蔡倫の改良した紙の呼称。『後漢書』宦官列伝の蔡倫伝に、尚方令であった蔡倫が樹膚（カジノキの樹皮）・敝布（麻の古布）・魚網などで紙をつくり、和帝のとき（105年）にこれを献上した。

殺青（さつせい）
漢の時代、青い竹に字を書いて紙の代用としたが、新竹は水分が多く含まれていて、虫がつきやすいので、竹を火であぶり、油（汗）をだして青みを除き、乾燥させてから文字を書いた。これを殺青・汗青という。

山地槽戸（さんちそうこ）
福建省上杭地方の製紙業者。

紙工（しこう）
この語が指し示す職種は複数あり、紙の原料である藤などを採取する者や祭礼用に紙を切り抜いて紙銭をつくる者、紙に金・銀片などで紙を装飾・加工する者などはいずれも紙工と呼ばれた。紙工には離村した農民が多く、その背景には紙銭・醮紙の需要増大があった。なお中国の伝統的な剪紙の起源は紙工に発するものといわれる。

紙銭（しせん）

祭事に焚く紙。冥焼紙・醮紙ともいう。唐代では鬼神を祭ることが盛んになり、紙銭で絹布を焚く代わりとした。荊楚（湖北・湖南）での風俗では、一度に焼くのに1,000斤も使うことがある。粗末な紙を使用するが、このような紙の7割は祭に使用し、3割は日用にあてた。

紙鋪（しほ）

都市の紙の小売店舗。彼らは同業者仲間と結集してギルト、紙行を形成した。あるいは紙坊に集まり、加工や顧客相手の委託産業を行っており、牋紙店・汪家金紙鋪・紙扇行・乾紅紙行などの名が知られている。具体的な活動として僧侶が紙鋪に30貫文を委託して紙銭を作らせたこと、紙匠が顧客に写経紙の製造を依頼されたことなど、紙鋪の活躍がみられる。

紙薬（しやく）

製紙の際に、最後に紙を固めるのに用いる薬のこと。糊状の漿（液体）を洗浄し、漂白したのち、紙を固形させて漉き上げるために混ぜる薬剤で、黄蜀葵（とろろあおい）、梗葉（やまにれ）の液が用いられた。これを使わないと、繊維が底に沈み、漉くことが困難になる。

熟紙（じゅくし）

紙は熟紙と生紙に分かれ、熟紙は蠟（光沢・半透明にするため）を塗ったり、染色などの加工をした紙のこと。貨幣・塩鈔・紙衣・包装紙など、用途によってそれぞれの加工が施された。一方で、**生紙**は加工されていない紙をいう。粗末な紙で、厠用のような日用品として扱われると共に紙銭・醮紙といった祭礼用にも使われた。

絮紙（じょし）

糸綿を水中で漉いたもの。この手法をまねて作ったのが蔡倫の網紙であるとする説がある。

小皮紙（しょうひし）

芙蓉などの樹皮でつくられたものをいう。江西地方では中夾紙と称し、雨傘・扇などに使われた。なお雨傘は『真臘風土記』によれば明州の特産であり、また扇は『四明志』では日本への輸出品としてその名が見える。

抄紙（しょうし）

紙を漉く、紙を製造すること。

抄紙坊（しょうしぼう）

金代、造幣用紙製造の官営工場、紙幣用紙製造は大安2年（1210）より貞祐2年（1214）までは印造鈔引庫内で行われた。1214年再び抄紙房が置かれた時には、上京等の20余府州に設けられた。元代、中統元年（1260）末には交鈔提挙司のもとに鈔を印造する工場としての印造局があった。また、その紙を抄すための工場。

鈔紙場（しょうしじょう）

南宋、四川の銭引の用紙製造所。

生産過程〈せいさんかてい〉

紙の生産過程は、ほぼどのようなものでも以下の順序を踏む。⑴採取、⑵水漬と煮沸、⑶臼に入れて搗く（粉状にする）、⑷漂白（灰汁）、⑸紙薬（固形剤）、⑹紙漉き、⑺乾燥である。17世紀、明代の竹紙の製造過程を『天工開物』によってみてみると次のようである。⑴竹を6月頃に伐採して溜池に百日以上漬ける。⑵それを槌で打つ。叩解。⑶洗浄（粗い表皮と青皮を除去）。⑷煮熟、石灰を入れて8日間行う。⑸洗浄（石灰排除）。⑹煮熟（漂白のための木灰を入れて煮沸する。竹麻が柔らかくなるまで、10日余くり返す）。⑺叩解、臼に入れて搗く（どろどろの穀粉状になる）。⑻漉き舟の中に流し込む。⑼紙薬を入れる（繊維を固形させるため）。⑽漉く。⑾天日乾燥または、炉の障壁に貼りつける。以上が竹紙の工程である。非常に時間と手間がかかる。竹紙は麻などと比べて値は安く需要も高く大量に生産するために、技術革新による生産時間の短縮がはかられた。具体的にみると、18世紀ごろには以前のように10日間煮込むことはなく、煮熟も1回となる（康熙『西江志』巻27広信府）。19世紀になると、皮をむいたら石灰を入れて、数ヶ月放置し（時間がかかるが竹を軟化させ、手間が省ける）、糸状になった竹の繊維を水力駆動の臼に入れて叩き、煮熟をしないで蒸すといった製法がとられ、改良が重ねられている（江西省撫州）。19世紀末では、煮熟は1回のみとし、竹の皮は取り除かず、20日間しか溜池に漬けない。洗浄も行わず、漉き舟を置かないで、煮熟しながら桶で紙漉きをする（江西省金谿県）という製法によることで、1ヶ月以内で紙の生産ができるようになった。更に大量生産を可能にしたものに備蓄の進歩がある。石灰を入れた溜池に竹を漬けておくと3年間貯蔵できるが、これは石灰の保温と殺菌作用によるもので、石灰を入れないと半年で駄目になるという。生産者は、大きいものは1,000担（50トン）、小さいもの100担（5トン）の竹を保存できる溜池を設けて大量の竹の長期保存を行ったが、竹紙を地元の消費者に提供するだけなく、遠隔地市場に販売できるようになっていったのは、このような技術革新があった。

薛濤牋（せつとうせん）

芙蓉皮で作る紙で、四川で生産されたもの。薛濤の名称は唐の詩文に優れた名妓の名による。芙蓉の花の粉末をとかした汁を入れて作る紙であり、手紙などに用いられた。

松花牋とも呼ばれた。

宣紙（せんし）

青檀を原料とする紙で、白色・大判の書画用紙として知られるもの。日本では画仙紙とよばれる。安徽省宣州から出たことからその名がある。『新唐書』地理志によると安徽の宣州府（現在の涇県）で質の良い紙を産しており、この紙は貢物として毎年皇帝に献上されていた。宣州は青檀が多く茂っていただけではなく、水質の良さや豊富な燃料といった好条件にめぐまれていたため名産地となった。その生産においては青檀の皮を剥いでから、宣紙になるまでに18の工程があり、300日を要する。また、空気で自然漂白するのに4ヶ月かかるが、そのために年を経ても変色せず、虫害も受けないだけではなく、強靭で耐湿性に優れ、墨汁を含ませても破れることのない紙に仕上がる。これが紙寿千年と称されるゆえんである。紙薬には楊桃藤を用いた。清代に最高の印刷用紙・書画用紙として使われ、市場に出るときは、4尺・5尺・6尺に裁断して94枚を1束とし、約1担半（90 kg）を包装して中国全土に発送した。さらに外国向けの宣紙は上海から輸出され、その輸出額は約100万両であったという。なお、その価格は品質の優劣による。1例を示すと、大きさごとに4種の名称があり、4尺の皮夾10元、草夾5元、皮単6元、草単3元であり、高級品の皮夾は草夾皮の3、4倍にあたる。5尺・6尺もほぼ同様である。その他、宣紙には長扇・短扇・羅紋などがある。

桑穰紙（そうじょうし）

桑の木から皮を剥いでとった繊維を桑穰といい、これを材料にして作った紙を桑皮紙、または桑穰紙という。桑皮紙は耐久性があるため、楮皮紙に代わって紙幣の用紙として広く用いられた。

側理紙（そくりし）

海苔を原料とする紙のこと。苔紙の異称もある。南方にて産する紙であり、南越からの貢納品にはこれが含まれていたという。

竹紙（ちくし）

竹の繊維を原料として製した紙。竹の繊維を竹麻という。紙の繊維の長さ、幅から比べると、麻類が最もよく、次に樹皮が良く、古代の品質の良い紙は繊維の長さにもよる。しかし竹類は、繊維は短く虫害に弱いが原価が低いこと、江南地方（福建・江西）に大量に生息していること、その成長が早いという利点があり、宋代、特に南宋になって大量に生産され、かつ、楮皮と混ぜたり、稲・麦に混ぜたり、用途に応じて作られた。麻・桑が濫伐され、原料が少なくなった宋代では、竹紙がそれに代わっていった。竹の原料で作られた紙を示すと次のようである。大四連（書写用）・火紙（祭用）・糙紙（祭用）・包裹紙（竹とわら）包装用・東紙・官東（細い竹、上等な竹で作る。書簡・名刺用）・皮紙（楮皮、竹麻、稲藁を混ぜる。絵画用など）・綿紙（楮皮と混ぜる）・檽紗紙（樹皮と混合。窓枠用）・連史紙（樹皮と混合）・呈文紙（混合）などである。また、原料に竹を単独で使うことはなく、張りを出すために楮皮を入れた。

楮紙（ちょし）

江南地方に産出する楮の樹皮を原料としてつくった楮皮紙。皮紙ともいう。宋代では書写用のほか紙幣の用紙に主として用いられ、楮一字で金銭・紙幣を指すことがある。また、紙の原料である楮を擬人化して、楮待制・楮国公・楮先生と称することもあった。

澄心堂紙（ちょうしんどうし）

五代十国時代に安徽省歙州でつくられた楮紙の名紙。澄心堂とは南唐の宮殿の読書・音楽などにつかった場所の名。楮皮の原料で紙料液の浮遊効果をよくするため、12月に寒い渓川で氷を叩いて、紙を漉いた。このため製紙工は関節炎という職業病にかかったという。紙は玉を敷いたように堅滑で白く厚く重い。北宋の太宗が認めてから社会的に重視された。

呈文紙（ていぶんし）

皮紙の一種。粗雑な紙。

杜紙（とし）

江南地方に産出する楮を原料として造った楮皮紙。楮紙。南宋の東南会子にも使われた。

搨紙（とうし）

紙に色や模様を刷り込む工程をいう。透かし模様ををつくり、同時に染色もする。

藤紙（とうし）

フジの蔓から剥いだ皮を原料とする紙。その利用はかなり古く、晋代には藤角紙が文書用紙として用いられ、また唐代では降勅旨論・勅牒には黄藤紙を用いた。藤紙は麻紙についで珍重され、紙質の上下によって詔書・勅牒を格付けした。このように藤紙が貢納や奢侈的用途と結びついて広く消費されたが、そのために藤が濫伐にさらされることとなり、資源の枯渇を招く事態にも至っている。元明期にあっても藤紙は福建で作られてきたが、この頃には竹紙が普及してきたこともあって、その利用は次第に後退していった。

軟簾紙（なんれんし）

高麗紙の一種。

白紙坊（はくしぼう）

元代、詔旨・宣勅の用紙を製造する官営工場で、礼部に属する。

皮紙（ひし）

楮の樹皮で作った紙。楮を穀・構ともいう。北魏から広く作られており、宋代では山村的生業として楮紙の生産・採集・販売が行われていた。楮紙は廉価・薄手で、実用的なため、従来の麻・藤などの高級品に代わって楮紙が一般化する。官用紙という大量な消費をも独占し、簿書・契券・図籍・文牒に用いられ、元代には全国的に普及していった。主産地はほぼ全国に及ぶが、江南の徽州・池州・浙江・福建・四川であった。

布紋紙（ふもんし）

紙の名。布目紙（布目があらわれている紙）の一種。魚子紙ともいう。

包装紙（ほうそうし）

竹紙の中で粗雑で厚いもの。竹紙に刈り残しの稲の藁をまぜて作る。

蜜香紙（みつこうし）

香樹（香木・沈香）の樹の皮で作った紙のこと。薄褐色で布目紙の様で、香りがあって虫がつかず、耐水性も強い。虫害を避けるため書籍の裏打ち紙に用いられた。製紙術は漢末、三国時代には中央アジア方面に伝わり、晋の太康5年（284）には大秦から蜜香樹の皮を原料とした紙が3万幅献上されたと『南方草木状』に見える。

網紙（もうし）

蔡倫が古い麻の網で作り、その技法が後世に伝わったとされる紙。

油単紙（ゆたんし）

桐油紙。水気のにじみでるのを防ぐため、紙に油をひいたもの。櫃などの道具の覆いや敷き物に用いられた。

櫺紗紙（れいしょうし）

楮皮を使用した堅い紙。その最上のものをいう。宮中の窓の連子・格子・窓枠に張る。広西省広信府で作られる。長さ7尺、幅4尺。染料（五色）は槽の中に入れて染める。

連史紙（れんしし）

貢紙と言われるもので、皮紙の上等紙。滑らかで印刷用に利用される。その他製本・帳簿・書画・信用券用に使われる。上等品は色白く、最上品を紅上紙と呼んだ。また、下等品は黄色を帯びていた。

⑨醸造業

酒（しゅ）※

酒は人類の歴史とともに古い。際だった嗜好品として、また百薬の長として、あるいは神聖な祭祀用供物として、さらに儀礼用飲み物として、人間生活には欠かせない必需品である。とりわけ中国の悠久な歴史にあってはその感が深い。事実、殷・周の世から酒の存在は大きく、最近では、約9000年前に既に中国では酒があったという報告もある。酒の扱い方は、人類の歴史・文化の解明に重要な視点を提供する。国家による強力な酒の管理はその典型である。三国・両晋・南北朝・隋にみられる酒禁（造酒の取り締まり）は、いずれも一時的なものであったが、民の生活の根底に迫る圧制であり、さらに酒の専売すなわち榷酤があった。榷酤の榷とは、専売にする、官がその利を専らにするの意。酤は沽・估・居と同一群に属する文字で酒及び酒の売買の意。

前2世紀、漢の武帝の時始まった榷酤は、廃置をくりかえしながら歴代王朝に引き継がれる。唐は8世紀中頃の安史の乱以後、財政上の危機に直面し、酒の専売を強化した。その方法は、**官醸法**と**民醸法**の2つで、これに**麹**（こうじ、酒のもと）の専売が加わった。官醸法は官が醸酒し販売して酒利を収める純然たる専売法で、民醸法は民間に醸造・販売を許し、酒税を納めさせる法である。この2つは時代によって、いずれかを採用しまた併用した。麹の専売とは麹だけの専売で、はじめ京師と淮南・忠武・宣武・河東の四地域に限って行われ、やがて各地に広がったが、置廃は一定しなかった。

五代には官醸法・民醸法ともに影をひそめ、麹の専売だけが続く。しかしその方法は都市には厳しかったが郷村は放任されていた。後周の太祖の時改正した**塩麹法**では私麹5斤以上は死刑とされた。

宋代の榷酤は唐を受け、諸府州城内に酒務（酒専売の政府機関）を置き、官酤（酒務による**官醸官売法**）と民醸（請負を中心とする**民醸民売法**）の2つの方法と、さらに**麹法**（麹だけの専売法）を加え、3つの形で行われたが、地域によっては不榷のところもあり、また年代によって榷法が変わり、その実態はまことに複雑である。この一因は、酒は塩と違い、生産地域に地理的制約が無く、その体制を多種多様に展開できたからである。しかし**私麹・私酒**の禁、**禁地**の制（一定の酒交易圏の設定）により、あるいは消費量の増大などにより、酒の専売収入は大いに増え、同じ専売の塩に比べて、高低つけ難く、茶よりは多く、遼・西夏の侵寇対策上大きく貢献した。

北宋の榷酤は、神宗朝の王安石の新法で大きく変化する。ねらいは、財政の収入増加にあった。熙寧年間（1068～1077）だけでも、新しい**買撲坊場法**による**酒課**の増徴、あるいは麹法の改定による収入増加がはかられ、一方、**公使酒**（公用の酒）の醸造制限も行われた。これらは、哲宗朝の旧法党政権になると途端に大きく変わるが、やがて紹聖年間には酒や醋（酢）の専売が熙寧・元豊時代にもどって再び盛んになり、この動静が北宋末まで長く続く。北宋末の徽宗朝には、**鬻糟銭・糟酵銭**（酒かすを造醋用に売った銭）を設けるなど、総じていえば、榷酤を拡大し、酒価を増し、中央の財政収入を増やそうとした。南宋となり軍事費捻出のため、行在（杭州）に**贍軍酒庫**を置き、買撲酒坊の**浄利銭**（付加税）及び酒価を増すなどの対策を講じ、軍将の中には、私撲酒坊を経営するものも現れた。

榷酤（かくこ）※

榷酒・酒榷・**酒酤**ともいい、酒及び麹の専売のこと。漢の武帝の天漢3年（前98）に始まり、20年足らずで廃止し、王莽の時復活し、唐代、徳宗の時以後、宋・元と続けられた。漢の専売については、民営を許し税金を取ったにすぎないという説が古来あるように、官醸官売のほか、民醸民売も古来行われてきた。さらに専売された麹も加え、3者について詳しく見ていきたい。

まず、官醸官売の法とは官自らが諸府・州・県・鎮城内に酒務（榷酤担当の小官司）を設置し、自ら醸酒、販売をすることをいう。**官酤**ともいう。その収入は酒課あるいは歳課とよばれ、あらかじめ目標の歳額（祖額という）が定められ、収納金は、中央・地方に送られる。中央からは監当官（監臨官あるいは監官ともいった）が派遣され、醸造販売あるいは酒税の実態を監督する。この結果、歳課を増したものは賞格法に従って第賞された。酒務では初め銭を以って民を雇用していたが、北宋の真宗朝頃より醞醸に廂軍の兵士（兵匠）を使役することも始まった。酒務での醸用の米麦は民租輸納の米麦が充てられたが、強制的な買上げもあった。この方法は北宋中期から末期にかけて盛んに行われ、その収益は大きな財源となった。

次に、民醸民売の法とは官ではなく民戸が官から許可を得て醸酒販売をするやり方である。その方法は多種多様であったが、代表的な方法が**買撲坊場法**である。またの呼び方を、買撲酒場・買撲酒坊・買撲酒務、あるいは単に買撲という。この方法は、官が酒課の徴収を条件に一定期間（ふつう3年間）、民に官の酒坊（醸酒販売所）の経営を請負わせる方法である。北宋の真宗朝、権利のうすい沿辺地方で始まり、神宗朝には全国に広く行われるようになった。まず公告して期限を決め、**実封投状**（競争入札）させ最高価の投状者に酒坊経営を請負わせる。応ずる者（承買者）は官からかなりの抵当を要求され、しかるべき保証人も必要であり、相応の資産家でなければならなかった。つまり豪民である。彼らは**課利銭**（当該酒坊に定められた利益に対する税金）の納入と引き換えに酒坊の設置とその運営を官許される。単なる酒の販売のみならず醸造をも行い、都市・農村を問わず民醸民売の中核をなしていた。なかには複数者が共同で請負う形態（**合本**の慣習）もあり、さらに実際上の業務から離れ、資本のみを投資するものもいた。なお北宋では、官役である衙前の重難に対する見返りとして買撲経営も行われたが、一時的なものであった。買撲法は酒務の官業についで大きな収益があった。

最後に麹の専売法について触れておく。これは**榷麹・麹法**ともいう。官が麹院（麹務ともいう。官営の製麹所）を設置して酒麹を造り、これを民間の酒造業者（**酒戸**）に売って醸酒、販売させる。麹の段階での専売法である。麹法は唐・五代、すでに行われ、宋代では、三京（東京開封府・西京河南府・南京応天府）で始められ、北宋を通じて置廃をくりかえし、終始一貫していない。麹院と酒戸との間の酒麹の売買は信用取引（**除売**という）で行い、麹銭の収支事務は三司の所管であった。因みに北宋初期、売麹価は東京・南京では斤ごとに直銭155、西京はその5を減じたとある。しかし麹銭収入は思うにまかせず、神宗元豊2年（1079）、開封では酒戸を限定し、約70店が開封の酒造業を独占した。三京と同じく諸州・府・軍でも麹務を置いて造麹し、酒戸に販売する麹法が行われていた。また**麹引**とよぶ一種の手形のようなものを発行し、酒戸に酒麹を寄造させるところもあった。時代が下るに従い製麹額は減少し、逆に斤あたりの価格（斤価）が漸増した。

造酒法（ぞうしゅほう）※

中国において穀物から酒を造る過程は、自然発酵によらずに、麹を澱粉の糖化剤とすることである。漢に始まる粒状の**餅麹**は今日の麹に近く、6世紀の『斉民要術』に受け継がれた。『斉民要術』が北方の書であるのに対し、宋代の朱肱（哲宗朝の進士）の手に成る『北山酒経』は南方の書である。『北山酒経』の醸造法については2つの評価がある。これを宋代醸造法の典型とするものと、杭州の一民家の地方的造酒技術書とするものである。その内容は、総論・製麹法・醸造法の3巻から成り、醸造の基本操作が詳述されている。ここから江浙・華南における宋代造酒の地方的特色、およびその実態が浮かびあがってくる。まずそれは、小麦と糯米（もち米）の組み合わせによる醸造法で、はじめに生小麦で**酒薬**をつくり、主原料の小麦に混入して麹力の強い餅麹を造る。これを使ってここから臥漿・淘米・煎漿・湯米・醋糜・用麹など15の工程による醸造が行われる。その期間は6月三伏時の製麹・臥漿から始まり、寒中の仕込みで熟成をはかり、夏期にも造られ、年間を通してのものであった。この宋代の醸造技術で注目されるのは、世界で最も早い記載とされ、俗に**火入れ**といわれる、煮酒あるいは**火迫酒**の加熱殺菌法である。この結果、酒の長期貯蔵が可能となり、酒造りの専業化が大きく前進した。**酒匠**とよばれる日本でいう杜氏の存在もみられ、また酒務に動員の廂軍のなかに兵匠という呼び方もあった。なお、麦・米の原料の準備についていえば官の酒務の場合は民租からの流用、税米の折変、独立採算制による収糴などで、民醸の場合は地主の自前調達及び民間の流通機構の活用などであった。

なお中国酒というとまず貴州の茅台酒とか瀘州の五粮液、すなわち**白酒**を思い浮かべるが、そのような蒸留酒、すなわち焼酎の出現は元以降のことで、白酒という言葉も濁酒の意であった。

醞用穀物〈うんようこくもつ〉

宋代、酒づくりに使用された穀物は、主として秔（うるち米）・糯（もち米）・粟・黍・麦などである。このうち華中の造酒は**糯米**が中心で秔米も使われた。華北では粟や黍が中心。麦は麹の原料として重用された。これらの穀物は、官醸の場合は税租あるいは買上げによって集め、倉儲（倉に貯蓄する穀物）を用いることは禁止されていた。民醸の場合は地主であれば自前調達あるいは商人からの購入であった。因みに神宗熙寧年間（1068 ～ 1077）、在京の酒戸は歳に糯米30万石を用いたという。

麦はもと華北の畑で主に作られていたが、唐以後北宋にかけて江南でも広く作られるようになった。さらに北宋中期には蘇州（現：江蘇省蘇州市）の田で稲との二毛作も行われた。

北宋の榷酤（酒の専売）が推進されると麦の需要はしだいに増大し、南宋に入ると諸軍の馬料として大麦の需要も増え、政府は営田・屯田で盛んに麦作を奨励した。この結果、南宋の各路では広南東西路を除いて殆んどすべての州において麦が作られ、大麦・小麦は税租として相当多く折納され官の酒麹醸造の用に充てられた。このように地主・農民は麦を作って税租を納め、自家消費も行ったがその余りは市場に運んで売った。これらの麦が酒戸に買いとられ、その造酒の原料となった。因みに、官麹は麦1斗で**麹**6斤4両を造ったという。一方、麦作の技術も進歩し、大麦・小麦の品種には、早・中・晩種の3種があり、食用に宜しきもの、酒の原料となるものなど用途にあわせた品種があった。南宋では、麦は米と共に商税を免除して流通が図られたから、商人は各地に運んで売り捌き、すこぶる富裕となるものがでてきた。このような背景が南宋酒課の増添に大いに影響があったものと考えられる。

課程（かてい）

明代、田賦を除き、茶課・商税課・魚課・酒醋課（酒醋を醸造販売する酒戸に課した税）・金銀課等の一定種目の下に割当て徴収した諸税の汎称。このなかでは**商税**がその大宗をなしていて、課程といえば主として商税を意味した。史料に「課程を**榷辦**せしむ」という語がみられるが、商税等の税課を税所にてもれなく徴収せしめたことをいう。**闡辦**も榷辦と同じ意味。

隔槽酒法（かくそうしゅほう）

隔醸法ともいう。南宋初期、高宗の建炎3年（1129）、総領四川財賦（四川総領所の長官）趙開が始めた榷酤の法。官が旧**買撲坊場**に**隔槽**（醸造用のおけ）を置き、麹と醸造用具を備え、民戸が米を持参して一定の税を収め、酒を自醸する法。この方法は至極簡便で、買撲坊場法のように豪民でなくとも容易に醸酒することができた。ために成都を始めとしてしだいに四隣に広まった。しかし、酒課の増加を求めることが急なあまり、しだいに苛酷となり、民の怨みを買うようになった。やがて時の知栄州費庭が川中（四川）隔槽法の弊を論じ、これが上聞に達して転運使臣が利害を尽すことになり、隔槽法は、紹興27年（1157）、罷められることになった。『宋史』食貨志、酒の項は、本文最後に、この法について、「国家の贍兵、郡県の経費、率ね此れより取給す。故に罷行、増減、一にして足らずと雖も、而も其の法、卒《にわか》に廃す可からずと云う」と記している。

榷醋（かくさく）

酒の専売と深く関連して、宋代では**醋**（**酢**）の専売がある。醋は、中国では古くから大事な調味料として食生活の必需品であった。醋の製法は賈思勰『斉民要術』巻8に詳しい。20ほどの製法のひとつに酒あるいは**酒糟**（酒かす）を原料としたものがある。宋代の醋はこの製法が一般的に行われていたようである。当時、酒糟は、直接あるいは間接に官の監督下に置かれた。すなわち榷醋である。はじめは許されて民が官糟を購入して酢をつくり自給していた。しかし、やがて**買撲法**による造醋酤売が実施された。つづいて諸州公使庫の公使銭調達のために造醋酤売が認められ、民戸の買撲と同様、一定率の醋息銭の納入が義務づけられた。このような民営・官営の二本立ては南宋にも引き継がれ、南宋では新たに**醋庫**とよばれる官営の造醋酤売所が設置され、公使庫に代わる存在となった。榷醋に対しかなり積極的な姿勢を示したのは新法党政権で、財源捻出が主たる目的であった。榷醋による官の収入は、中央財政と地方財政の財源となったが、とりわけ地方財政では重要であった。このため醋息銭は、南宋にはいると一方で州県の雑税の名目に利用され、あるいは訴訟における手数料のようなものに変質し民を苦しめた。しかし全般的に見た場合、榷醋の収入は、榷酒・榷塩・榷茶などにくらべてかなり低いものであった。

麹引（きくいん）

榷酤に関する引目（販売許可証）。一種の手形である。北宋仁宗の天聖年間、江淮・荊湖・両浙で**買撲酒戸**が民戸の吉凶に事よせて良民に引目を出し、酒を強制的に買わしめていた。これは厳しく禁止された。その後、徽宗の政和年間に、荊湖北路の鄂州地方で麹引が売買されている。

南宋に入って孝宗の乾道年間には荊湖北路の常徳府で麹引が発行され、「民は酒坊に困む」と上言があった。これは、湖北は、朝廷を去ること甚だ遠く、貧民下戸は麹引を強制的に買いとらされ買撲酒坊で寄造して酒を得ている。その麹引が高額で「貧乏家、万銭を捐てずんば則ち一の吉凶の礼も挙ぐること能わざるに至る」といわれている（『宋史』食貨志、酒）。この結果、乾道重修敕令が検され、抑買の禁が申厳された。一方、この麹引はしだいに最初の性質を失い酒税の一種となって湖南路で行われるようになった。

麹銭（きくせん）

宋代、麹法（麹の専売法）に従い、酒戸が**麹院**（官営製麹所）から年間割当ての酒麹を購入し、その際支払う代金。一括払いではなく、月毎の分割払いで、麹院はこれを集計して年末に三司戸部に報告した。この売買は信用取引であったため、やがて滞納や未納がみられるようになった。真宗朝頃からである。官はこの対策をいろいろと試みたがうまくいかず酒戸のなかには破産するものもでた。この結果、神宗の元豊2年（1079）開封では醸造元酒戸を70店に限定して酒麹を売り、造酒、販売を許した。これらの醸造元は正式には**正店**と呼称され、さらに**酒楼**とも総称され、酒と料理を出す料亭でもあった。

脚店（きゃくてん）

宋代、醸造権は持たないが、醸造元である正店から酒を仕入れて小売りをするうけ売りの酒屋をいう。正店の支店ではない。専売法上、卸しと小売りの系列固定化の必要から官から強い規制を受けた。身分的には**拍戸**がこれにあたった。

御前酒庫（ぎょぜんしゅこ）

御前は天子のご座所。宮廷に関わる酒庫。南宋孝宗の乾道7年（1171）行宮新庫（臨安）の息銭は浄息3分を以って率となし、その1分が御前酒庫に献納された。

公使酒（こうししゅ）

公用酒ともいう。宋代、酒務あるいは公使庫で公用のために醸造した酒。原料の糯米は政府から与えられ、軍隊・使客の接待に多く用いられた。本来、販売は許されていなかったが、諸州の公使庫は盛んに醸造販売し、榷酤の制を脅かした。

醋息銭（さくそくせん）

民間の**買撲醋坊**者が自ら造った醋（酢）を売った収益から一定の率で納入する醋税。**承買醋坊銭**ともいう。蓄積されて公費を害することのないよう臨機につかい、財務的には貴重であった。たとえば徽宗崇寧2年（1103）には、上言を得て学舎の建立に給用し、また宣和7年（1125）には10の5を率して公使となし、提刑司に令して儲備の数を具せしめ、移用を禁じ、他日に備えている。しかし南宋にはいると醋息銭は一種の手数料あるいは雑税のようなものに変質していった。

私酒・私麹（ししゅ・しきく）

五代の漢と周では麹を犯す者は罪が重く、漢ではたとえわずかでも棄市（死刑後屍を市にさらす）、周では5斤に至る者は死とされた。宋に入って緩和され、私麹を犯すこと15斤、また私酒3斗を以って入城する者は始めて極刑に処せられた（建隆の禁）。さらに太祖乾徳4年（966）には、私麹・私酒持ちこみ売りの禁制地が設けられ、さらに神宗熙寧4年（1071）には私麹について告賞法が施行された。

酒課（しゅか）

榷酤（酒の専売）による官の収入。**酒税銭・売酒銭・売麹銭・添酒銭・浄利銭・坊場銭**などを指す。宋は酒課を重視しその対応は極めて細密で峻厳であった。各地毎に酒務から酒課の祖額（基準とすべき官の収納目標額）と実収額を転運司及び尚書戸部に上申させた。

酒課は歳によって多少の増減があったが北宋の中頃から南宋にかけて漸次増加し、財政収入で重要な地位を占めた。酒課の1年分の総額は酒の歳課といわれる。新法党政権の熙寧10年（1077）前で歳課の多いところをあげてみると両浙路・永興軍路・秦鳳路である。酒務数の多いところと合致している。南宋の著名な政治家周必大は「夫れ酒は国家の利源」と言い切っている（『文忠集』巻136）。

酒肆（しゅし）

宋代、酒の小売業者。酒を小売するだけのものと、料飲業（料理と酒を供す）を併せ営むものとがあった。**旗亭**ともいう。売る酒は官の醸造酒か、醸造権を有する**買撲酒戸**の醸造したいずれかの酒であった。北宋末、開封では**正店**の営む盛大な酒肆が72店もあったが、**脚店**の営むなかにもそれに劣らぬ大規模なものがあった。

酒店（しゅてん）

旅宿・料飲・倉庫の三業務に併せて酒の販売をも行なっていた店をいう。

酒母（しゅぼ）

醸造用の酒のもと。**酴米**ともいう。麹のなかに多く存在する酵母菌をいう。発酵のもととなる。『北山酒経』の醸造工程ではまずこの酒母造りから始まる。これには醋飯（酸っぱくした蒸米）を用いる。併用する麹は麦・米・小麦などその土地土地で異なった材料で作る。宋代では小麦が主原料であった。

酒坊（しゅぼう）

酒場あるいは**坊場**ともいった。宋代、民に**買撲**させて酒課（酒税）を出させる官許民営の醸造所をいう。経営者には富豪地主が多く、当時、県令は耆長を督責して、村内の亭館（はたご）や停場（旅館倉庫業）等と同じく酒坊の開閉をも逐一記録して報告をする義務を負わされていた。

酒務（しゅむ）

宋代、榷酤（酒の専売）行政の末端の官司として、各路の州・府・軍・県・鎮に設置された。酒の官醸官売所であり、民醸民売の監督署であり、酒課を徴収するところでもあった。酒務官とよばれる公人が勤務し、中央から監督指導のため監官が派遣された。各路の転運司、あるいは提挙常平司などの監司が上級官司としてかかわりをもち、時代により地方により、その関係は複雑であった。酒務官には年終税額の結果に基づく賞格法がきびしく課せられていた。酒務では造酒も行い、その労働力としてはじめは民を雇傭し役使に充てた。やがて廂兵（役兵）を使用するようになり、北宋の真宗年間にはじめて醞醸に兵匠を動員している。

都酒務とよばれる酒務もあったが、実体はよくわからない。管轄するところの広い規模の大きな酒務と考えられる。また、**比較務**というのもあった。比較務は商税を徴収しその多寡を比べる官署として宋代、州・府・軍に置かれたがこれを榷酤推進を目的として、酒務にも設けたものであろうか。さらに**清酒務**というのもあった。清酒とは、古代、祭祀用の清潔な酒をいい清醇な酒をさす。清酒務とは清酒だけを扱ったものか単なる名称としてつけただけのものなのか不明である。史料的にも極めて少ない。ところで、全国的に酒務数はどれくらいあったものであろうか。これについては新法党政権の熙寧10年（1077）前の頃で1,861処あったという。このなかで数の多いところは、河北東路・河東路・両浙路・永興軍路・秦鳳路・成都府路・潼川府路・利州路で、概していえば沿辺路である。さらにこのうち歳課の多いところは両浙路・永興軍路・秦鳳路であった（『宋会要』食貨19、酒麹雑録）。

酒楼（しゅろう）

唐代以降、2階立て3階立ての高大な楼造りを備えた酒肆をいう。唐代は貴族・官僚が聚居する里坊内のみにあったが、唐末以降は場所を選ばず、繁華な商店街に建てられた。官営と民営の2種類があり、ほとんどが**買撲民営**の**正店**の経営であり、官営のものは南宋時代にあらわれた。民営のものは市楼ともいわれ、官・民いずれの楼も妓女を置き、酒食を供し、遊楽の場所として繁昌した。宋代・孟元老の『東京夢華録』巻2は、北宋の首都汴京（河南省開封市）の徽宗治下の酒楼について、都の酒店はみな表門に色絹でよそおいたてたアーチ（棚）を飾りつけている。門をはいると南北に中庭があり、両側に小部屋が連なっている。夕方になると灯火を煌々と輝かし厚化粧の妓女数百人が盛装を凝らして酒客のお座敷を待つ。このような酒楼や盛り場（瓦子）はどこでも風雨寒暑にかかわらず昼中から夜通し立てこんでいた。なかで北宋随一と称された白礬楼（後に豊楽楼と改める）は、徽宗宣和年間に3階建てに修築され、その建物が5楼もあり、楼と楼との間には橋がかかっていた、等と記している。

承買酒麹坊場銭
（しょうばいしゅきくぼうじょうせん）

単に**坊場銭**ともいう。酒麹の坊場（酒坊または酒場・酒務ともいう）。宋代、経営を競争入札（**実封投状法**）で民間人に請負わせ（承買）、その代償として納入させた銭。神宗の熙寧4年（1071）王安石は新法として募役法を全国的に施行し、それまで事務重難の衙前の見返りとして許していた酒坊経営を、実封投状による**買撲坊場法**に変えた。その際、この坊場銭の1,000文ごとに50文を**浄利銭**と称して別途に蓄え、吏禄に充てることにした。

この実封投状の制は実施後にさまざまな問題が起こった。まず入札者が落札を得んと収益の計算を無視して高価な入札を行なったため、収支がつぐなわず大損害を招いた。経営が困難し、坊場銭の支払いにも窮し、やがては坊場の承買を願う者が無くなるという事態に陥った。ここに至って法の改正を願う声が起こり、哲宗の元祐の初めに少しく改正されたが、状況の改善はみられなかった。

こうして北宋末、徽宗の政和6年（1116）頃には、京畿・河北などの7路では、承買する者がなく、閉鎖した坊場の数が2,000余か所にも達したという。

南宋にはいってもこの坊場の有り様は北宋末と変わりがなかった。買撲の制や実封投状の制が官の都合で次々ととられ、坊場銭も増加され、坊場の停閉が自然と多くなった。

廂兵（しょうへい）

廂兵は宋代兵制のひとつで、諸州・在京・諸司に隷属した労務兵。ほかに役兵とよばれる兵種もあり、廂兵の一部を構成していた。廂兵（役兵）はその任務により、壮城・牢城・工作・水陸運送・橋梁・馬牧など223にも及ぶ名額があり（神宗熙寧年間）、酒務雑役というのもあった。

浄利銭（じょうりせん）

息銭ともいい純利益のこと。ここから**買撲酒坊**で課利（税金）に対する付加税のこともいうようになった。すでに北宋の熙寧4年（1071）に王安石の新法で実施をみているが、南宋の紹興元年（1131）、戸部の上言に基づき両浙で実施されることになった。州の通判が管理し、季ごとに戸部に送納し、南宋末まで継続した。

正店（せいてん）

宋代、買撲法に則し、官より一定期間（普通3年が一単位）、一定地区の酒の醸造販売権を譲渡された**買撲酒戸**の店をいう。造った酒にはそれぞれ酒名（**酒標**）がつけられ、自ら販売に当たり、また**脚店**に卸売りされた。宋・張能臣『酒名記』には、北宋の都汴京のいくつかの正店名とその酒標（醸造酒名）が挙げられている。

折估銭（せつこせん）

南宋の高宗の紹興初年、川陝（四川省と陝西省）で始められた軍事費。大軍折估銭ともいう。その財源のなかに**場務・坊店酒息銭**すなわち酒課があった。当時、四川では、この酒課の折估銭を増すため本来課税対象とすべき実際の醸造額を無視して過大に民間酒坊に課徴していた。この様子は孝宗の淳熙3年（1176）の詔から知ることができる。詔は冒頭に「四川、酒課の折估に困弊す」とあり、酒課折估銭47万3,500余緡を減ずとある（『宋史』食貨志、酒）。この時の民戸の歓喜を『中興両朝聖政』巻54が伝えている。

贍軍酒庫（せんぐんしゅこ）
　贍軍激賞酒庫ともいう。贍は足す、不足を補うの意。贍軍酒庫とは、宋代、軍用の財政難を補うための酒の醸造、販売の坊場をいう。軍将が軍費補足のため酒庫を経営しはじめたのは北宋末期である。南宋にはいってこれが盛んになり、岳飛も酒庫を開いていたという。このほかにも戦功を犒う意の**犒賞酒庫**とよばれる酒庫も登場した。これら南宋初期の酒庫は三衙（殿前司・馬軍司・歩軍司、禁軍最高の指揮機構）が経営にあたり、余息があれば、更に州軍の軍用にも供され、決して中央または地方の財源となることはなかった。高宗の紹興6年（1136）、戸部が贍軍酒庫を創めると、しだいに諸軍の経営する酒庫はこれに組み込まれることになった。しかしこれら新旧の酒庫は経営上なかなか一本化は成り難く、分業的経営でようやく利得を大にすることができた。

糟酵銭（そうこうせん）
　売糟銭あるいは鬻糟銭ともいう。官営の酒務が**糟**（酒かす）を民間の請負造酷業者（買撲酷坊）に売った際、得た収入。諸行政の費用に充てられた。たとえば、北宋徽宗の政和4年（1114）、湖南路諸務では糟酵銭を提挙常平司に分入し、直達糧綱水工（漕運の水夫）の費としている。

糯銭（だせん）
　酒戸が市易司（官が客商の物貨を買上げ、期を見て販売する官司）を通して買った糯米（もち米）の代金をいう。北宋神宗熙寧の一時期、開封の醸造元は、市易司から強制的に糯米の信用買いをさせられたがやがて自由に購入することが認められた。

添酒銭（てんしゅせん）
　財政逼迫に際し、諸種の名目で規定外に増添した酒価をいう。神宗の熙寧5年（1072）、官府の酒務において、酒1升につき1文を徴収したのが始まりとされる。徽宗の崇寧2年（1103）には学費を増すために上等酒1升につき2文、中・下等酒は1文を増添した（贍学添酒銭）。このように北宋でしばしば増添が行われ宣和4年（1122）経制銭が創設されると**量添酒銭**（増添酒銭・添酒銭ともいう）も加えられた。増額は北宋を通じて大体酒1升につき1、2文から7、8文あたりで推移した。添酒銭は南宋にも引き継がれ紹興元年（1131）には上等酒20文、下等酒10文が増添され州用などに充当された。このように南宋ではしばしば増添が繰り返され弊害を招いた。

倍罰銭（ばいばつせん）
　規定額の倍額の罰銭。違制の場合課せられた。例えば、北宋神宗の元豊2年（1079）、京師の造麹の額を減じて斤価を増し、月毎に麹銭を徴収することにしたが、月毎に輸銭して周歳額に及ばない酒戸には倍罰銭が課せられた。

拍戸（はくこ）
　宋代、醸造権を持たず官・民の醸造元から酒を仕入れて小売りをするもの。身分上は**脚店**と同じ。地方の酒務（官営酒坊）は、これを通して酒を販売していた。

法酒庫（ほうしゅこ）
　宮中の内酒坊（造酒所）にあり、酒を造り、供御（天子に供え奉る）・祠祭（まつり）・臣僚への給賜を専掌した。法酒とは朝廷の正式の宴会をいう。北宋仁宗朝、監法酒庫官3人・監門2人・酒匠14人・兵校110人が置かれていた。

油醋庫（ゆさくこ）
　宋初、油庫と醋庫の2つに分けられていたが真宗朝、合併された。国用として、麻油・菜油・荏油（えごまの油）及び醋を製造していた。監官2人・油匠60人・醋匠4人その他8人が配置されていた。

醴（れい）
　明代、甜酒（あまざけ）あるいは一宿（一夜）酒のことをいう。和名はたむさけ。酒醴の語を広義の飲物・酒類の意に用いた例は古くは『礼記』・『春秋左氏伝』等にみえる。古来この語を以って馳走の意に用いられることが多い。

社会

1 人事

①生老病死

(1) 生

冠礼（かんれい）
成人式。**加元服・上頭**などともいう。冠礼は、今日でいう成人式で、子供から大人への入口であった。もっとも、秦以前の社会では、「礼は庶人に降らず」で、冠礼も貴族の男子にのみ許された特権であった。しかし、秦漢以降になると、一般庶民の間でも行われるようになる。中国古代においては、冠礼は20歳になって行う事になっていた。この冠礼の儀式については、『儀礼』士冠礼の条に、詳しい記述がある。まず、冠礼の儀礼が執り行われる前に、占いで日にちと立会人を決め、その日に宗廟で、冠礼を挙行する。冠を被る時に、頭髪を引き上げて髻を結い、笄と冠の紐（纓）で固定する。そして、最初に緇布冠を被り為政者階級に属する事を表す。さらに、皮弁を被り、兵権に携わる階級に属しその義務を負う事を示す。最後に、爵弁を被り、祭祀に参加できる資格のある事を示す。冠礼は、3度冠を被るので、三加之礼ともいう。式が終わると、立会人と父母と共に、祝杯を挙げるので、醮子ともいう。以上は貴族階級の冠礼で、庶民の成人式は、髷の上に巾を被るだけだった。また、女性の成人の礼（笄年）は、「十五で笄す」とあるように、髷に笄を挿した。ただ、秦漢以後の成人式は、必ずしも20歳と15歳に限らず、土地と時代によって様々である。例えば、南朝では冠礼は重んぜられたが、北朝・隋・唐ではほとんど重視されなかった。唐宋では、冠礼はおおむね16歳前後になり、儀式も簡単になった。冠礼は一応明代まで続いたが、清になると弁髪が強制されたために、伝統的な冠冕制度は廃れ、冠礼も行われなくなった。

祈子（きし）
育児習俗の一種。子孫（男子）を残すことが、人の最大の任務と考えられていた旧中国では、親が子供の誕生を願う気持ちは、極めて強かった。特に、結婚しても子供が生まれない夫婦は、深刻であった。このため、さまざまな子の誕生を祈る方法が、考え出された。この祈子の方法には、大きく2種類がある。1つは、神仏に祈願する方法。もう1つは、呪術に頼る方法である。主要なのは、やはり前者である。すでに『詩経』にも、周の始祖・姜源が、郊媒の神に祈って、子を授かったと歌っている。後世、祈子の神として、最もポピュラーなのは、**娘娘**（ニャンニャン）廟に祭られている娘娘神である。各地の娘娘廟に参詣して、神壇上に並ぶ泥人形のうち望ましいと思うものを1つ手に取り、紅い紐ないし5色の紐をその首に結びつけ、人形と母子の縁を結び、子を授かる前兆とする。また、神仏の壇上の鞋（くつ）をもらい受けたり、盗む方法もある。この外、目出度い霊獣・麒麟の画かれた**麒麟送子**という年画に祈る方法もある。呪術に頼る方法としては、蔓が伸びて実を結ぶので、子子孫孫連綿として続く子授けの象徴として尊重される瓜を、盗んだり、撫でる方法が最も広く行われていた。

寄名（きめい）
他人や神仏に幼児を託す習俗。昔は幼児の死亡率が高かったので、どの国でも、幼児を神仏や各種の霊力がある者に託して、難を逃れようとする習俗が存在している。中国では、この習俗を寄名という。名は本人の象徴であるので、寄名とは、本人を託するという意味である。後漢にはすでに、この習俗が存在していた事が知られている。後世は、寺や道観に名目上入門させる事が多い。また、女乞食や娼婦の名目上の養子にすることもかなり行われていた。これは、最も卑賤な乞食や娼婦などの養子なら、悪霊も近づかないと思われたからだろう。

棄児（きじ）
棄て児。**棄嬰**ともいう。中国では、飢饉や戦乱などの際に、養育できない子供を遺棄することは、古代より一般的に行われ、一種の習俗となっていた。また、正式な夫婦間以外の関係は私通とされ、生まれた子供は姦生子と呼ばれて父母が罰せられることになっていたことも、棄児発生の一因とされている。唐律では、異姓の養子を禁じていたが、3歳以下の養子は認めており、養家の姓を名乗ることも許していた。宋の「戸婚律」にも同様の規定がある。

昏札（こんさつ）
生後3ヶ月未満に名前も付けられずに死亡すること。古代においては生後3ヶ月目に名前を付けることになっていた。この名前が無い状態を**昏**といい、夭折することを**札**という。

催生符（さいせいふ）
育児習俗の一種。安産を促す護符。最も一般的なのは、長方形の紙に語忘敬遺と印刷したもの。「語忘と敬遺は、二鬼の名で、婦人が出産の時、その名を叫べば、人を害さない」と、唐の『酉陽雑俎』に見えているから、唐代に行われていた事が知られる。これを妊婦の家の門に貼っておく。近代まで行われていた。

三朝（さんちょう）
育児習俗の一種。**浴三**・**洗三**・**洗児**ともいう。生後3日目に、客を呼んで、赤ん坊にお湯を使わす。この時、お祝いに集まった客が、盥にお祝いの品を投げ入れるので、添盆という。お湯の中には、ヨモギをいれる。これは魔除けである。また、この日に、湯餅を食べるので湯餅会ともいう。この浴三の習俗は、唐から始まり、近現代まで踏襲された。

産図（さんず）
育児習俗の一種。出産の際に、神鬼などの障りのある位置を示した図。『隋書』に産図、『旧唐書』・『新唐書』に崔知悌産図が見えており、唐・宋・明代の医学書に盛んに引用されている。どこまで遡れるかわからないが、南北朝だろうか。この産図は、12枚の図から成っており、毎図、八卦の方位・毎月の十三神の名・安産に吉の方角などが書かれており、産室に貼って毎月張り替える事になっていた。南宋の宮中でも、出産の際には、医官が産図の方位を書いている。なお、臨月になると、朔に借地文を書き、産室の北壁の上に貼る。この借地文は、産室の土地の東西南北上下、それぞれ十歩の地を神々から借用するというものである。出産で神々の地を汚す事を恐れての措置。なお、この借地文は、日本でも12世紀から14世紀にかけて、行われていた。

周歳（しゅうさい）
育児習俗の一種。満1年の誕生日。周晬ともいう。この日に周囲にある道具を掴ませて、その子の将来を占うので、**抓周**・**試抓**などともいわれている。この習俗は、南北朝の江南で起こったようで、『顔氏家訓』に既に見えている。その後、唐・宋時代に華北に広まり、近現代まで続いている。

殤（しょう）
夭折者。礼法上、成年（20歳）に達しない内に死亡した者を殤という。死亡時に16歳から19歳のものを長殤、12歳から15歳までを中殤、8歳から11歳までを下殤という。生後3ヶ月から7歳以下を無服之殤という。また3ヶ月未満で死亡したものを不為殤という。これらは礼法上のみならず、法律上でもそれぞれ異なる措置がとられた。

満月（まんげつ）
育児習俗の一種。生後30日目。**弥生**・足月ともいう。この日に、産婦も完全に健康を回復して外出をするので、出月ともいう。また、三朝と同じような儀式を行うので、満月洗児とか、洗児会ともいう。唐から始まり、近現代まで続いていた。

(2) 病

花柳病（かりゅうびょう）
感染症の一種。性病。性病は、**淋病**のように比較的軽いものと、**梅毒**のように重いものに、大別される。前者の淋病は、男女の性器の慢性潰瘍や尿道狭窄、淋病性関節炎などの症状が、唐代の医学文献に見られるので、唐代には存在していたことが知られる。後者の梅毒は、中国では広瘡とか、楊梅瘡という。この梅毒の起源については、中国の医学界では、異なる2つの見解がある。1つは、南米起源説で、コロンブスにより南米からヨーロッパに伝わり、それが中国に伝播したというもの。もう1つは、梅毒の中国での最初の発症記録が、ポルトガル人の初寄港した年より早いので、中国起源というものである。

瘧（ぎゃく）
感染症の一種。ハマダラカによって媒介される原虫性の感染症。マラリア。**痎**ともいう。中国最古の医学書『黄帝内経素問』では、夏日暑気にあてられ、それが皮膚の内部に潜伏して、秋になって発症するとしている。民間では、五帝・顓頊の息子が死後に**瘧鬼**となり、マラリアはこの瘧鬼によって引き起こされたものとされていた。そのため、一流の医学書にも、瘧鬼を撃退するための護符の書式が引用されている程である。

恵民薬局（けいみんやくきょく）
医療機関の一種。官営の薬局。太平恵民局は略称。恵民局・売薬所ともいう。北宋政府は、熙寧9年（1076）に、首都・開封に薬品製造・販売のための太医局熟薬所を設立した。その後、**太平恵民局**と改称し、全国に設置されるようになり、以後、南宋・元・明と受け継がれた。

残疾（ざんしつ）
障害者に対する律令の規定。唐令（戸令）では、障害者を障害の程度に応じて、残疾（軽度）・**廃疾**（中度）・**篤疾**（重度）と、3段階に区分していた。このうち残疾は、片目が盲目の者、両耳が聞こえない者、手の指が2本欠けた者、足指が3本無い者、手足の親指が無い者、皮膚病で髪のない者、身体が腐って膿汁が出て止まらない者、陰嚢ヘルニア、首や足に大きな腫れ物が出来た者、一支廃（手足のうち一本が不具で使えない者）などの、軽度の障害者をいう。

水毒病（すいどくびょう）
感染症の一種。日本住血吸虫による感染症。**水蠱**・**蠱毒**・水鼓脹病などともいう。正式病名は日本住血吸虫病。日本という名が病名に付いているのは、この病原虫が日本人・桂田富士郎によって発見されたからである。中国では早くから流行していたらしく、前漢の湖南省長沙・馬王堆出土のミイラからも日本住血吸虫の卵が発見されている。

鼠疫（そえき）

感染症の一種。ペスト。ペスト菌による感染症。腺ペストと肺ペストに大別される。前者は、主として鼠などの齧歯類のノミを媒介にして感染し、リンパ腺が腫れる特徴を持つ。後者は、感染者の飛沫・喀痰などを通じて感染し、特にシベリアや東北地方などの寒冷地に多い。ペストは歴史上何度も、大流行（パンデミック）を繰り返しているが、中でも14世紀の大流行はユーラシア大陸各地に大きな影響を与えた。この14世紀のペストについて、マクニールは、雲南のペストをモンゴル軍がヨーロッパに伝えたという大胆な仮説を立てた。このマクニール説は、魅力的ではあるが、実証的な面では問題が多い。近年では、中東起源の可能性が指摘されている。また、中国の歴史地理学者・曹樹基は、宋元時期と明末清初に、華北でペストが大流行したと推定しているが、これらは肺ペストだったようである。近代では19世紀末に、雲南起源の腺ペストが、香港から台湾・中国沿海地方・日本・東南アジア・ハワイなどの各地に大流行した。さらに、1910年から11年にかけて、東北地方でも肺ペストが流行した。このような感染症の大流行に直面して、清朝・民国両政府は、従来の民間の慈善団体に任せきりの方針を大転換させて、日本の衛生制度をモデルとする近代的な国家医療制度を導入するようになった。

痘瘡（とうそう）

感染症の一種。天然痘。天然痘ウイルスを病原体とする感染症。**出痘**・**天花病**ともいう。天然痘の発生源は、インドとされ、インドから世界各地に伝播したと考えられている。中国では、5世紀末に**虜瘡**と呼ばれる疫病が流行したという記録があり、これが天然痘と特定できる世界最初の記録とされている。恐らく、仏教と共に陸のシルクロード経由で中国に伝わったものであろう。16世紀の中ごろには、天然痘患者の瘡蓋を予防接種する方法が、民間で行われるようになった。その後、17世紀後半の流行に対して、清・康熙帝がこの人痘接種法を採用してから、中国全土に普及した。ただ、人痘接種法は危険性が高く、比較的安全な予防法は、19世紀初めのジェンナーによる牛痘接種法の伝来を待たねばならなかった。

篤疾（とくしつ）

障害者に対する律令の規定。唐令（戸令）では、障害者を障害の程度に応じて、**残疾**（軽度）・**廃疾**（中度）・篤疾（重度）と、3段階に区分していた。このうち篤疾は、悪疾（ハンセン病）・癲狂（癲癇・精神分裂症）・二支廃（2本の手足が不具）・両目盲（両目が盲目）などの、重度の障害者をいう。なお、篤疾者には、介護者（侍丁）を付けることになっていた。また、死刑に該当する場合も含めて、すべて実刑に科せられず、罰金刑となった。

廃疾（はいしつ）

障害者に対する律令の規定。唐令（戸令）では、障害者を障害の程度に応じて、残疾（軽度）・廃疾（中度）・篤疾（重度）と、3段階に区分していた。このうち廃疾は、痴（知能障害）・瘂（言語障害）・侏儒（小人症）・腰背折（腰骨や背骨の骨折・損傷）などの、中程度の障害者をいう。なお、この廃疾者は、罪を犯しても拷問されない外、原則として流刑以下は実刑に科せられず、罰金刑で済んだ。

癩（らい）

一般には、ライ菌による慢性的感染症であるハンセン病をいうが、その他の皮膚病も含まれる場合がある。**麻風**（痲瘋ともかく）・**大風**ともいう。感染者は、主に皮膚や顔・手足などの末梢神経に病変が生じることが多い。感染者が比較的多いのは、華南特に広東・広西・福建であった。その原因としては、風気によるという風気原因説が、従来最も一般的であった。また、僧の悪口をいったり、天子を殺す者は、現世で癩病に罹る、などという天罰説・天刑説も説かれている。その他、湖北省雲夢県睡虎地出土の秦簡（秦の法律）の中に、ライ病患者を強制的に隔離して癩遷所で集中的に管理すべしという規定があったから、早くから感染症という認識もあったようである。この種の隔離施設としては、唐代前期にも仏教教団によって**癩人坊**という隔離施設が経営されていたことが知られている。また清代には、身寄りのないいわゆる鰥寡孤独を収容するのが本来の目的であった**養済院**にも、ライ感染者を収容するものがあった。近代的なライ院は、20世紀の初めに広東郊外の石龍にイエズス会士によって建てられたものが最初であろう。

六疾（りくしつ）

6種類の病気のことで、病気の総称。『春秋左氏伝』（昭公元年）に、「天には陰・陽・風・雨・晦・明の6つの気があり、それが度を超すと病気になる。たとえば、陰が過ぎれば**寒疾**（寒さ当たり）、陽が過ぎれば**熱疾**（暑気当たり）、風が過ぎれば**末疾**（手足の痛み）、雨が過ぎれば腹疾（腹痛）、晦（夜の宴会や房事）が過ぎれば**惑疾**（心の乱れ）、明（昼の仕事）が過ぎれば**心疾**（心の疲れ）となる」とあるのに由来する。

(3) 老

華甲（かこう）

数えの61歳のこと。**花甲**ともいう。日本でいう還暦。6つの十と一からなる華と、十干の1番目で歳を意味する甲に由来するとされている。ただ、華には立派という意味があり、立派な歳という意味との説もある。

鰥寡孤独（かんかこどく）
困窮者の総称。老いて妻のない者を**鰥**、老いて夫の無い者を**寡**、幼くして親のない者を**孤**、年老いて子の無い者を独という。いずれも困窮する者で、孟子はこれを「天下之窮民」・「無告之民」といった。同義のものとしては、矜寡孤独がある。矜も鰥と同じ、老いて妻亡き者の意味である。また、孤独矜寡という言い方もある。

権留養親（けんりゅうようしん）
病気や老齢の祖父母・父母を扶養するために、刑の執行を延期する唐律の規定。この措置の適用を受けるには、次の2つ要件を満たす必要があった。(1)犯人には、80歳以上もしくは重病の祖父母・父母が生存していること、(2)犯人以外に、戸内には満1年の喪に服すべき親族（期親）がいないこと。前記要件を満たし十悪以外の死罪を犯した者に対しては、皇帝の裁断（上請）に委ねる。また、前記要件を満たし流刑を犯した者に対しては、要件の存続期間は、流刑の執行を停止するが、要件の解除の後、流刑を執行する。

寿器（じゅき）
生前に用意される葬式道具。特に棺桶の材料となる材木を寿木ともいう。中国では、生前に葬式の準備をしておくことは不吉とは考えず、却って縁起が良いとされていた。このため、自身や子孫によって準備されていることが多かった。また、他人に棺桶や棺材を施すことは、大きな慈善と考えられていた。

寿誕（じゅたん）
老人の誕生日。中国では、誕生日（生日・誕辰などという）は、それぞれの家庭内における地位に応じて、祝われる。特に、長寿は徳のある証拠として、老齢であるほど尊敬され、賀寿・作寿・做寿・敬寿などともいって盛大に祝われる。中でも、古稀・七十大寿・八十大寿・九十大寿などの10年ごとの誕生日祝いは、**整寿**・**正寿**といい、尊ばれている。

老（ろう）
老人。長幼の序を重んずる中国社会では、古くから老人は尊敬・優待すべき存在と考えられ、歴代の王朝でも、老人に対して免税・刑罰の免除・賜物・賜官など、さまざまな優待措置が行われていた。何歳から老人とするかについては、時代によって違いがある。儒教の経典・『礼記』では、「六十を耆と曰い、…七十を老と曰う」とあり、60歳ごろから老境に入り、70歳を正式な老人と考えていたようである。隋では60以上を老とし、唐以降も基本的にはこれを踏襲した。また、歴代の王朝で三**老五更**という退職高級官僚を主客とする敬老儀式や、地方の老人を呼んで行う**郷飲酒礼**など、さまざま敬老の儀式を行い、老人を尊重する仁徳あつい王朝である事を誇示した。

(4) 死

火葬（かそう）
葬喪儀礼の一種。**火化**ともいう。中国では、人間は肉体と霊魂とから成っており、死はその分離と考えられていた。このため、肉体が残っている限り、何らかの方法で再生は可能なのである。この種の観念のもとでは、死体を焼くことは、極めて非人道的な行為と考えられており、仏教と共に中国に伝わった火葬は、なかなか普及しなかった。ようやく、宋代になると、火葬が広まりはじめた。その原因としては、仏教が民間に浸透し始めたことと、道教の側でも火葬を推進するようになってきたこと、及び人口が増えると共に土地の兼併が進み、埋葬の土地が足りなくなってきたことなどが挙げられよう。しかし、中国の大半の地方では、依然として土葬が中心だった。

七七（しちしち）
葬喪習俗の一種。**作七**・做七・斎七・焼七・理七などともいう。インドでは、人の魂は死後49日の間は、**中有**（中陰ともいう）に迷ってどこにも転生できないと考えられ、7日毎に7回の追善供養をする習俗があった。この習俗が仏教と共に北魏頃に伝来し、唐以後近代まで盛行した。なお、49日の供養が終わることを、**断七**、または満七という。

七星板（しちせいばん）
葬喪儀礼の一種。柩中の死体の下に敷く板に、北斗七星を象った模様を刻み、これを七星板という。現在知られている最古の例は、五胡十六国時代の高昌の古墓から発掘された木棺の前羽目板に7個の星が描かれているものである。中原の例としては、南北朝末期の『顔氏家訓』に見えている。北斗七星は死者を管理するとされているので、死者の安寧を北斗七星に祈願したものと思われる。この習俗は、唐宋時代にかなり一般化していたが、『朱子（朱文公）家礼』に取り入れられたために更に普及し、朝鮮でも行われるようになっている。

出殯（しゅつひん）
葬喪儀礼の一種。納棺の後、埋葬を待つ状態を**殯**（かりもがり）という。柩を墓地まで運んで埋葬するまでを出殯・啓殯・送葬などという。また、発喪・発引とも言う。柩を乗せた車を縄で引くことを、**執紼**・執引という。この執紼の際に、漢代から、死者を悼む挽歌を歌うようになる。王公・貴人の場合は**薤露**、士大夫・庶人の場合は**蒿里**という挽歌を歌うことになっていた。

小斂（しょうれん）
葬喪儀礼の一種。人が死ぬと、復や浴尸、飯含などの儀式を行った後に、その翌日の早朝、小斂という儀式をする。斂とはおさめる、すなわち死体を整えるという意味で、死者のための服（**斂衣**）に着替えさせる儀式を行う。死者の服は、綿入れと襲（かさね）を用い、襟は生前とは反対の左前にする。顔に黒地に紅裏の布を被せる。これを**幎目**という。さらに、被いで死者を包み、上から紐で縛る。それが終わると、死者のために酒食が用意される。これを小斂奠という。そして、主人はじめ一族のものが、**踊**という慟哭を行う。なお、この日は、一晩中、庭で篝火をともしておく。以上は、主として『礼記』・『儀礼』によったが、後世もほぼ踏襲されている。

属紘（ぞくこう）

葬喪儀礼の一種。属は置くこと、紘は新しい綿（真綿。後には棉花）のこと。病人の臨終に臨んで、その病人の口や鼻に、真綿を近づけて置き、その震動により呼吸の有無を調べる事である。すでに、『儀礼』や『礼記』にも見え、周代から存在していたことが知られる。後には、人の臨終そのものを指す言葉となった。

大斂（たいれん）

葬喪儀礼の一種。死体を棺に入れる儀式を行う。小斂の翌日、つまり死亡の3日後に行う。主人は、介添えの者に助けられながら、死体を棺に入れ、蓋をする。棺に釘を打たず、皮紐などで蓋と棺を縛る。それが終わると踊という慟哭を行い、次いで死者のために酒食を供える大斂奠を行う。これが終わると、遺族は喪服に着替える。

丁憂守制（ていゆうしゅせい）

葬喪習俗の一種。丁憂（**丁艱**ともいう）は、父母の喪に遭うことをいう。守制は、服喪の制度を守るということ。旧中国では、父母の死を聞いた日より、子ないし嫡長孫は、任官・科挙の受験・結婚や娯楽などをすることが出来ず、家で3年の喪（27ヶ月）に服さなければならなかった。これを丁憂守制という。官吏の場合は、喪が明けると、元の職に復職出来る事になっていた。ただ、戦争その他の特別の事情がある時などには、国の側では離職を許さない場合がある。これを奪情、または**起復**ともいう。起復は後には、喪が明けて復職する事をいうようになった。軍人の場合は、原則として離職は許されていない。

買地券（ばいちけん）

葬喪儀礼の一種。冥界の土地証文。墓地の売買証文を死者と共に埋葬し、埋葬された墓地の所有権を明らかにして、鬼神の侵犯を防止する習俗である。このような習俗は後漢から明清まで続いた。最初は、現実の証文の形式をとったが、やがて后土や地夷王などの冥界の神々から土地を購入する形式になった。石・煉瓦・鉛・玉・鉄の板に記され、内容は年月日・被葬者の住所・姓名・年齢・墓の所在地・墓地の値段・墓の四支（周囲）などからなる。

飯含（はんがん）

葬喪儀礼の一種。死後、死者の口の中に、珠玉・銅銭や米飯、その他の物を入れることを、飯含という。この儀式は、通常、死体の浴尸（尸の沐浴）の後に行われる事になっていた。既に『礼記』などに見えている。後世は、実際の食料を口に入れる事になったが、殷や周の墓からは、蝉の形をしたいわゆる含玉が出土しており、本来、飯含はこの含蝉などの含玉だったと考えられる。玉は不朽の象徴であるが、蝉も脱皮するので不死を象徴する。死者の口に玉を歯ませて、不朽・不死を祈ったのだろう。

復（ふく）

葬喪儀礼の一種。招魂儀礼。招魂ともいう。属紘して、真綿（のち棉花）が動かなければ、死者の生前に着ていた着物を持って、母屋の屋根に上り、北に向かって死者の名を2度大声で呼び、着物を巻いて庭に投げ落とす。死者が男性の場合は名を、女性の場合は字を呼ぶ。この招魂儀礼を復という。この復は3度繰り返されて、その終了時点から、本格的な葬儀がはじまる。この復の儀礼は、周代から存在しており、以後踏襲された。

明器（めいき）

遺体とともに埋葬する器物。死者があの世で使用するためのもの。陶器や木・竹・石などで作られていた。宋代ごろから、紙で作られ**冥器**と呼ばれるようになり、あの世に届くように燃やされた。

浴尸（よくし）

葬喪儀礼の一種。沐浴・浄身ともいう。人の死後、頭髪・身体から鬚・爪まで、洗い清める儀式で、復の後に行われる。死者が男性なら男性が浴尸を行い、女性なら女性がおこなう。この儀式も、周代以来行われていた。

②衣食住

(1) 衣

帷帽（いぼう）

服装の一種。籐で編んだ笠状の帽子の下に、首まで紗を垂らしたもの。南北朝ごろ、羃䍠と共に西北から中国に伝わったといわれている。唐の高宗時代に、女性の外出用に羃䍠を抑えて流行した。羃䍠は、全身をスカーフで覆っていたが、帷帽は顔を覆うだけで露出度がはるかに高かったので、高宗朝では禁令を出したが、あまり効果はなかった。しかし、玄宗朝になると、より露出部分の多い胡帽が好まれるようになり、女性たちは帷帽を全く被らなくなったという。この**胡帽**については諸説有るが、遊牧民の黒い羊毛で作られた角の尖った混脱帽というのが有力である。これだと、顔は全面むきだしである。

烏紗巾（うさきん）

服装の一種。烏紗帽ともいう。黒色の紗で作った頭巾。通常は桶の形。魏晋以後、主に文士や逸士に愛用された。隋の文帝も愛用し礼冠としたため、官僚は皆これを着用するようになる。また、唐の後半に**幞頭**の大流行にあわせて、烏紗巾も流行して元代まで続いた。

靴（か）

履き物の一種。ブーツ。古くは鞾あるいは、鞮と書いた。もとは、北方の遊牧民の履き物であったが、戦国時代に中国に伝わり、南北朝までは一般に軍隊で履かれていた。遊牧系の政権である隋になると、官僚や貴族・皇帝まで、祭祀や式典以外には、常に靴を着用するようになる。隋と同じく遊牧系の政権である唐では、靴は官僚の朝服となり、朝会でも靴を着用するようになった。また、宮中の女性たちも靴を履くようになり、皮以外にも錦や緞子でも作られるようになった。宮中での靴の着用は、五代から宋にも受け継がれたが、北宋・徽宗の政和の礼制改革で、靴は**履**に改められた。南宋になっても、履の着用は継承されたが、乾道7年（1171）、また靴に改められ、以後、清朝に至るまで靴の着用は続いた。なお、靴は一般には先が尖っているが、朝服の靴は先が方形になっている。これは、跪拝に便利だからだという。

蓋頭（がいとう）

服装の一種。女性の外出用の、顔を隠すためのベール。宋元時代に流行した。一般に、色の濃い紗で四角形に作り、外出の際に頭に被り、下は胸まで隠す。唐の帷帽が起源といわれている。紅色のものは、結婚式に花嫁が被り、現在でも行われている。

冠（かん）

服装の一種。広義には男子が被るかぶり物の総称であるが、狭義には貴族・官僚の被る帽子をいう。古代の貴族は、20歳になると、冠礼を行い成人に達したことを示した。冠を被る際には、まず髪を束ね頭の上で髻を結い、纚（黒い布）で髪を包み、冠を載せる。そして冠の両傍の穴から髪に笄（こうがい）を通して固定し、さらに纓（冠の紐）をあご下で結ぶ。春秋時代には身分社会の象徴として定着するようになり、漢朝で冠の制度はほぼ完成し、以後の歴代王朝では、漢の冠制を踏襲した。冠の種類は身分や職種により様々であるが、代表的なものを挙げれば、天子は通天冠、諸侯は遠游冠、大臣は高山冠、文臣や学者は進賢冠、武官は鶡冠（鶡はヤマドリ。ヤマドリは勇猛で死ぬまで戦い続けるので、武官の冠にはヤマドリの羽を着ける）を被る。法官は、獬豸（かいち。人の不正を見抜くという、伝説上の神獣）冠を被る事になっていた。隋唐以後は、礼服の冠はほとんど**幞頭**などによって代用されるようになり、冠自体の重要性は減少した。元朝では、祭服には中国式の冠をつけたが、それ以外はモンゴル式の帽子や笠を着けた。また、女性も冠を着けるようになり、皇后や高級女官たちは、顧姑冠というモンゴル女性独特の冠を着けている。明朝でも皇后などの女性たちは、鳳冠を採り入れるようになった。清朝では大祭以外には、満州固有の冠帽を用いた。

旗袍（きほう）

服装の一種。チーパオ、いわゆるチャイナドレス。もともとは、清の満州貴族（満州旗人）の長袍一般をいうが、後には女性のワンピースを指す事になった。漢族の袍に比べて洋服に近かったので、民国になってから、漢人女性の間でも大流行した。もともとは、丈も長く、袖も広くゆったりしていたが、1920年代になると、袖も細く丈も短くなり、スリットを大胆に入れ、女性の身体の曲線美を強調するものが多くなった。このため、外国人に中国女性服の代表のように見なされ、チャイナドレスと呼ばれるようになる。革命後も香港や台湾では見られたが、中国本土ではしばらくは姿を消していた。しかし、改革開放後は、本土でもまた復活した。

巾（きん）

服装の一種。頭巾ともいう。もともと、庶民が汚れを拭うための手拭いで、頭を包んだもの。古代においては、貴族は冠を被り、庶民は巾を被ると言われていた。しかし、漢代になると、貴賤を問わず巾を被るようになる。後漢以降は、官僚や知識人たちも好んで巾を被るようになり、大小・色・形の違いや愛用した有名人の名に因み、黒巾・丹巾・幅巾・大巾・角巾・襆頭・烏紗巾・葛巾・林宗巾・諸葛巾・浩然巾・東坡巾・山谷巾など、様々な巾が出現した。

鞋（けい）

履き物の一種。古くは、鞵と書いた。上部に紐のついている革製の靴。絹糸や絹布製を糸鞋、麻と絹糸の合成を合鞋、茅・藁で編んだものを草鞋という。合鞋は、東晋時代に女性の間で流行したが、他は漢代以前から存在した。草鞋は、漢代以来近代まで、通常、労働者に用いられた。また、簡便なので旅行客にも愛用された。

屐（げき）

履き物の一種。下駄。下に2枚の歯を付けた、ぬかるみを歩くためのものをいう。木製の木屐というものもある。漢代には流行して、男女ともに用いられた。女性用には、漆で彩色を施された漆画屐が愛用された。ただ、隋唐以後は衰退して、宋代には草鞋にとってかわられた。

玄端（げんたん）

服装の一種。古代中国の諸侯や士大夫の黒色の礼服。玄は黒色、衣と袖が2尺2寸で端正なので、玄端という。周代には、天子から諸侯・大夫・士まで、祭祀に参加する時に、玄端を着た。漢代まで祭服とされたが、以後途絶えた。明代になると、復活して官僚たちが自宅で寛ぐ時の服装となった。

袴（こ）

服装の一種。**褲**とも書く。袴は、両足を通す、ズボンの類。中国には、もともと、両足を通すズボンの類はなかったが、漢代ごろから普及しはじめた。王国維は、戦国・趙の武霊王が、遊牧民族の**胡服騎射**を採り入れたときに、騎馬に適した袴も中国に伝わったと考えている。

顧姑冠（ここかん）

服装の一種。**姑姑冠**ともいう。モンゴルの貴婦人の冠。針金や樺の木・柳の枝などで骨組みを作り、フェルトや絹で包み、色とりどりの飾りを付ける。さらに、冠の頂上にも細い枝を挿し、飾りを付ける。飾りには身分によって差があった。冠の高さは2尺（62センチ）ほどだったので、テントを出入りする時には、頭を下げなければならなかったという。

褌（こん）

服装の一種。腰から腿までのぴっちりした股引のような下着。短いものもあり、越中褌のような**犢鼻褌**という労働者の下着もある。前漢の詩人・司馬相如が、金持ちの娘と駆け落ちして居酒屋を開き、彼自身が犢鼻褌を着けて手伝った有名な話がある。

幘（さく）

服装の一種。髪を包む頭巾。古代の中国では、貴族は冠を被ったが、庶民は頭巾で頭を覆った。幘は、比較的古い頭巾で、1枚の黒い布で頭を覆ったもの。やがて、漢代になると、官僚たちも幘を被るようになる。庶民はただ幘のみで、官僚たちはこの幘の上に冠を被った。最も卑賤のものは、緑の幘を被った。

襦（じゅ）

服装の一種。中国古代においては、上着を襦という。長襦と短襦の2種類があった。長襦は腰から膝頭までのもので、短襦は膝までのものである。袖の短く袂のない単衣の**衫**の上に着る。

帩頭（しょうとう）

服装の一種。綃頭・幓頭とも書く。男子の髪を包む鉢巻き状の頭巾。庶民はそのまま頭に巻き、貴族たちはこの上に冠を被った。後漢から流行して、東晋初期までは存在していたようである。

深衣（しんい）

服装の一種。上着と下半身に着る裳とを繋げたもの。春秋戦国時代から出現した。『礼記』に、「上着と裳とを繋げたもので、体の奥深いところを覆うので、深衣という」とある。襟が大きく、袖が広く、裾は割れていない。貴族から庶民まで着ていたが、礼服ではない平服である。

舄（せき）

履き物の一種。祭祀や儀礼の際に穿く履き物。祭礼の際に湿らないために、二重底にしたくつ。通常、祭礼の時には、祭壇に登る際には舄を脱ぎ、祭祀が終わって祭壇から降りると舄を穿く事になっていた。この舄着用の制は、すでに周で行われ、以後、明までの歴代王朝では受け継がれたが、清になると祭祀にも靴を着用するようになり、廃れた。

中山服（ちゅうざんふく）

服装の一種。中山装ともいう。中華民国官吏の制服。孫文（孫中山）が、1923年に中国革命大元帥になった時に、南洋華僑の間で流行していた**企領文装**と西洋服を参考に、広東人の黄隆生の協力のもとにデザインしたのが始まりとされている。ただ、孫文が日本の学生服をヒントにしてデザインしたという説もある。詰め襟、前身ごろに5つのボタン（5権分立の象徴)、袖には3つのボタン（三民主義の象徴)、正面に4つのポケットがあり（礼義廉恥の4維の象徴)、ズボンには折り返しがある。色はカーキ色・グレー・紺などがあった。材質はウールサージが一般的であったが、高官はラシャを用いた。1920年代末に、国民政府は「服制条例」を出し、中山服を礼服と定め、夏季は白色、春・秋・冬季は黒色を用いるとした。なお、中華人民共和国のいわゆる人民服も中山服の一種である。

兜肚（とうと）

服装の一種。古代では抹胸といった。胸と腹をおおう下着。1尺余りの方形の布を、一方の角を切って、ひもを付けて首から吊し、両脇の角にもひもを付けて胴に結びつける。近現代まで、女性や児童が常用した。

背子（はいし）

服装の一種。**褙子**・背児ともいう。背子と呼ばれるものには、同名異種の衣服が4種類含まれている。⑴袖の短い上着で、唐代に用いられたもの、⑵祭服や朝服の下に着る単衣で、長袖で両脇にスリットが入っていて、足までの長さがある上着。宋代に用いられ、上は皇帝から下は官僚までが着た、⑶宋代の儀仗兵の服装、⑷女性の常服。対襟（左右の前身頃が中央でつきあわせになっているもの）・直領で両脇にスリットが開き、袖は広いものと狭いものがある。丈は膝上のものから足まであるものがある。宋代に流行して、上は皇后・妃から、下は庶民の女性まで、この背子を着た。明代になると、男女の常服となった。

冪䍦（べきり）

服装の一種。頭から全身までを覆うスカーフ。西北から南北朝時代に中国に伝わり、唐初に女性の外出用として流行した。しかし、唐の高宗時代に帷帽の流行と共に廃れた。

弁（べん）
服装の一種。中国古代の男子が礼服を着たときに被る帽子。材料や形・用途によって、爵弁・皮弁・韋弁など、多様な弁がある。爵弁は、冕に次ぐランクの被り物で、雀の頭の色のように赤黒いので爵（雀）という名が付いたとされる。楽人や官僚が祭祀の際に被る。**皮弁**は、弁と略称するように、弁を代表する被り物。鹿の皮で作るので皮弁という。鹿の皮を花びら状の数片に切り、それを縫合して作る。ランクは爵弁と同じく冕に次ぐ被り物で、日常、天子や官僚が朝廷で被る。韋弁は、赤色の皮で作り、形は皮弁と同じ。出征の際に、天子以下、百官が被る。

冕（べん）
服装の一種。旒冕、**太平冠**ともいう。帝王や諸侯・郷・大夫などが、祭礼時に被る礼帽。上に延という長方形の板を載せ、前が低く後が高くなっていた。延の前に旒という珠玉を幾筋か垂らす。旒の数は、天子は12、諸侯は9，上大夫は7、下大夫は5となっていたという。周以前の冕制度は、漢代にはすでに失われていたので、後漢の明帝が儒学者に命じて冕制を制定させ、以後、清朝までの歴代王朝はそれを踏襲した。漢代には郡の太守まで、冕を着ける事が出来たが、宋代以降は、皇帝専用になった。なお、民国初年に袁世凱が復辟した際に、冕を着けて祭祀を行った。

袍（ほう）
服装の一種。真綿を入れた、かかとまで届く丈の長い冬用の上着。漢代には、身分の上下を問わず着用した。居延から出土した漢簡の中にも、兵士の持ち物のリストに出て来る。

幞頭（ぼくとう）
服装の一種。**襆頭**とも書く。脚の付いた黒い頭巾。黒布で頭を包む風習は、秦漢以前からあったが、南北朝末の北周の武帝が、布の両端を裁ち、4本の帯状の脚を作り、脚の2本を後に垂らし、あとの2本を頭上に結んだのが始まりとされている。脚を後や上に折るので折上巾ともいい、4本の脚があるので四脚ともいう。隋唐時代には官吏の公式の被り物となり、上に桐の木を加えて高くした四脚や、脚に漆を塗って固めた硬脚幞頭なども出現した。また、唐末以後、脚は様々に変化し、脚が両側に水平に伸びた展脚（直脚）幞頭や、脚が後で交差する交脚幞頭、上を指す朝天幞頭、風に靡くような順風幞頭、双脚が湾曲した局脚幞頭なども現れ、宋では皇帝から庶民にまでに愛用された。

裳（も）
服装の一種。下半身に着けるスカート状の穿きもの。裳の中でも、何枚もの裂地を縫い合わせた裳を、**裙**という。

履（り）
履き物の一種。底が1枚の靴を履という。糸で編むものを糸履といい、先が分かれた形で、上に様々な模様が刺繍された。履は、通常は、底は皮や麻で出来ており、絹糸や絹布で面を作る。この履は、秦漢以降現代に至るまで、続いている。

(2) 食

飴（い）
麦芽糖から作るアメのこと。餳・糖稀ともいう。麦芽に含まれるアミラーゼにより穀物の澱粉を分解してこれを作る。サトウキビによる製糖が一般化する以前は貴重な糖分であり、『詩経』や『楚辞』にもその名が見えるほか、『四民月令』・『斉民要術』にはその製法を載せる。餦餭（冷やして固めたアメ）のようにそのまま食するのに加えて調味料としても用いられ、北京ダックを作る際、表面に麦芽糖の水飴を塗るのはその一例である。

粵菜（えつさい）
中国料理の地域的分類において広東省の料理を指す語。広東の地が亜熱帯に属することから生息する動植物の種類が多く、さらに盛んに行われた交易により海外の食材も入手しやすいため、粵菜で用いる食材は実に豊富である。北方の料理と比べると味付けは淡白で、その評価は高い。

燕窩（えんわ）
ツバメの巣を指す語。燕巣ともいう。アナツバメが噛み砕いた海藻からなるもので、インドネシアやマレー半島など東南アジア各地で採取される。中国国内ではほとんど採取されないため、利用が広まったのは明清期と比較的新しい時代のことになるが、珍味であることに加えて不老長寿の材料とされたこともあって重用され、清代には八珍に加えられた。

鴨（おう）
アヒルのこと。中国では古くより家畜化がなされており、また成長の速さや環境への適応力の高さといった飼育の容易さも手伝って家畜として重要な地位を占めている。その肉と卵を目的として飼育されており、北京烤鴨（北京ダック）や南京板鴨（アヒルの塩漬）はアヒルの肉を利用した代表的な料理である。またその卵からは**皮蛋**や**鹹蛋**などが作られる。

火腿（かたい）
中国式のハム。料理の具材やスープの出汁として用いられる。豚の後足を丸ごと用い、塩と硝石・砂糖・香料などで漬け込んだのちに陰干しするもので、火を通さない点が一般的なハムの製法とは異なっている。浙江や江蘇・江西・貴州・雲南の各地が著名な産地であるが、中でも浙江の**金華火腿**と雲南の**宣威火腿**は味の良いものとして珍重される。

蝦醤（かしょう）
小エビの塩辛。オキアミの類を塩漬けにして醗酵させたもので、調味料として用いられることが多い。その液体だけを集めたものを蝦油と呼び、これも調味料として利用する。

蝦米（かべい）
小エビを煮たのち乾燥させたもの。海米・開洋・金鉤の別称もある。他の乾貨とは異なり調味料のような利用法が多く、戻したものはスープの出汁としたり、刻んで料理の味付けに用いる。

海参（かいさん）
塩ゆでしたナマコを乾燥させた食品。滋養強壮に効果があると考えられたことから明代以降利用が広まり、清代には満漢全席にその料理が加えられている。戻すのに大変な手間と技術が必要であるが、高級食材として需要が高く、日本はもとより南洋の各地からもナマコが買い求められた。

海蜇（かいてつ）
クラゲを塩漬けにしたもので、乾貨に属する食品。生のクラゲを脱水し、塩に漬け込んで保存する。その食感は歯ざわりが良く、前菜によく供される。

醢（かい）
肉や魚介類を漬け込んで作った塩辛のこと。生の肉・魚に塩・麹・酒などを加えて醗酵させる。古代社会においては肉類の重要な調理法であり、『爾雅』・『周礼』などにその名が見える。また調味料としての利用も多く、膾や羹など各種料理の味付けには塩・醋と共にこれが頻繁に用いられた。

膾（かい）
料理の一種で、生の肉や魚に醋や醢・香味野菜などの調味料を添えて食べるもの。古代中国の食生活において重要な位置を占めた料理であり、『礼記』や『詩経』など数多くの史料、あるいは馬王堆漢墓の副葬品リストなどにその名が見える。古くは肉を主体とした料理であったが、魏晋期以降次第に肉膾は廃れて魚膾のみが食され、用字も膾から鱠へと変じる。そして元代には魚の膾もまた食べられなくなり、ここに中国における生食の風習は廃れてしまった。

乾果（かんか）
果実を乾燥させて作る保存食品。柿・棗・葡萄・山**楂**・茘子などのいわゆる果物に加えて胡桃・銀杏・蓮子なども乾果に該当する。そのまま食することもあれば蜜餞にすることもある。

乾菜（かんさい）
野菜を乾燥させて作る保存食品。冬菜・梅乾菜などの乾菜が各地にあるが、生のまま干すものもあれば、塩漬けにしてから乾燥させるものもある。メンマ（麺麻）もこうした乾菜に類するもので、塩漬け、煮るといった加工処理を施したタケノコを干したものである。

乾鮑（かんほう）
乾貨の一種で、アワビを乾燥させたもの。煮込料理などに用いられるが、戻すのに時間と手間がかかり簡単に調理できる食材ではない。アワビはかつて**鰒**・鰒魚と呼ばれ、皇帝への献上品として史料にも散見されるが、乾鮑もまた高級食材として人々の間で長く珍重され、八珍に加えられることもある。

鹹魚（かんぎょ）
塩漬けの魚。広東で特に好まれる食品であるが、塩漬けにして醗酵させたものであるため、臭いは強い。具材に用いたりご飯に炊き込んで利用したりと利用法は多岐にわたる。

牛（ぎゅう）
ウシを指す語。古くより家畜として飼育され、食用にも供されてきた。大牢（社稷を祀る際の供物）の一部に牛が加えられていたことはその証左であるが、ただ牛は労働力として珍重された家畜であるため、肉類の利用を目的とした屠殺は憚られ、豚・羊・鶏などの家畜と比べると食肉利用の頻度は格段に落ちる。また、労働家畜の肉は筋肉質で肉質も固いことから敬遠される向きもあり、牛肉の利用は四川・華南の一部地域や**清真菜**あるいは貧困層に限定されていた。『随園食単』など各種食経に牛肉料理のレシピが少ないのはそうした事情による。

魚翅（ぎょし）
乾貨の一種で、サメのひれを乾燥させたもの。フカヒレ。煮込み料理として調理されることが多いが、下処理には時間と手間が必要となる。明代ごろから広く食されるようになったようであり、『随園食単』など清代の料理書にはそれを用いたレシピも見られる。八珍にも加えられる高級食材であり、そうした需要もあって日本や東南アジア・南洋など各地から広く買い集められた。

魚肚（ぎょと）
乾貨の一種で、魚の浮袋を乾燥させたもの。水煮や揚げて戻し、スープ・炒め物などに用いる高級食材。魚肚自体は乾物としての総称で、オオガタキングチなどニベ科の魚からとれる小さいものとサメ・チョウザメなどの浮袋を用いた大きなものの大小２種がある。

葷油（くんゆ）
動物性の油脂を指す語。猪油（ラード）・牛油・羊油・鶏油・魚油などがこれに含まれる。古代社会においては照明用の燃料としても用いられたが、燃料としての役割を素油に取って代わられるとその用途は調理に限定されるようになる。炸や爆のように調理の過程でラードを始めとした油脂が用いられるほか、調理済みの料理に香り付けとして用いられることもある。

京菜（けいさい）
中国の地域的分類において北京の料理を指す語。著名な料理としては北京ダックが挙げられるが、これらの料理は**魯菜**をベースとしている点、「油重味濃」と称されるように味付けの濃い点が特徴である。

鶏（けい）
ニワトリ。肉と卵（鶏蛋）を食品として用いる。『斉民要術』には鴨や鵞（ガチョウ）と共にその飼育法が記録され、古くより代表的な家禽と見なされてきたことが分かるが、鳥類としては唯一五畜・六畜に加えられているように家禽の中でも抜きん出た存在であった。他の家畜・家禽と異なり全国的に利用され、また貧富に関係なく食されるため、豚と並んで食品としての利用頻度が高く、肉資源としては極めて重要性が高い動物であると言える。

五果（ごか）
５種の果物の総称。『素問』に見える注釈はこれを桃・李・杏・栗・棗からなるものと解し、これら果物はそれぞれ五行に配当される。

五葷（ごくん）
臭いの強い５種の野菜の総称。道教や仏教の経典にて言及されるもので、その内容は経典によってまちまちだが、韮・葱・蒜・薤などネギ科の野菜を含むことが多い。道教では体内を清浄に保つ、仏教では修行に差し障りがあるという理由からこれらの野菜を避ける。

五穀（ごこく）
古代中国において重要性の高かった５種の穀物の総称。五穀に配当される穀物の種類は、「稲・黍・稷・麦・菽」とする説（『孟子』滕文公上所引趙岐注）や「麻・黍・稷・麦・豆」とする説（『周礼』天官・疾医所引鄭玄注）など史料によって出入りがあって定説はない。

五菜（ごさい）
５種の野菜の総称。『素問』に五菜についての記述が見え、注釈はこれを葵・藿・薤・葱・韭とする。それぞれ五行と関連する野菜として理解されている。

五辛（ごしん）
５種の辛味のある野菜の総称。『梵網経』など仏教経典に見える語で、その内容は五葷にほぼ重なる。また立春の日に五辛菜を食する習慣があり、これらの野菜を盛ったものを五辛盤と称した。五辛菜は韮・葱・蒜などの野菜からなるが、それらの野菜は時代・地域によって出入りがあって一定しない。

五畜（ごちく）
５種の動物の総称。『素問』には五畜に対する言及がなされ、その注釈では牛・犬・羊・猪・鶏をそれに充てる。これらは五行に関連する要素としても扱われる。また、『春秋左氏伝』・『周礼』・『韓非子』には六畜の語も見え、これには五畜の各動物に馬が加わっている。

五味（ごみ）
５種の味の総称。各種道教経典や医書・本草書などのほかに『礼記』・『春秋左氏伝』などの儒教経典にも見られる、古くから成立していた概念。鹹・苦・酸・辛・甘からなるもので、特に医学・本草をも含めた道教的世界観と密接な関わりを持っていた。そこでは、それぞれの味が五行や各種臓器・季節などと対応関係を有するものと捉えられ、養生を図るならばこれを無視することはできなかった。

狗（こう）
イヌのこと。食肉としての利用の歴史は古く、河姆渡遺跡では豚を始めとした各種家畜と共に犬の骨が出土しており、『礼記』・『周礼』などの史料にも祭祀に用いられる犬の肉や天子の食する犬の肉についての言及がある。漢代ごろまではこのように高級な食材と見なされていたが、次第にその地位は下がって食べられなくなり、例えば北魏の『斉民要術』では犬肉を利用した料理は極めて少ない。そのためそれ以降犬肉は薬膳の食材として利用されるか、広東・広西・海南島など華南の一部地域で食されるのみに止まっている。

香菇（こうこ）
シイタケのこと。生のままの調理に加えて、乾貨としての利用も多い。美味であることに加えて具材やスープの出汁など用途も広いため、高級料理から一般家庭での食事まで広く用いられる。また、シイタケ以外にも菌茸類の乾貨は多く、口蘑（モウコシメジ）や草菇（フクロタケ）・木耳（キクラゲ）・竹蓀（キヌガサダケ）なども乾燥させて用いられる。

香腸（こうちょう）

中国式のソーセージ。広東では臘腸と称される。そのまま食するほかマントウに挟んだり、料理の具材にもする。細かく刻んだ肉に調味料・香料を混ぜ合わせたものを腸に詰めて風にあてて干し、さらにかまどに入れて炙り乾かす。これに類する製法は『斉民要術』（羹臛法第76・作羊盤腸雌斛法）に見えることから歴史の古い食品であると言え、また全国各地で利用されており、とりわけ北京香腸・招遠香腸（山東）・如皐香腸（江蘇）・武漢香腸・広東香腸などは著名な香腸である。

羹（こう）

料理の一種で、日本ではあつものと訓ぜられるが、煮物やスープ・雑炊はたまたタレを用いて食すものなどそれが包含する料理の幅は広い。本来は肉や魚を醋や醢・塩・梅などで味付けした煮物を意味したが、羹の定義として汁気の多寡は曖昧に付されて吸物に準ずる煮物も羹として扱われるようになる。また、具材によって名称を異ならせることもあり、肉のみを具材とした羹を臛と称するが、これはのちに**湯**の語に取って代わられた。

餃子（こうし［ぎょうざ］）

いわゆるギョーザのこと。春節の祝いには欠かせず、また点心の一品としても親しまれ、人々の間で広く食される食品である。ただ、具材や加工法などに地域性が見られ、例えば北方では茹で餃子（水餃）が主流であるのに対して南方では蒸し餃子（蒸餃）が一般的である。その起源については議論があり、トルファン出土の餃子とされる食品にしてもワンタンの類と見る向きもあっていまだ定説とはなりえていないが、少なくとも宋代には**角児**の名で史料に登場する。この角児は蒸して加熱する方法が一般的であり、下って元代には焼く・揚げるといった方法も登場するが、茹で餃子の出現は明代を待たねばならなかった。

炸（さく）

調理法のひとつ。熱した多量の油の中に材料を入れて揚げる方法を指す。油の温度や衣の有無によって様々な仕上がりになるが、素材を歯ざわりよく調理したい時に用いられることが多い。

醋（さく）

ス。古くは**酢**の字も用いた。利用の歴史は古く、『周礼』にこれを扱う**醯人**が登場することから明らかなように数ある調味料の中でも塩と並んで最古の部類に属する。原料をアルコール発酵・酢酸発酵させる製法自体は日本の酢と大差はないが、濃度の高さや多様な色味・様々な原料・地域性の大きさなどにおいて日本の酢とは異なる。それは名称にも現れ、白醋・紅醋・黒醋など色による名称、米醋・麦醋・麩皮醋・大豆醋・糟醋・葱醋・果醋といった原料による名称、鎮江香醋・山西陳醋・浙醋・呉醋などの産地による名称などは多彩な品種を示すものであり、ここに挙げるものはその一部に過ぎない。また、長期熟成させたものに対する呼称もあり、それらは名称の一部に陳醋・老醋の名を包む。

三牲（さんせい）

生贄として捧げる3種の動物の総称。牛・羊・豚からなる。

山椒（さんしょう）

サンショウ。サンショウの果皮を乾燥させて砕いたもの。中国では独自の品種である**花椒**がよく用いられる。トウガラシ（辣椒）などとは異なり痺れるような辛さが特徴で、古代社会においてはショウガやグミ（茱萸）と共に重要な香辛料であったが、トウガラシの普及と共に利用は廃れ、現在では四川省を始めとした一部地域でのみ盛んに用いられる。

匙（し）

さじ。スプーン状の食具で、かつては匕・柶とも称した。粥や羹のような流動性の食品を口に運ぶのに欠かすことはできず、新石器時代には既に骨製の匙が用いられていたことが出土物から明らかになっている。以後も銅製や木製の匙が用いられ、また実際にそれを使用する様子を画いた壁画も散見される。

蛇（じゃ）

ヘビ。華南を中心としてヘビを食する習慣があり、食用にされるほか薬用やヘビ酒の材料としても利用される。

粥（しゅく）

穀物を大量の水で柔らかく煮たもの。飯と比べて消化がいいこともあって、朝食として日常的に食されるほか薬膳にも用いられる。飯と同様に粥を構成する穀物はコメに限られず、アワ（小米粥）や緑豆（緑豆粥）を用いたものも粥として扱われる。また、加えられる具材も肉・魚・野菜のほかに木の実や果物・花・薬材など実に多様であり、清代に編纂された『粥譜』には200種以上の粥のレシピが載せられている。

菹（しょ）

漬物を意味する語。**腌菜・醃菜・鹹菜**なども漬物一般を指す言葉であるが、鹹菜は単に塩漬を意味することもある。『詩経』を始めとした各種史料に登場することからその歴史の古さが窺い知れるが、それに伴ってバリエーションもまた豊富である。塩漬の他に調味料に漬け込んだ醤菜や糖醋漬菜（甘酢漬）、泡菜などの酸菜、蝦醤に漬けた蝦油漬などはそうした漬物の一部であり、またこれらはそのまま食されるほかに炒め物や煮物、あるいは餃子の具材として用いられ、利用の仕方もまた多様であった。

醤（しょう）

ペースト状の調味料を指す語。塩や醤油・豆豉などと共に中国料理の味付けには欠かすことのできない調味料である。古くは醢を肉醤とも称したように肉や魚を醗酵させた調味料を醤と呼んだようであるが、次第にこれはマメやコムギを原料とした醤（例えば黄醤（大豆）・豆瓣醤（蚕豆）・甜麺醤（小麦粉）など）に取って代わられ、現在では蝦醤など一部の食品にその名残を見せるのみである。ただ、上記の醤には原料に塩や麹などを加えて醗酵させる製法に共通点が求められたが、時代の経過と共に醗酵過程を経ない調味料もまた醤とされるようになる。ゴマを材料とする芝麻醤はもとよりマヨネーズ（蛋黄醤）やケチャップ（番茄醤）、果てはジャム（果醤）に至るまで醤の名が冠せられるようになり、醤の包含する範囲は本義から離れて極めて広いものとなった。

醤油（しょうゆ）

ショウユのこと。漢代より用いられていたとの説もあるが、その出現が確実に認められるのは明初のことである。原料や製法は日本の醤油とほとんど変わらず、醤を醸造する過程で発する液汁からなるが、醤油の醸造を目的とする場合、醤自体は絞りかすとして漬物に用いられる。なお、日本の醤油とは異なり種類は大変豊富で、現在でも地域ごとに独自の醤油が醸造されている。

蒸（じょう）

調理法のひとつで、蒸気を利用して素材に熱を加える方法。蒸を行うに当たっては鍋と蒸籠を用いることが多く、蒸籠を鍋の上に載せ、沸騰する湯が発する蒸気をもって蒸籠内の素材に熱を通す。現在では魚の**清蒸**や餃子などの点心に用いる調理法というイメージがあるが、古代社会においては肉・魚や野菜はもとより穀物も蒸して調理することが多く、画像石には蒸に用いる調理器具である**甑**を刻んだものが数多く残されている。

食譜（しょくふ）

調理法や調理に関する注意事項などを記した料理書のこと。こうした類の書籍は、古くは南北朝期の崔浩『食経』や隋・諸葛潁『淮南王食経』などの名が見えるが、ほとんどは亡佚しており、残存しているものも唐・韋巨源『食譜』のように料理名のみを載せるものが多い。宋代に入ると林洪『山家清供』のように調理法を記す食譜が現れ、また『事林広記』や元の『居家必用事類全集』など調理法を載せる類書も登場する。これら食譜は特に元代以降その内容を充実させていき、また明・韓奕『易牙遺意』、清・朱彝尊『食憲鴻秘』、清・袁枚『随園食単』など数多の食譜が刊行された。ただし、食譜に載せる調理法には先行する食譜からの引き写しも多く、必ずしも同時代の食の姿を反映しているわけではないことには注意を要する。

随園食単（ずいえんしょくたん）

清の袁枚による料理書。官僚を務めたのち南京にて隠居生活を送った袁牧が交際の中で知りえたレシピを取りまとめたもので、40年の蓄積を受けて乾隆57年（1792）に刊行された。約300種の料理のレシピを載せるが、それらは浙江・江蘇など江南のものが多い。

清真菜（せいしんさい）

ウイグル族を始めとした少数民族や回族（イスラームを受容した漢族）の人々による料理のこと。食に関する禁忌はクルアーンに従い、豚や鱗のない魚・酒などを飲食の対象としない。ただ、ウイグル族などの食文化が西方のトルコ系民族に共通する要素を多く有するのに対し、回族のそれは禁忌を除くと漢族の食文化と共通する部分が多い。

川菜（せんさい）

中国料理の地域的分類において四川省の料理を指す語。辣椒（トウガラシ）・山椒などの香辛料やショウガ・ニンニクなどの香味野菜、魚香・宮保を始めとする独特の味付けなどによって香り豊かで奥深い味わいを持つ。

素食（そしょく）

いわゆる精進料理に当たる料理で、その背景に仏教や道教などの宗教的要素を持つもの。**素菜**ともいう。野菜や豆腐・豆油皮などを主として用い肉類や魚類・卵などは避けるが、いわゆるもどき料理の種類が豊富で、豆腐や豆油皮・麺筋（グルテン）などを用いて肉や魚にそっくりな料理が作られる。仏教の伝来後に盛んになり、寺や道観で供されたほか民間でもこれを食する者はまま見られ、『随園食単』など各種食経には素食のレシピを載せるものが多い。

素油（そゆ）

植物性の油脂を指す語。日常生活における油脂の用途は広く、燃料や撥水・潤滑油などがあるが、中でも炒め物・揚げ物など調理技法に油を用いての熱処理が多い中国の食文化において油が占める地位は重い。食用に用いられる油としてはダイズ（大豆油）・ゴマ（芝麻油）・アブラナ（菜油）・ラッカセイ（花生油）などが挙げられるが、ラッカセイやワタなど外来作物の導入以前はエゴマやアサなどの油も用いられ、『斉民要術』はゴマやエゴマの油を食用として高く評価している。

粽子（そうし）

水に浸したモチゴメ（糯）を笹の葉や竹の皮で包んで蒸したもので、いわゆるちまきのこと。端午の節句には全国各地でこれを作る風習があるが、その具材は地域によって異なり、肉類やマメ・シイタケ・塩漬けの卵などを用いるものもあれば、蜜煮のナツメなど果実を用いた甘いちまきもあってバリエーションに富む。

糟（そう）

酒や酢（醋）を醸造する際に出る絞りかすのこと。これを用いて**香糟**や**紅糟**などの調味料が作られ、肉・魚・卵などを漬け込むのに用いられる。なお、香糟・紅糟は酒粕を醗酵させて作るものであるが、紅麹（紅米）でモチゴメ（糯）を醗酵させる方法を用いることもある。また、同類の製法で作られる中国式の甘酒として**酒醸**があるが、これはそのまま飲んだり調味料として用いられる。

蛋（たん）

タマゴのこと。一般的に鶏蛋・鴨蛋（アヒル）・鵞蛋（ガチョウ）・鴿蛋（ハト）・鵪鶉蛋（ウズラ）の５種が用いられる。日本のように生のまま食されることはなく、紅茶を主とした調味料を混ぜ込んだ泥でくるむ（**皮蛋**）、塩と泥・草木灰に漬け込む（**鹹蛋**）、酒醸に漬け込む（**糟蛋**）、茶葉で煮る（**茶葉蛋**）などの加工を経たものが利用される。

猪（ちょ）

ブタのこと。豚・豬・彘・豕などの字もブタを意味し、イノシシは野猪の語を用いる。河姆渡遺跡を始めとする各地の遺跡からその骨が出土しており、家畜としての利用の歴史は古い。体毛（豚毛）がブラシなどの原料として扱われるほかはもっぱら食肉利用を目的として飼育され、この点において牛・馬・驢馬などの労働家畜とは性格を異にする。肉はもとより内臓や耳（猪耳）・血（猪血）などあらゆるものが調理の対象となり、また肉は火腿・香腸・肉乾などにも加工された。ただ、かつては富裕層でなければ日常的に食されることはなく、小作人が重労働に従う時に振舞われる場合、あるいは節日や各種祭祀・収穫祭など特定の状況でなければありつけなかった。

箸（ちょ）

食具のひとつで、はしのこと。**筯・筷子**などの別称もある。木製や竹製のものが多く用いられる。『史記』には殷の紂王が象牙の箸を好んだという話も見えるが、前漢以前には箸の出土例が少なく、利用の広まりは戦国時代以降のことと見なす向きもある。口が狭く深い椀のような食器を使用する食文化においてはナイフやフォークよりは箸や匙の方が便利であり、箸の利用が中国とその周辺諸国に限定されるのもそうした食器の形態との関わりの中で捉えることが可能である。

蹄筋（ていきん）

アキレス腱を乾燥させた食品。乾貨の一種で、油で揚げるなどの方法で戻してから利用する。煮込み料理などに用いられ、弾力のある食感は珍味とされ、また漢方の世界では滋養食品として高い需要がある。主として豚や牛・鹿などのアキレス腱が用いられ、中でも鹿筋は清代以降、八珍に加えられるほど珍重された。

点心（てんしん）

軽食を意味する語。現在では広東・香港における**飲茶**が点心を代表するものとしてイメージされるが、点心の原義は心に火を点すことに求められ、これは起床から朝食までの間につなぎとして口にする食品、日本で言うところのおめざを指し示す。そこから転じて軽くつまむ小品というニュアンスのみがピックアップされ、現在の点心につながっていく。また、語の示す内容と同様に点心の内容も時代と共に変化していく。宋代には餅や粽子が中心であった点心にも、清代には『随園食単』のように手間の要する麺などが含まれるようになり、現在の飲茶に至る道筋を辿っていった。

豆豉（とうし）

大豆から作る調味料。黒褐色・黄褐色で半乾燥状の食品で、日本の浜納豆や大徳寺納豆はこれに類する食品である。加熱した大豆に塩を加えたものをカビや酵母菌の力で醗酵させて作る。現在においても調理にしばしば用いられるが、特に宋代に醤による味付けが主流となるまでは調味料として重要な地位にあった。

豆腐（とうふ）

水に浸した大豆や緑豆などのマメをすり潰して得られる汁を固めた食品で、いわゆるとうふのこと。腐の字は腐敗を意味するわけではなく極めて柔らかい状態を指したものであるが、北の豆腐は凝固剤に塩化マグネシウム（にがり）を用い、南の豆腐は硫酸カルシウム（すまし粉）を利用するため、地域によって豆腐の固さは異なる。その発明は一般に前漢の劉安によると伝えられているが、『斉民要術』などその後の史料に豆腐に関する記載は見られず、史料には10世紀になってようやく登場するため、唐代ごろより普及したもののようである。日常的な食品として利用されるほか、精進料理にも多用され、また豆腐干（乾燥させた豆腐）・凍豆腐（しみどうふ）・豆腐泡（油揚げ）・腐乳などのように別の食品としても加工された。

豆油皮（とうゆうひ）

湯葉のこと。豆乳を加熱した際に表面に発生する膜を乾燥させて作る。油皮・豆腐皮・豆腐衣・腐竹などの別称があるが、豆油皮や腐竹などは細長い形に加工したものを指す地域もある。

糖（とう）

砂糖。サトウキビ（甘蔗）の糖液を原料として製造されるもの。史料では沙糖の名称も用いられ、白糖や黒糖など色に応じた呼び分けもなされる。また、氷砂糖は冰糖と称し、人物や動物などを模した型に流し込んで作る砂糖を響糖や獣糖と呼んだ。砂糖に関する記録は古くから見られ、『楚辞』にサトウキビの絞り汁である**柘漿**について、『漢書』に柘漿を日干しして作った**石蜜**についての言及が見られる。ただ、その普及や製糖技術の向上など質・量にわたる発展は唐宋期以後のことのようで、インドから氷砂糖の製造技術を導入し、製糖に関する専門書である『糖霜譜』が記されたのもこの時期である。こうした中国産の砂糖は貿易品ともなり、最盛期には清の光緒年間に年６万トンもの砂糖が海外へと輸出されていた。なお、テンサイからも砂糖は作られるが、テンサイによる製糖が広まるのは近代以降のことである。

燉（とん）
調理法のひとつ。**炖**ともいう。素材をスープに入れて蒸し煮する方法を指す。地域によって多少違いがあり、直火にかけて鍋の中で蒸す煮する方法もあれば、蒸し器の中で器ごと加熱する方法もあるが、共に燉として扱われる。

肉乾（にくかん）
干肉のこと。古くは腊・脯・犯・羓などの語が充てられた。調味料や香料に漬け込んだ肉を炙って乾かしたもので、多くはそのまま食べられる。古くは『斉民要術』にその製法が見えるが、材料や製法は時代を追うごとに多様化し、例えば乾燥法ひとつとっても天日干しや陰干し・焙乾あるいは煮詰めて水分を飛ばす方法などが用いられた。

爆（ばく）
調理法のひとつ。高温の油で一気に炒める方法を指す。素材の持ち味を逃さず、かつ歯ざわり良く調理することができるが、それを行うには石炭やコークスによって強い火力を実現する調理環境が求められた。

蜂蜜（はちみつ）
ミツバチが花の蜜を採集して加工・貯蔵したもの。甘味料としては**飴**と共に古くから用いられ、『楚辞』には蜜餌という蜂蜜を用いたと思しき食品が登場する。その利用法は主として菓子の材料が多く、史料に見える蜂糖糕（『山家清供』）・松黄餅（『中饋録』）などの菓子はその一例であるが、焼物の照りを出すために用いたり、蘇東坡のように酒の醸造に用いることもあった。

八珍（はつちん）
８種類の美味にして珍しい食べ物を総称する言葉。その内容は時代によって異なり、『周礼』天官・膳夫に見える八珍は８種の料理からなっていたが、のちに食材そのものを指すようになり、清代には海八珍・山八珍・草八珍・禽八珍と八珍の範囲も拡大していった。日本でも著名な燕の巣（燕窩）やフカヒレ（魚翅）などもこの八珍の内のひとつである。

飯（はん）
穀物を粉末に加工せず、粒状のまま調理したもの。粒状で調理したものであればコメ以外の穀物を用いたものであっても飯のカテゴリーに含まれ、麦飯や豆飯はそうした食物の一例である。同様に調理法の違いも飯の定義には影響を与えず、蒸飯（おこわ）・燜飯（炊干し法）・撈飯（茹でた後にさらに蒸す方法）などそれぞれ調理の工程は異なっても全て飯の字が含まれている。

糒（ひ）
干し飯のこと。同類の語として**糗**がある。蒸す、煮るなどの方法で加熱した穀物を乾燥させ砕いたもの。食べる時は水で戻す。

腐乳（ふにゅう）
豆腐を醗酵させたもの。調味料として用いる。別称として豆腐乳や醤豆腐などもある。豆腐にカビや細菌をつけ、その働きによって醗酵させるが、製造に当たって用いる調味料は地域によって様々で、主として酒・砂糖・塩・麹などのほかに各種香辛料が加えられる。

粉糸（ふんし）
春雨のこと。粉条ともいう。緑豆やサツマイモ・ジャガイモなどの澱粉を原料とした食品で、細長い麺状やキシメン状など様々な形のものがあるが、いずれも水を加えた澱粉を熱湯に直接に流し込んで作る点で共通している。その製法は北魏の『斉民要術』に既に記載が見られ、歴史の古い食品であると言える。

餅（へい）
小麦粉を原料とした食品一般を指す語。日本のようにモチを意味するわけではなく、また一般に小麦粉以外の穀物粉を用いた食品は粉と称して餅とは見なされない点には注意を要する。その調理法によって焼餅・湯餅・蒸餅などと名称は細分され、いわゆるウドン・マントウ・パン・クレープ・ギョウザ（餃子）・ワンタンなどの食品は全て餅のカテゴリーに属するものとして扱われる。

米粉（べいふん）
いわゆるビーフンのこと。粉糸と似ているが米を原料とする点が異なり、南方で盛んに食される地域性も特徴である。また、その製法も生地を一旦蒸した後に熱湯に流し込むという工程をとるため、粉糸とはやや異なる。

蜜餞（みつせん）
果物の砂糖漬。果物やトウガンなどの野菜を砂糖で煮たり漬け込んだりした食品で、保存性が高い。多くの種類の果物が蜜餞として加工され、蜜棗や蜜餞楊梅などはその一例である。また、蜜餞を干したものを蜜脯と称した。

麺（めん）
穀物の粉を原料とした生地を線状に加工した食品で、日本で言うところの麺類に該当する。本来、麺は小麦粉を指すもので、上記の食品は餅のカテゴリーの一部をなすものとして扱われるが、宋代以降に湯餅に当たる食品が麺として区別されるようになった。こうした食品は製造法によって分けると、延べ麺・切り麺・押し出し麺の3種からなる。具体的には延べ麺は生地を細長く引っ張り線状に加工するもの、切り麺は生地を線状に切り揃えていくもの、押し出し麺は特殊な道具で流動状の生地を直接湯の中に押し出すもの、という製法の違いがあり、延べ麺は**拉麺**やそうめん、切り麺はうどん・きしめん、押し出し麺は粉糸や米粉を想起すると良い。ただ、古い時期の製法は『斉民要術』の水引・餺飥のように生地を手や指でこねて細長く形成していくものであり、延べ麺や切り麺の形の麺が広まるのは生地の成形技術の向上や麺棒（拗棒）が用いられるようになる宋元期を待たねばならなかった。

羊（よう）
ヒツジ。毛や皮のほかその肉を目的として飼育される家畜で、特に長江より北の広い地域で盛んに食される。豚と共に小牢（社稷を祀る際の供物）に加えられていたことから、古くより重要な肉類として認識されており、階層を問わず好んで食べられていた。また、豚肉を忌むムスリムにとっても重要な肉類であり、**清真菜**には羊肉を用いた料理が数多くある。

辣椒（らしょう）
トウガラシのこと。**番椒**・番茄・辣茄ともいう。刺激的な辛味を持つ香辛野菜で、数ある香辛料の中でも最も高い頻度で用いられる。中南米原産の植物で、中国へは明代に伝来し、それから数百年かけて普及していった。その利用は中国全土で広く見られるが、特に四川・湖南・陝西などの内陸部で盛んに用いられる。利用方法は多様で、生のまま調理することもあれば、乾燥トウガラシ（乾辣椒）やトウガラシの漬物（泡辣椒）を用いることもあり、またトウバンジャン（豆板辣醤）やラー油（辣油・紅油）のように調味料に加工して調理に用いることも多い。

駱駝（らくだ）
ラクダのこと。現在の中国のラクダは大半が内蒙古や新疆で飼育されているが、清明上河図にラクダが描かれているように古くから物品の運搬に従事する動物として華北の各地でその姿を見ることができた。従ってその肉を目的として飼育されることはないが、老齢のラクダなどは屠殺されてその肉が食される。また、その足の裏（駝蹄）やこぶ（駝峰）の肉は珍味とされ、前者は元代の、後者は清代以降の八珍にその名が見える。

涼粉（りょうふん）
穀物や豆類の粉末に水を加えたものを加熱しながら撹拌して作る食品。適度な固さを持ち、トコロテンのように細長く切り分けたものに調味料をかけて食す。

魯菜（ろさい）
中国料理の地域的分類において山東省の料理を指す語。分類の基準によっては北京の料理を含めることもあるが、いずれにせよ塩気の強い鹹の料理として特徴付けられる。

驢（ろ）
ロバ。華北を中心として労働家畜として広く飼育される。その肉を食する習慣もあり、味も良いとされるが、歴代の食経にはロバの肉を用いたレシピはほとんど見られず、庶民の間で食される肉であったと言える。

鹿（ろく）
シカ。**麞**・麞鹿ともいう。古くより狩猟の対象とされ、その肉も盛んに食されてきたが、家畜化されることはなく食の世界では野味（野生動物）として扱われてきた。その肉は美味で珍重されたほか、鹿筋（アキレス腱）・鹿尾・鹿鞭（生殖器）などの部位は滋養食品として高額で取引され、中でも鹿筋は八珍のひとつに加えられている。また、同じシカ科に属する麅（ノロ）や小麂（キョン）なども同様に美味なる野味として好まれている。

蛙（わ）
カエル。青蛙・蛤蟆・**田鶏**ともいう。江南を始めとした南方各地で食され、特にかつての農村社会においては貴重な蛋白源として扱われていた。ただ、士大夫や都市部の富裕層の目からは卑俗な食品と見なされていたようで、食経などの史料にはほとんど登場しない。

淮揚菜（わいようさい）
中国料理の地域的分類において江蘇省の料理を指す語。概念を広くとって浙江省の料理を含めることもある。川魚や海鮮を用いた料理が多く、味付けは比較的淡白な点が特徴として挙げられる。

(3) 住

椅子（いす）
家具の一種。肘掛けと背もたれのある4脚式の坐具。椅子という語は、8世紀末から見え始めている。方形と円形の2種類がある。五代には、肘掛けと円い背もたれが連結された椅子まで出現した。

園林（えんりん）
中国の庭園。中国庭園は、**苑囿**と呼ばれる皇帝所有の庭園と、貴族・官僚・豪商等の私邸庭園に大別される。苑囿は、秦・始皇帝が創設して前漢・武帝が拡張した長安郊外の上林苑、北宋の都・開封の艮岳や金明池、清の熱河の避暑山荘や北京の円明園・頤和園等のように、人工的に池や山を造営したり、自然の山や川に手を加えた大規模なものが多かった。一方、私邸庭園は、六朝時代の隠逸思想の流行と共に、貴族達の間で自然に親しむ気風が広まり、私邸に自然を再現した庭園を造るようになったのが始まりである。東晋の王羲之の蘭亭や、唐の王維の輞川荘・白楽天の廬山草堂等が有名である。南宋以後は、文化・経済の中心は江南に移り、特に中国庭園文化の最盛期であった明清時代には、江南の官僚や豪商の邸宅に、多数の名園が出現した。中でも、蘇州の留園・拙政園・獅子林・滄浪亭・芸圃・網師園、無錫の寄暢園、揚州の个園・片石山房・何園、上海の豫園、南京の瞻園等が名高い。ただ、いずれも後の修復・改変が著しく、創建当時の風韻はほとんど失われている。これら私邸庭園は、規模は小さいが、自然そのものよりも、自然らしさを人工的に作り出すことにその造園の主眼が置かれている点は、苑囿と共通する。また、明清時代には、造園の理論化・体系化も進み、明末には、中国造園技術の集大成ともいうべき、計成の『園冶』も出現した。

几（き）

家具の一種。漢代の辞書『釈名』に、「物を片付けるためのもの」とあるように、物を載せるための小机で、膝を挟んで寄り掛かるものもある。几の中には、几の上にもう1つ几を載せた二重の几もあった。中国古代においては、床に敷物を敷いて、直接座っていたので、このような家具が必要であった。

宮室（きゅうしつ）

建築の一種。住居の総称。本来、宮と室は、同義語。後には、宮は住居の総称、室はその中の居住部分をいうようになる。西周時代の貴族の住居では、既に、堂は儀礼を行う場所、室は居住の場所と、機能分化していた。まず大門を潜って中に入ると中庭がある。大門の両側の門部屋を塾という。古代の建物は、主として堂・室・**房**から構成されおり、**堂**は儀式や客人の接待の場所であり、居住しない。その堂の後に居住場所である**室**がある。室の東西両側が、東房・西房である。古代の建物は、地面に高く土を盛った基台の上に南向きに建てられていたので、堂に上がるために、東階と西階の2つの階段があった。東階は、主人が上がるためのもの、西階は賓客用である。また、堂の後に序という障壁があり、堂と室とを区切っていた。堂と室との間には、東寄りに戸という戸口があり、西寄りには牖という窓があった。以上は、古代貴族の住居のスタンダードなプランであるが、勿論、庶民の住居はこれほど広くはない。

胡牀（こしょう）

家具の一種。胡床とも書き、交牀とも縄牀ともいう。交差した足を持つ、折り畳み式の坐具。後漢に西域から伝来したので、胡牀という。携帯に便利であるので、上流階級や軍中で流行した。古代中国では、床に坐る生活をしていたが、胡牀の普及と共に、椅子に座り足を垂らす生活が始まり、唐中期以後主流となった。なお、背もたれのある折りたたみ式の椅子（**交椅**）は、南宋から広まった。

炕（こう）

暖房施設の一種。土で作った寝台で、煙突につながり暖を取る。朝鮮ではオンドル（**温突**）といい、高句麗時代から存在していたという。この朝鮮のオンドルの影響と思われるが、金朝治下の華北で女真族の間で炕が普及していたらしく、金に派遣された南宋側の使者の記録などに見えている。やがて、江南の南宋にも伝わり、南宋では**土床**と呼ぶ。現在でも、炕（カン）は、華北で一般的に使用されている。

四合院（しごういん）

建築の一種。中国の伝統的な中庭式の住宅様式。周以来の中国建築の基本形である。特に北京のものが典型的とされている。**院子**（中庭）の4周を建物で囲むので、四合院と呼ばれる。一般的に風水の関係から、大門は東南隅に置かれ、その突き当たりには**照壁**（目隠し塀）が立つ。前庭の南側には客間用の倒座、北に垂花門がある。その垂花門を潜ると、院子があり、正面北側は**正房**（母屋）である。この母屋は、一般に3間で主人の起居・接客・儀礼用に使用される。また、母屋の東西の**廂坊**は、家族の起居や食堂に使われる。さらに奥に中庭を囲むブロックが複数ある場合が多く、中庭の数で**両進院**、三進院などと、進で数える。両進や三進は普通で、中には七・八進まであった。戦後は、多くの家族が雑居し、大雑院（雑居長屋）と呼ばれていたが、近年は再開発の対象となっている。

室屋制度〈しつおくせいど〉

住宅の規制制度。歴代王朝では、住宅建設に対しても、それぞれの身分に応じた細かい規制があった。ここでは、唐の開元25年（737）の営繕令を挙げておく。「王公以下の者は、重栱（複雑なますがた）や藻井（装飾天井）を作ってはならない。三品以上の者は、母屋は厦両頭（入母屋造）・5間9架、門屋は5間5架を超えてはならない。五品以上の者は、いずれも烏頭大門（牌楼形式の門）を作ることが出来、建物は5間7架、門屋は3間両架を超えてはならない。六品、七品以下の者は、建物は3間5架、門屋は1間両架を超えてはならない。常参官（朝廷で天子に参賀する資格があるもの）以外は、軸心舎（エ字型平面配置の建物）を作ったり、また懸魚（破風下飾り）や垂獣・走獣などの役物瓦や大虹梁・繋梁の装飾をしてはならない。庶民の家屋は3間4架、門屋は1間両架を超えてはならず、装飾を施してはならない」。ここに見える、間架の**間**は建物の正面間口の柱の数、**架**は奥行きの母屋桁・棟木の合計数を指す。これらは、絶対的な寸法を指すものではないが、このように間口と奥行きを制限すれば、当時の宅地の条件や建築寸法のために、十分に規制が可能であったという。なお、宋では、烏頭大門は六品以上に許されるようになり、庶民の住居も「五間、門屋は一間厦両頭」となっており、若干緩和されたことが知られる。また、宋では、中央の役所の建物は省・台・部・寺・監・院、地方の役所は衙と、私宅の場合は、親王や執政（高級官僚）は衙、その他の役人は宅、庶民は家というと、されていた。

牀（しょう）
家具の一種。床とも書く。寝たり座ったりするための、木や竹を組んで作った台で、大きくて高いものを牀といい、長くて幅が狭く低いものを**榻**という。中国古代においては、日本と同じく坐る生活をしており、坐る台も腰掛けるのではなく、その上に足を曲げて坐っていた。

席（せき）
家具の一種。床に敷く敷物。中国古代においては、床に直接座っていたので、敷物が必要であった。席は広義には敷物のござの総称であるが、狭義にはグルグル巻きに出来るござを意味し、竹や蒲の若芽・藺草などで作る。下に敷く竹で編んだ荒い簀の子状の敷物を**筵**といい、寝るために柔らかい蒲の若芽などで作ったござを**薦**という。その他、2枚のござの間に、真綿などを詰めた**茵**もある。

荘（そう）
別荘。庄は、荘の俗字。別荘は、漢代には園と呼ばれ、六朝頃から別墅・別業と呼ばれるようになった。建物を**荘院**といい、娯楽施設の外に、田園が付属しており、客と呼ばれる隷属民が耕作していた。唐代に権門勢家の間で別荘を設けることが流行して、それが土地兼併を促進したといわれている。後世、荘を田舎や村落の意味に使い、農民を荘戸・荘家などともいうが、これは荘園に小作人の聚落が出来てから後の用法である。

桌（たく）
家具の一種。高脚のテーブル。足を垂らす高い坐具が普及すると、それに合わせて、テーブルも高くなった。はじめは、この脚の高いテーブルを、高いという意味の**卓**という言葉を使っていたが、やがて桌という言葉が出来た。唐代には長い長桌と四角い方桌があったが、宋代になると、比較的大きな八仙桌が出現し、特に茶館などで普及した。

抽替（ちゅうたい）
家具の一種。抽屜ともいう。引き出し。抽替と呼ばれる家具の引き出しは、宋代から始まる。大きい家具には、2、3個の引き出しが付いていて、抽替桌あるいは、抽屜桌と呼ばれていた。

殿（でん）
建築の一種。高大な建物を、秦以前は**堂**といい、漢代以降は**殿**という。後世は、宮殿や仏教・道教などの宗教建築をいうようになった。

土楼（どろう）
建築の一種。客家の伝統的な巨大集合住居。環形と方形があるが、いずれも壁は厚く窓が少ない、防御性の高い建物である。大きいものは、200以上の部屋がある。福建省永定県・広東省梅県・広西省の山岳地帯に分布。中国南東部に移住した客家の人々が、防衛のためにこの種の集合住宅を建造したと考えられている。文献の初見は、16世紀の中ごろ。

凳（とう）
家具の一種。肘掛けや背もたれのない坐具。なお、方形の凳を、兀子という。凳や兀子は、唐から見られるが、宋代になるとまた、蒲を編んだ円形の蒲墩という尻敷きも登場し、凳や兀子・蒲墩は、上は皇帝から、下は庶民まで流行した。

牌坊（はいぼう）
建築の一種。牌楼（パイロン）ともいう。扉がなく開放的な門型の建築物。科挙の合格者を顕彰するもの、節婦孝子を表彰するためのもの、墓の総門、十字路に立てられたもの、宮殿・寺廟・道観の前方に建てられたもの等、記念的・象徴的あるいは装飾的意味で建てられた。木造を主とするが、石造や全体を瑠璃瓦で仕上げたものもある。

屏風（へいふう［びょうぶ］）
家具の一種。風除けや間仕切りのための家具。戦国時代には、寄り掛かるものという意味から、扆または依と呼ばれた。屏風という呼び方は、漢代に一般的になる。1枚式の挿屏と、数枚組み合わせた围屏の2種に分かれる。围屏は、少ないもので2扇（枚）、多いもので12扇がある。また、材料によって、素（絹）屏風・木屏風・石屏風などがある。

屋根瓦〈やねがわら〉
粘土を一定の形に整えて焼成した、屋根葺きの材料。殷の建物は藁葺きであったが、西周初期の宮殿遺跡から、大形の平瓦が出土するから、この時期から瓦が使われるようになったことが知られる。春秋時代には、丸瓦も登場して、軒先の丸瓦の先端を粘土板で塞ぐ瓦当も出現するようになった。**瓦当**は、はじめは半円形の半瓦当であったが、秦漢時代には円形瓦当が普及し出す。半瓦当の模様は、饕餮文・動物文・樹木文などで、円形瓦当では瓦面を四等分して吉祥の文字や蕨手で飾ったものが多かった。南北朝では、仏教の影響を受けて、蓮華文が主流となる。なお、釉薬を施した**瑠璃瓦**は、隋唐頃から流行し始め、明清時代には特に黄釉瑠璃瓦が、宮殿や寺院で広く使われるようになった。また、宋代以降、民間の家屋でも瓦の使用が多くなってきた。

窰洞（ようどう）
建築の一種。一般にヤオトンの名で知られる黄土地帯の伝統的な地下住居。山西省・陝西省・甘粛省・河南省西部などの黄土層の厚い地方に見られる住居。下沈式と山懸式の2種がある。前者は、黄土の平地に大きな四角い竪穴を掘って中庭を作り、その中庭の四方の壁に横穴を掘って部屋を作るもの。後者は、黄土の斜面に直接横穴を掘り部屋を作るもの。

里弄住宅（りろうじゅうたく）
建築の一種。中国近代の都市集合住宅で、リーロンと呼ばれるもの。弄堂住宅ともいう。19世紀の後半、上海の租界に多量に流入した中国人用に、外国人不動産業者がイギリスの労働者住宅であるタウンハウス（長屋形式）様式を採り入れて建設した、集合住宅である。やがて、漢口・天津・福州・青島などの地に広まった。一般的な間取りは、1階の入口を入ると天窓と中庭、その奥には客間・食堂・居間、さらに奥の厨房・天窓、2階は寝室・浴室からなる。本来は、1住戸に1家族が住むことを想定した設計であったが、後には最初に借りた借家人が、1住戸ユニットを分割して多数の借家人に貸したために、細分化と過密化が進んだ。1980年代半ばまでは、上海市の住宅総面積の過半を里弄が占めていたというが、近年の再開発ブームのあおりを受けて、立て替えが進んでいる。

廊廡（ろうぶ）
建築の一種。家屋の軒下の回廊、あるいは屋根付き廊下。雨や日差しを遮る役割をする。殷以前の建築遺構に既に見られ、殷・周以後、宮殿、貴族の邸宅、寺院建築などに多用されている。

③戸籍

戸籍（こせき）※
戸と戸籍：戸籍の字義はいまの日本語のそれに近いが、中国歴代のそれは内容・運用と目的がかなり異なるところがある。まず熟語としての戸籍の**籍**は、公証文書・公証記録・帳簿・簿冊・名簿のことである。一方、**戸**は広くいえば家とほぼ同義であるものの、戸ないし家をめぐる公法上・私法上の解釈・定義は、いささか複雑である。すなわち、中国においても家ないし家族・親族（親属）が、社会学的な社会団体であることには変わりはない。この意味の家ないし家族の秩序に対して、政府は国が定める普遍的な礼教規範を社会にできるだけ徹底させるべくその維持に向けて随時介入をする。ただし実際には不法行為あるいは私法上の紛争（下述）のケースを除けば、家族・親族関係の経常の運用にまでは、一般には深く立ち入らない立場を採っていた。別の一面で、政府が戸として定義する場合の家は、地方行政を編成したり、課税や夫役・兵役などを徴発したり、身分や位階を公証する等々の目的（下述）の上で、重要な基底の単位をなしていた。この側面において、戸籍上で公法的に定義される戸＝家は、私法上の家族の観念・機能をベースとしながらも、それとは必ずしも同じではなく、行政上の定義や機能によって再定義を付された実体であった。さらに、この公法的な戸＝家の標識をなすものは、共同生活（同居同財）を維持している家（世帯）、およびその成員である**家口**（家族員さらには妾・奴婢をも含む）であった。このため戸籍には代表者である**戸主**（家長）を筆頭に、一戸の親族関係・姓名・性別・老幼・健康状況・各人の年齢・課税の負担状況・身分関係などが記入された。戸の共同関係は煙・火・爨とも表現され、具体的には同居同財・同居共産・共居同産すなわち家産を共有する関係を指すが、世代を超えて見たとき、常に家族員ないし家産の異動が繰り返され、ことに共有の家産を相続して相続権のある成員間で分割することが生じ、これを**析戸**・析家・**分家**・**分煙**・分爨・**鬮**分などと称した。つまり、戸籍が対象とする戸＝家は共同生活をする家族（世帯）を指しているが、その共同性とは家産の共有関係に止まらず、相続関係によっても支えられていた。以上を要約すれば、戸籍は明らかに公法上の制度であるが、その単位をなす戸＝家が、家産を共有し相続する家族であるところから、単なる公証制度にとどまらず、内に私法関係の側面も併せ備えている。

戸籍と籍貫：中国では古くから戸籍に相当する記録が存在して（下述）、これを版あるいは籍・黄籍と称してきた。この意味から転じて、当該の家＝戸の所属する住地、地方区画（多くは県）を指す用例があり、これを**原籍**・本籍・**郷貫**・**籍貫**・貫籍・戸貫・**本貫**等と称した。これは主として県城の役人が取り扱う戸籍の登録（**附籍**・**著籍**・登籍・注明・注籍）が、当該本人の身分を公証する役目を帯びていたことと関係がある。例えば、科挙の受験資格においては、原則的に本籍地からの応募が求められた。また課税目的との関係からいえば、均田・租庸調制、府兵制の下では、戸籍は田籍（地籍）と結びついていて、ここでも登記における本籍地主義が重視された。両税法以後、田籍が戸籍編成上の要件をなす意味は減った。しかし代わって、両税、徭役および諸般の科配（課徴）の査定を公平に実施する上で、各戸の資産や壮丁数を記録する台帳の役割を帯びた。農業資産ないし農業人口の比重が高い中国では、徴税と深く結びついた戸籍の機能は、つねに重要視されてきた。

戸籍の歴史：太古の甲骨文字には軍事、祭祀にからんで人口を集計した記録があり、周の青銅器の金文には田地の記録がある。春秋・戦国になると兵籍、賦籍（租税台帳）、地籍が調査され、冊籍（冊子）が編まれるようになった。戦国時代の東方諸国では25戸前後の社集落を単位として、その版図（戸籍と地図）によって戸口を上報する**書社**の制が行われた。やや遅れて西方の秦国では5家を保、10家を連とする什伍の組織によって**上計**（調査記録）を報じる戸籍の制が誕生した。秦漢が全土を統一して郡県制度が次第にととのってくると、全土にわたる戸籍調査の精度はいっそう充実してきた。平帝元始2年（AD2）に編まれた戸籍は田籍・賦籍も併せ、漢の最盛期における国勢をかなり正しく反映していると認められている。のち、唐代の郡県（州県）では毎年1回計帳を編んで上報し、五代の後晋は諸州では1季ごとに帳籍を奏し、宋代に諸州県では毎年1回帳目を奏し、明清に各省では毎年奏銷冊を中央の戸部に報じたが、全て上計系列の戸籍の編審である。また唐宋以後の各朝は官撰ないし私撰の財政説明書を編纂した。唐の『元和国計簿』・『太和国計』、北宋の『景徳会計録』・『慶歴会計録』・『皇祐会計録』・『治平会計録』、南宋の『慶元会計録』・『端平会計録』、明の『万暦会計録』はみな官撰の書、清の『光緒会計表』・『光緒会計録』は私撰のものである。また歴代各種の史料に載っている当代の戸口・田地・田賦の統計記録は、こうした会計録系列の記述から転載したものである。

戸籍の類別：その基本をなすものは、農民を主体とする一般人民（**民戸**・**編戸**・百姓・編戸百姓）の戸籍、すなわち民籍である。⑴民戸の籍。宋代における民籍を特色づけたものは、**主戸**と**客戸**（**浮客**・浮寄人戸ともいう）の区別である。主は土着を、客は流寓を意味し、この用法の由来は古い。しかし両税法の実施に伴って、戸籍上における**土戸**・客戸の弁別が生じ、土戸はやがて主戸と称されて宋代に及んだ。この区別は開墾および新規の土地取得が広く生じた世相を反映している。流寓の客が開墾などによって田宅（不動産）を取得して政府に登記し、1～3年程度を経過すれば戸籍上で主戸に編入された。有資産者（常産之人）と規定された主戸は、両税法の正税（秋税・夏税）および徭役、雑多な科配を負担した。課税内容が都市部と農村部で自ずから異なることもあって、民籍は**郷村**（農村）と城郭ないし**坊郭**（府州県城とその郭外、大規模な鎮・市）の間ではその運用に相違があった。郷村戸では主戸の資産の多寡を見て5段階の戸等（一～五等戸：一・二等戸＝上等戸、三等戸＝中等戸、四・五等戸＝下等戸）に分け、両税の正税を累進的に賦課し、徭役の負担は一・二等戸に及ぼした。客戸は通常は戸等から除外され、正税・徭役・科配を免ぜられ、ただし地方によって身丁銭（人頭税）等を負担した。坊郭戸の場合は、資産として農地が占める比重は少ない代わりに、店舗・住宅そのものあるいはその敷地（屋基・基地）などの資産の所有が課税対象として重視された。賦課の方法には必ずしも定則はなく、大州の坊郭では主戸のみを上下10等に分け、小州では主戸・客戸を合わせて上下10等に区分して、客戸にも徴税が及んだ。以上の民籍が最大かつ最重要な戸籍の範疇であるが、ほかに数種類の特別の戸籍があった。⑵宋代、兵士（兵戸・軍戸）に対しては、弓箭手（郷兵）を除いて両税・徭役の負担が及ばず、別途に**兵籍**が編まれて集計され、枢密院がこれを管理した。⑶同じく宋代、僧侶・道士も徭役・課配の負担が免除され、**僧籍**・**道士籍**として別途の籍が作られたようである。⑷官僚の家（**官戸**・命官之家）は恩蔭を許されたその子孫の家を含めて、刑法適用上の優遇、広大な土地が保有できる特典が許されたほか、徭役及び課配の負担について免除ないし優遇の措置が与えられた。このため戸籍上で身分を明記して区別した。⑸ほかに、唐末・五代・北宋では過渡的な制度として、形勢戸、官戸・形勢戸、形勢官戸の定義の下で、民戸から区別して戸籍をつくり、これを**形勢版簿**等と呼んだ時期がある。**形勢戸**とは、文官では位階末端の官僚、武官では地方で職役の実務に当たる胥吏を指し、社会上の有力者層と見なされて徭役や課配の負担に優遇措置が与えられた。形勢官戸に含まれる官戸は、上記の官戸・命官之家とは必ずしも同義ではなく、北宋の神宗期に行われた募役法において、官戸の家に対して郷村の民戸に比べて半額の助役銭を徴したとき、形勢・官戸という合成語によって、徭役及び科配の上で特典を与えられた階層を指す用語となった。⑹陸上で田宅をもたず、定居していない**船戸**（特にもっぱら船上居住する家、これに類する蛋戸も含め）は、籍を別けて集計されたようである。⑺辺境の異民族、少数民族には戸籍法を及ぼさなかったが、漢人と雑居し土地を有する家に対して、課税を及ぼす場合は戸籍をつくらせたようである。⑻奴婢は郷村・坊郭を問わず、主家の家、あるいは主家が設けた屋舎に寄寓して耕作・労役に従う者であり、独立した戸籍をもたずに、主家の家口のなかに附籍された。⑼**佃戸**（小作人）は耕作する土地を佃賃（賃貸）して生活する農民である。戸籍との関わりでいえば、田宅を取得所有して政府に登記するに至る以前は客戸に帰属し、取得所有以後、あるいは自作のかたわら小作をする場合は、主戸に帰属したと考えられる。⑽賤民の戸籍は民戸の籍とは異なったようであるが、その詳細は明らかでない。⑾商工業者は、唐の初期には城郭（都市）内の坊に設けられた市（官市）において、市籍に登記される定めであった。しかし宋代には市および市籍はもはや存在せず、その本籍に田宅など不動産を所有する者は民籍に登記のうえ、主戸に編入された。本籍を離脱して外地に永年客寓し、商工業に従う者は、寄留地において客戸（浮客・浮寄之人）として登記されたと考えられる。⑿民籍の大半は郷村の居住者、農民であるが、行政都市である府州県、および自生都市である鎮・市の住民は、坊郭戸・坊郭之民・城郭之民・城民（上述）として郷村民から弁別され、別途の籍に編入された。坊郭内の資産としては、農地はむしろ少なく、店舗・家屋およびその敷地（基地・屋基）の所有が多い。これを反映して課税においても両税ではなく科配（課配、科率）および政府御用達というべき**当役**・**当行**・**行役**・**行戸祗応**の賦課が及んだ。宋代の戸籍上の種別の全体を伝える史料はない。ただし参考までに挙げれば、元の『至順鎮江志』巻3、戸口に、元の鎮江路における戸籍区分が記録されている。ここではまず土著・僑寓・客・僧・道に5大区分した上、土著を民・儒・医・馬站・水站・逓軍站・急逓鋪・弓手・財賦・海道梢水・匠・軍・楽人・龍華会善友の、計

14項に類別して集計している。

戸籍の目的：漢代以後、戸籍の作成・登録は官僚行政における公法上の制度となり、漸次その内容も整えられるに至った。戸籍の作成（造籍・編籍・造簿・編審）および戸口の登記（附籍・注籍・注明・著籍）は、その2大目的を成す地方行政区画の画定および徴税の実施に沿って行われた。まず、前者について述べると、中国では古代から地方区画の編成に当たって、戸数の規模を目安としてこれを行う習わしがあり、戸籍がその基本の台帳の役を帯びた（先秦の郷制：5家＝比、5比＝閭、4閭＝族、5族＝党、5党＝州、5州＝郷。秦漢時代の郷・亭・里の制：100戸＝里、10里＝亭、10亭＝郷の如し)。隋・唐代では100戸を里ないし村（唐制)、5里（500戸）を郷（郷里制、郷村制）と定めて、里を戸口集計の基底の単位とし、これと並行しながら、保安・警察を目的として、隣・保を単位とする組織（4戸＝隣、5戸＝保）を設けた。その際、里正（里の長）が毎年、各戸主より自己申告した**手実**に基づいて一次的な集計をし、これを資料にして県および州の長官のもと、通判・判官・録事等が次年度の歳課を計上して計帳を作り、上級の戸部へ送った（**戸部計帳**)。さらに、郷・里の戸数編成を基礎として、これが所属する県および府州の行政上の上下のランクが定められた。すなわち、2万戸以上の府州は上州、2万以下の府州は下州、これらの府州に所属する県は、6,000戸以上を上県、2,000戸以上を中県、1,000戸以上を中下県、1,000戸以下を下県と定めた。宋はこの隋唐の地方行政区画の枠組みの概要を踏襲した。建隆元年（960)、県のランクを定めて、4,000戸以上を望県、3,000戸以上を緊県、2,000戸以上を上県、1,000戸以上を中県、1,000戸未満を中下県とし、3年ごとに戸口集計をすることを命じた。ただし、唐宋の間に生じた税制の変化（下述）および中唐から五代の間の社会変動の下で、宋初までの戸籍は不備と脱漏が多かった。県より以下の郷村では、当初は唐の郷・里の区画名、また里正の役職名も残っていたが、複雑化した社会を反映して100戸＝里の制はもはや空文と化した。このため、郷を単位として戸籍が運営されるようになり、里正＝郷里正（徴税・課役)、戸長（徴税)、耆長（保安・司法）が置かれた。やがて11世紀の後半、王安石の保甲法が施行されるに及んで、地方行政の基層部の編成において、都保制による本格的な再編成が行われた。熙寧6年（1073）制定の都保制は、5家＝小保、5小保＝大保、10大保＝都保、合計250家によって民兵集団の1単位とし、小保の長を保正、大保の長を大保長、都保の長を保正・副保正と称した。ほぼ同時に各都保内で近隣の主戸10～30家ごとに1甲をつくり、甲内の保丁1名を甲頭に任じて徴税事務に当たらせた（催税甲頭)。戸数原理に従うこの保甲制は、やがて県以下の郷村における地方行政区画として進展し、南宋では郷都制・郷保制と称され、土地調査（**経界法**）が実施されるに及んで、土地区画、税制区画となった。このとき**魚鱗図冊**（地籍図）の編成においては、郷に当たる区画単位を図《と》と称し、その下部に都を分属させて、これを図都制と呼んだ。都保制から郷都制ないしは郷保制に向かう推移の中で、明清に継承される地方行政区画の原型が形を表し、宋の戸籍制度は漸く整備を見るようになった。

戸籍と徴税：戸口集計と並ぶ戸籍の重要な機能は徴税の実施である。ただし、唐宋の間、税制が唐初の均田・租庸調制から、建中元年（780）以降に両税制へと移行したため、同じく徴税目的といっても、戸籍編成の性格には明らかな変化が生じた。すなわち、均田制に対応する租・調・庸・雑徭の税法においては、戸籍は各戸に対して口分田を給還する際の台帳、および徭役（労役）を負担すべき各戸の丁（壮丁）の存在状況を知るための台帳として用いられた。両税制の実施以後では、戸籍が同時に田籍の役目を合わせることはほぼ終わった。しかし、課税の一半をなす徭役、ことに職役と呼ばれて地方行政の末端用務（上述）等を、民戸の資産状況に累進して課することが、税法上でむしろ大きな比重を占めるようになった。宋政府が民役を課するに際して参照したものは、各戸の所有する田産の多寡および各戸の戸籍内の男丁（20歳から60歳まで）の存在状況である。これらを勘案して各州県において毎年、五等簿・**五等丁産簿**・丁産等第簿・人口産業簿、さらに**丁帳**・丁籍・**丁口帳**を作成して必要な職役を配分し，唐の計帳に当たるものとして**夏秋税簿**・**空行税簿**・二税版籍・夏秋税管帳・**税租簿**などが存した。これらによって、宋代の民戸の戸籍は徴税上、主戸と客戸（上述）とに分けられ、また戸等による階層区分を施して取り扱われた（上述)。

造籍：宋代の戸籍は雍熙二年（985）から全国的に編成された。遺存する宋代の戸籍文書が僅少であるため、具体的な内容は唐代の戸籍ほどには明らかではない。戸の所属する郷貫、戸主（家長）の姓名、年齢、ついで各家口について戸主との続柄・姓名・年齢及び男・女・黄・小・中・丁・老・妻・妾・寡の別、健康状態（篤疾、廃疾）・編籍の年月が記入された。戸主は家長である男丁（男子の成丁）であり、もし戸主が死亡して家口内に家長と成るべき男丁がなければ、寡婦など女子の成丁をもって戸主とすることができ、これを**女戸**と称した。造籍（戸籍編成）は知州・通判・知県・県令・判官・録事が、唐では里正、宋初では郷の里正・戸長、後には都保正・副保正を監督して、3年毎に作成する定めであった。このため、まず各戸主から各戸についての手実を毎年自己申告させ、これをもとにして次年度における歳課を計上した唐の計帳、宋の夏秋税簿等（上述）を毎年作った上で、戸籍を編み、**紙縫**に州・県官が署名して州・県印を押捺し、1本を県に留め、1本を州に送り、1本を戸部に送ることになっていた（戸部計帳)。また、州県では15年間、5回分（5比）の戸籍を保存し、戸部および尚書省には9年間、3回分（3比）の戸籍が保存された。次に、各戸内の家口の異動については、その都度戸主が官府に申告することを義務づけ、これを附籍と称した。宋代以後の戸籍の申告及び登記において重んぜられたことは丁口の申告であり、いうまでもなく役法の実施と密接に関係していた。

不正と脱漏：以上を裏返せば、漏口すなわち丁口数に対する故意の申告漏れも裏面で行われていたことになる。漏口には数種の方式があった。例えば**詭名挟佃**・**詭名挟戸**は、土地を官戸・形勢戸・大家族の家に寄託するとともに、自己の姓名を変造してそれらの有力者の佃戸であると称し、実際は自己の土地を継続して耕作するものである。これによって戸が戸籍面から消失し、従って丁数も戸籍から失われる。また、**詭名子戸**・詭戸は、民戸が姓名を偽造して、戸籍上に架空の1戸ないし数戸を立て（子戸）、自己の資産をその名義に書き換えて、課税及び徭役等の負担をこれに帰属させて脱税する行為である。

戸籍の消滅：一家に男子又は寡婦がないとき、戸は消滅する。**戸絶資産**は**在室女**（家族内の娘）・**帰宗女**（出嫁後、本家に帰った娘）・**出嫁女**の間で法定の割合によって分割され、これらの娘のいないときは近親に分与され、近親もいないときは官に没収されるが、出嫁女・近親があっても一部を没官することもあった。なお、一家に幼児のみが残されたとき、州県の検校庫において官が資産を管理し、毎月銭を給し、毎年衣を給し、成長後に管理財産に余剰があれば、これを返還した。

戸籍の年齢規定〈こせきのねんれいきてい〉※

戸籍に載せる人口の年齢に対する法定の定義。幼児から年齢順に黄・小・中・丁・老の5段階を用いたのは隋・唐・金の3代のみであるが、北斉では黄を除く4段階を用いていた。ほかに西晋では正丁と次丁の別があり、東晋と劉宋は全丁と半丁、また宋代には次丁と幼丁の区別があった。歴代の規定の概要は以下のごとくである。

【黄】は1-3歳（隋・唐）、1-2歳（金）。【小】は12最以下（西晋）、15最以下（北斉の564～）、4-10歳（隋）、4-15歳（唐），3-15歳（金）。【中】は7-14歳（西漢）、13-15歳（西晋）、16-19歳（東晋）、15-16歳（劉宋）、11-14歳（北魏485～）、16-17歳（北斉564～）、11-17歳（隋）、16-20歳（唐623～）、18-22歳（唐744～）、16（金）。【丁】は15-56歳（西漢）、16-60歳＝正丁（西晋13-15歳、61-65＝次丁）、16-60歳＝丁（東晋）、男16歳＝半課、男18歳＝正課、66歳＝免課、嫁女＝成丁、女在室＝22～歳＝丁（東晋317～）、20歳＝全丁、16-19歳＝半丁（東晋389～）、17～歳＝全丁（劉宋）、15歳以上（北魏）、18-64歳＝任役（西魏）、18-65歳＝丁（北斉15歳以下「小」、16、17歳「中」）、22歳＝成丁（隋605～）、22-58歳＝成丁（唐705～）、23歳＝成丁（唐744～）、25-54歳＝成丁（唐763～）、20-59歳＝丁（宋）、17-59歳＝丁（金）、16-59歳＝成丁（明・清）。【老】は66歳以上（西漢）、66歳（西晋）、65歳（西魏）、66歳（北斉）、60歳（隋・唐）、55歳（唐763～）、60歳（宋・金・明・清）。ただし唐以前、軍役の免除年齢は税役のそれよりも若干早かったようである。

戸（こ）※

戸は護、すなわち開閉を護る意という。家計を1つにした家と同義で用いられ、丁と同じくさまざまな税役賦課の単位となり、また籍と同じく職業表示の呼称としても使われる。戸の掌握は秦に始まり、逐戸の姓名・年齢・職業・財産等を登記させる仕方はおおむね変わりがなく、職業・地位の分類にのみ変化があった。漢代、戸籍を民数・**名数**といい、戸籍調査を**案比**といった。前漢末の徐幹は、人口調査が広く行われれば土地の配分や税役の負担も公平にできるから、経済政策の基本とすべきといった。主たる対象は郡県下の一般民戸であるが、魏晋南北朝になり、呼称が多様化する。北魏では、州県に戸籍のある**正戸**に対して、優遇された鮮卑本国人の**代遷戸**、雑役に従事する**雑戸**（隷戸・雑夷・雑人・百雑之戸・厮養之戸も同じ）、軍営に蔭附された雑営戸・**営戸**、さらに僧官管轄の**僧祇戸**・重罪を犯して寺院の佃戸となった**仏図戸**、敗北した山東人の**平斉戸**、殺人犯の家族の**楽戸**等があり、種々変遷があったが、唐になって大部分は良民扱いとされる。南朝では**土断法**を施行し、賦役のない北方からの流民の籍である**白籍**のものを、一般の籍である**黄籍**に編入させた。

唐代の戸籍は手実によって3年ごとに編造され、郷毎に一巻をなし、紙の縫毎に某州某県某年籍と註し、州県名の所には、夫々州県の印を押捺するものであった。戸籍に用いる紙筆装潢軸帙の費用として、戸口1人当たり1銭を徴収する定めであった。3通の戸籍中の1通は県に留め、他は夫々県より州及び尚書戸部に送られ、戸籍を尚書省戸部に送るには、州の庸調の車に附して輸送した。戸籍は官司において、一定期間保存することを要した。戸籍は、戸口・土地・賦役の3種からなり、土地については均田制により合応受・已受・未受田数も記載され、授田の対象は丁男・中男の百姓のほか、寡妻妾・道士・女冠・僧尼・雑戸・太常音声人・官戸（官奴婢）・工商業者であった。このうち、僧と道士は免役され、雑戸・太常音声人・官戸は州県の籍に入れられず賤民扱いを受け、工商業者は**匠籍**・**市籍**に入れられた。

8世紀後半の両税法以後は、戸は徴税をはじめとする、王朝支配の基礎細胞の役割を果たすが、それを反映して、宋代の戸の呼び名も多様化する。まず対比する用法としては、主戸・客戸、編戸・官戸、坊郭戸（市戸）・郷村戸（郷戸）が普遍的に見られる。また特殊な生業従事者は、**塩戸**や**竈戸**（海塩生産）・畦戸（解塩生産）・**園戸**と**茶戸**（茶生産）・**鑊戸**（明礬）・**酒戸**・拍戸（酒造）・**坑戸**（鉱山採掘）・冶戸などと名付ける。土地問題関係の資料には佃戸の名称が頻出する。その多くは小作人と重なるが、文字そのものは耕作農民を意味するもので、そこには自作農も含まれる。このほか**形勢戸**・出等戸・一等戸から五等戸など、税役賦課と表裏した用語も多い。特殊な戸としては、**単丁戸**や**女戸**、僧・道の**寺観戸**などが存し、免役銭徴収で表面に現れることもあった。

遼代、戸は宮帳・部族・5京州県に分け、金代は州県と猛安謀克に分けられたが、元代には税は民戸のみ負担し、民戸は、金平定後に編入された正戸の**元管戸**（後、貧富の差により、全科戸と減半科戸に分かれた）・**交管戸**・**漏参戸**・**協済戸**の4種に分けられるが、職能別には民戸・軍戸・匠戸・站戸・儒戸・医戸等に分けられ、明代もそれを受けて**民戸**・**軍戸**・**匠戸**に分けられ、軍は衛所に、民は州県に、匠は工部に属した。特記すべきは明末の**商籍**の認定である。清代は、戸籍編造を3年1回から5年1回に改め、戸は軍・民・匠・**灶**（**竈**）の4籍、上中下の3等に分けられたが、康熙51年（1712）「盛生人丁永不加賦」とされて賦役は定額化し、雍正年間、丁税と地税は合併され（**攤丁入地**）、さらに乾隆年間には戸口の編審は永久停止となった。嘉慶年間、匠籍は商籍と改称された。

案比（あんひ）
戸口調査をいう。また、3年ごとの調査を**大比**という。案比・大比・比校の比は戸籍を比較するために保存しておくこと。三比は3回、9年分の戸籍、五比は15年分の戸籍の保存をいう。

医戸（いこ）
明代、太医院所管の医士・医生の戸。

遺戸（いこ）
戸籍記載以外の民家。隠戸も同じ。遺丁も同じ貧乏人夫。

乙未年籍（いつびねんせき）
元代、太宗7年（1235）の第1回漢地（ヒタット）の戸口調査によって作成された版籍。戸数は111万前後といわれている。金朝滅亡の翌年に当たり、元首相中州断事官のフトフの指揮下に行われ、後々、基本戸籍として重視された。

陰陽戸（いんようこ）
明代、欽天監所管の天文生・陰陽人の戸。天文・暦算を業とした。

営戸（えいこ）
南北朝において軍隊の管轄下に置かれた隷属民の戸籍。軍隊の糧食を提供させるため、徙民あるいは捕虜を1つの戸籍に編成し、生産労働に当てた。兵士の士家・兵家・軍戸とは区別された。

営田戸（えいでんこ）
唐末、営田が内地に盛行した時、経営に当たった農民の強戸をいう。

花戸（かこ）
元代以降、納税義務戸をいう。簿冊に戸口を記載する際、姓名の一律ではないため、戸を花戸、口を花口といったのに由来する。なお、明代では**糧戸**ともいった。

裹攢戸（かさんこ）
元代、漏籍の戸口などの、軍戸や貼戸の戸下（家奴）として登録された戸。合併裹攢戸・裹攢合併戸ともいう。

解戸（かいこ）
明代、糧長など、税糧運搬の役に当たる戸をいう。

楽戸（がくこ）
清代、直隷・山西・陝西3省に居住し、歌舞音曲を業とするもの。**楽籍**ともいい、賤民視された。古来、一般に謀反者あるいは盗賊の妻妾子女を楽籍にいれる法があった。北魏では雑役の戸として良民であったが、唐代、**太常音声人**と称し、雑戸より下、官奴婢より上の賤民とされ、明代では**匠戸**に属し、雑役戸のひとつであった。管業戸は清代地主より所有地の管理経営を委託された紳士。

官戸（かんこ）
宋代では文武官員の戸の通称。ただ官員の内容的な相違のため、一義的に定義できない。官戸は民戸の対語。唐代の官戸は、官司・州県に隷属する没官・配隷の特殊戸の名称だった。唐宋の変革でこの官戸は消滅し、新しく社会の指導者となった文武官員の戸にその名が使用される。ただし、北宋前半は官戸の呼称は表面に現れず、王安石の免役法以後、それが普遍化する。通常は**品官之家**が官戸に相当するが、文官と武官の体系が異なり、文官も京官以上と選人、正途出身と雑途出身で官員としての待遇や社会的地位に偏差があるため、官員全部が官戸とは言い切れない。たとえば進納補官（買官）、軍功捕盗、保甲授官などには官戸となる制限があったが、北宋末には富商・豪民は雑多な名目で、莫大な献金により官戸の名を手に入れ、その趨勢は南宋初に及んだ。こうした官戸の多くは城市に居住し、周辺各県に田土を持ち、免役などの特権を駆使して土地経営を行なった。このため健全な自営農は没落し、小農民は官戸に土地を仮託し、国家財政に大きな影響を与える。宋代の文官品官は1万程度、選人以下雑途出身と武官を合せて2、3万だから、官戸の総数は最大でも4万には達しないであろう。

官戸奴婢籍（かんこどひせき［かんこぬひせき］）
唐律によれば、毎年正月2通作成され、尚書省と所属官司に保管された。宋代の官戸は、民戸に対する品官の家をいうが、唐代は罪を犯して州県の籍より抜かれた奴婢の身分であった。

簡鮮（かんせん）
戸籍簿のこと。

寄荘戸（きそうこ［きしょうこ］）
唐代以降、**寄荘**を有する寺院・形勢官戸あるいは郷紳をいう。明清代に盛行し、客官・客宦と言われた。寄荘とは本籍地以外に有する土地のこと。官僚は赴任先に荘を置き、また地主は県外の官僚に名義を借り、その所有する土地を寄荘として、税役を逃れた。

帰戸冊（きこさつ）
明清期の名寄帳。土地を所有する戸に従って土地を登録する。黄冊に類する。

妓籍（きせき［ぎせき］）
唐宋期、歌舞音曲に当たる官妓の籍。官奴婢に属した。

義戸（ぎこ）
明末清初、塘長より海塘管理を委ねられた戸で、大戸の別名であった。

義門（ぎもん）
五代南唐、江州徳安の人望ある陳氏等の家柄をいう。

客戸（きゃくこ）
宋代、私有財産を所有しない戸。農村では小作人や雇用人が主な生活形態だが、都市ではその中身は多様である。唐代後半から、戦乱や天災など様々な理由で故郷を離れ、他の場所に移住した人たち。多くは下層・貧窮な階層に属する。最初は宋代の主客統計から、客戸を佃戸（小作人）と見る説が出されたが、宋代文献に残る、佃客・荘客・地客・火客・佃僕などの分析や、統計数字の取り扱いなどが問題とされ、現在では、農村の客戸は小作人が多いけれども、ほかに雇傭人なども含まれ、都市のそれは性格が異なるとされる。王朝からは主戸より下位の戸と見做されるが、地域により身丁銭などの賦課や保甲法への加入などもあり、戸口統計には必ず加えられる。

脚色（きゃくしょく）
宋元期における官僚の履歴書。籍貫・戸主・三代名銜・家庭人口と年齢・本人の出身と履歴等の記載があった。

郷戸（きょうこ）
農村居住の戸で、大部分は農民。郷村戸とも称し、城市の坊郭戸に対置される。主戸と客戸に大別されるが、不動産を所有する主戸は、宋初は9等、のちに5等の戸等に段階付けられる。戸等は郷単位で、同じ等級でも貧富の地域差が少なくない。おおまかに言うと、各郷の一・二等戸（上戸）は10%、三等戸（中戸）15%、四・五等戸（下戸）75%程度の比率で、職役には四等戸以上が充当される。その土地所有高は三等戸で100畝、五等戸で20畝と想定される。また郷村客戸の多くは貧賤で、地主への隷属度が強く、その田地を小作していたが、独立の戸計は持っていた。宋の社会が安定し、田地が投資の対象になると、郷村在籍の有力者や官戸は、土地経営を一族や身内の幹人に任せ、自分は都市に居住し、あるいは多数の**子戸**（挟戸）を作り、税役負担の軽減を図った。

駆丁（くてい）
元代、奴の戸籍をいう。毎丁1石の丁税が課せられた。

軍戸（ぐんこ）
南北朝以来、一般庶民とは別籍の軍戸を設け，属する男丁（軍人）に対して長く軍役（雑役にも）に就く義務を負わせ、**兵戸**・兵家・鎮戸・**府戸**等と称した。元代も軍戸を設け、一般に2、3家より1人を出したので、出征の戸を**正軍戸**、余の馬匹・馬具・衣料・旅費を提供する戸を**貼軍戸**・貼戸といった。明代は、衛所に属する軍士をいい、毎戸、出征の壮丁1人を**正丁**、他の壮丁を**餘丁**・間丁といった。

軍匠開戸（ぐんしょうかいこ）
明代、軍戸・匠戸に対する分戸（析戸・析産）の解禁をいう。

形勢戸（けいせいこ）
通常は形勢人戸、形勢の家などと表現する。形勢とは、一部官戸や豪民の呼称として使う宋代独特の用語だが、成り上がり者のニュアンスを含み、褒め言葉ではない。南宋の『慶元条法事類』賦役令の注では、「見に州県及び按察官司の吏人、書手・保正・耆・戸長に充てらるるの類、并びに品官の家、貧弱にあらざる者を謂う」と定義する。この意味での形勢は唐代後半に出現し、五代の節度使体制の中では、衙前職員や職掌曹司として、割拠政権の末端支配に加わった胥吏や軍人あるいは地域豪民たちが、宋の統一とともに、新しく1つの階層を作り、宋代社会の上層下部から中層を占め、無視できぬ存在となった。それは唐以前の貴族とは次元を異にし、また宋代の新興科挙官僚（士大夫）からは蔑視される。形勢を官戸と併称もしくは同一に見える資料もあるが、少なくとも文官品官の官戸と形勢戸は区別すべきだろう。宋朝では、在地における彼等の専横を抑えるため、両税徴収簿に形勢の2字を朱字で加え、納期や罰則に一般と違う規定を設けた。

計帳（けいちょう）
北朝以降、毎年、各家の口数・田宅数・その四至・**課戸不課戸**の別を記した帳簿・戸籍台帳。課役の名簿となった。宋代では丁男のみを記し、戸帖といった。それに対して、戸籍は3年ごとに作成する。計帳と戸籍を合わせて帳籍という。

警跡人（けいせきじん）
元代、盗賊につけられた戸籍。門牌として赤く姓名・理由等が書き出されて、半月ごとに官府の査察を受けた。

戸下（こか）
家奴をいう。唐宋期以降、私人の部曲および私奴婢は、契買・投充を問わず、主人の戸籍の下に編入し、その旨を明記する規定であった。

戸口籍（ここうせき）
人口調査書をいう。唐の大暦4年（769）の籍によれば、⑴戸主と各戸口の姓名と年齢、⑵戸主と各戸口の続柄、⑶男女および黄・小・中・丁・老・妻・妾・寡の区別、⑷篤疾・廃疾、⑸勲・官・衛士・白丁、⑹遺漏・出生・死亡・逃亡、⑺欄末に空、等の記載があった。煙戸冊・口籍・人籍も同じ。宋代における5家1甲の保伍籍の場合も、老・成・幼丁の人数，姓名、年齢等について主戸・客戸の別なく記載された。丁を対象とする籍であれば、丁籍・丁帳という。

戸口問題〈ここうもんだい〉
宋代300年は、戸と口の比率が、歴代と著しく異なった性格を持つ。『文献通考』が引用する、神宗熙寧末（1077前後）の中書備対では、全国主客統計として、戸約1,500万、口約3,300万をあげ、比率は1：2.2つまり1戸2人強にしかならない。現存する宋代の文献資料から、各種各様の戸口統計を集積してみると、口が6以上（男女口）、2～3（男口）、1.5程度（男丁）に大別できる。うち圧倒的に多いのは成丁と未成丁から成る男口統計で、正史や『続資治通鑑長編』の数字はこれに入る。宋は建国当初から、唐代のような戸籍作成を行わなかったと考えられる。徴税の原簿である郷・県単位の五等丁産簿にも、**女口**を全く問題にしていない。恐らく県単位に作成され、州から路、路から戸部（三司）へ送付される毎年の税租帳の中の、主戸と客戸の戸と丁の数字のみが別に集められて、全国戸口統計として皇帝に送られたと推定される。南宋の李心伝は、郷県段階からの不正で、漏口が激しかったと強調し、加藤繁氏がそれに沿って漏口説を立てられたが、現状では説得力が薄く、宋代の戸籍の性格や戸口の取り扱いの特殊性を、より詳細に究明すべきかと思われる。

戸婚律（ここんりつ）
戸籍と婚姻に関する法規。南北朝時代に戸律に婚事を付し婚戸律と称したが、隋に戸婚律と改称された。

戸帖式（こちょうしき）
明の洪武3年（1370）、初めて発布された戸籍法。天下の戸口を確かめ、戸籍を編造する手段として、戸帖が設けられ、姓名・郷貫・丁数・年齢・事産等を記載するものであった。戸籍の編造完了後は、戸籍は戸部に収められ、戸帖は各戸に給された。この戸帖式は、洪武14年（1381）、賦役黄冊編造への過渡的役割を果たした。戸帖とは両税法時代における計帳のことで、宋代、方田均税法において、戸毎にその田地の歩畝や賦調の升斗尺寸を記し、戸毎に**荘帳**と共に与えて地符とし、その田色・四至等を記したものもあった。

戸頭（ことう）
戸籍筆頭人・戸主・戸首をいう。晋の戸調式では為戸者といった。唐戸令によると、戸主は家長であり、租税は戸内の課口を単位に課せられた。しかし，戸内の各口はそれを輸納すべき義務を負わない。輸納義務者は戸主で、戸主は戸口の租税を一括して自己の名義で輸納した。

戸律（こりつ）
戸籍上の禁止条項。漢の九章律のひとつとして設けられたのに始まる。**戸禁**ともいう。

黄籍（こうせき）
南朝晋代、官役にあるものの戸籍。薬物処理が行われた1尺2寸の黄色の札を用いた。これに対し、賦役のない流民の籍を**白籍**と称した。唐では、職田・公廨田の査察書である白簿に対して、再度提出されたもの黄籍といった。明代では賦役黄冊の意。清代は黄檔ともいい、皇室の戸籍をいった。

告身（こくしん）
官僚の身分証明書。

雑役戸（ざつえきこ）
明代、戸籍上は軍・民・匠戸のいずれかには属するが、雑役戸として特殊な徭役に世襲的に従事した戸をいう。元代の遺制である。

雑戸（ざつこ）
唐代奴婢身分のひとつ。良民の下にあるが、番戸・官奴婢よりは地位が上と見なされ、州県の籍より抜かれた犯罪人の身分とされた。南北朝では度重なる戦役後、被占領民を隷戸として雑役に従事させ、百雑之戸・厮養之戸といったが、良人であった。その後、犯罪関係者も雑戸・雑役之戸と言われ、その地位が低下して官賤人と見なされることになった。

市戸（しこ）
都市居住者。宅地・店舗・倉庫等の不動産は持つが、田土を持つとは限らない。

尺籍（しゃくせき）
明代、軍令を書した籍をいう。

手状（しゅじょう）
元代、戸口家産差役等の申告をいう。宋代の手実。

主客比率〈しゅきゃくひりつ〉
宋代、主戸と客戸、主戸男口と客戸男口などの比率。『元豊九域志』・『続資治通鑑長編』・『宋会要』などには、多数の宋代主客戸口の数字を記載する。夏秋税租簿の主客戸男口の統計が、単純に積算されたと推定されるが、後進地域で客戸の比率が4～5割であるに対し、両浙などの先進地では2割前後の低率となる。人口稀少で土地に余裕のある寛郷では客戸の比率が高く、その逆の狭郷では低いとする見解もあるが、何よりも、全国統計と個々散発的に残存する、地方の主客統計に著しい差がある。最も地主・佃戸制が進展していたと想定される、江南デルタ地帯の客戸比が、極めて低いなど、問題の究明は今後に残されている。

主戸（しゅこ）
宋代、動産・不動産所有者として王朝に把握された戸名。両税法施行までは、建前としては、人民とくに農民が生まれた土地を離れることはなかった。8世紀後半以降、土地・財産が課税対象とされ、人民が自由に移動できるようになると、それに伴い戸籍・税法に大きな変化が生じる。権力が人民を把握する戸が主戸と客戸に区分されるのは顕著な例である。宋代の文献では、主戸は「その場所を本籍とし常産ある者」と定義され、「産無くして僑寓する」客戸と対置される。唐代後半から五代宋初の激動期には、この定義で十分であったが、宋王朝の諸制度確立とともに、土地・家屋・財産（**家業**）所有者とそうでない者で主・客が区分される。主戸には両税や職役その他の国家負担が課せられ、その財産高に従い郷村5等・坊郭10等の戸等がつけられる。従って税戸、両税戸などとも呼ばれる。時代の流れとともに、官戸や地主の大土地所有が進行し、職役始め過酷な負担が中・下等の主戸に皺寄せられ、郷村の疲弊と深くかかわる反面、豪民が所有の大土地を細分し、多数の下等戸を作り税役負担の軽減を図ることも広汎に出現した。

儒戸（じゅこ）
元代、一般民戸と戸籍を別にした儒人戸のこと。明初も踏襲して置かれた。

什伍法（じゅうごほう）
5家あるいは10家を単位とする自警組織。保伍法ともいう。周礼や管子に始まり、古来、制度化され、行政の単位、すなわち戸籍の単位ともなってきた。王安石の保甲法に受け継がれ、それが行政組織に変遷したので、南宋では新たに保伍法が作られた。

熟戸（じゅくこ）
宋代、党項人の中国人に同化したものをいう。これに対して甘粛・陝西北部から河套地方に広く分布している党項人は**生戸**といった。さらに熟戸と生戸の中間にあって、中国の主権を認めて附庸となっているものを**属戸**といった。

女戸（じょこ）
宋代、編戸の中における特殊戸の名称。戸主が死亡し、それを継ぐべき丁男がいなければ、旧戸主の配偶者が戸を代表し、女戸と称す。丁男承継者ができなければ**戸絶**となる。宋代では、原則として女性が戸主になることはなく、女戸は特殊な例である。また**単丁戸**は1戸に丁男1人の戸で、職役が免除される。もしその条件がなくなれば、普通の戸に戻る。女戸・単丁戸ともその数はさほど問題にならぬが、王安石の募役法では、2分の1の助役銭を徴収された。

匠戸（しょうこ）
元代以降、工部所管で、工匠（匠丁）を官営工業に従事させた戸。元以前にも**木工**・**陵戸**・**梁戸**その他各種工匠を匠戸と称した。

抄数（しょうすう）
元代、版籍を調査して戸口を青冊上に登記すること。検籍ともいう。

商籍（しょうせき）
明代、嘉靖年間以降、徽州商等の塩商に与えられた籍。客商の流寓地における附籍は以前からあったが、明末にかけて本籍地以外に合法的な籍が商籍として与えられ、独自の府州県学への入学定員を持つことになり、客商の活動に弾みをつけることになった。

正戸（せいこ）
宋代の主戸、元代の民戸、明代は馬夫・駅夫の役に当たる富裕な上戸をいう。また清代、同居する2戸以上の戸のうち、居住の先後や口数の多寡によって正戸・**附戸**の区別があった。

青冊（せいさつ）
元朝の戸口冊をいう。

専脚戸（せんきゃくこ）
宋代、蜀にあった官田耕作民。**庄屯民**と同じ。

荘戸（そうこ［しょうこ］）
一般には荘園の耕作人、いわゆる佃戸をいうが、特に明代、荘田の領主に直属した戸をいう。

僧籍（そうせき）
宋代、僧尼と道士の僧道帳籍、浮図の籍をいう。一般人の民籍と区別され、賦役を免除され、祀部管下に置かれた。明代も、僧録司管括下の僧侶の籍。道録司管括下の道士の籍・道籍もあった。

竈籍（そうせき）
明代、塩の生産に当たる竈戸の籍。竈戸の呼称は宋代よりあったが、明の万暦年間、竈戸に竈籍が与えられ、豪竈に対する科挙受験のための特典とした。**草戸**は生産を放棄して蕩草の生産・販売に従事する戸。

大男（だいだん）
晋代、成年男子をいう。土地売買文書に見える言葉で、大は成年の意。

代遷戸（だいせんこ）
北魏の太和18年（494）、平城から洛陽への遷都に際し、洛陽住民の中核となった鮮卑系住民をいう。優遇されて、親衛軍の羽林・虎賁軍に編入された。

站戸（たんこ）
元代駅伝に当たる者の戸籍。**站赤戸**ともいう。免税の4頃の土地を与えられ、往来人に飲食を供給する義務を負うものもいた。車站戸もいた。明代は軍戸に属し、雑役としての駅伝に従事した。また、駅馬において馬夫・馬匹を提供する馬戸がいた。

蛋戸（たんこ）
唐代以降、浙江以南の沿岸で、漁業に従事する水上生活者をいう。蛋丁・龍戸ともいう。明代には、里甲に編成され、魚塩の課派を受けた。**海戸**は清代、上林苑監に属し、宮中御用達のための漁撈に従う戸をいう。**漁丁**・**澳戸**は同じく清代、版籍に明記された漁業関係者。

地戸（ちこ）
清代、該地に在住する人。坐地戸の意。

投下（とうか）
元代、諸王・駙馬・功臣に与えられた分地および所属人戸、または諸王等本人。

檔案（とうあん）
元来、清代旗人の戸籍控えのことであるが、広く一般の戸籍簿をいう。檔子ともいい、上檔子は旗人の子女の生後1年の戸籍登録をいい、転じて一般の戸籍登録、文書記載をいう。

囤戸（とんこ）
清代、河塩の掣験において、**辺商**の名を借りて自ら掣験し、巨利を博する内商をいう。**内商**は大資本を有し、辺商の権限を賤価で買い占めた。

二十四民（にじゅうしみん）
明清期、士農工商の四民及び軍・僧以外、18種の職業を加えていう。18種とは道家・医者・卜者・星者・相面・相地・奕師・駔儈・駕長・舁人・篦頭・修脚・修養・倡家・小唱・優人・雑劇・響馬巨窩の各職業を指す。

八民（はちみん）
唐宋期において士・農・工・商・仏・老・兵・遊手をいう。

版図（はんと）
版は版籍・戸版・版戸・版簿と同じく戸籍をいい、図は地図をいう。唐宋時代、各州府には3年あるいは5年ごとに本州の戸籍と地図を尚書省に提出する義務があり、尚書省兵部職方司はそれを基に天下図を作成した。戸籍はいうまでもないが、地図も交通路調査や訴訟処理のために必要であった。民族紛争の際にも地図は争奪の対象となり、それを警戒して宋代の一知州には高麗の使者への地図提供を拒否する者もいた。唐宋の600年間、数万枚に及ぶ地図が描かれたはずであるが、現存のものがわずかに石刻や拓本の天下図数種に過ぎないのは、素材の紙・絹地が不統一で、複写・編纂に難があり、失われやすいからである。

版籍（はんせき）
版図（土地台帳）などの地図と戸籍を指す語で、転じて土地と人民も意味する。明代では土地台帳を魚鱗図冊といい、後者を賦役黄冊といったが、黄冊は単なる戸籍ではなく、一種の賦役台帳をも兼ねた。

番戸（ばんこ）
唐代、反逆に連坐して輪番に服役する罪人家族の戸籍をいう。官奴婢より上、雑戸より下であった。

比居（ひきょ）
居民の戸籍を検査すること。

苗戸（びょうこ）
清代、西南各省に居住する苗族の戸。なお同地域に住む異種族所属の戸を夷戸・盤耗といい、保甲法その他、特別に組織されていた。

不拝戸（ふはいこ）
モンゴルに抵抗して降伏しなかった戸。それに対して、好投拝民戸は降伏した民戸をいう。投拝とは投降・帰順をいう。

付身（ふしん）
宋代、官僚の身分証明証。官僚の功過が記載されており携帯する義務があった。

俘戸（ふこ）
遼代、征戦によって俘掠した戸をいう。

浮浪（ふろう）
戸籍のない流動人口あるいは無職の遊蕩者をいう。

富民（ふみん）
明代、大体8頃（800畝）以上の土地所有者を言う。税戸人材・富戸・大戸ともいい、収戸・解戸・行戸を含んでいた。華北の大戸の役は，華中・華南・山東一部の糧長の役に当たる。明初、戸部が奉った1冊の富民籍には、江浙等九布政司と応天府のみの統計で1万4,341戸であったという。

物力戸（ぶつりきこ）
宋代、資産のある戸をいう。

編戸（へんこ）
戸口冊に編入された一般民戸をいう。唐では民籍・兵籍の常戸があり、浮戸・客戸・流民は除かれた。宋朝でも王朝の簿籍に編入されている戸の総称で、戸名の中では最も広範囲なもの。唐代に比べ宋代では広狭いろいろに使用される。編籍の戸の意味だから、主戸と客戸がその中心にきて、最も普通にはこの両者を指す。官戸や形勢戸、あるいは税戸や両税戸もそれに含められ、編戸といい換えられる。時代が下がると、編戸を官戸に対置して使うような例もあるが、官戸とて編戸の一部に過ぎない。なお、単丁戸や女戸なども編戸中の特殊戸である。

鋪戸（ほこ）
明代、鋪役・商役といわれた御用達に当たる戸。宋代の**行役**に当たる戸。戸籍を案じて輪番に当てた。

放良（ほうりょう）
奴隷あるいは奴婢が、官司あるいは主人に一定の金額を納め、奴婢の戸籍・身分から離脱して良民となること。

俸戸（ほうこ）
五代後漢、毎月500文を上納し両税・雑傜を免除された戸。その上納金で県令以下の俸給に当てた。

坊郭戸（ぼうかくこ）
宋代、城市とその近接市域、鎮など都市的集落の居住戸。両税・職役など郷村戸と相違がある。坊郭戸と郷村戸の区別は、五代後唐頃から顕在化し、宋代にそれが確立した。宋代に入ると、行政の中心だった州県城郭の内外では、経済・社会など多方面に変化が起こる。新興士大夫官僚やその関係者はじめ、農村の大地主たちも城市に居住し、他方農業生産から離れた零細人口も、都市に蝟集して生活する者が増加する。当時の文献には、坊郭戸には流動的な客戸が多いと書かれている。支配者側でも、彼等に対し、農村と異なる政策を採らねばならない。現在も残る城市と郷村戸籍の区分は宋代から続くといえる。都市に集まる財貨を対象に、政府は農村の職役の代替として、科率（科配）を負担させ、その徴収のために農村と異なる戸等制を採用した。

坊戸（ぼうこ）
包頭と同じく、踹布業の踹匠の監督取締りに当たるもの。踹石坊戸ともいう。

貌閲（ぼうえつ）
隋代、戸口調査の際、人の容貌・年齢を調査すること。

門牌（もんぱい）
清代、保用制度の下で門口に掲げられた各家の戸籍。郷貫・姓名・男女の別・年齢・職業・家族構成等が記されていた。排門粉壁も同じ。明代は戸帖といって、戸籍の原簿になり、戸籍編造後は、民戸に返された。

両属戸（りょうぞくこ）
宋・遼国境の雄州に在って、両国に租税を輸している戸。両輸戸ともいう。両輸地とはその土地。

良賤（りょうせん）
法律上の一般平民の区分、良民と賤民。四民（士・農・工・商）を良民といい、娼・優・隷・卒を賤民という。法律上、通婚できない不平等があった。

梁戸（りょうこ）
唐代、敦煌文書に見られる、寺院に所属して油の製造に当たる人々をいう。

陵戸（りょうこ）
明代、御陵の清掃に従事する戸をいう。なお廟戸は廟の清掃に当たる。

糧戸（りょうこ）
明代、土地を所有し、税糧を納める民戸をいう。

另戸（れいこ）
清代、旗人等、一家内に居住すると否とに拘わらず、別に独立の戸籍を有する者で、另戸人ともいう。另は分居・割開の意。元代も戸籍作成後、分房したものを另書させた。

④人口

人口統計〈じんこうとうけい〉※
人口についての情報はその社会の実勢を知らせ、長期周期・短期周期ごとの変動を語るとともに、地域・地方にわたる密度分布の有り様を如実に伝えるものであり、動態的な観察にとっては欠かせない指標とされている。それは往々にして法令や制度から受け取られがちな静的で一枚岩的な映像の裏面を映し、実態を照射する貴重な手がかりを与える。

中国社会においてはじめて近代的な人口センサスが実施されたのは、民国時代、国民党の勢力地域内で着手されたものがある。この成果は同時期の地方志に、また『中国年鑑』などに載っている。人民共和国になって1953年に第1回の全国センサスが行われ、いったん中断したのち、1981年に精度の高い第2回調査がされ、以後定期的に継続され、基礎的データが公開されている。

一方、旧王朝政権下では、人口資源は軍役・力役（徭役）などの財政人口を掌握するという強い関心が常にあって、つとに先秦時代から調査・記録が行われ、王朝時代に入ると官僚の内務行政・財務行政・司法行政を動員して人口を調べ上げる機構が時代と共に進んできたために、世界でもまれに見る豊富な人口データを累積してきた。ただし財政人口である以上、その素数は絶対値を指すものとしては受け取れず、概数を推知するための指標の役を果たす性質を帯びるものであることを予め承知しておくべきである。

王朝時代、人口の調査の基底は戸主の上申（手実）であった。ここから人口を戸口といい、調査台帳を戸口冊・版籍と呼んだ。財政人口の台帳であるから、賦税・課徴のための調査と互いに関係し合い、造籍においても戸籍・田籍・税籍の三者はほぼ一体のごとくに扱われてきた。古くは戸口・田土の上申のことを書社などといい、会計報告のことを上計・計会・会計などといった。統計がかなり精度を高めてきたのは、秦漢の官僚制度のもとで郡県制度が推進されてからである。漢の軍役は23歳～56歳の成年男子に、力役は15歳～56歳の成年男子に、算賦（人頭税）は15歳～56歳の男女に、口賦は3歳（のち7歳）～14歳の男女に課徴され、また農民・商工業者などを対象とした一種の資産税も行われたから、民戸の戸籍・田籍・税籍を県レベルの役所で作成して上級・中央の役所に報告し、中央で官吏の籍（官籍）・軍卒の籍（軍籍）・皇室の籍（宗籍）と合わせて整理した。さらにこうした調査にからんで本籍地（貫籍・本貫・原籍）で登記・申告させる本籍地主義も推進された。前漢末の元始2年（AD 2）の統計には漢の盛期を反映する戸口統計が記録されている（後述）。全国規模の戸口・田土・賦税の統計は隋唐に復活し、計帳・会計録・版籍などと呼ばれ、明清からは賦役黄冊・賦役全書・保甲冊（清）の編纂に伴い10年1編審（保甲冊は5年1編審）という高い頻度で集計が繰り返された。

この間、時代の推移とともに財政上の重点の置かれ方、また末端で調査を実施する組織（唐宋の郷里・明清の里甲・保甲など）の編成法や実効力に変化があって、統計数値の内容にも影響している。秦漢から中唐までは軍役・力役の登記が田土資産の登記よりもむしろ比重が重かった。両税法の施行とともに資産に対する累進課税に重点が移り、資産の査定・登記の方法および版籍の内容ははるかに複雑になった。過渡期というべき宋代では、各戸の資産を三等九則の等則基準に照らして査定した上で9等（ないし5等）の戸等（戸則）に分類し、さらに土着か流寓か（および有産か無産か）の別で主戸と客戸を分かつ方式で戸口数を集計した。明清では戸籍上の主客の区分はほぼ消滅して糧戸（花戸）に一本化した。同時に宋代から明末にかけて、課税のなかでも煩瑣をきわめる徭役の賦課方法を、次第に労働の直接納付（差役）から銅銭ついで銀による貨幣納付に切り替えて丁税に収斂させていく方向で政策が推移した。これに関わって，査税の基本単位として重視されてきた戸（従って戸口数）よりも、壮年男子（唐宋では20～60歳、明清では15～59歳）を意味する丁・丁男・丁口の掌握が財政上の集計では重きをなした。明の均徭法の導入以後、版籍に上る戸口数値の意味するところは、実際には丁数にその眼目がおかれ、黄冊に掲げる丁の計量が10年ごとの編審にかかわらず、記録の上ではおおむね固定している不合理は、この制度事情のためであるとされている。

このように歴代の版籍に載る戸口の数値は、時代ごとの制度背景を熟知しないと軽々には有効に利用できない。信頼度をたしかめるには2、3の方法がある。平均家族規模（MHS, mean household size）はそのひとつである。旧中国の平均的な一家の人口規模は歴代5人内外、多くて6人以下であり、両親と息子夫婦、その子女から成る。統計の総数値を5～6人の家口数で除してこの平均値に近似すれば、その版籍の内容は一応は実情に近いと考えられる。また男女別の口数が得られるとき、性比（SR, sex ratio 女性100人に対する男性人口）で110内外であれば平常の数値といえる。ただし玉突き状の移住者の波を受け入れた地域では、当初はSR値は高い。また都市の下町では出稼ぎ男性が多いためにSR値は高く、山の手では女性の家族員、使用人が多いためにその逆となる。また、秦漢から清末まで郡（府州）・県別の領域面積は記録されており、廃置や統廃合による変動があっても異動は突き止められるので、戸口数の信頼度が高ければ平方キロあたりの人口密度を算出して、時代・地域にわたり比較することは容易である。さらに唐宋元明清ごとに明清では県志・府州志・省志がかなり頻繁に編まれている。中央戸部の集計を伝える『賦役全書』・『実録』・『会典』・『一統志』類の記録の根拠となった地方・地域レベルのデータを知らせ、制度の具体的な実施状況およびその地域的な特色のありようを捉えることができる。清の後半になればさらに詳しい『地方志』の「採訪冊（原資料）」、『保甲冊』とその資料でもある『村図』の一部が残存していて、実態に接近できる。また、このような手続きによって発見される過大、過小の不合理な数値にたいしては、戦争・内乱・疫病・災害・王朝の興亡・間引き・移住・交通や農業の技術変化などの社会的要因の有無に照らして要因を考えることもできる。

以下に研究者の間で比較的に信頼できるデータと見なさ

れている人口統計のいくつかを紹介しておく。
【前漢元始2年（AD2）統計】『漢書』地理志に載る前漢末、人口最盛期の記録。西域都護府管内を除き、直接統治の全域1,577県・道・邑・侯国から算出したもので、1,223万3,062戸、5,959万4,974口を計上し、MHSは4.67。課税にかかわるので脱漏は当然にあるとして、およその概数は約6,000万と見られる。官吏の官籍、宗室の宗籍、商人の賈籍は民籍から区別されていたが、この集計には算入されたと考えられている。官奴婢には籍があったが、私奴婢は主人の戸籍に載った。主人が自己の籍内で申告したか隠匿したかは判然としない。
【唐天宝元年（742）統計】『新唐書』地理志・『旧唐書』地理志に載る中唐の最盛期の人口統計で、両書の記載はほぼ同じ。ほかに『元和郡県図志』には開元中・元和中の戸口数を掲げ、『通典』は天宝年間の戸口数を載せ、『太平寰宇記』にも『元和志』・『十道図』によって開元・元和の戸口数を載せているので、比較的に近いこれらの年代の数値を互いに比較して、不合理な数があれば考証することができる。742年に、15道、1,570県における総戸数は897万3,634戸、総口数は5,097万5,543口、MHSは5.75。この戸口籍の計量は府州についてなされているが、この時の県数で除して1県当たりの戸数を見ると、5,715.69戸、約6,000戸、3万人が目安であり、また府州数321を全1,570県に対して見れば、約5県をもって1府州に統属させていたことが分かる。統計は土戸（土着の戸）について男女・老幼・残疾すべてを数えており、客寓者を数えず、私奴婢は土戸の戸主のもとに附籍されたようである。
【北宋元豊3年（1080）統計】『元豊九域志』および『文献通考』の両書に載る統計であり、4京、18路、297府州単位の集計を示す。若干の数字の異同があるが、前者では総戸数1,656万9,870、これを主戸1,088万3,686、客戸568万6,188に分別して戸数のみを数え、口数は記載されていない。なお、北宋崇寧元年（1102）の統計（『宋史』地理志）において、296府州の戸数が2,026万4,307であるところから、総人口の概数がこの北宋末に約1億台に達したとされている。唐天宝元年（742）の概数と比べてたしかに2倍の増加であるが、この間の年間の成長率は0.2%である。統計の質の問題もあるが、地域・地方ごとの増加・安定・減少の格差がこの時期にはいちじるしい。北方がおおむね減少・安定を示すのに対して、南方ことに東南部で数倍、なかには10倍以上の増加があり、長江の中流域・上流域では停滞がめだつ。
【明洪武14・24年（1381・91）統計】王朝の草創期を反映して脱漏があり、それは東南部、西南部で明らかであるが、統計の質は高いとされている。1391年において直隷および13布政使司で計1,068万4,455戸、5,677万4,561口である。脱漏を考えて概数は6,500万～7,000万と推定されている。この時期の調査では、貧富間における担税の公平化がきびしく唱えられ，里甲の制、黄冊・魚鱗冊の制が徹底し、徭役の対象は郷村の役を中心にしていた。国力が回復・上昇に向かった15、16世紀には衙役を含めた徭役の規模が拡大し、戸を単位とする戸口の精査よりも丁男の掌握に比重を移した均徭法が各地で行われた。銀経済の浸透もあって、里甲制・黄冊の制がほぼ形骸化してきた。16世紀に一条鞭法の実施と並んで編纂された各地の賦役全書では戸口数に替わって丁数を集計するようになり、清初に引き継がれた。この間、明後半から清初にかけての人口の動態を特色づけたものは、黄河下流域方面における政府主導による遷徙を反映した人口の上昇、および長江沿いの江西から湖南北、さらに四川東部への玉突き状の移住・植民である。明末の人口概数は明初の2倍、約1億5,000万と見られている。
【清嘉慶17年（1812）統計】『嘉慶一統志』の記載するところによれば総人口は3億4,523万4,473を算した。清末には3.5～4億の規模であったと推定されている。清初の康熙・雍正時代は課税において寛大な政治が敷かれていたとされ、また地域・地方における丁数・田土数を上申する際の目標は明の万暦時代の賦役全書に載る数値を原額として継承したために、漏口や低めの報告が多く、実数から乖離していることが指摘されている。乾隆40年（1775）から保甲の主要な任務のひとつとして戸口の上申が課されるようになり、これによって各県から戸冊を戸部に報告するようになった。内乱期は別として、清末には各戸の門牌に戸主・家口・性別・職業が明記されるようになり、統計の精度は格段に向上したと指摘されている。

⑤職業

医生（いせい）

医者。古代中国においては、病気は鬼神が引き起こすと考えられており、それを治療するのはシャーマンの仕事であった。**巫医**の語が示すように、医者はシャーマンが兼ねていた。『周礼』にも、医者は巫や占い師とともに**方伎**の徒の中に入れられている。このため、医者は怪しげな賤しい職業とされていた。現代でも中国では医者の社会的地位は必ずしも高くないのは、このような伝統による。戦国時代には、篇鵲という名の遍歴医者が有名であるが、この時代には彼のように各地を遍歴する医者が登場しはじめていた。唐宋になっても鈴を鳴らしながら旅をする医者がいたが、町中に店を出す医者も多くなってきた。このため、宋では、医者の社会的地位も少しは高くなり、衙推・大夫・郎中など、中級官僚の官位や名称で呼ばれるようになった。

塩梟（えんきょう）

塩の密売業者。**塩賊**・**塩徒**などともいう。中国では漢代以来、塩は国家の専売であり、その価格は生産費の数十倍、ときには百倍になることもあった。しかし塩は人間にとって必需品であったので、私塩（塩の密売）が横行した。密売業者は、武装して権力と対峙する者も少なくなかった。そのため、唐末の黄巣や徐温、元末の張士誠や方国珍等のように、塩の密売人出身で、反乱軍のリーダーになる者まで出現した。

穏婆（おんば）
産婆。収生婆・接生婆・乳医・坐婆・老娘・老娘婆・吉祥姥・姥ともいう。三姑六婆の1。田舎では巫女が兼ねるものが多かったが、都会では快馬軽車とか某氏収生などという看板を掲げて専業にしていた。家伝（世襲）と師伝（師匠について学ぶ方法）とがあったという。妊娠の兆候があった家では、産婆に頼みに行くと、産婆は早速その家を訪問する（認門)。そして、妊婦の中指の両側を推して、左指の脈が盛んだったら男児、右だったら女児と予測する。この際には、車代を産婆に出すのが習わしになっていた。出産の時、妊婦側で望まない場合は、あうんの呼吸で始末（**溺女**）するのも産婆の役目だった。出産の謝礼は、妊婦側の様子を見て適当に対応した。また、生後3日目の洗三や、満1ヶ月の満月には、産婆が主役になって儀式を行い謝礼を貰った。なお宋代以来、女囚の検査や世話、女性の死体の検死は、産婆に行わせることになっていた。

貨郎（かろう）
小間物売りの行商人。貨郎担ともいう。でんでん太鼓で客寄せをしながら、農村・山村から都市の路地裏まで、日常雑貨を満載した荷を天秤でかついで売り歩く行商人。宋代から出現し始めたようで、南宋の画家・李嵩の風俗画「市担嬰戯図」（台北・故宮博物院蔵）は、当時の貨郎の姿を生き生きと描いている。また元曲には、「風雨像生貨郎旦」という雑劇がある。

牙医（がい）
歯医者。中国では、歯医者は既に宋代には出現していた。南宋の詩人・陸游は、「近頃、入れ歯を専門にする者がいると聞いた」と記している。元代には、歯医者は口歯科と呼ばれていた。なお、医者とは言えないが、街頭で虫歯抜きを専門とする捉牙虫人や、入れ歯を専門にする仮牙匠もいた。

牙婆（がば）
女性の雇傭・売買の仲介を職業とする女。**牙媼**・**牙嫂**・**女儈**などともいう。三姑六婆のひとつ。南宋の都・杭州などでは、王府（大名家）や官僚・富豪の家で、寵妾（妾)・歌童・舞女・厨娘（炊事女）・針線供過（お針子）等の女性が必要な時には、牙嫂に頼めばすぐに連れてきてくれたという。

劊子手（かいししゅ）
首斬り役人。正式には、執刑兵または、鬼頭手という。姓名は、姜安を名乗ることになっていた。刑部に属し、清朝では定員10人、欠員が出たら補充することになっていたという。罪人は刑部から轎車に乗せ刑場に送る。そこで刑部の主事が輪番でつとめる監刑官の前で名を名乗らせ、劊子手によって、鬼頭刀と呼ばれる鬼の頭が刻されている刀で、首が落とされる。

瞎先生（かつせんせい）
盲目の女芸人。女先児ともいう。明代から民国時代の、琵琶や三弦を弾きながら時代物（説書）を語る盲目の女講釈師。富家の女性達が主なお客で、暇つぶしに家中に呼んで楽しんでいた。清末から民国の有名な広東の**盲妹**は、その成れの果てだろうか。茶楼や酒家、路傍で胡弓を奏でながら歌っていたが、売春が主目的であった。その目も、生まれつきというよりも、猟奇趣味のお客のためや、女が客をえり好みしないように、抱え主から薬などで潰されたものが多かったという。

棺材舗（かんざいほ）
棺桶屋。中国では棺桶や棺材を寿木といい、生前に買っておくことは目出度いこととされていたので、棺桶屋を**寿木店**ともいう。棺材としては、杉が主に使われていたが、粗製品には松が使われていた。南宋では、棺材が不足したので日本から輸入し、寧波城内には棺材巷という街まで出来たていたという。なお棺桶には、現成（出来合い）と、定做（注文品）の2種があった。棺桶職人は、寿木師傅と呼ばれ、待遇は他の大工より手厚かったようである。

丫頭（かんとう）
下女。丫頭は、元来あげまき髪の少女をいう。富家が一定の身代金を支払って、貧窮家庭から購入した女児で、終身一種の奴隷として主家で雑役に従事した。元旦・端午・中秋などの節句に、主人から若干の小遣いをもらう他は、その労働に対する賃金は受けなかった。

脚夫（きゃくふ）
荷担ぎ人夫。散夫・埠夫ともいう。商品経済が発達して物資の流通が活発化しはじめた宋代以降、物資の運搬を専門に行う労働力が必要になってきた。その役割を担うのが脚夫である。特に碼頭（船着き場）では、荷物の積み込み積み下ろしには、不可欠の存在であった。彼等は、脚頭・夫頭・甲頭等と呼ばれる統領の元、帮を作って団結し、縄張りを定めストライキ等を行って運搬代を釣り上げ、しばしば社会問題となっていた。

居停主人（きょていしゅじん）
宿屋の主人。宿屋の呼称としては、**逆旅**が古今を通じて最も一般的であるが、その他、客舎・客館・旅館・旅寓・旅舎・宿舎・客舎・旅邸・邸店・村店・客店・道店・歇家・行台・下処・客寓・客桟・旅社・飯店等の呼び方がある。宿屋は、経営者が自ら経営するものと、人を雇って運営させるものの２種に分かれる。前者が多く、最も一般的だったのは、夫婦２人や家族で切り盛りする宿である。宿の主人は、逆旅主人・停止主人・店主人ともいう。また、女将は、店娃・主媼・主婦・主家婦等とも呼ばれていた。番頭や手代に当たるものが**店小二**で、店小児・小二哥・店保・店家・店都知などともいわれていた。この他、店僕あるいは僕とよばれる、下男がいる場合もあった。宿賃は、**房銭**とか房宿銭といい、定価があったようであるが、踏み倒す者も少なくなかったので、清末の湖南などでは、５日毎に前払いにしていた。人里離れた場所で営業するものも多かったので、黒店（殺人宿）なども少なくなかった。

轎夫（きょうふ）

カゴ担き人夫。轎は、**肩輿**・**檐子**・**兜子**などともいう。カゴに乗ることが、宋代の高級官僚や貴人の間では、かなり普及していた。宋代の一般的なカゴは、凸形の屋根で梁は無く周りをムシロで被い、両側に窓をつけ前方に幕を垂らして、長い２本の竿で担ぐものであった。カゴには、担ぎ手の数人によって２人担ぎ・４人担ぎ・８人担ぎなどがあるが、宋の太宗は庶民が２人担ぎ以上のカゴを使用することを禁止した。北宋の都・開封を活写した「清明上河図」にも、女性が窓から顔を出しているカゴが描かれている。このようにカゴが普及しだしたために、花嫁が輿入れの際に**花轎**（花嫁カゴ）に乗る風習が、この頃から始まり民国まで続いた。なお、泰山などの観光地の轎夫の中には、途中で揺すってカゴ代の割り増しを要求する、雲助カゴ担ぎも多かったという。

苦力（くりょく［クーリー］）

未熟練労働者。一般に、南部インドのタミール語の雇傭を意味する語、あるいは専ら下級労働に従事していた西部インドのコリー族に由来するといわれている。19世紀の中葉、奴隷制の廃止に伴い、世界各国の鉱山や炭礦・鉄道建設で多数のインド人や中国人の労働者が雇傭されるようになり、クーリーと呼ばれるようになった。苦力はその中国語の音訳。はじめは、**猪仔貿易**といわれる奴隷貿易に近い不正な方法で送りこまれ、強制労働に従事させられていたが、次第に契約労働さらには自由労働へと待遇は改善されるようになった。やがて、中国内地の鉱山や炭礦・港湾・土木現場で働く未熟練労働者まで、苦力と呼ばれるようになる。中国内地では、**把頭**という親方の支配下におかれ、親方が賃金を一括して受け取り、前渡し金や食費・被服費等の名目でピンハネしたので、苦力に実際に渡される賃金は少なかった。

鶏毛房（けいもうぼう）

乞食宿。明代から民国の北京に存在した最下層の宿屋。床に羽毛やぼろ切れを敷き詰めていたので、鶏毛房という。また、中央の土間に穴を掘って薪を焚くので、**火房子**ともいう。冬場は、一酸化中毒で死亡する者が多かったという。

虔婆（けんば）

やりて婆。鴇母・仮母ともいう。三姑六婆のひとつ。**妓館**の経営者で、妓女とお客との間を取り持ち、妓女を教育・監督する。幼女を買ってきて妓女に仕立て、妓女と養子縁組をするので、仮母ともいう。妓女あがりで、パトロンがいる場合が多い。酷薄無慘であるため、方言で賊のことを虔ということから、虔婆は悪婆を意味するという。また、ガミガミやかましく妓女を叱るので、爆炭（鴇は爆に通ずる）とか老爆子ともいう。

縴夫（けんふ）

船曳き人夫。縴戸・縴手ともいう。河川や運河を遡る船に綱を付けて、岸から人力で挽く人夫である。曳き綱を百丈、肩にかける板を縴板といった。北宋の都・開封を描いた、「清明上河図」にも、数カ所、岸から綱で船を挽くところが描かれている。夫役として付近の住民を駆り出す場合と、専業の縴夫に挽かせる場合があった。いずれの場合も、命がけの苛酷な労働であったので、景気づけに舟歌を一斉に歌うのが習わしになっていたという。近代になって、蒸気船が導入されるまで続いた。

估衣舗（こいほ）

古着屋。估衣店・売估衣的・**喝故衣**ともいう。露店の古着屋は、估衣攤という。主に質流れ品や屑屋（打鼓児的）から古着を買い取って販売していた。北宋の都・開封では、喝故衣という古着屋が登場していた。清代でも古着屋は、値段や商品名などを大声で節をつけて叫んでいたから、この喝故衣はそのことを指すのだろう。また、明末の開封では、「四面はみな布や故衣を売っており、老婦人が人々のために衣装を繕ったり縫ったりしている」というから、すでに古着屋街が出現していたと思われる。清末の天津にも、估衣街があった。

扛夫（こうふ）

棺桶担ぎ人夫。**抬扛的**ともいう。いわゆる六色のひとつで賤民として扱われた最下層の労働者。彼等には、それぞれ馴染みの**扛房**（葬儀屋）あり、そこからの呼び出しがあるまで、溜まり場の**茶館**などで待機していて、口が掛かると、打尺扛夫と呼ばれるリーダー指揮の下で、棺桶を担いだ。喪主の財力・身分・地位などにより、棺桶の大きさがかわり、それに応じて棺桶担ぎの人数も、八人扛から百二十八人扛まであったという。縄張りがあり、ストライキをするなどをして、担ぎ代を釣り上げ、社会問題となっていた。

江湖芸人（こうこげいにん）

旅芸人や大道芸人の総称。**路岐人**・走江湖ともいう。江湖とは、一所不住の漂泊の生活をさす言葉である。都市の盛り場や、寺廟の縁日（**廟会**）の際などに、大道で芸を売る芸人達である。この種の芸人は、古代から存在したと思われるが、特に宋の都市繁昌記類には、多数の大道芸が挙げられている。後世のものと較べてもほとんど変わらないので、南宋の都・杭州で行われていたものを、以下、列挙しておく。打筋斗（トンボきり）・踢拳（けん）・踏蹺（高足駄）・上索（綱上り）・脱索（ひも抜け）・索上走（綱渡り）・過刀門（刀抜け）・過圏子（囲い抜け）、踢瓶（瓶蹴り）・弄碗（皿回し）・踢缸（壺蹴り）・踢鐘（鐘蹴り）・弄花銭（銭投げ）・花鼓鎚（太鼓叩き）・踢筆墨（投げ字書き）・弄花毬児（毬投げ）・撈築球（ボール芸）・弄斗（升の曲回し）・打硬（瓦割り）・教虫蟻（虫芸）・弄熊（熊使い）・蔵剣（剣呑み）・喫鍼（針呑み）、弄傀儡（人形使い）・弄影戯（影絵使い）・角觝（相撲取り）・女颭（女相撲取り）・小説人（講釈師）・商謎（謎当て）等。

更夫（こうふ）

夜回り。打更ともいう。旧中国では、日没から夜明けまでを**五更**に分けて、約2時間を**一更**とした。そして、古代から、更夫が拍子木を鳴らして時を知らせる事が行われるようになった。古代においては、時を知らせる事よりも、むしろ治安維持の側面が強かったようである。唐では、更を3分して**点**と名付け、更は太鼓を点は鐘を鳴らしてより細かく時を伝えるようになった。なお、この更夫は、唐の場合は祠部の所管だったようである。この他に宋代なると、**行者**（見習い僧）や**頭陀**（行脚乞食僧）らが、毎日五更（午前4時頃）に、木魚や鉄の板を叩きながら夜明けを知らせる（頭陀報暁）ようになった。彼等は、その謝礼として、毎月の朔や15日・節句にお布施を要求していたという。さらに明清・民国には、民間で雇われた更夫が、拍子木や銅鑼を鳴らしながら、更毎に時を知らせるようになった。

箍桶匠（ことうしょう）

桶のたが直し職人。木桶が多量に使われていた時代には、桶が古くなると箍を修繕する必要があった。この箍直しを専門にする職人が箍桶匠であった。南宋の都・杭州では、既に流しの箍桶匠（箍桶）が出現していた。彼等は、大工の守護神（行神）・魯班の女房・鄭氏を守護神としていた。箍桶匠は、大工と関係が深いが、大工より一段低く見られていたからだという。

公寓（こうぐう）

下宿屋。宿屋は、本来、短期滞在者用の宿泊施設であり、長期の滞在には費用も掛かるので、清末ごろから、北京では公寓という下宿屋が出現した。本来は、科挙の受験者用であったので、集賢・迎賢・尚賢等という、縁起の良い店名が多かった。光緒31年（1905）に科挙制度は廃止になったために、大学生や勤め人相手の下宿屋に転向した。これらの公寓では、1日2食の食事を賄う**包飯**と、食事なしの、2種類があった。食事は主にコックが作るが、その他の部屋の掃除や走り使い等の客の世話は、ボーイ（**夥計**）が分担して担当した。ボーイは、少額の給料の他に、客からのチップ等で生活していた。しかし、1930年代になると、ほとんどの公寓は、アパートになってしまった。そのため現在では、公寓といえばアパートのみを指すこととなる。

耍猴人（さこうじん）

猿回し。猿回し芸を、猴戯・耍猴・弄胡猴という。漢代の画像石に見えているから、その起源は漢代以前に遡ると思われる。隋代の**百戯**中には、猴戯も含まれていた。唐では、宮中で猿を飼育する芸人がいて、元旦などには猿芸を披露していたという。また唐や五代では民間においても、猿に様々な演技を行わせる遍歴の旅芸人達が確認されている。五代には、猿回しは巴蜀（四川）が盛んだったようであるが、清代には猿回しといえばほとんど安徽省・鳳陽出身だった。猿の外に、山羊や犬を連れたものが多かった。

刷牙舗（さつがほ）

歯ブラシ屋。歯ブラシは、刷牙子という。南宋の都・杭州では既に販売されており、杭州の名店として、獅子巷口の凌家刷牙舗や金子巷口の傅官人刷牙舗等の歯ブラシ屋が有名であった。この歯ブラシは、馬の尻尾を植えつけたものという。世界最初の歯ブラシ屋である。当時の『太平聖恵方』等の医学書には、歯磨き粉の処方が書かれているので、刷牙舗では、歯ブラシの他にこれら歯磨き粉も販売していたものと思われる。清末になると、西洋の歯ブラシが、広州から輸入されるようになった。なお、中国製洋式歯ブラシは、日本に留学して日本の技術を学んだ趙鉄橋が、民国初年、上海で工場を造り、双輪牌という商標で売り出したのが始まりとされている。

三教九流（さんきょうきゅうりゅう）

様々な職業の総称。もともと、**三教**は儒教・仏教・道教の三教、**九流**は儒家・道家・陰陽家・法家・名家・墨家・縦横家・雑家・農家をさす言葉であったが、やがて様々な学術思想をいうようになる。そしてついには、種々の職業一般を指す言葉となった。これは元から明のことのようである。『水滸伝』にも、「（梁山泊では）生まれは帝子神孫であったり、富豪や将軍・官吏（将吏）であったり、あるいは三教九流ないしは猟師や漁師（猟戸漁人）、屠殺人や首斬り役人（屠児劊子）であろうとも、すべて一律に兄弟と呼びあい、貴賤を分かたず」（71回）とある。

三姑六婆（さんころくば）

家庭内に出入りする職業婦人の総称。三姑六婆という成句の最も早い例は、元末の陶宗儀『輟耕録』とされている。それによれば、三姑六婆は、尼姑（尼僧）・道姑（女道士）・卦姑（女占い師）・牙婆（女口入れ屋）・媒婆（仲人口)・師婆(巫女)・薬婆(女薬売り)・虔婆(やりて婆)を指し、「これらの女性を一人でも家に入れれば、悪事を犯さない者はいない。そのため、決して彼女たちを家の中に入れない事が、家庭内を清潔に保つ秘訣である」という。成句にはまだなっていないが、同様の考え方は、宋の袁采『袁氏世範』にも、「尼姑・道姑・媒婆・牙婆や針灸を口実にする連中は、家に入れてはいけない。女たちの財物を掠め、女たちを誘惑するなどの良からぬ事をしでかすのは、皆この連中なのである」とある。なお、元の趙素『為政九要』にも、県知事が任地に赴いたら、まず地元の盗賊や悪人・三姑六婆等の様子を窃かに調べておくべきだとする。この『為政九要』の方が、『輟耕録』より早いかも知れない。遊牧民の血を引く唐の上流女性たちは活発であったが、唐の後半から急に淑やかになり出す。妹尾達彦によれば、科挙が根付き、男は才子(教養ある男)が、女性は佳人(淑やかな女)が理想とされだしたからだという。そのため宋になると、女性はほとんど外出しなくなった。北宋の都・開封の繁栄を描いた「清明上河図」などを見ても、街頭には女性の姿がほとんど見られない。そこで家庭内に閉じこもった良家の女たちと世間を繋ぐ存在が必要になり、その役割を演ずる職業婦人たちが登場してくる。この種の職業婦人たちは、女性は家の中で温和しくしているべきだという立場からすれば、はしたない・賤しい・怪しげな存在と見なされ、三姑六婆なる成句が出来上がった。

三十六行(さんじゅうろくこう)

様々な職業の総称。宋元時代には、一百二十行といったようで、『宣和遺事』に「(徽宗は燕山を得てから以後、高俅らと歓楽を尽くようになり)遂に宮中に店を連ね、宮女たちに茶や酒を売らせ、一百二十行どの商売も揃わないものはなかった」(前集・下)とある。また、明代の『西湖遊覧志余』には、三百六十行とある。三十六行といういい方は、清代からのようである。これらの三十六・一百二十・三百六十は、具体的な職種を指すのではない。数々の職業という意味である。ほかに、七十二行といういい方もある。

私塾先生(しじゅくせんせい)

私塾の教師。**西席**・**西賓**・教書匠・村学究ともいう。私塾には、**家塾**・**村塾**・**義塾**の3種があった。家塾は、富裕な一族が、同族の子弟のために開設した学校。村塾は、農村の子弟のために開設した学校で、村の廟などが教室となっていた。義塾は、慈善家たちが金を出し合って開設した、慈善施設の学校である。私塾は、正月15日に開館するのが一般的であったが、農家などでは新年を待たず、農閑期になると子弟を塾にやった。1年の内、清明・端午・中秋の3節は2日間、正月は1ヶ月休みになった。授業は、おおむね**三本小書**(**三字経**・**百家姓**・**千字文**)や四書の朗誦・暗記と習字などで、講義をしないので生徒の不満は大きかった。待遇は、家塾が比較的良く、次が義塾、村塾が1番悪かったという。家塾と義塾では、宿泊費・食事代は依頼主(東家という)が出すことになっていたので、給料は丸々家族に送ることが出来た。多くは科挙を落第した知識人であったが、基本的には契約期間は1年の不安定な生活であった。

書坊(しょぼう)

本屋。書肆・書林・書舗・書店・文字舗などともいう。中国では本屋は、既に後漢時代には存在していたようで、『論衡』の著者の王充が、洛陽の本屋で立ち読みした話は有名である。当時はまだ紙はほとんど普及していなかったので、木や竹の札に書かれた写本(抄本)であった。唐の後半になると、印刷術もようやく広まり始め、紙に印刷した本が本屋で売られるようになったが、本格的な本屋の発展は宋代になってからである。北宋の都の開封や南宋の都の杭州では、多くの本屋が出現していた。なお、露店の本屋は、書攤という。本屋は、学問の神様・文昌梓潼帝君や、周の図書館員(守蔵室之史)だったという老子・火神(本屋は火事を最も恐れる)を守護神(行神)としていた。

娼妓(しょうぎ)

娼婦。**私妓**・**民妓**ともいう。なお、売春という言葉は、戦後の日本で出来た日本語で、中国では売笑あるいは淫売という。中国における売春の起源は、不詳。明らかに娼婦を指すと思われる娼という文字は、南朝・梁の字書『玉篇』に初めて現れ、**娼**は淫なりと説明されている。従来の**倡**は、本来わざおぎ(芸人)という意味であり、副次的には夜伽もしたと思われるが、芸が主体であった。しかし、南朝頃になると、売春を主目的とする娼婦が登場したが、適当な字がないので、倡の人偏の代わりに女偏の文字が出来たのだろう。当時の江南は、フロンティアで男社会であったので、娼婦の需要が多かったものと思われる。やがて、唐になると、首都・長安の平康坊の北里地区などでは、娼館が立ち並び、後世の色町の原型はほとんど出揃った感がある。**鴇母**と呼ばれるやり手婆と娼妓とが、義理の親子関係を結ぶ風習などは、以後の娼館でもずっと受け継がれている。元では、国家が娼妓に鑑札を(公拠)を発布して、課税している点が注目される。明の北京でも、脂粉銭という売春税を徴収した。税を払わない暗娼を**私窠子**といった。清末から民国でも、妓捐を払った者が公娼で、払わない者が暗娼・私娼と区分されている。また北京では、**娼館**を清吟小斑・茶室・下室・小下室の4等級に区分し、税金や花代も違っていた。なお上海でも、書寓・長三・幺二堂子(略して幺二)・花烟間(咸肉荘ともいう)・釘棚(老虫窠ともいう)その他の区別があった。私娼を**野鶏**という。廃娼運動は民国7年(1918)頃から起こり、中華人民共和国の成立と共に、娼婦はいなくなったが、改革開放政策下の現在、また復活を遂げている。

訟師（しょうし）
民間の代言人。中国では裁判は原則として一般の人々に開かれていたが、法律や裁判手続きなどが煩瑣で、とても素人が行えるものではなかった。そこで、法律に関する知識はいうまでもなく、訴状の書き方・役所の役人に渡す手数料や賄賂・逗留する宿屋などの情報に精通した人物の指導・手引きが必要となる。この種の業務に携わるのが訟師で、すでに宋代には登場している。南宋の江西では、彼らがギルドを結成して盛んに裁判に介入していたという。明末清初には、訟師秘本と呼ばれるマニュアル本まで出現している。権力側では、これらの訟師は、みだりに人々を教唆し裁判を起こさせる訴訟ゴロと非難するが、必要悪として存続しつづけた。

人販子（じんはんし）
人身売買を職業とする、人買い。北方では**渣子**とか老渣、南方では**白螞蟻**ともいう。また、**人牙子**とか、**拐匪**・砟子行といういい方もある。ただこれらの呼び方は比較的新しく、従来は単に奸人あるいは奸徒と呼ばれていた。唐律では、人身売買を**略売**と**和売**とに分けている。唐律の注釈書である唐律疏議では、略は「方略を設けてこれを取る」とする。つまり様々な手段を弄して、売買対象者の意志に反して、売買を行うことを略売と解釈している。一方、和とは「彼此和同して共に相誘引して」売買すること、すなわち納得づくで売買することとする。もちろん、良民を売り買いすることは禁止されているが、やはり略売の方が罪は重い。また、10歳以下のものは、たとえ本人が納得していても、略売として扱うことになっていた。この唐律の規定は、清代まで歴代王朝で踏襲されている。なお、人買いは、単独の場合もまれにはあるが、大抵は組織化された人身売買団であるほうが多かった。これらの人身売買団では、各地から仕入れた「商品」を、アジト（**窨子**）に一旦プールしておいて、需要があるとそれを直接、あるいは仲買人（牙儈）を通じて売りさばいていた。なお現代の中国でも、人身売買は盛んに行われ、深刻な社会問題となっている。

人力（じんりき）
宋代の雇傭人。男使用人を人力といい、女使用人を**女使**という。口入れ屋の紹介で雇用契約を結び、雇用期間を決めて、家内労働または生産労働に従事した。主人と人力・女使との間には、法律上厳格に尊卑の分が規定されており、主人が罪を犯した人力・女使を処罰して死に至らしめた場合でも、主人が死刑になるとは限らなかったが、人力・女使が主人に罪を犯した場合には、数等罰が加算された。また、人力・女使は、主人の犯罪行為に対して、告発する権利もなかった。

吹鼓手（すいこしゅ）
冠婚葬祭の楽隊に参加する楽人。ラッパ・笛・太鼓・銅鑼等を演奏して楽隊の列に参加し、行事を盛り立てる役割を演ずる楽人達である。漢の高祖・劉邦の部下だった周勃は、若い頃、ムシロを編んで生計を立てていたが、葬式のたびに楽人として簫を吹いて生活の足しにしていたというから、秦漢時代には民間に登場していたことが知られる。六色のひとつにかぞえられ、賤民扱いを受けていた。

成衣匠（せいいしょう）
仕立職人。裁縫・縫人ともいう。人から布を預かり、服に仕立てる職人。仕立屋を成衣局・成衣店・裁縫舗という。既に『周礼』に、王宮の服を仕立てる**縫人**という職が見えている。清代には、寧波出身者が多かったという。主に、人間に裁縫を教えたという黄帝を守護神（行神）に祀る。その他、旧中国では、路傍で裁縫道具を入れた籠を片手に、道行く人の服の破れやほつれを直す、**縫窮婆**というつくろい屋もいた。

青衣（せいい）
下女。元来、青衣（中国では、青は黒をさす）は、奴隷の着る着物であったが、やがて一種の奴隷として、終身、主家で雑役に従事する女性を指すようになる。のちには、下女一般をいうようになった。

扇子舗（せんしほ［せんすほ］）
扇子屋。扇は、もともと皇族や高官が外出する際に、日除けや塵避けに使用する用具であった。やがて、漢代には送風用の丸形の**団扇**が流行するようになる。東晋時代、**芭蕉扇**を売る老婆のために、書聖・王羲之が字を書いてやると、瞬く間に売り切れになったという話があるから、東晋時代には既に扇子売りの行商がいたことが知られる。なお、折り畳み式の**折扇**は、宋代に日本から伝来したと言われている。南宋の都・杭州では、扇子舗や画団扇舗が登場している。また、北宋の都・開封や杭州では、換扇子柄とか、**修扇**など呼ばれる流しの扇子修繕屋も出現していた。

奶媽（だいぼ）
乳母。食母・**阿母**・奶子・奶姥・奶娘・**乳婦**などともいう。また、南北朝時代、宮中の乳母は、みな黄羅襴を着ていたので、黄羅襴ともいう。旧中国の中流以上の家庭では、子供が生まれると、乳母を雇った。特に宮中の乳母に選ばれた者などは、一生富貴に暮らすことが出来るとまでいわれ、明・熹宗の乳母・客氏のように、宮中で権勢を振るう者もいた。宋の慈養局や清の嬰育堂などの、孤児院や育児施設でも、乳児のために乳母を雇っている。

男娼（だんしょう）
陰間。中国では、男色は**龍陽**・**断袖**・**分桃**・孌童・面首など呼ばれ、古代から行われていた。ただ、これを職業とする者の出現は比較的遅く、宋代からのようである。北宋の都・開封や蘇州では、男娼が登場している。このため、徽宗の政和年間（1111～1118）には、禁令が出されたが、あまり効果はなかったようである。宋代より盛んなのが明代である。明の宣徳年間（1426～35）には、官妓と官吏と交遊が禁止となり、**小唱**と呼ばれる男娼が大流行したという。また清初には、官吏が妓館に泊まることが厳禁となり、官妓も廃止になったために、男娼が更に盛んになった。清代の北京では、これら男娼は、**相公**と呼ばれた。相公は、像姑つまり姑娘のようなという意味である。役者が多かったという。

茶博士（ちゃはかせ）

茶店のボーイ。**堂倌**・**跑堂的**・幺師・茶房・伙計・小二などともいう。中国古代においては、律博士・算学博士など、一芸に通じた者を博士と呼んでいた。その後、茶を売る者を茶博士、酒を売る者を**酒博士**、挽き碓を挽く者を碓博士など、専門職に従事する者を博士と呼ぶようになる。明代になると、博士の地位も零落して、茶店のボーイを茶博士、酒屋のボーイを酒博士と呼ぶようになった。なお、給料などの待遇についてはあまりわからないが、民国期・四川省成都の茶店のボーイの１日の賃金は、普通茶代7、8杯分、大きな茶店では8杯から18杯分ほどだったという。なお、白湯だけの客の白湯代はボーイの取り分で、賃金分よりも多かったらしい。

厨師（ちゅうし）

コック。『周礼』には、料理担当の**膳夫**・宰夫・**厨人**・**庖子**・庖丁・庖人・庖宰・湯官などという職名が見える。また、春秋時代・斉の桓公に仕えた易牙のような名料理人の名も伝えられているから、早くから宮廷や諸侯の厨房で料理人が活躍していたことが知られる。漢代には、外食も出現し始め、料理人の活動範囲は更に広まった。女の料理人もすでに南北朝頃から出現しており、唐宋時代に一般的になっている。宋では、女料理人を**厨婢**と呼び、都の女料理人を京厨婢といった。南宋の都・杭州では、多数の名京厨婢がいたという。また宋代の都である開封や杭州では、無数の食べ物屋や食堂が軒を連ね、多種多様な料理が料理人の手で作られていた。そのため、仕事が細かく分業化するようになっていた。北宋末の宰相・蔡京の厨房などには、京厨婢数百人、包子係15人がおり、包子担当の内にはネギを刻むだけの係もいたという。宋代には、勤め先の決まっている料理人の他に、**四司六局**という便利屋に所属し、依頼に応じて冠婚葬祭用の料理を作る、出張料理人まで出現していた。明清時代には、大富豪の塩商人達が多数住む揚州では、フカヒレ料理などの料理技術が発達し、多くの名料理人が輩出した。ただ、専門の料理人がいるのは、どこの土地でも上流家庭だけで、それ以下の家では、料理の出来る女中や主婦が調理した。

剃工（ていこう）

床屋。**鑷工**・**浄髪人**・**待詔**・**剃頭匠**・理髪師などともいう。床屋は既に宋代には出現している。「清明上河図」にも、城門の脇の日除け棚の下で、客の頬を剃っている床屋が描かれている。南宋の都・杭州では、既に床屋（剃梳）の浄髪社というギルドが存在していた。当時の小説類によると、床屋は、⑴白髪を抜く、⑵鼻毛を抜く、⑶頬毛を剃り、髪を整える、⑷髪を梳き髻を結う、等を行っていたようである。明代には、⑸耳垢採り、⑹按摩・マッサージ等も加わっている。床屋はもともと男性の仕事であったが、明代には、**挿帯婆**と呼ばれる女の理髪師も出現している。清代なると、辮髪令がだされたために、男子の頭を剃る床屋が大繁盛した。営業形態は、腰掛けや湯沸かしを天秤棒で担いで町中を流す者、街頭で椅子を置いて営業する者、店を構えて営業する者等、様々であった。彼等は、法律上の賤民ではなかったが、賤民視されて、本人及び3代にわたって科挙を受験できなかった。なお、床屋は羅祖を守護神としていたが、羅教の羅祖とは無関係のようである。

鉄匠（てつしょう）

鍛冶屋。**鉄工**ともいう。鉄は春秋時代には使用されるようになっていたが、春秋時代にはまだ官営工場で作られ、民間では作られなかった。やがて戦国時代から漢代になると、農具などの鉄製品を穀物と交換するような鍛冶屋も出現するようになる。ただ古代の鍛冶屋の具体的な様子は、ほとんどわからないので、南宋の鍛冶屋の例を挙げておく。鞴で火を起こし、炭と鉄とを鍛冶して、鋤や鍬等の農器具を造ったが、1日に僅かに1器が作れるだけで、極めて貧しかったという。清代中期・蘇州の繁栄を活写した「姑蘇繁華図」に描かれた、成造田器という看板を掲げた郊外の鍛冶屋も、ほとんど南宋と変わらない。この種の鍛冶屋は、昔からあまり変わらなかったのだろう。

屠戸（とこ）

屠殺業者・肉屋。屠人・屠家・屠夫・**屠宰者**などともいう。家畜の屠殺を生業とする者は、秦漢時代に既に出現している。漢代では、犬の屠殺人である狗屠が、屠殺人の代表であったが、魏晋南北朝頃から、犬はあまり食されなくなり、唐代では無頼の専用となってしまった。唐以後の主な屠殺の対象は、豚・羊や牛である。牛は貴重な労働力とされ、屠殺は法律で禁止されていたにもかかわらず、かなり屠殺されている。宋代には、屠殺業は相当専業化しており、羊・豚など家畜の種別によって分業化し、家業として世襲されるようになり、共同出資して営業する者もあった。彼等は、商業・交通の要衝地に成立した農村の定期市（墟市）や市場町（鎮市）に集住・散居して、家畜の屠殺・精肉加工・販売をおこなっていた。北宋の都・開封や南宋の都・臨安等では、肉行と呼ばれるギルドを組織するようになっていたが、屠殺業と肉舗・肉肆・肉案と呼ばれる食肉小売業とが、次第に分離する傾向にあった。また臨安などの屠殺所（作坊）では、**屠伯**・大屠という親方と、**屠児**・子弟という平職人の区別があり、親方が主に刺殺を担当し、平職人が解体を担当している。しかし、小規模な屠殺人の場合は、両者を兼ねて家族が補助をするものが多かった。屠殺用の家畜は、農民から直接買い付ける場合と、仲買人（牙儈）を通して購入する場合があった。都市の場合は、ほとんど後者である。肉の販売形態には、屠殺兼小売商（肉肆）と、販売専業（肉舗）・街頭の行商（**盤街**）の３種があった。

倒水的（とうすいてき）

水汲み人夫。**担水客**とも呼ぶ。井水窩子・**井窩子**・水舗等と呼ばれる水屋から傭われて水汲みをし、得意先に届ける仕事をする。水道が普及する前には、井戸のない家や井戸があっても飲用に適さない家では、水屋から水を買わなければならなかった。すでに南宋の都・杭州では、毎日飲料水を得意先に届ける者が出現している。民国時代の北京では、水屋が幾つもの井戸を所有していて、水汲み人夫に得意先に朝早く届けさせていた。北京の水屋は、もともと山西商人がはじめたが、後には山東出身者の専業のようになったという。なお、水屋には**水道**という販売の縄張りがあり、同業者は互いにこの縄張りを侵さないようにしていた。水屋の守護神（行神）は、龍王の一種の井泉龍王とされている。

盗賊（とうぞく）

不法な手段で他人の財物を奪うことを職業とする個人及び団体。盗と賊とは、お互いに意味が重なり合っているので、区別するのは難しいが、敢えて２つに分けて考えてみる。賊はそこなうとか、殺すという意味があるから、暴力を前面に出して奪う、強盗・劫盗・寇盗等が当てはまるだろう。後者は、さまざま手段を講じて奪う、偸盗・窃盗・拐騙等が当てはまる。前者は暴力性が顕著であるが、後者は比較的希薄である。規模も、前者は大きいこと多いが、後者は小さく個人の場合もある。前者が陽性であるのに対して、後者は陰性である。まず、前者から見ておく。**土匪**・**匪賊**・**胡子**・**響馬**・棒子手等ともいわれ、強固な組織を持つものも多く、一定地域に影響力を持ち、権力とも対峙するだけの能力を備えているものもある。清中期から民国期には、関東紅胡子（馬賊ともいう）・山東響馬・中原杆子・関中刀客・四川棒客・太湖水盗等が有名であった。主な稼ぎ方は、略奪（搶奪・劫奪・押城）や人質（綁票）・恐喝（恐嚇）・縄張り料・通行税（買路銭）などであった。構成員の大部分は、秋になると故郷に帰って家族と暮らし、春にはまた戻ってきて活動することが多かった（**猫冬**）。権力との対峙で不利な場合は、投降要請（**招安**）を受け入れ集団投降して政府軍に編入されられることも少なくなかった（**靠窑**）。一方、後者には、追いはぎ（**剪径**）・引ったくり（**明搶**）・こそ泥（**小盗児**）・すり（掏摸・掏児・剪綹）・騙り（**騙手**）等が含まれる。様々な方法を凝らして、他人の財物を掠め取る輩であるが、中でも騙りの手口はバラエティに富んでいる。女を餌に金品を強請り取る**美人局**（**仙人跳**・扎火囤ともいう）や放白鴿・**放鵓**、本物を巧みに偽物にすり替える**調包**、わざと落物をして拾った者から金品を騙し取る**擲包**等、その騙しのテクニックは多様である。明末には、『杜騙新書』という騙り防止のマニュアル本まで登場している。なお騙りは、北方では**念秧**、南方では**局騙**という。

馬医（ばい）

馬医者・獣医。古代から中国では、馬医者は取るに足りないつまらない技術を身につけただけの（『史記』貨殖列伝）、乞食より多少ましな程度の賤しい職業とされていた（『列子』）。人間相手の医者ですら、中国では賤しい職業とされていたから、ましては畜生相手の馬医者など、さらに賤しいとされていた。

売婆（ばいば）

首飾りや臙脂等の女性の日常品を、専門に売り歩く女小間物屋。**女経紀**ともいう。彼女たちは、宝石や首飾り・臙脂などを入れた小箱を片手に、往来を歩き回り、富家・大家の女性達の部屋の深くまで入り込んで、商売をしていた。

媒婆（ばいば）

女性仲人業者。**媒媼**・媒婦・月下老人・冰人・撮合山・保山・**媒互人**などともいう。三姑六婆のひとつ。縁談話を進めるには、まず媒婆の所に行って相談する。候補者がきまれば、媒婆を派遣して嫁側の意向を確かめ、応じると返答すると、婿側ではまた媒婆に頼んで雁を礼物として求婚する（**納采**）。その後、婿側は、媒婆を通じて娘の名前や字・輩行・生年月日時間（**八字**）を問う（問名）。婿側ではこれらが書かれた**庚帖**を受け取ると、息子の相性と合うかどうかを確かめ、嫁側に礼物を持って行って通知する。この時点で、婚約は成立した事になる。婿側では、結納の目録と品を荷作りして、媒婆立ち会いの下、嫁側に運ぶ。媒婆の仕事は一応ここで終わる。媒婆の収入は、**納采**の際の脚銭（車代とお茶代）及び、結婚成立後の謝礼である。なお、南宋では、死者同士の結婚（**冥婚**）の斡旋を専門に取り扱う鬼媒人が登場していたという。

麦客（ばくきゃく）

麦刈りの季節労働者。麦客子・**炒面客**ともいう。陝西省や甘粛省等の中国西北部で主に活動していた季節労働者。中国西北の黄土高原では、西方に行くに従って高度が高くなる地理的条件により、麦の成熟時期に差がある。このため、陝西省の西北部や甘粛省東部の農民は、村毎に隊伍を組んで陝西省の東部に麦刈り労働に出かけ、次第に西に移動する。そうすると、他所の麦を刈り終える頃には、丁度自分の畑の麦が刈り頃になっているのである。

幕客（ばくきゃく）

明清時代の地方官僚の私設顧問。**幕友**・幕賓・**師爺**ともいう。科挙に合格して官途に就いた官僚は、実務や専門の知識はほとんどなかったので、職務遂行のためには、実務に精通した私的なブレーンである幕客が必要であった。彼らは、科挙受験を途中で諦めた、挙人や生員などの知識人出身者が多かったので、雇用主（**幕主**）である官僚は、相当額の謝礼を払って、客礼をもって招聘した。この幕客は、各種の公文書を起草する**折奏師爺**、法律専門の**刑名師爺**、会計専門の**銭穀師爺**など、それぞれの専門に応じて職務を分担した。彼らの専門知識は**幕学**とよばれ、先祖代々継承されたり、有名な幕客に弟子入りしたり、各種の役所の下級職員になること等によって獲得されたものであった。清朝中期以降には、幕学のマニュアル本や指南書も多数出現するようになっている。また、浙江省紹興は多くの幕客を出したので、**紹興師爺**は幕客の代名詞ともなった。

百工（ひゃくこう）

職人の総称。古から見える言葉。『墨子』節用・中に、「古の聖王は、天下中のもろもろの職人達（百工）、例えば車輪を作る者（輪車）・革具を作る者（鞼匏）・陶器や銅器を作る者（陶冶）・木製品を作る者や大工（梓匠）などに、それぞれ得意な分野の仕事に専念従事せよと、仰せられた」とある。また、『論語』子張篇にも、「子張はこう言った。職人達（百工）は、それぞれの仕事場（店）でその仕事を仕上げるが、君子は学問という分野で自分の道をきわめる」とある。

鏢師（ひょうし）

用心棒業者。**鑣師**・**鑣客**・**鏢客**・保鏢などともいう。手数料を取って、荷物や人を護衛して、目的地に無事に送り届けることを業務としていた。また、個人の住宅や商店街の警備も行った。鏢師たちは武芸に優れていたので、中国の時代劇には頻繁に登場する。ただ、その出現は意外と遅く、清代になってからである。最初、鏢師は単独で行動していた。やがて清の後半、**鏢局**あるいは鏢行と呼ばれる鏢師の組合を組織するようになる。従来、山西商人が現金や物資を運ぶ際、鏢局に護衛を依頼していたが、盗難の被害を受けることが多かったので、為替の一種である票号を発行するようになり、鏢局は衰退したと言われていた。しかし、この票号全盛期の清後半、かえって鏢局は繁栄している。票号と鏢局は、互いに補完し合う関係にあったようである。票号の拡大によって、経済活動は活性化し、物資・現金の流通は以前に増して拡大した。そのため、警護の仕事も、鏢師単独ではこなしきれなくなり、鏢局が組織されるようになったものと思われる。こうした補完関係にあったから、票号が衰退した民国期に、おなじく鏢局も衰退したのである。

裱糊匠（ひょうこしょう）

表具師・経師。専ら書画の表装をする経師を、装裱師傅・褙裱師傅という。書画の**表装**は、南北朝頃から始まり、唐宋を経て明代に技術的完成を見、それらは周嘉冑『装潢志』や文震亨『長物志』等に集大成された。特に蘇州の表装技術は高く、**蘇裱**と呼ばれていた。一般の表具師は、主に天井や窓の貼り紙の張り替えを行ったが、死者の葬式用の張り子などの製作も行う。夏には、扇子の張り替え（粘扇子的）を兼ねるものも多かった。

武師（ぶし）

武芸者。中国歴代王朝では、武力は国家が独占し、民間の武力を禁止するのが基本方針であった。しかし、兵役を課せられた民衆には、武術の訓練の機会はあり、民間の武術は、本来暴力を売り物にしていた無頼社会に集積されることになる。こうして民間に武芸者が登場し、彼等の武術は、宋から明にかけて**武藝十八般**として集大成されることになった。民間の武芸者に開かれた道は、大体次の4つの道があった。⑴軍隊の軍事教官となる道。⑵地主や有力者の用心棒となる道。⑶大道で武芸を見せ物にする売芸の道。⑷（特に清代には）物資や人を護送する鏢局の鏢師となる道。

糞夫（ふんふ）

糞尿くみ取り人夫。出糞人・**傾脚頭**・傾糞人・**挑糞夫**・掏大糞的・掏茅房的などともいう。くみ取り人夫の記録としては、南宋・『夢粱録』の記録が最古である。南宋の都・杭州では、市中の小さな家々では一般に便所が無く、おまる（**馬桶**）を使って用を足していた。それを、傾脚頭と呼ばれるくみ取り人夫（**出糞人**）が、毎朝取りに来ることになっていた。彼等にはそれぞれ縄張りがあり、その縄張りを侵すと、争いとなり裁判沙汰になることもあったという。糞尿処理場は郊外にあり、古く南宋では烏盆、清代の北京では糞廠と称した。糞廠の元締め（糞主）は大体山東省出身者で、糞道という縄張りを持っていて、くみ取り人夫（糞夫）を雇って、大きな利益を上げていた。この元締めは、糞尿を農民に売って利益を上げるほか、月銭という毎月のくみとり料や節句（正月・端午・中秋）毎の節銭を受け取っていた。この縄張りは、乾隆・道光以来のもので、一種の株として売買もされていた。くみ取り人夫は、毎日、小判形（元宝）の籠を載せた糞車を押したり、糞桶を背負って家々を廻り糞尿を浚い、おまるを傾けていた。民国期の北京の糞夫も、ほとんど山東人だったという。このほか糞廠に所属しない、フリーの糞拾い（拾糞人）もおり、糞廠との間で、しばしば縄張りをめぐるトラブルが起こっていた。

補鍋（ほか）

いかけ屋。鍋釜や茶碗の穴を補修する職人。補鏤子・**小炉匠**ともいう。茶碗の修理専門の者を鋦碗的とか鋸碗児的、水がめの修理専門の者を補缸という。宋代では、**錮路**とか**釘鉸**といった。錮路の錮は塞ぐ、路は露という意味で、鉄を融かしたもので、鍋などの穴を塞ぐこと。鉸は、頭の丸い鋲で、鍋釜の穴を塞ぐ、かすがい打ちのこと。南宋の都の杭州では、いかけ屋のギルドである釘鉸行が存在していた。張芸謀の映画「初恋のきた道」に、いかけ屋が茶碗を接ぐ話が、1950年代のこととして出てくる。この辺りが、中国のいかけ屋の下限だろう。

磨鏡（まきょう）

鏡磨きの職人。磨鏡人ともいう。鏡は殷以前の遺跡からも出土しているが、まだ祭祀か呪術用で、実用ではなかったようである。やがて、戦国から漢代にかけて、多数出土するようになっているから、実用にも使われたものと思われる。しかし、当時の鏡は、しばらくすると曇って見づらいから、時々磨く必要があった。こうして、鏡磨きという職業が出現することになる。『列仙伝』に、鏡磨きの道具を背負って呉の市で鏡磨きをしていた、負局先生という仙人の記事が見えるから、漢代には鏡磨きが既に存在していたことが知られる。南宋の都・杭州でも、街を流して歩く鏡磨きがいたという。従来、もっとも零細な職業のひとつとされていたが、ガラス製の鏡が普及するようになって廃れた。

冥衣舗（めいいほ）

葬具屋。死者があの世で着る紙製の着物を**冥衣**といい、あの世で使う張り子の馬・車・銭箱等を**冥器**という。これらは、霊前や墓前で焼かれる。この冥衣や冥器を売る店が、冥衣舗である。看板として、木製の長靴や張り子の馬が掲げられていた。田舎では、車輪の張り子が置かれていたという。蘇州の葬具屋では、蘇州で始めて葬具屋を始めたとされる、朱子の叔父の朱子樵を守護神（行神）とする。

木匠（もくしょう）

大工。**梓人**・梓匠・**木工**・匠人・手民・手貨ともいう。『周礼』では、木匠を、車輪を作る輪人、車の台座を作る輿人、弓を作る弓人、矛や槍の柄を作る廬人、宮殿城郭などを作る匠人、大車・羊車（装飾を施した小車）や農機具を作る車人、楽器や飲食器などを作る梓人の7種に分類している。後世は、**大木行**（大器行ともいう）と**小木行**（小器行、細木行ともいう）の2種に区分する。前者は家の建築や粗製の家具類・農機具などを製作する。後者は、緻密な彫刻を施した精巧な家具類などを製作する。社会の評価は、小木作の方が大木作より高かった。古代の伝説的な名工・魯般（魯班とも書く）を守護神（祖師）として尊崇した。明末には、大工の技術を図解した、『魯班経匠家鏡』をいう工具書が出ているが、意外に呪術方面の解説が多い。

薬舗（やくほ）

薬屋。薬肆ともいう。山で薬草を採り、市で売って生計を立てる話が、漢代には見えているが、店舗を構えた専業の薬屋の出現は、唐代からのようである。宋代になると、北宋の都の開封や南宋の都の杭州などの大都会では、多数の薬屋が存在するようになった。開封の馬行街の道を挟んで南北数十里はみな薬屋であったという。清代の北京では、百数十軒の薬屋があった。その中でも明代以来の老舗薬屋・西鶴年同仁堂などは、従業員が2,300人もいて、製薬工程も細かく分業化していたという。また、薬屋には、薬材をそのまま売る**生薬舗**と、薬材を薬にして販売する**熟薬舗**の2種があった。清代では少し大きな薬屋では、医者を抱え（坐堂）、医者の診断によって薬をだすようになった。既に宋代頃から、偽薬（仮薬）も出回っており、元朝では禁令が発布されているほどである。なお薬屋では、薬王菩薩・孫思邈を守護神（行神）として尊崇していた。清末になると、従来の漢方薬（中薬）を取り扱う薬屋の他に、西洋の薬（西薬）を取り扱う薬屋も出現するようになった。

油店（ゆてん）

油屋。都市生活の発達と共に、宋代には食用・灯油はじめ工芸・医薬等の多方面で油脂が利用されるようになり、南宋の杭州では、油屋のギルド（油作）や油桶を担いで売り歩く油の行商人（挑坦売油）も登場していた。油の行商人については、明末の「油売りの若者（油郎）花魁を独り占めすること」という有名な話がある。油問屋から僅かな油を仕入れて行商する、最も零細な商人の代表とされていたようである。

浴堂（よくどう）

銭湯。**混堂**・**澡堂**・浴室などともいう。中国における銭湯の起源は、唐に始まるという説もあるが、確実なのは宋代からである。北宋末、都の開封には銭湯があり、浴堂巷（風呂屋横町）という地名もあった。南宋の都の杭州では、**香水行**という銭湯のギルドまで出来ていた。なお、浴室内で背中流しや垢こすりをする**背揩**・背揩人・揩澡的等と呼ばれる三助も、北宋時代にはすでに出現している。三助の他に銭湯につきものの、足の爪切り・タコ削りなどの足の手入れをする**修脚**（修脚的ともいう）は、明末の開封にいたことは確認できるので、出現はそれ以前である。清末の北京では、**官盆**（上等の1人用風呂）、**客盆**（1人用風呂）、**大屋子**（共同風呂）の3種があり、風呂代はそれぞれ差があった。また、1910代には、女性用の銭湯も出現している。民国21年（1932）の調査では、北京には140あまりの銭湯があり、4,000人ほどの従業員が働いていた。風呂屋の経営者や修脚は、河北省定興県出身者が多かったという。

拉房縴的（らぼうけんてき）
不動産斡旋人。縴手・**跑縴的**ともいう。知人の間や、茶館・飯店などに出入りして、家の売買や賃貸の仲介する牙行（仲買人）の一種。交渉が成立すれば、売買双方から一定の傭銭という仲介手数料をもらう。北京の慣例では、**成三破二**といい、売り主が100分の3、買い主が100分の2を支払った。

老虎灶（ろうこそう）
上海の最下層の茶店。**泡水店**ともいう。清末・民国期に、大都市の裏通りの路地裏で、労働者や乞食など最下層の人々のために、白湯や安価な茶を売っていた茶店。老虎灶とは、土製の竈で、そこに火を焚いて、ブリキの薬缶を十数個も並べてジャンジャン涌かしていたという。中華人民共和国の初期まで存在していたようである。ブリキの薬缶をぶら下げて、看板としていた。

⑥階層

⑴ 皇帝・宗室

王（おう）
君主の称号のひとつ。もともと、王は鉞の刃の部分を下にした形で、王権を象徴する儀器の象形。最初に王を名乗ったのは殷の君主たちであった。殷における王は、天上の帝という至上神を祀り、占卜により帝の意志を問い政治を主宰する、政治指導者である共に国家祭祀の司祭であった。しかし、春秋戦国時代になると、宗教的な司祭としての色彩は弱まり、政治的な実権を握った君主が各地で王を称するようになった。やがて、秦の始皇帝が全国を統一すると、従来の王に優越する最高君主としての皇帝の称号を使用するようになる。漢以後の歴代王朝でも、依然として皇帝の一族や功臣を王に封じたが、王の独立性は低く、皇帝権力に従属する存在に過ぎなかった。

宦官（かんがん）
去勢された男子で、皇帝や王の後宮に仕える者。寺人・**閹人**・中官・**大監**・内豎・浄身・火者などともいう。奴隷や異民族への家畜の去勢技術の応用は、ユーラシア各地で一般的に行われ、中国でも殷周時代には既に見られる。最初は、刑罰の一種である宮刑に処せられた者を、宦官として後宮で使用していたが、前漢の文帝が肉刑（身体刑）を廃止した後は、志願した自宮宦官に限られるようになった。常に皇帝の身近にいるために、後漢や唐・明などのように、宦官が権力を振るうことも少なくなかった。主に後宮の雑用を職務としたが、唐の後半には、兵権を握るものや、明では宦官の最高位である司礼監太監のように、軍事・警察・司法を掌握して、宰相の内閣大学士よりも強い権力を有するものもいた。

郡王（ぐんおう）
爵号のひとつ。皇太子の子の爵号。隋から始まり、以後、清まで踏襲された。清では、多羅郡王といい、郡王はその略称。多羅は、満州語の美称。従一品。

郡主（ぐんしゅ）
爵号のひとつ。隋唐・宋では、皇太子の娘の爵号であったが、明清期には親王の娘の爵号となる。

公主（こうしゅ）
爵号のひとつ。皇帝の娘の爵号。周代に天子の娘が諸侯に嫁ぐ時、婚礼の儀式を天子自らは執り行うことが出来ないので、三公に代理を務めさせたのに因んで、天子の娘を公主と称するようになったという。漢代では、皇帝の娘を公主、姉妹を**長公主**、おばを太公主といい、その後の歴代王朝でも踏襲された。なお、清代では、皇后の産んだ娘を固倫公主、妃嬪の産んだ娘を和碩公主と呼んだ。

皇后（こうごう）
皇帝の正妻の称号。皇后の宮殿の壁には、土に椒を混ぜたものを塗ったので、椒坊ともいう。また、漢代には長秋宮に住んでいたのに因んで、長秋とも別称する。后には、きみ及びのちの意味があり、その至尊の地位を表すという説と、天子の後に従うという説がある。周では天子の正妻は元妃とか王后と呼ばれ、皇后という呼び方は、秦代からはじまる。その役割は、後宮の妃嬪を率いて皇帝の家庭生活をスムーズに運営することであったが、その他にも、拝陵（御陵参り）や宴賓（客人の接待）・親蚕（桑摘みと養蚕）などの儀式も行った。皇后の政治介入は原則的には禁ぜられていたが、則天武后のように皇帝が病弱な時などには、政治に干渉する例は少なくなかった。

皇太后（こうたいごう）
皇帝の母の尊号。祖母を**太皇太后**という。太は上位の世代に対する尊称。太后の尊号は、戦国・秦にはじまるという。漢ではこれを受けて、皇太后の尊号を皇帝の母に贈ることになった。また漢代には、皇帝が死亡して後継者が決まっていない場合などには、皇太后が後継者を決定し、その皇帝が幼少の時には、皇太后が摂政をつとめることになり、清末まで踏襲された。

皇太子（こうたいし）
皇位継承第1位の皇子。宮殿が東方にあるので、**東宮**という。周代では、天子や諸侯の直系の嫡男を世子又は太子といった。漢になると、皇帝の太子を皇太子といい、諸侯の太子と区別するようになる。また、秦の混乱を教訓に、早期に後継者を決定することと、後継者には長男を立てることを原則とすることにした。以後、この原則は、歴代王朝でも踏襲されたが、弊害も多く建前通りにはいかなかった。漢代でも、20数人の皇帝の中で、この原則が適応されたのは、3人に過ぎない。そこで、清の雍正帝は、太子密建の法という方法を採用することになる。これは、皇帝の生前には皇太子を置かず、後継者の名前を書いた紙を、乾清宮の正大光明という額の裏に置いておき、皇帝の死後、取り出して後継者を決定するという方法であった。この巧妙な方法は、以後清朝では踏襲されることになった。

皇帝（こうてい）

中国の最高君主の称号。秦の始皇帝により創始され、辛亥革命で清朝が滅亡するまでの約2000年間、歴代王朝で使用され続けた称号。前221年、六国を併合して天下を統一した秦王・政は、その称号の制定を宰相らに命じ、結局、皇帝という称号を正式に採用した。この皇帝の意味については、神話上の三皇五帝を兼ねたという意味及び煌々たる上帝つまり、光り輝く絶対神という意味、という2説がある。ただ、2説とも、神話上の神である三皇五帝のような、あるいは光り輝く絶対神のような、地上の絶対的権力者という意味であり、実際にはそれほどの違いはない。秦の始皇帝は封禅で天や地を祀り、漢代において天地の神を祀る時には、**天子**つまり天の代理人という称号を使っており、皇帝は神ではなかった。従来の王に優越する最高君主ではあるが、天上の神の代行者にすぎなかった。この天の代理人としての皇帝の資格として、儒教では盛んに道徳性の高さを強調する。地上で最も徳の高い者に、天は権力を委ねるとされていた。このように天から権力を委譲された皇帝は、全人類のヒエラルヒーの頂点に坐り、その力を制約するものは、原則的には存在しないことになっていた。

親王（しんおう［しんのう］）

爵号のひとつ。宗室中の王に封じられた者に授与される爵位で、南北朝の陳にはじまる。唐では皇帝の兄弟や皇子が、親王に封じられ、以後清代まで踏襲された。清では、宗室の爵位の第一等は**和碩親王**で、略して親王という。特に皇子や蒙古貴族に与えられた。親王の嫡子は、父の死後、郡王に降襲することになっていたが、礼親王・睿親王・予親王・粛親王・鄭親王・荘親王の6親王は、国初に功績が顕著であったという理由で、嫡子に世襲が許されていた。

妃嬪（ひひん）

皇帝の側室の総称。嬪妃ともいう。後宮には、正妻の皇后以外に妃嬪と呼ばれる側室の一群が、周代以来存在する。ここでは、唐を中心に見ておく（唐も前半と後半ではかなり大きな変化があるが、一応前半を主とする）。まず、正妻の皇后の下には、正一品の貴妃・淑妃・徳妃・賢妃の4人の**妃**がおり、**夫人**と呼ばれた。その下には正二品の昭儀以下の**九嬪**9人、次に正三品の**婕妤**9人、更にその下には正四品の**美人**9人、正五品の**才人**9人、正六品の宝林27人、正七品の御女27人、正八品の采女27人が続く。

駙馬（ふば）

皇帝の娘である公主の婿の称号。もともとは、駙馬都尉という、皇帝の乗る車に陪乗する近習の官であった。魏晋以後、公主の婿に授けられることが多かったので、公主の婿を駙馬都尉、略して駙馬と呼ぶようになった。明代まで続いたが、清代には、皇后の産んだ公主の婿を固倫額駙、妃嬪の産んだ公主の婿を和碩額駙と呼んだ。

命婦（めいふ）

朝廷から官爵を授与された婦人の称呼。日本読みはみょうぶ。周では、大夫の妻の呼称。その後、宮中の妃嬪や、官僚の母・妻で官爵を授与された者をいうようになる。内命婦と外命婦の2種がある。唐では、皇帝の側室・妃嬪で正一品の貴妃・淑妃・徳妃から正八品の采女までと、皇太子の側室である正三品の良娣から正九品の奉儀までを、内命婦といった。また、皇帝の娘の公主や五品以上の官爵を持つ者の母や正妻を外命婦と呼んだ。

(2) 士大夫・郷紳

逸民（いつみん）

隠者。知識階級に属しながら、政治世界の圏外に逃れ、自らの節操や志を全うするために隠遁生活をおくる人々。**隠逸**・高逸・**高士**ともいう。聖天子の尭から天下を譲るといわれて汚らわしいと耳を洗った許由や、殷を放伐した周の世を汚らわしいとしてその粟を食らわず首陽山で餓死した伯夷・叔斉などが、その典型とされている。『論語』にも下巻の末尾近くに、接輿・長沮・桀溺などの隠者が登場し、孔子を批判する話が見えている。『論語』の編者たちは、政治主義的な孔子に対して、正反対の隠者たちを登場させる事によって、バランスを取ろうとしたのではないかと思われる。乱世、特に王朝交替の混乱期に、出現することが多い。中でも、前漢末・後漢初期に、王莽の簒奪に反対する人々が、多量に野に下って逸民となったので、『後漢書』には逸民伝が設けられた。以後、正史に逸民伝または隠逸伝などの項目が立てられるのが慣例となる。また、為政者側にとっても、これらの逸民を民の声の代弁者として、出来るだけ尊重・容認するのが任務とされるようになった。逸民の中国文明における役割については、清末の詩人・龔自珍の「尊隠（隠者の尊重）」という論文が興味深い。彼は、この若い頃の難解な詩的散文において、史官（歴史家）を制度内批判者として、隠者を制度外の純粋認識者ととらえていた。

官（かん）

中国の官僚。官員ともいう。西洋人はマンダリンと呼ぶ。正一品から従九品の官品を有する者を**品官**、それ以外の者を**未入流官**という。また日本では官吏といい、官と吏を同意語とするが、中国では特に宋代以降は、官は高級官僚で、吏は実務担当の胥吏を指し、全く異なる。その他、日本では官僚のことを役人というが、中国の役人（えきじん）は、農民が一定期間無償で地方役所の雑役奉仕をする徭役労働のことである。文官の任用方法としては、**正途**（正式ルート）と、それ以外の**雑途**がある。正途の中心は科挙合格者である進士出身者で、その他、明清では科挙の中途合格者である挙人や、予備試験合格者の生員なども種々の方法で、官僚になる道があった。また、有力者の子弟で父祖の功績による**恩蔭**もある。雑途には、孝廉方正・山林隠逸・博学宏詞等の名目で高級官僚の推薦をうける挙薦や、献金による捐納、胥吏からの昇進などがあった。中国では秦漢以後、皇帝の下は四民平等が建前であったが、官僚になれる者は身家清白、つまり良民に限られ、俳優・娼家・楽人・奴隷や、山西の楽戸・江南の丐戸等、賤民として扱われる人々は科挙受験が認められておらず、官僚になる資格もなかった。また、官僚は税制上・刑法上において一般人民とは異なる**優免**特権を受け、これらの特権は官僚を出さなくても通常3、4代は保持することが出来たし、科挙受験にも様々な特別措置があり、その権力を再生産することが可能であった。そのため、官僚は人民を支配する支配階級であったといっても過言ではない。以下、中国の官僚の特徴を列挙しておく。①儒教の知識や道徳は要求されるが、実務や専門的知識は要求されなかった。②中国では古代から軍人に対する蔑視観が強く、武官に対して文官が優位を占めていた。③権力が一人に集中しないように、3年任期制・本籍地**回避**制・複数長官制・兼任制・合議制・同格制等、様々な仕掛けが施されていた。④頗る薄給で、不足分は租税のピンハネ・裁判の手数料・賄賂等で賄わねばならならず、①とは矛盾するが、結局、官僚と収賄が不可分の関係になってしまっていた。

官戸（かんこ）

唐宋時代の身分呼称。唐代では官庁に隷属する官賤民の一種で、官奴婢の1級上に位置づけられる。均田法上、一般良民の半分の口分田が支給され、所属官庁への勤務は、年計3回・3ヶ月であった。宋代では、官僚の家を指すようになり、一般民戸とは戸籍上区別され、各種の付加税や徭役の免除など特権を与えられていた。**品官之家**ともいう。また、多くは形勢戸から出たので、形勢官戸あるいは官戸形勢戸とも呼ばれる。大土地所有を経済的基盤とした地域社会における支配勢力で、明清の郷紳の前身といえる。

監生（かんせい）

明清時代の国士監の学生資格。最高学府・国士監の学生は、その出身により、⑴優監生（地方の生員で、成績優秀な者）、⑵恩監生（皇帝の特恩を受けた者）、⑶廕監生（三品以上の文武官の子）、⑷例監生（献金による者）の4種に区分される。一般の生員と同じく、郷試の受験資格を有し、礼制上は九品官に準ずる待遇を受け、税法上は徭役が免除され、刑法上も軽罪は金銭による納贖が許された。

貴族（きぞく）

魏晋南北朝隋唐の支配層。一般的には、高貴な家柄や身分を有し、政治的・社会的な特権を世襲的に行使する個人及び一族をいう。この意味では、殷周の氏族制社会の支配階層や、征服王朝の支配民族出身者なども、貴族といえる。しかし、中国史上、貴族といえば主として、魏晋南北朝から隋唐にかけての、士族・姓族・世族・衣冠など呼ばれた支配層を指す事が多い。この貴族の起源は後漢時代に遡る。この頃、土地所有を拡大して成長してきた豪族と呼ばれる階層が出現し、貴族のルーツはこの豪族にある。彼らは儒教的な教養を身に着け、推薦制の人材登用法である郷挙里選により、次第に地方から中央へと進出するようになった。やがて彼らは、魏になって始められた新しい人材登用法の九品官人法を通じて、身分や特権を世襲化するようになり、貴族となった。彼らは、通婚や家柄のランク付け、儀礼・文化の共有等を通してお互いに密接に結合し、社会を序列化してその維持と固定化を図るようになる。南朝などでは皇帝は貴族の傀儡で、その首のすげ替えなども頻繁に貴族によって行われた。隋になって、このような貴族の力を抑えるために、文帝は試験による人事登用法である科挙（選挙）をはじめたが、貴族が人事権を握っていたため、科挙を通じて採用される官僚はほとんどいなかった。多少変化が現れてくるのが、則天武后の時である。彼女は、自己の権力を強固にするために、科挙によって官僚を積極的に採用するようになる。その後、安史の乱や唐末五代の戦乱で貴族は没落し、新興の地主層にその地位を譲ることになった。

挙人（きょじん）

明清時代の科挙・郷試の合格者に授与された資格。孝廉ともいう。漢代には、地方の郡国から朝廷に推薦された人材を挙人といい、唐宋時代には、進士科を受験する者を挙人といった。やがて、明清時代になると、郷試の合格者に挙人という称号が贈られ、終生の資格となる。都で行われる会試に応ずる資格が与えられる外、会試に落第した場合には、挙人大挑という特別の任用法があり、官界に入って、府・州・県学の教官（高等官中最下位）になったり、県知事になることも可能であった。礼制上、八品官に準ずる待遇を受け、税法上は徭役が免除され、刑法上も軽罪は納贖が許された。

郷紳（きょうしん）

明清・民国期の地方社会の指導層。紳士・**紳衿**・青衿・**紳董**などともいう。既に宋代から文献に見えているが、政治的・経済的・社会的に注目されるようになるのは、明代後期からである。紳は、朝廷に出仕する官僚の着用する大帯のことで官僚の雅称。郷紳は主に、出身地に居宅を置いている現役官僚や、休暇中や退職して出身地に居住する官僚をいう。この他、官僚予備軍としての挙人・生員・監生などの科挙資格保持者は**士人**と呼ばれ、広義の郷紳に含まれる。これらの郷紳は、地域の秩序維持や利害調整・文化事業を行うなど、地域社会で大きな発言力を持っていた。また、徭役免除などの税制上や刑法上・政治上の特権を有し、その権威を利用して大土地所有を拡大すると共に、商人や高利貸しと結託して商業活動を行い、地方社会を食い物にする官僚・地主・高利貸しの三位一体と称せられる性格も持っていた。特に後者の側面は**土豪劣紳**と呼ばれ、革命運動の打倒の目標となった。

形勢戸（けいせいこ）
宋代の地方豪族。形勢とは成り上がり者をいい、南北朝頃から見られるが、唐末五代には新興の地方豪族を指すようになった。特に、宋代では、科挙によって官僚を出す家が多くなったので、品家形勢戸・形勢官戸とよばれるようになる。大土地所有を経済的基盤とし、一般民戸とは、戸籍上・租税台帳上、区別された。

豪族（ごうぞく）
地方の有力な同族集団。**大姓**とか、著姓ともいう。各時代に存在したが、中国史上特に重要なのは、後漢の豪族だろう。前漢中頃から地方で勢力を持つようになり、後漢の劉秀政権を生み出すほどになっていた。主に一族で奴隷や小作人を使って大土地経営を行い、戦時には軍事力を蓄え、自衛組織をつくるなど、地方社会に大きな影響力を持っていた。また、儒教的な教養を身に着け、郷挙里選と呼ばれる官吏登用法を通して、中央や地方の官吏となるものも多かったが、その上層部からやがて貴族も出現した。

士大夫（したいふ）
旧中国の支配者層の総称。周代における、天子・諸侯・大夫・士・庶民という５階層の、士と大夫を合わせたものに由来する。天子・諸侯は、天下や諸国の君主であるのに対して、士と大夫は、庶民という被支配層を支配する階層であった。ただ、士大夫の具体的なあり方は、時代によって異なる。全国を統一した秦・漢では一君万民で、皇帝の下はすべて民が建前であったが、現実には官僚が支配階層を占め、官僚が人民を支配することになった。特に儒教が官学化されるようになる漢代には、官僚には儒教的な教養が要求されるようになり、儒教的な教養を有した知識人という、以後の士大夫の原型が出来上がることとなる。さらに六朝からは、これら儒教的な教養・倫理を身に着けたものが、九品官人法などを通じて世襲化して貴族となった。しかし、この貴族は唐末五代の戦乱を受けて没落して、新興の地主層が台頭した。やがて、これらの地主層は儒教的な教養を身に着け、次の宋代には士大夫と呼ばれる新しい支配層として登場してくる。狭義の士大夫は、この宋代以降のものをいう。彼らは読書人とも呼ばれ、儒教的な教養・倫理を身に着け、科挙を通じてその地位や身分を獲得したが、本来はその身分・地位は一代限りのものであった。やがて明清になると、科挙合格者だけではなく、科挙受験の有資格者である挙人や生員なども、社会的・文化的な指導層（郷紳）として、地域社会で活躍するようになった。

処士（しょし）
非仕官者。仕官の能力・資格が有りながら、仕官しない人々をいう。経世済民が最終目的の中国知識人にとって、能力がありながら仕官しないのは、ほぼ自己否定に近い。ただ、仕官そのものを全否定しているわけではない。条件さえ整えば、仕官する意志は有している。この点、政治世界の圏外に身を置く逸民とは異なる。逸民が政治世界の全否定者とするならば、処士は部分否定者といえよう。処士が仕官しない動機は、ほぼ次の３点にまとめることができる。⑴当該時代の為政者や政治のあり方に対する批判、⑵自己保身、⑶売名。⑴については、処士が王莽時代に多数出たことでも明らかであろう。⑵は後漢末の董卓専政時期の申屠蟠などのような処士で、董卓の仕官要請を固辞して身を全うした。⑶は、後漢末に特に多い。この頃は、処士に対する世の期待が大きかった。そのため、仕官を固辞する毎に世評は高くなり、最終的に高位高官で仕官したら、まるで無能だったという人々が多出して、世の顰蹙を買った。

進士（しんし）
科挙の最終合格者の資格。北宋中期以前は、進士科は他の秀才・明経等と共に科挙の科目のひとつに過ぎなかったが、北宋中期以降は進士１科となり、進士科が科挙を代表するようになった。科挙の最終試験・殿試の合格者は、成績によって、三甲（３段階）に分けられた。第一甲は、首席の**状元**、次席の**榜眼**、三席の**探花**の３人をいう。進士及第という称号を贈られ、主に翰林院というエリートコースに任用された。第二甲は、進士出身という称号が贈られ、主に中央官庁の官僚になる。第三甲は、同進士出身という称号が贈られ、地方の県知事などに任用された。

生員（せいいん）
明清時代の学校の学生の資格。秀才あるいは諸生ともいう。明清では、府・州・県の学校の学生である事が、郷試を受験するための条件となった。この学校の学生を生員という。彼らは、必ずしも所属の学校で勉強する必要はなかったが、学校の教官や学政から監督を受け、定期的に試験を受けねばならなかった。礼制上、九品官に準ずる待遇を受け、挙人と同じく、税法上は徭役が免除され、刑法上も軽罪は金銭による納贖が許された。なお、最高学府である・国子監の学生は、**監生**と呼ばれ、一般の生員とは区別されている。

大姓（だいせい）
宗族結合の強固な地方豪族。中国では、戦国頃から階層分化が進み、貧富の差が拡大し、地方では豪族が出現した。この豪族の中でも、特に宗族結合の強いものを大姓という。後漢では、大姓の中には推挙されて官吏になるものも出現するようになり、これらは大姓冠蓋とか、冠冕大姓と呼ばれた。魏晋南北朝では、これらの大姓のうち、県もしくは郡規模の勢力を持つものを、**郡姓**という。その声望が行き届いているという大姓を、**望族**ともいう。

父老（ふろう）
地方の指導的な長老層。人生経験豊かな長老を中心とした自治的な地方社会は、中国の歴史上常に存在し続けたと思われるが、特に中国史上において重要なのは、戦国から秦漢時代の父老であろう。その役割は多方面で、主に聚落の祭祀である社の祭りを監督指導し、土木修繕や税の徴収まで手がけたという。特に戦乱の折には地方社会の秩序維持に当たり、秦末の項羽や劉邦の蜂起の際にも父老の支持が必要であった。漢になると、父老の中から郷三老・県三老が選ばれ、地方行政と地方社会との調整にあたっている。

(3) 庶民

彝族（いぞく）
中国の少数民族の一種。イー族。四川・雲南を中心に貴州・広西からベトナムに分布する少数民族。自らは、ノスと自称するが、中国では、盧鹿・倮玀・羅羅などと呼ばれていた。最近では彝族が正式名称とされている。古の羌が先祖だったようで、その分派が南下して非漢族の原住民と融合して形成されたものと考えられている。20世紀まで奴隷制度が残存していた。また独特の表音文字を発達させていた。

営妓（えいき［えいぎ］）
賤民の一種。国家所有の妓女。軍営管轄下の妓女で、軍の将士の享楽に供されたと言われている。ただ、営妓と官妓とはほとんどかわらず、区別がつかぬことが多い。そのため営妓は、官妓の別称ではないかという説がある。あるいは、それが正しいかも知れない。

衙役（がえき）
賤民の一種。衙役は役所（衙門）の賤役に対する総称であるが、隷卒の他に、丐頭（乞食の長）・土工（変死者の埋葬を行う者）・舗甲・地甲（共に県内の巡警）等がある。

回族（かいぞく）
中国の少数民族の一種。イスラム教を信仰する少数民族。回回・回民とも呼ばれた。唐から元代にかけて中国へ来航したアラビア人やペルシャ人と漢族が通婚して形成されたと考えられている。漢族と雑居し漢語を話すが、冠婚葬祭や食生活など独自の習俗を維持し続けている。

丐頭（かいとう）
賤民の一種。乞食の長。丐主・団頭・桿児上的（カールシャンタ）などともいう。唐代までの乞食は、単独であったが、宋代頃から組織化が進み、丐帮という一種のギルドを作るようになった。そのギルドの長が、丐頭である。桿子という権力のシンボルを持ち、官憲に協力して乞食集団を管理・支配した。清代の北京では、黄桿子と藍桿子の2種の丐頭がおり、前者は主に満州八旗の乞食を支配し、後者は一般の乞食を支配していたという。世襲制で、官憲の下働きをする衙役の一種とみなされていたので、賤民として扱われた。これに対して部下の乞食は、やむを得ない事情で臨時に従事するもので、賤視はされたが賤民身分とは見なされていなかった。

楽戸（がくこ）
賤民の一種。罪人の妻子を官に没収して楽戸にすることは、すでに北魏に見えている。その後、隋になると北周・北斉・南朝梁・南朝陳などの宮中の楽人を吸収し**楽籍**（楽人の戸籍）に編入して楽戸にした。さらに唐代では、これらの楽戸を太常寺に所属させ、宮中の儀式で音楽や歌舞を担当する官賤民とした。この楽戸は、最下層の賤民である官奴婢よりは上ではあるが、均田の配分は一般民の半分で、また一般民との通婚も禁ぜられ賤視されていた。宋でも楽人は太常寺や軍楽隊を統括する鈞容直に所属したが、賤民視されていたかどうかは不明。元では、上流階級の妻にはなれないなど、賤民視されていた。明では、永楽帝が建文帝側に就いた高位高官の妻子を賤民として楽籍に入れて以来、明末まで権力闘争に敗れたものの妻子は同じ運命に陥った。清でも最初は明の制度を踏襲したが、やがて雍正元年（1723）、雍正帝の賤民解放令によって、楽戸は法律上においては消滅することになった。しかし、その後も芸人に対する賤民視は続いた。

官妓（かんき［かんぎ］）
賤民の一種。府・州の管轄下にある国家所有の妓女。その来源は、犯罪者の家族・親族が国家に没収されたものや、戦争で捕虜になったもの等である。官僚や地方有力者の宴会などでコンパニオンをつとめ、夜伽もした。地方官が転出する際に同行したり、贈答の対象にもなっていた。宋では、官立の酒楼である官庫に派遣され、酒客の相手をした。なお元では、官吏が官妓に関係を迫ることを禁じている。また明の宣徳年間（1426～35）には、官吏と妓女との交遊が禁止されたために、官庁から妓女の姿が消え、男色が盛んになったといわれている。しかし、明後半にはまた官妓が復活したが、清の雍正帝時代に廃止になった。

乞丐（きつかい［きっかい］）
乞食。叫花子・**花子**・乞索児・乞児などともいう。中国最古の乞食の記述は、『史記』范雎伝に見える、伍子胥が呉の市で物乞いしたという記事で、遅くとも春秋末には乞食が出現していたことが知られよう。当時、従来の邑共同体が弛緩し始めており、邑共同体から離脱して邑の外に出る者も出現し始めていた。こうした共同体の保護を失った人々の中には、よそ者も入ることができる境界領域とも言うべき市で、物乞いをする者も登場した。市は後世まで乞食のほとんど唯一の稼ぎ場であり、この伍子胥の姿は中国乞食の原型といえる。そのため伍子胥は乞食の祖師とされ、彼等の尊崇を受けることになった。この春秋末以来の乞食のあり方は、ほぼ唐の中頃まで続く。唐の中頃から宋にかけては、中国史上の大変革期とされているが、乞食にとってもこの時代は、大きな変化が現れてきた時代である。まず、商品経済の発達に伴う都市の繁栄や社会変動に応じて、多数の乞食が都市に流入し、乞食問題が大きく社会問題化する。また、乞食は従来ほとんど単独行動を取っていたのに対して、次第に組織化し始める。明清になると乞食のギルドである丐帮が各地の都市に出現するが、この丐帮の原型も既に宋代に始まったようである。それにともない、宋代には乞食のギルドの長である団頭や丐頭も出現した。また政府の側でも、唐の中頃から、養病院などの施設で乞食の保護を始めるようになった。これらは明清では、**養済院**や棲流所と呼ばれている。ただ、中国の乞食は、賤民ではなかった。乞食はやむを得ない事情で臨時に従事するもので、身分とは見なされていなかった。これに対して、彼等乞食のギルドの長は賤民とされていた。世襲の身分であったからと思われる。

九姓漁戸（きゅうせいぎょこ）

賤民の一種。浙江東部に居住する被差別民集団。その起源については、元末に江西・湖北・湖南を根拠として朱元璋と覇を競った、陳友諒の部下の9姓のものに対して、明の太祖となった朱元璋が、陸に上がることを禁じ賤民にしたのに始まるといわれている。その9姓とは、陳・銭・林・袁・孫・葉・許・李・何とされている。従来、船の上で生活し、一般民との通婚することほとんどなかった。主に漁業や運送業を生業にし、女性は船上で売春をしていたという。乾隆13年（1748）、乾隆帝によって、九姓漁戸及び各省の類似のものに対して、すべて良民にするという勅令を出されたが、効果はなかった。民国になっても、再三、同様の措置が取られたが同じであった。

士農工商（しのうこうしょう）

良民を生業によって4区分する分類法。**四民**ともいう。士は官僚となりうる為政者階層、農は農業従事者、工は手工業従事者、商は商業従事者をさす。『国語』や『管子』に見える用例が最も古い用例とされているから、この分類法は戦国時代に出来上がったものと考えられる。この中では、士は元来軍事に関わる統治階層に属しており、他の被統治階層とは区別される。孟子は、「心を労する者」（精神労働者）と「力を労する者」（肉体労働者）に良民を区分しているが、前者が士で、専門的な知識そのものではなく、専門知識を統括し秩序づけることが出来る、高い道徳的能力を備えている者とされている。これに対して後者の農・工・商は、この士によって統治される被統治階層をいう。なお、後者は農と工商に区分される。農は食料を生産する有益な生産者（本業）であるのに対して、工商は富家に寄生し無用な奢侈品を取り扱う有害な消費階層（末業）と考えられていた。ただ、これらの区分は、先天的な出自や天性の資質によって決まるのではなく、後天的な努力によって決まると考えられている。もっとも、貴族の時代である六朝時代は例外で、士とそれ以外の庶とは、大きな格差があり、この両者の間では通婚も禁止されていたほどであった。そして、この格差は出自によって決まるとされていた。しかし、貴族制の崩壊した宋以後は再び、士農工商の区分は先天的な出自ではなく後天的な努力で決まるとされるようになる。科挙はこのような観念に基づいている。なお、社会発展に応じて複雑化した世相を反映して、宋代にはこれら四民に僧と兵などを加えた六民や八民、明末には二十四民などという分類も出現している。

畲族（しゃぞく）

中国の少数民族の一種。シェ族。福建を中心に、浙江・広東の境界地帯の山地に居住する少数民族。唐代には、蛮・蛮僚・峒蛮などと呼ばれていた。南宋になると、彼等が主に焼き畑を行っていたので、その焼き畑を意味する畲で呼ばれるようになった。

庶民（しょみん）

中国の身分呼称の一種。庶は多くのという意味で、庶民とは多くの一般人民をいう。漢代では、人民を庶人と奴婢に区分して支配した。庶人は庶民と同じ。なお、秦では**黔首**ともいった。黔は黒いという意味で、庶民は冠を被らず、黒髪のままなので黔首というとされている。あるいは、庶民は黒頭巾を被るので黔首というとの説もある。また、黎民・黎黔・黎首・**黎庶**・**黎元**という言い方もある。黎も黔と同じく黒いという意味である。その他、烝民・烝庶という言い方もある。烝も庶と同じ多いという意味。さらに、平民・斉民・良民・編戸之民という言い方もある。良民は三国時代から見られ始め、唐代では庶民に代わる身分用語として確立した。編戸之民は、良民の戸籍に記載された良民という意味である。これらと類似の言葉としては、**布衣**や白衣という言葉もある。庶民は老齢にならなければ絹は着られず、平生は麻や葛で織った着物を着ていたので布衣という。また、無位無冠の一般庶民は白衣を着ていたので、庶民のことを**白衣**という。

娼優（しょうゆう）

賤民の一種。娼優は、音曲や売春を職業とする娼妓と演劇を職業とする俳優とをさす。両者ともに従来は楽籍に所属する者が多かったので、楽籍に所属しない者でも、同種の業に従事する者は、賤民視されるようになった。ただ楽籍に所属していても、売春を行わない者は娼とは言わない。また、清代の雍正帝による賤民解放令で楽戸が解放された後も、賤民視は続いた。

世僕（せいぼく）

賤民の一種。本来は、代々同じ家に仕える下僕をいうが、狭義では、特に安徽省の徽州・寧国・池州の世僕をいう。先祖代々、この地の貴家・富家・地主の家に使役され、社会的地位は奴僕に近い。同一場所で世襲する点では賤民に近いが、特定の家に隷属する点は奴僕に近い。この点では同じ安徽省の徽州の伴当と酷似するが、その違い、また、その起源も不明。雍正5年（1727）の賤民解放令で伴当とともに解放されることになったが、不徹底だったようで、嘉慶14年（1809）にもう一度解放されている。

賤民（せんみん）

隷属民身分の総称。殷周時代にも、僮・僕・虜・臣・妾・奴・隷などと呼ばれる隷属民がいたが、統一国家が成立した秦・漢には、それらが庶民に対して、奴（男奴隷）・婢（女奴隷）として一括される賤民身分となった。南北朝時代には、賤民身分は**官賤民**と**私賤民**に区分されるようになり、唐代に完成する。その唐の官賤民には、太常音声人・雑戸・官戸・工戸・楽戸・官奴婢があり、ランクに応じてぞれぞれ待遇の違いがあった。太常音声人は、国家儀式の音楽・歌舞を担当し、1年に2ヶ月のノルマがあるが、一般民戸の戸籍に登録され、均田の支給も一般民と同額で、良民との通婚も許されていた。雑戸は、官庁の雑役を担当し、待遇はほぼ太常音声人と同じであったが、良民との通婚は許されていなかった。官庁の雑役担当の官戸、宮中の器物製作担当の工戸、音楽・歌舞担当の楽戸は、ほぼ同列であった。これらの賤民の戸籍は、一般民戸と違って所属官庁に登録され、均田の支給は一般民の半分で、良民との通婚も許されていなかった。最下層の官奴婢の場合は、官庁の雑役や辺地での労役に従事し、ノルマも通年で昼夜を分かたないものであった。また、均田の支給はなく、良民との通婚も許されていなかった。これらの官賤民は世襲であったが、老齢・病気・恩赦・特赦・受勲などによってランクが引き上げられ、解放されることもあった。例えば、官奴婢は60歳に達すると官戸に引き上げられ、官戸は70歳で解放された。この官奴婢の主な来源は、反逆罪などの大罪を犯した犯人の近親やその所有する奴婢が、国家に没収されたものである。私賤民は、**部曲**（女は**客女**という）と私奴婢からなり、いずれも主人の戸籍に付籍されていた。このうち部曲は、もともとは私家に隷属した兵士であったが、上級私賤民で、主家の許可が有れば良民とも通婚が可能で、売買もされないことになっていた。私奴婢は、身売りした者や債務で没落した者などが来源で、家畜同様に売買・贈与・交換・相続の対象とされ、その生殺与奪の権も主人が握っていた。宋以降、下級賤民である官奴婢・私奴婢は依然として残存したが、その他、上級賤民としては、娼優・隷卒・衙門・六色等の賤業に従事する一般賤民と、楽戸・惰民・丐戸・蛋民などの特殊な賤民が新たに登場することになった。この特殊賤民は、18世紀前半の雍正帝の賤民解放令によって解放され、残る下級賤民の奴婢も1909年には法律上廃止になった。なお、一般賤民の場合は、賤業に従事すると、その子孫も永久に賤籍に帰し、父祖の職業をたとえ継がなくても、その籍から離脱できなかったという。

壮族（そうぞく）

中国の少数民族の一種。チワン族。広西・湖南に居住する少数民族。南宋頃から僮・獞と呼ばれるようになったが、中華人民共和国では、同音の壮族が正式民族名となった。

堕民（だみん）

賤民の一種。丐戸・大貧ともいう。紹興を中心にした浙江省東部や江蘇省に居住した被差別集団。その起源については諸説ある。演劇・芸能や冠婚葬祭の手伝い・廃品回収等の賤業を生業としていた。一般民とは異なる髪型や服装をし、特定地域に集住し、一般民からは通婚も忌避され、科挙受験も許されない等、さまざまな差別を受けていた。雍正元年（1723）の雍正帝の賤民解放令によって解放されることになったが、近代まで存続し続け、魯迅などの知識人により注目された。

蜑民（たんみん）

賤民の一種。蛋民・蜒民ともかく。元来、長江上・中流方面に居住していた非漢族系の民族名であったが、北宋頃から広東の水上生活民をいうようになる。漁業や渡船業・採珠などを生業とし、家族ぐるみで水上の船の中で過ごす生活を代々送っていた。陸上での居住や就労・不動産の取得・良民との通婚・科挙受験などは禁じられていた。雍正7年（1729）、雍正帝の賤民解放令によって陸上で居住して農耕に従事することも可能となり、乾隆36年（1771）には科挙を受験して官僚になる道も開けた。しかし、実際には世間の賤視は続いた。近年では、蔑称である蜑民という言葉に代わって、水上居民という呼称が一般に使われている。

長随（ちょうずい）

賤民の一種。契約によって終身他人に使役される者を言う。奴婢と雇傭人との中間的身分で、賤民に近い身分とされていた。長随は勤務中はもとより、退職後も科挙の受験資格はなく、その子も同様であった。特に明清時代には、地方官が任地に赴く際には、必ず数名の長随を連れて赴任した。幕客は高級顧問であるが、長随は下級使用人である。

奴婢（どひ［ぬひ］）
最下層の隷属民。奴隷。**生口**・**駆口**・駆丁・**蒼頭**・家奴・奴隷・奴僕・臧獲・青衣・重台・重口などともいう。殷周時代から、僮・僕・臣・妾・奴・隷などと呼ばれる奴隷的身分のものが存在していたが、秦漢時代にはこれらを奴婢として一括して、一般良民の下に位置付けることとなった。奴は男の奴隷、婢は女の奴隷である。さらに唐代では、良民の下に賤民という身分を設定し、奴婢はその最下層に位置づけられることになった。なお、奴婢は国家の奴隷である官奴婢と、私家の奴隷である私奴婢に区分される。前者の来源は、主として反逆罪などの犯罪によって国家に没収された家族や、戦場での捕虜である。後者は、売買や典質などによるものであった。家畜と同様に扱われ、所有・売買・贈与・相続の対象である点は、西洋の奴隷と同じであるが、財産権の主体である点などは異なる。そのため、元代には奴隷が奴隷を所有する場合もあった。この種の奴隷の奴隷を**重台**・重口という。また、奴隷が自らの蓄えた財産により、解放される場合もしばしば出現している。また私奴婢は家を形成できず、主人の戸籍に付載されることになっており、奴隷の生んだ子は**家生奴**または家生子と呼ばれ、その奴隷身分は子孫に受け継がれることになっていた。ただ、官奴婢の家族を持つ者は、戸を形成して戸奴婢と呼ばれている。労働は、官奴婢の場合は役所の雑役に従事し、私奴婢の場合は家内労働や農業労働であったが、家内労働の方が主体であったようである。私奴婢の生殺与奪権は主人にあったものの、奴婢を勝手に殺害することは許されなかった。奴隷の解放は、唐の官奴婢の場合には、赦免や廃疾・年齢により上級賤民の官戸になり、70才で良民となることができた。中国では、ローマのような大規模な奴隷の反乱は少なかったが、明末には奴変と呼ばれる奴隷解放運動が起こっている。しかし、その後も存続し、清末の宣統元年（1909）の法律によって、ようやく廃止となった。

伴当（ばんとう）
賤民の一種。伴档とも書く。広義には、大家・富家に仕える下僕をいう。起源は、元初の貴人の随身にあるという。元明代に盛行した。皇室・王室・官僚や地主・富豪の家で使役され、社会的地位は比較的下級の賤民で、奴僕（奴隷）に近かった。狭義の伴当は、特に安徽省の徽州の伴当で、先祖代々この地の貴家・富家・地主の家で使役されるものを言う。同一場所で世襲する点では賤民に近いが、特定の家に隷属する点では奴僕に近い。この点では、同じ安徽省の徽州・寧国・池州の世僕と酷似する。両者の違いはわからない。雍正5年（1727）の賤民解放令で、世僕とともに解放されることになった。

苗族（びょうぞく）
中国の少数民族の一種。ミャオ族。華南・西南中国からインドシナ半島北部に居住する少数民族。中国西南部へ漢族が入植するようになった18世紀以降、漢族に対するミャオ族の3次の大規模な反乱が起こり、ミャオは3分の1しか生き残らなかったといわれている。起源については不明であるが、近年、太古に黄帝と戦って敗れた蚩尤の子孫という説が、ミャオ族知識人層の間で普及した。

無頼（ぶらい）
正業に就かず、無法な行いをするヤクザ者。游侠・任侠・閑漢・破落戸・打行・潑皮・莠民・痞子・光棍・老虎・株送徒・土棍・地棍・棍徒・流氓・亡頼などともいう。無頼は、春秋戦国時代から、現在に至るまで、中国社会に存在し続けている。この無頼の第1の特徴は、正業に就かないことである。この特徴を特に強調したのが、**游手**（遊び人）という言葉であろう。それぞれの身分や階級に応じてそれぞれ定められた労働に従事するのが、被支配階級の本分とされる階級社会において、このような生き方は社会の建前と真っ向から対立する。そのため無頼は権力側から忌み嫌われ、弾圧を受けてきた。その他、地縁や血縁・世の道徳・規範に従わない（頼ら無い）と言う点も、無頼の特徴といえよう。また、詩で少年といえば無頼の若者を指すことが多いように、若者と無頼とは密接な関係にある。これは、世のあらゆる規範の外にある無頼と、既成の規範や秩序に完全には組み込まれていない若者とは、社会的に不安定な点で親近性を有しているからである。この若者の無頼性を強調した言葉が**悪少年**、略して悪少である。さらに、法律で禁止された賭博を好み、前科者の印であるイレズミをトレードマークにするなど、世の規範と真っ向から対決する。賭博などは無頼の専業ともいうべきものとなり、無頼と博徒（博打打ち）は同意語になっている。また、暴力が権力によって独占され、私的な暴力が禁止されている階級社会で、無頼はほとんど唯一私的暴力を大っぴらに売り物にした存在であった。その組織原理は義兄弟を中核とする横の仲間組織が中心であり、上下関係が中心の階級関係とは対立する。そのため権力の弾圧を受けたが、王朝末期などの国家権力の衰退期などには、その暴力や反権力性・組織原理などが、民衆反乱に影響を与えることも多かった。

棚民（ほうみん）
明清時代の特殊賤民の一種。蓬民ともいう。棚は仮小屋という意味。江西・浙江・安徽・福建等の山中に仮小屋を建てて住み、山地を開墾して、トウモロコシ等の雑穀や麻の栽培・製鉄・製紙に従事した山の民。本来、戸籍はなかったが、戸籍に編入された後も、棚籍とか客籍と注記され、賤民扱いを受けた。

游侠（ゆうきょう）
男だて。遊侠とも書く。また、任侠ともいう。游侠の游は、故郷を離れて他郷で生活する者をいう。侠は持つという意味で気概を持つ者とか、侠の夾は刀で侠は刀を持つ人という意味などの説がある。ともかく、故郷を離れて、異郷で気概を持って、あるいは武装して闊歩する男達を言う。司馬遷は、その著書の『史記』に游俠列伝という項目を立てて、「游俠とは、その行為が世の正義と一致しないことはあるが、しかし言ったことは絶対に守り、なそうとしたことは絶対にやり遂げ、一旦引き受けたことは絶対に実行し、自分の身を投げうって、他人の苦難のために奔走し、存と亡、死と生の境目をわたったあとでも、おのれの能力に傲らず、おのれの徳行を自慢することを恥とする、そういった重んずべきところを有している者である」と言っている。ただ、その実態は無頼と同じで、游俠はプラスの評価で、無頼はマイナスの評価、游俠は自己認識、無頼は他称という側面がある。

遊民（ゆうみん）

正業に就かない、住所不定・職業不定者。游民とも書く。流民が、自然災害などの他律的で臨時的な要因により生ずるのに対して、遊民の場合は自己の意志により選択した経常的な生き方といえる。無頼も遊民の一種であるが、無頼の方が遊民より非規範性・不法性が濃厚である。また農本主義的な立場からは、極端な場合、農業従事者以外の者をすべて遊民と見なす見方もある。

優伶（ゆうれい）

賤民の一種。歌舞・演劇を職業とする芸人の総称。元来、**優**は劇を演ずる者、**伶**は楽人であった。後に、諧謔な演技を主とする者を**俳優**、歌舞・音楽を主とする者を**倡優**といった。また、宋元時代以降は、芸人を優伶・**伶人**・優人ともいうようになった。もともと、芸人は**楽戸**の楽籍（戸籍）に所属する賤民であったから、楽戸の子弟を芸人にすることは許されていたが、良民の子弟を買って芸人にすることは法律で禁じられていた。そこで、貧乏良民の幼い子弟を買い入れて、一般的な弟子入りを装おうことが盛行した。師匠の弟子に対する指導・訓練は苛酷を極め、逃亡や自殺する者が跡を絶たなかった。そのため、父母と売買契約を取り交わす際に、師匠側で「たとえ死亡しても文句をいわない」という一筆を入れることが習わしになっていた。また、眉目秀麗な少年は、パトロンの男娼とされることが多かった。

瑶族（ようぞく）

中国の少数民族の一種。ヤオ族。長江以南の湖南・広西・広東・貴州・雲南からインドシナ北部の山岳地帯に居住する少数民族。古代の山越あるいは武陵蛮の末裔など、様々な起源説がある。槃瓠という犬が始祖という、犬祖神話を有している。明代中期以後、南下してきた漢族に対して、しばしば反乱を起こした。中国の歴史的文献では、莫傜・傜・猺などと書かれていたが、中華人民共和国になって玉偏の瑶が正式名称となった。

流民（りゅうみん）

故郷を離れて異郷を流浪する民。中国では、既に『詩経』の時代から、故郷を離れて各地をさまよう流民が、多数出現している。その原因は、旱魃・洪水・飢饉・戦乱・悪政・人口圧など様々である。個人・家族・同族単位や、聚落・県単位で流浪する場合もあった。集団で移動するものの中には、**行主**などと呼ばれるリーダーの指揮の下で規律正しく移動するものや、西晋末から東晋に100年ほど黄河南北で活動した、**乞活**と呼ばれる武装流民集団もあった。王朝側の対策としては、これらの流民を故郷に送り帰すことを第1の方針としたが、それが出来ない場合は、現地に留め戸籍に編入することになった。中には、三国の魏などのように、国家が現地で農耕道具や種籾まで支給することもあった。また、清では流民を棲流所とよばれる収容所に収容して、管理することも行なわれていた。この流民対策を誤れば、流民は武装化して流賊となり、明のように王朝が滅亡することになる。

良賤制（りょうせんせい）

中国の身分制の呼称。統一国家が成立した秦漢時代に、まず、庶民（庶人）・奴婢（奴は男奴隷、婢は女奴隷）に区分された身分制的秩序は、唐代において良民（良人）・賤民（賤人）に大別される良賤制として完成した。なお、良賤制の賤民は、官賤民と私賤民に、また官賤民は太常音声人などの上級賤民と官奴婢の下級賤民に分かれる。私賤民は部曲と客女などの上級賤民と、下級賤民の私奴婢に区分される。これらの中では、上級賤民は良民に近く、良民になることも出来たが、下級賤民とくに私奴婢は売買も可能で、ほとんど奴隷に近かった。また宋以降には、下級賤民である官奴婢・私奴婢は依然として残存したが、上級賤民はなくなり、楽戸・惰民・丐戸・蛋民などという新たな賤民が登場することになった。この新たな賤民は、雍正元年（1723）から8年にかけての雍正帝の賤民解放令によって解放され、残る奴婢も宣統元年（1909）には法律上は無くなり、良賤制は消滅した。

良民（りょうみん）

中国の身分呼称の一つ。漢では、人民を庶民（庶人）と奴婢に区分して支配した。やがて魏晋南北朝時代に、貴族（士族）が登場するようになると、従来の庶民の中に、一時、士族が上位階層を占めることになる。なお、良民という呼称は、三国時代から見られはじめ、北朝に至ってほぼ定着し、唐では庶民に代わって身分用語として確立し、賤民とともに二大身分区分となった。

隷卒（れいそつ）

賤民の一種。衙門（役所）に所属して、皂隷（民事の調停）・馬快・歩快・小馬（犯人の逮捕）・禁卒（囚人の監視）・門子・弓矢（門の護衛）・仵作（変死者の検屍）・糧差（租税の徴収）等、衙門の種々の賤役に従事する者をいう。

六色（ろくしょく）
　賤民のひとつ。吹手・鼓吹（ラッパを吹き、太鼓を撲つ者）・清音（笛や琵琶を演奏する者）・砲手（爆竹をあげる者）・掌礼（儀式を掌り、合図を行う者）・茶礼（配偶者に茶を供し、食事に奉仕する者）・抬盤・扛轎（礼物を運び、轎を担ぐ者）等の、冠婚葬祭の儀式の6種類の雑役に従事する者をいう。

⑦娯楽

囲棋（いき）
　遊戯の一種。囲碁。もとは弈といい、また爛柯ともいう。碁は、棋の異体字。『論語』に見えるから、春秋時代には行われていた事が知られる。後世の碁盤は19路であるが、古くは17路であった。漢代の墓からも17路の碁盤の明器が出土している。しかし、北周の『孫子算経』には「今の碁盤は19路」とあるので、少なくとも北周時代には19路となっていた。なお、『隋書』経籍志には、囲碁関係の書は、子部・兵家に分類されており、魏晋南北朝では囲碁は軍事と関係が深いと考えられていた。しかし、『旧唐書』経籍志では子部・雑芸部に分類されているように、唐では碁は遊戯と見なされるようになる。そして上は皇帝から下は民間の婦人に至るまで、広く愛好されるようになり、南宋では囲碁を生業とする**棋工**も出現した。

秧歌（おうか）
　芸能の一種。ヤンコ。社歌・田楽ともいう。秧歌は、もとは農村の田植え歌であったが、明代に踊りが加わり、清代には舞踏劇となった。地域によっても違うが、通常は、太鼓に合わせて、赤い襷に手ぬぐいや扇子などを持って踊る、素朴な歌舞であった。抗日戦争中、延安を中心とした解放区では、この旧秧歌に手を加え、革命的な内容を盛り込んだ新秧歌を創作し、農民たちに大歓迎された。中華人民共和国建国後も祝賀行事などの際に演ぜられている。

傀儡戯（かいらいぎ）
　芸能の一種。人形芝居。郭公・郭禿・魁壘子・窟儡子などとも呼ばれる。その起源は古く、遅くとも戦国時代には存在したことが知られる。六朝のころになると、宮中の女性たちのために行われるものとなった。民間に流行するのは唐宋時代である。宋では、特に発達し、糸傀儡（糸で操るもの）・杖頭傀儡（杖の先に付けた人形を下から操るもの）・薬発傀儡（花火を使ったもの）・水傀儡（船の上で操るもの）・肉傀儡（大人の手の上で子供が傀儡のまねをするもの）などがあり、ストーリーは歴史物が多かったという。

関撲（かんはく）
　賭博の一種。撲は投げるという意味。品物や食べ物に一定の金銭を賭けて、何枚かの一文銭を放り投げ、その表裏の数などで当たり外れを決める、小規模の賭博。宋代では、正月・寒食・冬至の三大節には公認され、大規模に行われていた。

猜謎（さいめい）
　遊戯の一種。謎あて遊び。様々な謎あて遊びがあるが、最も単純なものは、猜覆という遊びであろう。これは、伏せた器の下に物を隠しておいて、それを当てるゲームである。すでに漢代には存在した。この他、蔵鈎・蔵彄・送鈎などと呼ばれた遊びがある。これは、2組に分かれ、各組の者が後手に物を手渡し、誰の手に有るかを当てる遊び。戦国時代には存在していたことが知られる。南北朝・梁の『荊楚歳時記』では、大晦日に行うゲームとする。この蔵鈎は多くの唐の詩人によって詩に詠まれている。また宋代には、元宵節の灯籠に謎を書いて、見物人に当てさせる灯謎、謎かけをして字を当てさせる字謎が流行した。さらに酒席においては、酒令という遊びが行われ、負けた者が罰杯を飲むことになっていたが、その酒令の中に、手に握ったものを当てさせる猜枚や、拳を当てさせる猜拳があった。

社火（しゃか）
　芸能の一種。祝日や縁日などで演じられる雑芸全般の総称。社伙ともいう。この言葉は、すでに宋代から存在していた。その内容は、高蹻（高あしだ）・旱船（底のなし船形）・竹馬・秧歌（ヤンコ）・爬竿（竿上り）・走縄（綱渡り）・舞龍（龍灯踊り）・舞獅（獅子舞）などであった。

鞦韆（しゅうせん）
　遊戯の一種。ブランコ。秋千とも書き、彩索・彩縄・半仙之戯ともいう。唐宋時代に女性や子供の間で、清明節・寒食節や端午節などの時期に、盛んにおこなわれた。インドから北方経由で中国に伝わったものと考えられている。

蹴鞠（しゅうきく）
　競技の一種。蹋鞠・蹵鞠もいう。『史記』蘇秦伝に見えているから、既に戦国時代には存在した事が知られる。漢代には、ボールは皮製で中に羽毛が入っていた。また、球場を鞠場といい、ゴールを鞠門といったが、ゴールは1つだった。古代の具体的な競技方法は、よくわからない。軍事訓練用として広まったようである。唐代には女性や子供の間でも流行し、ボールは空気を入れた気球となり、ゴールも2つになった。宋では更に盛んとなり、円社・斉雲社などというサークルが出来たという。この頃には今日のサッカーに近いものになっていたようである。清になると次第に衰えたが、乾隆ごろにはスケートと結合した冰上蹴鞠が登場した。これはゴールに入れるのではなく、球を奪い合う競技だったようである。

十八般武藝（じゅうはちはんぶげい）

民間武芸の総称。日本では主として武芸十八般というが、中国では十八般武藝とも武藝十八般ともいう。ただ具体的な内容は、時代や書物によって多少異なる。明の謝肇淛『五雑組』や朱国禎『涌幢小品』では、弓・弩（いしゆみ）・槍・刀・剣・矛（てぼこ）・盾・斧・鉞（まさかり）・戟（かぎぼこ）・鞭（てつむち）・簡（鐧とも書く。しゃく）・撾（なげぼこ）・殳（つえぼこ）・叉（さすまた）・綿縄套索（とりなわ）・白打（空手）とする。『水滸伝』では、簡・殳・把・綿縄套索・白打の代わりに、鎚（なげつち）・銃（？）・鏈（くさりがま）・牌（たて）・棒をあげる。

象棋（しょうぎ）

遊戯の一種。中国**将棋**。象戯・橘中戯・象弈ともいう。インド起源というが詳細は不明。ただ南宋には、ほぼ現在の中国将棋の原型は出来上がっていたらしく、砲・将・士・卒・馬・車などの駒があったという。明清時代になると多くの名手が輩出して、明の『適情雅趣』や清の『梅花譜』などのような名著も現れた。

双陸（そうりく）

遊戯の一種。すごろくの類。**双六**とも書く。三国時代から南北朝にかけて、握槊・波羅塞戯・双陸・長行と呼ばれる数種のゲームがあった。これらのゲームは、駒と骰子・局盤で遊ぶ似たようなゲームで、従来、その異同が様々に議論されている。双陸と長行は、握槊から変化したもののようであるが、三者とも唐代まで同時に存在していた。中でも双陸は、貴族から庶民に至るまでに広く愛好されていた。やがて宋になると、都市の茶店や居酒屋でも、双陸の盤を置くほど流行した。そして、各地で多様な分化を遂げて元・明と続いたが、清になって廃れた。

相撲（そうぼく）

競技の一種。すもう。古代においては、角抵・觳抵・角力といい、宋元では相撲・争交という。戦国時代から存在し、角抵と呼ばれていた。秦漢時代では**角抵戯**と呼ばれ、民間芸能を代表する演目となったので、民間芸能一般の総称となり、同じく民間芸能の総称である百戯と同義とされた。晋になると相撲と呼ばれるようになる。最も盛んだったのは宋代で、角抵手という職業力士も出現し、彼らの角抵社・相撲社などというギルドも出来ていたが、アマチュアの力士もおり、祭礼の奉納相撲などで活躍していた。プロの力士は、主に都市の娯楽場である瓦子などで興行をした。なお、北方では中国の相撲とは違った、いわゆる蒙古相撲があり、契丹人・女真人・モンゴル人の間で愛好されていた。中国相撲は上半身裸で張り手も技の内であったが、蒙古相撲では身体にぴったりとあった短い上着を着て、張り手は禁じ手であった。やがて元朝が成立すると、モンゴル政府は民間で相撲や棒術を学ぶ事を禁止した。それでも安心出来なかったようで、まもなく力士を勇校署という役所に所属させ、完全に相撲を国家の統制下に置く措置をとっている。明代になると、相撲は復活したようである。しかし清朝になると、満州貴族たちの間で人気があった蒙古相撲の方が優勢になる。この蒙古相撲に改良が加えたものが、今日の摔跤で、伝統的な中国式の相撲は廃れた。

樗蒲（ちょぼ）

賭博の一種。双六の類。摴蒲・樗蒱とも書く。五木ともいう。六博と似ているが、六博は箸という6本の箸状の棒を投げてその箸に刻まれている数によって勝負するが、この箸のかわりに5個の木製のサイコロ（五木）で勝負するところが違っているようである。漢・魏で盛行した。その後、五木は骨製の骰子に代わり、樗蒲は賭博の通称となる。

投壺（とうこ）

遊戯の一種。宴席の遊び。もとは賓客を饗応する射礼の一種であったが、戦国時代からは単なる酒席の遊びとなった。酒を入れた壺に矢を投げて勝ち負けを決め、負けた方が罰杯を呑む。

闘鶏（とうけい）

賭博の一種。鶏を戦わせて勝敗を競う遊び。賭博。闘鶏は既に春秋戦国時代には行われていた。南北朝・梁の『荊楚歳時記』によれば、寒食の時に闘鶏は行われるとする。唐でも盛行し、李白をはじめ多くの詩人たちに歌われた。皇帝の中でも、唐・玄宗などは、闘鶏皇帝と呼ばれるほど闘鶏に熱中した。闘鶏の外に、アヒルを戦わせる闘鴨や、鶉を戦わせる闘鶉（闘鵪鶉ともいう）などもある。

闘蟋蟀（とうしつしゅつ）

賭博の一種。蟋蟀（コオロギ）を戦わせる遊び、賭博。闘蟋・闘促織・闘蛩ともいう。この遊びは、唐の後半から起こったと言われている。宋になると、盛行しはじめ、以後、明・清・民国とコオロギブームは続いた。過去には多くの蟋蟀迷（コオロギマニア）が出たが、南宋末の宰相・賈似道などは、この遊びに熱中してモンゴル軍の南下を許した亡国の蟋蟀宰相とされている。彼には、コオロギマニアのバイブルと言われる『促織経』という著作もある。

闘草（とうそう）

遊戯の一種。闘百草ともいう。草を使って遊ぶ遊び。遊び方は多種多様である。最もポピュラーなのは、草を絡めて、両方から引き合ってその強靱さを競うもの。この他、その種類の多寡で競ったり、草にまつわる故事や、名前の優美さで競うものもあったようである。南北朝・梁の『荊楚歳時記』に端午の季節の行事として見えているように、端午節の時期、郊外に出て行われる事が多い。唐代から清代まで行われた。

闘茶（とうちゃ）

遊戯の一種。茗戦・闘試・品茶などともいう。宋代にはじまった、茶の味や香りで競ったり、産地や銘柄を当て合ったり、茶によってさまざまな方法で競い合う遊戯である。我が国にも伝わり、鎌倉末期に流行した。

馬毬（ばきゅう）

競技の一種。ポロ。打鞠・撃鞠・波羅ともいう。馬上からスティックで球を打つ競技。ペルシャ起源で、唐初に中国に伝わった。吐蕃（チベット）経由で伝わったという説もある。唐代には特に盛んで、上は皇帝・貴族から官僚やその子女までポロに熱狂した。女性の場合は馬より驢馬に乗る方が多かったという。宋や遼・金・元と流行したが、明末・清初に衰退した。

抜河（ばつか）

競技の一種。綱引き。牽鉤・拖鉤ともいう。古くは牽鉤といい、敵の船を引く軍事行動から起こったとされている。南北朝・梁の『荊楚歳時記』では、拖鉤といっている。唐代には豊作を祝う行事となり、盛んに行われるようになった。中には、総勢1,000人にも及ぶ人々が2手に分かれた綱を引き合ったという。

皮影戯（ひえいぎ）

芸能の一種。影絵芝居。影戯・灯影戯・土影戯などともいう。北宋には行われていた事が知られている。影絵の人形は、最初は紙製であったが、やがて羊皮製になった。芸人が幕の後で人形やその他の道具を幕に映し、人形に着けられた竹棒ないしは針金で人形を踊らせ、それに合わせて歌や音楽を奏でる。ストーリーは演義もの、特に三国志ものが多かったらしい。南宋では絵革社という影絵芸人のギルドまで出来ていた。13世紀ごろに東南アジア各地に伝わり、その後、ペルシャ・エジプト・トルコに伝わり、18世紀にはヨーロッパに及んだという。

百戯（ひゃくぎ）

中国の芸能の総称。各種の舞踊・軽業・手品・格闘技などを含む。古くは眩とも書き、角抵戯・幻術・散楽ともいう。先秦時代から既に、角抵（相撲）や扛鼎（重量挙げ）、弄丸（お手玉）どの芸目が見えている。やがて前漢・武帝の時代に西方との直接的交流が盛んになると、多様なアクロバットやマジック芸が輸入され、芸能は活発化した。それらの諸芸は、後漢になってほぼ確立したと言われている。主な芸目としては、弄丸・扛鼎・角抵（角力ともいう）・竪蜻蜓（逆立ち）・走縄（綱渡り）・爬竿（竿上り）・吐火（火吹き）・呑刀（刀呑み）・弄丸剣（剣のジャグリング）・舞輪（車廻し）・馬戯（曲馬）などがある。南北朝以後は、**散楽**と呼ばれるようになり、隋唐から宋にかけて盛行した。しかし、元になると、諸芸は各個別名で呼ばれるようになり、芸能の総称としての百戯という呼び方は廃れた。

風箏（ふうそう）

遊戯の一種。たこあげ。紙鳶・鷂子ともいう。春秋時代の伝説的名工・魯般（魯班）が木鳶を作り、空に飛ばして敵情を視察したのに始まるとされ、古代においては軍事的に使われていた。はじめは木製であったが、やがて紙と竹で作るようになった。宋代ごろから民間の遊戯となった。通常、正月の元宵節から4月の清明節までの間、揚げられる。清明節の日に糸を切ったら、凧と共に禍も飛び去ると言われていた。これを、放断鷂という。イギリスの科学史家・ニーダムは、風箏の発明は中華民族の偉大な発明のひとつといっている。

麻雀（まじゃく［マージャン］）

賭博の一種。4人が136枚の牌を様々に組み合わせて勝敗を競う、複雑な室内ゲーム。その源流は、唐の中頃から流行した葉子戯というカルタ遊びにあるといわれている。やがて、明末に馬吊とよばれるゲームが登場する。これが、マージャンの直接の原型とされている。万貫・十万貫・索子・文銭に分類された40枚のカルタで、4人で遊ぶゲームである。その後、清・乾隆末年の江西紙牌や太平天国期に大流行した花麻雀などを経て、清末の光緒年間に、浙江省・寧波出身の陳魚門によって、現在のような麻雀が完成されたという。

六博（りくはく）

遊戯の一種。双六の類。六簙・陸博とも書く。上面にそれぞれ数の刻まれた6本の箸という箸状の棒を投げ、6つの棊という駒を動かして勝負するので六博という。『楚辞』に見えているから、戦国時代には行われていた事が知られる。漢代においては、もっともポピュラーなゲームであった。

2 集落

①総記

集落階層〈しゅうらくかいそう〉※

日本語の市・町・村の階層に当たるものは城市・市鎮・村庄（村落）である。中国社会において集落（聚落）が階層状につくる秩序は、国土空間が広大かつ人口も巨大であり、しかも王朝時代の2000年あまりを通じて持続した官僚行政の下に置かれたことなどのために独自な面もかなりある。都市と農村との対置の仕方もそのひとつである。たとえば全土の集落の階層について県城以上の大小の城郭都市を一括して**城市**と称し、その一方で県城以下の大小の集落については一括して**郷村**（農村）と称して両者を単純に二分対置するが、この区分は行政の執行から生じた用語法であって、唐代以後の時代については実情を正しく反映していない。他世界と同じく、中国社会でも社会経済的な要因によって大小集落の秩序が自然的に形成され、これに人為的・行政的な秩序が付加されることには変わりはない。しかし過去において行政上の用語法が断然と重く用いられてきたところに注意を払う必要がある。秦漢から清末まで、都城を頂点として下は県城にいたる都市集落の階層秩序については、行政の立場からかなり入念な機能別、面積・人口別の広狭大小のランクサイズが整えられ、都市について見れば自然的な集落の上下秩序と甚だしい乖離はしていなかった。しかし、唐半ば以降の農村部の**都市化**（urbanization）すなわち非農業的な環境（たとえば市場の網の目）が登場し普及する社会状況に対しては、王朝はこれを農村景観の一部分としての**市鎮**の存在として捉えることにこだわり、行政機構の下層の階梯に組み入れることを避ける矛盾を守りつづけて清末に至り、その整理は20世紀の後半期にまで及んでいる。1980年代に喧伝された**郷鎮**企業・郷鎮特区などで知られる市町村再編成の問題は、この矛盾が現代にまで影響を及ぼしていたことを端的に物語っている。

このように歴史的に慣用されてきた用語法である城市vs郷村という二分法に従っているかぎり、農村の都市化を説明できない。見方を変え、経済階層と行政階層の双方を互いに関連させて一望の下に置き、中国社会における集落秩序のトータルな形とその変遷を考えて見る。このためには、首都クラスから村落クラスにいたる集落の各層位を、経済地理上の用語である**中心地**（central place 経済的・行政的）の階層に置き換えて観察することが望ましい。参考として、関係資料が比較的によく整っていて実情に近似した状況を語れる清末時期を選び、中心地の階層全体を例示してみる。集落階層はすべて8階梯からなり、うち上級中心地が第1～第5の5階層、下級中心地が第6・第7の2階層、その下に村落が位する（村落は集落成層の最末端にあって、より下位の集落を支配することがないので中心地とはいえない）。【第1階層】は人口数100万前後の経済的な中枢首都クラスの一群であり、行政名でいえば都城1・省城3・道城（清制）2の計6。【第2階層】は人口数20万～60万を目安とする地域首都クラスの一群であり、省城15・道城1・府城4の計20。【第3階層】は人口数3万～7万を目安とする地域都市クラスの一群であり、省城1・道城26・府州城等28・市鎮11の計66。【第4階層】は人口数1万～3万を目安とする大都市クラスの一群であり、道城19・府州城等77・県城等85・大規模な市鎮19の計200。【第5階層】は人口数3,000～1万を目安とする地方都市クラスの一群であり、県城494・道城12・府州城等62・市鎮101の計669。【第6階層】は人口数3,000～5,000を目安とする一般の中心市場クラスの一群であり、市鎮9,626、辺境にある小規模の府州城17、ほかに小規模な県城687の計1万300。【第7階層】は人口数500～3,000を目安とする標準的市場クラスの一群であり、その概数は2万5,000～3万。最後に【第8階層】は人口数が平均150～250人台を中心にした村落クラスであり、全ての概数は全土で80万～100万ほどである。

この清末の状況を手がかりとし、歴史知識を参照にして過去の変遷の特色を考えてみる。⑴第1～第7の階層の形がその姿を見せはじめたのは王朝期後半の唐宋時代以降である。⑵そのうち、第6・第7の階層は明・清時代に普及成長をとげ、民国期にもその趨勢は続いていた。⑶第8層の村落が登場し偏在しはじめたのは六朝時代以降であると推定されている。すなわちこの時期に全土規模の植民開拓を反映した散村（塢・聚・集・屯など）集落が登場・普及をはじめ、その総称として村の字が汎用されるようになった。もともと具体的な城郭集落を指していた郷は村落一般を指す集合名詞となり、城市vs郷村という二項対置もここにはじまった。⑷第1～第5の上級中心地の階層秩序は、秦漢時代における郡県制の全土への導入でその基礎が固まった。ただしその歩みはゆっくりとしたもので、前漢・後漢・六朝初めまで先秦時代集落からの遺制に当たる王国・侯国・道・邑・聚などの城郭集落は長期にのこり、たとえばAD2年に王国20・侯国241が存在した。⑸先秦時代の中国では漢族は狩猟・漁労・遊牧の民と雑居の状態で生活しており、大小の城郭集落＝邑を営んで定居する**城居の民**をもって自認し、少数民を**行国の民**と称して交雑を避けながら城内か城下に住んでいた。殷時代には邑相互の連合体の頂点に立つ大邑を都邑と呼んだが、これは秦漢以後の都城には当たらず、地域首府レベルの集落である。⑹秦漢以後の歴代（分裂期を除く）を通じて、都城を筆頭として数10万から時には100万におよぶ巨大人口を誇る都市の一群を備えていたことは、19世紀までの他世界にはない中国社会の特色である。⑺また歴代を通じて、行政面でも経済面でも地方社会の都市化（農村環境からの都市成長）を牽引する鍵をなしてきたものは、基本的にいえば県城であった。行政上、前漢の総人口規模6,000万人に対して1,500余りの県城を配し、唐の盛期におよそ5,500万人に対して1,570県を配したことは、平均3～4万人の住地に1県を配置して全土に均質な行政を施していたことを示し、経済的に見れば県城が地方流通の磁場の役を果たしていたことを示すものであった。

郡県・州県（ぐんけん・しゅうけん）※

戦国時代に誕生した郡・県と呼ばれる都市とその管轄領域は、群雄諸国がその辺域を開き、あるいは敵対する勢力を滅ぼして新たに収めた地方に対して、中央から官僚を送り込み、現地の旧い氏族員の勢力を削ぎつつ中央と同じ行政・軍事・監察を推し進める役割を帯びていた。郡はもともとは辺境地域の行政を掌握すべく布置されたものであった。

秦の郡県制では郡の数について36・41・42・48などの諸説があり、また県はおよそ700ないし800であったとされている。前漢の元始2年（AD2）の統計では、県・邑・道・国は計1,587、郷6,622、亭2万9,635とされて総計3万7,844を数え、後漢の永興元年（153）の統計で県・邑・道・国は計1,180、郷3,680、亭1万2,443とされて総計1万7,304を数えている。前漢のいわゆる郡国制度の下で存在していた諸侯国・諸列侯国はしだいに廃止統合されるとともに、中小規模の郷・亭もまた半数ほどに削減された。こうして形をととのえた郡・県の制では**県**が中央政府と社会（民衆）一般との接合点をなす行政機関の単位とされ、その上級の単位である郡・州もまた都城も、同時に特定の県城の治所（所在地）に拠って成り立っていた。唐宋以後、城下の人口が多い府城・州城のなかに、直近の滕元（負郭）の地を2県に分割して1府（州）を置くことが行われた。

三国・魏晋南北朝の分裂時代には、県の総数は2,300余りにまで増え、さらに武帝の元封5年（前106）から地方の監察を目的として設置され始めた州も240あまりに増殖した。隋は郡の名を廃止して**州**と改め、唐はこれを承けつつ715年に要衝にある20あまりの州を**府**（都督府のこと）として区別し、ここに府州県の制が清末までつづいた。天宝元年（742）に全土15道で321府州・1,570県であるから、平均して1府州当たり6県である。また唐から県のランクを首都・陪都についてはその負郭県を赤県、負郭以外の県を畿県、以下は要衝の程度および人口の規模の順によって望県・緊県・上県・中県・下県とランク付け、官衙の規模や配置、官員・軍人・胥吏の定員や俸給や任命の参考にした。宋代には40あまりの県を繁難県に指定し、清代には各府・州・道・県を**繁**・**難**・**衝**・**疲**の別で格付けした。宋の崇寧元年（1102）には、全土24路で296府州（うち府55）・1,265県であり、明の天順（1457～1464）初には、南北2直隷と13布政使司で府155・州248（府州合計403）・県1,220である。

秦漢から隋まで概して郡県制の時期、唐から秦末までは府州県制の時期であり、都城（陪都も）と県城の中間単位として300前後の郡城ないし府州城が置かれたが、県の数は前漢・元始2年（AD2）の1,577、唐・天宝元年（742）の1,570、北宋・崇寧元年（1102）の1,257、明・洪武24年（1391）の1,220、清・乾隆18年（1753）の1,362と漸減に向かっている。言い換えれば、1県当たりの平均人口数は宋～清にかけてむしろ増加している。1戸の平均人口を5人と仮定して唐～清にいたる全土戸数に5人を乗じ、これを県数で除してみると、唐・天宝元年（742）の897万3,634戸、1,570県では1県当たり2万8,578人、北宋・崇寧元年（1102）の2,026万4,307戸、1,257県では1県当たり8万0,096人、清・乾隆18年（1753）の3,884万5,354戸、1,305県では1県当たり14万8,832人である。

市鎮（しちん）※

市と鎮を合わせて称する集合名詞。具体的には農村部（県城以下の意味）に分布する大小の定期市・市場・市場町、およびこれらよりもさらに規模の大きい、日本でいえば町・町場・在郷町に当たる鎮と呼ぶ小都会を含めて広く指す時の用語。

鎮はもともと北魏時代における軍団の呼び名であった。唐代に節度使が藩鎮・節鎮ともいわれたように軍職である節度使、その軍隊（の駐屯地）を広く指すようになった。節度使が麾下の鎮将・鎮使を府州県城、その管下の交通・商工業の要衝の地に派遣して、府州県の文官の権限に属していた租税・課徴の収益を蚕食するようになってから、府州県管下の要所で節度使の直接の支配の下に置かれた比較的に大きい集落を**鎮**と呼ぶようになり、五代の時期に全土にわたってこうした鎮集落が多発した。宋が統一したのち、地方で増殖した鎮の数を思い切って削減し、たとえば、浙江の湖州において全州6県内に28もあった鎮を6鎮にまで減らした。1県当たり1鎮を目安としたと考えられる。しかし鎮集落は農村内で商工業が繁栄する地点、あるいは交通の要路をしめる地であったから、こうした経済活動が存する限り、廃された鎮の多くは市とか村坊・坊場などに名を変えて存続した。また大運河や長江の本支流に沿う地方、および宋の征服ののちに特別の宥和政策が敷かれた四川では、1県に数鎮以上の存在が記録されている。元豊3年（1080）の『元豊九域志』によって全土の鎮数をみると、1,854鎮、1県当たりの平均で1.4鎮である。同時期の記録『中書備対』や『宋会要』が収める熙寧10年（1077）の商税統計や酒税統計などには、坊場・河渡が全土で2万6,607ほか、鎮以外の名称を帯びた小規模な商工集落が多数に挙げられている。1県内における大小すべての市鎮の分布数は平均すれば20あまりに及んでいたと推定することができる。

唐宋以後、政府は市鎮に対して明確な定義を下すことを避け続けた。大半の鎮は城郭がなくて竹柵・木柵を施すかそれすらも欠き、政府が掌る孔子廟や社壇・学校・常平倉は置かれず、郷紳層が営む書院や義塾や文昌宮は散見する。必要に応じて、県政府から県尉が巡検を率いて巡回して保安を維持した。商税・塩課・酒税・河渡銭（課徴）を徴収するための務・場あるいは買撲場が設けられる場合には、胥吏クラスの監督官（監官）が県から派遣された。県に通常は設置される役所は鎮には見当らず、置かれるときは行司（出張所）と名付けた。しかし課徴に属する税収はむしろ重視され、ために鎮が所在する立地は政府の台帳上で郷村ではなく、坊郭つまり都市・都市民と同じ扱いを受けた。

一方、法制上は曖昧な存在であるといっても、鎮を群小規模の農村部の市から区別する標識がいくつかあった。まず、人口規模が1,000人、数千人、時に1万人に達する商工・交通集落は、県城でなければたいてい鎮の名を冠していた。普通一般の**市**すなわち農村部の定期市が、人口百数十から300程度の村落に所在していたこととは隔たっている。つぎの標識は問屋・卸売り関係、金融関係商店の存否である。宋代で都市・農村を問わず営運（非農業収益）と見なされていた業種に質庫・房廊・停場・店舗・租牛・賃船・酒坊があるが、鎮および鎮相当の大きな市には質庫・停場・店舗・賃船（船戸とも）がしばしば存在するようになった。明代ことに嘉靖・万暦以降になると、鎮には質舗のほか行桟・荘戸等の中継・卸売りを業とする倉庫を備えた買問屋・売問屋が存在し、清代後期になれば銭荘の支店なども加わり、鎮の通常機能として地方的金融や仲買・卸売り問屋の業種が重きをなしてきたことが分かる。同時に、嘉靖・万暦から清代には、大鎮および大市には会館・公所と呼ばれる外来商工業者（客商）を宿泊させ、倉庫保管・福祉を提供する同郷クラブ・同業クラブが進出するようになった。こうして地場流通の組織が整備され、鎮は地方商業の中心点としての機能を帯びた。明末～清代、人口が数万から数十万に及ぶ巨大な大鎮として江西の景徳鎮、河南の朱仙鎮、湖北の漢口鎮、広東の仏山鎮（四大鎮）があった。江蘇・浙江では明代・清代に市鎮は著しい発達をとげた。明末を100とすれば、清末までに蘇州府内で2倍、松江府内・鎮江府内で3、4倍、常州府内で5倍半の増加であり、また同期の同地域で人口5,000以上の鎮の数は56、5万以上の鎮は10鎮を数えた。

他方、市は専ら城郭都市内部の市場を指してきたが、農村の小市場地の存在が後漢時代から散見され、六朝時代には交通幹線上にも登場するようになった。しかし普及と発達がはじまったのは唐の半ばから宋代であり、さまざまな名称で記録されている。山市・野市・**草市**・**村市**・店・曲・**墟**・亥・瘧・**会**・**集**・渡・津・口・港・**歩**（埠）など。その汎称は市ないし集である。商業・手工業・交通上の施設から市集落に成長したものがある一方で、大多数の市は通常の村落において村民と外から訪れる客商との交易のために、日市（毎日の市）を含む定期市を開催する場所であった。周期は十干或いは十二支の特定の日取りを選定して、最大で10日ないし12日に1回、頻度を詰めていけば2日か3日ごとに1回市が開かれ、日々の市（日市）も生ずる。清代の地方志ことに『村志』には20～40の村々が帰属して市日に必ず訪市する市を列挙していて、村落が市場圏をなしてまとまっていたことがわかる。商人の側は市日を調べて毎日どこかの市を巡回し、農民の側も定まった市が休市する日には別の近くの市へでかけるので、農民はほぼ毎日のように市に出入りすることが可能である。この訪市のことを**趁市**・**趕市**・集市・集場といった。

民国期に集落行政の制度は大幅に改変され、府州が廃されて省の直属となり、県の配置・分布が拡大される一方、新しく等級を付した都市である市の制を導入した。これとともに、現在の日本と同じく、都市的景観や人口規模を備える都市内・農村内の居住域を鎮、それ以外を（都市内であっても）郷といったことがある。人民共和国になって、鎮は一般的に市の小規模なものであるが、県級以上の行政機関の所在地で、人口2,000以上で商工業者が存在する地、または特に設置の必要がある地、少数民族地区であれば人口2,000以下のものでも設置を認めることになった。しかし時の公社化の潮流の中でこの制を廃し、合作社の単位である郷の配置に当面は力を入れた。にもかかわらず旧伝統は衰えず、1970年代末に農村の市集およそ3万を復活させて、いったん公社化して表面上は消滅したかに見えていた約3万～4万の市集とあわせて約6万～7万が蘇生したとき、こうした市集を統合する大集落として郷鎮の機能が1980年代に見直された。蘇北モデル・閩南モデルと呼ばれ、農村部の小商工集落とその地場流通における役割が脚光を浴びたのは、この時期である。

漢口鎮（かんこうちん）

明清時代から長江の中流、湖北省の省城である武昌府の対岸で成長した巨大な鎮（四大鎮のひとつ）で、民国期の1927～29年に武昌・漢陽府と合わせて省都の武漢特別市となり（武漢三鎮）、今日にいたる。長江の上・中・下流交通を中間で中継するだけでなく、漢水と湘水という長江の二大支流がこの地で合流するクロスロードにも当たるため、軍事・経済上でも要衝とされ、三国の呉が国都（夏口城）を置き、宋代には鄂州（武昌）城下の江岸に戸口数万にもなる南市（草市とも）が賑わった。のち南市は対岸の漢陽府南側の漢水の河口に移った。明初に漢水の合流点（河口）が漢陽の北側に移ったために、成化元年（1465）に新しい市が河口に沿って生まれ漢口市と呼ばれた。弘治10年（1497）に漢口鎮に改まり、北面に城郭を備え坊巷も整い、明末には人口20数万の大鎮となった。19世紀の初めに100万人を越え、集散する主な商品・業種は塩・茶・米、ついで薬剤・毛皮・木材・桐油・運船業など全て360に上った。1920年には11の外省の出身者がつくる175の会館や公所が林立し、その筆頭は山西・徽州・広東・寧波の会館であった。咸豊8年（1858）の天津条約で既設の5港に追加された10の条約港のひとつとして海外貿易に開港され、租界ができ、蒸気船が訪れた。宣統3年(1911)、辛亥革命の起点となった武漢起義はこの地から起こった。

景徳鎮（けいとくちん）

江西の鄱陽湖に臨む饒州東部の浮梁県の、昌水沿いにある窯業都市。高嶺山（カオリン）から採掘される上質の陶土を背景として、六朝時代から陶磁の産地として知られ、昌南市とか陶陽市とかいわれたのち、宋の景徳（1004〜08）の紀年に因んで景徳鎮となって今日に及ぶ。民国期に浮梁県治、のち江西省の直轄市となった。南宋から元代に全国屈指の陶業地、青白磁（影青）・青花（染付）の生産地となり、明代・清代には帝室の御器廠を中心として官民の窯場が栄え、生産の分業化、流通の組織も発展した。清代に年間数次の製陶季節には40万〜50万の人口を擁し、天下の四大鎮のひとつに数えられた。内外への流通には隣接する徽州の新安商人が当たった。

朱仙鎮（しゅせんちん）

清代の四大鎮のひとつ。朱遷鎮とも書く。河南省の開封の西南20kmに位置し、水陸交通・戦略の要地である。宋の都開封を補給する幹線水路であった恵民河（賈魯河）という運河沿いにあり、朱家曲と呼ばれた。南宋初に岳飛が紹興10年（1140）に開封を奪還しようとして金国の将軍宗弼と戦い、明末の崇禎15年（1642）に李自成と左良玉とが戦った場所でもある。北方中国でも人口の多い中原盆地にあり、水陸運の重要な中継基地として明清時代に大鎮として聞こえていたが、光緒25年（1899）に始まる京漢鉄道の敷設によって大きな影響を受けて衰えた。

城（じょう）

垣とも郭ともいう。太古に集落の総称が邑であったころから、大小の集落はすべて城郭（城壁・囲郭）をめぐらして防禦しており、大きい邑は城とも呼ばれた。殷・周・春秋・戦国時代に、王都・諸侯国の都は壮大な城壁を備え、戦国時代においては内城（子城）・外城（羅城）を設ける大城もあった。

秦漢から清末まで、県以上の都市には通常は城壁が施され、逆に市鎮以下村荘にいたる集落には、原則として城壁の築造を認めなかった。ゆえに城は都市の属性と考えられ、都市を指して**城市**と唱えるようになった。古くは版築の工法によって土を板で挟んで突き固めて築き、高く厚く作り城門・水門を極力少なく穿って防御力を強化した。万里の長城は国土全体の城と見ても良い。壁面を赤色の煉瓦で装飾することが一般化したのは明代以降のことであるが、磚瓦を用いることは宋代には存在する。壁土の採取と壁面の防衛のために通常は城壕を四周にめぐらし、この壕は隍とも湟とも池とも書き、**城隍**は一体であって、城門（門楼）とともにその都市の霊位の宿る所とされた。なお、城門外に甕城（枡形・外構え）を付設することは宋代の大城で見受けられる。

城のレイアウトを**城制**という。城を設計する際の基本となっていたのは東・西・南・北・中の五方位の確定であって、なかんずく中の位地が厳密に測定された。城に方形の形状が比較的に多いのはこのコスモロジーにかかわる。太陽光線の進入路に沿うという意味で南北軸（南門・北門、南北大街）、ついで東西軸（東門・西門、東西大街）を施設し、この空間の周りを城壁によって囲うために都市の形状は方形か矩形になりやすい。大きい城では南北・東西の大街の両側に二次的な街路およびそれらの門をつくるので、城壁内は南北に3本（3門）、東西に3本の街路網、計12の城門（四季に象る）で区画される。これは設計上の理念であって、起伏に富み水文の複雑な南方では実際には円形・楕円形などの不整形な城がかなり多い。

城内の土地利用についても伝承上の理念がある。『周礼』考工記に説く「**前朝**・**後市**・左祖・右社・左右民廛」とは、朝堂（宮殿）は中央前面、市場はその後ろという配置がそれである。王都・国都の設計を述べたもので、前朝・左祖・右社の考えは後世でも襲用された。後世の、また一般の城では南北大街・東西大街による十字クロスの街路割りはあまり用いられていない。匪賊や外敵の侵入あるいは悪気・鬼霊の侵入という実際的な禁忌への配慮から、北面の城壁に門を開かずに街路を逆T字型にする、東西南北街を直交させないように若干それぞれをずらせて交差させ、そのひとつとして中央部に口の字状に交わらせる。こうした交差の辻には**鐘楼**ないし**鼓楼**を街路上に跨らせる。北壁の門がゼロか少数である場合、官庁は都市の北面に位置する。文献に徴しても官庁や富民住居の位地（山の手）は必ず中央というわけではなく、安全・高燥・上水利用・風致の条件を斟酌してゆとりのある空間を占め、孔子廟・学校・文昌宮・常平倉・蔵書閣・書院などと近接している。反対に宋代以後、商工業・金融業は南北大街・東西大街のそれぞれの城門近くかその門外の郊外区に下町を形成する事例が多い。土地利用で特殊であるのは、方形・矩形の城の形状から生ずる西北・東北・東南・西南の角地であって、菜園・墓地・貧民の居住区がここに生じやすい。

仏山鎮（ぶつざんちん）

広州の負郭県である南海県の中央部、広州から16kmにある巨大な鎮。清の四大鎮のひとつで、康有為の郷里でもある。市街は東西15km・南北10kmであり、1975年から省直轄市、市域を広げて約43万人の人口を擁する。この地はもと海岸線に臨んでいたので広州の外港に当たっていた。もと宋代では羅格囲という囲田の大村として起こるが、しだいに純農業というよりはむしろ周辺の養蚕育桑業・製糖業・塩業・炊爨のための鉄製器具・仏寺の梵鐘などの製造及び製陶業で知られるようになった。すでに北宋には北帝（真武廟）の大廟があって地元では祖廟と呼んで全て9社の宗教的な自治組織の中心になっていた。明初に里甲制を行ったときに仏山堡と命名され、8図（1図＝10

甲、計80甲）からなる編成になった。正統14年（1449）、広東一帯の反乱勢力に抵抗した功績で忠義郷と名を変え、24～27鋪に再編成され、各鋪は郷紳が**公会**に拠って運営した。清になって仏山鎮とされ、数万人の人口をかかえ、製鉄・製陶・木綿織物を中心とする175業種によって繁栄し、客商の10会館、土着商の28会館があった。民国10年（1921）には34万2,107人となる。清末の広州の人口は約60万であるから、府州城の規模を超え、広東省でも指折りの大都市であった。

邑（ゆう）

古代の様々な集落に対する集合名詞。その基礎をなすものは**族邑**・**宗邑**であって漢族における同族間の祖先崇拝を結束の絆として集落を成した。その中で大邑が中心となってまわりの小邑（属邑とも）を従える形ができ、中心と周辺の関係で都邑と鄙の別が生ずる一方で、同族の関係で大小、遠近の邑ないしその集合体が連盟を行ったが、これを某々方、その中心を方伯といった。古代の漢族は狩猟・遊牧・漁労の民と互いに入り乱れて住んでおり、漢族側はこれらを**行国の民**すなわち非定居の民と識別していた。平均で1辺が200mほどの方形の郭を築いてその中に漢民の支配氏族・被支配氏族・奴隷が住み、宮殿・住居・手工業産物・墓地などを営み、農業は城内か城下周辺地域でおこなった。先秦時代の間に邑は発達・普及するとともに淘汰と整理がすすみ、大きな邑は国・城・道・郷などの名を冠するようなった。また周辺の行国の民を通婚などで同化して邑の数も無数に増えた。周代、春秋・戦国の世は邑集落の盛期に当たり、周王の王邑を頂点として、その封土をうけた諸侯（公侯伯子男）の都邑1,700あまり、これにそれぞれ隷属する大小の族邑という形に整理されてきた。戦国時代に入ると、いわゆる合従と連衡による統合と淘汰が加速して7国（七雄）ほどに整理されてくるが、晋の新田（山西）・燕の下都（河北）・趙の邯鄲（河北）・斉の臨淄（山東）・鄭及び韓の故城（河南）・秦の雍城（陝西）・楚の郢城のごときは、その宗教・文化・経済において名実ともに大都会であり、また大商工都市でもあった。この邑の階層秩序をベースにした国家の体制を**邑制国家**または都市国家とも呼ぶ。漢民の居住が城内、城下かその周辺に限られ、散村の分布が集落の一般形態でなかったという意味合いをこめている。この戦国時代に台頭した郡・県は秦漢の世に画一的な制度として施行されたことにより、古代の邑集落はこの新制の下に吸収されていくが、一気に変革されたわけではなく、整理は前漢・後漢の間に進行し、六朝時代になってもまだ集落名として国・城・郷・道・邑は各地に残っていた。

②集落

塢（う）

後漢末より現れ、行政の末端組織ではなく、自然的に発生した集落の防衛手段である。当時、集落は周囲に外敵の侵入を防ぐために障壁が築かれた。この障壁が塢（鄔とも書く）と呼ばれ、集落は塢によって囲まれていることが普通であったので、集落自体も塢と称されるようになった。後漢末期には江北地域に普遍的に存在していて、隋の統一まで集落の多くはこの形をしていた。この塢には塢主という代表する人物が自治的な支配をしていた。塢主には地方の豪族があたることが多かった。後漢末期に活躍した董卓が築いた郿（陝西省）の塢は万歳塢と呼ばれた。

郷（きょう）

郷の淵源には城郭集落の名称と大小集落の共同体がある。周代から防水・治水のために協力する組織として数個の里を合わせた郷があった。郷を統率して代表する者に春秋時代には郷正や郷長という名があるが、一般的には郷父老、郷老と言われた。その一方、中国の古い都市は邑と総称され、これが春秋時代から漢代へと長い時間を経過して郡県制へと移行していく。秦漢時代以降、某々郷や某々亭などと称する城郭を有する小都市は、この邑か国（邑の一種）のなごりであった。つまり、郷には、名称に残っていても自然集落としての郷と集落共同体の郷とがある。

秦漢時代の郷は、それ以前より自然発生的に存在していた民の社会生活圏を尊重し、それをそのまま県の下部の行政区画に編入しようとしたものである。漢代は、上部の行政機関である県から郷嗇夫が派遣され、賦税の徴収と司法を統括した。郷嗇夫の下には治安維持を任務とする游徼が置かれ、後漢時代には、戸籍と徴税事務を補佐する郷佐が置かれた。故に郷は秦漢時代における最高の自治単位であると同時に最下級の行政単位であったといえる。また、近年発掘された漢代の午汲古城の遺跡は、東西889m、南北768mほどの規模があり、中央に幅約6mの大道が東西に走り、幅約2.5mの小道が南北に4本走っていた。従って10個の区画に分けられることになるが、この区画が文献にみえる十里一郷と合致することから、午汲古城は漢代の郷の遺跡であったと考えられている。1里には平均して100戸ほどの家があり、里の周囲にも低い垣根が回らされ、門が南北あるいは東西に一対あった。

隋唐時代以降になると、郷は県の下部組織である点では変わりなく名称も存続しているが、その内容は異なってくる。郷は500戸を基数に、家数を単位として地方統治の便宜上、人工的に構成されたものである。かつ隋唐時代の郷には一部の例外を除き、代表すべき人物を置かない。そのため、単なる地方区画名にすぎなくなる。明清時代においても村落の区画単位として郷があった。清末、県の下の自治単位として、人口5万以下のものを郷といい、郷董1名、郷佐1名が置かれた。国民政府時代においても村を郷とし、行政機関として郷公所、自治機関としての郷民大会が設置された。

郷里制（きょうりせい）

隋唐時代に施行された県より下の地方行政組織。隋では100家を里とし、500家を郷とし、それぞれ里長・郷正が置かれた。唐では100戸を里とし、5里を郷とし、それぞれ里正・郷長（郷正）が置かれた。郷里制は中国の各地で実施され、隣保制と並行して、末端の治安維持（戸口調査・農桑の課植・租税の徴収）という基本的機能を果たしていた。行政上の便宜で設けられた区画であるので、自然の自治組織ではない。当時の自然の地域組織は村であった。

宋代は、県以下の地域区分では県がいくつかの郷に分かれ、郷は数個の里を含む。郷と里は唐代では行政的に設置された区分であったが、宋初には郷は集落を含んだ空間の区分となり、里は集落の区分に変わっていったと考えられている。宋では、郷の下部に属する自然集落の名称は様々であり、時代によっても異なる。北宋では、里・村・社・荘・店・寨などであるが、里と村が一般的であった。この郷の職役として、里正・戸長が租税の徴収に当たり、耆長が壮丁を率いて警察に任に当たり、郷書手が公文書作成などに当たった。北宋末から行政区画の名称として、都・保・甲なども見えるようになる。

明代には、地方行政区画として、州・県の下部に郷があり、その下に地域によって異なるが、里・村・社・庄・荘などの集落があった。

寨（さい）

宋代、辺境の軍事上の要地で県の下部の行政単位。諸州や特別に重要な場所に巡検司が設置され、その管轄下の兵士の駐屯する所を寨と称した。一般には軍の城寨があった場所が集落となって某々寨という地名になっている。

三長制（さんちょうせい）

晋の後、北朝において制定された制度であるが、周代に実施されたと伝えられる制度を目指していたという点で特徴があった。5家を**隣**、5隣25家を**里**、里125家を**党**としてそれぞれに長を置いた。この制度は、5家を比または隣とし、25家を閭または里とし、100家を属あるいは鄰とし、以下1万2,500家の郷または遂に達し、それぞれ長を置くという『周礼』の記載を酷似している。しかし、これは鮮卑本来の部族組織における10の数を積み重ねる方法と通ずるものである。三長制の施行には、周代の制度の復活というだけでなく、軍事行動の便宜からくる強固な統制を村落組織に適用し、戸籍の調査と租税の徴収を徹底するためであったと考えられている。この制度は、隋代にも受け継がれ、5家・25家・100家の組織に、畿内ではそれぞれ保長・閭正・族正を、畿外ではそれぞれ保長・里正・党長を置くこととしている。

三老（さんろう）

主に漢代において、郷内における勧農をふくめた広い意味での教化を掌った。官吏ではなく、徭役と兵役を免除された特権を持つのみである。教化といっても儒教的な観念が当時徹底していたわけではないので、もっぱら郷内の平和的な維持に責任を負うことであったと考えられている。三老を補佐する任務に、漢の文帝の時代に、孝悌と力田が置かれ、平帝の時には貞婦が置かれた。後世、たとえば船頭を長年三老と呼ぶように、職場の熟練した長を俗称するときにも用いられた。

村（そん）

自然集落の名称としては、三国時代から現れ、植民の発達に関係があり、治安防衛的な性格を持っていた。村は本来、邨につくる文字である。ともに集落を意味する文字からなり、晋代より事例が増加してくる。そして塢と村を合わせた**村塢**という名称も現れくる。五胡十六国時代に北方民族の政権が城郭都市を占領すると、周縁の地域の城郭都市以外に人口が流入したことに遠因がある。そのため、本来は自然発生的なものであったが、隋代になると公に認められて行政村の単位の名称にもなって、唐代の村制に発展した。村正は教化と治安を担当し、徴税の単位である郷里制、その長である里長と並存した。安禄山の乱を契機に唐代の郷里制は有名無実化し、里にかわって村の呼称が増えて南宋中期以降には江南で村が定着する。五代の頃の村は郷に統属されていくが、その一方で従来の郷里制がまだ残っている場所もあって、次第に**郷村**という行政区画に変化していく。村正の名称も村が行政区画名となった五代には村長と呼ばれるようになった。

亭（てい）

『漢書』の百官公郷表によれば秦代の制度を受け継ぎ郷の下に亭があり亭長がいたことを記しているが、必ずしも郷と里の間に設置された行政区画とはいえない。戦国時代は単なる旅宿ではなく警備的要素が強い。亭長は県尉の管轄下にあり、捕盗などの任務に当たるため、一種の警察管区であった。また漢代では、主として公用で往来する人のための宿舎でもあり、伝や駅としての機能をも併せ持ち、公文書の逓送の任務にもあたり、県に管轄されていた。三国時代になるともっぱら駅伝制度の中に組み入れられた。**館**ともいう。

屯（とん）

明代、華北にあった集落の名称。唐代、屯田が行われた場所や軍隊が駐屯した場所に起源がある。明代には軍事的に設けられた衛所と同様に、屯も次第に集落を指す名称となった。以後屯の数は増加していき、清代では地方によって衛所の下に屯があり、その下に自然村が存在する場合もあり、行政区画とは全く異なる場合さえあった。

堡站（ほたん）
明代における辺駅の一種。堡は交通の警備に当たる施設のひとつで、山険によって寨を築き兵を駐屯させる場所をいい、站は駅制における逓駅のひとつ。辺境で軍事報告のために設け兵士を駐屯させる場所のこと。

里（り）
周代においては、城居民・農民による自治的な地縁社会を里と呼んでいた。周代の里には土壁で囲んだ集落を指す場合と、この集落の農民が耕す地域を含めた場合との２つの意味がある。秦漢時代の里は民の地縁的団結によって維持された共同社会であった。父老と呼ばれる年長者を中心に自治組織が作られていた。また、上部に郷の存在があるため、行政の末端たる県と直接に繋がることはなかった。
ただ、晋時代になると、戸数を単位に一定数によって村落組織を編成する試みが行われるようになる。晋代は100戸を一里として、各里に里吏を置き、徴税の任に当たらせた。この里を課税単位とする企図は隋唐時代にも引き継がれる。以後、唐代もこれを引き継ぎ、里は行政上の都合から設けられ、里正などの代表者はもっぱら戸籍調査や徴税の任に当たるようになり、末端の行政組織へと変わっていく。

閭（りょ）
周代の自治的な地縁社会である里の形態は、村落の周りを土壁で囲った。この土壁を通路として数個の門が設置され、夜間などは門を閉じて交通を遮断し、里中の人々は定められた里門からだけ出入を許されていた。この門のことを閭と通称する。閭には監門という者が置かれて、閭門の出入りを絶えず監察した。警察上、ひとつの里に閭はひとつで、公共的な性格を持つ閭は個人の門とは厳密に区別された。

隣保制（りんほせい）
隣保制が施行されたのは唐代であるが、村落内の数戸を単位とする犯罪に対する連帯責任を制度化するもので、その淵源は古く秦代にさかのぼるとされる。漢代に引き継がれ、郡内に５家を伍として伍長を置き、警察目的から**什伍**制が組織された。これらは魏晋から南朝にかけても断続的に存在した。唐代では、『大唐六典』の開元七年令（719）によると、４家を隣となし、５家を保とするとある。隣と保が併存しているようにみえるが、実際には、４隣の組織は５家の組織の内部に包括される。４隣は、一定の家のみの結合に限られることなく、１保内においても５通りの組み合わせが存在する。このように隣保制は、治安行政の面から連帯責任の基本単位として設置された制度である。

③城市・鎮市

闉闍（えんしゃ）
闉とは、城門外の副城。外ぐるわ。闍は城台ないし副城中の市里をいう。

甕城（おうじょう）
城門を遮断する門外の垣として作られたもの。甕は、壅にも作る。城壁にしつらわれた本門の外に、更に半円型に塁壁をはり出し、それに門を設けたものであるが、その塁壁は円く上細りに作られ、形状が甕または月に似ているために、甕城・月城などと呼ばれた。敵の侵入を防ぐのに役だった。

火巷（かこう）
家屋の間の空隙に設けられた巷道をいう。店舗や住宅区域において、火が回るのを防ぐために設けられた。

瓦子（がし）
宋代の開封・臨安などの大都会における盛り場のこと。もともと軍隊を慰安する酒保として起こった。芝居・講釈・歌曲・雑伎の芸人・脚本書きなどがおり、それに興ずる大衆がひしめいた。瓦子が並ぶ一帯を、瓦子巷と呼ぶ。

海港都市〈かいこうとし〉
漢代以来、東南海岸沿いの港としては広州が知られていたが、南北沿海の交通は概して振るわなかった。しかし唐末から遠洋航海も可能な大型のジャンク船が定期周航するようになり、また杭州にて南端となる大運河の水運が海へと延伸していった結果、海路が開けた。これにより、宋から明代にかけて泉州・福州・明州（寧波）・乍浦・上海・密州・直沽など各地に港市が登場した。海港は後背地産業の分化や特産化をもたらし、長江下流域ひいては華東全域の成長と都市化を促した。

開封（かいほう）
五代十国時代（907～960）に後唐をのぞいた四朝の首都が置かれ、北宋においても国都とされた。黄河と大運河の接合点に位置し、経済都市に成長する下地を備えていたほか、つねに駐屯する30万前後の軍隊および２万前後の官僚とその家族・従者たちへの補給の便に対応することが可能であった。宋代の開封城は、三重の城壁が廻らされ、内部のものが皇城（宮城）と呼ばれ、次のものが旧城または内城・裏城と呼ばれ、外部のものが新城または外城と呼ばれた。この外城は、国城あるいは羅城とも呼ばれる。『東京夢華録』によれば、外城には16の門が設けられたという。皇城は唐の汴城の子城を拡張したものであり、旧城は唐の汴城の羅城をそのまま使用した。新城は後周の世宗が顕徳２年（955）より数年をかけ、新たに羅城として築造したもので、周囲は48里233歩（約25.7 km）であったが、その後、神宗の熙寧8年（1075）に大規模な改修工事が行われ、周囲50里65歩、高さは4丈（約12 m）、基部の広さ5丈9尺（約18 m弱）へと拡張された。

大運河を、江南の産物を北方に運び、穀物等の消費を満たす大動脈とし、これらに関わる事業の機関が開封に置かれたため、開封は物流および金融の一大センターへと発展した。城内の商店街にまじって酒楼（レストラン兼妓館）・茶肆（喫茶店）・分茶酒店（料理屋）・京瓦伎芸（演劇センター）・路岐（路上の芸能）などが立ち並び、大相国寺内では月に5回の市が開かれ、城内を貫く大運河のほとりには、州橋の夜市などがあった。開封一帯は、軍器・農具・工具鋳造のための鉄生産が急成長した地域であり、製陶業・絹織業においても全国で屈指の産地であった。北宋が女真人の金国の侵入で滅ぼされて華北を失ってから、大運河は衰退して開封の人口も激減したが、こうした産業は地場の産業として存続を続けた。

街鼓（がいこ）

唐の長安では、日暮に鼓を撃って坊市の諸門を閉じて、人の通行を禁じ、暁に至れば、また鼓を撃って諸門を開き、人の通行を許した。その主な目的は、賊盗を防ぐことにあった。長安城の坊門の開閉は、京城門の開閉に従っており、閉門の際は、まず宮城正門である承天門上で夜鼓が打たれ、鳴り終わると京城門が閉ざされる。更に街鼓が600槌（約45分間）打ち続けられ、それが止んでから各坊門が閉ざされた。住民は、街鼓が鳴り終わるまでに、各自の坊へと戻らなければならなかった。初めは宮城の南門で鼓を撃ち、騎卒をして諸街に伝呼せしめたが、貞観10年（636）、馬周の議によって伝呼をやめ、諸街にも鼓を置いて撃たせることにした。これを街鼓といい、長安城の大街の各交差点の隅に置かれた街鋪に設置されていた。坊制が崩壊するにつれて街鼓も弛廃し、宋代では行われなくなったが、明清では、都城及び一般城市において行われた。都城では鼓声1,230声で一通とし、これを三通撃って、計3,690声を響かせた。城市では、330声を一通とし、三通で1,000声であった。

街巷（がいこう）

街巷もしくは街闔とは、街並みの区画のことであり、登録・徴税・治安に当った。民国期の北京では自治的に防火・治安に当る団体があった。台湾南部でも街巷ごとにまとまった自治団体があった。街路への帰属は、宗教的な近隣団体である境を用い、各街の長は、1街あたり8～10名の壮丁ないし雇用人を徴収して民兵として訓練したという。

関廂（かんしょう）

城郭内に坊の区画があるのに対し、城門につづく形で城郭外にはみ出して出来た集落を関廂という。**城関**ともいい、元代大都路では、至元21年（1284）に、東関廂巡察司が置かれ、盗賊奸宄の巡捕を掌った。西北には、南関廂両巡察司が設置された。

岸（がん）

唐・宋代、商港としての施設が整った水路の要地やそれによって発展した集落や町をいう。江海の各港口を口岸と呼ぶが、陸の部分も通商口岸などと呼んだ。明清期の塩法では、塩船が生産地からもたらした塩を口岸で受けて、地元の市場に仲卸しする業者を、岸商と呼んだ。なお、岸には水利田を囲む土手の意味もある。

夾城（きょうじょう）

羅城と内城との中間に、夾城と称する城壁を設けて、三重の城壁制度を採る場合があった。

境（きょう）

台湾南部の市街には、日本の氏子や講中のつながりのような、ふだんの信仰の縁で結ばれた、境（境域を合わせて平安を祈る意）と呼ばれる近隣団体があり、街筋の名ともなっていた。六興境・六合境・八脇境・四安境などと呼ばれるものがそれである。そこには、たいていいくつかの寺廟の近隣の信者が街路の数ブロックを連ねて合体し、特定の大寺廟（中和境なら北極殿）を選んで、境主とした。都市内のブロックないしクォーター（角頭）ごとの祭祀団体とも呼べるのが、この境である。その更に下には、土地公会や火神会といった、街路ごとの宗教的近隣団体の存在がある。

隅（ぐう）

南宋の防火機構。のち、行政区画名となる。同類の語に坊隅がある。南宋の都市では、防火対策として諸坊界に官屋を建てて兵隊を駐屯させ、また高い望楼を建てて見張りを行い、昼間は旗、夜間は燈で合図した。望楼は坊界の諸隅に設けられたから防火兵士の居る所が坊隅の官屋であった。これが隅という文字が防火に関連を持つ所以である。嘉定4年（1211）の大火の際、臨安府では、火政の再編強化が行われ、この時、防火・警察の役割を担当してきた廂制から防火部門を切り離して独立させ、城内に東隅以下7隅を設置する。その後、淳祐年間中に、更に3隅を増置し、城外にも隅制を敷いた。この後次第に、廂に替わって隅が行政区画となり、隅官が置かれた。

隅官（ぐうかん）

南宋の都市の防火を職責とした官。のち警察官をも兼ねた。すなわち北宋から南宋にかけては廂官が治安維持にあたったが、廂制に代わって隅制が生まれてからは、漸次隅官が廂官に代わって警察事務を掌った。更に治安の乱れが激化したため、隅官の下には軍事訓練を経た義勇民兵が配置され、警察行政としての**隅保**から兵制による**隅総**に移るものも出現した。必要の場合は近郊にまで置かれ、多数の隅官があった場合には、その上に都隅官を置いた。隅官は、当初職業軍人であったものの、後には、保甲と同様の職役すなわち差役となる。総首・郷官・隅官はいずれも保甲法の最高単位である都を越えたところの郷、更に郷より広範囲の隅を単位として置かれたものであった。

隅正（ぐうせい）

元では、大都市の内部を大きく隅に分けた。隅には隅正が置かれ、路治に指定された都市内の民治にあたる**録事司**の支配下にあった。

隅総（ぐうそう）

南宋の自警組織。ただし、隅総は隅保とは多少意味が異なる。隅保の場合は警察的なものであるが、隅総は、それより発展して義勇民兵的な組織になっていたようである。清末になると、防火・義勇民兵・浚渫・福祉などの事業は、商業団体によって行われた。

京（けい）

天子の居城がある都市。京師・都城などともいう。単に官僚機構の要であるだけでなく、王朝儀礼の中心地としても設計され、他の都市にはないシンボル的な役割をも担った。歴代の京が置かれた地として、長安（西安）・建康（南京）・開封・臨安（杭州）・大都（北京）などがあげられる。都城の建築は、⑴新しい王朝の成立に合わせて、新たに測量して設計される建設都市（漢長安城・北魏平城・隋大興城、元大都等)、⑵前王朝の都をそのまま継承して、一部改築を加える場合（北魏洛陽城・唐長安城・明清北京等)、⑶従前の地方都市を都に作り変える場合（北宋開封・南宋臨安）の3つに分類できる。

傾脚頭（けいきゃくとう）

糞人のこと。宋の臨安府では小民は坑厠がなく、**馬桶**を用いて各自が糞を街路上に出し、糞人がこれを北門と東南門外にあった**烏盆場**という下肥池に運び出す。傾脚頭と称した。おのおの糞主があって互いに縄張りを侵奪しなかった。

巷（こう）

市街地における、横丁や路地のこと。とりわけ、狭苦しい路地、裏通りの小路などを、阨巷・陋巷と呼んだ。

子城（しじょう）

都市の周囲の城壁である羅城の中に、更にその都市の重要機関を防衛するための小範囲の城壁が設けられる。これを子城と称し、重要な行政機関は悉くこの中に集められた。子城は元来は都市の中央に設けられるべきものであったが、秦・漢以降は、北に偏在する場合が多い。北宋開封府では、ほぼ中央に設けられたが、南宋臨安では、南に設けられた。

市制（しせい）

秦漢時代に、県城以上の各都市において施行された。都会における市場は、官設のものであり、そこには市楼（旗亭楼）が設けられ、市令（市長）以下、市丞・市嗇夫といった役人が監督した。市場は壁で囲われ、中の商人は市籍台帳に名をつらねて、市税を徴収された。武帝期には、このリストによって外征の軍役にかりだされ、平準署・均輸署などの官営商業の試みも、こうした市をベースに営まれた。県級すべての都市に官市の制が徹底されたとは考えられないとしても、都市の商業が統制のもとに組み敷かれていったことは明らかであり、唐代においても、各都市内に、市署・市令・市丞などを配し、市制が施行された。市内では、行頭（行老）の統率のもとに営業時間を守り、市估（上申価格）を報告し、官庁御用達に対応し、度量衡を管理し、取引におけるお上の規制に従った。その反面で、行という組合の手で時価を決め、祭礼・娯楽・互助・営業などの独占をはかって、かなりの自治的な共同行為を育てていたことも知られる。長安城内の東市では、220行（一説には120行）があり、市壁の四面に邸店（宿屋・飲食業・倉庫業を営んだ）が並び、洛陽の南市にも120行、3,000肆および四壁に400の邸店が並んでいた。この市制は、唐代の半ばまでは、大都市に限ってなんとか額面通りに守られていたが、次第に有名無実化していく。その背景には、坊牆制や官市の制が弛んだことだけではなく、商業が都市から外に向かってこぼれでて、交通路や地方農村部を巻き込んだ規模のものにその形態を広げていったことが関係していると見られる。

市曹（しそう）

字義的には市政の官司であるが、市で処刑が行われたことから、特に罪人の処刑場を指すこともある。

廂（しょう）

都市行政区画の名称。宋代においては、都城の内部もしくは内外を一括していくつかの大区画にわかち、それを廂と呼ぶことがしばしば行われた。廂とは元来、正殿が南面した際の東西の廊廡とか東西の室をいう。この廂が都市の区画名とされたのは、唐の軍隊の編成名の転用に基づく。唐では軍隊を屯営する際、左右の廂に分宿させたところから、その左右廂を軍の編成単位とし、また更にその名称を借りて、軍編成の名称としたと思われる。五代後梁では、方鎮の兵制を京師に用い、その後京師の軍に四廂の制度を施き、他の諸軍には2廂を置いた。また、都城内に軍巡使を設けるにあたり、軍の編成区分名の廂を都市区画に応用して街に代え、以って左右軍巡使の巡察区域名として、左廂と右廂を設けた。つまり、都市区画としての廂は、五代後梁に創ると推測される。

北宋期の開封では、新旧城内にはむろん廂が置かれていたが、大中祥符元年（1008）に城外の治安維持をもはかるべく8個の廂を新設し、廂吏として軍巡使を置いた。軍巡使は兼ねて盗賊の逮捕・罪人の鞫訊を行い、軽犯を裁判した。鞫訊の所を廂公事所といい、専門官も置かれた。この裁判は熙寧8年（1075）からは通判や知県の経験をもつ文官4名が、新旧左右廂を分担し、杖60以下の軽犯に限った。廂には牢獄も設けられ、地方都市では邸店を代用獄舎とした。廂にはまた種々の役職があり、開封の廂では廂虞候・人吏・所由・都所由・廂典・書手・街子・行官などがあった。そして城外の8廂も9廂に増したが、廂を都市の郊外地域にまで延長したのは、宋の特色である。

南宋時代には、廂は行都臨安のほか、主なる府州軍にも置かれた。廂を設けたのは、住民が増加した結果、部署を定めてこれを取り締まり、また火災に対処する必要があったためである。南宋の臨安では、北宋より廂制が敷かれていたが、南宋初期は金の侵寇と宋の南渡にともない、華北方面から大量の人口が流入することとなり、紹興2年（1132）1月、開封に倣って、それまで左右2廂であったものを、城内外に各2廂、すなわち4廂を置き、廂ごとに廂官として巡検1人を置き、巡検の指揮下に計120ヶ所の鋪を設け、1鋪に6名の兵、計675人の禁軍を配置して、防犯防火にあたらせた。各廂には、消火器具として、大小の桶・洒子・麻搭・斧・鋸・梯子・火叉・大索・鉄猫児などが置かれ、夜は鼓を打って時刻を知らせるといった警備を行わせた。城内は宮城廂・左一南廂・左一北廂・左二廂・左三廂・右一廂・右二廂・右三廂・右四廂の9廂、城外は城北左廂・城北右廂・城西廂・城東廂の4廂、合計13廂が設けられた。五代や宋の廂の官員は防火を第一の任務としたが、南宋では、これをやがて隅にゆずり、警察権もまた次第に隅官に譲与した。更に防火のための新区画である南宋の隅が廂に代わり、元代では都市の城内の区画には隅、城外のそれには廂が多く用いられた。明代には、都市城壁外の町々のことを廂と称するようになったが、その後、郷の下に、社・屯などが共に置かれ、全て里甲に編成された。

廂官（しょうかん）
宋代、廂制の官。はじめ警察権だけであったが、のちに裁判権をももち、元代の録事司に成長する。

廂房（しょうぼう）
大きな都市を廂という区画に分けて治安や防火を担当する廂官を置いたが、その詰め所をいう。廂房は、時に官に召喚された者や容疑者の留置所としても用いられた。

城濠（じょうごう）
城壁に繞らせた濠のこと。または城のほり。羅城の外部には、濠が鑿たれるのが通例である。城濠・城湟は、城門・鼓楼と共に、城市（城郭都市）の景観上の重要なシンボルであった。

城廂闤闠（じょうしょうかんかい）
城廂は、城内と城郭外を指す。城市において人家が混み合っている場所をいう。

城池（じょうち）
もとは城の濠のことであるが、転じて城壁がある市街地を指す。

長安（ちょうあん）
中国陝西省、西安の古名であり、漢・唐の時代に国都が置かれた場所である。とりわけ唐代は、長期の間、当時世界最大規模の都市として知られた。開皇2年（582）、隋の文帝が、漢以来の長安城の南東、龍首原の地を選んで大興城を建設したのが、その起源である。唐は、隋の大興城の形態をそのまま引き継ぎ、外郭城を完成させた。長安城は、市壁は南北8,651メートル、東西は9,721メートルにも達する壮大な都城であるが、最盛期においても、京城の南3分の1は人家も少なかったとされている。都城の中央北辺に、宮闕が位置し、その南に皇城がある。皇城が独立して出現するのは、隋唐長安城がはじめてのことである。唐長安城では、中央を南北に貫く朱雀街を中心として、その東側を左街、西側を右街と称し、行政上では東を万年県、西を長安県が管轄した。この朱雀街は、幅150～155メートルもある軸線街路で、都城正門の明徳門を越えて、南郊の祭壇施設である天壇まで伸びている。長安の皇城南36坊には、坊毎に各東西2門があり、その他の70余坊には、各東西南北の4門が設けられた。坊内には、東西南北の門を結びつける道路のほか、若干の道路があり、**曲**と呼ばれた。左街には貴族や官吏の邸宅が多く、官紳街を形成していたが、右街はシルクロードにつらなる開遠門を控えていたこともあって、商人や流寓者が多く、庶民的雰囲気が濃厚であった。唐代の長安は、世界的な国際都市であって、東は渤海・新羅・日本、北はトルコ族をはじめとする遊牧民族、西はペルシア・アラビア、南はインド・セイロンの人々などが集まった。

その後、黄巣の乱に続く唐末の混乱により、長安は廃墟と化した。現在の長安は、天祐元年（904）に、祐国軍節度使であった韓建が皇城の部分だけを修復し、以降明代に至って東と北を拡張したもので、外郭城の規模は、唐代の時に比べて6分の1以下となっている。

土地公会（とちこうかい）
台湾南部の市街において、街路ごとにつくられた宗教的な近隣団体のひとつ。1870年頃の全市の土地公会は、廟をもたないものを入れると73あり、街路が83あったことから勘定すると、ほぼ1街1会に近い数が存在していたことになる。会員（炉下）は30～50軒、毎年交替で選ばれる惣代（炉主）・副惣代（頭家）がいて、共有する1、2軒の借家からの上がりや年会費の管理・土地公の鎮座する街路の整備監督などを行ったが、もっとも大きな役目は、祭礼を取り仕切ることであった。土地公会は、大廟の神の誕生日の祭礼には関わらなかったが、その大廟で旧暦7月に催される普度勝会（日本のお盆）や、20～30年ごとの改修を祝う大祭（大醮）のときに、供物や費用分担をして祭礼を盛り立てる。

南京（なんきん）

中国江蘇省の省都であり、屈指の商業都市として知られる。漢代には丹陽郡の秣陵県の一部であったが、建安16年（211）、孫権がここに郡治を徙して建業と改め、黄龍元年（229）に、今の玄武湖の南西に城郭を築いて国都とした。その後、晋では揚州治と丹陽郡治が置かれ、名も建鄴・建康と2度改められた。太興元年（318）に、東晋の元帝がここに都を定め、以降南朝の国都となる。とりわけ梁代において最盛期を迎えた。隋に陳が滅ぼされた後は、大運河の開通により、江南の経済・文化の中心が揚州に移ったため、往年の繁栄は見られなくなった。唐末、楊行密が金陵府と名づけてここに呉を建国し、上元県と江寧県をもって府治としたが、この制度は清末まで続く。宋代では、江南東路転運使の駐在地で、南宋には建康府と改められた。南宋初、国都を定めるにあたって、各地に水路が通じ、江北の情勢に即応できる建康を選択すべしという意見が多勢であったが、金軍の侵攻の勢いや、補給問題・経済的要素を鑑みた結果、建康が選択されることはなく、臨安（杭州）が行在、すなわち事実上の国都とされた。元代、建康府は集慶路と改称され、元末の至正16年（1356）に、明の洪武帝がここを都として応天府と改め、更に洪武元年（1368）年に明朝を立てるにあたって、南京と称してのち、京師とした。永楽帝の永楽19年（1421）に正式に北京に都がうつされ、南京は陪都とされた。この後、江南の代表都市として再び繁栄を取り戻し、清末、咸豊3年（1853）に太平天国軍に占領されるまで、産業や文化面でも発展を遂げる。

蕃坊（ばんぼう）

宋代、広州地方にあった一種の外国人居留地のことで、そこには蕃人を管理するため蕃長を置き、公事を処理させた。北宋末の朱彧が記した『萍州可談』によれば、罪を犯した蕃人は、広州の中国の裁判所で裁かれ、刑の執行は蕃坊に送られたのちに行われた。ただし、徒以上の罪については刑の執行も広州で行われた。また基本的に、蕃人の犯罪は、蕃人本国の法律に従って処断された。

郛（ふ）

郭（くるわ）、城郭のことである。その大きなものは、郛郭とも呼ばれた。なお、城郭付近、城市郊外の土地や市外は負郭・近郭と称した。従って、負郭県とは府城のお膝元の県を指す。

北京（ぺきん）

中華人民共和国の現首都であり、古くは周代の初め、燕国の領域として薊と呼ばれる首都が置かれていた。前3世紀末、秦の始皇帝に征服され、その後唐末に至るまでの1,000年以上の間、幽州の中心として北東辺を防衛する重鎮であるとともに、商業の中心地ともなった。隋・唐初の高句麗征伐の際には、前進基地が置かれている。五代後晋のとき、遼国の領域に入り、天顯12年（937）、遼の副都として南京（燕京）が置かれた。遼を滅ぼした金は、城域を拡大して中都と称し、その規模は1辺5,000mの方形状で、今の北京城の南西部から西郊にかけての地を占めていた。その後、蒙古の南下によって中都城は奪われ、クビライのときに、その北東に接する離宮の地に、『周礼』に記された設計に基づく新城が建設された。これが、元朝の政治中心となる**大都**である。明朝は、永楽帝のときにこの大都を引き継いで国都を定め、北平を改めて北京と称した。明代では、南正門前方面における商業発達にともなって、南方に外城が拡張され、一方で北辺は縮小された。内外城の規模は、そのまま中華人民共和国の成立まで引き継がれ、現在の北京市の中心街となっている。

坊界（ぼうかい）

坊制によって管理せられている区域。実体的には州県治等の政庁のある城市都市を指す。

坊郭（ぼうかく）

坊は城内の区画、郭は城郭のことである。城市～市鎮の都市居住者（坊郭戸）を指す戸籍上の意味もある。

坊曲（ぼうきょく）

唐代、妓女のいるところを坊曲といった。**南曲**と**北曲**の2種があったという。明代の両京にあった南院・北院と同様である。

坊牆制（ぼうしょうせい）

都市の行政区画の名称。城市において、道路が規則正しく直角に交差した結果、街によって囲まれた方形の地形ができる。これを**坊**と呼ぶ。都市内のこれら区画は、専ら里と呼ばれていたが、北魏頃から都市の城壁外に接して存在する町々のことを坊と称し、それが次第に都市内の町々をも坊と称するようになって、隋唐に至るころには、都市内の町々を意味するようになった。坊とは、防の意味であり、都市城壁外の町々は都市の城壁による保護が無かったために、自らを護るために土木工事が特別に施され、このような町々を特に坊と呼ぶようになったと推測される。各坊には、大街にそって壁垣が築かれており、これを坊壁・坊牆といった。坊壁には坊門が穿たれ、住民や外来者は、坊門を通らなければ、坊の出入りはできなかった。この制度が、坊制・坊牆制である。牆の一部を崩して直接街路に向かって私門を設けることは許されておらず、特定の人々、つまり三品以上の高官や三絶（坊の内部にあたって三方ふさがりとなり、坊内に門を開くことがかなわぬ状態）の場合のみ、街路に向かって門を開くことを許された。坊門は日没と共に閉ざされ、天明をまって開かれていたので、夜間の出入りは基本的にできなかった。これを夜禁という。また、寺廟や住宅は必ず坊内に造られなければならないことになっていた。諸坊のうち、概ね2、3坊が商業区域に指定され、そこには旅館業・飲食業・倉庫業を兼ねた施設である邸店や、今日にいう商店、すなわち肆舗が集中し、定期市もここで開かれていた。また、旅客を宿らせる処を**客坊**といい、病人を収容する処を**病坊**といい、雕・鶻・鷹・鷂・狗を養う処をそれぞれ雕坊・鶻坊・鷹坊・鷂坊・狗坊といった。

このような制度は、唐末を経て北宋期には既に崩壊しており、庶人も勝手に街に面して家屋を建て、門を作るようになっていた。宋では、都市の小区画ははじめ唐と同じく坊名で呼ばれたが、後には街名や巷名・界名などでも呼ばれるようになり、南宋に至ると、坊は**坊表**を指すようになっていたことが、『呉郡志』に列挙された坊名から理解できる。これ以降、坊はもはや牆に囲まれた区画を表す語ではなく、区画内を通る街路の名前を指すものとなり、坊門も街路の入り口の門となった。現在ではこの門がしばしば町内の住址を説明する際の指標として用いられる。

坊場（ぼうじょう）

宋代の酒売場。坊は防に通じ、防御上の目的でめぐらされた囲いのこと。本来都市の区画、あるいはブロック（場所）を指す言葉であって、坊場そのものに特別な意味はないが、宋代では農村部において酒を醸造し、それを販売する営業を指した。宋初から酒の専売が行われ、官自ら醸造して販売する方法と、民にも醸造販売を許して、それに対して一定の税銭を課す方法とがあり、坊場の買撲とは、官設の醸造販売場（**坊場酒場**）を、一定の金額をもって民間にその経営を譲渡したもの。また、宋代では衙前の大役を果たすと、賞与として坊場を貸し与えて利益を挙げさせ、損害を償わせるという優遇法も講じていた。衙前は、希望者を募るようになってから、坊場はすべて政府の手に収め、希望者に入札させて、その権利金を政府に収めた。

坊正（ぼうせい）

唐代、両京及び州県の城内のような都市に置かれ、都市の行政区画の単位である坊の長として置かれた。**坊長**とも称する。1坊につき1人が配され、職掌は、坊内の戸籍の管理のほか、坊門の鑰牡を保管し、姦非を督察した。この坊正は、徴税責任を負わされていた里正の下に置かれていたが、宋代になると、警察業務を行う担当ではなく、坊郭の戸に役として課せられた。金・元代では、府州県城内に置かれ、戸口を按比し、賦役の催督にあたった。

坊卒（ぼうそつ）

坊正が、坊門を管理したほか、各坊の坊門には守衛の兵卒がおり、これを坊門卒、または坊卒といった。

房廊（ぼうろう）

大倉庫、また問屋のこと。南宋臨安の東北部には、広い空間に石造りの房廊が数十棟立ち並んでいたことが、マルコ・ポーロの『東方見聞録』に記される。また、商業の盛んな街巷を、市の房廊という意味で**市廊**と呼んだ。

夜禁（やきん）

夜間の市街通行を禁ずることをいう。『唐律疏議』雑律、犯夜の律文による疏議によれば、坊門が閉ざされたのち、坊内の歩行は咎められないが、大街での歩行は、公用である文牒を持つ者、県の文牒をもらっている婚嫁の者、坊の文牒を持った喪病や医薬を求めに行くといった者以外は、**犯夜**として笞20の刑を加えられた。金吾衛（長安城警備を職務とした禁軍）の指揮下には助舗と街舗が置かれており、そこに兵卒が配置されていたが、この街舗の兵卒が犯夜を取り締まった。明清期では、夜の10時（1更点鐘）以降朝6時（5更点鐘）までを制限された。

夜市（やし）

夜店ではなく、商店の夜間営業のことである。唐代長安では、坊市制によって、日没と共に各坊の門及び東西の市場の門が閉ざされ、市民の夜間外出は禁じられていた。それが、唐末ごろから次第に緩み、商店が市中において自由に商売を行うようになったことで、宋代の商業発展を促すひとつの要因となる。もっとも、江南においては夜市は極めて普通のことであったらしく、遡るに中唐の頃から開かれていたようである。『東京夢華録』巻2には、州橋での夜市の記録を載せており、そこで売られた様々な食品と店舗名、3更（午前0時頃）まで商っていたことなどを述べる。

墉（よう）

小城。土によって築かれた塁壁のことをいう。

羅城（らじょう）

都市は古代から既に城壁によって囲繞されているのが普通であった。この周囲の城壁を羅城と称する。羅城の中には子城を設け、北宋開封府では、子城の中に更に皇城を設けた。羅城に設けられた門は、その規模によって少ないものは3、4門、多いものでは10余門にも及んだ。羅城の門には、往々にして甕城と呼ばれるものが設けられていた。

洛陽（らくよう）

洛河（黄河支流）の北岸に位置し、華北平野と渭水盆地を結ぶ交通上の要地であって、古くから国都が置かれた場所として知られる。初めてこの地に国都が置かれたのは、前11世紀、周の成王のときである。その後、前720年に犬戎に追われた平王が陝西の鎬京からここに遷都し、12代の間、周の王城となる。後漢・三国の魏・西晋も引き続き国都を置いた。それまで雒陽と呼ばれていたが、洛陽に改められるのが、魏以降のことである。太和17年（493）、北魏の孝文帝が修築工事を行い、翌年遷都するが、景明2年（501）、宣武帝の時に、九六城を中に含んで東西20里、南北15里の外城が築かれる。だが、北魏末の兵乱によって荒廃した。その後、隋によって南北が統一され、北魏の時とほぼ同じ規模の新城が西方15kmの地に築かれて、東都と称した。これが今の洛陽の前身であり、唐もこれを引き継いで、東都・東京・神都などと称した。隋唐時代、国都として政治の中心を担った長安に対して、洛陽はその立地条件から経済都市として重要な地となり、運河によって運ばれた江南の物資は、洛陽で集散された。しかし安史の乱以降、次第に衰微に向かい、五代の後唐、及び民国時代に一時国都とされたものの、一地方都市の域を出ることはなかった。北宋では西京と呼ばれ、元では河南路、明清期では河南府の治所となり、民国時代には、一時省政府の所在地となった。

臨安（りんあん）

臨安（杭州）は、五代の呉越が首都を置き、また南宋の**行在**（仮の都）が置かれた江南の都市である。もともとは杭州湾の喉元、銭塘江の河口という漁港・塩業地に過ぎなかったが、大運河の活用が伸びるにつれて成長し、呉越が首都を置き、海外貿易と塩業・水田造成を進めて後年の都市成長のもとを築いた。北宋期に西湖の湾への開口部を堤防でふさぎ、鼓型の細長い都市部ができあがり、蘇州に次ぐ40万の都市となる。南宋期、紹興8年（1138）の遷都によって皇居・皇室・百官・軍隊・資産家・寺廟が移り、旧住民の民宅を接収しながら都城の体裁を整えた。軍隊と官僚への補給を都市の要としつつも、今の江蘇省のデルタ部と浙江省が京畿に指定されたために、交通・商業・金融・治安のうえで首都の中枢性をいちだんと発揮した。臨安城は、北門が大運河、東南角の門が銭塘江の水運、および杭州湾の海運と結ばれており、城内では北門と東南門を南北に結ぶ塩運河と、その西側を流れる市河の2運河が動脈路線となった。塩運河と市河に挟まれたこの帯状の地が、臨安の経済中心区域であった。

南宋臨安の人口は城内で90万、郊外で60万、合わせて150万とされるが、その大半は消費人口が占めた。独自の製造業は、絹織・書籍印刷・漆器・製紙・陶磁・服飾品などで、それらは官営だけでなく民間工房でも生産された。臨安は経済都市と形容できる側面をはっきりと持った都市であり、景炎元年（1276）に元に攻め落とされた後、人口は半減したものの、地域の首位都市としては生き残り、明・清では浙江省の省都でありつづけた。

路城（ろじょう）

元代の地方行政で府・州クラスの都市232のうち153を路に昇格させ、98の路城に録事司を置き、ダルガチを派遣して都市内部だけを管理させて県領域の行政から独立させた。これは元代の独自の変化である。

④地理・疆域

管（かん）

宋代、県下に置かれた地方行政区画。唐末五代では郷里制が崩れ、村落数の減少、鎮の発達と郷の地位の低下など、郷村組織は大きく変動した。宋は郷制改革を行うべく、太祖の開宝7年（974）には従来の県－郷－里のうち郷を廃したうえ、さらに区分して数村を管轄させ、これを管と称した。管には戸長・耆長・副鎮・都虞侯を置き、納税・訴訟・治安維持などを掌らせた。しかし実際には郷の廃止は困難であり、また管も便宜的性格を有していたため、郷の下に管が置かれたり、あるいは郷の上に管が置かれたりといった例も見られた。

監（かん）

宋代の地方行政区画。府州に比べ地位が低い。産塩・坑冶・牧馬・鋳銭などの特殊な産業があり、監督官を要する地に置かれたためこの名がある。

九服（きゅうふく）

方千里の王畿の外を500里ごとに分かち、それぞれ侯服・甸服・男服・采服・衛服・蛮服・夷服・鎮服・藩服と名づけた。これらを総じて九服という。

郷官（きょうかん）

郷や里で、国家の政策の伝達、および教化・訴訟・徴税・造籍・治安維持などの任に当たる官のこと。『周礼』には郷官に該当する種々の職名が見えるが実在のほどは不明。しかし、少なくとも秦漢時代には制度が存在し、郷には三**老**・**有秩**・**嗇夫**・游徼が、里には**里正**・**里典**が置かれた。郷や里のほか、亭という一種の警備担当機関には**亭長**が置かれた。制度が変化するのは南北朝時代で、北魏では**隣長**・**里長**・**党長**といった郷官が置かれた。その後も郷官の制度は唐に至るまで名称や組織を変えながらも存続するが、宋代以降、戸等の高い者が職役として強制負担させられることになり、郷官は消滅した。

郷鎮制（きょうちんせい）

中華民国成立後の地方行政区画は、県内を街市と村荘とに分け、それぞれ5戸を隣、5隣を閭、4閭を100戸とし、街市のそれを鎮、村荘の場合は郷と称し、20～50の郷鎮をもって区を構成し、数区で1県をなすというものだった。さらにのちには1,000戸を基準とする大郷制が全国に行われた。

郷約（きょうやく）
単に約ともいう。郷里の居住民の間で決められた行動および教化の指針。北宋の呂大鈞が郷里の陝西省の藍田で制定したいわゆる呂氏郷約が最初であり、さらに南宋の朱熹が増損し、知識人が実践を計るようになった。この郷約は徳業相勧・過失相規・礼俗相交・患難相恤の4綱領から成り、郷人は約正と呼ばれる指導者のもとで組織を結成した。郷約が広く実践されたのは明代になってからで、背景としては社会の流動化と里甲制の弛緩に伴い、新たな郷村秩序が必要となったことが挙げられる。実際には郷約は救恤・防衛警備・徴税・宗教の諸機能と併せて行うことが多く、これを郷約保甲制という。個別実践的に行われていた郷約は、嘉靖年間の全国的な郷約保甲制実施の勧告後、呂氏郷約よりも六輪を郷約の規範とすることが主となって国家主導的な傾向が強まり、清代ではその性格がさらに顕著となった。なお、郷約の簿冊を約冊、集会を約会という。のち広東では約（yuek、ヨク）という集落名になった。

郷老（きょうろう）
郷里において、年長で声望の高い人物。

軍（ぐん）
五代から宋代にかけての行政区画名。五代には藩鎮の軍の駐屯区域を指す言葉だったが、宋代では行政区画となった。交通や軍事の要衝であるが、州ほど戸口が多くない地に置かれる。州と同等であるもの、また県と同等であるもの、の2種が存在する。

京畿（けいき）
首都に近接する特別の政治・軍事地帯。科挙や税制において優遇を受けていた。

県（けん）
秦漢以来、地方行政機構の末端に位置する。治所は県城と称する。県城は通常一重で、羅城のみ築かれたが、稀に羅城・子城が、併せて築かれる場合もあった。羅城の大きさは様々で、通例は2、3里前後であった。

行中書省（こうちゅうしょしょう）
元代、地方統治の最上位に属する広域行政機関。**行省**、あるいは単に**省**とも称し、現代中国における省の名称はこれに由来する。本来は行中書省事すなわち中書省の地方出張機関としての意味を持っていたが、後に常設化され、行政区分の名となった。なお、大都を中心とする河北・山東・山西は中書省の直轄であり、これらを**腹裏**の地といった。

市鎮（しちん）
鎮市ともいう。唐末五代に草市の大規模なものは鎮と称されて節度使の財政の拠点となり、その後成長普及が著しく、宋代の都市化を際立たせた。特に南宋では市鎮の商業化・分布の密度・人口も飛躍し、その後中国が再統一されても南北の市鎮の格差は清末になるまで存在していた。清代には仏山・景徳・漢口・朱仙が四大鎮と称された。こうした市鎮の普及により、20～30の村落が近隣の市鎮の市場圏に帰属する形となった。ゆえに中心地の階層の最底辺は村落ではなく市鎮であるともいえる。
なお、市鎮の性格を理解するうえでの問題点を挙げるならば、行政都市と市鎮を含む町場の階層構造が、両者とも都市化の産物でありながら一本の上下の体系となっていないことであろう。鎮は大規模に都会化しても官制上は行政区画ではなく、あくまで郷村の集落として位置づけられていた。たとえ行政機能の一部を譲り渡したり、廃県の受け皿として使われたりはしても、官府の威信を象徴するような施設が建設されることはなく、鎮は県とは明確に差別化されていた。

社（しゃ）
社とは古代においては土地神のことであり、それを中心とする集落もまた社と称した。のちにこの言葉は、ひろく娯楽・振興・相互扶助などを目的とした各種の集合・団体をも指すようになった。古来、村社での春秋2回の土地神祭祀は行われており、その日は土地神の守護に感謝し民同士が集会して親睦を深めた。魏晋南北朝から唐にかけては、特殊な目的を持った常設的団体を指すのに社の字を用いる例が出現する。唐代以降、官社を置いたが、民間の私社も生きのび、それをうけて宋代では華北への北方民族侵入によって義社などの自衛組織が現れた。元は50戸程度を目安に社制を敷き、社長を置いて勧農や教化・秩序維持に当たらせ、のちにはさらに多様な任務を課した。明代になると、諸々の土地神の祭祀は里甲制のもとに統一化する政策が取られたが、実際には伝統的な祭祀を行う場として社が機能していた。

州（しゅう）
集落名としての州は古くからあるが、行政区画単位としての州制は元封5年（前106）から地方広域の監察のため始まった。隋唐以降、それまでの郡は州に置き換わる。特に大きく重要な州は府に格上げされた。両者を併せて府州とも称する。

省（しょう）
最上層の行政区分の名。元代、中書省の直轄地である腹裏以外の地域には、地方統治の出張機関である行中書省を置いた。これは行省あるいは省とも略称され、行政区分を表す名の由来となった。明は洪武9年（1376）に、都の六部と南北2つの直隷のほかは13の布政使司を置き省の名を廃したが、引き続き俗称として使われ、直隷と布政使司とを併せて**直省**と呼んだ。清になって行政区画として復活し、直隷1省地方17省、あわせて本部十八省と称した。

総甲制（そうこうせい）

清代郷村の行政制度。順治元年（1644）、治安維持を目的として始められた。編制自体は保甲制と大きな違いはなく、10家に1甲長（1甲11家となる）、100家に1総甲をそれぞれ置き、盗賊もしくは北方を中心に頻発した逃人など、構成員の犯罪に対する連帯責任を負わせた。ただし、武器や馬匹の禁令の強化により自衛は消極的な範囲で行われており、自治権も附与されなかった。また、その施行範囲は全国に拡大せず直隷周辺に限定され、順治3年（1646）には明の里甲制を再導入した。その後、旗地経営の改善や逃人の減少が総甲制の意義を弱め、康熙年間に**保甲法**が施行されると完全に空文化した。

直隷省（ちょくれいしょう）

明代、国都の周辺を特別な行政区画とし、そこに置かれた省をいう。南京に都を置いた当初に周辺4州を直隷省としたが、のち北京に遷都するに及んで従来の直隷省を南直隷、北京周辺に新たに置いたものを北直隷と称した。清代になって南直隷は廃されたが、北直隷は存続した。

道（どう）

もともとは城郭集落である邑の一種。漢代以前から用例が存在するが、広域の区画を指すようになったのは唐代以降である。漢には、陝西・四川などの漢族と他民族との雑居地帯に置かれた特別行政区画として道の名が見える。また、北魏では方面軍司令官の行動範囲を示す言葉として使われ、北朝から唐初にかけては行台尚書省の管区や地方の常設軍管区をそれぞれ道と称した。しかし全国的な区画の名となるのは唐代で、太宗の貞観元年（627）に10道を置き地理的区画としたのが初めである。その後、則天武后の代に行政監査区画としての10道が成立し、開元21年（733）には15道に改められ、監察官が州刺使を兼ねて常設的な行政区画となった。節度使が道の長官を兼ねるようになるとその勢力範囲をも道と称し、さらに藩鎮が成立すると領域の大小を問わずこれも道といった。宋は初期のみ道の名が用いられたが、それに代わる高位の区画として路が登場した。元の場合は、省・行省の内部を適宜区分し下級官庁の連絡に当たらせたもの、もしくは粛政廉訪使の監察区を道といい、明では布政使の下に置かれた参政以下の特殊な職名であった。清では乾隆8年（1743）より各道は省と府以下の中間官庁となり、専員は道員・道台と称された。中華民国初期にも道が置かれたが、廃止された。

保甲制（ほこうせい）

郷村における隣保制度。宋の11世紀初め、王安石の新法の一環として行われたのを嚆矢とし、以来中華民国期まで断続的に実施された。郷村の治安・秩序の維持のほか、時期によっては自警団的性格や徴税機能の一端を担い、**郷勇**という民兵組織の基盤ともなった。明から清初にかけて保甲は地方官によって個別に、かつ**郷約**と一体化して実施された（郷約保甲制）。康熙から乾隆年間には全国的な保甲実施令が数回出されている。

里老人（りろうじん）

里甲制のもとで、1里の紛争解決・教化・勧農に当たる人物。里老人制は洪武27年（1394）に全国的に実施され、その職責は同31年（1398）に頒布された『教民榜文』に詳しい。里のなかで人望ある者が推挙されて就いた。

路（ろ）

宋代、府州の上位に位置する広域の監督区分。路は行政区分ではなく、府州と明確な上下関係や組織関係は有さないが、次第に行政区画としての性格を強めていった。唐代の道よりも細分化された路に、官員数名が各々監督事項をもって皇帝から直接派遣され、これら官員を**監司**と称する。太宗が各地に転運使を設けて財務行政ほかを管掌させたのが制度の始まりで、漸次全国に及んだ。これら一般的な路のほかに軍政上の路もあり、仁宗のとき陝西に6路、河北に4路、また神宗のときにも増設している。なお、路を行政区分、監司を行政機関と捉える説もある。路は元代では行省の下に置かれた行政区分となった。

3 親族・家族

①総記

家（か）※

家は原義としては建物としての家屋を指すが、そこに居住する人々の集団、すなわち世帯としての家族を表す語でもある。この家、あるいは家族とは、基本的には家計を共にする、いわゆる同居共財の親族集団のことだが、最小はかまどを共にする共食の単位から、内部に婚入者の私産を含み、場合によってはかまどを別にした房を含む拡大家族の範囲、更に祭祀を共にする宗族に至るまで、機能に応じて大小さまざまな範囲の家を描くことができる。例えば一家人という時の家の範囲は、一般に同居別居にかかわらず、拡大家族全体、あるいは宗族の一部か全体に及ぶものが想定される場合が多い。修身・斉家・治国・平天下と称する際の家も同様であろう。実態としての家・家族は戦国時代（一説には漢代）以来、一貫して5～9人を標準的な成員数とする小規模な家族が多数を占めた。しかし経済的なメリットや社会的ステイタスの獲得に有効であるところから、大家族への志向もまた一貫して存在し、孝を重視する儒教倫理は、家産均分相続に見られる**房**の主張の強さに一定の制限を加え、親の生存中の分家を抑制し、さらに四世同堂にいたる理想の家の追求に大きな思想的支柱を与えるものであった。

家はまた、家族に対する呼称としての用途もある。既婚女性（婦・姑）に対する敬称として、家・大家・家里などがあり、例えば張良俊家とか曹大家・老二家のように、夫の姓・姓名あるいは排行の後に附して用いた。また夫から妻を指して**室**というが、それに対して妻から夫を指して家と称した。更に同質の人々の集団という意味が拡大し、諸子百家・小説家など、学問や技術の流派、またその流派に属する者を表すようにもなった。

家族〈かぞく〉※

⑴中国語の家属、日本語の家族、英語の family 等は、人類の最も基礎的な集団、社会的な存在であるから、性格・内容さらに語彙において相互に共通点・類似点が多いことはいうまでもない。しかし家族の観念・心象・構造・機能は、社会間で比較すれば多義多様である。たとえば、漢字を共用する中国と日本の間では、家族にまつわる観念・親族規定・親等計算法・家の相続の観念・遺産相続の実体や考え方について、かなりの隔たりがある。この事情のため、学術的な語彙、その用法においては、慎重でなければならない。

⑵学術語の家族は、前近代の中国では通常は家属と表現される。属は所属を意味し、人については族人・同族・家口・党類を指称している。家属という語彙の中心にあるものは家であって、家属は家に属する人々の集団を指す。家はまず、（イ）公私に区別される。公法的には、**戸**として国家から捉えられ、公権的な規制を与えられて戸籍の上に登記されたものが戸である。例えば家長が戸主に任ずる、の類である。その一方、こうした形式化に関わりなく、（ロ）社会的現実として存在する私法的な家が存在する。この解説項目で扱う家は主としてこの私法上の家である。次に、私法上の家もまた多義である。（ハ）広義には家系を同じくする一族つまり同族・宗属・宗族を意味し、一家・族家・自家などとも称し、あるいは家譜・家乗の如く用いる。一方（ニ）狭義に見れば、一家の財産（家産・家業・家力）の収益・資産の保有・消費、すなわち家計を共にする生活共同体のことであり、通常の意味の家族がこれに当たり、公法上の戸にしても、この角度から家を捉えている。この共同関係がふつう**同居共財**（同類語に同居・共財・同財・共居・同爨）と表現されるように、家は人々の集団を指すだけでなく、家産の収入・資産保有・消費をめぐる共同計算関係をも指すという、両義性を備えている。こうした家概念の広狭関係を見分ける指標になりうる語彙は**宗**・**家**・**房**の3語である。宗は共同祖先から別れ出た男系血統の者すべてを総括する語で、宗族・同族・族人・族党などの類語がある。家は上述した同居共財の生活集団である。房はその生活集団の内、1組の夫婦とその子女から成る1単位のことであり、将来に家産分割が行われて夫婦が家計の独立性を得れば、房が変じて家となる。

⑶広狭両義を備えた中国の家族において、日本の学術語の親族、ないし**親類**に当たる近親者の集団を指す用語は、強いて言えば親属・親類である。しかし中国の親属が意味するものは、男系血族およびその妻を総称する**本宗**ないし本族・同族と、女系血族および妻の実家、さらに娘の嫁ぎ先など、本宗ではなくして親類関係にある者を総称するところの**外姻**とを、ひとつに合わせた称呼である。このため、親属間の尊卑長幼の親疎を区別する**親等**（学術語）の秩序、その用語、および親疎を区別し計算する法は、日本のそれらとは類縁性・同類語が見られたとしても、彼我の内容はかなり異なる。ことに中国の親族では男系と女系とを峻別することにおいて、明らかな特色がある。さて、中国における親属関係の親疎を計る尺度は、服喪（ふくそう）の制、**服制**であって、それは人の死亡に際してどの範囲の親族がどの程度の喪に服すべきかに関する、礼制上の規定にほかならない。服喪の軽重は、喪服（もふく）の精粗、服喪期間の長短の両面から、（イ）**斬衰**（ざんさい）3年、（ロ）**斉衰**（しさい）3年（または杖期（1周年）・不杖期（1周年）・5ヶ月・3ヶ月のいずれか）、（ハ）**大功**9月、（ニ）**小功**5ヶ月、（ホ）**緦麻**3ヶ月、の5等級、すなわち**五服**の秩序が定められていた。斬衰は子が父のため、妻が夫のためにする服喪であって、もっとも重く、次いで斉衰の内の3年・杖期の5ヶ月・3ヶ月までは直系尊属又は配偶者のための服喪であり、不杖期（期とも）、大功、小功、緦麻は傍系親のための服喪である。直系親および配偶者の間ではさらに等差がつけられるが、傍系親の間では互いに同じ喪に服する。本族の間では父を同じくする者を**期**（ただし伯叔父と姪〔おい〕の間はとくに期とする）、祖父を同じくする者を大功、曾祖を同じくする者を小功、高祖を同じくする者を緦麻とし、世代を異にする者の間では、共同祖先を降る世代数の多い方を基準とする。女系親属である外姻は本宗から区別される。女性は婚姻によって自己の本族・本宗との間の服をすべて一等ずつ低められると同時に、夫の親属との間に夫自身とほぼ同様の服の関係を生ずる。一方、男性は婚姻によって、妻の父母との間に緦麻の服を生ずるに止まる。尊卑長幼の関係は、世代と年齢によって定まる。世代の上の者を尊、下の者を卑、同一世代者間では年長者を長、年少者を幼と呼び、**尊長**とは目上一般、**卑幼**とは目下一般を指す。こうした五服と尊卑・長幼の序列を尺度として、親属身分の相互関係は正確に規定される。

⑷上記の宗族関係の効果として、**同宗**の男女は婚姻を結ぶことができない（**同姓不婚**）、**異宗**の男子を正規の養子にできない（**異姓不養**）とする、互いに表裏する原則が存

在する。その根本精神は、男系血族間の婚姻を忌むことにある。秦漢以後、古代に行われていた姓・氏の二元性は解消されてほぼ同義語と化し、一般人も何らかひとつの家系名を姓として称するようになったため、同姓不同宗者間の通婚が生じ得るようになった。しかし、同祖の男系血族間における通婚を禁忌する精神は同宗不婚制として生き続け、従って養子についても、実際には異宗不養の制が守られてきた。

(5)広義の家と狭義の家とは、家父の死亡の後も一定期間、同居共財の共同生活を維持している限りほぼ一致する。事例は限られているが、各地に数世代、十数世代にわたって**累世同居**を続ける家があり、当然に大家族をなし、政府は礼教上からこれを奨励する意味をこめて**義門**と名付けて保護した。しかし同居共財関係は通例、家父の死亡後若干の時を経て、息子たる男子の兄弟間で家産を均等に分割してこれを相続し、兄弟の各家が独立することによって解消する。これを**分家**（ぶんか）・**析居**・析家・分析・分異・分財・**異財**などという。一家の家族員数の平均値が、何時の世においてもだいたい5人ないし6人程度に止まっていたことは、この分家の効果である。この家産分割（学術語）は、兄弟の全て（兄弟全ての死亡後は従兄弟の全て）について一度に行われるのが定めである。分割に当たり、通例知見人（立ち会い人）を招いた上で分け方を決め、**分書**・分契・分約・**分関**・関書・関約・分単・分家単という契約文書を作り、兄弟各人が1通を保存する。分割対象には、土地・家屋・家畜・農具・家具・穀物・現金など、さらに債権・債務関係も含め、こうした家財を必要な幾組かに等分し、そのいずれを取得するかはくじ引きによった。これを**鬮分**といい、分割文書を**鬮書**といった。なお、相続について国へ届け出る制度は無かった。

(6)相続はこれを**承継**・継承・承・**継**等といった。ただし日本語の相続とは意味・内容において相当に異なる。承継の語は養子を立てる際に頻用され、養子のことを嗣子ともいうが、本義としては相続一般に用いられる。さて、承継には3つの局面が含意されている。第1は**継嗣**すなわち父・祖の人格（人の後）を嗣ぐ後継者という関係であり、家を嗣ぐことではない。第2は**承祀**すなわち父系血統の祭祀の継承を担うということである。第3は**承業**すなわち家産を承けることである。3者の中心にあるのは、父祖から子孫へと連なる生命（人・人格）の連続、いい換えれば〈祭り祭られる〉関係である。人・祭祀・財産が渾然一体として意識されているところに特色があり、同居共財関係の根本意義もここにある。個人の人格は後継者（嗣・後）がある限り、本人の死亡によって消滅しないで、後継者のうちに生き続ける。また財産は従前通りの形で後継者に帰属し続ける。ただし、息子が複数ある時、その各々が相互に平等な資格において父の後継者であるのだが、父の死後一定の時期になれば、自然に生ずる後継者相互間の人格対立の帰結として、上述の家産分割を生ずるに至る。次に承継人の資格を論ずれば、第一次的には息子であり、息子が複数あれば、相互に平等な資格において共同の承継人となる。平等な立場で共同して祖先を祭り、**兄弟均分**の原則によって家産を分割する。息子が無い場合は養子を迎えるが、同宗不婚・異宗不養の原理から、同宗**昭穆相当**者、すなわち生るべかりし子と同世代に属する同族の内から選ばなければならない。この意味において、同宗昭穆相当者は潜在的な承継有資格者であり、その以外に資格を有する者は存在しなかった。なお、娘は父の承継人となることはなかった。

家属（かぞく）

家長に対する語で、家長権に服すべき者。法制度上は家族と同義に使用されるが、家人・家口と同様、血統を同じくする家族員に加え、雇傭人・奴婢下僕などの家内使用人をその範疇に含む。

排行（はいこう）

同一世代の兄弟姉妹の長幼の序列。**輩行**ともいう。核家族の中の兄弟姉妹の序列を小排行、従兄弟姉妹・再従兄弟姉妹などを含めた拡大家族の中での序列を大排行という場合もある。排大（長男・長女）、行二（次男・次女）のように、**排**あるいは**行**1字のみで排行を表すことも可能である。排行が行われる範囲で名に共通の1字や同じ偏旁の字を用いる、いわゆる排行字の慣習は漢代に始まるという。

累重（るいじゅう）

妻子及び資産、または妻子及び家属のこと。累は次々と糸で連なる様を表し、縁者や身内、親族の意味をも持つようになった。

②祖先祭祀

火葬（かそう）

仏教の影響で、火葬の風習は中国の一部において盛行した。民間葬礼に対して仏教が及ぼした最大の影響が火葬の流行である。明の太祖は「孝を以て天下を治む」と称して火葬を禁じ、礼をもって葬るように命じた。しかし火葬の風習はすたれず、「呉越の民は火葬多し」といわれる。

加服（かふく）

服喪の様式のひとつであり、**四制**の内に含まれるもの。本来なら軽い喪を用いるはずの者が、ある事情のために重い喪を用いるの意。例えば、父母を早くに亡くした孫が祖父の後を継いだ場合や、甥が伯叔父の養子となった等の場合はこれに該当する。

家廟（かびょう）

位官を有する官吏は父祖の霊を祭る廟を持ち、これを家廟という。三品以上の廟は、5間で中3間を堂とし、左右各1間あって壁で区切り、北を夾堂とし、南を房とする。さらに庭を付け、東西に3間のひさしを設ける。四品以下七品は、3間で中を堂として左右に夾室と房を作り、ひさしは東西に1間とする。八品以下の廟は3間で、夾室・房・ひさしを設けない。

家廟の礼では、高・曾・祖・考の4世を祭る。朱熹の『家礼』以来、およそそのようになった。明代には、家廟・**祠堂**の儀礼は士大夫あるいは富貴の家でのみ行われた。祭りには、主人は必ず公服を身に付け、牲牢を用意し、楽を奏で、子孫はみな廟に謁する。四季おりおりから朔望までみなこのように行った。

期親（きしん）

期服、すなわち斉衰期年（満1年）の喪服関係を有する親族の総称。期服は、本宗親すなわち(1)祖父母、(2)伯叔父母、(3)嫡孫、(4)兄弟、(5)在室の姑および姉妹、(6)衆子、(7)長子の妻・姪・在室の姪女、(8)父母ある時は夫・妻のため、妾は家長（夫）のため、および正妻の子、在室の己の娘のために服する。また、すでに出嫁した娘は(9)実家の祖父母・父母のために服する。期服のうちで重いものは杖期であり、軽いものは不杖期である。

義服（ぎふく）

服喪の様式のひとつであり、**四制**の内に含まれるもの。義でもって結合している関係、例えば婚姻・養子縁組等により血族同等の関係をもった者が、夫の父母や養父母のための喪に服する類を言う。

凶礼（きょうれい）

喪事の式、葬礼。宋代では一般に、治葬・啟殯・葬の3段階がある。治葬とは、墓地を選び、穴をうがち、墓誌を刻み、明器を準備すること。啟殯とは、埋葬の前日に早朝から祠堂に死者の柩を奉じ、午後は祖先を祭奠（供養）すること。葬とは、柩を墓地に運び、親属がきちんと決まった席次において慟哭することを言う。

五服（ごふく）

葬服のこと。服とは本来生者が死者に対し哀悼の意を表するために着用する衣服のことであるが、転じて喪に服すること自体を指す。関係の親疎に応じて、斬衰・齊衰・大功・小功・緦麻の軽重五服があり、直系・傍系親および外親等は、親等の親疎に従って各々一定の喪に服する。ゆえに葬性と服制とは不可分の関係がある。

護墳田（ごふんでん）

祖先の墳墓の維持のためのいわゆる祭田のこと。**族田**の一種。同族の墳墓群ごとに設けられ、その小作料を墳墓の祭と修繕費に当てる。護塋田ともいう。この種の清代の小作証書は現存するものが少なくない。

降服（こうふく）

服喪の様式のひとつであり、**四制**の内に含まれるもの。加服の逆に、男子が養子に行き、また女子が出嫁した場合の実父母に対する喪の類を言う。

祭礼（さいれい）

明代の祭法では、庶人は3代を祭り、士大夫は4代を祭った。庶人は曾祖を中央に、祖を左に、禰（父の位牌）を右に祭る。士大夫は高祖を中央左に、曾祖を中央右に、祖を左に、禰を右に祭る。

『家礼』によれば、四時に応じて4代を祭る。冬至には始祖を、春には先祖を、秋の末には禰を祭るというように、時に従って祭りを行う。上元・端陽・中秋・重九などの俗節には時養を奉献する。

伝統的な祭礼では、祭祀の1日前に斎戒し、祭器を陳設し、祭饌を供え、従子弟や近親者から礼を知る人物を選んで賛祭とする。明の太祖は祭祀の規模の大・中にかかわらず、斎戒の日を一律3日間と定めた。

祖先の祠堂は常に清潔を保たねばならず、朔望には祠堂に参拝し、何事があればすぐに報告せねばならない。遠方への外出も、またその帰還も、祖先に告げる。喪事があっても祭りを取りやめることはできず、服を変えて挙行せねばならない。本妻の長子以外の子は祭りを助けるのみで、執り行うことができない。

斬衰（ざんすい［ざんさい］）

また斬縗につくる。親族に死に対する喪服の制の軽重5等のひとつ。最も重い服であり、3年の喪に服することをいう。至粗の麻布で作り下辺を縫わない喪服を着ける。子が父のためにする喪服である。

祠堂（しどう）

宋代の民間家族組織は祠堂を、全族が祖先祭祀や重要な典礼を行い重要な決定を布告するなどの活動の中心としていた。宋代においては長い間、家廟を建てられるのは特別な詔を得た大臣のみであり、一般の家族組織は祠堂を持たなかった。宋代の民間家族組織が祠堂を建てるのは、全族的活動の中心としてであり、それも朱熹・陸九淵等が提唱してから始まったことである。

緦麻（しま）

また緦蔴につくる。親族に死に対する喪服の制の軽重5等の中で最も軽い服で、3ヶ月の葬に服することをいう。これは、熟布で作った喪服を着けるが、これは喪服の中で最も目の細かい布で作った喪服である。有服親内尊長が卑幼の為、または親族関係の疏なる者が、これを服する。

諡号（しごう）

周礼の制によると、卿大夫は卒後、太史は埋葬の前に諡を賜う。また、明代になると、士大夫の諡号は陳乞が必要で、一般に死者の子孫や旧故の関係者が衙門にあらかじめ講求し、討論の後に施行し、皇帝の下旨をもって諡を賜う。一般に内閣が2つの諡号を並べ皇帝が親しく定めるが、諡号の多くは美しく良いものが選ばれた。

若敖氏之鬼（じゃくごうしのき）
子孫が絶えて祖先の祭りができなくなること。餓鬼は祭られず、したがって供物がなく魂が飢えることから、こう表現する。

小功（しょうこう）
親族に死に対する喪服の制のひとつで、5ヶ月喪に服すること。

昭穆（しょうぼく）
世代の順次を意味する語。古の廟制に由来する言葉であり、始祖を起点として2世は昭、3世は穆、4世はまた昭というように、歴代の祖先を世代によって交互に昭か穆に位置づける。天子七廟制における神主の位置は、太祖を中央に東面して別置して、2・4・6世は北壁に南面して並びこれを昭、3・5・7世は南壁に北面して並びこれを穆と呼ぶ。

昭穆相当（しょうぼくそうとう）
昭穆の同じ順列に相当するものを意味する。共同祖先を降る世代数において、嗣父の次の世代すなわち子の世代と同じ世代に属すことを言う。昭は明、穆は敬という説や、宗廟の合祭の時に、北坐南面で明に向かうを昭、南座西面で暗に向かうを穆とする説などがある。家に男子が無く、祭祀継承のため養嗣をなす必要があるときは、昭穆相当、すなわち同列位の輩行にある姪（おい）に相続せしむべきものとする。このように法的に嗣子となすことを許された者を昭穆相当者という。この次序を昭穆倫序という。

正服（せいふく）
服喪の様式のひとつであり、**四制**の内に含まれるもの。情誼名分上当然服すべき葬服の意で、子が父母のために斬衰3年の喪の服する類を言う。

斉衰（せいすい［しさい］）
親族に死に対する喪服の制の軽重5等のひとつ。2番目に重い服であり、至粗の麻布で作り下辺を縫った喪服を着ける。斉衰には更に3年・杖期（1周年）・不杖期（1周年）・5ヶ月・3ヶ月の軽重がある。また、斉衰期年（満1年）の喪服を特に期服と言う。

葬礼（そうれい）
宋代では一般に、初終・小斂・大斂・成服・吊賻の5段階がある。初終とは、死者が亡くなった当日に行うもので、⑴復（または招魂ともいう）、⑵易服、⑶訃告、⑷沐浴（または洗屍ともいう）、⑸飯含、⑹襲、⑺銘旌、⑻魂帛である。小斂とは、死後2日目になきがらをしっかりと包むこと。大斂とは、死後3日目に柩に入れること。成服とは、死後四日目に喪服を着ること。吊賻とは、死者の近親者や友人が霊前に参り、焼香・礼拝し、茶や酒を飲みながら死者を弔うことを言う。
明代の制度では、葬礼は孝子は27ヶ月の制を守るとされ、これは計算すれば3年の期とされる。終制の日には、外出には素青服を、在宅では素服を用いる。心葬の孝子と称するものもあり、3年の制を守ったのち初めて吉服を着る。明の士大夫は、喪にある間に客人を接待する際には蘇巾をかぶり深衣を着るものが多かったが、これは葬礼の俗化であり、正統な士大夫からは非礼な行いとして非難されるものである。

大功（たいこう）
親族の死に対する喪服の制のひとつで、9ヶ月喪に服すること。

袒免（たんめん［たんぶん］）
葬礼において五服の実施は求められない遠い親族のこと。

袒免親（たんめんしん［たんぶんしん］）
親族の範囲において、程度の低い喪服をつける親族のこと。唐律戸婚篇の疏義によれば、①高祖の親兄弟・②曾祖の堂兄弟・③祖父の再従兄弟・④父の三従兄弟・⑤己の四従兄弟及び三従姪・再従姪孫、を指す。
旧中国法において個々の具体的な場合に親族の範囲を定める個別的限定の範囲が拡大し始めたのは同族結合が強くなってきた宋代以後で、例えば親族が同一官司の官吏となることができず、親族が事件の当事者の場合には裁判官はその事件に関与できず、親族が貢試の試験官の場合にはその下で試験を受けられなかったが、その回避すべき親族は宋代では異居の袒免親や同居の無服親にも及んだ。袒免親と無服親とを同義語とする場合もあるが、無服親は袒免親よりも広義である。

祧（ちょう）
祖宗の祭堂を廟といい、その遠いものを祧という。古の廟制では、天子七廟・諸侯五廟・大夫三廟・士一廟を建てるのを法としていた。そこで父から数えてこれらの数を超過したら、始祖以外はその廟を遷すことになるが、これを祧と呼称した。

丁憂（ていゆう）
父母の喪に服すること。丁艱ともいう。喪の期間を終えることを終制という。明太祖の時に制定した喪葬の礼によれば、現任官員が父母の喪に遇うと、すべからく斬衰せねばならず、3年間在宅にて葬服する規定になっており、これを犯すと罰せられた。洪武23年（1390）に百官が請い、父母や祖父母の跡取りで丁憂に当たるもの以外の、叔伯父母や兄弟の喪には奔喪せずともよい制度となった。

明代の慣例では、百官はひとたび父母の喪事に遇えば、朝廷への報告もせず朝廷からの許可も得ぬまま官を離れ原籍に帰って喪に服すことが許されていた。ただしそれは文官においてのみの制度で、武官においてはむしろ丁憂の制度を順守せずともよかった。

禰祧（でいちょう）
父の廟。

廟祧（びょうちょう）
宗廟と同じ。祧は祖宗を合祀した霊屋の意味である。

服之四制（ふくししせい）
四制とは五服着用の加減であり、死者と生者の関係を示す。正服・義服・加服・降服からなる。

服制（ふくせい）
人の死亡に際してどの範囲の親族がどの程度の喪に服すべきかに関する礼制上の規定をいい、親等に代わる機能をも果たした。服の軽重は、着すべき喪服の布地や裁縫様式と喪に服すべき期間の長短との両面から、⑴斬衰３年、⑵斉衰（3年・杖期（1周年）・不杖期（1周年）・5ヶ月・3ヶ月）、⑶大功９ヶ月、⑷小功５ヶ月、⑸緦麻３ヶ月の諸等があり、あわせて五服と称せられる。

無服親（むふくしん）
喪服の関係のない疎遠の親族。それが指すところは袒免親よりも更に広く、別居小功以下の親族をいう。

③親族呼称

姨兄弟（いけいてい）
母の姉妹、すなわち姨の男子。姨表兄弟の略称。

姨表兄弟（いひょうけいてい）
母の姉妹、すなわち姨の男子。

姨表姉妹（いひょうしばい）
母の姉妹、すなわち姨の女子。

遺腹子（いふくし）
わすれがたみ。父が没する時に母はすでに懐妊しており、父の没後に生まれた子。法律の規定では、父の没後にこの父の子である証拠のない者については官司は受理しない、とある。別宅子となる場合もある。

姻兄弟（いんけいてい）
妻家から、夫家の党すなわち婿の近親を指していう。現在は男女の家をみな姻と呼び、遠親をこの語で指すこともある。

雲孫（うんそん）
7代以上の後裔。遠孫。

遠兄弟（えんけいてい）
三従兄弟（またまたいとこ）、または同族中の同輩。

遠祖（えんそ）
高祖（祖父の祖父）以上の祖。

王姑（おうこ）
祖父の姉妹。おおおば。

王考（おうこう）
亡祖、あるいは亡父をいう。

王父（おうふ）
父の考（亡父）、すなわち父方の祖父に対する尊称。

王母（おうぼ）
父の母、すなわち父方の祖母に対する尊称。

翁翁（おうおう）
孫から祖父を指す呼称。他に翁・阿翁・耶耶・祖公・太公・波祖等と呼ぶ。また、老年男子に対する尊称でもある。

家（か）
一門の内。

家厳（かげん）
他人に向かって自分の父を称する語。厳父ともいう。また、父母いずれにせよ一家の長を指して厳君と称する。

家人（かじん）
家口・男女家人ともいう。一家の人。一家の成員。特に妻子を指す場合もあり、また時には家丁・家僮・家奴など召使いの類を指す場合もある。後者は漢代より家内奴隷的なものとして家庭内の業務に従事した。六朝以後荘園労働に携わり、あるいはそれを管理した。唐末五代には軍閥が商人を家人として貿易・商業を担当させた。宋代になると官僚の住宅においてその政務に関係するようになり、また家産の管理運営を委ねられた。

家祚（かそ）
家族相承けるところの世系をいう。

哥哥（かか）
若い男子に対する尊称。または、兄あるいは兄弟。父あるいは父子。また、父が子に対して自称する。

過房児子（かぼうじし）
同姓養子。後継ぎとして、多くの場合は兄弟の子を養子とする。

外家（がいか）
母の父母の家。

外兄弟（がいけいてい）
母方の従兄弟。あるいは同母異父の兄弟を指すこともある。

外戚（がいせき）
祖母・母・妻の宗族をいう。

外族（がいぞく）
妻の実家の親戚。あるいは母方の親戚。

岳父（がくふ）
妻の父。岳翁・岳公・岳丈・嶽公・嶽丈・丈人などともいう。

岳母（がくぼ）
妻の母。丈母・泰水ともいう。

帰子（きし）
一度本族本宗を離れていて後に回帰した子。異姓や別房をつぐ嗣子として出てその後に帰ることを帰宗という。

期親（きしん）
満1年の喪に服すべき親族のこと。近い親族。特に期親の卑属親、すなわち弟・妹・子・孫を期親卑幼とよぶ。

義児（ぎじ）
養子。継子。

九族（きゅうぞく）
『書経』堯典をはじめ、経書に多く見える九族の解釈についてはさまざまある。古文派は同姓直系の者だけ、すなわち高祖・曾祖・父・己・子・孫・曾孫・玄孫と考える。それに対して、今文派は異姓を含ませ、それがまた数説に分かれる。『春秋左氏伝』桓公六年の「親其九族、以致其禋桓」についた杜預の注に「九族、謂外祖父、外祖母、従母子、及妻父、妻母、姑子、姉妹子、女之子、並己之同族、皆外親有服、而異族者」というのも一説に過ぎない。
明律・清律の服制図では、高祖から玄孫までの間を同宗親族の範疇とする。そこでは九族というのは、直系親は己の上四世の高祖から己の下四世の玄孫までである。旁系親は、己から横に三従兄弟までである。族兄弟・再従兄弟・堂兄弟・兄弟は、同じ高祖四世の孫であることが共通点だからである。

舅（きゅう）
母の兄弟。舅父ともいう。その妻は舅母・舅嫂、俗に妗という。または妻の兄弟をいう。

喬家公（きょうかこう）
暫定的に家長の役割を果たすこと。

継外族（けいがいぞく）
継母の実家。継母の兄弟を継舅という。

孼子（げつし）
妾出の子、庶子。孼種・庶孼・支庶・支孼とも。さらに、孫を孼孫という。

顕著（けんちょ）
古は高祖をこう称したが、元代以後は亡父を指す。皇考ともいい、これに対し亡母は皇妣という。

元弟（げんてい）
従弟、すなわち年下の男性のいとこ。

玄孫（げんそん）
曾孫の子。親族関係が玄、すなわち遥かにして暗いさまからこのように称する。玄孫の子は来孫。来孫の子は昆孫。これが己の下第6世である。更にその子すなわち第7世孫は、仍孫という。

姑（こ）
父の姉妹、父方のおば、姑姉妹・姑娘・姑母・諸姑ともいう。または妻が夫の母を呼ぶ称。夫が妻の母を呼ぶには外姑という。

姑婆（こば）
祖父の姉妹。おおおば。姑媽ともいう。

姑夫（こふ）
父の姉妹の夫。

考（こう）
亡くなった父。先父・先厳ともいう。

行第（こうだい）
年齢の順序次第。年次。宋代にはこれを用いて相称することが好まれた。蘇轍は九三郎、欧陽修は欧九といった如くである。

後昆（こうこん）
後嗣の子孫。後継者のことをいう。あるいは、子子孫孫。あとつぎたる後継者は元子ともいう。

高祖（こうそ）
曾祖父の父、すなわち祖父の祖父。尊称して高祖王父ともいう。あるいは高祖以上の遠祖も、高祖と総称することもある。

高祖王姑（こうそおうこ）
曾祖父の姉妹。ひひおおおば。

高祖叔祖（こうそしゅくそ）
曾祖父の兄弟。ひひおおおじ。

昆仲（こんちゅう）
昆は兄、仲は弟の意。昆季や手足ともいう。

再従兄弟（さいじゅうけいてい）
祖父の兄弟姉妹の孫。従祖兄弟ともいう。女子である場合、再従姉妹。父方のまたいとこ。

再従姪（さいじゅうてつ）
ふたいとこおい。ふたいとこの子。女子の場合、すなわち、ふたいとこめいは、再従姪女。

三従兄弟（さんじゅうけいてい）
みいとこ。女性なら三従姉妹。

三従伯祖（さんじゅうはくそ）
みいとこおじ。三従高祖に同じ。

三族（さんぞく）
解釈は種々ある。父母・兄弟・妻子を指すこともあれば、父族・母族・妻族を指すこともあり、また父・子・孫のことを、あるいは父の昆弟・己の昆弟・子の昆弟のことを意味する場合もある。

在室（ざいしつ）
未婚女性のこと、在室女ともいう。

支子（しし）
庶子。または分家。

私諱（しき）
祖父の諱。

二公子（じこうし）
次男。主人の次男を指す場合もあり、その場合二少爺ともいう。

二人（じじん）
父母の意。親族内の幼者が同族中の老年夫婦を老姑母二人と称することもある。

二老爺（じろうや）
家僕が主人の弟を称す語。すでに一家をなしている次男の尊称。

児（じ）
子供・男子・息子。児子とも。息子と娘はあわせて児女という。

児夫（じふ）
夫。おとうさん。

児郎（じろう）
息子・夫・壮丁を意味する語。

七祖（しちそ）
己から逆算して7世の祖先。

室（しつ）
元来、族から分かれた小家族の単位。春秋時代にようやく小家族が単位となって行動する傾向が見える。妻を娶って一室をなすということであり、ひいては妻そのものを指すようになる。

姐妹（しゃばい）
姉妹。姉を女兄、妹を女弟ということもある。古は嫡母すなわち父の本妻を姊姊と呼んだが、後には姉を姊姊ということもある。

主母（しゅぼ）
妾が、その夫の本嫡妻に対する呼称。主婦または人の母をいう。

重孫子（じゅうそんし）
孫の子、曾孫。重孫とも。

従祖兄弟（じゅうそけいてい）
同曾祖の兄弟。父方のまたいとこ。従祖昆弟・再従兄弟。女は従祖姉妹。

従祖祖父（じゅうそそふ）
祖父の兄弟、すなわち父のおじ、おおおじ、またおじ。叔公・従大父ともいう。祖父の兄が伯祖、祖父の弟が叔祖・叔翁。これらに対し祖父の姉妹、すなわちおおおば・またおばを、従祖祖姑という。祖父の妹が叔母。

従祖父（じゅうそふ）
父の従父兄弟（同堂兄弟）。堂伯叔・従伯叔。父より年長の者は従伯・堂伯、年少の者は従叔・堂叔という。これらに対し、父の従父姉妹を従姑・堂分姑娘・堂姑・従祖姑ともいう。

従孫（じゅうそん）
兄弟の孫。またおい。甥孫。

従表兄弟（じゅうひょうけいてい）
異姓のいとこである中表兄弟の子。祖の姉妹の孫・祖母の兄弟姉妹の孫たちはみなこのように称す。

従父（じゅうふ）
父の兄である伯父と父の弟である叔父。諸父ともいう。父の兄を世叔、特に父の第1兄を世父、父の弟を仲父、特に父の末の弟を季父という。父の兄は俗に伯伯、父の弟は俗に叔叔とも呼称する。

従父兄弟（じゅうふけいてい）
父方のいとこ、すなわち堂祖の兄弟。従兄弟・伯叔兄弟・叔伯兄弟・叔兄弟・同堂兄弟・堂兄弟・同祖兄弟・従父昆弟ともいう。これに対し、女性であれば従父姉妹・従姉妹・叔伯姐妹・同堂姉妹・堂姉妹という。

従母兄弟（じゅうぼけいてい）
母の姉妹の子。俗に姨表兄弟・姨兄弟ともいう。

従母姉妹（じゅうぼしばい）
母の姉妹すなわち姨の女子をいう。姨表姉妹ともいう。

叔婆（しゅくば）
父の叔母。

出（しゅつ）
男子が、姉妹の子を称す。

庶孫（しょそん）
嫡孫に対し、妾出の孫をこう呼ぶ。

女使（じょし）
雇われて婢となった者。雇用の年限後は解放される建前であったが、実際は死ぬまで働かされることが多々あった。

小女（しょうじょ）
自分の娘を謙遜する語。

小姪（しょうてつ）
従子の称。近代では父に対して自称するに用いる。

妾（しょう）
閨房の伴侶として娶られ、日常生活では一種の家族身分として制度的に地位を認められながら、宗という理念的な秩序の中には地位を与えられていない女性。夫宗に地位を持つ妻は1人だけに限られるが、妾には数の制限はない。

その婚礼の際に、妻を娶るのと同じ正規の儀式は許されず、それを犯せば重婚とされる。服制においては、妻が夫の族人との間に夫に準じた服の関係を有するのと違って、妾はきわめて軽く扱われる。なぜなら、妻は族中に占める公的な地位から生ずる喪の義務を負うが、妾は自己の名においては族中に公的な地位を持たないからである。妾が産んだ子との間の母子関係は子自身にとってのみ大切な個人的関係に過ぎず、ゆえに祭られるのはその子1代限りにおいてである。妻のように、夫と並んで位牌に記入され祠堂に祭られるということもない。また夫家と妾の実家との間に親類づきあいも生じない。さらに、夫は、妻に対してとは異なり、完全に自由な離婚権を持つ。ただし夫の死後は寡婦として地位が確定し、亡夫の親族が妾を追いだすことはできない。

このように妻と妾は質的に異なる身分であって、第1夫人・第2夫人というような単なる順位の先後ではない。しかし、礼と律とによって規定されたひとつの制度的な身分である。

なお、女性の一般的な自称として用いられることもあり、たとえば皇帝と皇后の間で、皇后が妾、皇帝が哥哥と自称することがある。

丈夫子（じょうふし）
古は男女ともに子と称したので、区別するために男子をこう呼ぶ。これに対し女子は女夫子と称する。

親（しん）
親、あるいは親族。

親子（しんし）
実の息子。実の娘は親女。実子は親生的・親児・親養。実の父が親父。実の祖父が親祖。実の兄弟が親兄弟・親哥児兄弟。

親戚（しんせき）
自己と血縁関係か婚姻関係のある人。あるいはより狭義には、女系血族及び妻の実家や娘の嫁ぎ先など、本宗ではなく親類関係にある者、すなわち外姻。

親属（しんぞく）
親族に同じ。本宗と外姻を合わせた概念。

親的（しんてき）
近親のこと。

親同姓（しんどうせい）
父方の同姓。また父方の四従兄弟。

人口（じんこう）
家庭の成員の総称。同居の親族。

仁父（じんふ）
継父・養父のこと。

正支（せいし）
長房長子すなわち嫡長子のこと。これに対しその他を旁支すなわち旁系支族となす。

正室（せいしつ）
本妻のこと。

先世（せんせい）
先代。あるいは祖先。

接脚夫（せっきゃくふ）
前夫を亡くした婦人が、後添えとして自家すなわち初婚の婚家に招く夫のこと。宋代に顕著な戸絶財産没収法との関連に置いて、立法上特別な配慮を受けている。前夫に遺児があるがいまだ幼少である場合もあるが、子無き寡婦が接脚夫を招いて前夫のために同宗者を立祠する場合もある。いずれにせよ財産がありながら働き手のいない家の戸絶を一時的に救うための便法であり、夫の兄弟など承継者があれば許されない。後夫は同居する異姓男子であり、財産を管理運用するのみで所有することはできない。婿が没した後に、子がなく家が絶えることを恐れて更に招婿して継がしめることを接脚婿という。これはその理由から、補代とも呼ばれる。

宗兄（そうけい）
古は庶子が嫡子に対して用いる語。のちには、同族中の遠兄弟を通称する語。

宗子（そうし）
嫡出の長子。

宗禰（そうでい）
宗は祖宗中最も尊ぶべき者、禰は父の廟をいう。

曾祖王父（そうそおうふ）
曾祖父の尊称。

側室（そくしつ）
正寝の次の室を燕寝となし、その次を側室とする。妻の産屋または妾を側室とする。または、妾出の庶子をこう呼ぶこともある。

族（ぞく）
子孫のともに連続するもの。あるいは同姓の親族。

族姑（ぞくこ）
父のまたいとこ女、また、ふたいとこおば。

族昆弟（ぞくこんてい）
父方の三従兄弟、高祖をおなじくする兄弟。あるいは族中の同輩者の通称。族兄弟ともいう。これが女性の場合、族姉妹という。

族子（ぞくし）
兄弟の子。

族人（ぞくじん）
遠い宗族。同族中の人。

族姓（ぞくせい）
同姓と異姓との場合にいう。族は同姓、姓は異姓のこと。

族曾王父（ぞくそうおうふ）
父の従祖祖父、己の曾伯叔祖父をいう。ひおおおじ。己の曾祖父の兄弟。族曾祖父。これに対して、父の従祖祖母すなわち己の曾伯叔祖母は、族曾王母。

族曾祖母（ぞくそうそぼ）
曾祖父の姉妹。ひおおおば。

族祖王母（ぞくそおうぼ）
従堂伯叔祖母のこと。

族祖姑（ぞくそこ）
従堂叔母のこと。父の従祖姉妹、祖父の従姉妹。祖父より年長は従伯祖姑・堂伯祖姑・堂伯婆といい、年少を族叔祖姑・堂叔祖姑・堂叔婆という。

族祖父（ぞくそふ）
ふたいとこ、いとこおおおじ、祖父の従兄弟、祖父の年長者を族伯祖父・堂伯公といい、年少者を族叔祖父・堂叔公という。

族孫（ぞくそん）
族兄弟の子。

族姪（ぞくてつ）
三従兄弟の子。

族父（ぞくふ）
父の従祖兄弟。従堂伯叔・三従父ともいう。ふたいとこおじ、すなわち父のふたいとこ。父より年長の者、あるいは同宗中で父と同輩にして父より年長なる者を称す。また族伯・族伯父・再従伯ともいう。これに対し、父より年少の者は族叔・族叔父・再従叔。父と同輩の者を総称して宗叔ともいう。

尊長（そんちょう）
祖父母・父母・伯叔姑・兄姉など上位に位置する家族であり、卑幼に対する語。中国の家の制度において、家長は家を外部に代表し、家族を保護監督する責任を有する。これに対して尊長は、家の内部において卑幼に対して道徳的に教導する責務を負う。それゆえ尊長がその訓導において礼教に反する行為があった場合は律によって罰せられた。

爹（た）
子女から父への呼称。大ともいう。

大王父（だいおうふ）
曾祖父。または祖先。

大父母（だいふぼ）
祖父母の別称。

大郎（だいろう）
長子の呼称。大児子・大男ともいう。これに対し長女に対する呼称は、大姐・大姑娘・元女ともいう。また、妻の長子を長嫡・嫡長・嫡長子・嫡嗣・宗子といい、妾出の長子を長庶・庶長子・庶長という。

中表（ちゅうひょう）
父の姉妹の子や母の兄弟姉妹の子と互いに相称す。異姓のいわゆるいとこ同士。表とは外姻のことで、特に父の姉妹を姑表、母の兄弟を舅表、母の姉妹を姨表と呼ぶ俗称もある。

中表親（ちゅうひょうしん）
従兄弟の間柄をいう。いとこ同士。

適孫（てきそん）
嫡孫のこと。

姪（てつ）
本来は、女子がその兄弟の子を称する語。後、法制上では一般に兄弟の男子。姪子・猶子・族姪なる語でこれを指すこともある。兄弟の女子は姪女・女姪・猶女・従女ともいう。これらに対し、姉妹の子は甥と称する。兄弟の孫が男子の場合は姪孫、兄弟の孫が女子の場合は姪孫女とする。

同気（どうき）
兄弟のこと。

同気連枝（どうきれんし）
同胞の兄弟姉妹をいう。

同居尊長・卑幼（どうきょそんちょう・ひよう）
同居する一家内には尊卑・長幼の秩序がある。尊卑は昭穆の上下、長幼は同一輩行内の上下の関係を意味する。この関係において上の者を尊長、下の者を卑幼という。同居の一家において家産は、同居共財といい一括するのが理想とされ、それは尊長が管理するものとされた。すなわち、卑幼が勝手に財産を処分することはできず、これを行うことは律において罪と規定されている。

同産（どうさん）
兄弟姉妹、同胞。

同産子（どうさんし）
兄弟姉妹の子。

同父周親（どうふしゅうしん）
父系の最も近い親族。家に実子が無く昭穆相当の姪を養子とするときには、この同父周親である者を優先する。

堂（どう）
同祖の親族。

堂族（どうぞく）
同姓の親族。

堂姪孫（どうてつそん）
いとこの孫。また、ふたいとこ。

内兄弟（ないけいてい）
妻の兄弟、または舅の子。

内女（ないじょ）
同姓の女、一族内の女。

乳母（にゅうぼ）
刑律においては、子に生母が無い場合などに、父の命によって妾が哺乳した時、その子から指してこのように称する。

婆婆（ばば）
孫から祖母を指す呼称。他に婆・婆八・娘娘・祖婆・太母・太婆等と呼ぶ。

排行（はいこう）
輩行とも。世代のこと。同族の間では世代の意識が強い。排字・輩字と言って、同一排行の男子は、その名に同じ文字を使うことにより、世代が人名に示されるばあいがある。現実の家族共同生活から分離した後でも、兄弟意識・同族意識が失われないところに、宗族結合の観念的基礎がある。

伯（はく）
父の兄。または婦人が夫の兄を称する語。

伯氏（はくし）
長兄。伯兄・元昆ともいう。一方、末の弟を小弱弟・小弟・弱弟という。これらに対し、長姉を伯姉という。

伯叔祖父母（はくしゅくそふぼ）
祖父の兄弟及びその妻。祖父の姉妹は祖姑という。祖父の兄を老伯父と呼ぶこともある。またおじ・またおば。おおおじおば。

伯祖（はくそ）
祖父の兄。伯翁・伯公。

表兄弟（ひょうけいてい）
父の姉妹・母の兄弟姉妹の子。異姓のいとこをこのように称する。

表姉妹（ひょうしばい）
父の姉妹及び母の兄弟姉妹の女子。

父党（ふとう）
父の宗族。

父老（ふろう）
年老いた男性に対する尊称。

夫婦（ふふ［ふうふ］）
夫妻。あるいは平民の男女、匹夫匹婦。

駙馬（ふば）
公主の夫となった者は駙馬都尉になることが定例であったため、これを指して駙馬と称した。

分長（ぶんちょう）
同族組織における有力者の一人。

別子（べつし）
嫡子の弟。

別宅子（べつたくし）
父及び家族と同居しない、すなわち戸籍を同じくせぬ子。しばしば、遺腹（わすれがたみ）である子。

宝宝（ほうほう）
父母が子を称していう。保保・阿保とも。

胞兄（ほうけい）
実の兄のこと。同様に実の弟を胞弟、姉を胞姐、妹を胞妹と称する。

房方兄弟（ぼうほうけいてい）
同父兄弟以外の兄弟。

本家（ほんか）
日常語において本宗、または一族を指すことば。同姓の親族。

本支（ほんし）
宗子すなわち嫡出子と、支子すなわち庶子との合称。宗庶ともいう。

本生（ほんせい）
他家の養子となった者から実父母を指していう語。

本宗（ほんそう）
男系の血族とその妻の総称。本族ともいう。外姻の対語。

門中（もんちゅう）
故人となった祖父・伯叔・兄弟などを呼ぶ際に、それぞれ大門中・従兄弟門中・亡者子某の門中などという。

門長（もんちょう）
族長・本家ないし一門の長。

爺爺（やや）
子女から父への尊称。老爺とも。母については娘娘・孋孋と呼ぶ。父母を合わせて爺嬢ということも。

有服親（ゆうふくしん）
喪服関係を有する親族。直系旁系各五等まで。夫婦は同身一体とみなし、また養子は昭穆相当の順にある姪をもってするを本則とするので、これら婚姻・養子縁組による関係も有服親内に入る。

養媳（ようせき）
息子の妻とする目的で他人の娘を養うこと。

六親（りくしん［ろくしん］）
解釈は種々ある。父子・兄弟・父方親族・母方親族・夫婦関係・婚姻関係を指すこともあれば、父子・兄弟・夫妻を意味することもある。また、六戚と同じく父母・兄弟・妻子を指す場合、あるいは父・兄弟・従父兄弟・従祖兄弟・従曾祖兄弟・族兄弟をあわせて六親とする場合もある。

輪流管飯（りんりゅうかんはん）
輪流はかわるがわる、管飯は食事を担当するの意。それぞれ独立した子供たちが、交替で父母に食事を提供すること。

老大（ろうだい）
長男・総領・長・かしらを意味する語。

老当家（ろうとうか）
家父が年老いて当家の実務を子に委任すれば、委任を受けた子が当家となる。こうして引退した実父をこう呼ぶ。それに対し、委任を受けた子を小当家と称することがある。

④婚姻・養子

以時（いじ）
婚姻の適齢期とされる年齢のこと。

過房（かぼう）
同族内の者を養子として迎えること。**過継**ともいう。また、この養子を過房子・過継子・**嗣子**と称するが、これは祭祀の継続を目的として迎えられる者であるため、異姓の者は養子の対象とならず、この点において孤児の撫養などを目的として迎えられる義子とは区別される。

帰宗（きそう）
他者の妻となった女性が離婚または夫との死別のために実家に戻ることをいう。また、こうした女性は帰宗女とされ、いまだ嫁いでいない在室女とは区別された。

義子（ぎし）
異姓の養子のこと。義男・義児ともいう。棄児や孤児などの撫養を目的とした養子縁組によるものであり、祭祀の継続や家産の相続を目的として迎えられる過房子とは性格が異なる。従って、義子を迎える場合は**乞養**と称し、過房子を迎える語である過房と区別した。

休書（きゅうしょ）
離縁状のこと。離書ともいう。夫婦間の協議を経た上でのものではなく、夫側の一方的な意思に基づくものである。

五不娶（ごふしゅ）
妻を娶る際に忌避の対象となる５つの条件のこと。五不取ともいう。『大戴礼記』などに見えるもので、逆臣の家の子女、淫乱の家の子女、代々刑人を出している家の子女、代々悪疾に罹患する者を出している家の子女、父のいない家の長女がその対象となる。

三不去（さんふきょ）
婚姻関係にまつわる習俗のひとつ。夫が妻との離縁を企図しても認められない条件を示したもので、具体的には経持舅姑之喪（妻が舅姑の喪をつとめ終えた場合）・娶時賤後貴（貧賤の時に結婚し、のち富貴の身に転じた場合）・有所受無所帰（妻に戻るべき実家がない場合）を指す。これらの条件の下では、妻が七出に該当する者（ただし姦淫は除く）であっても離縁することはできなかった。

指腹婚（しふくこん）
婚姻に関する習俗のひとつで、まだ母親の胎内にいる子供の婚姻について約束を交わすこと。庶民のみならず士大夫の間で行われることもあり、それが禁止されることもあった。

七出（しちしゅつ）
婚姻関係にまつわる習俗のひとつ。夫が妻と離縁する際にその根拠となる条件のこと。無子・淫泆・不事舅姑・口舌・盗窃・妬忌・悪疾からなり、この条件に当てはまる妻に対して夫は離婚することができた。ただし、三不去の条件のいずれかを満たしている妻についてはこの限りではない。

主婚（しゅこん）
婚姻の可否を決定する立場にある者を指す語。前近代社会において成婚は婚姻の主体となる男女の意思によって決まることはなく、その父母や祖父母、これらの近親者が存しない時は他の親族が主婚として配偶者の選択・決定の役割を担った。男性側・女性側それぞれの主婚の間には媒人が入り、配偶者に関する情報や聘財の額などについて両者の間で合意が得られれば晴れて婚姻に至った。

招入婚（しょうにゅうこん）
婚姻の一種で、夫が妻の家に入るもの。より細分すると招壻婚と招夫婚に分けられ、前者は妻がその実家にて夫を迎え入れるもの、後者は寡婦が前夫の家に留まり後夫を娶るものである。ただし、日本の婿養子とは異なって夫が妻の家に入ること以外は一般的な婚姻と何ら変わるところはなく、招入婚自体は聘財の代替として妻の家で用をなす、妻の両親の老後の世話に当たるなどの特別な事情があって行われているに過ぎない。

粧奩（しょうれん）
婚姻に当たって妻が持参する財産のことで、妝奩・奩幣・**嫁資**・陪家・**装送**など同類の語は多い。また妻の実家が裕福な場合は通常の嫁入道具や金銭に加えて土地を持参することもあり、こうした土地は粧奩田・臙粉地などと称した。

親迎（しんげい）
婚姻儀礼の一種。婚姻六礼のひとつ。俗に迎親ともいう。新郎側が花嫁を迎えに行く儀式。**迎親**と**等親**の２種があった。前者は、新郎が自ら花嫁を迎えに行くもので、後者は新郎側が嫁迎えの行列を派遣して花嫁を迎え、新郎は家で待つもの。なお、古代においては、婚礼は昏すなわち夕暮れに行われ、黒が礼服であった。唐においても、礼の規定では、婚礼は夕暮れに行うべきとされていたが、唐の後半ごろから民間では昼にも行われるようになっている。また、婚姻は紅事、葬喪は白事といわれ、花嫁などの衣装も紅色が好まれるようになった。

請期（せいき）
婚姻儀礼の一種。**婚姻六礼**のひとつ。男家では、結納を贈った後、結婚式を挙げる吉日を占って、女家と相談する。これを請期という。なお、宋代では一般に納徴と請期を一緒に行う。明では請期だけになり、納徴は請期の中に吸収されている。古代においては、この請期の時にも、男家から雁が贈られたが、後世には簡略になり、紅い紙に結婚式の日時を書いたものを贈るだけである。これを近代では送日子という。

贅壻婚（ぜいせいこん）
婚姻の一種。婚姻に当たって夫が聘財を支払えない場合、妻の家に入って労働に従事し、それをもって聘財の代替とするもの。贅婿婚が行われるに当たっては契約が交わされ、夫は聘財とその利息に相当する労働をこなすと、妻と共に妻の実家を出て独立することができた。

定帖（ていちょう）
婚約の際に作成される約定書のこと。定親帖ともいう。定親は婚約の意で、男性側から女性側へ送られる。定帖は男性側からの礼物にまつわる目録ともなるが、女性側はこれを承認したのち回帖（回定帖）を返送した。

童養媳（どうようせき）
婚姻習俗の一種。トンヤンシー。将来息子の嫁にするために、幼女を買い取る婚姻形態。媳は媳婦とも称し、嫁の意味。実家、夫家いずれも貧困家庭の場合が多かった。そのため、実家にとっては口減らし、夫家にとって婚資の安い嫁の確保と共に、労働力の確保の意味があった。成長すると、夫家の息子と結婚したが、生涯、夫家に隷属する、家内奴隷的存在である。既に宋代に行われ、明・清・民国で盛行した。

納吉（のうきつ）
婚姻儀礼の一種。**婚姻六礼**のひとつ。男家では、**納采**、問名の後、自家の家廟で吉凶を問い、吉と出れば、女家に礼物を持って通知する。この時点で、婚約は成立した事になる。後世には、これを訂盟というようになり、現在では訂婚という。この時に持って行く礼物が、婚約の進物となる。『儀礼』ではこの納吉でも、納采と同様に雁を礼物とする、とある。後世には、指輪・首飾り・絹の反物・餅・香・蠟燭や、羊・豚などが多く用いられた。この納吉の礼が終わると、納徴の儀式に移る。

納采（のうさい）
婚姻儀礼の一種。**婚姻六礼**のひとつ。男家では、意中の人物を選定すると、仲人を通じて女家に結婚話を持ちかける。女家で応じると返答すると、男家ではまた仲人に頼んで、雁を礼物として求婚する。雁は、生涯伴侶を変えないから、忠貞の象徴だからだとか、季節に従い北から南に定期的に往復するので、陰陽に従う象徴だとも言われている。なお、結婚話は男家から発議するのが正式であるが、女家から持ちかける事もある。それを、執箕帚とか坦腹東床という。

納徴（のうちょう）
婚姻儀礼の一種。**婚姻六礼**のひとつ。納成・納幣・完聘・大聘・過大礼などともいう。男家では、結納の目録と品を荷作りして、仲人立ち会いの下、女家に運ぶ。この時、女家では、結納品の中の食品を男家に返す。これを回礼という。結納の数や種類は、吉祥に因むものが選ばれる。例えば、数は偶数を尊び奇数を嫌い、絹の反物10反とか、儷皮という結納の定番ともいうべき一対の鹿の皮などが贈られた。夫婦を伉儷というのは、この儷皮に基づく。なお、明ごろから、男家から結納として茶が贈られるようになる。これは、茶は移植する事が出来ないので、再婚しないことの象徴である。しかし、貨幣経済が進展すると、結納の品は次第に金銭に代えられるようになり、納徴は納幣と呼ばれるようになった。

売休（ばいきゅう）
夫が妻を売り渡すこと。逆に他者の妻を買い受けることは買休と称した。こうした行為は律の禁じるところであり、それが発覚した場合は売り手・買い手共に処罰の対象となり、妻は両者から引き離した上で実家に戻された。

媒人（ばいじん）
婚姻の仲立ちをする者のこと。媒賓・媒理とも称し、また婦人の媒人は媒婆・媒婦ともいう。男性側・女性側それぞれの主婚との間にあって両者の出す条件を斟酌しつつ調整を行い、成婚に至らしめる。また、媒人は成婚後にはその夫婦が正統なる手続きを経たものであることの証人ともなった。

聘財（へいざい）

婚約の儀礼である納徴の際に送る礼物のこと。同類の語として財礼もある。婚書などと共に婚姻の成立要件のひとつでもある。

冥婚（めいこん）

婚姻習俗の一種。死者同士の結婚。鬼婚ともいう。すでに『周礼』に見えているが、儒者は人倫を乱すものと批判する。これは、冥婚が吉礼としての婚礼と、凶礼としての葬礼とを一体化しており、礼そのものの体系を揺るがすと考えられたからだろう。しかし、民間では依然として行われていた。特に、曹操が夭折した息子のために、冥婚を行った話は有名である。唐の後半になると冥婚ブームが起こり、礼制上からも冥婚を認めようという動きが起こってきた。南宋では鬼媒人と呼ばれる冥婚専門の仲人業まで出現している。なお、この冥婚は朝鮮にも伝わり、死霊婚と呼ばれ、最近まで見られた。

問名（もんめい）

婚姻儀礼の一種。**婚姻六礼**のひとつ。男家が、仲人を通じて娘の名前や字・輩行・生年月日時間（八字）を問うこと。男家では、娘の名前や字・輩行、生年月日時間（八字）などが書かれた、庚帖（龍鳳帖・八字帖・鸞書・婚書ともいう）を受け取ると、吉凶を占い、息子の八字と相性が合うかどうかを確かめる。この時には、一般的には礼物は出さない事になっていた。

立継（りつけい）

家の主が亡くなって後を継ぐべき者が存しない状況において、その妻が同族内より養子を立てること。これに対して夫婦共に亡くなった後に同族の者によって後継者が定められることを命継と称するが、これとは異なり立継の場合は財産の全額相続が認められた。

⑤家産・相続

家産分割〈かさんぶんかつ〉※

同居共財を基本とする中国の家族は、一般に世代交代を契機にその財産を分割し男子に相続させる。したがって家産が分割されるのは、原則として両親の死後である。唐の律令には、祖父母・父母生存中の家産分割を禁止する別籍異財禁止の規定がある。しかし実際にはこの規定は厳守されなかったようで、祖父母・父母生存中の家産分割はかなり一般的におこなわれていた。そのねらいのひとつは、家産を分割することによって戸等を下げ、差役等の負担を軽減することであった。漢代には出分・生分などという用語があったし、また祖父母・父母が分割を留保する財産を**養贍・養老分**と称するなど、関連する用語も多かった。この留保分は父母を養うに足るだけの額であるから、家産のなかでかなり高い比率を占めたという。家産分割後は相続者各自が個別の戸を立てることになるが、これを分家・分析・析戸などとよぶ。

一方、財産は分割せずに炊事だけを分けるという方式もあり、これを**同居異爨**・一門数竈といった。また極めてまれな例であるが、家産分割をおこなわず同居共財を続ける例もある。こうして数世代を経ると累世同居という大家族になる。これは男系血族（宗族）が意識的に同居共財を実行する宗族結集とはまったく異なる性格のものである。

家産は**兄弟均分**の原則によって、男子に均等に分割相続された。つまり財産継承権は男子にのみ認められ、女子には認められていなかった。ただし夫が死亡して妻が残された場合、妻は家の財産を継承することができたし、父が死亡して娘しか残されなかった場合も彼女らが継承できた。これらは特例として認められたものであった。また、未婚の娘がいる場合は将来の結婚に備えて持参財産分が与えられた。

こうした女子を除外した家産分割については問題が残されている。南宋の判語史料『名公書判清明集』には、当時**女子分法**とも呼べるような法律が存在していたことがうかがわれるのである。それによれば**戸絶**の場合、娘は息子の半分の遺産を受ける権利があるという。また継絶子を決めた場合（**立継**・**命継**の区別がある）でも、娘たちに一定の割合で財産が分与されるという。この法律の解釈をめぐって、さまざまな議論が提出され、論争が続けられてきた。仁井田陞はこの法律を高く評価し、在地社会の慣行の反映であると考えたが、滋賀秀三は中国史上に類を見ない例外的な規定であるとした。その後も論争は続いているが決着していない。

さて、男子に家産の相続が認められるというのは**父子同気**の考え方に立つものである。男子であれば嫡庶の区別はなく、父の気を受け継ぐ男子すべてに均分された（金・元時代および台湾は除く）。父の死後に生まれた遺腹子も同様の権利を持つとされていた。また分割を受けるべき子が死んでいる場合は彼の子つまり孫に父の取り分が均分された。

この原則は中国史上一貫して変わることなく、厳密に遵守されていた。このため、子孫が新たに財産を増やさないかぎり、世代を経るにしたがって家産の分割額は減少し、零細なものになってゆく。中国で零細小農民が増大してゆく根源にはこの家産分割法があるといわれる。

土地をはじめとする財産は可能な限り均等に分割された。残された史料上には、現実にはありえないような微細な分割額が記録されているものもある。土地などのほか、均等分割が困難な財産については、それらを幾組かに分割した後、籤引きによって誰が取るかを決めた。これを鬮分といい、そのために財産分割書を**鬮書**ということもあった。この財産のなかには祖先の位牌や家譜もあったが、その所属先も籤で決めたため、長子・長孫の手に帰するとは限らなかった。

家産分割に際してもうひとつ問題になるのは特有財産（私財）である。これは同居共財の原則に反して家族員個々が現実に所有する財産である。家族員の収入は、原則としてすべて家の財産に算入され、当然それらは分割の対象になる。しかし、妻の持参財産（**粧奩田**など）や妻の私財で買った土地・財産などの特有財産は、夫婦の財産として認定された。そのため夫とその兄弟が家産分割する際の分割対象とはされなかった。また妻が離婚して家を出る場合、一定の条件下ではあるが、持参財産の持ち去りは認められていたと見られている。

遺命（いめい）

祖父母・父母または尊長の遺言のこと。同類の語に遺嘱・遺言もあるが、遺言という用語は聖賢が残した言葉の意味で用いられることが多い。家産の継承においては、戸絶の場合、個人の遺命が法の規定に優先するとされる。宋代の事例では遺贈の額に制限があり、一定の割合で国庫に納めさせた。また、明清期にはこうした明文規定はないが、実際には同様に認定されていたと考えられている。

家業（かぎょう）

家の財産のこと。同類の語として家産、業もある。業は土地を指す場合も多かったが、土地だけでなく広く財産を指すようになった。宋代の家業は動産（浮財物力）と不動産（田産物力）に分けられ、ともに銭額で評価された。

関書（かんしょ）

家産分割に際して、分割内容を記録した文書。関約・分書・分家単・鬮書ともいう。分割にあたっては、必ず数名のしかるべき第三者を立会人として招き、その助言を受けて分け方を協議する。そうして取り決めの結果を文書にし、兄弟が各１通を保存する。この文書を関書などと称した。宋代では、関書を作成した場合に官司に届け出で、官印を押捺することが求められた。その際には手数料を納付しなければならなかった。

兄弟均分（けいていきんぶん）

家産分割の際の重要な原則である。父子同気の考え方を基本とし、父の気を受け継ぐ男子はすべて平等に家産を受け継ぐべきものとする。したがって嫡庶均分と称し、家産分割に際して嫡庶の区別はなされない。ただしいくつかの例外もあり、たとえば金・元時代の法律では嫡・庶子を差別する規定があった。また一部の地方では祖先祭祀を維持するために、長子・長孫に特別な分を与える慣習があった。台湾では嫡長孫に特別な財産を与える慣習があり、これを長孫額とよんだ。

継書（けいしょ）

後継ぎを定めて家を継承させる場合（**立嗣**）に作成する証拠文書。継単・嗣単ともいう。立嗣には同族相互の利害関係が絡み合う場合もあり、後日の紛争を防止するため、一族中の有力人物の立会いを求めて作成した。この文書は必須のものではなく、立嗣の条件にとくに問題がなければ作成されなかった。

戸絶資産〈こぜつしさん〉

戸を形成していた夫妻が相続人を残さず死亡した場合を**戸絶**といい、残された資産を戸絶資産という。その処分には条件に応じた規定があった。原則として娘たちは相続人の権利を認められてはいなかったが、宋代には一定の条件下で資産分与の対象となっていた。未婚の娘だけが残された場合には、ある限度内で分与され、残りは国庫に収められた（没官）。また、継絶子を養子に迎えた場合でも、娘たちには一定の割合で家産が分与された。その割合は娘の境遇によって異なり、まず未婚の娘（**在室女**）に分与され、その後、離婚して実家に帰った娘（**帰宗女**）および既婚の娘（**出嫁女**）に分与された。養子・娘がいない場合は、近親に分与され、近親もいないときは没官された。ただし宋代には出嫁女や近親がいる場合でも戸絶資産の一部が没官された。

私財（しざい）

私産ともいう。家は家族の同居共財が原則であるから、家の財産や家産は原則として家族員の共有財産である。しかし実際には家族員それぞれが所有する特有財産があった。これが私財である。古くから認められていた財産の形態であるが、宋代以後の史料に目立ってくる。法制史的には、たとえば妻の私財つまり**粧奩田**等の持参財産の扱いが問題になる。これは夫婦の特有財産であり、処分・管理権は夫婦に属したので、家産分割に際しては基本的に分割の対象にならなかった。

衆財（しゅうざい）

家族の共有財産のこと。家産分割後であっても、分割されずに残される財産があったし、また意図的に共有のままにされたものもある。それらは衆財とされた。たとえば義荘を経営する場合の土地はその典型的なものである。義荘では規約を作り、これを共同で経営し、収益は公平に分配した。また、一族が四合院形式のような住宅に集住している場合、その中庭なども衆財に当たる。それは一族共同で管理するが、使用に際して細かな気配りが必要だったことは南宋の『袁氏世範』に述べられている。

宗祧承継（そうちょうしょうけい）

嫡長子に祖先の祭祀を相続、継承させる制度。周代の宗法以来一貫して受け継がれてきている。この制度の依るべき基本原則は男系主義、直系主義、嫡長主義である。ただしこれらの原則は時代の推移とともに変化を余儀なくされ、承継権を有する者は嫡長子のみに限らず、条件によって、次子以下、庶子あるいは養子にまで許容範囲が拡大している。

動使（どうし）
土地などの不動産以外の財産のこと。また日用器具をいう場合もある。

累世同居（るいせいどうきょ）
祖父母・父母の死後、家産分割をおこなわず、数世代にわたって共同で生活する家族形態をいう。稀な事例ではあるが、隋代の郭儁の七世共居や唐代の大家族の例などが史料上に散見する。それらの事例では、数百人の家族員がおり、食事時にはみな一斉に食卓についた、などと記されている。

⑥氏族・宗族

氏族（しぞく）※
族は一所に集まるという原義を持ち、人々の集合を指す。古代の氏族制においては、姓と称する集団が最も古く、族はそこから析出された小集団であった。この族の名乗りが氏であり、貴族はすべて姓と氏と名を有していたようである。『春秋左氏伝』によれば属大夫でも姓を持ったという。男性は氏を称して姓を称せず、女性は姓を称した。集団としての統制を保つための経済的基盤として土地を所有しており、この土地は族を分ける際に分け与えられた。**大夫**とは元来この集団の族長で、**士**とはその壮丁のことであったと思われる。春秋時代、族は社会を構成する1単位として活動していたが、次第に族から更に小家族である室が析出され、社会の1単位として活動する傾向が現れるようになる。
族はまた、古代の地方行政区分の1単位としても用いられた。『周礼』地官篇大司徒に見える畿内の郷里制では、5家を1比、25家を1閭、100家を1族、2,500家を1州、1万2,500家を1郷と定め、族には族師が置かれて族内の行政事務を管掌した。北魏では畿内において10家1比、50家1閭、100家1族の郷里制を行い、また北斉でも畿内で同様の郷里制を採用した。この族は党あるいは鄰ともいわれた。隋代では、畿内で5家1保、25家1閭、100家1族の制度とし、族には族正が置かれた。

宗族（そうぞく）※
共通する祖先を持つとみなされた父系親族集団。宗の原義は祖廟であり、転じて祖廟に祀られた祖先の祭祀を主宰する者、またその統括の下に参集する同族集団の意味に用いられる。族・党なども同様の意味で用いられるが、宗には血統秩序を重視する意味合いが強い。熟語としての宗族・同族・族党なども皆同じ実体を指す語である。同姓であっても共通の祖先が認められなければ同宗とはならないが、そのような場合でも**連宗**・**聯宗**と称して系譜を通じ合わせて一族とみなし、集団としての規模拡大を図ることが行われた場合もある。共通の始祖とそれを祀る祀堂を持ち、宗法によって結び合わされた宗族は、宗教的であると同時に経済的・社会的な集団としても機能した。祭祀や成員間の互助・親睦などの活動を行うため、義荘などと称した一族の共有財産を所有・経営した。また成員間の絆を更新するため、定期的に族譜の編纂が行われた。集団の行動規則としては家規・族規が作成され、成員の中から選出された族長などのリーダーがこれにしたがって一族を統制した。

家規（かき）
家族・宗族内の法規。同じ家族・宗族の成員はこれによって統御された。族規・家法・宗法・義約・規矩などともいわれ、あるいはやや教導的な趣きはあるが**家訓**・家戒・祖訓なども同類に含まれよう。宋代以降の宗族の組織化にしたがって成文化され、族譜の記載事項の重要な部分を占めるようになった。北宋中期、京兆府（現：陝西省）藍田の人、呂大鈞が制定し、後に朱熹によって補訂された『増損呂氏郷約』の流行が、家規の発展に大いに影響を与えたといわれる。祖先祭祀や宗族活動に関する規定をはじめ、冠婚葬祭や家産・家系の継承の規則、あるいは成員間の互敬互助や質素倹約など生活規範など、含まれる内容はさまざまだが、一般に家長・族長もこの法規に服し公正忠実であることが求められた。

家長（かちょう）
家長はその家族成員中の一番目上の者のことで、一般的には男性がこれに当たるが、成年男子がいない家では女性がなる場合もある。これは法制的に確定した戸主とは区別される存在である。なお**尊長**は卑幼の対語であるが、狭義には家族、あるいは宗族内での決定にかかわることを慣習的、法的に認められた者を指す。また、宗族において族長と同様の役割を果たす者を家長という場合もある。一族の長である族長は一般に族中で最も排行が尊長である者が担当するが、そのような族長が名目的に置かれていても、実際には家長クラスが祭祀や宗子の教育など宗教的な事柄をも含め、一族の行事を管掌し、また族人間の紛争を裁定する例が清代には見られる。

械闘（かいとう）
宗族がその外部に対して行う、集団武力行為。明清期、とくに清代の広東・福建・台湾など華南地方で頻発した。族人に対する危害や水利・境界・墳墓などをめぐる争いとその報復を契機として発生。族人は祠堂の前に結束を誓い、同宗一族のため武器を取って戦い、場合によっては姻戚一族との戦いをも辞さなかった。械闘に備えて平素より堡塁を築き武器を蓄える一族も多く、大規模な械闘には数百名以上が動員され、官警もこれを制圧できなかった。戦いによる死者の遺族は族産により生活が保証された。また、土着の人々と新たに移住した外来一族との間の械闘は土客械闘と称され、湖南・江西地方に多く発生した。

義荘（ぎそう）

宗族により設置された共同事業機関。祖先祭祀・祀堂修築・族譜編纂などの宗族活動や、族人への生活援助、子弟教育のための義学の設置や科挙受験への援助などの互助事業が行われた。代表的な事例として北宋期の官僚・范仲淹によって故郷の蘇州に創設され、明初の断絶を経ながらも復活し、近代に至るまで存続した范氏義荘がある。宗族形成が隆盛・普及した明清期の華中・華南には多くの義荘が設けられたが、その経営は難しく長期にわたって維持されたものは少ない。一般に族中の富裕な者の寄付あるいは遺産によって設置され、運営は族内で定められた規則にのっとり、族人より選出された管理者がこれに当たった。義荘の経済的基盤の中心は家産均分の対象から除外された一族共有の田地で、義田・義屋・祭田・公堂田・蒸嘗田などと称された。これを小作に出して得た田祖を収益として蓄え、上述の各事業の財源としたが、族人が義田の小作に当たることを規則によって禁止した宗族もあった。

九親（きゅうしん）

上は高祖より下は玄孫に至るまでの親族をいう。高祖父母・曾祖父母・祖父母・父母・自己・子・孫・曾孫・玄孫のこと。

群望（ぐんぼう）

六朝・唐代の門閥が姓の上に冠した地名。群の望族として自らを誇るもので、出身地・出生地あるいは現在地とは関係が無い。姓望ともいう。

祠堂（しどう）

宗族共同の祖先祭祀の場。宗祠・宗廟などともいう。大規模で強勢な宗族の場合は、同族共同の遠祖を祀る大宗祠・総司を建て、併せて各支・房でそれぞれの比較的近い祖先を祀る支廟・支祠を設ける場合もある。北宋の初め、祖先祭祀は各家の室内で行われ、これを寝祭あるいは家祭と称していたが、仁宗の頃から一部の高官に対して**家廟**を建てることが許可されるようになった。また北宋期には、范仲淹や王安石など顕著な功績をあげた官員個人を表彰するため、その縁の地や故郷に祠堂が建てられた。一族の祖先祭祀の場としての祠堂の建設は、南宋期、朱熹や陸九淵らの提唱によって開始された。朱熹は尊祖敬宗の意を体現するものとして祠堂の重要性を称揚し、その位置や内外の構造、祭器・儀礼などについて提議した。また撫州金渓（現：江西）の陸九淵の一族は実際に祠堂を建て、毎日朝晩に家長が子弟を引率して祖先の祭祀を行ったという。元代以降、祠堂の数は漸増し、とくに明末以降の華中・華南地方では祠堂の設置が広く行われ、祖先祭祀、あるいは族内の協議や紛争調停の場として使用され、また族人子弟に対する教育の場として**塾**が併設される場合もあった。

親族（しんぞく）

中国においては同宗親族のみを親族と称する。これに服喪関係のある姻戚を加えた範囲を親属という。

僊源類譜（せんげんるいふ）

宋代の牒譜録図籍の第五、すなわち仙源類譜である。各宗室の男女・夫人の族姓・婚姻・官爵・遷叙・功罪・生死などの情報が記載された。

宗法（そうほう）

父系親族団体である宗族の構造原理。周代に封建制に対応して整備されたものを始まりとする。諸侯の別子（嫡子の弟）の子孫はその嫡子をもって**大宗**とし、これは百世不遷とする。宗族は共通の祖先から5世代までは同族だが、6世代目になると分派して別集団を形成し、これが**小宗**となる。大宗は始祖の祭祀を継承する本家としての優位性をもって各小宗を統括し、永久に一族の結びつきを維持する、というもので、各地に分封された周族の団結の保持に有効な制度であった。その後、春秋時代から戦国・漢代にかけて現れた、宗族の分裂とより小さな親族集団の実体化という状況の中で、宗法は社会的実態からは乖離したが、儒家によってその親族結合の理想形態として整序されていった。これが宋代以降、儒教的教養を持つ知識人たちによる親族組織化の運動が起こった際に、その思想的根拠として採用されるに至る。科挙が就官の主流となり、いわば一代貴族の境遇にあった宋代知識人たちにとって、宗族の形成とその維持発展を長期にわたり保証する古宗法の復活は、一族の分裂・没落を予防し、代々官僚を輩出する世臣・世家の家系を実現する有効な手段とみなされた。しかし既に始祖は遠く大宗の復活は難しいという認識も強く、小宗の実現を目指すという意見が大勢であった。大宗の復活は明清期にも希求され、始祖祭祀の実施によってその復活が企図されたが、やはり実際に始祖の確定が難しいところから、当時の集住地への最初の移住者である始遷祖、あるいは最初の任官者などを始祖として祀ることが普及していった。

族譜（ぞくふ）

宗族の系譜を中心とした文書。**宗譜**・**家譜**・**家乗**あるいは譜牒・家牒などともいわれる。同様の文書の中でも、皇帝の系図とその治世の功績などの事項が記録されたものを特に**玉牒**という。古くは門閥貴族の血統とその格付けを明らかにするために作成されたもので、九品中正の制が門閥による官職独占制度と化した晋代には、官吏登用の際に門地調査が不可欠であり、そのため譜牒は尊重され、六朝時代には朝廷がこれを審査・編纂することも行われた。隋・唐代においても歴代、図譜局が設置され、官は主に官員の選挙に用い、民間では各家に系譜を置いて婚姻の際の参照とした。その後門閥貴族の没落に伴い、官吏選抜や婚姻に際して門閥を問わないようになるとその必要も薄れ、北宋初期には名臣・大族であっても譜を持たないという状況であった。族譜が民間の家系文書として新たな展開を見せるのは、新興の科挙官僚たちがその地位保全の拠り所として宗族の形成を開始し、敬宗収族すなわち一族結集の要としての族譜編纂を提唱してからのことである。仁宗の皇祐・至和の頃（1049 ～ 1056)、欧陽修・蘇洵によってそれぞれに編纂された自家の族譜は、欧譜が大宗を、蘇譜が小宗を志向したという違いはあるが、いずれも明清期に至るまで族譜の範として大きな影響を及ぼした。明代後期以降は、とくに宗族の形成が盛んになった華中・華南において、族譜編纂は義荘などに比べ手頃な宗族の維持装置として普及した。編纂は定期的になり、30年ごとの修譜を族規に定めたり、また小宗の範囲を超えて祖先を求めようとするあまり、遠祖を偽った譜が作成されることもあった。また、通譜あるいは連譜などと称して宗族間で共通の祖先を認定して系譜を通じ、それによって宗族の規模拡大を図ることが行われ、更に清末から民国期には大統譜などと称する広範囲の同宗・同姓集団を統合した族譜も作成された。

貞観氏族志
（ていかんしぞくし［じょうがんしぞくし］）

唐代初期、当時の名族をあげてその格付けを記した文献。隋・唐の時代、門閥は没落したものの滅びるには至らず、山東の崔・李・鄭のような旧族は相変わらず士大夫を称し、その門地を誇った。太宗はこの弊を正そうと、史実を根拠として姓氏を刊正して第1次の『貞観氏族志』を編纂した。しかし門閥尊重の風潮は改まらなかったため、更に改編を命じて唐朝の与えた官爵を基準とした氏族の等級を定め、第2次の『貞観氏族志』100巻を貞観12年（638）に刊行させ、天下に頒布した。

当家（とうか）

家計の出納など家事管理の実務を担当すること。現にこれを担当している者を指して当家的・当家人といい、これの略称もまた当家という。家長が兼務することが多いが、別に適任者が担当する場合もある。

房（ぼう）

1棟の家の中の各部屋を指すが、家が同居共財で生活を営む拡大家族の全体を指す場合、そのうちの1組の夫婦とその子女からなる単位を房という。また、宗族の中の支派も房と称する場合が多い。ある世代の兄弟が各支派の始祖となった場合、長兄の支派を大房・長房、次兄の支派を二房・次房などと称する。この支派の房はまた**股**ともいわれ、各支派を管掌する房長・股長が置かれることもある。

⑦女性

異姓不養（いせいふよう）

養子をとる場合の原則で、異姓の者は養子としないこと。『春秋左氏伝』僖公10年、31年の条に記述された思想を典拠とする。すなわち、祖先の祭祀において、祖先と同じ血を受けた後輩がこれをおこなわなければ祖霊は享受しないと考える。そしてこの血統の連続性は男系についてのみ意識されたものであった。ただし唐の律令では、3歳以下という条件で異姓の養子を認めている。

家事管理権〈かじかんりけん〉

中国史上、家庭生活において男性は対外関係を、女性は家内問題（日常の家庭生活を維持する活動・雇用人や家産の管理・子女の教育など）を扱うという性別分業の形ができあがるが、そのうち女性の家事に関する権限をいう。とくに宋代以降、こうした分業が顕著になり、女性の家内管理の権限が強まったようである。この権限によって、ときには男性の行動が制約されることもあった。

在室女（ざいしつじょ）

在室女とは未婚の女性を指す。法制史上では、婚姻関係の有無を基準として娘を3分類し、未婚の娘（**在室女**）・結婚して家を出た娘（**出嫁女**）および離婚して実家に帰った娘（**帰宗女**）に分ける。宋代の法では、戸絶資産の分与に際して、彼女らの間で分与額に多少の差が生じる場合があった。その場合、在室女が優先され、帰宗女がそれに次ぎ、出嫁女が最後に位置づけられるというものであった。

女教書（じょきょうしょ）

女性教育に関する書籍ないし教科書。女訓書も同類の語。漢代から作られていたが、明代にはかなり盛んになった。官撰の書も民撰の書もあり、女性の著作も多かった。著名なものとして、後漢・劉向『列女伝』、後漢・班昭『女誡』、唐・宋若莘等『女論語』、明・仁孝文皇后『内訓』、明・劉氏『女範捷録』などがある。

女戸（じょこ）

戸主である夫が死亡し、その戸を継承する男子がいない場合、夫の母や妻・娘のみで戸を立てることが認められていた。これが女戸で、女性が戸主になった。この女戸は一般の戸と同様な条件下で主戸として承認され、戸等に組込まれた。そうして両税をはじめとする国家の賦課を負担した。たとえば北宋時代、王安石は募役法において女戸にも助役銭を割り当てていた。

租妻（そさい）

妻の賃貸借のこと。同類の語に**賃妻**・**典妻**もある。貧困などの理由から、夫が一定の期限を決めて妻を貸し出す行為で、その対価を受け取ることがねらいである。妻の質入れ、年季貸しともいえる。その目的のひとつは、貸借期間に子供とくに男子を産ませ、その子を借主の家の相続人あるいは祖先祭祀の継承者とすることであった。

纏足（てんそく）

幼女の足を布で固く巻いて内側に変形させ、小さく保つ習俗をいう。**弓足**・**三寸金蓮**などさまざまな呼称がある。纏足は成人後の女性のステータス・シンボルともなり、良家へ嫁入りするための条件ともされた。五代十国の南唐時代に始まったとされ、以後、漢族の間で流行した。とくに明・清時代には広く流行したが、太平天国ではこれを禁止した。また、清末、梁啓超は不纏足会を発足させたし、西太后も纏足禁止の上諭を出した。その後、辛亥革命を経て、纏足の習俗は廃れていった。

同姓不婚（どうせいふこん）

婚姻関係を結ぶ際の基本原則で、始祖を同じくする男系の子孫間での婚姻を忌むものである。いわゆる近親結婚の禁忌であるが、直接には『春秋左氏伝』僖公23年、『国語』晋語などの記述に基づいている。それによれば同姓間の婚姻では子孫を増やせないと考えられていたとされる。その場合のひとつの問題は、時代の経過とともに、同姓であっても血統（宗）の異なる者が増えてくることである。この情況に対して原則的な対応をすると婚姻の範囲がきわめて限定されることになりかねず、この場合は婚姻を認めることになる。つまり同姓であっても同宗でない場合はこの原則に該当しないことになる。

婦人礼（ふじんれい）

女性の守るべき行動と生活の規範をいう。すべて儒教的道徳の規準に則って定められていた。拝礼の仕方など、あらゆる行動に対する規範が定められており、なかでも妻・母としての女性のあるべき姿を説くものが多い。これらはまとめて三従四徳とよばれた。三従とは、未婚の時は父へ、嫁して後は夫へ、夫なき後は息子への従属をいい、四徳とは婦徳・婦言・婦容・婦功をいう。婦徳は女性の守るべき道徳、婦言は女性らしい言葉づかい、婦容は女性らしい身だしなみ、婦功は女性としての仕事である。日常の家庭生活においては婦功が重要で、機織り・裁縫・刺繍や厨房での料理などの仕事が女性の果たすべき役割とされていた。

4　教育

科挙（かきょ）※

科目別の選挙、すなわち官吏登用制度のこと。一般に隋代に始まるといわれるが、その濫觴は前代の北朝斉において、北魏より継承した他薦選挙制度である秀才・孝廉に対する課試を強化した政策にある。隋はそれを継承・発展させ、更に唐代以降に引き継がれた。従来の他薦による登用に対し、科挙は本人が本籍地の役所に自ら応募する、すなわち自薦による。合否の判定が試験の成績による点は従来より客観的で、しかも賤業従事者など一部を除き原則的に全ての男子に官僚となる可能性を与える開放的な選抜制度であった。唐末・五代の争乱で門閥貴族が衰亡し、科挙が高級官僚の主な登用方法となる宋代には、この制度は幾度もの改変を重ねて整備され、皇帝自身が試験官となる**殿試**の創設により、各地方での試験（宋代は**解試**）、中央での礼部主宰による試験（**省試**）、更に宮殿における皇帝主宰の試験（殿試）という3段階の試験制度の確立、3年ごとの試験実施の定例化、また進士科への科目の一本化、糊名や謄録などの不正防止法など、後世に継承されたものが少なくない。

宋代科挙の科目は、宋初には唐制を継承して進士科・諸科・武挙があり、これら常設以外にも制科・童子挙があったが、**進士科**が登用の主流となるにしたがい諸科は廃止され、南宋では進士科に一本化された。進士科は元来詩賦の才能を重視した科目であったが、王安石の改革時に詩賦を廃し、経書の大義を問う経義が試験の中心的な内容とされ、殿試は論文形式の策（時務策）のみとなった。後に詩賦は旧法派により復活し、南宋期には省試以下は経義・詩賦・策論の**三場**で構成されるようになった。この三場の制も後代に受け継がれるが、元代から清代半ばまでは第二場は詩賦に代わって詔勅・上奏文などが課されるなど、その内訳には変遷もある。また宋初に毎年行われていた試験は、次第に2年あるいは3年の間を置くようになり、治平2年（1065）、『周礼』に見える大比の制に倣って3年に1度と定められた。また南宋の紹興24年（1154）からは解試の全国一斉実施が定例となるが、地方試験の一斉実施もまた後世に受け継がれた制度のひとつである。元朝ははじめ科挙を行わなかったが、後に漢族知識人の要望を受けて再開され、地方の試験は各省で行われる郷試となった。また、**朱子学**を公認教学として採用し、五経とともに**四書**が試験科目に加わる。明代に至り、科挙は公立の学校制度をその予備段階に組み込み、清代には学校試・科挙それぞれの試験に更に覆試と呼ばれた追試験が加わるなどして、制度は拡充整備され膨大なものになった。個人の実力本位の登用制度であったはずの科挙も、明代半ばより**生員**数が激増すると特定の家系が合格者を輩出する傾向が現れ、清代にはその傾向がますます強化されるに至り、清代後期にはその改革を求める声が高まった。

初等教育〈しょとうきょういく〉※

儒家が教育を重んじ、学業の達成如何によって社会階層間の不平等を解消するという理想を掲げ、唐宋以後の科挙の確立によってこの理想が制度として普及し実現した経緯から、中国が古今にわたって教育に格別の情熱を注いできたことは周知である。もちろん漢字の習得は容易ではなく、さらに文言（古文）を熟知して自在に操り、この能力で科挙各段階の学位試験を通過して読書人に列するには、これに対応する学校制度の充実が必要である。政府は中央に国子監・太学、地方の各府州に府学・州学、各県に県学を設立し、私立の書院（アカデミー）も随所に存立していた。問題はこうした科挙に直結した官学や書院の学業や教科を底辺から支えていた初等教育機関である。科挙の段階的な選抜にかかわる生員・挙人・進士の各学位の取得は、高度な識字能力と古典その他の知識、すぐれた文章力が要求されたが、こうした科挙に即した教育の体系は、その前段階である初等教育と具体的に同結びついていたのか、清朝末期の記録を中心として考えてみたい。

初等教育を児童には授ける学校としてはまず宗族（同族）が営む義学がある。族内に一族の公共福祉のために義荘あるいは学田を設けて、その収益をもって族員の7歳前後の子弟10～30人ほどを入学させる校舎を備え、同族中の教育ある人物または教師を有給で招き、経費を支弁し、同族員が総務を監督するものである。こうした小規模な塾は中程度以上の支派の族が営むもので、入学者はその族員の子弟に限られるが、時には同じ村落内の他姓の者を収容することもある。また、同族の学校でも同宗の宗祀を奉祀する本宗の祀堂には、しばしば初級と中級というべき学習内容の難易に即した区分を施した規模の大きい族学がある。初級の児童の中から成績の優れた者を選んで、科挙階梯に備えるための区分である。なお、同族の分布が華中・華南ほどではない華北、そして間々南方でも、村落で篤志家や公共団体が村塾を営むケースがあるが、内容的には初級学校と大同小異である。このほか社学という半官半民の施設がある。これは明の前半期、そして清一代に存在し、地方によってはかなり普及した初級の教育機関があった。郷紳や地方官が経費を醵出して営んだ。

初等教育の塾では6～7歳で入学し、その初年は、略して三百千、すなわち『三字経』・『百家姓』・『千字文』などの初級教本を用いて、習字を教えながら読誦と暗記によってほぼ10日に1新字の率で読み書きを教え、目標として1～2年間のうちに約2,000字を習得させる。このあと、10歳を越えたあたりが学習の継続か否かの分かれ目となる。成績の優れない児童は14歳辺で見切りをつけ、貧しい両親は12歳、豊かな家の両親は19才くらいで児童の就学を止め、子供に資金を与えて農業・商業の道に向かわせる。こうした児童は算法入門によってかけ算・九九・斤両換算・平方根などの初級の算術を覚える。商業では10～15才の児童を徒弟（学生・学生意）として預り、その3年の住み込み期間内に手代が毎夜算盤や記帳や読み書きの手ほどきをした。一方、族学で成績を認められた児童は、つぎの『四書』・『五経』の前段階の6種の口語の教本、たとえば『小児語』に移る。同族の学校を族員の子弟のために開くことは宋代からはじまった。同族には祀堂のある本宗の族も群小の支派もある。たいてい祀堂の学校はより高度な教育を授け、支派の学校は小規模でより一般的な教育を授けた。民国期以降になって県立・鎮立・私立の小学校・初級小学校が都市及び農村部に設けられて基本の識字・読み書き算数が教えられたが、これらの多くは旧時代における宗族の族学、有志の義捐による義学、あるいは村や市鎮が営む村塾、市塾の系譜に連なるものである。

解試（かいし）

宋代、科挙の第一段階の試験で、各州で行われた。秋試・秋貢ともいわれた。北宋期には南方の遠隔地を例外として原則8月5日の開始であり、南宋期に入ると諸州8月中に各々日を選んで行い、そのため数州で試験を受ける者が現れ、その弊を改めるため、紹興24年（1154）、一律8月15日の開始が定められた。試験は科目ごとに三場に分かれ、三場の総合点により合否が判定された。また州ごとの合格者数は解額といい、あらかじめ決められていた。解試にはほかに、現任官に随行して本籍の2,000里外にある満里子弟、試験官の親族である避親、現任官と同居する門客の3者を対象とするものがあり、これを転運司附試・転運司牒試・別頭試などと称した。また現任官を対象とする鎖庁試、更に七品以上の官僚の子弟を収容する国子監の解試である国子牒試があった。

学校（がくこう［がっこう］）

学校の語は『孟子』滕文公上に記載された、夏殷周代の教育機関とする**庠序学校**を初出とする。庠は養、校は教、序は射・射術を意味するとされる。このような機関の実在は不明だが、これらの語は教育関連施設などの名称に用いられて後世に伝わる。春秋・戦国期に政治議論の場として郷校という施設があったといわれるが、中国における公的な学校制度は漢代武帝の時に始まる。以来学校は中央の太学と地方の学校とに大別されるようになる。漢代の地方の学校は、景帝末年に太守として蜀に赴任した文翁が成都の市中に建てた学官が最初といわれるが、武帝年間には郡国に学校が多数設置され、儒学普及の拠点となった。隋・唐代に至ると、科挙の導入や中央の太学が整備されると同時に地方の学校もまた拡充され、**府学**・**州学**・**県学**・**里学**などの教育機関が置かれた。宋代の地方学校には、慶暦年間より建てられた州学・県学とそれに付属した公立初等教育施設である小学がある。北宋末に導入された天下三舎法は州県学と中央の太学とを官吏登用ルートとして系列化させるものであった。元代には路・府・州・県に置かれた地方学の中に蒙古学もあり、より小さな行政区画である社ごとに設置した社学も整備された。書院が政府の統制下に置かれたことも元代の特徴のひとつである。明朝は府・州・県学のほか、衛所に設置した衛学や特定の官庁に付属する有司儒学を設置した。また明初には元制を承け**社学**を設けたが、科挙受験に利することがない初学啓蒙教育機関として次第に形骸化し、明代中期にはほとんど廃れた。当時の科挙は、府・州・県学の一連の試験を突破して生員となった者にのみ受験資格が与えられたため、学校は科挙制度の一環としてその予備試験の場となり、教育の場としての機能はほとんど失われた。これは清代にも受け継がれ、生員となるための3段階の試験は、各段階に追試である覆試を加えて膨大になり、生員資格を維持するための歳試と併せ、公立の学校は科挙の予備試験場としての性格を更に強め、実際の教育は民間の塾や書院が担うところとなった。

学堂（がくどう）

清末に設置された近代的学校。旧来の学校との区別するため新式学堂と称する場合もある。19世紀後半に洋務派官僚たちの主導によって設置された、福州船政学堂・上海機器学堂・北洋水師学堂など、西洋の軍事・科学技術習得のための学校をその嚆矢とする。また、同時期、内地布教権を得たキリスト教各派の宣教師たちによって建てられた学校にも教会学堂と称するものがある。光緒24年（1898）の戊戌変法では科挙や学制改革の改革も試みられ、その成果として京師大学堂が設置された。本格的な近代学校制度の導入は新政期に至ってようやく実現し、光緒30年（1904）に蒙学堂・小学堂から中学堂・大学堂に至る系統的な学校制度が制定された。これと同時に学堂奨励章程が施行され、大学堂の卒業者を進士出身と同等とするなど、学堂の各段階での卒業者に科挙合格者と同等の資格を認めた。このような処置を講じた上で、翌31年（1905）科挙は廃止される。学堂の設置は財源不足などによって充分に行われず、また新政施行にともなう増税などへの反発から毀学といわれた学堂破壊暴動が各地で発生、近代教育普及の課題は民国期へと持ち越された。

九品官人法（きゅうひんかんじんほう）

魏晋南北朝期に行われた官吏登用制度。九品中正の制とも呼ばれた。各州・郡・県に土着の者から任命された中正の官が置かれ、彼が郷里の評判（郷論）を基に域内の人材を一品より九品の郷品と称する9等級に評価して中央へ推薦する。中央吏部はその評価に基づいて9等級の官品の中から、相応の官位を与えるもの。漢崩壊後の軍閥割拠の時代、群雄は各々の政権強化のため、郷論・清議などと呼ばれた地域的な声望を得ていた清流派知識人をブレーンとして用いたが、最も熱心にこれを行ったのが曹操であり、九品官人法は魏の曹丕のもとで清流派直系の陳羣によって始められた。中正は次第に人事に対する発言力を強め、晋に入ると一部の階層に独占される官職となる。また郷品の評価基準が個人の資質から家柄へ移行し、それに伴い高位の郷品は門地二品といわれた特定の家柄に世襲的に継承されるようになり、西晋期には門閥貴族の再生産を支える制度と化した。東晋・南朝に入ると門閥の固定化は更に進み、官吏の実行力は大きく衰える事態に陥る。北朝では北魏孝文帝の時、南朝に倣って九品官制を導入し中正の制度も整備され、九品官人法による官吏登用が行われた。同時に門閥主義の弊害も生じたが、門閥貴族は北辺守備兵の反乱が引き起こした混乱により打撃を受けた。結果として個人の才能に基づく官吏登用の必要性が再認識され、北斉に至ると地方から推挙された人材へ課する試験が強化され、その結果が登用に際し重視されるようになる。

察挙（さつきょ）

漢代、中央・地方の長官が**郷挙里選**、すなわち郷里の声望に基づき人材を推挙するという方法によって官吏を登用した制度。孝廉・茂材（あるいは茂才）と**賢良**・**方正**に大きく二分される。孝廉・茂材は地方官の郡守・国相・刺史（州牧）が、赴任地の下僚や庶民の中から、それぞれの科目に相応しい者を選んで中央に推挙し就官させるもので、**孝廉**は郡国を、**茂材**は州を単位として選抜された。孝廉・茂材は武帝の時に前後して開設され、毎年定期的に行われたため常科あるいは常挙と呼ばれた。賢良・方正は皇帝の詔勅に下して中央の三公・九卿や地方の郡守・国相に管轄する官庁や下僚中から科目に相当する人材を推挙させ、高官に登用するもの。文帝初年に創設されたが、日蝕や地震など天災の発生にあわせて皇帝に諌言をなし得る人材を採用すべく不定期に行われたため、**制科**・**制挙**、あるいは特科・特挙と称された。そのほか、察挙の一種ともいうべき制度に**辟召**がある。これは中央の三公と地方の刺史が人材を招聘し自らの属僚に加えるもので、宣帝の頃に始まり後漢に盛行した。察挙の科目やその選抜方法の多くは非常の人材を得る方法として、九品官人法や科挙の時代にも新制度と併行して存続した。例えば宋代には制科の人材登用が盛んに行われ、賢良・方正・**書判抜萃**などの科目があり、諸州より吏部に推挙された人物に皇帝の政策に対する答案を作成させ、優秀者を合格とした。清代の制科としては、康熙・乾隆期に盛行した**博学鴻詞科**、また光緒期に開設された**経済特科**をあげることができる。

三舎法（さんしゃほう）

宋代、王安石によって実施された学制改革のひとつ。中央の太学を官僚の養成機関として改め、修学後ただちに就官できる経路を設けた。太学を上から上舎・内舎・外舎の3級に分かち、それぞれ100名・300名・2,000名を定員とし、学官・太学正などの教授が配置された。学生たちは年末の進級試験の結果と平常点により進級したが、2年に1度行われた内舎生から上舎生への進級試験である公試はとりわけ重要で、この試験の成績と平常点がともに優秀であれば上舎上等としてただちに官職が与えられ、中位であれば上舎中等として礼部試免除、下位であれば上舎下等として解試免除の特典が授与された。旧法党が政権を掌握した時期には上舎生の特典は廃止されたが、新法党の復帰とともに復活した。後に蔡京が宰相となると、科挙を廃して学校卒業生の官吏登用を図り、全ての州県に学校設置を義務づけ、また太学への入学を州学卒業者に限定することによって、県学から州学、そして州学から従来の太学外舎を独立させ設置した辟雍、さらに太学（内舎・上舎）を経て任官する制度、天下三舎法が整備された。これにより州県学などの公立地方学校は任官ルートの末端に明確に位置づけられ、後世、官僚選抜の一機関としての性格が顕著となるその発端となった。

識字〈しきじ〉

識字の定義の仕方にもよるが、上限は2,000字あまり、下限は数百字程度とされている。日常生活で600～700字が読めるレベルとすれば、男子の20%から30%がこれに該当し、女子の識字率は10%以下であったとされている。1880年ごろの記録によれば、男子の約半分が村塾などの学校を終え、1930年代では男子の45%が初級の学業を経験して、30%が識字能力があったとされている。女子の大半、男子のかなりの部分は識字力がないことになるが、かれらが官庁の布告や契約書の交換、商業行為などで必要な知識は、様々な職業の人々によって充たされていた。風水先生・占い師・算命先生・道教の僧侶や助道・牙行・胥吏や保人などが村落にも在住していて、無学の農民の手助けをした。政府も布告を通達するときにしばしば韻文を用いて理解しやすくしたともいわれている。

塾（じゅく）

『爾雅』によれば「門側の堂を塾と謂う」とあるように、塾は元来門の両側の部屋を指す語で、左右あるいは東西の区分があったようだ。また『儀礼』には「西塾に饌を具える」とあり、西側の塾は客に食事を出す場であり、これは後世、私塾の家主が塾の教師を西賓、あるいは西席と称したことと関連する。教育の意義をもつ塾としては、『礼記』学記に古代の教育の場として「家に塾有り、党に庠有り、術に序有り、国に学有り」という記載が最も早い。周制では25家で1巷を成し、その巷の門の傍らに塾を置いたといわれ、この場合の塾は個々の家ではなく1巷共有の、しかし庠・序・学とは区別される私的な教育機関であると思われる。民間の私的な教育機関は、漢代よりその存在が知られており、当時は文字の読み書きや儒学の基礎を主に教授する書館・書舎と、察挙による出仕に備えて儒学経典の研鑽を積む場である経館あるいは精舎・精廬とがあった。唐代にはこれらに加え、家塾の名が現れ始めるが、塾をはじめ民間の教育機関が大量に出現するのは宋代に入ってからである。読み書きの基礎教育を担当する場としては家塾・郷学・村学などがあり、一般に未出仕の儒学者や道士が教師となった。郷村では10月以降の農閑期に開講する冬学も登場した。科挙の受験用には**舎館**・**書会**・**書社**などと称する私塾が都市部に普及したが、家塾などと称した中にも有力な宗族によって設けられ、専ら科挙受験準備教育を行う塾も少なくなかった。また地方紳士の寄付による**義塾**・**義学**も多く設けられ、地域の貧困家庭の子弟が学費の減免を受けて学習する機会を得た。これら私塾は後代に受け継がれ、明清期に最盛期を迎える。科挙の盛行と社会の都市化・商業化とが相まって、高まる教育需要は私塾の発達を支えたが、多数を占める基礎教育用の塾と、少数の科挙受験用のそれとに二分された状況は清末に至るまで変わらなかった。基礎教育を担う私塾の多くは生徒の境遇や生業に柔軟に対応したカリキュラムを提供し、民国期にあっても公立学校をしのぐ盛況を呈した。

書院（しょいん）

書院の名が最初に現れるのは、唐代玄宗の時、朝廷の書籍の収蔵・編纂機関として設置された麗正殿書院・集賢殿書院の名称としてである。唐代の中期以降になると科挙による立身を望んで山林の寺院や自ら建てた読書処に隠居し、科挙の準備に専念する知識人たちが登場する。彼らの読書処は終南山・華山・嵩山などにあり、多数の書物を蔵するものも多く、そのため往々にして書院あるいは書堂などと命名された。唐末から五代になると、戦乱で荒廃した公立学校に代わって学問研究や講学の場としての書院が叢生し、宋初にかけて隆盛を見た。宋の**六大書院**といわれる白鹿洞書院（江西廬山）・岳麓書院（湖南長沙）・応天府書院（河南商邱）・崇陽書院（河南大室山）・石鼓書院（湖南衡陽）・茅山書院（江蘇江寧）はいずれもこの時期に宋朝の支援を得て活発な活動を展開している。しかし科挙との結びつきを強めた公立の学校制度が整備されるにつれ、科挙合格へと傾注する士人たちの関心が薄れた書院は衰退した。書院の復活は南宋期、当時の学問が功利を得る道具となっていることを批判した朱熹によって先鞭がつけられた。彼は書院を真の学問修養の場とすべく、赴任地の白鹿洞書院・岳麓書院を復興し、また長く居住した福建武夷山近辺に武夷精舎などの書院を設け、自身の活動拠点とした。彼に同調した門弟や学者たちによって書院は全国に普及し、教学の他に出版事業などを行うところも現れた。元代には書院は政府の統制下に置かれ、その院長である山長は政府から派遣され、官職・俸給が与えられた。また教授の任命には政府の許可が、学生の入学には地方官の推薦が必要だったが、実際の運営は地域の有力な宗族が担っていた書院も少なくない。明代の書院は半ば以降にその設置が盛行し、嘉靖・万暦年間にその最盛期をむかえた。明朝政府は独自性を持つ書院に対して介入し、陽明学派などの活動に関して禁止策をとり、また天啓5年（1625）には東林党活動の拠点となった東林書院を閉鎖して全国の書院を廃止する措置を講じたりもした。清代に入ると、清朝は反清活動の拠点となることを恐れ、書院の新設に制限を設けた。この制限が緩和されるのは雍正11年（1733）からで、官からの経済的な援助が行われて設置数も増加した。この時代の書院は、一面では地域の生員たちを集めて学校試や郷試の模擬試験を行うなど受験対策の場であったが、他面では各地の学者が集い、真摯な学問講習や研究交流が行われた場でもあり、康熙末から雍正期に政府の朱子学尊重に対して起こった漢学復興の提唱や、乾隆・嘉慶期の考拠学の隆盛の主な舞台となった。

選挙（せんきょ）

官吏登用制度の総称。皇帝による専制統一国家を志向した時期の中国にとって、個人の資質や学才により選抜された非世襲官僚の登用は、封建時代から続く貴族制を打破する上で不可欠であり、早くからその制度化が図られた。歴代の代表的な選挙制度としては、漢代の察挙、魏晋南北朝期の九品官人法、隋代から清末の科挙があり、いずれもその時代の官僚や統治のあり方、また学問や思想の傾向、更に官界を中心とした社交や婚姻関係など、政治・文化・社会の多方面に大きな影響を与えた。

太学（たいがく）

中央に置かれた主に官吏養成のための国立学校。時代により**国子学・国子監**ともいわれた。太学のはじまりは漢の建元5年（前136）武帝の創設による。五経を中心とした儒学の公認作業の進展と相まって拡充され、成帝時には有力な官僚の輩出機関となった。後に一時的な衰退を経て後漢期に復活し、順帝以後は儒学教育の中心地として活況を呈し、また宦官専横に反対する政治運動の中心ともなった。漢滅亡後は魏において太学が再建され、晋では貴族子弟の教育を主な目的として中央に国子学が置かれた。北朝では北魏において太学・国子学などの設置が見られ、対して南朝では儒学館に加え、史学館・文学館・老荘の学を講じる玄学館が設けられたが、門閥貴族を対象とした九品中正制が行われた当時、官吏養成の場としての太学は形ばかりのものとなった。隋唐代に科挙が創設・整備されるに伴い学校制度は拡充され、唐代の国子学には長官として国子監祭酒1名が置かれて儒学の訓導を管掌し、その下に七学が付設され儒教経典が教授された。宋代では初期は唐制が継承されたようだが、慶暦4年（1044）太学が正式に設置され、八品以下の官僚子弟と庶民の優秀者の教育機関となり盛況を見せるが、次第に一般の解試より合格者定員割当の多い太学解試の応試者が多勢となり、試験時にのみ学生が参集するような状況に陥った。太学は王安石の新法において、改革を担う官吏の育成機関として重視され、三舎法の実施により卒業生が直接に任官できる道が開かれ、これが太学の再生を促すことになった。元代には国子学のほか**蒙古国子学**、ペルシャ語使用の**回回国子学**なども設置された。明代の中央学校である国子監は、北京遷都以降は京師国子監と南京国子監の2ヶ所となる。国子監の学生である**監生**は、会試不合格者から翰林院により選抜された**挙監**、地方学校より推挙される**貢監**、三品以上の高官の子弟など父祖の恩蔭による**蔭監**、捐納により地位を購った**例監**の4種があり、規定によるが直接に就官が可能であった。清朝は明の京師国子監を継承・改修して国子監としたが、長官である祭酒には満人・漢人各1名が任命された。学生は皇帝の恩恵による恩監生、父祖の恩蔭による蔭監生、生員中の優秀抜擢者である優監生、捐納による例監生の4種の監生の他、地方の学校から送られる歳貢生はじめ、恩貢生・抜貢生・優貢生・例貢生などの**貢生**があった。なお、清代には中央の学校として太学のほかに、八旗子弟の教育の場である**八旗官学**などが置かれた。

殿試（でんし）

宋代に創設された科挙の最終試験。廷試・親試ともいう。中央の試験である省試の合格者は、皇帝の面前で行われる殿試に臨み、全て天子の門生となる。皇帝に対する官僚の忠誠心を高め皇帝権の強化を促し、また中国における皇帝専制のあり方を象徴的に表す制度として後代に受け継がれた。宋初に行われた、省試の不正発覚後の覆試や省試落第者に対する再試験が発展したもので、当初は合否の決定にかかわる試験であったが、後に犯御名・犯廟諱などによる降格はあっても、落第者は出さず順位のみを審査する試験となり、以後これが定例となって後代にも継承された。

同年（どうねん）

科挙の同期合格者のこと。同年の間では名簿が作成され、家族ぐるみの濃密な交際が生涯続くことが多かった。戦乱や災害の際に互いの家を避難場所としたり、互いの子女を結婚相手として選ぶこともよく見られた。合格者が試験官と取り結ぶ師弟関係が官界の縦の繋がりとして重要ならば、官僚間の横の繋がりとしてより重視されたのがこの同年関係であった。

5 福祉

①総記

善挙（ぜんきょ）※

義捐金を募り、鰥寡孤独及び廃残者を施設に収容・救済するなどの福祉活動を行うことをいう。災害時の一般民を対象とする救荒政策（**荒政**）に比べて、**鰥寡孤独**の弱者救済は緊急事とはみなされず、国策に上るのは遅れ、寺院あるいは近隣の善挙に期待することが多かった。唐から宋にかけて、寺院の救済事業は**福田**思想に基づき、弱者救済にまで及ぼされるようになる。それを受け国も寺院の活動を追認し、嬰児の保護・養育や弱者収容等の施設を設立するが、実際は僧侶に活動に委ねていた。ところが明末清初になると、民間の有識者が中心となって基金を出し合い、**善**

会という慈善団体を築き、さまざまな福祉活動を始める。最近、夫馬進氏が明らかにしたところによれば、活動は嬰児の保護を中心とし、広く全国都市に及んでいた。従来、研究の対象とされることが少なかったこの分野の開拓に、氏は大きく貢献された。ただ仏教のみならずさまざまな宗教に名を借りた宗教結社があり、往々秘密結社として弾圧の対象となったので実態は掴めないが、宗教結社を始め、一般に福祉を標榜しない団体においても、同様の活動がなかったかどうか、今後の研究課題といえよう。

安済坊（あんさいぼう）
北宋末の崇寧元年（1102)、諸路に設置した貧民救済施設のこと。

安楽堂（あんらくどう）
軍人が療養を図るための施設。元代に設けられていたもので、『元典章』にその名が見える。

育嬰堂（いくえいどう）
清代北京の孤児院。同類の組織に育養堂もある。捨て子と溺女の防止を狙いとする。明末、揚州において私人が建設した**善堂**のひとつ、育嬰社に始まる。その後各地に建設され、堂外の乳母に寄養させる場合は、月 700 文が、堂内で自ら養育する場合は、堂内乳母子連れには月 600 〜 1,000 文、連れない婦人には 400 〜 1,200 文が支給された。司総・司堂・司年が田房・租息・捐項等の経理を担当する。

育黎堂（いくりどう）
清代、北京西門外に置かれた貧民救済施設のこと。

掩骨会（えんこつかい）
清代、掩埋に当たる官営の団体のこと。

掩埋（えんまい）
行き倒れの旅行者を埋葬すること。

官炭（かんたん）
宋代において官が販売した炭のこと。貧民救済の目的を持つため安価に頒布された。

寄生所（きせいしょ）
清代における救済施設。清修所・存育所と共に廃残老疾者や困窮する旅人の救済を目的とし、これらを収容した。

義井（ぎせい）
唐代、寺院・街路上に官僚あるいは商人等私人によって広く作られた公共の井戸。義とは私財によって設立された公益のための施行及び施設で、義倉・義学・義田・義荘・義塚・義渡・義橋・義賑・義米・義役などの語に用いられる義の字は、皆こうしたニュアンスを背景に持っている。この義に基づく行為については一律に論ずることはできないが、強い影響を与えたものとして中国社会に深く根を下ろしている家族を超えた自治の精神、あるいは仏教思想、特に福田思想の存在を見出す見解もある。

義荘（ぎそう）
同族の困窮者を救済する族田のことで、免役の特権を持つもの。義田とも呼ぶが、中でも范仲淹の范氏義荘が有名である。創立者の嫡子が代々継承する荘主・荘副がこれを主宰するが、これらに不公正な振る舞いが見られるようであれば、族長・房長が同族会議を招集して、その改善を勧告したり、場合によっては罷免することもあった。

義塚（ぎちょう）
宋代以降の官営あるいは民間の共同無縁墓地。清代、普済堂の費用により各地に設置し、京師には 17 ヶ所あった。民国には義地と称した。

給孤独園（きゅうこどくえん）
身寄りのない者や貧窮する者を扶養するための施設のこと。同類の施設に給孤園や養済院・祇園などもある。

挙子倉（きょしそう）
嬰児の保護施設で、南宋初期の建州に設けられたもの。没官田や戸絶田を付属の荘田とし、その運営費に充てた。

恵民薬局（けいみんやっきょく）
宋代に庶民救済のために設けられた役所のひとつ。戸部の費用で薬剤を購入して調合を行い、これを人々に廉価で販売した。

敬節会（けいせつかい）
善会のひとつで、京師における孝子節婦の保護奨励施設。18 世紀末に生まれた。

検校庫（けんこうこ）
宋代、府州県に設置された、孤児の財産を管理する機関。検校とは、本来は検査・検察を意味し、そこから戸絶の財産を保管管理する意として用いられる。熙寧 4 年（1071）以降、1,000 緡以下は、常平法による貸付けて利殖を図ることが許可され、孤児に仕送りされ、成人になれば残額が返却された。

香水行（こうすいこう）
宋代各都市にあった公衆浴場（浴堂）の組合。浴場には皂角・澡豆等の石鹸があった。

黒山会（こくざんかい）
北京の 40 キロ郊外にある宦官の埋葬地のこと。明代に設けられた。

滋幼局（じようきょく）
南宋末、淳祐7年（1247）設立の孤児院。官田500畝が給されていた。

滋幼荘（じようそう）
南宋嘉定10年（1217）、建康府に置かれた孤児院。附属の田地の収益米によって運営された。

恤嫠会（じゅつりかい）
清代天津における寡婦救済施設。

抄化（しょうか）
寄付金の募集を意味する語。元の『通制条格』に見える。

倡捐（しょうえん）
寄付金の首唱者をいう。

焼埋銀（しょうまいぎん）
清代、殺人事件の犯人より被害者の埋葬費を徴収し、被害者の遺族に給付する費用。埋葬銀ともいう。

贖還（しょくかん）
唐宋期に売られた子女を政府によって買い戻し、父母の許へ帰還させることをいう。

青苗法（せいびょうほう）
王安石新法のひとつ、低利融資法。春季の端境期に、常平広恵倉より銭穀を貸与し、秋収期に2割の利息で返却させる法。陝西に始まり、全国に及ぼされた。常平斂散法・常平給斂法・育苗法ともいう。民間の高利貸しを防止するのが狙いであったが、旧法党は貸付が強制され、費用は生活費に回らず、少年を堕落させるのみであるといって猛反対した。

済良所（せいりょうしょ）
清代、各地に置かれた花柳界の婦女を救済する施設。

清修所（せいしゅうしょ）
清代、有識者の創設による、残廃者及び旅行者救済施設。

棲流所（せいりゅうしょ）
清代、順治10年（1653）、京師5城に設けられた外来の困窮者を収容する施設。

全節堂（ぜんせつどう）
清代、地方における民間有識者の寄金によって設立された寡婦節婦の収容施設。同類の組織として清節堂もあり、また敬節会善堂は京師にあるもの。

善会（ぜんかい）
明末清初より、都市を中心に民間有識者が発起し、村落・保甲・宗族等の枠をつき破って創立し、孤児収容を中心に鰥寡孤独の救済を旨とする結社。善堂ともいう。官府の援助を仰がず民間に募金（**捐款**という）し、あるいは田産の収益により、収容施設を建て、主宰者を置き管理を厳しくした。その成果は**徴信録**という会計報告書によって公表されることになっていた。慈善家（**善門**）が寄付金・義捐金を出すことが善挙と称賛される背景には、道教の功過格が広く信仰せられ、地主は城居化して郷村より浮き上がってきたことがあるといわれる。

大善士（だいぜんし）
大慈善家を指す語。善門ともいう。

徴信録（ちょうしんろく）
清代、**善会**・善堂等などの公益事業における1年間の収支決算簿。「信を徴する」ために公開することになっていた。

通財の義（つうざいのぎ）
朋友が互いに財産の有無を融通して助けあう義務をいう。

同善会（どうぜんかい）
明代万暦年間、東林党グループによって無錫において創立された親睦と福祉を目的とする団体。基金は有識者に仰ぎ、福祉の対象は、孝子や節婦次いで養済院に収容されない鰥寡孤独の窮民とし、倫理的に劣る者は対象外とされた。対象者の選定は会員の推薦により、主会あるいは司歳が主宰した。呼称は、孟子の言葉「善きことは人と同（とも）にす」に由来したという。

同善堂（どうぜんどう）
光緒22年（1896）、奉天にて惜字局・棲流所・済良所及び貧民教養所等を併合して設立された救済機関。官紳合営であるが、寄付金を仰ぎ、民国以降は財団法人として運営された。

派攤（はたん）
分担して義捐金の支出に当たること。

悲田院（ひでんいん）
唐代、貧民の収容施設で僧侶が管理したもの。卑田院・病養院・貧子院ともいう。悲田とは、困窮者に恵み、慈悲によって田の収穫のような効果を上げることをいう。のち会昌5年（845）、悲田養病坊と改称し、宋代には福地院と称した。

貧民教養院（ひんみんきょうよういん）
清末に北京城内にて設けられた施設で、自活できない老人や幼児・病人などを収容するもの。また、傍らに瘋人院を付設していた。

貧民習藝所（ひんみんしゅうげいしょ）
善会のひとつで、清末、奉天城内にて設けられた手芸の教習所。13歳から40歳まで300人が定員であった。

普済堂（ふさいどう）
清代に設けられた貧民一般の収容施設のこと。本来独り身の老人や行き倒れの者の救済を旨としたが、後に収容の対象を廃残老疾に広げた。乾隆以降に増加したが、特に大都市を中心として設置された。

福地院（ふくちいん）
宋初、京師におかれた老幼廃疾者の収容施設。『玉海』によれば、東西2院あったという。

福田院（ふくでんいん）
宋代、京師に設けた官営の鰥寡孤独者救済施設。城南・城北にあった。**福田**の意味は、積善により福が齎されるのは、田植えによって収穫が得られるのに例えられるという。徽宗の時に居養院と改称し、1人につき毎日米1升、銭10文、その他を支給した。なお、**居養**とは施設に収容することをいう。

保嬰会（ほえいかい）
清代における慈善団体のひとつで、貧困を原因とする捨て子や児童殺害の防止を目的とした活動を行う組織。保嬰局・保嬰堂ともいう。貧民に子女の養育費を支給するだけではなく、子女を引き取って養育することもあった。

放生会（ほうじょうえ）
生類を放つ儀式。宋代のものは単なる集会にすぎなかったが、明末以降は結社に成長した。念仏に伴うものであったが、次第に放生そのものが目的となった。同善会が人を対象とするのに対し、放生会は物を対象とした。

明心単（めいしんたん）
義捐金の決算書を指す語。

明心榜（めいしんぼう）
寄付者及び義捐者名を書き連ねた掲示板。

蒙養院（もうよういん）
清末に設けられた救済施設で、貧民・孤児を収容し、教育を行うもの。天津の広仁堂が発起人となり、義捐金を募ってこれを建てた。

養済院（ようせいいん）
明代において鰥寡孤独の窮民及び廃残老疾者を収容するため郡県に置かれた国営の施設のこと。元代の孤老院がこのように改称された。収容された人々には月ごとに米3斗・薪30斤が、冬と夏には布1匹が給付され、また小口にはその3分の2が与えられた。

稟仮貧人（りんかひんじん）
困窮者救済に名を借りて悪事を働くこと。

蠟燭寺（ろうそくじ）
明代、軍籍にある**廃残**・**老疾者**を収容する施設。旛竿寺と共にその役割を担ったことが『万暦会典』に見えている。

漏沢園（ろうたくえん）
宋代、元豊以降に設けられた国営の埋葬地のこと。特に貧困のために埋葬できない者など弱者を対象としていた。

②賑恤

賑恤（しんじゅつ）※
荒政としての穀物の**賑給**・**賑貸**の他、様々な救済政策をいう。一般に賑恤・**賑済**と称されるが、穀物・銭銀・布帛・衣類・医薬・薪炭・棺などの提供は、救荒・賑済・賑饑・振済・賙恤・済糧・振施・振救・接済・賙給・賑給・賑護・賑贍・放賑・供億・発粜・啓請・義賑・撫恤等という。**粥廠**は粥を施す屋舎。**冬賑**は冬季の賑済。俵済は、銭物の分配救済。**牌塩**は、清代、鰥寡孤独及び廃疾者に毎日40斤以下の塩の負般許可証を与えること。籌塩・老少塩ともいった。両聯串票は、票の給付。**趁熟**は、よそへ行って食料にあり付くこと。逃荒も同じ。**軍賑**は兵士としての採用。**以工代賑**は、工事への雇用。**正賑**は、被災者に直ちに1か月の食料支給、**加賑**は、45日以内に極貧・次貧区別の上の支給、追賑は追加振済をいう。給復は徭役免除をいい、蠲除・蠲免・逋欠蠲免・災蠲は夫役・両税等の免除をいう。緩徴は租税徴収の猶予。賑済榜文は賑済のお触れ、安輯は官の救済が効果をあげたことをいい、特に官米の賑恤は官賑、官価による払下げは賑糶、食糧・種子・銭銀・牛具等の貸与は、賑貸・給費・貸・貸給・量費ともいう。展賑は賑恤の期限延長。減糶は、常平米の廉価払い下げをいう。それに対して民間の賑恤は**土賑**といい、**勧分**法は、南宋の頃、富家への米の売り出しの勧めをいい、勧糴も同じ。賑捐は民間に寄付を仰ぐこと。賑糶賑済格は、宋代、無官、文武臣の貧民賑済・賑糶者に、額に応じて階官・差遣を与えることをいい、勧借米麦は、明代、商人に米麦を官に納召させることで、竈戸対策であった。富商・

富農が飢饉に際し倉庫を閉ざして米穀を放出しない閉糶も禁止した。

以工代賑（いこうだいしん）
興工あるいは予定工事の早期開催による貧民の雇用をいう。興工代賑・以工代賑・工賑も同じ。財源としての付加税を工賑捐、民間の捐納を工賑捐款という。

捐積監穀（えんせきかんこく）
清代、凶荒の年に、富民の米穀捐納者を国子監生に補し、余米で貧民を賑済することをいう。

勘災（かんさい）
災害時に官を派遣してその状況を調査させること。被害の程度によって分類して対応した。検踏災傷ともいう。

飢饉（ききん）
災害により穀類の実らないことをいい、その程度に応じて大侵・侅・沴気・災沴・荒旱・絶糧等という。潦は長雨・溜り水。不楼捜は、東北地方の方言で食料不足をいう。

救荒（きゅうこう）
いわゆる**荒政**のこと。事前と事後からなり、事前は備蓄をいい、事後は様々な賑済・賑恤策をいう。『周礼』には荒政の策として、散利（種食の貸与）・薄征（租税の軽減）・緩刑・弛力（力役の軽減）・舎禁（山沢の禁を解く）・去幾（関市の税を去る）・眚礼（吉礼の略式化）・殺哀（凶礼の簡略化）・蕃楽（楽器の閉蔵）・多昏（婚礼の勧め）・索鬼神（廃祠）・除盗賊などが挙げられている。

籌賑局（ちゅうしんきょく）
清代、荒政事務を取り扱う官庁のこと。

難民（なんみん）
旱魃水災等の天災、あるいは戦争等の人災で、故郷からの離脱を余儀なくされた人々をいう。

飯廠（はんしょう）
明代以降、粥を振る舞う施設。粥廠ともいう。飢饉の際または冬季に実施し、それを煮粥・振粥・放粥等といった。

放賑底冊（ほうしんていさつ）
清代、放賑の正確さを期して各地からの報告書を纏めた台帳のことで、後の査察に備えるためのもの。

流民図（りゅうみんず）
宋代、煕寧6年（1073）7月から7年（1074）3月までの旱災による惨状を鄭俠が描いた図。王安石の新法に対する非難が込められていた。

③予備倉

予備倉（よびそう）※
明初、穀価調節と備荒貯蓄のため各県に建てられた倉庫。山東地方で民間の老人倉を発展させたものが全国に及ぼされた。当初、里老人の主宰の下、耆老・大戸も協力し、糶糴・借貸・賑給の役割を果たしたが、次第に儲積の額が州県官の功過の判定材料とされ、官治の色彩を濃くすると、歓迎されないものに一変する。したがって明末に、社倉・常平倉を設置せざるを得なかった。

義米（ぎべい）
義倉米のことで、正税に付随して徴収される。義糧ともいう。宋代には1斗あたりに5合の米が飢饉対策として徴収された。

広恵倉（こうけいそう）
五代・宋に設けられた救荒対策の予備倉。戸絶田の収穫物等を財源として州県に置いたが、王安石変法の際、官田は売却されて青苗法の財源となり、常平広恵倉といわれ、常平倉と変わらないものとなった。その後、旧法党の政権下、及び南宋にて復活したが、その役割に見るべきものはなかった。

常平倉（じょうへいそう）
穀価安定を狙い、穀物の糶糴を行う倉庫。戦国時代、魏の李悝が糶糴法を設け、豊凶を大中小の33段に分け、それぞれの段階で買収と売り出しの額を定めて在庫を維持せんとしたのが始めといわれている。前漢宣帝の時、耿寿昌の建議を入れて、常平倉を築き、穀価の調節を狙いとして、穀物の安価な時に買い上げ、高価な時に売り出すための倉庫とした。隋の石頭津倉も常平倉であった。宋代は、淳化3年（992）の京師の大豊作の際の買い入れに始まり、各州も上供銭の一部を保留して糴本となした。その後、酒坊買撲の浄利銭を糴本とする一方、広恵倉・青苗法の財源ともなり、穀価の安定（平糴）のためではなく、賑救対策に用いられることが多かった。明代は、救荒施設としての予備倉が官倉の色彩を強め、民間に社倉が期待された万暦年間、社倉と連動するものとして設けられ、清代にも平糶と賑済を兼ねる形で存続した。

常豊倉（じょうほうそう）
清代、山西省朔平府に置かれた軍糧貯蔵倉のこと。

儲積（ちょせき）
義倉・社倉等を置く、備荒のための貯蓄をいう。宋代においては穀価調節と備荒貯蓄のための倉庫、常平倉・義倉・社倉をいう。

都司倉（としそう）
敦煌における官営の穀物倉庫のこと。寺戸が利用した。寺院倉庫との見方もある。

備安庫（びあんこ）
凶年に備えるための貯蔵庫で、南宋の辛棄疾が知福州の職にある際に築いたもの。

平糴倉（へいてきそう）
南宋末、米価安定策として臨安に設けられ倉庫のこと。平糶倉ともいう。

豊儲倉（ほうちょそう）
南宋初めに南京・鎮江・四川等に置かれた救荒対策の倉庫のこと。

臨清倉（りんせいそう）
明代嘉靖以降に利用された救荒対策の倉庫のこと。同様の倉庫に徳州倉もある。これらは本来、漕運用の倉庫であったが、その役割は兌運法・改兌法の施行に従って失われ、直隷・山東・河南・山西・陝西における災害対策の倉庫に変じた。

6　結社

①総記

結社（けっしゃ）※
結社という言葉は中国史では馴染みが薄い。ともすると秘密結社のごとき政治色の強い繋がりを想い起すであろう。しかしながら歴史的な過程を経て、中国では人的結合を重んじる気風を結義と称して早くから形成し、様々な結合体を生み、そのもとで人々の生活は成り立ってきた。郷村・都市における相互の親睦を旨とし、社会的あるいは経済的な相互援助を目指す初歩的結合体、あるいは商業・交通業者の結束した活動、あるいは技師・官吏養成のための教化組織、それらは民間に自主的に生まれる場合が多く、行政はそれを追認してきたと考えられる。ところが民間に生まれたさまざまな慣習上の結合体、一般に社・行・幇等といわれるものは、必ずしも生の史料としては伝えられず、我々は行政的な統治のための組織としてのみ知らされる。したがって上記のような民間に生まれた慣習法を知るためには、食貨志のような歴史編纂官の手になる資料よりは、遺跡・遺物による調査が重要性を持ってくる。しかしながらその調査と共に、編纂物の中にある断片的で微細な情報をも掴んでおくことが求められよう。宗教色を前面に出した政治的に華々しい結社ではなく、社会の基底にある様々な結合体を明らかにすることは容易ではない。資料が生の姿で残らないということもあり、民間の結社については、20世紀に入りようやく欧米諸国あるいは日本によって遺物についての実態調査がなされ、それが文献上の検索を促した。したがって、結社についての研究は今なおその途上にあるともいえよう。

夥井（かせい）
灌漑用の共同の井戸。『中国農村慣行調査』によれば寺北柴村では、2、3軒あるいは数十軒が耕地面積に応じて出資して掘鑿に当たり、その後は各自が自由に使用できた。井戸付きの耕地は当然値が上がって井地・平地といわれ、他の井戸を借用できる耕地は借井地といい、井戸の使用できない耕地は下地・白地といわれた。

合作（ごうさく［がっさく］）
農作業等における共同作業、すなわち通力合作をいう。井田法は通力合作の事例として伝えられ、宋元期の弓箭社・鋤社の存在はその習俗の民間への広がりを想起させる。『中国農村慣行調査』からは村落における様々な互助組織の存在が知られるが、塔套や揷套（以上、人力・畜力・農具の互助）・猪会（3、4戸が合本により豚を飼い、肉を分けること）・合夥・合伙（以上、共同小作あるいは家畜の合作）・換工・幇忙・幇工（以上、各種作業の幇助）・夥地・伙地・伙分糧（以上、分家後の合同耕作）などはそうした組織の一例である。

②社

社（しゃ）※
社の指し示すところは古来より広く、地域の標識としての樹木（社樹ともいう）・土地神（社稷の社。稷は穀物の神）やその祭壇（社壇ともいう）・祭礼の日（社日ともいう）・25家程度の集落等さまざまな意味がある。後世、祭祀・行政上に継承され、隋代には、25家を1社とし社倉を置き義倉といったが、のち国営倉庫の県倉・郡倉に変質し、宋代と明代、新たに民間に社倉を成立させなければならなくなる。唐は1里100家ごとに官社としての里社を建てさせ、国家祭祀の分祀の意味をもたせた。一方、民間には葬儀等援助のための私社が存在し、**義邑**・**法社**という仏教信仰団体も南北朝時代から生まれていた。遼にも社制が行われ、25家を1社とし掌管するところは**社司**といった。唐から宋にかけての敦煌でもほぼ同じ形の組織が見られた。宋代、王安石の保馬法では、4、5等戸10家を1社とし、戸ごとに馬1、2匹を飼わせた。また北方民族との対抗上、軍事的な**弓箭社**を設け辺境における防衛組織とした。南宋では社倉が新たに設けられた。元代の社制においては社規を設け、行政組織として50家1社制を施行したが、元来、民間の勧農・互助組織を狙いとし、**社長**（社長人ともいう）・社巷長（都市部の社の長）は、社衆の推挙によっていた。しかし次第に役法と同じく国の管理が強まった。明代、唐と同じく里社（トップを社長・社祝という）を建てさせ、国家祭祀を分祀させた。**郷約**の施行に際しては、寺観の旧基等に郷約所を建て、その西に社倉、東に社塾を建てた。北直隷では新入り開墾の民を屯民、その村落を屯と称したのに対し、土着の民を社民、その村落を社といった。また、同じく北直隷と山東においては社がそのまま里甲の里とされており、河南の保という行政区轄も同様であった。同じ北直隷の保定府の一条鞭法では、社内では田糧多き者を社頭・社副とし、1社・里10甲の銭糧を掌らせた。

義社（ぎしゃ）

義社は義邑と同じ意味でも使われるが、軍事的結社を指す場合もあり、民社・巡社・強壮などはこれに類する。もともと社の結成に当たっては地域防衛の側面もあって、社には尚武の気風が備わっていた。そのため社会の統治に携わる国家との間には摩擦が生じ、義社の禁止と容認がしばしば繰り返される。宋初に藩鎮抑制政策の下で義社も禁絶される一方で、北方民族との対抗上から弓箭社のような軍事的組織は存続を容認され、また保甲法を実施してその武力の吸収を図ったものの必ずしも成功せず、金の南下の際に各地で結成された義社が対金妥協政策の煽りを受けて弾圧の対象とされたことは、義社と国家の間の軋轢を示すものといえる。ただ、私財を投ずる結社、特に義社のごときは、往々強固な組織を維持するために地下に潜って存続が図られた。

義倉（ぎそう）

隋代の文帝開皇5年（585）、度支尚書長孫平の奏請により、社ごとに置かれた振給振貸対策の倉。社倉ともいう。上中下3等の税に準じて、上戸1石・中戸7斗・下戸4斗の義倉米の地税を出させ、社に管理させたが、宋代になると州県市鎮に建てられ、州県官の管理下に置かれるようになり、その性格が変わった。そこで南宋になり民間の社倉が出現することになる。

義邑（ぎゆう）

南北朝から唐にかけて華北で設けられた、民間の仏教信仰団体をいう。同類の組織として法社があり、これは華南において見られる。華北の義邑は、邑会ともいい、30～40人あるいは1郷1村全体が加わり、月1回、斎会を持ち、邑師の講話を聴く団体であった。華南の法社は、寺院を中心とした仏教信仰団体で、やはり月1回集まり社僧の説教を聞く会であった。社僧の存在は、慧遠の白蓮社の流れをくむ、浄土教の念仏結社及びその系統の結社でも同じであった。

弓箭社（きゅうせんしゃ）

宋代河北・京東等の路に組織された郷兵集団。社頭・社副・禄事等の下、兵馬を自備し、辺境の不虞の事態に備えた。

社会（しゃかい）

社会とは、元来、春・秋の二社、すなわち春に豊作を祈り、秋に収穫を感謝する社日の祭礼の催しを意味した。漢代、地方官は、民間に普及した社会を利用し統治の手段としたが、民間の社会は独自に発展を遂げている。南北朝における義邑という仏教結社の形成に影響を受けて、社会も唐代に仏教の風習を取り入れるようになり、社日の内容を豊富にしたのはその一例である。宋では社祭が仏教寺院で行われる一方、道教との繋がりもでき、社祭は道士に主宰され、道仏の祭礼の色彩を濃くした。これに加えて社会は商業ギルドの活動の一環として商取引の場となったこともあって、江南では社交の会や技芸の組合など民間における各種集会から政治的な結社に至るまで多様な側面を包含するようになり、またそれらの場が都鄙を問うことなく見られたため、古い時代と比べると社会の語義は大きく拡大している。この他にも太学生には茶会があって路ごとに郷里の消息を知らせあい、胥吏や軍人にも社会があって相互の結束を強める場であったが、こうした多様化の動きもあって宋代以降の社会は政治・経済・軍事及び文化全般に及ぶ結社を意味するようになり、多大なる影響力を有する組織に変じている。元代以降もこうした傾向は引き継がれ、社会はあらゆる分野に結成される。元代では、文人の集会である月泉吟社に数千人の参加があり、演劇集団の書会はその構成員に様々な階層を包含していた。明から清にかけては、政治・経済の分野で結社の動きが活発化し、東林党とそれを受けた復社の活動は政治を動かし、客商の隆盛は会館を建設するに至った。一方、郷村では様々な宗教結社が祭祀共同体を結成し、各地で秘密結社が澎湃として興ってきた。

社学（しゃがく）

明初の洪武8年（1375）、村落内に設けられた50家単位の教化施設。のちに運営は官より民へ移され、里ごとに1ヶ所置かれることになった。

社条（しゃじょう）

唐末から宋初にかけて作製された社邑の規約。立社条約あるいは立社条件（規約の箇条書き）として社司・渠人・行人・兄弟社転帖、計会文書などと共に敦煌文書に見られる。規約の中では作成年月日や罰則規定と共に社長・録事・社人の名前を挙げられ、主に春秋二社の祭礼や社人の冠婚葬祭に関する供物などについて取り決めがなされている。また、社条の中には女性や少数民族のものも見られる。

社制（しゃせい）

元代、50家を1社とする勧農組織、勧農社創立に関する制。至元7年（1270）、社規を定め、全国に社を創立し、社衆（社の農民）が心服し、年高で農事に通暁するものを社長とし、水利の開発、灌漑施設の共同建設に当て、年末に農桑文冊（農桑官帳ともいう）を提出して、農事の成果を州県官に報告させた。公権力の介入は極力避けることが狙いであったが、次第に社長は、役法の里正・主首の役を負わされ、自主性を喪失していった。なお、『中国農村慣行調査』によれば、民国元年まで社制が生きていたという。

社倉（しゃそう）

隋代以降、郷村に建てられた振貸目的の穀物倉庫をいう。隋の義倉はその後変質して官営となったので、南宋の朱子は、乾道4年（1168）の飢饉に際し、富豪および官米を借り受けて救荒備蓄米として効果を上げ、その後6万貫の資本により、建寧府開耀郷に社倉3倉を建てた。その後も、婺州・越州・鎮江・建昌州・袁州・潭州にも置くようになる。その設置は、地域において要請のあることを条件とし、米は常平倉あるいは富民より借り受け、永続性を狙いとして貸出米には2割の利子を徴収し、その利子の米が原本の10倍に達した段階で返済することとした。運営に当たっては自主性を旨とし、県官の指導は受けるものの、土着あるいは寄居の官員・士人の主導の下に置かれていた。以上の朱子の社倉法は、後世にあっても荒政の模範とされ、明清期にも継承されるが、南宋においてはなかなか理想通りにはいかず、社倉米は横領されることが多かったという。

十家牌法（じゅっかはいほう）

明の王陽明の創設した自警のための組織、すなわち郷約の法。10家を編成して1牌とし、家ごとの籍貫・姓名・年貌・行業等を書き並ばせた牌によって順番に査察させ、県では牌をもとに冊子すなわち牌冊を保管し、査察に備えた。この編成方法は清の保甲法に受け継がれ、牌冊も作られた。

鋤社（じょしゃ）

元代、農作業における一種の共同作業の制。鋤は農具のスキを指す語であるが、助の意味もある。元・王禎の『農書』によれば北方の村落では10戸で鋤社を結成し、各戸の耕地を共同で順次耕作することで豊作が得られ、南方でも農作業において相互扶助の風習が見られたという。この風習は通力合作の一種として、宋代の軍事組織である弓箭社としばしば併称される。

総催（そうさい）

清末、民間の納税組合。納税者間に設立された協図・義図の下、毎年順番に1甲（1部落）を総催とし、甲内の有力者を取り締まりに当て、現年と呼び、地税徴収に当たらせた。

村公会（そんこうかい）

民国時代の村役場内にあってあらゆる事務を処理する機関。村公所ともいう。村公会の長たる村長は，同時に県より副郷長に任命せられ、さらに保長・校長・新民会常務員・愛護村長等を兼任し、また村公会の役員たる会首も甲長・新民会等の任にあり、それに絡む上部より下された税金・力役徴収の事務、その他の村内の公的事務、たとえば、村費の取立・支出・作物の見張等の公事もすべて村公会に集中されて処理された。

団（だん）

団とは関係者を束ねること、すなわち組合あるいは結社を意味する。古来、行政上、民戸や軍人を組織する際に用いられてきた。唐の府兵制下の兵士300人を1団といい、五代後周の郷村の行政区画は100戸ごとに団を置いたように、団貌・団併も同じく郷村の編成を意味した。また敦煌の貸借文書に見られる団保は、数戸以上によって構成された組織で相互に告発する義務を負わせ、後世の保甲法と同じ治安維持のための最小単位であった。そのトップが団頭で、吐魯番文書の保頭及び宋の保甲制度の甲頭に類する。北宋の弓手・強壮25人もそれぞれ団といい、団行という場合は、官司が商人を行役にあてるために築いた組織で、行も団と同じく同業者の組合、すなわち行会（ギルド）を意味する。清代の民団・土団は、郷兵・民壮と同じ自衛団をいう。また治水工事あるいは管理にも団を組織し、宋代の団長は、堰長・堰首・田戸（監当）・甲頭と同じく水利の管理者、団頭は黄河河夫の長であり、清代江蘇の海塘（防潮堤）の団董は、総董の下、海塘を7団に分け、各団50丈ごとに1人ずつ置かれたもので、100人に及ぶ団董は、工事人夫の統率、手当の支給に当たった。

農業生産合作社
（のうぎょうせいさんがっさくしゃ）

中華人民共和国成立後、農業の集団化運動を促進する組織。1952年には644社（1社平均13.5戸）であったが、1956年には75万6,000戸（155.9戸）に膨れ上がり、全農家の96%、全耕地の90%以上を包含した。この年は合作社の高級化運動が進められ、1958年には人民公社設立運動に発展する。

白蓮社（びゃくれんしゃ）
東晋、慧遠の創立した念仏結社をいう。弥勒下生信仰と結びつき、南宋に至って白蓮宗と称し、元末には紅巾の乱の母体となった。

③行

行（こう）
行とは元来、道路あるいは商店街・行列を意味したが、唐までは、その街は同業者で構成されていたから、商人の同業組合の意味も併せ持つようになり、行業あるいは行会・商会・商綱・団行・商団ともいわれ、共同の利益を擁護する機関であった。そのトップが行頭・行老・行首・商董であり、その調停作業を調処、組合規約を行規という。違反者は組合員を招待して酒宴を催し、観劇（看戯・聴戯という）に招待する義務（罰戯）を負った。組合員を行人・行戸・行舗といい、組合費を行例、行会が決定した公定相場を公盤といった。

会館（かいかん）
他郷にある同郷出身者が同郷の情誼を厚くし、郷土の利益を守ることを目的として組織した団体及びその集会所をいう。明代、北京に遷都してから、同郷の会試受験者や商人の宿泊施設あるいは貨物を預かる場所として発足したものであるが、同郷の情誼を図るのみにとどまらず、営業上の利益を守るための活動に従事する場合や故郷に帰還できない同郷者のために共同墓地及び納棺所を設ける場合もあった。往々にして会館公所と連用され、両者は同一視されることもあるが、会館が明代半ばに始まって同郷団体的色彩が濃いのに対し、**公所**はそれよりやや遅れて清代に現れる。また、会館は工商同業団体を指すことも多い。もともと同郷者の同業組合としての性格も強く、北京の顔料会館（山西平遥県の顔料取り扱い業者の組織）や河東煙行会館（山西稷山・絳・聞喜3県の煙草商人の組織）・正乙祠（紹興出身銭荘業者の組織）などはそうした会館の一例である。無論、土着の商工業者（本幇）も同様に会館を持つが、外来者は本幇に対抗するため、出身地の縁で結束して会館を設けたので、これが目立つこととなる。また、清代に繁栄した都市では、有力な同郷会館あるいは有力業種の会館が相互に結束して大行（総合ギルド）を形成し、その都市の公共事業を執行した。漢口の上八行や台南の三郊などはそうした大行の例をなすものである。なお、会館の中には徽州の紫陽書院のように書院とか寺廟の名を付けるものもあった。

会館広告〈かいかんこうこく〉
会館の広告は、清末の北京図「詳校首善全図」あるいは「詳細帝京輿図」に各省会館基址として掲載され、その後、踏襲されるが、386に及ぶ北京の会館名とその所在地は、李虹若『朝市叢載』巻3の記載をそのまま載せたものである。ただ2種の北京図は共に日本製の疑いが濃い。

公所（こうしょ）
清代、民間商工業者の同業組合をいう。会館に類似するので会館公所ともいわれるが、会館の同郷性を脱却し、同業者としての結束を強めようというのが公所で、清代になって各地に作られるようになるが、実質は公所であっても、会館の名称を踏襲する場合が多い。例えば、北京にあった薬行会館（嘉慶22年（1817）の建設）は会館を称しているが、実際には特定地方の商人を超えて、坐賈・客商・牙人を包含した薬種商人の組合である。公所は民国18年（1929）になって、工商同業公会と改められた。

行会（こうかい）
宋代以降、商人の同業組合をいう。行業ともいう。ヨーロッパのギルドに類するものであるが、ヨーロッパのように結束を固め、都市行政に関与するまでには至らなかった。ただ**行役**を負担し、共同の利益を擁護する機関であった。後世の会館・公所もギルドに類するものである。ただ行会との違いは、唐宋の行会構成員の主体が、同業の土着商人、すなわち本幇・坐賈であることは想定されるが、そこに外来商人が関与するのか否か不明なのに対し、会館の方は、外来商人すなわち客幇・客商の長期在住者が主体であり、同郷団体の色彩の強いことに求められる。行会の同業団体という点のみ見れば、行会に近いのが、同業組合の色彩の強い公所である。宋代の客商については必ずしも明らかでなく今後の研究課題であるが、客商自身の団体は各地に見られ、杭州の呉山の富豪は外来者が多く、その地域は客山と称せられ、徽州人・四川人の祠廟が数多く存在した。ただ会館・公所のごとき建物の存在が確認されていないので、会館・公所の始まりは明代、16世紀以降であろうといわれている。しかしながら会館という建物の存在は、まず同郷の科挙受験生及び商人を収容するためのものであったから、大量の受験生あるいは商人収容の必要性のない場合は、会館以外の名称を持つ施設、すなわち寺・廟・宮・堂・書屋・書院・社をその集会場所としていた。したがって、問題は行会の集会の仕方及びその主体は本幇なのか客幇なのか、その場所はいかなる所を利用したのかということになり、今後その方向の研究が進められることが期待される。

郊（こう）
清代の厦門・台湾において、商人団体ないし同業組合を意味する独特の用語である。元来、王城100里までを郊といい、その外を野といい、また郊外における天地の祭祀をも郊というが、厦門・台湾においては幇・会館・公所と同じような意味で郊の文字が使われてきた。

十途郊（じゅうとこう）
清代、厦門における10の同業組合（郊）の総称。洋郊（外国との取引に当たるもの）・北郊（内地との取引）・匹頭郊（綢緞の取引）・茶郊（茶貿易）・泉郊（泉州出身者）・紙郊（紙類の取引）・薬郊（薬剤の取引）・碗郊（陶磁器の取り扱い）・広郊（広東の貨物）・綿紗郊（綿糸布輸入業者）をいう。また、厦門には台湾笨港に航する笨郊、福州に航する福郊等があった。

台南三郊（たいなんさんこう）
清代、台湾台南にあった北郊・南郊・港郊の総称であり、郊は商人団体をいう。台南の北郊が上海・天津・牛荘等と通商したように郊ごとに活動地域は異なっており、他にも淡水の北郊は福州・江蘇・浙江、南郊は華南各地、港郊は台湾各港と通商していた。また、彰化や淡水では泉郊・厦郊が存したが、同様に泉郊は泉州と、厦郊は厦門と通商する団体をいう。

八旗会館（はっきかいかん）
漢満八旗人の会館。相互に情誼を厚くし、会員子弟のための学堂を建て、紛争を調停し、棺は郷里へ回送した。

文昌会館（ぶんしょうかいかん）
北京の書籍商の会館。瑠璃廠沙土園口内路西に文昌帝君を祀り、時に観劇しつつ会食するのみで、営業上の協力には及ばなかったという。

7　宗教・俗信

①国家祭祀

国家祭祀〈こっかさいし〉※
国家祭祀とは、朝廷や中央・地方の役所が主宰して挙行する祭祀であり、**聖節**（皇帝の誕生日）・**祝聖**（皇帝の長寿）・**国忌**（皇帝の忌日）・祈雨（雨乞い）等さまざまな儀式が行われた。こうしたセレモニーはだいたい1ヶ月前から準備をし、まず**道場**を開設し（**啓建**）、祭祀・法会が終了すると道場は撤収された（**満散**）。こうした折に、国中の名山・五岳・瀆川・祀廟・宮観・寺院などのあらゆる神々が動員され、祈祷が行われた。このうち地方における末端の祀廟においても、霊験あらたかなものは正祀として**祀典**（国家が公認した祭祀の典範）に登録され、地方官の上奏によって朝廷より**封号**（—侯・—公・—王といった神々の爵位）や**廟額**（皇帝による勅額の賜与）があたえられ手厚い保護をうけた。しかし、ひとたび淫祀と判断されると徹底的に取り締まられ廃棄された。

淫祠（いんし）
国家の基準に合わないとされる宗教施設。淫祀とも書く。ただ、淫祀は祭祀で、淫祠の方は祭祀施設であるが、両者が混同して使われ、必ずしも厳密に使い分けられているわけではない。国家が正式な宗教施設（正祠）でないとする基準は、大まかにいえば、正統とされる儒教の教説上認められない神や信仰の場合、及び祭祀を行う者が身分上ふさわしくない場合などであろう。例えば、天を祭ったり、牛を犠牲（大牢）として捧げるのは皇帝だけの特権で、他の者には許されない。それを犯す祭りは淫祀で、祭の場所は淫祠であり、禁圧を受ける事になる。ただ、正祠と淫祠との間に、厳密に境界線を引くのは困難で、判断はその時々の国家側の都合による事が多い。

感生帝（かんせいてい）
古代中国の帝王の先祖が、その精を受けて誕生したという、天上の太微宮内の五帝。感生・感帝ともいう。その説は、概ね漢代の緯書に基づく。五行説により、東方の木帝を霊威仰、西方の金帝を白招拒、北方の水帝を葉光紀、南方の火帝を赤熛奴、中央の土帝を含枢紐といい、総称して五方上帝という。歴代の王朝では、それぞれ五行の徳のいずれかを受けたとされ、それに応じた感生帝を有していた。例えば、唐は土徳を受けたので、土帝含枢紐を感生帝とし、宋では火徳を受けて火帝赤熛奴を感生帝とした。

柩前即位（きゅうぜんそくい）
中国皇帝の即位儀礼。前漢までは、皇帝の即位式は先帝の埋葬後、祖霊の祀られた宗廟で行われていた。これを宗廟即位という。やがて後漢以降になると、先帝の死亡当日に、先帝の柩の前で即位式を行う、いわゆる即日即位・柩前即位が一般的になった。この柩前即位の後、新帝は宗廟に謁する謁廟の礼を行い、先祖に報告した後、先帝の埋葬を行う。この柩前即位では、御璽と任命書（冊書）の授受が中心であった。唐以後、即位の際の謁廟は、ほとんど行われなくなる。

五岳（ごがく）
中国の五大名山の総称。東岳泰山（山東）・南岳衡山（湖南）・西岳華山（陝西）・北岳恒山（山西）・中岳嵩山（河南）をいう。五嶽とも書く。中国では古くから各地の名山を崇拝して祀っていたが、戦国以降、五行思想の影響を受けて、五山の観念が生まれたとされている。国家による五岳の祭祀は、前漢の武帝・宣帝の時代から始まる。当初は、南岳は霍山（安徽）であったが、隋になって湖南の衡山に移された。また、北岳も明になって河北の恒山から、山西の恒山に代わった。歴代王朝により、毎年盛大な国家祭祀が行われ、山中には至るところに寺院や道観が建てられている。

郊祀（こうし）

天子が国都の郊外で天地を祭る国家祭祀。儒教が主要なイデオロギーとなった前漢には、国家祭祀に対して、経書に基づいてさまざまな試行錯誤が行われたが、最終的には、王莽によって郊祀という形で体系づけられた。『周礼』の、天を南郊に祭り、地を北郊に祭るという記事が根拠とされる。以後、歴代王朝では、天地をそれぞれ南北に分祭するものと、天地を一緒に合祭するものがある。ただ、南郊祀に比べれば北郊祀は軽視され、合祭する場合は、必ず南郊で行われるので、郊祀を南郊ともいう。なお、南郊で天を祭る時には円丘の天壇で、北郊で地を祭る時には方形の地壇で行われた。陰陽説によれば、天は冬至の日に、地は夏至の日に祭られるべきであるが、実際には様々である。宋になると、3年に1度、冬至の日に南郊（または9月に明堂）で行われるのが恒例となった。清では、南北分祭の形式をとり、冬至に天壇で天を、夏至に北郊で地を祀っている。この清朝の天壇が北京の外城永定門外に、地壇が安定門外に現存する。

釈疏（しゃくそ）

国家祭祀のレベルでは、中央・地方の官僚たちにはさまざまな祈祷が要請されていた。祈祷の対象も祠廟・寺観・五岳等雑多である。またその際にはそれぞれの願文を奉じた。**青詞**は道教の斎醮時に用いられる文章であり、青藤紙に朱字で書きこんだことから青詞と呼ばれた。釈疏（あるいは疏語）は慶節時の寺院における道場満散の際などに奉じられた文章であり、青詞と同じような性格を有していた。道場疏・功徳疏・追薦疏など多岐にわたる。**祝文**は明堂・太廟等の儒教の儀礼に奉じられた文章である。もちろん青詞・疏語（釈疏）・祝文がそれぞれ厳密に道教・仏教・儒教に対応するのではなく、混在して使用される場合もあった。こうした文章は通常は官僚が作成し、後世の文集などにその内容が残されている。一方、寺院においても祈祷時における疏語のマニュアルがあった。『勅修百丈清規』巻上、報恩章、**祈祷**の項には、祈祷の際の祭式・法会方法が明記され、⑴祈晴・⑵祈雨・⑶祈雪・⑷遣蝗・⑸日触の5項目の**道場満散**の疏語が列記されている。

釈奠（せきてん）

孔子を祀る国家儀礼。しゃくてん・さくてんとも読む。また、儒祭・孔子祭ともいう。なお、釈采は、略式の釈奠。釈も奠も、置くという意味で、犠牲や酒を神前に供えること。古代の大学で昔の聖人（先聖）や亡くなった先生（先師）を祀ることは、『礼記』に見えているが、実際に孔子を祀るようになったのは、三国・魏の時代からである。以後、天子自らあるいは高官を代理として、孔子を祀る儀式が、中華民国まで行われていた。

藉田（せきでん）

天子が自ら田を耕す農耕儀礼。籍田ともいう。『礼記』などに記されているが、実際には前漢の文帝の時代に始まる。天子が自ら田を耕し、皇后が桑の葉を摘み蚕を飼う（親蚕あるいは親桑という）、勧農と豊穣を祈願する農耕儀礼である。

宗廟（そうびょう）

先祖の位牌（木主・神主）を祀る建物。天子の場合は宗廟（または太廟）といい、それ以下の階級は家廟という。その起源は殷周時代に遡り、都城建設の場合にも、真っ先に宗廟を建設すると言われる程、重要視されていた。位牌を安置する廟と、衣冠などの生前の調度品を収める寝からなる。また宗廟は、王室の始祖の位牌を安置する太祖廟（太廟ともいう）と、その子孫の位牌を安置する昭・穆廟に分けられる。昭・穆廟は、第2代目以降、第2・4・6代を昭、第3・5・7代を穆に分類するものである。そして、太祖廟を北に建て、東に昭廟の列を、西に穆廟の列を、南方向に配列する。なお、天子は七廟、諸侯は五廟とされているように、天子は七廟が原則であった。このため、7代以上の長期王朝の場合は、太祖以外の世代が遠い順に、順次その位牌を太祖廟内の東西の夾室に、それぞれ昭を東に穆を西に移す。これを祧という。以上は、経書にみえる宗廟であるが、時代によって異なる。前漢時代には、各皇帝の廟は、別々に建てられていた。後漢になると、太廟制が出現して、初代の光武帝の廟（太廟）のみが建てられ、その中を仕切って、初代の部屋を中心に、2代目以降の部屋が、東西に昭・穆順に配列されるようになり、以後それが踏襲されることとなった。さらに宋代には、祧された位牌を安置する祧廟が、宗廟の外の西側に設けられるようになった。また宗廟の祭祀には、毎年正月・4月・7月・10月と年末（臘日）に実施される時祭と、3年に一度10月に行われる祫祭、5年に一度の禘祭とがある。これも後漢に始まる。

大祀・中祀・小祀（だいし・ちゅうし・しょうし）

国家祭祀のランク。この区分は隋代に始まったという。大祀は、天地系統の諸神と、皇帝の先祖の位牌を祀る宗廟の祀りをいう。この天地系統の諸神とは、天の至上神である昊天上帝と天の五方（東西南北と中央。感生帝ともいう）に配せられた五方上帝等の諸神と、天の昊天上帝に対応する地神・皇地祇及び全国（九州）の地神・神州地祇の祀りを指す。この大祀は、皇帝が祭を直接執行する最高ランクの祭祀である。中祀は、日月星辰や山嶽（嶽鎮）・海大河（海涜）・土地穀物（社稷）等の神、及び孔子（孔宣父）等を祀る、中級ランクの祭祀。この中祀の大半は皇帝親祭であるが、孔宣父等は、役人を派遣して代行させた。小祀は、風の神（風師）・雨の神（雨師）・農業を司る星（霊星。天田星ともいう）等を祀る、下級ランクの祭祀。この小祀には、役人を派遣して代行させた。

道場（どうじょう）

道場には諸種の使い方があって、仏道の修行場や宮廷内の祭祀空間（**内道場**）・仏寺・法会・世俗における祭神の建物などを称する。ただ国家祭祀において、たとえば**御前道場**と言えば、国家祭祀をになう中央・地方の宮観・寺院をいい、道場起建といえば、国家祭祀を挙行する法会を開くことである。整理すれば、国家祭祀の法会を開催する**起建**（＝**啓建**・**開建**・**開啓**）道場、国家祭祀の法会を終了する**満散**道場、国家祭祀の法会を開催・終了する**啓散**（＝**建散**）道場、という組み合わせがみられる。さらに、その祈祷する内容を間にはさみ啓建金剛無量寿（経）道場・啓建祈晴道場・啓建祈雨道場・啓建祝聖道場・建散聖節道場などとも使われる。

封禅（ほうぜん）

政治上の成功を収めた天子が、泰山で天に報告する国家祭祀。山東省・泰山の山頂で土盛りをして天を祀ることを封といい、山麓の梁父（または、汾陰）で地を清めて祀るのを禅という。この封禅説は、戦国時代に山東の方士たちによって提唱されたもののようである。泰山は古来、鬼神が集まる山とされていたから、この山頂で鬼神と交わり不死を求めるのが、本来の目的だったと思われる。歴史上最初に封禅を行った秦の始皇帝や、2番目に封禅を行った前漢の武帝などは、いずれも不死を願う神仙説の熱心な信者であったからである。その後も、後漢の光武帝、唐の高宗・玄宗、宋の真宗などによって、莫大な費用をかけて封禅が行われた。

明堂（めいどう）

周の天子が祭祀や政治を行ったとされる建物で、王道政治が行なわれるべき場所。ただ、文献の記載は、位置・構造などが様々であり、諸説紛々たる状態である。前漢の武帝が再建した際には、黄帝の「明堂図」なるものに基づいて建設されたという。前漢末には、王莽が明堂・辟雍・霊台を建設した。この3者（三雍）が、1つの建物なのか、別々の建物かについて、意見が分かれている。後漢には、この王莽の説に基づいて明堂が建てられ、主に五帝が祀られている。

②仏教

仏教（ぶっきょう）※

仏教はインドにおいて仏陀により創唱された宗教である。したがって中国仏教は内発的に創唱された宗教ではなく外来宗教である。仏教伝来時期については諸説あるが、後漢時代1世紀頃の記録が史実として認められる。当初の仏教は、不老不死や招福の神としての対象であった。インドからの伝播経路はシルクロード南道・北道を中心とする陸路、ジャワ・ベトナムより広州に至る南方の海路の二つがあった。中国仏教は主に『般若経』・『法華経』といった大乗系仏教を受容したが、小乗系の仏教も流入した。サンスクリット語仏典も西域僧等によって次々と漢訳されていった。漢訳『法華経』に見られるように、竺法護訳『正法華経』（西晋286年）・鳩摩羅什訳『妙法蓮華経』（後秦406年）・闍那崛多等訳『添品妙法蓮華経』（隋601年）と、幾度も翻訳される仏典もある。唐・玄奘の精緻な逐語訳の翻訳（**新訳**）にいたり、翻経も完成度を高めた。こうした諸経典も未整理のまま伝わり、相互に矛盾もあったので、南北朝時代になると他の大乗経典との関係や優劣、諸経典の価値判断が求められ**教相判釈**が生まれた。経典に関しては、『父母恩重経』等中国人撰述によるものもみられ、日本へも伝わった。**経録**（仏典目録）では、翻訳経典を**真経**と呼び、中国撰述経典を**偽経**と呼ぶ。このほか中国仏教ではインド仏教とは異質の戒律が展開された。戒律とは僧侶集団における個人・教団の規範である。中国仏教教団で行われる治罰の方法に、本来の戒律にはない笞杖等の世俗の刑罰が取り入れられ、とくに敦煌教団は世俗と変わらない治罰方法が用いられた。これを「戒律の屈折」と呼ぶ研究者もいる。

仏教が中国に受容され肉体化するのは、魏晋南北朝時代に入ってからである。哲学思想をもつ知識人や貴族たちが仏教に関心を寄せたことが背景にある。漢訳仏典を理解するために例えば当時流行していた老荘思想を介して説明する風潮が生まれた（**格義仏教**）。また中国が南北に分断され、北方の胡族政権が仏教を信奉し、漢族が支配する江南でも仏教の諸学派が成立していった。雲崗石窟・龍門石窟等、絢爛たる仏教文化も生まれた。一方、仏教教団の勢力が拡大するにともない道教教団との確執も生じた。こうした中、王権による仏教弾圧もみられ、北魏の太武帝・北周の武帝・唐の武宗（会昌の廃仏）・後周の世宗という**三武一宗の廃仏**事件も起こった。

隋唐時代になると国家仏教の性格が一層色濃くなる。同時に三論宗・天台宗・法相宗・華厳宗・密教・浄土教・禅宗・律宗など仏教に学派・宗派が成立発展する時期でもある。仏教の大衆化をすすめる役割を担ったのが、**俗講**と**変文**である。民衆に経典を講述する講経は南北朝時代より盛んとなったが、唐代には平易な説話を主とする俗講が流行った。『目連救母変文』などの仏典説話も仏教を浸透させた。則天武后時代、**悲田養病坊**という救済施設も設けられ、僧尼が主管した。こうした社会福祉事業への貢献も仏教普及の一助となった。

宋代になると禅宗が興隆し、浄土教も流行した。儒教・仏教が対峙する時代でもあり、ことに新儒教からの論争が交わされた。また仏教教団組織の官僚化がすすんだ。当時、寺院は禅・教・律に区分されたが、**甲乙徒弟院**から**十方住持院**への転換が推進された。それにともない寺院の住持も地方長官が選定し、大刹にいたっては域内の寺院間での選挙（**期集**）、宰相クラスの高級官僚の推薦によるものが一般化した。南宋時代には寺格が生じ、**五山制度**の成立をみた（ただし諸説あり）。元代以降になると、儒教・仏教・道教の融合化がみられた。元は喇嘛教（ラマ教）を国教としたが、儒教・仏教・道教・回教（イスラム教）・耶蘇教（キリスト教）なども併存した。民間では、白雲宗や白蓮教などが興り、民衆反乱の火種となった。明清時代になると仏教が民間に一層浸透し、民間信仰とも融合することとなる。在家により行われた仏教を**居士仏教**と呼ぶが、中国では東晋の白蓮社に在家が参加し、のち宋の楊億・王安石・司馬光らが加わった。清末になると乾隆帝が教団を社会と切り離す政策をすすめたため、居士仏教が盛行し彭紹升らの知識人に受容された。

園頭（えんとう［えんじゅう］）
寺院の耕作畑で蔬菜生産をつかさどる役。

掛搭（かいとう［かとう・かた］）
遊行・行脚する僧侶が該地の寺院に止住し大衆と起居をともにして修行すること。掛褡ともいう。

期集（きしゅう）
南宋時代に国都臨安の大刹間で行われた**住持**銓衡会議の呼称。**勅差住持制**とも関わりあう。期集は元来、科挙に由来する言葉であり、宋代には殿試の後、進士科・諸科各々合格序列の高下に応じて費用を集め、合格の祝賀会を行うことが慣例となっていた。これを期集宴と呼んだ。一方、臨安府内の諸大寺院の住持に適当なる人物を差わす場合、府内の諸大寺院の住持を集めて、一同に会して人物を定義し、ふさわしい人物かどうか検討し、賢才を保証推挙し、その結果を官司に上申するという、この一連の手続きも期集と呼ばれた。臨安府以外で期集が行われた事例もある。慶元府清凉寺の住持を招請するとき、知府が府内の諸山に通達して期集を行わせ、無準師範が公選されたことを伝えるものである。さらには大川普済禅師が慶元府妙勝禅院の住持にむかえられる際、府に詔が下され、府下の禅宗諸山によって期集が行われた記事もある。国都臨安のみならず慶元府においても住持銓衡会議である期集の存在をうかがうことができる。

義邑（ぎゆう）
在家中心の仏教を信奉する団体で、北魏時代以後に盛んとなる。隋代では、活動の中心は造像であった。唐代の義邑では数十人規模で、読経を行い、毎年斎会を催し、数多くの義邑が集まった記録が残されている。また**法社**（社邑）と呼ばれるものも現れ、幽州を中心に房山雲居寺の石経事業を支えた。杭州・龍興寺僧の南操による**華厳社**があり、『華厳経』に依拠した信仰集団であったが、白居易も社の一人であった。敦煌地域においても**社邑・社**の活動がみられ、初唐には造像活動を主としていたが、中唐以後には、読経・写経・斎会が主体となっていった。

功徳墳寺（こうとくふんじ［くどくふんじ］）
功徳院・香火院・墳刹とも称する。宋代、官僚の家の墳墓のある寺院をいう。皇帝の勅賜する功徳墳寺はとりわけ税制面で諸種の特権を有した。

廨院（かいいん［げいん］）
廨は官舎・官署・役所を意味する。廨院は米穀の売買、来訪する修行僧の宿泊、州県の官員の交替確認、官府文書への応答、布施の収入管理、施主の接待をつかさどる。**廨院主**（げいんじゅ）は廨院の職務担当をいう。

五山十刹（ござんじゅうさつ［ござんじっせつ］）
最高の寺格・特権を与えられた寺院。南宋寧宗時、宰相の史弥遠により印度五精舎に倣い禅院の五山十刹を創設との説あるが、当時の詳細な記録が無く不明と言わざるを得ない。しかし、たしかに諸史料をうかがうと史弥遠は国都臨安周辺の名刹の住持補任等に密接に関与し、仏教教団との関わりが深いことも事実である。理宗期、端平頃の進士である林希逸が、上天竺寺住持允憲にものした塔名に「銭塘の上天竺寺は諸教寺の冠冕であり、位置・其の人もまた五山の双径（径山）のごとし」と記す内容は重要である。つまり上天竺寺は諸教院の首に列し、（禅院）五山第１位の径山寺と同位置にあるという内容を伝えている。この史料によって理宗期頃には、五山と言えば径山寺を頂点とする**禅院五山**を指すこと、当時上天竺寺は実質的に教院の冠冕としての位置にあったが、まだ**教院五山**という言い方はされていなかった、との推察も可能となる。その後、教院の五山十刹も創設された。

史料によって位次変動があるが、五山十刹を列記するならば以下の通り。禅院五山は、径山寺・霊隠寺・浄慈寺・天童寺・阿育王寺、禅院十刹は、中天竺寺・道場山護聖万寿寺・蒋山太平興国寺・万寿山報恩光孝寺・雪竇山資聖寺・江心山龍翔寺・雲黄山宝林寺・虎丘山雲巌寺・天台山国清寺。教院五山は、上天竺竺、下天竺寺、能仁寺、白蓮等の寺、教院十刹は、集慶寺・演福寺・普福寺・慈感寺・寶陀寺・湖心寺・大善寺・北寺・延慶寺・瓦棺寺。

なお南宋・周密『癸辛雑識続集』下、閻寺では、淨慈・靈隱・三天竺（上天竺・中天竺・下天竺）寺を「御前五山」と呼んでいる。この場合の五山は、ヒエラルキーとしての順位・等級を示すのではなく、あくまでも御前道場に関わる５つの有力寺院という意味内容を持つ。

甲乙徒弟院
（こうおつとていいん［こうおつつちいん］）
住持の交替にあたり、自ら度するところの弟子を継承させる寺院形態をいう。

香税（こうぜい）

香銭ともいう。名山の寺廟に参詣して神仏の前に香火を捧げることを**進香**と呼ぶ。各地から集まる参詣者は**香客**である。参詣団の先達を**香主**と呼ぶ。香税は**進香税**の略で、善男善女の香客から入山料・参拝料を徴収する特別課税のことである。香税は国家財政を補う課税として成立し、山東の泰山では明代から清代まで二百数十年その徴税がつづいた。湖北・武当山（太和山）その他の廟にも香税の制度があった。明・査志隆編『岱史』巻13、香税志には、香税の制度について徴税官の定員・係官の任期・香税銀徴収規定・寄進物品処分規定・香税配分規定の5項目にわたり述べられている。例えば香税銀徴収規定についての梗概を示せば以下の通り。「旧規定では、本省の参詣者は一名につき五分四釐、外省からの参詣者は一名につき九分四釐と定められ、店戸（宿屋の主人）が参詣者に同行して役所に出頭し、許可証を受領して登山する。その後内外省を区別せず一律に香税銀八分と改められた」。このほか、進香、すなわち巡礼を対象とする税として、焼香客人銭（宋代）などの事例もみられる。

三階教（さんかいきょう［さんがいきょう］）

隋代、**信行**が法蔵寺（河南省）で唱えた教義。**三階宗**・**普法宗**とも呼ぶ。三階とは、正法・像法・**末法**という仏教の三時観を、第一階・第二階・第三階という言葉で呼んだことに由来する。いまは末法の第三階であるから、濁世の穢土に生きる罪深い凡夫であることを自覚し、『大方広地蔵十輪経』などに依拠し、普仏（一切の仏）・普法（一切の経）・普敬（一切の僧に帰依）でなければ救われないと説いた。また人はみな仏性を備えているのだから、わけへだてもないとして、布教活動とともに乞食・頭陀の行、1日1食、往来の人々すべてに礼拝、という厳格な実践活動につとめた。仏教の興隆をすすめる隋の文帝は都に信行を招き真寂寺に三階院を設けた。しかし信行の入寂後、信者活動に不穏さを感じた文帝は禁圧を加えた。唐代に入り、三階教は再び流行し、化度寺に**無尽蔵院**を設けて金融相互扶助の組織・精神が人々に認知されていったが、玄宗時に再度禁圧を受けた。三階教の教義・組織の実態は不明であったが、敦煌出土文書により世に知られるようになった。

三綱（さんこう［さんごう］）

寺院内の衆僧を統括し綱紀を守るために設けられた役僧。ふつう**上座**・**寺主**・**維那**（都維那）を指す。北魏時代にはすでに各寺に設けられ、唐代には『大唐六典』巻4、祠部に「毎寺上座一人、寺主一人、都維那一人、共綱統衆事」とみられるごとく、制度として確立した。三綱は当該寺院の僧が任じられるのみならず、他寺の高僧が兼任する場合もみられた。上座は、もともと有徳かつ人格円満な長老の尊称であったものが役職名となったもの。大衆（だいしゅ）の長として修行の先頭に立ち、重責を担う。寺主は、行政・事務運営の責任者である。維那は、日常一切の雑務を司る。なお道忠『禅林象器箋』には三綱として「寺主・上座・悦衆（僧史略）」・「上座・維那・典座（名義集）」・「寺主・知事・維那（旧説）」の3説を挙げている。いずれにしても三綱には時代とともに変遷がみられる。

子院（しいん）

本寺に依附属し寺域に存立する小院・建物をいう。**別院**・**属院**・**支院**・**下院**とも称するが、用例からみると子院の呼称が一般的である。塔頭は、禅宗の語録などによれば開山の搭院（祖師搭）を指すことが多い。唐末五代頃より寺院、とりわけ複合伽藍の制度が変容し、子院が独立する傾向がみられた。また本寺内の子院の住持相承形式も**甲乙徒弟院**・**十方住持院**、宗派も禅院・律院などと混在化していた。子院の財産も法的には本寺に帰属するが、子院が独自に寺産を有し運営するケースがままみられる。これらは寺院制度の無秩序化を示すものではなく、むしろ複合寺院内において、外部の手が加わりやすく順次分離できる構造変容がもたらすものといえる。

寺院（じいん）

僧侶の居住する建物。規模や性格によって**庵舎**・**道場**・**伽藍**・**蘭若**（らんにゃ）とも称する。

十方住持院（じっぽうじゅうじいん）

住持の交替にあたり、諸方の名宿・有徳僧を招請して住持とする寺院形態をいう。

首座（しゅざ［しゅそ］）

がんらいは寺院・禅林内組織における役僧で、**六頭首**（ちょうしゅ）の第1位に置かれる職。大衆（だいしゅ）の先頭に立ち指導する役割を担う。のちに安吾（あんご）の期間中、大衆の首位に座す者の役名となる。別称として**第一座**・**主座**・**上座**・**首衆**・**座元**・**禅頭**・**立僧**などがある。

住持（じゅうじ）

寺院を主管する僧職をいう。住持僧といえば寺院を主管する僧のこと。住持は住職・院主・方丈とも呼ばれる。住持を尊んで長老という場合もある。**和尚**（おしょう・わじょう・かじょう）は、梵語訳で和闍・和上（音訳）、親教師（意訳）などとも記され、がんらいインド仏教では具足戒を受ける際の師を指したが、中国仏教では住職・僧侶（時に尼も含まれる）の通称となった。寺院における住持の継承方法、継承制度については、一般に十方住持と甲乙徒弟に大別される。なお宋代において大刹（大寺院）の住持に官府より**勅牒**が発給される場合は、勅差住持と呼ばれる。

巡礼（じゅんれい）

聖地・霊蹟・諸寺観を巡る行為、（僧侶等が）他所の寺院にて業を受けに行く行為。中国では唐代の五台山巡礼にかかわる「巡礼日記」（敦煌文書）・円仁『**入唐求法巡礼行記**』・円珍「越州都督過所」が知られ、巡礼・巡遊・遊礼・遍礼の言葉がみえる。今日の概念に近い巡礼という言葉が官文書に登場するのは唐代以降である。巡礼が社会現象化した宋代では出家者を主体に法令化され、行遊という法項目がつくられた。明清時代以降や今日の台湾ではふつう**進香**と呼び、次第に信仰・観光・経済の諸要素が顕在化している。この進香であるが、宋代の文献では、皇帝が城内外の寺廟へ参拝し焼香することをいった。ここから民間社会へ進香という言葉が入り、今日の巡礼にひとしい語義をもつようになったものと思われる。今日の巡礼者は**朝山進香**、**天竺進香**（杭州・上天竺観音を主対象とする）などと書いた黄色の頭陀袋を身に着けて参拝している。

宋代以降の巡礼の盛行は仏教の四大聖山信仰、五岳信仰も影響している。**四大聖山**とは、五台山（文殊信仰）・普陀山（観音信仰）・峨眉山（普賢信仰）・九華山（地蔵信仰）を指す。旧時、皇帝は帝国や山や川に対し、特別な堂宇で礼拝し、特に優遇された聖なる山に登った。皇帝は山の神に称号を与え、国全体に恩恵をもたらした神々に報酬を与えた。漢代以降、これら指定された五山、すなわち**五岳**は、泰山・恒山（山西）・嵩山（河南）・華山（陝西）・衡山（湖南）となった。中でも最も重要な地は泰山であり、**泰山進香**は今日まで賑わっている。

巡礼・遊行時の附帯文書
〈じゅんれいゆぎょうじのふたいぶんしょ〉

元の盛如梓『庶斎老学叢談』巻下には、「昔日、僧道が雲遊する際、寺観に至れば、六つの書類を提示しチェックし、そこで始めて留まることができる。一に**度牒**、二に**公據**、三に**戒牒**、四に**免丁由**、五に**帳尾**、六に**仮状**」と見えている。ここには巡礼・遊行・行脚する僧侶（道士）が携帯しなければならない各種の公文書が列記され、南宋時代の状況が反映されている。⑴度牒は官が発給する僧尼の出家得度認定証。尚書省礼部下の祠部が発給。⑵公拠は公憑のことであり、ここでは通行証。北宋中葉頃までは過所が用いられた。州が発給。⑶戒牒は剃髪・得度し、その後規定の戒律全て（具足戒）を体得した（受戒）証明書。尚書省礼部下の祠部が発給。⑷免丁由は僧侶（道士）に対する課税としての免丁銭納付の証明書。路の提点刑獄司が印行発給。⑸帳尾は未詳であるが、所持銭物のリスト証明か。そうであれば供帳と照合されると考えられる。⑹仮状は、父母の病気・喪等に際し、休暇証明。逓鋪に付し発給される。なお、上の記事にはないが、携帯文書としてもう一つ六念が挙げられる。⑺**六念**は戒律中の六念法のことで、沙弥戒・比丘戒を受戒する際授けられる。受戒の後、幾夏を経たか等を証明する。戒壇所より発給される。

常住（じょうじゅう）

什物や不動産などの寺院の財産。

清規（せいき［しんぎ］）

禅宗寺院内の生活規範集。唐の僧百丈懐海が撰述した『百丈清規』（散佚）を嚆矢とし、ここには禅宗の修行を主体として組織や行事の規則がまとめられている。以後、北宋・宗賾『禅苑清規』、元・東陽徳煇（重編）、笑隠大訢（校正）『勅修百丈清規』、元・省悟編述、元・嗣良参訂『律苑事規』、元・自慶（編述）『増修教苑清規』などが編まれ、禅宗以外へも波及していった。

童行（どうこう［ずんなん］）

出家して僧尼となることを願い入院し修行する童子のこと。**行童**ともいう。とくに童行の男子を**行者**、女子を**尼童**・**長髪**ともいう場合もある。童行となる資格としては、祖父母・父母を侍養する兄弟がいない者や犯罪者は禁ぜられた。年齢にも規定があった。五代後周政権下においては、男子15歳以上、女子13歳以上が童行となることを許可された（『旧五代史』巻115）。宋代になると男子19歳、女子14歳以下は童行となることが禁じられている（『慶元条法事類』道釈門）。しかし実際は、10歳以下の子供が入院している事例がままみられる。法令と実態との乖離があったということであろう。

接待庵・施水庵（せったいあん・せすいあん）

宋代になると寺院と宿泊所を兼ね備えた接待庵（接待院・接待寺・接待局）や施水庵（施水坊）などと呼ばれる施設が次々と創建、増置されていった。この接待・施水庵は、両浙地域や福建を中心に江南の開発、発展と歩調を合わせるようにして広がったものであり、その内容を整理、概括するならば、⑴簡単な草庵から伽藍を備えた寺院に至るまで、その規模は不斉一、⑵住持が置かれている、⑶創建においては、郷村の有力者・官僚・宰相・一般僧・大刹の門徒ら僧俗が関与、⑷僧俗を問わず宿泊可能（ただし雲水のみを対象とした施設も確認される）、⑸飲食茶湯・宿泊施設の提供のみならず、橋梁の管理・医療行為・客死者の収容等・社会事業を履行する、⑹料金を徴収する場合もある、⑺経済的基盤を持つ、⑻両浙地域、長江下流域に集中する、といった傾向がうかがえる。この仏教理念の実践ともいえる接待・施水庵の創建・活動は、宋代以降の地方志・石刻資料・文集を中心に散見でき、それ以前の文献に見出すことはできない。しかし、接待・施水庵の母型・源流を辿ってみると唐代に五台山の巡礼ルートに建てられた**普通院**、あるいは**普通禅院**と総称される施設がある。当時よりあまねく知られているのは五台山が主たるものであり、その内容を整理するならば以下の如くなる。⑴簡単な仏院で飯粥を施す、⑵飯あれば無料で与え、無ければ自炊させる、⑶数人の院主あり、⑷仏陀本尊を祭るので斎戒も可能、⑸僧俗を問わず巡礼者を宿泊させる、⑹各々独立的に地方で設置、(7)安定した経済基盤をもたない、(8)巡礼ルートの山の中腹に多く設置されるが、交通の頻繁な州城内に設置されているものも多少ある。また中唐・晩唐頃より五台山巡礼は盛んになってゆき（P.3928, S.370）、普通院もこの流行に沿って建立されていった。この普通院・普通禅院にくらべ先の接待・施水庵は社会の全面にでて広範囲かつ積極的な接待を提供していった。そのタイプも大まかにいって、地域開発型・救済型・教化型、なかには幾日でも逗留させ遊興目的の利潤追求型などヴァラエティーに富んでいた。

接待庵・施水庵の理念は日本へも波及した。その発信地としての役割を担ったのが禅宗五山第1位の**径山寺**であった。無準師範住持時代の径山寺において最初の火災が起こり、復興を遂げた後、寺から40里（20 km）離れた場所に新たに接待院を創建したことが伝えられている（端平3年、1236頃)。その後、理宗より「**萬年正續之院**」の額を賜った。「萬年正續之院」の創建は、もともと無準師範が四川方面より遊行した際、険しい道のりに難儀したことが、一つの理由として挙げられる。さらに、かつての径山寺住持の大慧宗杲、石橋可宣（**双渓化城接待寺**）が接待院創建に積極的にかかわっていたことも影響を与えた。淳祐9年（建長元年、1249年）に博多を出発し入宋した無本覚心（心地覚心・法灯国師）は径山寺に止住し、のちに化城接待寺のことを記録に残している。無本覚心の門流の禅僧・恵甄が日本の熊野参詣者のために**歓喜寺接待所**を設けたのは、宋の仏教社会を垣間見た無本覚心の影響であろう。

籤（せん）

おみくじのこと。**神籤**・**霊籤**ともいう。趣を異にするが神明の示す薬方が記された**薬籤**もある。中国における籤の起源は諸説あり未詳といわざるを得ないが、唐代頃にはその存在がうかがわれる。中国仏教において明確な籤の存在は、宋代以降に確認される。南宋・志磐『仏祖統紀』によって天竺百籤・圓通百三十籤が知られる。**天竺百籤**（**天竺霊籤**）とは杭州・上天竺寺の観音信仰によるものである。上天竺寺（上天竺法喜講寺）は、五代の創建時より現代にいたるまで観音信仰の霊場としての世評を保ちつづけてきた古刹であり、教院五山の第1位に列せられる。上天竺観音の信仰は宋代頃よりひろがりをみせ、やがて明代頃より蘇州・無錫など揚子江下流域一帯の富民・農民たちが組織的・定期的に上天竺観音および西湖湖畔の寺廟を巡拝する天竺進香の流れができあがった。宋代に流行った天竺霊籤は明清期に受け継がれ、同時に日本へも伝わり、『天竺霊感観音籤頌百首』（日本・寛文2年、1662）などの関連書が刊行された。また比叡山延暦寺における元三大師信仰とも結びつき、その籤の内容は天竺霊籤と同一である。岩手県浄法寺町の天台寺に伝えられる天竺霊籤の籤筒に日本・応永16年（1409）の銘文があるというから、伝来時期は室町時代までは遡ることができるようである 。天竺霊籤は、宋版・明版が鄭振鐸によって発見されている。一方の、越州・圓通院（圓通寺）観音であるが、南宋初年に上天竺寺が兵火に遭い焼失した際、上天竺観音にかわって数回国家祭祀が行われたことが確認できる。この圓通院観音においても霊籤である圓通百三十籤が民間に流布していたことになる。道教の籤についても付言すれば、宋代官僚の蘇東坡が天慶観で北極真聖の霊籤をひいて禍福吉凶を占った記事もみえる。このほか『正統道蔵』・『万暦続道蔵』によれば、十二真君霊籤・玄帝霊籤・城隍霊籤・四聖真君霊籤などの名が列挙されている。

千人邑会（せんにんゆうかい［せんにんゆうえ］）

遼代、民間における僧俗の仏教団体をいう。南北朝時代の義邑・法社の系統で、信仰団体であるとともに相互扶助の団体でもあった。阿弥陀信仰による弥陀邑会などが知られる。

荘主（そうしゅ［そうす］）

寺院の荘園管理を行い、官府への納税も掌握する。

僧尼（そうじ［そうに］）

出家して仏門に入り仏道を修行する男子を僧・比丘、女子を尼・比丘尼という。がんらい僧はインドの初期仏教における出家集団「**僧伽**（そうぎゃ、サンガ)」（梵語、和合衆・和合僧と訳される）に由来する。いっぽう**比丘**・**比丘尼**は僧伽構成者の呼称に由来し、**具足戒**（規定される全ての戒）を受けた成人の出家者をいう。すなわち発展段階における僧伽の階層をみると、男子は比丘（びく、20才以上の出家者）・沙弥（しゃみ、20才未満の出家者）・優婆塞（うばそく、在家)、女子は比丘尼（びくに、20才以上の出家者）・式叉摩那（しきしゃまな、20才未満18才以上、比丘尼になる直前の出家者）・沙弥尼（しゃみに、20才未満の出家者）・優婆夷（うばい、在家）という構成になる（七衆という)。これらの階層は、戒律・受戒とも連動している。例えば『四分律』によれば、男子の比丘(250戒)・沙弥（10戒）・優婆塞（5戒)、女子の比丘尼(348戒)・式叉摩那（6法戒）・沙弥尼（10戒）・優婆夷（5戒）と規定される。こうして一人前の僧尼となるためには、家を出て世俗を離れ、寺院（庵舎）に入り、未成年の**童行**（ずんなん）として修行し、特定の師のもとで剃髪・得度・受戒するという段階的な通過儀礼が必要であった。受戒した僧尼には**戒牒**が付与された。また中国では、はやくから国家仏教の様相を呈していたが、唐の玄宗・天宝6載（747）より、得度ののち国家公認の僧尼としての証明たる**度牒**も正式に制度として発給されるようになり、一段と国家仏教的色彩が色濃くなっていき、均田制の下では口分田支給の対象者にも加えられた。宋代以後になると政府によって**空名度牒**が大量に市中に発行され紙幣に準ずる機能を有し、その売買を止める住売措置も一時とられたが、後代になっても基本的に**売牒**政策はすすめられた。

このほか仏教の出家者を**沙門**（しゃもん、梵語 śramaṇa、桑門）・僧侶・僧人・僧徒などと呼ぶ。寺院・禅林内において集団で修行生活する僧を大衆（だいしゅ）・衆僧（しゅそう）という場合もある。出家者を風になびく草のモノに拘泥しないさまにたとえて**苾蒭**（ひつしゅ）・**苾蒭尼**ともいう。**浮屠**・**浮図**（梵語訳、ふと）という言い方もする。また僧侶の着衣たる袈裟が黒色であることから緇（黒色の意味、淄も音通で同意）の字を用いて、**緇衣**（しえ）・**緇流**・**緇徒**・**緇衲**（しどう）・緇侶と俗称される。これに対して俗人を白衣という。**緇黄**といえば、仏教・道教双方の門徒をいう。黄は道教の門徒が黄冠をかぶる慣例からきている。仏教を空門ということから、その出家者を空門子と呼ぶ場合もある。

僧制治罰（そうせいちばつ）

中国仏教では5世紀頃、『十誦律』・『四分律』等の律蔵の漢訳が行われた。その律蔵の中では僧尼の**戒律**違反の罰則が、重罪の**波羅夷**（婬戒・盗戒・殺戒・妄語戒）から軽罪まで5篇7聚として分類されていた。その戒律における処罰方法は、教団追放・**黙擯**（言葉を交わさない）・懺悔からなり、体罰などは行われなかった。しかし、寺制・僧制が制定されるにともない、**罰礼**（罪の軽重により罰としての拝礼数に差をつける）・杖刑（俗法の笞・杖刑にならう）が行われるようになった。すなわち俗法の**内律**（仏教側の戒律や清規）への取り込みがみられ、中国仏教特有の事象として位置づけられる。北魏では、僧官の設置や僧制の制定という国家による教団統制が認められたが、「殺人以上の犯罪は俗法、それ以下は僧司が内律・僧制によって治罰する」（世宗・宣武帝）とあるように内律と俗法の折衷が特徴であった。唐代頃になると、僧尼は俗法と内律の二重規制をうけていたが、唐初の各寺の僧制は多く戒律に依らず世俗の制度が取り入れられた。すなわち杖罰・苦役も認められ、僧制の俗化がみられた。また9～10世紀の敦煌寺院社会においては、犯僧への処罰として**罰宴**・**罰酒**・**罰麦**・**罰油**・決杖などもみられ世俗の法と変わらぬ状況であった。このほか仏教教団制度の中国化する事例として、唐・百丈懐海『百丈清規』（散佚、宋・道原『景徳伝灯録』巻6、懐海伝附「禅門規式」参照）に始まり北宋・宗賾『禅苑清規』、元・自慶『増修教苑清規』などへと続く諸清規が挙げられる。『百丈清規』の概要を伝える禅門規式では「公門（役所）を煩わせず、獄訟（裁判）を省く」ことが清規を設ける有意義な点であるとする。これらの清規内では犯僧に対して**杖罰**・**罰拝**・**罰銭**・**罰香**・**罰油**等が科され、宋代以後になっても、重罪は俗法に従うが、軽罪は叢林・寺院内でそれぞれの条制によって治罰するという原則が行われていた。貨幣経済が発展すると罰金制も科せられるようになり、宋代では銭を、明代では銀を罰として徴収した。

道教の場合、清規が成文化されたのは、全真教に始まる。全真教は隆興元年（1163）に王重陽を開祖として、陝西方面で誕生した道教教団である。禅宗の影響も強い教団であることが指摘されている。この全真教において元初の道士、陸道和編『全真清規』「教主重陽亭君責罰榜」が、道教側の成文化された最初の清規といえる。ここには清規に違反した際の処罰として、遣出・竹篦罰出・**罰出**・**罰斎**・罰香・**罰茶**・罰拝が挙げられている。少なからず仏教の影響を受けていることも指摘されている。

大蔵経（だいぞうきょう）

仏教聖典を集成した叢書のこと。『魏書』や『洛陽伽藍記』をみると北魏頃は一切経と称していた。大蔵経（あるいは**蔵経**）の言葉は隋代以降、朝廷が仏典写本をまとめて宝庫（**大蔵**）に収蔵するようになってから定着したものである。大蔵経は、経・律・論の三部が中心なので**三蔵**（tripitaka）とも呼ばれる。インド原本はサンスクリット語とパーリー語であったが、のち伝訳され漢・西蔵（チベット）・西夏・蒙古・満洲の諸語訳がみられる。ことに漢訳が大部であり、やがて整理分類する必要にせまられた。漢訳経典は東晋・道安『綜理衆経目録』を始めとして、唐・智昇『開元釈教録』など歴代の目録（**経録**）が編纂されていった。ことに『開元釈教録』では「偽経は邪見によって造られ、真経を乱すものである」として、翻訳経典（**真経**）と中国撰述経典（**偽経**）とを厳格に区別する立場をとる。

刊本の大蔵経は、北宋代に太祖・太宗の命により成都で刊行された『蜀版大蔵経』（『開宝蔵』・『勅版』）を嚆矢とし、『金版大蔵経』・『契丹版大蔵経』・『高麗版大蔵経』などが知られる。民間でも宋代に、『北宋福州東禅等覚院版大蔵経』・『北宋福州開元寺版大蔵経』・『南宋思渓円覚禅院版大蔵経』（『前思渓蔵』）・『南宋思渓法宝資福寺版大蔵経』（『後思渓蔵』）・『南宋磧砂延聖禅院版大蔵経』がある。元代、『杭州大普寧寺版大蔵経』は『後思渓蔵』の覆刻とされる。明代では、南蔵版・北蔵版・武林版・万暦版の四回にわたる開版がみられた。

旦過（たんか）

遊行・行脚する僧侶が寺院に一夜宿泊することをいう。北宋の叢林規範である『禅苑清規』などに詳細な記述がある。宋代には旦過のための宿泊所を**旦過寮**、そこに宿泊する行脚僧を**旦過僧**などと呼んでいる。

知事・頭首（ちじ・とうしゅ［ちょうしゅ］）

大寺院の住持を補佐し衆僧を統理する役僧のこと。北宋の『禅苑清規』では**監院**（かんにん）・**維那**（いの）・**典座**（てんぞ）・**直歳**（しっすい）の**四知事**および**首座**（しゅそ）・**書状**（しょじょう）・**蔵主**（ぞうす）・**知客**（しか）・**浴主**（よくす）・**庫頭**（くじゅう）の**六頭首**が叢林内の指導僧として挙げられる。南宋末の『叢林校定清規総要』では**都寺**（つうす）・**監寺**（かんす）・**副寺**（ふうす）・維那・典座・直歳の**六知事**および前掲六頭首が挙げられている。

南宋時に六知事となるのは、監院の職務が繁多となり、都寺・監寺・副寺に分掌させたためといわれる。こうした役職は任期の1年が終わると退き一修行者となり僧堂にもどるのが慣例である。四知事のうち監院は監寺ともいい、住持に代わって、役所とのやりとり、官への謝辞や祝賀・焼香・施主（仏教を信奉し財物を寄進する者）の応対・慶弔事の対応・貸借の遣り取り・歳終会計、現金や穀物のチェックと出入管理、毎年の食糧確保など寺院内の諸事を取り仕切る役僧である。維那は、もともと梵語の綱維（意訳）の維と羯磨陀那（音訳）の那を折衷した語彙で、大衆をよろこばすことから悦衆（えつしゅ）ともいう。修行僧の監督・取り締まり・綱紀の維持を担う。典座は、もともとは衆僧の座位をつかさどるものであったが、知事職においては衆僧の斎粥、すなわち食事の用意を担う。直歳は建造物の修理・什物の整備・寺荘園の管理・工事の監督・盗賊の防警をつかさどる。いっぽう六頭首のうち首座は大衆（だいしゅ）の先頭、第1座に立ち指導する役割を担う。書状は書記ともいい、山門疏の執筆、官員等への書簡を書写する役。蔵主は経蔵殿の管理を担う。知客は官僚・檀越らの来訪者の送迎や接待をつかさどる。浴主は入浴の順番など浴室をつかさどる。庫頭は常住の銭穀の出入・歳計を主管する。『両浙金石志』巻11、宋資福寺銅鐘銘によれば知事として行堅・懐古・志宏・志簡の4名、頭首として行恢・志謙・可中・応昌の4名が挙げられ、『慧因寺志』巻7、捨田看閲大蔵経誌によれば元代の同寺の知事として大章・大全・恵節・恵義・恵権の5名がみえている。諸史料も勘案すると宋元時代を通じて知事・頭首は、寺院の規範にもよるが資福寺・高麗寺クラスの寺院でおおむね4名から6名が通常のポスト人員として認められる。

朝山進香（ちょうざんしんこう）

巡礼に行くという意味を持つ。朝山は、大衆が支配者を尊敬するように、山に尊敬の念を示すという意味である。**進香**（香を捧げる）とは、神と接触するために香を持ち、これに火をつける行為を指す。これに対し焼香は、家庭の仏壇あるいはコミュニティにある寺院での日常の礼拝を指す。いずれの用語も、霊力のある神に対する祈願者の従属関係を内包する。

香の文字は、巡礼に関する言葉に多く見られる。神の前に置かれた**香炉**（香鑪）は、寺院における儀礼の中心地を定義するものである。巡礼者は**香客**（香の訪問者）、その組織は**香会**（香の組織）と呼ばれる。寺院や教団の人気は、その香火の大きさで表され得る。現代の台湾では、香に関する言語は寺院と同一の神をつなげるものとなっている。数多くの教団において、本山からの香灰は新たに建設された別院に持ち出され、新たな台に火を灯すために用いられる。これは分香（火を分ける）と言われる過程である。この関係を改めるため、別院の教区民は年に1回本山に巡礼し、改めて入れるために灰を持っていき、自らの釣り香炉に煙の香を戻す。これは**割香**（香を割る）と呼ばれる。なお、こんにち台湾の進香は、ほんらい神様が他の廟の神様に謁見することであり、人間はその仲立ちをするとされる。

長生庫（ちょうせいこ）

宋代にさかんに行なわれた寺観経営の利貸機関。元では**解庫**・**解典庫**。寺院高利貸のことは、南北朝時代から史料を残しているが、唐代では**無尽**と呼ばれた。宋代は産業が興り、商業が栄えたので利貸金融も一般に普及し、放債家・質庫戸のごとき専業をうんだ。長生庫も寺院の質庫として普及し、一般社会を対象として活動した。その資本はもともと布施による自己資本を主とし、田畝その他の専有財産の収入の一部を加えて増大し、さらに民間寄託の資本を加え、合資による経営規模の拡大をともなって巨大化した。1庫の内に多くの局（年限を定めて合資する運営単位）を有し、また1寺内に数庫を設置したものもあった。これは、経営規模の拡大、経営内容の複雑化に対応するものである。その資本品目は銭を主とし、穀物・絹帛・金銀があり、耕牛の場合には長生牛と称した。長生庫の目的は、もともと教団財政を充実させること、とくに僧侶免許状である**度牒**の買入れ費支弁をはかることにあったが、しだいに寺親自身の営利事業と化し、一方、民間資本も営利追求のために寄託流入した。民間資本寄託は、財物を隠して政府の課税評定を免がれようとするためにも行なわれた。長生庫の営業は、一般社会に対する消費貸付として行なわれるとともに、資本貸付（とくに商業資本貸付）として行なわれた。宋代、長生庫は一般社会の質庫とともに利貸金融として大いに普及活動したので、長生という語は、後世まで一般に典当（動産質）を意味して使用されるにいたった。また宋の長生庫は、高麗にも伝わり寺院で経営され、さらに官および民間でも長生庫を開設するにいたった。

勅差住持制（ちょくさじゅうじせい）

宋代の大刹（あるいは名刹）・有力寺観の住持は専ら、辞令たる勅牒を官府から受けて住持の任に赴き、その辞令は下位の官僚や一時差遣等の辞令に準じていた。南宋の岳珂はこれを勅差住持と称し、中興以後、大刹の径山・浄慈・霊隠・天竺、そして辺地の禅刹の雪峯・南華の諸寺の住持任命に**勅牒**（勅劄・黄牒）が発給されている状況を述べている。

碾磑（てんがい）

水力を利用して穀物をひくうす。長安や洛陽の大寺院、敦煌地方の寺院に碾磑経営がみられ、寺院の収入となった。敦煌の会計文書に碾磑経営の磑戸が記載され、寺院と**磑戸**との相互扶助関係がうかがわれる。油の製造にかかわる**梁戸**も同じく寺院経営の事業に関連していた。宋元時代の寺院も碾磑を備えるものがあり、管理責任者を置いた。**直歳**は建造物の修理・什物の整備・寺荘園の管理・工事の監督・盗賊の防警をつかさどるが、その属下に**磨頭**（**磨**

主）の職があった。この磨頭が碾磑専門の管理を行った。

度牒（どちょう）

官が発給する僧尼の出家得度認定証（道士・女道士も同様）。**祠部牒**ともいう。税金・徭役や犯罪逃れ防止等の目的で設けられた。起源は中国南北朝頃に遡る。確立した制度としては唐の玄宗・天宝6載（747）に始まり、尚書省礼部属下の祠部から発給された。書式内容は、本籍・俗姓・法名・師僧・所属寺院等が列記され、関係官員による署名押捺がされた。僧尼は移動の際には携帯することが義務づけられ、**巡礼**・**掛搭**などには関所や宿泊・逗留寺院等でチェックを受けた。官による度牒の扱いは時代によって変化がみられ、例えば南宋の法典『慶元条法事類』巻50道釈門、断獄令によれば、僧道が私罪を犯した場合、犯行の月日・刑名を度牒に書き込み印押して給還することが明記されている。また宋代以降になると国家が、軍費捻出や交子・会子の回収、財政補填などのために空名度牒を大量に出売する売牒が盛んに行われた。

二税戸（にぜいこ）

遼代、仏寺に賜与された民戸をいう。官及び寺院の両者に納税する義務を負ったので二税戸と呼ばれる。宋代、二税戸の制度が継承され、荘主は二税戸から官及び寺院への徴税を請け負った。

白蓮教（びゃくれんきょう）

南宋初、蘇州延祥寺の子元（姓は茅氏、賜号は慈照）が東晋・慧遠の白蓮社の遺風を慕い始めた浄土信仰を中心とする新興宗教結社。酒肉を禁じて菜食を守り、男女が夜集暁散して念仏を唱える活動は、南宋末頃になるとしばしば邪教として朝廷の弾圧を受けた。元代には廬山東林寺の普度が『廬山蓮宗宝鑑』を著し教義の復興につとめ一時布教を許されたが、間もなく過激行動のため禁圧された。元末順帝時には白蓮教徒韓山童らによる紅巾の乱が起こっている。元代から明代にかけては**弥勒下生**の信仰が結びつき、反体制勢力も流れこみ秘密結社化していった。白蓮教徒は明清時代にも各地に反乱を起こした。

福田思想〈ふくでんしそう〉

福田は、がんらい多くの収穫物のある良田を意味する。多くの福徳を信者に与える聖者・僧侶・仏も福田にたとえられる。敬い仕えると福徳を生じる対象を良田にたとえたもの。仏・聖人・阿闍梨（あじゃり）・僧・父・母・病人の八種類など各説がある。また、法蔵『梵網経菩薩戒本疏』によれば、井戸を造る、橋梁を架ける、険しい道を平らに舗装する、父母に孝行する、沙門を供養する、病人を供養する、苦厄を救済するなどの八福田が説かれている。僧侶の社会的実践活動を促すものといえる。

磨頭（まとう［まじゅう］）

磨主ともいう。磨院において石臼、すなわち**碾磑**でひかれた製粉や精米を管理する。

弥勒教（みろくきょう）

弥勒菩薩がこの世に下生し衆生を救済するという**弥勒信仰**に仮託して民衆を扇動する邪教。中国では北魏・延昌4年（515）の法慶らの**大乗教徒の乱**がその先駆。以後北宋・慶暦7年（1047）の王則の乱、元末・至元4年（1338）の彭瑩玉の乱などがみられ、明清時代には他の民間宗教と融合した。

弥勒信仰〈みろくしんこう〉

インドから中央アジアを経由して東アジアに広まった信仰。この信仰には**兜率天**に上生して弥勒の説法を受けようとする**上生信仰**、56億7千万年をへてこの世に下生した弥勒が衆生を救済することを願う**下生信仰**がある。中国ではすでに5世紀北魏時代の雲岡石窟に弥勒造像がみられ、また北魏・延昌4年（515）法慶らの大乗教徒の乱に代表される如く後世の白蓮教徒・弥勒教徒らの民衆宗教反乱とも結びついた。唐の則天武后は『大雲経』の偽作を命じて自身を弥勒の下生と宣揚させ政治利用した。中央アジアでは5～7世紀頃のキジル石窟等の弥勒造像がみられる。朝鮮半島でも6、7世紀の新羅の花郎集団、7世紀百済の弥勒寺遺蹟等に弥勒信仰の足跡がみられる。

無尽蔵（むじんぞう）

寺院が信徒の寄進した金銭や財物を積み立て民間人に貸与し、その利息を寺院の維持費にあてる金融業をいう。南北朝頃、社会福祉事業として始められた。唐代の仏寺のなかには無尽蔵を有し、**碾磑**・店などの経営を行うものもあったが、**三階教**の道場である化度寺（長安）の**無尽蔵院**が有名である。化度寺の無尽蔵院は、則天武后の時代に洛陽の大福先寺に移されたが、後に化度寺に戻り、開元元年（713）玄宗の勅命によって破壊された。宋代頃には高利貸の性格を帯びて**長生庫**と呼ばれ、元代では**解庫**・**解典庫**と呼ばれた。日本にも同様組織が展開し、鎌倉時代より現代に至るまで村落を中心に頼母子講（たのもしこう）・無尽講という金融互助組織がみられた。

免丁銭（めんていせん）

宋代、僧侶・道士より徴収した人頭税。**清閑銭**ともいう。南宋の高宗・紹興15年（1145）より賦課が始まり、15貫より2貫に至り9等あった。しかし両浙地域（現：浙江省付近）の大きな寺観はその多くが特旨（皇帝の命令）でもって免ぜられたので、州県ではこの額数を民間に科して、民間において弊害をともなった。また免丁銭を支払った証明として官から免丁由が発給され、遠方への移動の際には携帯を義務づけられた。

免丁由（めんていゆう）
南宋・紹興15年（1145）、**僧道免丁銭**の徴収が開始された。この僧侶（道士）に対する課税としての免丁銭（**清閑銭**）納付の証明書が免丁由である。『勅修百丈清規』巻上、祝釐章第一、聖節には「往時、僧道は歳ごとに一度僧籍簿（供帳）から免丁銭を納入し、官は証明書（由）を発給して証拠（憑）とする」と記される。免丁銭はのちに商税の七分増銭、免役の一分寛剰銭、土地家屋取得の勘合銭、売買・質入れの牙契銭などとともに**経総制銭**に組み入れられた。この経総制銭を主管したのが路の提点刑獄司であり、免丁由の発給にも関わっていた。南宋の葉適は路の監司の弊害を説き、提点刑獄司が経総制銭を統括主管し、僧道免丁由の印給というあらたな職務に力を注ぐあまり、本来の職務である刑獄や訴訟を顧みなくなり、おざなりになってしまったことを指摘している。

漏沢園（ろうたくえん）
慈善目的で設置された公共の墳墓のこと。北宋・崇寧3年（1104）、蔡京により漏沢園が州県に設置された。葬式費用を捻出できない者、棺を寺院に預けたままにしている者等を漏沢園に埋葬させた。主に僧侶や道士が管理した。明代以降は、慈善団体・同業団体・宗教団体の支援による漏沢園が増加した。州県には、このほか同類の**普同墳・義塚・義園**があった。

③道教

道教（どうきょう）※
中国の民族宗教。道教は、1人の教祖が創唱した宗教ではないため、その中には、不老長生を目指す神仙思想を中心に、道家思想・陰陽五行思想・讖緯思想・占卜・シャーマニズム・民間信仰等の多様な要素が混在しており、その定義や成立の時期等をめぐって様々な議論がある。成立の時期については、道教の諸流派がお互いに道教という共通認識を持ち始めた時期を、道教成立の時期とする考え方が最も合理的だろう。この道教という共通認識の第一歩は、従来ほとんど独立して発達してきた、道教流派の経典の集成である。道教の経典を集大成した、道教の一切経ともいうべき道蔵は、三洞と四輔の7部からなる。最初は、三洞のみから成っていたが、その後四輔が加わったと考えられている。三洞は、上清経を中心とした洞真部、霊宝経を中心とした洞玄部、三皇経を主体にした洞神部から構成されている。これらの三派の中に連帯意識が芽生え、経典の集成が行われるようになった時期は、4世紀末から5世紀初め頃という。このように道教諸派に道教としての連帯感を懐かせるようになった大きな動機は、外来の仏教との対抗意識であった。これまでばらばらで、教理内容も素朴な道教諸派は、仏教との対決には頗る不利であった。そこで、諸派の経典を集成して、仏教の教理も取り込みながら道教としてまとまり、基礎を固める必要があった。しかし、三洞中心の集成は、かなり偏ったものであったから、その後、四輔が補充された。この時期は、6世紀の前半と考えられている。こうして体勢を固めた道教は、仏教と対峙しながら社会に広まっていく。特に唐では、王室の姓の李が、道教の始祖とされる老子と共通するため、道教を手厚く保護した。その結果、道教は栄えたが堕落も激しくなり、やがて金朝支配下の華北では、これら堕落した旧道教に対して、全真教などの革新的な新道教が起こる。新道教は、旧道教の呪術的側面を排除するとともに、禅宗の戒律なども取り入れ、教団組織を整備し、その後の道教のあり方に大きな影響を与えた。以後、元から清まで、華北の全真教と江南の正一教の二大勢力が、道教界を二分することになった。また、宋代頃から、道士が担い手の従来の教団道教に対して、道士以外の一般人が担い手の民衆道教（民間道教）が起こり、明清で盛んとなった。

戒士（かいし）
正式な道士になるための授戒を受ける受戒者。授戒は授戒師によって行われる。受戒の資格は、普通道院（子孫派道観）において、1年以上、童道の経験がある者である。授戒後、戒士に戒衣・戒牒・錫鉢等があたえられる。

戒師（かいし）
正式な道士になるための授戒を行う伝戒師。戒壇を開き伝戒を行う事が出来るのは、全真教系の**十方叢林**だけである。この十方叢林の方丈職の道士が、伝戒師となる。

監院（かんいん）
道教・道観内の全事務を統括する道士。**住持**ともいう。当家は俗称。叢林の道士の中から公選される。3年1任、再任は可能である。道観内の重大事は**監院**が決定するが、小事は主として**四大板首**が処理する。

宮観官（きゅうかんかん）
宋代の優待制度。祠録官ともいう。道教の寺院である宮観（道観）の管理を名目に、ほとんど実務のない閑職につけて、老年の高級官僚や学識者を優待する制度である。北宋の前半は少なかったが、神宗のとき、新法に反対する官僚を処遇するために多数設けられるようになった。宮観官には、某観使・提挙某観・提点某観・主管某観などがある。

玉皇（ぎょくこう）
宋代以後最高神とされた道教の神。**玉皇大帝・昊天玉皇**などともいう。北宋3代皇帝・真宗が、太上開天執符御歴含真体道玉皇大天帝という尊号を奉り尊崇したので、六朝・隋・唐代の**元始天尊**に代わって、道教の最高神とされるようになった。

元始天尊（げんしてんそん）
六朝・隋唐時代に最高神とされた道教の神。『隋書』経籍志では、太元の先に生まれ、自然の気を受けた常在不滅の存在と説く。道教の曼荼羅とも呼ばれる『真霊位業図』では、最高神の座を占めていた。後に、**霊宝天尊**（太上道君）や**道徳天尊**（太上老君）とともに、三聖とよばれ、『道蔵』を構成する三洞・洞真部の経典の教主とされている。

功過格（こうかかく）
日常道徳の実践のための指導書。人の行為の功（善行）と過（悪行）を、その大小・深浅に応じてプラス・マイナスの数値をつけて点数化したもの。これに基づき自己の行為を日々計算し、月末・年末毎に集計して、道徳研鑽の指標とした。

斎醮（さいしょう）
道教の祭祀儀礼。本来、**斎**は**醮**の前に行われる潔斎で、醮は神に対する祭祀や饗応であったが、後にほとんど一体化してしまった。しかし、儀礼上は、斎と醮とは、区別されている。斎は、祭祀の準備段階で、精進潔斎し、罪を懺悔して、体と心を浄化して神に見える準備をすることである。そして、本番の、酒や供物を供えて神を祭る醮が行われる。

授戒（じゅかい）
道士となるための儀式。全真教では、授戒によりはじめて、正式に道士と認められる。その授戒は、全真教系の十方叢林の戒壇でのみ行われ、十方叢林の方丈職が戒師をつとめる。

十八頭（じゅうはちとう）
道教・道観内の18の現業職長。庫頭（蔵の物品の保管）・荘頭（荘園）・堂頭（雲水）・鐘頭（鐘突）・鼓頭（太鼓撃ち）・門頭（門番）・茶頭（湯沸かし）・水頭（水汲み）・火頭（火炊き）・飯頭（飯炊き）・菜頭（調理）・倉頭（倉庫）・磨頭（製麺）・碾頭（碓）・園頭（菜園）・溷頭（厠）・槽頭（厩）・浄頭（掃除）をいう。

正一教（せいいつきょう［しょういつきょう］）
道教の一宗派。**正乙教**とも書く。天師道の元代以降の正式名称。天師道の前身は、後漢の五斗米道である。五斗米道では、教祖の張（道）陵が天師と称したので、南北朝頃から、天師道と呼ぶようになった。教義は、符水（護符を入れた水）や首過（懺悔）による治病が中心で、呪術的な色彩が濃い。本山は江西省の龍虎山とされているが、これは北宋末からのようである。なお、元の成宗が、38代教主に正一教主という称号を与えて以後、この派は正一教を名乗るようになった。そして、華北の全真教と、江南の正一教が、道教界を二分して、近代に至った。なお、正一教の天師の子孫（張天師）は、戦後、台湾に渡って63代・64代天師を名乗ったが、現在は64代が死亡して、台湾と大陸の血族間で後継争いが起こっているという。

上清派（じょうせいは）
道教の一宗派。**茅山上清派・茅山派・上清教・上清道**などともいう。その起源は、晋代に、南嶽魏夫人という仙女が、江蘇省句容県・茅山の霊媒・楊羲に下降して口伝を伝えたのにはじまるとされている。また、その口伝を基礎に、南朝・梁の道士・陶弘景が、仏教や儒教の知識を加え、整理体系化したという。さらに、陶弘景の後継者の王遠知が、隋末に唐の革命を翼賛したため、上清派は唐の王室と密接な関係を結ぶようになり、以後道教は唐の厚い保護を受けるようになったというのが、従来の通説である。ただ近年、上清派は陶弘景の死後、天師道に吸収され、王遠知も天師道の道士だという説が出されている。

浄明道（じょうみょうどう）
道教の一宗派。**浄明忠孝道**ともいう。新道教の一種。東晋の許遜真君を祖師とする江西省・西山の玉隆万寿宮の道士・劉玉が、13世紀末に開いた教団である。旧道教の雑多な呪術的な側面を廃し、儒教・道教・仏教の調和と、日常倫理の実践、特に忠孝を強調する所にその特徴がある。明清期に普及した、通俗道徳の実践の書・功過格は、この教団から広まった。

真大道教（しんだいどうきょう）
道教の一宗派。新道教の一種。12世紀中頃の金朝支配下で、劉徳仁によって開教された。その特徴は、呪術性を排除して、儒教・仏教・道教を混合して、戒律を重んじ、平易な日常道徳の実践を説くところにあった。このため、農民層を中心に広まった。やがて、中興の祖といわれる酈希誠がでると、モンゴル王室との関係が深まり、一時はその教勢は山東から江南にまで及んだが、14世紀以降、勢力が衰え、全真教に吸収された。

青詞（せいし）
道教祭祀の祭文及びその文体。青藤紙に朱筆で書かれるので、青詞と呼ばれた。また、**緑章**や**青辞**ともいう。なお、この青詞の文章は、翰林学士や地方官・文人などが起草し、一般的に四六文を用いる。

全真教（ぜんしんきょう）
道教の一宗派。**金蓮正宗**ともいう。新道教の一種。12世紀の半ばの金朝支配下の山東で、王重陽（本名は嚞）が開教。その後、弟子の馬丹陽や丘処機（長春真人）などの活躍で、金から元にかけて、陝西などに教勢を伸ばした。旧道教の呪術的な教法と社会的な堕落を批判し、儒教・道教・仏教の調和と、座禅による内面的・禁欲的修行を説く。この教団では、道士の妻帯を禁じ、道士が道観内で共同生活を営む、出家主義が採られた。元朝の尊崇を受け、その教勢は華北全域に及び、江南の正一教（天師道）と、道教界を南北二分するに至った。至元17年（1280）、仏教との論争に敗れて、その勢力は一時衰えたが、その後も華北では勢力を保ち続けた。ちなみに、有名な北京の**白雲観**は、この全真教の総本山である。

善書（ぜんしょ）
宋代以降に民間に流布した勧善の書。因果応報による勧善懲悪を説き、一般大衆に通俗的な倫理道徳の実践を勧めた。この種の善書の刊行は、南宋はじめの成書とされている『**太上感応篇**』以来、特に明清期に流行した。おびただしい善書の中でも、『太上感応篇』と、『**文昌帝君陰隲文**』・『**関聖帝君覚世真経**』が、三聖経とよばれ尊重されている。

太一教（たいいつきょう）
道教の一宗派。新道教の一種。12世紀の中ごろ、道士・簫抱珍が金朝支配下の河南で開教。**符水**（護符を入れた水）による治病や消災を説き、同時代に興った全真教や真大道教などの新道教と比べると、旧道教に近い。金や元の王室の保護を受けて、その教勢は、一時はモンゴルから華北まで及んだが、元中期以後、衰退した。

天師（てんし）
道教・正一教（天師道）派の教主。**張天師**・**正一天師**ともいう。後漢の**五斗米道**の教主・張魯は、祖父の張道陵が、太上老君から天師の位を授かったとして、みずからも天師と名乗った。以後五斗米道では、代々、教主は天師を名乗り、やがて天師道と称するようになる。ただ、天師は天師道の教主の占有ではなかった。元の世祖・フビライが、天師道・36代教主に天師号を与えたのが、国家から正式に認められた最初とされている。なお、元の成宗が、38代教主に正一教主という称号を与えて以後、この派は**正一教**を名乗るようになった。また、天師の呼称に対しては、明の太祖・朱元璋が、天子の上に立つもので不遜として禁止して以来、公的には**真人**と呼ばれたが、一般的には天師の呼称は現在まで続いている。

童道（どうどう）
道士となるための修行生。道士志望者は、道士に**度師**になることを依頼し、度師を拝して童道となる。童道となると、掃除・応対や四書・早晩功課経・三官経・玉皇経などを学習し、成長すると度師が冠巾礼を行う。この礼が終わると、戒士の資格を得たことになる。

道観（どうかん）
道教の道士が祭祀を行い、居住する宗教建造物。治・館・庵・廟・宮ともいう。その起源は、後漢の五斗米道教団の24治であるといわれている。南北朝時代には、南朝では館と呼ばれ、北朝では観と呼ばれていた。唐になると、王室の手厚い保護を受けて、大規模な道観も建設されるようになった。なかでも、**太清宮**などの大きな道観は、宮と呼ばれるようになる。やがて、金代になって全真教が起こると、道教の道観は、北京の**白雲観**を総本山とする全真教系と、江西省の龍虎山を総本山とする天師道（元代以降は正一教と呼ぶ）系の2系列に分かれるようになった。特に全真教系の大規模な道観は、**十方叢林**と呼ばれ、その継承が広く各地の道士に開かれた、いわゆる十方派の継承法が取られている。この十方叢林は、十方に開かれた道士の修行道場であり、弟子を取らないが、道教徒の受戒は、この全真教系の十方叢林でのみ行われる。そのため、十方叢林に起居する道士は、受戒のために集まってきた雲水道士であった。なお、天師道系はじめその他の多くの道観では、主に師から弟子へその道観が継承される子孫派の継承法が取られ、普通**道院**とか、**小道院**と呼ばれている。

道挙（どうきょ）
道教を課す科挙の試験科目名。同姓の老子を先祖とする唐では、道教を王室の宗教として尊崇した。玄宗の時、老子に玄元皇帝の尊号を奉り、長安と洛陽に玄元皇帝廟と崇玄学を併置し、科挙の試験科目にも、道教経典を課す科目を置いた。この道挙は、紆余曲折はあったが、唐末まで存続した。なお、北宋の徽宗の時に置かれた**道学**も、この唐の道挙に倣ったものと思われる。

道士（どうし）
道教を信奉し、道教儀礼を行う宗教家。唐代では、道士は黄色の冠を被っていたので、**黄冠**ともいう。また、**羽人**・**羽士**・**羽客**・**師公**とも呼ばれる。女の道士は、**女道士**・**女冠**・**女黄冠**・**女道**・**道姑**ともいった。道士はもともと有道の士という意味で、道教の独占ではなく、仏教の僧侶なども含まれていた。もっぱら道教の専門的実修者を指すようになるのは、4～5世紀以後のことである。唐になると、仏教の僧侶と共に、道教の道士に対しても、国家の管理が強まってくる。例えば、唐の均田制の下では道士も口分田給受の対象となった。また、**度牒**という証明書が発行されるようになり、この度牒を持たない者は、道士とは認められなくなった。度牒取得の主要な条件は、国家による試験で、『**老子道徳経**』などの暗唱・読誦が試された。もっとも皇帝の即位や生誕節などの際の勅許、金銭の進納などにより、無試験で度牒を取得することも可能であった。特に宋代になると名前の書いてないいわゆる空名度牒が売り出されたので、様々な人々が税金逃れのために道士となるようになった。また、金代になって全真教が起こると、道教は華北の全真教系と江南の天師道（正一教）系の二大系列に大別されるようになる。前者では、道士は妻帯せず道観に住む、いわゆる出家道士であったが、後者の大部分の道士は、妻帯し出家しない、いわゆる**火居道士**であった。

道釈画（どうしゃくが）
道教および仏教に関する絵画。六朝から唐代にかけての中国絵画を主導したのは、道釈画であった。特に、唐代には呉道玄等の一流画家が活躍したが、宋代には水墨山水画が主流となり、道釈画は職業的な画工の手に委ねられるようになる。なお、南宋から元にかけて、浙江省の寧波で制作され、日本に多量に将来された寧波仏画は、鎌倉から室町にかけての日本道釈画に大きな影響を与えた。

道蔵（どうぞう）
道教経典を集成した一大叢書。道教経典の収集と整理の動きは、東晋末頃から始まる。まず、上清派の**上清経**を中心にした**洞真部**、霊宝経を主体とする**洞玄部**、三皇経を中心にした**洞神部**の**三洞**が編纂された。この時期は、東晋の末頃（4世紀末～5世紀初期）である。その後、三洞に漏れていた諸派の経典が、**四輔**（太玄・太平・太清・正一）として補充された。この時期は、南北朝の梁頃（6世紀前半）という。こうして、後世の道蔵の構成要素である三洞・四輔の七部が出来上がった。唐では、玄宗が最初の道蔵『**三洞瓊綱**』を編纂させたと伝えられているが、安史の乱で散逸して残っていない。宋代では、まず北宋・真宗の命をうけた王欽若が『宝文統録』4,359巻を編纂し、その後、張君房がその欠を補って『大宋天宮法蔵』4,565巻（1019年）を完成させた。続いて、北宋8代皇帝・徽宗の政和年間に、『万寿道蔵』5,481巻が刊行された。道蔵の出版は、この『万寿道蔵』にはじまる。金では『万寿道蔵』を基礎に『大金玄都宝蔵』6,455巻が編纂され、元でも『元玄都宝蔵』が編纂刊行されたが、仏教との論争に敗北して、版木もろとも焼却された。その後、明代になって『正統道蔵』5,305巻（1444年）が再び編纂・刊行され、さらに1607年には『万暦続蔵』180巻が加えられた。この『正統道蔵』と『万暦続蔵』を合わせた5,485巻を、1923年から1926年に、上海の涵芬楼が影印したものが、現行の『上海版道蔵』である。全巻が千字文の順番に配列され、三洞・四輔に分類されているが、三洞四輔は南北朝期の教理の体系化で、その後の展開は含まれていない。また、民衆道教の経典もほとんど収録されていない。

道録院（どうろくいん）
宋の道教を管轄する機関。もともと祠部や鴻臚寺に所属していたが、徽宗朝には、一時、秘書省所属となった。しかし、南宋になるとまた祠部所属にもどった。都や諸路の道観及び道士を管轄する機関である。提挙以下、左右街正道録・副道録・首座・都監・鑑義などが置かれた。

八大執事（はちだいしつじ）
道教・道観内の八部局の事務職。監院の下僚で、客・寮・庫・帳・経・典・堂の八部局それぞれ執事と呼ばれ、その部局内の事務を司る。

符籙（ふろく）
天師や度師が、道士の修行段階に応じて発行する免許状。**法録・経籙・牒籙**とも呼ばれる。この符籙を所有することが、道士の証明とされた。符籙発給は、天師道（正一教）の独占ではなかったが、正一教が特に重視した。

方丈（ほうじょう）
道教の叢林における最高位の道士。仏教の方丈を借用したもの。三堂大戒を受けて、律師から法を伝授した徳の高い者が、推薦されてその職に就くことができる。日常事務には関与しないが、授戒の時には律師を務める。

法号（ほうごう）
道教・道士の法号。道教では、授戒の時、師から法号を授けられる。この法号を、法名ともいう。道士同士の場合には、この法号で呼び合う。道教の各宗派には、その宗派を開いた祖師が悟道の内容を詠んだ派詩があり、この派詩（宗派字譜）の文字の順に1字をとって法号につけ、その派の何代目の道士かを表す。

四大板首（よんだいばんしゅ）
道教・道観内の4種の管理職。**知客**（客の接待）・**寮房**（労働と建設）・**庫房**（道観全体の物品）・**帳房**（財務）の4職種。監院を補佐しながら、それぞれの職務を行う。中では、知客（知賓ともいう）の地位が最も高く、監院に次ぐ地位である。

雷法（らいほう）
雷を行使する道教の呪術。五雷法・五雷正法・五雷天心法などともいう。天上の雷部所属の神将・神兵を呼び出して、駆邪・治病・祈雨などの目的を達成するという呪術である。北宋末の道士・林霊素により集大成され、道教の代表的呪術となった。

④その他宗教

一賜楽業教（いっしらくぎょうきょう）
ユダヤ教に対する中国での呼称。一賜楽業は、イスラエルの音訳。**猶太教**ともいう。また、ユダヤ教徒は、牛や羊を屠殺する時、その筋を除去するので、挑筋教とも呼ばれた。明の弘治2年（1489）の碑文によれば、南宋末の孝宗・隆興元年（1163）、開封にユダヤ教寺院が建設されたという。ただ当時の開封は金朝支配下にあり、必ずしも記述は正確とは言えない。ユダヤ人を指す**朮忽**（**主吾・主鶻**ともいう）が、中国の文献に見え始めるのは元代からであるから、開封のユダヤ教寺院も、実際には元代の創建と思われる。明代には、イスラーム寺院を指す清真寺という名称で呼ばれていた。なお、その碑文によれば、立教の始祖は阿無羅漢（アブラハム）といい、人類の始祖・阿耽（アダム）19代の子孫で、その後、正教の教祖・乜摂（モーセ）に伝えられたという。この開封のユダヤ人は、言語風俗は漢化したが、漢族とは通婚せず、清末には400人程度の人口を維持していたという。

回教（かいきょう）

イスラーム教に対する中国での呼称。**回回教**・**清真教**ともいう。なお、現代の中国では、**伊斯蘭教**を公式呼称としている。イスラーム教は、7世紀の中ごろ、海路経由で中国に伝わったと考えられている。そして、唐から宋にかけて、広州・泉州・揚州などの諸都市では、礼拝寺と呼ばれるモスクが建てられ、漢人の信者も出現するようになった。さらに、東西の交流が盛んとなった元代には、多くのイスラーム教徒が中国各地に住み着くようになり、**回回**と呼ばれた。また、元代の史料には、色目人の中に**答失蛮**と呼ばれる人々がよく見られるが、これはイラン系のイスラーム教徒を指す。現代、少数民族のひとつに数えられる回族（回民）は、この時期の移住者と漢族とが通婚を通して、歴史的に形成された民族と考えられている。なお、イスラーム教徒は、独自の信仰・風俗を維持したために、周囲の漢族との間でしばしば衝突（械闘）や反乱（回民反乱）を繰り返した。

基督教（きとくきょう）

プロテスタントの中国での呼称。**耶蘇教**・**新教**・**抗羅宗**ともいう。プロテスタントの中国布教は、カトリックにはるかに遅れて、19世紀の中頃になってからである。また、プロテスタントでは、カトリックのような布教経験もなく、母国のイギリスやオランダからは、カトリック国のフランスのような積極的な援助もなかった。このため、無料または安価な宗教書を配布したり、学校を設立したり、医療活動を行って、民心を得る伝道方法を執ることとなった。その努力が実って、20世紀になると、教勢は隆盛に向かうが、その背景には、アメリカからの多額の資金提供があった。ただ、五四運動期の反帝国主義運動の影響を受けて、20年代になると、従来の外国人宣教師主体の教会運営に対する反省から、中国人による自主運営（自治）・財政的自立（自養）・自主布教（自伝）という、**三自愛国運動**が起こった。第2次大戦後、中華人民共和国が成立すると、中国政府は、中国基督教三自愛国運動委員会を組織して、プロテスタント信者を一元的に管理する体制をとった。しかし、それへの参加を拒み、非合法下で独自の信仰を守る地下教会も存在する。

景教（けいきょう）

ネストリウス派のキリスト教に対する中国での呼称。大秦景教ともいう。エフェソス公会議で異端とされ追放されたネストリウス派は、東方伝道に力を注ぐようになった。中国伝道は、貞観9年（635）、阿羅本を団長とする布教団が、長安を訪れたのが最初である。はじめ、ペルシャから伝わったので、**波斯経教**と称され、教会も**波斯寺**と呼ばれたが、後には**大秦寺**と改められるようになる。建中2年（781）、信者の出資によって、長安の大秦寺に「大秦景教流行中国碑」が建てられた。景教とは、中国の信者が与えた名前で、光り輝く教えを意味し、この碑により中国での景教の盛衰を知ることが出来る。しかし、会昌の廃仏により弾圧を受けて衰えた。宋代には、景教は中国本土ではほとんど姿を消したが、西北辺境方面ではなお残存し、11世紀にはモンゴルのケレイト部のほとんどが景教徒となり、通婚によりチンギスハーン家にも、多くの信者を出した。このため、元朝になると、復活して長江流域まで広まった。元代では、景教徒は、ペルシャ語の神を恐れる者を意味する、**也里可温**・**達娑**などと呼ばれている。しかし、元が滅んで明初になると、一切のキリスト教は禁断となり消滅した。

祆教（けんきょう）

ゾロアスター教に対する中国での呼称。**拝火教**ともいう。ササン朝ペルシャの国教となったゾロアスター教は、南北朝時代に華北に伝わった。隋唐時代には、長安・洛陽をはじめ伊州・敦煌・涼州などの諸都市で、祆寺・祆祠などと呼ばれるゾロアスター寺院が建てられ、隋では薩保、唐では薩宝という官を置いて教徒を管理していた。しかし、会昌の廃仏で衰退したものの、その余流はなお宋元まで存在していた。

天主教（てんしゅきょう）

カトリックの中国での呼称。**公教**ともいう。16世紀、カトリック教会のアジア宣教の先頭を切ったのが、イエズス会のフランシスコ・ザビエルである。ザビエルの死後、イエズス会では、ミケーレ・ルッジェーリ（羅明堅）やマテオ・リッチ（利瑪竇）を派遣して、ザビエルの意志を継いで本格的に中国布教を行わせた。イエズス会では、宣教師に中国語を学ばせて中国文化の理解を深めさせ、中国の習俗や思想に合わせるなど、中国側に受け入れられやすい布教方法を執った。また西洋の最新の科学書や器具なども提供したので、明末から清初の中国上層部に天主教は浸透して、徐光啓などの中国人信者も増えた。しかし清になると、イエズス会に遅れて中国布教をはじめたフランシスコ会などが、イエズス会の布教方法は神への冒涜と非難し、ローマ法王に訴えて論争になった（典礼問題）。しかし、結局ローマ法王は、イエズス会の布教を非としたので、時の清朝皇帝・康熙帝は激怒して、イエズス会以外の宣教師の入国を禁じ、次の雍正帝の時代になると、キリスト教の布教も全面禁止となった。その後、天津条約（1858年）などにより、フランスがキリスト教の布教権を獲得すると、カトリック側でも本格的な布教活動を再開した。しかし、戦勝国の威勢を背景とする布教は各地で反発に遭い、仇教運動と呼ばれる激しいキリスト教排斥運動が中国全土に勃発することになる。さらに、五四運動期には、反帝国主義運動の高まりの中で、帝国主義と密接な関係があったカトリックに対しても批判が高まった。やがて、中華人民共和国が成立すると、中国政府は外国勢力の影響を受けた宗教団体の存在を認めず、中国天主教愛国協会を組織して、この協会を通じて独自に司教を任命するなど教会への干渉を強めた。こうして、中国ではバチカンと断絶したまま現在に至っている。

摩尼教（まにきょう）

マニ教に対する中国での呼称。**牟尼教**・**明教**ともいう。文献で確認されるマニ教の中国伝来は、唐の則天武后の時である。その後、安史の乱の際、唐救援に赴いたウイグルの牟羽可汗がマニ教と遭遇して信者になり、マニ教がウイグルに伝わり、やがてウイグルの国教となった。また唐では、ウイグルの要請を受けて、長安や太原などの地にマニ教寺院・大雲光明寺を建立したが、会昌３年（843）の武宗の廃仏により、マニ教は禁断された。しかし、全く根絶したのではなく、秘密結社化して地下に潜行していたようで、宋代になると明教や喫菜事魔等と呼ばれ、方臘の乱などの農民民反乱を起こしたといわれている。元では、合法化されていたらしく、福建省泉州の摩尼教草庵はじめ４ヶ所にマニ教寺院が建てられたことが知られている。やがて、元末になると、白蓮教の乱が起こるが、白蓮教にはマニ教が混入しているといわれている。そのため、白蓮教徒から身を起こした朱元璋の政権である明は、明教の明に由来するとされている。

⑤俗信

悪目（あくもく）

異人の眼差し（邪視）。イーヴル・アイ。異人（鬼神）の眼差しは邪悪で、それを受けた人に様々な害悪を与えるという、邪視の信仰は世界中で広く信じられている。中国ではこの邪視信仰はあまり見られないといわれていたが、必ずしもそうではない。特に妊婦の眼差しは危険とされる。妊婦が身ごもっている胎児は、まだ異界の住民で、妊婦の眼差しにはその胎児の眼差しが重なるので、妊婦は**四眼人**と呼ばれる。この四眼人の眼差しを浴びると、薬の処方、染色の色、酒や味噌・醤油の醸造、建設中の建物などは、たちまち損なわれてしまうという。

閻魔大王（えんまだいおう）

仏教の地獄の支配者。古代インドの冥界の王・ヤーマの漢訳。**閻羅王**・**閻君**・**平等王**ともいう。本来、冥界の主催者で、生前の行為によって死者に審判を下す神とされていた。中国に伝来すると、土着の冥界の観念に同化するようになり、地獄の支配者**十王**の５番目の王・閻羅王と８番目の平等王に数えられるようになる。この地獄の十王の観念の完成は、唐末五代頃とされている。

瘟神（おんしん）

伝染病を流行させる鬼神。**瘟鬼**・**疫鬼**ともいう。古代人は、疫病は悪神・悪鬼が伝播させると考えていた。瘟鬼という言葉は、既に、後漢の『独断』や『論衡』などに見えている。また、唐代になると、５種類の恐るべき疫病は、５種の瘟鬼・神がそれぞれ流行させる、**五瘟鬼**・神という観念もおこる。さらに、宋代になると、瘟神や瘟鬼は、天の官僚組織に組み込まれる。そして、天の役所（天府）の瘟部に所属して、天の命令で、天罰として疫病を人間界に流行させ、瘟鬼は瘟神の部下とされるようになった。

回煞（かいさつ）

死者の帰り来る魂。死者の亡魂は、一度だけ里帰りをする。この帰り来る魂を回煞という。その時期は、死後３日・10日、あるいは死者の生年月日の干支によって決まるなどといわれている。この回煞は、狂暴で家族に害を与えると考えられているので、この日は家族がその害を避けるために、家を留守にする。これを**避煞**という。この風習はすでに北朝には存在していたが、宋代以降、全国的に広まった。

関聖帝君（かんせいていくん）

三国時代の武将である関羽の神格化。関羽に対する信仰は、唐代ごろからはじまる。やがて、孔子を祀る**文廟**に対して、関羽は武神を祀る**武廟**の主神となり、特に金軍の侵入に苦しんだ北宋末から、その信仰は盛んになった。そして関羽は、北宋末には義勇武安王に封じられ、元では顕霊義勇武安英済王に、明末には三界伏魔大帝神威遠鎮天尊関聖帝君に封じられた。このため、関羽は**関聖帝君**・**関帝**と呼ばれるようになった。民間では親しみを込めて**関公**・**関老爺**と呼ばれている。また、南宋の忠臣**岳飛**への信仰と一体となって**関岳廟**も南方各地で祭られた。明清になると、関羽は商売の神である**財神**とされるようになるが、これは、関羽信仰が関羽の故郷の山西省の商人（山西商人）によって広められたからだといわれている。清代には官が定める上祀・中祀・群祀という３ランクの祭祀対象のうち、関帝はトップに位置している。そして中国商人の至るところ、東南アジアや日本の長崎・神戸・横浜・函館、アメリカのチャイナタウンなどには、必ず関帝廟が建てられることとなった。

軌革（きかく）

北宋の費孝先によって卦影と共に広められた占法。易で占った結果を、絵に描いたり（**卦影**）、文字で表したり（軌革）するもので、士大夫に愛好され宋代に流行した。

殭尸（きょうし）

ミイラ化した死体の妖怪で、日本ではキョンシーの名で知られるもの。**僵尸**とも書く。中国では、万物は年を経れば、怪しい霊力を持つようになるという観念が、古くから存在した。殭尸は、ミイラ化して年を経た死体で、人々に危害を与えると考えられている。この殭尸信仰は、特に江南に多い。1980年代に、香港を中心に殭尸映画が大流行して台湾に飛び火したのも、これらの地域ではもともと殭尸信仰が存在していたからである。

響卜（きょうぼく）
　占いの一種。夜の街頭で道行く人の最初の言葉を聞いて、吉凶を占うので、**聴響卜**ともいう。また、この占いをする際に魔除けの鏡を持って行くので、**鏡聴卜**ともいう。唐代に始まり、宋代にはかなり普及していた。

狐仙（こせん）
　狐の神。**胡仙**とも書く。中国では、狐は動物の中でも特に賢いと考えられ、古くから信仰の対象となっていた。近代まで、中国北方のほとんどの村では狐仙堂が建てられ、狐仙が祀られている。また、志怪小説中でも、狐仙は最も代表的なキャラクターであった。

五通神（ごつうしん）
　邪神や財神などさまざまな性格を持つ神で、安徽の歙県から広まったという。**五聖・五鬼・五猖神・五郎神・五顕霊公**ともいう。唐末にすでに五通廟が存在し、5人兄弟の神とされている。宋代に信仰が盛んとなり、各地で種々の名で呼ばれ、徽宗によって5人それぞれが霊応昭慶公などに封ぜられた。明清では、**財神**として信仰を集める一方、淫乱な神で婦女を誘惑する邪神として恐れられ、江南各地に多く廟が建てられた。

行業神（こうぎょうしん）
　職業や同業組合（ギルド）の守護神。**行神**ともいう。行業神の最も古い例は、唐の段成式『酉陽雑俎』が引用する、北斉時代の盗賊たちが古代の大泥棒・**盗跖**の墓を祀っていたという話とされる。この話が北斉の実話であったかどうかわからないが、唐代には茶商人が茶聖・**陸羽**を、酒屋が古代の酒の発明者・**杜康**を、大工が古代の大技術者・**魯般**（班）などを祀っていた事は確かであるから、唐代にこの風習が相当広まっていたと思われる。その後、宋代以降、商工業の発達に伴い行神も増え、清代になると、「あらゆる職業（三百六十行）は、守護神（祖師）なくば立たず」といわれるようになる。商工業者たちは、各職業毎に守護神の祭祀を中心に団結し協力しあっていた。

行神（こうしん）
　道の神・旅行の神。**道祖神・道神・祖神**ともいう。戦国時代の占卜の書・『日書』では、治水のために全国を東奔西走した夏王朝の初代の禹が、行神とされている。行とは、甲骨文や金文では十字路の象形であり、道の交わるところ、神の居るところである。旅立ちを送る時には、城門の外で禹を祭り、送別の宴が開かれた。これを**祖道**という。しかし、禹を聖人とする儒教が勢力を持つようになると、行神としての禹の側面は忘れられ、後漢では、黄帝の子の累祖や共工氏の子の修が、行神とされるようになった。

崔府君（さいふくん）
　冥界の役所の裁判官。唐代では崔判官と呼ばれ、閻魔大王を補佐する冥府の副官とされていた。宋代では、崔府君と呼ばれるようになる。名は崔子玉といい、生前地方長官として善政を行ったので、死後神に祀られるようになったという。北宋末には、徽宗によって顕応公に封ぜられた。南宋になると、靖康の変の際に高宗の夢に現れて、高宗の南への逃亡を助けて南宋を建国させたとされ、護国顕応興聖普佑真君の称号を贈られ、厚い信仰をうけるようになった。なお、元代には、顕恵斉聖広佑王に改封されている。そのため、各地に府君廟が建てられ、死者を審判する外、辟邪や降雨の霊験があるなどともされるようになったが、近代になるとその信仰は衰退した。

財神（ざいしん）
　商売の神、金儲けの神。財神とされる神は、地域や時代によっても異なるが、趙公明・比干・関羽・五顕神・利市仙官・**財福娘娘**などが代表的である。**趙公明**は、趙公元帥・趙玄壇とも呼ばれ、六朝時代には、冥界の神とされていた。やがて、隋唐時代から宋元時代には、疫病を司る瘟神とされるようなり、商業が盛んになった明代には、商売の神となった。**比干**は、殷の紂王を諫めた忠臣として有名であるが、その誠実さからか、文財神とされるようになった。また、三国時代の武将の関羽（**関帝・関公**）も、武財神とされている。これは、関羽の故郷の山西商人たちが、関羽をその守護神としていたことに由来するといわれている。この他、**五顕神**は、宋代から登場する神で、五路神・五通神とも呼ばれているが、明清時代に財神とされるようになった。**利市仙官**は、『封神演義』などでは、趙公明の部下とされている神である。新年にその像を門に貼って、商売繁盛を祈願する風習が、清や民国時代の商家では、かなり一般的に行われていた。

殺人祭神（さつじんさいしん）
　人を殺して神に供える習俗。宋の広東・湖北・湖南・四川を中心に、人を殺し生け贄として、神を祭る習俗が流行した。祭られる神は、稜騰神とか摩䭾神などとする史料があるが、詳しくは不明。また、この習俗が外国から伝来したという仮説もあるが、仮説の域を出ない。宋朝の厳しい弾圧にも関わらず、絶滅には至らなかった。元朝になって、宋朝を上回る厳重な弾圧により消滅したといわれている。

山魈（さんしょう）
　山林の精ないし木石の精と古くから信じられていた一種

の神・怪物。山暉・山臊・山繰・山都・木客・木下三郎・獨脚五郎とも記される。未開地を含めて地方の風物を記述した『山海経』・『淮南子』などに記録され、六朝・唐・宋の志怪・筆記にも登場する。その属性は人の形、人面をし、毛深く、一本足（独脚）で足の甲が逆向き、猿のごとく出没し口笛のような声をあげ、樹上に住み、焼き畑で収穫を人と分かち、材木・薪を金銭・化粧品等と交換する、などで、悪事もするが概して親和的で虎などから旅人を守ってくれる、とされる。華南の南嶺山脈からベトナムにかけての深い森林、ことに江西の贛州から福建の汀州にわたって山魈の見聞が多いことから、漢人が華中から華南に向けて住地を拡大するにつれて、山地の民と接触してこの山神への伝承が生まれたと考えられている。宋代から明清にかけて江浙で広がった財神の五通神（五顕神）は山魈に属すとされた。木客・五通神は淫乱好き、悪事好きの神であるが、これを祭ればその家の財貨をたちまちに増やすという霊験によって、その信仰が大いに広まった。本廟は安徽の徽州府にあった。

算命術（さんめいじゅつ）

人の運命を知る占法。陰陽五行説と生まれた年の干支によって、その人の運命を知ることが出来るという考え方は、遅くとも漢代には見られはじめる。やがて唐代の李虚中によって、生年月日の干支と陰陽五行説による算命法が確立した。その方法は、さらに宋（五代ともいう）の徐子平によって改良され、生年月日に生れた時間を加えた八字（四柱）法として完成をみることになった。当時は家柄よりも個人の実力がものをいう時代になっており、人々の運勢判断に対する関心が高まっていたので、算命術も流行した。

祠山張大帝（しざんちょうたいてい）

雨乞いの神。**祠山神・張王**ともいう。安徽省・広徳県・祠山の地方神であったが、唐の後半から五代・宋にかけて雨乞いの霊験があらたかだったので、江南各地にその信仰が広まった。五代に広徳王に封ぜられ、宋朝では忠祐霊済王などに封ぜられている。その祠山廟の春の大祭は、牛を犠牲にして祭るので**牛祭**と呼ばれ有名であった。牛を犠牲にして祭るのは、天子の特権であるから、しばしば禁令が出されたが、止まず清代まで続いた。

紙銭（しせん）

死者や鬼神のための紙製の銭。**楮銭・紙錁・冥銭・陰銭・冥票・冥鈔・寓銭**ともいう。漢代から死者を埋葬する際、棺に本物の銭を埋葬する瘞銭という風習があったが、六朝からこの銭が紙製になり、宋代以降、民間に広まった。

紫姑神（しこしん）

厠の女神。もとある人の妾であったが、本妻から嫉妬されて、便所や豚小屋の掃除などをさせられるという虐待を受けて自殺した。その後、便所や豚小屋で彼女の名を呼ぶと、その霊が現れ、人々の問に答えたという。その信仰は六朝時代に遡るようであるが、これが後世の**扶乩**（**扶箕・扶鸞**）の起源とされている。

二郎神（じろうしん）

水の神。**灌口神**ともいう。その前身については、さまざまな説があるが、最も古いものは、戦国・秦の蜀の太守で、都江堰を建設して水害を防ぎ人々を救った李冰という説である。唐代になると李二郎は、李冰の息子の李二郎という説が盛んとなり、宋代にはこの説の方が有力になった。宋朝では、李冰を広済王に、息子を霊恵侯に封じて以来、その廟を**二王廟**と呼ぶようになる。なお、明代の『封神演義』などでは、宋の徽宗朝の宦官であった楊戩とし、そのため清代以降、民間では楊戩の方が一般的になった。

地獄十王（じごくじゅうおう）

死者を審判する地獄の10人の神。**十殿閻王**ともいう。地獄には、10の役所（十王殿）があり、十王はそれぞれの役所で、死者の罪業を審査するという。第1殿には秦王広王、第2殿には初江王、第3殿には宋帝王、第4殿には五官王、第5殿には閻羅王、第6殿には変成王、第7殿には太山王、第8殿には平等王、第9殿には都市王、第10殿には五道転輪王がいるとされている。この十王信仰は、仏教の地獄の観念と、中国の伝統的な冥界の観念が融合して、唐末ごろに完成したといわれている。

焼香（しょうこう）

香を焚いて、神仏に祈ること。**焚香・上香・進香**ともいう。『詩経』にも、脂で蕭（かわらよもぎ）を焼いて、その芳香で神を祀る歌があるので、この習俗は恐らく殷まで遡ると考えられる。漢代以降、仏教の伝来と共に、西方の多様な香料が輸入されるようになり、宗教行事と焼香は密接不可分の関係になった。さらに、明代になって線香が普及し出すと、ますます焼香は盛んとなる。

鍾馗（しょうき）

神の名。もともと、**鍾葵**とか**終葵**という、魔除けの棒だったようである。南北朝から唐にかけて、魔除けのために人名に用いられるようになり、やがて、姓は鍾・名は馗という神の名前とされるようになる。唐の後半からは、年末にこの鍾馗像を門に貼って魔除けとするようになった。なお、端午の節句に鍾馗像を魔除けに掛けるようになるのは、清の中期頃からである。

城隍神（じょうこうしん）

都市の神。城隍とは、城の堀のことで都市を指し、城隍神は都市の守護神である。この神の出現は、かなり遅く、南北朝の末期頃といわれている。やがて、**城隍神**が土地神と泰山府君の間に割り込み、竈神－土地神－城隍神－**東岳大帝**（泰山府君）という、冥界のヒエラルヒーが出来あがった。このヒエラルヒーの完成は、唐の後半だと考えられる。小は県城から、大は省都・首都まで、都市という都市にはみな城隍神が祀られた。一般的には、現実の県の知事と同格と考えられている。そのため、県知事が赴任すると、県庁に行くより先にまず城隍廟に一泊して、この神に協力を祈るのが清末まで習慣となっていた。現実の県の秩序は県知事が、冥界の秩序は城隍神が担当し、幽明協力し合って一県の秩序は保たれると考えられていた。一揆を起こす場合などには、城隍廟に行って誓い、城隍廟で訴状を焼き天に訴えるのが通例となっていた。また死者の魂は、城隍廟に連行され裁判（冥判）が行われるため、夜中に城隍廟の側を通ると、拷問を受ける罪人のうめき声が聞こえるといわれている。この神には、冥界の人事異動によって、歴史上の功臣や有名人など、民衆に人気がある人物が任命されると信じられていた。

娘娘（じょうじょう［ニャンニャン］）

女神信仰の一種で、ニャンニャンと呼ばれるもの。娘娘という語は、もともと母親・高貴な夫人・皇后などを指す言葉であったが、やがて女神を指すようになる。**泰山娘娘**（碧霞元君）を祀る泰山の碧霞君廟や北京西北の妙峰山の娘娘廟、**王母娘娘**（西王母）を祀る北京の蟠桃宮などでは、主神の女神を中心に、その配下に子授けや出産を司る送子娘娘・催生娘娘、眼病を治してくれる眼光娘娘、天然痘を治してくれる斑痘娘娘、金儲けや出世・長寿をもたらしてくれる財福娘娘など、様々な機能を分掌する女神たちが祀られ、女性たちの厚い信仰を受けていた。

神呪（しんじゅ）

魔除けの呪文。密教の陀羅尼を漢訳して呪という。マジカルな霊力を持つ言葉という意味。サンスクリットの原語で唱えるので、**密語・密呪・真言陀羅尼**という。また、経典に挿入されているので、経呪ともいう。この呪文を唱えると、神秘的な効能があると信じられているから、神呪ともいう。なお、道教でも、漢語四字句の律文形式に図を添えた呪を用いるが、これを**符呪**という。宋代の『夷堅志』などの説話集には、危難に際して神呪を唱えて助かった多数の話が収録されており、民間で神呪信仰が盛んであった事が伺える。

真武神（しんぶしん）

道教の守護神。もと、玄武といったが、北宋・真宗の時代に、宋の始祖とされる聖祖趙玄朗の諱をさけて、真武と改められた。**真武大帝・玄武大帝・玄帝・玄武神**などとも呼ばれる。もともと、28宿のうちの北方7宿をさす星座の名であったが、道教に採り入れられて、四神のうちの北方神となり、道教の守護神となる。北宋末には、北方の金の鎮圧を願って、佑聖助順真武霊応真君の尊号が贈られたが、北宋は滅亡したので、南宋では人気が衰えた。真武神の人気が回復するのは、元以降である。特に、明の永楽帝は、北方から起こり、真武神の加護があったとして、北極鎮天真武玄天上帝の尊号を贈り、武当山に壮大な真武廟を建設した。以後、各地に真武廟が建てられ、その信仰は広まった。

聻（せき）

幽霊の幽霊。唐代には、門の上に虎の絵を描き、聻という字を貼っておけば、幽霊が恐れて侵入しないとされていた。この聻は、馮漸という魔除けの達人の術者の名が訛ったもの等といわれている。宋代ごろになると、聻は、幽霊が死んで幽霊になったものとされはじめる。人間は幽霊を恐れるが、幽霊は聻を恐れるという。清代の小説類では、よくこの幽霊の幽霊である聻の話が出てくる。

走無常（そうむじょう）

死者の魂を地獄へ連行する地獄の下役である**無常**の代理をする生人。**活無常・走陰差**ともいう。唐宋以降、人が死ぬと、地獄から2人の無常と呼ばれる下役が派遣され、魂を地獄に連行すると信じられるようになった。そして地獄で人手不足になると、生きた人間に無常の代理（走無常）を務めさせると考えられるようになる。代理に指名されるのは、大体決まった人間で、突然死んだようになるが、半日から2、3日して息を吹き返すとされている。多分、市井の下級宗教者が、その能力を吹聴して職業にしていたのだろう。

相術（そうじゅつ）

顔や手・骨格などの身体的特徴により 、人の未来を占う占法。**相人術・相面術・風鑑術・看相術**などともいう。春秋時代にはすでに行われていたことが知られるが、戦国以降さらに発達した。特に、家柄よりも個人の実力がものをいうようになった宋代以降には、人々の運勢判断に対する関心が高まり、相術も流行する事になった。このような風潮の中で、**看面先生**とか**相面先生**と呼ばれる相術を生業にするものまで出現するようになる。

総管（そうかん）

明清期に江南デルタ地帯で信仰された土地神の一種。特に漕運に当たる糧長に信仰されていたが、糧長の没落後には施米の神として農民に祀られ、その結社にも利用された。総管の呼称は元代における海運船団の指揮官名に由来するという。また、その指揮官の呼称によって金総管・金府総管ともいった。

竈神（そうしん）

竈の神、家の神。**竈君・竈王・竈王爺・東厨司命**などの呼称もあり、また竈の代わりに灶の字をあて**灶神・灶君・灶王・灶王爺**と呼ばれることもある。竈は一家の食事を作り、一家の生命を支える重要な場所であるから、どの文明でも、その家を象徴する神聖な場所とされている。中国でも早くから、竈の神はその家の守護神とされ、一家を守護すると共に、監視すると考えられていた。魏晋南北朝になると、竈神は、年末（月末）に天上に昇って、天の神に一家の罪を報告すると考えられている。その一方、竈神は一家の死者の魂を泰山の神の元に届ける役割を担う事になり、やがて、竈神－**土地神**－**城隍神**－**東岳大帝**（泰山府君）という冥界のヒエラルヒーの最底辺を支える神となった。この冥界のヒエラルヒーの完成は、唐の後半と考えられるが、その後も依然として、竈神は年末の12月24日の晩に、天上に昇り天帝に直接一家の行為を報告するとされている。

太歳（たいさい）

凶神。中国では戦国時代の中ごろから、木星が天を12年で1周することが知られるようになり、木星を**歳星**としてその位置でその年を呼ぶ、歳星紀年法が採用されるようになった。しかし、当時は既に歳星の順行とは逆向きに十二支が配当されていたため、混乱を防ぐために、実際の歳星とは逆向きに進行する歳星の影像を想定して、太歳または歳陰と名付け、その位置によって年を呼ぶようになった。このように、太歳はもともと架空の概念であったが、やがて、太歳は地中を順行する恐ろしい凶神と考えられるようになる。そして、その年の太歳の方角で土木工事や引っ越しを行うと、恐ろしい禍が起こると信じられるようになった。太歳は地中の怪物（肉塊）とされることが多いが、宋代ごろから人格神化して、太歳霊君と呼ばれたり、元代には殷・紂王の息子殷郊ともされるようにもなった。明の『封神演義』では、この殷郊と楊任の2人が太歳神に任命されている。

拆字（たくじ）

占いの一種。**破字**・**相字**・**測字**ともいう。漢字を偏旁冠脚などに分解して、その意味により吉凶を占う方法である。すでに古代からこの種の観念は存在したと言われているが、一般的になるのは、宋代以降である。明清時代になると、この拆字を職業とする**測字先生**も出現するようになっている。

倀鬼（ちょうき）

身代わりを求める幽霊。**討替鬼**ともいう。河で溺死した者や虎に食われた者が転生するためには、身代わりに死んでくれる者が必要と考えられていた。そのため、河で溺死した者の幽霊は、その溺死した場所で身代わりになりそうな者が来るのを待ち受け、溺死させるとされている。これを、**江倀**とか、**水倀**・**溺鬼**という。また、虎から食われた者の幽霊は、虎の周りにいて人を誘導して虎に食わせるとされている。これを**虎倀**とか、**虎鬼**ともいう。この種の信仰は、唐代ごろから始まったようである。

張仙（ちょうせん）

子授けの神。張仙が弓を引き絞って、空の天狗を狙っている「張仙送子図」は、近代まで広く民間に流布していた。これを掲げておけば、子を食うという天狗が寄りつかないので、無事子供が生まれるという。この信仰は、宋代にはかなり普及していた。

土地神（とちしん）

土地の神。住宅や寺院・道観・役所・墓場・牢獄など、様々な場所には、それぞれその土地を管轄する神がいると考えられている。これが、土地神で、地域の住民を天災や戦乱から守り、住民の死後の魂をも管理すると考えられていた。この土地神の話は、魏晋南北朝頃から見えているから、この頃には土地神の信仰が存在していた事が知られる。その後、土地神と泰山府君の間に南北朝末頃から登場した都市の神（**城隍神**）が、また土地神の下に竈の神（**竈神**）が加わり、竈神－土地神－城隍神－**東岳大帝**（泰山府君）という、冥界のヒエラルヒーが完成するのが、唐の後半だと考えられる。なお、古代から存在する聚落の神である社神は、もともとこのヒエラルヒーの外にあったが、やがてこの社神の聚落神としての要素も取り込んで、土地神は聚落の神ともなった。このため、一般的に土地神は土地爺と呼ばれているが、社の神である社公とも呼ばれる。また江南では、主に福徳正神と呼ばれている。

東岳大帝（とうがくたいてい）

泰山の神。**泰山府君**・**東獄大帝**などともいう。中国の五岳のひとつ東岳（獄）・泰山は、古来天神が下り、死者の霊魂が集う山と信じられていた。そのため、その神は**竈神**－**土地神**－**城隍神**などの冥界のヒエラルヒーを統率して死者の魂を管理をする神とされるようになる。この冥界のヒエラルヒーが完成するのは、唐の後半と考えられている。また、仏教が伝来してその地獄の観念が普及すると、地獄の支配者**十王**の1人にも数えられるようになった。この地獄十王の観念の完成も、唐末五代頃といわれている。そしてこの十王としての泰山の神は太山王とよばれ、冥界のヒエラルヒーの頂点に立つ神は東岳大帝と呼ばれるようになった。また、宋代以降、山東泰山の東岳廟は各地に行祠（支廟）が建てられるようになる。なかでも大きな市鎮では東岳行祠が目立っていたが、それは東岳大帝が財神の面も合わせ持っていたことと関係する。

哪吒太子（なたたいし）

神の名。**那吒**とも書く。もともと仏教の守護神・毘沙門天の息子とされていた。唐代には、この毘沙門天と開国の武将・李靖とが結び付き、その子も神格化されるようになる。やがて、宋元期には妖怪退治の神将とされた。明代の『封神演義』では龍退治などで活躍する代表的なキャラクターとなった。現在も民間で最も親しまれる神である。

杯珓（はいこう）

占法の一種。**盃珓・筶**（ポエ）ともいう。ハマグリの貝殻状の２枚の珓を地上に落として、裏と表の組み合わせで吉凶を占うもの。珓は、昔はハマグリの殻を使ったが、竹・木・玉でも作る。六朝の梁の『荊楚歳時記』に見えているから、南北朝ごろからはじまったようである。唐・宋時代から流行して、現代でもポエと呼ばれ、香港や台湾の寺廟の参拝客によって広く行われている。

八字（はちじ）

人の誕生時の年・月・日・時刻を、干支であらわしたものを八字（**四柱**）という。人の運命はこの八字によって決定されていると考えられており、この八字によって吉凶・禍福を占う方法を、**批八字**あるいは、**四柱推命法**といい、五代（宋ともいう）の徐子平によって完成されたので、**子平四柱**とも呼ばれている。

八仙（はっせん）

民間伝説中の８人の仙人。一般に、**呂洞賓・李鉄拐**（鉄拐李）・**漢鍾離**（鍾離権）・**張果老・韓湘子・曹国舅・藍采和・何仙姑**の８人を指す。これらの仙人は、唐宋時代にまだ個別に登場するが、元の雑劇の中で八仙故事が盛んに取り上げられるようになり、明・呉元泰の小説『八仙出処東遊記』によって現在見る八仙の形が確定したとされている。道教寺院では、これら八仙をセットで祀ったり、呂洞賓など個々の仙人を単独で祀る。また民間では、八仙は縁起物とされ、正月の供え物に八仙卓を飾ったり、八仙を象った図案が建築・家具・服装など、さまざまな所で使われている。

巫蠱（ふこ）

呪術の一種。蠱を利用する呪詛の方法。**蠱**は、種々の毒虫や爬虫類を１つの瓶の中に入れて共食いをさせ、１年後に生き残ったものという。巫（シャーマン）の助けを借りて、呪詛対象者の人形に、蠱の排泄物などを加えて呪詛して地中に埋めると、その対象者は致命的な病気を発症するとされていた。前漢代の武帝時代から盛行するようになり、唐律以来清律に至るまで、造畜**蠱毒**の禁止が規定されている。造畜は製造・所有という意味。

扶乩（ふけい［フーチー］）

占いの一種で、フーチーと呼ばれるもの。**扶鸞・扶箕・鸞筆・飛鸞**ともいう。二股の木（乩木）や丁字形の架（乩架）の下に筆や錐を吊し、砂をまいた盤（沙盤）の上に置き、神下ろしをすると、乩木が自動的に動き出し砂の上に文字が書かれる。それを読み上げて、神意を知る。この乩木の代わりに、箕や弓を用いることもある。１人で乩木を支える単乩と、２人で支える双乩がある。起源は、５世紀頃に江南に広まっていた**紫姑神**の信仰にあるとされている。

風水（ふうすい）

都城・墳墓・住宅などの立地を選択する術。**堪輿・地理・青烏術**ともいう。都市建設の際に、卜占によって良地を選ぶことは、すでに殷時代に行われていたが、陰陽五行説と結合して体系的な地相術となるのは、漢代からのようである。風水という語は、風水術の開祖とされる、三国時代の郭璞に始まるといわれている。この術では、環境条件が、現世の人間だけではなく、死者や未来の子孫の運命にまで影響するという。そのため、立地を選ぶ場合には、山川や水流などを見て、天地の運行にマッチした立地を選ぶ必要があるとする。この風水の専門家は、**風水先生・地理師・堪輿家・形家・葬士**などと呼ばれ、羅盤などを携えて地相を占う。この術は、ヴェトナム・朝鮮・琉球・日本にも伝来して、首都の立地選択などに大きな影響を与えた。

文昌帝君（ぶんしょうていくん）

学問の神、科挙の神。**文昌神・梓潼神・梓潼帝君**ともいう。文昌は、北斗七星の第１星（斗魁）の近くの６星からなる星座・文昌宮に由来する。この星座は、その第６星などが、司禄（仕官を司る）といわれていたためか、唐代には科挙を司ると考えられるようになり、文昌神として科挙受験生たちに信仰されるようになった。一方、東晋ごろから四川では、**梓潼神**（本名、張悪子）という神が信仰されていたが、この神も、宋代以降、科挙の神とされるようになる。やがて、元になると、この文昌神と梓潼神とが合体して、輔元開化文昌司禄宏仁帝君に封じられ、各地の学校内にも文昌祠が付設されるようになり、文昌帝君は学問の神・科挙の神として、広く信仰されるようになる。またその廟は学宮ともいい、県城以上の都市にたいてい存在し、市鎮にもしばしば祀られた。

碧霞元君（へきかげんくん）

主に華北で信仰された女神。**泰山娘娘**ともいい、泰山の神（東岳大帝）の娘とされている。宋朝から碧霞元君の封号を受けた。明清になって、娘娘という女神信仰が盛んとなると、碧霞元君は**泰山娘娘**と呼ばれ、南方の天后娘娘（媽祖）などとともに、娘娘たちの最高位に君臨する女神として、特に女性たちにの信仰を受けるようになった。旧暦の２、３月には、泰山の碧霞君廟や北京西北の妙峰山の娘娘廟では、縁日（廟会）が開かれ賑わった。

方相氏（ほうそうし）

魔除けの神。方相氏は、もともと魔除けを司る官とされ、『周礼』に「方相氏は、熊の皮を被り、四つ目を付けた黄金作りの仮面を着け、黒の衣と朱色の裳を着て、戈を持ち盾を挙げ、大勢の家来を引き連れて四時の**追儺**の行事の時には、室中を捜査して**疫鬼**を駆逐する。また、大葬の時には、葬列の先導をして、まず墓穴に入り、四隅を撃って、**魑魅魍魎**を追放する」と、ある。周代からこのような習俗が行われていたのだろう。なお、追儺の行事は、朝鮮や日本にも伝来している。また漢代には、方相氏の土偶を、魔除けのために埋葬する風習が始まり、六朝にかけて多数の方相氏の土偶が出土する。

酆都（ほうと）
道教の地獄。もともと、道教の冥界の王都（**羅酆**）であったが、唐代から仏教の泥犂地獄に相当する道教の地獄と考えられるようになった。やがて、宋代になると、道士たちによって、四川省の酆都県の地が、その現実の地と宣伝され、酆都は**鬼城**と呼ばれるようになった。明清以後、酆都の平都山（天子山・酆都山ともいう）頂上の閻王殿には、さまざまな地獄の役人や獄卒の塑像が配置され、現在も観光スポットとなっている。

望気（ぼうき）
占法の一種。気、特に雲気によって将来の吉凶を占う方法。この占法は、春秋時代ごろから始まったが、用兵上の重要な知識とされるようになり、戦乱の続いた戦国時代に発達した。魏晋南北朝時代にさらに発達した。

媽祖（まそ）
宋代から信仰されはじめた航海守護の女神。**天妃**・**天后**ともいう。媽祖は福建省莆田県出身の実在の人物だったとされているが、死後、航海の安全・海難救助などで霊験を現し、祀られるようになり、宋朝からは霊恵妃、元・明朝からは天妃、清朝からは天后と、歴代王朝から封賜を受けた。その廟は福建・閩南人が大挙進出した南北の海港や台湾はもとより、琉球・日本や東南アジア一帯にも建てられている。

門神（もんしん）
門の神。門は外と接し、外から邪悪なものが侵入する危険性がある。その邪悪なものを、神威を以って防ぐのが、門神である。漢代には、虎を門に画く風習が流行していたが、これなどは門神の先駆的なものであろう。南北朝ごろになると、東海の度朔山で桃の木を守り、鬼を葦の縄で縛り虎に食わせたという兄弟神である**神荼**・**鬱塁**の画像が、門神として門に貼られるようになった。唐代以降になると、武将が門神とされるようになり、唐太宗に仕えた名将**秦叔宝**・**尉遅敬徳**、晋の驃騎大将軍**温嶠**や金に抵抗した名将**岳飛**などが門神とされるようになった。また、鍾馗伝説が流布した唐代には、**鍾馗**の画像や鍾学士と書いた紙が門に貼られるようになる。ただ、明清になると、門神の主題は、武神よりも招福に移り、福を意味する蝙蝠・禄を意味する鹿をはじめ**福禄寿**などになった。

雷公（らいこう）
雷の神。**雷師**とか、**雷神**ともいう。『山海経』にも、「雷沢に雷神が住んでいて、龍の体で人の頭をしており、その腹を撃つ」とあるから、早くから信仰されていた事がわかる。なお、一般的には、親不孝その他の大罪を犯した者に対して、雷神が天神に代わって罰を降し、撃殺すると考えられている。

龍神（りゅうじん）
雨乞いの神。**龍公**ともいう。龍は、中国では鳳凰・麒麟・亀とともに四霊とされ、雲を呼び雨を降らす霊獣として古から尊ばれてきた。漢代になると、四神のひとつの青龍として東を司る神とされるようになる。さらに、仏教が伝来すると、その護法の龍王信仰と合体し、雨乞いの主神として、広く信仰されてきた。

8　風俗・習慣

①歳事習俗

花朝節（かちょうせつ）
祝日の名。旧暦2月15日（あるいは12日）。この日を百花の生誕の日として、花神を祭り、各地で花見や花見の宴が開かれた。唐末ごろから始まり、特に宋代に流行した。清代には衰えたが、江蘇では盛んに行われていた。

寒食節（かんしょくせつ）
祝日の名。**禁煙節**・**冷節**・**一百五**ともいう。冬至後105日目の前後2日もしくは3日間、火の使用を禁止し、冷食を取るので、**寒食**という。かんじきとも読む。この寒食禁火の風習は、春秋時代に晋の文公に仕えた忠臣である介子推が焼死した伝説に由来するとされている。漢代には山西の一習俗に過ぎなかったが、南北朝の末に江南にまで広まり、唐宋時代には全国的行事となった。唐では、寒食と清明の4日間を官吏の休暇とし、宋では休暇を7日に延ばしている。明代以降は、廃れて2日後の清明節に合併され、**清明寒食**とも呼ばれる。

元宵節（げんしょうせつ）
祝日の名。旧暦の正月15日。**上元**・**元夜**ともいう。新年になってからの最初の満月（望）の日で、元旦から始まる正月行事の最終日でもある。この上元と7月15日の中元、10月15日の下元を合わせて、**三元**というが、北魏の寇謙之に始まるとされている。この晩は、提灯を掲げそれを見物する風習（**観灯**）があるので、**灯節**ともいう。国家からも重視され、唐では前後3日間が国定休日とされ、宋になると更に2日増えて5日間、明では10日間が休日となった。この期間のみ女性の夜遊びが認められていたので、小説などでもしばしば男女が出会う話が見えている。また、この期間には、一家団欒を象徴する湯円（団円と発音が近い）という餡入り団子を食べる習慣がある。

元旦（げんたん［がんたん］）

祝日の名。一年の第1日目。**元日**・**歳旦**・**歳首**・**元辰**・**端日**・**拝年**などともいう。暦法によって、その第1日は、異なる。**夏暦**では正月の第1日を、殷暦では12月1日を、周暦では11月1日を年の初めとした。また、秦と漢初では10月1日を年の初めとしている。前漢の武帝が、紀元前104年に太初暦を制定して、夏暦の正月1日を元旦とし、以後、清末まで踏襲される事となった。中華民国では、西暦紀元を採用し、新暦の1月1日を正月元旦とした。しかし、民間では、この新暦の1月1日よりも、従来の旧暦の正月1日の方を**春節**として盛大に祝う。新年の行事は、時代・地域・階層・職業などによって、様々であるが、年中行事の中では最も盛大に祝われる。まず、旧暦の12月24日に、竈の神を天に送る行事から、新年の準備が始まる。年画・春聯・門神などの門飾りを貼り替え、大掃除をして、北方では餃子を、南方では年糕を作る。大晦日の晩は、**守歳**といって、徹夜する。旧年と新年の境目は、時間の切れ目で、さまざまな悪鬼・悪霊が侵入する危険があるので、眠らず徹夜する。12時になると、一斉に戸外で爆竹を鳴らし、悪霊を払い、天地四方の神々や先祖に挨拶をして、天上より竈の神を迎える。これを接神という。新年はここから始まる。爆竹は、時間の境目に侵入する悪鬼悪霊を払うためである。その後、新しい服に着替え、神像を掛けて、一家の一年の無事を祈る。それが終わると、長幼の順に、家長に挨拶する。隋唐時代には**屠蘇**を飲んでいたが、明以後廃れた。さらに、拝年という親戚・知人への年始参りに行く。外では、ドラが鳴り獅子舞が出、子供たちは外で独楽回し・凧揚げに、室内ではカルタ・双六に興じた。こうした正月の各種の行事は、旧暦の正月15日の**元宵**まで続く。

国忌（こくき［こっき］）

国家の命日、皇帝や皇太后の命日。**忌辰**ともいう。古くから重視されていたようで、『周礼』にも見えている。やがて北魏になると、皇帝が先祖の命日にその陵に参詣するようになる。また唐では、皇帝が先祖の命日に仏寺に出掛けて、**行香**するのが習わしになった。行香とは、香を焚きながら仏殿中を巡り歩く、仏教の法会の儀式である。皇帝が先祖の命日に行香するのは、釈迦の入滅の日に行われる涅槃会の影響と思われる。さらに、唐・玄宗の時代になると、各地の国営の寺院や道観で、地方官たちに行香させるようになり、以後、明清まで続けられた。なお、この日には、音楽を止め、屠殺や刑罰を禁止した。また、明清では、国忌とはいわず、忌辰という。

祭竈（さいそう）

年末の行事。祭灶ともいう。旧暦12月24日（あるいは23日）に、**竈（灶）**の神を祭って、竈の神の神像図（竈馬という。紙馬の一種）を焼いて、竈の神を天上に送る儀式を行う。これを送神という。なお、この時、宋代ごろから、竈に飴を塗ったり、竈に酒粕を塗る事が行われるようになっている。竈の神は、一年中、家人の行動を監視しており、それを天上の神に報告するとされているから、飴で口を開かせなくさせたり、酔わせて報告できなくさせるためだという。元旦に、竈の神を迎え入れる接神という儀式をするまで、家には監視する者が居なくなるから、何をしても構わないといわれている。

三大節（さんだいせつ）

三大祝日。宋では、**冬至**・**元旦**・**寒食**（清明を含む）を三大節といい、官吏はその日の前3日と後4日の7日間が休暇となった（南宋では、前後5日となる）。清では、元旦・冬至と万寿節（皇帝の誕生日）を指した。現在では、一般に元旦・春節・国慶節を指すという。また、民間では、**元旦**（あるいは除夜）・**端午節**・**中秋節**を、三節ともいう。この日は、借金を清算する日とされていた。

七夕節（しちせきせつ）

祝日の名。旧暦7月7日。この日の夜、牽牛と織女が天の川で会合するという伝説に由来する。また、この日に、女性たちが針穴に色糸を通して、裁縫の上達を祈る風習から、乞巧節ともいう。南北朝時代からはじまり、唐宋時代に盛んになった。

秋社（しゅうしゃ）

立秋後の第5の戊日に行われる農耕儀礼。郷里の住民が、社日に社神を祭り、収穫を感謝する。漢代以前は、春社の祭だけだったが、漢以後は春社と秋社の2回、祭礼が行われるようになったという。なお、春社と同様に、秋社でも、お供えの肉（社肉）を参加者に分配する。

春社（しゅんしゃ）

立春後の5番目の戊の日（社日）に行われる農耕儀礼。郷里の住民が、社日に社神を祭り、五穀豊穣を祈願する。祭りの際には、供え物の肉（社肉）を皆に分配するのが習わしであった。漢代にはすでにこの行事は行われていた。

春節（しゅんせつ）

祝日の名。旧暦の元旦。新年とも俗称する。中華民国が西暦紀元を採用し、新暦の1月1日を新年として、中華人民共和国もこれを踏襲した。しかし、民間では従来の旧暦による元旦を、春節として1月1日よりも盛大に祝う。現在でも、春節の時期には休みが続くので、故郷で新年を祝おうと、毎年大勢の人々による大移動が起こる。

除夜（じょや）

年末の行事。一年で最後の日、大晦日。**除夕**・**歳除**・**大年夜**ともいう。除夜の除は、逐除つまり疫病などを流行させる悪鬼を追放する、**追儺**のことである。追儺は大晦日以外にも行われていたが、南北朝ごろから、大晦日のみに行われる事となった。この日の夕刻、先祖や天地の神々を祭り、家長に家族の者が旧年を送る辞年の挨拶をする。それが終わると、家族が一堂に会して宴会を開く。これを**分歳**という。そして徹夜する。これを守歳という。旧年と新年の境目は、時間の切れ目で、さまざまな悪鬼・悪霊が侵入する危険があるので、眠らず徹夜する。また、同じく大晦日の晩には、一晩中を明かりを灯しておく。これも魔除けである。12時になると、一斉に戸外で爆竹を鳴らし、悪霊を払い、天地四方の神々や先祖に挨拶をして、天上より竈の神を迎える。

上巳節（じょうしせつ）

祝日の名。旧暦3月上旬の巳の日に行われる。この日には、水辺で禊ぎをして、厄払いをする。昔は3月上旬の巳の日に行われていたが、魏晋以後、3月3日に固定されるようになる。この日には、酒を注いだ盃を、水中に流して飲み合う**曲水流觴**の遊びが行われた。

人日（じんじつ）

祝日の名。**人勝節**ともいう。旧暦の正月7日。正月7日を人日とする風習は、魏晋南北朝時代に始まり、唐ごろがピークで、宋代から衰退しはじめ、清代にはほとんど消滅した。この日には、人勝という人形を飾るが、これはお祓いのための人形（ひとがた）であった。また、この日には高みに登る、**登高**という風習が清代まで続いていたが、これも邪気を祓うための行事と思われる。その他、この日には、七草粥を食べる習慣があったが、これも邪気を祓うためである。なお、我が国の正月7日に七草粥を食べる風習は、この中国の人日の習俗が伝わったもの。

清明節（せいめいせつ）

祝日の名。元来、冬至後105日目であったが、南北朝末ごろから、寒食が盛んとなったので、冬至後107日目を指すようになった。唐では、寒食と清明の4日間を官吏の休暇とし、宋では休暇を7日に延ばしている。明代以降は、寒食は廃れて2日後の清明節に合併され、清明寒食とも呼ばれるようになる。この日には、野外に出て遊ぶ**踏青**や、墓参りをするのが習わしとなっていた。なお、沖縄にも伝わり、現在もシーミーとして親しまれている。

聖節（せいせつ）

皇帝の誕生日。**聖旦**・**聖寿**・**聖誕**・**慶節**・**千秋節**・**万寿節**などともいう。唐の玄宗が、開元17年（729）に自分の誕生日の8月5日を、千秋節として祝わせたのがはじまりである。4月8日の釈迦の誕生日を浴仏節として祝う、仏教行事の影響ではないかと思われる。その後、宋・遼・金の歴代王朝でも、各皇帝の誕生日を、それぞれ長春節（宋・太祖）・天寿節（遼・太宗）・天清節（金・太宗）などと名付けて、国民に祝わせている。元では、世祖の誕生日を天寿聖節と呼んでいるが、これは固有の聖節名ではなく、聖節一般を言うようである。その後、明清でも、各皇帝の固有の聖節名を立てず、万寿節や千秋節と一般名で呼ぶようになる。歴代王朝では、この日には、役人には休暇（1日ないし3日）を与え、宮中は勿論、地方でも宴会を開かせ、屠殺や処刑を禁止し、僧侶や道士に法会を行わせた。さらに、皇帝の誕生日ばかりではなく、孔子（先師誕）をはじめ玉皇大帝・東岳大帝・城隍神など諸神の誕生日（誕辰）も祝われるようになり、それらの廟では縁日（廟市）も立って賑わった。

端午節（たんごせつ）

祝日の名。元来は旧暦5月の最初の午の日であったが、やがて5月5日に固定されることになった。**重五**・**重午**・**端陽**などともいう。夏至を含む旧暦5月は、高温多湿で疫病が流行する月であったので、古来、悪月とされていた。そのため、この日には、ヨモギや菖蒲などの強い香気で邪気悪霊を祓う行事が行われた。また、この日には、汨羅に身を投じた戦国・楚の詩人・屈原を救うために船を出したという伝説に由来する、ボートレース（**龍船競渡**）や、同じく屈原の死を悼んで水中に投げられたという、粽を食べる風習もある。

断屠月（だんとげつ）

唐代の死刑執行禁止月。**三長月**・**三斎月**ともいう。1年の内の正月・5月・9月及び、毎月の禁殺の日には、死刑執行を禁止するという唐律の規定。唐初の武徳2年（619）正月の高祖の詔令に基づく。禁殺の日とは、十直日あるいは十斎日ともいう、仏教の物忌みの日で、毎月の1・8・14・15・18・23・24・28・29・30日をいう。南北朝以降、皇帝の誕生日（生日）や旱魃の際には、処刑や牛馬の屠殺が禁止されていたが、唐では禁止日数が合計5ヶ月に及んでいる。

中秋節（ちゅうしゅうせつ）

祝日の名。旧暦8月15日。旧暦では、7・8・9月を秋とするが、その秋の真ん中なので、中秋という。**仲秋節**・**団円節**・**八月節**・**女児節**などともいう。8月15日に月を愛でる習慣は、唐頃から始まり、宋代にはこの日を祭日とするようになった。明になると、一家団欒の象徴である月餅を食べる習慣も起こった。清代には、春節と端午節と合わせて三大節日とされるようになる。

中和節（ちゅうわせつ）
祝日の名。旧暦の2月1日。唐の徳宗が、2月には節日が無いので、春分の前後に節日を設けて、君民ともに楽しみ、豊年を祈る事にしたという。この日は、太陽の誕生日ともいう。この習俗は、宋代にかなり盛んであったが、明代には衰退したようである。

重陽節（ちょうようせつ）
祝日の名。旧暦9月9日。陽数（奇数）の極である9が重なるので、重陽という。また、**重九**ともいう。この日には、酒肴を携え、小高い丘に登って（これを**登高**という）茱萸（カワハジカミ）を髪に挿し、菊酒を飲む習わしがあった。この風習は、かなり古いようであるが、やがて衰退して、この日には菊を愛でるだけとなった。

天貺節（てんきょうせつ）
祝日の名。旧暦の6月6日。天貺は、天賜の意味で、宋・真宗の時、天書が降ったのを記念して祭日にした。しかし、元来作為的な祝日だったので、年中行事としては定着しなかった。やがて民間では、この日を六月六節として、衣服や書物の虫干し日、犬猫に水浴びをさせる日、嫁の里帰りの日とするようになった。

冬至節（とうじせつ）
祝日の名。北半球では、昼間が最も短く、この日以降、次第に昼間が長くなる。**周暦**でも冬至が歳首とされているように、中国では、冬至元日が最も原初的な元日であったと思われる。その後、暦法の変化によって、元日と冬至とはずれてきたが、冬至の行事には元日の行事に似たものが多い。例えば、漢代では冬至の日には、年始回りと同じ挨拶回りをしている。また、唐代では、冬至の前日の晩は、冬至除夜と呼ばれ、大晦日と同じく徹夜していたという。そのため、宋代には冬至を**亜歳**（準元日）と呼んでいる。この風習は、清代には衰えたが、蘇州では清代以降もこの伝統が残っていたという。

伏日（ふくじつ）
夏の最も暑い時期。**三伏**・**伏天**ともいう。夏至後の第3庚日を初伏、第4庚日を中伏、立秋後の第1庚日を末伏という。伏とは、陰気が起ころうとして残陽に妨げられてまだ上ることができずに、隠れている（伏蔵）という意味。三伏の日には、湯餅（ワンタン）を食べる習慣があるが、これは三国・魏の何晏の故事に基づくとされている。

鞭春（べんしゅん）
立春の日（あるいはその前日）に土製の牛（**土牛**）を鞭打つ農耕儀礼。**打春**・**迎春**ともいう。唐代からこの習俗は見られるが、宋代になって宮中でも行われるようになり、以後歴代王朝でも踏襲された。

臘八（ろうはち）
仏教の行事。中国では、旧暦の12月を**臘月**といい、臘八はつまり旧暦12月8日である。この日は釈迦が悟りを開いた日として、寺院では成道会という法会を行う。そのため、この日を**成道節**ともいう。なお、民間では、釈迦に牛飼いの女が乳粥を進めたという故事に因んで、臘八粥を作って家族と食べると共に、親戚や知人に贈る風習がある。

②称謂習俗

氏（し）
男系の親族組織。氏の原義は祭の供え物を切る細身の刃の鋭いナイフで、その祭りに参加する成員の意味となり、男系の親族組織そのものの意味になったという。この氏に対して、姓という主として婚姻の忌避の範囲を示す女系の親族組織があったが、戦国時代になると、姓と氏は混同されるようになり、漢代以降は、氏姓が1つになってしまった。このため、婚姻の忌避は、氏内部の事になり、「同姓娶らず」から、「同氏娶らず」になった。女性は、もともと結婚しても実家の姓を名乗っていたが、氏姓が合体すると、実家の氏を名乗る事になる。

諡号（しごう）
死後に贈られる名。**諡**（おくりな）ともいう。死後、生前の行為に従って名を選んで贈る。周に始まるとされている。秦の始皇帝が天下を統一すると、諡号は臣下や子孫が皇帝の業績を評議することで、越権行為だとして、諡号の制を廃止した。そして、自らを始皇帝として以後二世、三世と呼ばせる事にした。しかし、秦はまもなく滅び、漢になると、諡号の制度は復活して、以後、隋まで、皇帝の多くは諡号で呼ばれる事が多い。ただ、唐になると、皇帝は廟号で呼ばれる事が多くなった。それは、諡号が長くなったからである。唐の高祖の諡号は、まだ神堯大聖大光孝皇帝であるが、明の洪武帝になると、開天行道肇紀立極大聖至神仁文義武俊徳成功高皇帝である。さらに、明以降は一世一元号となったために、年号で洪武帝などと呼ぶのが一般的になった。

字（じ）
あざな。成人式につけられる別名。生まれると、呼び名である幼名をつけ、学校に上がるときに学名という本名をつける。字は冠礼すなわち成人式の時につける。実名を忌む風習から起こったものと思われる。周初には行われていたという。字は、名と何らかの関連が有るものを選ぶ習わしになっていた。なお、君・父・師など目上の者が呼ぶ場合には本名を使うが、同等あるいは以下の者が呼ぶ場合は字を使う。ただ、字は身分の高い者のみにつけられるもので、庶民は排行で呼ばれた。また、女性の場合は、学者の家などを除く一般の家庭では、女性は名も字もなく、幼名のみであったようである。

綽名（しゃくめい）

あだな、ニックネーム。**渾号・渾名・混号・外号**などともいう。貶す場合もあるが、親しみを込める場合もある。古くから行われていたようで、前漢の酷吏の郅都には、蒼鷹という渾名が付けられていたという。また、唐の李義府なども、人猫と呼ばれていた。その他、後唐の李克用は独眼龍、後周の郭威は郭雀児、閩の王審知は白馬三郎など、五代十国の無頼出身の武将たちはほとんど渾名で呼ばれている。この頃から発達してきた無頼社会では、このようにほとんど渾名で呼ぶようになっていた。この種の無頼社会を核にした小説『水滸伝』でも、九紋龍・母大虫・智多星など、梁山泊の108人には、すべて渾名が付けられている。これは、無頼社会が堅気の世界とは全く異なった、別世界（江湖）であることを強調するためであったと思われる。

姓（せい）

女系の親族組織。中国古代において、姫・姜・姒・嬴などという姓があり、以前は母系社会の名残であるといわれていた。しかし、中国で母系社会の存在を証明する事はほとんど出来ない。姓は、「同姓娶らず」といって、主に婚姻を忌避する範囲を示す女系の組織だったようである。これに対して、男系の親族組織が氏である。姓と氏は春秋時代までは分かれていたが、戦国時代になると混同され、漢代以降は氏姓が1つになった。そのため、婚姻のタブーも、「同姓娶らず」から、「同氏娶らず」へと変化した。

年号（ねんごう）

東アジアにおける紀年法。正しくは**元号**という。はじめ中国では、君主の即位の翌年を王の元年とし、以後2年、3年と数えていた。正式な年号は、前漢の武帝が即位の翌年（前140）に建元元年としたのが始まりとされている。ただ、この武帝の年号開始については、諸説がある。中国歴代の君主の中では、唐の高宗のように、在位34年間に14回の改元を行った者もいたが、元になると一代に1、2回の改元となり、明以降は一世一元となった。この中国の年号の影響は周辺諸国に及び、日本・高句麗・新羅・柔然・高昌・渤海・南詔・大越・西夏・高麗・李朝などの諸国でも、独自の年号を建てるようになった。ただ、年号制定は、主権者の権利とされ、その在位期間中の時間の支配を意味する。そのため、周辺の諸国では、中国に服属すると、「**正朔**（暦）を奉ず」といって中国の年号を使用する義務を負う事になる。朝鮮でも、（三国）新羅や高麗の建国当初は独自の年号を建てていたが、中国に服属するようになると、中国の年号を使用する事になった。なお、年号の文字には、主に政治的理想や瑞祥にちなんだ文字が選ばれ、普通は2字だが、時には3字、4字から6字に及ぶものまである。

輩行（はいこう）

宗族内の長幼の序列を表示する名。**排行・行第**ともいう。親族の同世代のものの名に、同じ1字、もしくは共通の偏や旁をつける習慣は、すでに漢代には行われていた。さらに、南北朝時代では、名前に数字を付けて同世代間の横の序列をした例が見られる。そして唐の半ばになると、この数字の部分が本名から独立して、同世代間の横の序列を付けるためだけの輩行となった。

避諱（ひき）

君主や目上の者（尊長）の名や**字**（あざな）と同じ文字を回避する習俗。公的な忌避を**官諱・国諱・廟諱**などといい、私的な忌避を**私諱・家諱**という。東周時代から始まったと言われている。元来、**諱**（いみな）は死者の名を避けるもので、生前には避けなかったが、秦漢時代から生前の名を避ける**生諱**が起こった。また、忌避は、当初は帝王や諸侯の名を避ける事に限られ、同一王朝では4代前までを避ける事になっていた。しかし、秦漢以降、忌避の範囲は歯止めもなく拡大していく。例えば、諱は実名を忌避するもので、元来字（あざな）は忌避されなかったが、やがて字や諡（おくりな）も忌避されるようになる。また、帝王は直系4代だけが避けられていたが、傍系から出た帝王の実父や、帝王の伯叔・外戚・皇太子・親王の名まで忌避されるようになり、果ては孔子や歴代王朝の帝王の名や字・諡まで忌避することとなった。回避の方法としては、⑴文字を改め、別の字にする、⑵発音を変える、⑶同じ文字一字分を空ける、⑷文字の最後の一画もしくは最後に近い一画を省略する（**欠筆**）、⑸黄色い紙で文字を覆う、などがある。この結果、避忌は人名・地名・書名や官職名にまで及んで、混乱を招いた。官僚などは、父祖の諱が職名や任地の名と同じために、辞職するものまでいたほどである。この忌避の制度は、秦漢から始まり、唐宋時代にほぼ確立した。しかし、異民族王朝である元では、忌避はほとんど重視されなかった。明清でも、建国当初には忌避はあまり厳しくなかったが、やがて政権が安定すると、厳格に行われるようになった。以上のような皇帝の名に対する帝諱欠筆が文書の中で行われているか否かは、公文書及びその編纂・刊行の年代を推定する書誌学上の有力な手がかりとなっている。

廟号（びょうごう）

皇帝の死後、宗廟に祭られるときに贈られる称号。廟号の起源は、舜に始まるといわれているが、実際には漢代に始まったようである。漢代においては、功績ある者に祖、徳の高い者に宗という廟号と固有の廟を与えたが、一般の皇帝は順次子孫に廟を譲る（**毀廟**）ことになっていた。このため、前漢の12代の皇帝のうち、廟号を持つ者は、4帝のみであった。しかし、後漢になると廟号を持つ者が多くなり、唐以降にはほとんどの皇帝が廟号を持つようになった。また、唐以降、諡号が長くなりすぎたので、皇帝は廟号で呼ぶ事が多くなった。

別号（べつごう）
呼び名の一種。**別字**・**道号**・**斎号**・**室号**などともいう。名は生まれると父親が付け、字は成人式後に先輩格の人が付けるが、号は大抵自分で付けるので、**自号**ともいう。戦国時代から始まったようである。漢代以降も、抱朴子（葛洪）、五柳先生（陶潜）など、在野のいわゆる処士や隠者などは、別号で呼ばれている。さらに、宋代以降は、東坡居士（蘇軾）や山谷道人（黄庭堅）など、知識人の多くが別号を持つようになっている。概ね、居士・道人とか、山人など、俗世を超越した隠者の雰囲気を帯びたものが選ばれた。その他、聊斎（蒲松齢）や飲冰室（梁啓超）など斎号（書斎名）で呼ばれる者もいる。

名（めい）
本名。**学名**ともいう。生まれると呼び名である幼名が付けられるが、生後3ヶ月目に、父が名を付けると『礼記』にはあるので、古代においては、生後3ヶ月目に本名を付ける事になっていたことが知られる。後世は、学校（私塾）に上がる数え年の6、7歳ごろに、先生から学名を付けてもらうことになっていた。もちろん、先生以外にも、父や祖父、学者・役人に付けて貰う場合もある。この風習がいつ頃起こったが不明であるが、元曲に見えているので、少なくとも元代には行われていたようである。この学名が、正式な名前であり、死後には諱になるので、諱（いみな）ともいう。

幼名（ようめい［ようみょう］）
幼年時代の呼び名。**小名**・**小字**・**乳名**などともいう。子供が生まれると、名前を付けるが、実名は避けることになっているので、呼び名が必要になる。成人後は字を名乗るが、それまでの呼び名が幼名である。この習俗はかなり古いらしく、前漢の詩人・司馬相如の幼名は犬子、三国・魏の曹操の幼名は阿瞞であったことはよく知られている。

③生活習俗

遺穂（いほ）
落ち穂拾い。**拾麦**ともいう。『詩経』大雅・大田篇に、「彼に遺秉（捨てられた束）有り、此に滞穂（捨てられた落ち穂）有り、これ**寡婦の利**（寡婦の取り分）」とあるように、古くから中国では、落ち穂拾いは寡婦や貧民の権利として認められていた。しかし、明清期には収穫期には多数のよそ者が田畑に集まり、トラブルも多かった。また、清の後半頃になると、麦などの穀物の外にも、落ちた棉花を拾う、**捉落花**も行われるようになっている。

花鈿（かでん）
化粧法の一種。**花子**・**梅花妝**・**寿陽妝**・**貼花子**ともいう。花鈿は眉間に施すが、両頬に施すものを**靨鈿**という。金箔や色紙を花・星・月・鳥・虫・葉の形に切ったものを眉間や両頬に貼ったり、または、それらの形を眉間や両頬に画く化粧法。唐時代に流行した。インド起源といわれている。

画眉（がび）
化粧法の一種。**掃眉**ともいう。眉毛を剃って、黛（まゆずみ）で眉を画く女性の化粧法。『楚辞』に見えているから、すでに戦国時代には行われていたことが知られる。その後、漢魏南北朝に発達した。最初は、鉱物の粉末（石黛）を使っていたようであるが、隋唐になると、ペルシャ産という螺子黛が使われるようになる。この螺子黛は、インド産のインジゴを加工したもののようで、大変高価だったという。やがて、宋になると、この螺子黛も国内で作られるようになる。眉形も時代によって様々に変化した。唐や宋では『十眉図』や『百眉図』などの、画眉の手本まで出現した。

額黄（がくこう）
化粧法の一種。**鵶黄**ともいう。額に黄粉を塗る女性の化粧法。その起源は漢代に遡り、六朝から唐代にかけて盛行したという。宮中から民間に広まったようである。塗り方には、額全面を黄色く塗るものと、生え際など額の一部に塗った後に水で流して暈かすものの2種類の方法があった。

吃講茶（きつこうちゃ）
茶館における紛争解決法。**講茶**ともいう。清の後半になって、茶館で紛争解決する、吃講茶が、江南で行われるようになった。これは、紛争を抱える当事者同士が、茶館に行き、そこの客にお互いの言い分を聞いて貰って、白黒付ける方法である。たいていの場合は、その場にいる有力者に裁いて貰うことになった。もし、その裁きに不服の場合は、互いに茶館内で実力行使をさせて、最終的に負けた方が茶館の被害を弁償することになっていた。

休沐（きゅうもく）
官吏の休暇。**休浣**・**仮**・**暇**ともいう。宋代では、法律で規定されている官吏の休暇を、式仮といった。官吏の平常の休暇は、漢代には5日ごとに1日の休暇が与えられていたが、唐以後は10日に1日の休暇を与えられるようになったので、旬仮あるいは旬休というようになった。旬日の末日に休暇が取られたという。この外、祝日（節日）毎に休暇が与えられた。これを節仮という。この節仮は唐代では、皇帝の誕生日（聖節）や、中和・上巳・寒食・清明・端午・七夕・重陽・冬至の各節日に、1日もしくは3日の休暇が与えられた。さらに、北宋代になると、10日毎の旬節の外に、冬至・元旦・寒食の三大節などの節仮及び皇帝の誕生日を加えると、1年のうち124日が休暇となるほどだったという。また、国忌つまり皇帝や皇后などの命日の休暇（国忌仮)、結婚のための休暇（婚仮)、葬式のための休暇（喪仮)、病気見舞いのための休暇（親病仮）など、様々な休暇があった。役人の以外の休暇としては、兵士や労働刑に服している囚人などにも、旬仮や三大節の節仮が与えられていた。

郷原体例（きょうげんたいれい）

地方の慣行をさす。**郷例**・**郷儀**・**旧例**ともいう。一般に、郷村の慣行・社会的慣行をさすと考えられている。

笄（けい）

髪飾りの一種。古人がまげに挿したり、冠や冕を固定するために使った髪飾り。男女ともに用いる。女性は、15歳になると、笄を挿す**笄礼**という成人式を行い、成人に達した事を表した。古くは笄といったが、漢以降は簪と呼ばれることが多い。材料は、古くは天子と諸侯は玉、大夫は象牙、士は骨で作ると言われていた。

敬惜字紙（けいせきじし）

文字を書いた紙（字紙）を大切にする習俗。**惜字**ともいう。起源は不明であるが、宋初頃から始まったようである。宋代は、印刷術の普及とともに紙の生産も飛躍的に伸びた時期で、粗末に扱われる字紙も増えて、その反動でこのような習俗も起こったと考えられる。やがて、科挙の神・学問の神として台頭してきた文昌帝君の信仰と結びつき、元・明・清と、敬惜字紙の観念は強まった。特に清代では、文昌帝君廟を中心に、**惜字会**という団体が組織され、各地に惜字塔・字蔵と呼ばれる字紙を回収する惜字炉（ポスト）を設置するなどの運動を展開した。

髻（けい）

髪型の一種で、頭上や後頭部に髪をまとめてまげを結うこと。昔は髻（まげ）という字はなく、**結**とか**紒**と書いた。髻の出現は殷周に遡り、戦国から漢にかけて発達した。初めは、女性だけではなく、男子も冠や冕を被る時には、まげを結った。髻は、多種多様であるが、高髻・垂髻・平髻の3種に分類できよう。高髻は頭の上に髻を高く結い上げるもの。バリエーションに富むので、秦漢から唐宋に特に発達して、驚鶴髻・霊蛇髻・半翻髻・百合髻・宝髻・鳳髻・朝天髻・鸞髻などさまざまな髪型が現れた。ただ、複雑な高髻は、カツラや竹ひご・針金などを用いるので、到底一人で結うことはできない。この種の高髻は、宮中の皇后や妃、富家の奥方などでなければ不可能であった。垂髻は、髪を頭の後または脇に束ねて結うもの。この型は秦漢以来清まで続いた髪型であるが、特に清では最も普遍的な型となった。この型の代表的なものとしては、後漢に大流行した墜馬髻や、唐に大流行した倭堕髻などが挙げられよう。また平髻は、普通、髪を梳いて頭の上で等分に分ける、高くもなく垂れもしない髪型である。この種の髪型も多いが、代表的なのは、未婚の少女や侍女たちの総角髪の**双鬟丫髻**（**丫髻**）や、清の満州族の女性が常に結っていた**両把頭**（一字頭）などが挙げられよう。

簪花（さんか）

頭髪や冠・帽子の上に挿す花の髪飾り。**戴花**・**帯花**・**挿花**などともいう。もともとは、牡丹や菊・さつき・ジャスミンなどの生花を用いたが、やがて、絹や紗の造花も用いられるにようになった。秦漢時代には既に女性の習俗となっており、漢代の女性の陶俑によく見られる。特に宋代では、皇帝・皇后以下、身分や性別・年齢を問わず大流行した。清代でも、女性の髪飾りとされていた。

紙馬（しま）

神像を印刷した祭祀用の紙。**甲馬**・**神馬**ともいう。神を祭るとき、この紙を焼く。神の霊が、馬に乗るようにこの紙に憑依するから、紙馬とか神馬というとされている。唐代ごろから始まる。宋代には、紙馬舗という専門店まで出来ていた。なお、南宋末から元初にかけての史料には、佃戸（小作人）が、少量の米を市に持って行って、日常品を買う話が見えるが、その日常品の中に紙馬も含まれている。また紙馬舗の中には、紙馬以外に書籍も出版する店もあった。

七件事（しちけんじ）

7種の生活必需品。開門七件事・早晨開門七件事ともいう。最も早い用法は、南宋の『夢粱録』に、「人家で毎日欠くべからざるものは、柴・米・油・塩・醤・酢・茶」とあるものであろう。ただ、まだ七件事（七つ道具）というい い方は無かったようである。七件事という言い方は、元代に始まる。元の『湖海新開夷堅続志』では、『夢粱録』の「柴・米・酢」の代わりに「豉（浜納豆の類)・姜・椒」となっているが、『元曲』では『夢粱録』の通りで、こちらが後世まで定番となる。また、明末になると、七件事だけで、『夢粱録』の内容を指すことになった。

守庚申（しゅこうしん）

庚申の日に、眠らず徹夜する習俗。この習俗は、人間の体内の三尸が、庚申の夜に天上に昇り神にその人の行為の善悪を報告し、寿命を増減するという三尸説に由来する。すでに東晋の『抱朴子』に見えているから、南北朝ごろには存在した事が知られる。やがて唐以降には、庚申の晩に眠らなかったら三尸は天上に昇ることが出来ないので、徹夜する守庚申という習俗が広まった。平安朝初期ごろに日本に伝来し、庚申待・庚申講として、現在まで続いている。

賞賜（しょうし）
皇帝から臣下に財物を贈ることをいう。定期的な賞賜と臨時の賞賜がある。定期的な賞賜としては、南郊の祭祀や朝会の場での賞賜である。朝会は、元旦や冬至あるいは皇帝の誕生日である聖節に、臣下の朝賀をうける儀式をいう。賞賜には、金銀を用いたが、元旦や冬至の際には、銭を用いたという。臨時の賞賜としては、戦功があった者や能吏、立法・纂修・揮毫などの功績があった者に、金銀を与えた例などがある。

石敢当（せきかんとう）
魔除けの石。**石将軍**・**石大夫**ともいう。丁字路・四つ辻・橋のたもとなどに建てられ、石敢当とか、泰山石敢当という刻字があるものが多い。中には、上部に虎の頭が彫られているものもある。現在知られている最古のものは、唐の大暦５年（770）のものであるが、起源は不明。また、石敢当の意味も不明である。建てられる場所は境界的な場所という共通性がある。境界は、様々な邪悪な魔物が出現する場所とされているから、その魔物を防ぐための魔除けであろう。日本にも伝来し、いしがんとうと呼ばれている。沖縄が一番多いが、九州・四国から青森まで、各地に分布する。

滴血法（てきけつほう）
中国の伝統的な血縁識別法。旧中国では、親子・兄弟・夫婦の血は１つに融け合うという観念があり、血を滴し合って血縁関係を識別する方法が行われていた。これがいつ頃からはじまったかは不明。ただ、肉親・夫婦の遺骨に血を垂らすと骨の中に吸い込まれるという、**滴骨血**が後漢から三国時代には行われていたことが知られている。この滴骨血は、滴血の観念の基礎の上に成り立っており、滴血のバリエーションと考えられるから、滴血の観念の成立は後漢以前と思われる。この滴血・滴骨血法は、南宋の法医学書『洗冤録』にも、親族の検査法として取り上げられるなど、一般的に行われていた。なお、日本では、血合わせといい、10世紀の中ごろには伝わっていた。

点唇（てんしん）
化粧法の一種。**描唇**ともいう。口紅（臙脂）を唇に塗る化粧法。遅くとも漢代には行われていた。なお、漢代にはこの口紅は、西域の焉支山の麓に生える紅花を使っていたので、口紅を**臙脂**と呼ぶのは、この焉支山に因むという。唐末には、様々な描き方が出現していたらしく、半辺嬌・石榴嬌・大紅春・小紅春・猩々暈などの名が残っている。また、南北朝ごろからは、烏膏という黒い口紅を塗る風習も起こり、唐末に大流行した。これは、チベット（吐蕃）の風習の影響という。

服妖（ふくよう）
怪しげな化粧・装束をいう。**妖服**ともいう。奇抜な髪型・帽子・冠・化粧・首飾り・靴などを含む。歴代の正統的立場からは、不祥の前兆とされていた。例えば、夏の桀王の寵愛した妹喜は男子の冠を被っていたので、桀王が国を滅ぼす事になったとか、三国・魏の何晏は婦人の化粧をしていたので、殺されたなどという類。歴代の正史の五行志にこの種の例が多数収められている。

辮髪（べんぱつ）
北方アジア民族の男子の髪型。**編髪**・**縄髪**・**索頭**などともいう。頭髪の一部を残して、剃り落とすので、**薙髪**（薙は、剃るという意味）・**髡髪**（髡も髪を剃り落とすという意味）ともいう。辮は、編むという意味で、残った髪を長くのばして編むので辮髪・**縄髪**・**索頭**（索も縄という意味）ともいう。古くは、匈奴や北魏を起こした鮮卑や柔然・突厥なども、辮髪をしていたようである。また、契丹・女真やその末裔の満洲族・西夏を建てたタングート族・モンゴル族なども、辮髪をしていた。辮髪の方法は、民族によって多少異なる。契丹族は、頭頂部の髪を切り落とし、残りはそのまま垂らすが、女真族はそれを編んで両側に垂らしていた。またモンゴル族は、前髪の一部（婆焦という）と左右両側の髪のみを残して、その残った左右両側の髪を２本の辮髪に編んで肩に垂らした。さらに、満洲族は、後頭部のみに頭髪を残して、これを伸ばして１本の辮髪に編んで、後に垂らした。清朝では漢族に対して「頭を留めれば髪を留めず。髪を留めれば頭は留めず」という、薙髪令を出して強制した。漢族も当初こそ頑強に抵抗したが、やがて次第に慣れ親しみ、その編み方や飾りに工夫を凝らすようになる。しかし、清末になって、漢族の主権回復の運動が起こると、辮髪は清朝支配の象徴として排斥されるようになった。

幌子（ぼうし）
看板。**望子**・**招牌**・**牌匾**ともいう。幌子は、商品の形状を写実的あるいは象徴的にデザインしたもの。同音なので、望子ともいう。招牌は、屋号や商品名を、楷書または行書で書いたり、彫刻して店先に吊したもの。牌匾は、横書きにして、店の入口の上に掲げたもの。幌子（望子）は北方に多く、招牌は南方に多いと言われている。最も古い看板は、酒屋の酒旗で、既に戦国時代から文献に見えている。

④社会風俗

阿片（あへん）
中国近代の麻薬。罌粟の未熟果の表面に傷を付けて、分泌する白色乳液を掻き取り乾燥させた、黒色の粘土状の半固形物。英語の opium の音訳で、**鴉片**とも書く。アラビア語のアフユーンの音訳である阿芙蓉といい方もある。原料の罌粟は小アジアの原産といわれ、西アジアでは古くから用いられていた。罌粟は、宋代には伝来しており、主に花が鑑賞されて、罌粟の実も医薬品に使われていたが、アヘンはまだ知られていなかった。アヘンの製造方法が知られようになるのは、明末である。吸飲については、アヘンがマラリアに効くので、最初は台湾でタバコに混ぜて吸飲され、やがて福建から全国に広まったといわれている。この吸飲がはじまったのは、18世紀になってかららしい。やがて、全国的に拡大し、禁止令もしばしば出されるようになったが、効果はなかった。アヘンは多幸性があるが、常習性も強く、多用すると中毒となり、最後は廃人（癮）となる。特に19世紀には、インド産のアヘンがイギリス東インド会社によって多量に持ち込まれ、清朝では経済・社会問題化して、遂にはイギリスとの間でアヘン戦争が起こった。

古屍（こし）

中国のミイラ。木乃伊は、西方のミイラの音訳。蜜人ともいう。中国の狭義のミイラには、次の2種がある。⑴乾燥したいわゆるミイラ（乾屍）、⑵近年、中国・湖南省の馬王堆第一墓などから出土したような軟体屍（湿屍）。乾屍は、エジプトなどのミイラと同様で、中国でも西北部から若干出土するが、最も多いのは湿屍で、江南で主に出土する。ただ、中国のミイラは、始めからミイラとして作られたものというよりは、さまざまな条件によって偶然に出来たもののようである。湿屍は、特に宋代以降に多くなるが、それは宋代以降、死体の腐敗防止技術が飛躍的に発達したからだという。なお、幼児の乾屍は、旱魃を起こす魃鬼になると恐れられている。また、**殭尸**（キョンシー）になるのは、湿屍である。

五石散（ごせきさん）

中国中世の麻薬。鉱物系の5種類の薬剤を調合したので、五石散という。服用後、熱を発散させるために散歩をする必要があるので、**行散**ともいう。また、寒食（冷たい食べ物）をとる必要があったので、寒食散ともいう。後漢では病気治療に用いられていたが、神経を刺激しテンションを高める作用があるので、やがて覚醒剤として用いられるようになる。最初に麻薬として使用したのは、三国・魏の曹操の養子・何晏とされている。以後南北朝まで、変動激しい時代に生きた貴族の間で大流行した。ただ毒性が強く、中毒死するものが多数出たという。

自妝女（じそうじょ）

清の後半から民国期、広東省・珠江デルタ地方の結婚を拒否した女たち。自分で既婚の象徴である髪を結い上げたので、自妝女という。中国では、女は結婚することによって一人前とされ、未婚の女性は正式には実家の墓にも埋葬されなかった。このような社会的条件の中で、結婚を拒否した女たちは様々な誹謗と中傷に晒されることになったが、珠江デルタ地方の娘達は、1世紀半近く、結婚拒否を貫き通した。それには、この地方では、次の3つの条件が整っていたからだと思われる。⑴この地方の少数民族の間で、**不落家**という、女たちが結婚しても一定の期間実家で暮らし、婚家に住まない風習があったこと、⑵結婚は不潔で忌まわしいという思想が、宝巻・木魚書等と呼ばれる宗教的民間文芸を通じて浸透しており、**金蘭会**という結婚拒否同盟まで出来ていたこと、⑶清末にはこの地方で製糸業が発達して、娘達は女工として経済的な自立が出来たこと等、である。

食人（しょくじん）

人肉嗜食（カニバリズム）。**吃人**ともいう。中国史上においては、人肉嗜食は習俗となっていたといっても過言ではないほど、一般的に見られる現象である。この人肉嗜食の動機として、桑原隲蔵は次の5点を挙げている。⑴飢饉の場合の食糧不足、⑵籠城の場合の食糧不足、⑶嗜好のため、⑷憎悪の極、⑸医療用。⑴と⑵は、いずれも非常時の食料不足が原因だから、ひとつにまとめることが出来よう。この外、桑原は挙げていないが、最も古いと考えられるものに、宗教上の動機がある。中国の先史時代の多くの宗教遺跡からは、夥しい数の犠牲（人牲）の人骨が出土するが、元来犠牲は神の食用で、祭に参加した人々と共食するのが本来的なあり方である。そのため、祭の際には、大規模な人肉嗜食が行われていたと思われる。漢代の史料に見える食人社は、その種の残滓であろう。また、⑴・⑵の食糧不足の際の人肉嗜食は、それこそ日常茶飯事のように歴代の『正史』に見えている。⑶の嗜好のためのものとして代表的なのが、唐の後半からはじまった、ヤクザ（無頼）集団内の人肉嗜食の習慣である。彼らは、最も非人間的な行為を常習することで、そのアイデンティティーを誇示した。⑷の憎悪の極みとは、親や不倶戴天の仇に対する報復行為である。いささか、誇張めいて見えるが、現実にも行われていたらしい。⑸の医療のために食人肉が行われるようになったのは、唐の半ばに、陳蔵器が「人肉は衰弱した身体に効果がある」と記述してからである。以後、孝行な子女が、両親や舅姑のために、自らの股を割いて孝行を行う（**割股行孝**）ことが盛行した。元朝になると禁令が出され、明朝・清朝でもそれが継承されたが、民間では依然として行われていたという。

茶碗陣（ちゃわんじん）

暗号の一種。清代には、秘密結社が大きな勢力を持っていたが、大抵の秘密結社は、各地の**茶館**を情報収集・交換の拠点としていた。組合員は茶館に行くと、茶碗を決められた位置に置くなどのさまざまな所作を行って、その意志を伝えることを茶碗陣という。

冲喜（ちゅうき）

婚姻習俗の一種で、また辟邪呪術の一種でもある。婚約しているが、まだ式を挙げていない夫やその父母の病気が重くなった時、未婚の妻をしばらく夫の家に行かせるか、式を挙げさせる事をいう。結婚という吉事で、病気という凶事を祓おうとする呪術である。明末から盛行した。この他、病気が重くなると、早めに棺桶を買い、凶事でもって凶事を祓う呪術も、**冲喜**と呼ばれている。これも、明末には見られる。

鴆毒（ちんどく）

中国古代の毒薬。鴆は、南方に生息する鳥の名で、毒蛇を食用とする毒鳥とされている。この鳥の羽を酒に浸せば猛毒の**酖**となり、人が飲めばたちまち死ぬという。その毒を解毒するには、同じく南方に棲む犀の角が有効とされている。この鴆が、実在の鳥なのか、架空の鳥なのか、不明だが、中国では古くから毒薬として用いられた。

溺女（できじょ）

幼児殺害のこと。**薅子**ともいい、また女児殺害を溺女、男児殺害を溺児という。水盆の中で溺死させるので溺女という。中国では、男子のみが家系を継承できるとされていたから、経済的に余裕のない家庭では、女児が生まれると、間引かれる事が多かった。すでに、戦国時代の『韓非子』に見えている。溺女は、以前は中国中南部、特に福建に多かったと言われていたが、一人っ子政策の実施によって、女児殺害は全国規模で増大し、女児の１人もいない農村まで出現したという。

纏足（てんそく）

女性の足に加える身体加工。女性の幼児期に、親指を除く４指を緊縛し成長を止めて小足にする奇習。唐末・五代ごろから始まったと言われている。南宋から流行しはじめ、以後、元・明・清と時代が下るに従って広まった。ただ、中流以上の漢族の家庭に限り、下層民や漢族以外の民族はほとんど纏足をしない。近代になると、**天足会**などが組織され、反対運動がおこったが、なかなか止まなかった。しかし、五四運動以降の女性解放運動の高まりとともに次第に衰退した。

賭坊（とぼう）

賭博場。**櫃坊・賭局**などともいう。唐代までは賭博は存在したが、専門に賭博を行う賭博場はなかった。宋代になって、櫃坊と呼ばれる専門の賭博場が出現した。櫃坊は、もともとは、料金を取って財物を保管する場所であったが、宋になると賭博場を意味するようになる。櫃坊には木製あるいは石・金属製の堅牢な櫃と呼ばれる保管庫があり、似たような櫃が賭場にもあったので、櫃坊が賭場を意味するようになったものと思われる。しかし、櫃坊というい方は、元以降は見当たらなくなる。明清期には、賭場は主に**賭坊**あるいは賭局と呼ばれるようになり、秘密結社などの裏社会（黒社会）の重要な資金源となった。

美人局（びじんきょく）

恐喝の一種。男女が共謀して、男を誘惑してそれを種に恐喝すること。この種の恐喝は、昔から有ったと思われるが、南宋では美人局、明では**扎火囤**、清では**仙人跳**という。ちなみに、日本語のつつもたせは、博徒用語の筒持たせに由来するといわれている。美人局を当てるようになったのは、江戸後半からのようである。

文身（ぶんしん）

入れ墨。身体に傷をつけて色素を挿入し、皮膚に痕跡を残す身体加工。**雕題・黥・刺青・錦体・花繍**ともいう。この習俗は、環太平洋・東アジア・西アジアなど世界中に分布している。中国でも、既に殷の時代から存在していた。甲骨文字の文という文字は、人の正面形の部分に文身の文様を加えたものという。つまり殷では、イレズミが文明の証だった。ところが周では、イレズミ（文身・雕題）は、東方（東夷）や南方（南蛮）の野蛮人の象徴とされるようになり、中原では刑罰者に施されることとなった。これを黥刑とか墨刑という。これらイレズミ刑を含む肉刑は、漢の文帝の時に廃止になったとされているが、その後も続いていたようである。そして、唐も後半になると、無頼（ヤクザ）の間では、イレズミがもてはやされるようになる。ヤクザは罪を犯してイレズミ刑になることが多かったので、逆に裏社会では、イレズミが男らしさの象徴となった。こうして、イレズミの技術も向上して、次の宋までがイレズミ文化の全盛期である。その後も、裏社会ではこの習俗は依然として続いており、近代の上海などでも、裏社会（黒社会）の人物の普遍的な目印は、イレズミだったという。現在でも、中国や香港の武俠・ヤクザ映画等の中では、イレズミ姿のヤクザが頻繁に登場する。一方、最近の台湾や大陸では、欧米のタトゥー文化の影響で、イレズミがファッションとして表社会に広がりつつある。

9　度量衡

①総記

度量衡（どりょうこう）※

度は長さと面積、量は容積、衡は秤（はかり）をいう。この語は早くから使われていたが、『漢書』律暦志によってはじめて定義され、度は分・寸・尺・丈・引の単位、量は龠・合・升・斗・斛の単位、権（衡が秤の柄をいうのに対し、権は分銅をいう）は銖・両・斤・鈞・石の単位があって、いずれも黄鐘という笛の管の長さ、そこに詰められる秬黍（くろきび）1,200粒の容量と重さをもとに度・量・衡の3者は定められたとする。この名称と定義は踏襲され、わが国にも伝えられ、江戸時代、荻生徂徠・狩谷棭斎らによって考証されることになった。

度量衡の歴史〈どりょうこうのれきし〉※

中国における度量衡制度は、秦の始皇帝の各種標準器の作製配布によって発足するが、それ以前に、「初めて畝に税す」と言われたように、私有地の広がりとそれに対する課税、すなわち税制が始まり、そのために戦国期の各国は、物差し（尺度）・枡（ます）・秤（はかり）等の作製とその制度化に動いていた。税制のみならず、物資の交換が始まれば、枡や秤の統一が求められ、**魯班尺**のごとき万人に守られた尺度ができ、銅製の分銅を用いた**天秤**が使用されていたことは、各地から出土した遺物によって確認される。

漢代、政治制度同様、度量衡制度も秦代を踏襲したことは、出土する銅器・漆器の銘文によって知られ、王莽は精巧な度量衡標準器を一般に配布した。それによれば、おおよそ漢代の1尺は23 cm、1升は0.198 ℓ、1斤は226 gである。

魏晋南北朝時代は度量衡制度の混乱した時代で、北朝の1升は南朝の1斗とされ、おおむねその単位は大きめに見積もられ、隋による度量衡再統一の際、物差しは30パーセント増、枡と秤も約3倍に増えていた。その後、その単位は唐に受け継がれるが、度量衡は大小2つの制度に分けられることになった。『大唐六典』によれば、**小尺**（今の24.5 cm）の1尺2寸が**大尺**の1尺（29.6 cm）であり、**小斗**の3斗が**大斗**の1斗であり、**小両**の3両が**大両**の1両（今の40 g）である。一般には大制が使われ、小制は鐘律の調整、晷（き・ひかげ・ノーモン）の影の測定、湯薬の調合および冠冕の制に使用された。

宋以降はおおむね唐制が受け継がれるが、宋代、布帛徴収に用いられた**官尺**に対し、地方の**淮尺**・**浙尺**との差異はかなり大きく、枡についても、10斗入りの斛は容量が増えすぎ、5斗が1斛、2斛が1石に改められた。元の1石は43パーセント増え、宋の1石は元の7斗でしかなかった。明清期において官僚・地主・商人は地租取立ての枡目を増やすのが常態であった。

清代、物差しには**営造尺**、**律尺**、**裁衣尺**の三種があった。営造尺は黍を縦に重ねた縦黍尺、律尺は横に重ねた横黍尺であり、両者は主として官衙が使用し、裁縫用の裁衣尺は民間が使用した。営造尺の8寸1分は律尺の1尺に相当し、営造尺の1尺は裁衣尺の9寸に相当する。枡にも**戸部量**と**嘉量**の二種があって、戸部量は倉斛用で鉄で造り戸部に蔵し、方形で10合を1升、10升を1斗、5斗を1斛とし、2斛を1石としたものである。また嘉量は方・円の2種有り、2龠（黄鐘管に入る黍1200粒の量。籥も同じ）を1合、10合を1升、10升を1斗、10斗を1斛とする。秤の権、すなわち分銅には重量及び形によって**法馬**・**秤**・**戥**の三種があった。

以上のように秦漢から清に至るまで、物差しは40パーセント、枡は5倍以上、重さは2倍以上に増えた。その理由は、一般に生産量の増大と苛酷となった搾取に帰せられるが、郭正忠は重さについては、魏晋南北朝における天秤から**竿秤**への移り変わり、すなわち分銅1つで様々な重量を測定できたことに原因があるという。

清末の太平天国以降は国の統治機構が破綻し、海関を通じて海外の度量衡制が導入されたこともあって、再度の混乱期を迎える。各地の商工業者は、行会において独自の制を設け、それぞれの取引を防衛せざるを得なかった。したがって、様々な度量衡制度の並立する状況が生まれ、上海を例にとれば、尺度は海尺その他14種、量器は海斛その他大小7種、衡器は17種もあったという。国家の制定した度量衡は有って無きも同然で、商人層の協議が公議として通用していた。

民国に至り度量衡に関してはメートル制（万国公制）の採用に決し、民国4年（1915年）1月6日公布したが、一般には行われなかったので、民国18年（1929年）新規則を公布して徹底させせようとした。

大小量制　（だいしょうりょうせい）※

唐代において容量の単位は、隋の制度を継承して大小の2種類とし、それは衡・度にも及んだことをいう。唐の記録によれば、北方秬黍（北国産出のくろきび）の中ぐらいのものを択び、1,200粒を容れるものを龠（黄鐘という笛、その長さをいう）とし、10龠（漢は2龠。それにしたがって2龠ともする）を合とし、10合を升とし、10升を1斗とする一方、3斗を大斗の1斗とした。また10斗は斛となした。重さ（衡）についても、秬黍の中ぐらいのもの100粒の重さをもって銖とし、24銖をもって両としたが、3両を大両の1両ともなし、16両を斤とした。物差し（度）についても、隋になり民間の大尺が認められ、秬黍の中ぐらいもの1粒の広さをもって分とし、10分を寸とし、10

寸を尺とする一方、1尺2寸を大尺の1尺とし、10尺を丈とした。つまり大斗・大両は小斗・小両の3倍、また大尺29.4 cmに対し、小尺は24.6 cmしかなかった。小尺は次第に用いられなくなった。

黄鐘（こうしょう）※

12音律のひとつでまた度量衡の基準となる黄鐘の笛をいう。漢の劉歆によって原器とされた。楽の音律は笛の管の長さで決められたが、礼楽を重んじ、万物安定を願う中国では、楽律に物差しの基準を求めた。12音律は陽気の6律と陰気の6呂に分けられ、6律は黄鐘・大簇（たいそう）・姑洗（こせん）・蕤賓（すいひん）・夷則（いそく）・無射（ぶえき）、6呂は大呂（だいりょ）・夾鐘（きょうしょう）・中呂（ちゅうろ）・林鐘（りんしょう）・南呂（なんりょ）・応鐘（おうしょう）といった。日本の雅楽にその名が残されているが同じではない。1972年出土した長沙の馬王堆古墳内の黄鐘管は17.65 cmであった。

黍（しょ）※

度量衡の原器となった黄鐘管に詰める穀物、特に秬黍（くろきび）をいう。そこに詰められる1,200粒の重さが12銖、24銖が1両、16両が1斤、30斤が1鈞、4鈞が1石であった。一方、長さと容積も1,200粒詰められた黄鐘管が基準となった。黍は古代中国、特に北方においては主食として珍重され、度量衡の基準に採用された。現在の重さは4ないし5 mgで、10粒を累（絫）といった。

較勘印烙（こうかんいんらく）

新造の度量衡の正否を検査し、正確なるものに対し官印を烙用することをいう。

始皇詔版（しこうしょうばん）

秦の始皇帝の詔が刻まれている銅版。前221年の天下統一後、銅権と鉄権の分銅と銅量・陶量・木量の3種の枡を発行した。そのうちの木量そのものは腐朽して残っていないが、側面の銅版が現存し、詔の40字が判読できる。

尺斤法（しゃくきんほう）

長さに尺、重さに斤を使う度量衡の単位をいう。日本は斤ではなく貫であり、尺貫法というが、貫は1文銭の中国銭1,000枚につけた名前である。

市用制（しようせい）

国民政府が民国18年（1929）採用した単位制。従来の度量衡とメートル法との関係を明らかにしたもの。尺を1メートルの3分の1の市尺（33.3 cm）、斤をキログラムの2分の1の市斤（500 g）、升を1リットルの市升と定めたのである。

章程（しょうてい）

法式のことであるが、初めは暦数及び度量衡等の標準を定めることであった。

②度（物差し）

五度（ごど）※

度（物差し）に分・寸・尺・丈・引の五単位あることをいう。分以下では、1分は10厘（釐）、1厘は10毫、1毫は10糸（絲）。

糸は寸の1万分の1。毫（ごう）は動物の毛、日本では毛と書き、寸の1000分の1。厘は普通、100分の1をいい、ここでも寸の100分の1。広さの単位として、畝の100分の1、重さの単位となれば、1銭（匁）の100分の1となる。

分は合の反対で分割の意で、地積の単位としては、1分は10分の1畝、24歩。重さでは、10分が1銭。長さでは10分が1寸。寸は親指の幅の長さ。10寸が1尺。

尺は掌を広げた長さ。1尺は周から漢にかけて23 cmほど。現在の曲尺（10/33 m）の7寸8分ぐらい。これとは別に大工によって守られた魯班尺（10/33 mに近い）があり、隋になって大尺として公認されることになる。なお尺に近く、掌の長さをいう咫があるが、あまり使われない。わずかな距離を咫尺という。10尺が1丈。

丈は丈夫、すなわち成人をいうのは、その身長が8尺あるからという。10丈を1引とする。

引は唐以降、使われなくなり、塩引等、免許証として用いられ、清末、公引（万国標準制の100 m）として復活する。

また5～6尺を歩、360歩または1,800尺を1里とする。歩とはいわゆる歩測の単位で、普通大人がやや大股に歩んだ2歩をもって1弓と見なし、これを1歩とする。半歩を武といい、歩武は僅かの距離の意。1里は営造尺によれば578 mくらいになる。

また4尺を仞、8尺を尋、16尺を常、20尺を端、40尺を1匹という。仞は水深あるいは下向きの測り方に使い、尋は両手を伸ばした長さで、日本ではひろといい、常はありふれた長さをいい、尋常の言葉となった。端は丈の倍、布を測る単位で、日本に来て反となった。匹は4丈、幅2尺2寸の布帛の単位。

尺度（しゃくど）※

量尺・度器、すなわち物差しをいい、直尺・曲尺・挟み尺・折尺・巻尺・回転尺等があった。直尺は竹・木・骨・牙・金属などの板にメモリをつけたもので、桿尺・大尺・布帛尺（呉服尺）・直弓等があった。曲尺は長短2尺を直角に組み合わせた建築用で、角尺・部尺（営造尺）もこの部類。日本ではかねじゃく・まがりかねなどという。挟み尺は物を挟んで測れるように、直角に固定した枝と滑る枝をつけたもので、いわゆるノギスのこと。漢代には既に使われていた。折尺は折り畳みのできる旅行用の畳み尺。巻尺は帯状・縄状の建築用で、囲尺・鏈尺はこの部類であろう。回転尺は、車の回転数によって距離を測る記里鼓車をいう。日本では伊能忠敬が用いた量程車がある。

囲尺（いしゃく）
円周を量る尺で、竹で作られ、凡そ木材の大小はすべてこれで計算される。木材は灘河（浅瀬で急流）を下り、沿途、税を徴する場合は囲尺をもってその長短を量るもので、灘尺とも称し、営造尺とその規を一にしている。

一囲（いつい）
ひと抱え、ひとめぐり。約3尺をいう。

一箭道（いつせんどう）
射放った矢の達する距離。あるいは2里又は150歩・130歩・120歩をいう。時代と地方により異なる。

営造尺（えいぞうしゃく）
いわゆる曲尺をいう。魯班尺に始まり、大工及びその棟梁によって受け継がれ、隋に至って大工尺・大尺として公認された。金代を経て明代、（工部）営造尺とされ、民国の権度法の正式名称となった。長度は営造尺の1尺を単位とする。

海関尺（かいかんしゃく）
海関にて用いる尺。営造尺よりもやや大きく、公尺（1メートル）の1000分の358に相当する。1尺は英の14吋（インチ）の10分の1に合する。清末の海関度量衡は国内を混乱させる一因となった。

海尺（かいしゃく）
清末、上海にて海斛・廟斛同様、大量取引に使用された尺度であろう。

角尺（かくしゃく）
角尺は漢尺に基づいて造られたものであるが、その寸法の大小は一様でなく、画円用尺度に至っては、ただ長い木片の両端に釘を打付けて置き、その一方を中心として回転する頗る簡単なものである。角尺は曲尺の別称でもあった。

間（かん）
建物の柱から柱までのあいだをいう。日本においては、けんと読んで6尺の長さをいい、まと読むときは面積の1坪をいう。

官尺（かんしゃく）
官庁が用いる尺の俗称。民国度量法が定めたものには2制がある。ひとつは営造尺といい、清制を襲用するもの。その1尺は日本の曲尺1尺5分6厘に当る。他のひとつを公尺と称し、フランスのメートル尺がそれに当たる。これらは共に官尺と称する。

漢尺（かんしゃく）
漢尺は武漢地方で一般に使用されている尺度の基準であるが、これは985の虚数と10足数との2種がある。前者は後者の985を100とする、すなわち後者の9寸8分5厘を1尺とする。いわゆる算盤尺に相当し、後者はその1尺を1尺とするもので裁尺・営造尺等がこれに相当する。

曲尺（きょくしゃく）
長短2つの物差しを直角に組み合わせ、建築用に尺度と定規を兼ねたもの。普通、営造尺と称せられ、唐代には大尺といい、また、木尺・今尺・魯般尺ともいわれたように、古来ほぼ10/33 m が民間の大工とその棟梁によって大きな変化無く受け継がれ、朝鮮・日本に広がった。日本ではかねじゃく・まがりがね等という。長い方の物差しには、$\sqrt{2}$倍の目盛りを刻み、財・病・離・義・官・刧・害・本・財・病の10字が刻まれていた。

景表尺（けいひょうしゃく）
圭表尺ともいい、垂直に立てた表尺に水平な圭尺を組み合わせたもの。表尺の影を圭尺の目盛りで読み、季節・時刻・方位を測る。圭表儀・日晷儀・ノーモンともいう。

公里（こうり）
万国標準制による長度。キロメートル。1公里は10公引（1公引は100メートル）。以下、公丈（10 m）・公尺（1 m）・公寸（0.1 m）・公分（1 cm）・公厘（1 mm）。

高麗尺（こうらいしゃく［こまじゃく］）
南北朝東魏の制を受け、日本に移入使用されたともいわれる高麗時代の尺制。

鎖（さ）
英米の尺度の名称。チェーン。66フィートをいう。

裁衣尺（さいいしゃく）
衣服を仕立てる際に用いる尺。略して裁尺と称するほか鈔尺・紅尺・小尺ともいう。1尺は0.35552メートルに相当し、営造尺の1尺は裁衣尺の9寸、すなわち営造尺の1尺1寸1分1毫が裁衣尺の1尺、日本の曲尺1尺1寸5分3釐9毫に当る。鈔尺の名は、宝鈔の長さに由来する。

算盤尺（さんばんしゃく）
算木を並べて計算する盤。985（9寸8分5厘）の漢尺で、あるいは営業尺ともいい、専ら算盤の製作用以外、呉服太物店の販売用とされている。なお同じく呉服太物店の販売に用いられている広尺も、その寸法は同じである。元来、正式の中国算盤は、長さが算盤尺の1尺、幅5寸であったから尺度に代用されてきた。しかし、算盤製作者は一向こんなことには無頓着なため、正式のものは極めて少なく、実際においてはその長さは短いものでは算盤尺の9寸、長いものは1尺1寸にも及ぶものがままある。

舎（しゃ）
35里あるいは30里を1舎とする。

尺八（しゃくはち）
唐の呂才が黄鐘管の9寸は音が高すぎるといって作り直した笛。2倍の1尺8寸あったので尺八といわれる。

小弓（しょうきゅう）
規定より短い弓。尺度のひとつ。弓は歩と同じく5尺ないし6尺をいう。

小尺（しょうしゃく）
古来、音楽の調律・天体観測・薬の調合・礼服の調整など、礼楽制度にかかわる尺制。これ以外は公私共に大尺制によった。小尺は王莽尺と同じ23.1 cm、大尺は約30 cmである。

照尺（しょうしゃく）
土地を測量するに用いる測量器械。尺度を分割して土地の高低を測量する。また、槍上の装置にして弾子の発射距離を定めたものもいう。

仞（じん）
営造尺6尺4寸8分は周尺の8尺に当り、これを仞という。また、7尺あるいは4尺の説もある。

浙尺（せつしゃく）
南宋で使われた物差し。淮尺10に対して8の、48に対して40の割合であり、27.4 cmあったという。

測鉛（そくえん）
航海中に海中に投じて海の深浅を量る水深器。縄の一端に鉛を繫ぐ。

大尺（だいしゃく）
隋になって認められた曲尺1尺の尺度。中国の土布を測るのに用いる。その2分の1が**桿尺**。唐に受け継がれ、現存する唐尺は29.6 cm～31.3 cmである。日本の鯨尺（くじらさし）のような物差し。

托（たく）
深度または長度を表す量詞。

短尺（たんしゃく）
にせ尺をいうが、わが国では、たんざくと読み、忍者が人知れず見取り図を作るための幅1寸ほどの折り紙をいう。

攤尺（たんしゃく）
木材を量るに用いられ、その長さは2、3尺、幅1分位の板に度を盛って烙印を施し、その計り方は元の方を計り、一定の算法で方数を求める。

段（だん）
反物の賞賜を行う際の組み合わせ単位である。唐王朝の場合、通常10段で、絹3疋・布3端・綿3屯をその内容とした。

雉（ち）
古来、長さ3丈、高さ1丈の称。

中晌（ちゅうしょう）
吉林省の土地測量尺（1畝330弓）をいう。

鎮圭尺（ちんけいしゃく）
帝王の玉製文鎮を測定して得られた周代の尺度。清末の呉大徴の説では19.91 cmあるという。

土方（どほう）
明末の水利工事の算定法、または算出単位。圩岸の修築や河川の濬治の工事量は、従来はその長さ（丈尺）で表現されるのが例であったが、特に幹河（主要河川）について「凡土、横1丈、直1丈、深1尺、為1方」と表示がなされるように、立方的な計算方法をいう。

碼（ば）
英米の尺度、ヤードの音訳。

馬尾尺（ばびしゃく）
馬の尾を用いて作成した度のこと。すなわち度制の一起因を成すもの。

匹（ひつ）
布帛の数を計る際に用いる単位。あるいは疋に作る。布帛の幅2尺2寸、長さ4丈（およそ日本の4丈6尺）を1匹となす。匹の単位は戦国時代に始まるといわれるが、太公望呂尚が、周のために作製した九府圜法（九府とは周の大府・王府・内府・外府・泉府等、九つの財幣管掌の機関。圜は円。圜法は貨幣制度）の中の布帛の規格であった。のちに斉でもこの制度を実施したという。

歩弓（ほきゅう）
土地を測量する器具。けんざお。木製で上に柄のある弓型をなすもの。その両足の距離の1歩、すなわち5～6尺を1弓ともいうことによる。

木尺（ぼくしゃく）
定規また尺度の一種で、官尺ともいう。営造尺より出で木材・建築・測量に用い、その1尺は日本の曲尺の1尺5分6厘に当る。

墨丈之間（ぼくじょうのかん）
1丈程の間をいう。

哩（り）
英米尺度の名称で、マイルのこと。5,280フィートを1哩とする。

律尺（りつしゃく）
唐の小尺によった横黍尺。清代には3種の尺の中のひとつに数えられる。その1尺は営造尺の8寸1分、裁衣尺の7寸2分9厘に当る。

量地尺（りょうちしゃく）
明代の度制にして土地測量の尺度である。すなわち明代では鈔尺・曲尺・量地尺の3種あり、このうち鈔尺は裁衣尺とも称し、裁縫の用を主とするもの、曲尺は営造尺ともいい、主として営造用とするものであった。量地尺の1尺は鈔尺の9寸6分、曲尺の8寸は7寸5分に当っていた。

累黍（るいしょ）
黍を重ねること。古人は、こうして分・寸を定めた。累は絫で、10黍をいう。黍を縦に100粒重ねたものは営造尺の10寸に当り、横に100粒重ねたものは営造尺の81分（8寸1分）に当る。つまり黍の縦と横の幅の比は、100対81とされていた。

鏈尺（れんしゃく）
測鎖、すなわち測量に用うる鉄縄を連接するような尺で、1尺を1節とし、5尺毎に一鉄圏を加え、長さは100尺乃至600尺にして一定しなかった。

魯班（ろはん）
家屋等の営造用の魯般尺すなわち曲尺のこと。普通、営造尺と称せられ、唐代には大尺といったものである。また、木尺・今尺ともいう。魯班は一に魯般ともいい、魯の国の工匠で、後世、工匠（職人）の祭神として崇められている。

淮尺（わいしゃく）
五代南唐から宋代にかけて、広く江北淮南地域で使われた物差し。32.9 cmあったという。

③地積

歩（ほ）※
周代に始まる距離及び面積の単位。片足一歩の距離を跬とし、両足を歩とし、長さは6尺。長さの1歩はまた1歩平方の意味もあり、1歩は6尺平方。その100歩を1畝としたが、秦から漢にかけて、240歩あるいは360歩を1畝とし、1畝100歩・240歩・360歩をそれぞれ、小畝・中畝・大畝といい、おおむね中畝が採用されてきた。唐代、1歩は6尺平方から5尺平方に改められ清代まで続くが、尺度が長くなって大尺が採用されたためという。5尺平方の歩は、日本の1坪（3.3 m^2）に相当した。

畝法（ほほう）※
土地の面積を頃・畝で測る法。周尺では6尺を1歩とし、100歩平方（実際は100平方歩（10歩平方）との見方もある）を1畝とした。荻生徂徠によると、周の1畝は日本の1畝22歩弱となり、周代、1家に分配された100畝の田は、日本の1町7反2畝に当るという。畝は古来、うねの意味に用いられたのが原義で、のちに面積の単位としての意味が加わった。中国古代においては、実際のうねによって土地を量る慣習が先ず存在し、のちに面積の制度を制定する場合に、従来の慣習を採用して、うねすなわち畝を1単位としたが、その大きさは別な標準に依って定めたと見るべきとされる。畝・歩2単位の大きさを定めた標準は、実に1夫の可耕面積100畝の田の大きさそのものであった。すなわち1夫の田の大きさが先ず定まっていて、それを100等分して畝とし、畝をさらに100等分して歩とした。唐代の1畝は我が国の5畝16歩余に当り、100畝すなわち1頃は、5町5反16歩に当る。明代の1畝は、日本の現在の面積に換算すると、約6.53畝に当る。

歩里法（ほりほう）※
清代に至る、土地の広さ、1里を360歩、1歩を5尺、1尺を10寸、5寸を1分、半寸を1釐とする法。中国田制の通例に従って、里以下を土地の四辺を計る長さの単位であると共に、その平方である面積の単位としても用いる。古来、里の1辺を1,800尺とすることに変わりはなかったから、1歩6尺の時は、300歩が1里で約500メートルであった。360歩の場合は578メートルであるという。

阿爾（あじ）
フランスにおける地積単位の名称で、アール（Are）の音訳。100平方メートル、約30坪、約1畝。

愛克（あいこく）
英米における面積単位であるエーカー（Acre）の音訳、英畝ともいう。4,047平方メートル。

一牛吼地（いつぎゅうこうち）

牛声の達する範囲の地、梵語の狗盧舎すなわち地積500弓のことをいう。一牛鳴地ともいう。

一日地（いつじつち）

ほぼ1人にて1日に工作し得る土地の意から出で、地積を表す単位面積として慣用されるに至ったもので中国の6畝をいい、主として南満州において用いられる。なお満鉄沿線における一天地もこれと同意義であるが、普通10畝・8畝・6畝の3種があり、これを大畝・中畝・小畝などと呼んでいる。

一晌地（いつしょうち）

瀋陽（奉天）付近より北の地における地積を表す単位名にして、普通中国の10畝（1畝は日本の200坪弱）を1晌という。そして一天地は1晌と名称を異にするも、その地積において同様である。

一天地（いつてんち）

一天地とは東北地方における土地面積の1単位を表すもの。ただ、一天地と称する単位には3種類あり、約10畝（日本の3反3畝）をもって一天地とするもの、8畝をもってするもの及び6畝をもってするものが存する。

畹（えん）

20畝の耕地をいう語。30畝や12畝とする説もある。

屋（おく）

古代、井田法施行に際して用いられた土地面積の単位で、3夫（1夫は100畝）を屋となし、3屋を井となした。

角（かく）

面積の単位。1角は60歩に相当し、また4角が1畝であった。

跬（き）

人の半歩をいう。片足を挙げる距離3尺。両足は6尺。その6尺平方が面積の1歩となる。

丘（きゅう）

日本で1筆の土地という意味を、1丘または1段という。また1契ともいう。1枚の売買証文に1丘（1段）の土地が記載されるのが普通であったためである。1丘の大きさは一定していないが、概して古い時代ほど大きい。

坵（きゅう）

江南の圩田の各田片の登記上の呼称。また1筆の土地のこと。丘も同じ。

区（く）

図のいくつかをあつめた区域。糧長の管轄する区と同じものであって、同一の区において、糧長と塘長とが職分を分けていた。1区とは数図又は10数図より成り、はじめは約1万石、のちには約3,000石の税糧を供出することができる地域をいった。

公畝（こうほ）

度量衡万国標準制による地積（水面を含む）の単位アール（1阿爾ともいう）、100平方メートルをいう。100公畝が1公頃（ヘクタール）。

公厘（こうり）

長さ、地積すなわち土地・水面、また質量などを表す単位。公釐ともいう。具体的には、(1)万国標準制による長度単位であるメートルの1000分の1を表すミリメートル、(2)同じく地積を表すアール（1阿爾・1公畝）の100分の1、すなわち1平方メートル、(3)重量のデシグラム、0.1グラム、の3種がそれに当る。

甲（こう）

灌漑を行う地方においては地積の単位として122坪余を甲という。

種（しゅ）

南宋時代において浙江・福建などで知られる播種量による田地の単位計算。

晌（しょう）

垧とも書く。北方の畑作地帯では、1日に種をまける面積を晌・垧といい、それを面積計算の単位としている。

石種（せきしゅ）

種子1石を植える土地を指す。宋代、福建地方で行われた田地の計量法。

扇（せん）

土地区画の呼称。宋代には治安維持といった行政上の目的で地域を二分する名称として扇が存在し、語の由来は行政管理の目的で作られた簿籍の1扇1冊から起こったと推測される。この名称は明代にも引き継がれ、糧長の催税に際して用いられていた。

双（そう）

唐代、南詔では耕地5畝を双といった。

大晌（だいしょう）

吉林地方にて用いられる土地測量尺の一種で、1畝360弓とする。

段（だん）

農田1枚を1丘または1段という。日本でいう1筆に近い。1筆ごとの調査を排段検括といい、帳外の剰田を検出登録した。

把（は）

田土の数量の表示単位として使われ、『清明集』ではほかに、百・三千などがみえるがいずれも「田……把」として出てくる。具体的には不詳であるが、収穫高あるいは租税から地積を割り出す方法であろう。朝鮮・日本では用例がある。

夫（ふ）

井田法における土地の広さの単位で、『周礼』冬官考工記の匠人の条に見えるもの。1夫の受ける土地の広さと同様の方100歩（1万平方歩にて100畝に当たる）のこと。

分（ふん）

一般的な用法のほか、明清期において屯丁1名に与えられた基準面積。1分は50畝からなる。

方（ほう）

古代、面積をはかる際の用語。また田地の面積を表す単位で、時代や地域によってその基準は異なる。宋の熙寧5年（1072）では、東西南北各々1,000歩が41頃66畝、160歩が1方とされていた。

方一里（ほういつり）

方一里の田は、9夫すなわち900畝の田で、中央に公田100畝あり、8家各100畝の私田と10畝の公田を耕す。すなわち8家の耕す所併せて880畝にして、公田の中の20畝は8家の廬舎となす。

方百里（ほうひゃくり）

1里は井田の1辺の長さにして300歩である。方百里は、周尺1尺を日本の曲尺7寸6分として計算すれば、わが方十里に当る。

方歩（ほうほ）

民国期に設けられた新度量衡における地積の名称。5尺の平方すなわち25方尺をいう。

方里（ほうり）

毎辺1里正方、すなわち1里四方の面積をいう。

④量（枡・ます）

五量（ごりょう）※

量（枡・ます）に、龠・合・升・斗・斛の五量あることをいう。2龠（のちに10龠ともいう）を合とし、10合を1升とし、10升を斗としたが、隋以降、3升を大升とし、10升を大斗とし，10大斗を斛となし、大小の単位を設けることになった。宋になって10斗を1石、5斗を1斛とした。龠は籥と同じで竹管をいい、それを2つ合わせるから合といい、升と斗の文字は、枡及びひしゃくですくい上げる姿を表すという。斛は元来、1斗1升であったことは現存する王莽の嘉量が証明するが、のちに石と混同されることになった。

石（せき）※

石は元来重さの単位であるが、戦国の頃から既に量の単位である斛の字に代用された。先秦の量については明白でないが、戦国時代の量は大体漢代のそれと同様らしい。いわゆる1石を日本の量に換算するとどの程度になるのかは正確に知り難いが、荻生徂徠の『量考』には漢の1石を9升3合余とし、伊藤東涯の『制度通』には大略10分の1に準ずべしといい、最上徳内の『度量衡説統』には1斗5合4勺としている。戦国秦漢頃の古量は、だいたい日本の10分の1と見て差し支えないという。なお、唐代の1石は我が国の4斗1升8合に当る。

斛（こく）※

石に同じ。『旧唐書』巻48、食貨志には、「凡そ権衡度量の制、量は秬黍の中なるもの一千二百（粒）を容れるをもって籥となす、二籥を合とし、十合を升とし、十升を斗とし、三升を大升とし、十升を大斗とし、十大斗を斛となす」と見える。籥と合の関係は、『大唐六典』巻3、金部、『通典』巻6、食貨などは10龠を以て合となすとあり、更に10大斗を斛としているのに対して10斗を斛としている。なお荻生徂徠は唐の1斛をわが4斗1升8合余に当てている。また、奈良時代の量が唐量の影響を受けているとすると、当時の1升は現在の約4合に当ると言われるから、それから逆算することもできる。正倉院に現存する漆胡瓶については3升半を受けると献物帳に注記してあり、その容量は今の1升5合ほどである。

量器（りょうき）※

穀物及び液体の分量を量る容器。枡形・円筒形・矩形・台形等があった。単に量ともいい、戸部量・金斗・軍斗・木斛・鍾・釜・嘉量・海斛・官斗・斅・漢斛・市斗・抬子・漢㪷・関東斗・柳斗・板斗・梁斗等、多種多様であった。

溢（いつ）

24両を溢という。米1升の24分の1の量。

一平一鋭（いつへいいつえい）

明代、漕量を量る枡を漕斛・倉斛といい、1斛は5斗を容れ、1石には2斛を要した。一平一鋭とは、1石を量るに、1斛は平らかに、1斛は山盛りにする量り方をいう。同類の語に一平一尖もある。

彝量（いりょう）
量は度量衡の量を意味し、すなわち量の標準たるべき常法をいう。

海斛（かいこく）
上海において大量取引に使用される量器のひとつで、その1石は日本の6斗強に当る。一般に用いられるが、使用上の不便のために外国人関係の取引には封度秤が用いられ、斤量によるものが普通となっていた。例えば米穀取引にはふつう斤量を用い、英の200封度（天秤160斤）を海斛の石として計算するが如きである。なおこの外に廟斛と、かつて漕米の収兌に用いられた漕斛とがある。

嘉量（かりょう）
1器で5量（龠・合・升・斗・斛）の標準器を組み合わせた枡をいう。王莽の新嘉量には、円形の斛の枡の底に浅い1斗枡があり、両側面には腕をだし、一方に円筒形1升枡、一方には上に合の枡、下に龠の枡をつけ、側面に81字の銘文がある。清朝においては、方・円の2種があった。

漢斛（かんこく）
漢口において大量取引に使用される量器で、中国の5斗強、日本の2斗9升8合6勺強に相当する。また漢斛の他にも公斛・燮斛・衡斛・雑糧斛などが漢口において用いられた。

漢升（かんしょう）
中国の枡のこと。漢は蕃に対応する。

官斗（かんと）
官府使用の枡を意味する語。徴税その他のため民間の枡と区別して作製されたもので、概して民間のそれに比して大きく、普通1斗につき7・8合ないし1升位も大なるものである。従って旧満州における雑穀市場の糧桟（雑穀問屋）においては、その永き慣習から受渡に際し買枡と売枡とを両用し、往々にして買枡としては官斗が、売枡としては官斗より小さい私製のものが使用された。

漢㪷（かんとう）
スタイン文書売牛文書断片（S.5820）では麦粟を量る枡が漢㪷と特定されている。おそらく敦煌地方には、中国の量制およびそれとは別系統のものも行われ、後者に対して前者を漢㪷または漢碩などと漢の字を附して区別したものであろう。

関東斗（かんとうと）
東北地方で用いられた量器の名で、斗は一斗枡の意味。関東斛も同類のものである。

関防糧斛等事（かんぼうりょうこくとうじ）
清代における上奏文の起句にして、漕米を収受するに当って、各地の枡に大いに差があり、その弊害多きをもって法を設けて防がんとする上奏文の意である。

均（きん）
古の量名で、2,500石を1均という。

金斗（きんと）
鉄で作った一斗枡のこと。

軍斗（ぐんと）
宋代の枡。宋の文思院の斛石、すなわち官斛は元朝の7斗に当り、軍斗は元朝の7升弱に当るという。従って軍斗は官斗すなわち百合㪷とほとんど同じと言える。

公升（こうしょう）
度量衡万国標準制による容量の1リットル。10公升が1公斗、10公斗が1公石、10公石が1公秉すなわち1,000リットルに相当する。日本の旧法による5石5斗4升3合5勺強に当る。一方、1公升は10公合、1公合は10公勺、1公勺は1公撮。

行概（こうがい）
概は穀物をならす盪（とかき・ますかけ）。枡の量を平らにすること。転じて穀物を量ることをいう。清代、民戸は租税上納の際には自ら穀物を量ることが許されていた。

扛（こう）
宋代、温州で行われた収祖の単位。毎畝の租は、平均して1扛すなわち米1石5斗省で、6合を1升としたので1石5斗省は9斗であった。

高昌㪷（こうしょうとう）
唐代西域の高昌で用いられた枡か。トルファンの租田文書などに見える。

合㪷（ごうとう）
100合㪷のこと。1斗枡をいう。南宋の紹興29年（1157）、従来郷村で使用していた大小の租㪷をやめさせ、統一しようとして作ったもの。地主らは従来の合㪷を百合㪷に換算して使ったために普及せず、同32年には廃止された。

斛斗（こくと）
枡の総称。また、粟・稲・麦・豆などの穀類の量器の名でもある。10升を斗とし、10斗を5斛とした。

斛（こく）
量器（ます）の名。酒をいれて酌をするための器とする説もある。

戸部量（こぶりょう）
鉄製方形の枡。戸部にて所蔵され、1升枡・1斗枡・1斛枡があった。

撮（さつ）
量の名。64黍を圭とし、4圭を撮とする。現在の升の1000分1を撮という。これらによる圭撮の語もあり、少量の意に用いられる。

市斗（しと）
市場での売買交易の際に供する量器。

抄（しょう）
漢代よりの量名で、計算上の単位。勺の10分の1、升の1000分の1に当り、時に撮の字が充てられることもあった。

升（しょう）
隋の1升はいまの3合2勺強である。唐の1升は日本の現在の約4合2勺に当る。隋の開皇量は3合2勺4撮に当り、宋の量もこれと同じ。

升子（しょうし）
枡のこと。

鍾（しょう）
量名で、漢代の1石4斗がこれに当たる。なお、漢代の1石はおおよそ日本の1合に当る。

鍾釜（しょうふ）
古の量名。鍾は6斛4斗、釜はその10分の1で、6斗4升となる。漢代の一石は我が約1斗に当る。すなわち大略10分の1。遠き地より負担して糧食を運送すれば、10余鍾にしてその費用を差し引くときは僅かに1石を送致するに過ぎざる割合となる。

清斗（せいと）
計量法の一種で、営口の市場において大豆などの取引の際に用いられたもの。枡目を正確にして計量し、山盛りとしない方法を指し、山盛りとして計量する混斗と対をなす。

正糧（せいりょう）
枡を用いてはかる時に山盛りにし、耗糧（耗米）は平かにするという量り方を説明したものである。

尖量（せんりょう）
米を量る際に枡より高く盛ることをいう。

筲（そう）
1斗2升をいれる竹器。また、飯櫃や手桶の類。

漕斛（そうこく）
漕糧を量る枡。倉斛ともいい、1斛は5斗を容れ、1石は2斛を要する。かつて漕米の収兌に用いた量器の名である。その形は四角で上部が狭く下広に造られ、元時代からの量制の標準としてその2斛を1石と定められていた。しかし、清代に至って戸部鉄斛を用いるようになり、その内積は営造尺の1,580寸、面方は6寸6分、底方は1尺1寸1分、深さ1尺1寸1分とした。これは日本の6斗強に当り、同じく上海で用いた海斛の1石1斗1升に相当し、廨斛と同一である。

籔（そう）
量の名称のひとつで、16斗をいう。藪ともいう。

打㰏（だとう）
米を枡に満たし、木板をもって平らにすることをいう。概に同じ。

台（たい）
瓵に同じ。瓦器にして1斗6升をいれる。

抬子（たいし）
漢口において米穀取引に使用された枡（公斛）のこと。その1斗は24斤である。なお小売用として1斤・2斤の枡もある。

儋石（たんせき）
米粟の量を意味する語で、10斗をいう。また、貯蓄が極めて少ないことの喩えにも用いる。

籌斛（ちゅうこく）
1斛を量るたびに木籌を用いて数を記すことをいう。

豆（とう）
周代の容量のひとつ。1豆は今の4合2勺という。容器としては足の高い食器。

斗耗（とこう）
はかりがん、ますのかん、はかりべり。

斗桶（ととう）
容器の一種。斗は1斗、桶は1斛の枡を意味する。

釜（ふ）
古の量の名で、6斗4升をいう。

釜鼓（ふこ）
穀物枡の類。

鬴（ふ）
古の量器で、内側は方形、外側は円形のもの。6斗4升をいれる。経典では釜の字を用いるものが多いが、『周礼』は鬴とする。

平斛（へいこく）
枡を用いてはかる際に、枡目を平らかにしてはかること。

平量（へいりょう）
米を量る場合にその斛面を平らにし、凹凸を作らないことをいう。

木斛（ぼくこく）
鉄斛に対し木で作製した斛で、清代に用いられたもの。順治5年（1648）に木斛12張を作り、地方の官庁にこれが頒布されたが、これが清朝における量法の始めとされる。

門斗（もんと）
官府用の官斗に対する民間用の枡をいう。一斗ともいう。

籥（やく）
龠ともいう。子穀1,200粒の容積を用いて水に換算し、これを1籥とし、2籥を2合とする。その1籥は日本の5勺に当る。

庾（ゆ）
量の名で、16斗のこと。

甬（よう）
量名、斛と同じ。

籮（ら）
穀物をいれる容器。1籮には穀1斛をいれる。

立脱爾（りつだつじ）
容量の単位リットル（ℓ）の音訳。竍とも表す。

柳斗（りゅうと）
柳條で作成した枡。これに対して木製のものを板斗という。

梁斗（りょうと）
枡の一種。つるます。

量（りょう）
穀物その他の斗斛を量る器具、量器。日本の枡に当るもの。

⑤権衡（はかり）

五権（ごけん）※
重量の単位、**銖**・**両**・**斤**・**鈞**・**石**をいう。24銖が1両、16両が1斤、30斤が1鈞、4鈞が1石に相当する。銖の下位の単位としては**累**・**黍**があったが、唐代に10進法の**両**・**銭**・**分**・**厘**・**毫**に変更された。
銖は、古代の音律のひとつである黄鍾の律を生ずる筒に黍の種1,200粒を入れ、それを12等分し、そのひとつの重さを1銖とする。
両は、時代により必ずしも一定しないが、24銖を両となし、16両を1斤とすることは歴朝ほぼその規を一にした。宋代においては約37.3グラムであるが、清末の新制においては、唐宋を受けて10絲を1毫、10毫を1釐、10釐を1分、10分を1銭、10銭を1両とした。なお、この両は欧米人のいう**テール**に当たる。
斤は觔ともいう。16両からなり、わが国の160匁に同じ。
鈞は30斤を1鈞とし、1石は4鈞からなる。
石は120斤を1石とするもの、また4鈞に当たる。
累は絫。穀粒12粒の重さを黍といい、10黍を絫といい、1銖の10分の1に当たる。また、そこから転じて黍絫の語は極めて少数の意味を持つに至った。
銭は唐代の開元通宝銭の重さ2銖4絫（3.75グラム）の重さで、日本の匁の単位、すなわち1文の重さとなったもの。匁は泉の字の略字という。
分は銭の10分の1、両の100分の1、日本の1分は中国の1.00533分に当るという。
釐は、重さと共に長さ単位で、両の1000分の1をいう。

権衡（けんこう）※
物をはかる道具、秤（はかり）のこと。平・称ともいう。権が秤の錘・分銅・おもり、衡が柄のさおを指す。両者は相いまって用を成すが、権の重さが秤の種類を分けた。清代の権には、法馬・秤・戥の3種あり、細かく分銅となる黄銅の体積・中径・面径・高さが定められ、また戸部の秤である庫平に対して銀両交納用の市平があり、庫平1,000両について36両少なくて済むものであった。古来、量り方に天秤（てんびん）と竿秤（桿秤、さおばかり）の2種があり、天秤は左右の柄が等しく、量るものと錘を等量にして量るが、竿秤は柄の衡に吊るす分銅を移動して量るものである。竿秤の始まりがいつなのか議論が絶えないが、近年、郭正忠はその広まりを魏晋南北朝とし、それが単位の増加につながったとする。

以下に秤の種類を列挙すれば、花秤・官平・桿秤・関平・金衡・京平・庫平・公磁平・公等・公砝平・膠平・衡平・市秤・市戥・司馬秤・市平・餉平・常衡・新議秤・水碼・青龍・漕平・大秤・潭等・鄭州平・天称・戥・等子・二両平・盤秤・部庫天平・砰秤・鳳平・渝銭平・洋秤・洋例平・鳌子等がある。

また、秤の各部分について名称を挙げると、衡・衡桿・衡竿・秤棚ははかりさおを指し、秤星・秤花・定盤星は衡の衡目（はかりめ）、戥盤・等盤ははかりの皿を意味する。権・秤・秤鉈・秤駝・秤錘・磅金・碼子・法碼・銅法馬・兌馬・月児・艮定様は錘（おもり）、すなわち分銅のことであり、秤の先にある鈎（かぎ）は秤鈎子・秤勾と称した。

衣分衣指（いぶんいし）

衣分とは繰棉歩合をいい、衣指は種子100粒に付着する棉毛の重量をいう。

一秤（いつしょう）

ひとはかりの分量。

鎰（いつ）

溢ともいう。鎰は20両であり、黄金1個の重さを20両とする。

花秤（かしょう）

湖北地方における棉花秤量用の基準秤で、1斤は8両に当たる。なお、棉花秤量用の秤は地方によって異なるが、同一地方にあっては多くが同業者協議の上で一定し、銭秤・四幇秤・黄秤・甲老黄秤・新黄秤・節半秤・樊秤・花秤などは皆そうして定められた秤である。花行（棉花問屋）は棉花を買入れる場合は銭秤を用い、売渡す時は花秤や四幇秤を用いるように売買の状況によって秤を異にする慣習が行われていた。

過秤的（かしょうてき）

貨物の発着に際して検査を行う看貫人を指し、地方により磅員（上海）などともいう。

鍰（かん）

重量の単位で、爰・鋝・垸と同じ。その重さは主に11銖25分の13、あるいは6両大半両（大半は3分の2の意）との二様に伝えられる。

官平（かんへい）

平は金銀を秤量する権衡。多種多様のものがあったが、官平と私平（市平）とに大別される。

桿秤（かんしょう）

天称・天秤（てんびん）に対する竿ばかりをいう。桿称・竿秤ともいい、10斤より500斤に至るものを量る。秤の天秤から桿秤への発展は、秦漢代より魏晋南北朝にかけてであるが、単位当たりの重量を換えるほどの大きな出来事であった。

関平（かんへい）

権衡の名。清代に東北地方において用いられた。

規元（きげん）

清末、上海における銀の目方。規銀・九八銀ともいう。庫平の98%にあたる。

金衡（きんこう）

金銀宝石を量るために用いられるはかりで、いわゆるトロイ衡と称せられている。その単位は、Grain = 0.00174両、Ponny weight = 0.1169両、Ounce = 0.83385両、Pound = 10.0062両とする。

圭（けい）

重さの名。10票の重さを1圭とするもので、10圭の重さは1銖、24銖の重さは1両となる。また量名でもあり、升の10万分の1に当る。

京平（けいへい）

秤の一種で、北京の市場にて用いるもの。

月児（げつじ）

秤屋が用いる語で、大秤の分銅をこのように称する。

元錁（げんか）

1個10両の銀塊。

衡鑑（こうかん）

衡は物の軽重を量る器具、鑑は物の美醜を照らす器具のこと。故に事理の是非を分弁する意としても用いる。

庫平（こへい）

清代に戸部で用いられた目方の呼称で、収絹・納税上の標準として用いられたもの。10黍を1銭とし、24四銭を1両としたもので、庫平1両は37.31256グラムに相当する。民国4年1月に権度法が発布された後は0.37301公両を庫平1両と規定された。

公砝平（こうきょへい）

外国銀行が使用する秤器をいう。ただ、地域によってその標準は異っていた。

公斤（こうきん）
度量衡の万国標準制による衡（重）量、1キログラムを表す名称。1公斤は10公両、1公両は10公銭、1公銭は10公分、1公分（1グラム）は10公厘、1公厘は10公毫、1公毫は10公糸となる。一方、10公斤が1公衡、10公衡が1公担、10公担が1公鐓（1トン）となる。

公磁平（こうじへい）
商業上通用する標準秤。ただ、上海公磁・天津公磁・西公磁平のようにその地名を冠して用いられ、各地で一致していない。

広等（こうとう）
宋代、湖南・広南地方では、銀の度量衡に10銭を1両とする広等と、12銭を1両とする潭等があった。前者が官府の法秤であり、後者は湖南の民間の私秤であった。

膠平（こうへい）
青島における標準秤であり、上海の曹平50両（重量）につき7銭2分だけ少なく、これによって計算すると上海曹平1,000両に対し約985両6銭強である。

衡平（こうへい）
はかり・てんびんの類。

克（こく）
メートル法による重量の基本単位であるグラムの頭字を音訳したもの。1克は中国の重量268両に相当する。また、克に基づき新字も作成され、10克（10グラム）を兙（デカグラム）、100克を兡（ヘクトグラム）、1,000克を兛（キログラム）、1万克を兣（ミリアグラム）、1,000兛を米突噸（メートル、トン）あるいは法噸という。また1克の10分の1を兝（デシグラム）、100分の1を兞（センチグラム）、1,000分の1を兺（ミリグラム）という。

艮定様（ごんていよう）
分銅のこと。艮訓子・艮則などともいう。

錙（し）
古の重さの名。6銖すなわち600黍の重さとするもの。6両あるいは8両とする説もある。

市秤（ししょう）
市上にて慣用される秤。

市戥（しとう）
庫平が役所のはかりであるのに対し、町屋のはかりをいう。

市平（しへい）
市平銀は商業及び民間の標準として用いられたもの。ただ、異なる地域や業種に共通したものはほとんどなく、沙市平や京市平が並立するように煩雑を極めている。

市平両（しへいりょう）
特定の銀両の名称ではなく、各地に用いられた秤量用の衡器によって標準づけられた銀両に対する総称である。従って当該地方において日常的な各種取引は皆これを単位にするといっても差支えない。ただ、衡器は地域によってそれぞれ異なり、上海曹平・天津行平・漢口估平あるいは広東司馬平など独自の名称を有している。

司嗎秤（しばしょう）
塩を量る際に用いられる官秤。重さ16両8銭を1斤とし、100斤を1担（ピクル）、16担をもって英1噸と規定する。従って司嗎秤は最高機関たる塩務署から全国各省へ交付され、これに拠らしめることになっている。ちなみに民国3年1月から施行され、塩の課税は一律に司嗎秤により、1担に付き2元5角と定められている。また上海等の絲業・綿花業において用いられた秤も司嗎秤といった。

秤（しょう）
権衡・平・称とも書き、はかりをいう。清代には法馬・秤・戥の3種があり、秤は量る分量により、大秤・小秤・小盤秤の3種に分けられ、大秤は100斤から500斤までを、小秤は10斤から50斤までを、小盤秤は3斤から16斤までを量るのに用いられた。

称不離錘（しょうふりすい）
秤棒と分銅とは離れぬものの意で、連帯関係を喩えた語。

称付（しょうふ）
分量を量ってやる、目方を量って支払いすること。

秤貨手（しょうかしゅ）
貨物の秤量係（看貫）を意味する語。また単に秤手・磅員ともいう。

秤折（しょうせつ）
銀などを秤る際に生ずる目減りのこと。

秤堤（しょうてい）
秤にかけること。称験・称貨ともいう。

秤盤（しょうばん）
盤と秤の端を繋ぐ金属板。はかる所の物を載せる。

秤用（しょうよう）
秤を用いる手数料をいう。

餉平（しょうへい）
秤の一種。俸給・税糧などを量る際に用いるもの。

上幣（じょうへい）
秦では秤量貨幣としての黄金と鋳造貨幣の銅銭の２種を貨幣として用い、黄金を上幣、銭を下幣とした。

常衡（じょうこう）
金衡・薬衡のような特別な秤ではなく、普通の秤をいう。

新議秤（しんぎしょう）
福州の銭荘及び商家が銀を量るに用いる標準秤器。この秤による１両（テール）はおよそ日本の９匁6767に相当する。

水碼（すいば）
秤の一種で、秤屋が15両４銭の秤をいう専門語。

錘（すい）
古の重さの名。８銖すなわち800黍の重さ。12両または６銖の重さとする説もある。また、分銅や秤のおもりをいう。

青龍（せいりゅう）
塩業者が秤をいう語。

銭（せん）
開元通宝銭を基準とする重量の単位。２銖４累、3.76グラム。泉ともいい、その草書体が匁、日本に来て目方の単位となった。

漕平（そうへい）
民間において普通に用いられる秤であるが、庫平に比べるとやや軽く、その１両は庫平の約９銭８分に相当する。また蘇漕平・申漕平のように各地の名を冠せられたものが存するように地域によって多少の相違があり、例えば上海漕平の１両は36.66グラムに当るという。なお、漕平の名称は主として江南・浙江の諸省にて漕銀の徴収に用られたことに由来する。

兌赤（だせき）
北京通行の金塊。その標準は漕秤を用いて計算し、毎塊の重さを10両として1,000両ごとに純金980両を含む。

大秤（だいしょう）
官定の秤よりも目盛りを大きくとった秤をいう。

弾兌（だんだ）
天平（権名）を用いて銀の重量をはかり、高下を正一にすることをいう。

中錠（ちゅうてい）
清代に行われた秤のおもりに似た民間通用銀錠（衡錘形銀塊）の名で、重量約10両内外のもの。爐房（銀貨鋳造所）がこれを鋳造するが、爐房において使用する権衡は地方に因り一定せず、また銀の成色（品位）も異なっていたため、取引を行う際には秤量して値を定める必要があった。

錠（てい）
重量の単位で、鈔５貫にあたる。

鄭州平（ていしゅうへい）
河南省鄭州にて用いられる衡器の秤であり、鄭州における銀両の標準秤として使用される。

天称（てんしょう）
広く用いられる衡器で、天平・盤秤・等秤と同じ。日本では天秤（てんびん）という。柄の長さを同じくし、物と分銅を等量にして量る古くからの秤で、後になって竿秤（さおばかり）が現れる。

等紐（とうちゅう）
秤の紐のこと。なお、秤の中緒は中毫と称する。

戥（とう）
最も広く行われている盤秤（さおばかり）。戥とは小形で精巧な竿ばかりの意。等子ともいい、宋代より使われていた。金銀等の珍品及び薬物の量を計るのに用いられ、戥子は10両から30両までを、大戥は50両から100両までを量ることができる。なお、はかりの刻目を戥星といい、秤皿を戥盤（等盤ともいう）という。

頭紐（とうちゅう）
秤のもと紐のこと。

噸（とん）
英米の重量名Tonの音訳。また船舶の積載容積を計る語でもある。

二両平（にりょうへい）
秤の一種で、普通市場の取引において慣用されるもの。

部庫天平（ぶこてんへい）
政府が出納を行う際に使用する衡器。

平銀（へいぎん）
秤量するときの操作で得る余分の収入。平餘・餘平なども同じ。

平餘（へいよ）
平は秤、餘はあまりの意味である。すなわち古来の民斗（民間用の枡）は官斗よりも小さかったので、田賦を穀納する際に、民斗1石に対して1斗5升を余分に徴収したものである。従って銀納するようになってからも、官秤と商秤の軽重（標準）が互いに均しくないとの理由から税銀一両につきその1割5分を加徴し、これを平余あるいは平水と称した。

磅（ほう）
英・米の重量の名で、Poundの音訳。封度ともいう。普通衡の磅はグレーンの7,000倍に相当するが、金衡・薬衡として用いられる磅はグレーンの5,760倍と異なる。

磅秤（ほうしょう）
英国の衡器、いわゆる洋式天秤。叩けば鳴るのでカンカンともいう。

法馬（ほうば）
法嗎ともいい、清代、法定の標準となる秤のこと。一百両法馬・一千両法馬・一千六百両法馬等があった。法馬にはまた分銅の意味もある。

楤（ほう）
俗に数量の40斤をいう。また、銀10両・繭10斤をいう。

磅碼単（ほうばたん）
貨物秤量のメモ（Weight memo）をいう。これによって保険に附し、または船車に積み込んで運賃を軽減することができた。例えば河南地方における棉花売買の際、打包廠（梱包工場）はその打包完了後、この磅碼単を用意して荷主に交付し、荷主はこれによってまず梱包賃を支払った上で出荷する慣習であった。

鳳平（ほうへい）
満州の鳳凰城にて用いられた標準秤のこと。

渝銭平（ゆせんへい）
重慶に行われた貨幣秤量用の標準秤のこと。ただ、これ以外にも各商・各行ごとに雑貨平・緞紗平・棉花平・塩銭平・薬剤平・水銀平・広平など数多く存する。

洋秤（ようしょう）
西洋の秤。

洋例平（ようれいへい）
外国人が中国人と取引を行う際に用いる秤の名である。ただ、地方によりその標準を異にし、漢口の洋例平は估平なる秤を用いたものであるのに対し、福州において1,000元は717両に当たるものを洋例平と称すのはその一例である。

釐子（りし）
はかりの一種で、いわゆるりんだめ。極めて少量のものを量るためのもの。

六五磅秤（ろくごほうしょう）
外国の衡器の100ポンドに対して65斤に当たるものをいう。

⑥算法

一工（いつこう）
労働量を示す単位で、1畝につき1名の役夫が1日間の労役を負担すること。

一算（いつさん）
1単位の税を課することを一算という。漢代の丁税は120銭を一算とした。

一支（いつし）
半分の意。

一牀（いつしょう）
均田法が行われた際の租税賦課の単位。北斉の時、一夫一婦を一牀としてこれに対して絹1匹を納めさせた。

一掌金（いつしょうきん）
指を使って数えること。

一堆（いつたい）
ひと積み、ひとかたまりを意味する語。一堆土（土・塵埃）・一堆沙（砂）・一堆木柴（薪）、一堆物件（品物）などのように用いられる。

一抔土（いつぽうど）
一握の土、極めて少なきに喩える。また墳墓をいう。抔は手ですくうこと。

引（いん）
塩の量を数える単位。元々引は塩販売の免許状であり、元代には1通の引により塩400斤の販売が許可されていたので、塩400斤を1引と称した。なお、明初には1引により販売できる量を200斤に限定されたが、竈戸より徴収する塩は依然として400斤を1引として計算する場合が多かったため、両者を区別するため塩400斤を大塩引、200斤を小塩引と称した。

加伍（かご）
元の量や価格にさらに5割を加えること。

花数（かすう）
本来低廉・些少の貨物であるのに、勝手に底上げすること。また書類や手形上の額面を書き直し、壱を伯に、拾を阡にすることも指す。

過磅費（かほうひ）
計量費をいう。

窠（か）
木などの1本または1株をいう語。棵・斛ともいう。

概（がい）
数量を量ること。概は穀物をはかる枡の斗かき棒で、それより転じて量るの意味にも用いられるようになった。

角（かく）
銀貨1元の10分の1。また、小銀貨を角子という。

額定（がくてい）
数を定めること。また公称定額をいう。

完数（かんすう）
計算し終えること。また勘定済みにすることもこのように称する。

簡利息（かんりそく）
単利法による利息計算法をいう。

奇另元角（きれいげんかく）
金銭の計算を行った時に出る端数のこと。

起碼（きば）
標準となる起点を意味する語で、そこから計算の発足点などの意としても用いられる。

畸零（きれい）
小さい、少ないを意とする語で、転じて整数に満たない数や端数を意味する語としても用いられる。奇零ともいう。

鉅万（きょまん）
1億を意味する語。万万ともいう。

眷点（けんてん）
北京において質屋が用いる隠語。例えば揺（一）・按（二）・捜（三）・牒（四）・尾（五）・料（六）・敲（七）・賁（八）・脚（九）・拘（十）の類がこれに当たる。これは質札（常票）の偽造を防ぐために業務上用いられるもので、その判別は第三者にはなしえない。

験算（けんさん）
検算のこと。

元估（げんこ）
原価・元値を意味する語。

原幣（げんへい）
未だ他の通貨との換算歩合が定まっておらず、本位貨幣とする各種通貨のこと。

五調（ごちょう）
絹1匹・麻布1匹・綿8両・麻8両・粟1石を五調と呼んだ。

項（こう）
少額の金銭を意味する語。これに対して多額の金については款が用いられる。ただ、混用されることも多く、項とすべき場合に款を用いることもある。

合零就整（ごうれいしゅうせい）
端数をきりあげること。

忽（こつ）
小数を意味する語。分以下、釐・毫・絲・忽の序列として十進法で把握される。

沙（さ）
少数の名。10塵を沙とし、10沙を纖とするが、転じて物の少なくして数多きものをいう。

算手（さんしゅ）
計算係・会計方を指す語。

指項（しこう）
一定の収入、確たる収入。

扯価（しゃか）
各業者が商品価格を設定することをいう。値定めする、値付けする。

週息（しゅうそく）
銀銭業者が10カ月を標準として計算する利子のこと。

珠算（しゅさん）
珠盤・算盤・算子を用いて行う計算をいう。宋代には走盤珠・算盤珠等の戯語があり、珠盤が盛んに行われていたと考えられる。

十（じゅう）
数詞としての用法の他に、充分な、満ちるの意味としても用いられる。

什九（じゅうきゅう）
10分の9を意味する語。割合を示す場合はこのように分母・分子の順に数字を並べる。什二ならば10分の2となり2割を意味する。

條（じょう）
助数詞の一種で、細長くひとすじの物を数える際に用いられる。一條河（1本の川）や一條縄索（ひとすじの縄）・一條甬路（1本の通り）などのように用いられ、また一條章程（規則1ヶ條）・一條建議（1案の建議）のような使用法もされる。

小数法（しょうすうほう）
中国古来の独特の小数計算法をいい、一位（一桁） ごとに名称を変えるもので、10万を億とし、10億を兆とするもの。大数法と共に行われたものであって、楚語に「百姓千品万官億醜兆民経入畡数」とあり、これは小数計算法に基づいたことが明らかである。民国においてなお両法並び行われ、往々、一数を言い表すのに両法を混用する場合もあるので注意を要する。

浄数（じょうすう）
英語のネット（net）を意味し、例えば「出口浄数」とあれば「再輸移出を除いた純輸出数」（Net import from Chinese ports in to）を意味する。

少半（しょうはん）
3分の1の意。これに対して大半は3分の2をいう。

心裏盤算（しんりばんさん）
胸算用のこと。心算・暗算ともいう。

成（せい）
日本語の割に当たる語。三成ならば3割を意味する。

整（せい）
丁度、全部にての意味を持つ語で、一百両整のように金額の末尾に記すことで端数無しの意を示す。日本における一百円也の也に当たる。

席（せき）
商売人が数をいう隠語。糧食店では1を、豆麥業者の間では10を示す言葉として用いられる。

積算法（せきさんほう）
市場物価を記す数字の表記法。縦体と横体の2種類あり、縦体は〡・〢・〣、横体は一・二・三の類。

折（せつ）
割り引く・換算するなどの意を持つ語で、掛け率を示す際に用いられる。例えば、八折ならば8掛けを意味し、表示上は一斗でも実質はその8割に当たる数字として計算される。また、同類の語に扣もあり、九扣ならば9掛けを意味し、1割引で計算せねばならない。

截補畸零（せつほきれい）
はした数を切り捨てたり補足して面積を算出することをいう。

仙浪（せんろう）
土産業にて7の数をいう語。

前賬（ぜんちょう）
これまでの計算。

隻（そう）
助数詞の一種で、日本語の個・本・羽・隻などに当たる語。一隻老虎（虎一匹）・一隻麻雀児（雀一羽）・一隻煙捲児（巻煙草一本）・一隻船（船一艘）などのように用いる。

双数（そうすう）
偶数のこと。

大九帰（だいきゅうき）
一一から九九までの2桁割算の掛声をいう。乗法疉併数ともいう。

大九九（だいきゅうきゅう）
乗算における九九をいう。堆宝塔ともいう。

大数法（だいすうほう）
大数計算法をいい、四位をもって名称を変えるもの。10の4乗を万とし、8乗を億とし、12乗を兆とし、16乗を京、20乗を垓とする方法。現在も継承する方法である。

端（たん）
布をはかる単位。

値百抽五（ちひゃくちゅうご）
100分の5を意味する語。

中数（ちゅうすう）
5を意味する語。

通紐（つうちゅう）
紐は合算を意味し、絹や銭など各々単位の異なるものの数量を通算して合計・換算すること。紐計・通共・通弦ともいう。

錠（てい）
5,000文のこと。

撤算（てつさん）
小締め高のこと。

檔（とう）
塩を数える単位。塩300万包が1檔に相当する。

念（ねん）
20を意味する語。

碼字（ばじ）
数量を表す記号文字。碼・号碼・碼号・碼子ともいう。

倍蓰（ばいし）
倍は1倍、蓰は5倍のこと。

番（ばん）
助数詞の一種。一度・一回・一通りといったニュアンスの語で、畳奏一番（続けざまに一度奏楽する）・一番報告（一回報告する）などのように用いる。

匹（ひつ）
布をはかる単位。

緡（びん）
銭を数える単位。貫ともいう。緡は銭の孔に通して銭を括る紐を意味し、この緡で銭1,000枚を括るのが慣例であったため、括ってあるなしにかかわらず1,000枚のことを1緡と称した。

命数法（めいすうほう）
整数を数える際、数群に分けて、分りやすい名称を与える法。大数と小数があり、大数は、十・百・千・万・兆・京・垓・姉・穣・溝・澗・正・載・極・恒河沙・阿僧祇・那由多・不可思議等。少数は分・厘・毫・糸・忽・微・繊・沙・塵・埃・渺・漠・模糊・逡巡・須臾・瞬息・弾指・刹那・六得・虚・空・清・浄等。

餘切（よせつ）
算法用語で残数・残高をいう。餘失・餘弦も同じ。

零（れい）
整数をなさざるものを指し、千を単位とする数ならば千未満の数、百を単位とする数ならば百未満の数をいう。また、残余・端・零細をも意味し、零件（部分品）・零帳（小口勘定）・零売（小売）・零銭舗（小売店）・零兌荘（小規模の両替屋）などの語はそうしたニュアンスを含んだものである。

10　時刻

暦法（れきほう）※
天体や環境の観察によって、その循環の規則性を知り、暦を組織することはいずれの古代文明においても行われ、中国もその例外ではない。暦の作成は、農事の成功や規則正しい祭祀の実施など、社会経済的な実用面からの要請ばかりでなく、天体現象、とくに日蝕や彗星などの異常な現象に、超越者である天の摂理とその支配する人間世界の運命を感知しようとした人々の、精神面における切実な希求とによって促進され、天文学は常に占星術的な側面を伴って発展した。ただし中国の文明における政治の支配は強く、天文学では暦法・時法の分野が、また占星術にしても国家や支配者の運命を占う分野がその中心課題を占め続けた。天の意志に従うことを政治理念とした中国では、天の意志を示す天体現象が支配者の行動を制限した。暦法は国家の大典とされ、王朝交替の際の受命改制、すなわち新たに天命を受けたことを明示するために行われる制度改革において、改正朔、すなわち改暦はその中核をなし、暦法は新たな王朝のシンボルともなった。天文学は政治の支配下におかれ、漢代に整備されて以降後世に継承された王立天文台の制度の中で、天文学者たちは官僚としての地位を獲得し、より正確な暦法の探求と、国家や為政者の運命を左右する天体の観測に専念し、それ以外の領域は、漢代に蓋天説・渾天説などの宇宙構造論が議論されたことを除けば、官僚としての天文学者たちの関心の外にあった。中国でいう暦法は単に月日を配当するカレンダー編纂の技法ではなく、広く日月惑星すべての諸現象をとりあげ、その天文定数が改変されるもので、いわば数理天文学の類いであり、歴代の正史における暦志あるいは律暦志には時々の暦法による天文計算表が記載されている。この数理天文学の領域の中では学問的な新事実の発見もあり、例えば後漢の頃の月行遅疾（月の運動の不等）、東晋の虞喜による歳差の発見、北斉の張子信による日行盈縮（太陽運動の不等）、あるいは隋の劉焯に始まり唐代に完成した補間法のような計算技術面での創意などが知られる。しかもこれらの定数にしばしば暦法の権威を高めるための粉飾が行われ、漢代の改暦では天文定数を音律と結びつけて説き、また唐代の大衍暦では天文定数を易数と付会することが行われた。改暦の意味は時代による変遷もあり、王朝のシンボルとして安易に行うべきではないという意識は晋代の頃から次第に薄れ、南北朝の北朝では一つの王朝のもとで2度、3度の改暦が行われた。この傾向は唐宋に至りさらに顕著となる。

暦法を中心として独自の発展をとげた中国天文学だが、古くから外来の要素の導入も行われた。既に殷代にその原型が認められる太陰太陽暦は古代バビロンと共通する暦であり、その影響をみる説がある。漢代に登場した天体観測器・渾天儀は、前2世紀ギリシャの天文学者・ヒッパルコスにより使用されたアストロボスとの類似が指摘されている。後漢以降は仏教経典の翻訳を通じてインド占星術が伝わり、唐代にはインドの天文計算法が紹介された。玄宗の時には瞿曇悉達が王立天文台長となり、インド天文書が翻訳された。ギリシャからインドに伝来した天文計算法のほか、アラビヤ数字や週日も紹介され、ソグド語を音訳した日曜日を示す密または蜜の字を暦に書き込むことが始まったのも唐代であった。次に西方からの大きな影響が認められるのは元代で、世祖の時代にペルシャ人・札馬魯丁が回回司天台を主宰し、大量のイスラム式天文儀器を作成やペルシャ語天文書の輸入・漢訳が行われた。また、イルハン国の天文学研究の中心地であったマラガの天文台には中国から天文学者が派遣され、中国の天文暦法を西方へ伝えた。回回司天台は明代にも継承され、ヨーロッパの暦法が採用された清初にその役割を終える。明末には湯若望（アダム・シャール）らイエズス会の宣教師たちと、徐光啓など漢人官僚たちによりヨーロッパ天文学の導入が図られ、『崇禎暦書』の翻訳も行われた。徐光啓らが意図したのはこの天文学の定数や計算法を利用してより正確な暦法を作ることであり、これは次の清代に受け継がれて時憲暦として実現をみた。国家の大典であった暦法が全て中国以外の方法によって計算されたことは画期的であったが、官僚である天文学者たちがヨーロッパ天文学の他の領域へ積極的な関心を向けることはなく、中国側の受容はやはり暦法の分野に限られたものであった。

一日（いちじつ）

明清期の刑律における一日とは、刑期の場合と工役の場合とで異なる。刑期は100刻をもって日とする。1刻は現在の15分であり、1日24時間は96刻だが、明代は四捨五入して100刻としていた。清代にはより正確になり、清律は本註に96刻と改められている。また、工役の場合は、朝より夕までを一日としている。

季月（きげつ）

四季の月、すなわち3月・6月・9月・12月のこと。

紀（き）

1紀は12年のことで、1記・1終（星終）も同じく12年をいう。

句（く）

時間の単位としては、1時間を1句鐘ともいう。

圭表（けいひょう）

日時計の日影柱。表、また古くは髀ともいわれた直立する柱と、その根元から地表に沿って真北にのばした圭という物尺部分からなる。周代にはこれを用いて日影を測定する方法が発明され、冬至（1年で正午の日陰の長さが最長になる日）や夏至（1年で正午の日陰の長さが最短になる日）など、一連の節気の日が確定された。元代の著名な科学者、郭守敬は伝統的な8尺の圭表に代えて4丈の高表を用い、その先端に景符と称する中央に小孔をあけた可動する薄銅片を取り付け、その小孔に太陽光線を通し明晰な太陽象を映し出す方法を発明、測影技術を大幅に進歩させた。

鼓楼（ころう）

都市の中心部に、時刻を報じるために設置された高楼。同じ報時施設である鐘楼と東西に対をなして置かれる場合が多いが、元代の至元9年（1272）に創建された北京の鼓楼のように、鐘楼と南北に配置されたものもある。また天津などは鼓楼・鐘楼併設の鐘鼓楼である。鼓楼上には鐘・鼓・角などの報時装置や計時機器である壺漏が置かれていた。全市を見渡せる高さがあったため、報時だけでなく外出禁止など市街観察の場所としても用いられた。明清期の規定によれば、鐘鼓楼では毎日寅と戌の時に鐘が打ち鳴らされ、寅時の鐘を亮更、戌時のものを定更と称した。戌時から翌日の寅時までは毎更時に鼓が打たれ、ゆえに晨鐘暮鼓といわれた。また、明代、朝夕の鐘は各108回鳴らされたが、例えば杭州の鐘声は早いテンポで36回打ち、間を置いてまた36回打つことを2度繰り返す。対して紹興では18回を1組として打ち、交互に緩急を変えながらそれを6回繰り返す、というように、そのリズムには各地それぞれの特徴があった。

更（こう）

初夜より晨に至る夜間の時刻の経過を五分類で表すもの。戌の刻を限として1更とし、あるいは初更・初夜・甲夜とも称した。続いて亥の刻を2更・乙夜、子の刻を3更・丙夜、丑の刻を4更・丁夜、寅の刻を5更・五夜・戊夜としてこれを晨の界とする。更ごとに鐘を打つことを点といい、その数は時代によって異なる。唐代は毎更5点とし、5更合わせて25点を打つ。そのため、唐詩には「二十五声秋点長」の句がある。宋代には昼夜の境を明確にするため、一更と五更には各3点、他の更は各5点、5更合計21点とし、後代の元・明・清はこれにならった。

また、一更三点の鐘は禁鐘といわれ、これより五更三点の鐘までの間、公務や疾病などやむを得ない事情のある者以外は、市街の通行を禁じられた。大小の都市や郷鎮には、巡更・打更といわれた夜間の巡警制度があり、打更的、あるいは更夫・更卒といわれた夜廻り人夫が雇われ、交更、すなわち更の変わり目ごとに鈴や拍子木を打ち鳴らして巡廻した。宮中でも打更は行われ、例えば明代では打更は一種の苦役とされ、それを担当する更鼓房には一般に罪を得た宦官が当てられ、毎夜5名の宦官が玄武門の楼で一更から五更までを打ち、数目によって藤条や檀木梆を使用した。

香時（こうじ）

線香を焚き、その消耗量によって時間を計る方法。山西省では約1尺の長さで、消耗に約30分かかる線香が使用されたという例がある。多くは農事の際に、例えば各々の田畑に溝渠から水を導く時に、その面積によって渠水使用時間を決め、例えば耕地10畝の場合は2香時、20畝には4香時というように用いられた。

刻（こく）

1日を昼夜合わせて100刻とする漏刻法が整備されたのは、漢武帝の太初元年（前104）である。冬至には昼刻40刻・夜刻60刻、夏至には昼刻60刻・夜刻40刻、春分・秋分には昼夜それぞれが50刻に分かたれた。哀帝の建平2年（前5）に1日120刻とするが短期間で旧制に復す。さらに梁武帝の天監6年（507）に、昼夜100刻を12支に当てた時刻、すなわち辰刻をもって12等分し、1辰刻を8と3分の1刻と定めた。梁の大同10年（544）には1辰刻を9刻、1日を108刻に改めたが、陳・文帝の天嘉期（560－566）に100刻制に戻され、以後これが清初に至るまで継承された。清の順治2年（1645）の改暦で時憲暦となった時、100刻制を廃して1日96刻とし、1辰刻は8刻、1刻は現在の時制でいう15分の長さになった。

渾天儀（こんてんぎ）

渾天とは、卵が中の卵黄を包むように地を包む、角もへこみもなく全き円球をなす天の意であり、渾天儀は天体の運行を測定する機器のこと。渾儀とも称する。前漢武帝の時に落下閎が製作した員儀を同類の機器とする説もあるが、その具体的な構造が詳述されるのは『隋書』天文志が初出である。これは前趙の孔挺が光初6年（323）に製作した銅儀で、4つの円環を組み合わせ、子午環・地平環・赤道環は固定され、その内部に南北の極を軸として回転する双環があり、この双環の間に南北に動く観測管を備えたものとある。また『続漢志』の観測数値から、前1世紀には黄道環を備えた渾天儀が使用されていたものと思われる。後代の渾天儀はこれらに倣って作成され、暦法策定の基礎データを提供した。なお、前漢より作成された渾天象・渾象または渾天と称する機器があるが、これは天文観測器ではなく、円球上に星宿・赤道・黄道などを刻した一種の天球儀である。

朔（さく）

太陽と月が同じ方向にある時を朔という。現在の言葉でいえば新月のこと。月全体が太陽の光線を背後から受けるため、地球から月は見えなくなる。太陽に対して月が1周する周期、すなわち朔から次の朔、あるいは望から次の望までの時間の平均値を朔望月といい、1朔望月は29.530589日。太陰太陽暦、いわゆる旧暦の各月の区切りはこの朔望月を基準に行われ、大の月を30日、小の月を29日とし、太陽の運行との調整をはかるために閏月を置いた。朔を決めるのに平均朔望月で推算する方法を平朔、実際に月と太陽が同じ黄経になった日を朔日とする方法を定朔という。日月食など天文現象の推測には定朔が適合的である。定朔法は唐代、武徳元年（618）の建国の年に作成され、翌年頒布された戊寅暦ではじめて正式に採用されたが、大月・小月の配分に苦しみ、一旦は平朔に戻される。しかし暦と天象の齟齬が顕著となり、麟徳2年（665）の麟徳暦で再び定朔を採用、以後一貫して定朔法が用いられた。旧暦では朔は各月の第1日目であり、朔日・朔月あるいは吉ともいった。

三竿（さんかん）

午前8時頃をいう。また、朝寝坊する者の比喩としても用いる。

三冬（さんとう）

3年間の意味。元代の典売田地契式の期間の表示などによく用いられた。

三統暦（さんとうれき）

前漢末期、劉歆によって、武帝の制定した太初暦が増補され、日月および惑星の運行や食の予報が加えられた暦。三統とは漢代に盛行した説で、五行が5を周期に循環するのに対し、三統は3を周期として各種の制度などを変更すべきことを主張した。

四季（しき）

1年を4分し、3ヶ月を1期限として季と称する。四季は春・夏・秋・冬のこと。四時ともいう。

四時（しじ）

1日を時に4分したもので、『春秋左氏伝』によれば朝・昼・夕・夜。また、春・夏・秋・冬の四季を四時ともいい、季節の廻りに伴う1年の歳事を指す場合もある。

四分暦（しぶんれき）

戦国時代の代表的な太陰太陽暦。19年7閏の置閏法を採用した暦で、1年の長さを365日と4分の1としたところにこの名の由来がある。当時の諸侯はそれぞれの暦を使用していたが、暦計算の原点（暦元）と年始月（歳首）に違いがあるだけで、全て四分暦が採用されていた。前漢の太初改暦で棄却されたが、後漢章帝の時に暦と天象とを一致させる補正を経て復活。後漢及び三国蜀の暦法として施行された。

時憲暦（じけんれき）

清代に頒行された暦。暦書と通称され、また乾隆帝の名（弘暦）をはばかって時憲書とも称した。清朝入関後間もない順治元年（1644）8月初1日の日食を、従来の大統暦・回回暦は予報を誤ったのに対し、西洋の暦法のみ適中したことが直接の動機となり、清朝は改暦を西洋の新法で行うことを決定した。明末より引き続き改暦に従事していたドイツ出身のイエズス会士・湯若望（アダム・シャール）は、『崇禎暦書』を改編して『西洋新法暦書』と名付けて奏進、同年10月にはこの新法に従って時憲暦が作成され、翌順治2年に頒行された。その後、暦法としては幾度か改訂されたが、名称は変わらずに清末まで使用された。康熙末年には新法の数値を部分的に改編して『暦象考成』として頒行され、また雍正末から乾隆期にかけては、欽天監監正でありヨーロッパ天文学に精通した戴進賢らによって行われた改訂では、太陽の運動についてケプラーの楕円説を採用するなど、新知識を取り入れたより精緻な暦法が作成され、これは乾隆7年（1742）に『暦象孝成後編』として頒行された。両書は清末に至るまで暦推算の指導書として用いられ、また日本にも伝えられて寛政年間の改暦の基礎を提供した。

七十二候（しちじゅうにこう）

二十四節気の各節気・中気をさらに3等分して、1年を5日ごとに分け、それぞれに時候にかなった名称を付したもの。例えば1月節気である立春は初候の5日間を東風解凍、次候を蟄虫始振、末候を魚上氷という。七十二候はその淵源を春秋時代にまでたどることができ、文献上では『呂氏春秋』の記載が初出とされる。主として黄河中・下流域において作成され、その地方の動植物相や四季の景観の移り変わりが表現されている。

質明（しつめい）

空がはじめて明るくなる時のこと。

授時暦（じゅじれき）

至元18年（1281）の頒行より、元代を通じて行われた暦法。『元史』巻52、暦志によれば、元初は金の大明暦を継承していたが、至元13年（1276）、宋を平定すると、許衡・王恂・郭守敬に新暦の作成が命じられた。許衡らは陳鼎臣ら南北日官とともに累代の暦法を参照しながら天文観測を重ね、それを基礎に17年（1280）冬至に暦が完成、授時暦の名を賜り、翌18年に天下に頒行、とある。元代に暦は、国子暦・畏兀児字暦・回回暦・授時暦の4種があったが、そのうち授時暦が最も簡易かつ正確であった。授時暦は次の明代の暦や、日本の江戸時代の暦にも大きな影響を与えた。

周年（しゅうねん）

周はあまねく、廻るなどの意味があり、周年は1カ年、満1年のこと。週年・足年ともいう。周半といえば1年半、周息は年利のことである。

十二時（じゅうにじ）

1日を12時に分割することは古くから行われていた。『春秋左氏伝』杜預の註では、1日を夜半・鶏鳴・平旦・日出・食時・隅中・日中・日昳・晡時・日入・黄昏・人定の12の時に分けている。暦学の進展にともない、干支を用いて表すようになると、午前0時を中心とした前後2時間、すなわち午後11時から午前1時を子、午前1時から3時を丑、午前3時から5時を寅、午前5時から7時を卯、午前7時から9時を辰、9時から11時を巳とし、午は正午0時を中心とした2時間で午前11から午後1時、午後1時から3時を未、午後3時から5時が申、午後55時から7時が酉、午後7時から9時が戌、午後9時から11時を亥の時とした。時のかわり目には交を用い、交卯（午前5時）・交午（午前11時）などと称した。正午は日昼の中心的時刻として、中午・中上・中時などさまざまな呼称があり、また休憩の意を含め停午・亭午ともいわれた。また、官吏の勤務時間が卯に始まり酉に終わるのが一般的であったため、勤務開始を点卯といい、また出勤簿を卯簿ともいう。『福恵全書』雑項并卯の項に「一卯比較」とあるのは、諸役一同で卯時に出庁して税務調査を行うという意味。

旬（じゅん）

10日間、とくに1月を3分した場合のそれぞれの10日間のこと。1日から10日までの1日間を上旬、あるいは上澣・上浣といい、11日から20日までの10日間を中旬・中澣・中浣、21日から30日（小の月は29日）までの10日間（小の月は9日間）を下旬・下澣・下浣という。澣・浣はともに洗いすすぐ意味で、唐代に官吏が10日ごとに帰休し沐浴したことに由来するという。

初一（しょいつ）

月初めの第1日のこと。陰暦1日より10日までは、初一・初二・初三というように必ず初を冠する。また単に12日とあれば陰暦の12日、陽暦の場合ならば12号と区別することがある。

商（しょう）

水時計である漏刻に設置された、目盛りを刻んだ漏箭が指し示す場所を商といい、刻と同じ時間の単位として用いられることもある。

浹日（しょうじつ）

浹は水がもれなく廻るさまの形容から、一巡することを表す。浹日とは十干の甲より癸までの一巡、すなわち10日間のことで、浹甲・浹旬ともいう。子から亥までの十二支の一巡、すなわち12日間のことは浹辰という。また、1ヶ月のことを浹月ともいう。

星紀（せいき）

七曜のこと。星期あるいは礼拜ともいう。月曜は星紀一、火曜は星紀二というように六まで至り、日曜を礼紀日（礼期日・礼拝日）と称する。

太陰太陽暦〈たいいんたいようれき〉

殷代に始まる暦法。殷暦は30日の大月と29日の小月をほぼ交互に置くもので、後世の中国暦法の祖型と考えられる。

大衍暦（だいえんれき）

唐代を代表する暦。開元年間、暦面の日食予報が適中しないことから改暦の必要が生じ、玄宗の勅命により僧侶の一行らが編纂し、開元17年（729）より施行された。編纂に先立って製作された黄道儀などの観測機器を使用してより精緻な観測値を得て、また天文計算法にも改革が加えられ、太陽運行の不等性の明確化や食推算の精緻化などの科学上の進展が見られた。同時期にやはり勅命により翻訳されたインド天文書の計算値の借用も指摘される。また、暦法に易を結びつけて天文現象を説明しており、天文により政治の善悪に対する天の意志を知ろうと願う当時の人々の心情がうかがえる。唐代は前後8回の改暦が行われたが、大衍暦も宝応元年（762）の月食予報がはずれたことを契機に、五紀暦に取って替わられることになる。

大統暦（だいとうれき）

明朝の正朔として頒布された暦。名称は『春秋』の「大一統」から取ったもの。日暦は欽天監が作成・印刷し、先ず礼部に送付される。毎年6月に礼部により発給された暦は、南北直隷府・各布政司を経て所属する州・県に渡るが、無駄が生じないよう翻刻数が決められていた。各布政司は刊行配布する際、その費用として暦日銀、あるいは単に暦日と称した税を徴収した。正朔の暦の頒布は、明の太祖は9月の朔日と定めたが、後に11月初一となり、万暦以降は毎年10月初一に頒布されるようになった。この日は大朝会の時のように、皇居に拝礼する全ての士民に日暦が下賜されたという。大統暦は皇暦ともいわれ、民間の日常生活はこの暦に多くを依存していた。とくに明代中期以降は商業の発達などによって暦と生活のかかわりが深くなり、成化年間（1465-1487）には地方官たちが暦を私蔵書のごとく扱い、大量に印刷しては権力者や富者への贈答品としたという。大統暦は元の授時暦をわずかに改訂したもので、長年の使用により天象との不一致が深刻になり、成化以降、改暦が企図され、これが明末の西洋暦法の導入につながった。

単月（たんげつ）

清代、奇数の月、すなわち正月・3月・5月・7月・9月・11月を単月と称した。対して偶数月を双月という。官吏任用の時期を定めたもので、単月に任用することを急選と称した。

地中（ちちゅう）

国土の中心の意で、天文暦数の観測基準地。国家の興亡や国都の移転とは無関係に、天文観測を行う定点とされた地点。土中ともいう。『周礼』では、夏至の日の正午に、8尺の圭表を立て、その日影の長さが1尺5寸となる地点を地中としたという。この数値から算出された地中の緯度は34.32°。『晋書』天文志などで地中とされる穎州・陽城（現：河南省登封県告成鎮）には周公測景台（天文観測所）があるが、その位置は東経113°.1、北緯34°.4であり、きわめて近い。

袠（ちつ）

袠は秩に通じ、1袠は1秩と同じで10年のこと。

燈節（とうせつ）

正月13日より17日を燈節とする。従来は3日間であったが、宋代に2日加えて5日間とし、これを五穀豊登と称した。

二十四節気（にじゅうしせつき）

太陰太陽暦において季節を調節するために設けられた、黄道上の24個の基準点のこと。太陰暦では毎年の日数が同じにならず、暦日と季節のずれが最大で1ヶ月にもなる。このずれを解消するため、1年の長さを冬至を起点として24に等分し、各分点を太陽が通過するときの時候を表す名称をつけた。これが二十四節気で、この1年の長さを等分分割する方法を平気法、あるいは恒気法と称する。二十四節気は春秋時代ごろから導入され始めた。1ヶ月を2分して前者を節気、後者を中気とした。1月の節は立春、中は雨水と各月の節と中が交互にくることになるが、節から次の節、あるいは中から次の中までの日数は30.44日と1暦月より長く、中気を含まない月が生じるが、この月を閏月とする定則は、漢代の太初暦ではじめて提示された。清代、時憲暦を実施するに際し、黄道上を春分点からはじめて15度ずつの24分点に分け、太陽がこの点を通過するときを二十四節気とするように改めた。従来の平気法のように太陽が黄道を15度ずつ進む日数を均一にせず、実際の運行に即して定め、これを定気法と称した。平気法同様に中気のない月を閏月としたが、冬至は11月に、春分は

2月に、夏至は5月に、秋分は8月に含まれるよう定め、閏月はこの規定に反しないように置かれた。

年日（ねんじつ）
元日のこと。対して晦日を年夜という。また、除夜すなわち12月31日の夜を除夕、正月7日を人勝節、あるいは人日という。

八節（はつせつ）
二十四節気の中でもとくに重要なものとして、冬至・夏至・春分・秋分・立春・立夏・立秋・立冬の八節をいう。このうち冬至と夏至をあわせて二至、春分・秋分をあわせて二分、立春・立夏・立秋・立冬を四立と称する。

伏天（ふくてん）
夏の最も暑い時期のことで、夏至から数えて3度目の庚の日から30日間を指す。最初の10日間を初伏・頭伏、中間の10日間を中伏・二伏、最後の10日間を下伏・末伏・三伏・三伏天などという。

分（ふん）
時を計る単位の場合、1時間の60分の1。長さの単位では、1寸の10分の1。重量の場合は、1両の100分の1。角度・弧度の場合は、1度の60分の1。地積の単位では、1畝の10分の1。利率の場合は年利1分の10分の1。また、分数や成績の表示にも用いられる。

望日（ぼうじつ）
望は満月のことで、望日は陰暦15日のこと。翌16日を望一日という。

暦日（れきじつ）
元朝では毎年冬至になると、太史院が宮廷に1年の暦を献上したため、この日を暦日とも称した。皇帝に献上される暦は光沢のある白い厚紙に印刷され、十二支が彩色で描かれ、題はモンゴル語で書かれた。新暦は皇帝以外にも太子・皇妃・諸王や、中書省・枢密院・御史台などの官府にも配布された。

漏剋（ろうこく）
漏刻ともいう。周代以前より用いられていたという説もある、水時計の一種。漏壺という貯水容器部分の下部より一定量の水を漏出させ続け、目盛りを刻した矢（漏箭）を水中に立て、その浮沈によって水量の変化を見ることで時間を計測した。漏壺の形状は木桶状・円筒形、あるいは箱形などがある。宮中や鼓鐘楼に設置されたものは、3、4段の階段状に設置された漏壺が管で結ばれ、最上段から水が注入されて順次最下段に至り、そこにセットされた漏箭が水量にあわせて上下する仕組みであり、華やかに装飾された大型機器である。内蒙古で出土した前漢河平2年（前27）製造の中陽銅漏は、軍営に携帯・設置用と思われる簡便な小型の漏刻で、円筒形の漏壺の下部より泄水し、それによって壺中に立てた漏箭の目盛りが下がり、時を計る。しかし壺部の水量が減るとともに水圧が下がり泄水量も減少、次第に目盛りの下がり方が遅くなる。それを解決するため、下段に漏箭を立てる壺を別に置き、上の漏壺に排泄した分の水を補充して水圧を一定させる改良が行われた。この2段式漏壺は後漢の2世紀はじめ張衡によって作られた。その後、360年頃には3段式が、唐代には呂才によって4段式漏壺が作成された。各壺はサイフォン式の細管で連結され、二十四節気など季節ごとの目盛りを刻した漏箭を用いるなど歴代、改良が重ねられたが、水量や水温の管理など実際の運用には問題も多く、宋代には水の代わりに水銀を用いたものや、元代には砂を用いたものも現れた。

六時（ろくじ）
古代に1昼夜を12時に分けた場合、昼夜を分けて六時と称した。また、仏教では1昼夜を、晨朝・日中・日没・初夜・中夜・後夜に6分割する。

公文書

公文書

①総記

案巻（あんかん）
分類して保存した公文書（関係書類・事件記録・調書など）を指す。旧時、公文書を一案一巻としてファイルしたため案巻と称す。

案拠（あんきょ）
下級官庁からの公文を受け答申する場合、冒頭に用いる語。「かねて…を受け取れり」の意。

案査（あんさ）
保存書類を調べたところ、の意。本件に関連した事件や過去の類似の事例を調査し、その結果を記述するとき前置きとする語。ひきつづいて記述される事柄には確実な文書的根拠がある、ということをあらかじめ明示する作用をもつ。文章の末尾に在案・去後など、記述がいったん終了したことを示す語句を伴うことがある。

案准（あんじゅん）
同級官庁からの公文を受け答申する場合、冒頭に用いる語。「かねて…を受け取れり」の意。

案照（あんしょう）
関係文書によれば、の意。本件に関連のある特定の保存文書に基づき、その内容を引用あるいは略記するとき前置きとする語。保存文書について記述した後、さらにその後の経過に言及することもある。引用の場合には、根拠とした保存文書の件名や収受の日付・発文者・文書の種類を明示することが多い。

案牒（あんちょう）
⑴官署の文書・簿冊を指す。いわゆる公文書。案帳・官簿・案牘も同意。⑵宗室の戸籍たる譜牒を閲読検査すること。

案呈（あんてい）
諸官庁の所属機関からその長官あるいはそれに準ずる官の決裁を仰ぐため、文書を提出すること。またその文書。

案沓（あんとう）
積み重なった多くの公文書。沓は積み重なる、の意。

案奉（あんほう）
上級官庁の公文を受け答申する場合、冒頭に用いる語。かねて…を奉ず・かねて…を拝受す、の意。

為…事（い…じ）
…の件、の意。公文書の冒頭部に置く定型句で、「…」の部分にその文書の内容の概略を記入し、文書発行の目的をはじめに明示する。

為照（いしょう）
かんがえるに、の意。道理や常法など、誰でも知っているような自明の事柄を論拠として自己の見解を述べるとき、前置きとする語。

一角文書（いつかくぶんしょ）
1通の公文書、官の公文書ひとつ、と同じ。

円坐（えんざ）
一官司の官吏一同が、集って会議すること。円聚・円議ともいう。

応（おう）
応有・応係・応干と同じ。あらゆる。

応干（おうかん）
関係するものすべて、の意味。

科鈔（かしょう）
書類の写しのこと。これを作って関係衙門に分配することを発鈔という。

過付（かふ）
手渡し、過銭は過手行賄。

衙喏（がじゃ）
官衙の習俗で、主官が登庁する前、兵卒や差役が太鼓を叩いて大声で叫ぶ、これを衙喏という。また唱喏・声喏ともいう。喏・喏喏は、もともと下位の者が上位の者に向かって発する言葉で、日本の「ははぁー」に近い。

会（かい）
合同で、共同して、の意味。会同の省略。

会議得（かいぎとく）
みなの一致した見解は、の意味。会同議得の略。上行文中に用いる。

会盤（かいばん）
合同で立ち会って検査すること。会験も同じ。

回文（かいぶん）
受け取った文書に対する返書。回復・回覆・回も同じ。また、回のかわりに廻を用いることもある。

開具（かいぐ）
文書を準備する、書類を書き出す、列記すること。箇条書きにして書き出すこと。開列・開説も同意。

開単（かいたん）
書き付けを出すこと。勘定書などを書き出すこと。

開呈（かいてい）
書き出すこと。書類を浄書して提出すること。

開立（かいりつ）
文書を作成すること。

解（かい）
発する、発遣する。人または物を発送する、送り出す、護送する意。

該（がい）
上記の、その、それ、かれ、の意味。または当該の、あの、という意味。

干礙（かんがい）
かかわり、さしさわりなどの意味。

甘結（かんけつ）
もし不都合があった場合には責任を負う、という意味。重甘保結と同じ。

官単（かんたん）
官衙の紙札のこと。

巻査（かんさ）
（この件につき）ある文書を調べたところでは（…のような次第である）、の意味。

巻宗（かんそう）
官署の文牘・書類のこと。

看議（かんぎ）
検討して意見を出す。看は考える、の意味。

看詳（かんしょう）
ひとつの文書を詳細に閲読研究すること。

看得（かんとく）
思うに、考えるに、の意味。

乾没（かんぼつ）
財産を没収すること。

勘験（かんけん）
検討すること。

勘合（かんごう）
割り符。真偽を判別するための割印を押した文書の総称。

款（かん）
科条・条文・経費などのいくつかの意味がある。

趕珍（かんちん）
したがう、売買する、芸を売るなどの意味がある。

関撲（かんぼく）
賭博による売買のこと。

起解（きかい）
官府の銭糧を送付すること。

規模（きぼ）
規律・法則・しかけなどの意味。

擬（ぎ）
おしはかる、の意味。方策を建議したり、法律の条文を当てはめるときなどに用いる。または、…するつもりである、の意味。

擬合就行（ぎごうしゅうこう）
ただちに実行に移すべきであろう、当然に即時実行する予定である、の意味。

議奏（ぎそう）
検討して意見をまとめ皇帝に上奏すること。六部などの中央官庁が行う。

議得（ぎとく）
考えるに、の意味。

議覆（ぎふく）
皇帝が上奏文中の案件の処理について中央の所管機関に諮問し、その機関が検討のうえ折り返し意見を上奏すること。

却拠（きゃくきょ）
それから、そのうえで、などの意味。

脚跟（きゃくこん）
跟脚に同じ。立脚点・身辺などの意味。

仇賽（きゅうさい）
報復すること、酬賽と同じ。

去後（きょご）
…した、…して後、…したところ、(…の件については、…のように）処理しおえた、の意味。ある問題について取った対応策を述べる文章の末尾に置き、その件はすでに処理済みであることを示す語。

拠（きょ）
よる、根拠とする。上級機関が受け取った下級機関からの文書（上行文）を引用するときに用いる語（下行文を引用するときの奉、平行文を引用するときの准に同じ)。また証明書としても用いる。

拠此（きょし）
この（文書の）趣旨により、この件につき了承した、という意味。

叫取（きょうしゅ）
目下の者が尊敬の念で目上の者に謁見し呼ぶこと。訪問。

供応（きょうおう）
官府の必要とする品物を調達すること。

供億（きょうおく）
貧乏人を賑わして安心させる意味。供応と同様に用いられることもある。

繳（きょう）
ひきわたす、交付する、納める。下級機関から上級機関に税物・文書などを納付または返納すること。類語として呈繳・転繳・回繳・繳納・繳斉・繳過・繳進・繳足・繳銷・繳奪・繳交がある。

欽此（きんし）
このお言葉をいただきました、の意味。

欽遵（きんじゅん）
皇帝の旨にしたがって案件を処理することをいう言葉。

区処（くしょ）
区分して処置することをいう。

駆磨（くま）
督促（して）計算すること。駆はむち打つ、鞭撻する、励ますの、磨は治、算・査核（照合する、チェックする）の意。

契勘（けいかん）
調査して確かめる、検査する、の意味。

計会（けいかい）
(1)計算（する)、(2)知らせる、相談する、などの意味がある。

稽程（けいてい）
公文書の発送には一定の日限があり、遅滞してその日限を過ぎることをいう。

結罪保挙（けつざいほきょ）
責任を持つという保証状をつけて人を薦挙すること。

県官（けんかん）
調停・国庫を指す場合と、県の長官をさす場合とがある。

検踏（けんとう）
実地に臨んで調べることで、踏査に同じ。

估紐（こちゅう）
見積もり計算すること。

沽買（こばい）
官署より沽価収買する、の意味。

勾当（こうとう）
(1)事に関わる、奉職する、(2)事情、(3)道理、などの意味がある。

公函（こうかん）
相互に隷属しない官庁間の文書。上級官庁の局から下級官庁の科への公文書も公函を用いる。この場合、直属の科より鄭重となる。

交（こう）
わたす、ひきわたす、納める。交割・交納・交上・交出・交給もほぼ同意。

交盤（こうばん）
官吏が交代するときに、箱包・布包の秤盤・打角などに異常がなければ交替すること。

行遣（こうけん）
処理する、処分、処罰する、などの意味。

行文（こうぶん）
官庁間で文書をやりとりすることをいう。

拘管（こうかん）
⑴拘束する、取り締まる、しつける、⑵面倒を見る、世話をする、⑶世話が行き届く、などの意味がある。

哄堂（こうどう）
衆人が一斉に大笑いすること。

紅廩（こうりん）
人民からの請願書のこと。

合干（ごうかん）
関連すべての、という意味。

合就（ごうしゅう）
当然ただちに…すべきである、の意味。

合無（ごうむ）
意見を出し、裁定時の話を求める「可否」に相当する。

告称（こくしょう）
申告や請願の内容を引用するときの用語。

根尋（こんじん）
尋ね調べる、実施調査する、の意味。

鑿空（さくくう）
何の拠り所もなく捏造する、空論をいう。

剗刷（さんさつ）
人民の財貨をあの手この手で搾取することをいう。

攙奪（ざんだつ）
攙とは刺し貫くこと。攙奪は、激しく収奪されることをいう。

支解（しかい）
支辦・起解することをいう。

支遣（しけん）
始末する、支給する、派遣する、などの意味がある。

支持（しじ）
支払う、対処する、言い逃れをする、などの意味がある。

私浄（しじょう）
明代に、公の命令によらず、自分勝手に去勢した者。私浄身ともいう。

私兌（しだ）
正式な機関を経ずに、官民がひそかに米粟を交兌することをいう。

私帖（しちょう）
私造の文書のことをいう。

紙劄銀（しさつぎん）
各種の報告や備付文冊作製のための用紙代のこと。

実数（じつすう）
租額に対する実際の額のことをいう。

主称（しゅしょう）
主秤・計量の吏のことをいう。

朱鈔（しゅしょう）
受領証、引き渡し証のこと。

須索（しゅさく）
請求する、取り立てる、などの意味。

需索（じゅさく）
言いがかりをつけて財物をゆすりとることをいう。

聚庁（しゅうちょう）
中書・枢密両府の長官がひとつの庁堂に集まり協議しながら公務を行うこと。

出脱（しゅつだつ）
⑴罪から逃れる、⑵解決、⑶手放す、売り払う、などの意味がある。

出備（しゅつび）
費用を負担させることをいう。

書会（しょかい）
文書を発して照会することをいう。

抄劄（しょうさつ）
抄刷ともいう。総あらためすること、また財産を没収することを意味する。これは現代用語の抄家・抄産に通ずる。

招安（しょうあん）
賊徒を懐柔して帰順させることをいう。

相公（しょうこう）
秀才の尊称。のちに胥吏をもこう称した。

照（しょう）
審査する、つきあわせること。照会・照検・照勘・照刷・照察ともいう。

銷（しょう）
消耗や消費することをいう。

上位（じょうい）
皇帝のことをいう。

条約（じょうやく）
文書あるいは法令で制限・規定を加えるという意味。今日のいわゆる外国と交える条約とは意味が異なる。

情願（じょうがん）
官府へ請願を申し出ること。

深文（しんぶん）
法の運用が苛酷なことをいう。

進止（しんし）
採否を仰ぐとき、「進止を取る」などと使う。

進状（しんじょう）
量質ともに実際に相違がないことを示す送り状のことをいう。

新聞（しんぶん）
宋代、朝報の外、内廷及び諸官署の細事を叙したものを新聞と称した。

人難（じんなん）
人を困らせることをいう。

図経（ずけい）
図画・地図のある文書のことをいう。

正数（せいすう）
正項収入の数をいう。

生受（せいじゅ）
辛苦（する）。困難・苦労する、気楽でない。または、享受する。

掣簽（せいせん）
抽選によってその順番を決める制度。

請受（せいじゅ）
受領すべき銭糧や物料等。

射破（せきは［しゃは］）
射は指射あるいは射請、破は破棄の意味。破棄を明らかにすることをいう。

折本（せつほん）
内外の章奏を、皇帝一覧の後に内閣に交付し票擬させること。留中、すなわち天子の手元にとどめ置くことに対してこう呼ぶ。

接脚（せつきゃく）
官人が祗候伝班するときに、身体の小さいものは台の上に立ち官人の身長の高低を揃えた。この台を接脚という。

説帖（せつちょう）
明代の官界で、人のためにとりなす際には一般に自分の名刺を送る。この種の帖を説帖という。

節続（せつぞく）
陸続。節次も同じ。

占破（せんは）
編成・職制・定員に割り込むこと。

選刷（せんさつ）
適当な人物を選ぶ・選択する・選抜する。

草巻（そうかん）
草稿用紙のこと。

相度（そうたく）
視察・考慮・研究。

打合（だごう）
集まる、集める。寄り集まる、より集める。あるいは、間を取り持ち仲立ちすること。

挪（だ）
移動、すなわち流用の意。挪移・挪用、または挪款等というように用いられる。

大家（たいか）
唐代、臣下が私的に君主を呼ぶ際の呼称。

大宴（たいえん）
明の朝廷の定期的な宴会は、大宴と常宴の２種がある。天地の祭祀の後、２日目には必ず大宴を開き、これを慶成大宴と称す。洪武・永楽年間では、およそ正旦・冬至・聖節でも大宴を開き、百官に節銭を賜給する。

対銷（たいしょう）
対消と同じ。相殺する。相互に帳消しにする。

退換（たいかん）
返還が不適当で、取り替えて受け取るのが適していることをいう。多くは貨物を指していう。

代儀（だいぎ）
現金を贈物として送ること。

奪情起復（だつじょうきふく）
詔を発して喪中に出仕を命ずること。

担閣（たんかく）
冤罪が明らかにならないで、長く汚名を被ること。

地頭（ちとう）
現場、現地。または、持ち場、範囲、目的地、目的。

知在（ちざい）
いつでも呼び出しに応じるように、常に待機させておくこと。

値年（ちねん）
その年の事務担当者。それに対し、その日の担当者を値日という。

逐旋（ちくせん）
一項一条ごとの意味。または、だんだんと。

着落（ちゃくらく）
責任をもってやらせる。または結着。

抽盤（ちゅうばん）
抜き取って点検すること。

紐計（ちゅうけい）
単位の異なるものを一括計上する。

刁蹬留難（ちょうとうりゅうなん）
邪魔をして困らせる。

帖鈔（ちょうしょう）
公文のこと。文書・文字・文帖・文牒ともいう。

帳脚（ちょうきゃく）
賄賂の一種。南宋、福建漳州の在城抱佃人は、毎月司吏に賄して、これを帳脚といった。

頂上（ちょうじょう）
正徳年間より、官吏が名刺に拝上ではなく頂上と書くようになった。一説には、暹羅国の臣下が君主に対して行っていたことが伝わったものだという。外国語が中国の習俗に与えた影響の例。明代の宮廷で、太監から東宮太子に対して使用した例も見られる。

追会（ついかい）
追及する、追跡する、調査する。

通行（つうこう）
全部。または、流通。

定畳（ていじょう）
適切である、妥当である、うまい、の意。

定奪（ていだつ）
定は許す、奪は許さず、の意。官吏を選用する際に、その人員の履歴書を徴収して奏請し、これによって取捨を決めることも定奪という。

底本（ていほん）
官文書の草案。底冊ともいう。

邸報（ていほう）
唐の玄宗の頃から存在したといわれる一種の官報で、新聞の起源と称せられる。邸抄ともいう。

天家（てんか）
唐代、家臣が君主を私的に呼ぶ際の呼称。

点磨（てんま）
検査。

殿下（でんか）
明代、太子・親王から郡主・将軍・中尉に至るまで、宗室であるがゆえに、他の臣下からはみな殿下と称された。

奴（ど）
宮中の官・宦が、皇帝や太子にまみえる際に、自称する語。

忉怛（とうたん）
くどくどしい。くどくどと話す。

当攔（とうらん）
遮る、阻むこと。

搭放（とうほう）
搭は分配、放は散給の意。兵丁に給する銀が不足する時、別に銀か米を分配して数に足して散給すること。

椿配（とうはい）
重ねて科差する、の意。

踏逐（とうちく）
調べる、じっくり調査する。

頭項（とうこう）
専門部門・専門任務などをいう。

道（どう）
分守道・分巡道・巡海道・兵備道・糧道など、地方の行政や守備その他の業務を分掌する官の総称。道員ともいう。

年侄（ねんてつ）
科挙受験生が登第した際に、同年に合格した者を年侄と呼ぶ。

拈鬮（ねんきゅう）
抽選のこと。

粘単（ねんたん）
黏単と同様、一種の附箋・補箋ともいうべきもの。清代の『六部成語註解』には、粘抄一紙という語に「単を付すべき公文の終わりには必ず注として計粘抄一紙とあり」と註解を加えている。

巴巴（はは）
俗語。はなはだしい、の意味に用いられる。

把持（はじ）
利益壟断の意味。

派入（はにゅう）
加派する、の意味。

破用（はよう）
破は費やすの意味。または破費ともいう。消費・支払いに同じ。

破貸（はたい）
移用または私的貸借のこと。

碼磉（ばそう）
家の柱礎を建設するこという。

拝帖（はいちょう）
漢代の上謁・謁見に起源を持ち、およそ謁見をいうが、その意味は、まず名を通してから人材に会見することを指していたのを、ただ名を通すことのみを指すようになった。

排年（はいねん）
歴年・年々の意味。

敗盟（はいめい）
契約・協定などを破棄すること。

売弄（ばいろう）
⑴自分をひけらかす、玩弄する、⑵善処するなどの意味がある。

倍蓰（ばいし）
2倍と5倍、すなわち数倍の意味。

買嘱（ばいしょく）
金銭を贈ってものを頼むこと。

白催（はくさい）
州県で非合法に出される牒文（白帖子）で催促されること。

白状公文（はくじょうこうぶん）
押印した空白の公文、任意に姓名を埋めて保証とすること。

白浄身（はくじょうしん）
明代、自ら去勢した者をいう。自宮。

白帖（はくちょう）
責任者名のない物品目録。

白丁（はくてい）
私白には、清白とか、文飾がないとか、官禄がないなどの意味がある。ゆえに平民のこと。

白望（はくぼう）
市中で左右四方を望んで、欲する物を見つけ出し、白取・白著すなわちただ取りすることをいう。

拍報（はくほう）
拍は打つの意。電報を打つこと。また打法・打電報・拍電報などと同じ。

莫須（ばくしゅ）
⑴…ではないだろうか、⑵よもや…ではあるまい、⑶大抵、あるいは、などの意味がある。

泛常（はんじょう）
普通の、常々、などの意味。

班首（はんしゅ）
一班の中、官位・品級が最高の者をいう。

搬渉（はんしょう）
入れ換える、まぜる、などの意味。

板夾（ばんきょう）
板で打ち付けることをいう。

晩生（ばんせい）
侍生と同じく、後輩の意味。

番上（ばんじょう）
地方軍が京師の守備に当たること。

盤詰（ばんきつ）
盤問と同じ。詳細に詰問すること。

比及（ひきゅう）
⑴…のときになって、⑵まだ…するに至らない、⑶…よりはむしろ…のほうが…、⑷かりに…なら、⑸…したからには、などの意味がる。

比時（ひじ）
以前、もと、昔、などの意味。

比者（ひしゃ）
最近、の意。

非泛科需（ひはんかじゅ）
政府が通常の賦のほか、臨時に財物を取り立てること。

飛文（ひぶん）
匿名の文書。往々誹謗するための文書である。飛章・飛語・飛条・飛書等ともいう。

罷軟（ひなん）
官吏考課の一種。官吏の無能怠慢なる者を処罰すること。

備文（びぶん）
文書を準備する、文書を作製する、書類を調製することなどをいう。

必闍赤（ひつじゃせき）
文書を管理する者、書記官。

俵散（ひょうさん）
ばらまく、配ること。支俵・俵配・俵分ともいう。

標揆（ひょうき）
分派・指定・発給などの意味がある。

賓客（ひんきゃく）
先秦時代、客卿・食客・賓客・客といわれた系統を引き、特殊の儀礼を交換したのち主客関係を結んだもので、賓客の主人に対する役割は人によって一様でない。

不以（ふい）
たとえ（だれ・なに・どんな）であろうとも、という意味。

不刊（ふかん）
永世に削り改められることがない文書をいう。

不帰責人（ふきせきじん）
いわゆる不可抗力の意味。

不勾（ふこう）
足りない、不足などの意味。

不妨（ふぼう）
⑴思いがけず、⑵…してよい、⑶…に差し支えぬ、などの意味がある。

父母大人（ふぼたいじん）
明代において、在郷の士大夫の本府の州県に対する呼称。

附件（ふけん）
付属文書のことをいう。

附帯（ふたい）
身体につけて持ち歩くこと。

傅相（ふしょう）
明代、穀物の稗をいう。

部院（ぶいん）
⑴清代、中央の六部と都察院・翰林院などの院のつく官庁をあわせて呼んだ略称、⑵清初、総督に対する敬称、⑶清代中期以降、巡撫の敬称。

部議（ぶぎ）
六部の議論・提議のことをいう。

部帖（ぶちょう）
中央官庁から下附する免許状をいう。また部照ともいう。

部分（ぶぶん）
六部から他機関へ発出された文書の略称。

撫賞（ぶしょう）
撫夷のための賞銀の意味である。

封号（ふうごう）
封はつける、号はナンバーを意味する語。ナンバーをつけること。

封識（ふうしき）
封緘して標記すること。

封堵（ふうと）
封印のことをいう。

風化（ふうか）
社会で公認された道徳規範をいう。風俗教化のこと。

副封（ふくふう）
上行文書の副本・副文書のことをいう。

覆核無異（ふくかくむい）
財政について会計報告を調査し、誤りのないことをいう。

覆算（ふくさん）
再検査・再計算することをいう。

分行（ぶんこう）
それぞれ公文書で通知することをいう。

分数（ぶんすう）
人数を決めること、あるいは区分や部署を指す。または、比例・割合などの意味。

分聞（ぶんぶん）
区別、わけることをいう。

文移（ぶんい）
行文移文の略。行文は文書の往復。移文は公文書の名称。宋代はこれを官吏登用試験の科目とし、その文体に擬して文書を作らせた。

文移坌併（ぶんいふんへい）
発運使の権力が強大となり、六路の漕運を支配するに至ったため、公文書の送受が頻繁になったことをいう。

文登（ぶんとう）
いちいち分類して、明細に帳簿に記入することをいう。

文榜（ぶんぼう）
告示を記した立て札・掛け札のこと。

文約（ぶんやく）
約定書のことをいう。

平白（へいはく）
しかるべき理由無くして、の意。

敝（へい）
明代の官界において用いた謙称。例えば、自分の出身省を敝京・敝省、自分の出身府県を敝邑・敝郡などという。

米塩（べいえん）
むかしから米塩の資などと用いられるように、事の細々しいことのたとえ。

別白（べつはく）
区別する。明白にする。判別・区別。

変価入官（へんかにゅうかん）
不法物件について、現物を公売してその代金を没収すること。

便宜行事（べんぎこうじ）
委任を受けた権限内で随時事を行う、の意味。

便袋（べんたい）
（衣服の）ポケットあるいは身につけている袋。

辦運（べんうん）
単に、運ぶの意。

歩驟（ほしゅう）
足並みという意から、進行歩驟で進行状況をいう。

保結（ほけつ）
推挙保証すること。

保管（ほかん）
請け合う、保証する。または犯罪者を預かる。

捕瘞（ほえい）
捕えて地中に埋めること。

暮金（ぼきん）
暮夜の金。賄賂の類を意味する。

方円（ほうえん）
四至・周囲・面積などの意。または種々の手段を尽くすこと、工夫、工面、調達。

放支（ほうし）
発給と同じ。物を給与すること。

奉達（ほうたつ）
申し上げる。お知らせ申し上げる、の意。

苞苴（ほうしょ）
包苴に同じ。賄賂。

苞容（ほうよう）
収納する、受け納れること。苞は包に通ず。

裒金（ほうきん）
集金のこと。裒取ともいう。ひいては人民から多額の税金を取り立てること。

篷廠児（ほうしょうじ）
苫（菅や茅）葺きの差し掛け小屋。

亡慮（ぼうりょ）
総計あるいは概算。

乏興（ぼうこう）
官の調発を怠り欠くことをいう。

防拓（ぼうたく）
防托とも。防御する、抵抗し拒む。

房師（ぼうし）
受験生が科挙に合格した際、その年の試験官に対する呼称。

冒支（ぼうし）
みだりにかすめて分かち取ること。

冒度（ぼうど）
他人名義の過所を用いて関所を通ること。関所を避けて間道を行くこと。

冒破物料（ぼうはぶつりょう）
冒破とは、当該官吏及び職長が破損していない物を破損したと偽って報告すること。物料とは、土木及び織物等の物件及び材料の総称。

撲買（ぼくばい）
租税徴収の請負をする。

邁迹（まいせき）
立身出世する。

抹零（まつれい）
切り捨てのことを指し、零は端数を意味する。例えば、第何位まで四捨五入し以下切り捨て、というような場合に用いられる。

民蠹（みんと）
民をむしばむ官吏。

民力（みんりょく）
民衆の人・物・財力のこと。

名額（めいがく）
人員の数、定員、あるいは名目。または名号のある扁額。

面洽（めんごう）
直接面会して相談する意。

面生（めんせい）
顔見知りの浅い、または無いこと。面熟の反対。

猛晋（もうしん）
進むことの速いさまをいう。

約会（やくかい）
系統を異にする官が落ち合って事件を協議すること。民戸とその他軍隊戸など諸種の人戸との間に起こった事件を処理するため、管民官と管軍官など諸種の官とが協議する場合が多い。

籲（ゆ）
大声で呼ぶ。叫ぶ。転じて、祈る、訴える、願う、の意味も有する。類語として籲天・籲恩・籲呼がある。

由帖（ゆうちょう）
租税の内訳を説明する帳簿。または、各官庁の長官から部下の成績を上司に証明する官文書。

有案（ゆうあん）
叙述すべき原文が長すぎるため大略を述べ、その件についてはすでに手続きを完了せり、という意を表す場合に用いる。在案も同じ用法。

要肚皮（ようとひ）
賄賂をとること。

様子（ようし）
見習ったり模倣するための手本と様式、サンプルの意。単に様ともいう。

邀索（ようさく）
邀は、無理強いする、の意。無理矢理強奪すること。邀求・邀挟・邀難・邀勒ともいう。

抑配（よくはい）
無理に割り付ける。強いて人に割り当てて買わせること。

攔截（らんせつ）
阻止する、止める、食い止める、遮る、の意。攔阻に同じ。

履勘（りかん）
踏査する、実地を取り調べる。

了当（りょうとう）
事が支障なく終了すること、結末がつくことをいう。

両訖（りょうきつ）
受領済み、の意。

領（りょう）
おさめ統べる、受ける、などの意。広く各種の場合に用いられる。例えば、領本（資本の供給を受けること）・領回（取り戻す）・領種（小作）・領帳（免状・鑑札等を受けること）・領東（支配人）・領港師（水先案内人）・領事的（買辦）などという。

寮寀（りょうさい）
役所、あるいは同僚をいう。僚寀ともいう。

輪対（りんたい）
宋制で、侍従以下の官は5日毎に一員が宮殿に上り奏対すること。輪は順番の意。台諫は有職公事、三衙大使は執杖子奏事という。

廩稍（りんしょう）
定めた時に従って公が供給する食料。廩は庫、稍は米倉。廩給・廩膳・廩餼・廩餼も同じ。

厲禁（れいきん）
厲は遮断、禁は禁止。天子行幸の際、通行を遮断禁止すること。

歴事（れきじ）
国子監の監生に命じて、諸官庁に行かせ官庁事務の見習いをさせること。

老（ろう）
明代には、士大夫中に老と呼ぶ習慣が流行した。京城では老先生が最も尊貴な呼称となり、内閣・太監から大小の九卿にいたるまで等しくそう称された。太監が内閣に来れば閣老を老師父と呼ぶが、閣老は太監を老先生と呼ぶ。門生は座主を老先生・老師と呼ぶ。生員は知県にたいしては老大人と呼ぶ。京城の九卿や詞林官さらに外任司道以上の官員は、老爺と称することができる。これ以外の官員は爺という。

正徳元年（1506）、宦官中でもっとも寵愛を受ける者を老児当と称した。老児といっても実際は年の老少には関わらず、ただ寵愛されて尊敬を受けることからそのように呼ばれる。

権勢におもねるものが権官に会うと、大老官・二老官・老翁等といった。老翁は、三品以上の呼称ともなった。

老爹（ろうた）
民が官や巡按を称する語。

郎君（ろうくん）
宋代、臣下が私的に君主を呼ぶときの呼称。

勒（ろく）
馬の轡で、銜のあるもの。そこから、抑制すること、圧制して他の身体の自由を拘束する、の意味になった。

禄匣（ろくこう）
命令書を入れる箱。

②慣用語

以完（いかん）
そして…を完了する、の意。

以杜（いと）
そして…杜絶する、そして絶やす、の意。

以聞（いぶん）
臣民が緊要なことを上書して天子の耳元に達する形式上

の語。

依照（いしょう）
その通りに…、…の如くに、という意味。

委信（いしん）
倚信と同義。信用して委任する、の意。

委無漏落（いむろうらく）
委（まこと）に漏落無し、の意。

為拠（いきょ）
根拠とする、証拠とする、拠り所とする。

為憑（いひょう）
証拠にする、証とする。

倚閣（いかく）
長引く、遅延する、の意。またはしばらくそのままにしておくこと。

応副（おうふく）
供応する、面倒をみる、処置する。応付ともいう。

過割（かかつ）
書類の名義書き換えを意味し、例えば過割名糧（土地所有者と租税上納に関する名義を書き換える）の類である。

会（かい）
簿書・帳簿による統計的管理のこと。稽ともいう。

開拆（かいたく）
拆開・開封、あるいは破り開く、の意。

解上（かいじょう）
申し送ってきた。

函開（かんかい）
手紙に書いてあるには、の意。函は手紙、開は書く・曰く。函称も同じ。

勘会（かんかい）
照合し検討すること。事案を以前の事例と合せて一緒に研究する意味。

繳連（きょうれん）
前後関係する文件を聚めて一緒に上報する。

仰（ぎょう）
上より下に対する公文書中の慣用語。命令を表示する。上の命を仰げよ、の意味。

謹状（きんじょう）
仰状・書状の末尾の常用語。謹んで陳述します、の意味。

句当（くとう）
仕事をする、取り扱う、勾当に同じ。もと今の幹辦（事を処理する）に当たる語意。

具繳状（ぐきょうじょう）
書きしたためて呈出する、文書に認めて差し出す。

具結（ぐけつ）
決定、終結する。

具跡（ぐせき）
委細を具申する。

具呈（ぐてい）
書き認めて呈出する、呈文を具え出す。

具稟（ぐひん）
認めて上申する。

具文（ぐぶん）
(1)形式のみを備えるという意味（有名無実またはお定まりの意）、(2)文字を備えるという意味、官公文書などに用いる、(3)寄せ集めてある数を満たすこと、などを意味する。

具聞（ぐぶん）
委細を聞く、委細を申し上げる、具さに聞かせる。

空頭（くうとう）
(1)名義の記入がない、(2)実在不足の一方面、などをいう。

詣実（けいじつ）
実際に符合する。あるいは、実際に符合するかどうかを子細に調査する。保明詣実で、事実であることを保証する、という意味になる。

稽程（けいてい）
官文書の期限に遅れること、遅延すること。

検按（けんあん）
査察する、調査する、調べる。

検会（けんかい）
検査する、審査考慮する。その対象は勅令・詔書・指揮・禁令条令など。勘会も同類の語。

検勾（けんこう）
公文の検閲、またその官。

検対（けんたい）
比較する、しらべ較べる。

検訪（けんほう）
しらべる、探査する。

見（げん［けん］）
現の本字。現に、目の当たりに、の意。

見情（げんじょう［けんじょう］）
⑴情を参酌して…、⑵勉強する、価をまける、の意。

現随（げんずい）
目下、引続き、の意。

厳加管足（げんかかんそく）
厳しく検束して取り締まるという意味。

厳行申飾（げんこうしんしょく）
厳令して命ずるの意。

公稟（こうひん）
願い出る、一同で出頭する、多くの衆が連名にて出願する。

勾銷（こうしょう）
取り消すことを指す。また勾消にも作る。

勾点（こうてん）
筆を用いて公（かぎ印）や点を書き出し、その部分が削除、あるいは改められるべきことを示す。

交保（こうほ）
保釈させる。

告投（こくとう）
申告して提出する。

根括（こんかつ）
徹底的に整理する。徹底的に捜求する。

査（さ）
調査する、検査する。1字のみで文頭に用いられるときは、調べによれば、の意で、以下に述べる内容は問題の案件に関連する法律の条項・保存書類・明白な事実などの調査に基づくことをあらわす。この用法のときには文末を在案で結ぶことが多い。また文書の種類を問わず広汎に用いられる。

査照（さしょう）
詮議する、取り調べる。または、承知する、伝達して心得させる。あるいは、調べて承知する。うけとった文書の内容をよく検討して趣旨を了解し、それに沿って事務を処理することをあらわす語。

査照施行（さしょうしこう）
平行文の末尾に用いて、本文書の趣旨をご理解のうえ事を処理されたい、という請求の意をあらわす語句。

査得（さとく）
調査したところ、の意。官庁の所属部局における主管の官が、保存書類などの調査結果に基づき問題の案件に関する自己の見解を上司に具申するとき、文章の冒頭に用いる。文末を在案で結ぶことがある。

再搭上（さいとうじょう）
加うるに、その上さらに、かてて加えて、おまけに、などの意。

在案（ざいあん）
記録に存し置くの意、取り扱い済、懸案中、また事の完了を表わす。あるいは、保存書類に上述の記録がある、の意。いま問題とされている案件に関連する事件の保存書類の内容について記述する文章の末尾に記して、その事件はすでに処理を終了し、記録を保存書類として残してあることを表示する語句。冒頭に査・査得・案査を用いた文章の結語として用いる例が多い。

在巻（ざいかん）
上述の件の関連文書に記録がある、の意。冒頭に巻査を用いた文章の結語として用いる。

剗刮（さんかつ）
剗・刮ともに、削るという意味。

施行（しこう）
公文書の末尾の部分に置き、その文書の内容に依拠して事を処理するよう請求したり、また何らかの処置を示す語句を冠して、その処置を行うことを請求するために用いる語。

咨詢（しじゅん）
相談する。

支破（しは）
支付する。多く政府より官吏・兵丁に発給する派遣のための旅費・給養のための銭糧を指す。

事故（じこ）
⑴事柄・事情、⑵原因・理由。

七五折（しちごせつ）
7割5分、すなわち100分の75に数える、七半がけ。

七成（しちせい）
7割という意。

七折対折（しちせつたいせつ）
3割引・5割引、七折は3割引、対折は半引き。

須至（しゅし）
公文書の末に書する語。その語について古来明解はないが、須至は無至に対する語、すなわち必至の義（須く至るべしと訓ず）に解するべきである。

須至…者（しゅし…しゃ）
各種の公文書の文末に結語として用いる常套句。通例として、至と者の間にその文書の正式名称を記す。

什百（じゅうひゃく）
10倍100倍をいう。

准（じゅん）
⑴依拠する、準拠する、准ずる、比照する、の意。同等機関からの文書を引用するとき用いる語。咨・関・牌・付・手本のほか、上行文である咨呈・牒呈についても使用例がある。一般的な用法は、准の後にうけとった文書の発出者名と文書の種類を記し、次に称・開を用いて引用の始まりを示す。引用文の末尾は等因・等縁由などで結び、さらに到…として文書をうけとった機関を略称で示す。続いて准此を用いてその後の処置について記す。准此で引用を終えることもある。各種の下行文や証明書の類には、あて先の末尾に准此と記すものがある。⑵ゆるす、許可する。単独で用いるほか、准行・允准・題准・覆准などの複合語として用いる。

准允（じゅんいん）
許す、許可する。

准可（じゅんか）
聞き届ける、許可する。

准其（じゅんき）
…を許可する、その…を許す、その…通りにする。

准期（じゅんき）
期日を確定する。

准擬（じゅんぎ）
…を確定する、期日などを定める。

准経（じゅんけい）
（文書の趣旨を）うけて、すでに…した、の意。「准此、曽経」の略。平行文をうけとった後、その文書内の案件を処理するためにとった措置について記述するときに用いる。

准行（じゅんこう）
実行をゆるす、の意。上級機関が、下級機関から提出された文書中の提案や請求に対して、同意や許可を与えるとき用いる語。布告・指示・命令の文中によくみられる。

准債（じゅんさい）
借金を引きおとす。

准算（じゅんさん）
計算が合う。

准此（じゅんし）
この（文書の）趣旨により、この件につき了承しました、の意。平行文を引用した後に置く語句。

准除（じゅんじょ）
除く、減らす。

准折（じゅんせつ）
彼此相い差し引きできることをいう。差し引けば可なる、の意。

准定（じゅんてい）
必ず、きっと。

准文（じゅんぶん）
公文書を受ける、公文に接するの意。

遵（じゅん）
したがう。下級機関が上級機関の命令に従い事を行うこと。この語のあらわれる直前に、従うべき上級機関からの指令文書やその内容に関する記述がある。

遵経（じゅんけい）
上級機関から文書で命令を受け、それに従いすでに行った処置について記述するとき、前置きとする語。類語に准経があり、平行文を受けたときに用いる。

遵行（じゅんこう）
上級機関の命令に従い事を処理すること。在案とともに用い、上記の文書内の案件はすでに処理済みである、との意をあらわすことが多い。

遵行間（じゅんこうかん）
ご命令を実行中のところ、の意。上級機関の指令に従って案件を処理している途中に、重ねてどこかから文書が送られてきたり、何らかの事件が突発したり、というような状況をあらわす語句。上級機関への報告文書などに用いられる。

遵照（じゅんしょう）
官吏や人民が、勅諭・法律・告示や命令などに従って事を行うこと。公文書の末尾の請求・命令の文章中によくみられる。

処（しょ）
（…の）こと、（…の）件、の意。

所拠（しょきょ）
上述の、前掲の事由により、の意。

所在（しょざい）
あるところ、居るところ、ありか、場所。転じて、至るところ、あちこち、の意。また自分の方からみて相手のいる場所を指して所在という用法があり、その地方の、そちらの、の意。

所有（しょしゅう）
ここで問題になっているところの、論点となっている、などの意味。所是も同じ。

如聞（じょぶん）
その内容が伝聞より得たものであることを表す。

除外（じょがい）
そのほか（に）、上記の件のほかに、それとともに、の意味。

除…外（じょ…がい）
…以外に（は）、…するほか、…するとともに、の意。あることに関して説明を付加するための常套句。

抄（しょう）
書き写す。文書の写し。

抄案（しょうあん）
公文書を書き写すこと。

抄出（しょうしゅつ）
六科が上奏文の写しを作成して他官庁に送ること。またその写し。

抄照（しょうしょう）
抄は写し、照は許可証・証明書の類をさす。

抄呈（しょうてい）
抄案呈堂の略語。ある機関の所属の官吏が上級機関の案件を書き写し、それを自己の所属する機関の長官に提出すること。

抄到（しょうとう）
文書の写しが到着すること。また文書の写しを送達すること。

抄粘（しょうねん）
ある文書に他の文書などの写しを貼付すること。

抄部（しょうぶ）
抄出到部の略語。六科の抄出が六部に到着したことをいう語。

抄蒙（しょうもう）
上級機関からの文書の写しをうけとること。

承此（しょうし）
下行文の引用の末尾に置き、引用文の終結を示す語。

承准（しょうじゅん）
下級機関が受け取った照会を引用するとき用いる語。

称（しょう）
のべる、陳述する、記述する。直前に文書名を伴って、その文書の内容を以下に引用していることを明示する用語。

照（しょう）
⑴しらべかんがえる、⑵知る、わかる、⑶依拠する、…のとおりに、…により、⑷つきあわせる、などの意味を持つ語。

照依（しょうい）
依拠する。…のとおりに、…により、の意。

照験（しょうけん）
明代、各種の公文書の末尾の常套句で、相手に本文書の内容を調べて確認することを求めるための語。

照行（しょうこう）
そのとおりに実行する（せよ）。上級機関が下級機関から提出された文書の内容に許可を与える、との意味。あるいは、行をhangと発音して、相場の通りに、の意味。

照支（しょうし）
引き合わせ渡す。

照章（しょうしょう）
規則通りに、法例の通りに、規定の如く。

照詳（しょうしょう）
詳しく調べ見極めること。明代、各種の公文書の末尾に用い、相手に本文書の内容を詳細に調べることを要請するための語句。

照常（しょうじょう）
平常の如く、平生通り…の意。

照数（しょうすう）
数を照合して、決まった数量どおりに、全額、の意味。

照単（しょうたん）
書付の通り、書類に従い、との意味。

照著（しょうちょ）
拠って、…通り、…の如く。

照得（しょうとく）
その故に、その処で、ここに、…間に、…の内に、などいう意。宋代以後の公牘に頻出する言葉。照対得之、すなわち、調査してわかった、明らかにし得たところ、参照して知識を得た結果、というのが原義でその省略形とされる。ご承知のように、の意。特に、出典を示すまでもないが、確実な根拠があって事実を述べるときに用いる。
近世、公用文書の一種のうち、上より下に発するものは照得の2字を冠首に用いるのを例とする。ただし、宋元時代には下より上に行う文書にこれを用いた。

照料（しょうりょう）
世話する、処理する、処置する、取り扱う、取り計らう、面倒を見る。

照領（しょうりょう）
…の通りに受領する意、たしかに受け取った。

照例（しょうれい）
前例どおりに、いつものとおり、の意。

詳允（しょういん）
上級機関が下級機関から提出された詳の内容に許可を与えること。

衝改（しょうかい）
⑴宋代公文書でよく用いられる語。なお違反に抵触する、という意味、⑵引申して改めることをいう。

条擬（じょうぎ）
ひとつずつ書いて定める、箇条書きにして擬定する。

条牒（じょうちょう）
箇条で書き立てる。

職（しょく）
公文書用語としては、下級機関が自己の所属する上級機関の提出する公文書の中で、謙譲の意をこめて用いる自称。

臣（しん）
皇帝への上奏文中において、上奏文の提出者が用いる自称。なお該臣とある場合は、上奏文の提出者が自己より下級の者を指すために用いる他称である。

申解（しんかい）
（人・物品・書冊などを）申に付して送る。

申繳（しんきょう）
申とともに納める。繳は納める、返す、の意。

推収（すいしゅう）
田宅の売買の際、官庁に登録して名義を変更する手続きをいう。

随（ずい）
ただちに、即刻。随即と熟して用いることもある。

随拠（ずいきょ）
前述の事由により、の意。また下級官の文書などをうけとり、それを引用するときにも用いる。

是（ぜ）
上奏文に対する皇帝の指令用語のひとつ。上奏された内容に対する賛同・許可の意向をあらわす語。

窃（せつ）
公文書（呈文など）で自己の意見を陳述する文章の冒頭におく謙辞。切におなじ。ひそかに思うに、の意。窃按・窃思・窃維・窃査も類語。

剗刷（せんさつ）
捜求する。剗刷という語と、剗・刷という語も意味は同じである。

前（ぜん）
⑴前任の、の意。諸機関の略称に冠して用いる（前司・前部院・前職）、⑵前出の、上述の、の意。前文に既に述べたことがら（引用文の内容・事件の件名など）について再述する煩雑をさけるための代替語として、前因・前情・前由・前事・前件などのように用いる、⑶前進する、行く（前往・前来・前去・前詣）。なお公文書用語としての前去・前来については各項を参照。

前因（ぜんいん）
前掲の文書、の意。前に引用した上級または同等機関からの文書の内容をさす語。

前去（ぜんきょ）
行く、出向く。（人や文書などを）行かせる、送り出す。

前事（ぜんじ）
前記の件、前述の事情、の意。公文書の冒頭などにおく、その文書の扱う事件の件名を示す「…事」の略称として用いる語。

前情（ぜんじょう）
前記の事情。前に引用された下級機関や人民などの文書、口述書など、文末を等情でくくった文書の内容の代称とする語。用法は前因に同じ。

前由（ぜんゆう）
前記の事由、の意。すでに記述された下級機関からの文書の引用文（文末を等由・等縁由で結んであるもの）の内容をさす代称として用いる語。用法は前因に同じ。なお前繇ともいうが、繇は由の代替字。

前来（ぜんらい）
⑴来る、（人や物などを）来させる、よこす、⑵次前の、⑶文書中で、同等あるいは下級機関からの文書が自己の所に到達したことをいう語。

疏称（そしょう）
上奏文の内容を引用または概述するとき用いる語。

相応（そうおう）
当・応とほぼ同意で、まさに…すべきである、の意味。同等官庁からの文書を受け取り、それに対する返事・請求の文末に用いる言葉。

送司（そうし）
六部は他機関から文書を受領すると、それを処理するため、内容によって分別し、担当の所属の各清吏司に下ろす。

存（そん）
文書を保存する、の意。存査とはほぼ同意。下級機関への指示用語としても用いられる。

存案（そんあん）
文書を一件書類としてまとめて保存する。

存査（そんさ）
公文書を後日の調査に資するために保存すること。下級機関に対する指示用語としても用いられる。

奪（だつ）
公文書用語では、可否を決すること。

知会（ちかい）
知らせる、通知する。

知照（ちしょう）
知らせる、通知する、承知させる（する）。

知道了（ちどうりょう）
上奏文に対する皇帝の指令用語のひとつ。皇帝が上奏文の内容を承知したことを示す。知道は知る、わかる、了は…した、の意。

遅悞（ちご）
遅れる。公文書用語では、官吏が定められた期限内に任務を完了できないことをいう。

着（ちゃく）
使役・命令の意をあらわす語。用法は２つある。着は上級機関から下級機関や人民への指示・命令文中に用い、同じく命令の意をあらわす語（仰・飭など）の中ではもっとも意味が強いとされる。なお、著も同様に用いる。

着落（ちゃくらく）
落ちつく。帰属する。責任を持たせてやらせること。

飭（ちょく）
戒める。飭令・飭行などとして用い、命令する、の意をあらわす。

陳請（ちんせい）
理由を陳述して請求する。

通（つう）
公文書中、公務の遂行に関する語に冠して、あまねく、すべて、の意をあらわす。

通共（つうきょう）
全部で、一緒で、まとめて。

通行（つうこう）
2件以上の仕事をあわせて行う。

通査（つうさ）
2つ以上の保存書類を調査する。

通抄（つうしょう）
2つ以上の文書の写しを作成する。

摘那（てきた）
選抜して派遣する、人馬に指図する。抽摘ともいう。

点看（てんかん）
ひとつひとつ調べる。

点算（てんさん）
点検と計算。

転（てん）
他の機関から到来した文書や物などを、さらにその他の機関へと取り次いで送ること。

転移（てんい）
公文書を受けた機関がそれを他機関へ転送する。

転解（てんかい）
物や人などを取り次ぎ送る、解は護送する。

転繳（てんきょう）
取り次いで渡す、転送して納付する。

転交（てんこう）
物などを取り次いで渡す。

転行（てんこう）
文書を転送する。

転懇（てんこん）
請願の内容を取り次ぐ。

転詳（てんしょう）
詳を上司へ取り次いで報告する。

転達（てんたつ）
取り次いで知らせる。

転発（てんはつ）
取り次いで送る。発は送る、の意。

塗（と）
文字を削除すること。

当即（とうそく）
即刻、早速、直ちに、すぐ。

到（とう）
他機関からの文書が、ある機関に到達したことをあらわす語。

等因（とういん）
上行文（上級官庁あての公文）で、上級官庁・同等官庁からの公文の本文・要旨を引用して述べる場合、末尾に附す言葉。以上、云々、…の趣（おもむき）、の意。

等縁由（とうえんゆう）
引用文の文末に置く語のひとつ。上行文の引用に用いる。なお等縁繇ともいうが、繇は由の代替字。

等語（とうご）
引用文の文末に置く語のひとつ。明代、上行文を引用するときに用いる。

等情（とうじょう）
下行文（下級官庁あての公文）で、下級官庁の本文・要旨を引用して述べる場合、末尾に附す言葉。等語も同じ用法。

等情拠此（とうじょうきょし）
…等の趣、承知する。上級の官が下僚の上申を受けた場合に用いる。

等由（とうゆう）
平行文（同等官庁あての公文・咨など）で、同等官庁あるいは下級官庁からの公文の本文・要旨を引用して述べる場合、末尾に附す言葉。以上、云々、…の趣（おもむき）、の意。

統（とう）
切に。願望、請求の意をあらわす。統祈（切に願う）・統候・統聴（…を待望する。候・聴はともに待つ、の意）のように用いる。

拍試（はくし）
宋代、軍士・武官を審査する方法のひとつ。朝廷あるいは上司により、官を派遣して軍士に弓馬の武芸を詮試する。武芸の優劣によって奨賞・黜罰を与える。

発（はつ）
送り出す、派遣する、護衛を付けて送る。発往・発回・解発・打発・転発などのように用いる。

煩（はん）
要請の意をあらわす謙譲語。請願の語とともに用いることが多い（煩乞・煩請）。平行文の末尾の、相手方に案件の善処を希望する意向を伝える文章の冒頭に用いる。

煩為（はんい）
煩とほぼ同意。

盤（ばん）
検査する、取り調べる、の意。類語として盤験・盤詰・盤阻・会盤がある。

批退（ひたい）
きっぱりと渡した、の意。批退は退田もしくは退贖と批書したもの。

備（び）
備える、整える、用意する。同等または下級の機関に送る公文書の名称に冠して、その文書を作成する意をあらわす。備咨・備劄・備牌などのように用いる。また具とはほぼ同意であり、具備・備具として用いることがある。

備案（びあん）
一般には記録する、（書類を）受理する、登録する、の意味。

備辦（びべん）
（物品を）調達する、用意を整える。辦はする、処理する、準備する、の意味。

備由（びゆう）
事の詳細をもって文書を作成すること。由は事由の意。

標照（ひょうしょう）
官文書の誤記錯字を、その紙末に対照して標記する義である。

不管（ふかん）
許さない、命令で禁止することを表す。詔令中あるいは上級官庁が下属に命令を発布する時に使用される。

不上款（ふじょうかん）
当然ならざる、行うを要せざる、の意味。

附巻（ふかん）
書類に添付する。附はつけ加える、巻は文巻（文書、分類して保存してある書類）の意。

毋違（ぶい）
上級機関から下級機関へ、官庁から人民へ発出する指令などの文書の末尾に置き、文書中の命令や訓示などに違反したり、実行を遅らせてはならない、との意をあらわす。毋違忽も同じように用いる。

伏惟（ふくい）
伏して惟うに、と訓じる。下の者が上に対する敬詞。奏疏文には常にこの字様を用いる。

覆（ふく）
⑴くりかえす、回答する。復と書くときもある。⑵しらべる、の意。

覆核（ふくかく）
審査する。核は子細に調査する、確かめる、の意。

覆議（ふくぎ）
再議する。議覆もほぼ同意。

覆経（ふくけい）
以前にも行ったことがあるが、また…、の意。

覆行（ふくこう）
繰り返し行う。

覆准（ふくじゅん）
清代、その都察院六科及び15道、並びに総督・巡撫から上奏した事件を当該官庁に下げて覆議させ、その上で皇帝の裁可を経たことをいう。

覆題（ふくだい）
すでに上奏された事件について、担当の官庁が再び題本で上奏すること。またその題本。

覆奉（ふくほう）
題覆（覆題に同じ）して皇帝の指示（旨）をうけること。

分擘（ぶんはく）
割りあてる、配置転換をする。分劈ともいう。

便文（べんぶん）
自己に都合のよいように文章を解釈し利用すること。

保明（ほめい）
身分などを保証すること。

奉（ほう）
⑴さしあげる。文書・物品などを提出する相手への敬意をあらわす、⑵自己の動作に冠して、相手への敬意をあらわす。

奉行（ほうこう）
上官などの命令を実行すること。

奉此（ほうし）
このご指示により、この件につき了承いたしました。

抱認（ほうにん）
決まった額を引き受ける。あるいは民戸が官府に向かって、もしくは下級官署が上級官署に向かって某種の債務、税額を引き受けること。抱認は往々にして賦税や銭のようなものを対象とする。

剖析（ほうせき）
分析する。

某（ぼう）
自称の辞。我とか本名を指す。旧時の謙虚の用法。

某項（ぼうこう）
ある種、ある口の。

冒椿（ぼうとう）
官用文書等において、事実を捏造する意味である。

本（ほん）
平行文・下行文中において、自己の官職の略称に冠して自称とする。本部・本司・本院などのように用いる。

未敢擅便（みかんせんべん）
独断で事を処理するわけにはいきません、の意。

未便（みべん）
不都合（である）。…することはできない、の意。

無容議（むようぎ）
自明あるいはすでに結論の出ている事柄につき、議論の余地はないことをいう語。

無庸議（むようぎ）
論議する必要はない、の意。請求を却下するときの慣用句で下行文に多く用いられる。

蒙（もう）
⑴相手から受けた働きかけに対する敬意をあらわす、⑵上級機関からの文書・命令を受け取ること。

理会（りかい）
考え・意向・やり方。

理合（りごう）
当然…すべきである、の意。上級官庁から令文・訓令を受け、それに対する返事・請願の呈文末尾に用いる言葉。合行・擬合・相応などとほぼ同意である。

立限（りつげん）
期限を確定する。

了了（りょうりょう）
⑴聡慧・通暁事理、⑵明白・清楚。

類（るい）
まとめていくつかの案件などを一緒に処理することをあらわす語。

類行（るいこう）
いくつかの案件をまとめてひとつの文書にして送ること。

令（れい）
皇太子・諸王の言辞に冠して敬意をあらわす語。令旨・令諭などのように用いる。

另（れい）
分居あるいは割き開くの義である。また、およそ別に事をなすものを另といい、清代官文書に多く使用する。この場合、別と同義。

③上行文

応制（おうせい）
応詔と同じ。皇帝の勅命、また上命に応じて作成した詩文などのことをいう。

回奏（かいそう）
皇帝が一度裁可した案件について再び上奏すること。

供報（きょうほう）
上申する、上申書で報告する。

具（ぐ）
上級機関に提出する文書を作成すること、および文書を作成して上級機関に提出することをいう。具詳・具呈・具結のように用いる。

具摺（ぐしょう）
上奏する、の意。摺は折紙・上奏文の義。具奏と同じ。

具奏（ぐそう）
奏本を具して呈進することをいう。

具題（ぐだい）
上奏文の一種。題本を具して呈進することをいう。

計稟（けいひん）
上官に報告する。

行拠（こうきょ）
先に文書で命令した相手から返ってきた報告書の内容は、の意。下級機関からの回答文書を上級機関が引用するときに用いる。この語の後に、命令した相手の官職や個人名と返ってきた文書の種類を記し、続いて内容を引用する。なお類語として批拠がある。拠は上行文を引用するときの用語。

告（こく）
願い出る、申し出る。人民が官庁へ、官吏が上級機関へ請願・申告・告訴すること。またその文書。

冊報（さつほう）
文書によって報告すること。

劄子（さつし）
下級官庁から上級官庁にあてた公文の一種と、上級官庁から下級へ下した公文の一種との２つの用法がある。通常には上奏文書として用いられる。

咨呈（してい）
上行文のひとつ。明代、二品の機関がやや上級の機関に送る文書。具体的には六部から五軍都督府へ、布政司から六部へ送る。咨文の引用には准の字を用いる。清代には直接統属関係にない自己よりやや格式の高い機関にたいして送る文書。

咨稟（しりん）
上申する、上官へ報告する。

上疏（じょうそ）
上に捧呈する文書。あるいは、文書を上に差し出す、の意。

上本（じょうほん）
官吏が文書を上官に差し出すこと、上書する。上本章も同じ。

抄摺（しょうしょう）
奏上文の写し。

詳（しょう）
上行文のひとつで申の一種。明清期に上級機関の指示を仰ぐため、下級機関から提出された報告の文書。上級機関は詳の正本に指示（批）を付記してもとの下級機関に返還し、副本にも同じ指示を書き写して自己の所に保管した。なお、詳を提出することを呈詳といい、意見・提案を陳述した詳を看詳・議詳、調査報告を査詳という。

詳批（しょうひ）
下級機関からの詳に対する上級機関の批示（指示・命令）のこと。

詳覆（しょうふく）
詳をもって回答する。上級機関の命令を実行した後、そのことを詳で報告すること。またその文書。

詳報（しょうほう）
詳をもって上級機関に報告する。

申（しん）
上行文のひとつ。統摂関係にある官庁間での上行文書。

申解（しんかい）
上級機関へ報告する文書。あるいは、上申する、の意。

申繳（しんきょう）
上申とともに返納すること。

申状（しんじょう）
上級機関に対して陳述すること。

申報（しんほう）
上級機関に申を提出して報告する。

箋（せん）
箋文。上奏文のひとつ。皇后・皇太子への上奏に用いる。皇帝の場合の表に当たるもので、儀礼的な事柄を奏上するために用いた。

疏（そ）
上奏文の総称を奏疏という。

奏（そう）
上奏文のひとつ。奏本を皇帝に提出すること。奏本をしたためて上奏することを具奏、奏本によって請願することを奏請という。

奏裁（そうさい）
天子に上奏して裁決をうけること。奏決と同意。

奏章（そうしょう）
上奏文を捧呈すること。

奏摺（そうしょう）
臣下より君主に進奉する奏上文。摺は折本の意で、折本をもって上奏文としたことからこの名がある。

奏疏（そうそ）
差し出す奏文。

奏本（そうほん）
上奏文・奏摺。

総冊（そうさつ）
清代の奏銷制度で、布政司が督撫に申呈する奏銷冊をいう。奏銷とは清代、収支の内容を明らかにし、摺にして具して奏上すること。銷は決算報告のこと。

題（だい）
題本。上奏文のひとつ、高級の諸機関が公事の上奏に用いた文書。清代、政府機関の六部と内閣を通して処理されたうえで、天子の裁決をあおぐことになっている書類。題本をしたためて上奏することを具題、題本によって請願することを題請という。

題准（だいじゅん）
上奏された題の内容について皇帝が許可を与えること。

題覆（だいふく）
すでに上奏された案件について、関係の諸機関がまた題本で自己の見解を上奏すること。覆は繰り返す、回答するの意味。

貼黄（ちょうこう）
奏状の後に附す黄色の紙。上に奏状を補充する文字、要旨などを書く。

牒呈（ちょうてい）
上行文のひとつ。明代、応天府・按察司から都指揮司・布政司へ、各府から各衛指揮司・塩運司へ提出する場合などに用いる文書。

通詳（つうしょう）
同文の詳を、2つ以上の上級機関に同時に提出すること。

通本（つうほん）
清代、天子に上られる啓奏の文書の一つ。満文・漢文にわけて書くため、清朝特有の部本と通本との区別が生じた。通本は漢文のみ。通政使司を経て上がるのでこの名がある。

呈（てい）
人民から官庁へ、下級機関から上級機関へ、下級官吏から直属の上官へ文書を提出すること。またその文書。

呈案（ていあん）
官衙へ呈出し、書類を官公署に持ち出す。

呈移（ていい）
移牒で上申する。

呈解（ていかい）
呈とともに、物や人などを送る。

呈核（ていかく）
調査を申請する。

呈具（ていぐ）
上申文書を認める

呈子（ていし）
上申書・陳述書。官署へ差し出す文書。

呈悉（ていしつ）
提出する文書の趣、承知したの意味。

呈准（ていじゅん）
許可を申請する。

呈称（ていしょう）
申し出に曰く、申し出には…、の意味。

呈詳（ていしょう）
詳を提出する。

呈請（ていせい）
上申して願うの意味。申請する。

呈逓（ていてい）
上申書を送ること。

呈堂（ていどう）
所属の下級官吏が、堂上官（長官またはそれに準ずる官）に文書を提出すること。

呈稟（ていひん）
文書などを上の官庁へ取り次ぐ、伺い出る、上申する。

呈覆（ていふく）
上級の指令に答えて報告すること。呈復ともいう。

呈文（ていぶん）
上行文の一種。⑴官庁・官吏が政府へ陳情する場合の公文、⑵下級官庁が上級官庁へ陳情する場合の公文、⑶人民が政府・官庁へ陳情する場合の公文、などがある。

呈奉（ていほう）
上官に呈を提出し、それに対する指示を受けること。

呈報（ていほう）
呈を提出して上官に報告する、届け出る、報告する。

万言書（ばんげんしょ）
皇帝に直接上る長文の奏章。

表（ひょう）
上奏文のひとつ。定例の皇帝の誕生日（万寿聖節）や元旦・冬至（長至節）のほか、種々の慶事に当っての慶賀や、皇帝への謝恩など、儀礼的な事柄を皇帝に奏上するために用いられた。

稟（ひん）
⑴人民より官庁へ差し出す文書、⑵下級機関から上級機関へ報告・上申・請願すること。稟啓・稟書・稟帖・稟白・稟覆・稟文・稟報ともいう、⑶外国人が清国官憲にさしだす文書。アヘン戦争以前には、稟の形式で公行を通じてのみ受理された。

誣奏（ぶそう）
無実の上奏。

封事（ふうじ）
密封して天子にたてまつる書状。他見を憚る秘密事件はこれを用いることを許した。封章・封奏も同じ。

片奏（へんそう）
清代、片は摺、すなわち上奏の一種。正摺（正式の上奏）の後へ1片、または3片、5片を附して追奏することを、片奏という。

保奏（ほそう）
朝廷に推薦、上奏する。

本章（ほんしょう）
臣下より皇帝に奉呈する奏文の一種。題本と同じ。

密本（みつほん）
清代の機密文書。他の上疏と取扱いを異にし、内閣を経ずに直接天子に封進される。

④平行文

移（い）
同等機関に公文書を送ること。またその文書。咨・関・付文などの平行文について用いる。移牒・移文・移書に同じ。官庁相互の間に互いに質問する文書をいう。まわしぶみ。

移会（いかい）
平行文の冒頭の文句。

移行（いこう）
公文書を送ること。

移覆（いふく）
平行文を送って回答する。

関（かん）
平行文のひとつ。枢密院と中書省の間や、同一長官の統轄下にある各機構の間での往復文書。明代には三品以下の同等機関の間で、清代には地方の文官と一部の武官との間で平行文として用いられた。

関白（かんはく）
官庁間の文書の形式で、おなじ官庁の管理下にあって、職局を別にするものが相関係する事を記すに用うるものである。

関報（かんほう）
文書の形式。官署が互いに質問し合い、通知すること。

公牒（こうちょう）
公式文書・官方文書。

行移（こうい）
行文移牒の略語。すなわち官文書をもって照合する文のこと。明代はこの文体の書式を試験に課した。

咨（し）
平行文のひとつ。明清期、品級の高い機関が、同品の機関や、文官と武官のように互いに統属関係はないが、同格とみなされる機関との間で用いた文書。明代には二品以上の機関が用いたが、清代には使用範囲が広くなり、中央の主要官庁や地方の総督・巡撫・布政司・按察司・道などが用いるほか、文武の高官の間で平行文として用いられた。また礼部と外国との交換文書として明文で規定された。

咨会（しかい）
咨で照会するの意。

咨開（しかい）
咨に曰く、咨文に書いてあることには、の意。

咨解（しかい）
咨とともに送る。

咨繳（しきょう）
咨文による照会に対して該文を添えて返すの意。

咨准（しじゅん）
咨にて許可すること。

咨請（しせい）
咨で請う、の意。

咨調（しちょう）
咨で召集する、の意。

咨陳（しちん）
各地方最高級官署より各部院に対しての陳情報告などをいう。

咨覆（しふく）
咨で答復する。

咨訪（しほう）
問題あることに対して咨で問うこと。諮問に同じ。

咨報（しほう）
咨にて報告する。

咨明（しめい）
咨で通知して説明する。

咨目（しもく）
咨を移送すること。

咨由（しゆう）
咨で……より、の意。

手本（しゅほん）
平行文のひとつ。明代、諸機関が自己と同格とみなすべき相手との連絡にもちいた実務的文書。手本の引用には准をもちいる。

照会（しょうかい）
公文書の一種。清代に、同等であるものの、その掌る職務の異なる官署の間で用いる。

帖牒（ちょうちょう）
牒は正式の文書形式で、対等の相手に発するもの。帖は、引と同じく略式で劣等の相手に発する。

牒（ちょう）
同等官庁に送達される文書。

付（ふ）
付文。平行文のひとつ。六部内の各清吏司の間、五軍都督府および都指揮府および都指揮司・布政司などの各房・科の間を往復する官庁の内部文書。案件を同一官庁内の担当または関連の部署へ引き渡すため用いられた。また、付を送ることを移付・開付という。

文牒（ぶんちょう）
公文書のこと。……より、の意。

分函（ぶんかん）
それぞれ書面を送ること。

分咨（ぶんし）
それぞれ通達すること。咨は同等官庁間においてやりとりする公文書。

⑤下行文

案験（あんけん）
下行文のひとつ。明初から清初まで使用された文書で、都察院の各御史のほか、六部などの官で部外に出向した者が自己の管轄下の機関に指示を与えるために用いた。

下行（かこう）
官府文書が上級機関から下級機関に送られること。

訓令（くんれい）
上級官庁が下級官庁に対して命令・喩告する場合に用いる文書。

憲牌（けんはい）
下行文のひとつ。地方の上級機関から下級機関へ発出する指令文書。牌が本来の文書名で、それに憲（上官への尊称）を冠した呼称である。

故牒（こちょう）
下行文のひとつ。明代には主として三品以下の機関が自己より下級の機関へ送る文書で、たとえば按察司から中央の四品の機関や地方の各府・長史司へ、都察院から按察司の経歴司へ、都指揮司（二品）から各衛へ、各府から千戸所へ、などの場合のように広汎に使用された。

行属（こうぞく）
部下に文書で命ずる。属は直属の部下。

合行（ごうこう）
当然……すべきである、の意味。一般には下行文の末尾に用いられている。合即・合亟も同じ用法。

札（さつ）
上より下に遣わす公文書。

札行（さつこう）
札文をもって命令を行うこと。

札子（さつし）
劄子に同じ。文書・官文書・命令・辞令など上より下に用いる官公文書。

札飭（さつちょく）
文書に飭で命令する。

札文（さつぶん）
命令書。

劄付（さつふ）
下行文のひとつ。明代、上級機関が、統属関係にある下級機関や自己に所属する機関に送る文書。具体的には六部から太常寺などの在京の機関や按察司・所属の各清吏司などへ、都指揮司から長史司・所属の府州などへ、都察院から観察御史などへ、といった状況において用いられる。清代には提督から府・庁・州・験へ、巡撫から副将以下の武官などへ送る文書であった。

劄文（さつぶん）
上官より下級官吏におくる訓令文。

咨劄（しさつ）
官署の行文に劄子を用いるものと、状を用いるものとがある。劄子を用いて咨する（謀る）を咨劄という。清代では、同等官署の行文を咨といい、上級官署より下級官署に対するを劄という。

咨陳（しちん）
民国の行文程式、各最高級官署より各部院に陳情報告する文書をいう。

准此（じゅんし）
上より下に用いる官文書の套語、此を許す、右諒承せり、其の通りにしてよし、此の如くせよ、の意。

省劄（しょうさつ）
公文書の名。尚書省が公務を処置し、長官が署名を書き判した後に、諸司・諸路の監司・州軍に発付して執行されるもの。

照会（しょうかい）
下行文のひとつ。明代、二品以上の機関がやや下級の機関へ送る文書。具体的には五軍都督府から六部へ、六部から布政司へ、布政司から按察司へ、といった場合に用いる。

知照（ちしょう）
下行文において、照らしてその通り実行せよ（知照辦理）、了解せよ、その通り承知せよ、の意。

帖（ちょう）
公文書の名。上級の官府から下級に送るときには、帖を用いる。

牒（ちょう）
公文書の形式の一つで、上官からの通達や下属にいく官文書を指す語。

牌檄（はいげき）
公文書の名。清代、織造（官設織物所）より府州県に対してこれを用いる。

牌文（はいぶん）
公文書の名。清代は六部より道府以下に行うもの。

票（ひょう）
下行文のひとつ。牌とほぼ同様に使用された、より簡便な指令文書。

符（ふ）
上級の官庁が所属の官庁に下すときに用いる文書の一形式。

⑥詔勅・宣示

懿旨（いし）
皇后・皇太后の文書。

外制（がいせい）
中書が作成した詔書のことをいう。

教（きょう）
親王および公主の命。唐代、教は教命ともいい、親王・公主の下す命令や下に対する意思は教書なる形式を通して表された。

鈞旨（きんし）
駙馬、つまり帝室の王女の婿の発する文書のことをいう。

黄勅（こうちょく）
黄敕も同じ。詔書は黄紙を使用して勅を書くのでこの名称がある。

黄放（こうほう）
黄紙に書かれた蠲免の詔勅のこという。

黄麻詔（こうましょう）
唐代の詔書のことをいう。

撮黄（さつこう）
貼黄と同じ。詔勅の文言を改める必要がある場合、黄紙にこれを書して貼ることをいう。

旨（し）
皇帝の指示・命令のひとつで、臣下の奏請をうけて下されるものを聖旨といい、聖旨を旨と簡称する。

手詔（しゅしょう）
天子がみずから認めた詔書のことをいう。

詔（しょう）
詔書。皇帝が臣民全体に対して布告し、内容を周知させる文書のことをいう。皇帝の即位・成婚・皇太子の誕生そのほか重大な国事に際して発せられる。

詔勅（しょうちょく）
皇帝の命令を伝える文書のこと。

制（せい）
勅命を伝える文書。

制勅（せいちょく）
天子の命令のことをいう。同類の語に冊がある。

聖旨（せいし）
皇帝の発する文書・詔勅のことをいう。

宣（せん）
詔勅の一形式。

宣旨（せんし）
詔の一種。

宣詔（せんしょう）
皇帝の詔を伝えたり、宣示することをいう。

宣底（せんてい）
晩唐の枢密使が禁中より旨を受けて、中書に渡すことを宣といい、中書が承受してこれを籍に記録することを宣底という。

宣麻（せんま）
大臣を任命する詔を宣麻といい、もとは唐代に中書および翰林所管の綸命より発した命令のことをいう。

中旨（ちゅうし）
宮中より宦官が伝達する天子の勅意。旨は特定の期間または個人の上奏に対して下される勅意のことをいう。

貼黄（ちょうこう）
唐代、詔勅は黄紙を用いる。これを更改する時には、黄紙の紙を貼りつけて改訂することからこの様にいう。一方、君主に送呈する文書の大要を黄紙に記して、文書の末に貼りつけ省覧に便した。清代では、書籍中御名の上に黄綾を貼りつけることをいう。

勅（ちょく）
勅書。皇帝が臣下に発する命令。または皇帝が命令を下すこと。

勅諭（ちょくゆ）
皇帝の諭。詔が不特定多数の人々を対象とするのに対し、勅諭は1人ないし複数の特定の個人を対象として発せられる。

発下擬旨（はつかぎし）
清代、内外の章奏は、内閣に票擬の権が与えられてから後、皇帝は多くの場合、自ら一覧の後に、内閣に交付して票擬せしめた。これを発下擬旨という。

発日勅（はつじつちょく）
隋唐代、皇帝の意志を表示すべき詔勅の一種。

封駁（ふうばく）
詔勅が自分の見解に合わないとき、封をして天子に返還し、かつ反対意見をたてまつること。封駮も同じ。

報聞（ほうぶん）
天子が臣下の奏章に批答する時、聞の字を用いる。これを報聞という。奏せられたことはすでに知っているという意味である。

麻案（まあん）
勅書の草稿。

麻制（ませい）
綸旨・詔勅・勅書。

明旨（めいし）
聡明な天子の勅意の義で、旨というべきを特に敬意をこめた言葉。

兪允（ゆいん）
皇帝が臣下よりの上奏のことを良しとし、承諾すること。

諭（ゆ）
皇帝や諸王などが自発的に下す指令・訓示。上奏文による請願をうけて下すときでも、内外に布告する場合は諭という。諭に対して旨は上奏文による請願をうけて発せられる指令をいう。

覧（らん）
皇帝の指示のひとつ。上奏文を読んで、内容を承諾した、との意をあらわす。

綸旨（りんし）
各衙門より奏進する題本、すなわち奏文に対し、皇帝の旨を降して回答することをいう。

令（れい）
皇后・太子・諸王の命令を指し、皇帝の詔命とは別にする。

另有旨（れいゆうし）
另に旨有りの意。清代、皇上が各衙門からの奏文を閲て、長篇の諭旨を要するときには、另有旨の字を硃批（朱筆で書く）し、軍機処の意見を聞いて後に旨を降すことをいう。

録黄（ろくこう）
中書省が勅命を受けて詔文を草し、これを門下省に送って宣布する以前に、大事は奏稟して上旨を請う（画黄）が、細事は稟議を略した。こうした文書の手続きのことを録黄と称した。

⑦掲示・告示・通知

易知由章（いちゆうしょう）
上官に提出する文書は本書のほか、別に要綱を１枚の紙に摘写して上官の便覧に供する。これを易知由章という。

易知由単（いちゆうたん）
清代、官吏が租税を徴収する前に田地の等級や税額を印刷して納税者に発給した。これを易知由単という。これには地方官吏がむやみに税額を増徴することを防ぐ目的があった。

一体知照（いつたいちしょう）
布告文の末尾に用いる言葉。人々心得べし、の意味。一体週知も同じ用法。

勧諭民庶牓（かんゆみんしょぼう）
民に励み努めるよう勧める諭告。

郷村粉壁（きょうそんふんへき）
宋元時代に法令を貼り出したり、告示を書き記すための墻壁。

教（きょう）
親王・公主・王侯の命。唐代、教は教命ともいわれ、親王・公主の下す命令、ないし意見は教書という形式を通して表された。

暁示（ぎょうじ）
告示・告誡・諭示。

空劄（くうさつ）
責任官の姓名を記さず、印も捺印もしない命令司書のこと。

京抄（けいしょう）
清代、政官報の一種。

京報（けいほう）
清代、商人が官の許可を得て報局を開き、これを印行して購読者に配布したもの。唐宋の頃の邸抄の制で、その後変易があったが、存続して清朝に及んだ。清朝では、邸抄・邸報の名も用いたが、主に京報と呼んだ。末年に至り、諭摺彙存・閣抄彙編などの名に依って行われ、さらに変じて華制存稿・政治官報・内閣官報などと呼ばれた。

掲貼（けいちょう）
掲示すること。

掲牓（けいぼう）
看板を掲出すること。

檄（げき）
召集・布告のための文書。地方の上級機関から下級機関への指令を檄という場合がある。指令を送ることを檄行・檄発、上級機関の指令を憲檄などと称する。

紅牌（こうはい）
紅色のふちどりのある掲示板。

此令（しれい）
此に令す、の意。指令・訓令の末尾に用いる言葉。

旨符（しふ）
公文書の名。租税の催告に用うる。

指揮（しき）
尚書省および各部が下級機関にだす法律の解釈や法令に則った指示・命令をいう。戒約指揮とは、唐宋代、詔勅と命令の総称。

指令（しれい）
下級官庁からの申請に対して上級官庁が指示を与える公文。

申明（しんめい）
詔勅や皇帝が裁可した上申などの中から重要なものをそのままの形で再録し、また時に解説を付け加えた刑統や勅の補足・部分修正の法典である。

申明指揮（しんめいしき）
一旦出された法令（詔勅）を再確認して頒行するとき、この語を使う。省部が詔勅・法律の意味内容を解説して出す指示書。

上司帖牒（じょうしちょうちょう）
上級官庁の命令書・通知書などを紙に貼って見せる。

宣誥（せんこう）
宣示・告示。

宣疏（せんそ）
告文または宣誓文の類をいう。

宣付（せんふ）
君の命令を交付することをいう。

知委（ちい）
通知すること、告示すること。

知悉（ちしつ）
布告文の終わりに用いる言葉。承知せよ、了解せよ、の意。

帖引（ちょういん）
命令・通知の類。

邸抄（ていしょう）
清代、内閣より上諭の要点を抄出して発布することをいう。

投文（とうぶん）
命令を下す文、または文書を送ること。

排門粉壁（はいもんふんへき）
民間各戸の人丁・姓名・職業を白粉で壁に書き、稽察に便にすること。粉壁は官府が家ごとの墻壁に告示を書いたり、貼ったりすることをいう。

牌（はい）
掲示の札・榜に同じ。看板の意。ほかに符信、使者などに給しその身分を証明する書札の意。信牌・火牌に同じ。また商家の字号・商号にも用いる。

牌橛（はいけつ）
立て札のこと。

牌牓（はいぼう）
掲札、または看板の義。

布告（ふこく）
民衆に事実を宣布し、または勧誡する場合の公文。

文榜（ぶんぼう）
告示を記した立て札のこと。

榜（ぼう）
立て札・掛け札。官庁の告示文を掲出すること。官の告諭を記す。

榜諭（ぼうゆ）
各地に榜文を掲示して天下の民を諭すこと。

牓（ぼう）
榜と同じ。掲示の札のこと。

木牌（ぼくはい［もくはい］）
木製の牌。告示や標識に用いる。

門類（もんるい）
官庁の掲示板の種類。

約束（やくそく）
取り締まる、規定、の意。約束事件は規定の事項・細目。

凛遵（りんじゅん）
告示文などの常套語で、かたく遵守せよの意。

令（れい）
政府の命令。法令の公布、政府のあらゆる指揮事項にもちいる公文書。

令行（れいこう）
文書で命令すること。令知も同じ用法。

令開（れいかい）
令文に曰く、の意味。令は、命令・訓令・指令のこと。開は、書く・曰く、の意味。

鏤榜（ろうぼう）
告示文などを木に刻んで提示すること。

⑧簿・冊・帳

月帳状（げつちょうじょう）
次の月の5日までに提出する帳状。

紅簿赤冊（こうぼせきさつ）
『六部成語註解』によれば、上官が朱筆をもって圏点を加えた簿冊をいう、とある。

冊（さつ）
冊子・とじ本・簿冊・台帳。主として帳簿の類をいう語。

市買文暦（しばいぶんれき）
購入控帳。

紫綾冊（しりょうさつ）
紫の綾で作られた冊子。

手把暦（しゅはれき）
荘宅牙人のもとに置かれた簿歴。田産を典売する時に用いられる。

手簿（しゅぼ）
人吏のもとに置かれた簿暦。

朱銷簿（しゅしょうぼ）
元代、各官衙において処理した公務内容を書きとめておく帳簿。監察御史あるいは提刑按察司の官がこれを検査し、官員の勤惰を評定する。

須知冊子（しゅちさつし）
実務心得・領内便覧。旧時、地方政府が編制した、各部門の人員編成、職権の範囲など基本的な情況に関するハンドブック。

収支銭暦（しゅうしせんれき）
銭の収支に関わる簿暦。同類のものとして収支簿暦もある。

旬申帳状（じゅんしんちょうじょう）
旬（10日）ごとに上申すべき帳状。

承認状（しょうにんじょう）
相手側が確かに同意したとする状。

承帖（しょうちょう）
（催科などに際し）帖を受けて行なうこと。

承受簿（しょうじゅぼ）
耆長の下に置かれ、種々の判状・帖引を承受した時、別に簿暦に記して批鑿を行なう、そのための簿暦。

上簿（じょうぼ）
簿籍に載せること。

青冊（せいさつ）
裁判記録の意味に使われているが、戸籍類も青冊といわれた。

串票流水（せんひょうりゅうすい）
串票とは1幅内から切り取って1枚を納税者に交付し、1枚を上司に納め残余の1枚を当該官署に保存する規定であるが、串票の要項及び件数等を毎日、日記帳に控えることになっており、この日記帳をいう。

草冊（そうさつ）
清代、布政司が奏銷冊を造るときに、まず府州県に造らせる冊子である。

対簿（たいぼ）
文書簿籍の事実確認、またそれを受けること。

帳掛（ちょうかい）
帳簿に載せること。

帳籍（ちょうせき）
戸籍と計帳。版籍などともいわれた。

程限簿（ていげんぼ）
作業の規定進度を記した簿籍。

図甲冊（とこうさつ）
名寄せ帳のごときものであろう。

到廊暦（とうろうれき）
県に置かれるもので、県に赴き、銭物を送納するような人は必ずその紙に記入して上呈しなければならない。

年終帳状（ねんしゅうちょうじょう）
年に一度、年末に上申すべき帳状。

白帖（はくちょう）
責任者の署名のない物資徴収冊であろうか。

発引帖簿（はついんちょうぼ）
各種文書の発行原簿。

半年帳状（はんねんちょうじょう）
半年に一度、上申すべき帳状。

文簿（ぶんぼ）
文冊簿籍。

文暦（ぶんれき）
帳冊。

別籍（べつせき）
別途作成した簿冊。

簿（ぼ）
⑴冊籍、記載用の本、⑵登録する冊籍に記入する、⑶審問材料や罪人の供述を記録した文書。

簿子（ぼし）
点検のための用紙。

簿書（ぼしょ）
文書簿冊。⑴財物の出納を記録した簿冊、⑵官署の文書・簿冊。

簿籍（ぼせき）
帳簿一般。

簿暦（ぼれき）
帳簿一般をいう。簿と暦。より簡単なのが暦。⑴履歴と勤務評定の記録、⑵来た者の登記帳。

簿暦名件（ぼれきめいけん）
簿と暦の名称。

卯暦（ぼうれき）
官署に備えられた簿暦をいう。卯（早朝5～7時）とは、旧時、官署の業務が開始する時間。

旁通暦（ぼうつうれき）
簿暦一般をいう。旁通とはあまねく通ずる意。

凡要（ぼんよう）
簿書の結び、総括。

毎季帳状（まいきちょうじょう）
季節ごとに、年4回上申すべき帳状。

名単（めいたん）
名簿またはこれに類似するものをいう。

門暦（もんれき）
来客の登記簿である。

暦首（れきしゅ）
収支銭暦の最初の部分。

暦尾庫（れきびこ）
銭物の庫にある数を記した簿書。

⑨批

几案（きあん）
デスクの上のファイル。

御筆（ぎょひつ）
禁中で事を処分して、外に付するものをいい、もと内批といったが、徽宗の崇寧・大観以後にはこれを御筆といった。

繋書（けいしょ）
検閲して、右の通り相違ない旨のそえがき、あるいは花押をするのであろう。または、チェックしたというサインであろう。

書鑿（しょさく）
批鑿・朱鑿・対鑿のような使い方がある。書きいれるという語感がある。

抄題（しょうだい）
書付の文書の意。

抄発（しょうはつ）
指令・批文に用いる言葉。文書の写しを下げ渡すこと。

上歴（じょうれき）
簿暦に載せること。

状悉（じょうしつ）
批文の冒頭の言葉。訴状の趣、委細承知せり、の意。

籍記（せきき）
姓名を帳簿上に登記すること。

串根（せんこん［かんこん］）
書類・かきつけ。

題准（だいじゅん）
題本をもって上奏した事件に対し、裁可を与えたものをいう。

単子（たんし）
事物を記載した紙切れ。書きつけ。

呈悉（ていしつ）
指令・批文のはじめに用いる言葉。呈文は閲覧した、呈文は委細承知した、の意。

頭引（とういん）
かきつけのこと。頭子に同じ。

批（ひ）
⑴上級機関が下級機関に、官庁が人民に、申請・請願・陳情に対して許否の指示・命令を明示すること。またその文書。申請書類等の末尾余白に書き込み、余白がなければ紙を貼り付ける。官吏や雑役に従事する人民に公用で出張を命ずる文書も指す。この場合、公文書中では通例として批文と称す。⑵清制、上級官庁が下級官庁、又官庁が人民の陳請に対して准駁（すなわち許否）すること。⑶清制、地方官が中央政府へ税物を送るときに之に附する特別要式の文書。

批允（ひいん）
下級機関からの申請に対する許可（を与えること）。

批廻（ひかい）
批回とも記す。地方からの税物などを受領した中央官庁は、それらを搬送してきた官吏などの出張命令書（差批・解批等）にその旨を記載して、出張の官吏にかえす。

批行（ひこう）
施行許可（批准）の意である。

批紅（ひこう）
明代、軍進奉使の奏進文書に皇帝が親しく批する数本以外の照録・奉旨更改は、硃筆をもって批すこと。

批鑿（ひさく）
標準・規格に合格しているか否かを調べる。チェック。ある文書にその内容の無効ないしは特定条件を記入すること。『元典章』にも「批鑿退毀」など、数多くの使用例がある。

批収（ひしゅう）
批して収む。憑由は官府が発給した証明書。

批准在案（ひじゅんざいあん）
批准は批示し准《ゆる》す、在案は、その許可書が案すなわち机上にある、手元にある、の意。

批書（ひしょ）
書に批する、の意。かきこみ。特に、官員自らが功過を記し上級官府に提出したものに対し、上官が批評を書き加えた勤務評定書のこと。官員人事における昇降の判定のために用いられた。

批注（ひちゅう）
批語と注釈を加えることをいう。

批帖（ひちょう）
明清期、貨物輸送の証明書。

批貼（ひちょう）
『吏学指南』では「批示也、貼券也、帛書也」とあり、いまひとつ明確ではないが、『六部成語註解』では、「各項憑貼、由官批調於後尾者」とあり、官で公的に証明された文書と考えられる。

批呈（ひてい）
下級機関からの呈に対して指令を与えること。

筆帖（ひつちょう）
手写のメモ、簡単に事柄を記した紙片。

筆判（ひつはん）
書き判すなわちサインを記すこと。

⑩証明書・証文

引（いん）
証明書。取り調べた内容を保証した書類。路引・通行証。また文引の略で官が発行する指令書をいう。州県が何らかの指示を吏人や衙門に出すときはこの文引を用いる。

引単（いんたん）
清代、管塩各衙門が発給する官券の一種。

印結（いんけつ）
文書で人の身分、行為の正確さを保障することを結または保結という。これに官印を押したものを印結という。

過所（かしょ）
関所を通過するときに提示する通行証。漢代では伝といわれた。旅行者および従者とその身分・年齢・携帯品・旅行の目的などを官において証明した文書。

解由（かいゆう）
官吏が赴任するときの証明となる公文書。官吏の任期が満了し、所在の官府がその奉職に対して証明書を出し、勤務評定として昇給降級をきめる根拠とする。

干照（かんしょう）
証文・証書。干証・干約に同じ。

関照（かんしょう）
証明書。

款状（かんじょう）
案情（事件の由来・事件の内容・状況）を記録した文書。

議単（ぎたん）
定款（会社などの組織や業務規定）のようなもので、個人または団体において利害関係ついて他と協議契約し、それを書類に作成したもの。

脚引（きゃくいん）
証明書の一種で、津渡・関所でこれを見せると通過できた。

拠（きょ）
公拠または文拠をさす。（旅行を許可する）証明書。

契拠（けいきょ）
契約憑拠すなわち約定書・証拠書類の意。

契根（けいこん）
清代、契書の根に貼附して契約の正確を保証するもので、雍正6年（1728）に制定され布政使司から印刷して州県に頒給した。間もなく廃され、契尾制を採用した。

結（けつ）
証明書の一種。保証状・誓約書。また結を作成して保証・誓約すること。結を作成することを具結という。

券（けん）
証明書。

公幹執照（こうかんしっしょう）
公事・公務に関する商標・公用証明書。

公験（こうけん）
証明書。旅行に際して、本人の身分を証明するために、居住している州から与えられる公文である。『隋書』にも見える。元では舶商の大舶には公験を、小船には公憑を与えた。

公憑（こうひょう）
官の証明書。宋代の中葉では過所は行われていないので、唐代の過所にあたるものを公憑・引拠と称していた。

行牒（こうちょう）
外出する時に用いる身分証明書。

差引（さいん）
官の出給する通行許可書・証明書。差引文憑と同意。

差劄（ささつ）
官司より発行される通行証、許可証のこと。文引・差引と同義。

私度（しど）
過所（通行手形）などを持参しないで関津を通る者のこと。罪に処せられた。

執照（しつしょう）
官の発行する証明書・許可証。執照の原義は身分証明書として持たせる、の意で、転じて諸官庁の発行する証明書・許可書、鑑札の類の文書の総称。官印を押すことから印信執照ともいう。略して照ともいう。執照を発行する機関では給付の記録は残すが、いわゆる勘合のようにあらかじめ底簿を作成して他機関に送っておき、執省と照合させることはない。執照は一定の期限が過ぎると発行元の機関に返納（繳・回繳）するのが通例である。

条規（じょうき）
会社の定款、または帮ギルド（行）の規約をいう。

長牒（ちょうちょう）
長期間にわたって有効な公文または証明書のこと。長行牒の略。

白紙（はくし）
官印のない証文。

憑（ひょう）
官府が発行した証明書。公憑・憑証・憑由などは同意。

文引（ぶんいん）
広義には官府の発行する各証明書をいい、狭義には通行証をいう。関塞・津渡を通行するものは路引（旅行券）が必要であった。

文憑（ぶんひょう）
文引・開引などと同様、官より支給せられる通行許可書であるが、時に任官の証明書として朝廷から与えられる辞令・宣勅をもいう。

分解（ぶんかい）
証明書。

別里哥（べつりか）
しるし・証明の意のモンゴル語 belge を写したもの。別里哥文字。

別里哥文字（べつりかもじ）
天子のお墨付きの意味。恩賜の葡萄酒・酒という規定外の物品を携帯することの許可証明書を指すこともある。

免単（めんたん）
通過（パス）を意味する免許証（単）をいう。

由（ゆう）
証明書の一種、明代では由といい、清代では照という。同類の語に由単・由票・由子・由帖もある。

由帖（ゆうちょう）
証明書のこと。

良書（りょうしょ）
奴隷解放文書。奴隷の所有主がそれを解放して良民にする（放良する）ときにしたためる奴隷解放の証明書のことをいう。放書・従良書・放良書ともいう。

⑪印押

印押（いんおう）
印章と押字（花押）をいう。

印号（いんごう）
官印と官号。また商標を指すこともある。

印著文簿（いんちょぶんぼ）
公事を稟議する者に対して、その理由を摘記した簿冊をいう。

印照（いんしょう）
官より一定の土地に対し、その所有者の権利を保障するために下付する証明書などを執照といい、官印あるものは、特にこれを印照という。

印信（いんしん）
明清期の制で、一品より九品にいたるまでの文武衙門が用いる方印を民間に発行する公文書に署名捺印して威信をしめすために印信という。これを盗む者はみな斬に処した。

印記（いんき）
各衙門より発布する公文は印を押し正官が署名して信を四方につたえる。これを印信・印記という。

円簽（えんせん）
同一官署の官吏全員が文書に署名すること。円押・円署ともいう。

押画号（おうかくごう）
花押する・書判する・署名する。

押字（おうじ）
花押・簽押・押花字・画押・批押ともいう。宋・遼・西夏・金代では、関係文書や物品の上に押して特定の印として用い、本人に代わって持ち主を確認できた。押字は簽名・簽字とは異なり、簽名は楷書または草書を用いて本人の姓名を書くが、押字は符号を筆写したり画いたので確認できた。押字の活用範囲は広く、公文書の末尾に楷書で署名する以外に花押が必要で、押字がなければ、公文書としての効果はなかった。訴状を書く際、起訴人は末尾に押字を押さなければならなかった。土地・家屋の売買する時には契約文書に署名と押字をすることが習慣であった。また官が紙幣を発行する際、鈔版の上に責任官人と吏人の押字を刻み、その印を確認できるようにした。

押文書（おうぶんしょ）
文書で契約する。文書に署名捺印する。

押縫（おうほう）
押尾ともいう。紙の合わせ目または紙の継ぎ目に署名捺印すること。文書・契約の両紙の間を押縫と称し、文書・契約の末尾に用いて押尾という。

花押（かおう）
押は字を変態に書くこと。花はその形を言ったものである。日本の書き判をいう。唐代から始まったといわれている。

花書（かしょ）
花押をいう。書き判。

蓋戳（がいたく）
捺印騎縫。蓋は捺・戳記と称し印のことで、図章・図記・印章・図戳ともいう。

蓋章（がいしょう）
蓋図章の略で捺印のことである。

画押（かくおう）
花押の意。

官印（かんいん）
官府機構の印。

函達（かんたつ）
文書にて通知する。

関防（かんぼう）
関防印とも称し、中央政府より官吏に交付される長方形の割り符印。明初以来存し、官吏の不正侵欺を防止するために設けられた。

騎縫（きほう）
紙の合わせ目に跨るの意で、証書類の切り取り線または二紙の合わせ目のこと。文書の接合点に押す割印を騎縫印という。

騎縫印（きほういん）
騎縫図章ともいい、重要な文書にはあらかじめ紛失または詐欺を防ぐために二紙の合わせ目（中縫）及び切り取り線に割印を押捺すること。北魏明帝の時に始まるといわれている。

勾押（こうおう）
公文書に訂正のために押された署名捺印のこと。

交印（こういん）
官印の引渡し、職を離れること。

条印（じょういん）
緊要な政事上の文書に用いる官印。また文書のつなぎ目に使う長方形の印。本来は北斉の督摂万機の印に始まるといわれるが、後世では知州・知県らが使う印記のうち長方形のものを指す。

装鞘印封（そうしょういんふう）
鞘に蔵し印を押捺して厳封擦るの意。鞘とは木をさいて銀を容れ転送に便利にする器をいい、印封とは地方官庁より中央官庁へ、または相互間に発送する緊要文書を、棉紙厚褙（裏打ち）の封套に入れ、印信を押捺して駅送に附する事をいう。

実封（じつふう）
密封、密封した奏摺。

簽（せん）
しるし・札・書付けのこと。各種の場合に用いられる。簽名は文書に署名調印すること。簽押は同上の意。簽は姓名を書くこと、押は書押のこと。また関係者一同が連名で花押する。簽押格は唐代の公文書に用いる署名捺印用のもの。簽訂は調印を済ますこと。契約類の締（訂）結を意味し、簽は当事者の署名をいい、訂は締結の締と同義に用いられ、条約・契約書を取り結ぶ場合、訂の字が用いられた。簽票人は手形引取り人のこと。簽証画押は証拠として署名捺印することをいう。

題署（だいしょ）
公文書封筒の宛名をいう。

戳（たく）
戳は槍で突き刺すの意で、後に印を押捺することを意味した。戳印は印を押す。戳子は印・印章。戳記は貨幣・手形の番号・金額・期日の上などに押捺する印。

知印（ちいん）
衙門の官印を管掌押捺するもの。

知押（ちおう）
署名押印すること。

判署（はんしょ）
元代、地方衙門の長官・正官は、文書判署（年月日を記し署名捺印する）して、その責任を明らかにした。特に管民長官を判署長官とよんだ。

封閉（ふうへい）
封記で閉めて使用不可にすること。

文案勘合（ぶんあんかんごう）
文案は文書案件の略、帳簿に記入するものをいい、勘合は半印勘合（割印を押して両分した割符）で校勘対合によるものをいう。各衙門で銭糧などの物を収支するには、文案と勘定が必要であった。文案と勘定によって収支することを正収正支といい、文案に依らずして収支することを挪移出納という。

名印子（めいいんし）
個人の姓名を刻した印章。

名紙（めいし）
名刺・姓名を記した紙片。門状とは、名刺より丁重なもの。

⑫辞令・経歴

印紙（いんし）
印紙とは、吏部の銓選や考課に用いる官歴や政績を記した文書。宋代、知州・通判に御前印紙を給して、官吏の成績を書かせた。この印紙には裁判の数、政治対策の改良などを書かせ、官を辞めた日に中書省にこの成績を考較させた。

家状（かじょう）
個人の履歴・三代の家系・貫籍・年・容貌などを記述したもの。

官簿（かんぼ）
本来は管理の功績と経歴を記録する簿籍をさすが、のちには役人になる資格と職歴をさすことが多い。

脚色（きゃくしょく）
最初に入仕する時には、官僚個人の家庭状況（家族員数、祖宗三代とその官職）や本籍・年齢・経歴などを記し、入仕・改官後は挙主や官僚としての過失・犯罪なども記した履歴書のようなものをいう。

空名の告勅・補牒
（くうめいのこくちょく・ほちょう）
受取人（被任命者）の姓名を記入してない告勅・補牒。告・勅は任官の辞令・勅令書。

告身（こくしん）
官爵を授与する場合に被与者に交付させるべき公文書。官吏の辞令書。官告ともいう。官告は綾紙を用い、官品の高下にしたがって、異なった綾紙を用いた。

告勅（こくちょく）
官人に与えられた任官証明書。

踐歴（せんれき）
経歴・履歴。

堂割（どうさつ）
清代、一官衙の堂官（長官）が属官を派遣して仕事をさせるときに給する辞令書のこと。

由（ゆう）
退任の辞令。

綾紙（りょうし）
進士の合格証書・太学生の身分証明書。官告を指すこともある。

暦（れき）
功過暦のこと。功過とは功と罪。官僚の勤務日誌で、官僚が職務の功過を暦紙に記入し、上級官府に提出し、これを受けて成績考査の資料とした。

⑬書式・形態

引黄（いんこう）
奏章する公文書の前に付した要約の頁。黄色の紙が用いられるのでこの名称がある。

款式（かんしき）
書式のこと。たとえば、為替手形振出（発票）の款式といえば、振出手形の書式をいう。

急速文字（きゅうそくぶんじ）
公文書の案巻をいう。

交片（こうへん）
清代、軍機処より各衙門に交付した文書の称。

撮白（さつはく）
黄紙の上へ白紙を加えて文字を正すこと。

節本（せつほん）
書類の抄本をいう。

前銜（ぜんかん）
清代、前銜は後銜に対し上奏文の第一行をいう。官職姓名を署する。

繕本（ぜんほん）
書面の謄本をいう。

大字（だいじ）
正式な文書では数字の一・二も壱・弐と書く。これを大字という。また、商用数字としても用いられた。

牒尾（ちょうび）
通牒文書の奥書。

的本（てきほん）
転録や翻刻でない、もとの本。

塡紅（てんこう）
公文書に上官が硃筆で自ら月日を記入することをいう。

塡発（てんはつ）
一定の形式ある文書を作成交付、発給すること。

到底（とうてい）
官制上、書類を書すとき、上段より下段の末まで書く書式をいう。

封還（ふうかん）
密封して発還すること。

副封（ふくふう）
上書の副書をいう。諸種の上書はみな二封とし、一を正とし、他の一を副とした。

平闕（へいけつ）
上奏文などに文字を並記することを平といい、文字の間を空けて敬意を表するを闕という。

另者（れいしゃ）
書類を書きかえること。

中国社会経済史用語解　索引

・本索引は、本書に収録する見出し語すべてと、本文中の類語・同義語・対語のうち重要と思われる語句（太字処理を施したもの）を収め、五十音順に配列しています。
・数字は掲載ページ、*l*、*r* はページの左、右を示します。
・英数字の太字は、それが見出し語であることを示しています。
・詳しくは、凡例もご覧ください。

索 引

あ

埃界餘地（あいかいよち） **144l**
挨号冊（あいごうさつ） **172r**
愛克（あいこく） **433r**
挨頭（あいとう） **144l**
挨排（あいはい） 74r
挨編（あいへん） **72l**
亜鉛（あえん） 282l
悪少年（あくしょうねん） 347r
悪目（あくもく） **413l**
鴉黄（あこう） 424r
阿哈探馬児（あこうたんばじ） 35r
亜歳（あさい） 422l
字（あざな） **422r**, 423r
阿爾（あじ） **433r**
小豆（あずき） **252l**
鴉青紙（あせいし） **222l**
圧（あつ） 188l
穵運（あつうん） **56r**
軋空（あつくう） 196l
圧契（あつけい） 188l
圧荒銀（あつこうぎん） 169r
軋車（あつしゃ） **272l**
圧租（あつそ） **43l**
圧租銀（あつそぎん） 167l
圧地（あつち） 188l
圧徴（あつちょう） **43l**
軋直（あつちょく） 210r
遏糴（あつてき） **63l**
軋稲機（あつとうき） **256r**
軋落（あつらく） 196l
阿塔思馬（あとうしば） **15r**
阿片（あへん） **426r**
鴉片（あへん） 426r
阿母（あぼ） 335r
亜麻（あま） **272l**
飴（あめ） **309r**
粟（あわ） **253l**
安引配塩（あんいんはいえん） **109r**
案巻（あんかん） **451l**
案拠（あんきょ） **451l**
按月椿撥（あんげつとうはつ） 131r
案験（あんけん） **474r**
アンコイ（あんこい） **88l**
暗耗（あんこう） 42l
案査（あんさ） **451l**
安済坊（あんさいぼう） **390l**
按察司（あんさつし） 18r, 24l
庵舎（あんしゃ） 402r
行者（あんじゃ） 333l, 403r
案准（あんじゅん） **451l**
案照（あんしょう） **451l**
杏（あんず） **250r**
行童（あんずん） 403r
菴荘（あんそう） **154l**
安息香（あんそくこう） **123r**
案牒（あんちょう） **451l**
案呈（あんてい） **451l**
按店（あんてん） 228r
案沓（あんとう） **451l**
暗盤（あんばん） 197l
案比（あんひ） 322r, **323l**
安撫使（あんぶし） **17l**
安辺所（あんぺんしょ） **17r**
案奉（あんほう） **451r**
暗耗（あんもう） 42l
安楽堂（あんらくどう） **390l**

い

移（い） **473r**
飴（い） **309r**, 315l
為…事（い…じ） **451r**
家（いえ） **366l**, **371r**
烏賊（いか） **262r**
移会（いかい） **473r**
倚閣（いかく） **462l**
倚閣減放（いかくげんほう） **43r**
夷下麦（いかばく） **255l**
以完（いかん） **461r**
囲棋（いき） **349l**
囲基（いき） **150r**
移坵（いきゅう） **167l**
為拠（いきょ） **462l**
姨兄弟（いきょうだい） **371l**
育嬰堂（いくえいどう） **390l**
鬻糟銭（いくそうせん） 297l
償慝（いくとく） **195l**
育黎堂（いくりどう） **390l**
姨兄弟（いけいてい） **371l**
医戸（いこ） **323l**
遺戸（いこ） **323l**
囲荒（いこう） 157l
胃口（いこう） **196l**
移行（いこう） **473r**
以工代賑（いこうだいしん） 392r, **393l**
異財（いざい） 368l
懿旨（いし） **476l**
委積（いし） 56r, **247r**
以時（いじ） **378l**
緯車（いしゃ） **272l**
囲尺（いしゃく） **431l**
依照（いしょう） **462l**
為照（いしょう） **451r**
囲場（いじょう） **157l**
囲場開墾地（いじょうかいこんち） 154l
伊斯蘭教（いしらんきょう） 412l
委信（いしん） **462l**
椅子（いす） **316r**
医生（いせい） **330r**
遺税（いぜい） **43r**
異姓不養（いせいふよう） 367r, **384r**
委積（いせき） 56r, **247r**
以銭称提（いせんしょうてい） 222r
異宗（いそう） 367r
彝族（いぞく） **344l**
尉遅敬徳（いちけいとく） 419r
一条編法（いちじょうへんほう） 3r

一条辺法（いちじょうへんほう） 3r
一条鞭法（いちじょうべんぽう） **3r**, 41r
一串鈴法（いちせんれいほう） 3r, 52r
一田三主（いちでんさんしゅ） **177l**
一田両主（いちでんりょうしゅ） **176r**
一分増収税銭（いちふんぞうしゅうぜいせん） 115r, 133l
一分頭（いちぶんとう） **109r**
易知由章（いちゆうしょう） **477r**
易知由単（いちゆうたん） **43r**, **477r**
委凋（いちょう） **92r**
一裏一面田（いちりいちめんでん） **167l**
溢（いつ） **435r**
鎰（いつ） **439l**
一囲（いつい） **431l**
溢額銀（いつがくぎん） **43r**
溢額地（いつがくち） **157l**
一角文書（いつかくぶんしょ） **451r**
一牛吼地（いつぎゅうこうち） **434l**
一工（いつこう） **442r**
一更（いつこう） 333l
一切経（いっさいきょう） 405r
一算（いつさん） **442r**
一支（いつし） **442r**
乙士（いつし） **78l**
一日（いつじつ） **446l**
一日地（いつじつち） **434l**
一秤（いつしょう） **439l**
一牀（いつしょう） **442r**
一掌金（いつしょうきん） **442r**
一晌地（いつしょうち） **434l**
一処完糧（いつしょかんりょう） **43l**
一賜楽業教（いっしらくぎょうきょう） **411r**
一銭銀会子（いっせんぎんかいし） 220l
一箭道（いつせんどう） **431l**
一則（いつそく） **29l**
一堆（いつたい） **442r**
一体知照（いつたいちしょう） **477r**
一磔手（いつたくしゅ） **171r**
一天地（いつてんち） **434l**
一般民地（いっぱんみんち） **154l**
乙未年籍（いつびねんせき） **323l**
一百五（いつひゃくご） 419l
一分増収税銭（いつぶんぞうしゅうぜいせん） 115r, 133l
一平一鋭（いつへいいつえい） **43l**, 60l, **435r**
一平一尖（いつへいいつせん） 60l
一抔土（いつぽうど） **442r**
一本一利（いつほんいつり） **206l**, 229r
逸民（いつみん） **341r**
囲田（いでん） **150r**, 260l
彙田冊（いでんさつ） **29l**
以杜（いと） **461r**
維那（いな） 402l, 405r
稲作技術（いなさくぎじゅつ） 247l
渭南倉（いなんそう） 61r
稲（いね） **253r**
維那（いの） 402l, 405r
喂馬草料銀（いばそうりょうぎん） 96r
為憑（いひょう） **462l**
姨表兄弟（いひょうけいてい） **371l**
姨表姉妹（いひょうしばい） **371l**
移覆（いふく） **473r**
違腹子（いふくし） **371l**
以聞（いぶん） **461r**
衣分衣指（いぶんいし） **439l**
委辦（いべん） 16r
遺穂（いほ） **424l**
帷帽（いぼう） **306r**
以法称提（いほうしょうてい） 222r
以畝定税（いほていぜい） 28r
諱（いみな） 423l
委無漏落（いむろうらく） **462l**
遺命（いめい） **381l**
委輸（いゆ） **56r**, 236r
移用（いよう） **120l**
移用銭（いようせん） **130r**
喂養草料銀（いようそうりょうぎん） **96l**
以利為本（いりいほん） 229r
伊犁旗地（いりきち） **157l**
夷陸（いりく） 149r
彝量（いりょう） **436l**
遺漏船税（いろうせんぜい） 115r
引（いん） 112l, 220r, **233l**, **442r**, **482l**
茵（いん） 318l
隠逸（いんいつ） 341r
印塩（いんえん） 104l
印押（いんおう） **483r**
引窩（いんか） 100r, 102l
引課（いんか） **109r**, 109r
引界（いんかい） 105l
引額（いんがく） 109r
印花布（いんかふ） **272l**
蔭監（いんかん） 389r
引岸（いんがん） 105l
印記（いんき） **483r**
隠寄（いんき） **43r**
院虞侯（いんぐこう） **68r**
印契銭（いんけいせん） **130r**
姻兄弟（いんけいてい） **371r**
印結（いんけつ） **140l**, **482l**
蔭股（いんこ） 206l
引黄（いんこう） **485r**
印号（いんごう） **483r**
院子（いんし） 317r
印紙（いんし） **485l**
淫祠（いんし） **398l**
引至牙人（いんしがじん） 120l
印子銭（いんしせん） **186l**
殷実（いんじつ） 76l
印照（いんしょう） **483r**
引商（いんしょう） **107r**
印信（いんしん） **483r**
引進人（いんしんじん） **140l**
印信長単（いんしんちょうたん） **43r**
陰銭（いんせん） 415l
引単（いんたん） **482l**
引地（いんち） 105l
引置（いんち） 120l
飲茶（いんちゃ） 314r
院長（いんちょう） **15r**
印著文簿（いんちょぶんぼ） **483r**
引底（いんてい） 102l
隠田（いんでん） 31r, **171r**, 171r, 174r
蔭庇（いんぴ） 68l
引票（いんひょう） 109r
蔭附（いんぷ） **43r**
姻粉地（いんふんち） 161l
インペリアル（いんぺりある） **88l**
因便湊数（いんべんそうすう） **43r**
引保（いんほ） 220r
隠冒（いんぼう） 43r, 68l
蔭冒（いんぼう） 68l
院務（いんむ） **17r**
陰陽戸（いんようこ） **323l**

う

芋（う） **248r**
塢（う） **151l**, **356r**

ウィンター・コントラクト（うぃんたーこんとらくと） **93r**
ウィンター・ティ（うぃんたーてぃ） **93r**
烏龍茶（うーろんちゃ） **88l**
圩岸（うがん） 150r
羽客（うきゃく） 410r
雩祭（うさい） **259l**
烏紗巾（うさきん） **307l**
牛（うし） **268r**, **310r**
羽士（うし） 410r
烏絲欄紙（うしらんし） **293l**
羽人（うじん） 410r
雨前（うぜん） **88l**
雨箭緑茶（うぜんりょくちゃ） **88l**
右曹（うそう） 8l
烏賊（うぞく） **262r**
圩灘（うたん） 106r
圩長（うちょう） 73r, 74r, **150r**
尉遅敬徳（うっちけいとく） 419r
鬱塁（うつるい） 419r
圩埝（うてん） 150r
圩田（うでん） 150r, **150r**, 260l
烏盆場（うぼんじょう） 360l
馬（うま） **270l**
梅（うめ） **253r**
烏由（うゆう） **172r**
瓜（うり） **249l**
烏龍茶（うりゅうちゃ） 88l, **88l**
漆（うるし） **266r**
耘（うん） **255r**
運河開鑿（うんがかいさく） **237l**
運脚（うんきゃく） **107r**, **233r**
運鈞（うんきん） 286r
運軍（うんぐん） 56l, **56r**
運戸（うんこ） 107r
運司（うんし） 24l
運商（うんしょう） **107r**
雲石（うんせき） 284r
耘爪（うんそう） **256r**
雲孫（うんそん） **371r**
運丁（うんてい） 56r
耘田馬（うんでんば） **256r**
耘盪（うんとう） **256r**
運白（うんはく） 61r
運夫（うんふ） **236l**
運輸の区分法（うんゆのくぶんほう） **233l**
運洋貨入内地税単（うんようかにゅうないちぜいたん） **112r**
醞用穀物（うんようこくもつ） **298l**
運糧衛所（うんりょうえいしょ） **10l**
運糧官軍（うんりょうかんぐん） 56r

え

衛（えい） 17r
塋（えい） **184l**
永安渠（えいあんきょ） **56r**
営運（えいうん） **138r**, 193l, **205l**
営運物力（えいうんぶつりき） 29l, 30r
永遠絶売契（えいえんぜつばいけい） **172r**
永遠徴租地（えいえんちょうそち） 154l, **157l**
英匯（えいかい） 225l
営妓（えいぎ） **344l**
盈虧表（えいきひょう） **209l**
永業（えいぎょう） 139l
永業田（えいぎょうでん） **157l**
営戸（えいこ） 322r, **323l**
永済渠（えいさいきょ） **56r**
影射（えいしゃ） **167l**
衛所（えいしょ） **17r**
衛所屯田（えいしょとんでん） **157r**
影青（えいせい） **287r**, 289l
永折漕糧（えいせつそうりょう） 60r
永折米（えいせつべい） 60r
影占（えいせん） **44l**
営繕所（えいぜんしょ） **10r**
営造尺（えいぞうしゃく） **431l**
永租執照（えいそしつしょう） **172r**
永退耕契（えいたいこうけい） **172r**
営田（えいでん） **157l**
永佃（えいでん） **178l**
営田官荘（えいでんかんそう） **157l**
永佃権（えいでんけん） 168l, 169r, 181r
営田戸（えいでんこ） **323l**
営蕩（えいとう） **157l**
塋盤（えいばん） **144l**
営盤田（えいばんでん） **157r**, 161l
鋭米（えいべい） 43l, 60l
永豊倉（えいほうそう） 61r
営利（えいり） **193l**
英匯（えいわい） 225l
疫鬼（えきき） 413r, 418r
役銀（えきぎん） 79l
駅券（えきけん） **233r**, 236r
役人（えきじん） **66r**
役銭（えきせん） **66r**
駅站銀（えきたんぎん） 80l
駅站地（えきたんち） **157r**
易知編（えきちへん） 43r
駅貼銀（えきちょうぎん） 80l
駅田（えきでん） **157r**
駅伝（えきでん） **80l**
駅貼銀（えきてんぎん） 80l
駅伝銀（えきでんぎん） **80l**
駅伝冊（えきでんさつ） **80l**
役頭（えきとう） 79l
駅馬（えきば） **80l**
駅夫（えきふ） 80l
役法（えきほう） **65l**
駅路鈴（えきろれい） **245r**
閲（えつ） **209l**
閲貨（えつか） **123r**
粤菜（えつさい） **309r**
越磁（えつじ） 287l
越州窯（えつしゅうよう） **287r**
蝦（えび） **263l**
園（えん） 148r
垣（えん） **184l**
堰（えん） **238l**
塩（えん） **103r**
捐（えん） **28l**
苑（えん） **152r**
筵（えん） 318l
畹（えん） **434l**
塩引（えんいん） **109r**, 220r
塩引交鈔（えんいんこうしょう） 100r
塩運司（えんうんし） 17r
塩運使司（えんうんしし） **17r**
塩運提挙司（えんうんていきょし） 18l
塩駅道（えんえきどう） **17r**
塩課（えんか） **109r**
塩課銀（えんかぎん） **110l**
円郭方孔（えんかくほうこう） 214l
塩課司（えんかし） **17r**, 24l
塩課提挙司（えんかていきょし） **18l**
縁科の物（えんかのぶつ） **34l**
塩監（えんかん） 23r
捐官（えんかん） 130r
捐款（えんかん） 109r, 391r
捐監（えんかん） 28l
綖環（えんかん） **34l**
捐監倉（えんかんそう） **135l**
塩麹法（えんきくほう） 296r
捐旗船（えんきせん） 117r
遠期票拠（えんきひょうきょ） 223r

塩梟（えんきょう） 101*l*, **330r**
塩業銀行（えんぎょうぎんこう） 231*r*
塩筴祭酒（えんきょうさいしゅ） **107r**
遠兄弟（えんきょうだい） **371r**
塩局官（えんきょくかん） **18l**
垣曲県店下様（えんきょくけんてんかよう） **101l**
閻君（えんくん） 413*l*
遠兄弟（えんけいてい） **371r**
園戸（えんこ） 86*l*, **92r**, 92*r*, 322*r*
塩戸（えんこ） 106*r*, 108*l*, 322*r*
塩綱（えんこう） **107r**
塩香司（えんこうし） 23*r*
堰工田（えんこうでん） **157r**
掩骨会（えんこつかい） **390l**
捐墾（えんこん） **169r**
塩差（えんさ） 20*r*
円坐（えんざ） **451r**
腌菜（えんさい） 312*r*
醃菜（えんさい） 312*r*
臙脂（えんし） 426*l*
闤闠（えんしゃ） **358r**
園頭（えんじゅう） **401l**
塩商（えんしょう） 107*r*, **107r**
塩鈔（えんしょう） 6*r*, 11*r*, 109*r*
塩照（えんしょう） **110l**
垣商（えんしょう） **107r**, 108*r*
塩場河（えんじょうが） **56r**
塩場大使（えんじょうたいし） **18l**
塩鈔法（えんしょうほう） 6*l*, **100r**, 10*l*
捐助田（えんじょでん） **157r**
閹人（えんじん） 340*l*
塩政（えんせい） **18l**, 20*r*
塩税（えんぜい） **110l**
塩政院（えんせいいん） 14*l*
筵席捐（えんせきえん） **112r**
捐積監穀（えんせきかんこく） **393l**
塩折草（えんせつそう） 63*l*
塩折和買草料（えんせつわばいそうりょう） **63l**
円簽（えんせん） **483r**
塩銭（えんせん） 37*l*, **110l**
鉛銭（えんせん） 216*l*
煙銭舗（えんせんほ） 233*r*
遠祖（えんそ） **371r**
塩倉（えんそう） 24*l*, 62*l*, **107r**
塩倉支塩（えんそうしえん） 108*l*
塩賊（えんぞく） **101l**, 330*r*
円足布（えんそくふ） 214*l*
堰埭（えんたい） **259l**
園宅地（えんたくち） **152r**
塩灘（えんたん） 106*r*
鉛丹（えんたん） 282*l*
園茶（えんちゃ） **88r**
塩・茶牙子（えんちゃがし） 120*l*
沿徴（えんちょう） 37*l*, 40*r*, 42*r*
塩埕（えんてい） 106*r*
塩鉄（えんてつ） 9*l*, 9*r*
塩鉄使（えんてつし） **7r**
塩鉄論（えんてつろん） **5l**
塩店（えんてん） **108l**
塩田（えんでん） **106r**
塩徒（えんと） 101*l*, 330*r*
園頭（えんとう） **401l**
袁頭（えんとう） **217r**
豌豆（えんとう） **248r**
塩道（えんどう） 18*l*
塩道台（えんどうだい） 18*l*
捐納（えんのう） 28*l*, **130r**
沿納（えんのう） 37*l*
塩馬（えんば） **96l**
燕麦（えんばく） **248r**
塩博斛斗（えんはくこくと） 34*l*
塩博紬絹（えんはくちゅうけん） **34l**
塩博布（えんはくふ） 34*l*
塩博米（えんはくべい） 34*l*
塩博綿（えんはくめん） 34*l*
苑馬寺（えんばじ） **17r**
塩馬貿易（えんばぼうえき） **96l**
塩票（えんひょう） 109*r*, **110l**
円符（えんふ） 236*r*
延福宮西城所（えんふくきゅうせいじょうしょ） **10r**
塩米（えんべい） 34*l*
縁辺安撫使（えんぺんあんぶし） 17*r*
沿辺市易務（えんぺんしえきむ） **10r**
園圃（えんほ） **152r**
塩法（えんほう） 6*r*, **98r**
塩法道（えんほうどう） **18l**
塩捕営（えんほえい） **10r**
塩鋪戸（えんほこ） **108l**
塩本銭（えんほんせん） **101l**
掩埋（えんまい） **390l**
閻魔大王（えんまだいおう） **413l**
塩民（えんみん） **106r**
捐輸（えんゆ） 130*r*
苑囿（えんゆう） 152*r*, 316*r*
円融（えんゆう） **34l**
羨餘（えんよ） **2r**
羨餘銭（えんよせん） **131l**
閻羅王（えんらおう） 413*l*
捐釐（えんり） 28*l*, **110l**
塩糧（えんりょう） 101*r*
園林（えんりん） **316r**
塩鹵（えんろ） 105*r*
燕窩（えんわ） **309r**

お

汙（お） **144l**
菸（お） **249l**
央（おう） **140l**
押（おう） 179*r*, 188*l*, 228*r*
応（おう） **451r**
汪（おう） 144*l*
王（おう） **340l**
鴨（おう） **309r**
王安石新法（おうあんせきしんぽう） **5r**, 6*l*
押運（おううん） 59*l*
翁翁（おうおう） **371r**
甲乙徒弟院（おうおつとていいん） **401r**
押価（おうか） 188*l*
秧歌（おうか） **349l**
押匯（おうかい） 225*l*, **233r**
押回盤験（おうかいばんけん） 25*l*
押画号（おうかくごう） **483r**
応干（おうかん） **451r**
押款（おうかん） **140l**, **188l**
押櫃（おうき） 201*r*
押金（おうきん） 167*l*, 188*l*
押契（おうけい） **188l**
押権（おうけん） **188l**
澳戸（おうこ） 327*l*
王姑（おうこ） **371r**
押綱（おうこう） 97*l*
王考（おうこう） **371r**
押綱官（おうこうかん） 59*l*
押荒銀（おうこうぎん） **169r**
押趲（おうさん） 59*l*
押司（おうし） 71*r*
押字（おうじ） **483r**
応収票拠（おうしゅうひょうきょ） 223*r*
甕城（おうじょう） **358r**
押司録事（おうしろくじ） 71*l*
応制（おうせい） **470r**
押租（おうそ） **167l**
罌粟（おうぞく） **249l**
押地（おうち） **188l**

旺地（おうち） **144*l***
央中（おうちゅう） 140*l*
押註（おうちゅう） **140*l***
応徴畬餘（おうちょうえいよ） **34*l***
秧田（おうでん） **149*l*, 255*r***
押佃所（おうでんしょ） **167*r*, 182*r***
王土（おうど） **138*l***
押頭（おうとう） **188*l***
秧馬（おうば） **257*l***
押賠（おうばい） 188*l*
王父（おうふ） **371*r***
応副（おうふく） **462*l***
応付票拠（おうふひょうきょ） 223*r*
押文書（おうぶんしょ） **484*l***
王母（おうぼ） **371*r***
押縫（おうほう） **484*l***
押房（おうぼう） **188*r***
応奉司（おうほうし） **10*r***
王母娘娘（おうぼじょうじょう） 416*l*
往来缺息（おうらいけつそく） **206*l***
押録（おうろく） **71*l***
押録衙前（おうろくがぜん） 71*r*
押匯（おうわい） 225*l*
大麦（おおむぎ） **253*l***
丘（おか） **144*r***
淤漑（おがい） **261*r***
屋（おく） **434*l***
屋材（おくざい） **265*r***
屋税（おくぜい） **34*l***, 38*r*, 192*l*
屋税塩銭（おくぜいえんせん） 34*l*
屋税塩法（おくぜいえんぽう） **101*l***
屋租（おくそ） 192*l*
諡（おくりな） 422*r*
淤湖成田（おこせいでん） **151*l***
汙邪（おじゃ） **151*l***
和尚（おしょう） 402*r*
淤地（おち） **144*l***
膃肭臍（おつどつせい） **123*r***
淤田（おでん） **151*l***
鄂博（おぼ） **148*l***
汙萊（おらい） 144*l*, 167*l*
織物業（おりものぎょう） **271*l***
オレンジ・ペコー（おれんじぺこー） **88*r***
卸売（おろしうり） **199*r***
恩蔭（おんいん） 342*l*
瘟鬼（おんき） 413*r*
温嶠（おんきょう） 419*r*
恩賞地（おんしょうち） **157*r***
瘟神（おんしん） **413*r***
温突（おんとつ） 317*r*
穏婆（おんば） **331*l***

か

仮（か） 424*r*
家（か） **366*l***, 367*r*, **371*r***
寡（か） 305*l*
暇（か） 424*r*
架（か） 317*r*
瓜（か） **249*l***
課（か） 26*l*, 34*r*, 78*l*
窩（か） 102*l*
窠（か） **443*l***
禾（か） **249*l***, 253*l*
蝦（か） **263*l***
課（か） **27*r***
靴（か） **307*l***
瓦（が） **287*r***
卡隘（かあい） **108*r***
花衣（かい） **272*l***
会（かい） 129*l*, 198*r*, 229*l*, 354*l*, **451*r*, 462*l***
解（かい） 224*r*, 228*r*, **452*l***
薤（かい） **249*r***
檜（かい） **266*l***
櫂（かい） **241*l***
膾（かい） **310*l***
蟹（かい） **263*l***
醢（かい） **310*l***
概（がい） **443*l***
痎（がい） 303*r*
牙医（がい） **331*l***
該（がい） **452*l***
塏（がい） **144*r***
灰圧法（かいあつほう） 107*l*
回引（かいいん） **44*l***
廨院（かいいん） **401*r***
外姻（がいいん） 367*r*
蓋印（がいいん） **140*l***
廨院主（かいいんしゅ） 401*r*
海運（かいうん） **57*l***
回易（かいえき） 18*l*, **120*l***
海塩（かいえん） 104*l*
改捐（かいえん） 130*r*
解塩（かいえん） **104*l***
崖塩（がいえん） 104*l*
解塩司（かいえんし） 21*l*
海貨（かいか） **263*l***
外家（がいか） **372*l***
回回（かいかい） 412*l*
海崖（かいがい） **148*l***
回回教（かいかいきょう） 412*l*
回回国子学（かいかいこくしがく） 389*r*
回回青（かいかいせい） **288*l***
海権（かいかく） 83*l*
開閣（かいかく） 43*r*
匯劃銀（かいかくぎん） 224*r*
匯劃総会（かいかくそうかい） **224*r***
改科絲（かいかし） **178*r***
海関（かいかん） 112*l*, **123*r***
解款（かいかん） 1*r*
会館（かいかん） **397*l***
匯款匯票（かいかんかいひょう） 225*l*
海関金単位制（かいかんきんたんいせい） **124*l***
会館広告（かいかんこうこく） **397*r***
海関尺（かいかんしゃく） **431*l***
匯款人（かいかんじん） 225*l*
解款人（かいかんじん） **224*r***
海関両（かいかんりょう） **124*l***, 218*r*
外櫃（がいき） 201*r*, 202*r*, 203*r*
街基（がいき） **184*l***
会議得（かいぎとく） **452*l***
回脚（かいきゃく） **108*l***
会客的（かいきゃくてき） **201*r***
回教（かいきょう） **412*l***
外兄弟（がいきょうだい） **372*l***
海禁（かいきん） 123*r*, **124*l***
開具（かいぐ） **452*l***
回空（かいくう） **57*l***
会計（かいけい） **129*l*, 208*r***
開啓（かいけい） 400*l*
外兄弟（がいけいてい） **372*l***
会計録（かいけいろく） **129*r***
掛穴（かいけつ） 50*l*
外欠帳（がいけつちょう） **209*r***
開建（かいけん） 400*l*
開見（かいけん） 183*l*
匯券（かいけん） 225*l*
外欠帳（がいけんちょう） **209*r***
開元通宝（かいげんつうほう） 214*r*
解庫（かいこ） 1*r*, 188*r*, 406*r*, 407*r*
解戸（かいこ） **57*r*, 323*r***
海戸（かいこ） 327*l*
街鼓（がいこ） **359*l***
界堠（かいこう） 236*r*
街巷（がいこう） 236*l*, **359*l***
外号（がいごう） 423*l*
海港都市（かいこうとし） **358*r***

外行本票（がいこうほんひょう） 224*l*
掛号郵件（かいごうゆうけん） 246*r*
海斛（かいこく） **436l**
外国銀（がいこくぎん） **217r**
改梱（かいこん） **108l**
開墾（かいこん） **169l**
海錯（かいさく） 263*l*
回煞（かいさつ） **413r**
会算（かいさん） 208*r*
海参（かいさん） **310l**
解子（かいし） 79*l*
解試（かいし） 385*l*, **386r**
会子（かいし） **219r**
戒士（かいし） **408r**
戒師（かいし） **408r**
界址（かいし） **147r**
筷子（かいし） 314*l*
開支（かいし） 209*r*
外支（がいし） **113r**
解支庫簿（かいしこぼ） **29r**
劊子手（かいししゅ） **331l**
会子務（かいしむ） **220l**
海尺（かいしゃく） **431l**
会州（かいしゅう） **44l**
海州権貨務（かいしゅうかくかむ） **18l**
開除（かいじょ） 211*l*
解餉（かいしょう） 57*r*
会鈔（かいしょう） 44*l*
灰場（かいじょう） 106*r*
解上（かいじょう） **462l**
蓋章（がいしょう） 140*l*, **484l**
外銷活支（がいしょうかつし） **101l**
匯水（かいすい） 224*r*
回青（かいせい） **288l**
開征（かいせい） **44r**
外制（がいせい） **476l**
外戚（がいせき） **372l**
改折（かいせつ） **34r**
開船（かいせん） **238r**
鞵銭（かいせん） **34r**
会銭法（かいせんほう） 74*l*
海租（かいそ） **34r**
解送（かいそう） 1*r*
回奏（かいそう） **470r**
外倉（がいそう） 58*l*, 59*r*
蟹爪紋（かいそうもん） 288*l*, 292*r*
回族（かいぞく） **344l**
外族（がいぞく） **372l**
改兌（かいだ） 57*l*
匯兌（かいだ） **224r**
海帯（かいたい） **263l**
海退地（かいたいち） 146*l*
開拆（かいたく） **462l**
蓋戳（がいたく） **484l**
匯兌荘（かいだそう） 232*r*
匯兌尾（かいだび） 224*r*
改兌米（かいだべい） 60*r*
改兌法（かいだほう） **57l**
改兌糧（かいだりょう） 39*l*
会単（かいたん） 228*l*
匯単（かいたん） 228*l*
回単（かいたん） **193r**
海灘（かいたん） **144l**
開単（かいたん） **452l**
回単簿（かいたんぼ） **209r**
灰地（かいち） 106*r*
岕茶（かいちゃ） **88r**
開中（かいちゅう） **101l**
開中法（かいちゅうほう） 45*l*
解帖（かいちょう） 189*l*
戒牒（かいちょう） 403*l*, 404*r*
改徴（かいちょう） 60*r*
開張（かいちょう） **200r**
街帖子（がいちょうし） 223*l*, 226*l*
外帳房（がいちょうぼう） 202*l*
会通河（かいつうが） 56*l*, **57l**, 57*r*
開通元宝（かいつうげんほう） 214*r*
加一利（かいつり） **206r**
開呈（かいてい） **452l**
街底（がいてい） **196l**
掛丁銭（かいていせん） 39*l*
外底票（がいていひょう） 224*l*
回跌（かいてつ） **196l**
海蜇（かいてつ） **310l**
解典庫（かいてんこ） 228*r*, 406*r*, 407*r*
海甸子（かいでんし） **144r**
回図（かいと） 18*l*, 120*l*
掛搭（かいとう） 407*l*
灰陶（かいとう） 286*r*
海塘（かいとう） **151l**
掛搭（かいとう） **401l**
丐頭（かいとう） **344r**
匯頭（かいとう） **224r**
械闘（かいとう） **382r**
蓋頭（がいとう） **307l**
街道（がいどう） 236*l*
回頭匯票（かいとうかいひょう） 225*l*
匯頭対同（かいとうたいどう） 224*r*
海道都漕運万戸府（かいどうとそううんばんこふ） **11l**
回図軍将（かいとぐんしょう） **18l**
回図貿易（かいとぼうえき） 120*l*
海塗田（かいとでん） 152*l*
該年（がいねん） 73*r*
開納（かいのう） 130*r*
壊耙（かいは） **257l**
街陌（がいはく） 236*r*
匯撥（かいはつ） 224*r*
海班（かいはん） 126*r*
会盤（かいばん） **452l**
外班（がいはん） 24*r*
匯費（かいひ） 224*r*
回避（かいひ） 342*l*
拐匪（かいひ） 335*l*
会票（かいひょう） 223*r*, **224l**, 231*r*
匯票（かいひょう） 224*r*, **225l**, 231*r*
街票（がいひょう） 222*r*
匯票荘（かいひょうそう） 232*r*
匯付（かいふ） 224*r*
界分（かいぶん） 219*l*
回文（かいぶん） **452l**
海坪（かいへい） 144*r*
開平鉱務公司（かいへいこうむこうし） 279*l*
開閉之言（かいへいのげん） **195l**
解舗（かいほ） 188*r*
海埔（かいほ） 144*r*
開封（かいほう） **358r**
匯豊銀行（かいほうぎんこう） **230r**
外捞青（がいほうせい） **167r**
外帮票号（がいほうひょうごう） 232*r*
開方法（かいほうほう） **171r**
開放蒙地（かいほうもうち） **157r**
会末（かいまつ） 44*l*
海味（かいみ） 263*l*
解由（かいゆう） **482l**
傀儡戯（かいらいぎ） **349l**
介吏（かいり） 16*r*
戒律（かいりつ） 405*l*
開立（かいりつ） **452l**
外撩（がいりょう） **148l**
会隣割事（かいりんかつじ） **140l**
薤露（かいろ） 305*r*
下院（かいん） 402*r*
河陰倉（かいんそう） 61*r*
河運（かうん） 55*l*
卦影（かえい） 413*r*
課役（かえき） **27r**
衙役（がえき） **344l**
蛙（かえる） **316r**

河塩（かえん） 108*r*
花塩（かえん） 104*l*
夥捐（かえん） **44*l***
花捐税（かえんぜい） **112*r***
花押（かおう） **140*l***, **484*l***
牙嫗（がおう） 331*l*
河淤地（かおち） 144*l*
找価（かか） 189*l*, 190*l*
火化（かか） 305*r*
哥哥（かか） **372*l***
貨匯（かかい） 225*l*
牙儈（がかい） 198*r*
過海渡捐（かかいとえん） **112*r***
課額（かがく） 28*l*
過割（かかつ） 139*r*, **172*r***, **462*l***
過関銀（かかんぎん） **57*l***, **80*l***
過関税（かかんぜい） 117*l*
火浣布（かかんふ） **280*l***
過関米（かかんべい） 57*l*, 80*l*
家諱（かき） 423*r*
家規（かき） **382*r***
花機（かき） **272*l***
華旗銀行（かきぎんこう） **230*l***
下脚（かきゃく） **201*l***
科挙（かきょ） **385*l***
家魚（かぎょ） **263*l***
花轎（かきょう） 332*l*
家業（かぎょう） 139*l*, 326*l*, **381*l***
家業銭（かぎょうせん） **29*l***, 33*l*
家業銭数（かぎょうせんすう） 31*l*
家業物力（かぎょうぶつりき） 139*l*
火居道士（かきょどうし） 410*r*
花銀（かぎん） 217*l*
課銀（かぎん） **280*l***
格（かく） **148*l***
榷（かく） 101*r*
較（かく） 120*l*
角（かく） **434*l***, **443*l***
買区（かく） 119*l*
钁（かく） **257*l***
額（がく） **130*l***
額引（がくいん） 109*r*
客運（かくうん） 59*r*
榷運局（かくうんきょく） **18*l***
榷易（かくえき） 122*l*
榷塩（かくえん） 83*l*
榷塩院（かくえんいん） **11*l***
榷塩所（かくえんしょ） 17*r*
画押（かくおう） **484*l***
榷課（かくか） 28*l*
額課（がくか） 28*l*
劃開（かくかい） **44*r***
額外塩（がくがいえん） 105*r*
額外塩鈔（がくがいえんしょう） **110*l***
額該地（がくがいち） **29*r***
榷貨務（かくかむ）
7*r*, **8*r***, 12*r*, 85*r*, 221*r*
榷麹（かくきく） **82*r***, 297*r*
格義仏教（かくぎぶっきょう） 400*r*
榷酤（かくこ） **82*r***, **297*l***
鑊戸（かくこ） 82*r*, 322*r*
較固（かくこ） **120*l***
楽戸（がくこ） 322*r*, **323*r***, **344*r***, 348*l*
額黄（がくこう） **424*r***
学校（がくこう） **386*r***
楽戸捐（がくこえん） **113*r***
榷醋（かくさく） **298*r***
劃子（かくし） **257*l***
画指（かくし） 140*l*, **140*r***, 141*l*, 143*r*
角子（かくし） **196*l***
角児（かくじ） 312*l*
額支（がくし） **131*l***, 134*r*
覈実（かくじつ） **171*r***
攪車（かくしゃ） 272*l*
角尺（かくしゃく） **431*l***
榷酒（かくしゅ） 82*r*, 297*l*
霍州窯（かくしゅうよう） **288*l***
榷酒銭（かくしゅせん） 83*r*
隔手法（かくしゅほう） **101*r***
劃條（かくじょう） 226*r*
画條（かくじょう） 226*r*
榷場（かくじょう） 8*r*, 122*l*, **124*r***
隔醸法（かくじょうほう） 298*l*
額数（がくすう） 130*l*
学生（がくせい） 201*r*
学生意（がくせいい） **201*r***
学生意訓（がくせいいくん） 201*r*
角石（かくせき） **148*l***
楽籍（がくせき） 323*r*, 344*r*
額設（がくせつ） **134*r***
劃綫支票（かくせんしひょう） 226*l*
擱浅票（かくせんひょう） 227*l*
隔槽（かくそう） 298*l*
革荘（かくそう） **154*r***
隔槽酒法（かくそうしゅほう） **298*l***
画諾（かくだく） **140*r***
榷茶（かくちゃ） **85*r***
榷茶司（かくちゃし） 22*r*
榷茶法（かくちゃほう） 84*l*
額徴首報私開地（がくちょうしゅほうしかいち） 154*l*
額徴陳民地（がくちょうちんみんち） 154*l*
額徴民人餘地（がくちょうみんじんよち） 154*l*
額定（がくてい） **443*l***
角抵戯（かくていぎ） 350*l*
榷鉄法（かくてつほう） 278*r*, **280*r***
学田（がくでん） **158*l***
額田（がくでん） **158*l***
学堂（がくどう） **387*l***
劃頭銀（かくとうぎん） 224*r*
額内地（がくないち） **154*r***
格納（かくのう） **124*l***
鄂博（がくはく） **148*l***
岳飛（がくひ） 413*r*, 419*r*
客票（かくひょう） 223*r*
角票（かくひょう） 222*r*
岳父（がくふ） **372*l***
榷辦（かくべん） 298*l*
額辦（がくべん） 1*r*, 75*l*, **130*l***
額編銀（がくへんぎん） **44*r***
岳母（がくぼ） **372*l***
榷法（かくほう） 83*l*
榷務（かくむ） 8*r*, 26*l*
学名（がくめい） 424*l*
家訓（かくん） 382*r*
過継（かけい） 378*l*
夥計（かけい） **201*r***, 333*r*
牙契税（がけいぜい） 112*l*
家厳（かげん） **371*r***
華厳社（かげんしゃ） 401*l*
加元服（かげんふく） 302*l*
下戸（かこ） 30*r*
花戸（かこ） **44*l***, **323*l***
窩戸（かこ） **287*r***
鍋戸（かこ） 106*r*
課戸（かこ） **27*r***, 324*r*
加伍（かご） **443*l***
下行（かこう） **474*r***
加耗（かこう） 36*l*, 46*r*
家口（かこう） 319*r*
花行（かこう） **272*l***
花甲（かこう） 304*r*
花紅（かこう） **201*l***, 206*l*
華甲（かこう） **304*r***
河工（かこう） **238*r***
火耗（かこう） 36*l*
火巷（かこう） **358*r***

課口（かこう） **27r**
牙行（がこう） 198r
過江脚耗（かこうきゃくこう） **57l**
火耕水耨（かこうすいどう） **255r**
加耗則例（かこうそくれい） 42l
加耗米（かこうべい） 36l, 38l, 42l, 60l
過行力（かこうりょく） 204r
過戸割糧（かこかつりょう） 139r
過戸筆資（かこひつし） **140l**
加估和糴（かこわてき） 65l
科差（かさ） 28r, **34r**, 38l, 41l
過載車（かさいしゃ） **236l**
家蚕（かさん） **272l**
裹攢戸（かさんこ） **323r**
家産分割（かさんぶんかつ） **380l**
花子（かし） 344r, 424r
嫁資（かし） 379l
課子（かし） **27r**
瓦子（がし） **358r**
家事管理権（かじかんりけん） **384r**
鏵子地（かしち） **144l**
火車（かしゃ） **233r**
衙喏（がじゃ） **451r**
火車貨捐（かしゃかえん） **34l**
下卸史（かしゃし） **10r**
火車豆（かしゃとう） **249l**
夥種（かしゅ） 182l
花繍（かしゅう） 428r
夥収（かしゅう） **44l**
花絨（かじゅう） **44l**
夏秋税管額計帳（かしゅうぜいかんがくけいちょう） 29l
夏秋税管額帳（かしゅうぜいかんがくちょう） 29l
夏秋税租簿（かしゅうぜいそぼ） **29l**
夏秋税簿（かしゅうぜいぼ） 321r
夥収分解（かしゅうぶんかい） 52r
家塾（かじゅく） 334l
過種田（かしゅでん） **178r**
花書（かしょ） **484l**
過所（かしょ） **234l**, **482l**
伙牆（かしょう） **147r**
花秤（かしょう） **439l**
花椒（かしょう） 312r
火硝（かしょう） 282r
窩商（かしょう） 102l, 103r, 107r
科鈔（かしょう） **451r**
蝦醤（かしょう） **310l**
課鈔（かしょう） **95l**
和尚（かしょう） 402r
家乗（かじょう） 383r
仮状（かじょう） 403l
加饒（かじょう） **95l**
家状（かじょう） **485l**
下場回営（かじょうかいえい） **96l**
過秤的（かしょうてき） **439l**
加饒百姓（かじょうひゃくせい） **34r**
加色（かしょく） 218r
貨殖（かしょく） 193l
找死了（かしりょう） 190r
加賑（かしん） 392r
家人（かじん） **371r**
牙人（がじん） **120l**, 198r
花数（かすう） **443l**
夥井（かせい） **394r**
過税（かぜい） 112l, **112r**
夏税（かぜい） 3l
牙税（がぜい） **113l**, 199l
課税所（かぜいしょ） **18l**
下生信仰（かせいしんこう） 407r
夏税折帛銭（かぜいせつはくせん） 65r
家生奴（かせいど） 347l
貨税報験公所（かぜいほうけんこうしょ） **18l**
花石（かせき） **280l**, 284r
花石綱（かせきこう） 10r, **56r**
科折（かせつ） 39r, 40l
加煎（かせん） 105r
火船（かせん） **245l**
課銭（かせん） **34r**, 28l, 280r
牙銭（がせん） **113l**
衙前（がぜん） 65r, **69l**
何仙姑（かせんこ） 418l
加租（かそ） **178l**
花租（かそ） **178l**
家祚（かそ） **371r**
河漕（かそう） 55l, 60r
火葬（かそう） **305r**, **368r**
衙皂（がそう） 16r
牙嫂（がそう） 120l, 331l
河倉条貫（かそうじょうかん） 57l
河倉法（かそうほう） **57l**
家族（かぞく） **367l**
家属（かぞく） **368r**
火速領向（かそくりょうこう） 183l
火腿（かたい） **309r**
窩単（かたん） 102l
河灘地（かたんち） 144l
下地（かち） 151r
伙地（かち） **149l**
夥地（かち） **157r**
下地則（かちそく） 53r
仮茶（かちゃ） 89l
柯茶（かちゃ） **88r**
家長（かちょう） 206l, **201l**, **382r**
火長（かちょう） 79r, **238r**
河庁（かちょう） **10r**
過帳（かちょう） 209l, **209l**
科帖（かちょう） 67l
花朝節（かちょうせつ） **419l**
筈（かつ） 418l
褐（かつ） **268l**
割移（かつい） **173l**
括勘（かつかん） 171r
活契（かつけい） **140r**
活契地（かつけいち） **158l**
括鐮（かつけん） 107l
括戸（かつこ） **3r**
喝故衣（かつこい） 332r
割香（かつこう） 406l
学校（がっこう） **386r**
割股行孝（かつここうこう） 427r
合作（がっさく） **394r**
刮削地皮（かつさくちひ） 46l
活支匯票（かつしかいひょう） 225l
刮車（かつしゃ） **259r**
活税（かつぜい） **34r**
瞎先生（かつせんせい） **331r**
活租（かつそ） 168r
割単（かつたん） **173l**
刮地皮（かつちひ） 46l
括糴（かつてき） **63r**
括田（かつでん） **171r**
括土（かつど） 107l
括馬（かつば） **96l**
活売（かつばい） 189l, 190r
割剥（かつはく） 53l
葛布（かつふ） **272l**
活無常（かつむじょう） 416r
豁免（かつめん） **44r**
窩底（かてい） 102l
課丁（かてい） 27r, **178r**
課程（かてい） **27r**, **113l**, **298l**
河泥（かでい） 260l
課程牙雑牛驢税銀（かていがざつぎゅうろぜいぎん） **113l**
窩停主人（かていしゅじん） **204l**

官牛場（かんぎゅうじょう） **154r**
鹹魚（かんぎょ） **310r**
完繳（かんきょう） 46*l*
管業（かんぎょう） 138*r*, 179*l*
官銀銭号（かんぎんせんごう） **230r**
丫髻（かんけい） 425*r*
甘結（かんけつ） **140r**, **452l**
勘験（かんけん） **452r**
還欠（かんけん） **186l**
官酤（かんこ） 82*r*, 297*l*
官戸（かんこ）
67*l*, 68*l*, 320*r*, **323r**, **342l**
管庫（かんこ） 203*r*
関庫（かんこ） 124*r*
官荒（かんこう） **158l**
官甲（かんこう） 72*l*
官項（かんこう） 34*r*
邗溝（かんこう） 59*l*, 238*l*
関公（かんこう） 413*r*
勘合（かんごう） **45l**, **110l**, **234l**, **452r**
官交子（かんこうし） 219*l*
勘合朱墨銭（かんごうしゅぼくせん）
131l
灌口神（かんこうしん） 415*r*
勘合信符（かんごうしんふ） 96*r*
勘合銭（かんごうせん） **35l**
漢口鎮（かんこうちん） **354r**
灌鋼法（かんこうほう） 278*r*
監坑冶（かんこうや） **280r**
漢斛（かんこく） **436l**
官戸書冊（かんこしょさつ） **173l**
官戸奴婢籍（かんこぬひせき） **323r**
還魂紙（かんこんし） **293l**
鹹鹺（かんさ） 104*l*
巻査（かんさ） **452l**
鹹菜（かんさい） 312*r*
還債（かんさい） 186*l*
乾菜（かんさい） **310r**
勘災（かんさい） **393l**
棺材（かんざい） **266l**
棺材舗（かんざいほ） **331r**
官産（かんさん） **158l**
官山（かんさん） **158l**
関桟（かんさん） **124r**
官山地（かんさんち） **158l**
管桟房（かんさんぼう） 203*r*
串子（かんし） 44*r*
揀子（かんし） 69*r*
官市（かんし） 122*l*, **124r**
款司（かんし） **15r**
監司（かんし） **18r**, 23*l*, 24*l*, 366*r*
関子（かんし） **45l**, 219*r*, **220r**
関市（かんし） 122*l*
趕市（かんし） 354*r*
管事（かんじ） 182*r*, 201*l*, **201r**, 206*l*
款式（かんしき） **485r**
乾式法（かんしきほう） 277*r*, 280*l*
寒疾（かんしつ） 304*r*
元日（がんじつ） 420*l*
監支納（かんしのう） **11l**
関市の税（かんしのぜい） 112*l*
甘蔗（かんしゃ） **249r**
串車（かんしゃ） 244*l*
漢尺（かんしゃく） **431r**
官尺（かんしゃく） **431l**
官収官兌法（かんしゅうかんだほう）
56*r*
官収官兌法（かんしゅうかんだほう）
57r
坎種法（かんしゅほう） 255*r*
甘薯（かんしょ） **249r**
甘蔗（かんしょ） **249r**
関書（かんしょ） **381l**
干照（かんしょう） **482l**
換照（かんしょう） **173l**
漢升（かんしょう） **436l**
桿称（かんしょう） **439r**
監鈔（かんしょう） 49*l*
看詳（かんしょう） **452r**
関照（かんしょう） **482l**
関廂（かんしょう） **359l**
款状（かんじょう） **482l**
官醸官売法（かんじょうかんばいほう）
296*r*
韓湘子（かんしょうし） 418*l*
官醸法（かんじょうほう） 296*r*
漢鍾離（かんしょうり） 418*l*
寒食（かんしょく） 419*l*, 420*r*
寒食節（かんしょくせつ） **419l**
官参（かんしん） **34r**
関津（かんしん） **234l**
監寺（かんす） 405*r*
完数（かんすう） **443l**
監生（かんせい） **342l**, 343*r*, 389*r*
看青（かんせい） **255r**
陥税（かんぜい） **45l**
感生帝（かんせいてい） **398r**
関聖帝君（かんせいていくん） **413r**
関聖帝君覚世真経（かんせいていくん
かくせいしんきょう） 410*l*
監掣同知（かんせいどうち） **19l**
串截印（かんせついん） 44*r*
官折田園地（かんせつでんえんち）
154r
官銭（かんせん） 215*r*
甘泉（かんせん） **135l**
簡鮮（かんせん） **323r**
官銭局（かんせんきょく） 231*l*
揀撰処（かんせんしょ） **92r**
官銭舗（かんせんほ） **231l**
官賤民（かんせんみん） 346*l*
乾租（かんそ） 190*r*
官荘（かんそう） **158l**
監倉（かんそう） 108*l*
監荘（かんそう） **158r**
巻宗（かんそう） **452l**
管倉主事（かんそうしゅじ） 19*r*
看相術（かんそうじゅつ） 416*r*
官荘升科地（かんそうしょうかち）
154r
乾息（かんそく） **45l**
官則（かんそく） 53*r*
官息（かんそく） **206r**
城則地（かんそくち） **151l**
官租地（かんそち） **158l**
監兌（かんだ） 58*r*
監兌主事（かんだしゅじ） **19l**
函達（かんたつ） **484l**
換単（かんたん） **173l**
官単（かんたん） **452l**
官炭（かんたん） **390l**
鹹蛋（かんたん） 309*r*, 314*l*
元旦（がんたん） **420l**, 420*r*
官地（かんち） **156r**
城地（かんち） **165l**
乾地農法（かんちのうほう）
153*r*, **255r**, 258*r*
官茶（かんちゃ） **95l**
官鋳（かんちゅう） 215*l*, 215*r*
関楮（かんちょ） 220*l*
官帖（かんちょう） 223*l*, **225l**, 226*l*
監徴（かんちょう） **8l**
管帳（かんちょう） 209*r*
緩徴（かんちょう） **45l**
管賬的（かんちょうてき） **202l**
趕珍（かんちん） **452r**
関帝（かんてい） 413*r*, 414*r*
串底（かんてい） **44r**
勧糶（かんてき） **63r**
簡鉄（かんてつ） 279*l*

旱田（かんでん） 150*l*
陥田（かんでん） 151*r*
官田（かんでん） **156*l***
官佃（かんでん） **178*r***
間田（かんでん） **144*r***
頑佃（がんでん） **178*r***
官田所（かんでんしょ） **11*l***
官墊民欠（かんてんみんけん） **2*l***
官図（かんと） **72*l***, 73*r*
官斗（かんと） **436*l***
鹹土（かんど） **165*l***
官帑（かんど） 130*l*
揀掐（かんとう） **69*r***
丫頭（かんとう） **331*r***
坎桶（かんとう） 109*l*
漢斛（かんとう） **436*l***
観灯（かんとう） 419*r*
官道（かんどう） **148*l***
涵洞（かんどう） **259*r***
監当官（かんとうかん） **19*l***
貫頭銭（かんとうせん） 221*l*
眼同中人（がんどうちゅうじん） 142*r*
関東斗（かんとうと） **436*r***
官当法（かんとうほう） 78*r*, **80*r***
官搭民焼（かんとうみんしょう） 288*r*, 289*l*
看得（かんとく） **452*r***
官督商銷（かんとくしょうしょう） **82*r***
官斗房（かんとぼう） 44*l*
カントン・ボヘア（かんとんぼへあ） **88*r***
監院（かんにん） 405*r*, 408*r*
勧農（かんのう） **247*r***
簡牌（かんはい） **245*r***
官売法（かんばいほう） 82*r*, **101*r***
ガンパウダー（がんぱうだー） **88*r***
関撲（かんはく） **349*r***
関白（かんはく） **473*r***
乾馬草料銀（かんばそうりょうぎん） 96*l*
完半（かんはん） **44*r***
完半銀（かんはんぎん） 44*r*
串費（かんひ） **44*r***, 52*l*
漢票（かんひょう） 224*l*
串票（かんひょう） **44*r***, 183*r*
串票捐（かんひょうえん） 44*r*
館夫（かんふ） **80*r***
官物（かんぶつ） **45*l***
勧分（かんぶん） 63*r*, 392*r*
官平（かんへい） **439*l***
関平（かんへい） **439*r***
官辦（かんべん） 280*l*
官簿（かんぼ） **485*l***
乾鮑（かんほう） **310*r***
関報（かんほう） **473*r***
関防（かんぼう） **280*r***, **484*l***
関防糧斛等事（かんぼうりょうこくとうじ） **436*r***
関撲（かんぼく） **452*r***
乾没（かんぼつ） 45*l*, **452*r***
官本（かんほん） **206*r***
官盆（かんぼん） 339*r*
串名法（かんめいほう） 77*r*
看面先生（かんめんせんせい） 416*r*
看門（かんもん） 203*r*
灌輸（かんゆ） 1*r*
勧諭民庶牓（かんゆみんしょぼう） **477*r***
堪輿（かんよ） 418*r*
関餘（かんよ） **124*r***
官窯（かんよう） **288*l***
漢陽製鐵所（かんようせいてつじょ） 279*r*
堪輿家（かんよか） 418*r*
官利（かんり） 206*l*, **206*r***, 207*l*
簡利息（かんりそく） **443*l***
完糧（かんりょう） **44*r***
完糧銀（かんりょうぎん） 58*l*
貫量石匹（かんりょうせきひつ） 214*l*
管糧主簿（かんりょうしゅぼ） **19*l***
管糧通判（かんりょうつうはん） **19*l***
関梁の征（かんりょうのせい） 112*l*
管糧郎中（かんりょうろうちゅう） **19*l***
監臨（かんりん） 19*l*
冠礼（かんれい） **302*l***
関老爺（かんろうや） 413*l*

き

几（き） **317*l***
寄（き） **197*r***
期（き） 367*r*
紀（き） **446*r***
綺（き） 276*r*
耆（き） 305*l*
畸（き） **149*l***
跬（き） **434*l***
擬（ぎ） **452*r***
艤（ぎ） **238*r***
几案（きあん） **480*r***
欺隠田糧（きいんでんりょう） **45*r***
起運（きうん） 1*r*
棄嬰（きえい） 302*r*
義役（ぎえき） **72*r***
義園（ぎえん） 408*l*
戯捐（ぎえん） **113*r***
匱屋（きおく） 182*l*
起科（きか） **45*l***
起解（きかい） 1*r*, **452*r***
起解銀（きかいぎん） **45*l***
軌革（きかく） **413*r***
義学（ぎがく） 388*l*
起貨単（きかたん） **193*r***
妓館（きかん） 332*r*
詭寄（きき） **45*r***, **178*r***
詭危田糧（ききでんりょう） 45*r*
詭挟（ききょう） 45*r*
偽経（ぎきょう） 400*r*, 405*r*
己業田（きぎょうでん） **178*r***
起局（ききょく） 25*r*
飢饉（ききん） **393*l***
麹（きく） 296*r*, 298*l*
麹引（きくいん） 297*r*, **298*r***
麹院（きくいん） 299*l*
麹銭（きくせん） **131*l***, **299*l***
麹麦（きくばく） 60*r*
麹法（きくほう） 296*r*, 297*r*
偽経（ぎけい） 400*r*, 405*r*
魏継宗（ぎけいそう） **120*l***
季月（きげつ） **446*l***
起建（きけん） 400*l*
虧欠（きけん） **45*r***, 45*r*, 400*l*
規元（きげん） **439*r***
魏源の財務論（ぎげんのざいむろん） **5*r***
詭戸（きこ） **45*r***
義戸（ぎこ） **324*l***
棋工（きこう） 349*l*
擬合就行（ぎごうしゅうこう） **452*r***
宜興窯（ぎこうよう） **288*r***
帰戸冊（きこさつ） **29*r***, 33*r*, **324*l***
帰戸実徴冊（きこじつちょうさつ） 29*r*
義梱（ぎこん） 108*l*
起差（きさ） 25*r*
起催（きさい） **45*l***
棄楂地（きさち） **165*l***
旗冊地（きさつち） **158*r***
寄産（きさん） 68*l*, **158*r***
旗三園（きさんえん） **158*r***
寄産折戸（きさんせつこ） 67*r*
寄産脱税（きさんだつぜい） 45*l*

祈子（きし） **302*l***
岸（きし） **359*r***
帰子（きし） **372*l***
棄児（きじ） **302*r***
義子（ぎし） **378*l***
義児（ぎじ） **372*l***
義社（ぎしゃ） **395*l***
期集（きしゅう） 401*l*, **401*l***
櫃収（きしゅう） **72*r***
義塾（ぎじゅく） 334*l*, 388*l*
熙春（きしゅん） **88*r***
櫃書（きしょ） **15*r***
鬼城（きじょう） 419*l*
旗升科地（きしょうかち） **158*r***
寄荘戸（きしょうこ） **324*l***
忌辰（きしん） 420*l*
期親（きしん） **369*l*, 372*l***
旗人餘地（きじんよち） **158*r***
季掣（きせい） 102*r*
寄税（きぜい） **45*l***
義井（ぎせい） **390*l***
寄生所（きせいしょ） **390*l***
妓籍（きせき） **324*l***
議折（ぎせつ） 486*r*
義船法（ぎせんほう） **57*r***
義租（ぎそ） **35*l***
帰宗（きそう） **378*l***
寄荘（きそう） 68*l*, 72*l*, **154*r***, 324*l*
旗槍（きそう） **88*r***
饋送（きそう） **202*l***
義荘（ぎそう） **383*l*, 390*r***
義倉（ぎそう） **395*l***
議奏（ぎそう） **452*r***
寄荘戸（きそうこ） **324*l***
寄荘冊（きそうさつ） **45*r***
帰宗女（きそうじょ） 322*l*, 381*r*, 384*r*
寄荘地加徴（きそうちかちょう） 68*l*
寄荘地倍徴（きそうちばいちょう） **67*l***, 68*l*
貴族（きぞく） **342*r***
虧兌（きだ） **45*r***
祁太平三幇（きたいへいさんほう） 232*r*
虧兌課程（きだかてい） **110*l***
帰単（きたん） **140*r***
議単（ぎたん） **482*l***
旗地（きち） **159*l***, 181*l*
義地（ぎち） **148*l*, 159*l***
偽茶（ぎちゃ） **89*l***
耆長（きちょう） 31*l*, **72*l***
起徴（きちょう） **45*l***
義塚（ぎちょう） **184*r*, 390*r***, 408*l*
記帳法（きちょうほう） **209*r***
橘（きつ） **249*r***
吉塩（きつえん） **104*r***
乞丐（きつかい） **344*r***
乞活（きつかつ） 348*r*
吉欠（きつけん） 183*l*
吃講茶（きつこうちゃ） **424*r***
吉州窯（きつしゅうよう） 287*l*, **288*r***
吉少（きつしょう） 183*l*
吃人（きつじん） 427*r*
吉銭（きつせん） **186*l***
乞養（きつよう） 378*l*
乞烈思（きつれつし） 96*r*
乞魯額（きつろがく） 96*r*
旗亭（きてい） 299*r*
寄羅（きてき） **63*r***
寄羅法（きてきほう） **120*l***
櫃田（きでん） 150*r*
義田（ぎでん） **159*r***
祈祷（きとう） 399*l*
櫃頭（きとう） 47*r*, 72*r*
起頭人（きとうじん） **202*l***
旗東民佃地（きとうみんでんち） **159*l***
議得（ぎとく） **452*r***
基督教（きとくきょう） **412*l***
絹（きぬ） **272*r***
起碼（きば） **443*l***
起発催科（きはたうさいか） 45*l*
起発催督（きはつさいとく） 45*l*
規費（きひ） **35*l***, 44*r*, 209*l*, 211*l*
規避（きひ） 55*l*
黍（きび） **430*l***
期票（きひょう） 224*l*, 227*l*, 228*l*
帰票（きひょう） 29*r*, **173*l***
毀廟（きびょう） 423*r*
寄付（きふ） 197*r*
騎封（きふう） 140*r*
起復（きふく） 306*l*
義服（ぎふく） **369*l***
議覆（ぎふく） **453*l***
寄付便銭会子（きふべんせんかいし） 219*r*
寄附舗（きふほ） 228*r*
義米（ぎべい） **393*r***
規模（きぼ） **452*r***
揮幇（きほう） 237*r*
旗袍（きほう） **307*r***
騎縫（きほう） **140*r*, 484*l***
櫃房（きぼう） 182*r*, 203*l*, **231*l***
櫃坊（きぼう） **204*l***, 428*l*
騎縫印（きほういん） **484*l***
旗民不交産（きみんふこうさん） **159*l***, 176*l*, 179*r*, 181*l*
旗民不交産律（きみんふこうさんりつ） 164*l*
寄名（きめい） **302*r***
諱名（きめい） **45*r***
諱名規避（きめいきひ） 67*r*
諱名挟戸（きめいきょうこ） 45*r*, 322*l*
諱名挟佃（きめいきょうでん） 68*r*, 322*l*
諱名子戸（きめいしこ） 322*l*
諱名立戸（きめいりつこ） 45*r*
義門（ぎもん） **324*l***, 368*l*
瘧（ぎゃく） **303*r***
脚引（きゃくいん） **482*l***
客運（きゃくうん） 59*r*
客塩（きゃくえん） **104*r***
脚価（きゃくか） 233*r*
逆匯（ぎゃくかい） 225*l*
客貨草帳（きゃくかそうちょう） **209*r***
瘧鬼（ぎゃくき） 303*r*
却拠（きゃくきょ） **453*l***
客戸（きゃくこ） 26*r*, 31*l*, 39*l*, 320*l*, **324*l***
脚戸（きゃくこ） 107*r*, 237*l*, 245*r*
脚行（きゃくこう） **245*r***
脚跟（きゃくこん） **453*l***
客司（きゃくし） **69*r***
脚私（きゃくし） 102*l*
客女（きゃくじょ） 346*l*
客鈔（きゃくしょう） 109*r*
脚銷（きゃくしょう） 179*l*
脚乗銭（きゃくじょうせん） **125*l***
客鈔法（きゃくしょうほう） 104*r*
脚色（きゃくしょく） **324*l*, 485*l***
脚銭（きゃくせん） 37*l*, 233*r*
脚直（きゃくち） **234*l***
客店（きゃくてん） **204*l***
脚店（きゃくてん） 83*r*, **299*l***, 299*r*, 300*r*, 301*r*
客図（きゃくと） 155*l*
脚馬（きゃくば） 81*r*
客票（きゃくひょう） 223*l*
脚夫（きゃくふ） **331*r***
脚米（きゃくべい） **179*l***, 184*l*
脚法（きゃくほう） **234*r***
客坊（きゃくぼう） 363*l*

く

郡王（ぐんおう） **340r**
郡県（ぐんけん） **353l**
軍戸（ぐんこ） 323l, **324r**
軍興（ぐんこう） **35l**
軍資庫（ぐんしこ） **19l**, **135r**
郡主（ぐんしゅ） **340r**
軍匠開戸（ぐんしょうかいこ） **324r**
軍賑（ぐんしん） 392r
郡姓（ぐんせい） 344l
軍儲倉（ぐんちょそう） **57r**
軍田（ぐんでん） 157r
軍図（ぐんと） 72l
軍斗（ぐんと） **436r**
軍賦（ぐんふ） **35l**
軍辦銀（ぐんべんぎん） 282l
群望（ぐんぼう） **383l**
群牧司（ぐんぼくし） **19l**
群牧所（ぐんぼくしょ） **19r**
葷油（くんゆ） **311l**
薫陸香（くんりくこう） 128l
訓令（くんれい） **474r**

け

涇（けい） **144r**
畦（けい） 104l, **144r**
啓（けい） 234l
圭（けい） **439r**
磎（けい） 238r
継（けい） 368l
紒（けい） 425l
鶏（けい） **269l**
髻（けい） **425l**
京（けい） **360l**
鶏（けい） **311l**
笄（けい） **425l**
計（けい） 129l
鞋（けい） **307r**
鱖（けい） **263r**
黥（げい） 428l
形家（けいか） 418r
経架（けいか） **272r**
軽貨（けいか） 130l
経界（けいかい） **171r**
計会（けいかい） 44l, **453r**
継外族（けいがいぞく） **372r**
経界法（けいかいほう） **4l**, 32l, 33r, 172r, 175r, 321l
稽核員（けいかくいん） 18r
稽核股（けいかくこ） **202l**
契勘（けいかん） **453r**
経紀（けいき） 198r
京畿（けいき） **365l**
傾脚頭（けいきゃくとう） 338r, **360l**
契拠（けいきょ） 139r, **174l**, **482r**
景教（けいきょう） **412l**
掛穴（けいけつ） **46l**
啓建（けいけん） 398l, 400l
契券（けいけん） 139r
畦戸（けいこ） 104l, 106r
計口買塩法（けいこうばいえんほう） 102r
契根（けいこん） **482r**
経催（けいさい） 77l
京債（けいさい） **186l**
京菜（けいさい） **311l**
経催（けいさい） **73r**
経済特科（けいざいとくか） 387r
啓散（けいさん） 400l
径山寺（けいさんじ） 404l
継嗣（けいし） 368l
軽資（けいし） 130l
契紙（けいし） 139r, **140r**
挂失（けいしつ） 225r
詣実（けいじつ） **462r**
掛失止付（けいしつしふ） **225r**
掲借（けいしゃく） 191l
経手（けいしゅ） 198r
契首（けいしゅ） **140r**
迎春（げいしゅん） 422l
継書（けいしょ） **381r**
繋書（けいしょ） **480r**
径塍（けいしょう） **148l**
経承（けいしょう） **15r**
経商（けいしょう） 198r
京抄（けいしょう） **477r**
京鈔（けいしょう） **83l**
京餉（けいしょう） **2l**
計條（けいじょう） 226r
係省銭（物）（けいしょうせん（ぶつ）） **131l**
係省銭（けいしょうせん） **2l**
醯人（けいじん） 312l
迎親（げいしん） 379l
京掣（けいせい） 102r
軽齎（けいせい） **130l**
契税（けいぜい） 130r, 138r, **139r**
軽齎銀（けいせいぎん） **58l**
形勢戸（けいせいこ） 68l, 32or, 322r, **324r**, **343l**
経制使（けいせいし） 25l
係省銭（けいせいせん） 2l
経制銭（けいせいせん） **131r**
形勢版簿（けいせいはんぼ） 320r
敬惜字紙（けいせきじし） **425l**
警跡人（けいせきじん） **324r**
慶節（けいせつ） 421l
経切（けいせつ） 183r
敬節会（けいせつかい） **390r**
京銭（けいせん） 215r
京倉（けいそう） 58l, **135r**
計相（けいそう） 7l, 9r
経造（けいぞう） **73r**
経総制銭（けいそうせいせん） 408l
掲単（けいたん） 228l
奎灘（けいたん） 106r
計値（けいち） 211r
契置（けいち） 180l
茎茶（けいちゃ） 88l
計帳（けいちょう） **29r**, 31r, **324r**
掲貼（けいちょう） **478l**
経徴（けいちょう） **11r**
軽重斂散之術（けいちょうれんさんのじゅつ） **120r**
京通倉（けいつうそう） **57r**
兄弟（けいてい） **15r**
稽程（けいてい） **453r**, **462r**
兄弟均分（けいていきんぶん） 368r, 380r, **381l**
傾典（けいてん） **189r**
契頭（けいとう） 140r
京東塩（けいとうえん） **104r**
景徳鎮（けいとくちん） 287l, 287r, 288r, **288r**, 290l, **355l**
ケイパー（けいぱー） **89l**
掛牌（けいはい） **225r**
契尾（けいび） 139r
圭表（けいひょう） **446r**
景表尺（けいひょうしゃく） **431r**
計稟（けいひん） **471l**
涇浜（けいひん） **259r**
畦夫（けいふ） 106r
経賦（けいふ） **35r**
景福殿庫（けいふくでんこ） **135r**
京平（けいへい） **439r**
経保（けいほ） 73r
計簿（けいぼ） 130l
京報（けいほう） **477r**
涇浜（けいほう） **259r**
掲榜（けいぼう） **478l**
京北排岸司（けいほくはいがんし） **11r**

契本（けいほん） 139r
恵民河（けいみんが） **58l**
恵民薬局（けいみんやくきょく） **303r**, **390r**
刑名師爺（けいめいしや） 338l
鶏毛房（けいもうぼう） **332l**
契約（けいやく） **139r**
契約書式（けいやくしょしき） **140r**
契要（けいよう） 139r
契要金銀為抵法（けいようきんぎんいていほう） **120r**
経理（けいり） 201l, **202l**
経略安撫使（けいりゃくあんぶし） 17r
京糧庁（けいりょうちょう） 20l
笄礼（けいれい） 425l
経歴司（けいれきし） 24l
経録（けいろく） 400r, 405r
経籙（けいろく） 411r
廨院（げいん） **401r**
廨院主（げいんじゅ） 401r
卦影（けえい） 413r
屐（げき） **307r**
檄（げき） **478l**
激賞庫（げきしょうこ） **135r**
華厳社（けごんしゃ） 401l
罌粟（けし） **249l**
下生信仰（げしょうしんこう） 407r
欠（けつ） **183l**, **186l**
結（けつ） **141l**, 209r, 425l, **482r**
纈（けつ） **272r**
歇家（けつか） **204l**
欠額（けつがく） 53l
缺款（けつかん） 187r
結缺（けつけつ） **186l**
月結（げつけつ） 210l
結欠（けつけん） 186l, 209r
桔槹（けつこう） **259r**
結甲冊（けつこうさつ） 30l
歇艎支江船（けつこうしこうせん） **58l**
結彩（けつさい） 209r
結罪保挙（けつざいほきょ） **453r**
結冊（けつさつ） 209r
決算（けっさん） **209r**
決算期（けっさんき） **209r**
孼子（げつし） **372r**
月児（げつじ） **439r**
結社（けっしゃ） **394l**
欠主（けつしゅ） **186l**
月摺（げつしゅう） 108r
結証（けつしょう） 141l
欠税（けつぜい） **46l**
缺租（けつそ） 186l
欠租（けつそ） **186l**
結総（けつそう） 209r
結存（けつそん） 209r
結徴期（けつちょうき） 209r
月帳状（げつちょうじょう） **479l**
欠底（けつてい） 15r
結糴（けつてき） **63r**
結転（けつてん） **210l**
欠佃開単（けつでんかいたん） 182r
月椿銭（げつとうせん） **131r**
欠筆（けつひつ） 423r
結保賖請（けつほしゃせい） 118r, 119l
結保賖請の法（けつほしゃせいのほう） **120r**
欠約（けつやく） 186r
結由（けつゆう） 54l
歇傭（けつよう） **192l**
月要（げつよう） 129l, 208r
月利（げつり） **206r**
月糧（げつりょう） 60l
堅（けん） 196r
欠（けん） **183l**, **186l**
県（けん） 353l, **365l**
甽（けん） 144r
券（けん） **141l**, **225r**, **482r**
絹（けん） **272r**
見（けん） **463l**
畎（けん） **144r**
鹼（けん） 104l
鹻（けん） 104l
検按（けんあん） **462r**
県尉（けんい） 22r
肩引（けんいん） 110r
見引（けんいん） 220r
県役（けんえき） 65l, 67r, **71l**
県役人（けんえきじん） 66r
鹻塩（けんえん） 104l
元錁（げんか） **439r**
懸掛（けんかい） **179l**
検会（けんかい） **463l**
畎澮（けんかい） **259r**
権外佃（けんがいでん） **167r**
厳加管足（げんかかんそく） **463l**
掮客（けんかく） 199l
欠額（けんがく） 53l
県学（けんがく） 386r
元額（げんがく） 284l
原額地（げんがくち） **154r**
鈐轄（けんかつ） 21r
元科田土（げんかでんと） **171r**
県官（けんかん） **453r**
元管戸（げんかんこ） 323l
掮客（けんきゃく） 199l
限客法（げんきゃくほう） **179r**
祆教（けんきょう） **412r**
原業主（げんぎょうしゅ） 188r
験局（けんきょく） 25r
権軽重（けんけいじゅう） 213l
験契税（けんけいぜい） **141l**
懸欠（けんけつ） 186l, 187r
減歇（げんけつ） **58l**
懸欠（けんけん） 186l, 187r
縴戸（けんこ） **238r**
元估（げんこ） **443r**
権衡（けんこう） **438r**
検勾（けんこう） **463l**
原合（げんこう） **141l**
現購（げんこう） **210l**
元号（げんごう） 423l
検校庫（けんこうこ） **390r**
厳行申飭（げんこうしんしょく） **463l**
研膏茶（けんこうちゃ） **89l**
験估処（けんこしょ） **125l**
県冊（けんさつ） **30l**, 33l
建散（けんさん） 400l
建盞（けんさん） 289l, 290r
験算（けんさん） **443r**
憲司（けんし） 18r, 24l
蠲紙（けんし） **293l**
元日（げんじつ） 420l
元始天尊（げんしてんそん） 408r, **409l**
験貲法（けんしほう） **101r**
黔首（けんしゅ） 345r
欠主（けんしゅ） **186l**
県鈔（けんしょう） 49l
肩商（けんしょう） **108l**
県丞（けんじょう） 22r
見情（けんじょう） **463l**
元宵（げんしょう） 420l
元宵節（げんしょうせつ） **419r**
減色（げんしょく） 196l
乾食塩銭（けんしょくえんせん） **45l**
傔人（けんじん） **179l**
元辰（げんしん） 420l
鹸水（けんすい） **281l**

現随（げんずい） **463*l***
牽掣（けんせい） **186*r***
欠税（けんぜい） **46*l***
原籍（げんせき） 319*r*
見銭（けんせん） 37*l*, 83*r*
見銭関子（けんせんかんし） 220*r*
牽銭人（けんせんじん） 120*l*
見銭貼射法（けんせんちょうしゃほう） **83*l***
見銭法（けんせんほう） 83*l*
現銭法（げんせんほう） 100*r*
欠租（けんそ） **186*l***
減租減息（げんそげんそく） **206*r***
玄孫（げんそん） **372*r***
検対（けんたい） **463*l***
験単（けんたん） **125*l***
元旦（げんたん） **420*l***, 420*r*
玄端（げんたん） **307*r***
肩地（けんち） 110*r*
圏地（けんち） **159*r***
捲地皮（けんちひ） **46*l***
兼中（けんちゅう） 103*l*
見中（けんちゅう） 143*r*
顕著（けんちょ） **372*r***
肩挑背負（けんちょうはいふ） 108*l*
欠底（けんてい） 15*r*
玄帝（げんてい） 416*l*
元弟（げんてい） **372*r***
眷点（けんてん） **443*r***
見佃（けんでん） **179*l***
限田（げんでん） 3*r*
源田（げんでん） 152*r*
欠佃開単（けんでんかいたん） 182*r*
原佃戸（げんでんこ） **167*r***
限田法（げんでんほう） **4*r***, 66*l*
限田免役法（げんでんめんえきほう） **67*l***
検踏（けんとう） **453*r***
検踏坑冶官（けんとうこうやかん） **281*l***
現年（げんねん） **73*r***
券馬（けんば） **96*r***
虔婆（けんば） **332*r***
憲牌（けんはい） **475*l***
圏撥地（けんはつち） **159*r***
減半科戸（げんはんかこ） 49*r*
限比（げんひ） **46*l***, **73*r***
原費工本（げんひこうほん） 176*r*
見票（けんひょう） 223*r*
験俵（けんひょう） **96*r***
現票（げんひょう） 224*l*
縴夫（けんふ） **332*r***
蠲復（けんふく） **46*l***
玄武大帝（げんぶたいてい） 416*l*
原浮納租地（げんふのうそち） 154*l*
原幣（げんへい） **443*r***
兼併家（けんぺいか） **120*r***
験米大臣（けんべいだいしん） **19*r***
検訪（けんほう） **463*l***
元宝（げんほう） 214*r*
元豊庫（げんほうこ） **135*r***, 278*l*, 278*r*
検放展閣（けんほうてんかく） **46*l***
原本（げんほん） **206*r***
減瞞（げんまん） **46*r***
蠲免（けんめん） **46*l***
原野（げんや） **165*l***
元夜（げんや） 419*l*
欠約（けんやく） 186*r*
元祐庫（げんゆうこ） **281*r***
肩輿（けんよ） 332*l*
建窯（けんよう） **289*l***
権利（けんり） 193*l*
権留養親（けんりゅうようしん） **305*l***
賢良（けんりょう） 387*r*
見糧（けんりょう） **83*l***
県令（けんれい） 22*l*
牽路（けんろ） 238*r*

こ

固（こ） 120*l*
滬（こ） **263*r***
姑（こ） **372*r***
孤（こ） 305*l*
戸（こ） 319*r*, **322*r***
股（こ） 205*r*, **206*r***, 384*l*
袴（こ） **308*l***
褲（こ） 308*l*
蠱（こ） 418*l*
互（ご） 198*r*
鯉（こい） **265*l***
估衣舗（こいほ） **332*r***
交（こう） **453*r***
巷（こう） **360*l***
杏（こう） **250*r***
狗（こう） **311*r***
壕（ごう） **145*l***
堠（こう） 236*r*
更（こう） **446*r***
港（こう） **239*l***
汞（こう） 198*l*
溝（こう） **144*r***
扛（こう） **436*r***
炕（こう） **317*r***
甲（こう） **434*r***
硬（こう） 196*r*, **227*r***
行（こう） **198*l***, **397*l***
考（こう） **372*r***
膠（こう） **269*l***
郊（こう） 198*r*, **397*r***
項（こう） **443*r***
耗（こう） **35*r***
藁（こう） **247*r***, **293*r***
櫜（こう） **312*l***
蝗（こう） **247*r***
閘（こう） **239*l***
鉸（こう） **269*l***
銾（こう） 283*l*
篙（こう） **239*l***
行移（こうい） **473*r***
交引（こういん） 83*l*, 85*r*, **220*r***
交印（こういん） **484*r***
交引鋪（こういんほ） 11*l*, **85*r***
交引鋪戸（こういんほこ） 100*r*
郷鎮制（ごううちんせい） **364*r***
綱運（こううん） **59*l***, **235*r***
綱運公皂迓送食銭（こううんこうそうがそうしょくせん） **59*l***
香会（こうえ） 406*l*
行役（こうえき） 38*r*, 320*r*, 328*l*
交易（こうえき） **193*r***
口塩（こうえん） 104*l*
耗塩（こうえん） **110*r***
行塩区（こうえんく） **105*l***
膏塩税（こうえんぜい） **114*l***
行塩辦課（こうえんべんか） **110*r***
扣押（こうおう） 186*r*
勾押（こうおう） **484*l***
甲乙徒弟院（こうおつとていいん） 401*l*, **401*r***, 402*r*
行家（こうか） 198*r*
紅花（こうか） **273*l***
鉱課（こうか） 277*l*
黄河（こうが） **58*r***
合夥（ごうか） 205*r*
公会（こうかい） 356*l*
公廨（こうかい） **184*r***
工会（こうかい） 198*l*
香会（こうかい） 406*l*
行会（こうかい） 198*l*, **397*r***
行概（こうがい） **436*r***
笄（こうがい） **425*l***

蝗害（こうがい） **247r**
合会（ごうかい） **229l**
黄快丁銭（こうかいていせん） **59l**
公廨田（こうかいでん） **160l**
公廨麦粟（こうかいばくぞく） 229r
公廨本銭（こうかいほんせん） 229r
香火院（こうかいん） 401r
功過格（こうかかく） **409l**
荒格（こうかく） **148l**
溝格（こうかく） **145l**
拘権（こうかく） **195r**
考覈（こうかく） 54l
壕格（ごうかく） **148r**
磽确山田（こうかくさんでん） **145l**
光学銭（こうがくせん） **15r**
公款（こうかん） 130r
公函（こうかん） **453r**
工関（こうかん） 13r
拘管（こうかん） **454l**
衡鑑（こうかん） **439r**
綱官（こうかん） 59l
貢監（こうかん） 389r
黄冠（こうかん） 410r
合干（ごうかん） **454l**
較勘印烙（こうかんいんらく） **430l**
交管戸（こうかんこ） 323l
公幹執照（こうかんしっしょう） **482r**
工関税（こうかんぜい） 112l, **113r**
絞関犂（こうかんり） 257r
交椅（こうき） 317r
公記（こうき） 205r
貢熙（こうき） **89r**
耕起・整地技術（こうき・せいちぎじゅつ） 247l
合訖（ごうきつ） **210r**
香客（こうきゃく） 402l
耗脚斗面（こうきゃくとめん） **36l**
黄牛白腹、五銖当復（こうぎゅうはくふく・ごしゅとうふく） **215l**
交渠（こうきょ） 56r
公拠（こうきょ） 220r
行拠（こうきょ） **471l**
公教（こうきょう） 412r
行業（こうぎょう） 198l
高強戸（こうきょうこ） 30r
行業神（こうぎょうしん） **414l**
公砝平（こうきょへい） **439r**
公斤（こうきん） **440l**
工銀（こうぎん） 78r
綱銀（こうぎん） 74l
耗銀（こうぎん） 27l, **36l**
扣銀（こうぎん） **2l**
鉱金・鉱銀（こうきん・こうぎん） **281r**
公寓（こうぐう） **333l**
口契（こうけい） 139r
紅契（こうけい） 139r, 140r
合契（ごうけい） 139r
広恵倉（こうけいそう） **393r**
甲下戸（こうげこ） **74l**
纐纈（こうけつ） **273l**
公験（こうけん） 234l, **234r**, **482r**
公件（こうけん） **35r**
荒歉（こうけん） **248l**
行遣（こうけん） **454l**
公件銀（こうけんぎん） 35r
公件銀両（こうけんぎんりょう） 35r
坑戸（こうこ） 322r
香菇（こうこ） **311r**
較固（こうこ） 120l
薅鼓（こうこ） **257l**
合股（ごうこ） 199l, **205r**
行香（こうこう） 420l
行郊（こうこう） 199l
後行（こうこう） 16l
匣工（こうこう） 292l
篙工（こうこう） **239l**
皇后（こうごう） **340r**
合行（ごうこう） **475l**
五字号（ごうごう） 231l
公估局（こうこきょく） 218l, **231l**
行国の民（こうこくのたみ） 352r, 356l
江湖芸人（こうこげいにん） **332r**
合股字（ごうこじ） 205r, **207r**
行戸祇応（こうこしおう） 66r, 198r, 320r
合戸制（ごうこせい） **46r**
公庫銭（こうこせん） **35r**
後昆（こうこん） **373l**
更紗（こうさ） 272l
硬彩（こうさい） 289l
拘催（こうさい） **46r**
行在（こうざい） 364l
広済河（こうさいが） **58l**
行在会子（こうざいかいし） 219r
行在権貨務（こうざいかくかむ） **11r**
合作（ごうさく） **394r**
黄冊（こうさつ） 32l, 33l
綱冊（こうさつ） 107r
紅冊（こうさつ） **31l**, 154r
拘刷（こうさつ） **97l**
紅冊地（こうさつち） 154l, **154r**
行差田（こうさでん） **160l**
行散（こうさん） 427l
行桟（こうさん） 198r, 199l, **204l**
口算（こうさん） 38r
公産（こうさん） **160l**
公桟（こうさん） 204l
皇産（こうさん） **160l**
扣算（こうさん） 210l
耗散（こうさん） **134r**
荒山照（こうざんしょう） **170l**
後市（こうし） 355r
行止（こうし） 69r
功私（こうし） 102l
公司（こうし） 205r, **207l**
高士（こうし） 341r
巷子（こうし） 236r
黄紙（こうし） **293r**
交子（こうし） **219l**
行市（こうし） **196r**
郊祀（こうし） **399l**
餃子（こうし） **312l**
薅子（こうし） 428l
香時（こうじ） **447l**
合資（ごうし） **205r**
交子戸（こうしこ） 219l
公使庫（こうしこ） **19r**
公使煮酒庫（こうししゃしゅこ） 19r
公使酒（こうししゅ） 296r, **299l**
公使銭（こうしせん） 74l
香資銭（こうしせん） **114l**
毫子店（ごうしてん） **231l**
公磁平（こうじへい） **440l**
交子舗（こうしほ） 219l
交子務（こうしむ） **19r**, **220r**
行者（こうしゃ） 333l, 403r
行主（こうしゅ） 348r
香主（こうしゅ） 402l
綱首（こうしゅ） 59l
公主（こうしゅ） **340r**
綱首（こうしゅ） **239l**
興輯（こうしゅう） **170l**
合就（ごうしゅう） **454l**
拘収催科（こうしゅうさいか） 46r
拘収催督（こうしゅうさいとく） 46r
江州車（こうしゅうしゃ） 243r
黄熟銅（こうじゅくどう） 280l
紅熟銅（こうじゅくどう） 280l

甲首銭（こうしゅせん） **74l**
甲首夫（こうしゅふ） **74l**
溝種法（こうしゅほう） 255r
紅薯（こうしょ） 249r
公所（こうしょ） **397r**
扣除（こうじょ） **210l**
行省（こうしょう） 365l
公升（こうしょう） **436r**
黄鐘（こうしょう） **430l**
鈎銷（こうしょう） **226l**
交鈔（こうしょう） **221r**
勾銷（こうしょう） **463l**
鈎條（こうじょう） 226r
交場（こうじょう） 62r
号商（ごうしょう） **199r**
扣省銀（こうしょうぎん） 58l
犒賞酒庫（こうしょうしゅこ） 301l
口承人（こうしょうじん） **141l**, 143r
鈎銷随繳（こうしょうずいきょう） 226l
合鈔送納（ごうしょうそうのう） 46r
高昌㪷（こうしょうとう） **436r**
捎贖（こうしょく） **188r**
口食塩（こうしょくえん） 105r
工食銀（こうしょくぎん） **78r**
行神（こうしん） 414l
庚申（こうしん） 425r
行神（こうしん） **414l**
公人（こうじん） 68r, **70l**
郷紳（ごうしん） **342r**
耗水（こうすい） 231l
香水行（こうすいこう） 339r, **390r**
荒政（こうせい） 389l, 393l
交清（こうせい） 209r
貢生（こうせい） 389r
香税（こうぜい） **402l**
鉱税太監（こうぜいたいかん） **282l**
黄籍（こうせき） 322r
広斥（こうせき） 106r
黄籍（こうせき） **325r**
磽塉（こうせき） **165r**
扣折（こうせつ） 210l
行折漕截銀（こうせつそうせつぎん） 59r
黄銭（こうせん） 215r
口銭（こうせん） 35r, 113r
紅銭（こうせん） 216l
耗羨（こうせん） 36l, **36l**, 42l
工銭（こうせん） **236l**
綱銭（こうせん） **74l**
光素（こうそ） 290r
高祖（こうそ） **373l**
香糟（こうそう） 314l
閘漕（こうそう） 60r
公皂（こうそう） 16r
皇荘（こうそう） **160r**
紅糟（こうそう） 314l
絞草（こうそう） **204r**
耗贈（こうぞう） 60l
蒿草耕粒地（こうそうこうりゅうち） **153r**
高祖王姑（こうそおうこ） **373l**
行属（こうぞく） **475l**
窖粟（こうぞく） **204r**
豪族（ごうぞく） **343l**
高祖叔祖（こうそしゅくそ） **373l**
更卒（こうそつ） 78l, **78r**
交兌（こうだ） **58r**
粳糯（こうだ） **251l**
行第（こうだい） **372r**, 423r
皇太后（こうたいごう） **340r**
皇太子（こうたいし） **340r**
黄帯子地（こうたいしち） **160r**
光台銭（こうだいせん） 16l
交兌米（こうだべい） 58r
行単（こうたん） 196r, **235l**
鉱炭（こうたん） 283r
向単（こうたん） 228l
公単（こうたん） **226l**
公断契約（こうだんけいやく） **141l**
郊壇窯（こうたんよう） 287l
荒地（こうち） **165l**
曠地（こうち） **165r**
香茶（こうちゃ） 88l
紅茶（こうちゃ） 88l
講茶（こうちゃ） 424r
貢茶（こうちゃ） **89r**
耗茶（こうちゃ） **89r**
行中書省（こうちゅうしょしょう） **365l**
公牒（こうちょう） **235l**, **473r**
勾徵（こうちょう） **58l**
江倀（こうちょう） 417l
鴻帳（こうちょう） 212l
庚帖（こうちょう） 337r
行牒（こうちょう） **482r**
甲長（こうちょう） 75r, 76l
甲帳（こうちょう） **31l**, **174l**
甲帖（こうちょう） 74l
紅帳（こうちょう） 205r, 209r, 212l
香腸（こうちょう） **312l**
黄勅（こうちょく） **476l**
扣追缺租（こうついけつそ） **46r**
広通渠（こうつうきょ） **58l**, 60l
交通銀行（こうつうぎんこう） 231l
交通部郵政総局（こうつうぶゆうせいそうきょく） **246r**
皇帝（こうてい） **341l**
行程法（こうていほう） **58r**, **235l**
巧典（こうてん） **179r**
勾点（こうてん） **463l**
皇店（こうてん） 108l
紅店（こうてん） **289l**
綱典（こうてん） **7r**
公田（こうでん） 35r, **160l**
交佃（こうでん） **174l**
膏田（こうでん） **165r**
高田（こうでん） 150l, **152r**
昊天玉皇（こうてんぎょくこう） 408r
公田之賦（こうでんのふ） **35r**
公田法（こうでんほう） **4r**
甲斗（こうと） **78r**
公帑（こうど） 1 **30l**
広等（こうとう） **440l**
勾当（こうとう） **453r**
槓頭（こうとう） **83l**
香稲（こうとう） **250r**
甲頭（こうとう） **74l**, **179r**
紅陶（こうとう） 286r
鉱頭（こうとう） **282l**
豇豆（こうとう） **250r**
黄銅（こうどう） 277r, 282l
行童（こうどう） 403r
巷道（こうどう） 236r
哄堂（こうどう） **454l**
衖堂（こうどう） **184r**
合㪷（ごうとう） **436r**
合同（ごうどう） 139r
合同印記銭（ごうどういんきせん） 35l, **36r**, 132l
合同会子（ごうどうかいし） 219r
合同契（ごうどうけい） 139r
勾当公事官（こうとうこうじかん） **12r**
甲頭銭（こうとうせん） 74r
黄道婆（こうどうば） **273l**
功徳院（こうとくいん） 401r
功徳墳寺（こうとくふんじ） **401r**
広都紙（こうとし） **293r**
黄土地（こうどち） **165r**
広南塩（こうなんえん） **104r**

江南河（こうなんが） **58r**
甲馬（こうば） 425r
綱馬（こうば） **97l**
紅牌（こうはい） 126l, **160r**, **478l**
紅梅（こうばい） **89r**
烘焙（こうばい） **92r**
巷陌（こうはく） 236r
穬麦（こうばく） **251l**
紅駮銀（こうはくぎん） 58r
紅剥銀（こうはくぎん） **58r**
敖波図（ごうはず） **107l**
絳礬（こうばん） 82l
黄礬（こうばん） 82l
香礬（こうばん） 82l
光板（こうばん） 219l
交盤（こうばん） **454l**
行礬区（こうばんく） 82r, **83l**
交盤冊（こうばんさつ） 209r
洪範八政（こうはんはちせい） **1l**
公費（こうひ） **74l**
香眉（こうび） **89r**
公費会銀（こうひかいぎん） 74l
紅批照票（こうひしょうひょう） **46r**
公憑（こうひょう） **114l**, 116l, **125l**, **482r**
更票（こうひょう） 227r
紅票（こうひょう） 224l
合票児（ごうひょうじ） **210r**
公稟（こうひん） **463l**
貢品（こうひん） **89r**
口賦（こうふ） **35r**
扛夫（こうふ） **332r**
更賦（こうふ） **67l**, 78l
更夫（こうふ） **333l**
貢賦（こうふ） **26l**
荒蕪（こうぶ） **165r**
工部（こうぶ） **7l**
降服（こうふく） **369r**
工部主事（こうぶしゅじ） **19r**
口賦銭（こうふせん） 35r
工夫茶（こうふちゃ） **89l**
行文（こうぶん） **454l**
口分田（こうぶんでん） **159r**
衡平（こうへい） **440l**
膠平（こうへい） **440l**
鉱兵（こうへい） **282l**
敲平（こうへい） **46r**
耗米（こうべい） **36r**, 60l
行平貨宝（こうへいかほう） 218r
交片（こうへん） **485r**
紅片（こうへん） **89r**
香片（こうへん） **89r**
鬨辧（こうべん） 298l
公畝（こうほ） **434r**
交保（こうほ） **463l**
口保（こうほ） **141l**
荒鋪（こうほ） **204r**
合保（ごうほ） **141l**
黄放（こうほう） **476l**
綱法（こうほう） **102l**
貢法（こうほう） **2r**
扛房（こうぼう） 332r
工墨銭（こうぼくせん） 221l
紅簿赤冊（こうぼせきさつ） **479l**
合本（ごうほん） 205r, 297l
黄麻（こうま） **273l**
号碼（ごうま） **210l**
黄麻詔（こうましょう） **476l**
高末児（こうまつじ） **89r**
荒民則（こうみんそく） 53r
合無（ごうむ） **454l**
更名田（こうめいでん） **160l**
合面街（ごうめんがい） 72l
孔目官（こうもくかん） **15l**
阬冶（こうや） **276r**
坑冶官（こうやかん） **281r**
口約（こうやく） 139r
合約（ごうやく） 139r
行役（こうやく） 38r, 320r, 328l
香薬庫（こうやくこ） **125r**
香薬鈔（こうやくしょう） **125r**
香薬新衣庫（こうやくしんいこ） **136l**
坑冶戸（こうやこ） **281r**
坑冶税（こうやぜい） **281r**
耗餘（こうよ） 36l
行用（こうよう） 205l
行用交鈔（こうようこうしょう） 222l
甲葉銭（こうようせん） 74l
高麗紙（こうらいし） **293r**
高麗尺（こうらいしゃく） **431r**
高麗亭（こうらいてい） **125r**
抗羅宗（こうらしゅう） 412l
公里（こうり） **431r**
公厘（こうり） **434r**
公吏（こうり） **70l**
蒿里（こうり） 305r
行李（こうり） **235r**
行釐（こうり） **114l**, 117l
紅利（こうり） 206l, 207l
小売（こうり） **199r**
耗脚米（こうりゃくべい） 36l
合龍（ごうりゅう） **210r**
広柳車（こうりゅうしゃ） 243r
行糧（こうりょう） 60l
紅粱（こうりょう） 250r
抗糧（こうりょう） **46r**
高粱（こうりょう） **250r**
工料銀（こうりょうぎん） 80l
甲料絲（こうりょうし） **35r**
黄緑穀（こうりょくこく） **251l**
紅廩（こうりん） **454l**
江輪護照（こうりんごしょう） **125l**
高嶺（こうれい） 288r
合零就整（ごうれいしゅうせい） **46r**, **443r**
孝廉（こうれん） 387r
香炉（こうろ） 406l
江路（こうろ） **58r**
功労田（こうろうでん） **154r**
護塋田（ごえいでん） 145l
護塩（ごえん） 104l
五瘟鬼（ごおんき） 413r
戸下（こか） **325l**
五加（ごか） **266l**
五果（ごか） **311l**
辜榷（こかく） 195r
五岳（ごがく） **398r**, 403l
戸管（こかん） **174l**
戸関（こかん） 115l
五監（ごかん） 10l, 14l
虎鬼（こき） 417l
五鬼（ごき） 414l
雇脚（こきゃく） 237l
戸禁（こきん） 325r
克（こく） **440l**
刻（こく） **447l**
穀（こく） 253l
告（こく） **471l**
斛（こく） **435r**
賈区（こく） **11r**
觳（こく） **437l**
黒鉛（こくえん） **282l**
国諱（こくき） 423r
国忌（こくき） 398l, **420l**
国計（こくけい） 1l
告債（こくさい） 187l
黒山会（こくざんかい） **390r**
刻絲（こくし） **273l**
谷子（こくし） 253l
黒磁（こくじ） 287l, 289l

獄子（ごくし） 68r
国子学（こくしがく） 389l
国子監（こくしかん） 389l
斛手（こくしゅ） **16l**
告称（こくしょう） **454l**
穀場（こくじょう） 248l
告身（こくしん） **325r**, **485l**
黒地（こくち） 164l, 169r, **170l**
告勅（こくちょく） **485r**
斛斗（こくと） **248l**, **436r**
黒陶（こくとう） 286r
黒豆（こくとう） 60r
告投（こくとう） **463l**
黒礬（こくばん） 82l
黒費（こくひ） **108l**
告緡（こくびん） **114l**
斛面（こくめん） **46r**
斛面米（こくめんべい） 36r
国門の税（こくもんのぜい） 113r
国用（こくよう） **1l**
靠窰（こくよう） 337l
黒壚（こくろ） **165r**
五葷（ごくん） **311l**
古月軒（こげつけん） 291r
五権（ごけん） **438r**
五顕神（ごけんしん） 414r
五顕霊公（ごけんれいこう） 414l
雇工（ここう） **192l**
五更（ごこう） 333l
戸口塩鈔折銀（ここうえんしょうせつぎん） 102l
戸口塩銭（ここうえんせん） 39l
戸口銀（ここうぎん） **30l**
戸口食塩法（ここうしょくえんほう） **101r**
戸口籍（ここうせき） **325l**
戸口問題（ここうもんだい） **325l**
姑姑冠（ここかん） 308l
顧姑冠（ここかん） **308l**
五穀（ごこく） **250r**, **311l**
五戸絲（ごこし） **35r**, 38l
戸婚律（ここんりつ） **325l**
五彩（ごさい） 289l, **289l**
五菜（ごさい） **311r**
五山十刹（ござんじゅうさつ） **401r**
五山制度（ごさんせいど） 401l
戸産簿（こさんぼ） **30l**
胡子（こし） 337l
古屍（こし） **427l**
庫司（こし） **15r**
庫子（こし） **15r**, 69r
湖絲（こし） **273l**
午市（ごし） 196l
互市（ごし） **122l**
互市場（ごしじょう） 122l
互市税（ごしぜい） **113r**
箇児銭（こじせん） **58l**
居士仏教（こじぶっきょう） 401l
戸主（こしゅ） 319r
湖主（こしゅ） **179r**
五銖銭（ごしゅせん） 214l
戸鈔（こしょう） 30l, 49l
胡牀（こしょう） **317l**
護照（ごしょう） 125r
五猖神（ごしょうしん） 414l
五辛（ごしん） **311r**
呉須赤絵（ごすあかえ） 289l
戽水（こすい） **259r**
戸税（こぜい） **4r**, 27l
估税（こぜい） **113r**
五聖（ごせい） 414l
戸籍（こせき） **319l**
五石散（ごせきさん） **427l**
戸籍の年齢規定（こせきのねんれいきてい） **322l**
戸絶（こぜつ） 326r, 380r, 381r
戸絶資産（こぜつしさん） 322l, **381r**
胡仙（こせん） 414l
古銭（こせん） 214r
狐仙（こせん） **414l**
僱船契（こせんけい） **236l**
御前道場（ごぜんどうじょう） 400l
湖漕（こそう） 60r
股息（こそく） 206l
五畜（ごちく） **311r**
估紐（こちゅう） **453r**
戸帖（こちょう） 32r, 76l
戸長（こちょう） 31l, **73r**
戸帳（こちょう） **174l**
戸帖（こちょう） **30l**
戸調（こちょう） **4r**
故牒（こちょう） **475l**
五調（ごちょう） **443r**
戸長甲帖銭（こちょうこうちょうせん） **74l**
戸調式（こちょうしき） 4r
戸帖式（こちょうしき） **325l**
戸調令（こちょうれい） 4r
忽（こつ） **443r**
五通神（ごつうしん） **414l**
国家祭祀（こっかさいし） **398l**
国忌（こっき） 398l, **420l**
骨業（こつぎょう） 177r
骨主（こつしゅ） **177l**
湖田（こでん） **151r**
五天号（ごてんごう） 231l
戸田執照（こでんしつしょう） **30l**
伍田地（ごでんち） **159r**, 161l
戽斗（こと） **259r**
五塗（ごと） 236r
五度（ごど） **430r**
庫頭（ことう） 405r
戸等（ことう） 65l, 67l, 29l, 30l
戸頭（ことう） **325r**
股東（ことう） 206l, **206r**
衚衕（こどう） 236r
五等戸制（ごとうこせい） 30l
箍桶匠（ことうしょう） **333l**
戸等制（ことうせい） **30l**, 31l
虎頭鼠尾冊（ことうそびさつ） 67l
五等丁産簿（ごとうていさんぼ） **30r**, 65l, 73r, 321r, 29l
蠱毒（こどく） 303r, 418l
五斗米道（ごとべいどう） 410l
闊端赤（ことるち） **15r**
湖南茶（こなんちゃ） **89l**
胡馬（こば） 97l
姑婆（こば） **372r**
沽買（こばい） **453r**
五倍子（ごばいし） **266l**
湖泊（こはく） **144r**
估馬司（こばし） **19r**
戸馬法（こばほう） **96r**
護票（ごひょう） **234r**
姑夫（こふ） **372r**
戸部（こぶ） **8l**, 9l, 9r
五賦（ごふ） **33r**, 39l
五賦（ごふ） **33r**
戸部官票（こぶかんひょう） **222r**, 225r
戸部銀行（こぶぎんこう） 231r
五服（ごふく） 367r, **369l**
胡服騎射（こふくきしゃ） 308l
戸部計帳（こぶけいちょう） **30r**, 321l
五不娶（ごふしゅ） **378r**
戸部主事（こぶしゅじ） **19r**
戸部量（こぶりょう） **437l**
護墳田（ごふんでん） **369l**
庫平（こへい） **218r**, **439r**
菰米（こべい） **250r**

庫平両（こへいりょう） 218*r*
胡帽（こぼう） 306*r*
庫房（こぼう） 203*l*, 411*r*
湖北会子（こほくかいし） 220*l*
護本（ごほん） 206*l*
芝麻（ごま） **251*r***
高麗尺（こまじゃく） **431*r***
五味（ごみ） **311*r***
小麦（こむぎ） **252*l***
戸由（こゆう） **30*r***
雇用（こよう） **192*l***
股利（こり） 206*l*, **207*l***
戸律（こりつ） **325*r***
五量（ごりょう） **435*l***
錮路（ころ） 339*l*
鼓楼（ころう） 355*r*, **446*r***
五郎神（ごろうしん） 414*l*
昏（こん） 302*r*
褌（こん） **308*l***
婚姻六礼（こんいんろくれい） 379*l*, 379*r*, 380*l*
根窩（こんか） 102*l*
根括（こんかつ） **463*l***
墾戸（こんこ） **170*l***, 177*l*
混号（こんごう） 423*l*
渾号（こんごう） 423*l*
滾催（こんさい） 47*l*
昏札（こんさつ） **302*r***
輥軸（こんじく） 259*l*
今日結存（こんじつけつそん） **210*r***
墾首（こんしゅ） 170*l*
墾主は三年を喫す（こんしゅはさんねんをきっす） **170*l***
昏鈔（こんしょう） 223*l*
根尋（こんじん） **454*l***
墾成（こんせい） **170*l***
墾租（こんそ） 35*l*
跟単（こんたん） 225*l*, 233*r*
滾単（こんたん） **47*l***
昆仲（こんちゅう） **373*l***
艮定様（ごんていよう） **440*l***
渾天儀（こんてんぎ） **447*l***
混堂（こんどう） 339*r*
髡髪（こんはつ） 426*r*
墾批（こんひ） **170*l***
根票（こんひょう） **83*l***
墾牧公司（こんぼくこうし） **170*l***
渾名（こんめい） 423*l*
坤輿（こんよ） **149*l***

さ

沙（さ） **443*r***
紗（さ） **273*l***
鈔（さ） 278*r*
鎖（さ） **431*r***
査（さ） **463*l***
鹺（さ） 104*l*
斎（さい） 409*l*
寨（さい） **357*l***
穄（さい） 251*r*
剤（ざい） 141*r*
財（ざい） 139*l*
在案（ざいあん） **463*r***
裁衣尺（さいいしゃく） **431*r***
歳運額漕（さいうんがくそう） **59*l***
歳役（さいえき） 78*l*
歳易（さいえき） **256*l***
晒塩（さいえん） 104*l*
曬塩法（さいえんほう） 107*l*
催科（さいか） 43*l*
曬灰（さいかい） 107*l*
歳額（さいがく） 130*l*
歳額引塩（さいがくいんえん） 109*r*
在巻（ざいかん） **463*r***
蔡京の塩法（さいけいのえんぽう） **5*r***
債権（さいけん） **185*l***
催甲（さいこう） 74*r*, 77*l*, 182*r*, **183*l***
斎号（さいごう） 424*l*
在甲還甲（ざいこうかんこう） 77*l*
催綱司（さいこうし） **19*r***
蔡侯紙（さいこうし） **293*r***
再差之法（さいさのほう） 68*l*
柴山（さいざん） **145*l***
在室（ざいしつ） **373*l***
在室女（ざいしつじょ） 322*l*, 381*r*, **384*r***
歳首（さいしゅ） 420*l*
財首（ざいしゅ） **207*r***
再従兄弟（さいじゅうけいてい） **373*l***
再従姪（さいじゅうてつ） **373*l***
歳除（さいじょ） 421*l*
斎醮（さいしょう） **409*l***
細色（さいしょく） 123*l*, **125*r***
才人（さいじん） 341*l*
財神（ざいしん） 413*r*, 414*l*, **414*r***
歳星（さいせい） 417*l*
催税（さいぜい） **43*l***
催税甲頭（さいぜいこうとう） 74*l*
催税甲頭制（さいぜいこうとうせい） **47*l***
催生符（さいせいふ） **302*r***
催租（さいそ） 43*l*, **183*l***
祭竈（さいそう） **420*r***
歳旦（さいたん） 420*l*
歳羅（さいてき） 64*r*
祭田（さいでん） **145*l***
債奴（さいど） **186*r***
催頭（さいとう） 77*l*
斉刀（さいとう） 214*l*
彩陶（さいとう） 286*r*
催頭（さいとう） **74*r***
菜豆（さいとう） **251*l***
再搭上（さいとうじょう） **463*r***
在図還図（ざいとかんと） 77*l*
採買（さいばい） **59*l***
催飯（さいはん） **183*l***
債票（さいひょう） **186*r***
細布（さいふ） **273*r***
財賦（ざいふ） **27*l***
財福娘娘（ざいふくじょうじょう） 414*r*
崔府君（さいふくん） **414*r***
財賦司（ざいふし） **11*r***
財物（ざいぶつ） 138*r*
歳幣（さいへい） **134*r***
催辦（さいべん） 43*l*
財本（ざいほん） 207*r*
債務（さいむ） **185*l***
猜謎（さいめい） **349*r***
債目（さいもく） **186*r***
財用（ざいよう） 1*l*
篩颺耗米（さいようこうべい） 47*l*
曬颺耗米（さいようこうべい） **47*l***
摧抑（さいよく） **195*r***
細糧（さいりょう） **251*l***
祭礼（さいれい） **369*r***
差引（さいん） **482*r***
差役法（さえきほう） 65*r*, **67*l***
差科（さか） 28*r*
砂河（さか） **145*l***
差科簿（さかぼ） **67*l***, 73*r*
坐賈釐捐（ざかりえん） 114*l*
砂金（さきん） 277*r*
朔（さく） **447*r***
錯（さく） **210*r***
炸（さく） **312*l***
酢（さく） 298*r*, 312*l*
醋（さく） 298*r*, **312*l***

幘（さく） **308l**
厝屋（さくおく） **184r**
鑿空（さくくう） **454l**
索欠（さくけん） **186r**
醋庫（さくこ） 298r
做荒（さくこう） **165r**
作七（さくしち） 305r
柞樹（さくじゅ） **273r**
醋銭（さくせん） 84l
醋息銭（さくそくせん） **84l**, **299l**
厝地（さくち） 184r
索頭（さくとう） 426r
鑿頭（さくとう） **226l**
削土法（さくどほう） 107l
左契（さけい） 139r
坐月（ざげつ） 77r
左験（さけん） **141l**
座元（ざげん） 402r
要猴人（さこうじん） **333r**
坐賈釐捐（ざこりえん） 114l
差劄（ささつ） **482r**
渣子（さし） 335l
差使地（さしち） **160r**
沙洲（さしゅう） 144l
査照（さしょう） **463r**
査照施行（さしょうしこう） **463r**
坐図（ざず） **155l**
差税（さぜい） **47l**
沙磧（させき） **165r**
沙船（させん） **245l**
左曹（さそう） 8l
左蔵庫（さぞうこ） 1l, **136l**, 278l
左蔵南庫（さぞうなんこ） **136r**
坐倉法（ざそうほう） **63r**
沙則地（さそくち） **165r**
砂則地（さそくち） 151l
沙堆（さたい） 144r
渣打銀行（さだぎんこう） 232r
査帳人（さちょうじん） 206l
撮（さつ） **437l**
札（さつ） 302r, **475l**
冊（さつ） **479l**
雑役（ざつえき） 80l
雑役銀（ざつえきぎん） 78r
雑役戸（ざつえきこ） **325r**
雑課（ざつか） 109r
雑推率（ざつかくりつ） **47l**
扎火囤（さつかとん） 428r
刷牙舗（さつがほ） **333r**
刷勘（さつかん） 210r
雑款（ざつかん） **36r**
察挙（さつきょ） **387r**
殺繭（さつけん） **273r**
雑戸（ざつこ） 322r, **325r**
撮黄（さつこう） **476l**
札行（さつこう） **475l**
雑項（ざつこう） 37l
雑綱（ざつこう） 74l
雑項帳（ざつこうちょう） **210r**
札子（さつし） **475l**
劄子（さつし） **471l**
雑子（ざつし） **251l**
撮種（さつしゅ） 256l
冊書（さつしょ） 77l
雑匠（ざつしょう） 78l
雑職（ざつしょく） **16l**
雑職役（ざつしょくえき） 78l
殺人祭神（さつじんさいしん） **414r**
殺青（さつせい） **293r**
雑税（ざつぜい） 37l
雑銭（ざつせん） 42r
雑調（ざつちょう） **37l**
札飭（さつちょく） **475l**
雑途（ざつと） 342l
雑任（ざつにん） 78l
雑売場（ざつばいじょう） **11r**
雑配銭（ざつはいせん） 37l
雑買務（ざつばいむ） **12l**
撮白（さつはく） **485r**
劄付（さつふ） **475l**
札文（さつぶん） **475l**
劄文（さつぶん） **475l**
雑辦（ざつべん） 1r, 75l
雑変之賦（ざつへんのふ） **37l**
冊報（さつほう） **471l**
察訪使（さつほうし） **20l**
雑徭（ざつよう） 78l
沙田（さでん） 106r, **151r**
沙田捐（さでんえん） 36r
沙田租（さでんそ） **36r**
坐図（ざと） **155l**
査得（さとく） **463r**
坐派（ざは） **47l**
差発（さはつ） **28r**
差発税糧（さはつぜいりょう） 47l
坐盤（ざばん） 197l
坐啚（ざひ） **174l**
鎖啚之法（さひのほう） 174l
沙票（さひょう） 222r
坐平銀（ざへいぎん） **36r**
坐辦（ざべん） 1r, 130l
査封（さほう） 186r
坐名対支（ざめいたいし） 61l
左右司（さゆうし） **7r**
更紗（さらさ） 272l
坐釐（ざり） **114l**, 117l
坐糧庁（ざりょうちょう） **20l**, 56r
桟（さん） 198r
衫（さん） **266l**, 308l
産（さん） **139l**
算（さん） **37l**
鏟（さん） 257r
鑱（さん） 257r
残引（ざんいん） 111l
参役銭（さんえきせん） **74r**
三園（さんえん） 153l
散塩（さんえん） 105r
残塩（ざんえん） **110r**
蚕塩銭（さんえんせん） 34l
産塩銭（さんえんせん） 110r
産塩法（さんえんほう） 105r
蚕塩法（さんえんほう） **110r**
簪花（さんか） **425r**
参課（さんか） 34r
三階教（さんかいきょう） **402l**, 407r
三階宗（さんかいそう） 402l
山河使（さんがし） **16l**
剗刮（さんかつ） **463r**
三竿（さんかん） **447r**
散皀（さんきゅう） 16r
三教（さんきょう） 333r
産業（さんぎょう） 138r, 139l
三教九流（さんきょうきゅうりゅう） **333r**
三梟制度（さんきょうせいど） **31l**
山金（さんきん） 277r
三限（さんげん） **179r**
三元（さんげん） 419r
散估（さんこ） 139r
産戸（さんこ） 92r
山戸（さんこ） **92r**
山荒（さんこう） **145l**
三綱（さんこう） **402l**
暫行徴租地（ざんこうちょうそち） 154l, **160r**
三五分増収税銭（さんごぶんぞうしゅうぜいせん） **114l**
三姑六婆（さんころくば） **333r**
山楂（さんさ） **251l**
斬衰（ざんさい） 367r, **369r**

し

市易務（しえきむ） **12r**
市易務牙人（しえきむがしん） **121l**
市易務監官（しえきむかんかん） **12r**
市易務行人（しえきむこうじん） **121l**
私塩（しえん） **102l**
次塩（じえん） 104l
私塩律（しえんりつ） **102l**
紙鏁（しか） 415l
資課（しか） 27r, 78l
貲課（しか） 78l
紙価（しか） **110r**
鹿（しか） **316r**
扯価（しか） **196r**
磁課（じか） **289r**, 292l
支解（しかい） **454l**
咨会（しかい） **474l**
咨解（しかい） **474l**
咨開（しかい） **474l**
私開地（しかいち） **155l**
銭会中半（しかいちゅうはん） 220l
支解の法（しかいのほう） 3r
四火黄銅（しかこうどう） **282r**
四轄（しかつ） 9l
私貨附載（しかふさい） **80r**
私下補数（しかほすう） **47r**
寺観戸（じかんこ） 322r
四乾号（しかんごう） 230r
四眼人（しがんじん） 413l
四季（しき） **447r**
指揮（しき） **478l**
私諱（しき） **373l**
私妓（しぎ） 334r
磁器（じき） **286r**
職級（しききゅう） 16l
私麴（しきく） 296r
指揮使（しきし） 14r
識字（しきじ） **388l**
咨繳（しきょう） **474l**
肉捐（じくえん） 116l
死契（しけい） 140r, **141r**
死契活口（しけいかつこう） **141r**
死契活条（しけいかつじょう） 189r
死契地（しけいち） **160r**
紙券（しけん） 233r
支遣（しけん） **454r**
至元通行宝鈔（しげんつうこうほうしょう） 222l
時憲暦（じけんれき） **448l**
子戸（しこ） 324r
司庫（しこ） 15r
市戸（しこ） **325r**
事故（じこ） **464l**
寺庫（じこ） **188r**
時估（じこ） **121l**
緇黄（しこう） 405l
師公（しこう） 410r
指項（しこう） **443r**
四行（しこう） **231l**
施行（しこう） **463r**
紙工（しこう） **293r**
祗候（しこう） 79l
謚号（しごう） **422r**
諡号（しごう） **369r**
字号（じごう） 200r
自号（じごう） 424l
四合院（しごういん） **317r**
私交子（しこうし） 219l
二公子（じこうし） **373l**
始皇詔版（しこうしょうばん） **430l**
子口税（しこうぜい） 125r
紫口鉄足（しこうてつそく） **289r**
祗候典（しこうてん） **79l**
自衡投櫃（じこうとうき） 47r
子口半税（しこうはんぜい） **47l**, **125r**
地獄十王（じごくじゅうおう） **415r**
二五戸絲（じごこし） 38l
二戸絲（じこし） 38l
紫姑神（しこしん） 418l, **415l**
四差（しさ） 78r, 80l
斉衰（しさい） 367r, **370l**
私財（しざい） **381r**
司冊（しさつ） **31r**
咨劄（しさつ） **475l**
紙劄銀（しさつぎん） **454r**
祠山神（しざんしん） 415l
祠山張大帝（しざんちょうたいてい） **415l**
市肆（しし） 200r
刺史（しし） 22r
嗣子（しし） 378l
四至（しし） **148r**
私市（しし） 122r
支子（しし） **373l**
仕事（しじ） 78l
四時（しじ） **447r**
司事（しじ） 201l
支持（しじ） **454r**
字児（じじ） **141r**
四至界限（ししかいげん） 147r
四字銭文（しじせんもん） 214r
自実（じじつ） 31r, **47r**, **171r**
自実田土（じじつでんど） 171r
施舎（ししゃ） **47r**, 68l
輜車（ししゃ） **242l**
私酒（ししゅ） 296r
寺主（じしゅ） 402l
私酒・私麹（ししゅ・しきく） **299l**
磁州窯（じしゅうよう） **289r**
私塾先生（しじゅくせんせい） **334l**
紫筍（ししゅん） 87r, **90r**
咨准（しじゅん） **474l**
咨詢（しじゅん） **463r**
次春（じしゅん） 87r, **90r**
四春茶（ししゅんちゃ） 90l
四書（ししょ） 385r
絲鈔（ししょう） 222l
市秤（ししょう） **440l**
四鈔（ししょう） 49r
子城（しじょう） **360l**
私浄（しじょう） **454r**
梓潼神（ししょうしん） 418l
梓潼帝君（ししょうていくん） 418l
四司六局（ししりくきょく） 336l
梓人（しじん） 339l
士人（しじん） 342r
次身（じしん） 15r
二人（じじん） **373r**
四水六基制（しすいろくきせい） 256l
刺青（しせい） 428r
四制（しせい） 368r, 369l, 369r, 370l
市制（しせい） **360r**
咨請（しせい） **474l**
慈生銀（じせいぎん） **207r**
至正交鈔（しせいこうしょう） 222l
市井税（しせいぜい） **114l**
市籍（しせき） 322r
辞役銭（じせきせん） 74r
市籍租（しせきそ） **37r**, 112l
四説法（しせつほう） 10l
私煎（しせん） 102l
紙銭（しせん） **294l**, **415l**
四川会子（しせんかいし） 220l
四川交子（しせんこうし） 221l
私賤民（しせんみん） 346l
試抓（しそう） 303l
紫草（しそう） **274l**
市曹（しそう） **360r**
自妝女（じそうじょ） **427l**
氏族（しぞく） **382l**
私兌（しだ） 58r, **454r**

至大銀鈔（しだいぎんしょう）　222*l*
四大聖山（しだいせいざん）　403*l*
四大板首（しだいはんしゅ）　408*r*
士大夫（したいふ）　**343*l***
支単（したん）　228*l*
子地（しち）　146*l*
指地（しち）　188*l*, 188*r*
七賢会（しちけんかい）　229*r*
七件事（しちけんじ）　**425*r***
質庫（しちこ）　29*l*, **228*r***
七五折（しちごせつ）　**464*l***
質財（しちざい）　139*r*
七七（しちしち）　**305*r***
時知者（じちしゃ）　141*r*
七十二候（しちじゅうにこう）　**448*l***
七出（しちしゅつ）　**378*r***
七成（しちせい）　**464*l***
七星板（しちせいばん）　**305*r***
七夕節（しちせきせつ）　**420*r***
七折対折（しちせつたいせつ）　**464*l***
七祖（しちそ）　**373*r***
七兌銀（しちだぎん）　225*r*
七兌銀票（しちだぎんひょう）　231*l*
七兌直平銀票（しちだちょくへいぎんひょう）　225*r*
自置地（じちち）　**161*l***
七宝（しちほう）　291*r*
私茶（しちゃ）　**93*r***
四柱（しちゅう）　418*l*
私鋳（しちゅう）　**215*l***
四柱冊（しちゅうさつ）　209*r*, **211*l***
四柱推命法（しちゅうすいめいほう）　418*l*
芝楮（しちょ）　220*l*
市帖（しちょう）　226*l*
私帖（しちょう）　223*l*, **226*l***, **454*r***
咨調（しちょう）　**474*l***
絲綢の道（しちょうのみち）　**235*r***
市鎮（しちん）　352*l*, **353*r***, **365*r***
咨陳（しちん）　**474*l***, **475*r***
質（しつ）　141*r*, 228*r*
室（しつ）　317*l*, **373*r***
漆（しつ）　**266*r***
室屋制度（しつおくせいど）　**317*r***
質挙（しつきょ）　191*l*
日結（じつけつ）　210*l*
質庫（しつこ）　**188*r***
実股（じつこ）　206*l*
室号（しつごう）　424*l*
実行簿（じつこうぼ）　29*r*
質剤（しつざい）　**141*r***
実在（じつざい）　209*r*, 211*l*
湿式収銅法（しつしきしゅうどうほう）　277*r*, 283*l*
執照（しつしょう）　**141*r***, 173*l*, **174*l***, **482*r***
直歳（しっすい）　405*r*, 406*r*
実数（じつすう）　**454*r***
日成（じつせい）　129*l*
日清簿（じつせいぼ）　209*l*
実直（じつち）　**121*l***
日鋳（じつちゅう）　90*r*
執貼（しつちょう）　226*l*
実徴黄冊（じつちょうこうさつ）　32*r*
実徴冊（じつちょうさつ）　29*r*
実徴白冊（じつちょうはくさつ）　32*r*
実徴文冊（じつちょうぶんさつ）　32*r*, **174*l***
実直（じつちょく）　**121*l***
湿田（しつでん）　150*l*
執票（しつひょう）　**174*l***, 224*l*
執票人（しつひょうじん）　227*r*
実封（じつふう）　121*r*, **484*r***
実封投状（じつふうとうじょう）　**47*r***, 121*r*, 297*l*
執紼（しつふつ）　305*r*
七宝（しっぽう）　291*r*
十方住持院（じっぽうじゅうじいん）　401*l*, 402*r*, **402*r***
実封投状法（じつほうとうじょうほう）　300*l*
質明（しつめい）　**448*l***
咨呈（してい）　**471*l***
市糴（してき）　**64*l***
市廛（してん）　200*r*
祀典（してん）　398*l*
私店（してん）　102*l*
市斗（しと）　**437*l***
緇徒（しと）　405*l*
私度（しど）　**482*r***
市戥（しとう）　**440*l***
指当（しとう）　**188*r***
祠堂（しどう）　369*l*, **369*r***, **383*l***
緇衲（しどう）　405*l*
尼童（じどう）　403*r*
死頭活尾（しとうかつび）　189*r*, **189*r***
士農工商（しのうこうしょう）　**345*l***
司農司（しのうし）　8*l*
司農寺（しのうじ）　**8*l***
止納絲戸（しのうしこ）　49*r*
支破（しは）　**464*l***
死売（しばい）　189*l*, 189*r*
資陪（しばい）　**179*r***
市買文曆（しばいぶんれき）　**479*l***
市陌（しはく）　236*r*
市舶（しはく）　20*l*, **122*r***
市舶司（しはくし）　**20*l***
市舶務（しはくむ）　20*l*
市馬司（しばし）　**20*l***
司馬秤（しばしょう）　**440*r***
市馬務（しばむ）　20*l*
紙筆銭（しひつせん）　**37*r***
支票（しひょう）　223*r*, **226*l***
市票（しひょう）　**222*r***
四標期勘定（しひょうきかんてい）　210*l*
持票人背書（じひょうじんはいしょ）　227*r*
支票帳（しひょうちょう）　226*l*
旨符（しふ）　**478*l***
資斧（しふ）　237*l*
貲賦（しふ）　29*r*
児夫（じふ）　**373*r***
自封投櫃（じふうとうき）　**47*r***
自封入櫃（じふうにゅうき）　47*r*
賜復（しふく）　68*l*
咨覆（しふく）　**474*l***
指腹婚（しふくこん）　**378*r***
祠部牒（しぶちょう）　407*l*
脂粉銭（しふんせん）　**114*l***
四分曆（しぶんれき）　**447*r***
市平（しへい）　**440*r***
子平四柱（しへいしちゅう）　418*l*
市平両（しへいりょう）　**440*r***
自辦（じべん）　47*r*, 53*l*
四輔（しほ）　411*l*
紙舗（しほ）　**294*l***
指模（しぼ）　**141*r***
紙縫（しほう）　321*r*
咨報（しほう）　**474*l***
咨訪（しほう）　**474*l***
指房（しぼう）　188*r*
時旁人（じぼうじん）　**141*r***
四方地（しほうち）　**145*l***
四幇茶（しほうちゃ）　**90*l***
紙墨銭（しぼくせん）　219*r*, **220*r***
子母相権（しぼそうけん）　**212*r***
貲本（しほん）　207*r*
芝麻（しま）　**251*r***
紙馬（しま）　**425*r***

緦麻（しま） 367*r*, **369*r***
紫磨金（しまきん） 217*l*
四民（しみん） 345*l*
司務（しむ） 203*r*
咨明（しめい） **474*l***
地面（じめん） **149*r***
絲綿折絹（しめんせつけん） **37*r***
咨目（しもく） **474*l***
射（しゃ） 83*l*
卸（しゃ） **237*r***
舎（しゃ） **432*l***
社（しゃ） **229*l***, 229*l*, **365*r***, **394*r***, 401*l*
車（しゃ） **242*l***
畬（しゃ） **256*l***
賒（しゃ） **193*l***
師爺（しや） **202*r***, 338*l*
蛇（じゃ） **312*r***
車運（しゃうん） 62*r*, **242*l***
社火（しゃか） **349*r***
扯価（しゃか） **443*r***
社会（しゃかい） 229*l*, **395*r***
煮海分数法（しゃかいぶんすうほう） 106*r*
社学（しゃがく） 386*r*, **395*r***
斜角子地（しゃかくしち） **145*r***
舎館（しゃかん） 388*l*
車基（しゃき） 150*r*
紙薬（しやく） **294*l***
借拠（しゃくきょ） **186*r***
尺斤法（しゃくきんほう） **430*l***
若敖氏之鬼（じゃくごうしのき） **370*l***
借字（しゃくじ） 186*r*
時約者（じやくしゃ） **141*r***
借主（しゃくしゅ） **191*l***
借牲畜（しゃくせいちく） **191*l***
尺籍（しゃくせき） **325*r***
釈疏（しゃくそ） **399*l***
雀鼠耗（じゃくそこう） 36*l*, **38*l***
借帖（しゃくちょう） 186*r*
借地養民制（しゃくちようみんせい） **170*r***
借賃（しゃくちん） 120*l*
釈奠（しゃくてん） **399*l***
尺度（しゃくど） **430*r***
酌派（しゃくは） **47*r***
芍坡（しゃくは） **259*r***
尺八（しゃくはち） **432*l***
綽名（しゃくめい） **423*l***
借糧（しゃくりょう） **191*l***
車畎（しゃけん） 259*r*
車戸（しゃこ） 80*l*, 107*r*
鷓鴣班（しゃこはん） 289*l*
車載脚（しゃさいきゃく） 234*l*, **235*r***
卸載単（しゃさいたん） 228*l*
社司（しゃし） 395*l*
車子鋪（しゃしほ） 85*l*
社主（しゃしゅ） 229*l*
柘漿（しゃしょう） 314*r*
社条（しゃじょう） **396*l***
写信的（しゃしんてき） 202*r*
車水（しゃすい） 259*r*
射請（しゃせい） 197*r*
賒請（しゃせい） 118*l*, **121*r***
社制（しゃせい） **396*l***
車租（しゃそ） 233*r*
社倉（しゃそう） **229*l***, **396*l***
畬族（しゃぞく） **345*r***
社長（しゃちょう） 395*l*
遮羅法（しゃてきほう） **64*l***
畬田（しゃでん） **170*r***
沙田局（しゃでんきょく） **20*l***
車道（しゃどう） **148*r***
射破（しゃは） **455*r***
賒買（しゃばい） 118*l*, 121*r*
賒売（しゃばい） 297*r*
姐妹（しゃばい） **373*r***
車坊（しゃぼう） **237*l***
沙門（しゃもん） 405*l*
社邑（しゃゆう） 229*l*, 401*r*
遮洋船（しゃようせん） **245*l***
遮洋漕運（しゃようそううん） **59*l***
上海商業貯蓄銀行（しゃんはいしょうぎょうちょちくぎんこう） 231*r*
上海銭業公会（しゃんはいせんぎょうこうかい） 224*r*
朱（しゅ） 283*r*
硃（しゅ） 282*r*
種（しゅ） **434*r***
酒（しゅ） **296*r***
糯（じゅ） **308*l***
繻（じゅ） 234*l*
収（しゅう） 209*r*
州（しゅう） 353*l*, **365*r***
繡（しゅう） **274*l***
集（しゅう） 354*l*
咨由（しゆう） **474*r***
十（じゅう） **444*l***
什一（じゅういち） **28*r***
銃引（じゅういん） 110*r*
住引（じゅういん） **110*r***
僦運（しゅううん） 59*r*
摺運（しゅううん） 236*r*
州役（しゅうえき） 65*l*, 67*r*, **68*r***
十王（じゅうおう） 413*l*, 417*r*
僦屋（しゅうおく） 191*r*
州学（しゅうがく） 386*r*
修河夫（しゅうかふ） 79*r*
終葵（しゅうき） 415*r*
僦櫃（しゅうき） 231*l*
蹴鞠（しゅうきく） **349*r***
収訖（しゅうきつ） **211*l***
修脚（しゅうきゃく） 339*r*
重九（じゅうきゅう） 422*l*
什九（じゅうきゅう） **444*l***
収拠（しゅうきょ） **193*r***
収繳（しゅうきょう） **48*l***
収銀（しゅうぎん） 72*r*
紐計（じゅうけい） 135*l*
州県（しゅうけん） **353*l***
州県総冊（しゅうけんそうさつ） **31*r***
収戸（しゅうこ） 74*r*
重五（じゅうご） 421*r*
什伍（じゅうご） 358*l*
重午（じゅうご） 421*r*
僦勾（しゅうこう） 59*r*
州耗（しゅうこう） 38*l*
銃綱（じゅうこう） 110*r*
僦勾客運（しゅうこうきゃくうん） **59*r***
十五賦（じゅうごふ） 37*l*
什伍法（じゅうごほう） **326*l***
周歳（しゅうさい） **303*l***
衆財（しゅうざい） **381*r***
十三山場（じゅうさんさんじょう） **86*r***
緝私（しゅうし） 102*l*
住持（じゅうじ） 401*l*, **402*r***, 408*r*
十字綱冊（じゅうじこうさつ） 102*l*
収支銭暦（しゅうしせんれき） **479*r***
秋社（しゅうしゃ） **420*r***
収条（しゅうじょう） **193*r***
住商（じゅうしょう） 110*r*
住鈔（じゅうしょう） 49*l*
銃銷（じゅうしょう） **110*r***
銃銷綱引（じゅうしょうこういん） 110*r*
重畳交易（じゅうじょうこうえき） **195*r***
就場支塩（しゅうじょうしえん） 108*l*
充餉民壮銀（じゅうしょうみんそうぎん） 79*r*

出海（しゅつかい） 206*l*, **239*l***
出嫁女（しゅつかじょ） 322*l*, 381*r*, 384*r*
十家牌法（じゅっかはいほう） **396*l***
出官（しゅつかん） 202*r*
出挙（しゅつきょ） 191*l*, **191*l***, **229*r***
出口違禁貨物（しゅつこういきんかぶつ） **125*r***
出口貨（しゅつこうか） 81*l*
出口紅単（しゅつこうこうたん） **126*l***
出質人（しゅつしつじん） **188*r***
出剰（しゅつじょう） **38*l***
出剰田苗（しゅつじょうでんびょう） **31*r***
出井税（しゅつせいぜい） **282*r***
出息（しゅつそく） **207*r***
出息承買（しゅつそくしょうばい） 280*r*
出租主（しゅつそしゅ） **191*l***
出脱（しゅつだつ） **454*r***
出店（しゅつてん） 200*l*, 203*r*
出典（しゅつてん） **189*r***
出典人（しゅつてんじん） 189*l*, **189*r***
出痘（しゅつとう） 304*l*
出等戸（しゅつとうこ） 30*r*
出撥子（しゅつはつし） 199*l*, **199*r***, 204*l*
出備（しゅつび） **454*r***
出票人（しゅつひょうじん） 227*r*
出殯（しゅつひん） **305*r***
率分（しゅつぶん） **42*r***
出糞人（しゅつふんじん） 338*r*
出由（しゅつゆう） 175*l*
出由帰図冊（しゅつゆうきとさつ） 174*r*
出由冊（しゅつゆうさつ） **174*r***
恤嫠会（じゅつりかい） **391*l***
取典（しゅてん） 189*r*
酒店（しゅてん） **299*r***
取土（しゅど） 107*l*
儒図（じゅと） 72*l*
受納（じゅのう） **48*l***
主売銭（しゅばいせん） **141*r***
酒博士（しゅはくし） 336*l*
種馬折乾燥料銀（しゅばせつかんそうりょうぎん） 96*l*
種馬草料（しゅばそうりょう） **97*l***
種馬草料銀（しゅばそうりょうぎん） 96*l*
手把暦（しゅはれき） **479*r***
守備（しゅび） 14*r*
守櫃（しゅひつ） 72*r*
酒標（しゅひょう） 300*r*
手分（しゅぶん） **16*l***
戍辺（じゅへん） 78*l*
主簿（しゅぼ） 22*r*, **479*r***
主母（しゅぼ） **373*r***
手模（しゅぼ） 140*r*, **141*r***
酒母（しゅぼ） **299*r***
酒坊（しゅぼう） 83*r*, 29*l*, **299*r***
首報私開地（しゅほうしかいち） 155*l*
寿木店（じゅぼくてん） 331*r*
手本（しゅほん） **474*r***
酒務（しゅむ） **83*r***, **299*r***
酒薬（しゅやく） 297*r*
寿陽妝（じゅようしょう） 424*r*
樹巒（じゅらん） **145*r***
手力（しゅりき） **71*r***
手力課（しゅりきか） 71*r*
手力資課（しゅりきしか） 71*r*, 79*l*
株連（しゅれん） **47*r***
酒楼（しゅろう） 299*l*, **300*l***
筍（しゅん） **251*r***
笋（しゅん） 251*r*
旬（じゅん） **448*r***
准（じゅん） **464*l***
遵（じゅん） **464*r***
准允（じゅんいん） **464*l***
巡院（じゅんいん） **20*r***
巡塩御史（じゅんえんぎょし） **20*r***
春花（しゅんか） 254*r*
准可（じゅんか） **464*l***
遵化鉄冶（じゅんかてつや） 279*l*
循環（じゅんかん） **111*l***
潤官（じゅんかん） **38*l***
循環転運法（じゅんかんてんうんほう） **111*l***
准期（じゅんき） **464*r***
准其（じゅんき） **464*l***
准擬（じゅんぎ） **464*r***
准経（じゅんけい） **464*r***
遵経（じゅんけい） **464*r***
春荒（しゅんこう） **248*l***
准行（じゅんこう） **464*r***
潤耗（じゅんこう） **38*l***, 60*r*
遵行（じゅんこう） **465*l***
遵行間（じゅんこうかん） **465*l***
閏耗銀（じゅんこうぎん） **38*l***
准債（じゅんさい） **464*r***
巡査口岸（じゅんさこうがん） 115*l*
准算（じゅんさん） **464*r***
准此（じゅんし） **464*r***, **475*r***
巡子（じゅんし） **16*l***
春社（しゅんしゃ） **420*r***
准除（じゅんじょ） **464*r***
巡商（じゅんしょう） **102*r***
遵照（じゅんしょう） **465*l***
旬申帳状（じゅんしんちょうじょう） **479*r***
順成倉（じゅんせいそう） **59*r***
春節（しゅんせつ） 420*l*, **420*r***
浚渫（しゅんせつ） **260*l***
准折（じゅんせつ） **464*r***
巡倉御史（じゅんそうぎょし） **20*r***
巡漕御史（じゅんそうぎょし） **12*r***
順荘法（じゅんそうほう） 45*r*, **48*r***
巡茶御史（じゅんちゃぎょし） **20*r***
准定（じゅんてい） **464*r***
春麦（しゅんばく） **251*r***
巡費（じゅんひ） 102*r*
準備銭（じゅんびせん） 66*r*, 219*r*
春夫（しゅんふ） 79*r*
巡撫（じゅんぶ） 18*r*, **21*r***
准文（じゅんぶん） **464*r***
浚浦税（しゅんほぜい） **126*l***
潤耗（じゅんもう） 60*r*
巡礼（じゅんれい） 407*l*, **403*l***
巡礼・遊行時の附帯文書（じゅんれいゆぎょうじのふたいぶんしょ） **403*l***
所（しょ） 17*r*
黍（しょ） **251*r***, **430*l***
処（しょ） **465*l***
菹（しょ） **312*r***
除…外（じょ…がい） **465*l***
初一（しょいつ） **448*r***
書院（しょいん） **388*r***
倡（しょう） 334*r*
升（しょう） **437*l***
商（しょう） **448*r***
妾（しょう） **374*r***
娼（しょう） 334*r*
抄（しょう） **211*l***, **437*l***, **465*l***
松（しょう） **266*r***
樟（しょう） **266*r***
照（しょう） **455*l***, **465*r***
牀（しょう） **318*l***
省（しょう） 365*l*, **365*r***
称（しょう） **186*r***, 191*l*, **465*r***
秤（しょう） **440*r***
衝（しょう） 353*l*
証（しょう） **142*l***

常股塩（じょうこえん） 103*l*
招戸開地（しょうこかいち） 170*r*
承墾（しょうこん） **170*r***
招墾（しょうこん） **170*r***
牆根（しょうこん） **145*r***
承墾書（しょうこんしょ） **174*r***
上座（じょうざ） 402*l*, 402*r*
承催（しょうさい） **48*r***
将作監（しょうさくかん） **10*l***
抄劄（しょうさつ） **111*l*, 455*l***
省劄（しょうさつ） **475*r***
陞擦（しょうさつ） **48*r***
上桟（じょうさん） 183*r*
小司（しょうし） 207*l*
小祀（しょうし） **399*r***
升子（しょうし） **437*l***
商私（しょうし） 102*l*
承祀（しょうし） 368*l*
承此（しょうし） **465*r***
抄紙（しょうし） **294*l***
賞賜（しょうし） **426*l***
省試（しょうし） 385*l*
照支（しょうし） **466*l***
訟師（しょうし） **335*l***
摺子（しょうし） **194*l***
秤子（しょうし） **70*r***
小字（しょうじ） 424*l*
城市（じょうし） 352*l*, 355*l*
場私（じょうし） 102*l*
商私課茶（しょうしかちゃ） **94*l***
商事行政（しょうじぎょうせい） **111*l***
鈔紙場（しょうしじょう） **294*r***
上巳節（じょうしせつ） **421*l***
上至蒼天（じょうしそうてん） **174*r***
上司帖牒（じょうしちょうちょう） **478*l***
浹日（しょうじつ） **449*l***
状悉（じょうしつ） **481*l***
抄紙坊（しょうしぼう） **294*l***
廠車（しょうしゃ） 243*r*
小車（しょうしゃ） **243*l***
小尺（しょうしゃく） **432*l***
照尺（しょうしゃく） **432*l***
承種（しょうしゅ） 180*l*
承受（しょうじゅ） **16*r***
称収（しょうしゅう） **48*r***
常住（じょうじゅう） **403*r***
韶州岑水場（しょうしゅうしんすいじょう） 279*r*
常住田（じょうじゅうでん） **155*l***
上手契（じょうしゅけい） 139*r*
承種地（しょうしゅち） **180*l***
抄出（しょうしゅつ） **465*r***
丈出（じょうしゅつ） **172*l***
承受簿（しょうじゅぼ） **479*r***
上手老契（じょうしゅろうけい） 139*r*
照准（しょうじゅん） 226*r*
承准（しょうじゅん） **465*r***
小女（しょうじょ） **374*l***
小唱（しょうしょう） 336*l*
小商（しょうしょう） 127*l*
小鈔（しょうしょう） 221*r*
焼鈔（しょうしょう） 223*l*
抄照（しょうしょう） **465*r***
抄摺（しょうしょう） **471*r***
照章（しょうしょう） **466*l***
照詳（しょうしょう） **466*l***
鈔商（しょうしょう） **108*l***
照常（しょうじょう） **466*l***
場商（じょうしょう） 25*l*, 83*l*, 83*r*, 108*r*
上條（じょうじょう） 226*r*
娘娘（じょうじょう） 302*r*, **416*l***
城廂闤闠（じょうしょうかんかい） **361*r***
招商局（しょうしょうきょく） **245*l***
尚乗寺（しょうじょうじ） **16*r***
招商承辦（しょうしょうしょうべん） 121*r*
招商承領（しょうしょうしょうりょう） 121*r*
上生信仰（じょうしょうしんこう） 407*r*
招商政策（しょうしょうせいさく） **121*r***
上賞地（じょうしょうち） **161*l***
娘娘地（じょうじょうち） **161*l***
蒸嘗田（じょうしょうでん） 145*l*
招商買運（しょうしょうばいうん） **86*r***
庠序学校（しょうじょがくこう） 386*r*
尚書都省（しょうしょとしょう） 7*r*
尚書民曹（しょうしょみんそう） 7*l*
餉臣（しょうしん） 22*l*
昇水（しょうすい） 231*l*
抄数（しょうすう） **326*r***
照数（しょうすう） **466*l***
浄数（じょうすう） **444*l***
小数法（しょうすうほう） **444*l***
市用制（しようせい） **430*l***
商税（しょうぜい） **112*l***, 298*l*
城制（じょうせい） 355*r*
条税（じょうぜい） **115*l***
商税課（しょうぜいか） 113*l*
上清経（じょうせいきょう） 409*r*, 411*l*
商税使（しょうぜいし） **20*r***
商税場（しょうぜいじょう） **20*r***
上生信仰（じょうせいしんこう） 407*r*
商税祖額（しょうぜいそがく） **114*r***
商税則例（しょうぜいそくれい） **48*r*, 114*r***
上清道（じょうせいどう） 409*r*
商税と金銀（明）（しょうぜいときんぎん） **282*r***
上清派（じょうせいは） **409*r***
商籍（しょうせき） 323*l*, **326*r***
称責（しょうせき） 186*r*
匠籍（しょうせき） 322*r*
硝石（しょうせき） 282*r*, 286*l*
葉適の財政思想（しょうせきのざいせいしそう） **6*l***
聖節（しょうせつ） 398*l*
秤折（しょうせつ） **440*r***
銷銭（しょうせん） 279*r*
小租（しょうそ） 177*l*, 177*r*, **191*l***
承租（しょうそ） **180*l***
廠租（しょうそ） **97*l***
招租（しょうそ） **191*r***
場租（じょうそ） 97*l*
上疏（じょうそ） **471*r***
小宗（しょうそう） 383*r*
省倉（しょうそう） **59*r***
陞増（しょうぞう） 166*l*
滋幼荘（じようそう） **391*l***
条漕知単（じょうそうちたん） **49*l***
廠租銀（しょうそぎん） 97*l*
上則地（じょうそくち） **166*l***
小租戸（しょうそこ） 177*l*
小租銭（しょうそせん） **167*r***
浄存（じょうぞん） 210*l*
称貸（しょうたい） 186*r*, 191*l*
抄題（しょうだい） **481*l***
荘宅（しょうたく） **155*r***
承兌人（しょうだじん） 225*l*
照単（しょうたん） **466*l***
上単（じょうたん） 228*l*
丈単（じょうたん） **174*r***
照単道費（しょうたんどうひ） **115*l***
城池（じょうち） **361*r***
縄地官荘（じょうちかんそう） **161*l***

浄利（じょうり） **207r**
将吏衙前（しょうりがぜん） **16r**
浄利銭（じょうりせん）
110l, **132r**, 297l, 299r, 300r, **300r**
剰利銭（じょうりせん） **282r**
小龍団（しょうりゅうだん） 92l
照料（しょうりょう） **466l**
照領（しょうりょう） **466l**
丈量（じょうりょう） **171l**
承領開墾（しょうりょうかいこん） 170r
丈量役（じょうりょうやく） **75l**
上力（じょうりょく） 204r
照例（しょうれい） **466l**
上隷（じょうれい） 16r
常例（じょうれい） 2r
上歴（じょうれき） **481l**
小斂（しょうれん） **305r**
粧奩（しょうれん） **379l**
粧奩田（しょうれんでん） 381l, 381r
鐘楼（しょうろう） 355r
小炉匠（しょうろしょう） 338r
助役銭（じょえきせん）
42l, 66l, 66r, 68l
書会（しょかい） 388l, **454r**
女儈（じょかい） 331l
除外（じょがい） **465l**
女冠（じょかん） 410r
所拠（しょきょ） **465l**
女教書（じょきょうしょ） **384r**
書禁（しょきん） **126l**
職（しょく） **466r**
贖（しょく） **188r**
食引（しょくいん） **111l**
色役（しょくえき） 65l, 78l
職役（しょくえき） 65l, **67r**
職役人（しょくえきじん） 66r
食塩引地（しょくえんいんち） 111l
食塩口岸（しょくえんこうがん） 111l
食塩法（しょくえんほう） **102r**
食貨（しょくか） **1l**, **138l**
贖還（しょくかん） **391l**
食岸（しょくがん） 111l
職級（しょくきゅう） 16l
織金（しょくきん） **274l**
職事（しょくじ） 67r
蜀黍（しょくしょ） 250r
食商（しょくしょう） 111l
食餉（しょくしょう） 135l
食人（しょくじん） **427r**
職人（しょくじん） **67r**
色水（しょくすい） 218r
織造銀（しょくぞうぎん） **111l**
食茶務（しょくちゃむ） **20r**
職田（しょくでん） **161l**
嗇夫（しょくふ） 364r
食譜（しょくふ） **313l**
食物税（しょくぶつぜい） **115l**
職分田（しょくぶんでん） 161l
女経紀（じょけいき） 337r
書藝局（しょげいきょく） **282r**
女戸（じょこ） 321r, 322r, **326r**, **384r**
女口（じょこう） 325l
女黄冠（じょこうかん） 410r
所在（しょざい） **465l**
書鑿（しょさく） **481l**
書算（しょさん） 77l, **74r**
処士（しょし） **343r**
女使（じょし） 335l, **374l**
絮紙（じょし） **294l**
女児節（じょじせつ） 421r
女子分法（じょしぶんほう） 380r
書社（しょしゃ） 319r, 388l
鋤社（じょしゃ） **396l**
書手（しょしゅ） 74r, 77l
所有（しょしゅう） **465l**
汝州（じょしゅう） 77l
汝州窯（じょしゅうよう） 287l
書状（しょじょう） 405r
諸色課程（しょしょくかてい） **48r**
所掣（しょせい） 102r
除夕（じょせき） 421l
庶孫（しょそん） **374l**
処置（しょち） **38l**
食貨（しょっか） **138l**
女貞（じょてい） **266r**
書田（しょでん） **161l**
除墊（じょてん） 215l
女道（じょどう） 410r
初等教育（しょとうきょういく） **385r**
女道士（じょどうし） 410r
除陌（じょはく） 215l
書判抜萃（しょはんばつすい） 387r
如聞（じょぶん） **465l**
書坊（しょぼう） **334r**
助法（じょほう） **2r**
庶僕（しょぼく） **16l**
庶民（しょみん） **345r**
書名人（しょめいじん） 206l
除夜（じょや） **421l**
所有（しょゆう） **138l**
所由（しょゆう） **16l**
汝窯（じょよう） **290l**
胥吏（しょり） **15l**
支理人（しりじん） 227r
市利銭（しりせん） 118l, 121l
緇流（しりゅう） 405l
子粒（しりゅう） **37r**
子粒銀（しりゅうぎん） **282l**
籽粒銀（しりゅうぎん） **170l**
絲料（しりょう） 3l, 3r, 28r, 35r, **38l**
資糧（しりょう） 78l
紫綾冊（しりょうさつ） **479l**
咨稟（しりん） **471l**
此令（しれい） **478l**
指令（しれい） **478l**
市令司（しれいし） **12r**
市例銭（しれいせん） **37r**, **121l**
事例銭（じれいせん） 118l, 121l
市列（しれつ） 200r
市廊（しろう） 363r
児郎（じろう） **373r**
二郎神（じろうしん） **415r**
二老爺（じろうや） **373r**
進（しん） 209r
津（しん） **145r**
申（しん） **471r**
臣（しん） **466r**
薪（しん） **266r**
親（しん） **374r**
任（じん） **142l**
仞（じん） **432l**
鱘（じん） **264l**
深衣（しんい） **308l**
新引（しんいん） 221r
親王（しんおう） **341l**
申匯（しんかい） 225l
申解（しんかい） **466r**, **471r**
侵街銭（しんがいせん） **39l**
身価銀（しんかぎん） 190r
人牙子（じんがし） 335l
新華信託貯蓄銀行（しんかしんたくちょちくぎんこう） 231r
清規（しんぎ） **403r**
新議秤（しんぎしょう） **441l**
賑給（しんきゅう） 392r
真経（しんきょう） 400r, 405r
新教（しんきょう） 412l
申繳（しんきょう） **466r**, **471r**
信局（しんきょく） **194l**
紳衿（しんきん） 342r

辛金（しんきん） **202r**
津銀（しんぎん） 79l
親駆丁（しんくてい） **67r**
真経（しんけい） 400r, 405r
親迎（しんげい） **379l**
審計司（しんけいし） 25r
進献（しんけん） 2l
進香（しんこう） 402l, 403l, 406l, 415r
進口（しんこう） **239r**
人口（じんこう） **375l**
沈香（じんこう） **126l**
進口違禁貨物（しんこういきんかぶつ） **126l**
深耕易耨（しんこうえきどう） **256l**
進貢捐（しんこうえん） **115l**
進香税（しんこうぜい） 402l
人口統計（じんこうとうけい） **328r**
真言陀羅尼（しんごんだらに） 416l
辰砂（しんさ） 283r, 284r
賑済（しんさい） 392r
進際（しんさい） **39l**
親子（しんし） **374r**
進士（しんし） **343r**
進止（しんし） **455l**
進士科（しんしか） 385r
心疾（しんしつ） 304r
人日（じんじつ） **421l**
侵車（しんしゃ） 243r
神呪（しんじゅ） **416l**
新収（しんしゅう） 209r, 211l
儘収（じんしゅう） **49l**
秦叔宝（しんしゅくほう） 419r
賑恤（しんじゅつ） **392r**
申状（しんじょう） **471r**
進状（しんじょう） **455l**
神霄宮（しんしょうきゅう） **20r**
人勝節（じんしょうせつ） 421l
真人（しんじん） 410l
申水（しんすい） **218r**
薪水（しんすい） 202r
信石（しんせき） **282r**
親戚（しんせき） **374r**
神籤（しんせん） 404l
侵佔（しんせん） **167r**
進奏院（しんそういん） **13l**
進荘礼銀（しんそうれいぎん） 167r
親族（しんぞく） **383r**
親属（しんぞく） **374r**
神荼（しんた） 419r
賑貸（しんたい） 392r
真大道教（しんだいどうきょう） **409r**
津貼（しんちょう） **79l**, **202r**
津貼銀（しんちょうぎん） 79l
津貼地（しんちょうち） 161l, **161r**
人丁銀（じんていぎん） 35l, 41l
人丁絲（じんていし） 41l
人丁絲絹（じんていしけん） 41l
人丁絲折絹（じんていしせつけん） 41l
身丁銭（しんていせん） 37r, 41l
身丁銭米（しんていせんべい） **38r**
身丁米（しんていべい） 39l, **39l**
親的（しんてき） **374r**
津貼（しんてん） 79l, **202r**
津貼銀（しんてんぎん） 79l
津貼地（しんてんち） 161l
津渡（しんと） **239r**
紳董（しんとう） 342r
親同姓（しんどうせい） **375l**
浸銅法（しんどうほう） 277r, 279l, 280l, **283l**
人難（じんなん） **455l**
進納（しんのう） 28l
親王（しんのう） **341l**
神馬（しんば） 425r
人販子（じんはんし） **335l**
信票（しんひょう） 223r, 246r
申票（しんひょう） 224l
津票（しんひょう） 223r
仁父（じんふ） **375l**
真武神（しんぶしん） **416l**
真武大帝（しんぶたいてい） 416l
新聞（しんぶん） **455l**
深文（しんぶん） **455l**
紳辦（しんべん） **16r**
信保（しんほ） 141l
辛俸（しんほう） 202r
申報（しんほう） **471r**
信房（しんぼう） 203l
進奉（しんぼう） **2l**
進奉門戸（しんほうもんこ） **39l**
親民官（しんみんかん） **21l**
申明（しんめい） **478l**
申明指揮（しんめいしき） **478l**
申明亭（しんめいてい） 77r
新訳（しんやく） 400r
親輸法（しんゆほう） 47r
新窯（しんよう） 288l
人力（じんりき） **335l**
心裏盤算（しんりばんさん） **444l**
親類（しんるい） 367r
シンロ（しんろ） **90l**
申匯（しんわい） 225l

す

推（すい） 174r
水（すい） 218r
遂（すい） **145r**
錘（すい） **441l**
随（ずい） **466r**
水運使（すいうんし） **13l**
水曳工費銀（すいえいこうひぎん） **283l**
水駅（すいえき） 80l, **80r**
随園食単（ずいえんしょくたん） **313r**
推下（すいか） **174r**, **180l**
水課（すいか） **115r**
推割（すいかつ） **31r**, **174r**
水火付到銭（すいかふとうせん） **221l**
水客（すいきゃく） 199l
水脚（すいきゃく） **239r**
水脚税項（すいきゃくぜいこう） **115r**
随拠（ずいきょ） **466r**
水銀（すいぎん） **283l**, 283r
水銀硃砂場局（すいぎんしゅさじょうきょく） **283r**
水穴（すいけつ） **260l**
随缺地（ずいけつち） **161r**
出挙（すいこ） 191l, **229r**
水蠱（すいこ） 303r
吹鼓手（すいこしゅ） **335l**
推桟（すいさん） 204l
水次倉（すいじそう） 59l, **59r**
推車（すいしゃ） 243l
水手（すいしゅ） **239r**
推収（すいしゅう） **172l**, **174r**, **466r**
推収号票（すいしゅうごうひょう） **174r**
水晶（すいしょう） 283r
水商（すいしょう） **108r**
水餉（すいしょう） **126l**
帥臣（すいしん） 17r
水精（すいせい） **283r**
随正耗米（ずいせいこうまい） **39l**
随正米（ずいせいべい） 60l
水租（すいそ） **180l**
水則（すいそく） **260l**
推単（すいたん） **175l**
水単（すいたん） 228l, 237r
水站（すいたん） 80r

水冲沙圧（すいちゅうさあつ） **166*l***
水倀（すいちょう） 417*l*
水程（すいてい） **235*r***
水程儀（すいていぎ） **239*r***
水田（すいでん） 149*l*, **150*l***
随田佃客（ずいでんでんきゃく） **180*l***
水転輪軸（すいてんりんじく） **257*l***
水道（すいどう） 337*l*
錐刀の末（すいとうのまつ） **207*r***
水毒病（すいどくびょう） **303*r***
水碼（すいば） **441*l***
推排（すいはい） 30*r*, **31*r***, 31*l*, 48*l*, 74*r*
水販（すいはん） 108*r*
水夫（すいふ） 80*l*
随幇官（ずいふうかん） 14*r*
水夫銀（すいふぎん） 80*l*
水法（すいほう） **260*l***
随幇官（ずいほうかん） 14*r*, **21*l***
水泡地（すいほうち） **166*l***
水磨茶（すいまちゃ） **93*l***
水利（すいり） **259*l***
水利団体（すいりだんたい） **260*l***
水利通判（すいりつうはん） **21*l***
推糧冊（すいりょうさつ） 175*l*
芻（すう） **269*r***
数（すう） **59*r***
菘（すう） **252*l***
崇寧庫（すうねいこ） **283*r***
還魂紙（すきかえし） 293*l*
図経（ずけい） **455*l***
双六（すごろく） 350*l*
図象（ずしょう） **143*l***
錫（すず） **283*r***
鼈（すっぽん） **264*r***
相撲（すもう） **350*l***
童行（ずんなん） **403*r***, 404*r*

せ

是（ぜ） **466*r***
成（せい） **444*l***
姓（せい） **423*l***
征（せい） 78*l*
政（せい） 78*l*
正（せい） 78*r*, **211*r***
整（せい） 199*r*, **444*l***
星（せい） 217*l*
制（せい） **476*l***
清（せい） **211*r***
鯖（せい） **264*l***
税（ぜい） 26*l*, **27*l***
生意（せいい） 139*l*, 193*l*
青衣（せいい） **335*r***
成衣匠（せいいしょう） **335*r***
正一教（せいいつきょう） 410*l*, **409*l***
正乙教（せいいつきょう） 409*l*
正一天師（せいいつてんし） 410*l*
生員（せいいん） **343*r***, 385*r*
正引（せいいん） **94*l***, 109*r*
正印官（せいいんかん） 16*l*
青烏術（せいうじゅつ） 418*r*
征役（せいえき） 78*l*
井塩（せいえん） 104*l*, **105*l***
正塩（せいえん） 101*r*, **102*r***
生塩（せいえん） 107*l*
税捐（ぜいえん） 27*l*
正乙教（せいおつきょう） 409*l*
青花（せいか） 289*l*, 289*r*
制科（せいか） 387*r*
正課（せいか） 27*l*
正貨（せいか） 62*l*
青花（せいか） **290*l***
西河（せいが） 59*r*
税課局（ぜいかきょく） 21*l*, 115*r*
征榷（せいかく） 28*l*
正額（せいがく） 130*l*
井窩子（せいかし） 337*l*
税課司（ぜいかし） **21*l***, 49*l*, 115*r*
税課司局（ぜいかしきょく） **115*r***
税課所（ぜいかしょ） 18*l*
青稞麦（せいかばく） **252*r***
税課務（ぜいかむ） 49*l*
清河輦運司（せいがれんうんし） **13*l***
正款（せいかん） 28*r*, 109*r*
税館（ぜいかん） **49*l***
正管戸（せいかんこ） **75*l***
清閑銭（せいかんせん） 407*r*, 408*l*
清規（せいき） **403*r***
生諱（せいき） 423*r*
星紀（せいき） **449*l***
請期（せいき） **379*l***
青器行（せいきこう） 287*l*
制挙（せいきょ） 387*r*
税局子（ぜいきょくし） 49*l*
西銀（せいぎん） 218*l*
征銀（せいぎん） 80*r*
正軍戸（せいぐんこ） 324*r*
正契（せいけい） 142*r*
税契（ぜいけい） 139*r*
盛京官荘（せいけいかんそう） **161*r***
税契銀（ぜいけいぎん） **142*l***
生計地（せいけいち） **161*r***
盛京内務府果園（せいけいないむふかえん） **161*r***
盛京内務府魚泡（せいけいないむふぎょほう） **161*r***
掣験（せいけん） 25*l*, **102*r***
掣験局（せいけんきょく） 18*r*
井戸（せいこ） 105*l*, 106*r*, **107*l***
正戸（せいこ） 79*l*, 322*r*, **326*r***
西股（せいこ） 206*l*
税戸（ぜいこ） 4*r*, 26*r*
生口（せいこう） 347*l*
囲荒（せいこう） 157*l*
正耗（せいこう） 60*l*
西口（せいこう） 127*r*
精耕細作（せいこうさいさく） 247*r*
正項銭糧（せいこうせんりょう） **39*r***
請硬牌（せいこうはい） **108*r***
青黄不接（せいこうふせつ） **248*l***
制国用使司（せいこくようしし） **13*l***
税戸銭（ぜいこせん） 4*r*
生財（せいざい） 139*l*, 193*l*
正朔（せいさく） 423*l*
清冊（せいさつ） **32*l***, 209*r*
青冊（せいさつ） **326*r***, **479*r***
清冊供単（せいさつきょうたん） **32*l***
征算（せいさん） **115*r***
請算（せいさん） **83*r***
生産過程（製紙業）（せいさんかてい） **294*r***
成三破二（せいさんはじ） **142*l***, 340*l*
青詞（せいし） 399*l*
掣摯（せいし） 102*r*
生紙（せいし） 294*l*
正支（せいし） **375*l***
聖旨（せいし） **476*r***
青詞（せいし） **409*r***
青辞（せいじ） 409*r*
青磁（せいじ） 287*l*
製紙業（せいしぎょう） **292*r***
正支銷（せいししょう） **135*l***
正室（せいしつ） **375*l***
請射（せいしゃ） **170*r***, 180*l*
正寿（せいじゅ） 305*l*
聖寿（せいじゅ） 421*l*
整寿（せいじゅ） 305*l*
生受（せいじゅ） **455*r***
請受（せいじゅ） **455*r***
税主（ぜいしゅ） 177*l*

清修所（せいしゅうしょ） **391*l***
生熟鉄（せいじゅくてつ） 279*l*
清酒務（せいしゅむ） 83*r*, 300*l*
清書（せいしょ） 77*l*
税書（ぜいしょ） 77*l*
清丈（せいじょう） 171*l*
清蒸（せいじょう） 313*l*
青磁窯（せいじよう） 292*l*
税場（ぜいじょう） **49*l***
囲場開墾地（せいじょうかいこんち） 154*l*
成色（せいしょく） **218*r***, 42*l*
正賑（せいしん） 392*r*
清真教（せいしんきょう） 412*l*
清真菜（せいしんさい） 310*r*, **313*r***, 316*l*
斉衰（せいすい） 367*r*, **370*l***
正数（せいすう） **455*l***
正税（せいぜい） **28*r***
贅壻婚（ぜいせいこん） **379*l***
西席（せいせき） 334*l*
聖節（せいせつ） 398*l*, **421*l***
制銭（せいせん） 213*l*, **215*r***
整船（せいせん） 238*r*
掣簽（せいせん） **455*r***
税銭（ぜいせん） 4*r*, 27*l*
正銭一分銭（せいせんいちぶんせん） 133*l*
税倉（ぜいそう） 23*r*
税草（ぜいそう） **97*l***
井灶戸（せいそうこ） 107*l*
税租鈔（ぜいそしょう） **49*l***, 50*r*
正卒（せいそつ） 78*l*, 78*r*
税租簿（ぜいそぼ） 321*r*
正兌（せいだ） 58*r*
清奪（せいだつ） **175*l***
掣奪（せいだつ） 186*r*
正兌米（せいだべい） **59*r***, 60*r*
正兌糧（せいだりょう） 39*l*
聖誕（せいたん） 421*l*
聖旦（せいたん） 421*l*
成単（せいたん） **142*l***
税単（ぜいたん） **49*r***, **115*r***, **126*r***
青胆礬（せいたんばん） 82*l*
生地（せいち） 165*l*
税地（ぜいち） **161*r***
制置解塩司（せいちかいえんし） **21*l***
牲畜税（せいちくぜい） **115*r***
制置三司条例司（せいちさんしじょうれいし） **13*l***
制置使（せいちし） 22*r*
清茶（せいちゃ） **90*l***
斉帳（せいちょう） 208*r*
正調（せいちょう） 28*r*, 78*l*
掣庁（せいちょう） 25*l*
征調（せいちょう） **49*l***
正帖色（せいちょうしょく） 224*r*
制勅（せいちょく） **476*r***
正丁（せいてい） 324*r*
生鉄（せいてつ） 279*l*
西典（せいてん） 216*l*
正店（せいてん） 299*l*, 299*r*, 300*l*, **300*r***
省田（せいでん） **161*r***
請佃（せいでん） 180*l*
世佃（せいでん） **180*l***
済田（せいでん） 157*r*
井田法（せいでんほう） **4*r***
清斗（せいと） **437*l***
正途（せいと） 342*l*
生銅（せいどう） 280*l*
成道節（せいどうせつ） 422*r*
正馬（せいば） 80*r*, 81*r*
省馬（せいば） **97*l***
西馬（せいば） **97*l***
掣売（せいばい） 102*r*
整売（せいばい） 199*r*
青白塩（せいはくえん） 104*l*
青白磁（せいはくじ） 289*l*
青礬（せいばん） 82*l*
生礬（せいばん） 82*r*
生皮（せいひ） **269*r***
整票（せいひょう） 225*l*
青苗地頭銭（せいびょうじとうせん） 133*r*
青苗銭（せいびょうせん） 79*l*, **132*r***, 133*r*, 230*l*
青苗地頭銭（せいびょうちとうせん） 133*r*
青苗簿（せいびょうぼ） **175*l***
青苗法（せいびょうほう） **391*l***
西賓（せいひん） 334*l*
井夫（せいふ） 107*l*
正夫（せいふ） 79*r*
正賦（せいふ） 28*r*
青夫（せいふ） **81*l***
正服（せいふく） **370*l***
正米（せいべい） 36*r*
税畝（ぜいほ） **28*r***, 172*l*, 172*r*
税鋪（ぜいほ） **21*l***
生放（せいほう） 187*r*
青帮（せいほう） 62*l*
正房（せいぼう） 317*r*
世僕（せいぼく） **346*l***
成本（せいほん） 206*l*, **207*r***
青麻（せいま） **274*l***
税務（ぜいむ） **21*l***
税務司（ぜいむし） **21*l***, **126*r***
清明寒食（せいめいかんしょく） 419*r*
清明上河図（せいめいじょうがず） **243*l***
清明節（せいめいせつ） **421*l***
正耗（せいもう） 60*l*
生薬舗（せいやくほ） 339*r*
征徭羨銀（せいようせんぎん） 79*l*
生理（せいり） 193*l*
清理財政処（せいりざいせいしょ） **21*l***
青龍（せいりゅう） **441*l***
棲流所（せいりゅうしょ） **391*l***
正糧（せいりょう） **59*r***, **437*l***
青料（せいりょう） **290*l***
税糧（ぜいりょう） **3*l***, 28*r*
税領（ぜいりょう） **49*r***
済良所（せいりょうしょ） **391*l***
整輪（せいりん） 103*r*
席（せき） **318*l***, **444*r***
石（せき） **435*r***
籍（せき） 319*l*
錫（せき） **283*r***
躄（せき） **416*r***
舄（せき） **308*r***
鯽（せき） **264*l***
石塩（せきえん） 104*l*
責課（せきか） **39*r***
籍外剰田（せきがいじょうでん） **175*l***
蓆角（せきかく） 116*r*
籍貫（せきかん） 319*r*
石敢当（せきかんとう） **426*l***
籍記（せきき） **481*l***
析居（せききょ） 368*l*
赤金（せききん） 217*l*
錫禁（せききん） 283*r*
赤契（せきけい） 139*r*
析戸（せきこ） **67*r***, 319*r*
積算法（せきさんほう） **444*r***
惜字（せきじ） 425*l*
惜字会（せきじかい） 425*l*
石種（せきしゅ） **434*r***
責主（せきしゅ） **186*r***
石将軍（せきしょうぐん） 426*l*

責銭税（せきせんぜい） **49r**
石大夫（せきたいふ） 426l
石炭（せきたん）
277r, 278r, 279l, **283r**, 286r
赤地（せきち） **166l**
釈奠（せきてん） **399l**
藉田（せきでん） **162l**
藉田（せきでん） **399r**
赤豆（せきとう） 252l
石乳（せきにゅう） **90l**
射破（せきは） **455r**
石壩（せきは） **59r**
債尾（せきび） 186r
析分（せきぶん） 178r
積逋（せきほ） 45r
石蜜（せきみつ） 314r
赤暦（せきれき） 32l
赤暦単状（せきれきたんじょう） **32l**
赤暦簿（せきれきぼ） **32l**
斥鹵（せきろ） 104l
潟滷（せきろ） **145r**
舃鹵（せきろ） **166l**
斥鹵地（せきろち） 166l
石湾窯（せきわんよう） **290l**
施水庵（せすいあん） **403r**
接（せつ） 198r
折（せつ） 39r, **444r**
窃（せつ） **466r**
接引交易人（せついんこうえきじん） 120l
接運所夫（せつうんしょふ） 81l
折役茶（せつえきちゃ） 95l
折価（せつか） 40l
雪花銀（せつかぎん） 217l
截角（せつかく） **111l**
折還（せつかん） 187l
折乾（せつかん） **83r**, **195r**
切脚（せつきゃく） 182r, 183r, **183r**
接脚（せつきゃく） **455r**
接脚夫（せっきゃくふ） **375l**
節級（せつきゅう） 68r, 70r
折旧（せつきゅう） **194l**
折計（せつけい） 40l
折券（せつけん） **187l**
折扣（せつこう） **49r**
截曠銀（せつこうぎん） **49r**
浙江興業銀行（せつこうこうぎょうぎんこう） 231r
浙江実業銀行（せつこうじつぎょうぎんこう） 231r
薛向の財務（せっこうのざいむ） **6l**
折斛銭（せつこくせん） **39r**
折估銭（せつこせん） **300r**
折算（せつさん） 40l
絶産（ぜつさん） 189r
浙尺（せつしゃく） **432l**
折色（せっしょく） **39r**, 60r, **94l**
折税茶（せつぜいちゃ） **95l**
折扇（せつせん） 335r
折銭（せつせん） 40l
折租（せつそ） **180l**
折漕（せつそう） **39r**
折糙（せつそう） **83r**
截漕（せつそう） **59r**
截漕銀（せつそうぎん） 59r
折奏師爺（せつそうしや） 338l
折息（せつそく） 226r, 227r
節続（せつぞく） **455r**
接待庵（せったいあん） **403r**
折茶（せつちゃ） 95l
折中（せっちゅう） 10l, 126r
折中倉（せっちゅうそう）
10l, 23r, 100r, 101l
折中法（せっちゅうほう） 9l, 86l, 87l
折徴（せつちょう） 40l
説帖（せつちょう） **455r**
折徴草料銀（せつちょうそうりょうぎん） 96l
接遞夫（せつていふ） 81l
折鉄銭（せつてつせん） **39r**
薛濤牋（せつとうせん） **294r**
折納（せつのう） **39r**
折納布（せつのうふ） **39r**
接買（せつばい） 199l
絶売（ぜつばい） 143l, **189r**
絶売契（ぜつばいけい） 172r, 189r
折馬銀（せつばぎん） **40l**, 98l
折帛銭（せつはくせん） 65r, **132r**
折博務（せつはくむ） **10l**, **126r**
截票（せつひょう） **183r**
折票（せつひょう） **226r**
截票（せつひょう） **49r**
接票人（せつひょうじん） 224r
折変（せつへん） **40l**
折畝（せつほ） **40l**, 172r
截補畸零（せつほきれい） **444r**
折本（せつほん） **455r**
節本（せつほん） **485r**
折料銀（せつりょうぎん） **40r**
宣（せん） **476r**
尖（せん） 204l
扇（せん） **434r**
泉（せん） 214r
磚（せん） **287r**
箋（せん） **471r**
簽（せん） **484r**
籤（せん） **404l**
船（せん） **239r**
薦（せん） 318l
銭（せん） 66r, 214l, **214l**, **441l**
銛（せん） **264l**
佔（せん） **167r**
剗（せん） **257r**
前（ぜん） **467l**
堧（ぜん） **146l**
壖（ぜん） 144l
宣威火腿（せんいかたい） 310l
川引（せんいん） 221l
銭引（せんいん） 219l, **221l**
前因（ぜんいん） **467l**
禅院五山（ぜんいんごさん） 401r
銭引務（せんいんむ） 19r, 220r
尖塩（せんえん） 104l
船捐（せんえん） 116l
銭闌函方（せんえんかんほう） **216l**
先塩後課（せんえんごか） **111l**
宣課（せんか） **40r**
銭貨（秦漢）（せんか・しんかん）
214l
銭貨（先秦）（せんか・せんしん）
214l
銭貨（唐～清）（せんか・とう～しん）
214r
善会（ぜんかい） **391r**, 391r
専解本票（せんかいほんひょう）
224l, 228r
先過銀（せんかぎん） 194l
贍学酒銭（せんがくしゅせん） 134l
全科戸（ぜんかこ） **49r**
先課後塩（せんかこうえん） 111r
宣課司（せんかし） 18l, 21l, 115r
洗鹹（せんかん） 151l
銭監（せんかん） 285l
全完（ぜんかん） 44r
前銜（ぜんかん） **485r**
船脚（せんきゃく） 234l, **235r**
専脚戸（せんきゃくこ） **326r**
選挙（せんきょ） **389l**
前去（ぜんきょ） **467l**
善挙（ぜんきょ） **389l**

銭局（せんきょく） 231*r*
銭禁（せんきん） 279*r*
贍軍酒庫（せんぐんしゅこ） 297*l*, **301*l***
贍軍酒息銭（せんぐんしゅそくせん） **132*r***
贍軍茶（せんぐんちゃ） **40*r***
先恵（せんけい） 195*l*
銭軽（せんけい） 213*l*
剪径（せんけい） 337*l*
鮮原（せんげん） **166*l***
僊源類譜（せんげんるいふ） **383*r***
千戸（せんこ） 13*l*, 14*r*
船戸（せんこ） **108*r***, **237*r***, **240*r***, 320*r*
船行（せんこう） 108*r*
船耗（せんこう） 60*l*
宣誥（せんこう） **478*l***
銭号（せんごう） **231*r***
前行（ぜんこう） 16*l*
銭項支絀（せんこうしちゅつ） **208*l***
煎熬法（せんごうほう） 105*r*, **107*l***
銭穀（せんこく） **28*r***
銭穀師爺（せんこくしや） 338*l*
串根（せんこん） **481*l***
川菜（せんさい） **313*r***
船材（せんざい） **266*r***
剪鑿（せんさく） 215*l*
選刷（せんさつ） **455*r***
剗刷（せんさつ） **467*l***
洗三（せんさん） 303*l*
估山（せんさん） **162*l***
先算単（せんさんたん） **194*l***
銭肆（せんし） 231*r*
船私（せんし） 102*l*
宣旨（せんし） **476*r***
宣紙（せんし） **295*l***
籤子（せんし） **227*l***
洗児（せんじ） 303*l*
前事（ぜんじ） **467*l***
千字文（せんじぶん） 334*l*
扇子舗（せんしほ） **335*r***
銭車子（せんしゃし） 231*r*
銭主（せんしゅ） 186*r*
船手（せんしゅ） **240*r***
銭重（せんじゅう） 213*l*
禅頭（ぜんじゅう） 402*r*
千秋節（せんしゅうせつ） 421*l*
尖首刀（せんしゅとう） 214*l*
先春（せんしゅん） 87*r*, **90*r***
扇書（せんしょ） 77*l*
善書（ぜんしょ） **410*l***
銭鈔（せんしょう） 222*r*
船鈔（せんしょう） 57*r*, 114*r*
宣詔（せんしょう） **476*r***
銭條（せんじょう） **226*r***
前情（ぜんじょう） **467*l***
銭床子（せんしょうし） 231*r*
専照単（せんしょうたん） **115*r***
占城稲（せんじょうとう） **252*r***
全真教（ぜんしんきょう） **409*r***
仙人跳（せんじんちょう） 337*r*, 428*r*
扇子舗（せんすほ） **335*r***
先声（せんせい） 83*l*
先世（せんせい） **375*l***
船税（せんぜい） **115*r***
船隻遺税（せんせきいぜい） 115*r*
串截印（せんせついん） 44*r*
全節堂（ぜんせつどう） **391*l***
銭租（せんそ） 54*r*, **180*l***
宣疏（せんそ） **478*l***
茜草（せんそう） **274*l***
船漕（せんそう） 55*l*
千総（せんそう） **13*l***
銭荘（せんそう） 223*r*, **231*r***
銭息（せんそく） **284*l***
尖足布（せんそくふ） 214*l*
銭卓（せんたく） 233*r*
銭桌（せんたく） 231*r*
艙単（せんたん） 81*l*
估単（せんたん） 162*l*
全単（ぜんたん） **60*l***
銭攤子（せんたんし） **231*r***
専知（せんち） 16*r*
磚茶（せんちゃ） **90*r***
川茶（せんちゃ） **90*l***
磚茶（せんちゃ） 88*l*, 90*r*
銭帖（せんちょう） 226*l*
前朝（ぜんちょう） 355*r*
前賬（ぜんちょう） **444*r***
宣底（せんてい） **476*r***
銭店（せんてん） 231*r*
専典（せんてん） 108*l*
占田制（せんでんせい） **5*l***
全図（ぜんと） **75*l***
禅頭（ぜんとう） 402*r*
善堂（ぜんどう） 390*l*
剪刀籠葉（せんとうそよう） **90*l***
千人邑会（せんにんゆうかい） **404*r***
占破（せんは） **455*r***
専売（せんばい） **81*l***
阡陌（せんはく） **145*r***
船搬倉（せんはんそう） 23*r*, **59*r***
銭票（せんひょう） 222*r*, **222*r***, 224*l*, **226*r***, 231*r*
串票流水（せんひょうりゅうすい） **479*r***
染付（せんふ） 289*l*, 290*l*
宣付（せんふ） **478*r***
膳夫（ぜんふ） 336*l*
専副（せんふく） **16*r***
尖米（せんべい） 41*r*, 43*l*, **60*l***
銭舗（せんほ） 222*r*, 231*r*
船房（せんぼう） **240*r***
千歩方田法（せんほほうでんほう） 5*l*
繕本（ぜんほん） **486*l***
宣麻（せんま） **476*r***
賤民（せんみん） **346*l***
船耗（せんもう） 60*l*
善門（ぜんもん） 391*r*
前由（ぜんゆう） **467*l***
羨餘（せんよ） **2*r***
羨餘銀（せんよぎん） 61*l*
前来（ぜんらい） **467*l***
全里（ぜんり） 75*l*
前流借銭糧（ぜんりゅうしゃくせんりょう） **49*r***
尖量（せんりょう） **437*r***
銭糧（せんりょう） 27*l*
銭糧則例（せんりょうそくれい） **32*l***
踐歴（せんれき） **485*r***
賤斂貴出（せんれんきしゅつ） **195*r***
仙浪（せんろう） **444*r***

そ

疏（そ） **472*l***
租（そ） **27*r***
酢（そ） 298*r*, 312*l*
祖遺地（そいち） 161*l*
粽子（そうし） **313*r***
卡（そう） 25*r*
双（そう） **434*r***
奏（そう） **472*l***
宗（そう） 367*r*
桑（そう） **267*l***
糟（そう） 301*l*, **314*l***
荘（そう） 198*r*, **318*l***
草（そう） **248*l***
葱（そう） **252*r***
蒜（そう） **252*r***
隻（そう） **444*r***

蘇鋼（そこう） 279l
鼠耗（そこう） 38l
租差（そさ） **183r**
租妻（そさい） **384r**
素菜（そさい） 313r
租冊（そさつ） **175l**, 184l
租桟（そさん） 174r, 175l, **182l**
租子局（そしきょく） **183r**
麤重（そじゅう） 126r
疏称（そしょう） **467l**
租鈔（そしょう） **49r**
粗色（そしょく） 126r
麤色（そしょく） 123l, **126r**
素食（そしょく） **313r**
祖神（そしん） 414l
租税（そぜい） 27l
租籍（そせき） **175l**, 184l
租船（そせん） **191r**
租銭（そせん） **191r**
租息銀（そそくぎん） **167r**
蔬地課鈔（そちかしょう） **32l**
租項（そちょう） 191r
租田（そでん） **167r**
祖道（そどう） 414l
蕎麦（そば） **250l**
租は売を攔らず、買は租を圧がず（そはばいをさえぎらず、ばいはそをふさがず） **167r**
鼠尾冊（そびさつ） 67r, 78r
鼠尾帳（そびちょう） **67r**
鼠尾簿（そびぼ） 68l
蘇裱（そひょう） 338r
鼠尾流水（そびりゅうすい） 67r
租簿（そぼ） 175l, **184l**
蘇芳（そほう） **274r**
租房（そぼう） 191r
蘇麻離青（そまりせい） **290l**
染付（そめつけ） 289l, 290l
鼠耗（そもう） 38l
素油（そゆ） **313r**
租由（そゆう） **175l**, 182r
租与（そよ） **191r**
租庸司（そようし） 49l
租庸調制（そようちょうせい） **2r**
泝流船運（そりゅうせんうん） 233l
泝流船運（そりゅうせんうん） **236l**
租粮（そりょう） **168l**
粗糧（そりょう） 251l, **252r**
算盤（そろばん） **210r**
存（そん） **467r**
村（そん） **357r**
存案（そんあん） **467r**
村塢（そんう） 357r
存貨簿（そんかぼ） **211r**
存項（そんこう） **211r**
村公会（そんこうかい） **396r**
存根（ぞんこん） 223r
存査（そんさ） **467r**
村市（そんし） 354l
村塾（そんじゅく） 334l
存照（ぞんしょう） 142l
存積塩（そんせきえん） **103l**
尊長（そんちょう） 367r, **376l**, 382r
孫頭（そんとう） 217r
存票（そんひょう） 24r, 128r, 224l
存票房（そんぴょうぼう） **22l**

た

舵（た） **241l**
爹（た） **376l**
駞（た） 243l
駄（だ） 94r
挪（だ） **455r**
台（たい） **437r**
対（たい） **211r**
胎（たい） 188l
貸（たい） 229r
題（だい） **472l**
第一座（だいいちざ） 402r
太一教（たいいつきょう） **410l**
退引（たいいん） 109r, 111l
大引（たいいん） 109r
太陰太陽暦（たいいんたいようれき） **449l**
帯運（たいうん） 61r
大運河（だいうんが） **60r**
堆塩（たいえん） **108r**
大宴（だいえん） **456l**
大衍暦（だいえんれき） **449l**
大押小租（だいおうしょうそ） **191r**
大王父（だいおうふ） **376l**
大屋子（たいおくし） 339r
退淤地（たいおち） **151r**
戴花（たいか） 425r
帯花（たいか） 425r
退価（たいか） **180r**
堆卡（たいか） **116l**
大家（たいか） **456l**
大廈（たいか） **184r**
太学（たいがく） **389l**
大監（たいかん） 340l
貸款（たいかん） 186r
大患（たいかん） 62l
退換（たいかん） **456l**
滞岸（たいがん） 111r
大観庫（たいかんこ） **136r**, 278r
帯管戸（たいかんこ） 75l
代儀（だいぎ） **456l**
大脚（たいきゃく） 108l
大九帰（だいきゅうき） **444r**
大九九（だいきゅうきゅう） **444r**
帯魚（たいぎょ） **264l**
大業（たいぎょう） 177r
堆金会（たいきんかい） 229r
大軍衣賜（たいぐんいし） 133r
大軍庫（たいぐんこ） 133r
大軍支遣（たいぐんしけん） 133r
大軍銭（たいぐんせん） **133l**
大軍倉（たいぐんそう） 133r
大軍米（たいぐんべい） 133r
大計（たいけい） 129l
胎契（たいけい） 188l
対月期條（たいげつきじょう） 226r
大建（たいけん） 126l
太原倉（たいげんそう） **60r**
退圏地（たいけんち） 154l, **162l**
帯胯（たいこ） 92l
題估（だいこ） **133r**
大功（たいこう） 367r, **370r**
対交（たいこう） **195r**
帯耗（たいこう） **111r**
代耕器（だいこうき） **257r**
大黄魚（だいこうぎょ） **264r**
対行算請（たいこうさんせい） 103l
大公事房（だいこうじぼう） **22l**
代耕銭（だいこうせん） **248l**
太皇太后（たいこうたいごう） 340r
抬扛的（たいこうてき） 332r
退戸字（たいこじ） **168l**
代墾人（だいこんじん） **171l**
太歳（たいさい） **417l**
泰山娘娘（たいざんじょうじょう） 416l, 418r
泰山進香（たいざんしんこう） 403l
泰山府君（たいざんふくん） 417r
抬子（たいし） **437r**
退字（たいじ） 162l
大祀（だいし） **399r**
大字（だいじ） **486l**
大司農（たいしのう） 7l, **7l**, 8l

大車（たいしゃ） 243*l*, **243*r***
貸借（たいしゃく） **191*l***
大尺（だいしゃく） **432*l***
大写擡（だいしゃたい） **22*l***
太守（たいしゅ） 22*r*
大酒戸（たいしゅこ） 83*l*
題准（だいじゅん） **472*l*, 481*l***
題署（だいしょ） **484*r***
滞銷（たいしょう） 111*r*
大鈔（たいしょう） 221*r*
大照（たいしょう） 174*r*
対銷（たいしょう） **211*r*, 456*l***
待詔（たいしょう） 336*l*
大照（だいしょう） **175*l***
大秤（だいしょう） **441*l***
代銷（だいしょう） 101*r*, 108*l*
大商（だいしょう） **127*l***
大晌（だいしょう） **434*r***
太常音声人（たいじょうおんせいじん） 323*r*
太上感応篇（たいじょうかんおうへん） 410*l*
大乗教徒の乱（だいじょうきょうとのらん） 407*r*
大小量制（だいしょうりょうせい） **429*r***
大侵（たいしん） 248*l*
大清銀行（たいしんぎんこう） **231*r***
大清戸部銀行（だいしんこぶぎんこう） **231*r***
大秦寺（たいしんじ） 412*r*
大清宝鈔（だいしんほうしょう） **222*r***
大豆（だいず） **253*l***
帯水人（たいすいじん） **241*l***
大数法（だいすうほう） **444*r***
大姓（たいせい） 343*l*
大掣（たいせい） 25*l*
大姓（だいせい） **343*r***
太清宮（たいせいきゅう） 410*r*
堆積収銅法（たいせきしゅうどうほう） 277*r*, 283*l*
帯泄（たいせつ） **127*l***
代遷戸（だいせんこ） 322*r*, **327*l***
大善士（だいぜんし） **391*r***
大租（たいそ） 177*l*
大宗（たいそう） 383*r*
太倉（たいそう） **60*r***
堆卡（たいそう） **116*l***
大蔵（だいぞう） 405*r*
大蔵経（だいぞうきょう） **405*r***
大租権（だいそけん） 169*r*, **177*l***
大租戸（だいそこ） 177*l*
大租頭家（だいそとうか） 168*r*
堆存（たいそん） 204*r*
堆垜場（たいだじょう） **60*r***
堆垜銭（たいだせん） 60*r*, **204*r***
大男（だいだん） **327*l***
大段地（だいだんち） **149*r***
帯地投充官荘（たいちとうじゅうかんそう） **162*l***
大頂（たいちょう） 177*r*
帯徴（たいちょう） **50*l***
呆賬（たいちょう） **187*l***
帯徴銀（たいちょうぎん） 50*l*
大帖子（たいちょうし） 226*l*
対糴（たいてき） **64*l***
対糴米（たいてきべい） 64*l*
退典（たいてん） **190*l***
退佃（たいでん） **168*l***
埭田（たいでん） **151*r***
対佃喫租（たいでんきつそ） **180*r***
台伝御史（だいでんぎょし） **22*l***
退佃酒（たいでんしゅ） **168*l***
代田法（だいでんほう） **256*l***
大都（だいと） 362*r*
代当（だいとう） 228*r*
大豆（だいとう） **253*l***
大統暦（だいとうれき） **449*l***
台南三郊（たいなんさんこう） **398*l***
大年夜（だいねんや） 421*l*
大農（だいのう） 7*l*
大麦（だいばく） **253*l***
泰半（たいはん） **40*r***
大比（たいひ） 323*l*
退票（たいひょう） 223*r*
大票（たいひょう） 223*r*
対票（たいひょう） **227*l***
代票（だいひょう） **50*l***
大夫（たいふ） 382*l*
貸賦（たいふ） **28*r***
大風（たいふう） 304*r*
台伏（たいふく） **227*l***
題覆（だいふく） **472*l***
太府寺（たいふじ） **7*l***
大父母（だいふぼ） **376*l***
太平冠（たいへいかん） 309*l*
太平恵民局（たいへいけいみんきょく） 303*r*
太平車（たいへいしゃ） 62*r*, 243*l*, **243*r***
対編（たいへん） 72*l*
対簿（たいぼ） **480*l***
大畝（だいほ） 172*r*
大保（だいほ） 76*r*
奶媽（だいぼ） **335*r***
代報匯信（だいほうかいしん） 225*l*
大棚車（だいほうしゃ） **260*l***
大木行（たいぼくこう） 339*l*
大麻（たいま） **274*r***
大明通行宝鈔（だいみんつうこうほうしょう） 222*l*, **222*r***
大冶賦（だいやふ） **284*l***
代輸（だいゆ） **50*l***
大輿（たいよ） 242*r*, 243*r*
大洋（たいよう） 218*r*
大陸銀行（たいりくぎんこう） 231*r*
大理石（だいりせき） **284*r***
大龍団（たいりゅうだん） 92*l*
大礼銀絹（たいれいぎんけん） **133*r***
大斂（たいれん） **306*l***
大輅（たいろ） 243*r*
大郎（だいろう） **376*l***
駄運（だうん） 62*r*, 233*l*, 242*r*, **243*l***
兌運（だうん） 57*l*, 58*r*
兌運法（だうんほう） 56*l*, 59*r*
挪款（だかん） 212*r*
駄脚（だきゃく） 234*l*, **236*l***
拖脚塩（たきゃくえん） 105*r*
卓（たく） 318*l*
托（たく） **432*l***
戳（たく） **484*r***
桌（たく） **318*l***
託匯人（たくかいじん） 225*l*
宅券（たくけん） 225*r*
宅眷坐車（たくけんざしゃ） 62*r*, **244*l***
度支（たくし） 8*r*, 9*l*, 9*r*
拆字（たくじ） **417*l***
度支監（たくしかん） **17*l***
度支司（たくしし） **9*r***
託售（たくしゅう） **204*r***
托茶（たくちゃ） 87*r*
沢田（たくでん） **151*r***
卓筒井（たくとうせい） **107*l***
託匯人（たくわいじん） 225*l*
竹（たけ） **267*l***
筍（たけのこ） **251*r***
拖欠（たけん） **50*l***, 187*r*
舵工（たこう） **241*l***
兌行（だこう） 58*r*
打合（だごう） **455*r***

ち

地基租権（ちきそけん） **180r**
遅期票（ちきひょう） 223r
知客（ちきゃく） 405r, 411r
地客（ちきゃく） **180r**
地銀（ちぎん） 27l
竹（ちく） **267l**
逐号田畝業主姓名辦糧図甲細冊（ちくごうでんほぎょうしゅせいめいべんりょうずこうさいさつ） **32l**
竹紙（ちくし） **295l**
逐旋（ちくせん） **456l**
竹籌（ちくちゅう） 227l
竹木抽分局（ちくぼくちゅうぶんきょく） 13r
知契（ちけい） **142r**
値月（ちげつ） 77r
知県（ちけん） **22l**
知見（ちけん） **142r**
知見人（ちけんじん） 141l, 142r
知券約（ちけんやく） 141r
地股（ちこ） **175l**, 284r, **284r**
地戸（ちこ） **327l**
遅悞（ちご） **467r**
知後典（ちこうてん） 79l
地骨（ちこつ） 177r
知在（ちざい） **456l**
置産（ちさん） 138r
地子（ちし） **40r**, **180r**
知事（ちじ） **405r**
知悉（ちしつ） **478r**
癡車（ちしゃ） **244l**
知州（ちしゅう） **22r**
池沼（ちしょう） **146r**
地照（ちしょう） 175l, **175r**
知照（ちしょう） **467r**, **475r**
地上権（ちじょうけん） **180r**
地税（ちぜい） 3l, **5l**, 28r, 34l, 38r, 39l
地窃（ちせつ） 248l
地租（ちそ） 40r
地漕銭糧（ちそうせんりょう） **40r**
地中（ちちゅう） **449r**
袠（ちつ） **449r**
銍（ちつ） **257r**
地丁銀（ちていぎん） **5l**
地丁奏銷冊（ちていそうしょうさつ） **32l**
置土（ちど） 138r
地頭（ちとう） **456l**
地頭権酒銭（ちとうかくしゅせん） 83r, **133r**
地頭銭（ちとうせん） **79l**, **133r**
知道了（ちどうりょう） **467r**
値年（ちねん） 73r, **456l**
薙髪（ちはつ） 426r
雉尾（ちび） **166r**
値百抽五（ちひゃくちゅうご） **444r**
知符（ちふ） **175r**
地賦（ちふ） 27l
知府（ちふ） **22r**
地腹（ちふく） 149r
地保（ちほ） 73r
地方（ちほう） **75r**
地畝銀（ちほぎん） **40r**
魑魅魍魎（ちみもうりょう） 418r
地面（ちめん） **149r**, **284r**
茶（ちゃ） **87r**
茶引（ちゃいん） 84l, 85r, **94r**, 220r, **221r**
茶引局（ちゃいんきょく） **22r**
茶園（ちゃえん） **149r**
茶園戸（ちゃえんこ） 221r, 92r
茶塩制置使（ちゃえんせいちし） **22r**
茶塩都転運使（ちゃえんとてんうんし） **13r**
茶課（ちゃか） **95l**, 113l
茶菓銀（ちゃかぎん） **61l**
茶課司（ちゃかし） **22r**
茶館（ちゃかん） 332r, 424r, 427r
茶規（ちゃき） **94l**
茶局（ちゃきょく） **22r**
着（ちゃく） **467r**
著籍（ちゃくせき） 319r
着落（ちゃくらく） **456l**, **467r**
茶戸（ちゃこ） 92r, **93l**, 322r
茶工（ちゃこう） **93l**
茶交引（ちゃこういん） 221r
茶香塩礬司（ちゃこうえんばんし） 23r
茶歳課（ちゃさいか） **95l**
茶司（ちゃし） 23l
茶市（ちゃし） **97r**, **127l**
茶商軍（ちゃしょうぐん） **94l**
茶場司（ちゃじょうし） 20l
茶人戸（ちゃじんこ） 92r
茶税（ちゃぜい） **95r**
茶銭（ちゃせん） 191l
茶荘（ちゃそう） 91r
茶息銭（ちゃそくせん） 95r
茶逓鋪（ちゃていほ） 85l
茶湯銭（ちゃとうせん） **17l**
茶馬（ちゃば） **97r**
茶焙（ちゃばい） **93l**
茶博士（ちゃはかせ） **336l**
茶馬交換率（ちゃばこうかんりつ） 97r
茶馬司（ちゃばし） 20l, **22r**
茶馬貿易（ちゃばぼうえき） **97r**
茶篦（ちゃへい） 98l
チャペ税（ちゃぺぜい） **127l**
茶法（ちゃほう） **84l**
茶法（明代）（ちゃほうみんだい） **85r**
茶本銭（ちゃほんせん） **93r**
茶磨（ちゃま） 93l
茶民（ちゃみん） 92r
茶由（ちゃゆう） 85r
茶葉蛋（ちゃようたん） 314l
茶釐局（ちゃりきょく） **23l**
茶籠蔀法（ちゃろうほうほう） **93r**
茶碗陣（ちゃわんじん） **427r**
中（ちゅう） 65l, 103l
抽（ちゅう） **50r**
疇（ちゅう） **149r**
紬（ちゅう） **275l**
中運河（ちゅううんが） 60r
中塩（ちゅうえん） 101l, 103l
抽塩廠（ちゅうえんしょう） **13r**, **111r**
中央銀行（ちゅうおうぎんこう） 231l, 232l
抽解（ちゅうかい） 50r, **127l**
籌画款項（ちゅうかくかんこう） **208l**
冲喜（ちゅうき） **427r**, 428l
駐期匯票（ちゅうきかいひょう） 225l
註期票（ちゅうきひょう） 223r
誅求（ちゅうきゅう） 53l
紐計（ちゅうけい） 135l, **456l**
中見人（ちゅうけんじん） 142r
中戸（ちゅうこ） 30r
中工（ちゅうこう） **192r**
籌斛（ちゅうこく） **437r**
中国銀行（ちゅうごくぎんこう） 231l, 231r, **232l**
中国通商銀行（ちゅうごくつうしょうぎんこう） **232l**
中国農民銀行（ちゅうごくのうみんぎんこう） 231l
註冊（ちゅうさつ） **175r**
中三代二（ちゅうさんだいに） **142r**
中三筆二（ちゅうさんひつじ） 142r
中山服（ちゅうざんふく） **308r**

中旨（ちゅうし） **476r**
中祀（ちゅうし） **399r**
厨子（ちゅうし） 203r
厨師（ちゅうし） **336l**
鋳瀉戸（ちゅうしゃこ） **284r**
抽取（ちゅうしゅ） 50r
中秋節（ちゅうしゅうせつ） 420r, **421r**
仲秋節（ちゅうしゅうせつ） 421l
籌餉（ちゅうしょう） 135l
中晌（ちゅうしょう） **432r**
中書備対（ちゅうしょびたい） **130l**
厨人（ちゅうじん） 336l
中人（ちゅうじん） 140l, 189l
籌賑局（ちゅうしんきょく） **393l**
中心地（ちゅうしんち） 352l
中数（ちゅうすう） **445l**
抽税（ちゅうぜい） 50r
鍮石（ちゅうせき） 279r, 282l
鋳銭院監（ちゅうせんいんかん） **285l**
鋳銭監（ちゅうせんかん） 6r
抽替（ちゅうたい） **318l**
中錠（ちゅうてい） **441r**
中統元宝交鈔（ちゅうとうげんほうこうしょう） 222l
中統鈔（ちゅうとうしょう） 42l
中南銀行（ちゅうなんぎんこう） 231r
中馬（ちゅうば） **97l**
紐配（ちゅうはい） **50r**
中売（ちゅうばい） 65l, 280r
抽買（ちゅうばい） **127r**
抽盤（ちゅうばん） **456l**
厨婢（ちゅうひ） 336l
籌備餉需（ちゅうびしょうじゅ） **135l**
中表（ちゅうひょう） **376l**
中表親（ちゅうひょうしん） **376l**
中票料（ちゅうひょうりょう） **40r**
抽分（ちゅうぶん） 50r, 127r, 278l
抽分廠（ちゅうぶんしょう） 13r
抽分場局（ちゅうぶんじょうきょく） **13r**
中米（ちゅうべい） 183l
籌辺軍餉（ちゅうへんぐんしょう）135l
中保（ちゅうほ） **142r**
抽豊（ちゅうほう） **195r**
厨本銭（ちゅうほんせん） **135l**
中有（ちゅうゆう） 305r
中隷（ちゅうれい） 16r
中和節（ちゅうわせつ） **422l**
朮忽（ちゅつそう） 411r
猪（ちょ） **269r**, **314l**
楮（ちょ） 221r
豬（ちょ） 269r
箸（ちょ） **314l**
筯（ちょ） 314l
吊（ちょう） 217l
塚（ちょう） **184r**
帖（ちょう） 189l, 225l, **475r**
牒（ちょう） **474r**, **475r**
糶（ちょう） 193r
調（ちょう） 26l
貼（ちょう） 79l, 83l, 225l
祧（ちょう） **370r**
長安（ちょうあん） **361r**
腸衣（ちょうい） **269r**
長引（ちょういん） 84r, **94r**, 112l, 114l, **116l**, 221r, **236l**
帖引（ちょういん） **478r**
長引銭（ちょういんせん） 94r, **116l**
長運（ちょううん） 57l
貼運（ちょううん） 60r
貼役（ちょうえき） 79l
帖捐（ちょうえん） 113l
張王（ちょうおう） 415l
長押官（ちょうおうかん） **81l**
長価（ちょうか） 196r
徴科（ちょうか） **51l**
長解（ちょうかい） 75r
帳掛（ちょうかい） **480l**
聴解（ちょうかい） **75r**
貼花子（ちょうかし） 424r
張果老（ちょうかろう） 418l
貼換（ちょうかん） 227r
暢岸（ちょうがん） **111r**
倀鬼（ちょうき） **417l**
貼己産（ちょうきさん） 138r
長期票拠（ちょうきひょうきょ） 223r
帳脚（ちょうきゃく） **456r**
釣魚（ちょうぎょ） **264r**
聴響卜（ちょうきょうぼく） 414l
貼銀（ちょうぎん） 79l, 80l
徴駒（ちょうく） 98l
貼軍戸（ちょうぐんこ） 324r
頂契（ちょうけい） **168l**
貼現（ちょうげん） **227l**
貼現票拠（ちょうげんひょうきょ） 223r
貼戸（ちょうこ） 79l
潮口（ちょうこう） **146r**
頂耕（ちょうこう） 180r
長綱（ちょうこう） 235r
長工（ちょうこう） **192r**
貼黄（ちょうこう） **472l**, **476r**
長公主（ちょうこうしゅ） 340r
長行馬（ちょうこうば） **81l**
長行坊（ちょうこうぼう） 81l
趙公明（ちょうこうめい） 414r
長行驢（ちょうこうろ） 81l
聴差（ちょうさ） **79l**
聴差民壮（ちょうさみんそう） 79r
糶散（ちょうさん） 64r
朝山進香（ちょうざんしんこう） 403l, **406l**
帖子（ちょうし） **142r**, **223l**, 226l
貼司（ちょうし） 16l, **70r**
長支（ちょうし） **202r**
長車（ちょうしゃ） 243r
貼射法（ちょうしゃほう） 83l, **86r**
頂主（ちょうしゅ） 168l
頂種（ちょうしゅ） 178r
頭首（ちょうしゅ） **405r**
長寿会（ちょうじゅかい） **229r**
頂首市銭（ちょうしゅしせん） 188l
頂首銭（ちょうしゅせん） 167l
貼書（ちょうしょ） **17l**
帖鈔（ちょうしょう） 223l, **456r**
挑鈔（ちょうしょう） **223l**
長商（ちょうしょう） **109l**
賬場（ちょうじょう） 182r
頂上（ちょうじょう） **456r**
長床犂（ちょうしょうり） 258l
澄心堂紙（ちょうしんどうし） **295r**
徴信録（ちょうしんろく） 209r, 391r, **391r**
貼水（ちょうすい） 218r
長随（ちょうずい） **346r**
長生牛（ちょうせいぎゅう） 256l
長生庫（ちょうせいこ） 228r, 229l, **406r**, 407r
徴税口岸（ちょうぜいこうがん） 115l
賬席（ちょうせき） 182r
帳籍（ちょうせき） **480l**
貼射法（ちょうせきほう） **86r**
長銭（ちょうせん） 215l
張仙（ちょうせん） **417r**
貼船（ちょうせん） **61l**
朝鮮銀行（ちょうせんぎんこう） 222l, **232l**
長租（ちょうそ） **181l**
雕題（ちょうだい） 428r

粘単（ちょうたん） **457l**
帖牒（ちょうちょう） **474r**
長牒（ちょうちょう） **483l**
貼賃（ちょうちん） 190r
牒呈（ちょうてい） **472l**
糶糴（ちょうてき） **64l**
頂田（ちょうでん） **168l**
刁佃（ちょうでん） 178r
張天師（ちょうてんし） 410l
頂当（ちょうとう） **189l**
頂当権（ちょうとうけん） **168l**
貼頭銭（ちょうとうせん） 221l
刁蹬留難（ちょうとうりゅうなん） **456l**
長年三老（ちょうねんさんろう） **241l**
貼納（ちょうのう） **51l**, **111r**
帖売（ちょうばい） 190r
莜麦（ちょうばく） 248r
頂麦根（ちょうばくこん） **181l**
長髪（ちょうはつ） 403r
帳尾（ちょうび） 403l
牒尾（ちょうび） **486l**
貼皮捐（ちょうひえん） **116l**
長賦（ちょうふ） 77r
賬部（ちょうぶ） 203l
挑糞夫（ちょうふんふ） 338r
帳簿（ちょうぼ） **208r**
調包（ちょうほう） 337r
帳房（ちょうぼう） 203l, **203l**, 411r
賬房（ちょうぼう） 182r, **275l**
長名衙前（ちょうめいがぜん） 69l, **70r**, 71l
長名弓手（ちょうめいきゅうしゅ） 72r
貼役（ちょうやく） 79l
重陽節（ちょうようせつ） **422l**
徴料地（ちょうりょうち） **97r**
牒籙（ちょうろく） 411r
猪会（ちょかい） **208l**
勅（ちょく） **476r**
飭（ちょく） **467r**
直歳（ちょくさい） 405r, 406r
勅差住持制（ちょくさじゅうじせい） 401l, **406r**
直日支応（ちょくじつしおう） 77r
直省（ちょくしょう） 366l
直省旗地（ちょくしょうきち） **162r**
直達法（ちょくたつほう） 106r, 55r, 25l
勅牒（ちょくちょう） 402r, 406r
直田（ちょくでん） 145l
勅諭（ちょくゆ） **476r**
直隷省（ちょくれいしょう） **366l**
楮券（ちょけん） 221r
楮紙（ちょし） **295r**
猪仔貿易（ちょしぼうえき） 332l
儲積（ちょせき） **393r**
楮銭（ちょせん） 415l
苧布（ちょふ） **275l**
楮幣（ちょへい） **221r**
樗蒲（ちょぼ） **350r**
苧麻（ちょま） **275l**
地理（ちり） 418r
地理脚銭（ちりきゃくせん） 37r
地理師（ちりし） 418r
地裏分（ちりぶん） **168l**
地糧（ちりょう） 27l
地力（ちりょく） **166l**
地力回復技術（ちりょくかいふくぎじゅつ） 247l
地を売りて、租を売らず（ちをうりて、そをうらず） **181l**
酖（ちん） 428l
砧基簿（ちんきぼ） **32l**, 175r, **175r**
賃居（ちんきょ） **191r**
鎮圭尺（ちんけいしゃく） **432r**
賃戸（ちんこ） 191l
賃妻（ちんさい） 384r
趁市（ちんし） 354r
趁熟（ちんじゅく） 392r
陳首帖子（ちんしゅちょうし） **83r**
陳状（ちんじょう） 121r
陳請（ちんせい） **467r**
賃船（ちんせん） 29l
鴆毒（ちんどく） **428l**
賃約（ちんやく） **191r**

つ

追会（ついかい） **456r**
追儺（ついな） 418r, 421l
通（つう） **468l**
通引官（つういんかん） 69r
通匯（つうかい） 224r
通貨僧息銭（つうかかいそくせん） **95r**
通貨牙息銭（つうかがそくせん） 95r
通貨銭（つうかせん） 101l, **116l**
通関（つうかん） **61l**, 43r, 125l
通関表（つうかんひょう） 18l
通共（つうきょう） **211r**, **468l**
通恵河（つうけいが） **61l**
通庫（つうこ） 61l
通行（つうこう） **456r**, **468l**
通行交鈔（つうこうこうしょう） 222l
通査（つうさ） **468l**
通済渠（つうさいきょ） **61l**
通齎庫（つうさいこ） 61l
通済倉（つうさいそう） **61l**
通財の義（つうざいのぎ） **391r**
通抄（つうしょう） **468l**
通詳（つうしょう） **472r**
通商法（つうしょうほう） 82l, 84l, **103l**
都寺（つうす） 405r
通政院（つうせいいん） **81l**
通倉（つうそう） 58l
通紐（つうちゅう） **135l**, **445l**
通判（つうはん） **23l**
通宝（つうほう） 214r
通本（つうほん） **472r**
通糧庁（つうりょうちょう） 20l
通匯（つうわい） 224r

て

亭（てい） 246r, **357r**
呈（てい） **472r**
提（てい） **196r**
錠（てい） **218r**, **441r**, **445l**
邸（てい） 200l
毳（てい） 269r
緹（てい） **166r**
鋌（てい） **285l**
呈案（ていあん） **472r**
呈移（ていい） **472r**
提引（ていいん） 109r
邸院（ていいん） 13l
逓運所（ていうんしょ） 81l, **236l**, **245r**
逓運所夫（ていうんしょふ） **81r**
提塩司（ていえんし） 23r
抵押（ていおう） 188l
訂貨（ていか） 194l
定貨（ていか） **194l**
程課（ていか） **51l**
呈解（ていかい） **472r**
邸閣（ていかく） 200l
呈核（ていかく） **472r**
定額（ていがく） 130l
定貨単（ていかたん） 142l
提貨単（ていかたん） **237r**
丁艱（ていかん） 306l
抵換（ていかん） **194l**

と

屠宰者（とさいしゃ） 336*r*
屠宰税（とさいぜい） **116*l***
斗子（とし） **70*r***
杜紙（とし） **295*r***
屠児（とじ） 336*r*
都寺（とじ） 405*r*
土糸（どし） 271*r*
度師（どし） 410*l*
都市化（としか） 352*l*
都司倉（としそう） **394*l***
土質（どしつ） **166*r***
土司田（としでん） **162*r***
土主（どしゅ） **168*r***
図書（としょ） 77*l*
図象（としょう） **143*l***
土商（どしょう） 109*l*
土床（どしょう） 317*r*
緕商（どしょう） 106*l*, **109*l***
都商税務（としょうぜいむ） 21*l*
土賑（どしん） 392*r*
都水（とすい） **14*l***
都水監（とすいかん） **14*l***
土青（どせい） 290*l*, **291*l***
都税司（とぜいし） 21*l*, 115*r*
都税務（とぜいむ） 21*l*, 25*l*
杜絶契（とぜつけい） 172*r*
屠蘇（とそ） 420*l*
図総（とそう） 77*l*
斗息（とそく） 116*l*
斗則（とそく） 53*r*
斗息肉捐（とそくにくえん） **116*l***
都大提挙茶馬司（とだいていきょちゃばし） 20*l*
土断法（どだんほう） 322*r*
土地公会（とちこうかい） **361*r***
土地執業証（とちしつぎょうしょう） **175*r***
土地神（とちしん） 417*l*, 417*r*, **417*r***
都茶場（とちゃじょう） **14*l***, **86*r***
度牒（どちょう） 403*l*, 404*r*, 406*r*, **407*l***, 410*r*
凸花（とつか） 290*r*
徒弟（とてい） 201*r*
塗泥（とでい） **166*r***
都提挙市易司（とていきょしえきし）**14*l***
坢田（とでん） 150*r*
塗田（とでん） 149*l*, **152*l***
都転運塩使司（とてんうんえんしし） **24*l***
塗田銀（とでんぎん） **285*l***
斗桶（ととう） **437*r***
土塘局（どとうきょく） **24*l***
杜売（とばい） 189*l*, 189*r*
吐売文契（とばいぶんけい） **143*l***
屠伯（とはく） 336*r*
土薄（どはく） **166*r***
土匪（どひ） 337*l*
奴婢（どひ） **347*l***
土布（どふ） 271*r*, **275*l***
酴米（とべい） 299*r*
土米耗（どべいこう） 36*r*, **41*l***
都保（とほ） 76*r*
土方（どほう） **432*r***
賭坊（とぼう） **428*l***, 428*r*
土法製鉄法（どほうせいてつほう） 279*l*
土包地（どほうち） **146*r***
都保制（とほせい） 66*l*, 76*l*
斗面米（とめんべい） 36*l*
蠹耗（ともう） 110*r*
斗耗（ともう） 36*l*
斗門（ともん） **260*r***
斗用（とよう） **111*r***
渡来銭（とらいせん） **216*l***
斗釐（とり） 111*r*
都吏（とり） 16*r*
度量衡（どりょうこう） **429*l***
度量衡の歴史（どりょうこうのれきし） **429*l***
土楼（どろう） **318*r***
躉（とん） **441*r***
屯（とん） **357*r***
炖（とん） 315*l*
燉（とん） **315*l***
躉（とん） 199*r*
囤戸（とんこ） **327*l***
墩子（とんし） **146*r***
躉税（とんぜい） **81*r***
屯丁（とんてい） 56*r*
屯田（とんでん） **162*r***
囤当（とんとう） 228*r*
躉売手（とんばいしゅ） 202*r*
豚毛（とんもう） **270*l***
童養媳（とんやんしー） **379*l***
屯糧（とんりょう） **41*l***

な

那移（ない） **32*r***
内櫃（ないき） 201*r*, 202*r*, **203*l***
内兄弟（ないけいてい） **376*r***
内女（ないじょ） **376*r***
内商（ないしょう） **109*l***, 327*l*
内場（ないじょう） 203*r*
内倉（ないそう） 58*l*
内蔵庫（ないぞうこ） 1*l*, **136*r***
内蔵庫須知（ないぞうこしゅち） **130*r***
内荘宅使（ないそうたくし） **14*r***, **162*r***
内操馬芻料銀（ないそうばすうりょうぎん） **97*r***
内地運単房（ないちうんたんぼう） **24*r***
内帳卓（ないちょうたく） **212*l***
内帳房（ないちょうぼう） 202*l*
内道場（ないどうじょう） 400*l*
内班（ないはん） **24*r***
内務府官荘（ないむふかんそう） 160*r*, **163*l***
内窯（ないよう） 288*l*
内律（ないりつ） 405*l*
仲買（なかがい） **198*r***
挪款（なかん） 212*r*
梨（なし） **255*l***
哪吒太子（なたたいし） **417*r***, 417*r*
棗（なつめ） **252*r***
鮎（なまず） **264*r***
難（なん） 353*l*
軟（なん） 196*r*, **227*r***
南運（なんうん） 62*l*
南運河（なんうんが） 60*r*
南河（なんが） 59*r*
南海交易品（なんかいこうえきひん） **127*r***
南曲（なんきょく） 362*r*
南京（なんきん） **362*l***
軟彩（なんさい） 291*r*
南漕（なんそう） 61*r*
南馬銀（なんばぎん） 80*r*
南帮票号（なんほうひょうごう） 232*r*
南北行（なんぼくこう） 199*l*
難民（なんみん） **393*l***
南糧（なんりょう） **61*r***
軟簾紙（なんれんし） **295*r***

に

二火黄銅（にかこうどう） **282*r***
肉乾（にくかん） **315*l***
肉臓銀（にくぞうぎん） **97*r***
二十三作（にじゅうさんさく） **291*l***
二十四節気（にじゅうしせつき） **449*r***
二十四民（にじゅうしみん） **327*l***
二税戸（にぜいこ） **407*l***

日注（にぶんほう） **90r**
入唐求法巡礼行記（にっとうぐほうじゅんれいこうき） 403l
二天一期（にてんいちき） 210l
尼童（にどう） 403r
二八分種（にはちぶんしゅ） **181r**
二分法（にぶんほう） **28r**
娘娘（にゃんにゃん） **416l**
入（にゅう） 209r
入関桟准単（にゅうかんさんじゅんたん） **205l**
乳香（にゅうこう） **128l**
入閘（にゅうこう） **61r**
入桟字拠（にゅうさんじきょ） **205l**
入貲（にゅうし） 28l
入粟（にゅうぞく） 28l
入中（にゅうちゅう） 65l, 100r, **103l**
入中法（にゅうちゅうほう） **87l**
乳婦（にゅうふ） 335r
乳母（にゅうぼ） **376r**
乳名（にゅうめい） 424l
韮（にら） **250l**
二両平（にりょうへい） **441r**
二輪車（にりんしゃ） **244l**
二連支票（にれんしひょう） 226l
鶏（にわとり） **269l, 311l**
認（にん） **51r**
認捐（にんえん） **197r**
任知者（にんちしゃ） 142l
認籌（にんちゅう） **135l**
認頂字（にんちょうじ） 178r
蒜（にんにく） **252r**
認納（にんのう） 51r
寧波の乱（にんぽうのらん） **128r**

ぬ

奴婢（ぬひ） **347l**

ね

葱（ねぎ） **252r**
熱河果園（ねつかかえん） **163l**
熱河官荘（ねつかかんそう） **163l**
熱疾（ねつしつ） 304r
念（ねん） **445l**
念秧（ねんおう） 337r
年額（ねんがく） 130l
拈鬮（ねんきゅう） **457l**
年結（ねんけつ） 210l
年号（ねんごう） **423l**
年日（ねんじつ） **450l**
年終帳状（ねんしゅうちょうじょう） **480l**
年侄（ねんてつ） **457l**

の

納課（のうか） **41l**
納権（のうかく） 133r
納吉（のうきつ） **379r**
農業（のうぎょう） **247l**
農業技術（のうぎょうぎじゅつ） 247l
農業生産合作社（のうぎょうせいさんがっさくしゃ） **396r**
農具銭（のうぐせん） **41l**
納戸（のうこ） **51r**
納采（のうさい） 337r, 379r, **379r**
納醋銭（のうさくせん） 84l
納刺（のうし） **275l**
農桑地（のうそうち） **149r**
嚢橐（のうたく） **103l**
納徴（のうちょう） **379r**
農本主義（のうほんしゅぎ） 247l, 248r

は

把（は） **435l**
坡（は） **146r**
耙（は） **258l**
壩（は） **152l**
馬（ば） 243l, **270l**
碼（ば） **432r**
排（はい） 368r
牌（はい） **246l, 478r**
馬医（ばい） **337r**
梅（ばい） **253r**
煤（ばい） 283r
賠（ばい） **187l**
灰圧法（はいあつほう） 107l
廃引（はいいん） 109r
倍役法（ばいえきほう） **68l**
牌塩（はいえん） 392r
売塩食銭（ばいえんしょくせん） 41r
売塩銭（ばいえんせん） 110l
売塩息銭（ばいえんそくせん） 110l
媒媼（ばいおう） 337r
貝貨（ばいか） **213l**
背揩（はいかい） 339r
買貨捐（ばいかえん） 116r
拝火教（はいかきょう） 412r
売貨手（ばいかしゅ） **205l**
梅花妝（ばいかそう） 424r
賠還（ばいかん） 186l
買官（ばいかん） 28l
買起（ばいき） **196r**
売貴（ばいき） **195r**
売麹銭（ばいきくせん） 299r
売休（ばいきゅう） **379r**
廃挙（はいきょ） **195r**
売空買空（ばいくうばいくう） **196r**
売契（ばいけい） **176l**
売契銭（ばいけいせん） **134l**
牌檄（はいげき） **475r**
牌橛（はいけつ） **478r**
牌券（はいけん） 246l
盃珓（はいこう） 418l
排行（はいこう） **368r, 377l**, 423r
輩行（はいこう） 368r, **423r**
杯珓（はいこう） **418l**
牌号（はいごう） **200r**
売荒（ばいこう） **166r**
媒互人（ばいごじん） 337r
廃残（はいざん） 392r
買三売両（ばいさんばいりょう） 142l
牌子（はいし） **213l**
背子（はいし） **308r**
褙子（はいし） 308r
倍蓰（ばいし） **445l, 457r**
売字（ばいじ） **116r**
廃疾（はいしつ） 303r, 304l, **304r**
売爵（ばいしゃく） 28l
賠主（ばいしゅ） 177l
売酒銭（ばいしゅせん） 299r
買春銭（ばいしゅんせん） **84l**
背書（はいしょ） **227r**
買砠（ばいしょ） 103r
売鈔場（ばいしょうじょう） 10l
売小蛇（ばいしょうだ） **194r**
買嘱（ばいしょく） **457r**
媒人（ばいじん） **379r**
売人、買人を饒す（ばいじんばいじんをじょうす） **194r**
倍征（ばいせい） **51r**
陪銭（ばいせん） 71l
売銭捐（ばいせんえん） **116r**
売荘（ばいそう） 79r
売糟銭（ばいそうせん） 301l
配帯（はいたい） 80r
排段検括（はいだんけんかつ） **172r**
買担放斤（ばいたんほうきん） 103r
買地券（ばいちけん） **306l**
陪茶（ばいちゃ） 91r

盤検（ばんけん） 52*l*
万言書（ばんげんしょ） **473*l***
番戸（ばんこ） **327*r***
万戸酒（ばんこしゅ） **83*r***
盤査（ばんさ） **52*l***
板曬法（ばんさいほう） 107*l*
番紙（ばんし） 227*r*
盤児（ばんじ） 197*l*
翻車（はんしゃ） **261*l***
班首（はんしゅ） **458*l***
判署（はんしょ） **484*r***
判書（はんしょ） **143*l***
番薯（ばんしょ） 249*r*
搬渉（はんしょう） **458*l***
飯廠（はんしょう） **393*l***
泛常（はんじょう） **458*l***
番椒（ばんしょう） 316*l*
番上（ばんじょう） **458*l***
范祥の鈔法（はんしょうのしょうほう） **6*r***
晩生（ばんせい） **458*l***
蔓青（ばんせい） **253*r***
版籍（はんせき） 31*l*, **327*r***
半銭銀会子（はんせんぎんかいし） 220*l*
版曹（はんそう） **14*r***
盤存表（ばんそんひょう） 209*r*
番単（ばんたん） **227*r***
盤帳（ばんちょう） 209*r*, **212*r***
版帳銭（はんちょうせん） **134*l***
板帳銭（ばんちょうせん） 134*l*
坂田（はんでん） 153*l*
盤纏（ばんてん） 237*l*
晩田（ばんでん） 150*l*
縵田（ばんでん） **147*l***
半図（はんと） 75*l*
版図（はんと） **327*r***
伴当（ばんとう） **347*l***
斑銅鉱（はんどうこう） **285*r***
版図法（はんとほう） 48*r*
万年総帳（ばんねんそうちょう） **212*l***
半年帳状（はんねんちょうじょう） **480*l***
盤剥（ばんばく） 237*r*
盤費（ばんひ） 237*l*
搬夫（はんふ） 203*r*
販夫（はんふ） 108*l*
反覆紐折（はんふくちゅうせつ） **52*l***
盤鐓（ばんへつ） 106*r*
蕃坊（ばんぼう） **362*l***
犯夜（はんや） 363*r*
扳留（ばんりゅう） **205*l***
半両銭（はんりょうせん） 214*l*
万暦赤絵（ばんれきあかえ） 289*l*

ひ

妃（ひ） 341*l*
批（ひ） 199*r*, **481*l***
秠（ひ） 251*r*
稗（ひ） **254*l***
疲（ひ） 353*l*
陂（ひ） 146*r*
糒（ひ） **315*r***
埤（ひ） **152*l***
備（び） **469*l***
糜（び） 251*r*
備案（びあん） **469*l***
備安庫（びあんこ） **394*l***
火入れ（ひいれ） 297*r*
批允（ひいん） **481*l***
稗（ひえ） **254*l***
皮影戯（ひえいぎ） **351*l***
皮花（ひか） 272*l*
皮貨（ひか） **41*r***
批廻（ひかい） **481*r***
美匯（びかい） 225*l*
比格（ひかく） 52*l*
比較（ひかく） 52*l*
比較の法（ひかくのほう） **52*l***
比較務（ひかくむ） **25*l***, 300*l*
飛花布（ひかふ） 273*r*
批館（ひかん） 232*r*
比干（ひかん） 414*r*
匹（ひき） **432*r***, **445*r***
避諱（ひき） **423*r***
比丘（ひきゅう） 404*r*
比及（ひきゅう） **458*l***
比丘尼（ひきゅうじ） 404*r*
比居（ひきょ） **327*r***
皮業（ひぎょう） 177*r*
批局（ひきょく） 232*r*
比丘（びく） 404*r*
比丘尼（びくに） 404*r*
尾欠（びけつ） 186*r*
批験（ひけん） 102*r*
飛限（ひげん） **184*l***
批限（ひげん） **143*l***, **191*r***
比限（ひげん） **52*l***
批験所（ひけんじょ） 22*r*, 24*l*, **25*l***
批験茶引所（ひけんちゃいんしょ） **87*l***
批紅（ひこう） **481*r***
批行（ひこう） **481*r***
皮骨分売（ひこつぶんばい） **177*r***
批鑿（ひさく） **481*r***
避煞（ひさつ） 413*r*
皮紙（ひし） **296*l***
飛子（ひし） **227*r***
比時（ひじ） **458*l***
卑湿（ひしつ） **147*l***
比者（ひしゃ） **458*l***
皮主（ひしゅ） 177*l*, **177*r***
苾芻（ひつしゅ） 405*l*
苾芻尼（ひつしゅに） 405*l*
批収（ひしゅう） **481*r***
批朱戸（ひしゅこ） 68*l*, 68*l*
批出（ひしゅつ） **181*r***
批朱白脚歇役法（ひしゅはくきゃくけつえきほう） **68*l***
批准在案（ひじゅんざいあん） **481*r***
批書（ひしょ） **481*r***
秘色窯（ひしょくよう） 287*r*, **291*r***
避暑山荘（ひしょさんそう） **163*r***
美人（びじん） 341*l*
美人局（びじんきょく） 337*r*, **428*r***
翡翠（ひすい） **285*r***
弥生（びせい） 303*l*
避税（ひぜい） 55*l*
砒石（ひせき） 282*r*
皮銭（ひせん） 215*r*
飛銭（ひせん） 9*l*, 13*l*, 223*r*, **228*l***
砒霜（ひそう） **285*r***
匪賊（ひぞく） 337*l*
批退（ひたい） **469*l***
皮蛋（ひたん） 309*r*, 314*l*
批単（ひたん） **143*r***
批地（ひち） 181*r*
皮茶（ひちゃ） **91*l***
批注（ひちゅう） **481*r***
批帖（ひちょう） **481*r***
批貼（ひちょう） **481*r***
匹（ひつ） **432*r***, **445*r***
逼債人（ひつさいじん） **187*l***
羊（ひつじ） **316*l***
必闍赤（ひつじゃせき） **458*r***
筆帖（ひつちょう） **481*r***
筆判（ひつはん） **482*l***
批訂（ひてい） 194*l*
批呈（ひてい） **481*r***
批定（ひてい） **194*r***
庇佃（ひでん） **184*l***

悲田院（ひでんいん） **391r**
肥田粉（ひでんふん） **262l**
悲田養病坊（ひでんようびょうぼう） 400r
陂塘（ひとう） 146r
批頭（ひとう） 79l
罷軟（ひなん） **458l**
皮売（ひばい） 191r
批八字（ひはちじ） 418l
批発（ひはつ） 84r
皮筏子（ひばつし） **241r**
非泛科需（ひはんかじゅ） **458l**
糜費（びひ） **41r**
靡費銭（びひせん） 41r, 221l
妃嬪（ひひん） **341l**
飛文（ひぶん） **458l**
備文（びぶん） **458r**
比併（ひへい） 52l
皮弁（ひべん） 309l
備辦（びべん） **469l**
皮坊（ひぼう） **270l**
批坊（ひぼう） **291l**
比卯（ひぼう） **17l**, 52l
比磨（ひま） **52l**
批約（ひやく） 139r
百家姓（ひゃくかせい） 334l
百戯（ひゃくぎ） 333r, **351l**
百戸（ひゃくこ） 14r
百工（ひゃくこう） **338l**
百総（ひゃくそう） **14r**
百夫長（ひゃくふちょう） 75r
白蓮教（びゃくれんきょう） **407l**
白蓮社（びゃくれんしゃ） **397l**
百貨統税（ひゃっかとうぜい） 116r
備由（びゆう） **469l**
俵（ひょう） **52l**
票（ひょう） 223r, **475r**
表（ひょう） **473l**
憑（ひょう） **143r**, **483l**
卑幼（ひよう） 367r
錨（びょう） **241r**
廟会（びょうかい） 333l
票匯（ひょうかい） 224r
標会（ひょうかい） 229l
票劃（ひょうかく） 224r
廟額（びょうがく） 398l
俵寄（ひょうき） **98l**
標撥（ひょうき） **458r**
廟諱（びょうき） 423r
標期日（ひょうきじつ） 209r
鏢客（ひょうきゃく） 338l
憑拠（ひょうきょ） 140r
票拠（ひょうきょ） **223r**
萍郷炭坑（ひょうきょうたんこう） 279r
鏢局（ひょうきょく） 338l, 197l, **236r**
驃局（ひょうきょく） 236r
鑣局（ひょうきょく） 236r
票拠法（ひょうきょほう） 223r
備用銀（びようぎん） 40l, **98l**
表兄弟（ひょうけいてい） **377l**
漂缺（ひょうけつ） **62l**
苗戸（びょうこ） **327r**
票号（ひょうごう） **232r**
廟号（びょうごう） **423r**
裱糊匠（ひょうこしょう） **338r**
俵散（ひょうさん） 52l, **458r**
票紙（ひょうし） 225r
標子（ひょうし） 45l
鏢師（ひょうし） **338l**
鑣師（ひょうし） 338l
猫児睛（びょうじせい） **285r**
表姉妹（ひょうしばい） **377l**
苗主（びょうしゅ） 177l
票商（ひょうしょう） 103r, **109l**
憑証（ひょうしょう） 143r
標照（ひょうしょう） **469l**
氷廠（ひょうしょう） **264r**
描唇（びょうしん） 426l
憑信匯（ひょうしんわい） **195l**
氷井務（ひょうせいむ） **14r**
苗窃（びょうせつ） 248l
票銭（ひょうせん） 44r, **52l**
票荘（ひょうそう） 223r, 232r
表装（ひょうそう） 338r
苗族（びょうぞく） **347l**
票存（ひょうぞん） 223r
憑単（ひょうたん） **228l**
廟地（びょうち） **147l**
票貼（ひょうちょう） 228l
廟祧（びょうちょう） **371l**
俵糴（ひょうてき） 52l, **64r**
俵糴法（ひょうてきほう） **122l**
票貼（ひょうてん） 228l
秤頭（ひょうとう） 52r
猫冬（びょうとう） 337l
平等王（びょうどうおう） 413l
苗当法（びょうとうほう） 80r
苗屯米（びょうとんべい） **41r**
備用馬（びようば） **98l**
俵馬（ひょうば） 98l
俵配（ひょうはい） 52l
標売（ひょうばい） **194r**
備用馬価銀（びようばかぎん） 40l, 98l, **98l**
摽撥（ひょうはつ） **176l**
票費（ひょうひ） **228l**
屏風（びょうぶ） **318r**
票法（ひょうほう） **103r**
病坊（びょうぼう） 363l
票面（ひょうめん） 223r
憑由（ひょうゆう） **52l**
票力（ひょうりょく） 228l
票匯（ひょうわい） 224r
飛鸞（ひらん） 418l
肥料（ひりょう） 247l, **261r**
美匯（びわい） 225l
浜（ひん） 144r, **147l**
殯（ひん） 305r
稟（ひん） **473l**
緡（びん） 214r, 215r, **216r**, **445r**
品官（ひんかん） 341r
品官之家（ひんかんのいえ） 323r, 342l
賓客（ひんきゃく） **458r**
閩茶（びんちゃ） **91l**
品搭（ひんとう） 220l
品搭制（ひんとうせい） **76l**
貧民教養院（ひんみんきょうよういん） **392l**
貧民習藝所（ひんみんしゅうげいしょ） **392l**
品茗（ひんめい） **91l**

ふ

付（ふ） 209r, **474r**
夫（ふ） **435l**
府（ふ） 353l
埠（ふ） **241r**
符（ふ） **475r**
賦（ふ） 26l, **27l**
郛（ふ） **362l**
釜（ふ） **438l**
鬴（ふ） **438l**
巫医（ふい） 330r
不以（ふい） **458r**
布衣（ふい） 345r
毋違（ぶい） **469r**
武夷茶（ぶいちゃ） **91l**
浮引（ふいん） 109r

物（ぶつ） 138r, 139l
普通院（ふつういん） 403r
普通禅院（ふつうぜんいん） 403r
仏教（ぶっきょう） **400l**
物業（ぶつぎょう） **138r**
福建塩（ふっけんえん） **105r**
物在（ぶつざい） **135l**
仏座田（ぶつざでん） 150l
仏山鎮（ぶつざんちん） **355r**
物主（ぶつしゅ） 138r
仏図戸（ぶつとこ） 322r
物品貨幣（ぶっぴんかへい） **213r**
物力（ぶつりょく） **33l**, **139l**
物力戸（ぶつりょくこ） **328l**
物力銭（ぶつりょくせん） 33l
物力簿（ぶつりょくぼ） 33l
婦田（ふでん） **163r**
符伝（ふでん） 233r, **236r**
浮屠（ふと） 405l
浮図（ふと） 405l
鳧土（ふと） **166r**
父党（ふとう） **377l**
附搭（ふとう） 80r, **241r**
葡萄（ぶどう） **254l**
普同墳（ふどうふん） 408r
賦入（ふにゅう） 28l
腐乳（ふにゅう） **315r**
船（ふね） **239r**
附納（ふのう） 43r
夫馬（ふば） **81r**
駙馬（ふば） **341r**, **377l**
不拝戸（ふはいこ） **327r**
負般（ふはん） 62r, 233l, 242r, **244r**
浮費（ふひ） 52r
撫標（ぶひょう） 21r
武廟（ぶびょう） 413r
夫布（ふふ） 78l
不敷（ふふ） **195l**
夫婦（ふふ） **377l**
部分（ぶぶん） **459l**
浮鋪（ふほ） 200l
負逋（ふほ） 187r
夫保（ふほ） **81r**
不妨（ふぼう） **458r**
普法宗（ふほうしゅう） 402l
父母大人（ふぼたいじん） **458r**
富民（ふみん） **328l**
富民渠（ふみんきょ） 58l
布紋紙（ふもんし） **296l**
附餘銭糧（ふよせんりょう） **52r**
附餘糧数（ふよりょうすう） 52r
無頼（ぶらい） **347r**
不落家（ふらくか） 427r
扶鸞（ふらん） 415r, 418l
浮梁磁局（ふりょうじきょく） **291r**
賦斂（ふれん） **28r**, 55l
浮浪（ふろう） **328l**
父老（ふろう） **344l**, **377l**
武牢倉（ぶろうそう） 61r
符籙（ふろく） **411r**
分（ふん） **435l**, **450l**
墳（ふん） **185l**
文（ぶん） 214l
文案勘合（ぶんあんかんごう） **485l**
文移（ぶんい） **459r**
分一（ぶんいつ） **208l**
文移坌併（ぶんいふんへい） **459r**
墳院（ふんいん） **185l**
文引（ぶんいん）
112l, 114l, 116l, **116r**, 220r, **483l**
分煙（ぶんえん） 319r
墳屋（ふんおく） **185l**
分家（ぶんか） 319r, 368l
分卡（ぶんか） **25l**
分解（ぶんかい） **483l**
分関（ぶんかん） 368l
分函（ぶんかん） **474r**
墳客（ふんきゃく） **182l**
文券（ぶんけん） 139r, 225r
焚香（ふんこう） 415r
分行（ぶんこう） **459l**
粉彩（ふんさい） **291r**
分歳（ぶんさい） 421l
墳刹（ふんさつ） 401r
文冊（ぶんさつ） 33l, 76l
粉絲（ふんし） **315r**
文市（ぶんし） 199r
分咨（ぶんし） **474r**
文思院（ぶんしいん） **7r**, 11l
分種（ぶんしゅ） **182l**
分収（ぶんしゅう） 44l
分収分解（ぶんしゅうぶんかい） **52r**
分守道（ぶんしゅどう） 24r
分書（ぶんしょ） 368l
分銷（ぶんしょう） 108l
文昌会館（ぶんしょうかいかん） **398r**
文昌神（ぶんしょうしん） 418r
文昌帝君（ぶんしょうていくん） **418r**
文昌帝君陰隲文（ぶんしょうていくんいんしつぶん） 410l
分賞田地（ぶんしょうでんち） **163r**
文身（ぶんしん） **428r**
分数（ぶんすう） **459l**
分租（ぶんそ） **168r**
文帖（ぶんちょう） 79l
分長（ぶんちょう） **377l**
文牒（ぶんちょう） **474r**
分佃戸（ぶんでんこ） **168r**
分桃（ぶんとう） 335r
文登（ぶんとう） **459r**
糞土銀（ふんどぎん） 177l
分擘（ぶんはく） **469r**
分肥（ぶんひ） **196l**
文憑（ぶんひょう） **483l**
文廟（ぶんびょう） 413r
糞夫（ふんふ） **338r**
分聞（ぶんぶん） **459l**
文簿（ぶんぼ） **480l**
文榜（ぶんぼう） **459r**, **478r**
文約（ぶんやく） **459r**
分壟（ぶんりゅう） 168l
分糧（ぶんりょう） 182l
文暦（ぶんれき） **480l**
分壟（ぶんろう） 168l

へ

敝（へい） **459r**
篦（へい） **98l**
餅（へい） **219l**, **315r**
米（べい） **254l**
平易（へいい） 233l, 234r
米塩（べいえん） **459r**
平匯（へいかい） 224r
平規（へいき） **52r**
餅麹（へいきく） 297r
平銀（へいぎん） **442l**
平闕（へいけつ） **486r**
兵戸（へいこ） 324r
平斛（へいこく） **438l**
平斛交収（へいこくこうしゅう） **52r**
聘財（へいざい） **380l**
兵資（へいし） 78l
米主（べいしゅ） **177r**
米珠薪桂（べいしゅしんけい） **197l**
平準行用庫（へいじゅんこうようこ） 222l
平準法（へいじゅんほう） 118l
平準務（へいじゅんむ） **15l**, 119l
兵匠（へいしょう） **285r**
平壌（へいじょう） **149r**

篦縄（へいじょう） 98r
平色（へいしょく） 224r
平斉戸（へいせいこ） 322r
屛石（へいせき） 284r
兵籍（へいせき） 320l
米折（べいせつ） **52r**
餅茶（へいちゃ） **91l**, 91l
平糶（へいちょう） 64r
平糴（へいてき） 63l
閉糴（へいてき） 63l, 64r
平糴倉（へいてきそう） **394l**
平頭車（へいとうしゃ） 62r, 243l, 244l, **244r**
平図法（へいとほう） **76l**
兵屯（へいとん） **163r**
平白（へいはく） **459r**
米麦銀（べいばくぎん） 80l
兵賦（へいふ） 27l
屛風（へいふう） **318r**
平賦法（へいふほう） **41r**
米粉（べいふん） **315r**
米分（べいぶん） 207l
平米（へいべい） **41r**
平米法（へいべいほう） 41r
平餘（へいよ） **442l**
平遥幇（へいようほう） 232r
平量（へいりょう） **438l**
平匯（へいわい） 224r
碧霞元君（へきかげんくん） **418r**
辟召（へきしょう） 387r
幎目（べきもく） 306l
冪䍦（べきり） **308r**
北京（ぺきん） **362r**
鱉（べつ） **264r**
別院（べついん） 402r
別号（べつごう） **424l**
別子（べつし） **377l**
別字（べつじ） 424l
別籍（べつせき） **480l**
別宅子（べつたくし） **377r**
別白（べつはく） **459r**
別里哥（べつりか） **483l**
別里哥文字（べつりかぶんじ） **483l**
蛇（へび） **312r**
便（べん） 191l, 229r
弁（べん） **309l**
冕（べん） **309l**
辺引（へんいん） 109r
辧運（べんうん） **459r**
変価（へんか） 40l
麪灰（べんかい） 283r
変価銀（へんかぎん） **130r**
汴河古道（べんがこどう） 61l
変価入官（へんかにゅうかん） **459r**
便宜行事（べんぎこうじ） **459r**
編戸（へんこ） 320l, **328l**
汴綱（べんこう） **62l**
片荒田（へんこうでん） **166r**
変産（へんさん） 180l
騙手（へんしゅ） 337l
鞭春（べんしゅん） **422l**
辺商（へんしょう） **109l**, 327l
辺餉（へんしょう） **84l**, 135l
変償（へんしょう） **195l**
便條（べんじょう） 226r
便銭会子（べんせんかいし） 219r
便銭務（べんせんむ） **25r**
片奏（へんそう） **473l**
便袋（べんたい） **459r**
片茶（へんちゃ） **91l**
編徵銀（へんちょうぎん） **42l**
辺糴（へんてき） **64r**
便糴（べんてき） **64r**, 100r
便糴糧草交引（べんてきりょうそうこういん） 103l
扁豆（へんとう） **254l**
変買（へんばい） 40l
変売（へんばい） 126r
変馬草料銀（へんばそうりょうぎん） 96l
編髪（へんはつ） 426r
辮髪（べんぱつ） **426r**
編派の法（へんはのほう） 3r
変文（へんぶん） 400r
便文（べんぶん） **470l**

ほ

保（ほ） **143r**
鋪（ほ） **200l**, 246r
圃（ほ） 149l
歩（ほ） 354l, **433r**
逋（ほ） **53l**, **187r**
墓（ぼ） **185l**
簿（ぼ） **480l**
包（ほう） **197l**
奉（ほう） **470l**
封（ほう） **148r**
幇（ほう） **62l**
放（ほう） 187r
方（ほう） **435l**
浜（ほう） 144r, **147l**
磅（ほう） **442l**
袍（ほう） **309l**
橇（ほう） **442l**
房（ぼう） 367r, **384l**
某（ぼう） **470l**
榜（ぼう） **478r**
牓（ぼう） **479l**
牦（ぼう） **270l**
方一里（ほういつり） **435l**
裒益（ほうえき） **53r**
貌閲（ぼうえつ） **328r**
方円（ほうえん） **460l**
房捐（ぼうえん） 28l
放淤（ほうお） 151l
房屋（ぼうおく） **185r**
包裹（ほうか） 246r
坊界（ぼうかい） **362r**
跑街（ほうがい） 203r
跑街的（ほうがいてき） **203r**
包角（ほうかく） 116r
坊郭（ぼうかく） 320l, **362r**
坊郭戸（ぼうかくこ） 38r, **328l**
包角銭（ほうかくせん） **116r**
宝貨司（ほうかし） **286l**
放夏米（ほうかばい） 191r
放款（ほうかん） 187r, **187r**
榜眼（ぼうがん） 343r
報関行（ほうかんこう） **117l**, **128r**
報関的（ほうかんてき） **203r**
鎊虧（ほうき） 228l
方伎（ほうぎ） 330r
望気（ぼうき） **419l**
放牛廠地（ほうぎゅうしょうち） **147l**
縫窮婆（ほうきゅうば） 335r
包繳（ほうきょう） 197l
封洫（ほうきょく） **148r**
坊曲（ぼうきょく） **362r**
裒金（ほうきん） **460l**
包銀（ほうぎん） 3l, 28r, **42l**
朋銀（ほうぎん） 97r
房金（ぼうきん） **192l**
抛空（ほうくう） 196r
放空（ほうくう） **62l**
胞兄（ほうけい） **377r**
房契（ぼうけい） **176l**
包缺（ほうけつ） **53l**
報験（ほうけん） 129l
報験人（ほうけんじん） **129l**
報験単（ほうけんたん） 18l

跑縴的（ほうけんてき） 340*l*
封固（ほうこ） 182*l*
幇戸（ほうこ） 96*l*
俸戸（ほうこ） **328*l***
法庫（ほうこ） **128*r***
封護（ほうご） **182*l***
坊戸（ぼうこ） **328*r***
旁戸（ぼうこ） **182*l***
包荒（ほうこう） 53*l*
包工（ほうこう） 197*r*
包抗（ほうこう） 53*l*
放荒（ほうこう） **171*l***
奉行（ほうこう） **470*l***
封号（ほうごう） 398*l*
朋合（ほうごう） 97*r*
法号（ほうごう） **411*r***
乏興（ぼうこう） **460*l***
某項（ぼうこう） **470*l***
朋合銀（ほうごうぎん） 97*r*
放行単（ほうこうたん） 49*r*, 126*r*
葑茭蕩（ほうこうとう） **147*l***
掊克（ほうこく） **53*l***
報墾（ほうこん） 170*r*
放債（ほうさい） **187*r***
放債戸（ほうさいこ） 186*r*
包産（ほうさん） 197*r*
放散官物（ほうさんかんぶつ） **130*r***
茅山上清派（ぼうざんじょうせいは） 409*r*
茅山派（ぼうざんは） 409*r*
庖子（ほうし） 336*l*
奉此（ほうし） **470*l***
放支（ほうし） **460*l***
篷子（ほうし） **241*r***
望子（ぼうし） 426*r*
坊子（ぼうし） 199*l*
幌子（ぼうし） **426*r***
房師（ぼうし） **460*l***
冒支（ぼうし） **460*l***
望日（ぼうじつ） **450*l***
法社（ほうしゃ） 395*l*, 401*l*
包種（ほうしゅ） 91*r*
房主（ぼうしゅ） **185*r***
刨種為主（ほうしゅいしゅ） **171*l***
朋充制（ほうじゅうせい） 77*r*
法酒庫（ほうしゅこ） **301*r***
苞苴（ほうしょ） **460*l***
宝鈔（ほうしょう） 280*l*
法生（ほうしょう） 103*r*
包商（ほうしょう） **109*l***
磅秤（ほうしょう） **442*l***
方丈（ほうじょう） **411*r***
坊場（ぼうじょう） 83*r*, 299*r*, **363*l***
放生会（ほうじょうえ） **392*l***
放生河（ほうじょうか） **152*l***
坊場河渡銭（ぼうじょうかとせん） **134*l***
篷廠児（ほうしょうじ） **460*l***
坊場酒場（ぼうじょうしゅじょう） 363*l*
坊牆制（ぼうしょうせい） **362*r***
坊場銭（ぼうじょうせん） 299*r*, 300*l*
放新（ほうしん） **169*l***
縫人（ほうじん） 335*r*
奉宸庫（ほうしんこ） **137*r***
放賑底冊（ほうしんていさつ） **393*l***
朋身白役（ほうしんはくえき） 17*l*
幇身白役（ほうしんはくえき） **17*l***
泡水店（ほうすいてん） 340*l*
方正（ほうせい） 387*r*
包税（ほうぜい） **53*l***, 197*l*, 207*l*
報税（ほうぜい） **53*l***
傍青（ぼうせい） 169*l*
坊正（ぼうせい） **76*r***, **363*l***
搒青（ぼうせい） **169*l***
放生河（ほうせいか） **152*l***
放青穀（ほうせいこく） 192*l*
放青葉銭（ほうせいようせん） 192*l*
剖析（ほうせき） **470*l***
紡績（ぼうせき） **275*r***
封禅（ほうぜん） **400*l***
房銭（ぼうせん） **42*l***, 192*l*, 332*l*
貿遷物貨法（ぼうせんぶっかほう） **122*l***
包租（ほうそ） **168*r***
房租（ぼうそ） 192*l*
包荘（ほうそう） 184*r*
宝蔵（ほうぞう） **286*l***
茆草（ぼうそう） **42*r***
包装紙（ほうそうし） **296*l***
方相氏（ほうそうし） **418*r***
包粟（ほうぞく） 250*l*
望族（ぼうぞく） 344*l*
方足布（ほうそくふ） 214*l*
包租契（ほうそけい） **169*l***
坊卒（ぼうそつ） **363*r***
裒多益寡（ほうたえきか） 53*r*
防拓（ぼうたく） **460*l***
奉達（ほうたつ） **460*l***
方単（ほうたん） **176*l***
放鋳（ほうちゅう） 215*l*
方中御史（ほうちゅうぎょし） **76*r***
放賬（ほうちょう） 187*r*
方帳（ほうちょう） **176*l***
坊長（ぼうちょう） 76*r*, 363*l*
跑賬的（ほうちょうてき） 187*l*
豊儲倉（ほうちょそう） **137*r***, **394*r***
ポウチョン（ぼうちょん） **91*r***
旁通暦（ぼうつうれき） **480*r***
幇丁（ほうてい） 56*r*
貌丁（ぼうてい） 52*r*
包定釐金（ほうていりきん） **116*r***
包佃（ほうでん） **182*l***
方田（ほうでん） **163*r***
封伝（ほうでん） **236*r***
葑田（ほうでん） **152*l***
方田均税法（ほうでんきんぜいほう） **5*l***, 30*l*, 174*l*, 176*l*
坊店酒息銭（ぼうてんしゅそくせん） 300*r*
方田法（ほうでんほう） 34*l*
酆都（ほうと） **419*l***
冒度（ぼうど） **460*l***
包套（ほうとう） **182*l***
包頭（ほうとう） 328*r*
報頭（ほうとう） **117*l***
放稲（ほうとう） **191*r***
放凍（ほうとう） **62*l***
冒椿（ぼうとう） **470*l***
抛椿暗耗（ほうとうあんこう） **42*l***
封椿禁軍缺額銭（ほうとうきんぐんけつがくせん） 76*l*
封椿庫（ほうとうこ） **137*r***
跑堂的（ほうどうてき） 336*l*
放冬米（ほうとうばい） 191*r*
包認（ほうにん） 197*r*
抱認（ほうにん） **470*l***
包認法（ほうにんほう） 168*r*
包納（ほうのう） **53*l***
報納（ほうのう） **122*l***
包馬（ほうば） 81*r*
法馬（ほうば） **442*l***
包賠（ほうばい） **53*l***
卯薄（ぼうはく） 17*l*
磅碼単（ほうばたん） **442*l***
冒破物料（ぼうはぶつりょう） **460*r***
包飯（ほうはん） 333*l*
放盤（ほうばん） 193*r*
跑飛（ほうひ） 204*r*
幇費（ほうひ） **62*l***

方百里（ほうひゃくり） **435*l***
坊表（ぼうひょう） 363*l*
卯票（ぼうひょう） **53*r***
防夫（ぼうふ） **79*r***
跑風（ほうふう） 103*r*
防夫銀（ぼうふぎん） 79*r*
報聞（ほうぶん） **477*l***
法幣（ほうへい） **223*l***
鳳平（ほうへい） **442*l***
鳳餅（ほうへい） 92*l*
包米（ほうべい） 250*l*
包辦（ほうべん） 23*l*
幇辦（ほうべん） 62*l*
朋辦（ほうべん） **53*l***
方歩（ほうほ） **435*l***
鴇母（ほうぼ） 334*r*
宝宝（ほうほう） **377*r***
房方兄弟（ぼうほうけいてい） **377*r***
棚民（ほうみん） 153*l*, **347*r***
榜諭（ぼうゆ） **478*r***
鎊餘（ほうよ） **228*l***
放鴿（ほうよう） 337*r*
苞容（ほうよう） **460*l***
包攬（ほうらん） 197*l*, **197*r***
方里（ほうり） **435*l***
放利債（ほうりさい） 186*r*
亡慮（ぼうりょ） **460*l***
放良（ほうりょう） **328*l***
卯暦（ぼうれき） **480*r***
包蘆（ほうろ） 250*l*
房廊（ぼうろう） 29*l*, 200*l*, **363*r***
琺瑯彩（ほうろうさい） 291*r*
琺瑯作（ほうろうさく） **291*r***
房廊地基銭（ぼうろうちきせん） 38*r*
法籙（ほうろく） 411*r*
捕瘞（ほえい） **460*l***
保嬰会（ほえいかい） **392*l***
捕役（ほえき） 79*r*
募役銭（ぼえきせん） 66*r*
募役法（ぼえきほう） 65*r*, 67*l*, **68*l***
鋪捐（ほえん） 28*l*
逋課（ほか） 53*l*
補鍋（ほか） **338*r***
捕快（ほかい） 79*r*
歩快（ほかい） **79*r***
保管（ほかん） **460*l***
鋪規（ほき） **203*r***
歩弓（ほきゅう） **432*r***
畝丘（ほきゅう） **147*l***
逋銀（ほぎん） 53*l*
暮金（ぼきん） **460*l***
蹼（ぼく） **169*l***
補空（ほくう） **197*l***
北運（ほくうん） **62*l***
北運河（ほくうんが） 60*r*
北河（ほくが） 59*r*
牧監（ぼくかん） **25*r***
北曲（ほくきょく） 362*r*
墨銀（ぼくぎん） 219*l*
木工（ぼくこう） 326*r*, 339*l*
木斛（ぼくこく） **438*l***
木市（ぼくし） **129*l***
木尺（ぼくしゃく） **433*l***
牧廠開墾地（ぼくしょうかいこんち） 154*l*
墨丈之間（ぼくじょうのかん） **433*l***
北漕（ほくそう） 62*l*
北倉（ほくそう） **62*l***
木鐸老人（ぼくたくろうじん） **76*r***
牧地（ぼくち） **270*r***
牧畜業（ぼくちくぎょう） **267*r***
幞頭（ほくとう） 307*l*, **309*l***
樸頭（ほくとう） 309*l*
木牌（ぼくはい） **479*l***
木簰（ぼくはい） **241*r***
撲買（ぼくばい） 51*r*, 121*r*, **197*r***, **460*r***
牧馬千戸所（ぼくばせんこしょ） **25*r***
牧馬草場（ぼくばそうじょう） **98*r***
牧馬草場子粒租銀（ぼくばそうじょうしりゅうそぎん） 97*l*
墨票（ぼくひょう） 223*r*
牧民官（ぼくみんかん） 21*l*
北洋通商衙門（ほくようつうしょうがもん） **129*l***
北糧（ほくりょう） **62*l***
保結（ほけつ） 140*l*, **459*r***
逋欠（ほけつ） 53*l*
保結状（ほけつじょう） **143*r***
逋欠（ほけん） **53*l***
保険銀（ほけんぎん） **236*r***
鋪戸（ほこ） 108*l*, 199*r*, **200*l***, **328*l***
保甲（ほこう） 78*l*
保甲制（ほこうせい） **366*r***
逋更賦（ほこうふ） **53*l***
保甲法（ほこうほう） 66*l*, **76*l***, 366*l*
保伍帳（ほごちょう） 76*l*
保伍法（ほごほう） **76*l***
墓根（ぼこん） **185*r***
逋債（ほさい） 53*l*
鋪司（ほし） 17*l*
鋪子（ほし） 182*l*
簿子（ぼし） **480*l***
歩驟（ほしゅう） **459*r***
簿書（ぼしょ） **480*l***
畝鍾（ほしょう） **167*l***
保状（ほじょう） **143*r***
保商局（ほしょうきょく） **15*l***
補照子（ほしょうし） **116*r***
簿書期会（ぼしょきかい） **53*l***
捕進（ほしん） **197*l***
保人（ほじん） 141*l*
保人、銭を保たず（ほじん、せんをたもたず） **187*r***
鋪襯銭（ほしんせん） 37*r*
補水（ほすい） **42*l***, **197*l***
保正（ほせい） **76*r***
逋税（ほぜい） 53*l*
鋪税（ほぜい） 116*r*
逋責（ほせき） **53*l***
簿籍（ぼせき） **480*r***
逋租（ほそ） 53*l*, **184*l***, 186*l*
保奏（ほそう） **473*r***
逋租宿債（ほそしゅくさい） 53*l*
保単（ほたん） 143*r*
堡站（ほたん） **358*l***
埔地（ほち） 165*r*
母地（ぼち） 146*l*
保長（ほちょう） 76*l*, **76*r***
鋪長（ほちょう） **17*l***
没官田（ぼつかんでん） **163*r***
保丁（ほてい） 74*l*
鋪底（ほてい） 116*r*
歩逓（ほてい） **246*l***
鋪底捐（ほていえん） **116*r***
鋪底権（ほていけん） 200*r*
鋪墊（ほてん） 200*r*
保頭（ほとう） 117*l*
逋逃（ほとう） 53*l*
葡萄（ほとう） **254*l***
畝頭物力（ほとうぶつりき） 29*l*, 30*r*
鋪馬（ほば） **81*r***
保馬法（ほばほう） **76*r***
逋負（ほふ） 53*l*
逋賦（ほふ） 53*l*
保付支票（ほふしひょう） 226*l*
鋪兵戸（ほへいこ） 80*l*
鋪保（ほほ） **200*r***
畝法（ほほう） **433*r***
堡房（ほぼう） 238*r*

保本（ほほん） **195*l***
保明（ほめい） **470*l***
歩里法（ほりほう） **433*r***
逋糧（ほりょう） 53*l*
簿暦（ぼれき） **480*r***
簿暦名件（ぼれきめいけん） **480*r***
鋪路税（ほろぜい） 80*l*
本（ほん） **470*l***
翻引銭（ほんいんせん） **117*l***
本塋盤（ほんえいばん） **185*r***
本家（ほんか） **377*r***
本貫（ほんがん） 319*r*
本業（ほんぎょう） **248*r***
本支（ほんし） **377*r***
翻車（ほんしゃ） 259*r*, 260*r*
本章（ほんしょう） **473*r***
本色（ほんしょく） **42*r***
本身契（ほんしんけい） **143*r***
本生（ほんせい） **377*r***
本折（ほんせつ） **53*r***
本銭（ほんせん） 207*r*
本宗（ほんそう） 367*r*, **377*r***
本大利寛（ほんだいりかん） **208*l***
本地（ほんち） **164*l***
本徴（ほんちょう） **53*r***
磅（ぽんど） **442*l***
本票（ほんひょう） 223*r*, **228*l***
本票根簿（ほんぴょうこんぼ） **212*r***
本洋（ほんよう） 219*l*
凡要（ぼんよう） **480*r***

ま

麻（ま） **254*l***
麻雀（まーじゃん） **351*r***
麻案（まあん） **477*l***
毎季帳状（まいきちょうじょう） **480*r***
邁迹（まいせき） **460*r***
磨鏡（まきょう） **339*l***
麻枯（まこ） **262*l***
麻雀（まじゃく） **351*r***
磨主（ましゅ） 407*l*
磨頭（まじゅう） 407*r*, **407*r***
麻制（ませい） **477*l***
媽祖（まそ） **419*l***
松（まつ） **266*r***
末塩（まつえん） **105*r***
末骨茶（まつこつちゃ） **91*r***
末子茶（まつしちゃ） 90*l*, 91*r*
末疾（まつしつ） 304*r*
末茶（まつちゃ） 90*l*, **91*r***
抹零（まつれい） **460*r***
麻田（までん） **164*l***
磨頭（まとう） 407*r*, **407*r***
摩尼教（まにきょう） **413*l***
麻布（まふ） **275*r***
麻風（まふう） 304*r*
満漢兼書房契（まんかんけんしょぼうけい） **176*l***
万金帳（まんきんちょう） 206*l*
満月（まんげつ） **303*l***
万戸酒（まんこしゅ） 83*r*
万戸抱額（まんこほうがく） 83*r*
満散（まんさん） 398*l*, 400*l*
漫種（まんしゅ） **256*l***
万寿節（まんじゅせつ） 421*l*
萬年正續之院（まんねんしょうぞくのいん） 404*l*

み

未完銀（みかんぎん） **2*r***
未敢擅便（みかんせんびん） **470*l***
未墾浮多地（みこんふたち） **171*l***
密語（みつご） 416*l*
蜜香紙（みつこうし） **296*l***
密呪（みつじゅ） 416*l*
蜜餞（みつせん） **315*r***
密陀僧（みつだそう） 282*l*
密本（みつほん） **473*r***
密輸（みつゆ） **81*r***
港（みなと） **239*l***
未入流官（みにゅうりゅうかん） 341*r*
未便（みびん） **470*l***
明礬（みょうばん） 82*l*
弥勒教（みろくきょう） **407*r***
弥勒下生（みろくげしょう） 407*l*
弥勒信仰（みろくしんこう） 407*r*, **407*r***
民運（みんうん） **62*l***
民運折色銀（みんうんせつしょくぎん） **53*r***
民妓（みんき） 334*r*
民業（みんぎょう） 154*l*
民欠（みんけん） 53*l*
民欠銀（みんけんぎん） 53*l*
民戸（みんこ） 320*l*, 323*l*
民冊糧地（みんさつりょうち） **155*r***
民醸法（みんじょうほう） 296*r*
民醸民売法（みんじょうみんばいほう） 296*r*
民信局（みんしんきょく） **232*r***
民人餘地（みんじんよち） **164*l***
民図（みんず） 73*r*
民折官辦（みんせつかんべん） **53*r***
民壮（みんそう） **79*r***
民壮充餉銀（みんそうじゅうしょうぎん） 79*r*
民則（みんそく） **53*r***
民店（みんてん） 108*l*
民埝（みんてん） **152*r***
民田（みんでん） **153*r***
民典旗紅冊地（みんてんきこうさつち） **164*l***
民典旗地（みんてんきち） 154*l*, **164*l***
民図（みんと） 73*r*
民蠹（みんと） **460*r***
民屯（みんとん） **164*l***
民夫（みんふ） 78*r*, 79*r*
民部（みんぶ） 8*l*
民辦（みんべん） 280*l*
民窯（みんよう） **291*r***
民糧地（みんりょうち） **156*l***
民力（みんりょく） **460*r***

む

務（む） 9*l*, 21*l*, 136*r*
無額上供銭物（むがくじょうきょうせんぶつ） **134*l***
麦（むぎ） **253*r***, 298*l*
無常（むじょう） 416*r*
無床犂（むしょうり） 258*l*
無尽（むじん） 406*r*
無尽蔵（むじんぞう） 228*r*, 229*l*, **407*r***
無尽蔵院（むじんぞういん） 402*l*, 407*r*
牟尼教（むにきょう） 413*l*
無服親（むふくしん） **371*l***
無米丁（むべいのてい） **42*r***
無容議（むようぎ） **470*l***
無庸議（むようぎ） **470*r***
無糧黒地（むりょうこくち） **164*l***
無糧地（むりょうち） 164*l*
無糧蕩地（むりょうとうち） **150*l***

め

名（めい） **424*l***
茗（めい） **91*r***
螟（めい） **248*r***
冥衣（めいい） 339*l*
冥衣舗（めいいほ） **339*l***
名印子（めいいんし） **485*l***
明会耗（めいかいこう） 36*r*, 42*r*

も

や

ゆ

よ

ら

り

里長供応（りちょうきょうおう） **77r**
栗（りつ） **255l**
立継（りつけい） **380l**, 380r
立券（りつけん） 141l
立限（りつげん） **470r**
立限の法（りつげんのほう） **103r**
立戸（りつこ） **176l**
立合同（りつごうどう） 139r
立嗣（りつし） 381r
立字（りつじ） 139r
立字画押（りつじかくおう） **143r**
律尺（りつしゃく） **433l**
立廠抽税法（りっしょうちゅうぜいほう） **117r**
立僧（りつそう） 402r
立兌（りつだ） 212l
立脱爾（りつだつじ） **438l**
率買（りつばい） 44l
率分（りつぶん） **42r**
里程（りてい） **236r**
李鉄拐（りてつかい） 418l
里典（りてん） 364r
鼇頭（りとう） **42r**
利倍（りばい） **208l**
里布（りふ） 78l
利米（りべい） 191r
履畝輸券（りほゆけん） 221r
履畝輸楮（りほゆちょ） **221r**
掠銭親事官（りゃくせんしんじかん） 42l
略売（りゃくばい） 335l
劉晏の塩法（りゅうあんのえんぽう） **6r**
留印帳（りゅういんちょう） 209r
留役（りゅうえき） 78l
留界地（りゅうかいち） 163r
龍銀（りゅうぎん） 225r
龍公（りゅうこう） 419r
流行（りゅうこう） **195l**
龍骨車（りゅうこつしゃ） 150r, 259r, 261l
留支（りゅうし） 2l
留使（りゅうし） **1r**
留州（りゅうしゅう） **1r**
龍神（りゅうじん） **419r**
流水日報簿（りゅうすいじつほうぼ） **33r**
流水不越之簿（りゅうすいふえつしぼ） 33r
流水簿（りゅうすいぼ） **33r**, **212r**
龍井（りゅうせい） **92l**
龍船競渡（りゅうせんきょうと） 421r
龍泉窯（りゅうせんよう） 287l, **292l**, 292r
流単（りゅうたん） 47l
龍団（りゅうだん） 89r, 92l
留底（りゅうてい） 223r, 225l
留邸（りゅうてい） 13l
流抵（りゅうてい） **54r**, **212r**
硫田窯（りゅうでんよう） 292r
柳斗（りゅうと） **438l**
龍頭（りゅうとう） **212r**
龍頭蛇尾冊（りゅうとうだびさつ） 67l, 78r
龍脳（りゅうのう） **129r**
流馬（りゅうば） 243r
龍鳳団（りゅうほうだん） 89r
龍鳳茶（りゅうほうちゃ） 92l
流民（りゅうみん） **348r**
流民図（りゅうみんず） **393l**
龍陽（りゅうよう） 335r
閭（りょ） **358l**
綾（りょう） **276r**
量（りょう） **438r**
糧（りょう） 27l
領（りょう） **461l**
領運（りょううん） 59l
糧役（りょうえき） **78l**
糧銜（りょうが） **54r**
糧串（りょうかん） 44r
量器（りょうき） **435r**
両訖（りょうきつ） **461l**
梁戸（りょうこ） 326r, **328r**, 406r
陵戸（りょうこ） 326r, **328r**
糧戸（りょうこ） 51r, **54r**, 323r, **328r**
領号冊（りょうごうさつ） **33r**
糧差（りょうさ） **54r**
領催（りょうさい） 183l
寮寀（りょうさい） **461l**
陵産（りょうさん） **165l**
綾紙（りょうし） **485r**
領紙（りょうし） 44r
糧主（りょうしゅ） 168l
糧重（りょうじゅう） **54r**
糧胥（りょうしょ） 54r
良書（りょうしょ） **483l**
遼餉（りょうしょう） 47l, 134r
糧食（りょうしょく） **248r**
両進院（りょうしんいん） 317r
糧審院（りょうしんいん） **25r**
両税塩法（りょうぜいえんぽう） **103r**
両税使（りょうぜいし） **15l**
両税簿（りょうぜいぼ） 29r
両税法（りょうぜいほう） **3l**
糧折（りょうせつ） 60r
両浙塩（りょうせつえん） **106l**
糧僉（りょうせん） 51l, 80r
良賤（りょうせん） **328r**
良賤制（りょうせんせい） **348r**
糧僉馬価銀（りょうせんばかぎん） 81r
糧租（りょうそ） **54r**, 180l
糧荘（りょうそう） **165l**
両属戸（りょうぞくこ） **328r**
領兌（りょうだ） 58r
両池塩（りょうちえん） 104l
量地尺（りょうちしゃく） **433l**
糧籌（りょうちゅう） **135l**
量中（りょうちゅう） **62r**
糧庁（りょうちょう） 20l
糧長（りょうちょう） **54r**, **77r**
糧儲道（りょうちょどう） 21r, 24r, **25r**
量糴（りょうてき） **65l**
量添酒銭（りょうてんしゅせん） **134l**, 301r
梁斗（りょうと） **438r**
領東（りょうとう） 206l
了当（りょうとう） **461l**
領東（りょうとう） **208l**
糧道（りょうどう） 21r
糧道庫（りょうどうこ） **62r**
両套秤（りょうとうしょう） **196l**
樑頭税銀（りょうとうぜいぎん） **117r**
両把頭（りょうはとう） 425r
糧票（りょうひょう） 223r
糧賦（りょうふ） **182l**
涼粉（りょうふん） **316l**
寮房（りょうぼう） 411r
糧秣折価（りょうまつせつか） **54r**
良民（りょうみん） **348r**
領攔人（りょうらんじん） 120l
糧吏（りょうり） 54r
糧里合一（りょうりごういつ） 77r
糧里統一法（りょうりとういつほう） 77r
了了（りょうりょう） **470r**
糧料院（りょうりょういん） 25r
糧料使（りょうりょうし） **25r**
両淮交子（りょうわいこうし） 219r
力役（りょくえき） 27l, **78l**

力外（りょくがい） **184l**
力股（りょくこ） 206l
力差（りょくさ） 78r
緑章（りょくしょう） 409r
力勝税（りょくしょうぜい） **117r**
力政（りょくせい） 78l
緑茶（りょくちゃ） 88l
力田（りょくでん） **248r**
緑豆（りょくとう） **255l**
力駁堆折（りょくばくたいせつ） **205l**
閭正（りょせい） **77r**
虜瘡（りょそう） 304l
呂洞賓（りょどうひん） 418l
利率（りりつ） **229r**
里弄住宅（りろうじゅうたく） **319l**
里老人（りろうじん） **77r**, **366r**
隣（りん） 357l
稟（りん） **473l**
臨安（りんあん） **364l**
輪会（りんかい） 229l
稟仮貧人（りんかひんじん） **392r**
輪規（りんき） 103r
林業（りんぎょう） **265l**
林檎（りんきん） **255l**
輪催法（りんさいほう） **54r**
輪作（りんさく） **256r**
輪作体系（りんさくたいけい） 247l
隣私（りんし） 102l
綸旨（りんし） **477l**
輪種（りんしゅ） **256r**
凛遵（りんじゅん） **479l**
廩稍（りんしょう） **461l**
臨清倉（りんせいそう） **394r**
淋尖（りんせん） 51l
輪対（りんたい） **461l**
林地（りんち） **147r**
隣長（りんちょう） 364r
淋踢（りんてき） 51l
淋銅（りんどう） 283l
輪当編排（りんとうへんはい） 67l
淋病（りんびょう） 303r
隣保制（りんほせい） **358l**
輪流応役（りんりゅうおうえき） 67l
輪流管飯（りんりゅうかんはん） **378l**

る

類（るい） **470r**
類行（るいこう） **470r**
類戸冊（るいこさつ） **33r**
類冊（るいさつ） 30l
累重（るいじゅう） **368r**
累黍（るいしょ） **433l**
累世同居（るいせいどうきょ） 368l, **382l**
類姓図帳（るいせいとちょう） 33r
類姓簿（るいせいぼ） 30l, **33r**
瑠璃瓦（るりが） 318r

れ

令（れい） **470r**, **477l**, **479l**
伶（れい） 348l
另（れい） **470r**
醴（れい） **301r**
零（れい） **445r**
令開（れいかい） **479l**
例監（れいかん） 389r
霊渠（れいきょ） **62r**
厲禁（れいきん） **461r**
礼券（れいけん） 225r
黎元（れいげん） 345r
另戸（れいこ） **328r**
令行（れいこう） **479l**
茘子（れいし） **255l**
茘枝茶（れいしちゃ） **92l**
另者（れいしゃ） **486r**
霊朱（れいしゅ） 284r
黎庶（れいしょ） 345r
櫺紗紙（れいしょうし） **296l**
伶人（れいじん） 348l
冷節（れいせつ） 419l
霊籤（れいせん） 404l
隷卒（れいそつ） **348r**
例帯（れいたい） 61r
零兌荘（れいだそう） **233l**
零地（れいち） **150l**
零帖（れいちょう） 226l
另典（れいてん） **190r**
另売（れいばい） **190r**
零売除帳（れいばいしゃちょう） **212r**
零売手（れいばいしゅ） 202r
霊宝天尊（れいほうてんそん） 409l
另有旨（れいゆうし） **477l**
暦（れき） **33r**, 105r, **485r**
櫟（れき） **267r**
歴事（れきじ） **461r**
暦日（れきじつ） **450l**
暦首（れきしゅ） **480r**
暦尾庫（れきびこ） **480r**
暦法（れきほう） **445l**
鎌（れん） **261l**
斂（れん） **55l**
斂衣（れんい） 306l
連枷（れんか） **258r**
連環土（れんかんと） **167l**
連環保（れんかんほ） 141l
連環保結（れんかんほけつ） **195l**
聯号（れんごう） **208l**
連財（れんざい） 205r
斂弛（れんし） **55l**
連史紙（れんしし） **296l**
鏈尺（れんしゃく） **433l**
練餉（れんしょう） 47l, 134r
斂銭（れんせん） **212r**
聯宗（れんそう） 382r
連宗（れんそう） 382r
煉炭（れんたん） 284l
練丹術（れんたんじゅつ） 278l, 283r
連筒（れんとう） **261l**
連票（れんひょう） 226l
連賦（れんふ） **54r**
廉訪使（れんほうし） 21r
斂民壮法（れんみんそうほう） 79r

ろ

櫓（ろ） **242l**
路（ろ） **366r**
驢（ろ） 243l, **245l**, **271l**, **316r**
鹵（ろ） 103r
路引（ろいん） 220r
壟（ろう） **147r**
老（ろう） **305l**, **461r**
鑞（ろう） **286l**
漊（ろう） 144r, **147r**
礱（ろう） **258r**
耬（ろう） **258r**
耮（ろう） **258r**
老引（ろういん） 109r
陋規（ろうき） **103r**
朧期（ろうき） 210l
壟丘（ろうきゅう） 144r
労銀（ろうぎん） 78r
郎君（ろうくん） **461r**
老契（ろうけい） 139r
蠟纈（ろうけつ） **276r**
臘月（ろうげつ） 422r
壟戸（ろうこ） **62r**
労工（ろうこう） **192r**
漏剋（ろうこく） **450r**
老虎灶（ろうこそう） **340l**
漏参戸（ろうさんこ） 323l

浪子車（ろうししゃ）　62*r*, **245*l***
籠子茶（ろうしちゃ）　**92*l***
老疾者（ろうしつしゃ）　392*r*
老子道徳経（ろうしどうとくきょう）　410*r*
老師傅（ろうしふ）　203*l*
老司務（ろうしむ）　**203*r***
耰鋤（ろうじょ）　**258*r***
老人会（ろうじんかい）　229*r*
漏税（ろうぜい）　**55*l***
蝋燭寺（ろうそくじ）　**392*r***
老爹（ろうた）　**461*r***
老大（ろうだい）　**378*l***
漏沢園（ろうたくえん）　**392*r*, 408*l***
蠟茶（ろうちゃ）　92*l*
臘茶（ろうちゃ）　**92*l***
老典（ろうてん）　**176*l***
楼店務（ろうてんむ）　**15*l***
楼店務銭（ろうてんむせん）　134*l*
楼店務増三分房銭（ろうてんむぞうさんぶぼうせん）　**134*l***
楼店務添収三分房銭（ろうてんむてんしゅうさんぶんぼうせん）　134*r*
老当家（ろうとうか）　**378*l***
摟売（ろうばい）　**198*l***
臘八（ろうはち）　**422*r***
廊廡（ろうぶ）　**319*l***
老文書（ろうぶんしょ）　139*r*
籠蔀（ろうほう）　93*r*
漏報（ろうほう）　**55*l***
鏤榜（ろうぼう）　**479*l***
蠟面茶（ろうめんちゃ）　92*l*
露芽（ろが）　**92*l***
盧甘石（ろかんせき）　**286*l***
路岐人（ろきじん）　332*r*
鱸魚（ろぎょ）　**265*l***
鹿（ろく）　**316*r***
勒（ろく）　**461*r***
六安茶（ろくあんちゃ）　**92*l***
六院四轄（ろくいんしかつ）　**25*r***
勒捐（ろくえん）　**55*l***
六権務（ろくかくむ）　**26*l*, 87*l***
禄絹（ろくけん）　**43*l***
禄匣（ろくこう）　**461*r***
録黄（ろくこう）　**477*r***
六五磅秤（ろくごほうしょう）　**442*r***
六時（ろくじ）　**450*r***
録事（ろくじ）　71*r*
録事司（ろくじし）　360*l*
六色（ろくしょく）　**349*l***
六親（ろくしん）　**378*l***
勒折（ろくせつ）　**55*l***
六大書院（ろくだいしょいん）　388*r*
六畜（ろくちく）　**271*l***
六知事（ろくちじ）　405*r*
六頭首（ろくちょうしゅ）　402*r*, 405*r*
碌碡（ろくとく）　**259*l***
六念（ろくねん）　403*l*
六分丁料（ろくぶていりょう）　**43*l***
禄綿（ろくめん）　**43*l***
轆轤（ろくろ）　**261*r***, 286*r*
路耗（ろこう）　38*l*
魯菜（ろさい）　**316*r***
路城（ろじょう）　**364*r***
蘆場（ろじょう）　**147*r***
露清銀行（ろしんぎんこう）　**233*r***
鹵水の法（ろすいのほう）　106*r*, **107*l***
露地（ろち）　**150*l***
露田（ろでん）　**165*l***
蘆田（ろでん）　**147*r***
鹵田（ろでん）　**167*l***
盧蕟（ろはい）　**43*l***
魯班（ろはん）　**433*l***
魯般（ろはん）　414*l*
路費（ろひ）　**237*l***
炉房（ろぼう）　218*l*, 218*r*, **233*r***
路耗（ろもう）　38*l*
龍井（ろんじん）　**92*l***

わ

蛙（わ）　**316*r***
淮塩（わいえん）　**106*l***
匯劃銀（わいかくぎん）　224*r*
匯劃総会（わいかくそうかい）　**224*r***
匯款人（わいかんじん）　225*l*
匯款匯票（わいかんわいひょう）　225*l*
匯券（わいけん）　225*l*
淮山茶（わいざんちゃ）　**92*l***
淮尺（わいしゃく）　**433*l***
匯水（わいすい）　224*r*
匯兌（わいだ）　**224*r***
匯兌荘（わいだそう）　232*r*
匯兌尾（わいだび）　224*r*
匯単（わいたん）　228*l*
匯頭（わいとう）　**224*r***
匯頭対同（わいとうたいどう）　224*r*
淮南交子（わいなんこうし）　219*r*
淮南襻事司（わいなんばんじし）　**26*r***
匯撥（わいはつ）　224*r*
匯費（わいひ）　224*r*
匯票（わいひょう）　224*r*, **225*l***, 231*r*
匯票荘（わいひょうそう）　232*r*
匯付（わいふ）　224*r*
匯豊銀行（わいほうぎんこう）　**230*r***
淮揚菜（わいようさい）　**316*r***
倭銀（わぎん）　218*l*
惑疾（わくしつ）　304*r*
和雇（わこ）　**192*r***, 242*r*
和市（わし）　63*l*
和尚（わじょう）　402*r*
和碩親王（わせきしんおう）　341*l*
和糴（わてき）　**62*r***
和糴銭（わてきせん）　63*l*
和銅開宝（わどうかいほう）　214*r*
和買（わばい）　**65*r***, 278*l*
和売（わばい）　335*l*
和買絹（わばいけん）　**43*l***, 65*r*, **134*r***
和買折帛銭（わばいせつはくせん）　132*r*
和買草（わばいそう）　134*r*
藁（わら）　**247*r*, 293*r***

ローマ字

アンコイ（Anke）　**88*l***
アンコイ（Ankoi）　**88*l***
カントン・ボヘア（Canton Bohea）　**88*r***
ケイパー（Caper）　**89*l***
ガンパウダー（Gonpowder）　**88*r***
インペリアル（Imperial）　**88*l***
オレンジ・ペコー（Orenge pekoe）　**88*r***
シンロ（Singlo）　**90*l***
ウィンター・コントラクト（Winter Contract）　**93*r***
ウィンター・ティ（Winter Tea）　**93*r***

編著者紹介

斯波義信（しば　よしのぶ）

1930年生まれ。東洋文庫研究員。財団法人東洋文庫文庫長、日本学士院会員、大阪大学名誉教授。主要著書：『宋代商業史研究』（風間書房、1968年）、『宋代江南経済史研究』（東京大学東洋文化研究所、1988年）、『中国都市史』（東京大学出版会、2002年）。The Diversity of the Socio-economy in Song China, 960-1279, TOYO BUNKO, 2012.

中国《ちゅうごく》社会《しゃかい》経済《けいざい》史《し》用語《ようご》解《かい》

2012年　4月10日　初版第1刷発行
2013年　1月10日　初版第2刷発行

編著者●財団法人　東洋文庫　前近代中国研究班
社会経済史用語解の作成グループ
総括研究員　斯波　義信
発行者●槇原　稔
発行所●財団法人東洋文庫
〒113-0021　東京都文京区本駒込2丁目28番21号

発　売●株式会社東方書店
印刷・製本●倉敷印刷株式会社

※定価はケースに表示してあります

ISBN978-4-497-21112-5　C3522